Badisches Landesmuseum · Barock in Baden-Württemberg

W0301025

Badisches Landesmuseum Karlsruhe

Barock in Baden-Württemberg

Vom Ende des Dreißigjährigen Krieges bis zur Französischen Revolution

Ausstellung des Landes Baden-Württemberg
unter der Schirmherrschaft
von Ministerpräsident Lothar Späth

Band 1 · Katalog

Schloß Bruchsal
vom 27. Juni bis 25. Oktober 1981
täglich von 9 bis 18 Uhr

Abbildungen auf dem Umschlag
Vorderseite:
Zwei Putten im nördlichen Stiegenhaus des Bruchsaler Schlosses
nach Joachim Günther
Rückseite:
Detail aus dem Marmorsaal des Bruchsaler Schlosses

ISBN 3-923132-00-X
Copyright: Badisches Landesmuseum Karlsruhe 1981
Alle Rechte für die Abbildungen liegen bei den Bildautoren
Herausgegeben vom Badischen Landesmuseum Karlsruhe
Redaktion: Badisches Landesmuseum
unter der Mitwirkung von Dr. Gertrude von Knorre
Layout: Annelis Schwarzmann
Umschlagentwurf: Atelier Uwe Lohrer, Stuttgart-Bad Cannstatt
Lithographien: Wilhelm Riegger Reprotechnik GmbH, Karlsruhe
Gesamtherstellung: C. F. Müller, Großdruckerei und Verlag GmbH, Karlsruhe

Geleitwort

Ministerpräsident Lothar Späth

Baden-Württemberg, die staatliche Einheit des deutschen Südwestens, ist nicht nur ein Land industrieller Unternehmungen, eines sprichwörtlichen Gewerbefleißes und einer nicht minder herausragenden Erfindungsgabe sowie der schönen Landschaft und des guten Weines – es ist auch ein geschichtsträchtiges und kunstreiches Land, und das nicht nur im Zeichen der Staufer.

Nach dem Stauferjahr 1977 wird in Baden-Württemberg in diesem Jahr ein weiteres Mal hervorgehoben, was uns in einer besonderen Weise zugehört. Ich spreche vom Südwestdeutschen Barock. Große Zeugnisse dieses letzten, Europa künstlerisch einigenden Stiles finden sich nicht nur – wie es da und dort die landläufige Meinung ist – unter dem weiß-blauen Himmel Bayerns, sondern eben und gerade auch in Baden-Württemberg. Neben Bayern beherbergt unser Bundesland den größten Reichtum an Kunstdenkmälern im allgemeinen und solchen des Barocks im besonderen. Das gilt gleichermaßen für kirchliche und weltliche Bauten, für Schlösser und Kirchen, für Klöster, Gemeinden und Städte. Wenn wir uns in diesem Jahr besonders dem Barock zuwenden, so tun wir dies einmal im Bewußtsein des besonders reichen Erbes, das es im Zusammenhang der geschichtlichen und kulturellen Tradition der verschiedenen Landesteile Baden-Württembergs pflegerisch zu bewahren und befruchtend in das Ganze einzubringen gilt. Der Barock tritt fast überall in Baden-Württemberg in Erscheinung, in unseren nördlichen Landesteilen eher durch Schloß- und Gartenanlagen, in den südlichen mehr durch Kirchen und Klosterbauten. Ein gelungenes Beispiel der Bemühungen, zu einer zusammenfassenden Darstellung dieser Epoche zwischen dem Ausgang des Dreißigjährigen Krieges und der Französischen Revolution zu kommen, stellt die Barockausstellung dar, die vom Badischen Landesmuseum im Bruchsaler Schloß ausgerichtet wird, das ja selbst einer der Höhepunkte barocker Kunst in Deutschland überhaupt ist.

Außerdem aber wird in diesem Jahr das Land zu einer offenen, jederzeit und überall zugänglichen Ausstellung gemacht, zu einer Darstellung dessen, was Vergangenheit und Gegenwart in einem ist, dessen, was uns als unser aller Besitz beglückt und von dem wir deshalb meinen, daß es auch andere beglücken kann!

Leihgeber

Aachen, Suermondt-Ludwig-Museum
Albeck (Gemeinde Langenau-Göttingen), Ev. Kirchengemeinde
Althcim (Gem. Riedlingen), Rathaus
Arnach (Gemeinde Bad Wurzach), Kath Pfarrkirche St. Ulrich
Aschaffenburg, Stiftsmuseum der Stadt
Augsburg, Städtische Kunstsammlungen
Bad Dürrheim, Kath. Pfarrkirche St. Johann
Bad Krozingen, Privatbesitz
Bad Mergentheim, Schloßkirche, Land Baden-Württemberg, Staatl. Liegenschaftsverwaltung
Bad Säckingen, Hochrheinmuseum
Bad Säckingen, Münster St. Fridolin
Bad Schussenried, Kath. Pfarrkirche St. Magnus
Bad Schussenried, Psychiatrisches Landeskrankenhaus, Staatliche Liegenschaftsverwaltung
Bad Überkingen, Ev. Pfarrkirche
Bad Waldsee, Sammlung Brunhilde Osten-Fritzenschaft
Bad Waldsee, Städtisches Museum im Kornhaus
Baden-Baden, Cistercienserinnen-Abtei Lichtenthal
Baden-Baden, Kath. Kirchengemeinde Liebfrauen
Baden-Baden, Markgräflich Badische Museen
Baden-Baden, Stadtgeschichtliche Sammlungen
Badenweiler, Botschafter a. D. Herbert Blankenhorn
Baindt, Kath. Pfarrkirche St. Johannes Baptist
Baitenhausen (Gemeinde Meersburg), Wallfahrtskirche Maria zum Berge Karmel
Ballendorf, Ev. Pfarrkirche
Basel, Kunstmuseum, Kupferstichkabinett
Berchtesgaden, Schloßmuseum, Wittelsbacher Ausgleichsfonds
Berkheim, Kath. Pfarrgemeinde St. Willebold
Berlin, Staatliche Museen Preußischer Kulturbesitz, Kunstgewerbemuseum

Betenbrunn (Gem. Heiligenberg-Röhrenbach), Kath. Pfarr- und Wallfahrtskirche St. Maria

Beuren (Gem. Salem), Kath. Pfarrkirche St. Ulrich

Beuron, Benediktiner-Erzabtei

Biberach/Riß, Ev. Stadtpfarrkirche

Biberach/Riß, Kath. Kirchengemeinde St. Martin

Biberach/Riß, Museum Biberach, Städtische Sammlungen

Birnau, Zisterzienser-Priorat

Bodman, Graf Wilderich Bodman

Bödigheim (Gem. Buchen), Freiherrlich Rüdt von Collenberg'sche Schloßgesellschaft

Bremelau, Kath. Pfarrkirche St. Othmar

Bremen, Kunsthalle

Bruchsal, Hofkirche, Staatliche Liegenschaftsverwaltung

Bruchsal, Schloß, Staatliche Liegenschaftsverwaltung

Bruchsal, Staatliches Hochbauamt

Bruchsal, Städtisches Museum

Buchen/Odw., Bezirksmuseum

Calw, Heimatmuseum

Crailsheim, Fränkisch-Hohenlohesches Heimatmuseum

Crailsheim, Ev. Pfarrkirche

Crailsheim, Privatbesitz

Dapfen, Ev. Pfarrkirche

Darmstadt, Hessische Landes- und Hochschulbibliothek, Kartensammlung

Darmstadt, Hessisches Landesmuseum

Daugendorf (Gem. Riedlingen), Kath. Pfarrkirche St. Leonhard

Deggingen, Wallfahrtskirche Ave Maria

Donaueschingen, Fürstenberg Sammlungen

Düsseldorf, Hetjens-Museum, Deutsches Keramik-Museum

Düsseldorf, Kunstmuseum, Graphische Sammlung

Eberhardzell, Kath. Pfarrkirche St. Maria Mater Dolorosa

Ehingen/Donau, Liebfrauenkirche

Ehingen/Donau, Museumsgesellschaft Ehingen e.V.

Einsiedeln, Kunstsammlungen des Klosters

Ellwangen, Basilika St. Vitus

Ellwangen, Schloßmuseum (Geschichts- und Altertumsverein)
Erbach, Kath. Pfarrkirche St. Martinus
Erbach, Schloßmuseum
Ertingen, Kath. Pfarrkirche St. Georg
Esslingen, Ev. Stadtkirche St. Dionys
Esslingen, Stadtmuseum
Schloß Favorite (Gem. Kuppenheim), Staatliche Liegenschaftsverwaltung
Feuchtwangen, Heimatmuseum
Frankenthal, Erkenbertmuseum
Frankfurt a.M., Historisches Museum, Graphische Sammlung
Frankfurt a.M., Museum für Kunsthandwerk
Frankfurt a.M. Städtische Galerie, Liebieghaus
Frankenhofen (Gem. Ehingen), Kath. Pfarrkirche St. Georg
Freiburg i. Br., Augustinermuseum
Freiburg i. Br., Gayling vom Altheim'sches Gesamtarchiv
Freiburg i. Br., Heiliggeistspitalstiftung
Freiburg i. Br., Münster Unserer Lieben Frau
Freiburg i. Br., Privatbesitz
Freiburg i. Br., Sammlung René Simmermacher
Freiburg i. Br., Universitätsbibliothek
Freiolsheim (Gem. Gaggenau-Moosbronn), Kath. Pfarrkirche
Friedrichshafen, Familie von Kienlin
Friedrichshafen, Kath. Pfarrkirche St. Petrus Canisius
Fulda, Dom-Museum
Furtwangen, Deutsches Uhrenmuseum
Furtwangen, Kath. Pfarrkirche St. Cyriak
Gärtringen, Ev. Pfarrkirche St. Veit
Geislingen an der Steige, Heimatmuseum
Olga Marie Freifrau von Gemmingen-Guttenberg-St. André
Gerlachsheim (Gem. Lauda-Königshofen), Kath. Pfarrkirche Hl. Kreuz
Giengen a. d. Brenz, Ev. Stadtkirche
Göppingen, Städtisches Museum im „Storchen“
Göteborg/Schweden, Konstmuseum
Göttingen, Niedersächsische Staats- und Universitätsbibliothek
Grabenstetten, Ev. Pfarrkirche

Schloß Gripsholm/Schweden, Staatliche Kunstsammlungen

Gutenzell (Gem. Gutenzell-Hürbel), Kath. Pfarrkirche St. Kosmas und Damian

Haigerloch, St. Anna-Wallfahrtskirche

Hailtingen, Kath. Pfarrkirche St. Georg

Hamburg, Museum für Kunst und Gewerbe

Heidelberg, Joachim von Beck

Heidelberg, Kath. Pfarramt Heiliggeist

Heidelberg, Kurpfälzisches Museum der Stadt Heidelberg

Heidelberg, Schloß, Staatliche Liegenschaftsverwaltung

Heidelberg, Universitätsbibliothek

Heilbronn, Städtische Museen

Heitersheim, Kath. Pfarrkirche St. Bartholomäus

Heppenheim/Bergstr., Kath. Kirchengemeinde St. Peter

Hürbel (Gem. Gutenzell-Hürbel), Kath. Pfarrgemeinde St. Alban

Ingoldingen, Kath. Pfarrkirche St. Georg

Innsbruck, Tiroler Landesarchiv

Isny, Kath. Pfarrkirche St. Georg

Jungingen (Gem. Ulm-Jungingen), Ev. Kirche

Kandern, Heimat- und Keramikmuseum

Karlsruhe, Badisches Landesmuseum

Karlsruhe, Generallandesarchiv

Karlsruhe, Sammlung Heinrich Heine

Karlsruhe, Staatliche Kunsthalle

Karlsruhe, Ev. Stadtkirche

Karlsruhe, Kath. Stadtpfarrkirche St. Stephan

Karlsruhe, Stadtarchiv, Pfinzgau-Museum Durlach

Karlsruhe-Durlach, Ev. Pfarrkirche

Kirchheim unter Teck, Museum der Stadt

Kißlegg, Kath. Pfarrkirche St. Gallus und Ulrich

Koblenz, Mittelrhein-Museum

Köln, Kunstgewerbe-Museum

Köln, Schnütgen-Museum

Köln, Wallraf-Richartz-Museum, Graphische Sammlung

Königsbronn, Torbogen-Museum

Konstanz, Basilika Unserer Lieben Frau

Konstanz, Privatbesitz

Konstanz, Freiherr Rinck von Baldenstein

Konstanz, Rosgarten-Museum

Konstanz, Städtische Wessenberg-Gemäldegalerie

Jagdschloß Kranichstein, Stiftung Hessischer Jägerhof

Kreuzlingen, Basilika St. Ulrich

Kronau, Kath. Pfarrkirche St. Laurentius

Lahr, Stadt Lahr

Laichingen, Ev. Pfarrkirche

Langenau/Württ., Heimatmuseum

Langenburg, Ev. Kirchengemeinde

Lauda, Dr. Philipp-Adam-Ulrich-Museum

Lauda, Kath. Pfarrkirche St. Jakob

Laufenburg, Narro-Altfischerzunft 1386

Laupheim, Städtisches Heimatmuseum

Leutkirch, Ev. Dreifaltigkeitskirche

London, Victoria and Albert Museum

Lörrach, Museum am Burghof

Ludwigsburg, Schloß, Land Baden-Württemberg, Staatliche Liegenschaftsverwaltung

Ludwigsburg, Ludwigsburger Metzgergesellschaft eG

Ludwigsburg, Staatsarchiv

Ludwigsburg, Städtisches Museum

Mainz, Prof. Dr. Hans Rochelmeyer

Mannheim, Kath. Pfarrkirche St. Ignatius und Franz Xaver

Mannheim, Städtisches Reiß-Museum

Maria-Steinbach, Kloster Maria Steinbach

Metzingen, Ev. Stadtkirche

Mimmenhausen (Gem. Salem), Kath. Pfarrkirche Unsere Liebe Frau

Mittelbiberach, Sammlung Anton Reisch

Mitwitz, Unteres Schloß, Familienarchiv der Freiherrn v. Würtzburg

Müllheim-Niederweiler, Sammlung Beatrice Tüngel

München, Bayerisches Nationalmuseum

München, Bayerische Staatsgemäldesammlungen

München, Bayerische Verwaltung der Staatlichen Schlösser, Gärten und Seen

München, Staatliche Graphische Sammlung

München, Staatliche Münzsammlung

Murrhardt, Kath. Pfarrkirche

Nenningen (Gem. Lauterstein-Nenningen), Friedhofskapelle

Nenzingen (Gem. Orsingen-Nenzingen), Kath. Pfarramt St. Ulrich

Neresheim, Benediktinerabtei

Neuenstein, Hohenlohe-Zentralarchiv

Neufra/Hohenzollern, Kath. Kirchengemeinde

Neuthard (Gem. Karlsdorf-Neuthard), Kath. Pfarrkirche St. Sebastian

Nürnberg, Germanisches Nationalmuseum

Obermarchtal, Kath. Pfarrkirche St. Peter und Paul

Oberndorf, Heimatmuseum

Oberstdorf, Kath. Kirchenstiftung St. Maria Loretto

Ottobeuren, Benediktinerabtei, Kunstsammlungen

Oxford, Ashmolean Museum

Paris, Musée National des Thermes et de 1'Hôtel de Cluny

Pfullendorf, Kath. Pfarrkirche St. Jakob

Pinache, Ev. Pfarrkirche

Pommersfelden, Schloß Weißenstein, Dr. Karl Graf von Schönborn-Wiesentheid

Radolfzell, Kath. Pfarramt Unsere Liebe Frau

Rastatt, Schloßkirche, Schulstiftung Baden-Württemberg

Rastatt, Stadtarchiv-Heimatmuseum

Ravensburg, Stadtarchiv

Ravensburg, Städtisches Museum im Vogthaus

Ravensburg, Schützenhaus Höll

Reinstetten (Gem. Ochsenhausen), Kath. Pfarrkirche St. Urban

Reute (Gem. Bad Waldsee), Kath. Pfarr- und Wallfahrtskirche St. Petrus und Paulus

Reutlingen, Heimatmuseum

Rheinheim (gem. Küssaberg), Kath. Pfarrkirche St. Michael

Riedlingen, Heimatmuseum

Ringingen, Kath. Pfarrkirche Mariä Himmelfahrt

Rottenburg a.N., Diözesan-Museum

Rottenburg a.N., Dom St. Martin

Rottenburg a.N., Kath. Pfarrkirche St. Moriz

Rottweil, Münster Hl. Kreuz

Salem, Feuerwehrmuseum

Salzburg, Museum Carolino Augusteum

Salzburg, Salzburger Barockmuseum-Sammlung Kurt Rossacher

St. Gallen, Stiftsbibliothek

St. Märgen, Heimatsammlung Andreas Schwär

St. Paul im Lavanttal/Kärnten, Benediktinerabtei

St. Peter, Erzbischöfliches Priesterseminar

St. Ulrich (Gem. Bollschweil), Kath. Pfarrkirche St. Peter und Paul

Schöntal, Kloster

Schorndorf, Ev. Stadtkirche

Schuttern (Gem. Friesenheim), Kath. Pfarrkirche Mariä Himmelfahrt

Schwäbisch Gmünd, Münster Hl. Kreuz

Schwäbisch Gmünd, Städtisches Museum im Prediger

Schwäbisch Hall, Keckenburg-Museum, Historischer Verein für Württembergisch Franken

Schwäbisch Hall, Stadtarchiv

Schwaigern, S. E. Hubert Graf Neipperg

Schwenningen (Gem. Neuler), Kath. Pfarrkirche

Schloß Schwetzingen, Staatliche Liegenschaftsverwaltung

Sèvres, Musée National de Céramique

Sigmaringen, Staatsarchiv

Speyer, Historisches Museum der Pfalz

Südwestdeutscher Privatbesitz

Stauffenberg'scher Familienbesitz

Stegen-Eschbach, Kath. Pfarrkirche St. Jakobus

Steinach, Kath. Pfarrkirche Hl. Kreuz

Steinhausen an der Rottum, Kath. Pfarrkirche Maria Himmelfahrt

Stetten ob Lontal, Kath. Pfarrkirche

Stuttgart, Prof. Dr. Werner Fleischhauer

Stuttgart, Hauptstaatsarchiv

Stuttgart, Landesdenkmalamt

Stuttgart, Sammlung Saile
Stuttgart, Staatsgalerie mit Graphischer Sammlung
Stuttgart, Stadtarchiv
Stuttgart, Universitätsbibliothek
Stuttgart, Universitätsbibliothek Hohenheim
Stuttgart, Württembergische Landesbibliothek
Stuttgart, Württembergisches Landesmuseum
Talheim (Gem. Mössingen-Talheim), Ev. Pfarrkirche
Tettnang, Kath. Pfarramt St. Gallus
Tiengen (Gem. Waldshut-Tiengen), Narrenzunft 1503 e.V.
Todtmoos, Wallfahrtskirche
Tomerdingen (Gem. Dornstadt), Kath. Pfarrkirche Mariä Himmelfahrt
Tours, Musée des Beaux-Arts
Triberg, Kath. Pfarr- und Wallfahrtskirche Maria in der Tanne
Trillfingen (Gem. Haigerloch-Trillfingen), Schäferzunft
Tübingen, Ev. Stiftskirche
Tübingen, Universitätsbibliothek
Tuningen, Ev. Pfarrkirche
Überlingen, Münster St. Nikolaus
Überlingen, Städtisches Museum Reichlin-Meldegg-Haus
Ulm, Gertrud Beck
Ulm, Deutsches Brotmuseum
Ulm, Ulmer Museum
Ulm, Staatliches Hochbauamt
Unlingen, Kath. Pfarrkirche, St. Mariä Unbefleckte Empfängnis
Urach, Ev. Pfarramt
Unterwachingen, Kath. Pfarrkirche St. Cosmas und Damian
Vaduz, Stiftung Ratjen
Veringendorf, Kath. Pfarrkirche St. Michael
Villingen, Liebfrauenmünster
Villingen, Städtische Sammlungen
Wain, Ev. Pfarrkirche
Waldshut (Gem. Waldshut-Tiengen), Heimatmuseum
Walldürn, Heimat- und Wallfahrtsmuseum
Walldürn, Kath. Pfarramt St. Georg

Wangen/Allgäu, Stadt Wangen

Wangen/Allgäu, Kath. Stadtpfarrkirche St. Martin

Washington, National Gallery of Art (Ailsa Mellon Bruce Fund)

Wasseralfingen (Gem. Aalen), Ofenplattensammlung der Schwäbischen Hüttenwerke

Weikersheim, Kurt Meider

Weikersheim, Tauberländer Dorfmuseum

Weikersheim, Schloß, Zweigmuseum des Württembergischen Landesmuseums

Weingarten, Benediktinerabtei

Weinheim, Heimatmuseum

Weinsberg, Kernerhaus, Justinus-Kerner-Verein e.V.

Weißenhorn, Heimatmuseum

Wertheim, Historisches Museum für Stadt und Grafschaft Wertheim

Wien, Österreichisches Hof- und Staatsarchiv

Wien, Österreichisches Museum für angewandte Kunst

Wiesensteig, Kath. Pfarrkirche St. Cyriakus

Wolfach, Kath. Pfarramt St. Laurentius

Wolfach, Städtisches Heimatmuseum

Würzburg, Mainfränkisches Museum

Zell am Harmersbach, Wallfahrtskirche Maria zu den Ketten

Zwiefalten, Kath. Pfarrkirche, Land Baden-Württemberg, Staatliche Liegenschaftsverwaltung

Privatbesitz

Dank

Das Badische Landesmuseum dankt allen nachstehend Genannten für die hilfsbereite Unterstützung bei der Vorbereitung der Ausstellung:

Dr. Claudia Adrario-Jösel, Grenzach
Manfred Akermann, Heidenheim
Edith Ammann, Karlsruhe
Dr. Marga Anstett-Janssen, Pforzheim
Pfarrer Gebhard Ascher, Lauterstein-Nenningen
Prof. Dr. Peter Assion, Walldürn
Dr. Doris Ast, Stuttgart
S. K. H. Max Markgraf von Baden, Salem
Gebhard Bächle, Wolfach
Dr. Jörn Bahns, Heidelberg
Pfarrer Alfons Baier, Ochsenhausen
Gym. Prof. Dietrich Bantel, Oberkochen
Pfarrer T. Bauer, Albeck (Gem. Langenau-Göttingen)
Pfarrer Werner Bäuerle, Grabenstetten
Dr. Otto Baumann, Karlsruhe
Dr. Michael Barczyk, Bad Waldsee
Gertrud Beck, Ulm
Dr. Herbert Beck, Frankfurt a. Main
Oberstudienrat Rudolf Beck, Schloß Zeil
Prälat Dr. Otto Bechtold, Freiburg i. Br.
Dr. Wolfgang Beeh, Darmstadt
Pfarrer Josef Beha, Furtwangen
Kurt Benda, Waldshut-Tiengen
Gerd Bender, Furtwangen
Pfarrer Theodor Benz, Friesenheim-Schuttern
Graf Lennart Bernadotte, Mainau
Pfarrer Peter Betz, Bad Säckingen
Karl Beuter, Trillfingen
Prof. Dr. Peter Beye, Stuttgart
Dekan Walter Bilger, Biberach/Riß
Sigrid von Blanckenhagen, Konstanz
Botschafter a. D. Herbert von Blankenhorn, Badenweiler
Gudula Bock, Oberopfingen
Stiftungsdirektor Wolfgang Bock, Freiburg i. Br.
Dr. Graf Wilderich Bodman, Bodman
Pfarrer Karl Boll, Bollschweil-St. Ulrich
Prof. Dr. Hugo Borger, Köln
Dr. Johann Eckart von Borries, Karlsruhe

Dr. Gerhard Bott, Nürnberg
Josef Braun, Laupheim
Pfarrer Erwin Brazel, Pinache (Gem. Wiernsheim)
Dr. Ernst Breit, Schwäbisch Hall
Helmut Breitmaier, Stuttgart
Pfarrer Paul Brenner, Bad Überkingen
Rektor Hermann Brommer, Merdingen
Robert Bronold, Gerlachsheim
Dorothea Brosch, Buchen
J. Carter Brown, Washington D. C.
Prof. Dr. Wolfgang Brückner, Würzburg
Thomas Brune M. A., Stuttgart
Edgar Bruker, Konstanz
Lic. Guntram Brummer, Überlingen
Margot Buchholz, Weinsberg
Pfarrer Gottlieb Buck, Betenbrunn (Gem. Heiligenberg-Röhrenbach)
Dr. Stefan Bursche, Berlin
Dr. Günter Busch, Bremen
Prof. Dr. Bruno Bushart, Augsburg
Bruder Christoph, St. Paul im Lavanttal
Dr. Bodo Cichy, Stuttgart
Bengt Dahlbäck, Stockholm
Pfarrer Rudolf Dehne, Neufra
Dr. Bernward Deneke, Nürnberg
Dr. Kurt Diemer, Biberach/Riß
Pfarrer Gustav Dikel, Isny
Hofrat Univ.-Prof. Dr. Fridolin Dörrer, Innsbruck
Dr. Ottmar Dolderer, Ellwangen
Pfarrer Rainer Dolgener, Urach
Bernd Doll, Bruchsal
Pfarrer Albrecht Dorfner, Obermarchtal
Dr. Alois Döring, Bonn
Pfarrer Josef Dorsch, Waldkirch
Dr. Ludwig Baron Döry, Frankfurt a.Main
Christoph-A. Graf Douglas, Freiburg i. Br.
Dr. Olga Drahotová, Prag
Prof. Dr. Franz Adrian Dreier, Berlin
Walter Dürr, Schwäbisch Gmünd
Dr. Hans Dünninger, Würzburg
Monsignore Prof. Dr. Johannes Duft, St. Gallen
Friedrich Durst, Waldshut
Hans Volker Dursy, Ladenburg
Peter Eberhard, Baden-Baden
Dieter Eberth, Königsbronn
Hofrat Prof. D. Dr. Gerhart Egger, Wien
Pater Adalbert Ehrenfried, Zell a. Harmersbach

Pfarrer Karl Eiberle, Reute (Gem. Bad Waldsee)
Senator e.h.e.h. Dr. h.c. W. Eiselen, Ulm
Dr. Peter Eitel, Ravensburg
Dr. Kurt Eitelbach, Koblenz
Leo Englert, Walldürn
Alain Erlande-Brandenburg, Paris
Prof. Dr. Anton von Euw, Köln
Prof. Herbert Fecker, Stuttgart
Ferdinand Feederle, Oberndorf
Dekan Karl Feist, Wertheim
P. Erenfried Feldhinkel OFM Cap., Deggingen
Annemarie Feldtkeller, Stuttgart
H. P. Fourest, Sèvres
Gerhard Frank Crailsheim
Luise Frank, Crailsheim
Peter Frankenstein, Stuttgart
Josef Freitag, Ulm
Dekan Emanuel Frey, Konstanz
Dr. Alex Frick, Tettnang
Dr. Norbert Fritz, Heidelberg
Pfarrer Herbert Fröhlich, Karlsdorf-Neuthard
Dr. Carl-Ludwig Fuchs, Heidelberg
Dr. Josef Fuchs, Villingen
S. D. Joachim Fürst und Landgraf zu Fürstenberg, Donaueschingen
Prälat Dr. Albert Füssinger, Karlsruhe
Margot Fuss, Baden-Baden
Pfarrer Herbert Gail, Salem-Mimmenhausen
Geistl. Rat Pfarrer Bernhard Gebele, Villingen-Schwenningen
Prof. Dr. August Gebeßler, Stuttgart
Werner Gegenheimer, Karlsruhe
Dr. H. P. Geh, Stuttgart
Helmut Geiss, Bad Säckingen
Helga Gengnagel, Ludwigsburg
Dr. Helmut Gerber, Stuttgart
Dr. Inga Gesche, Mannheim
Pfarrer Franz Glaser, Baindt
Pfarrer Franz Gluitz, Veringendorf (Gem. Veringenstadt)
Dr. Eberhard Gönner, Stuttgart
Georg Goerlipp, Donaueschingen
Pfarrer Georg Göser, Hailtingen (Gem. Dürmentingen)
Dr. Silke Göttsch, Stuttgart
Dr. Franz Götz, Radolfzell
Michael Graupeter, Weinheim
Dr. Ernst Günther Grimme, Aachen
Dr. Ruth Grönwoldt, Stuttgart
Dr. Erich Gropengießer, Mannheim

Willy Gross, Riedlingen
Pfarrer Karl Groß, Unterwachingen
Prälat Anton Großmann, Rottenburg
Pfarrer Alois Gueter, Zwiefalten
Pfarrer M. Gulde, Haigerloch
Dr. York Haase, Darmstadt
Dr. Inge Habig, Herdecke
Dr. K. Haenel, Göttingen
Matthias Häußler, Langenau
Lore Hamacher, Schopfheim
Heinrich Hammes, Calw
Helmut Haske, Königsbronn
Pfarrer Wilhelm Haug, Unlingen
Giselher Haumesser, Kandern
Pfarrer Patriz Hauser, Ellwangen/Jagst
Prälat Prof. Dr. Richard Hauser, Heidelberg †
Brigitte Hecht, Munderkingen
Dr. Winfried Hecht, Rottweil
Dompfarrer Georg Heck, Freiburg i. Br.
Dr. Michael Heck, Karlsruhe
Wolfgang Heck, Gaggenau-Bad Rotenfels
Dr. Friedrich W. Heckmanns, Düsseldorf
Karl-Gustaf Héden, Göteborg
Pfarrer Wendelin Heilmann, Kronau
Pfarrer Siegfried Helf, Tuningen
Dr. Helmut Hell, Reutlingen
Pfarrer Bruno Hennegriff, Gerlachsheim (Gem. Lauda-Königshofen)
Klaus Henning, Stuttgart
Pfarrer Anselm Henßler, Wolpertswende
Pfarrer R. Hergert, Ballendorf
Dr. Hering, Stuttgart
Pfarrer Manfred Hermann, Ebringen
Pater Thomas Hermann, Obermarchtal
Pfarrer Reinhard Herrmann, Tübingen
Karl-Heinz Hesse, Ludwigsburg
Dr. Sabine Hesse, Stuttgart
Pfarrer Elmar Hettler, Pfullendorf
Pfarrer Max Hieber, Bremelau †
Bernhard Hildebrand, Aalen
Pfarrer Dr. Thomas Hirth, Ulm-Jungingen
Pfarrer Josef Hörner, Ertingen
Dr. Detlev Hoffmann, Frankfurt a.M.
Ing. Ernst Hofmann, Schloß Kranichstein
Dr. Hans H. Hofstätter, Freiburg i. Br.
Pfarrer Joseph Hog, Stegen-Eschbach
S. D. Kraft Fürst zu Hohenlohe-Langenburg, Langenburg

S. D. Kraft Fürst zu Hohenlohe-Oehringen, Öhringen
S. K. H. Friedrich Wilhelm Fürst von Hohenzollern, Sigmaringen
Dr. Gerhard Hojer, München
Abt Dr. Georg Holzherr, Einsiedeln
Maximilian Freiherr vom Holtz, Alfdorf
Pfarrer Gottfried Huber, Steinach
Dr. Franz Hundsnurscher, Freiburg i. Br.
Pfarrer Erich Hunn, Orsingen-Nenzingen
Dr. Hans Huth, Karlsruhe
Otto Ihle, Bruchsal
Pfarrer Robert Isler, Kreuzlingen
Pfarrer Dr. H. Jantzen, Tübingen
Dr. Ingrid Jenderko, Aschaffenburg
Cordula Kähler, Frankfurt a.M.
G. Kälber, Stuttgart
Fritz Karg, Feuchtwangen
Dr. Dieter Kauß, Göppingen
Prof. Dr. Karl Keim, Reutlingen
Pfarrer Dr. Christoph Keller, Ehingen
Dr. Joseph Kerkhoff, Stuttgart
Pfarrer Hermann Kiedaisch, Leutkirch
Renate Kienast, Karlsruhe
Familie von Kienlin
Pfarrer Heinrich Kircher, Gärtringen
Dr. Michael Klein, Karlsruhe
Prof. Dr. Brigitte Klesse, Köln
Dr. Rüdiger Klessmann, Braunschweig
Albert Kley, Geislingen a. d. Steige
Pfarrer Rudolf Kling, Rottenburg a. Neckar
Dr. Ekkehard Klinge, Düsseldorf
Generaloberin M. Adeltrudis Klink, Untermarchtal
Generalvikar Dr. Karl Knaupp, Rottenburg a. Neckar
Pfarrer Siegfried Knaus, Eberhardzell
Dr. Ulrich Knefelkamp, Bamberg
Ernst Koch, Karlsruhe
Hildburg Koeckert, Karlsruhe
Dr. Dieter Koepplin, Basel
Pater Ägidius Kolb OSB, Ottobeuren
Margarete Kollmer, Esslingen a.N.
Anton H. Konrad, Weißenhorn
Dr. Karl Kosel, Augsburg
Pfarrer Anton Kraus, Erbach
Gisela Krauß, Biberach/Riß
Pfarrer Ludwig Kreh, Giengen/Brenz
Pfarrer Konrad Krieg, Überlingen
Pfarrer Helmut Krieger, Kißlegg

Dr. Hubert Krins, Tübingen
Prof. Dr. L. Kriss-Rettenbeck, München
Ulrich Krüger, Ludwigsburg
Hans-Christian Krumm, Ravensburg
Dr. Ingeborg Krummer-Schroth, Freiburg i. Br.
Pfarrer Rolf Küchler, Ellwangen/Jagst
Brigitte Kühn, Ulm
Dr. H. Küthmann, München
Dr. Wilfried Kuhn, Salem
Dr. Dieter Kuhrmann, München
Klara Kurz, Ellwangen
Kurt Kussi, Zell am Harmersbach
Dekan H. Lachenmann, Crailsheim
Dr. Mechthild Landenberger, Stuttgart
Pfarrer Elmar Landwehr, Lauda-Königshofen
Dr. R. Landwehrmeyer, Tübingen
Prof. Dr. Klaus Lankheit, Karlsruhe
Hans Lauer, Bruchsal
Abt Dr. Kassian Lauterer, O. Cist., Mehrerau (Bregenz)
Prof. Dr. Jan Lauts, Karlsruhe
Prof Dr. Anton Legner, Köln
Werner Lehmann, Langenburg
Dr. Ulrich Leiner, Konstanz
Dr. Kurt Leipner, Stuttgart
Pfarrer Gerhard Leiser, Karlsruhe
Dr. Leist, Wangen i.A.
Monsignore Franz Lenk, Schwäbisch Gmünd
Dr. Dietmar Lüdke, Karlsruhe
Kurt Lupp, Bruchsal
Dr. Ernst Wilhelm Graf zu Lynar, Donaueschingen
Monsignore Superior Georg Mack, Untermarchtal
Bischof Otmar Mäder, St. Gallen
Pfarrer Hermann Mäntele, Salem-Beuren
Dr. Bernhard Maier, Lahr
Abt Vitalis Maier, Ottobeuren
Pfarrer Walter Maier, Laichingen
Karl Maldacker, Karlsruhe
Siegfried Mall, Ehingen
Prof. Dr. Claus Zoege von Manteuffel, Stuttgart
Dr. J. Martin, Stuttgart
Pfarrer Fridolin Matt, Todtmoos
Pfarrer Bernhard Maurer, Radolfzell
Dr. Hans-Martin Maurer, Stuttgart
Dr. Klaus Maurice, München
Dr. Carl Gregor Herzog zu Mecklenburg, Rottenburg a.N.
Dr. Heinrich Mehl, Schwäbisch Hall

Kurt Meider, Weikersheim
Dr. Klaus Merten, Stuttgart
Dipl.-Theol. Rolf Metten, Freiburg i. Br.
Dr. Heribert Meurer, Stuttgart
Corina Meyer, Stuttgart
Dr. Albrecht Miller, München
Dr. Elmar Mittler, Heidelberg
Egon Möbis, Karlsruhe
Gerhard Moehring, Lörrach
Rudolf Morath, Ulm
Bischof Dr. theol. Georg Moser, Rottenburg
Franz Josef Much, Stuttgart
Prof. Dr. Richard Mühe, Furtwangen
Bernhard Müller, Karlsruhe
Dr. Hannelore Müller, Augsburg
Pfarrer Heinz Müller, Metzingen
Pfarrer Kurt Müller, Villingen-Schwenningen
Geistl. Rat Karl Bernhard Münch, Mannheim
Dr. Hanswernfried Muth, Würzburg
Pater Adalbert Nagel OSB, Weingarten
Dr. Elisabeth Nau, Stuttgart
Dr. Joachim Naumann, Düsseldorf
Wirkl. u. geheim. Hofrat Dr. Rudolf Neck, Wien
Hubert Graf Neipperg, Schwaigern
Dr. Renate Neumüllers-Klauser, Heidelberg
Dr. Waltraud Neuwirth, Wien
Erzabt Hieronymus Nitz, Beuron
Pfarrer Hermann Notheis, Ingoldingen
Pfarrer Herbert Nußbaumer, Friedrichshafen
Dr. P.Ochsenbein, St. Gallen
Dr. Annaliese Ohm, Frankfurt a.M.
Heinz Ohmacht, Sigmaringen
Max Oppel, München
Roman Osten, Köln
Dr. Jörg Paczkowski, Wertheim
Willi Pastorini, Karlsruhe
Dr. Hans Albert Peters, Düsseldorf
Dr. Andreas Pfeiffer, Heilbronn
Marie-Noëlle Pinot de Villechenon, Tours
D. T. – M. A. Piper, Oxford
Pfarrer Dieter Plappert, Wiesensteig
Ludwig Pöllmann, Altheim b. Riedlingen
Domkapitular Prof. Dr. Dr. Ludwig Pralle, Fulda
Leo Prantl, Böblingen
Dr. Franz Quarthal, Tübingen
Abt Bruno Rader OSB, St. Paul im Lavanttal

Hermann Rambach, Waldkirch
Dr. Hans K. Ramisch, Schloß Seehof b. Bamberg
Heinz Rapaschenski, Schwäbisch Hall
Dr. Peter Rastätter, Karlsruhe-Durlach
Dr. Wolfgang Ratjen, München
Dr. Horst Reber, Mainz
Parrer Josef Rehm, Niederstotzingen
Helmut Reichwald, Stuttgart
Dr. M. Reinartz, Villingen-Schwenningen
Erich Reinig, Bruchsal
Anton Reisch, Mittelbiberach
Äbtissin Dr. M. Lucia Reiss O. Cist. Baden-Baden
Wolfgang Reiß, Rastatt
Dr. Dr. Hannes Rettich, Stuttgart
Pfarrer Siegfried Reuter, Tettnang
Hans-Joachim Rheinstädter, Gochsheim
Pfarrer Wigbert Richter, Walldürn
Karl-Theodor Freiherr Rinck von Baldenstein, Konstanz
Pfarrer Heinrich Rittmeyer, Ringingen (Gem. Erbach)
Dr. Gerhard Roemer, Karlsruhe
Dr. Albin Rohrmoser, Salzburg
Pfarrer Helmut Rolke, Heppenheim
Dr. Hans-Ulrich Roller, Stuttgart
Dr. Otto Roller, Speyer
Guardian Pater Theodolf Roos, Zell a. Harmersbach
Walter Roos, Buchen
Heinz Rosenbauer, Heilbronn
Prof. Dr. Kurt Rossacher, Salzburg
Pfarrer Karl Rottach, Oberstdorf
Dr. Roy-Strong, London
Adolf Freiherr Rüdt von Collenberg, Bödigheim
Reinhold Rupp, Karlsruhe
Pfarrer Hans Säle, Ehingen
Erzbischof Dr. jur. can. Oskar Saier, Freiburg i.Br.
Adolf Saile, Stuttgart
Dr. Marie Salabová, Karlsruhe
Prof. Dr. Axel von Saldern, Hamburg
Pfarrer Friedrich Schäfer, Heitersheim
Dr. Ernst Schäll, Laupheim
P. Ambrosius Schaidle, O. Cist., Birnau
Pfarrer Gebhard Schanbacher, Mössingen-Talheim
Walter Scheerer, Königsbronn
Dekan K. Scheffbuch, Esslingen/Neckar
Pfarrer Franz Scheffold, Rottweil
Pfarrer Wolfgang Scheffold, Wangen i. A.
Josef Schell, Walldürn

Otto Schlichte, Biberach
Pfarrer Anton Schmidt, Bad Schussenried
Pfarrer Hermann Schmid, Bad Dürrheim
Karl Schmid, Trillfingen
Dr. Leo Schmidt, Freiburg i. Br.
Helga Schmidt-Glassner, Stuttgart
Dr. Heinz Schmitt, Karlsruhe
Pfarrer Engelbrecht Schneider, Meersburg
Dr. Ludwig Schnitzler, Bad Säckingen
Pfarrer Albert Schöllhorn, Steinhausen an der Rottum
Dr. Kurt Graf von Schönborn, Wiesentheid
Dr. Wilfried Schöntag, Sigmaringen
Dr. Horst Schopf, Würzburg
Karl Schreck, Lauda
Erika Schreiber, Freiburg
Pfarrer Rüdiger von Schroeder, Basel
Manfred Schuh, Karlsruhe
Irene Schuldt, Stuttgart
Dipl.-Ing. Hans-Jürgen Schulz, Salem
Dr. Werner Schulz, Karlsruhe
Dr. Renate Schumacher-Wolfgarten, Freiburg i. Br.
Dr. Hansmartin Schwarzmaier, Karlsruhe
Pfarrer Josef Schweder, Schöntal
Karl Schweiger, Karlsruhe
Pfarrer Jürgen Schwennen, Karlsruhe
Theo Seeber, Walldürn
Dr. Lorenz Seelig, München
Pfarrer Ludwig Segmüller, Arnach
Dr. Alois Seiler, Ludwigsburg
Dr. Ulrich Sieber, Stuttgart
Dekan Gerhard Simpfendörfer, Heilbronn
Margret Skalitzky-Wagner M. A., Pforzheim
Dr. Helmut Soeffing, Kirchheim/Teck
P. Dr. Adalbert Spahr, Weingarten
Hans Speck, Karlsruhe
Regens Dr. Klaus Stadel, St. Peter/Schwarzwald
Dt. Miloš Stehlík, Brno/ČSSR
Hans Steinbrenner, Stuttgart
Prof. Dr. Erich Steingräber, München
Abt Norbert Stoffels OSB, Neresheim
Hubert Straub, Waldshut-Tiengen
Lothar Strüber, Freiburg i. Br.
Dr. Hans Stubenvoll, Frankfurt a.M.
Pfarrer Josef Stüble, Wolfach
Dr. Franz Swoboda, Mannheim
Dr. Gerhard Taddey, Neuenstein

Präsident Dr. Erwin Thalhammer, Wien
Dr. Rudolf Theilmann, Karlsruhe
Dr. Christian Theuerkauff, Berlin
Ulrich Thiesies, Karlsruhe
Pfarrer Emmeran Trägler, Daugendorf (Gem. Riedlingen)
Eleonore Trauwitz, Stuttgart
Dr. Hans-Peter Trenschel, Würzburg
Dr. Erwin Treu, Ulm
Pfarrer Ralf Treumann, Bad Mergentheim
Heinrich Trier, Karlsruhe
Beatrice Tüngel-Disclez, Müllheim-Niederweiler
Dr. K. Ulshöfer, Schwäbisch Hall
Prof. Dr. Ewald M. Vetter, Mannheim
Prof. Dr. Horst Vey, Karlsruhe
Dr. H. Vogt, Göttingen
Dr. Peter Volk, München
Hans Volkmer, Berlin
Prof. Dr. Stefan Waetzoldt, Berlin
Christoph Warlo, Mainz
Pfarrer Helmut Waibel, Berkheim
S. E. Max Willibald Erbgraf von Waldburg zu Wolfegg, Wolfegg
S. D. Georg Fürst von Waldburg zu Zeil und Trauchburg, Zeil
Dompfarrer Franz Waldraff, Rottenburg a. Neckar
Stadtpfarrer Anton Weber, Triberg
Geistl. Rat Pater Robert Weber, Maria Steinbach/Legau
Dr. Sigrid Wechssler, Heidelberg
Pfarrer Clemens Weis, Baden-Baden
Markus Weis, Sandhausen
Dr. Anton Weiß, Riedlingen
Dr. Wilfried Werner, Heidelberg
Generaloberin M. Radegundis Wespel, Saulgau
Werner Wessalowski, Bruchsal
Hans Wessel, Buchen
Hans Westhoff, Stuttgart
Nikolaus Westphal, Freiburg i. Br.
Hofrat Dr. Winkelbauer, Wien
Pfarrer Martin Wissner, Langenburg
Pfarrer Hans-Günther Wörz, Gomadingen-Dapfen
Pfarrer Elmar Wohlfahrt, Bruchsal
Ludwig Zehnter, Karlsruhe
Pfarrer Max Ziegler, Gutenzell-Hürbel
Walter Ziegler, Göppingen
Dr. Hans-Georg Zier, Karlsruhe
Berthold Zimmermann, Kraichtal-Menzingen
Pater Thaddäus Zingg, Unterengstringen
Pfarrer Udo Zinke, Gaggenau-Moosbronn
Pfarrer Julius Zodel, Neuler

Mitarbeiter der Ausstellung

Gesamtleitung	Prof. Dr. Ernst Petrasch Dr. Volker Himmelein
Wissenschaftliche Sekretärin	Dr. Helge Siefert
Wissenschaftliche Arbeitsgruppe des Badischen Landesmuseums zur Vorbereitung der Ausstellung und des Katalogs	Marion Faber M. A. Dr. Walther Franzius Dr. Johann Michael Fritz Dr. Volker Himmelein Dr. Peter-Hugo Martin Dr. Wolfram Metzger Angelika Müllner M. A. Prof. Dr. Ernst Petrasch Dr. Dietrich Rentsch Peter Schmitt M. A. Dr. Helge Siefert Dr. Rosemarie Stratmann Dr. Eva Zimmermann Ferner wirkten mit: Dr. Monika Bachmayer, Oberstdorf Prof. Dr. Bruno Bushart, Augsburg Dr. Eckhard von Knorre † Dr. Franz Quarthal, Tübingen Dr. Hans Ulrich Roller, Stuttgart
Texte in der Ausstellung	Dr. Monika Bachmayer, Oberstdorf Gudrun Emberger, Tübingen Dr. Peter-Hugo Martin Dr. Wolfram Metzger
Konzept und Programm der Dokumentation zum Wiederaufbau des Bruchsaler Schlosses	Reg.-Baudirektor Hans Lauer, Bruchsal Kurt Lupp, Bruchsal

Koordinierung der Beiträge des Landesdenkmalamtes Baden-Württemberg	Dr. Doris Ast, Stuttgart
Ausstellungsarchitektur und -gestaltung	Atelier Knut Lohrer, Stuttgart mit Wolfram Weese Undine Pröhl Hans Martin Scholder
Graphische Gestaltung	Knut Lohrer und Barbara Hähnel (Koordination) in Zusammenarbeit mit Atelier Prof. Albrecht Ade (Didaktik und Karten) Uwe Lohrer (Plakat, Raumtitel und Orientierung) Hans Komm (Didaktik)
Audio-Multivision	Gestaltung und Konzeption: Prof. Albrecht Ade Text: Dr. Volker Himmelein Technische Realisation: TC Studios Fred Oed
Aufbau	Mitarbeiter des Badischen Landesmuseums: Willi Brandner Dieter Decker Walter Frank Otto Kiesel Wolfgang Knobloch Hans Dieter Rinck Anton Rommel Klaus Peter Stief Mitarbeiter des Ateliers Knut Lohrer: Undine Pröhl Wolfram Weese Mitarbeiter der Firma Heinzelmann, Mühlacker: Karl-Heinz Dorettke Gerhard Hofsäss Helmut Rapp Gerd Stumpp
Konservatorische Betreuung	Willi Brandner Dieter Decker Wolfgang Knobloch Anton Rommel Hans Volker Dursy, Ladenburg Brigitte Hecht, Munderkingen Corinna Maier, Stuttgart Ulrich Thiesis, Karlsruhe

Transportleitung	Dr. Klaus Eckerle Dr. Helge Siefert
Mitwirkung bei der Redaktion des Kataloges und des Aufsatzbandes	Dr. Gertrude von Knorre Peter Schmitt M. A. Helene Schultz Dr. Helge Siefert Dr. Eva Zimmermann
Graphische Gestaltung von Katalog und Aufsatzband	Annelis Schwarzmann
Photos	Werner Mohrbach Sandor Nadj Anita Kühn Ursula Grether
Ausstellungssekretärin	Doris Zimmermann unter zeitweiliger Mitarbeit von Erika Dolch Ina Twelker Else Bollheimer Angelika Hildebrand Ilse Miles Gudrun Papp Gerda Wolf
Öffentlichkeitsarbeit	Dr. Irmela Franzke Dr. Otfried Schroeder
Bibliothek	Sabine Schwermer Anita Kohlmüller
Verwaltung	Wilfriede Duwensee Elisabeth Glaser Margarete Krause Josef Neugart Hildegard Nissler Michael Obermeier Gertrud Schwawinsky Ilona Siegele

Bei der Vorbereitung der Ausstellung, bei den Transporten und bei der örtlichen Organisation haben außerdem mitgewirkt	Dr. Bernhard Cämmerer Dr. Saskia Esser Adam Herth Gabriele Kleiber M. A. Jakob Kreiss Dr. Hanspeter Lanz Heinz Meister Werner Neidig Manfred Weber Richard Gantner, Bruchsal Werner Gegenheimer, Karlsruhe Werner Wessalowski, Bruchsal

An der ausstellungstechnischen Einrichtung beteiligte Firmen

Holzbau	Julius Armbrust, Bruchsal Georg Heinzelmann KG, Mühlacker Rudolf Stetter, Stuttgart
Malerarbeiten	Otto Debatin OHG, Bruchsal
Vorhänge	Fritz Sontheimer KG, Bruchsal
Dekoration	Walter Dehn, Bruchsal
Elektroinstallation	Günther März, Bruchsal
Beleuchtung	NKG Elektroinstallation GmbH, Hambrücken
Vitrinen	Dollier, Gerhard Scheidt GmbH, Gummersbach
Buchbinder	Hans-Peter Fröhlich, Stuttgart
Satz	Typo-Bauer, Stuttgart P.S.-Typosatz, Stuttgart
Photoarbeiten	Hermann Schnepf, Stuttgart
Siebdruck	Frank Kicherer, Stuttgart
Transporte	Hasenkamp, Internationale Transporte, Köln

Inhalt

Die Bruchsaler Schloßanlage mit Ehrenhof. Im Vordergrund das Torwachtgebäude, in der Mitte das Corps de Logis, links der Kirchen- und rechts der Kammerflügel.

Anmerkungen zum Thema und Programm der Ausstellung „Barock in Baden-Württemberg“

Ernst Petrasch

Blättert man in den Bildseiten des 1971 erschienenen 10. der Bandes „Propyläen-Kunstgeschichte“ – einer „Zusammenschau der abendländischen Kunst des 18. Jahrhunderts auf der Grundlage neuerer Forschungen“ –, so mag der landesgeschichtlich interessierte Kunstfreund sich vielleicht dazu verleitet fühlen, jenen abgebildeten Kunstwerken sein besonderes Augenmerk zu schenken, die im heutigen Baden-Württemberg entstanden sind. Angesichts der Fülle barocker Kunstschätze in unserem Land wird er dabei mit Bedauern feststellen müssen, daß unter den nahezu 600 Abbildungen dieses Standardwerkes Baden-Württemberg „nur“ mit 11 Beispielen vertreten ist, während vergleichsweise Bayern dreimal soviele Bildseiten gewidmet sind. Diese statistische Feststellung bestätigt gewissermaßen den „Rückstand“ an Bekanntheitsgraden, den die südwestdeutsche Barockkunst gerade gegenüber dem weltweit berühmteren bayrischen Barock aufweist. Freilich, einen „badischen“ oder „württembergischen“ und schon gar erst einen „baden-württembergischen Barock“ gibt es ebenso wenig wie zur Barockzeit ein einheitliches Staatsgebilde in den Grenzen unseres heutigen Bundeslandes existierte. Gleicht doch die damalige politische Landkarte Südwestdeutschlands mit ihren rund 250 weltlichen und geistlichen Territorien einem kleinteiligen und buntscheckigen Flickteppich.
Kann man auch nicht von einem baden-württembergischen Barock sprechen, so läßt sich immerhin sagen, daß in der Südwestecke des einstigen Heiligen Römischen Reiches ein vielfältiges und reiches Erbe an barocker Kunst und Kultur bis heute bewahrt geblieben ist. Einer dieser südwestdeutschen Kunstlandschaften – der an prachtvollen Baudenkmälern reich gesegneten Region zwischen Donau und Bodensee – hat das Zeitalter seinen Stempel so nachhaltig aufgeprägt, daß „oberschwäbischer Barock“ längst zu einem Begriff und zahllosen Kunstpilgern gleichsam zum „Himmelreich des Barock“ geworden ist. Daß aber nicht nur im dafür bekannten Oberschwaben, sondern in allen Teilen unseres vereinten Landes Baden-Württemberg die Barockkunst in vielerlei Gestalt und Sonderformen beheimatet ist, dies aufzuzeigen, ist eines der Anliegen unserer Ausstellung.

Wer nach typischen Wesenszügen der südwestdeutschen Barockkunst zu fragen versucht, der wird bald herausfinden, daß sie auf keinen gemeinsamen Nenner zu bringen ist; er wird feststellen, daß der territorialen Zersplitterung hier eine ebenso vielgestaltige und fruchtbare, mitunter freilich auch etwas provinzielle Entfaltung der Künste entspricht. Tonangebend für die künstlerische Entwicklung waren die großen fürstlichen Barockresidenzen an Rhein und Neckar, die kunstreichen Schlösser, Klöster und Wallfahrtskirchen ringsum im Lande. Die historisch bedingte und bis heute nachwirkende Vielfalt landschaftlicher, stammesmäßiger, politischer, wirtschaftlicher und kultureller

Strukturen und Traditionen, spiegelt sich in den Bauten und Kunstwerken des Landes, die trotz vieler Zerstörungen und unwiederbringlicher Verluste glücklicherweise in erstaunlich großer Zahl auf uns gekommen sind.
Die Barockkunst in unserem Lande erweist sich aber ebenso maßgeblich mitbestimmt von den fruchtbaren Einflüssen, die unzählige, aus aller Herren Länder zugereiste oder vorübergehend hier tätige Künstler und Kunsthandwerker auf das heimische Kunstschaffen ausgeübt und so zugleich zur Verflechtung der bodenständigen mit der gesamteuropäischen Kunstentwicklung wesentlich beigetragen haben. So sind beispielsweise – um hier noch einmal auf den eingangs zitierten Propyläen-Band zurückzukommen – die Schöpfer der dort abgebildeten elf „baden-württembergischen" Kunstwerke, und zwar die namhaften Architekten Johann Michael Fischer, Pierre Michel d'Ixnard, Balthasar Neumann und Dominikus Zimmermann ebenso „Ausländer" wie der Maler Cosmas Damian Asam, der am Bodensee seßhaft gewordene Bildschnitzer Joseph Anton Feuchtmayer und der kurpfälzische Hofbildhauer Paul Egell; lediglich der in dieser Reihe berühmter Meister gleichfalls vertretene breisgauische Maler und Bildhauer Johann Christian Wenzinger bildet als „echtes" Landeskind die Ausnahme.
Andersherum – auch das sei hier nicht vergessen – sind etliche in unserem Land geborene Künstler an auswärtige Höfe abgewandert und dort zu Verdienst und Ruhm gelangt. Die Aufzählung einiger berühmter Namen soll diesen mehrfachen Verlust für die heimische Kunstgeschichte verdeutlichen: Erinnert sei u.a. an Johann Melchior Dinglinger, den genialen Hofgoldschmied von August dem Starken in Dresden, und an Johann Heinrich Schönfeld, den 1609 gleichfalls in Biberach an der Riß geborenen, lange Zeit in Italien tätigen Barockmaler. Aus Langenargen am Bodensee kommt Franz Anton Maulbertsch, ein Freskomaler von europäischem Rang, der in Wien und in den habsburgischen Erbländern eine stattliche Reihe bedeutender Altar- und Deckenbilder geschaffen hat. Die Residenzstadt Wien wurde ebenso für den Bildhauer Franz Xaver Messerschmidt zur künstlerischen Heimat; er stammt aus dem damals bayrischen Wiesensteig, wo 1704 auch sein Onkel, der spätere Münchener Hofbildhauer Johann Baptist Straub, zur Welt gekommen war. Auch der Maler Friedrich Heinrich Füger, nachmals Direktor der Wiener Akademie und der kaiserlichen Gemäldegalerie, ist von dort nur noch vorübergehend in seine Geburtsstadt Heilbronn zurückgekehrt.

Die bisherigen Ausführungen mögen hinreichend begründen, weshalb wir unserer Ausstellung den Titel „Barock *in* Baden-Württemberg" gegeben haben. Dieser bedarf jedoch in mehrfacher Hinsicht ergänzender Erläuterungen. Denn die Ausstellung bietet einerseits mehr als ihr Titel verspricht, zum anderen wird sie manchem Besucher gewisse Kategorien schuldig bleiben, die er von unserem Unternehmen vielleicht erwartet.
Um einem etwaigen Mißverständnis gleich vorzubeugen: Unsere Ausstellung hat nicht den Ehrgeiz, in einer enzyklopädischen Darstellung von hypertrophen Ausmaßen das Gesamtpanorama eines Zeitalters lückenlos präsentieren zu wollen. Wir zeigen auch keine historisch-dynastische Monsterschau von der Art, wie sie gerade in den letzten Jahren im In- und Ausland in Schwang gekommen sind; dies nicht zuletzt aus der Überzeugung, daß sich Geschichte in einer Ausstellung nur unzureichend visualisieren läßt.
Zentrales Thema unserer Ausstellung ist die Kunst. Historische Aspekte

und Informationen haben wir in das Ausstellungsprogramm daher nur dort miteinbezogen, wo sie uns zu einem besseren Verständnis künstlerischer Phänomene und kunstgeschichtlicher Vorgänge unerläßlich erschienen. Das reiche, aber immer noch weitgehend unbekannte künstlerische Erbe, das die Barockzeit in unserem Land hinterlassen hat, einem breiteren Publikum vor Augen zu führen und nachhaltig ins Bewußtsein zu bringen, dies ist das eigentliche Anliegen unserer Ausstellung; dabei soll zugleich die wechselseitige Kenntnis von der Vielfalt und den regionalen Sonderformen künstlerischer Leistungen in allen Landesteilen gefördert und vertieft werden.
Zwar waren bereits einige Ausstellungen, die nach dem Zweiten Weltkrieg an verschiedenen Orten stattfanden, der heimischen Barockkunst gewidmet. Wir erwähnen z.B. die 1963 in Weingarten veranstaltete Ausstellung „Barock in Oberschwaben". Zur gleichen Zeit würdigte Bregenz in drei aufeinander folgenden Ausstellungen die barocke Architektur, Malerei und Plastik am Bodensee. „Ausklang des Barock" war der Titel einer 1959 vorausgegangenen Ausstellung im Heidelberger Schloß über Kunst und Künstler in der Pfalz. Höfische Kunst und Kultur der gleichen Region zur Zeit des Kurfürsten Carl Theodor präsentierte 1979 eine weitere Heidelberger Ausstellung. In Auswahl und Zusammensetzung blieben alle diese Ausstellungen jedoch thematisch und regional begrenzt.
Unsere Ausstellung hingegen unternimmt zum ersten Mal den Versuch einer umfassenden Gesamtübersicht über die Kunst des Barock in unserem Land; sie versammelt vorübergehend an einem Ort aus der Fülle des überlieferten Bestandes eine repräsentative Auswahl von Meisterwerken der Malerei und Plastik, der Goldschmiede- und Textilkunst sowie kostbare Möbel, Fayencen, Porzellane, Gläser, Waffen und Medaillen, aber ebenso Zeugnisse der Volkskunst. Daß es gelungen ist, neben vielen berühmten Werken, wie z.B. der großen Pietà von Ignaz Günther aus Nenningen oder dem Säckinger Fridolinschrein, auch eine Vielzahl bislang unbekannter sowie öffentlich noch nie gezeigter und unpublizierter Werke für die Ausstellung zu gewinnen, verleiht ihr – wie wir hoffen – eine zusätzliche Bedeutung.
Angemerkt sei schließlich auch, daß wir uns bei der Auswahl der Ausstellungsstücke – vor allem, wenn es um das Aufzeigen sinnfälliger Zusammenhänge ging – nicht immer strikt an die heutigen Landesgrenzen gehalten haben. Ohne die Ausstellung sozusagen „mit fremden Federn schmücken" zu wollen, glaubten wir uns beispielsweise berechtigt, zur Darstellung des Kunstbetriebes am Mannheimer Hof auch Erzeugnisse der seit 1762 im Besitz von Kurfürst Carl Theodor befindlichen Porzellanmanufaktur Frankenthal heranzuziehen. Im angestrebten Gesamtüberblick barocker Kultur in unserem Lande durfte ebensowenig die damals in ganz Europa führende Goldschmiedekunst Augsburgs fehlen; sie ist in unserer Ausstellung mit etlichen hervorragenden Werken vertreten, die einst für hiesige Auftraggeber gearbeitet wurden und seither zur Zierde heimischer Klöster, Kirchen und Schlösser zählen.
Schließlich sollen aber auch die vorgegebenen Beschränkungen nicht verschwiegen werden, denen sich unser Ausstellungskonzept zu fügen hatte. Daß wir beispielsweise aus konservatorischen Gründen auf eine Reihe wichtiger, jedoch nur unter großen Risiken demontier- und translozierbarer Kunstwerke aus Holz, Stuck, Ton und Stein von vornherein verzichtet haben, versteht sich von selbst. Daß Architektur, Deckenmalerei und Stuckdekoration – für das Gesamtbild der Epoche unerläßliche Kunstgattungen – in einer

Ausstellung nur mittelbar darzustellen sind, das heißt anhand von Skizzen, Entwürfen, Rissen, Stichen, Plänen, Modellen und Dias, muß hier nicht ausdrücklich hervorgehoben werden.
Dichtung, Theater und Musik wurden in unser Ausstellungsprogramm nicht einbezogen; von ihrer bloß „papiernen" Präsentation – ausstellungstechnisch die einzige Möglichkeit – versprachen wir uns wenig Wirkung. Umso mehr freuen wir uns, daß etliche Bibliotheken, Theater, Konzert- und Festspielveranstalter im Lande in begrüßenswerter und sinnvoller Ergänzung zu unserer Ausstellung barocke Dichtkunst und Musik in „lebendiger" Darbietung einem interessierten Publikum zu Gehör bringen.

Der Veranstalter einer Barock-Ausstellung wird sich stets mit einem schier unlösbaren Problem konfrontiert sehen. Denn wer im Zeitalter des beliebten Kunsttourismus denkt bei Nennung des Wortes Barock nicht zunächst an die großartigen Klosteranlagen, an die prachtvollen Kirchen und Schlösser in so manchen Landstrichen Europas. In ihren festlich heiteren Innenräumen verbinden sich Architektur und Stuckdekoration mit Werken der Malerei und Bildhauerei zu harmonischer Einheit. Wie kaum eine andere Stilepoche hat das 18. Jahrhundert im Zusammenwirken kongenialer Künstler und Handwerker das Gesamtkunstwerk erstrebt und seine vollendetsten Lösungen gefunden. Einer Ausstellung aber wird es stets versagt bleiben, diese echt barocken Phänomene – Gesamtkunstwerk und Raumdynamik – zu einem nachvollziehbaren Erlebnis werden zu lassen. Denn jedes einzelne, aus seinem größeren Verband herausgelöste barocke Kunstwerk – und nur aus solchen setzt sich in der Regel eine Ausstellung zusammen – verliert am neutralen Ort einen wesentlichen Teil seiner inhaltlichen Sinngebung und künstlerischen Aura – in einem viel größeren Maße als dies bei einem Kunstwerk des Mittelalters oder der Renaissance der Fall ist.
Könnte man sich daher für unsere Ausstellung einen schöneren und adaequateren Rahmen vorstellen als Schloß Bruchsal, die einstige Residenz der Fürstbischöfe von Speyer, ein Juwel unter den süddeutschen Barockschlössern? Seine weltberühmte Treppenanlage von Balthasar Neumann mit Grotte, Marmor- und Fürstensaal bildet – wie schon Jakob Burckhardt rühmte – „ein Ensemble von ganz überwältigender Wirkung". Im Zweiten Weltkrieg weitgehend zerstört, wurde das Schloß und eine Reihe zugehöriger Nebenbauten unter der verdienstvollen Leitung der Staatlichen Hochbauverwaltung inzwischen wieder aufgebaut. Vornehmlich die originalgetreue Rekonstruktion der Deckenmalerei sowie die einfühlsame Wiederherstellung der Stuckdekoration in den genannten zentralen Festräumen gelten in Fachkreisen als beispielhafte Leistung von europäischem Rang. Die übrigen Räume des Corps de Logis – in die jetzt vorübergehend unsere Ausstellung eingezogen ist – dienen seit einigen Jahren dem Badischen Landesmuseum Karlsruhe als Zweigmuseum. Noch nicht fertiggestellt sind Vestibül und Sala terrena; ihr derzeitiger, teilweise „ruinös" wirkender Zustand mag den Ausstellungsbesucher die Schwierigkeiten so recht erst ermessen lassen, die in den bereits wieder im alten Glanz erstrahlenden Räumen zu bewältigen waren, und ihn zugleich die Problematik eines derartigen denkmalpflegerischen Unternehmens erkennen lassen. Eigens für die Ausstellung wiederhergestellt wurde der ursprüngliche Zustand der oberen Gartenterrasse mit ihren drei Wasserbecken und Springbrunnen.

Blick vom Vestibül in das wiederaufgebaute Treppenhaus von Balthasar Neumann.

Deckenbild im Treppenhaus des Bruchsaler Schlosses. Rekonstruktion nach Johannes Zick 1964–66

Alles in allem ist so im Zusammenklang von barocker Gartengestaltung, Architektur, Malerei und Raumausstattung in Bruchsal ein einzigartiges Ausstellungs-Ambiente geschaffen, das dem Besucher die Möglichkeit bietet, die dargebotenen Kunstwerke in einem sinn- und augenfälligen Kontext zu erleben.
Zuvor aber muß noch ein Wort zu dem bisher unreflektiert verwendeten Begriff „Barock" gesagt werden. Als Stilbezeichnung etwa um die Mitte des vorigen Jahrhunderts erstmals in die Kunstgeschichte eingeführt, wurde der Begriff „Barock" bald auch auf die übrigen Kunstgattungen wie Dichtung und Musik übertragen und schließlich als Ausdruck für alle Gebiete des Lebens in der Epoche zwischen Renaissance und Klassizismus gebräuchlich. Die Terminologie der neueren Kunstwissenschaft allerdings spricht lieber von der Kunst des 17. und 18. Jahrhunderts, wenn darunter die Zusammenfassung aller Kunstphänomene dieses Zeitabschnittes gemeint ist. (Ohne Bedeutung in unserem Zusammenhang ist die Anwendung des Barockbegriffes in einem überzeitlichen Sinn, das heißt zumeist zur Charakterisierung der Endphase einer Stilepoche, in der man gewisse „barocke" Elemente zu erkennen glaubt; so spricht man z.B. von einem spätantiken oder auch spätgotischen Barock.)
Es ist hier nicht der Ort zur Aufzeichnung einer Phänomenologie des Barockstiles. Nur einige der markantesten seiner komplexen Grundzüge seien angedeutet: Kraftvolle Bewegung und „rauschende Fülle", schwellende Formen, der Hang zu repräsentativer Prachtentfaltung und pathetischem Ausdrucksgehalt, die Vorliebe für illusionistische Wirkung und schließlich das Ziel all seiner Absichten, gleich ob weltliche oder geistliche Kunst: die Auflösung der Grenzen zwischen den einzelnen Künsten und ihre Vereinigung zum Gesamtkunstwerk.
Als Barockepoche in der europäischen Kunst bezeichnet man im allgemeinen den Zeitraum vom frühen 17. Jahrhundert bis zur Mitte des 18. Jahrhunderts, wobei die letzte, ausklingende Stilstufe – wenn auch nicht für sämtliche Kunstzweige in gleichem Maße zutreffend – Rokoko genannt wird. Für Entstehung und Ablauf des Barockstiles in Europa läßt sich nicht nur zwischen den verschiedenen Kunstgattungen eine zeitliche Phasenverschiebung beobachten, sondern vor allem auch zwischen den einzelnen Ländern. So endet beispielsweise in Italien – dem Ursprungsland des Stiles – der Hochbarock um 1680, zu einer Zeit, da die Barockkunst in Deutschland sozusagen noch in den Kinderschuhen steckt und hier größtenteils von ausländischen, überwiegend italienischen Künstlern ausgeübt wird. Die ständigen Kriegswirren, von denen das ganze Land noch über die Jahrhundertwende hinaus heimgesucht war, sind zweifellos einer der Gründe für die anfängliche „Überfremdung" und „Verspätung", wie auch für die „Rückständigkeit", die man dem deutschen Barock verschiedentlich nachgesagt hat.
Überwiegt im Früh- und Hochbarock des 17. Jahrhunderts – von Italien ausstrahlend – noch die Sakralkunst, so gewinnt im Spätbarock die Profankunst an Bedeutung, gleichzeitig wandeln sich die schweren und üppigen Formen mehr und mehr ins Leichte und Zierliche. Unter dem wachsenden Einfluß der Rokoko-Kultur Frankreichs – der dem Kunsthandwerk eine größere und tonangebende Rolle zuweist – macht sich dann im fortgeschrittenen 18. Jahrhundert auch in der deutschen Kunst ein Zug zum Intimen bemerkbar. Diese Stiltendenzen gipfeln letztlich in jener „noble simplicité", die nach

der Jahrhundertmitte, in der Phase vom „Louis-seize“ zum Frühklassizismus und „Zopfstil“, zur allgemeinen Parole erhoben wird.
Wir sind damit ans Ende der Epoche gelangt, die man gerne das Zeitalter des Absolutismus nennt. Die Ereignisse und Folgen der Französischen Revolution haben bekanntlich die politischen, wirtschaftlichen, gesellschaftlichen und kulturellen Verhältnisse, die seit dem Westfälischen Frieden rund 150 Jahre in Europa geherrscht hatten, von Grund auf verändert. Bei allen Unterschieden in ihren vielschichtigen Formerscheinungen und Wesenszügen und trotz ihrer Gegensätzlichkeiten und Widersprüche, läßt sich von der Kunst dieses Zeitraumes sagen, „daß von Berninis Tod bis zur Erbauung der Klosterkirche in Wiblingen bei Ulm ein Zeitalter durchlebt worden ist, dessen gestaltende künstlerische Kräfte vom gleichen Zeitgeist getragen und von den gleichen Aufgaben erfüllt waren – mögen auch die Lösungen zuweilen verschieden aussehen, wie es nationale oder konfessionelle, wirtschaftliche oder ästhetische Schranken bedingen“ (Harald Keller). Im gleichen, die Zeitspanne zwischen dem Ende des Dreißigjährigen Krieges und der Französischen Revolution umfassenden Sinn ist auch die Metapher „Barock“ im Titel unserer Ausstellung gemeint.

Die Realisierung unseres Ausstellungsprojektes – das soll hier nicht verschwiegen werden – hatte von Anfang an mit einigen Schwierigkeiten zu rechnen. Anders wie z.B. bei der Staufer-Ausstellung vor vier Jahren, deren Thema und begrenztes Ausstellungsmaterial wissenschaftlich hinreichend aufgearbeitet vorlag, muß die allgemeine Forschungslage im Bereich unseres Vorhabens schlechterdings als ein weithin noch „unbeackertes Feld“ bezeichnet werden. Abgesehen von monographischen Würdigungen einiger bekannterer Bauten, Künstler und Kunstwerke, fehlen zusammenfassende Materialsammlungen sowie Untersuchungen über einzelne Kunstgattungen und Kunstlandschaften. Als Ausnahme muß hier die verdienstvolle, auf reichem Quellenmaterial fußende Darstellung „Barock im Herzogtum Württemberg“ genannt werden, die Werner Fleischhauer bereits 1958 vorlegen konnte. So sahen sich die Veranstalter der Ausstellung bei Erstellung des Konzeptes und bei der Auswahl der erforderlichen und geeigneten Ausstellungsstücke einem unübersehbaren, weitgehend von der Forschung noch nicht erfaßten Denkmälerbestand gegenüber.
Auf unzähligen, mitunter beschwerlichen Reisen zu vielfach entlegenen Kapellen, Kirchen, Klöstern, Schlössern, Rathäusern, öffentlichen und privaten Archiven, Bibliotheken, Sammlungen und Museen – deren Türen sich dem „Bittsteller“ nicht immer gleich beim ersten Versuch geöffnet haben – mußten geeignete Werke aufgespürt, die ins Auge gefaßten Originale in Autopsie auf ihre Ausstellungsfähigkeit geprüft und meist gleich noch die zur wissenschaftlichen Katalogbearbeitung benötigten Daten erfaßt und Photos gemacht werden. Nicht zuletzt haben die räumlich begrenzten Gegebenheiten im Schloß Bruchsal, aber ebenso – auch das sei hier nicht verschwiegen – die viel zu kurze Vorbereitungszeit das Ausstellungsprogramm und die Selektion des Ausstellungsgutes entscheidend mitbestimmt. Wir möchten dies hier ausdrücklich feststellen; denn auch unserer Ausstellung wird und kann es nicht gelingen, allen Vorstellungen und Erwartungen gerecht zu werden, die ihr weitgefaßter Titel wachrufen mag.
Daß wir Literatur und Musik ausgeklammert haben, wurde schon gesagt.

Aus oben erwähnten Gründen, nicht zuletzt in Kenntnis einschlägiger Ausstellungspläne anderer Kulturinstitute im ganzen Land, haben wir auch auf eine Einbeziehung spezifisch geisteswissenschaftlicher und kulturgeschichtlicher Themen verzichtet. Eine „flankierende“ Unterstützung und Ergänzung in dieser Hinsicht – so hoffen wir – darf von dem Aufsatzband erwartet werden, den wir zu unserer Ausstellung herausgeben; seine 37 Beiträge beschäftigen sich vorwiegend mit den in der Ausstellung zu kurz gekommenen oder überhaupt nicht behandelten Themen und sollten andererseits die in der Ausstellung vermittelten Einsichten und Kenntnisse bereichern und vertiefen.
Das wichtige Kapitel der Architektur ist in unserer Ausstellung seiner Bedeutung entsprechend dokumentiert. In Entwürfen, Rissen, Plänen und Modellen werden nicht nur berühmte Bauten der bekanntesten Architekten vorgeführt, sondern ebenso die noch weitgehend unerforschte Landbaukunst. Die Veranstalter bedauern jedoch, die der barocken Baukunst im Katalog zugedachte Würdigung und ausführliche Darstellung dagegen nicht vorlegen zu können. Der hierfür gewonnene auswärtige Bearbeiter hat das Manuskript seines vereinbarten Beitrages bis zur Drucklegung leider nicht abgeliefert. Inhaltlich gänzlich abgeändert und in ihrem ursprünglich konzipierten Umfang stark reduziert, muß dem Ausstellungsbesucher bedauerlicherweise eine Sonderabteilung dargeboten werden, deren Gestaltung das Landesdenkmalamt übernommen hatte. Unser Anliegen, in instruktiver Weise die großen Leistungen und vielfältigen Probleme aufzuzeigen, die bei der Rettung, Restaurierung und Wiederherstellung barocker Bauten des Landes von der Staatlichen Denkmalpflege zu erbringen und zu lösen sind, wurde leider nicht realisiert. Daß unsere weitere Absicht, dabei auch typische, beim Wiederaufbau barocker Bauwerke angewandte kunsthandwerkliche Techniken – wie z.B. Steinbearbeitung, Stuck und Stuckmarmor, Vergoldung und Freskomalerei – dem Ausstellungsbesucher anschaulich vor Augen zu führen, doch noch verwirklicht werden konnte, ist der Staatlichen Hochbauverwaltung zu danken, die auch eine Dokumentation über Zerstörung und Wiederaufbau von Schloß Bruchsal beigesteuert hat.

Den Auftakt der Ausstellung bildet ein informativer Gesamtüberblick über die historischen Verhältnisse und politische Topographie des Landes zur Barockzeit (Erdgeschoß). Anhand einzelner Gruppen charakteristischen Anschauungsmaterials werden die spektakulären Bauschöpfungen der großen fürstlichen Residenzen und riesigen Klosteranlagen vorgeführt. Deren Bedeutung für die Entwicklung der Künste im ganzen Land belegen u.a. einige ausgewählte Gemälde, Porträts, Möbel, Keramiken, Gläser, kostbares Tafelgeschirr, Medaillen sowie eine Reihe von Prunkstücken aus fürstlichen Kunst- und Waffenkammern.
Die Fülle an Werken der Bildhauerei, Malerei und des Kunsthandwerks – eigentlicher und zweifellos attraktivster Hauptteil der Ausstellung – ist in der Beletage, in unmittelbarer Nachbarschaft zu den Prunkräumen des Bruchsaler Schlosses, ausgebreitet. Nach regionalen Gesichtspunkten gruppiert, ergab sich beinahe wie von selbst eine Gliederung, welche in der einen Schloßhälfte die überwiegend höfische Kunst der Residenzen in den nördlichen Landesteilen vereinigt (Bruchsal, Mannheim, Karlsruhe, Rastatt, Stuttgart, Ludwigsburg), während in der gegenüberliegenden Raumfolge die vorwiegend kirchliche Kunst der – mit Ausnahme von Franken – meist südlichen Land-

schaften versammelt ist (Bodensee, Oberschwaben und Breisgau).
Aus konservatorischen Gründen werden die prunkvollen Gold- und Silberarbeiten in einem separaten Raum präsentiert, nachdem das meiste davon zuvor in unseren Restaurierwerkstätten in schonender Behandlung für die Ausstellung „auf Glanz" gebracht wurde. Unter den rund hundert, größtenteils erstmals in einer Ausstellung gezeigten Werken finden sich mannigfaltig gestaltetes liturgisches Gerät, Altarkreuze, Antependien, Reliquienschreine und lebensgroße Silberfiguren; ebenso Beispiele weltlicher Tafelzier. Ist davon auch das wenigste im Lande entstanden, so kann – um hier nur ein Beispiel zu nennen – mit der in Villingen gegen 1760 von Zacharias und Gottlieb Otto geschaffenen Hostienmonstranz ein Meisterwerk vorgestellt werden, wie es selbst die berühmte Augsburger Goldschmiedekunst nicht vorzuweisen hat. Im selben Saal, inmitten prunkvoller Kultgegenstände, sind als einzigartige Beispiele kirchlicher Textilkunst des 18. Jahrhunderts zwei prächtige Ornate ausgestellt; der eine, weitgehend unbekannte, stammt aus Gerlachsheim (Main-Tauber-Kreis), der zweite wird im Freiburger Münster verwahrt.

Mit etwa gleichvielen Werken ist auch die Bildhauerkunst vertreten. Die ausgestellten, z.T. noch heute zur Ausstattung von Altären, Kirchen, Klöstern und Gärten gehörenden Skulpturen sind vorwiegend aus Holz gearbeitet, doch fehlen auch nicht Beispiele aus Marmor, Elfenbein, Alabaster, Blei und Ton; etliche besitzen noch ihre originale Bemalung. Neben lebensgroßen Figuren wurde besonderes Augenmerk auf die gerade im 18. Jahrhundert beliebte Gattung der Kleinplastik gelegt; darunter befindet sich eine Reihe reizvoller Bozzetti, wie man die oft nur handspannengroßen, skizzenhaft geschnitzten oder modellierten Entwürfe nennt, nach welchen die in größerem Maßstab bestellten Werke ausgeführt wurden. Mehrere ausgestellte Entwurfszeichnungen zu Einzelfiguren oder ganzen Altären dienen der gleichen Absicht, dem Betrachter die unmittelbare spontane Handschrift und die ursprüngliche künstlerische Idee des Meisters vor Augen zu führen.
Um dem Ausstellungsbesucher wenigstens im knappen Überblick einen Gesamteindruck vom künstlerischen Niveau der Bildhauerei in den einzelnen Kunstlandschaften vermitteln zu können, war aus der unübersehbaren Fülle von Werken zahlloser Meister und Werkstätten, die sich trotz aller Zerstörungen und Verluste in sämtlichen Teilen unseres Landes bis zum unscheinbarsten Schnitzwerk in der entlegensten Dorfkirche erhalten haben, eine äußerst begrenzte, freilich nicht ganz unproblematische Auswahl zu treffen. Vorgeführt werden Werke von rund zwei Dutzend der namhaftesten und von einigen anonymen Künstlern. Gerade in der Bildhauerkunst in unserem Lande ist der Anteil bodenständiger oder zugezogener und hier seßhaft gewordener Meister höher als vergleichsweise in der Malerei.
Einige der bekanntesten Künstler, die in der Ausstellung mit einer Reihe ihrer schönsten Werke vorgeführt werden, seien hier namentlich genannt: Johann Joseph Christian aus Riedlingen an der Donau, führender Hauptmeister in Oberschwaben, und Konrad Hegenauer, der in Friesenhofen bei Leutkirch eine vielbeschäftigte Werkstatt betrieb. Wir nennen Joseph Anton Feuchtmayer, den berühmtesten Bildhauer des Rokoko im Bodenseegebiet, Schöpfer unzähliger reichbewegter und ausdrucksvoller Figuren, unter welchen der Birnauer „Honigschlecker" geradezu volkstümliche Berühmtheit erlangt

Kardinal Damian Hugo von Schönborn, der Bauherr von Schloß Bruchsal. Ausschnitt aus dem Kuppelfresko im Treppenhaus nach Johannes Zick.

hat. Johann Georg Dirr, sein jüngerer Vetter und langjähriger Mitarbeiter, hat dann die Werkstätte in Mimmenhausen übernommen und weitergeführt. Johann Christian Wenzinger, geboren in Ehrenstetten, in Rom und Paris ausgebildet und hernach in Freiburg zu hohem Ansehen gelangt, wurde als Maler und Bildhauer tonangebend für die Kunst im Breisgau; in erster Linie mit den in seiner Spätzeit bevorzugten Entwürfen und Modellen, die vielfach von anderen Künstlern ausgeführt wurden.
Der bedeutendste, über die Grenzen unseres Landes hinauswirkende Bildhauer von europäischem Rang war Paul Egell, der in jungen Jahren unter Permoser an der plastischen Ausschmückung des Zwingers in Dresden beteiligt war und hernach bis zu seinem Tod in Mannheim als kurpfälzischer Hofbildhauer gewirkt hat. Sein Nachfolger in diesem Amt, Peter Anton Verschaffelt, ein gebürtiger Niederländer, kam über Paris, Rom und London in die Residenz des Kurfürsten Carl Theodor. Im Todesjahr von Egell übernahm in Bruchsal der aus Oberbayern stammende Joachim Günther die Ausführung bauplastischer Arbeiten am Schloß; unter der Gunst der Bruchsaler Fürstbischöfe hat er hier bis an sein Lebensende zahlreiche Figuren und Stukkaturen ausgeführt, die auch Einflüsse Egells erkennen lassen. Der berühmteste unter den Schülern des Mannheimer Hofbildhauers ist Ignaz Günther, der bedeutendste Rokokobildhauer Münchens. Nicht zuletzt unter diesem Aspekt ist Günther in unserer Ausstellung mit einem Werk vertreten, mit jenem ergreifend-großartigen Vesperbild, das er ein Jahr vor seinem Tod für die Friedhofskapelle im schwäbischen Nenningen geschaffen hat. Unter den auswärtigen Meistern, die in unserem Land hervorragende Werke hinterlassen haben, durfte in der Ausstellung auch Ferdinand Tietz – der führende Meister des fränkischen Rokoko – nicht fehlen.

In der südwestdeutschen Barockmalerei spielt – wie in ganz Süddeutschland und in Österreich – die Freskomalerei vor allem im 18. Jahrhundert eine führende Rolle; auf diesem Feld sind auch die bedeutenderen Künstler tätig. Selbstverständlich läßt sich diese Kunstgattung in einer Ausstellung nur indirekt darstellen, d.h. anhand von originalen Vorzeichnungen, farbigen Entwürfen und Modellen. Diese mit Stift, Feder oder Pinsel impulsiv hingeworfenen Inspirationen zu Thema und Komposition des Auftragswerkes können freilich den Eindruck des ausgeführten Deckengemäldes und seiner raumbildenden und zugleich raumauflösenden, illusionistischen Wirkungskräfte nicht ersetzen. (Dem Besucher der Bruchsaler Ausstellung allerdings bietet sich die Möglichkeit zu einer unmittelbaren Begegnung mit monumentaler Freskomalerei in den Deckenbildern der drei Festräume, die nach den Originalen von Johannes Zick meisterhaft rekonstruiert wurden.) Andererseits sind diese auf Papier oder Leinwand mit flüchtiger Hand skizzierten Visionen in ihrer Art selbst virtuose Meisterwerke, in welchen die künstlerische Individualität und Phantasie des Malers unverfälscht zum Ausdruck kommt und die in ihrer souveränen künstlerischen Freiheit vom endgültigen Deckenbild kaum übertroffen werden konnten.
Es ist daher kein zufälliges Ergebnis unserer Auswahl, wenn es sich bei rund einem Drittel der über hundert Werke der Malerei um Entwürfe für Fresken handelt, in welchen die spätere Ausführung ihren ersten künstlerischen Niederschlag gefunden hat. Einige dieser kostbaren Blätter bewahren die Erinnerung an nicht ausgeführte oder zerstörte Deckenmalereien, doch die meisten vorge-

Die Nordwestecke des Fürstensaales, benannt nach den Porträts der Fürstbischöfe von Speyer, die an den Wänden in Stuckrahmen eingelassen sind.

führten Vorzeichnungen und Ölskizzen liegen großartigen Werken zugrunde, die wir noch heute in Kirchen und Schlössern unseres Landes bewundern können. Wir nennen hier z.B. die Entwürfe der Brüder Cosmas Damian und Egid Quirin Asam für die Benediktinerabtei Weingarten und für die Schloßkapelle in Ettlingen. Der Tiroler Martin Knoller ist mit zwei Studien zum Freskenzyklus der Abteikirche Neresheim vertreten, seinem größten und bedeutendsten Werk. Ferner zeigen wir die Approbationsskizze von Nicolas Guibal für das 1944 zerstörte Deckenbild der Haupttreppe im Neuen Schloß zu Stuttgart sowie eine Reihe hervorragender Entwurfsarbeiten von Carlo Carlone und Matthäus Günther.

Reizvoll mag es für manchen Ausstellungsbesucher sein, im Treppenhaus des Bruchsaler Schlosses das präsentierte Modell des Kuppelfreskos von Johannes Zick mit der 1964–66 entstandenen Nachbildung an der Decke zu vergleichen. Verweisen wir schließlich noch auf die ausgestellten Skizzen des in Wangen geborenen Franz Josef Spiegler, des wohl fruchtbarsten und bedeutendsten Barockmalers im Gebiet von Oberschwaben und dem Allgäu, dem Breisgau und der Schweiz, erwähnen wir des weiteren die originellen Dekorationsvorschläge von Johann Georg Bergmüller für die Fassadenbemalung am „Alten Landschaftsgebäude“ in Stuttgart sowie einige Entwürfe von Johann Wolfgang Baumgartner – einem Hauptmeister der süddeutschen Rokokomalerei –, so sind hier die namhaftesten Künstler aufgeführt, die auch in unserem Land eine Reihe einzigartiger Deckengemälde geschaffen haben.

Den Genannten muß noch Gottfried Bernhard Goetz in Augsburg zugezählt werden, der in unserer Ausstellung allerdings nicht mit einem Freskoentwurf, sondern außer einem Porträt mit Vorzeichnungen für die beiden Seitenaltäre der Wallfahrtskirche Birnau figuriert. Wie Goetz haben etliche der Freskanten gleichfalls große Altarbilder in Öl auf Leinwand gemalt; gleich dem Deckengemälde wurden diese in Skizzen, Entwürfen und Modellen vorbereitet. Mehr als zwei Dutzend z.T. großartiger Entwurfsblätter u.a. für die Hochaltarbilder der Mannheimer und Ludwigsburger Schloßkapelle sowie für die bekannten Klosterkirchen von Schöntal, Zwiefalten und Wiblingen, dazu vor allem mehrere große ausgeführte Altarblätter dokumentieren in der Ausstellung diesen wichtigen Zweig der Barockmalerei.

Den in der Ausstellung dargebotenen Überblick über die Barockmalerei ergänzen charakteristische Beispiele der übrigen wichtigen Bildgattungen des Zeitalters, wie Apotheose, mythologische und allegorische Darstellungen, Porträts, Genreszenen, Landschaften und Stilleben. Hier treten auch die einheimischen Künstler stärker in Erscheinung; genannt seien z.B. der Konstanzer Johann Christian Storer, der Oberschwabe Josef Esperlin und der Mannheimer Ferdinand Kobell.

Unter den stetig steigenden Ansprüchen höfischer Kreise in Barock und Rokoko an immer kostbarer ausgestattete Möbel erreichte die Kunst der Ebenisten – wie man die Kunsttischler nannte – im 18. Jahrhundert ihren Höhepunkt. Paris wurde Zentrum der Möbelkunst in Europa; die hier tätigen Meister – darunter auch so mancher deutsche – bestimmten den Wandel in Stil und Mode. Für unsere Ausstellung haben wir rund 50 Möbelstücke ausgewählt, neben Erzeugnissen der heimischen Produktion für fürstliche, aber auch bürgerliche Auftraggeber, ebenso mehrere Prunkmöbel, wie sie von badischen, pfälzischen und württembergischen Hofhaltungen bevorzugt von auswärtigen Werkstätten bezogen wurden. Diese von der Fachliteratur z.T. noch nicht erfaßten Beispiele sollen einen Überblick über die gebräuchlichsten Typen geben und zugleich mit den wichtigsten Techniken der barocken Möbelkunst bekannt machen.

Wir können hier die Aufmerksamkeit nur auf wenige Stücke lenken. So auf den künstlerisch außergewöhnlichen, von Hans Daniel Sommer – Mitglied einer bedeutenden Künstlerfamilie in Künzelsau – 1687 datierten und signierten Tisch. Seine Platte ist in jener kunstvollen Boulle-Technik dekoriert, die nach dem berühmten Hofebenisten Ludwigs XIV. benannt wird und bei der verschiedene Materialien wie Schildpatt oder Messing auf das Blindholz aufgeleimt werden, die einen wirkungsvollen Fond abgeben für reiche Einlegearbeiten aus Elfenbein, Perlmutt, Zinn oder Silber. Kostbar ist auch die Platte eines weiteren Tisches gearbeitet, der noch heute in Schloß Favorite bei Rastatt an gleicher Stelle steht wie vor über zweihundertfünfzig Jahren. Es handelt sich dabei um eine Einlegetechnik aus verschiedenfarbigen Halbedelsteinen – Pietra-Dura genannt. Markgräfin Sibylla Augusta von Baden-Baden erhielt dieses Prunkstück zum Geschenk vom Florentiner Hof der Großherzöge von Toskana, an dem solche Steinarbeiten in höchster Vollendung ausgeführt wurden.
An allen fürstlichen Höfen waren tüchtige einheimische Kunstschreiner, von welchen uns etliche namentlich überliefert sind, mit der Herstellung des erforderlichen Mobiliars beschäftigt; eine Reihe von charakteristischen Beispielen solcher im Lande entstandener Möbel zeigt unsere Ausstellung. Zur Befriedigung höherer Ansprüche wurden – vor allem nach der Mitte des 18. Jahrhunderts – gerne auswärtige Werkstätten in Anspruch genommen. Als Beispiele hierfür seien zwei hervorragende Stücke genannt: Der vermutlich in Würzburg für den Bruchsaler Fürstbischof Franz Christoph von Hutten in Auftrag gegebene Schreibschrank mit prachtvoller Marketerie, ein in Deutschland besonders beliebter Möbeltyp, sowie ein Pultschreibtisch, den Markgräfin Karoline Luise von Baden-Durlach bei David und Abraham Roentgen in Neuwied bestellte, der führenden deutschen Möbelwerkstatt, die an viele europäische Höfe ihre mit allen technischen Raffinessen und reichen Intarsien ausgestatteten Werke lieferte.
An manchen Höfen gab man aber Möbeln bekannter Pariser Ebenisten den Vorzug. Beispielsweise bei der Ausstattung des Neuen Corps de Logis im Ludwigsburger Schloß, an der Herzog Carl Eugen von Württemberg regen Anteil nahm, wie wir aus einer Tagebuch-Notiz der Gräfin Franziska von Hohenheim von 1782 erfahren, wo es heißt: „... stig man im neihen schloß ab, und besahe die Möbels, die wieder von Baris gekomen sein."
Das „so zärtlich als edle Feld des feinen Porzellains" – die Porzellankunst des 18. Jahrhunderts – durfte mit Proben „landeseigener" Produktion in unserer Ausstellung nicht fehlen. Denn wie „kein schöneres, und außer des Zerbrechens tauerhaftigeres Kunstwesens, bei dem es immer neuen gou und neue Erfündungen giebet", hat uns gerade die Porzellanplastik mit dem heiteren Reigen ihrer vielgestaltigen Figuren ein anschauliches Spiegelbild von der Welt und Gesellschaft des galanten Rokoko bewahrt. Unübersehbar ist die Fülle der damals von einfallsreichen Bildhauern und geschickten Modelleuren in tausenderlei Gestalt ausgeformten Porzellanfiguren.

Beginnen wir unsere Hinweise mit der 1758 von Herzog Carl Eugen gegründeten Porzellanmanufaktur Ludwigsburg, von der wir mehrere Figuren und Geschirre zeigen, u.a. fünf Exemplare aus der berühmten Folge der Musiksoli – unübertreffliche Meisterwerke von Wilhelm Beyer, der hernach in Wien u.a. im Schönbrunner Schloßpark eine Reihe lebensgroßer Gartenskulpturen geschaffen hat. Wenige Jahre zuvor hatte Kurfürst Carl Theodor von der Pfalz ein Privileg zur Fabrikation und zum Verkauf von Porzellan erteilt. 1762 veräußerte der bisherige Besitzer aus wirtschaftlichen Gründen die in Frankenthal gegründete Manufaktur an den Landesherrn. Neben den berühmten Erzeugnissen von Meißen und Nymphenburg zählen vor allem die Figuren der kurpfälzischen Manufaktur zu den besten Leistungen der deutschen Porzellanplastik. Außer der Präsentation so bekannter Gruppen wie dem „Flötenunterricht" von Johann Friedrich Lück, dem „Jäger aus Kurpfalz" oder „Okeanos und Thetis" – einem Modell von Konrad Linck, dem Kostümentwürfe für ein in Stuttgart aufgeführtes Ballett zugrundeliegen – ist es gelungen, acht Figuren der „Commedia dell'arte" von Johann Wilhelm Lanz in der Ausstellung zu vereinen. Von großer Seltenheit sind ebenso die ausgestellten Gefäße und Geschirre der nur acht Jahre, von 1770 bis 1778, bestehenden Porzellanmanufaktur Baden-Baden.
Wenden wir uns nun der Fayence zu, dem älteren und zweitwichtigsten Zweig der Barock- und Rokokokeramik, die eine zeitlang sogar als Ersatz für das kostspieligere Porzellan dienen mußte, dann ist ihrer künstlerischen Bedeutung nach von allen Fayencemanufakturen in unserem Land die von Durlach an die erste Stelle zu setzen. 1723 mit Privileg des badischen Markgrafen Karl Wilhelm, des Stadtgründers von Karlsruhe, errichtet, hat die Durlacher Fayencemanufaktur bis zu ihrer Schließung ausschließlich Geschirre fabriziert. Vor allem ihre frühen Blumendekore und figürlichen Chinoiserien dürfen zu den reizvollsten Schöpfungen der gesamten deutschen Fayencemalerei gerechnet werden.

Hat Durlach anfänglich auch noch die Tafel des Landesfürsten beliefert – ähnliches läßt sich auch von der mit Privileg des Kurfürsten Carl Theodor gegründeten Manufaktur in Mosbach sagen –, so haben die übrigen Fayencemanufakturen in Crailsheim (1715), Göppingen (1741) und Schrezheim (1752) die Käufer ihrer z.T. ausgezeichneten Erzeugnisse ausschließlich in bürgerlichen Kreisen gefunden. Sie gehören daher sinngemäß bereits zum dritten Abschnitt unserer Ausstellung, der (im zweiten Obergeschoß) die Welt der Untertanen schildert, also das Leben der Bürger in Stadt und Land, der Handwerker und Bauern. Mit ihrem Fleiß und ihrer täglichen Arbeit – stets obrigkeitlicher Willkür unterworfen, aber ebenso obrigkeitlicher Fürsorge teilhaftig – haben sie jahraus jahrein zum Wohlstand beigetragen, der den Bau neuer Städte, Residenzen, Klöster und Kirchen erst möglich machte, zu deren Ausschmückung auch all die Kunstwerke geschaffen wurden, die wir in der Ausstellung bewundern können.
Die breitgefächerten Themen, die in diesem gleich wichtigen und interessanten Teil der Ausstellung anhand eines mannigfaltigen und reichhaltigen Anschauungsmaterials dargestellt werden, können hier freilich nur stichwortartig angedeutet werden. Es beginnt mit der Schilderung des Lebens der Bürger, seinem althergebrachten Zunftwesen und seinen Schützengesellschaften und Bürgerwehren, deren Feiern und Umzüge den Höhepunkt unter den festlichen

Ereignissen des Jahres in den Städten bildeten. Der Ausstellungsbesucher begegnet den Erzeugnissen der ländlichen Gewerbe und Berufszweige, der „Schnefler", Uhrmacher, Strohflechter, Glas- und Schildermaler, dabei selbstverständlich einigen frühen Exemplaren ihres bekanntesten Produktes – der Schwarzwalduhr. Ebenso gewinnt der Besucher Einblicke in das Leben der Bauern im Barockzeitalter, ihre oft bedrückenden sozialen Verhältnisse, die erst am Ende der Epoche mit der Aufhebung der Leibeigenschaft – Markgraf Karl Friedrich von Baden machte damit 1783 den Anfang – eine grundlegende Änderung erfahren haben.
Ein breiter Raum in der Ausstellung ist der Bildwelt barocker Frömmigkeit und religiöser Volkskultur vorbehalten. In den rührend-naiven Darstellungen beispielsweise der in Kirchen und Kapellen des Landes zu Hunderten überlieferten Votivbilder spiegelt sich der Alltag des Volkes, das sich in seinen Sorgen und existenziellen Nöten schutz- und hilfesuchend an die Gottesmutter und die vielen, nun z.T. neuhinzugekommenen Heiligen wendet. Wie sehr im Barock Glaube und Leben in Einklang stehen und alle Bereiche von Religion und Kirche durchdrungen sind, dies belegen – vor allem in den katholischen Gebieten – selbst die einfachsten Werkzeuge und bescheidensten Geräte von Feld und Haus, die nur selten eines frommen Bildes, Zeichens oder Spruches entbehren. Wenn auch in einem beschränkteren Maße, so hatte die protestantische Frömmigkeit ebenso Möglichkeiten – wie am Beispiel mehrerer Ausstellungsstücke zu sehen ist –, den Glauben auch im privaten Bereich sichtbar zu dokumentieren. Eine Sonderabteilung ist dem im 18. Jahrhundert gerade auch in Südwestdeutschland blühenden Wallfahrtswesen gewidmet, an dem Bauer, Bürger und Adel gleichermaßen teilhaben.

Es war – um den Überblick über Thema und Programm der Ausstellung abzuschließen – unsere Absicht, dem Betrachter ein mannigfaltiges und eindrucksvolles Bild zu vermitteln von den künstlerischen Kräften und Leistungen zur Barockzeit in allen Regionen unseres heute vereinten Landes Baden-Württemberg.
Zugleich möchten wir hoffen, daß die Ausstellung der Forschung in den verschiedensten Disziplinen neue Impulse zu geben vermag und zu neuen wissenschaftlichen Erkenntnissen anregt. Beitragen hierzu könnten vor allem die zahlreichen unbekannten und unveröffentlichten Kunstwerke, die bislang nicht gebührend gewürdigten kunsthandwerklichen Arbeiten sowie eine Vielzahl von Dokumenten der Volkskunde und allgemeinen Kulturgeschichte, die in der Ausstellung erstmals gezeigt werden. Eigens aus diesem Anlaß restauriert und in den Blickpunkt der Fachwelt gerückt, präsentiert sich hier so manches Kunstwerk zu näherer Betrachtung und genauerem Studium, als dies an seinem üblichen, oftmals schwer zugänglichen oder einsehbaren Standort möglich ist; und es mag dem Betrachter – nicht zuletzt bei vergleichender Gegenüberstellung mit anderen Ausstellungsstücken – das bekannte Werk vielleicht in einem „neuen Licht" erscheinen. Vielversprechend in dieser Hinsicht erwiesen sich einige, bereits bei der Vorbereitung der Ausstellung unvermutet geglückte wissenschaftliche „Neufunde". Um den bedeutendsten von diesen hier hervorzuheben, nennen wir die beiden großartigen, original vergoldeten Apostelfiguren des Petrus und Paulus vom Hochaltar der Pfarrkirche von Ringingen (südwestlich von Ulm); von der Fachwelt bislang kaum beachtet, wurden sie kürzlich von Volker Himmelein entdeckt

und überzeugend als Meisterwerke von Paul Egell bestimmt, wie die Aufstellung der beiden Holzskulpturen in unserer Ausstellung in unmittelbarer Nachbarschaft zu gesicherten Arbeiten des kurpfälzischen Hofbildhauers eindeutig beweisen wird.

Die Realisierung der Ausstellung verdanken wir in erster Linie dem großzügigen Entgegenkommen zahlreicher Leihgeber im In- und Ausland, die vorstehendes Verzeichnis einzeln aufführt. Weit über 300 Kirchen, Klöster, Museen, Bibliotheken, Archive und Privatsammler haben uns bereitwillig wertvolle Leihgaben zur Verfügung gestellt. Die spontane und hilfsbereite Unterstützung, die unser Ausstellungsprojekt vor allem bei vielen katholischen und evangelischen Kirchen und bei Klöstern unseres Landes finden durfte, sei hier mit besonderer Dankbarkeit vermerkt. Wenn wir noch hinzufügen, daß dabei so manche Kirchengemeinde jetzt monatelang ein seit Jahrhunderten wohlbehütetes liturgisches Gerät oder Kunstwerk entbehren muß und daß viele unserer übrigen, vornehmlich privaten Leihgeber einen Sommer lang sich von den kostbarsten Schätzen ihres eigenen Kunstbesitzes trennen, dann kann die opferbereite Förderung unseres Unternehmens nicht hoch genug eingeschätzt werden.
Ohne die großen Verdienste aller anderen Leihgeber nur im geringsten zu schmälern, seien hier einige Museen namentlich hervorgehoben, die uns aus ihren bedeutenden Sammlungen eine größere Anzahl wertvoller Ausstellungsstücke anvertraut haben: Die Markgräflich Badischen Museen in Salem und Baden-Baden, das Städtische Reiß-Museum Mannheim, das Kurpfälzische Museum Heidelberg, Bayerisches Nationalmuseum und Residenzmuseum in München, die Städtischen Kunstsammlungen Augsburg, das Ulmer Museum, das Augustinermuseum in Freiburg i. Br. und das Generallandesarchiv Karlsruhe. Daß die beiden Landesmuseen in Stuttgart und Karlsruhe in ihren Häusern einen besonders großen Bestand an einschlägigem, für unsere Ausstellung besonders bedeutungsvollem Kunstgut verwahren, ergibt sich allein schon aus dem jeweils überkommenen landesfürstlichen Kunstbesitz, vor allem aus ihrem Auftrag, kunst- und kulturhistorische Zeugnisse zur Landesgeschichte bevorzugt zu sammeln. Ich bin daher meinem Kollegen, Herrn Professor Dr. Zoege von Manteuffel, dem Direktor des Württembergischen Landesmuseums, und seinen zuständigen Mitarbeitern zu außerordentlichem Dank verbunden für den überaus umfangreichen Beitrag an wichtigen und kostbaren Leihgaben, ohne den unsere Ausstellung ein Torso geblieben wäre. Alles in allem dürfen wir dankbar feststellen, daß unsere Leihgabenwünsche weit über unsere anfänglichen Erwartungen hinaus – von einigen bedauerlichen Ausnahmen abgesehen – nahezu restlos erfüllt wurden.

Landtag und Regierung von Baden-Württemberg, dem Finanzministerium und dem Ministerium für Wissenschaft und Kunst, die das Badische Landesmuseum mit der Durchführung der Ausstellung betraut haben, danken wir für das damit unserem Institut entgegengebrachte Vertrauen und für die Bereitstellung der erforderlichen finanziellen Mittel zur Veranstaltung der Ausstellung und zur Herausgabe des zweibändigen Katalogs. Dankbar erwähnen möchten wir die gute Zusammenarbeit mit der Staatlichen Liegenschaftsverwaltung, dem „Hausherrn" von Schloß Bruchsal, und das gleichermaßen verständnisvolle Zusammenwirken mit der Staatlichen Hochbauverwaltung, die eigens für die Erfordernisse der Ausstellung umfangreiche Bauarbeiten durchgeführt hat. Dank gebührt auch der Stadtverwaltung von Bruchsal, bei der unser Ausstellungsprojekt von Anfang an tatkräftige Unterstützung gefunden hat. Nützliche Hilfe leisteten ebenso das Landesdenkmalamt und für willkommene Publicity der Landesfremdenverkehrsverband Baden-Württemberg. Dankbar begrüßen wir die vielen Barock-Veranstaltungen im Lande, durch die wir unser Anliegen gefördert wissen. Schließlich sei in Dankbarkeit der vielfachen Hilfe und Förderung gedacht, die zahlreiche, an anderer Stelle namentlich genannte Behörden, Museen, Bibliotheken, Archive, Institute und Fachkollegen uns bei der Vorbereitung der Ausstellung zuteil werden ließen.

Die architektonische und graphische Gestaltung der Ausstellung sowie die Audio-Multivision sind – andernorts einzeln genannten – Architekten und Designer unter der Leitung von Knut Lohrer, Stuttgart, zu danken; die ideen- und abwechslungsreichen Einbauten in den einzelnen Ausstellungsbereichen schaffen einen dem Thema angemessenen und zur Präsentation des Ausstellungsgutes wirkungsvollen Rahmen.

Organisation und Durchführung einer derart umfangreichen Ausstellung lassen sich nur in Teamarbeit bewerkstelligen. Allein im Vertrauen auf den schon mehrfach bewährten Stab seiner erfahrenen Mitarbeiter konnte sich das Badische Landesmuseum dieser Aufgabe annehmen.
Sämtliche Mitarbeiter des Hauses – ob Wissenschaftler, Restaurator, Präparator, Handwerker oder die in Verwaltung und Bibliothek tätigen Fachkräfte – haben mit ihrem unermüdlichen, weit über den Rahmen sonstiger dienstlicher Obliegenheiten hinausgehenden Einsatz die Fertigstellung der Ausstellung ermöglicht, die – nicht zuletzt wegen der knappen Vorbereitungszeit – das Museum personell und organisatorisch bis an die Grenze seines Leistungsvermögens geführt hat. Es ist mir daher ein vordringliches Anliegen, allen an der Ausstellung beteiligten Mitarbeitern meinen herzlichen Dank und volle Anerkennung auszusprechen. Ein ganz besonderer Dank gebührt Herrn Dr. Volker Himmelein vom Württembergischen Landesmuseum, der sich – freigestellt für diese Aufgabe – als Generalsekretär von Anfang an des Ausstellungsplanes mit Engagement und großer Sachkunde angenommen und im Zusammenwirken mit dem wissenschaftlichen Arbeitsteam unseres Hauses Konzept und Didaktik der Ausstellung erarbeitet hat. Den Hauptteil der organisatorischen Vorbereitung der Ausstellung und der redaktionellen Betreuung des zweibändigen Katalogs hat mit zuverlässiger Umsicht buchstäblich in Tag- und Nachtarbeit Frau Dr. Helge Siefert geleistet. Sie war Zentral- und Schaltstelle des ganzen Unternehmens; ohne ihren unermüdlichen Einsatz und ihr Durchhaltevermögen wäre die Übersicht über den Stand der langwierigen Verhandlungen mit Leihgebern, Autoren u.a. nicht aufrechtzuerhalten gewesen; abgesehen von der zeitraubenden Erledigung der übrigen, täglich anfallenden Geschäfte einer wissenschaftlichen Ausstellungssekretärin, fand sie noch Zeit für einen eigenen Katalogbeitrag.
Daß die Katalogbearbeitung der in der Ausstellung vorgeführten Kunstgattungen – Plastik, Goldschmiedekunst, Möbel, Keramik, Glas, Textilien, Waffen und weitere kunsthandwerkliche Techniken sowie Volkskunde und Numismatik – hausintern im Badischen Landesmuseum geleistet werden konnte, spricht

wohl für die wissenschaftliche Kapazität seiner Mitarbeiter; den an entsprechender Stelle namentlich aufgeführten Autoren war auch die Auswahl der ausgestellten Werke ihres Fachgebietes übertragen. Lediglich die Malerei, die nicht zum Sammelgebiet unseres Hauses zählt, mußte einem auswärtigen Fachkollegen anvertraut werden. Ich bin daher Herrn Professor Dr. Bruno Bushart außerordentlich dankbar, daß er nach entscheidender Vorarbeit von Dr. Eckhard von Knorre und nach dessen allzu frühem Tod – nicht zuletzt aus freundschaftlicher Verpflichtung dem Verstorbenen gegenüber – die Bearbeitung der Gemälde in unserem Ausstellungskatalog übernommen hat. Zu danken habe ich auch Herrn Dr. Hans-Ulrich Roller vom Württembergischen Landesmuseum, der uns sowohl bei der Auswahl volkskundlicher Ausstellungsobjekte wie vor allem mit seinem Katalogbeitrag über die Möbel und die Bildwelt der protestantischen Frömmigkeit eine unentbehrliche Hilfe war.
Nicht zuletzt sei den weiteren, nicht unserem Hause angehörenden Helfern gedankt, Fräulein Gudrun Emberger, M.A., Tübingen, für die Abfassung der didaktischen Ausstellungstexte sowie allen Autoren des Aufsatzbandes. Auch den am Aufbau der Ausstellung und an den schwierigen Transporten beteiligten Firmen haben wir zu danken. Schließlich gebührt ein Dankeswort auch den beiden an der Gesamtherstellung des Katalogs und Aufsatzbandes beteiligten Karlsruher Firmen C. F. Müller, Großdruckerei und Verlag GmbH, und G. Braun (vorm. G. Braun'sche Hofbuchdruckerei und Verlag) GmbH.

Blick in den wiederhergestellten Marmorsaal im Corps de Logis.

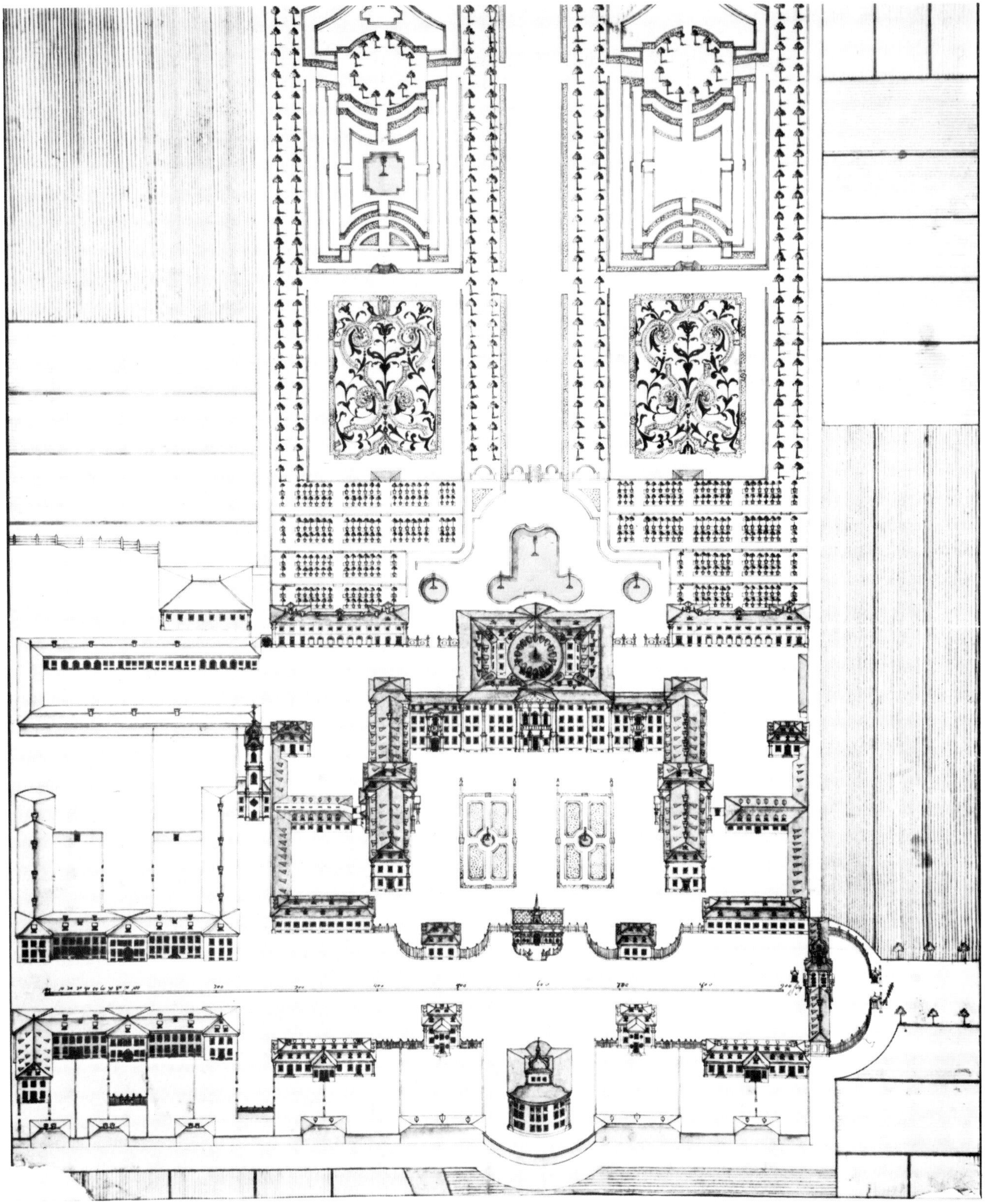

Schloß Bruchsal

Rosemarie Stratmann

„Weilen nun der besagten Stadt Speier bisheriges aufführen mir noch schlechte hoffnung und anlaß giebet, mich mit ihr in einen gütigen vergleich einlassen zu können, also bin ich bey solchen umbständen noch entschlossen, meine residenz nach Bruchsal zu bauen", schrieb am 14. Mai 1720 der neue Fürstbischof von Speyer, Graf Damian Hugo von Schönborn (1676–1743), an seinen Bruder Rudolf Franz Erwein in Wiesentheid. Der 1716 zum Koadjutor und im Dezember 1719 zum Fürstbischof von Speyer gewählte Kardinal aus dem Hause Schönborn konnte seine in den Kriegen Ludwigs XIV. teilweise zerstörte Residenz in Speyer, Sitz seines Bistums, nicht wiederaufbauen, da ihm die protestantische Bevölkerung der freien Reichsstadt große Schwierigkeiten bereitete. Diese hatten bereits seinen Vorgänger, Heinrich Hartard von Rollingen, bewogen, Bruchsal als Aufenthaltsort zu wählen, obgleich auch diese Stadt weitgehend vernichtet worden war. Bereits einige Tage zuvor hatte Schönborn seinem Bruder berichtet: „Ich habe nun den ort ausgelesen, wohe meine residentz hinkommen solle, ich habe mein tag kein schönere situation von allem gesehen, es ist zu Bruchsal, ein statt, viel größer als Aschaffenburg rechdt schön wieder gebauet".

Neben dem landschaftlichen Reiz spielten für die Wahl wohl auch wirtschaftliche Erwägungen eine Rolle, wie z.B. Beschaffung und Transportmöglichkeiten der Baumaterialien. Handelte es sich doch um ein umfangreiches Unternehmen, und der Kardinal, als fürsorglicher und sparsamer Landesvater, war bestrebt, mit dem geringsten Kostenaufwand die größtmögliche Wirkung zu erzielen, was ihm auch gelang. Es galt nicht nur, eine adäquate Unterkunft für den fürstbischöflichen Hofhalt, sondern für die gesamte Verwaltung des Bistums, die Beamten und Bediensteten zu schaffen. Mit mehr als 50 Einzelgebäuden entstand eine quasi komplette, in sich geschlossene Stadt. So lagen z.B. an einer Nord-Südachse, entlang der Landstraße von Heidelberg nach Basel, begrenzt jeweils von einem Stadttor, Kanzlei- und Wirtschaftsgebäude, die eine Außenbemalung in Backsteinmanier aufwiesen. Diese Ziegelbemalung war wohl eine Reminiszenz holländischer Vorbilder, die der Fürstbischof als Landkomtur der Deutschordensballei Altenbiesen in Holland kennengelernt hatte. Um einen großen Ehrenhof gruppierten sich das Corps de Logis, die Hofkirche, deren Größe sich aus ihrer Funktion als „Pro-Kathedrale" erklärt, und der sog. Kammerflügel, ein Behördenbau, alles jedoch durch Galerien voneinander abgesetzt. Dieser Gebäudekomplex war mit einer Architekturmalerei versehen. Auch die Anlage als Einzelbauten geht auf Überlegungen des Fürstbischofs zurück, dessen Korrespondenz mit Mitgliedern seiner weitverzweigten Familie sich glücklicherweise weitgehend erhalten hat. „Ich baue haldt in ein Landt, wohe täglich und stündlich Kriech... zu besorgen ist. Also muß es auch so gebauet werden, daß wan ein Flam aufgehet, das

Ansicht der fürstbischöflichen Residenz Bruchsal aus der Vogelschau. Federzeichnung, mehrfarbig laviert. 1746.

andere Gebey noch zu erretten, also wirdt das alles von einander separiret, hatt doch seine Communicationes, hat viele Hof und Separationes...". Bezeichnenderweise begann man 1721 mit der Errichtung der Dienst- und Wirtschaftsgebäude und im Jahre 1723 mit der Hofkirche. Erst 1725 wurden die Fundamente für den Schloßhauptbau gelegt.

Die erste Planung der Gesamtanlage ist das Werk des kurmainzischen Baudirektors Maximilian von Welsch (1671–1745). Die Bauleitung lag in den Händen des Werkmeisters Johann Georg Seitz (1689–1739) aus Wiesentheid, ab 1723 bei dem Böhmen Michael Rohrer (1683–1732), Architekt des Schlosses Favorite bei Rastatt, den die mit dem Fürstbischof befreundete Markgräfin Sibylla Augusta von Baden-Baden für diese Aufgabe freigestellt hatte. Nach Mißstimmigkeiten übernahm der Zimmermann Johann Georg Stahl (um 1687–1755) die Bauaufsicht. Planführender Architekt des Hauptbaus war Anselm Franz Freiherr von Ritter zu Gruenstein (1694/95–1765), ebenfalls kurmainzischer Oberbaudirektor. Von ihm sind die ersten Pläne des Corps de Logis erhalten. Vorgesehen war eine dreistöckige Anlage mit Erdgeschoß, Hauptgeschoß, der sog. Bel Etage, und Attika (niedriges Obergeschoß). Da sich die Architekten nur jeweils kurze Zeit an der Baustelle aufhielten, nahm Damian Hugo von Schönborn, der selbst wie so mancher seiner fürstlichen Zeitgenossen in der Architektur dilettierte, eigenmächtig eine Planänderung vor. Um für seinen zahlreichen Hofstaat und die hohen Beamten Unterkunft zu schaffen, ließ er in Anlehnung an römische Palastbauten, an die er sich erinnerte, zwischen dem Erd- und dem Hauptgeschoß ein Mezzanin (niedriger Zwischenstock) einfügen. Dabei blieb jedoch außer acht, daß dieser Einschub für die Haupttreppe, deren räumliche Begrenzung bereits festlag, ungeheure Schwierigkeiten mit sich bringen würde, war doch nun ein größerer Höhenunterschied zu überwinden bei gleichbleibenden Ausdehnungsmöglichkeiten. Mit Ritter zu Gruenstein kam es im Jahre 1726 zum spektakulären Bruch. Das Schloßhauptgebäude sollte aus einer geschlossenen Vierflügelanlage mit Stiegenhaus im Zentrum, flankiert von Lichthöfen bestehen. In der Bel Etage waren die Gemächer des Fürstbischofs und ein Gästeappartement vorgesehen. (Über die Herkunft der Anlage siehe Gamer). Da im höfischen Zeremoniell der Haupttreppe eine hervorragende Bedeutung zukam, läßt sich ermessen, welche Schwierigkeiten sich aus der eigenmächtigen Planänderung des Fürstbischofs ergaben. Die Bauarbeiten gingen zügig voran, doch blieb 1730 noch „das Loch in der mitten", „wo die Stiegen hinkommen solle", wie Schönborn an Balthasar Neumann (1687–1753), den damals wohl bedeutendsten Architekten im süddeutschen Raum, schrieb, den der Kardinal für sein heikles Treppenprojekt zu gewinnen suchte. Neumann kam 1731 nach Bruchsal und fertigte eigenhändig ein Modell aus Holz und Gips. Schon Ritter zu Gruenstein hatte zwei gebogene Treppenläufe vorgesehen. Neumann löste das Problem, indem er die Läufe in größerem Bogen führte und im Erdgeschoß zwischen Intrada (Eingangssaal) und Sala terrena (Gartensaal) einen Grottensaal einfügte, um den sich die Treppe entwickelte. „Diese Unterteilung... führte zu einer Vermehrung der Räume, die Differenzierung von Helligkeit und Farbe, die sich daraus ergebende wechselnde Stimmung tragen ungemein zur Bereicherung des räumlichen Gefüges bei. Trotz ständig sich wandelnden Eindrücken, bleibt der Gesamtüberblick durch die Öffnung der Wände gewahrt" (Gamer). Im Hauptgeschoß entstand über dem Grottensaal eine runde Plattform mit breiten Verbindungsstegen über die Treppenläufe hinweg zu den beiden Festsälen, dem Fürstensaal und dem Marmorsaal. Der runde Treppensaal wird zu einem eigenständigen Raum, der durch Fenster von den Seitenhöfen sein Licht erhält, während seine Flachkuppel durch sichtbare Fenster und für den Betrachter unsichtbare Öffnungen erhellt wird. Die geniale Leistung Neumanns veranlaßte schon vor einem halben Jahrhundert den Kunsthistoriker Georg Dehio dazu, die Bruchsaler Stiege als die „Krone aller Treppenhäuser" zu bezeichnen.

Die Innendekoration erfolgte weitgehend erst unter Schönborns Nachfolger, Fürstbischof und Kardinal Franz Christoph von Hutten zu Stolzenberg (1706–1770). Lediglich aus der Hauskapelle Damian Hugos blieben Stuckdekorationen in Bandelwerkornamentik bis zur Zerstörung 1944 erhalten. Neumann blieb auch unter Hutten der führende Architekt. Die Außenfassaden erfuhren durch den Anbau eines großen Balkons zum Garten und einer Loggia zum Ehrenhof, mit prächtigen fürstbischöflichen Wappen geziert, eine tiefgreifende Veränderung. Die von Schönborn durch den Quadraturmaler Giovanni Francesco Marchini, der auch die drei Haupträume im Erdgeschoß ausmalte, angebrachte bunte Architekturbemalung der Fassade wurde bereits unter Hutten durch ein lichtes Grau ersetzt.

Für die Innenausstattung schlug Neumann den Stukkator Johann Feichtmayr (1709–1772) aus Augsburg vor, einen der berühmtesten Künstler seines Fachs, der zahlreiche fränkische und oberschwäbische Kirchen dekorierte, sowie den zuvor in Würzburg tätigen Maler Johannes Zick (1702–1762), der unter Mithilfe seines Sohnes Januarius (1732–1797) die Decken des Fürsten- und Marmorsaals sowie die Kuppel des Stiegenhauses ausmalte und eine Reihe von Supraporten (Gemälde über Türen) in den fürstlichen Appartements schuf.

Am 28. Februar 1945 fiel das Schloß einem Bombenangriff zum Opfer. Nur das Treppenhaus und einige Außenwände blieben stehen. Beim Wiederaufbau, der erst im Jahre 1975 vollendet war, wurden lediglich das Äußere, die drei Haupträume des Erdgeschosses, die beiden Festsäle und das Treppenhaus historisch getreu rekonstruiert, alle übrigen Räume modern gestaltet und dem Badischen Landesmuseum Karlsruhe sowie einige Räume im zweiten Obergeschoß dem Städtischen Museum Bruchsal zur Verfügung gestellt. Das Badische Landesmuseum richtete ein Zweigmuseum ein, in dem vorwiegend die berühmten Bestände an Wirkteppichen, aus verschiedenen badischen Schlössern stammend, zu sehen sind, die schon zu Beginn dieses Jahrhunderts nach Bruchsal verbracht worden waren. Zusammen mit Mobiliar und Gemälden aus fürstbischöflichem Besitz werden auch kostbare Gläser, Keramik und Möbel aus dem Bestand des Badischen Landesmuseums gezeigt.

Die zarten Stukkaturen eines Musik- oder Jagdsaales oder das reizvolle Watteau-Kabinett, ein intimer, von Januarius Zick mit Genreszenen in der Art des Franzosen Antoine Watteau (1684–1721) ausgemalter Raum, sind unwiederbringlich verloren. Auch die Schloßkirche, die einstmals von den Brüdern Asam dekoriert worden war, wurde neuzeitlich gestaltet. Umso erfreulicher ist es, daß zur Wiederherstellung der Haupträume unter der

fachkundigen Leitung der Staatlichen Hochbauverwaltung Künstler und Restauratoren von höchstem Können gewonnen werden konnten. Die Malerarbeiten sind noch nicht abgeschlossen, wie der Eingangssaal und die Sala terrena zeigen.
Im Grottensaal wurden erhaltene Reste meisterhaft in die Restaurierung integriert. Eine ungefüge Architektur mit Riesen und erdhaften Wesen soll das Ungestaltete darstellen, aus dessen Dunkel man beim Aufsteigen über die Treppe in ein lichtes, von menschlichem Ingenium gestaltetes und geordnetes Imperium emporsteigt. Die Wände des Treppensaales werden durch flache Pilaster in Stuckmarmor gegliedert. Über einer breiten Hohlkehle mit lockeren Rocaillen und vegetabilen Ornamenten in Stuck und Kartuschen mit historischen Malereien entfaltet sich die Kuppel, auf der die Geschichte des Bistums Speyer dargestellt ist. Angefangen von der Christianisierung (ein mit rotem Mantel bekleideter Hirte im Zentrum nimmt einer sitzenden weiblichen Gestalt, dem Heidentum, den Schleier der Unwissenheit von den Augen) über die Belehnung des ersten Bischofs Konrad I. durch Kaiser Heinrich III. bis zur Vergrößerung des Bistums durch die Propstei Weissenburg. Über dem Eingang zum Fürstensaal steht der greise Kardinal von Schönborn, vor dem der Grundriß der nördlichen Hälfte des Corps de Logis, Erdgeschoß, entfaltet wird. Ihm gegenüber thront huldvoll sein Nachfolger, Franz Christoph von Hutten.

Der Dekoration der Treppe (1752) voran ging die Ausstattung des Fürstensaales (1751), dem Porträts Speyrer Fürstbischöfe den Namen gaben. Die architektonische Gliederung ist deutlich ablesbar; Türen, Fenster und Kamine mit Spiegeln darüber gliedern den Raum. Die Lisenen tragen Spiegel aus Alabaster. Über dem klar abgegrenzten Fries stellt das Deckengemälde, nach Aussage des Künstlers, „Fruchtbarkeit und den Commercien-Flor des Hochfürstlichen Hochstiffts“ dar. Über einer rundumlaufenden dunklen Sockelzone erhebt sich in lichten Farben eine Scheinarchitektur mit Durchblick in den freien Himmelsraum. Im Zentrum der Kuppel bewegt sich das Sonnengespann des Apoll im Ring der Tierkreiszeichen. Über die Decke verteilt gruppieren sich die Götter des griechischen Olymp, gekennzeichnet durch ihre Attribute. Allegorische Darstellungen verdeutlichen die segensreichen Wirkungen dieser Götter im Bistum: die freien Künste, eine Gruppe musizierender Jahreszeiten, etc. In den Ecken sind die Quellen des Reichtums wiedergegeben: Ackerbau, Weinbau, Salzgewinnung (Allusion auf die Anlage einer Saline in Bruchsal durch Franz Christoph von Hutten) und Jagd sowie Fischfang.

Für die Jahre 1753/54 schließlich wird die Ausstattung des Marmorsaales angenommen, „Höhepunkt der profanen Innenarchitektur“ (Gamer). Den Namen erhielt er nach der Verkleidung des Fußbodens und der Sockelzone sowie den Kaminen. Die architektonische Gliederung wird negiert. Halbsäulen mit Gebälk, in raffinierten Kombinationen zusammengefaßt, die über Eck gestellten Kamine in den abgeschrägten Ecken sowie die nach außen vorgezogene Fensterwand vermitteln Spannung und gleichzeitig einen Kontrastreichtum, der sich in der Auflösung des Gesimses und in dem durch eine wuchernde Stuckornamentik akzentuierten nahtlosen Übergang von Decke und Wänden wiederholt. Das Deckengemälde repräsentiert „die ewig-fortdauernde Beständigkeit des Hochfürstlichen Hoch-Stiffts", versinnbildlicht durch Allegorien wie das Göttermahl, Symbol der ewigen Jugendlichkeit, einen Vestatempel mit dem dauernd brennenden Feuer und, als direkte Beziehung zum Bistum, Fortuna, die durch Herkules an eine Säule gebunden wird, „und somit der Dauerhafftigkeit Stand zu halten gezwungen". Die drei Parzen spinnen den Lebensfaden und Putten zerstören Sense und Stundenglas Saturns, des Gottes der Zeit.

Als Zeichen der Beständigkeit mag man das Wiedererstehen des Schlosses nach der Zerstörung betrachten.

Literatur: Zick 1756. – Roegele 1955. – Gamer 1975. – Haßler 1975. – Huth 1977. – Rheinstädter 1977.

Katalog

Bearbeiter des Katalogs

Malerei	Prof. Dr. Bruno Bushart auf der Grundlage einer Materialzusammenstellung von Dr. Eckhard von Knorre † A 1–11a, 12, 15, 16, 18, 19, 21–27, 29–37, 39–50, 53–57, 61–69, 71–73, 75–100, 102–114
	Dr. Volker Himmelein A 17, 28, 38, 70, 119, 123, 124, 131–136, 141–145
	Dr. Dietrich Rentsch A 58–60, 118a, b
	Dr. Helge Siefert A 13, 14, 125, 126
	Dr. Rosemarie Stratmann A 51, 52, 115–117, 120–122, 127–130, 137–140
	Dr. Eva Zimmermann A 11b, A 20, 74, 101
Skulpturen	Dr. Eva Zimmermann B 1–B 94
Goldschmiedekunst	Dr. Johann Michael Fritz unter Mitwirkung von Margret Skalitzky-Wagner C 1–5, 7–28, 30–80, 83, 85–99
	Christoph Graf Douglas C 6, 29, 81, 82, 84
Möbel	Dr. Rosemarie Stratmann D 1–43
Textilien	Dr. Eva Zimmermann E 1–5
Keramik	Dr. Walther Franzius F 1–143 unter Mitwirkung von Dr. Ursula Paal
Glas	Dr. Helge Siefert G 1–39
Aus fürstlichen Kunstkammern	Dr. Dietrich Rentsch H 14, 16, 17 Dr. Helge Siefert H 1–12 Dr. Rosemarie Stratmann H 13, 15a + b, 18–23
Medaillen	Dr. Monika Bachmayer Dr. Peter-Hugo Martin J 1–166

Türkenbeute und Varia	Dr. Volker Himmelein K 28–36 Prof. Dr. Ernst Petrasch K 1–15 Dr. Dietrich Rentsch K 16–27 Dr. Helge Siefert K 37
Volkskultur	Marion Faber M. A. Dr. Wolfram Metzger Angelika Müllner M. A. L 1–48, 96–117, 140–447 Dr. Hans-Ulrich Roller L 49–95, 118–134, 448–487
Abkürzungen	zusammengestellt von Sabine Schwermer und Anita Kohlmüller
Abgekürzt zitierte Literatur	zusammengestellt von Sabine Schwermer und Anita Kohlmüller
Erläuterungen wichtiger Fachausdrücke	zusammengestellt von Dr. Gertrude von Knorre, Peter Schmitt M. A. und Dr. Eva Zimmermann
Abbildungsnachweis	zusammengestellt von Dr. Saskia Esser, Dr. Hans-Peter Lanz und Dr. Helge Siefert

Das □ hinter der Katalognummer besagt, daß das betreffende Werk im Katalog abgebildet ist.

Abweichend von der Gliederung der Ausstellung ist der Katalog nach Kunstgattungen geordnet.

Malerei

Eckhard von Knorre † und Bruno Bushart

JOHANN ANWANDER (1715–1770)

Geboren am 7. Februar 1715 im Weiler Rappen, Gemeinde Unteregg (Kr. Mindelheim) als Sohn eines Bauern, gestorben am 16. November 1770 in Lauingen. Nach der hypothetisch angenommenen Lehre in Ottobeuren und der anschließenden Weiterbildung in Augsburg unter dem Einfluß Johann Georg Bergmüllers erwarb er 1739 das Bürgerrecht in Lauingen. Tätig als Freskant und Maler von Altarblättern und Andachtsbildern in Franken (Bamberg, Münnerstadt) und Schwaben. Im Bereich von Baden-Württemberg freskierte er 1756/57 die Augustinereremitenkirche in Schwäbisch Gmünd, 1764 die dortige Dominikanerkirche (zerstört). Um 1752 malte er ein Heiliges Grab für das Dominikanerinnenkloster Sießen (fragmentarisch erhalten), 1755 und 1756 drei Altarblätter samt Oberbildern für die Kirche der Augustinereremiten in Wiesloch, Kr. Heidelberg.

A 1 □

Himmelfahrt und Krönung Mariae

Entwurf für das Hauptfresko im Langhaus der Pfarr- und Wallfahrtskirche Unterkochen

J. Anwander

Unten umringen die Apostel und zwei Frauen den leeren Sarkophag, darüber tragen Engel die Gottesmutter zum Himmel empor, wo ihr die Dreifaltigkeit Thron, Krone und Sternenkranz bereitstellt. – Der schlecht erhaltene Marienzyklus ist im Chor 1767 datiert, das wohl erst 1768 gemalte Himmelfahrtsfresko signiert: Joh. Anwander Laving: inv et pinx. (Zur Ausführung vgl. A. Merk, Johann Anwander. Diss. Masch. München 1975, S. 151ff., 357ff.). Neubestimmung.

Feder, laviert, mit Bleistift quadriert, 66 × 47,5 cm.

Literatur: Unveröffentlicht.

Göteborg, Konstmuseum, Inv. Nr. 18/1912

JOSEF IGNAZ APPIANI (1706–1785/89)

Getauft am 16. Oktober 1706 in München, gestorben zwischen 1785 und 1789 in Mainz. Sohn des vom Luganer See gebürtigen Stukkators Peter Franz Appiani, Bruder des Stukkators Jakob Appiani. Ausgebildet vielleicht bei Cosmas Damian Asam, beeinflußt wohl von Carlo Carlone. Zunächst in München ansässig, 1740 am Hof in Nassau-Saarbrücken. 1745 Heirat und kurfürstlicher Hofmaler in Mainz. Gründet und leitet 1758 die Mainzer Kunstakademie. Lehrer des Domenico Pozzi und Georg Christian Schütz d. Ä. Malte Fresken und Altarblätter in der Oberpfalz, der Schweiz, in Mainfranken und Schwaben, hier meist in Bauten des Deutschordensarchitekten Johann Kaspar Bagnato. Baden-Württemberg besitzt Werke von ihm in Oberdorf, Meersburg, Obermarchtal, Altshausen.

A 2 □

Triumph des hl. Norbert über Tanchelin

Skizze für das Deckenfresko im Refektorium des Praemonstratenserklosters Obermarchtal

J. I. Appiani, 1750

Norbert wurde um 1180 in Genep (Niederrhein) geboren und starb am 6. Juni 1134 in Magdeburg, wo er 1126 Erzbischof geworden war. Seit 1118 wirkte er als Bußprediger an zahlreichen Orten Deutschlands, 1124 gründete er in Prémontré bei Laon den Orden der Praemonstratenser nach der Regel des hl. Augustinus. 1124 wurde er nach Antwerpen berufen, um die Lehre vom Altarsakrament gegen den Häretiker Tanchelin zu verteidigen.
Auf dem Gelände segnet Norbert die Teilnehmer einer Sakramentsprozession mit der Monstranz, während Tanchelin und Dämonen in den Abgrund stürzen. Skizze für das Deckenfresko im Refektorium (Speisesaal) des Praemonstratenserklosters Obermarchtal, erbaut von J. C. Bagnato. Zusammen mit den dortigen Wandbildern soll es auf die himmlische Speise des Christen hinweisen.
Die Bilderfindung dürfte auf C. D. Asams Fresko in der Damenstiftskirche Osterhofen (1729) zurückgehen und bestätigt die vermutete Schulung Appianis bei Asam.

Öl auf Leinwand, 95,5 × 122 cm. Bezeichnet r. u. am Stein: I. Appiani 1750.

Literatur: Voss, Hermann, Giuseppe Appiani. In: Pantheon, Bd. 21, 1963, S. 340–342 m. Abb. – MüJb (Erwerbungsbericht), 1964, S. 231 m. Abb.

München, Bayerisches Nationalmuseum, Inv. Nr. 63/33

COSMAS DAMIAN ASAM (1686–1739)

Getauft am 28. September 1686 in Benediktbeuren, gestorben am 10. Mai 1739 in München. Sohn, Schüler und Mitarbeiter des Malers Hans Georg, Bruder des Stukkators und Bildhauers Egid Quirin Asam. Mit diesem ab spätestens 1711 zur Fortbildung in Rom, wo er am 23. März 1713 den ersten Preis in der ersten Malklasse der Accademia di San Luca erhielt. Im gleichen Jahre oder anfangs 1714 zurückgekehrt, wird er rasch zum angesehensten Freskanten seiner Zeit in Bayern, Böhmen, Mähren, Tirol, Schweiz und in Oberschwaben sowie im Rhein-Neckargebiet. 1717 heiratet er in München, 1724 wird er zum Fürstlich Freisingischen, 1730 zum Kurbayerischen Kammerdiener, 1732 zum Kurpfälzischen Hofkammerrat in Mannheim ernannt. Zu seinen Schülern zählten

A 1

u. a. Ch. Th. Scheffler, M. Günther und wohl J. Appiani. In Baden-Württemberg schuf er Fresken und Altarblätter in Weingarten, Kißlegg, Mannheim, Bruchsal, Ettlingen und Meßkirch.

A 3 □

Hl. Michael

Teilentwurf für das Deckenfresko „Himmelfahrt Mariae" im 3. Langhausjoch der Benediktinerklosterkirche Weingarten

C. D. Asam

Szepter, Harnisch, Schild und Kreuzdiadem kennzeichnen den Erzengel als Fürst der himmlischen Heerscharen. Die Zeichnung diente als Teilentwurf für das Deckenfresko „Himmelfahrt Mariae" im 3. Langhausjoch der Klosterkirche Weingarten, wo Michael an der Spitze der Engel die emporschwebende Gottesmutter begrüßt. Auf der Rückseite des Blattes cellospielender Engel.
C. D. Asam hatte am 3. Oktober 1718 mit Abt Sebastian Hiller den Vertrag über die Ausmalung der neuerbauten Benediktinerkirche Weingarten abgeschlossen. Die Fresken wurden 1719 und vielleicht noch 1720 ausgeführt. Asam erhielt dafür 6000 Gulden. An Bedeutung und Ausmaßen übertreffen die Malereien Asams in Weingarten alle seine bisherigen Aufträge. Mit ihnen sicherte er sich die Anerkennung als der führende Freskant seiner Zeit in Süddeutschland.

Rötel und Bisterpinsel, weiß gehöht, auf bläulichem Papier, 38,4 × 29,3 cm.

Literatur: Baumeister, Engelbert, Zeichnungen des C. D. Asam. In: Das Münster, Jg. 6, 1953, S. 246, Kat. Nr. 39, Abb. 5. – Bregenz 1963, S. 32, Kat. Nr. 5 (Gegenseite).

München, Staatliche Graphische Sammlung, Inv. Nr. 8048

A 4

Constantia

Entwurf für das Fresko im nördlichen Chorseitenschiff der Benediktinerklosterkirche Weingarten, um 1718–20

Aus der Slg. des Ellwanger Kirchenmalers August Stubenvoll, der sie von dem Maler Anton Wintergerst (1737–1805) erhalten hatte

C. D. Asam (zugeschrieben)

Allegorie der Beständigkeit, gekennzeichnet durch die Säule. Neben ihr Allegorie der Weisheit, gekennzeichnet durch ein Buch. Entwurf für das mit einigen Veränderungen ausgeführte Fresko im nördlichen Chorseitenschiff der Benediktinerklosterkirche Weingarten (vgl. Kat. Nr. A 3), entstanden um 1718/20. Zuschreibung 1953 von E. Baumeister (mündl. Mitteilung) bezweifelt, von B. Bushart zunächst dem Asamschüler Ch. T. Scheffler, 1963 mit Vorbehalt C. D. Asam selbst zugeschrieben, Eigen-

A 2

händigkeit 1966 durch G. Schöner bestätigt.

Rötel, laviert, 18,9 × 30,3 cm. Bezeichnet unten: Constantia.

Literatur: Bushart 1953, S. 86, Kat. Nr. 47. – Bregenz 1963, S. 32, Kat. Nr. 6. – Schöner, G., Handzeichnungen von Cosmas Damian Asam. Magisterarbeit München 1966.

Ellwangen (Jagst), Schloßmuseum, Inv. Nr. 1395/270

A 5 □

Glorie des hl. Johann von Nepomuk

Teilentwurf für das Deckenfresko der Schloßkapelle Ettlingen, 1732

C. D. Asam

Johannes Welflin wurde um 1350 in dem südböhmischen Städtchen Nepomuk (Pomuk) geboren. Als Kleriker und ab 1380 Priester gehörte er zum erzbischöflichen Haushalt in Prag. Nach dem Studium des Kirchenrechts in Prag und Padua wurde er 1389 zum Generalvikar in Prag ernannt, wo ihn König Wenzel IV. am 20. März 1393 foltern und als Sterbenden von der Moldaubrücke ins Wasser stürzen ließ. Nach der Legende hatte er sich als Beichtvater der Königin dem König gegenüber geweigert, das Beichtgeheimnis zu brechen. 1721 seliggesprochen, wurde er am 23. März 1729 von Papst Benedikt XIII. zur Ehre der Altäre erhoben und zum „Erzmärtyrer des Beichtgeheimnisses" ernannt. Sein Kult breitete sich rasch über ganz Europa aus und erlangte besonders in den katholischen Teilen Deutschlands und in den Habsburger Erblanden große Volkstümlichkeit.

Die Zeichnung stellt die Aufnahme des Heiligen in den Himmel und unter die Märtyrer dar. Über ihm erscheinen die Madonna mit dem Jesuskind, Gottvater und die Taube des Hl. Geistes, links Petrus und Paulus (?), rechts Kosmas, Damian, Florian, rechts außen Wenzel (?). Ausgeführt wurde sie mit geringen Veränderungen im Mittelstück des Deckenfreskos der Schloßkapelle Ettlingen. Der ausführliche Vertrag zwischen Markgräfin Franziska Sibylla Augusta von Baden-Baden und C. D. Asam über die Ausmalung der Kapelle wurde am 10. Juli 1732 unterzeichnet. Die Arbeiten waren am 28. September 1732 vollendet, Asam erhielt dafür 4000 Gulden.

Feder in Braun über schwarzer Kreidevorzeichnung, laviert, himmelblau getönt, 33,2 × 20,7 cm.

Literatur: Baumeister, Engelbert, Zeichnungen des C. D. Asam. In: Das Münster, Jg. 6, 1953, S. 253, 257, Kat. Nr. 23. – Ausst. Kat. Barockmaler in Böhmen, München 1961, Kat. Nr. 80. – Stemmermann, Paul Hans, Die Ettlinger Schloßkapelle und die Fresken von C. D. Asam. In: Beiträge zur Geschichte der Stadt Ettlingen, Bd. 3, Karlsruhe 1964, S. 16–17 m. Abb. – Ausst. Kat. Johannes von Nepomuk, Passau 1971, S. 159, Kat. Nr. 68.

München, Staatliche Graphische Sammlung, Inv. Nr. 8214

EGID QUIRIN ASAM (1692–1750)

Getauft am 1. September 1692 in Tegernsee, gestorben am 29. April 1750 in Mannheim. Sohn und Mitarbeiter des Malers Hans Georg, Bruder des Malers und Baumeisters Cosmas Damian Asam. Mit diesem zusammen wahrscheinlich zwischen 1712 und 1714 in Rom, danach bei dem Bildhauer Andreas Faistenberger in München ausgebildet. Tätig als Stukkator, Bildhauer, Architekt und Maler, oft in Zusammenarbeit mit seinem Bruder. Wie dieser am 19. September 1724 zum Fürstlich Freisingischen Kammerdiener und Hofstukkator, 1730 zum Kurbayerischen Kammerdiener ernannt. Ab 1733 errichtete er gemeinsam mit

A 3

A 5

Cosmas Damian und nach dessen Tod allein auf eigene Kosten die Johann-Nepomuk-Kirche in der Sendlinger Straße in München, die er in seinem Testament vom 8. November 1745 als Haupterbin einsetzte.

A 6

A 6 □

Szenen aus dem Leben des hl. Ignatius

Entwurf für das Kuppelfresko der Jesuitenkirche in Mannheim

E. Qu. Asam

Ignatius von Loyola (1491–1556) war als Offizier in spanischen Diensten 1521 schwer verwundet worden und gründete nach mehrjährigen asketischen Übungen und dem Studium in Paris 1534 die „Gesellschaft Jesu". 1537 wurde er Priester, 1541 erster General des Jesuitenordens, dessen Hauptziel die Ausbreitung der katholischen Lehre, Förderung der christlichen Sitte, Pflege der Wissenschaften und Selbstheiligung bilden.
Dargestellt sind in den größeren der acht Felder die Berufung des Heiligen durch den kreuztragenden Christus nach Rom (oben), die Bestätigung der Ordensregel durch Papst Paul III. (rechts), der Tod des Heiligen (unten), seine Weihe zum Priester (links), in den kleineren Feldern die Begegnung des Heiligen mit dem Bettler, Predigt, Dämonenaustreibung mit Gebet vor der Madonna. Oben erscheint die Ecclesia, unten das kurpfälzische Wappen. In den Eckzwickeln die Vier Evangelisten, in der Mitte Gottvater.

Entwurf für das Kuppelfresko der Jesuitenkirche in Mannheim, gestiftet von Kurfürst Karl Philipp von der Pfalz. Der 1733 begonnene Bau konnte erst ab 1748 mit Stukkaturen und Malereien ausgestattet werden, die im zweiten Weltkrieg zerstört wurden. Egid Quirin Asam, der dafür 10500 Gulden erhielt, starb über der größtenteils vollendeten Arbeit. – Die Aufteilung der Kuppelfläche in wechselnd große, architektonisch-ornamental gerahmte Felder um den zentralen Ring der Laterne folgt dem von Cosmas Damian Asam bereits 1732 in Ettlingen und 1738 in Friedberg angewandten Schema.

Kohlezeichnung und Pinsel in verschiedenen Farben, 41,2 × 30,2 cm. Bezeichnet rechts unten: E. Q. Asam.

Literatur: Lankheit, Klaus, E. Q. Asams Entwurf zum Kuppelgemälde der Mannheimer Jesuitenkirche. In: Pantheon, Bd. 23, 1975, S. 34–40 m. Farbtaf. – Rupprecht, Bernhard, Die Brüder Asam. Regensburg 1980, S. 234 m. Abb.

Washington, National Gallery of Art (Ailsa Mellon Bruce Fund), Inv. Nr. B-26, 772

MEINRAD VON AW (1712–1792)

Geboren 1712 in Sigmaringen, dort gestorben 1792. Sohn und wohl Schüler des Franz Anton von Aw in Sigmaringen (gest. nach 1755). Weitergebildet wahrscheinlich an der Reichsstädtischen Kunstakademie in Augsburg, beeinflußt von G. B. Götz und F. J. Spiegler. Seit 1740 in Sigmaringen nachweisbar, 1754 und 1760 Stadtschultheiß, 1774 übernimmt er das Ochsenwirtshaus in Sigmaringen. Tätig als Freskant und Maler von Altarblättern in Oberschwaben.

A 7 □

Die hll. Nikolaus, Martin und Urban

Vorzeichnung für eines der vier Wandfresken im Chor der Stadtpfarrkirche St. Jakob in Pfullendorf

Aus der Slg. Lambert Krahe, Düsseldorf, 1779 erworben

M. von Aw

Im Vordergrund steht Nikolaus, Bischof von Bari, drei Goldkugeln haltend, mit denen er der Legende zufolge drei Jungfrauen vor dem Bordell rettete. Die drei hinter ihm in einem Wasserschaff sitzenden Knaben soll er nach ihrer Ermordung wieder zum Leben erweckt haben. Martin, Bischof von Tours, hatte als römischer Offizier seinen Mantel mit einem frierenden Bettler geteilt, worauf das Tuch in seiner Rechten und die unten liegende nackte Gestalt hinweisen. Der neben ihm auf Wolken sitzende Papst Urban erhielt, außer dem Kirchengebäude im Hintergrund, irrtümlicherweise Trauben als Attribut, die in Wirklichkeit dem Bischof Urban von Autun und Langres zugehören.

Das zur Übertragung in Großformat mit einem Quadrierungsnetz versehene Aquarell ist die Vorzeichnung für eines der vier Wandfresken im Chor der Stadtpfarrkirche St. Jakob in Pfullendorf. Im Vertrag vom 6. April 1750 hatte sich Meinrad von Aw verpflichtet, im Chor die 12 Kirchen- und Stadtpatrone zu malen. Die – nicht kolorierten – Vorzeichnungen für die restlichen Wandfresken besitzt die Staatliche Graphische Sammlung in München.

Federzeichnung, laviert und mit Wasserfarben koloriert, mit Bleistift quadriert, 36,6 × 19,6 cm.

Literatur: Wagner-Würz, Auguste, Meinrad von Aw. Hechingen 1936, S. 26, 64, 69–71. – Düsseldorfer Kunstschätze in der Villa Hügel. Essen 1958, Kat. Nr. 269. – Düsseldorf 1969, Kat. Nr. 206, Abb. 143 mit weiterer Lit. – London 1975, Kat. Nr. 10 m. Abb.

Düsseldorf, Kunstmuseum, Graphische Sammlung, Inv. Nr. FP 5659

A 7

JOHANN WOLFGANG BAUMGARTNER (1712–1761)

Geboren 1712 in Kufstein (?), gestorben am 7. September 1761 in Augsburg. Erlernte zunächst das Schmiedehandwerk bei seinem Vater, dann die Hinterglasmalerei bei einem unbekannten Musikus in Salzburg. Nach Wanderschaft in Italien, Österreich, Ungarn, Steiermark und Böhmen ließ er sich 1733 in Augsburg nieder, wo er für sich und seine Frau das Beisitzrecht, d.h. die Erlaubnis zu Aufenthalt und Tätigkeit als Hinterglasmaler erhielt. Daneben besuchte er die dortige Reichsstädtische Kunstakademie, vor allem lieferte er Zeichnungen zur Vorlage für Kupferstiche der Augsburger Verleger. 1746 wurde er als Bürger und Meister aufgenommen und durfte fortan auch Fresken und Ölbilder malen. Während von den schon zu seinen Lebzeiten hochgeschätzten und gesuchten Hinterglasbildern nichts erhalten zu sein scheint, stehen seine gezeichneten und gemalten Stichvorlagen an erster Stelle der Augsburger Produktion dieser Zeit. Fresken und Altarblätter seiner Hand lassen sich erst ab 1754 nachweisen in Gersthofen und Kobel bei Augsburg, Bergen bei Neuburg a.D. sowie in Baitenhausen und Meersburg. Nach seinem Tode wurde die Ausmalung des Neuen Schlosses in Meersburg J. Appiani übertragen, der auch an Baumgartners Stelle die Fresken in Vierzehnheiligen ausführte. Von dem Konstanzer Fürstbischof Marquard Rudolf von Rodt seinem Augsburger Konkurrenten G. B. Götz vorgezogen, führte Baumgartner in Baitenhausen die süddeutsche Freskomalerei des Rokoko zu einem Höhepunkt.

A 8

Himmelfahrt und Krönung Mariae als Fürbitterin der Bedrängten

Vorzeichnung für das Hauptfresko der Wallfahrtskirche Baitenhausen bei Meersburg, 1760

Aus der Slg. des Ellwanger Kirchenmalers August Stubenvoll, der sie von dem Maler Anton Wintergerst (1737–1805) erhalten hatte

J. W. Baumgartner

Die Zeichnung umschließt mehrere Themen: Aufnahme der Gottesmutter in den Himmel und ihre Krönung durch die

Dreifaltigkeit, ihre Anrufung durch die Gläubigen als Heil der Kranken, Trösterin der Betrübten, Zuflucht der Sünder und Helferin der Christen und die Bitte des Kardinals Marquard Rudolf von Rodt um Erhörung der Gebete des Volkes. Fraglich ist die traditionelle Deutung, wonach der erste Fürstbischof Rodt und Onkel des Auftraggebers dargestellt sei, wie er nach der Errettung aus einem Seesturm auf der Überfahrt von Konstanz nach Meersburg den Bau der Kapelle in Baitenhausen gelobt habe. In der Zeichnung jedenfalls ist der kniende Kirchenfürst durch den Hut eindeutig als der regierende Kardinal Rodt gekennzeichnet, ebenso sprechen die Inschriften auf dem ausgeführten Fresko für einen allgemeineren Sinngehalt.
Das sorgfältig ausgearbeitete Blatt diente als Vorzeichnung für das Hauptfresko der Wallfahrtskirche Baitenhausen bei Meersburg, worauf auch das zur Übertragung in das große Format benötigte Quadrierungsnetz hindeutet. Die Ausführung weist einige Unterschiede, hauptsächlich in den seitlichen Partien, auf, der Kardinalshut wurde weggelassen. Baumgartner, der schon 1747 für den Kardinal gearbeitet hatte, erhielt für die 1760 erfolgte Ausmalung des Kirchleins 500 fl.

Feder über Bleistiftzeichnung, laviert und weiß gehöht, auf graublauem Papier, 34 × 48,4 cm.

Literatur: Bushart 1953, S. 84, Kat. Nr. 8, Abb. S. 79. – Bregenz 1963, S. 34, Kat. Nr. 14. – Ellwangen 1964, S. 129, Kat. Nr. 311. – Zur Ausführung vgl. Schulze-Battmann 1969, S. 11–12 m. Abb.

A 9

A 10

Ellwangen (Jagst), Schloßmuseum, Inv. Nr. 1395/73

A 9 □

Anbetung der Hirten

Vorzeichnung für das Chorfresko der Wallfahrtskirche Baitenhausen bei Meersburg, 1760

Aus der Slg. des Ellwanger Kirchenmalers August Stubenvoll, der sie von dem Maler Anton Wintergerst (1737–1805) erhalten hatte

J. W. Baumgartner

Vor dem Stall in einer Palastruine beten Maria, Josef und zwei Hirten das Christuskind an. Ein weiterer Hirte, eine Frau und ein Knabe, alle in einheimischer Tracht, kommen mit Geschenken hinzu. Oben singen die Engel das Gloria. Vorzeichnung für das 1760 ausgeführte Chorfresko der Wallfahrtskirche Baitenhausen bei Meersburg, mit Quadrierungsnetz versehen (vgl. die vorangehende Kat. Nr.). Das Fresko stimmt mit der Vorzeichnung weitgehend überein. Eine ebenfalls zur Werkvorbereitung gezählte Ölskizze auf Papier über Karton in der Slg. W. Reusche des Bayer. Nationalmuseums München dürfte kaum eigenhändig sein (vgl. Bildführer 5, BNM, Barockskizzen, München 1978, S. 12, m. Abb. und älterer Lit.)

Feder über Bleistiftvorzeichnung, laviert und weiß gehöht, auf grünblauem Papier, 46,2 × 34,7 cm.

Literatur: Bushart 1953, S. 84, Kat. Nr. 7. – Bregenz 1963, S. 34, Kat. Nr. 13. – Ellwangen 1964, S. 128, Kat. Nr. 305. – Zur Ausführung vgl. Schulze-Battmann 1969, S. 11 m. Abb.

Ellwangen (Jagst), Schloßmuseum, Inv. Nr. 1395/188

A 10 □

Szenen aus dem Leben eines geistlichen Würdenträgers

Wahrscheinlich Entwurf für ein (nicht ausgeführtes) Deckengemälde im Treppenhaus des Neuen Schlosses in Meersburg

J. W. Baumgartner

Auf den Vordergrundstreifen vor einer umlaufenden Säulenhalle (vierte Seite beschnitten) sind drei Ereignisse dargestellt: Rechts empfängt ein Bischof das Birett von einem Herrn seines Gefolges; darüber Putti mit Mitra und Bischofsstab. In der Mitte unten spricht ein Bischof vor dem Kollegium geistlicher Würdenträger, während im Hintergrund ein hoher Geistlicher vor dem Altar kniet; darüber Putti mit der päpstlichen Tiara,

Szepter, Kranz und Palmzweig. Links empfängt ein vor dem Papst stehender Bischof den Kardinalshut; darüber Putti mit leerem Wappen und Kardinalshut. Oben die Taube des Hl. Geistes im Strahlenkranz, von Engeln umgeben. Auf den wahrscheinlichen Bezug zu dem (nicht ausgeführten) Deckengemälde Baumgartners im Treppenhaus des Neuen Schlosses in Meersburg hat A. Petermann-Geissler hingewiesen (Heffels 1969, S. 28). Marquard Rudolf von Rodt war 1750 zum Fürstbischof von Konstanz erhoben worden. 1756 erhielt er den Kardinalspurpur und beteiligte sich 1758 maßgeblich an der Wahl Clemens XIII. zum Papst. J. Appiani, der 1761 nach dem Tode Baumgartners das Treppenhausfresko malte, hat sich nicht an dieses Bildprogramm gehalten, sondern das Porträt des Kardinals, von zahlreichen mythologischen und allegorischen Figuren umgeben, in den Mittelpunkt gestellt.

Feder über Bleistiftvorzeichnung, laviert und weiß gehöht, auf graugrünem Papier, 35,3 × 54,0 cm.

Literatur: Heffels 1969, S. 27–29, Kat. Nr. 12 m. Abb.

Nürnberg, Germanisches Nationalmuseum, Graphische Sammlung, Inv. Nr. Hz 4118

A 11 b

JOHANN GEORG BERGMÜLLER (1688–1762)

Geboren am 15. April 1688 in Türkheim/Schwaben, gestorben am 30. März 1762 in Augsburg. 1702–08 auf Kosten Herzog Maximilian Philipps von Bayern in München bei Andreas Wolff ausgebildet, 1708/09 am Düsseldorfer Hof, 1711 Stipendium des Herzogs für Studienreise in die Niederlande. 1713 wurde er Meister und heiratete in Augsburg, wo er rasch großes Ansehen erlangte. 1730 erfolgte die Ernennung zum Katholischen Direktor der Reichsstädtischen Kunstakademie, danach die zum Fürstbischöflich Augsburgischen Hofmaler. Bergmüller, der sich auch als Verfasser kunsttheoretischer Schriften hervortat, malte Fresken und Altarblätter in Schwaben, Bayern, Franken, Tirol, Ober- und Niederösterreich, außerdem betätigte er sich auf dem Gebiet des Galeriebildes und des Kupferstiches. Zu seinen bedeutendsten Schülern gehören J. E. Holzer, J. W. Baumgartner, G. B. Götz, F. M. Kuen und J. G. Wolker. Arbeiten seiner Hand in Baden-Württemberg befinden oder befanden sich in Bellamont, Biberach, Ehingen, Ellwangen, Ochsenhausen, Stuttgart, Thannhausen, Tannheim und Ummendorf.

A 11 a–b □

a) Verehrung des hl. Benedikt durch die Erdteile

Entwurf für das erste Chorfresko in der

A 12

ehem. Benediktinerklosterkirche Ochsenhausen, um 1727

Aus der Slg. des Ellwanger Kirchenmalers August Stubenvoll, der sie von dem Maler Anton Wintergerst (1737–1805) erhalten hatte

J. G. Bergmüller

Benedikt von Nursia (um 480 – nach 542) war Abt des von ihm um 529 gegründeten Stammklosters der Benediktiner Monte Cassino bei Neapel. Durch die von ihm verfaßte Ordensregel wurde Benedikt zum Vater des abendländischen Mönchtums.
Die Zeichnung stellt den Ordensgründer auf Wolken thronend dar, umgeben von Engeln. Einige bringen ihm Krone, Mitra und Abtsstab, einer weist die Ordensregel vor. Um die Erdkugel stehen und knien von links nach rechts die Personifikationen der Erdteile Afrika, Europa, Asien, Amerika. Oben erscheint das Trinitätszeichen mit der hebräischen Inschrift Jehova. Kaiserkrone und Tiara auf dem Polsterhocker unten links weisen auf die weltliche und geistliche Oberherrschaft Europas hin.
Entwurf für das erste Chorfresko in der ehem. Benediktinerklosterkirche Ochsenhausen, um 1727. Zu den 32 einzelnen, 1727/29 gemalten Fresken Bergmüllers im Mittelschiff und Chor haben sich zwei weitere Entwürfe in Ellwangen, zwei in der Graphischen Sammlung der Staatsgalerie Stuttgart, eine in der Eremitage in Leningrad erhalten, eine weitere Zeichnung in Aschaffenburg ist verloren.

Sepiazeichnung, laviert, 30,6 × 35,7 cm.

Literatur: Bushart 1953, S. 85, Kat. Nr. 16, Abb. S. 81. – Diedrich, Hans Heinrich, Die Fresken des Johann Georg Bergmüller. Diss. Mainz 1959, S. 204. – Bregenz 1963, S. 35, Kat. Nr. 17.

Ellwangen (Jagst), Schloßmuseum, Inv. Nr. 1395/72

b) Szenen aus der Gründungsgeschichte des Benediktiner-Klosters Ochsenhausen

Entwurf für das JGB signierte und 1743 datierte Deckengemälde im östlichen Treppenhaus des Konventgebäudes von Ochsenhausen

J. G. Bergmüller, 1743

Die skizzierte Scheinarchitektur zeigt hinter einer Balustrade einen Rundbau mit Pilastern und Bogenstellungen, der sich

in der Mitte zum Himmel hin öffnet. Hier sitzen auf Wolken der hl. Georg als Patron der Klosterkirche, der hl. Benedikt als Vater des Benediktinerordens und ein Bischof mit zwei Kerzen: der hl. Blasius – St. Blasien war das Mutterkloster von Ochsenhausen. Auf der anderen Seite schwebt neben der Weltkugel eine weibliche Gestalt, die wohl als die göttliche Weisheit zu deuten ist; sie weist mit dem Zepter auf eine Sternform in der Mitte, an deren Stelle im ausgeführten Fresko ein Dreieck mit dem Auge Gottes, das Symbol der Hl. Dreifaltigkeit, erscheint. Die Szenen, die auf der Balustrade an den Schmalseiten dargestellt sind, beziehen sich offenbar beide auf die Klostergründung: in der einen überreicht Herzog Welf IV. dem Abt von St. Blasien, dem Ochsenhausen anfangs als Priorat unterstand, die Stiftungsurkunde (deren Original vom 31. Dezember 1099 datiert ist); dieser Szene ist der Blick des hl. Georg zugewandt, auch schwebt ein Engel mit Posaune, der wiederum auf die Hl. Dreifaltigkeit weist, über ihr. Auf der anderen Seite thront Herzog Welf IV. unter einem Baldachin, rechts kniet der Abt von St. Blasien, von links naht sich ein vornehmes Paar, welches wohl die Stifter des Klosters repräsentiert, hinter ihnen ein Baumeister mit einem Plan. Bergmüller stellt diese historischen Bilder, wie zu seiner Zeit üblich, im Renaissancekostüm dar.
Bergmüller war dreimal für Ochsenhausen tätig, 1727–1729 malte er 32 Fresken im Chor und Mittelschiff der Kirche (s. Kat. Nr. A 11a), 1743 das Fresko im Treppenhaus, zu dem dieser Entwurf gehört, und 1745 ein Deckengemälde in Öl auf Leinwand mit dem Besuch Totilas beim hl. Benedikt für die Prälatur (zum Treppenhaus-Fresko s. Diedrich, Hans Heinrich, Die Fresken des Johann Georg Bergmüller. Diss. Mainz 1959, S. 126–128).

Feder in Braun, laviert und aquarelliert mit Bleiquadrierung. 52 × 41,3 cm.

Literatur: Bregenz 1963, Kat. Nr. 20. – Bildkunst im Zeitalter Johann Sebastian Bachs. Bremen 1971, Kat. Nr. 341 (mit älterer Lit.)

Bremen, Kunsthalle, Inv. Nr. 1958/432

A 12 □

Entwurf für die Fassadenbemalung des Stuttgarter Ständehauses

J. G. Bergmüller, 1745

Der Entwurf enthält zwei Dekorationsvorschläge. Die linke Hälfte zeigt eine großzügige, die Architektur betonende Gliederung mit Hausteinimitation im Sockelgeschoß, Doppellisenen für die Obergeschosse und eine der älteren Giebelform folgende Rahmenmalerei. Die rechte Hälfte sieht eine reiche Rocailledekoration mit Putten, Vasen, Kartuschen und Früchtegehängen vor, während das Giebelfeld den Einblick in eine gemalte Kuppelhalle freigeben sollte. Die Mittelachse ist im Sockelgeschoß als Grottenarchitektur gestaltet, auf der Minerva, die Göttin der Weisheit, thront. Über ihr schwebt der Engel des Ruhmes mit zwei Posaunen. Zwischen den Obergeschossen ist das große Wappen des Herzogtums Württemberg angebracht, hinterfangen von einem ausgespannten Vorhang mit der Herzogskrone, über der das Auge Gottes erscheint.
Herzog Carl Eugen hatte bei seinem Regierungsantritt den Wunsch geäußert, daß „anstatt der zu untertänigsten Ehren vorgehabten Illumination" der Stadt lieber „die an denen Strassen gelegenen Häuser zur Zierde der Stadt verblendet und illumiert", d.h. mit Malereien geschmückt würden. Der Vertrag zwischen dem engeren Ausschußkollegium der „Landschaft in Württemberg" und den beiden Augsburger Malern Johann Georg Wolker und Johann Georg Bergmüller wurde am 8. Februar 1745 geschlossen. Wolker sollte für die Ausführung sämtlicher Fresken 1000 Gulden erhalten. Der Entwurf jedoch stammt nach Stil und Signatur von Wolkers Lehrer Bergmüller, der auch die zwölf Blätter mit Göttergestalten für die Kartuschenbilder der Fassade in der Graphischen Sammlung der Stuttgarter Staatsgalerie gezeichnet hat, darunter den sitzenden Meergott Poseidon der rechten Kartusche des Hauptgeschosses. Für den Weingott Bacchus des rechten Giebelfeldes ist keine Vorzeichnung bekannt, vielleicht wurde er in der Ausführung durch eine der anderen Göttergestalten ersetzt. Die Grottenarchitektur des Sockelgeschosses erinnert an das Felsgemäuer, das E. Q. Asam der Fassade der Asamkirche und des Asamhauses in München vorgeblendet hat.
Das an der Ecke Kronprinzen-/Kienestraße gelegene und 1944 zerstörte „Alte Landschaftsgebäude" war 1580 errichtet worden. Die 1745 von Wolker unter Mithilfe von Bergmüllers Sohn Johann Baptist und einem Gesellen namens Anthoni ausgeführten Fassadenmalereien mußten 1875 vollständig erneuert werden.

Feder, koloriert, 60,5 × 38,5 cm. Bezeichnet unten Mitte: J G Bergmüller (ligiert) Invenit et fe. Bleistifthinzufügung: Ano 1745.

Literatur: Himmelheber, Georg, Johann Georg Bergmüllers Entwürfe zu den Malereien am Landschaftsgebäude in Stuttgart. In: Schwäbische Heimat, Bd. 9, 1958, S. 122–127 m. Abb. – Halm-Degenhart-Wegener, 100 Meisterzeichnungen aus der Staatlichen Graphischen Sammlung. München 1958, Taf. 94. – Diedrich, Hans Heinrich, Die Fresken des Johann Georg Bergmüller. Diss. Mainz 1959, S. 165–168, S. 210–211.

München, Staatliche Graphische Sammlung, Inv. Nr. 1949/45

JOHANN BARTHOLOMÄUS BRAUN (gest. 1684)

Er arbeitet als Wachsbossierer und Medailleur in Nürnberg und soll dort Wachsmodelle für Medaillen entworfen und teilweise auch Medaillen selbst ausgeführt haben. 1659 heiratete er die Tochter des Medailleurs Georg Pfründt, die ebenfalls Wachsbossierungen und Medaillen anfertigte. Joh. Barth. Braun wird 1662 am Baden-Durlacher Hof unter den Hofbedienten genannt. H. Rott vermutet, daß er Baden-Durlacher Geheimsekretär war. Er war dort vielseitig tätig, u.a. malte er auch Miniaturen.

A 13 □

Blumenstilleben

J. B. Braun, um 1660

Die hier gezeigten Blätter gehören zu einer Reihe von 190 Aquarellen und Gouachen auf Pergament oder Papier, die in einem Folianten aufgezogen sind. Die Handschrift ist mit einer längeren Inschrift auf der ersten Seite genauer bezeichnet: „Joh. Barthol. Braun Flora picta" und „Praesens volumen a Marchione Durlaco Badensi olim cubicularia suo, pictore et Cithareta eximio, Braun dicto ordinatem, ut nimirem omnes hortes sui flores depingeret, ope cuius delineationes sequentes aborta sunt". Aus diesem Text geht hervor, daß der Baden-Durlacher Geheimsekretär auf Geheiß des Markgrafen von Baden-Durlach alle Blumen aus dessen Garten gemalt hat. Auf der ersten Seite prangt in einer Nische mit marmorierter Struktur ein üppiger Blumenstrauß aus Tulpen, Nelken und Rosen vor einer Landschaftskulisse.
Die weiteren Blätter zeigen zahlreiche

A 13

Tulpenblüten, eine Pflanze, die im 17. Jahrhundert ein Vermögen kostete und sich größter Beliebtheit erfreute. Die sorgfältig ausgeführten Aquarelle und Gouachen sind auf Papier und Pergament gezeichnet. Soweit es sich feststellen ließ, waren die Pergamentblätter ursprünglich als zusammenhängender Komplex entstanden, da sie einheitliches Format haben. Dagegen handelt es sich bei den Aquarellen auf Papier wohl um Studien nach der Natur. Neben Tulpen werden auch Lilien aller Arten, Narzissen, Rosen und mit besonderer Präzision Schwertlilien wiedergegeben. Hin und wieder tauchen auch botanische Kuriositäten auf. Auf den letzten Blättern sind Vogelstudien aufgezogen. Von besonderer Pracht ist ein Eisvogel (Bl. 173).
Einen Anhaltspunkt für die Datierung des ganzen Komplexes bietet die Inschrift auf Blatt 186: „Den 23. Augusti Ao 1660 in Durlach hat Junckher von Rothen-Häusen diesen weißen Schwalben under der Cantzley geschossen, welchen der Fürst wunders halben abmahlen laßen.“ Der Vogel wurde als besondere Rarität betrachtet und zunächst tot skizziert (Bl. 186) und dann als lebender Vogel auf dem Ast präsentiert. – Die eingefügte Ölskizze scheint von anderer Hand zu stammen (Bl. 171), ebenso wie die auf dunklen Grund gemalten Löwenzahnblüten und die Kornblumen (Bl. 170). Letztere stammen vielleicht von der Hand Anna Maria Brauns (s. Kat. Nr. A 14).

Aquarelle und Gouachen, auf Pergament oder Papier, H. 173 cm.

Literatur: Thieme-Becker, Bd. 4, S. 547–548. – Rott 1917, S. 120–121.

Göttingen, Niedersächsische Staats- und Universitätsbibliothek, Handschriftenabteilung, Cod. Ms. Uffenbach 40^{e}

ANNA MARIA BRAUN (1642–1713)

Als Tochter des Wachsbossierers und Medailleurs Georg Pfründt erlernte sie ebenfalls dieses Handwerk, und ihre farbigen Wachsbossierungen wurden sehr von ihren Zeitgenossen gerühmt. Sie heiratete 1654 den Medailleur Johann Bartholomäus Braun. Bis 1684, dem Todesjahr von Joh. Bartholomäus Braun, lebte sie in Durlach. Nach seinem Tod arbeitete sie vorwiegend in Frankfurt und fertigte Wachsbossierungen für Auftraggeber aus dem Hochadel an. Auch in den

A 14 a

markgräflichen Sammlungen haben sich einige ihrer Arbeiten erhalten. Sie soll ebenfalls Stilleben gemalt haben.

A 14 a-c □

a) Stilleben mit Vase und Blumenstrauß

Anna Maria Braun, um 1700 (zugeschrieben)

In einer üppigen, getriebenen Vase mit Reliefdekor steht ein Strauß aus Schneeballen, Tulpen, Rosen und Lilien. Die Farbigkeit beschränkt sich auf den Zusammenklang von Rot, Blau, Weiß, Gelb und zartem Grün. Über dem schlanken, eingezogenen Fuß der Vase hängen die Blüten üppig über den Vasenkörper herab. Insekten und Käfer, die über die Blüten und Blätter kriechen, weisen auf das Vanitas-Motiv hin, das selbst bei diesem dekorativen Strauß anklingt. Das Ganze ist vor einen schwarzen Hintergrund auf einen zur Hälfte mit einem locker dekorierten blauen Tuch gestellt, eine Kombination, die dem Zeitgeschmack entsprach. Die Zuschreibung an Anna Maria Braun erfolgte durch A. F. Kircher. Zwei Aquarelle im Cod. Ms. Uffenb. 40^{e} sind sehr wahrscheinlich auch von ihr gemalt worden. Es handelt sich in diesen Fällen um Studien nach der Natur, ebenfalls auf schwarzem Grund (s. Kat. Nr. A 13).

b) Apfelblütenzweig

Vor einem schwarzen Hintergrund ist ein abgeschnittener Apfelblütenzweig im Zentrum des Bildes präsentiert. Mit großer Genauigkeit sind in zarten Rosa- und Grüntönen in allen Schattierungen die Details wiedergegeben. Es handelt sich wohl eher um eine Studie nach der Natur, da die Blüten von Spinnweben überzogen sind, und allerhand Getier umherkriecht.

c) Malvenblüte

Im gleichen Format und mit identischem Aufbau ist hier eine rosa Malvenblüte vor schwarzem Grund dargestellt. Über die zartfarbene Pflanze kriecht ebenfalls ein Käfer hinweg.

Aquarell, mit Deckfarben, auf Papier. 49,5 × 37,5 cm (a), 35 × 27,5 cm (b), 35 × 27 cm (c)

Privatbesitz

PHILIPP HIERONYMUS BRINCKMANN (1709–1760)

Geboren 1709 in Speyer, begraben am 21. Dezember 1760 in Mannheim. Ausbildung zum Maler und Freskanten durch Johann Georg Dathan in Speyer, Übersiedlung nach Mannheim vor 1733, dem Jahr seiner Heirat. Damals schon Kurpfälzischer Hofmaler genannt. Besoldung jedoch erst 1737. Freundschaft mit Paul Egell, nach dessen Vorlagen er radiert hat. Bildete sich nach Werken Christian Hilfgott Brands, deren er einige besaß. 1745 Reise in die Schweiz. 1748–52 ist Joh. Konrad Seekatz sein Schüler. 1755 Ernennung zum Galerieinspektor und Befreiung von der Theatermalerei. Verfasser eines ersten Mannheimer Galeriekatalogs. 1757 Hofkammerrat. Etwa 1760 Reise nach Paris. Landschaften, Altarblätter, Fresken und Radierungen in der Manier Rembrandts haben sich von seiner Hand erhalten.

A 15 □

Der Wolfsbrunnen im Heidelberger Schloßgarten

Aus der Mannheimer Galerie

Ph. H. Brinckmann

Im Schatten hoher alter Bäume lagern und begegnen sich Herren und Damen der Gesellschaft zu Picknick und Konver-

A 15

sation am Bassin des Wolfsbrunnens in der Südostecke des Gartenparterres beim Heidelberger Schloß.
Eine entwickeltere Fassung von 1739 (BStGS München, Inv. Nr. 5035, Öl auf Holz, 39 × 53 cm) verweist nach E. Emmerling das vorliegende Exemplar in die Frühzeit des Malers, während G. Jacob die umgekehrte Reihenfolge annimmt.

Öl auf Leinwand, 69 × 90 cm.

Literatur: Jacob, Gustav, Philipp Hieronymus Brinckmann, ein Mannheimer Maler des 18. Jahrhunderts In: MannhGbl, Bd. 23, 1922, S. 176. – Ders., Ph. H. Brinckmann. Diss. Masch. Würzburg 1923, S. 30–32, Werk-Kat. Nr. 10. – Emmerling, Ernst, Philipp Hieronymus Brinckmann als Landschaftsmaler. In: Mitteilungen des Historischen Vereins der Pfalz, Bd. 58, Speyer 1960, S. 320. – Bushart, Bruno, Deutsche Malerei des Rokoko. Königstein i. Ts. 1967, Abb. 64. – von Knorre 1970, S. 40 mit weiterer Lit.

Augsburg, Städtische Kunstsammlungen, Deutsche Barockgalerie, Inv. Nr. L 717 (Leihgabe der Bayerischen Staatsgemäldesammlungen München, Inv. Nr. 4658)

A 16

A 16 □

Der Hofgarten in Mannheim

Aus der Mannheimer Galerie

Ph. H. Brinckmann, 1745

Auf einer von Bäumen umstandenen Parkterrasse mit Blick auf das Mannheimer Schloß beschäftigen sich Damen und Herren mit Musizieren und galanter Konversation.
Brinckmann hatte jedes Jahr zwei Landschaften an Kurfürst Carl Theodor von der Pfalz zu liefern. Als Pendant zu der gleich großen, allerdings sechs Jahre früher entstandenen und auf Holz gemalten zweiten Fassung des „Wolfsbrunnen" (vgl. Kat. Nr. A 15) gehörte vorliegendes Bild zu solchen Pflichtablieferungen.

Öl auf Leinwand, 40 × 52 cm. Bezeichnet unten Mitte: PH Brinckmann (ligiert) fecit 1745.

Literatur: Jacob, Gustav, Philipp Hieronymus Brinckmann, ein Mannheimer Maler des 18. Jahrhunderts. In: MannhGbl, Bd. 23, 1922, S. 176. – Ders., Ph. H. Brinckmann, Diss. Masch. Würzburg 1923, S. 30–32, Werk-Kat. Nr. 9. – Emmerling, Ernst, Philipp Hieronymus Brinckmann als Landschaftsmaler. In: Mitteilungen des Historischen Vereins der Pfalz, Bd. 58, 1960, S. 320. – Knorre 1970, S. 41 mit weiterer Lit.

Augsburg, Städtische Kunstsammlungen, Deutsche Barockgalerie, Inv. Nr. L 716 (Leihgabe der Bayerischen Staatsgemäldesammlungen München, Inv. Nr. 5031)

ANDREAS BRUGGER (1737–1812)

Geboren am 16. Februar 1737 in Kressbronn-Gattnau, gestorben am 8. Februar 1812 in Langenargen. Graf Ernst von Montfort schickte ihn zur Ausbildung nach Wien, wo er sich an den Stil seines Landsmannes F. A. Maulbertsch anschloß, später nach Rom, wo er den Preis der Akademie erhielt. Von Langenargen aus malte Brugger vor allem Fresken und Altarbilder in Oberschwaben und im Bodenseegebiet.

A 17

Der hl. Bernhard heilt Kranke

Aus dem Zisterzienserkloster Salem

A. Brugger, um 1770

Dargestellt ist der Heilige inmitten von Kranken und Bettlern, Kindern und Greisen. Es fallen die scharfgeschnittenen ausgemergelten Köpfe, vor allem der alten Männer und Frauen auf und der Knabe zur Rechten mit der Glocke in der Hand, mit der die Leute beim Nahen der Aussätzigen gewarnt werden sollten. Oben werden in der „himmlischen Apotheke" von Putten Pülverchen im Mörser zerstoßen, während ein anderer dem Heiligen eine Phiole herabreicht. Zur Linken zwei Äbte, die aufmerksam das Geschehen verfolgen und notieren.
Das Bild gehört zu einer Folge von 12 Szenen aus dem Leben des Heiligen, gemalt um 1770, die den Einfluß F. A. Maulbertschs besonders in Farbigkeit und Figurentypen erkennen lassen. Rechts unten das Wappen des Abtes.

Öl auf Leinwand. 278 × 184 cm. 1981 restauriert in der Werkstätte H. D. Ingenhoff in Tübingen.

Literatur: Hugo Schnell in: Salem. Große Kunstführer, Bd. 74, München 1977, S. 28 mit älterer Literatur.

Privatbesitz

CARLO INNOCENZO CARLONE (1686–1775)

Geboren 1686 in Scaria bei Como als Mitglied einer zahlreichen Künstlerfamilie, gestorben am 17. Mai 1775 ebenda. Sein Vater, der Bildhauer und Architekt Giovanni Battista Carlone wollte ihn wie seinen Bruder Diego zum Bildhauer ausbilden, er entschied sich jedoch für die Malerei und lernte bei Giulio Quaglio in

A 18

A 21

Apollo in den Olymp geleitet, wo ihn der Genius des Ruhms erwartet. Unten versuchen ihn Venus und ihre Gefährtinnen von dem steilen Weg nach oben abzulokken.
Ölskizze für das Deckenfresko in Schloß Heimsheim, 1730, das der Minister W. von Graevenitz erbauen ließ. Das Thema des Freskos darf auf Herzog Eberhard Ludwig bezogen werden, dessen Maîtresse Wilhelmine von Graevenitz „den Herzog 25 Jahre lang unbeschränkt beherrschte" (W. Fleischhauer).

Öl auf Leinwand, 66 × 88 cm.

Literatur: Barigozzi Brini/Garas 1967, S. 63, 128 m. Abb. – Ludwigsburg 1976, S. 47, Kat. Nr. 253, Abb. 39. – Erwerbungsbericht. In: JbStKsBW, Bd. 15, 1978, S. 225–226 m. Abb.

Stuttgart, Württembergisches Landesmuseum, Inv. Nr. 1976/244

JOHANN GEORG DATHAN (1701–1749)

Geboren am 6. September 1701 in Speyer, dort gestorben am 23. März 1749. Tätig als Porträtist in Speyer und Mannheim. 1736 in Amsterdam, 1748 vielleicht in Dresden. Dathan führte auch Fresken aus.

A 23 □

Der Bildhauer Johann Paul Egell

J. G. Dathan, um 1735–40

Paul Egell, 1691–1752, seit 1723 hofbefreiter Bildhauer in Mannheim, einer der bedeutendsten Meister des deutschen Rokoko.
Die Identifizierung des Gemäldes ist durch ein danach angefertigtes Schabkunstblatt von J. J. Haid gesichert, das als J. G. Dathan/Paul Egell bezeichnet ist. Eine veränderte, ebenfalls eigenhändige Fassung besitzt das Wallraf-Richartz-Museum in Köln. Entstanden um 1735–40.

Öl auf Leinwand, 86 × 66,2 cm.

Literatur: Jacob, Gustav, Das Mannheimer Schloß und seine Sammlungen. 1939, S. 65 m. Abb. – Emmerling, Ernst, Die Gemälde Johann Georg Dathans. In: Pfälzer Heimat, Bd. 4, 1953, Heft 2, S. 35–36. – Ausklang des Barock. Heidelberg 1959, S. 27, Kat. Nr. 16 m. Abb. – Städtisches Reiß-Museum Mannheim. Ausgewählte Werke. 1966, S. 35–36, Kat. Nr. 29 m. Abb.

Mannheim, Städtisches Reiß-Museum, Inv. Nr. 248

GEORGES DESMARÉES (1697–1776)

Geboren am 29. Oktober 1697 in Österby (Schweden), gestorben am 3. Oktober 1776 in München. 1710–24 bei seinem Onkel, dem Porträtisten Martin Meytens d. Ä. in Stockholm als Lehrling und Mitarbeiter. 1724 Reise über Amsterdam, Nürnberg (Bekanntschaft mit J. Kupetzky), Augsburg, München und Innsbruck nach Venedig, wo er sich bei G. B. Piazzetta weiterbildete. Nach Zwischenaufenthalt in Rom 1728–30 in Nürnberg und Augsburg tätig. Seit 1730 in München ansässig. 1731 konvertierte er zum katholischen Glauben, heiratete und wird erstmalig als Kurfürstlich Bayerischer Hofmaler bezeichnet. Mit Cosmas Damian Asam war er befreundet. Damals entstehen die meisten seiner kirchlichen Werke, vornehmlich für Oberbayern. 1745–49 und 1752–54 war er am Hofe des Kurfürsten Clemens August in Bonn, 1752/53 in Kassel, 1763 in Würzburg, 1767 in Mainz. Desmarées ist der bedeutendste Bildnismaler des deutschen Rokoko, Lehrer von Anton Graff, Andreas Löscher, Franz Xaver Welde. Sein Freund und Gönner Caspar von Lippert hat 1770–72 die erste Monographie des Malers herausgegeben.

A 23

A 24 □

Markgräfin Maria Josepha von Baden

Aus Schloß Rastatt

G. Desmarées, 1755

Markgräfin Maria Josepha von Baden, 1734–76, Tochter des Kurfürsten Karl Albrecht von Gyern, 1755 vermählt mit dem Markgrafen Ludwig von Baden-Baden.
Hermelinmantel, Markgrafenkrone, Schmuck, Sessel, Säule und Vorhang kennzeichnen den fürstlichen Stand der Dargestellten. Das Bild ist wohl 1755 anläßlich der Verheiratung der Prinzessin in München entstanden. Zugehörig sind die Bildnisse ihrer Mutter, ihres Bruders und dessen Gemahlin.

Öl auf Leinwand, 133,5 × 106 cm.

Literatur: Kircher, Gerda, Wittelsbacher Bildnisse von George Desmarées im Neuen Schloß zu Baden-Baden. In: MüJb, Bd. 12, 1937/38, S. XL. – Kircher 1958, S. 76, Kat. Nr. 335. – Berlin 1966, S. 58, Kat. Nr. 115 m. Abb.

Privatbesitz

A 24

JOHANN JAKOB DORNER D. Ä. (1741–1813)

Geboren am 18. Juli 1741 in Ehrenstetten bei Freiburg i. Br., gestorben am 22. Mai 1813 in München. 1752 kam er zu einem Goldschmied in die Lehre, 1759 wechselte er zu dem Freiburger Hofmaler F. J. Rösch über. In Augsburg erlernte er die Freskomalerei. Mit seinem dortigen Bruder Josef reiste er 1759 über Trient nach Venedig. 1760 bemalte er zusammen mit J. Mages (vgl. Kat. Nr. A 6) Augsburger Häuserfassaden. 1761 übersiedelte er nach München, wo er 1765 zum Hofmaler ernannt wurde. 1766/69 machte er mit seinem Bruder Fridolin, vom Kurfürsten unterstützt, eine Reise nach Düsseldorf, Leiden, Den Haag, Amsterdam, Rotterdam, Paris und in die Schweiz. Auf der Rückreise besuchte er Ehrenstetten. 1770 wird er Kurfürstlicher Galerieinspektor, 1771 Mitglied der Akademie, 1784 Vizedirektor der Hofgartengalerie in München, 1772 heiratete er. Dorner malte historische, mythologische, allegorische Bilder, Landschaften und Genreszenen und betätigte sich als Restaurator und Akademielehrer.

A 25

Blick auf Ehrenstetten

Seit 1770 in Schleißheim nachweisbar

J. J. Dorner d. Ä., 1766

Unter einem Baum auf der Anhöhe sitzt ein Mann mit der Landkarte, dem ein Wanderer die Landschaft zeigt. Unten liegt der Heimatort des Künstlers in der Rheinebene. Entstanden 1766, vor der Reise nach Düsseldorf, aus der Erinnerung oder nach älteren Landschaftsskizzen.

Öl auf Kupfer, 24,5 × 31,3 cm. Bezeichnet unten links der Mitte: J. Jac. Dorner 1766.

Literatur: Lipowski, F. J., Baierisches Künstler-Lexikon. Bd. 1, München 1810, S. 52. – Thieme–Becker Bd. 9, 1913, S. 482 (R. Paulus). – Hartwig 1978, S. 27–29 m. Abb. und weiterer Lit.

München, Bayerische Staatsgemäldesammlungen, Inv. Nr. 2838

JOHANN BAPTIST ENDERLE (1725–1798)

Geboren am 15. Juni 1725 in (Ulm-)Söflingen, gestorben am 15. Februar 1798 in Donauwörth. Die erste Ausbildung erhielt er vermutlich bei seinem Onkel Anton Enderle in Günzburg, vielleicht besuchte er auch die Augsburger Kunstakademie. 1750 ist er in Mindelzell als Mitarbeiter Franz Martin Kuens bezeugt, der seine Kunst nachhaltig beeinflußt. 1755 übersiedelte er von Söflingen nach Donauwörth, wo er durch Heirat der Malerswitwe Theresia Reismüller das Bürgerrecht erwirbt und Werkstatt und Kundenkreis seines Vorgängers übernimmt. 1796 heiratet er zum zweitenmal. Enderle entfaltete eine weitreichende Tätigkeit als Freskant und Maler von Altarblättern hauptsächlich in Schwaben, aber auch in Mainz. Baden-Württemberg besitzt Werke seiner Hand in Klingenstein, Ulm-Söflingen, Hechingen, Hohenstadt, Baden-Baden, Oberndorf a. N.

A 26

A 26 □

Anbetung der Hirten

Skizze für das Hauptfresko im Schiff der ehem. Augustinerklosterkirche Oberndorf a. N., 1777

J. B. Enderle

Die Hirten kommen mit Gaben, um das neugeborene Christuskind anzubeten. Oben erscheint Gottvater, Engel singen das Gloria.
Skizze für das Hauptfresko im Schiff der ehemaligen Augustinerklosterkirche Oberndorf a. N., 1777. Enderle erhielt für die drei größeren und 13 kleineren Fresken 800 Gulden (einschließlich der zerstörten Fresken in der Sakristei).

Öl auf Leinwand (auf Sperrholz), 48 × 53,7 cm.

Literatur: München-Würzburg 1959, S. 26, Kat. Nr. 14. – Reuschel 1963, S. 34, Kat. Nr. 13 m. Abb. – Dasser, Karl Ludwig, Johann Baptist Enderle. Weißenhorn 1970, S. 55–59, 135 m. Abb. – München 1978, S. 18 m. Abb.

München, Bayerisches Nationalmuseum (Slg. Wilhelm Reuschel), Inv. Nr. Rl 11

JOSEF ESPERLIN (1707–1775)

Geboren 1707 in Ingoldingen (Kreis Biberach oder Degernau), gestorben 1775 in Basel (?). Ausgebildet bei J. G. Wegscheider in Riedlingen, 1731 bei F. Trevisani in Rom. Spätestens seit 1740 und bereits mit Familie in Biberach nachweisbar, obgleich er erst 1743 dort „conferiert“ wurde. Vor 1757 bis 1765 in Basel, 1765 Heirat in Donaueschingen und Reise nach Paris, 1770 in Solothurn. Tätig als Freskant, Maler von Altarblättern und Porträts in Oberschwaben und der Schweiz.

A 27 □

Der hl. Norbert vor Papst Paschalis

Aus dem Praemonstratenserkloster Schussenried

J. Esperlin, 1760

Der um 1085 aus altadeligem Geschlecht zu Genep geborene Norbert verzichtete 1118 auf seine Pfründe als Stiftsherr in Xanten und auf sein Vermögen, das er den Armen spendete. Von Papst Paschalis II. (1099–1118), nach anderen Quellen Papst Gelasius II. (1118–1119), erhielt er allgemeine Vollmacht zum Predigen. 1120 gründete er in Prémontré den Orden der Praemonstratenser. 1126 zum Bischof von Magdeburg ernannt, starb er dort im Jahre 1136.

Leinwand, 177 × 122,5 cm. Bezeichnet Mitte unten: Joseph Esperlin, invenitpinxit 1760.

Literatur: Ausst. Kat. Joseph Esperlin. Biberach a. d. R. 1970, Kat. Nr. 27.

Privatbesitz

A 27

HEINRICH FRIEDRICH FÜGER (1751–1818)

Geboren am 8. September 1751 in Heilbronn, gestorben am 5. November 1818 in Wien. 1764–68 Schüler Nicolas Guibals an der Académie des Arts in Ludwigsburg. Nach dem Abbruch des Jurastudiums in Halle ging er 1770 zu dem Maler Adam Friedrich Oeser nach Leipzig und erzielte in Dresden erste Erfolge als Miniaturporträtist. 1772–74 war er in Heilbronn und Stuttgart tätig, ehe er auf Drängen Guibals nach Wien ging. Dort gelingt ihm der Durchbruch zur Anerkennung mit einem Bildnis der kaiserlichen Familie, wodurch er 1776–83 ein kaiserliches Stipendium in Rom bei A. R. Mengs und am Hof von Neapel erhält. Nach der Rückkehr wird er 1783 Vizedirektor, 1795 Direktor der Wiener Akademie. 1788/89 hält er sich zum letztenmal in Heilbronn auf und arbeitet kurze Zeit für den Hof in Mainz. 1797 zwingt ihn ein Augenleiden, die Miniaturmalerei aufzugeben. 1806 wird er Direktor der Kaiserlichen Gemäldegalerie, nachdem ihn die Akademien in Bologna, Mailand und Berlin zum Mitglied ernannt hatten. Fügers Werk umfaßt vorwiegend Porträts einschließlich Miniaturen, aber auch mythologische und historische Gemälde, Buchillustrationen und Fresken in Neapel.

A 28

A 28 □

Elise Rüdt von Collenberg

Familienbesitz

H. F. Füger, 1789

Dargestellt ist Johanna Elise Margarete Harpprecht von Harpprechtstein (geb. 1770, gest. 1834), die Tochter des Esslinger Bürgermeisters Johann Andreas Harpprecht von Harpprechtstein (1706–1771) und der Rosine Elisabeth von Kinkel. Nach dem Tod des Vaters hatte dessen Witwe den Heilbronner Bürgermeister Georg Heinrich von Rosskampff geheiratet, in dessen Familie Elise heranwuchs. Vermutlich aus Anlaß ihrer Verlobung mit dem Freiherrn Wolf Friedrich Rüdt von Kollenberg malte der gerade zu Besuch in der Heimat weilende Füger das Portrait der jungen Braut. Die Hochzeit fand am 11. 10. 1791 im Schlößchen Trappensee bei Heilbronn statt.

Stilistisch schließt es sich seinen berühmten Damenporträts des österreichischen Adels an, mit denen Füger den Höhepunkt seiner Bildniskunst erreichte.

Öl auf Leinwand. 130 × 111 cm, bezeichnet rechts unten: J. H. Füger p. 1789.

Literatur: zu der Familie der Dargestellten: August von Doerr. In: Der deutsche Herold, Bd. 31, 1900, S. 87–98.

Bödigheim (Gem. Buchen), Freiherrlich Rüdt von Collenberg'sche Schloßgesellschaft

EUSTACHIUS GABRIEL (1724–1772)

Geboren 1724 in Unterschwarzach bei Waldsee, gestorben 1772 in Laibach. Ausgebildet vielleicht bei P. Troger in Wien, an dessen Kompositionen er sich eng anschließt. In seinen späteren Werken von F. J. Spiegler beeinflußt sowie von Maulbertsch. Tätig in Oberschwaben und Kärnten. Gabriel stiftete für die Wallfahrtskirche Reuthe bei Waldsee das Hochaltarblatt von J. M. Schmidt, gen. Kremserschmidt, ausgeführt 1774.

A 29 □

Maria von Heiligen verehrt

E. Gabriel (zugeschrieben)

Auf einem erhöhten Thron sitzt Maria mit dem Christuskind. Links von ihr kniet Josef mit dem blühenden Stab, oben erscheint die Taube des Hl. Geistes. Unten knien und stehen (von links nach rechts) die hl. Georg, Stephanus, Jacobus, Katharina und Barbara.
Das Gemälde zeigt sich in Farbigkeit und Motiven abhängig von F. A. Maulbertsch (für Jacobus vgl. den Stich von J. Schmutzer nach Maulbertsch, Hl. Nepomuk als Fürsprecher der Armen und Kranken). Stilistisch entspricht es eher den gesicherten Arbeiten Eustachius Gabriels um 1765 als den zu dieser Zeit bereits kühler und zeichnerischer werdenden Gemälden Esperlins, dem das Bild bisher zugeschrieben ist (vgl. Gabriels Hochaltarbild in der Pfarrkirche Pless a. d. I.).

Öl auf Leinwand, 276 x 185 cm.

Literatur: Ausst. Kat. Joseph Esperlin. Biberach 1970, Kat. Nr. 32.

Ingoldingen (Kr. Biberach), Kath. Kirchengemeinde

A 29

A 30

PIERRE GAUDRÉAU (1694–1731)

Fälschlich auch „Paul Goudreaux" geschrieben. Geboren 1694 in Paris, gestorben am 10. April 1731 in Mannheim. Er wurde wahrscheinlich an der Pariser Akademie unter N. Largillière ausgebildet, beeinflußt von H. Rigaud. Seit 1721 ist er neben Henri Millot als Hofmaler in Zweibrücken nachweisbar. 1724 heiratete er in Mannheim die Sängerin Eleonore Borosini. Als Kurpfälzischer Hofmaler in Mannheim schuf er vornehmlich Fürstenporträts, daneben allegorische und kirchliche Bilder.

A 30 □

Liebespaar

Aus der Slg. Hofrat Sigmund Röhrer

P. Gaudréau, 1727

Mit dem vollen Weinglas in der Linken kitzelt der Liebhaber übermütig seine Geliebte, die den Schleier vom Gesicht lüftet, am Kinn, während sie die linke Hand auf seinen Oberarm legt.
A. Goldschmidt, W. Schmidt und A. Feulner vermuten in dem Bild ein Selbstporträt des Malers (vgl. sein Malerbarett) und seiner Frau. Ein ähnliches Bild, Schäfer und Schäferin, befand sich 1913 im Besitz von A. Goldschmidt (heute im Ringling-Museum Sarasota).

Öl auf Leinwand, 56 × 84 cm. Auf der Rückseite signiert und datiert: P. Gaudréau Parisien Peint e evanté L'an 1727.

Literatur: Ausst. Kat. Münchner Malerei des 18. Jahrhunderts. München 1909, S. 9, Kat. Nr. 28. – Schmidt, Wilhelm, Gemälde aus der Sammlung Röhrer. In: Monatshefte für Kunstwissenschaft, Bd. 3, 1910, S. 143–144, Abb. 12. – Goldschmidt, August, Paul Goudréaux. In: MüJb, Bd. 6, 1911, 1. Halbband, S. 89–90, Abb. 6, 2. Halbband, S. 283. – Feulner, Adolf, Kat. Die Sammlung Hofrat Sigmund Röhrer. Augsburg 1924, S. 8, Kat. Nr. 52 m. Abb. – Medding, Wolfgang, Der Mannheimer Hofmaler Pierre Gaudreau und seine Werke. In: Mitteilungen des Historischen Vereins der Pfalz, Bd. 69, 1962, S. 101, 111 m. Abb. – Knorre 1970, S. 71 mit weiterer Lit.

Augsburg, Städtische Kunstsammlungen, Deutsche Barockgalerie, Inv. Nr. 6186

A 31 □

Mariae Heimsuchung

Skizze für das im Zweiten Weltkrieg zerstörte Hochaltarblatt der Mannheimer Schloßkapelle

P. Gaudréau, 1729

Als Maria vom Hl. Geist empfangen hatte, ging sie über das Gebirge in das Haus des Priesters Zacharias zu ihrer Base Elisabeth, die trotz ihres hohen Alters schwanger war und Johannes den Täufer gebären sollte. Elisabeth erkannte in Maria die Mutter ihres Herrn und pries sie darüber, worauf Maria den Lobgesang des „Magnificat" sprach. Rechts steht Josef mit Stock und Reisesack.
Am 11. April 1729 hatte Gaudréau den Auftrag erhalten, das Altarbild „nach seinem Vorschlag", d.h. nach der Skizze für 1000 Gulden auszuführen.

Öl auf Leinwand, 43,5 × 28,5 cm. Bezeichnet auf der Rückseite: Prre Gaudréau, peint Et jnvanté L'Anné 1729, dazu spätere Inschrift auf dem Blindrahmen: Das hiernach gefertigte Altarblatt befindet sich in der CF. Hof-Capelle zu Mannheim.

Literatur: Arens, Fritz, Mainzer Barockskizzen und Gemälde. In: Mainzer Zeitschrift, Jg. 63/64, 1968/69, S. 125–126, Farbtaf. 125.

Süddeutscher Privatbesitz

A 32 □

Apotheose des Kurfürsten Karl Philipp von der Pfalz

Vermutlich Skizze für einen unbekannten Stich

Aus der Slg. Graimberg

P. Gaudréau

Kurfürst Karl Philipp von der Pfalz (1661–1742) folgt 1716 seinem Bruder Johann Wilhelm in der Regierung nach. Der Bau des Mannheimer Schlosses wurde von ihm begonnen.
Der Kurfürst, in der Pose eines Feldherrn zu Pferd, trägt den kurpfälzischen Hubertusorden, der auch oben am gemalten Rahmen erscheint. Links überreicht ihm ein Genius den Kurhut, ein anderer hält den Lorbeerkranz über sein Haupt und deutet auf den Tempel der Unsterblichkeit. Fama verkündet mit der Posaune seinen Ruhm. Rechts grüßen ihn die Personifikationen der Flüsse Rhein und Neckar (mit Urnen), der Schiffahrt (mit Ruder) und einer Stadt, wohl Mannheim (mit Mauerkrone).
Die monochrome Ausführung und der obere Abschluß des Bildes lassen vermuten, daß es sich um die Skizze für einen unbekannten Stich handelt. Eine zweite farbige Fassung samt Ausführung als

A 31

Bild, die jedoch den Kurfürsten stehend zeigt, befindet sich ebenfalls im Heidelberger Museum.

Öl auf Leinwand, 58 × 42,6 cm.

Literatur: Mays, Albert, Erläuterndes Verzeichnis der städt. Kunst- und Alterthümersammlung zur Geschichte Heidelbergs. 3. Aufl. Heidelberg 1892, Nr. 252. – Ausklang des Barock. Heidelberg 1959, Kat. Nr. 24. – Medding, Wolfgang, Der Mannheimer Hofmaler Pierre Gaudréau und seine Werke. In: Mitteilungen des Historischen Vereins der Pfalz, Bd. 60, 1962, S. 111. – Berlin 1964, S. 82, Kat. Nr. 25 m. Abb. und weiterer Lit.

Heidelberg, Kurpfälzisches Museum, Inv. Nr. G 494

JOHANN GEORG GLYCKHER (GLÜCKER) (NACHWEISBAR UM 1680 BIS UM 1725)

Zeichner und Maler in Rottweil.

A 33 □

Krönung Mariae

Entwurf für ein 1683 ausgeführtes Altarblatt in der Allerheiligenkapelle zu Waldshut

Aus der Slg. Lambert Krahe, Düsseldorf

J. G. Glyckher, 1683.

Unten links die vier Kirchenväter, rechts die vier Evangelisten, dahinter Apostel und Märtyrer, darüber weibliche Heilige. In der Mitte links Johannes d. T., rechts Josef. Oben Engel und die die Gottesmutter krönende Dreifaltigkeit.
Der in Süddeutschland das ganze 17. Jahrhundert hindurch übliche Typus des Allerheiligenbildes mit oder ohne Marienkrönung geht, wohl über die Vermittlung Hans Rottenhammers, auf die venezianische Tradition des 16. Jahrhunderts zurück.

Feder und Pinsel, laviert, auf bräunlichem Papier, 39,9 × 26,2 cm. Bezeichnet unten links: I G (ligiert) Glückher. F. 1683.

Literatur: Budde, Illa, Beschreibender Katalog der Handzeichnungen in der Staatlichen Kunstakademie Düsseldorf. Düsseldorf 1930, Kat. Nr. 981 m. Abb. – Düsseldorf 1969, S. 97, Kat. Nr. 198 m. Abb.

Düsseldorf, Kunstmuseum, Graphische Sammlung, Inv. Nr. FP 5600

GOTTFRIED BERNHARD GOETZ (GOEZ) (1708–1774)

Getauft am 10. August 1708 in Welehrad (Mähren), gestorben am 23. Novem-

A 32

A 33

ber 1774 in Augsburg. 1718–23 besuchte er das Jesuitengymnasium in Ungarisch-Hradisch. Nach der Lehre bei dem Freskanten Franz Ignaz Eckstein in Brünn arbeitete er 1730–33 als Geselle bei Johann Rothbletz in Augsburg und besuchte die dortige Reichsstädtische Kunstakademie unter J. G. Bergmüller. 1733 heiratete er und erwarb das Meister- und Bürgerrecht in Augsburg. Zusammen mit den Gebrüdern Klauber gründete er 1737/38 einen Kupferstichverlag und erhielt 1742 – nunmehr selbständig – ein mehrfach erneuertes kaiserliches Privileg. 1744 erlangt er auf eigenes Ansuchen von Kaiser Karl VII. den Titel eines Hofmalers und Hofkupferstechers. Zu seinen Schülern gehören, neben seiner Tochter und seinem Sohn, Franz Ignaz Oefele und Franz Anton Zeiller. Er arbeitete als Freskant, Altarblattmaler, Porträtist, Stecher und Zeichner für und in Schwaben, Franken und Bayern. Im Bereich von Baden-Württemberg finden sich Werke seiner Hand in Birnau, Habsthal, Konstanz, Meersburg, Schussenried, Salem, Überlingen, Weingarten. Auch für die Ausmalung von Baitenhausen und des Gartenpavillons am Neuen Schloß in Meersburg (vgl. J. W. Baumgartner) hatte er sich beworben.

A 34

Abt Anselm II. Schwab von Salem

Aus dem Zisterzienserkloster Salem

G. B. Goetz

Abt Anselm II., geboren 1710 in Füssen, gestorben 1778 in Salem, seit 1746 Abt des dortigen reichsunmittelbaren Zisterzienserstiftes. Er förderte die Kunsttätigkeit in Salem durch die Heranziehung namhafter Meister und erbaute die von seinen Vorgängern geplante Wallfahrtskirche Birnau samt Priesterhaus.
Der Prälat deutet mit der rechten Hand auf die neue Wallfahrtskirche und den Gutshof Maurach, in der Linken hält er den Vertrag mit G. B. Goetz (?) über die Ausmalung von Birnau vom 30. April 1748 mit der Inschrift: MDDXLVIII XXX Apr. Juramentum susceptum Salemy MDCCXLVIII XXI nov. Auf dem Abtsthron links mit dem kaiserlichen Doppeladler als Bekrönung der Lehne liegen der Abtsstab und die Mitra, darunter eine Papierrolle mit der lateinischen Inschrift: ANSELMUS II. Abb. in Salem Caesareae et Regiae Majestatum Consiliarius Actualis Intimus Aet: 36 Elect: 1746 6 Jun. G. B. Göz S. Caes. M. aul. Pict. Fec., d.h. Anselm II. Abt von Salem, Kaiserlich und Königlicher Majestäten Wirklicher Geheimer Rat, im Alter von 36 Jahren am 7. Juni 1746 zum Abt gewählt. Gottfried Bernhard Göz, Hofmaler seiner Kaiserlichen Majestät.

Öl auf Leinwand, 167 × 110 cm.

Literatur: Bregenz 1962, Kat. Nr. 29 m. Abb. – Ausst. Kat. Die Zisterzienser. Aachen 1980, S. 633–635, Kat. Nr. I 6 m. Abb.

Privatbesitz

A 35 □

Der hl. Bernhard vor der Muttergottes

Vorzeichnung für das 1749 gemalte rechte Seitenaltarblatt in der Wallfahrtskirche Birnau.

Aus der Slg. Pachinger, Linz

G. B. Goetz

Bernhard von Clairvaux (um 1091 bis 1153) stammte aus burgundischem Hochadel. 1112 trat er in den Zisterzienserorden ein und wurde dessen eigentlicher Gründer. Nach der Legende soll ihn, als er im Gebet vor einer Statue der Muttergottes versunken war, diese selbst

A 35

mit einem Milchstrahl aus ihrer Brust erquickt haben.
Oben erscheint die Muttergottes mit dem Christuskind und sendet den Milchstrahl zu dem Heiligen herab. Kreuz, Lanze und Essigschwamm auf dem Rohr weisen ihn als besonderen Verehrer des Leidens Christi aus. Die beiden honigschleckenden Putti mit dem Bienenkorb sind Sinnbild der honigsüßen Beredsamkeit des Heiligen, die ihm den Beinamen „doctor mellifluus" eintrug (vgl. den „Honigschlecker" von J. A. Feuchtmayer zu seiten des Altars). Die Szene im Hintergund erinnert an die Legende, wonach ihm eine Marienstatue beim Betreten der Kirche mit „Salve Bernarde" begrüßt habe, worauf er mit „Salve Regina" antwortete.

A 36

Feder, laviert, weiß gehöht, 29,8 × 13 cm. Bezeichnet am Podest: GBGöz (die drei ersten Buchstaben ligiert) inv et delin. Unten Maßangabe: 12 sch(uh).

Literatur: Bregenz 1963, S. 40, Kat. Nr. 36 m. Abb. – Heffels 1969, S. 108–109, Kat. Nr. 132 m. Abb. und weiterer Lit. – London 1975, Kat. Nr. 39 m. Abb.

Nürnberg, Germanisches Nationalmuseum, Graphische Sammlung, Inv. Nr. Hz 3974.

A 36 □

Tod des hl. Benedikt

Vorzeichnung für das 1749 gemalte linke Seitenaltarblatt in der Wallfahrtskirche Birnau.

G. B. Goetz

Benedikt von Nursia (um 480 – nach 542), der Gründer des Benediktinerordens und erster Abt des Stammklosters Monte Cassino, ließ nach der Legende sechs Tage vor seinem Tode das Grab öffnen und starb aufrecht stehend nach Empfang der hl. Kommunion in den Armen seiner Mitbrüder.

Feder, laviert, mit Bleistift quadriert, ca. 30 × 13 cm.

Literatur: Isphording, Eduard, Die Ölgemälde und Zeichnungen des G. B. Göz. Diss. Masch. Heidelberg 1967, A II 20.

München, Staatliche Graphische Sammlung, Inv. Nr. 31961

A 37 □

Das Jubilierende Marchtall

Entwurf für das Titelkupfer in dem 1771 erschienenen Buch „Das Jubilierende Marchtall“

G. B. Goetz

In der Mitte einer phantastischem Rocaille-Architektur steht der hl. Norbert (um 1085–1136), Gründer und Abt des Prämonstratenserordens. Die Schlange, die er zertritt, wird als der niederländische Irrlehrer Tanchelin bezeichnet, den Norbert bekämpft und vernichtet hatte. Das Kreuz deutet auf seine Predigttätigkeit, das Madonnenbild auf seine Marienverehrung hin. In den sechs Medaillons sind Prämonstratenser-Heilige dargestellt. Die Büsten von Petrus und Paulus rechts und links außen beziehen sich auf die Patrone der Klosterkirche Obermarchtal, der begränzte Totenschädel oben auf das dort aufbewahrte Haupt des hl. Tiberius, eines römischen Märtyrers. Unten stehen die Stifter des Klosters, Herzog Hermann II. von Schwaben und seine Gemahlin Gerberga (rechts) sowie Pfalzgraf Hugo von Tübingen und seine Gemahlin Elisabeth mit ihren Wappen. Sie tragen altdeutsche Tracht, halten die Gründungsurkunden und weisen auf die Ansichten von Kloster und Kirche hin. Das Wappen unten in der Mitte ist wohl das des regierenden Abtes. Das Auge Gottes oben deutet die göttliche Vorsehung an, die über das Kloster Obermarchtal wacht.
Entwurf für das Titelkupfer von Götz in „Das Jubilierende Marchtall, oder Lebensgeschichte des Hochseligen Konrad Kneers weyland drey zehnten Abtens des ...freyen Reichsstift, des ...Ordens von Praemonstrat...Nebst Vortrab von dessen Stiftung und Nachtrab dessen Vorsteherrn binnen sechshundert Jahren“. Das in dem Prämonstratenserstift Marchtal (Obermarchtal) 1771 erschienene

A 37

Buch wurde von dem berühmten Kanzelprediger, Dialektdichter und Komponisten P. Sebastian Sailer, einem Mitglied des dortigen Konvents, verfaßt.

Feder, laviert, Korrekturen in Deckweiß, mit Bleistift quadriert, 20,6 × 15,3 cm. Bezeichnet rechts unten: GBGötz (die drei ersten Buchstaben ligiert).

Literatur: Stuttgart 1964, S. 49, Kat. Nr. 111 m. Abb.

Stuttgart, Staatsgalerie, Graphische Sammlung, Inv. Nr. 623.

JOHANN FRIEDRICH GRUBER (um 1620–1681)

Geboren um 1620, seit 1655 bis zu seinem Tode 1681 in Stuttgart tätig, mit einer Unterbrechung ab 1673, während der er offenbar konvertierte. Ein Aufenthalt in den Niederlanden ist wahrscheinlich. Urkundlich mit zahlreichen Aufträgen des württembergischen Hofes belegt; erhalten hat sich nur das hier gezeigte Bild. Möglicherweise geht jedoch die Teinacher Lehrtafel der Prinzessin Antonia, die „Turris Antonia“, auf ihn zurück.

A 38 □

Stilleben

Stuttgart, 1659

Vor einem gerafften Vorhang, auf mit

A 38

kostbaren Tüchern behängtem Tisch, ist alles aufgehäuft, was der Zeit als Inbegriff des Luxus und des Überflusses erscheinen mußte: Schüsseln und Platten aus chinesischem Porzellan, kostbare Gläser und Pokale, darin Krebse und Austern, Weintrauben und Nüsse sowie exotische Früchte wie Zitronen, Pomeranzen, Feigen und ein aufgeschnittener Granatapfel. Alles ist nach niederländischen Vorbildern gefällig arrangiert, mit großer Genauigkeit im Detail wiedergegeben, aber ohne feineren malerischen Reiz.

Öl auf Leinwand, 88,7 × 119,5 cm, sign.

Literatur: Fleischhauer 1958, S. 80ff. und Abb. 46. – Harnischfeger, Ernst, Mystik im Barock. Stuttgart 1980, S. 59, Anm. 89.

Ludwigsburg, Schloß, Land Baden-Württemberg, Staatliche Liegenschaftsverwaltung, Inv. Nr. 3532

MATTHÄUS GÜNTHER (1705–1788)

Geboren am 7. September 1705 in Tritschengreith am Hohenpeißenberg, gestorben am 30. September 1788 in Haid bei Wessobrunn. Nach der Lehrzeit bei Simon Bernhardt in Murnau arbeitete er von etwa 1723 bis 1728 als Geselle bei C. D. Asam in München. 1731 heiratet er die Witwe des Freskanten Ferdinand Mack in Augsburg und erhält das Meisterrecht. 1740 erwirbt er den künstlerischen Nachlaß J. E. Holzers. 1762 wird er zum katholischen Direktor der Reichsstädtischen Kunstakademie in Augsburg berufen, 1763 heiratet er in zweiter Ehe die Witwe des Wessobrunner Stukkators J. G. Üblher. 1784 zieht er sich nach Haid zurück. Zu seinen Schülern zählen Franz Josef Maucher, Ignaz Paur, Josef Haller. Günther schuf Fresken und Altarblätter in Schwaben, Franken, Bayern und Tirol, ferner einige Porträts, Supraporten, Festdekorationen und Radierungen. In Baden-Württemberg arbeitete er in und für Ellwangen (?), Ludwigsburg, Meßbach und Stuttgart.

A 39

Himmelfahrt und Krönung Mariae

Modell eines Kuppelfreskos

Aus dem Besitz der Wallfahrtskirche auf dem Schönenberg, Ellwangen

M. Günther (zugeschrieben), um 1735

Maria wird von den Engeln in den Himmel emporgetragen, wo sie die Dreifaltigkeit erwartet. Christus hält die Krone für sie bereit. Unten sind von einer Scheinarchitektur vier Figurengruppen zu je fünf, eine fünfte, in der Hauptachse stehende, zu sieben Personen angeordnet: vier Könige, fünf Königinnen, ein Kardinal, zwei Bischöfe oder Äbte, zwei Eremiten, sieben weitere weibliche und zwei männliche Gestalten. Die Hauptfigur der Siebenergruppe, ein Prälat, zeigt einen Bauplan. Die einzelnen Personen lassen sich mangels Attributen nicht benennen.

Das in eine Halbkugel gemalte Modell eines Kuppelfreskos darf aus stilistischen Gründen Matthäus Günther um 1735 zugewiesen werden. Seine Bestimmung ist nicht bekannt, eine Ausführung nicht nachweisbar. Obgleich das allgemein gehaltene Bildprogramm keine Lokalisierung erlaubt, legt die Herkunft des schwer transportierbaren Werkes die Vermutung nahe, es sei für eine Kirche im Raume von Ellwangen geschaffen worden. Um 1735 käme dafür am ehesten die seit 1732 beschlossene, 1737 von D. R. Retti begonnene Barockisierung der Stiftskirche in Betracht, die freilich dem hl. Vitus geweiht ist. Eine flüchtige Entwurfszeichnung für die Zentralgruppe der unteren Zone besitzt die Graphische Sammlung der Stuttgarter Staatsgalerie. Das Modell ist das einzige erhaltene Beispiel eines in eine Gipsschale gemalten Freskoentwurfs in Deutschland. Soweit dreidimensionale Originalmodelle bekannt sind, wurden sie in Pappmaché- oder Holzmodelle von Kuppeln gemalt.

Caseinfarben auf Gipsschale in kupferner Halbkugel, Dm. 54,6 cm, T. 25 cm.

Literatur: Bushart, Bruno, Ein unbekanntes Frühwerk Matthäus Günthers in Ellwangen. In: MüJb N. F. 1, 1950, S. 235–240, Abb. 1 u. 2. – Ders., Malerei des Barock in Ellwangen. In: Schwäbische Heimat, Bd. 15, 1964, S. 90–93, Abb. 4. – Ders., Die deutsche Ölskizze des 18. Jahrhunderts als autonomes Kunstwerk. In: MüJb, 3. Folge, 15, 1964, S. 151 m. Abb. – Ellwangen 1964, S. 120, Kat. Nr. 272, S. 130, Kat. Nr. 315.

Ellwangen (Jagst), Schloßmuseum

A 40 □

Seefahrt und Landung des Aeneas

Vorzeichnung für das Mittelfeld des Deckenfreskos in der 1944 zerstörten, 1963 rekonstruierten Aeneasgalerie des

A 40

Neuen Schlosses in Stuttgart

M. Günther

Verfolgt von Junos Zorn, flieht Aeneas, der Sohn der Venus, mit seinem Vater Anchises, seinem Sohn Julus und seiner Gattin Kreusa aus dem brennenden Troja. Juno befiehlt Aeolus, dem Gott der Winde, die Flotte der Troer zu zerstören. Neptun, der Gott des Meeres, rettet sieben Schiffe, darunter das des Aeneas (links und Mitte). Über der Liebe zu Dido, der Königin von Karthago, vergißt Aeneas seinen Auftrag. Als er sie verläßt, gibt sie sich mit seinem Schwert den Tod auf dem Scheiterhaufen (rechts oben). In Italien, das dem Flüchtigen als neue Heimat geweissagt worden war, findet er in Evander, dem Fürsten der Arkader, einen Bundesgenossen (links). Jupiter (Mitte) versucht vergeblich zwischen Juno (links) und Venus (rechts) zu vermitteln. Nach dem Kampf gegen die Rutuler heiratet Aeneas die Tochter des Königs von Latium, wo seine Nachkommen Rom gründen und sein Sohn der Ahnherr des Julischen Geschlechts wurde.

Vorzeichnung für das Mittelfeld des Deckenfreskos in der 1944 zerstörten, 1963 rekonstruierten Aeneasgalerie des Neuen Schlosses in Stuttgart. Für das linke anschließende kleinere Feld vgl. Kat. Nr. A 41. Günther war, wie vor ihm J. G. Bergmüller, seit 1753 mehrmals für Herzog Carl Eugen tätig gewesen. Eine (beschnittene) erste Fassung der mittleren Szene hat sich in einer Ölskizze in deutschem Privatbesitz erhalten. Das linke Feld des Freskos trug die Signatur: M: Gündter Fecit. 1757. Programm und Vorbilder des Freskos scheinen unmittelbar durch den Herzog bestimmt gewesen zu sein. Über die literarische Quelle, Ovids Aeneis, hinaus, hatte sich Günther an die Fresken Pietro da Cortonas in der Aeneas-Galerie des Palazzo Pamphili in Rom (1651/54) und Antoine Coypels zerstörtes Fresko in der Galerie d'Enée im Palais Royal zu Paris zu halten, die ihm wohl in den Nachstichen von Carlo Cesio und Nicolas Tardieu vorlagen. Die Wahl des Themas für das Stuttgarter Residenzschloß wird als Anspielung auf die Bewahrung von Religion, Frömmigkeit und Frieden als die vornehmsten Tugenden des Fürsten zu verstehen sein.

Feder und Bleistift, laviert, weiß gehöht, rötlichbraun laviertes Papier, aus zwei Blättern zusammengesetzt, 30,7 × 45,6 und 30,5 × 49,5 cm.

Literatur: Deutsche Zeichnungen 1400 bis 1900. München-Berlin-Hamburg 1936, Kat. Nr. 133, S. 54. – Klaiber, Hans Andreas, Der Württembergische Oberbaudirektor Philippe de la Guêpière. Stuttgart 1959, S. 62, 75 m. Abb. – Stuttgart 1964, Kat. Nr. 123, 124 m. Abb. – Zahlten, Johannes, Das zerstörte Aeneas-Fresko Matthäus Günthers im Stuttgarter Neuen Schloß. In: Pantheon, Bd. 37, 1979, S. 150–163 m Abb.

Stuttgart, Staatsgalerie, Graphische Sammlung, Inv. Nr. C 52/432 a und b

A 41 □

Flucht des Aeneas

Entwurf für das linke Seitenfeld des zerstörten Deckenfreskos der Stuttgarter Aeneasgalerie, 1757

M. Günther

Zum Thema vgl. Kat. Nr. A 40. Oben thront Juno, von vier Begleiterinnen umgeben, links entfesseln die Winde des Aeolus den Sturm, in dem (rechts) die Schiffe der Troer untergehen. – Zur Entstehung und Geschichte vgl. Kat. Nr. A 40.

Feder über Bleistift, laviert, weiß gehöht, auf rötlich-braun laviertem Papier, 30,9 × 33,1 cm.

A 42

A 41

Literatur: wie Kat. Nr. A 40.

Stuttgart, Staatsgalerie, Graphische Sammlung, Inv. Nr. C 52/433

A 42 □

Seefahrt und Landung des Aeneas

Aus dem Nachlaß Günthers in den Besitz seiner Erben gelangt

M. Günther

Zu Thema und Bestimmung vgl. Kat. Nr. A 40. Die weder mit der Detailskizze in Privatbesitz noch mit der Stuttgarter Entwurfszeichnung noch mit der zerstörten Ausführung im Neuen Schloß zu Stuttgart genau übereinstimmende Ölskizze wird von J. Zahlten (a.a.O. S. 152 ff.) als „vorbereitende Farbfassung" bezeichnet, die unter weiteren Veränderungen dem Fresko zugrundegelegt worden war. Die bisherige Forschung hingegen erblickt in der Augsburger Fassung, die aus dem Besitz der Erben Günthers erworben wurde, eine eigenhändige Kopie unter Bezug auf die Angabe bei Paul von Stetten d.J. (Kunst-Gewerb- und Handwerks-Geschichte der Reichs-Stadt Augsburg, II, 1788, S. 209): „Hr. Gündter besitzt davon eine copierte Skizze, woraus man Erfindung und Anlage beurtheilen kann". Diese noch zu Lebzeiten Günthers niedergeschriebene Angabe besagt keineswegs, daß die Augsburger Skizze nach dem ausgeführten Fresko kopiert worden sein muß. Auch ist nach den damaligen Gepflogenheiten kaum zu erwarten, daß das „Kontraktmodell" im Besitz des Künstlers statt des Auftraggebers verblieben sein könnte. Wahrscheinlicher handelt es sich bei der „copierten Skizze" um eine sorgfältige Wiederholung des verlorenen Originalmodells, das sich Günther zur Erinnerung und zur möglichen Verwendung bei späteren Aufträgen angefertigt hat.

Öl auf Leinwand, 50 × 143 cm.

Literatur: s. Kat. Nr. A 40, ferner: Gundersheimer, Hermann, Matthäus Günther. Augsburg 1930, S. 72, 82. – Lieb, Norbert, Neuerwerbungen der Städtischen Kunstsammlungen Augsburg 1947–1950. In: Die Kunstchronik, Jg. 3, 1950, S. 197. – Knorre 1970, S. 83–84 m. Abb. und weiterer Lit.

Augsburg, Städtische Kunstsammlungen, Deutsche Barockgalerie, Inv. Nr. 10075

A 43 □

Die Vier Elemente

Vermutlich Entwurf für ein Fresko im Neuen Schloß zu Stuttgart

Aus der Slg. J. V. Novák, Prag

M. Günther (zugeschrieben), 1750er Jahre

Unten sitzt Ceres als Personifikation der Erde, mit Ährenbündel, Früchtekorb, zwei Löwen und der Erdkugel. Darüber gießen in den Wolken zwei weibliche Gestalten das Wasser aus einem Gefäß, ein Putto rechts hält den Dreizack (?) des Neptun. Juno mit dem Pfau und blasenden Windengeln repräsentiert die Luft, Apollo mit dem Sonnenwagen und einem blitzeschleudernden Putto das Feuer. Auf der Rückseite flüchtige, beschnittene Skizze zweier stehender Figuren.
M. Heffels vermutet in der mit einem Quadrierungsnetz versehenen Zeichnung einen Entwurf für ein Fresko Günthers im Neuen Schloß zu Stuttgart, wo dieser 1754 den Musiksaal und das Porzellankabinett im Gartenflügel (zerstört 1762) ausgemalt hatte. Sein Fresko im Bibliothekszimmer des Herzogs war beim Brand 1762 noch unvollendet. 1756 schuf Günther außerdem Festdekorationen anläßlich des Geburtstags der Herzogin, darunter die Malereien in einem Gartensalon. Auf welchen dieser Aufträge die in die fünfziger Jahre zu datierende Zeichnung bezogen werden könnte, muß offenbleiben.

Feder über Bleistift, laviert, mit Bleistift quadriert, 29,4 × 15,8 cm.

Literatur: Neuerwerbungen des Germanischen Nationalmuseums 1925–1929. Nürnberg 1929, m. Abb. (als Anton Raphael Mengs). – Heffels 1969, S. 152, Kat. Nr. 170 m. Abb. – London 1975, Kat. Nr. 46 m. Abb.

A 43

Nürnberg, Germanisches Nationalmuseum, Graphische Sammlung, Inv. Nr. HZ 3891

A 44 □

Minerva als Schützerin der Musen

Allseitig beschnittene Hälfte eines Modells für ein Deckenfresko, wahrscheinlich für das 1762 zerstörte Deckenfresko des Stuttgarter Opernhauses, 1758

M. Günther (zugeschrieben)

Zu Füßen der geharnischten Göttin lagern sich links die Astronomie, Erdkunde und Mathematik, darunter die Geschichte, Poesie, Malerei, Plastik und Architektur, rechts die Musik und die Tanzkunst. Links hinter Minerva stehen die Drei

A 44, A 45

Grazien, über ihr auf dem Felsen Pegasus als Musen- und Dichterroß.
Die stilistische Verwandtschaft mit der Augsburger Aeneas-Skizze (Kat. Nr. A 42), das Thema und die inzwischen aufgetauchte zweite Hälfte (Kat. Nr. A 45) legen nach K. Rossacher die Vermutung nahe, daß es sich um das Kontraktmodell für das 1762 durch Brand zerstörte Deckenbild des Stuttgarter Opernhauses (1758) handelt.

Öl auf Leinwand, 40 × 55 cm, allseitig beschnitten.

Literatur: Visionen des Barock. Entwürfe aus der Slg. Kurt Rossacher. Darmstadt 1965, S. 68, Kat. Nr. 30 m. Abb. – Ausst. Kat. Image and Imagination. Salzburg 1968, S. 66, Kat. Nr. 25 m. Abb.

Salzburg, Salzburger Barockmuseum (Slg. Kurt Rossacher)

A 45 □

Wettstreit zwischen Apollo und Marsyas

Zweite Hälfte des zerschnittenen Bildes im Salzburger Barockmuseum (Slg. Kurt Rossacher) (Kat. Nr. A 44)

M. Günther (zugeschrieben)

Der Silen Marsyas hatte auf einer von Athena weggeworfenen Flöte Apollo zum musikalischen Wettbewerb aufgefordert. Apollo besiegte ihn mit dem Spiel einer hellenischen Lyra und bestrafte den Unterlegenen, indem er dem Aufgehängten die Haut abzog (links). Oben erscheinen Apollo mit dem Sonnengespann, in der Tiefe des Himmels die Götter des Olymp.
Zweite Hälfte des zerschnittenen Bildes im Salzburger Barockmuseum – Slg. Kurt Rossacher (Kat. Nr. A 44) und mit diesem wahrscheinlich als Kontraktmodell für das 1762 zerstörte Deckenfresko des Stuttgarter Opernhauses (1758) bestimmt. Maße, Umrißform, Stil, Themenwahl und die verbindenden Motive beweisen die Zusammengehörigkeit.

Öl auf Leinwand, 48 × 54 cm, allseitig beschnitten.

Literatur: Leurs Esquisses. France – Italie – Autriche. Artistes du XVIIe et XVIIIe siècles. Galerie J. Hahn. Paris 1975, Kat. Nr. 11 m. Abb. – Erwerbungsbericht. In: GBA, 87, suppl. Mars, 1976, S. 9, Nr. 29 m. Abb.

Tours, Musée des Beaux-Arts, Inv. Nr. 975-2-1

NICOLAS GUIBAL (1725–1784)

Geboren am 29. November 1725 in Lunéville, gestorben am 3. November 1784 in Stuttgart. Sohn des Bildhauers Barthélemy Guibal aus Nîmes, ausgebildet bei Claude Charles in Nancy und 1740–45 bei Charles Natoire in Paris. 1749 wurde er von Herzog Carl Eugen nach Stuttgart berufen, 1750 war er bei Anton Raphael Mengs in Rom. 1755 wurde er zum Hofmaler in Stutgart, 1766 zum Direktor der Ludwigsburger Gemäldegalerie berufen. Von 1761 bis zu seinem Tode lehrte er an der Académie des Arts und an der Hohen Carlsschule in Stuttgart. Als Freskant schuf er Deckenbilder im Neuen Schloß in Stuttgart, in den Schlössern Monrepos, Schwetzingen (Badhaus) und Solitude und in der Carlsschule. Auch an der Altarausstattung von Zwiefalten war er beteiligt.

A 46 □

Das Glück Württembergs

Approbationsskizze für das 1758 ausgeführte, 1944 zerstörte Deckenfresko im Haupttreppenhaus des Neuen Schlosses in Stuttgart

Alter Besitz der Stuttgarter Staatsgalerie

N. Guibal, 1757

Dargestellt sind ,,Anspielungen auf das Glück Württembergs, zu dessen Beratung die Götter versammelt und die Künste und Jahreszeiten beschäftigt sind". In der Mitte unten ruht die Virtembergia mit Herzogskrone und Szepter, Putten halten das Württembergische Wappen. Rechts daneben Minerva (?), die sie auf die Künste der Bildhauerei, Malerei und Baukunst (mit Plan des Stuttgarter Schlosses) unten hinweist. Rechts unten entfliehen die Mächte der Finsternis, während in der Mitte Apollo mit dem Sonnengespann den neuen Tag heraufführt und die Frühlingsgöttin Flora mit ihren Genien Blüten streut. An den drei übrigen Seiten die Personifikationen der restlichen Jahreszeiten, links der Winter,

A 46

oben der Herbst, rechts der Sommer, zugleich Hinweise auf Reichtum und Fruchtbarkeit des Landes (Getreide, Wein, Wasser, Handel usw.). Approbationsskizze für das 1758 ausgeführte, 1944 zerstörte Deckenfresko im Haupttreppenhaus des Neuen Schlosses in Stuttgart. Im Gegensatz zu dem ein Jahr früher gemalten Aeneasfresko M. Günthers (Kat. Nr. A 40–43) sind hier nicht die Tugenden der Fürsten, sondern die des Landes angesprochen, das unter seiner Regierung aufblüht. Unten links Approbationsvermerk: Plafond von der Haupt Steegen. praesent: in Fürstl. Residenz Bau Deputation d. 25 t. febr. 1757. nach Smi (Serenissimi) gndgster (gnädigster) Approbation vom 20. t. d. m. Dazu das herzogliche Siegel.

Feder, gelb und grün laviert, weiß gehöht, Konstruktionslinien in Blei, 50,3 × 52,4 cm.

Literatur: Stuttgart 1964, S. 55–56, Kat. Nr. 132.

Stuttgart, Staatsgalerie, Graphische Sammlung, Inv. Nr. 5586

A 47

A 47 □

Württemberg huldigt dem Großfürsten Paul von Rußland und seiner Gemahlin

Entwurf für das Deckengemälde im Marmorsaal des Neuen Schlosses in Stuttgart, 1782

Alter Besitz der Stuttgarter Staatsgalerie

N. Guibal

In dem Spiegel eines ovalen Plafonds mit Siegestrophäen als Randdekorationen setzen Genien und Putten ein großes Leinwandgemälde ein, während andere Blütengirlanden spannen. Auf dem Leinwandbild huldigen die Virtembergia (mit Herzoghut, Szepter und Wappen), der Neckar und weitere Gestalten dem Bildnismedaillon des russischen Großfürsten Paul und seiner Gemahlin Maria Feodorowna. Merkur weist auf das Bildnis, das von Minerva gehalten wird. Entwurf für das Deckengemälde im Marmorsaal des Neuen Schlosses in Stuttgart, ausgeführt 1782 innerhalb 21 Tagen von Guibals Schüler Ph. F. Hetsch (1758–1839). Den Anlaß für das als Provisorium gedachte, 1944 zerstörte Fresko bildete der Besuch des russischen Fürstenpaars und der „Mompelgardter Herrschaften" im September 1782 in Stuttgart. Die Großfürstin war die ältere Tochter (Sophie Dorothea) des Herzogs Friedrich Eugen von Württemberg, dem damaligen Statthalter in Mömpelgard.

Feder und Rötel über Bleigriffel – Vorzeichnung, braun und grau laviert. Am Rand Raumgrundriß und Bezeichnungen. Rückseitig Antikenkopien und Entwurf einer Reiterpistole, wohl von anderer Hand. 62,7 × 92,9 cm.

Literatur: Stuttgart 1964, S. 56, Kat. Nr. 133 mit Lit. zur Ausführung und Abb.

Stuttgart, Staatsgalerie, Graphische Sammlung, Inv. Nr. 5587

JOHANN HEISS (1640–1704)

Geboren am 16. September 1640 in Memmingen, gestorben am 14. Februar 1704 in Augsburg. Schüler Johann Friedrich Sichelbeins d. Ä. in Memmingen, 1663/64 in herzoglich württembergischem Dienst, 1672 arbeitet er für Kloster Ochsenhausen. 1677 erwirbt er das Beisitzerrecht in Augsburg, wo er unter den Einfluß von J. H. Schönfeld, I. Werner und wohl auch I. Fisches d. Ä. gerät. Heiss steht der von J. v. Sandrart um 1670 gegründeten Augsburger Kunstakademie nahe. Er malte zahlreiche Altarblätter für Kirchen beider Konfessionen sowie biblische und weltliche Historienbilder von unterschiedlicher Qualität.

A 48

Die Heilige Sippe

Wohl in Augsburg beim Künstler bestellt

J. Heiss, um 1700

Nach den Legenden hatte die hl. Anna in drei Ehen drei Töchter mit Namen Maria geboren, darunter die Mutter Christi, und Maria Salome, die Mutter des Evangelisten Johannes. Ihre Nichte Elisabeth, vermählt mit Zacharias, gebar Johannes den Täufer.
Die Zusammenstellung der Heiligen in dem Bild entspricht nicht genau der Tradition. Unter Gottvater mit der Erdkugel erscheinen Maria, Josef und das Christuskind, das sich dem von Elisabeth gehaltenen Johannesknaben zuwendet. Die Greisin rechts oben ist die hl. Anna, der jüdische Priester rechts außen mit Räuchergefäß Zacharias. Links oben wohl zwei der drei Ehemänner Annas (Joachim und Salomas?), darunter Maria Salome mit dem Salbengefäß und Johannes der Evangelist mit Adler und Buch. Andreas in der untersten Reihe (mit Kreuz) gehört nicht zu den „Brüdern Jesu", wohl aber Jacobus d. Ä. (Pilgergewand), Simon (Säge), Juda (Keule und Buch). Der Heilige über Juda (Seil und Hak-

A 50

ken?) müßte demnach Jacobus d. J. sein. 1701 stiftete der Kanonikus Franz von Wolckenstein auf der Südseite der Stiftskirche in Ellwangen einen Kapellenanbau zu Ehren der Heiligen Sippe, die später dem hl. Johann von Nepomuk geweiht wurde. Das bisher unbestimmte Altarblatt ist aus stilistischen Gründen Johann Heiss um 1700 zuzuweisen.

Öl auf Leinwand, 245 × 148 cm.

Literatur: Unveröffentlicht.

Ellwangen (Jagst), Basilika St. Vitus

FRANZ LUDWIG HERMANN (1723–1791)

Geboren 1723 in Ettal, gestorben am 25. Mai 1791 in Konstanz. Sohn und Schüler des Franz Georg Hermann in Kempten, Bruder des Franz Joseph, Vater des Franz Xaver Hermann, die ebenfalls Maler waren. Seit etwa 1750 lebte er in Konstanz, wo er Fürstbischöflicher Hofmaler wurde. Er malte zahlreiche Fresken und Altarbilder im Bodenseegebiet und im Breisgau.

A 49

Selbstbildnis (?) als David

F. L. Hermann

Der Sieg des jungen David über Goliath, den riesenhaften Anführer der Philister, wird von den Malern des Barock gerne im übertragenen Sinne dargestellt und als Sieg der Kunst über das Philistertum gedeutet.

Öl auf Leinwand, 137,5 × 98,5 cm. Bezeichnet rechts unten: F. L. Hermann.

Literatur: Bregenz 1963, S. 43, Kat. Nr. 49 m. Abb.

Privatbesitz.

A 50 □

Maria als Trösterin der Betrübten

Teilentwurf für das Deckenfresko der Pfarrkirche Seitingen bei Tuttlingen, 1758

F. L. Hermann

In einer vom Innern der Wallfahrtskirche Birnau inspirierten Rahmenarchitektur mit Blick auf eine rückwärtige offene Säulenhalle tragen Engel die auf Wolken stehende Immaculata, die der Schlange den Kopf zertritt. Unten sind links der Loskauf von Christen aus türkischer Gefangenschaft durch Ritter des Ordens der Mercedarier, in der Mitte ein Schiff mit Christensklaven, rechts trauernde Frauen im Gebet und die Heilung von Besessenen dargestellt. Oben Allegorien der Erdteile, in den Kartuschen Brustbilder von Aposteln. In der Mittelkartusche unten Inschrift: CONSOLATRIX AFFLICTORUM (Trösterin der Betrübten).

Öl auf Leinwand, 65 × 70 cm.

Literatur: Die Kunstdenkmäler der Schweiz, Kanton St. Gallen, Die Stadt St. Gallen, 2. Teil: Das Stift, Bd. 3, 1961, S. 345–347, Abb. 295. – Bregenz 1963, S. 44, Kat. Nr. 53.

St. Gallen, Stiftssammlungen

JOHANN RUDOLF HUBER (1668–1748)

Geboren 1668 in Basel, dort gestorben am 28. Februar 1748. Lehrzeit bei einem Mitglied der Glasmalerfamilie Wannewetsch, 1682/83 bei einem Bildnismaler Caspar Meyer in Basel, bis 1687 Schüler von Josef Werner in Bern. Nach kurzem Aufenthalt in Basel 1687 nach Mailand zum Cavaliere Tempesta (Pieter Mulier), dann über Mantua, Vicenza, Padua nach Venedig und über Florenz nach Rom. Über Lyon und Paris zurückgekehrt, heiratete er 1693 in Basel die Ratsherrntochter Catharina Faesch und wurde 1694 zum Großrat der Himmelzunft ernannt. 1696 bis 1700 war er Hofmaler des Herzogs Eberhard Ludwig in Stuttgart, wo er im Alten Schloß Deckenmalereien ausführte. Seit 1700 wieder in Basel, übernahm er auch Porträtaufträge in Rastatt und Durlach. 1701 wurde er Bauinspektor des 1698 errichteten Palastes des Markgrafen von Baden-Durlach in Basel, der meist hier residierte. Ab 1702 wechselte Huber den Aufenthalt zwischen Basel, Bern, Solothurn, Baden

A 51

(Aargau), Neuenburg und der Markgrafschaft. 1703/04 wurde er nochmals nach Stuttgart gerufen. 1740 Mitglied des Kleinen Rates in Basel. Tätig als Porträtist und Maler von allegorischen und historischen Darstellungen, Blumen- und Tierbildern, Glasgemälden und Wappenrissen.

A 51 □

Friedrich Magnus, Markgraf von Baden-Durlach, und seine Familie

J. R. Huber, 1694

Die flott hingeworfene Rötelzeichnung ist eine Vorstudie zu dem Familienporträt (nachfolgende Katalognummer). Allerdings zeigt sie einige Unterschiede zum Gemälde. Das fürstliche Paar sitzt zwar auch auf Armlehnsesseln um einen erhöht stehenden Tisch, doch spielt sich die Szene in freier Landschaft ab. Das im Gemälde nach rechts gerückte Monument wird im Ansatz unmittelbar hinter den dargestellten Personen sichtbar und nimmt beinahe den gesamten Hintergrund ein. Der Markgraf trägt keine Kopfbedeckung. Seine Linke stützt er auf den Tisch und weist auf ein Porträtmedaillon, das geflügelte Genien halten. Die Dargestellten wirken spontaner und unmittelbarer als auf dem Gemälde. Der Typus solcher Familienporträts geht auf Charles Le Brun und Pierre Mignard zurück, beide Hofmaler Ludwigs XIV. Berühmt ist die Darstellung der Familie des Dauphin, des Sohnes von Ludwig XIV., mit seiner Familie von Mignard, das zum Vorbild wurde.
Das Blatt ist unten rechts bezeichnet (Bleistift; nicht eigenhändig): 1668–1/48 / Joh. Rud. Huber / Basel.

Rötelzeichnung, 52,7 × 75 cm.

Literatur: Rott 1917, S. 138–140, Abb. 51. – Petrasch, Ernst, Die Londoner Reise des Türkenlouis und Erbprinzen Karl Wilhelm, des Gründers von Karlsruhe, im Jahre 1694. In: Soweit der Turmberg grüßt. Beilage zum Durlacher Tagblatt VII, Dez. 1955, Nr. 11, S. 142. – Kircher 1958, S. 86.

Karlsruhe, Staatliche Kunsthalle, Inv. Nr. VIII, 1650

A 52

Friedrich Magnus, Markgraf von Baden-Durlach, mit Familie

J. R. Huber, um 1695

Der Markgraf und seine Familie sind in einem aufwendigen barocken Innenraum dargestellt. Der Fürst sitzt links, einen Federhut auf der Allongeperücke. An seiner Seite stehen seine beiden Söhne, Karl Wilhelm (1679–1837, s. Kat. Nr. A 128) und Christoph (1684–1723). In der Bildmitte sitzt die Markgräfin Augusta Maria in hermelingefüttertem Mantel. Neben ihr stehen die drei Töchter Katharina (1677–1746), Johanna Elisabeth (1680–1757), 1697 vermählt mit dem Herzog von Württemberg, Eberhard Ludwig (s. Kat. Nr. A 123), und Albertine Friederike (1682–1755). Im Hintergrund rechts befindet sich ein obeliskförmiges Monument mit der Büste Friedrichs VI., Markgraf von Baden-Durlach, und mit einem Porträtmedaillon seiner Gemahlin Christina Magdalena, den Eltern des Friedrich Magnus. Fliegende Genien umwinden den Obelisk mit einer Girlande und bekrönen die Büste des Fürsten.
Friedrich Magnus (1647–1709) regierte die baden-durlachische Markgrafenschaft während der Krisenzeit der Kriege Ludwigs XIV. Er erlebte die Zerstörung seiner Residenz in Durlach im Jahre 1686. Zweimal war er gezwungen, aufgrund der Kriegswirren seine gesamte Hofhaltung nach Basel in den Markgräfler Hof zu verlegen. Dort machte er auch die Bekanntschaft des Malers Johann Rudolf Huber. Der mit dem Maler befreundete Künstlerbiograph Kaspar Fueßlin berichtete über die Beziehungen des Markgrafen zu Huber: „Anno 1695 kam er bei dem Marggrafen von Baden-Durlach Fridericus Magnus in eine besondere Hoch-

A 53

achtung. Der Marggraf hielt sich damals zu Basel auf, und Huber mahlte die ganze hochfürstliche Familie in einem einzigen Gemählde. Dieses vortreffliche Stück wird jetzt noch in dem hochfürstlichen Palast zu Basel bewahrt" (zitiert nach Rott). Die Markgräfin Augusta Maria (1649–1728), Tochter des Herzogs Friedrich III. von Holstein-Gottorp, verbrachte die letzten anderthalb Jahrzehnte ihres Lebens in der nach ihr benannten Augustenburg in Grötzingen, in der sie Umbauarbeiten durchführen ließ.

Öl auf Leinwand, 86 × 120 cm.
Literatur: Rott 1917, S. 138–140. – Kircher 1958, S. 85/86.

Baden-Baden, Markgräflich Badische Museen

A 53 □

Castrum Doloris für Friedrich Karl von Württemberg

Entwurf für das Titelblatt (?) der Leichenpredigt für Herzog Friedrich Karl von Württemberg, 1700

Aus dem Besitz der Nachkommen J. U. Schellenbergs

J. R. Huber

In der Mitte eines Rundtempels liegt der Held – nicht Herkules! – auf dem von einem Löwenfell bedeckten Lager. Hinter ihm steht als Symbol für sein Bündnis mit Gott die Stiftslade des Alten Bundes, über der der hebräische Name Gottes, Jahwe, aufleuchtet. An den Säulen stehen christliche Tugenden, rechts außen die Hoffnung (mit Anker), die links dahinter stehende ist nicht bestimmbar, rechts der Mitte die Liebe (mit Kindern und Flamme auf dem Haupt), links davon der Glaube (mit Schleier, Kreuz und Kelch), links außen die Geduld (mit Lamm), dazwischen die Stärke (mit Helm?). Links des Eingangs sitzt die Ewigkeit auf der Weltkugel, eine sich in den Schwanz beißende Schlange haltend und Putten anfeuernd, die den Tod samt den Eitelkeiten der Welt (Larve, Federschmuck, Geld) vertreiben. Am Gebälk hängt eine Girlande aus Ovalmedaillons, die die Tugenden und Taten des Helden andeuten sollen.
Entwurf für das Titelblatt (?) der Leichenpredigt für Herzog Friedrich Karl von Württemberg. Der danach ausgeführte gleichseitige Kupferstich ist bezeichnet „Joh. Rudolph Huber Helv. Basileensis inv. et delin. – Joh. Ja. Thour-

A 54

neyser Pater et Filius Helv. Basil. sculp. Basilae“ und 1700 datiert (als Einzelblatt im Kupferstichkabinett Basel, ohne Inv. Nr.).
Herzog Friedrich Karl von Württemberg-Winnental (12. September 1652 bis 20. Dezember 1698) regierte von 1677 bis 1693 als Administrator für den unmündigen Herzog Eberhard Ludwig. Während der Verwüstung und Ausplünderung des Landes zwischen 1688 und 1692 war er vier Jahre im Krieg und in französischer Gefangenschaft. 1698, im Todesjahr des Administrators, wurde am württembergischen Hof erstmalig die Sitte des „Castrum Doloris“, einem Arrangement aus Rundsäulentempel, allegorischen Gestalten und emblematischen Darstellungen, eingeführt anläßlich der Beisetzung der Herzogin Maria Dorothea in der Stuttgarter Schloßkapelle. Wahrscheinlich gibt auch die Zeichnung Hubers ein „Castrum Doloris“ wieder, wobei die allegorischen Gestalten, die Embleme und der auf dem Löwenfell, dem Sinnbild der Tapferkeit, liegende Held auf den verstorbenen Administrator zu beziehen sind.
Herzog Eberhard Ludwig, der Auftraggeber, hatte Rudolf Huber schon in Basel kennengelernt und dort bereits 1696 zu seinem Hofmaler ernannt.

Pinselzeichnung in Grau, 43 × 33,8 cm.

Literatur: Zeichnungen des 17. Jahrhunderts aus dem Basler Kupferstichkabinett. Basel 1973, S. 23, Kat. Nr. 31. m. Abb. – Zu Herzog Friedrich Karl und zu Hubers Tätigkeit in Württemberg vgl. Fleischhauer 1958, S. 18, 61, 134.

Basel, Kunstmuseum, Kupferstichkabinett, Inv. Nr. 1907.95.1

JOSEF ANTON HUBER (1737–1815)

Geboren am 22. Juni 1737 in Augsburg, dort gestorben am 26. Oktober 1815. Nach Georg Christoph Kilian war er Schüler von J. G. Bergmüller und G. B. Goetz. 1756 heiratete er und erwarb das Meisterrecht in Augsburg. Nachdem er 1783 kostenlos den Saal der Reichsstädtischen Kunstakademie ausgemalt hatte, bemühte er sich 1784 mit Erfolg um die Nachfolge Matthäus Günthers als Katholischer Direktor. Huber schuf Fresken und Altarblätter in Bayerisch Schwaben, Oberbayern und in Ochsenhausen und Wiesensteig. Er hat auch nach eigener Erfindung radiert.

A 55

A 54 □

Der hl. Cyriacus wird zum Martyrium geführt

Ölskizze für das Deckenfresko im Langhaus der Stiftskirche Wiesensteig, 1785

J. A. Huber

Cyriacus war von Papst Marcellus zum Diakon geweiht und hatte, als er wegen seines Glaubens in den Kerker geworfen wurde, die Tochter Kaiser Diocletians vom bösen Geist befreit. Nach vorangegangener Folterung erlitt er den Tod durch Enthauptung. Als Schutzheiliger gegen Besessenheit und sonstige Anfechtungen der bösen Geister wurde er unter die Vierzehn Nothelfer aufgenommen.

Öl auf Kupfer, 44 × 30 cm.

Literatur: Erwerbungsbericht 1964, WLM Stuttgart. In: JbStKsBW, 2, Berlin 1965, S. 330, Nr. 201 m. Abb.

Stuttgart, Württembergisches Landesmuseum, Inv. Nr. 1964/1

MARTIN KNOLLER (1725–1804)

Geboren am 8. November 1725 in Steinach am Brenner, gestorben am 24. Juli 1804 in Mailand. Die Ausbildung erhielt er bei J. Pögl in Innsbruck und Paul Troger in Wien, wo er 1753 den zweiten Preis für Historienmalerei in der Kunstakademie gewann. Nach kurzer Tätigkeit bei Troger in Salzburg übersiedelte er nach Italien. 1755–1758 und 1760–1765 lebte er in Rom, befreundet mit Winckelmann und Mengs, 1758 in Neapel, danach erstmals in Mailand bis 1760. 1765 wurde er zum Hofmaler des österreichischen Statthalters, Karl Graf Firmian, in Mailand ernannt. 1790/91 hielt er sich wegen Bildnisaufträgen in Wien auf. 1792–1803 lehrte er als Professor an der Mailänder Akademie. Mantua und Wien ernannten ihn zum Mitglied ihrer Akademie. Knollers Schaffen umfaßt Fresken, Altarblätter, Historien- und Landschaftsbilder sowie Porträts in Tirol, Salzburg, Wien, Italien, Oberbay-

A 56

ern und Schwaben. Der Freskenzyklus in Neresheim ist sein größtes und zugleich bedeutendstes Werk.

A 55 □

Auferstehung Christi

Ölskizze für das Kuppelfresko über dem Mönchschor der Abteikirche Neresheim, 1771

Aus dem Besitz von Martin Knoller 1786 erworben

M. Knoller, wohl 1769–70

Christus steht mit der Siegesfahne in der Linken aufrecht auf dem Rand des Grabes, von den Engeln verehrt. Links und rechts schlafende und aufgescheuchte Wächter, unten in der Mitte die Personifikationen von Tod, Teufel, Laster und Begierde.
Ölskizze für das 1771 gemalte Kuppelfresko über dem Mönchschor der Abteikirche Neresheim, wohl 1769/70 entstanden. Die Bilderfindung geht auf eine in mehreren Ölskizzen und Zeichnungen überlieferte Komposition Paul Trogers zurück. – Für die in großer Zahl erhaltenen Studien, Skizzen und Kopien vgl. B. Bushart, a.a.O. S. 369–372, Taf. 46, 47, 48, 61, 62, 64. Die Ausführung unterscheidet sich von der Ölskizze in mehreren, auch thematisch bedeutsamen Punkten.

Öl auf Leinwand, 93 × 113 cm.

Literatur: Hoermann-Weingartner 1959, S. 240, Kat. Nr. S. 8. – Barthel, Gustav, Stoffels, Norbert, Martin Knoller, Maler. Stuttgart 1967, S. 28–30 m. Abb. – Bushart 1975, S. 368, 369–372, 374, 394–395 m. Abb.

Neresheim, Benediktinerabtei

A 56 □

Taufe Christi

Ölskizze für das Kuppelfresko über dem nördlichen Querarm der Abteikirche Neresheim, 1774

Aus dem Besitz von Martin Knoller 1786 erworben

M. Knoller, wohl 1773–74

In der Mitte kniet Christus, dessen Gewand von einem Engel gehalten wird. Johannes mit dem Kreuzstab tauft ihn mit dem Wasser des Jordan. Darüber Engelsglorie und die Taube des Hl. Geistes. Rechts und links Zuschauer und Täuflinge.
Ölskizze für das 1774 gemalte Kuppelfresko über dem nördlichen Querarm der Abteikirche Neresheim, entstanden wohl 1773/74. Detailzeichnungen dazu sind nicht erhalten, wohl aber eine große, der veränderten Ausführung unmittelbar zugrundegelegte Vorzeichnung (Kat. Nr. A 57).

Öl auf Leinwand, 70 × 100 cm.

Literatur: Hoermann-Weingartner 1959, S. 241, Kat. Nr. S. 19. – Barthel, Gustav, Stoffels, Norbert, Martin Knoller, Maler. Stuttgart 1967, S. 32–34. – Bushart 1975, S. 368, 393 m. Abb.

Neresheim, Benediktinerabtei

A 57

Taufe Christi

Vorzeichnung für das Kuppelfresko über dem nördlichen Querarm der Abteikirche Neresheim, 1774

Aus dem Nachlaß von Knollers Schüler Josef Schöpf

M. Knoller

Vorzeichnung für das 1774 gemalte Kuppelfresko über dem nördlichen Querarm der Abteikirche Neresheim (vgl. Kat. Nr. A 56). Obgleich das Queroval des Freskos auch hier nicht berücksichtigt ist, stimmt die Zeichnung mit der Ausführung genauer überein als die Ölskizze und ist deshalb nach dieser entstanden. Gebrauchsspuren und Falten weisen darauf hin, daß diese größte aller Zeichnungen Knollers dem jeweiligen Tagespensum entsprechend zusammengelegt und als unmittelbare Vorlage für das Fresko benützt wurde.

Feder und Kreide, laviert, mit Faltspuren, 72,7 × 177,8 cm.

Literatur: Hoermann–Weingartner 1959, S. 255, Kat. Nr. HZ 60. – Bushart 1975, S. 372 m. Abb.

Stams, Zisterzienserstift

FERDINAND KOBELL (1740–1799)

Getauft am 7. Juni 1740 in Mannheim, gestorben am 1. Februar 1799 in München. Bruder des Malers Franz, Vater des Malers Wilhelm von Kobell. Nach dem Studium der Rechtswissenschaften sollte er die Beamtenlaufbahn einschlagen, Kurfürst Carl Theodor förderte ihn aber mit einer Pension als Landschaftsmaler. An der Mannheimer Zeichnungsakademie studierte er nach den Niederländern des 17. Jahrhunderts. 1764 wurde er zum Dekorationsmaler ernannt und heiratete. 1766 von seinen

Verpflichtungen als Theatermaler befreit, reiste er 1768 als kurfürstlicher Pensionär nach Paris, 1771 wurde er zum Kabinetts-Landschaftsmaler ernannt. 1794 folgte er dem Kurfürsten nach München, wo er jedoch nicht mehr heimisch wurde.

A 58 □

Gebirgslandschaft mit Hirten und Herde

F. Kobell, 1772

Die Hirten haben mit ihrer Herde den Bach einer gebirgigen Landschaft durchquert. Der Blick geht über den Laubwald in die Ferne, wo ein Gebirgsstock im Dunstschleier über einem Tal, dessen Weite nur zu ahnen ist, sichtbar wird. Scharfes Licht fällt von rechts auf Menschen und Tiere, streift Stämme und Laubwerk der Bäume, die vor hellem, von leuchtendem Gewölk durchzogenem Himmel stehen. Es ist ein Aufbruch am Morgen von Mensch und Tier, umgeben von der Natur, in der sie leben; keine bestimmte Gegend, keine besondere Situation soll gezeigt werden sondern etwas, das immer wieder geschieht.
Das Gemälde ist Teil eines Bilderzyklus im Schreibzimmer des im Schwetzinger Schloßgarten gelegenen Badhauses. Es ist das erste von insgesamt sieben Landschaften, mit denen die Wände des kostbar ausgestatteten Raumes ausgekleidet sind. Die schmalen, hohen Panneaus zeigen gegensätzlich gestimmte Landschaften, die um das zentral im Alkoven angebrachte Bild mit dem ruhenden Wasser eines Waldsees gruppiert sind. Der Wechsel verschiedener Tagesstimmungen, der verschiedene Charakter der Gewässer: im Gebirge als See, Wasserfall, Wildbach und in der Ebene als ruhig strömender Fluß wird dargestellt. Derb gekleidete Bauern und Fischer, Fluß, Ufer, Insel, Ebene, fernes Gebirge, Bauwerke, weidendes Vieh und schlichte Menschen sind die Motive der arkadischen Stimmungslandschaften, die dem naturschwärmerischen Empfinden der Wertherzeit entsprachen. Kobell schreibt zu einem seiner Landschaftsgemälde: „...wohl war mirs bei meiner Darstellung und wie glücklich bin ich, wenn mein frohes, seliges Gefühl wieder in gefühlvolle Menschen übergehen wird". (Zitiert nach Josef August Beringer, Ferdinand Kobell. Mannheim 1909. S. 73f.)

Öl auf Leinwand. 210 × 93 cm. Originaler Rahmen mit seltenem Furnier aus Eschenholz, das der Vertäfelung des Raumes entspricht. Signiert rechts unten: „Ferd. Kobell pinxit 1772 No 1". (Die restlichen Bilder alle mit der Jahreszahl „1773" signiert).

A 58

Literatur: Lessing, Waldemar, Wilhelm von Kobell. München 1923, S. 19ff., Abb. 9; Neuaufl. München 1966, S. 14, Abb. 3. – Thieme-Becker, Bd. 21, 1927, S. 51 (Paul F. Schmidt). – Feulner 1929, S. 233, Abb. 198, 199. – Kdm Baden, X, 2, Stadt Schwetzingen, 1933, S. 263f., Abb. 226, 227, – Mannheim 1950, S. 7, Nr. 10. – München 1958, Nr. 105. – Schönberger/Soehner, München o. J., S. 83, XXI, Abb. 214. – Karlsruhe 1968, Nr. 18, Abb. 3. – Rentsch 1972, Nr. 4/5. – Biedermann, Margret, Ferdinand Kobell, 1740–1799. Das malerische und zeichnerische Werk. München 1973, S. 31, 42f., Werkverzeichnis Nr. 60–68. – Fuchs, Carl Ludwig, Die Innenraumausstattung und Möblierung des Schwetzinger Lustschlosses im 18. und 19. Jahrhundert. Phil. Diss. Heidelberg 1975. – Heidelberg 1979, Nr. 363 m. Abb.

Schwetzingen, Schreibzimmer des Badhauses im Schwetzinger Schloßgarten, Staatliche Liegenschaftsverwaltung, Inv. Nr. G 3069

A 59

Gebirgslandschaft mit Wasserfall

F. Kobell, 1773

Ein Bach ergießt sich zwischen mächtigen Felsen und windet sich in den Vordergrund. Links öffnet sich der Blick in die Ebene mit einem fernen Gebirgszug. Gegen den Abendhimmel stehen die zarten Blätter der Bäume auf dem Bergrücken und die Krone des halb abgestorbenen Baumes im Vordergrund. Dort hat sich ein Wanderer gelagert und sieht einem über das Wildwasser gebeugten Kameraden zu. Aus dem Tal kehrt ein Bauer mit Lasttieren in die Berge zurück. – Dem Zyklus von Landschaftsgemälden im Schreibzimmer des Schwetzinger „Badhauses" zugehörig (vergl. Kat. Nr. A 57 u. 59).

Öl auf Leinwand. 210 × 93 cm. Originaler Rahmen mit seltenem Furnier aus Eschenholz, das der Vertäfelung des Raumes entspricht. Signiert rechts unten: „F. Kobell f. 1773".

Literatur: vgl. Kat. Nr. A 58

Schwetzingen, Schreibzimmer des Badhauses im Schwetzinger Schloßgarten, Staatliche Liegenschaftsverwaltung, Inv. Nr. G 3068

A 60

Flußlandschaft bei aufziehendem Gewitter

F. Kobell, 1773

Im Vordergrund bringen zwei Männer in derber Fischerkleidung ein Boot aufs Trockene. Trotz der Gewitterstimmung bleibt die Szenerie idyllisch: Durch eine Lücke im hohen, düsteren Wolkenhimmel werden die ansteigenden Wiesen und Felder zwischen Stadt und Bergen von einem Streifen Sonnenlicht erhellt. Der stämmig aufragende Kirchturm ist wie ein Zeichen der Geborgenheit für Mensch und Tier. – Dem Zyklus von Landschaftsgemälden im Schreibzimmer des Schwetzinger „Badhauses" zugehörig (vgl. Kat. Nr. A 57 u. 58).

Öl auf Leinwand. 210 × 93 cm. Originaler Rahmen mit seltenem Furnier aus Eschenholz, das der Vertäfelung des Raumes entspricht. Signiert: „F. Kobell 1773 Nr. 3".

Literatur: vgl. Kat. Nr. A 58

Schwetzingen, Schreibzimmer des Badhauses im Schwetzinger Schloßgarten, Staatliche Liegenschaftsverwaltung, Inv. Nr. G 3067

A 61

FRANZ MARTIN KUEN (1719–1771)

Geboren am 8. November 1719 in Weißenhorn, gestorben am 30. Januar 1771 vermutlich ebenda. Schüler seines Vaters Johann Jakob und seines Onkels Johann Baptist Kuen. Seit etwa 1737 bei J. G. Bergmüller in Augsburg weitergebildet, kehrte er um 1740 nach Weißenhorn zurück. Zwischen 1745 und 1747 war er in Italien (Venedig, Rom), wo er von G. B. Tiepolo nachhaltig beeinflußt wurde. Nach der Rückkehr entfaltete er eine fruchtbare Tätigkeit als Freskant und Maler von Altarblättern im schwäbischen Gebiet. Baden-Württemberg besitzt Werke von ihm in Baindt, Erbach, Steinhausen, Seekirch, Ulm und Ulm-Wiblingen.

A 61 □

Kreuzerhöhung und Gründung von Wiblingen

Ölskizze für das Deckenfresko im Kapitelsaal des ehem. Benediktinerklosters Wiblingen, um 1758/59

F. M. Kuen

Auf der einen Schmalseite ist die Erhöhung des Kreuzes Christi durch Kaiser Heraklius in Jerusalem 628 dargestellt, in der Mitte die von einem Strahlenkranz umgebene Wiblinger Kreuzpartikel, die Papst Urban 1099 den Stiftern des Klosters geschenkt hatte, auf der anderen Schmalseite die Gründung durch die Grafen Hartmann und Otto von Kirchberg sowie die Einsetzung des ersten Abtes Werner von Ellerbach 1093. – Die Einflüsse Tiepolos sind besonders bei der Kreuzerhöhung deutlich erkennbar.

Öl auf Leinwand, 71,5 × 41 cm.

Literatur: Cassirer-Helbing, Berlin 15./16. 12. 1924, Kat. Nr. 173 m. Abb. – München–Würzburg 1959, Kat. Nr. 7. – Bregenz 1963, Kat. Nr. 76. – Reuschel 1963, S. 56 m. Abb. – München 1978, S. 32 m. Abb.

München, Bayerisches Nationalmuseum (Slg. W. Reuschel), Inv. Nr. Rl 1

A 62

Engelskonzert

Entwurf für das Orgelfresko in der Pfarrkirche Erbach

F. M. Kuen, 1768

Zur Ausführung bestimmter und zur

Übertragung ins Großformat mit Quadrierungsnetz versehener Entwurf für das Orgelfresko in der Pfarrkirche Erbach, Kreis Ulm, 1768. F. M. Kuen erhielt für die gesamte Ausmalung der Kirche 800 Gulden.

Graphitstift, farbig aquarelliert, 20 × 30 cm. Bezeichnet links: M. Kuen (ligiert) Del: año 1768.

Literatur: Konrad, Anton M., Erbach. Weißenhorn 1962.

Weißenhorn, Heimatmuseum

FRANZ ANTON LEITENSTORFFER (1721–1795)

Geboren am 14. April 1721 in Reutte (Tirol), gestorben am 24. April 1795 in Mannheim. Lehrzeit bei R. Mayr in Innsbruck und B. Riepp in Reutte. 1735–44 bei P. Troger in Wien, G. B. Piazetta in Venedig, in Bologna und bei S. Conca in Rom. 1744–50 in Innsbruck, seitdem in Mannheim. 1760 wurde er dort zum Kurpfälzischen „Historie- und Fresco-Hoff-Mahler“, 1769 zum Kabinettsmaler und Professor an der neugegründeten Mannheimer Zeichnungsakademie ernannt. 1766 war er erneut in Rom. Tätig als Freskant, Porträtist, Altarblattmaler, Dekorations- und Theatermaler sowie als Entwerfer für Kupferstiche und Deckengemälde in Tirol, Mannheim, Mainz, Düsseldorf, für die Schlösser in Usingen, Schwetzingen, Benrath, Ellingen.

A 63

A 64

A 63 □

Verherrlichung des Kurfürsten Carl Theodor von der Pfalz

Ölskizze für den Bühnenvorhang des Hofopernhauses in Mannheim, das 1795 bei der Beschießung der Stadt durch die Österreicher ausbrannte

Aus der Mannheimer Galerie

F. A. Leitenstorffer, 1772

Oben schwebt Apollo, umgeben von Putten. In der Mitte thront Minerva (mit Helm, Lanze und Gorgonenschild) und weist auf ein Porträtmedaillon des Kurfürsten. Von links und rechts umgeben sie die Musen der Baukunst, Malerei, Astronomie, Geschichtsschreibung und Musik. Unten links meißelt die Bildhauerei die Flußgottheiten von Rhein und Neckar, rechts vorne steht die tragische Muse mit Dolch, Helm, Rüstung und Larve. Am rechten Bildrand steigt Pegasus zu Apollo empor. Links oben wird der Tempel der Musen sichtbar, Chronos hält den schweren Vorhang. Unten links zwei Putti und Chronosticon: sic hILarI risU MUnDI CorrIgItUr error – so verbessert die Fehler der Welt ein fröhliches Lachen. Die roten Zahlenbuchstaben ergeben das Jahr 1772.

Öl auf Leinwand, 79 × 63 cm.

Literatur: Gräff, Walter, Ein Mannheimer Theatervorhang. Mannh Gbl, Bd. 28, 1927, Sp. 110–114 m. Abb. – Ausst. Kat. Pfälzer Kunst. München–Nürnberg–Kaiserslautern 1928, Sp. 53 m. Abb. – Grabmayr, Verena von, Franz A. Leitenstorffer. Innsbruck–München 1970, S. 72, 101, Kat. Nr. 44 m. Abb.

München, Bayerische Staatsgemäldesammlungen, Inv. Nr. 4059

HEINRICH LIHL (1690–1756)

Geboren 1690 in Rastatt, dort gestorben am 13. Februar 1756. Sohn des badischen Hofgärtners Georg Lihl in Rastatt, wurde er Hofmaler an der dortigen Residenz. Er schuf Theaterdekorationen und Altarblätter für Kirchen der Umgebung.

A 64 □

Phantastische Architektur

Entwurf für eine Bühnendekoration, vermutlich für ein im Orient spielendes Stück

Alter Bestand der Stuttgarter Staatsgalerie

H. Lihl, 1730

Ein Blick in eine offene, reich ornamentierte Säulenhalle auf phantastischen Säulen. Im Hintergrund ein Palast, rechts eine Treppenanlage mit Ausblick in den Park, davor eine orientalisch gekleidete Gestalt.

Feder, farbig laviert, 23,2 × 39,2 cm. Bezeichnet rechts unten: Hen. Lihl fe 1730.

A 65

Literatur: Stuttgart 1964, S. 58, Kat. Nr. 143 m. Abb.

Stuttgart, Staatsgalerie, Graphische Sammlung, Inv. Nr. 3919

JOSEF MAGES (1728–1769)

Geboren 1728 in Imst (Tirol), gestorben 1769 in Augsburg. Er lernte zunächst bei den Imster Malern I. A. Kapeller und I. Mittner d. J., dann Architektur und Perspektive bei Pfarrer F. d. P. Penz. Seinem anschließenden Studium an der Wiener Kunstakademie war nach C. A. Nilson kein Erfolg beschieden. Ende der Vierzigerjahre kehrte er nach Tirol zurück, nach 1748/49 begab er sich auf Wanderschaft nach Stuttgart, Straßburg, Colmar und 1751 nach Augsburg, wo er die Tochter des Malers I. G. Rothpletz heiratete und das Bürger- und Meisterrecht erwarb. Seine Tochter Maria Theresia war eine bekannte Emailmalerin, Josef Christ sein bedeutendster Schüler. Mages schuf Fresken und Altarblätter in Schwaben, Bayern, Tirol und im Elsaß.

A 66

A 65 □

Vermählung Mariae

Modell für das 1766 datierte Deckenfresko im Oratorium über der Sakristei der Stiftskirche in Säckingen

J. Mages, 1765

In einem oben offenen Rundtempel traut der Hohepriester Maria mit Josef. Rechts die Freier, deren Stöcke nach der Legende bei der Werbung um Maria nicht, wie Josefs Stab, zu blühen begannen, links eine Tempeldienerin mit Lilie, dem Symbol der Jungfräulichkeit der Braut. – Die Komposition lehnt sich an Ch. Th. Schefflers Fresko „Der alte und der neue Bund“ in der Pfarrkirche Witzighausen (1740) an.

Öl auf Leinwand, 54 × 38 cm. Signiert und datiert rechts unten: J: Mages. inv: pinxit 1765.

Literatur: Bregenz 1963, S. 52, Kat. Nr. 82. – Knorre 1970, S. 132 m. Abb.

Augsburg, Städtische Kunstsammlungen, Deutsche Barockgalerie, Inv. Nr. 6179

AUGUST FRIEDRICH OELENHAINZ (1745–1804)

Geboren am 28. Juni 1745 in Endingen bei Balingen, gestorben am 5. November 1804 in Pfalzburg. Schüler seines Onkels W. D. Majer in Tübingen, ab 1764 des Bildhauers W. Beyer in Ludwigsburg. 1768–78 mit Unterbrechungen in Wien; 1786, 1788–90, 1801 in Stuttgart, außerdem in Zürich, Bern, Basel, Ulm, Rom, Karlsruhe, Paris. Tätig als Porträtmaler.

A 66 □

Christian Friedrich Daniel Schubart

A. F. Oelenhainz, 1789

Von einer Urenkelin Schubarts über Stuttgarter Privatbesitz 1893 erworben

Ch. F. D. Schubart, 1739–1791, Musiker und Dichter. Gründete 1774 in Augsburg die liberale Zeitung „Deutsche Chronik" und wurde wegen seiner scharfen politischen Artikel von Herzog Carl Eugen 1777–87 auf dem Hohenasperg gefangen gehalten. Nach der Begnadigung wurde er Theater- und Musikdirektor am Stuttgarter Hof.
Das nach seiner Begnadigung gemalte Brustbild wurde von E. Morace, d'Argent und Strauss gestochen. Varianten des Porträts befinden sich im Schiller-Nationalmuseum Marbach und in Privatbesitz Coburg.

Öl auf Leinwand, 73 × 58 cm. Bezeichnet rechts: F. Oelenhainz f. 1789.

Literatur: Oelenheinz, Leopold, Friedrich Oelenheinz. Leipzig 1907, S. 43, Nr. 34 m. Abb. – Fleischhauer, Werner, Das Bildnis in Württemberg 1760–1860. Stuttgart 1939, S. 43. – Fleischhauer, Werner, Baum, Julius, Kobell, Stina, Die schwäbische Kunst im 19. und 20. Jahrhundert. Stuttgart 1952, S. 42 m. Abb. – Stuttgart 1959, S. 166, Kat. Nr. 437. – Stuttgart 1962, S. 145–146.

Stuttgart, Staatsgalerie, Inv. Nr. 945

OSWALD ONGHERS (1628–1706)

Geboren am 5. Oktober 1628 in Mecheln, gestorben am 24. Dezember 1706 in Würzburg. Seine Lehrzeit verbrachte er bei Jean le Saive d. J. in Mecheln. Nach 1650 wurde er von Kurfürst Johann Philipp von Schönborn als Hofmaler nach Mainz berufen, vor 1658 ließ er sich in Würzburg nieder, wo er ebenfalls den Titel eines Hofmalers führte. 1686

A 67

unternahm er im Auftrag des Würzburger Domkapitels eine Reise nach Antwerpen. Onghers war neben Johann Baptist de Rüll der führende Maler Frankens in der zweiten Hälfte des 17. Jahrhunderts. Er schuf zahlreiche Altarblätter, so in Baden-Württemberg für Bronnbach, Ellwangen (verschollen), Großkomburg, Schöntal.

A 67 □

Mariae Himmelfahrt

Entwurf für das Hochaltarblatt der ehem. Zisterzienser-Klosterkirche Schöntal, 1680

Alter Besitz der ehem. Zisterzienserabtei

O. Onghers

Unten umringen die Apostel das leere Grab mit dem Leichentuch Mariens, während die Engel, von denen einige Spruchbänder, andere marianische Symbole halten, Maria in den Himmel emportragen, wo sie von Christus und der Taube des Hl. Geistes erwartet wird. Auf den Spruchbändern die Inschrift: „REGINA SANCTORVM OMNIVM" und „REFVGIVM PECCATORVM".
Das in deutlicher Anlehnung an Rubens gemalte Bild ist der Entwurf für das Hochaltarblatt der ehem. Zisterzienser-Klosterkirche Schöntal, für das Onghers 1680 400 Gulden erhielt. Der Entwurf wurde bis 1881 als Sakristeialtar verwendet.

Öl auf Leinwand, 108 × 58,5 cm.

Literatur: Kainz, Eugen, Oswald Onghers. Straubing 1915, S. 96–97. – Kdm Württemberg, Oberamt Künzelsau, S. 312, 314, 344.

Schöntal, Kloster

GIOVANNI ANTONIO PELLEGRINI (1675–1741)

Geboren 1675 in Venedig, dort gestorben 1741. Schüler von P. Pagani, beeinflußt von den Spätwerken Luca Giordanos. Um 1700 in Rom, 1708–1713 in England, 1713–1716 in Düsseldorf und Bensberg, 1716 in Antwerpen, 1719 wieder in England. Nach kurzem Aufenthalt in Venedig 1720 in Paris, 1721 in Venedig, 1722 wieder in Paris. 1724/25 in Würzburg, Prag, Dresden und Wien. 1731 in Venedig, 1736 in Mannheim und Würzburg. Seit 1733 Mitglied der Académie Royale in Paris.

A 68 □

Aurora

Vier Genien ziehen an Bändern den Sonnenwagen den Himmel hinauf, auf dem die Göttin der Morgenröte mit der Fackel des Tageslichtes sitzt.
Ölskizze für das im Zweiten Weltkrieg zerstörte Deckenfresko im Kaisersaal des Mannheimer Schlosses, um 1736/37.

Öl auf Leinwand. 82 × 70 cm.
Herkunft: Collection Guggenheim 1938.

Literatur: Catalogue of Paintings in the Ashmolean Museum Oxford, 1961, S. 113, m. Abb.

Oxford, Ashmolean Museum, Inv. Nr. A 515

GIANBATTISTA PITTONI (1687–1767)

Geboren 1687 in Venedig, dort gestorben 1767. Schüler seines Onkels Francesco Pittoni, bildete er sich unter dem Einfluß der Spätwerke des Luca Gior-

A 68

dano und des Werkes von Sebastiano Ricci und Antonio Balestra. Pittoni arbeitete als Freskant und Maler von Altarblättern sowie weltlichen und kirchlichen Historienbildern für die Städte der Terra ferma, aber auch für die Höfe in Wien, Dresden, Köln u. a. Er gehörte zu den Gründern der Accademia in Venedig, deren Präsident er 1758 wurde.

A 69 □

Almosenspende der hl. Elisabeth

Vom Künstler erworben

G. Pittoni, 1734

Elisabeth von Thüringen (1207–1231), Gattin des Landgrafen Hermann II., verteilte während der Hungersnot 1226 Brot unter die Armen.

Das Bild war am 10. Februar 1734 zusammen mit zwei weiteren, nicht erhaltenen Altarblättern, über den Kurfürstlich Bayerischen Kabinettssekretär Trira im Auftrag von Clemens August von Köln in Rom bestellt worden. Im gleichen Jahre wurden insgesamt 4000 Gulden für die drei Altarblätter angewiesen. Die Aufstellung in Mergentheim erfolgte erst 1736. Den Rahmen schnitzte 1736 der Mergentheimer Bildhauer I. C. Winkhler, die Vergoldung besorgte Sebastian Schedel, Staffiermaler von Aub. Pittoni hat auch für die Klosterkirche Diessen (1739) und für die Clemenskirche in Münster (nach 1749, zerstört) Altarblätter geliefert. Das Mergentheimer Bild, das bis 1943 G. B. Piazzetta zugeschrieben war, erlangte rasch große Berühmtheit, wie die zahlreichen Kopien vornehmlich süddeutscher Maler beweisen. Auch das – offenbar im Besitz des Malers verbliebene Modell im Museum der Schönen Künste, Budapest, wurde öfters wiederholt.

Öl auf Leinwand, 425 × 230 cm. Bezeichnet links unten: Giŏ. bata. pitoni. p. Herkunft: Vom Künstler erworben.

Literatur: Pigler, Andor, G. B. Pittonis Ölskizze „Die Almosenspende der hl. Elisabeth von Ungarn". In: Jahrbuch des Museums der Schönen Künste in Budapest, Bd. 6, 1929/30, S. 207–209. – Goering, Max, Die Tätigkeit der Venezianer Maler Piazzetta und Pittoni für den Kurfürsten Clemens August von Köln. In: Westfalen, Bd. 19, 1934, S. 364–366 – Ausst. Kat. Kurfürst Clemens August, Brühl 1961, S. 195–196, Nr. 191. – Boccazzi, Franca Zava, Pittoni. Venedig 1979, S. 111–113, Nr. 4, Abb. 351.

Bad Mergentheim, Schloßkirche,
Land Baden-Württemberg,
Liegenschaftsverwaltung

LIVIO RETTI (1692/93–1751)

Geboren 1692/93 in Laino zwischen Comer- und Luganersee, gestorben 1751 in Ludwigsburg. Er kam früh mit seinem Vater, einem Architekten, und seinen Brüdern nach Deutschland, wo er als Freskant in Ludwigsburg, Ansbach, Augsburg, Mergentheim und Würzburg arbeitete, häufig in Gemeinschaft mit anderen italienischen Künstlern und nach fremden Entwürfen. Zu seinen besten Arbeiten gehörten die Fresken im Rathaus von Schwäbisch Hall.

A 70 □

Triumph der Religion

Entwurf für das (zerstörte) Deckenfresko im Hauptsaal des Rathauses zu Schwäbisch Hall, 1736

Aus der Slg. R. Tüngel, Ahrensburg

L. Retti

Oben thront die Religion, sie trägt einen Brustharnisch, ihr Helm ist mit einem Hahn (Wachsamkeit?) bekrönt. Die vier

A 69

weiblichen Gestalten rechts stellen der (zerstörten) Ausführung zufolge die Kardinaltugenden dar, die drei Gestalten links die theologischen Tugenden. Unten in der Mitte stürzt ein Engel mit dem Sonnenzeichen der Wahrheit auf der Brust (Michael?) die Dämonen (Satan?). Die unbekleidete Gestalt mit Sonne und Buch links daneben bedeutet die Wahrheit, neben ihr mit Krone, Szepter und Löwe, assistiert von einem Putto mit dem Füllhorn des Überflusses die Kaiserliche Macht. Die Figuren links, darunter ein Jüngling mit pfeilgefülltem Köcher und Schalmei, sind vorerst nicht bestimmbar. Entwurf für das mit Änderungen ausgeführte, im Zweiten Weltkrieg zerstörte Deckenfresko im Hauptsaal des Rathauses zu Schwäbisch Hall 1736. Auch hier waren die allegorischen Gestalten ohne Kenntnis des Programms nicht vollständig zu identifizieren.

Feder über Kohle, laviert, 44,3 × 54 cm.

Literatur: Stuttgart 1964, erwähnt unter Kat. Nr. 21. – Zeichnungen alter Meister aus deutschem Privatbesitz. Hamburg-Stuttgart-Bremen 1965/66, S. 25, Kat. Nr. 102 m.Abb.

Privatbesitz

GIUSEPPE MARIA ROLI (1645–1727)

Lebte und arbeitete vor allem in Bologna, wo er 1645 geboren und 1727 gestorben ist. Er war Gründungsmitglied der Bologneser Malerakademie und malte zahlreiche Fresken in Palästen und Kirchen der Stadt. 1701/03 war er mit der Ausmalung der Kirche der Certosa di Pisa beschäftigt und 1704 holte ihn der Baumeister Domenico Egidio Rossi nach Rastatt, wo er bis 1707 tätig war und mit seinen Mitarbeitern G. A. Caccioli und P. A. Farina u.a. die Decke des Rittersaals zu malen hatte.

A 71 □

Die Aufnahme eines Feldherrn in den Olymp

Vorzeichnung zum Deckenbild im Ahnensaal des Rastatter Schlosses.

Der Feldherr, von der Fortitudo, der Stärke, mit ihrem Löwen geleitet, schwebt auf Wolken zum Olymp empor. Dort erwartet ihn Jupiter, umgeben von den übrigen Göttern. Über ihm wölbt sich der Bogen des Tierkreises. Die Sonne steht im Zeichen der Waage, die von der Personifikation der göttlichen

A 70

A 71

Gerechtigkeit gehalten wird. Sie reicht gleichzeitig dem Helden das Schwert. Von links schwebt Fama, der Ruhm, herab. Sie weist mit der Rechten eine üppige Frauengestalt, die Voluptas mit ihren Tauben, samt Amor und Cupido zurück. Die Tuba der Fama ist auf einen Adler gerichtet, der sich mit seinen Jungen der Sonne zuwendet; sie ist mit einer Fahne geschmückt, deren Inschrift lautet: NON GENERANT AQUILE COLVMBAS (Adler erzeugen keine Tauben). Dargestellt werden soll der Feldherr, der das gerechte Schwert führt, die Sinnenfreuden verachtet und dadurch ewigen Ruhm gewinnt. Gemeint ist damit der Bauherr des Rastatter Schlosses, Markgraf Ludwig Wilhelm von Baden.
In der Ausführung wurde aus dem Feldherrn ein antikisch gekleideter Herkules, der sich etwas schwerfällig auf seine Keule stützt. Dadurch fiel der Griff nach dem Schwert und die auf die Fama weisende Geste der linken Hand weg, durch die eine engere Beziehung zwischen den einzelnen Gruppen hergestellt worden wäre. Von der Ausdehnung des Götterhimmels über die ganze Bildbreite abgesehen, folgt jedoch das Deckenbild im Ahnensaal in allen wesentlichen Punkten der Vorzeichnung.
Die Verherrlichung des Bauherrn in der Gestalt des Herkules oder eines antiken Helden und seine Erhebung unter die Götter gehört zum festen Programm barocker Schloßausstattungen. Sie findet sich in Baden-Württemberg beispielsweise auch in Ludwigsburg, in Wurzach und in Tettnang.

Federzeichnung in Braun, laviert, 29,3 × 39 cm.

Literatur: Karlsruhe 1955, Kat. Nr. 236. – Berlin 1966, Nr. 322. – Grimm, Ulrike, Die Dekorationen im Rastatter Schloß, 1700–1771. Diss. Karlsruhe 1978, S. 56–61.

Karlsruhe, Staatliche Kunsthalle, Kupferstichkabinett, Inv. Nr. 1954–79

CHRISTOPH THOMAS SCHEFFLER (1699–1756)

Geboren am 20. Dezember 1699 in Mainburg (Bayern), gestorben am 25. Januar 1756 in Augsburg. Er lernte bei seinem Vater Wolfgang Scheffler in Freising, 1719 bis 1722 arbeitete er als Geselle bei C. D. Asam in München. 1722 trat er als Laiennovize in Landsberg am Lech in den Jesuitenorden ein, den er 1728 wieder verließ, um in Augs-

A 72

A 73

burg das Beisassenrecht zu erwerben. 1738 erheiratete er das Bürgerrecht, ohne Zunftmitglied zu werden. Mit seinem Bruder Felix Anton arbeitete er als Freskant öfters zusammen. Sein einziger Schüler war F. J. Degle. Auch nach dem Austritt aus dem Orden blieben die Jesuiten seine Hauptauftraggeber. Scheffler schuf Fresken und Altarblätter in Schwaben, Bayern, Schlesien, Mainz und Trier, außerdem zahlreiche Vorzeichnungen und Grisailleentwürfe für die Druckgraphik. Im Bereich von Baden-Württemberg arbeitete er in Ellwangen, Hohenstadt, Weingarten (bei C. D. Asam), Rottenburg und angeblich Mergentheim.

A 72 □

Vermählung Mariae

Entwurf für das Deckenfresko im ersten Joch des linken Seitenschiffes der Evangelischen Stadtkirche (ehem. Jesuitenkirche) zu Ellwangen, 1727

Alter Bestand der Stuttgarter Staatsgalerie

Ch. T. Scheffler

Das Pseudoevangelium „de navitate Mariae", Kap. 7. berichtet, daß Josefs Stab, als der Bräutigam Mariae unter den unverheirateten Männern Judäas auserwählt werden sollte, als einziger zu blühen begann und eine Taube sich darauf niederließ. Der Hohepriester traute das Paar im Tempel von Jerusalem. Links sind die Eltern Mariae, Joachim und Anna, dargestellt. Rechts oben Detailskizze für die rechte Hand Mariae.

Feder über (teilweise abweichender) Bleistiftskizze, laviert, 14,3 × 20,5 cm.

Literatur: Stuttgart 1964, S. 28, Kat. Nr. 18.

Stuttgart, Staatsgalerie, Graphische Sammlung, Inv. Nr. 237

A 73 □

Mariae Himmelfahrt

Entwurf für das Chorfresko der Evangelischen Stadtkirche (ehem. Jesuitenkirche) in Ellwangen, 1727

Ch. T. Scheffler

Aus dem Umgang einer Säulenhalle heraus schauen Männer und Frauen, darunter einige der Apostel, der Aufnahme Mariae in den Himmel zu. Oben erwartet

sie Christus, Engel weisen sein Kreuz vor oder veranstalten Musik.
Die starke Wölbung des Chorjoches wird in der mit einigen Veränderungen ausgeführten Zeichnung durch fächerartiges Auseinanderziehen der Komposition berücksichtigt. Das Quadratenetz dient der Übertragung ins große Format. Eine flüchtige Vorzeichnung dazu befindet sich im Schloßmuseum Ellwangen (vgl. Bushart 1953, S. 86, Nr. 30).

Feder über Bleistift, laviert, weiß gehöht auf grauem Papier, 39 × 59 cm.

Literatur: Bushart, Bruno, Die Malerei des Barock in Ellwangen. In: Schwäbische Heimat, Bd. 15, 1964, S. 90, 92 m. Abb.

Frankfurt am Main, Historisches Museum, Inv. Nr. 9220

JOHANN MELCHIOR SCHMIDTNER (1625–1705)

Geboren 1625 in Augsburg, dort gestorben 1705. Nach dem Zeugnis Paul von Stettens war er ein begabter Historienmaler, der sich während seines fünfzehnjährigen Aufenthaltes in Italien gründlich geschult habe und nach der Rückkehr in Augsburg rasch zu Ansehen und Ruhm gelangte. Sein überliefertes Werk umfaßt ausschließlich Altarblätter in Schwaben und in der Schweiz und zeigt vor allem Einflüsse von J. v. Sandrart und J. H. Schönfeld. Baden-Württemberg besitzt Werke seiner Hand in Ellwangen, Hailtingen und Konstanz.

A 74 □

Heilige Familie

Vorzeichnung für das Altarblatt des Josephs-Altares im Konstanzer Münster

J. M. Schmidtner, 1676

Von Maria gehalten, sitzt das Christkind auf einem mit einem Kissen bedeckten Altarstein (?) und schaut zu Gottvater auf, der mit ausgebreiteten Armen segnend im Himmel über ihm schwebt. Als Gegenfigur zu Maria kniet auf der anderen Seite Joseph, den Blick verehrend dem Kinde zugewandt; schräg vor ihm liegt eine Lilie am Boden als Hinweis auf die jungfräuliche Reinheit des Nährvaters Jesu. Engel runden die Figurenkomposition zu einer Kreisform ab. Links außen ist der Pilaster einer offenbar nach hinten sich staffelnden Architektur sichtbar. Im ausgeführten Altar-

A 74

blatt ist die Komposition leicht variiert und um weitere kleine Engelfiguren bereichert worden; vor allem erscheint hier in der Mittelachse des Bildes unterhalb von Gottvater noch die Taube des Hl. Geistes. Das weist auf eine tiefere Bedeutung der Darstellung hin: im Barock wird die Heilige Familie auch als irdisches Gegenstück zur himmlischen Dreifaltigkeit, als trinitas terrestris (lat. = irdische Dreifaltigkeit), aufgefaßt. Das Gemälde ist signiert und 1676 datiert, während der reiche geschnitzte Altaraufsatz an der Predella die Jahreszahl 1677 trägt und als Stifter den Konstanzer Fürstbischof Franz Johannes von Prasberg (s. Kat. Nr. C 47) nennt (Kdm. Südbadens I, Das Münster Unserer Lieben Frau zu Konstanz, 1955, S. 321–322, Abb. 283–284).
Biedermann (s. Augsburg 1968) hebt die künstlerische Reife der Zeichnung hervor und weist auf ihre Beziehung zu Arbeiten Schönfelds hin, die sich in der symmetrischen Komposition wie in den Kopftypen äußert. Bushart, der die Zeichnung als Entwurf für das Konstanzer Altarblatt identifiziert hat, betont, daß diese Schönfeld näher steht als das ausgeführte Gemälde. Im Londoner Katalog von 1976 wird vermutet, Schmidtner habe das ungewöhnliche Bildthema der Hl. Familie, über welcher Gottvater segnend erscheint, in Italien kennengelernt; als italienisches Beispiel wird ein Altarblatt gleichen Themas von Guglielmo Cortese genannt, das selber inzwischen zwar verloren ging, dessen Aussehen uns jedoch durch eine Kompositionsskizze in Windsor Castle (Inv. Nr. 6903) bekannt ist.

Kohle, grau laviert, weiß gehöht, quadriert, 28,6 × 19,2 cm. Bezeichnet unten rechts in brauner Feder: „JM (ligiert) Schmidtner Ao 1676".

Literatur: Augsburg 1968, Kat. Nr. 331. – Bushart, Bruno, Anmerkungen zum Spätwerk Johann Heinrich Schönfelds. In: Zwischen Donau und Alpen, Festschrift für Norbert Lieb, Zs. für Bayerische Landesgeschichte, Bd. 35, H. 1, 1972, S. 118–119, Abb. 79. – German Baroque Drawings. Heim Gallery, London 1975, Kat. Nr. 84, Taf. 36 (mit älterer Lit.).

Darmstadt, Hessisches Landesmuseum, Inv. Nr. Hz. 527

A 75 a □

Die Sieben Gaben des Heiligen Geistes

Vorzeichnung für das 1687 datierte Hochaltarblatt der Pfarrkirche St. Georg zu Hailtingen (Kat. Nr. 75 b)

J. M. Schmidtner, 1685

Sieben große Engel, ausgestattet mit verschiedenen Attributen, thronen unterhalb der von kleinen Engeln verehrten Dreifaltigkeit auf Wolken. Unten ist eine ummauerte Kirche samt Anbauten angedeutet.
Nach brieflicher Mitteilung von Prof. Dr. K.-A. Wirth, München, handelt es sich um die Sieben Gaben des Hl. Geistes: Der Mut (fortitudo) hält einen Diamantring hoch, die Frömmigkeit (pietas) zeigt zum Himmel empor. Der Rat (consilium) hält ein Herz in der Hand, die Weisheit (sapientia) ein Sieb und zu ihren Füßen eine Schlange, der Verstand (intellectus) einen Stern, die Gottesfurcht (timor Domini) Schwert, Rute und Totenkopf, die Wissenschaft (scientia) ein offenes Buch. – Wirth vermutet in der Zeichnung die seitenverkehrte Wiedergabe eines Vorbildes aus der zweiten Hälfte der Zwanzigerjahre des 17. Jahrhunderts.

Schwarze Kreide, laviert, weiß, gehöht auf graubraunem Papier, quadriert. 28 × 18 cm. Bezeichnet rechts unten: J. M. Schmidtner Ao 1685.

Literatur: Augsburg 1968, S. 245–246, Kat. Nr. 332, Abb. 223.

Augsburg, Städtische Kunstsammlungen, Inv. Nr. G 4614/1967

A 75 a

A 75 b □

Die Sieben Gaben des Hl. Geistes

Altarblatt aus der Spitalkirche (heute Franziskanerkirche) zum Hl. Geist in Ehingen a. D.

J. M. Schmidtner, 1687

Zur Ikonographie und Vorzeichnung vgl. Kat. Nr. A 74. Anstelle der Dreifaltigkeit schwebt oben in der Mitte die Heiliggeisttaube allein. Die Ansicht von Kirche und Nebenbauten unten ist verändert, ebenso die Haltung einiger Engel. Zwischen beiden Bereichen ist ein Reigen kleiner Engel eingefügt.
Das Altarblatt stammt aus der Spitalkirche (heute Franziskanerkirche) zum Hl. Geist in Ehingen a. D. Die Ansicht unten zeigt die Kirche im alten Zustand samt der ehemaligen Spitalmühle.

Öl auf Leinwand, ca. 250 × 170 cm. Bezeichnet links unten: J. Melchior Schmidtner f. Ao 1687.

Literatur: Kdm Württemberg, Kreis Riedlingen, S. 556 (mit irrigen Angaben zur Darstellung und Herkunft).

Hailtingen, Kath. Pfarrkirche St. Georg

JOHANN HEINRICH SCHÖNFELD (1609–1684)

Geboren am 23. März 1609 in Biberach, gestorben 1684 in Augsburg. 1626 ist er in Memmingen als Lehrling bei einem Maler Sichelbein bezeugt, 1627 und 1629 in Stuttgart als Geselle. Nach Aufenthalten in Basel und an anderen Orten Deutschlands ging er 1632/33 nach Italien, wo er 18 Jahre lang tätig war. In Rom wurde er unter dem Namen „Triangel" in die niederländisch-deutsche Künstlergemeinschaft der Schilderbent aufgenommen und arbeitete für den Duca di Orsini. Zwölf Jahre verbrachte er in Neapel, einige Zeit in Venedig. 1651 übersiedelte er nach Augsburg, 1652 erhielt er dort das Bürger- und Meisterrecht und heiratete die Ulmer Kaufmannstochter Anna Elisabeth Strauß. 1653/55 scheint er in Regensburg, Salzburg, vielleicht auch in Wien für den Kaiser und adelige Auftraggeber tätig gewesen zu sein. Von Augsburg aus lieferte er vor allem Altarblätter und biblische Historienbilder nach Schwaben, Bayern, Franken, Salzburg, Oberösterreich, Steiermark, Tirol und Böhmen, während in seinem Frühwerk mythologische und historische Themen überwiegen.

A 75 b

Auch als Porträtist, Radierer und Zeichner für das Kunstgewerbe hat er sich hervorgetan. Zu seinen Schülern und Mitarbeitern zählen J. M. Schmidtner, J. G. Knappich, G. Ehinger. Auch J. Heiß, J. v. Sandrart, M. Spillenberger u.a. stehen zeitweise unter seinem Einfluß. Schönfeld darf als der bedeutendste Maler Deutschlands im 17. Jahrhundert nach dem Tode Elsheimers bezeichnet werden. Im Gebiet des heutigen Baden-Württemberg arbeitete er für das Kloster Ochsenhausen, für die Stadtkirche in Biberach und für die Ritterstiftskirche auf Großkomburg. Auch Herzog Ulrich von Württemberg-Neuenburg scheint schon zu Lebzeiten Schönfelds Bilder seiner Hand besessen zu haben.

A 76 □

Schatzgräber in Römischen Ruinen

Um 1748 von Herzog Carl Eugen erworben aus der Sammlung des Württ. Burggrafen und Erboberstallmeisters Reinhard von Roeder. Zuvor vielleicht in der Galerie des 1671 gestorbenen Herzogs Ulrich von Württemberg-Neuenburg

J. H. Schönfeld, 1662

Vor antiken Ruinen als Symbolen der Vergänglichkeit irdischen Ruhmes und Besitzes werden unter Anleitung eines Zauberers links innerhalb eines magischen Kreises vergrabene Schätze gehoben. Rechts lagern sich oder stehen unbeteiligt junge Männer, einer lehnt sich achtlos auf ein mit Kleinodien gefülltes Gefäß. Im Hintergrund kommt ein Bauer mit Esel hinzu, ein Knabe ist auf einen Baumstamm geklettert, um dem Vorgang zuzusehen.
Schönfeld und die zeitgenössische Augsburger Malerei haben das Thema der Schatzgräberei in antiken Ruinen öfters dargestellt. Nach H. Pée handelt es sich bei dem Stuttgarter Bild um die „Antithese von Leben und Vergehen im Gegensatz des zerfallenden Menschenwerkes der Architektur und der immerwährenden Natur". Wahrscheinlicher ist es in einem moralisierenden Sinne zu verstehen, wie es die Unterschrift auf einem Nachstich G. A. Wolfgangs nach einer verlorenen Fassung des Themas von Schönfeld bezeugt: „Ditior est honesta paupertas quam thesauri male aquisiti" = besser ehrenvolle Armut als unrecht erworbene Schätze.
Das vielleicht schon zu Lebzeiten Schönfelds in herzoglich württembergischen Besitz gelangte Bild zählt zu den Hauptwerken des Künstlers aus seiner deutschen Zeit. Entstanden 1662.

A 76

Öl auf Leinwand, 190 × 158 cm. Bezeichnet links unten: IH (ligiert) Schönfeldt Fecit 1662.

Literatur: Voss, Hermann, Johann Heinrich Schönfeld. In: Das Schwäbische Museum, 1927, S. 76. – Thöne, Friedrich, Deutsche Gemälde aus Schloß Ludwigsburg. In: MüJb, N. F. 11, 1934, S. XLIII–XLV, Abb. 1. – Bushart, Bruno, Meisterwerke der Stuttgarter Staatsgalerie, 1956, S. 39, Kat. Nr. 34 m. Abb. – Kat. der Stuttgarter Staatsgalerie 1957, S. 247. – Stuttgart 1962, S. 185 m. Abb. – Augsburg 1968, S. 146, Nr. 158 m. Abb. – Pée, Herbert, Johann Heinrich Schönfeld. Berlin 1971, S. 160–161, Kat. Nr. 96 m. Abb. und weiterer Lit.

Stuttgart, Staatsgalerie, Inv. Nr. L 165

A 77

Christus von Maria, Heiligen und Engeln verehrt

Entwurf zu einem nicht nachweisbaren Altarbild

J. H. Schönfeld, um 1756

Über einer Landschaft mit kleinen, flüch-

A 78

tig angedeuteten Figuren kniet links Petrus (mit den Himmelsschlüsseln), rechts ein bärtiger Heiliger (dem Typus zufolge wohl Paulus) auf Wolken. Darüber die Madonna und anbetende Engel vor dem thronenden Christus. Das großzügig skizzierte Blatt mit oberem halbrundem Abschluß ist als früher Entwurf zu einem bisher nicht nachweisbaren Altarbild zu bezeichnen. Dem Stil zufolge wird es um 1756 anzusetzen sein. Die Aufbewahrung im Ravensburger Stadtarchiv bei unbekannter Herkunft mag dafür sprechen, daß es sich um einen Auftrag für Oberschwaben gehandelt hat.

Feder, laviert, 29,8 × 18,8 cm.

Literatur: Ausst. Kat. Johann Heinrich Schönfeld. Ulm 1967, S. 89, Kat. Nr. 172 m. Abb. – Biedermann, Rolf, Die Zeichnungen des Johann Heinrich Schönfeld. In: JbStKsBW, Bd. 8, 1971, S. 150–151 m. Abb.

Ravensburg, Stadtarchiv

GIOSUE SCOTTI (1729–1785)

Geboren 1729 in Laino, gestorben 1785 in St. Petersburg. Wurde 1763 auf Veranlassung von I. Colomba von Herzog Carl Eugen berufen und 1768, nach dem Weggang von Colomba und A. Bittio zum Direktor des Theaterwesens ernannt. Seit 1767 lehrte er an der Académie des Arts in Stuttgart, 1773–75 an der dortigen Hohen Carlsschule. 1777 kehrte er nach Italien zurück, 1784 ging er nach St. Petersburg. In Baden-Württemberg haben sich von seiner Hand Altarblätter in Zwiefalten sowie Fresken in Schloß Hohenstadt und in der Kirche von Daugendorf bei Riedlingen erhalten.

A 78 □

Steinigung des hl. Stephanus

Ölskizze für das Altarblatt im nördlichen Querarm der ehemaligen Benediktinerklosterkirche Zwiefalten, um 1767

G. Scotti

Der Erzmärtyrer Stephanus wurde wegen seines Glaubens an Christus von den Juden außerhalb der Stadt Jerusalem gesteinigt. Betend sprach er: „Herr Jesus, nimm meinen Geist auf". Auf den Knien liegend, rief er mit lauter Stimme: „Herr, rechne ihnen diese Sünde nicht an" (Apostelgeschichte 7,6–59).

Öl auf Leinwand, 82,3 × 48 cm.

Literatur: Zweiter Bericht des Museums der Stadt Ulm, 1927, S. 46 m. Abb. – Stuttgart 1959, S. 209, Kat. Nr. 647.

Ulm, Ulmer Museum, Inv. Nr. 5534

JOHANN CONRAD SEEKATZ (1719–1768)

Geboren am 4. September 1719 in Grünstadt (Pfalz), gestorben am 25. August 1768 in Darmstadt. Schüler seines Bruders Johann Ludwig Seekatz, um 1748–51 Mitarbeiter Ph. H. Brinck-

A 79 a

manns in Mannheim. Seit 1753 Hofmaler in Darmstadt, pflegte er engen Kontakt zu den Malern in Frankfurt, wo er stets im Hause von Goethes Vater abstieg und auf die Kunstanschauungen des jungen Dichters entscheidend einwirkte. Auch der Königsleutnant Graf Thoranc beteiligte ihn an seinen Aufträgen (vgl. „Dichtung und Wahrheit"). Seekatz malte meist kleinformatige Historien, Mythologien und Genrebilder, jedoch auch dekorative Großformate zur Ausstattung von Kirchen, Schlössern und Wohnhäusern.

A 79 a–b □

a) Der Frühling

Zu einer Serie der Vier Jahreszeiten gehörend. Wahrscheinlich für die Innenausstattung des Schwetzinger Schlosses

J. C. Seekatz zugeschrieben, um 1751–53

In einem Garten mit verwilderten Sträuchern im ersten Grün und einem Tritonenknäblein als Brunnenfigur sitzen zwei Frauen, die eine durch Blumenschmuck und Blütenkorb als die Frühlingspersonifikation Flora, die andere als fürsorgende Mutter gekennzeichnet, die über ihre Kinder wacht. Zwei von ihnen halten ein Nest mit junger Vogelbrut, zwei binden eine Blumengirlande, das fünfte tritt als Gärtner mit Hut, Wasserkanne und Schaufel auf.

b) Der Sommer

Zu einer Serie der Vier Jahreszeiten gehörend. Wahrscheinlich für die Innenausstattung des Bruchsaler Schlosses.

J. C. Seekatz zugeschrieben, um 1751–53

In der Mitte sitzt Ceres als Personifikation der Erde und der Erntezeit, mit Ähren im Haar, Sichel, Garbe und leerer Ernteflasche. Neben ihr weist eine modisch gekleidete Dame mit Sonnenschirm auf die Putten, die mit einem Hund – Anspielung auf die „Hundstage" – beschäftigt sind.
Die beiden kreisrunden Gegenstücke gehörten zu einer Serie der Vier Jahreszeiten, die, der unregelmäßigen Umrandung zufolge, wahrscheinlich in eine Wanddekoration eingelassen waren. Die Zuweisung an Seekatz erfolgt aufgrund stilistischer Übereinstimmungen insbesondere bei den Figurentypen und in der Farbigkeit. Sie dürften gleichzeitig wie die dekorativen Malereien von Johann und Januarius Zick um 1751/53 für die Innenausstattung des Bruchsaler Schlosses geschaffen worden und damit als Frühwerke von Seekatz im Anschluß an seine Mannheimer Zeit zu bezeichnen sein.

Öl auf Leinwand, Dm. je 96 cm.

Literatur: Unveröffentlicht.

Schwetzinger, Schloß, Staatliche Liegenschaftsverwaltung, Inv. Nr. G 1155 und G 1156

A 79b

LUDOVIKE SIMANOWIZ (1759–1827)

Geboren am 21. Februar 1759 in Schorndorf, gestorben am 2. September 1827 in Ludwigsburg. Geborene Reichenbach, verheiratet mit Franz Simanowiz, einem Freund Schubarts. Schülerin von N. Guibal in Stuttgart, dann von A. Vestier in Paris. Ab 1793 in Ludwigsburg, 1798–1812 in Stuttgart. Befreundet mit Schiller, Schubart und Kerner.

A 80 □

Eberhard Wächter

Von den Töchtern E. Wächters 1894 vermacht L. Simanowiz, um 1792

Eberhard Wächter, 1762–1852, Maler. Ab 1773 Zögling der Hohen Karlsschule in Stuttgart, zuerst zum Juristen bestimmt. 1781–83 Zeichenunterricht bei A. F. Harper und N. Guibal. 1784 in Mannheim, 1785–93 in Paris, 1794–98 in Rom, 1798–1808 in Wien. Seitdem in Stuttgart, wo er Direktor der Kupferstichsammlung und Mitglied der Kunstkommission wird. Das in Paris um 1792 gemalte Halbfigurenporträt zeigt den

A 80

Maler mit der Kokarde der französischen Revolution am Hut. Eine Vorzeichnung dazu besitzt das Schiller-Nationalmuseum Marbach.

Öl auf Leinwand, 59 × 47 cm.

Literatur: Fleischhauer, Werner, Das Bildnis in Württemberg 1760–1860. Stuttgart 1939, S. 52. – Stuttgart 1962, S. 199.

Stuttgart, Staatsgalerie, Inv. Nr. 949

FRANZ JOSEF SPIEGLER (1691–1756)

Geboren am 5. April 1691 in Wangen, gestorben am 15. April 1756 in Konstanz. Sohn des Gerichtsschreibers und Landgerichtsprokurators Johann Franz Spiegler in Wangen, der bereits 1692 starb. Die Mutter Anna Maria Bapst heiratete 1695 den Maler Adam Joseph Dollmann, der vielleicht Spieglers erster Lehrer wurde. Ausgebildet wurde er in München bei J. C. Sing, eine angebliche Wanderschaft nach Wien ist nicht belegbar. Seinen Stil bildete er durch Anregungen weiter, die ihm im oberschwäbischen Bereich zur Verfügung standen. Seine frühe Tätigkeit ist nicht sicher nachgewiesen, doch scheint er vornehmlich Faßarbeiten ausgeführt zu haben. 1718 ist Anton Erler als sein Lehrjunge genannt. Spiegler muß demnach damals Meister gewesen sein, vielleicht in seiner Heimatstadt Wangen. Erst ab 1721 sind gesicherte Arbeiten seiner Hand erhalten. 1723–26 war er unter dem aus Wangen stammenden Abt Rupert Ness an der Ausmalung des Klosters Ottobeuren beteiligt. 1726 heiratete er in Dürmentingen Maria Rosa Wehe, die Tochter des damaligen truchsess-waldburgischen Kastenvogts und späteren Landammans in Hohentengen. 1729 ließ er sich in Riedlingen nieder, 1752 erwirbt er – angeblich um seinem Sohn Wilhelm bessere Studienmöglichkeiten zu verschaffen – das Beisitzrecht inKonstanz für jährlich 15 Gulden. Zusammen mit seiner Frau (gest. 1772) wird er in der Stiftskirche St. Johann beigesetzt. Spieglers Hauptwerke sind in Oberschwaben, im Allgäu, Bodenseegebiet, Breisgau und in der Schweiz zu finden. Er ist nicht nur der fruchtbarste, sondern auch der bedeutendste Maler des Barock in diesem Gebiet. Sein Schaffen umfaßt Fresken, Altarblätter, Historienbilder und Ölskizzen. Zeichnungen von ihm sind nicht bekannt. Zu seinen Schülern und Nachahmern zählen F. A. Erler, Meinrad von Aw, J. G. Messmer, J. J. Wegscheider, J. M. Holzhay, J. Höltz und der spätere fürstbischöfliche Hofmaler in Konstanz J. C. Wenger, der auch sein Schwiegersohn wurde.

A 81

Die Sieben Zufluchten

F. J. Spiegler, 1733

Die Andacht von den Sieben Zufluchten war im Barock besonders in Bayern und Schwaben verbreitet. Sie ist ein Ausdruck spezieller katholischer Volksfrömmigkeit und wurde vor allem zur Erlangung einer guten Sterbestunde verrichtet. Die Sieben Zufluchten sind 1.) die Heilige Dreifaltigkeit, 2.) der Heiland am Kreuz, 3.) das

A 82

Sakrament des Altars, 4.) die unbefleckte Jungfrau und Gottesmutter Maria, 5.) alle heiligen Engel, 6.) alle Heiligen (hier: Josef, Anna, Barbara, Johannes von Nepomuk, Johannes der Täufer, Agatha), 7.) alle armen Seelen im Fegfeuer.
Spiegler hat das Thema dreimal dargestellt, 1729 im Hochaltarblatt der Pfarrkirche zu Dürmentingen, um 1754 im ehemaligen Altarblatt des Kapitelsaals in der Damenstiftskirche zu Säckingen und 1733 in diesem Altarblatt.

Öl auf Leinwand, 143 × 99. Bezeichnet: F. Jos. Spiegler Riedlingae.

Literatur: Pohl, Eva, Leben und Werk des „Historien und Freskomahlers“ Franz Josef Spiegler. Diss. Bonn 1952, S. 46–48.

Privatbesitz

A 82 □

Hl. Ursula

F. J. Spiegler

Nach der Legende eine englische Königstochter, wurde sie auf der Rückfahrt von Rom zusammen mit ihren 11 000 Jungfrauen in Köln von den Hunnen mit Pfeilen getötet. Die kostbar gekleidete und geschmückte Märtyrin trägt eine Krone, ein Putto hält den Pfeil, der zweite die Palme des Martyriums. Versuchsweise um 1740 datiert.

Öl auf Leinwand, 98 × 82 cm. Signiert rechts unten: F. J. Spiegler Wangensis Invenit et Pinxit 17...

Literatur: Scheurle, A., Kriegs- und Notzeiten, Brauchtum und Kunst in der ehemaligen Reichsstadt Wangen im Allgäu. In: Wangener Hefte, Bd. 3, 1973, S. 49.

Wangen im Allgäu, Stadtgemeinde

A 83 □

Die Erdteile huldigen der Immaculata

Skizze für das südliche Seitenaltarblatt der Pfarrkirche Reinstetten, 1742

F. J. Spiegler

Auf der von einem Engel gehaltenen Erdkugel steht Maria, als Kind und Apokalyptisches Weib (Geheime Offenbarung, 12, 1 ff.) zugleich dargestellt. Um ihr Haupt legt sich der Kranz von zwölf Sternen, ihr Fuß zertritt den Kopf der Schlange, in der Rechten hält sie die Lilie der Jungfräulichkeit. Neben ihr erscheinen in den Wolken ihre Eltern Anna und Joachim, darüber die Taube des Hl. Geistes und weitere Engel. Unten huldigen ihr die vier Erdteile, links die dunkelhäutige Afrika, dann Amerika mit Federschmuck im Haar, Europa mit der Kaiserkrone auf dem Purpurkissen, rechts Asien mit Turban und Weihrauchfaß.
Skizze für das südliche Seitenaltarblatt der Pfarrkirche Reinstetten, dieses signiert: F. J. Spiegler invenit et pinxit 1742. Die Ausführung im großen Format unterscheidet sich nicht nur durch die sorgfältige Detailbeschreibung und einige Veränderungen, sondern durch den Verlust des lockeren, den roten Bolusgrund als Hintergrund einbeziehenden, spontanen Vortrags. Auch die Skizze für das nördliche Seitenaltarblatt mit der Darstellung der Rosenkranzspende blieb erhalten.

Öl auf Leinwand, 61,2 × 37,1 cm.

Literatur: Museumsberichte, Ulm II, 1927, S. 52. – München-Würzburg 1959, Kat. Nr. 40 – Reuschel 1963 (mit weiterer Lit.), S. 120, Kat. Nr. 56 m. Abb. – Bregenz 1963, S. 63, Kat. Nr. 127. – München 1978, S. 58–59 m. Abb. (und verwechselten Bildunterschriften).

München, Bayerisches Nationalmuseum (Slg. Wilhelm Reuschel), Inv. Nr. Rl 9

A 84 □

Anbetung der Könige

Rechtes Seitenaltarblatt der Stadtpfarrkirche in Pfullendorf

A 83

F. J. Spiegler, 1745

Die drei Weisen bringen dem neugeborenen Christuskind mit Maria und Joseph ihre Gaben. Der Mohrenkönig nach I. E. Holzers Radierung gleichen Themas. Eine Ölskizze für das Altarbild besitzt das Städtische Museum in Meran.

Öl auf Leinwand, 128,5 × 75 cm. Bezeichnet: Spiegler fecit 1745.

Literatur: Pohl, Eva, Leben und Werk des „Historien und Freskomahlers“ Franz Josef Spiegler. Diss. Bonn 1952, S. 87–88. – Bregenz 1963, S. 64, Kat. Nr. 130 m. Abb.

Pfullendorf, Kath. Stadtpfarrkirche St. Jakob

A 85 □

Mariae Himmelfahrt

Skizze für das Fresko im Chor des Fridolinmünsters (ehem. Damenstiftskirche) zu Säckingen, vollendet 1754

F. J. Spiegler

A 84

Auf lebhaft geschwungenem steilem Architektursockel gruppieren sich die Apostel mit erregten Gebärden und in starker Untersicht um den leeren Sarkophag. Über ihnen wird Maria inmitten eines gleißenden Lichtstrudels von Engeln auf einer Wolke in den Himmel getragen. Unten schaut – wohl als Stuckfigur gedacht – ein großer Engel auf einer Rocaille dem Ereignis zu.
Skizze für das Fresko im Chor des Fridolinmünsters (ehem. Damenstiftskirche) zu Säckingen, Spieglers letztem großen Freskowerk, vollendet 1754. Die Stukkaturen führte J. M. Feichtmayr aus, mit dem Spiegler bereits in Zwiefalten 1747–50 zusammengearbeitet hatte. Als Spieglers Gehilfe in Säckingen ist Anton Morath bezeugt.

Öl auf Leinwand, 66,5 × 40 cm.

Literatur: Stuttgart 1959, S. 83, Nr. 194 m. Abb. – Bregenz 1963, S. 65, Nr. 139 m. Abb. – Bushart, Bruno, Die Fresken Franz Joseph Spieglers im Fridolinmünster zu Säckingen. In: ZAK, Rd. 32, 1975, S. 73–77, Abb. 85.

Privatbesitz

A 86 □

Verherrlichung des hl. Fridolin

Skizze für das Deckenfresko im Mittelschiff des Fridolinmünsters (ehem. Damenstiftskirche) zu Säckingen, vollendet 1754

F. J. Spiegler

Der irische Missionar Fridolin kam aufgrund eines Traumgesichts 522 auf die Rheininsel bei „Sechingen“, wo er ein Männer- und Frauenkloster gründete und die Christianisierung des Hochrheingebietes einleitete. Das daraus entstandene adelige Damenstift wurde von einer Äbtissin im Rang einer Reichsfürstin regiert. Über einer steilen, geschwungenen Stufenanlage erflehen Kranke, Sterbende und Bedrängte, weiter oben die Fürstäbtissin und der Damenkonvent die Hilfe des Kirchenpatrons Fridolin (links), des hl. Andreas und des hl. Hilarius (rechts). Darüber erscheinen, von Engeln umgeben, die Dreifaltigkeit und die Muttergottes in einem tiefen Lichtstrudel.
Skizze für das Deckenfresko im Mittelschiff des Fridolinmünsters (ehem. Damenstiftskirche) zu Säckingen, vollendet 1754 (vgl.Kat. Nr. A 85).

Öl auf Leinwand, 94 × 51 cm.

Literatur: Neustätter, Ernst, Johann Evangelist Holzer. München 1933, S. 109. – Mick, Ernst-Wolfgang,

A 85

A 86

Johann Holzer. In: Cultura Atesina, Bd. 12, 1958, S. 32, Anm. 3. – Bregenz 1963, S. 65, Kat. Nr. 138. – Bushart, Bruno. Die Fresken Franz Joseph Spieglers im Fridolinmünster zu Säckingen. In: ZAK, Bd. 32, 1975, S. 73–77, Abb. 84.

Meran, Museo Civico

JACOB CARL STAUDER (1694–1756)

Geboren am 17. Oktober 1694 in Oberwil, gestorben am 9. Februar 1756 in Luzern. Sohn und Schüler des Malers Franz Carl Stauder, 1714 als Malergeselle in Augsburg nachgewiesen, war er zunächst für das Zisterzienserkloster Salem tätig. 1716 erwirbt er das Bürgerrecht in Konstanz und heiratet die Goldschmiedetochter Maria Franziska Bettle. Seit spätestens 1724 trägt er den Titel eines Fürstbischöflich Konstanzischen Hofmalers, 1724 wird er in den Großen Rat, 1731 zum Gerichtsherrn in Konstanz gewählt. Stauders Lebensverhältnisse scheinen dennoch zusehens dubios geworden zu sein. Seit 1733 lebt er meist außerhalb von Konstanz, in Diessenhofen, St. Blasien, im Elsaß (?) und in der Schweiz, 1740 wird er von seinen Ehrenstellen suspendiert. Als Maler von Deckenbildern entwickelte Stauder eine eigentümliche, von den Zeitgenossen gerühmte „Secco-Technik". Er schuf Deckengemälde, Altarblätter und Porträts für Schwaben, die Schweiz, das Elsaß, Franken und Bayern. Der Vorarlberger Baumeister Franz Beer (II) von Bleichten bevorzugte Stauder bei der Ausmalung seiner späten Werke. Für die große Liste seiner Arbeiten in Baden-Württemberg s. die Monographie von Th. Onken.

A 87 □

Franz Beer (II) von Bleichten

Alter Familienbesitz

J. C. Stauder, 1719

Franz Beer (1660–1726) war einer der führenden Vorarlberger Baumeister des Bodenseegebietes. 1705 bis 1722 lebte er in Konstanz, wo er 1717 in den Großen Rat aufgenommen, 1722 in den Kleinen Rat abgeordnet wurde. Im gleichen Jahre wurde er mit dem Prädikat „von Bleichten" durch Karl VI. in den Adelsstand erhoben.
Beer hält mit der Rechten einen Zirkel und einen Bauplan, auf dem die Signatur des Malers steht. Stauder scheint sich bei seinem Porträt an ein wohl früheres Bildnis Beers von einem unbekannten Meister in Privatbesitz Baden-Baden angelehnt zu haben. Entstanden 1719.

Öl auf Leinwand, 85 × 68,5 cm. Bezeichnet auf dem Plan: Carl Stauder De Constanz Pinxit 1719.

A 87

A 88

Literatur: Leiner, Bruno, Ein unbekanntes Bild Franz Beers von J. K. Stauder. In: Bodenseegeschichtsverein. Heimatkundliche Mitteilungen, Bd. 2, 1938, S. 16ff. m. Abb. – Bregenz 1962, Kat. Nr. 4 m. Abb. – Lieb, Norbert. Dieth, Franz. Die Vorarlberger Barockbaumeister. 2. Auflage München-Zürich 1967, S. 25, 28 (Anm. 19) m. Abb. – Onken, Thomas, Der Konstanzer Barockmaler Jacob Carl Stauder. Sigmaringen 1972, S. 185, Kat. Nr. B 38 m. Farbabb. 38.

Privatbesitz

A 88 □

Maria Immaculata

Ehemaliges Altarblatt in der Wohlfahrtskirche Baitenhausen

J. C. Stauder (zugeschrieben)

Maria steht auf der Mondsichel und zertritt die Schlange des Bösen (vgl. 1, Mose, 3, 15 und Geheime Offenbarung 12, 1). Auf dem Haupt, das von den Zwölf Sternen gerahmt ist, trägt sie einen Blütenkranz in Art der „Mutter der Schönen Liebe", des Wessobrunner Gnadenbildes, in der Rechten das Lilienszepter als Symbol ihrer Jungfräulichkeit. Sie blickt zu Gottvater empor, nach dessen Plan und Wille sie von der Erbsünde bewahrt blieb. Dieser weist auf die Weltkugel mit dem Kreuz zum Zeichen der Erlösung durch Christus. Über ihr erscheint die Taube des Hl. Geistes, durch den sie Christus empfangen sollte. Die Engel links (mit Weihrauchfaß) verehren sie als die Königin des Himmels. Unten zur Linken des Baumes der Erkenntnis das erste Menschenpaar, Adam mit dem Apfel in der Hand und mit der Rechten an den Baumstamm angekettet, hinter ihm Eva, daneben der Satan. Rechts stürzt Cupido mit seinen Pfeilen in die Tiefe, der Tod entflieht. Die Schuld Evas wird durch die Begnadung Mariae eingelöst, der todbringende Paradiesesbaum zum lebensspendenden Kreuzesholz der Erlösung. Auf diesen Sinnzusammenhang deuten auch die Inschriften um Haupt um Arm Mariae: AVE, EVA, REGINA hin.

Das bei der Kanzel aufgehängte ehemalige Altarblatt in der Wallfahrtskirche Baitenhausen, dessen Herkunft nicht bekannt ist, wurde zuletzt Franz Joseph Spiegler zugeschrieben. Thematik und Stil verweisen es jedoch in die ersten Jahrzehnte des 18. Jahrhunderts (vgl. das Langhausfresko von Melchior Steidl 1711 in der Wallfahrtskirche auf dem Schönenberg, Ellwangen). Einen Hinweis auf den Maler kann das Gesicht des Adam geben, das als Selbstbildnis des Künstlers interpretiert werden darf. Kopfform, Augen, Nase, Kinn und der schiefe Mund entsprechen den Selbstbildnissen Stauders, wie wir sie aus seinen Fresken in Donauwörth (1720/21), Ottobeuren (1724), St. Katharinenthal (1734) usw. kennen. Das Baitenhausener Selbstbildnis zeigt ihn als etwa Fünfundzwanzigjährigen und dürfte somit das früheste dieser Reihe sein. Auch für den Gesichtstypus der Immaculata, die verkürzte Gestalt Gottvaters, die prallen Engelskörper und die bunte Farbigkeit finden sich Analogien in Stauders Werk um 1719/20.

Öl auf Leinwand, 270 × 185 cm.

Literatur: Schulze-Battmann 1969, S. 10. – Zu Stauder vgl. Onken, Thomas, Der Konstanzer Barockmaler Jacob Carl Stauder. Sigmaringen 1972.

Baitenhausen, Wallfahrtskirche Maria zum Berge Karmel

A 88

MELCHIOR STEIDL (1657–1727)

Getauft am 12. November 1657 in Innsbruck, gestorben am 7. August 1727 in München. Als seine Lehrer gelten J. A. Wolff und J. A. Gumpp in München. 1687 trägt er sich in das Meisterbuch der Münchner Malerzunft ein, 1688 wird er durch Heirat Bürger der Stadt. Durch seine Frau, Maria Susanna, Tochter des Malers H. M. Dobries und Enkelin des Hofmalers K. Amorth d. Ä. gewinnt er Zugang zu den einheimischen Malern. Von München aus führt er seine Aufträge in Bayern, Franken, Österreich, Schwaben, Hessen und im Rheinland aus. 1711 heiratet er zum zweiten, 1722 zum dritten Mal. Steidl ist der fruchtbarste und bedeutendste Freskant in Süddeutschland aus der Generation vor C. D. Asam. Er malte auch Altarblätter und hinterließ zahlreiche Zeichnungen. In Baden-Württemberg besitzen Ellwangen und Ehingen Werke seiner Hand.

A 89

A 89 □

Mariae Himmelfahrt

Detailentwurf für das Langhausfresko der Wallfahrtskirche auf dem Schönenberg in Ellwangen, 1711

M. Steidl

Engel tragen die Gottesmutter zum Himmel empor, wo sie Christus mit der Krone erwartet.
Detailentwurf für das Langhausfresko der Wallfahrtskirche auf dem Schönenberg in Ellwangen 1711. Ein der Ausführung ferner stehender Gesamtentwurf befindet sich in Budapest. Die Quadratur des Blattes beweist, daß die als Detailkorrektur zu verstehende Zeichnung der Ausführung unmittelbar voranging, obgleich sich das Fresko nicht genau an die Vorlage hielt. Steidl hatte in der Schönenbergkirche fünf größere, 39 kleinere Fresken und ein Altarblatt zu malen, wofür er – ohne das Altarbild – 1550 Gulden erhielt.

Feder und Rötel, laviert, mit Rötel quadriert, 53 × 40,9 cm.

Literatur: Baumeister, Engelbert, Zeichnungen von Hans Georg Asam. In: Das Münster, Jg. 3, 1950, S. 160, Nr. 28. – Bushart 1961, S. 96 m. Abb. – Meinecke 1971, S. 67–71, 184–185, Kat. Nr. 34.

Basel, Kunstmuseum, Kupferstichkabinett, Inv. Nr. 1933. 64

A 90 □

Flucht nach Ägypten

Entwurf für ein Emporenfresko in der Wallfahrtskirche auf dem Schönenberg in Ellwangen, 1712

M. Steidl

Maria mit dem Kind, Josef mit Stock und Reisekorb und der Esel erklimmen auf der Flucht vor Herodes eine palmenbewachsene Anhöhe.
Entwurf für ein Emporenfresko in der Wallfahrtskirche auf dem Schönenberg in Ellwangen 1712 (vgl. Kat. Nr. A 89). Eine zweite, kreisrund gerahmte und quadrierte Fassung in der Slg. R. Tüngel, Ahrensburg (unveröffentlicht) steht der Ausführung näher, ohne die Monumentalität des ersten Entwurfs zu erreichen. Rückseitig Entwurfsvariante zum Esel. Die Ausführung erfolgte in anderer Form und unter erheblichen Veränderungen.

Feder über Rötel, laviert, 23,2 × 16,9 cm.

Literatur: Bushart 1961, S. 99–100 m. Abb. – Ellwangen 1964, Kat. Nr. 327. – Stuttgart 1964, S. 29, Kat. Nr. 23. – Meinecke 1971, S. 186, Kat. Nr. 39.

Stuttgart, Staatsgalerie, Graphische Sammlung, Inv. Nr. 266

A 90

A 91

A 91 □

Hl. Michael

Detailentwurf für ein Fresko in der Konviktskirche Herz Jesu zu Ehingen (Donau), 1715

Aus der Slg. des Ellwanger Kirchenmalers A. Stubenvoll, der sie von dem Barockmaler A. Wintergerst (1737–1805) erhalten hatte.

M. Steidl

Der Erzengel stößt mit dem Kreuzstab den Satan zu Boden. Der Rundschild an seinem linken Arm zeigt im Trinitätszeichen das Herz Jesu mit dem Kreuz.
Detailentwurf für ein Fresko in der Konviktskirche Herz Jesu zu Ehingen (Donau) 1715. Steidl arbeitete hier mit dem Ellwanger Stukkator Melchior Paulus zusammen, der auch die Stukkaturen der Schönenbergkirche in Ellwangen ausgeführt hatte.

Rötel, laviert, 39,2 × 27,8 cm.

Literatur: Bushart 1953, S. 87, Nr. 51. – Aurenhammer, Gertrude, Die Handzeichnung des 17. Jahrhunderts in Österreich. Wien 1958, S. 47, Kat. Nr. 1–9. – Bushart 1961, S. 110 m. Abb. – Meinecke 1971, S. 190–191, Kat. Nr. 50.

Ellwangen (Jagst), Schloßmuseum, Inv. Nr. 1465/52

JOHANN CHRISTOPH STORER (wohl 1620–1671)

Geboren wohl 1620 (nicht um 1611) in Konstanz, dort gestorben 1671. Anscheinend Schüler des dortigen Jesuitengymnasiums (erwähnt 1626, 1629) und seines Vaters Bartholomäus Storer. 1637 in Augsburg, arbeitete er von etwa 1640 bis 1657 mit Unterbrechungen (1652 in Konstanz) in der Lombardei. In Mailand, Bergamo und Pavia führte er Altarblätter und Fresken aus. 1657, kurz vor der Rückkehr, ist er im Palazzo Terzi in Bergamo tätig. Im gleichen Jahr setzen die Aufträge für Luzern, 1657/58 für Augsburg, 1658/59 für Muri (Aargau) ein. In rascher Folge schuf er Altarblätter für Kirchen in der Schweiz (St. Urban, Einsiedeln), Österreich (Feldkirch, Innsbruck), Süddeutschland (Dillingen, Würzburg, Landshut). Storer wird zum gesuchtesten katholischen, vor allem von den Jesuiten beschäftigten Maler nach dem Dreißigjährigen Krieg im katholischen deutschsprachigen Gebiet.
1658–71 ist er Mitglied des Kleinen Rates, wiederholt Stadtsäckelmeister in Konstanz. Er lieferte Entwürfe für Bildhauer (Mailand 1644, 1653/4), für Goldschmiede, italienische Radierer und Augsburger Kupferstecher und betätigte sich selbst als Architekt und Radierer, besonders in Italien. Im Gebiet von Baden-Württemberg ist und war er vertreten in Ellwangen, Langenargen, Konstanz, St. Peter, Zwiefalten usw.

A 92

Versuchung des hl. Benedikt

Zu einer Folge von Darstellungen aus dem Leben des hl. Benedikt für die Grabkapelle am alten Münster in Zwiefalten gehörend

J. Chr. Storer, 1661

Nach der „Legenda Aurea“ des Jacobus a Voragine „führte der Teufel Sanct Benedict eine Frau vor seines Geistes Augen, die hatte er vormals in der Welt gesehen, und reizte ihn sehr dazu und entzündete sein Herz also mit ihrem Bild, daß er gedachte, er wollte die Wüste verlassen um dieser Lust willen. Da erleuchtete ihm Gott sein Herz und half ihm, daß er der Anfechtung widerstand; und er zog sich nackend aus und wälzte sich in den Dornen und Disteln so lange hin und her, bis all sein Leib blutig war“.

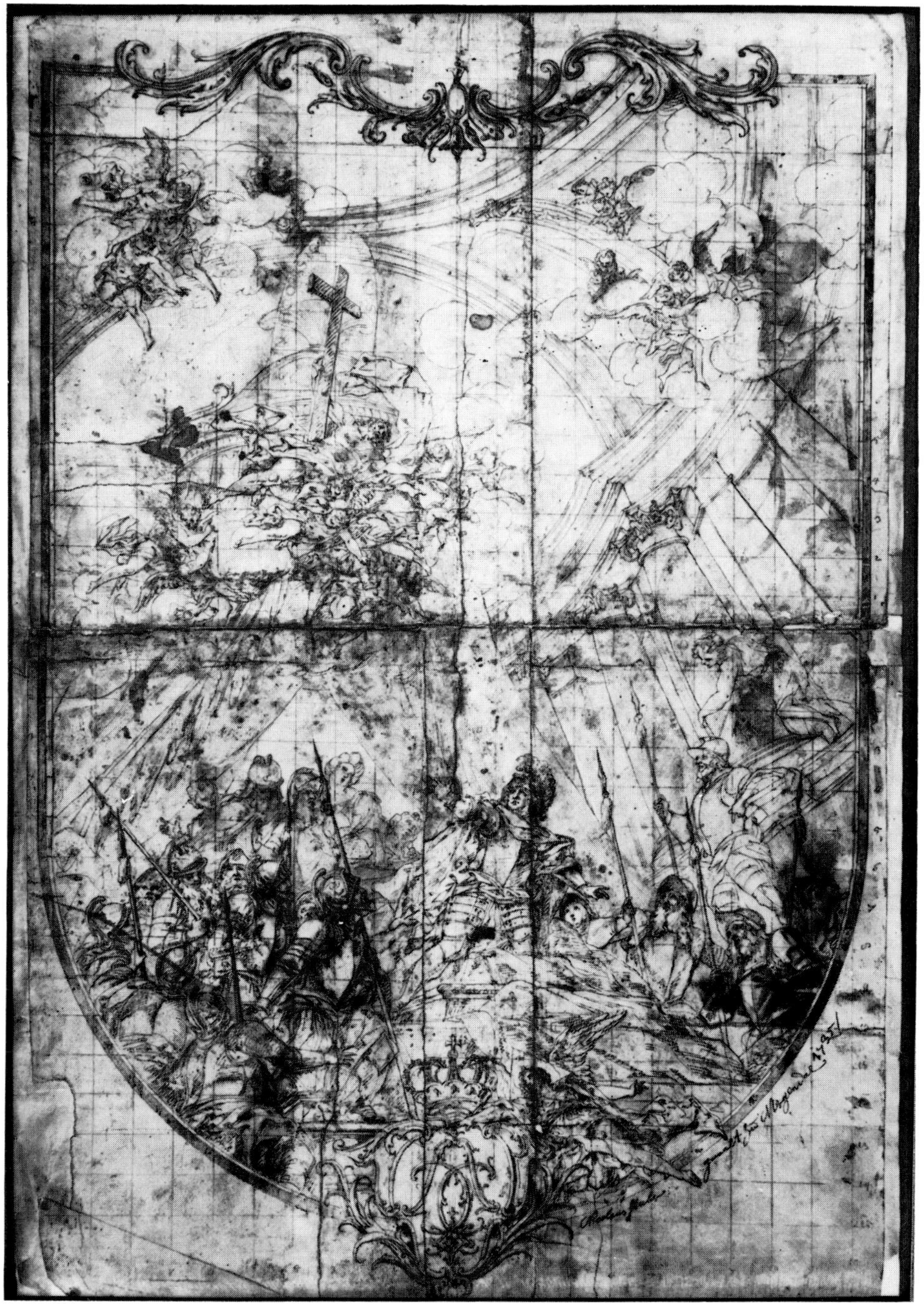

A 93

Das Bild gehört zur 1661 entstandenen Folge von Darstellungen aus dem Leben des Ordensstifters Benedikt, die Abt Christophorus Rassler für die von ihm erbaute Grabkapelle am alten Münster in Zwiefalten hatte malen lassen. Der Maler Joseph Anton Koch berichtet in seinem Reisetagebuch von 1791 über das Bild: „Das Gemälde eines närrischen Asceten, der sich nakend in Dornen wälzt, um seine Keuschheit zu erhalten.“

Leinwand, 191,5 × 128 cm. Rückseitig bezeichnet: Christoph Stohrer.

Literatur: Bregenz 1963, S. 68, Kat. Nr. 149 m. Farbtaf.

Privatbesitz

NIKOLAUS GOTTFRIED STUBER (1688–1749)

Geboren am 15. Januar 1688 in München, dort gestorben am 23. April 1749. Nach der Lehre bei seinem Vater Kaspar Gottfried Stuber besuchte er 1712/13 mit C. D. Asam und F. G. Hermann die Accademia di San Luca in Rom. 1716 erhielt er das Meisterrecht in München, 1723 wird er dort Kurfürstlicher Hofmaler und Geometer. 1729 heiratet er in zweiter Ehe M. Katharina Asam aus Freising. Stuber arbeitete als „Hof-, Architektur- u. Theatermaler" in Bayern, Franken und im Rheinland.

A 93 □

Kreuzesvision Kaiser Constantins

Entwurf für das Deckengemälde im Chor der Schloßkirche in Bad Mergentheim

Aus der Slg. Lambert Krahe, Düsseldorf

N. G. Stuber, 1735

Nach der Vita Constantini des hl. Eusebius erblickten Constantin und sein Heer am Nachmittag vor der Entscheidungsschlacht an der Milvischen Brücke gegen Maxentius (28. Oktober 312 n. Chr.) am Himmel ein leuchtendes Kreuzeszeichen mit der Inschrift „in hoc signo vincis" = in diesem Zeichen wirst du siegen. Innerhalb einer zum Himmel offenen Palastarchitektur kniet der gewappnete Kaiser, als christlicher Ritter und erfolgreicher Feldherr im Kampf um das Christentum gedeutet, inmitten seiner Soldaten. Oben erscheint Christus von Engeln umgeben.

Feder über schwarzer Kreide, laviert, mit Bleistift quadriert, 90 × 58 cm. Signiert und datiert: Nicolaus Stuber: gemalt zu Mergendal 1735.

Literatur: Thieme-Becker, Bd. 23, 1938, S. 229 (N. Lieb). – Düsseldorf 1969, S. 98, Kat. Nr. 202.

Düsseldorf, Kunstmuseum, Graphische Sammlung, Inv. Nr. 12122

JOHANN NIKOLAUS TREU (1734–1786)

Geboren am 20. Mai 1734 in Bamberg, gestorben am 3. April 1786 in Würzburg. Sohn und Schüler des Malers Marquard Treu (vor 1733: Joh. Nathan), Bruder der Malerin Katharina Treu (König) (vgl. Kat. Nr. A 95). Von Fürstbischof Seinsheim nach Würzburg berufen, bildete er sich 1759 in Rom mit einem Stipendium des Fürstbischofs und der Würzburger Universität in Paris bei Charles van Loo und Jean-Baptiste Pierre weiter. 1763 arbeitete er in Bruchsal. Nach der Rückkehr wurde er zum Hofmaler und Galerieinspektor in Würzburg ernannt. 1774 war er für die Kathedrale in Solothurn tätig. Er malte zahlreiche Porträts und führte auch kirchliche Aufträge aus.

A 94

Kardinal Franz Christoph Freiherr von Hutten

Laut Inventar von 1891 im Thronsaal des Bruchsaler Schlosses

J. N. Treu, 1763

A 96

A 95

Franz Christoph Freiherr von Hutten, 1706–1770. Seit 1743 als Nachfolger Damian Hugo von Schönborns Fürstbischof von Speyer, 1762 Kardinal. Er ließ seit 1751 die Räume im Hauptgeschoß des Corps de Logis der Bruchsaler Residenz glanzvoll ausstatten, vollendete die Peterskirche in Bruchsal, erweiterte nach 1747 die Eremitage in Waghäusel und erbaute 1750–53 die Kaserne in Bruchsal nach Plänen Balthasar Neumanns. Das lebensgroße Paradeporträt zeigt den Kardinal zwischen Standessymbolen wie Thronsessel, Vorhang, rahmender Säulenarchitektur stehend, wie ihm sein Page das Birett auf silbernem Tablett darbietet. Im Hintergrund das Bruchsaler Residenzschloß.

Öl auf Leinwand, 268 × 167 cm. Bezeichnet; N. TREY 1763 (T und R ligiert).

Literatur: Roegele 1955, S. 181, Nr. 71.

Bruchsal, Schloß, Staatliche Liegenschaftsverwaltung, Inv. G. 1147

A 97

KATHARINA TREU (1743–1811)

Geboren am 21. Mai 1743 in Bamberg, gestorben am 11. Oktober 1811 in Mannheim. Schülerin ihres Vaters Marquard Treu (Joh. Nathan), Schwester des Malers Johann Nikolaus Treu. 1769 Kurfürstliche Kabinettsmalerin in Mannheim, 1770 in London, 1776 Titular-Professorin der Düsseldorfer Akademie. 1781 heiratete sie den reichen Hofbauern Jakob König in Schwetzingen. Tätig als Bildnis-, später als Stillebenmalerin.

A 95 □

Früchtestilleben

Aus Schloß Ludwigsburg, – 1843 übernommen

K. Treu, 1773

Auf dem Tisch liegen Trauben und Pfirsiche, dahinter stehen eine Schale mit Trauben und Pfirsichen und ein kostbarer Pokal aus Goldschmiedearbeit.

Öl auf Eichenholz, 60 × 48 cm. Bezeichnet rechts am Tuchsaum: CATHRINA TREU fecit 1773.

Literatur: Stuttgart 1962, S. 224 mit weiterer Lit.

Stuttgart, Staatsgalerie, Inv. Nr. 512

GEORG ANTON URLAUB (1713–1759)

Geboren am 20. Juni 1713 als Mitglied einer weitverzweigten fränkischen Malerfamilie in Thüngersheim, gestorben am 20. Februar 1759 in Würzburg. Die erste Ausbildung erhielt er bei seinem Vater Georg Sebastian Urlaub. 1737–40 ging er mit Unterstützung des Fürstbischofs Friedrich Karl von Schönborn an die Wiener Kunstakademie, von wo aus er 1739 zu F. Bencovich nach Venedig gehen wollte, was ihm abgeschlagen wurde. 1741 nach Würzburg zurückgekehrt, wurde er an der Innenausstattung der Residenz beteiligt und 1742 bereits als Hofmaler bezeichnet. 1744 verschwand er aus Würzburg, um sich in Italien weiterzubilden. 1745–47 besuchte er die Accademia Clementina in Bologna, wo er zwei erste Preise gewann, anschließend ging er nach Venedig. Seine Rückkehr 1751 dürfte im Zusammenhang mit der Berufung G. B. Tiepolos an den Würzburger Hof stehen. 1755 heiratete er und erwarb das Bürgerrecht in Würzburg, 1757 wurde er zum Fürstbischöflichen „Cabinets-Inspector" und Kammerdiener ernannt. Urlaub schuf Altarblätter und Fresken für Kirchen in Franken, 1759 malte er die Pfarrkirche in Königheim aus.

A 96 □

Christus hilft dem sinkenden Petrus

Entwurf für das Deckenfresko in der Pfarrkirche Königheim, 1759

G. A. Urlaub

„Christus ging auf dem Meer zu seinen Aposteln, die im Schiff Not litten von den Wellen und dem Wind. Petrus rief ihn an: ‚Herr, bist du es, so heiße mich zu dir kommen auf dem Wasser'. Christus sprach: ‚Komm her'. Als Petrus aus dem Schiff trat und auf dem Wasser ging, erschrak er vor dem starken Wind und begann zu sinken. Er schrie: ‚Herr, hilf mir'. Jesus ergriff ihn und sprach: ‚O du Kleingläubiger, warum zweifelst du?' Sie traten in das Schiff und der Wind legte sich" (Matthäus 14, 25–32).
Entwurf für ein Deckenfresko in der Pfarrkirche Königheim 1759. Insgesamt sind neun Zeichnungen für diese Kirchenausmalung bekannt, für die Urlaub 520 Gulden erhielt.

Feder, braun laviert, weiß gehöht, auf graublauem Papier, 15 × 17,2 cm.

Literatur: Knott, Nagia, Georg Anton Urlaub. In: Mainfränkische Studien, 19, Würzburg 1978, S. 263, Nr. Z 295.

Privatbesitz

JOSEF WANNENMACHER (1722–1780)

Geboren am 18. September 1722 in Tomerdingen bei Blaubeuren, dort gestorben am 6. Dezember 1780. Die Ausbildung erhielt er u.a. an der Akademie in Rom, weshalb er öfters „Academicus Romanus" signiert. Seine frühesten erwähnten Arbeiten, die er zusammen mit Johann Zick in der alten Klosterkirche zur Oberelchingen ausführte, sind bis auf geringe Reste zerstört. Sein Hauptwerk bilden die Deckengemälde im Chor der Stiftskirche und in der Stiftsbibliothek St. Gallen. Weitere Freskenzyklen und Altarbilder seiner Hand befinden sich in Schwaben und in der Schweiz.

A 97 □

Der hl. Benedikt erhält die Ordensregel

J. Wannenmacher, um 1750–60

Vor einem Altar mit dem Bildnis der Muttergottes übergibt ein Engel dem auf den Stufen niedergeknieten Gründer des Benediktinerordens die „PRIVILEGIA ORDINIS BENEDIKTINI." Ein zweiter Engel auf Wolken zeigt ein geöffnetes Buch mit der Schrift: ...
Links unten hält ein Putto ein zersprungenes Glas mit einer Schlange, ein Hinweis auf die versuchte Vergiftung Benedikts durch einen Mitbruder. Rechts tragen Putti Mitra und Abtsstab des Heiligen. Entstanden um 1750/60.

Öl auf Leinwand, queroval. H. ca. 130 × 200 cm.

Literatur: ...

Tomerdingen, Kath. Pfarrkirche, Taufkapelle

FRANZ JOSEPH WEIS (1735–1790)

Geboren 1735 in Hüfingen und 1790 gestorben, heiratet 1762 in Donaueschingen und ist seither als Hofmaler der Fürsten von Fürstenberg tätig. Altarbilder von ihm finden sich in Donaueschingen, Hüfingen und Neudingen, weitere Bilder religiösen und weltlichen Inhalts vor allem in Donaueschingen.

A 98

Zwei erlegte Hasen

Donaueschingen, 1771

Zwei tote Hasen, von denen der linke durch seine fast weiße Farbe auffällt, sind an den zusammengebundenen Hinterläufen an einer Bretterwand aufgehängt. Dem Hasen links sind außerdem die über einen Nagel gehängten Innereien beigegeben und ein besiegeltes Blatt Papier, auf dem vermeldet wird, daß „Den 4ten NOVEMBER 1771 diser rahre Haas in dem so genanthen Fußel Boschen, Hammer Eisenbacher Forsts durch den forst Meister von burz geschossen worden" ist. Wildpret, das sich durch irgendwelche Abnormitäten auszeichnete, ließ man gerne zur Erinnerung an das seltene Jagdglück im Bilde festhalten. Die platte Abschilderung des toten Wildes ist hier jedoch zum Trompe l'œil gesteigert, zur täuschend echt gemalten Darstellung nicht nur der beiden Hasen, sondern auch der Bretterwand. Die Leiste in der Mitte, das bei dem linken Hasen in das Brett gestoßene Messer und der Zettel mit der Inschrift erhöhen die suggestive Wirkung des recht sorgfältig und sicher gemalten originellen Bildes eines sonst kaum bekannten Malers.

Öl auf Leinwand, 96,5 × 134 cm, sign. auf dem gemalten Zettel: „Fr. Jos. Weis pinx in Donau".

Literatur: Thieme/Becker, Bd. 35, 1942, S. 327.

Privatbesitz

A 100

JOHANN CONRAD WENGNER (1728–1806)

Geboren 1728 in Thann (Allgäu), gestorben 1806 in Konstanz. Schüler von F. J. Spiegler, dessen Tochter er 1760 heiratet. 1769 in Florenz, später Hofmaler der Fürstbischöfe von Konstanz, danach der Fürstäbte von Kempten (?). Tätig als Porträtist, Historien- und Landschaftsmaler sowie als Maler von Altarblättern.

A 99 a–b

a) **Mariae Heimsuchung**

Ölskizze für ein unbekanntes Altarblatt

Gegenstück zu Kat. Nr. A 99 b

J. C. Wengner, um 1750–55

Als Maria vom Hl. Geist empfangen hatte, ging sie über das Gebirge in das Haus des Priesters Zacharias zu ihrer Base Elisabeth, die trotz ihres hohen Alters ebenfalls schwanger war und Johannes den Täufer gebären sollte. Elisabeth erkannte in Maria die Mutter ihres Herrn und pries sie darüber, worauf Maria den Lobgesang des „Magnificat" sprach.
Links unten kniet Josef mit dem Reisegepäck, rechts oben steht Zacharias.

Öl auf Leinwand; 35,8 × 23,2 cm.

b) **Rosenkranzspende**

Ölskizze für ein unbekanntes Altarblatt

Gegenstück zu Kat. Nr. A 99 a

J. C. Wengner, um 1750–55

Die Madonna verteilt Rosenkränze an die hl. Katharina von Siena und den hl. Dominikus, deren Gnadenkraft den Seelen der Verstorbenen im Fegefeuer zugute kommt.
Beeinflußt von F. J. Spieglers nördlichem Seitenaltarblatt von 1743 in der Pfarrkirche Reinstetten bei Biberach.

Öl auf Leinwand; 35,8 × 23,2 cm. Bezeichnet links unten: I. C. W.

Literatur: Gombert, Hermann, Johann Christian Wenzinger. In: Ekkart-Jahrbuch 1960 der „Bad. Heimat", S. 38–40. – Freiburg 1960, S. 16, Kat. Nr. 31, 32 m. Abb. – Bregenz 1963, S. 70, Kat. Nr. 155, 156.

Freiburg i. Br., Augustinermuseum, Inv. Nr. M 56/9 a und M 56/9 b

JOHANN CHRISTIAN WENZINGER (1710–1797)

Biographie, s. Skulptur vor Kat. Nr. B 83

A 101

A 100 □

Selbstbildnis

Alter Besitz

J. Chr. Wenzinger, um 1750

Der Künstler sitzt hinter einer steinernen Brüstung, die Rechte mit dem Zeichenstift auf eine Zeichnungsmappe aufgestützt, die Linke in redendem Gestus geöffnet. Entstanden um 1750.

Öl auf Leinwand, 91 × 67,5 cm.
Literatur: Noack, Werner, Die Wenzinger Bildnisse im Besitz der Freiburger Universitätskliniken. In: Kunstwerke aus dem Besitz der Universität Freiburg. Freiburg 1957, S. 67–68. – Freiburg 1960, S. 15, Kat. Nr. 27 m. Abb.

Freiburg i. Br., Universitätskliniken, Allgemeine Stiftungsverwaltung

A 101 □

Doppelbildnis des Reichsfreiherrn Ferdinand Sebastian von Sickingen und seiner ersten Gemahlin

J. Ch. Wenzinger, um 1750

Die als zwei einzelne Bilder gemalten Porträts (Kniestücke) sind mit schmaler Zwischenleiste in einem reichen geschnitzten Rokoko-Rahmen miteinander vereinigt. Herr und Dame sitzen vor einem Landschaftshintergrund, beide als Savoyarden kostümiert in nachlässiger, löcheriger Kleidung, er mit Stab und einem Guckkasten oder Murmeltierkäfig, sie mit einem Leierkasten. Er hat einen Jagdhund bei sich, sie ein Windspiel, das am Halsband das Allianzwappen Sickingen-Greiffenclau trägt. Demnach sind hier Reichsfreiherr Johann Ferdinand Sebastian Meinrad von Sickingen zu Hohenburg (1714–1772) und seine erste

A 102

Gemahlin Maria Anna Sophia, geborene Reichsfreiin von Greiffenclau zu Vollrads (1722–1758) dargestellt, die seit 1739 vermählt waren. Sickingen, als Präsident des Breisgauer Ritterstandes eine wichtige Persönlichkeit, ist als Erbauer des neuen Schlosses von Ebnet bei Freiburg 1748–49 sowie eines Stadtpalais in der Freiburger Salzstraße 1769–1773 auch von kunsthistorischem Interesse. Am bauplastischen Schmuck von Schloß Ebnet war Wenzinger beteiligt, der außerdem die Figuren der vier Jahreszeiten im dortigen Park schuf (s. Kat. Nr. B 84). Wenzinger wird überzeugend auch dieses Doppelbildnis zugeschrieben, das – auf Grund des Lebensalters der Dargestellten – kurz nach dem Ebneter Schloßbau und vor Wenzingers Weggang nach St. Gallen im Jahr 1757 entstanden sein dürfte, in jedem Fall jedoch vor dem Tode der Freifrau 1758. Ähnlich wie bei Wenzingers Selbstbildnis (Kat. Nr. A 100) spielen im Porträt des Freiherrn die Hände eine wichtige Rolle; verwandt ist außerdem der schräg in die Tiefe führende Zug der Komposition.

Öl auf Leinwand. Maße des einzelnen Bildes: 106 × 81 cm, des Rahmens: 114 × 188 cm.

Literatur: Keller, Rudi, Johann Christian Wenzingers Bildnisse des Reichsfreiherrn Ferdinand Sebastian von Sickingen zu Hohenburg auf Ebnet und seiner ersten Gemahlin. In: Schau-ins-Land, Jg. 69, 1950, S. 88–101. – Noack 1957, S. 68. – Freiburg 1960, Kat. Nr. 28, Abb. 23. – Freiburg 1970, Kat. Nr. 391.

Privatbesitz

A 102 □

Küchenstilleben

Gegenstück zu Kat. Nr. A 103

J. Chr. Wenzinger, 1753

Auf dem Tisch Küchengerät, Flaschen, Fisch, Brot und Früchte. Gegenstück zu Kat. Nr. A 103, wie dieses wohl unter Einfluß der Straßburger Stillebenmalerei des 17. Jahrhunderts (Sebastian Stosskopf) entstanden und 1753 zu datieren.

Öl auf Leinwand, 49 × 122 cm.

Literatur: Freiburg 1960, S. 16, Kat. Nr. 30.

Freiburg i. Br., Augustinermuseum, Inv. Nr. M 42/1

A 104 b, a

A 103

A 103 □

Frühstücksstilleben

Gegenstück zu Kat. Nr. A 102

J. Chr. Wenzinger, 1753

Auf einem Kasten und einer Anrichte Flaschen, Teller und Krug, Käse, Brot, Fische, Eier und Obst.

Öl auf Leinwand, 49,5 × 123 cm. Bezeichnet an der vorderen Kastenplatte: J. C. Wentzinger 1753.

Literatur: Berichte aus den Städt. Sammlungen, Freiburg i. Br., Neuerwerbungen 1935/37. In: Oberrheinische Kunst, Bd. 8, 1939, S. 194–195 m. Abb. – Freiburg 1960, S. 15–16, Kat. Nr. 29.

Freiburg i. Br., Augustinermuseum, Inv. Nr. M 36/4

A 104 a–b □

a) **Zwei männliche Nischenfiguren mit feurigen Schlangen**
b) **Zwei weibliche Nischenfiguren mit feurigen Schlangen**

J. Chr. Wenzinger, 1779

Wahrscheinlich Teilentwürfe für eine Fassadenmalerei. Als Mittelteil ist Moses mit der Ehernen Schlange anzunehmen im Anschluß an 4. Mose, 21, 6–9: „Da sandte der Herr feurige Schlangen unter das Volk; die bissen das Volk, daß viel Volks in Israel starb.“ Moses machte auf Anordnung des Herrn daraufhin eine eherne Schlange und richtete sie zum Zeichen auf. Wer sie ansah, blieb leben. Thema und Datum 1779 (?) berechtigen zu der Annahme, daß es sich um Entwürfe für den 1779/80 von Wenzinger geleiteten Umbau der alten Sapienz in Freiburg zum klinischen Hospital handelt.

Öl auf Leinwand, je 18,8 × 11,8 cm. Das erste Bild bezeichnet rechts unten: Wenzinger 79 (?).

Literatur: Stuttgart 1962, S. 347. – Bregenz 1963, S. 71, Kat. Nr. 161, 162.

Stuttgart, Staatsgalerie, Inv. Nr. L 791 und L 792

JOHANN AMANDUS WINK (WINCK) (1754–1817)

Geboren am 8. Juni 1754 in Rottenburg am Neckar, gestorben 1817 in München. Sohn des späteren Eichstättischen Hofmalers Johann Chrysostomus, Neffe des späteren Münchener Hofmalers Thomas Christian Wink, mit dem er 1790/91 und 1792/93 bei der Freskierung zweier Kirchen zusammenarbeitete. Tätig als Maler von Blumen- und Früchtestilleben sowie Tierbildern in München und auswärts. Nach G. P. Woeckel bedeutet Winks Werk den Abschluß der barocken Stillebentradition noch ohne Konzessionen an den Klassizismus.

A 105 □

Toter Fasan

Aus der Münchner Residenz

J. A. Wink, 1790

Nach der Inschrift wurde der Fasan im Jahre 1790 in Sandhausen südlich von Schloß Rohrbach bei Heidelberg geschossen, das in den neunziger Jahren dem späteren Kurfürsten Max IV. Josef von Bayern als Wohnsitz diente und von wo aus Jagden stattfanden, die Anlaß zu dem Bild geben konnten.
Nach G. P. Woeckel geht das für Wink ungewöhnliche Motiv auf Vorbilder von J. B. Oudry zurück, während B. Hardtwig

A 105

A 106

auch einen Einfluß von F. W. Tamm (vgl. dessen „Tote Schnepfe“ im Besitz der BStGS München, Inv. Nr. 5978) in Betracht zieht.

Öl auf Leinwand, 63,7 × 71,2 cm. Bezeichnet rechts unten: J. W. 1790. Auf dem Inschriftenstreifen unten: Ist im Jahr 1790 bey Sandhausen in der Rheinpfalz geschossen worden.

Literatur: Gräff, Werner, Zu unseren Bildern. In: Pfälzisches Museum 1927, Heft 1/2, S. 47, m. Abb. – Woeckel, Gerhard P., Der Stillebenmaler Johann Amandus Winck. In: Kunst in Hessen und am Mittelrhein, Bd. 3, 1963, S. 73, 84, Kat. Nr. 14 m. Abb. – Hardtwig, 1978, S. 391–392 m. Abb.

München, Bayerische Staatsgemäldesammlungen, Inv. Nr. 2983

JOHANN GEORG WOLKER (WOLCKER) (1700–1766)

Geboren 1700 in Burgau, gestorben 1766 in Augsburg. 1720/29 Schüler von J. G. Bergmüller in Augsburg, mit dem er zeitlebens eng verbunden blieb. 1745 führte er mit dessen Sohn die Fresken am Ständehaus in Stuttgart nach Bergmüllers Entwürfen aus (Kat. Nr. A 12). Tätig als Freskant und Maler von Altarblättern in Schwaben, Tirol, Bayern und der Oberpfalz.

A 106 □

Maria mit dem hl. Johann von Nepomuk

Angeblich aus dem ehem. Kloster Löwenthal

J. G. Wolker zugeschrieben

Maria wendet sich, einen Kranz aus fünf Sternen haltend, dem vor ihr knienden hl. Nepomuk zu. Engel mit Kruzifixus, Schlüssel, Palmzweig und den Schweigegestus zeigend, verweisen auf die Aufgabe des Heiligen als Beichtpatron.
Stil und Figurentypen weisen das Bild samt seinem Gegenstück, dem Tod des hl. Josef, in die unmittelbare Nähe von J. G. Bergmüller. Farbigkeit und Pinselstrich sprechen jedoch eher für dessen Schüler und Mitarbeiter J. G. Wolker als für Bergmüller selbst.

Öl auf Leinwand, oben wahrscheinlich ursprünglich halbrund geschlossen, 233 × 147 cm.

Literatur: Unveröffentlicht.

Friedrichshafen, Kath. Pfarrkirche St. Petrus Canisius

MATTHÄUS ZEHENDER (1641–1697?)

Geboren am 12. Dezember 1641 in Mergentheim, gestorben 1697 (?) in Bregenz. Bruder des Philipp Albert Zehender, ausgebildet in Würzburg (?), 1671/72 in St. Blasien, 1672 in Einsiedeln, seit etwa 1669 in Bregenz. Seine Hauptauftraggeber waren Abt Anton Vögel von Mehrerau und der Rat der Stadt Bregenz, ferner die Klöster und geistlichen Herrschaften in Schwaben und im Bodenseegebiet. Tätig vor allem als Maler von Altarblättern, aber auch als Porträtist und Zeichner für den Kupferstich.

A 107

Hl. Josef als Nährvater Jesu

Rechtes Seitenaltarblatt der kath. Pfarrkirche in Daugendorf, 1681

M. Zehender

Josef trägt das Jesuskind auf dem Arm, in der Rechten hält er die Lilie als Hinweis auf seine Keuschheit. Unten beschäftigen sich Putti mit seinem Zimmermannswerkzeug. In den Wolken erscheinen Gottvater und die Taube des Hl. Geistes, ein Putto setzt dem Nährvater Jesu einen Kranz aus Rosen auf das Haupt.
Der Kult des hl. Josef als Nährvater Jesu und Patron der christlichen Familie verbreitete sich im Zuge der Gegenreformation über die katholischen Länder Europas und erreichte einen Höhepunkt zu Ende des 17. Jahrhunderts.
Linkes Seitenaltarblatt der kath. Pfarrkirche Daugendorf, wie das Gegenstück, die Muttergottes mit den hl. Benedikt und Scholastika, 1681 gemalt.

Öl auf Leinwand, 180 × 102 cm.

Literatur: Kdm Württemberg, Kreis Riedlingen, Bd. 5, S. 89, Abb. 69.

Daugendorf, Kath. Pfarrkirche St. Leonhard

PHILIPP ALBERT ZEHENDER (1646–1700 nachweisbar)

Getauft am 16. Dezember 1646 in Mergentheim, nachweisbar bis 1700. Bruder und Mitarbeiter des Matthäus Zehender, erst nach dessen Tod als selbständiger Künstler hervorgetreten. 1695/96 in Bregenz ansässig. Maler von Altarblättern in Schwaben und Vorarlberg.

A 108

A 108 □

Die Muttergottes mit verehrenden Heiligen

Kontraktmodell für ein unbekanntes Altarblatt

Ph. A. Zehender, 1698

Unten knien links Georg und Nikolaus, rechts Leonhard und Kilian (?). Oben thront Maria mit dem Christuskind als Königin des Himmels auf Wolken.
Die Zeichnung ist, worauf die sorgsame Ausarbeitung hinweist, eine ausführungsgerechte Vorlage (Kontraktmodell) für ein unbekanntes Altarblatt.

Feder, grau und braun laviert, weiß gehöht auf gelblichem Papier, 31,1 × 17,3 cm. Bezeichnet rechts unten: Philip Albert Zehender fecit/Año 1.6.9.8.

Literatur: Erwerbungsbericht 1978, Staatsgalerie Stuttgart. In: JbStKsBW, Bd. 16, München–Berlin 1979, S. 239.

Stuttgart, Staatsgalerie, Graphische Sammlung, Inv. Nr. 78/2874

A 109a

A 109b

JANUARIUS ZICK (1730–1797)

Getauft am 6. Februar 1730 in München, gestorben am 14. November 1797 in Ehrenbreitstein. Sein Vater Johann Zick gab ihn 1745–48 bei Jacob Emele in Schussenried in die Maurerlehre. Die Ausbildung zum Maler erhielt er bei seinem Vater in München, Würzburg und Bruchsal. 1756 reist er nach Paris, wo er mit Johann Georg Wille und Christian von Mechel bekannt wird. 1758 zieht er über Basel nach Rom zu A. R. Mengs, was von O. Metzger wohl zu Unrecht bezweifelt wird. Auf der Rückreise gewinnt er in Augsburg 1758 den ersten, nachträglich in den zweiten umgewandelten Preis und die Mitgliedschaft der Kaiserlich Franziszischen Akademie. 1759 arbeitet er in den Residenzschlössern Bruchsal und Trier, 1762 wird er vom dortigen Kurfürsten zum Hofmaler ernannt und heiratet in Ehrenbreitstein. Goethe besuchte ihn dort 1772 und 1774; mit den Frankfurter Kleinmalern um Goethe stand er in Verbindung. Für den Ebenisten David Roentgen in Neuwied lieferte er Entwürfe zu anspruchsvollen Möbeln. Als Baudirektor, Freskant und Maler von Altarblättern unterbrach er 1778 bis 1784 öfters seine teils höfisch, teils bürgerlich geprägte Tätigkeit am Mittelrhein. A. Feulner nennt ihn den „letzten bürgerlichen Großmaler Deutschlands". Baden-Württemberg besitzt Fresken seiner Hand in Bruchsal, Dürrenwaldstetten, Rot a. d. Rot, Ulm-Wiblingen, Zell. 1790 bewirbt er sich um die Ausmalung der Klosterbibliothek in Weingarten.

A 109 a–b □

a) Alexander und Diogenes

Supraporte von der einstigen Ausstattung des Bruchsaler Schlosses

Gegenstück zu Kat. Nr. A 109 b

Jan. Zick, um 1750–55

König Alexander d. Gr. (356–323 v. Chr.) soll den Philosophen Diogenes, der äußerste Bedürfnislosigkeit als höchste Weisheit pries und in einem leeren Faß lebte, nach einem Wunsch gefragt und die Antwort erhalten haben: „Geh mir ein wenig aus der Sonne". Supraporte von der einstigen Ausstattung des Bruchsaler Schlosses, laut Inventar von 1891 im nördlichen Verbindungsbau, gemalt um 1750/55. Nach A. Feulner um 1755/60, „aus Zicks Werkstätte, vielleicht Jugendwerke von Januarius".

b) Tod des Archimedes

Supraporte von der einstigen Ausstattung des Bruchsaler Schlosses

Gegenstück zu Kat. Nr. A 109 a

Jan. Zick, um 1750–55

Der Mathematiker, Physiker und Mechaniker Archimedes (geboren um 287 v. Chr.) wurde 212 v. Chr. bei der Einnahme seiner Vaterstadt Syrakus gegen den Befehl des Feldherrn Marcellus von römischen Soldaten getötet. Als die Soldaten in seinen Garten eindrangen, wo der Gelehrte geometrische Figuren gerade in den Sand zeichnete, soll er gerufen haben: „Störe meine Kreise nicht!" (noli turbare circulos meos).
Supraporte von der einstigen Ausstattung des Bruchsaler Schlosses, laut Inventar von 1891 im nördlichen Verbindungsbau, gemalt um 1750/55. Nach A. Feulner um 1755/60 entstanden, „aus Zicks Werkstätte, vielleicht Jugendwerke des Januarius."

Öl auf Leinwand, je 102 × 140 cm.

Literatur: Feulner 1920, S. 98.

Bruchsal, Schloß, Staatliche Liegenschaftsverwaltung, Inv. Nr. G 356, G 355

A 110

A 111

A 110 □

Selbstbildnis

Jan. Zick, um 1760

Der etwa dreißigjährige Künstler stellt sich im Hausgewand, doch wohlfrisiert, mit der Palette in der Hand am Tisch sitzend dar. Gemalt um 1760.

Öl auf Leinwand, 90 × 70 cm.

Literatur: Feulner 1920, S. 14, 53, 98 m. Abb. – Metzger, Othmar, Januarius Zick. In: Rheinische Lebensbilder, Bd. 4, Düsseldorf 1970, m. Abb. – von Freeden 1972, Nr. 9 m. Abb. und weiterer Lit. – Bushart, Bruno, Januarius Zick. In: Personen und Wirkungen, Biographische Essais. Mainz 1980, S. 76 m. Abb.

Würzburg, Mainfränkisches Museum, Inv. Nr. 32400

A 111 □

Das Pfingstwunder

Ölskizze für das Langhausfresko der Pfarrkirche in Zell an der Donau

Jan. Zick, 1780.

Nach der Apostelgeschichte (2, 1–4) kamen die Apostel am Tag des Pfingstfestes, d. h. 50 Tage nach dem Passahfest, in Jerusalem in einem Haus zusammen. Feurige Zungen erschienen über jedem von ihnen, sie wurden voll des hl. Geistes und fingen an zu predigen. Die abendländische Bildtradition versetzt Maria ebenfalls unter die Teilnehmer des Pfingstereignisses.
Ölskizze für das Langhausfresko der Pfarrkirche in Zell an der Donau 1780. Die 1887 übermalte, 1932 wieder freigelegte Ausführung hält sich genau an das Modell. Die beiden anderen Fresken des vom Kloster Zwiefalten errichteten Neubaus stellen die Auferstehung Christi und den taufenden Petrus dar.

Öl auf Leinwand, 36 × 45 cm. Bezeichnet rechts unten: I. Zick i... 1780.

Literatur: von Freeden 1972, Nr. 52 m. Abb. und weiterer Lit.

Würzburg, Mainfränkisches Museum, Inv. Nr. 47150

A 112 □

Kreuzigung Christi

Ölskizze für das 1781 datierte Hochal-

A 112

tarblatt der Benediktiner-Klosterkirche Wiblingen

Vermächtnis aus Koblenzer Privatbesitz, 1891

Jan. Zick, 1780

Ein Soldat öffnet mit der Lanze die Seite des gekreuzigten Christus zwischen den beiden Schächern.
Ölskizze für das 1781 datierte Hochaltarblatt der Benediktiner-Klosterkirche Wiblingen, mit dessen Lieferung Zicks Tätigkeit als Freskant und Architekt für die ehem. Reichsabtei endigte. Eine weitere, wohl gleichzeitige Ölskizze befindet sich in den Staatlichen Museen Berlin (Ost), eine Zeichnung für den Altaraufbau im Mittelrhein-Museum Koblenz. Eine kleine, veränderte Wiederholung des ausgeführten Altarblatts war 1929 im Münchner Kunsthandel.

Öl auf Leinwand, 108,3 × 59,5 cm. Bezeichnet unten links: Ia. Zick inv. et pinx. 1780.

Literatur: Feulner 1920, S. 78, 100 m. Abb. – Metzger, Othmar, Arbeiten von Januarius Zick für oberschwäbische Klosterkirchen im Mittelrhein-Museum Koblenz. In: Zeitschrift für Kunstgeschichte, Bd. 23, 1960, S. 211, 212, 214 m. Abb. – Bregenz 1963, S. 74, Kat. Nr. 177. – Velte, Maria, Kataloghefte des Mittelrhein-Museums Koblenz, 2, Januarius Zick. Koblenz 1972, S. 16 m. Abb. und weiterer Lit.

Koblenz, Mittelrhein-Museum, Inv. Nr. M 155

JOHANN ZICK (1702–1762)

Geboren am 10. Januar 1702 in Lachen bei Ottobeuren, gestorben am 4. März 1762 in Würzburg. Die Lehrzeit verbrachte er in Konstanz und Ottobeuren bei J. C. Stauder, nach F. A. Oefele bildete er sich weiter bei G. B. Piazzetta in Venedig. Um 1725 führte er die ersten selbständigen Fresken in München aus, wo er 1726 heiratete und 1729 sich niederließ. 1732 wurde er zum Fürstbischöflichen Freisingischen Hofmaler ernannt, mit dem Münchner Bildhauer Wilhelm de Groff war er befreundet. 1749 übersiedelte er nach Würzburg, wo er den Gartensaal des Residenzschlosses ausmalte und sich vergeblich um den Auftrag für Treppenhaus und Kaisersaal bemühte. 1751–58 war er zusammen mit seinem Sohn Januarius am Schloß in Bruchsal tätig. Nach der Rückkehr nach Würzburg 1759 wandte er sich der Astronomie und Mechanik zu. Er schuf Fresken und Altarbilder in Kirchen und Schlössern Bayerns, Oberschwabens,

Frankens und am Oberrhein sowie meist in Rembrandts Manier gehaltene Altarbilder und Radierungen. Die Kaiserlich Franziszische Akademie in Augsburg ernannte ihn zu ihrem Ehrenmitglied. Baden-Württemberg besitzt bzw. besaß Werke seiner Hand in Biberach, Bruchsal, Schussenried, Weingarten, Wolfegg.

A 113 a–b □

a) Kartenspieler im Wirtshaus

Supraporte im sog. Galeriezimmer des Bruchsaler Schlosses. Gegenstück zu Kat. Nr. A 113 b

Zur Originalausstattung des Bruchsaler Schlosses gehörend

Joh. Zick, um 1750

In der großen Wirtsstube, an deren Rückwand das Kupferstichporträt eines Mädchens befestigt ist, wird Karten gespielt, geraucht und Wein getrunken. Rechts im Hintergrund ist die Küche sichtbar, links verhandelt ein alter Mann mit der Magd, die Tafel und Kreide zum Aufschreiben der Schulden hält. In der Mitte nähert sich ein Bettler mit Hut und Stab den Spielenden.
Johann Zick hat das Thema des Wirtshauslebens öfters dargestellt, auch sein Sohn Januarius hat sich anfänglich noch damit beschäftigt. Während sich dieser um die Einheit von Raum, Zeit und Handlung bemüht, sind bei Johann Zick die einzelnen Figurengruppen in Art einer Bilderfolge auseinandergezogen und – durch die einheitliche Lichtführung locker verbunden – in dem weiten Bildraum verteilt. Stärker als bei Zicks Vorbildern, der holländischen Genremalerei des 17. Jahrhunderts, wird dadurch der moralische Sinn der Darstellung betont: Wirtshausbesuch, Kartenspiel und Weingenuß führen zu Übelkeit (rechts vorn), Armut und Verachtung.
Das um 1750 zu datierende Bild diente wie sein Gegenstück Kat. Nr. A 113 b laut Inventar von 1891 als Supraporte im sog. Galeriezimmer (Raum 147 des alten Plans) des Bruchsaler Schlosses.

b) Zechende Bauern

Supraporte im sog. Galeriezimmer des Bruchsaler Schlosses. Gegenstück zu Kat. Nr. A 113 a

Zur Originalausstattung des Bruchsaler Schlosses gehörend

Joh. Zick, um 1750

A 113 a

A 113 b

Vor der Schenke mit ausgestecktem Kranz haben sich im Licht des späten Abends die Bauersleute zu Trank und Unterhaltung eingefunden. In der Mitte treiben die Mädchen Schenkelpatschen mit einem jungen Mann, ein Pfeifenraucher singt mit erhobenem Glas zum Spiel der Flöte. Links prophezeit eine Handlinienleserin einem Mädchen die Zukunft, ein Zecher ist bereits eingeschlafen, rechts sitzen die Genießer bei Wein und Unterhaltung.
Auch bei diesem Bild dürfte es sich weniger um eine Schilderung der unschuldigen Freuden des Landvolkes handeln als um eine Verspottung ihrer Sitten und Gebräuche aus der Sicht des Bürgers und des Hofes (vgl. Kat. Nr. A 113 a).
Wie Kat. Nr. A 112 a um 1750 entstanden und 1891 als Supraporte im sog. Galeriezimmer des Bruchsaler Schlosses angebracht.

Öl auf Leinwand, je 106 × 165 cm.

Literatur: Ausst. Kat. Johannes Zick-Januarius Zick, Biberach o. J., Nr. 1, Kat. Nr. 2.

Bruchsal, Schloß, Staatliche Liegenschaftsverwaltung, Inv. Nr. G 1145 und G 1146

A 114

A 114 □

Die Hauptgeschichten des Bistums Speyer

Modell des 1752 ausgeführten, im Zweiten Weltkrieg zerstörten und 1964–66 von K. Manninger rekonstruierten Kuppelfreskos über dem Hauptstiegenhaus des Bruchsaler Schlosses

Joh. Zick

Über dem querovalen Tambour einer illusionistisch verkürzten Kuppel öffnet sich der Blick in den Himmel, wo auf den Wolken allegorische Gestalten sichtbar werden. Obgleich die skizzenhafte Malweise ihre Benennung erschwert, lassen sie sich mittels der einstigen Ausführung im Fresko und des 1756 gedruckten Programms von Zick genau deuten. Demnach stellt die thronende Figur in der Mitte die göttliche Vorsehung dar, gekennzeichnet durch Zepter und Weltkugel. Rechts von ihr folgen die göttliche Weisheit, das Bistum Speyer mit Buch und Lamm sowie der göttliche Beistand. Links erscheinen die göttliche Ehre, die göttliche Liebe, die Sicherheit und die Treue. Gegenüber der Providentia sind der göttliche Schutz und die göttliche Führung zu sehen. Vor ihnen schwebt die Glückseligkeit mit der Palme, der die Ewigkeit mit einem von einer Schlange umwundenen Genius entgegenläuft. Im äußeren Ring des Himmlischen sind die vier Elemente und die sieben Planeten verteilt, „so durch ihren günstigen Einfluß den Thau des Himmels und die Fette der Erden dem zur göttlichen Erkanntnus gelangten Bistum zu=wenden“. Die Dreiergruppe links über der unteren Arkadenöffnung mit dem stehenden Kleriker, der liegenden Frauenfigur und dem Geharnischten soll an den legendären zweiten Bischof Athanasius erinnern, dem „das von dem König Dagoberto aus Franckreich wieder empor=gebrachte und neu fundierte Bistum anbefohlen wird“. Die vier historischen Szenen unter den Arkadenöffnungen der Kuppelarchitektur stellen dar: Kardinal Franz Christoph von Hutten mit den Allegorien der Architektur, Malerei und Bildhauerei, der Wasserkunst und mehreren Bauplänen (Mitte), die Schenkung der Stadt Bruchsal an Bischof Konrad I. durch Kaiser Heinrich III. (links), die Vereinigung der Propstei Weißenburg mit Speyer unter Bischof Philipp von Flersheim in Gegenwart des Kaisers und des Papstes, dabei zwei sich die Hand reichende weibliche Gestalten mit den Wappen von Weißenburg und Speyer (rechts), den Baubeginn des Bruchsaler Schlosses unter Kardinal Damian Hugo von Schönborn, dem der Bauplan vorgezeigt wird (oben).
Modell des 1752 ausgeführten, im Zweiten Weltkrieg zerstörten und 1964–1966 von K. Manninger rekonstruierten Kuppelfreskos über dem Hauptstiegenhaus des Bruchsaler Schlosses, identisch mit „dem Seiner Hochfürstl. Gnaden unterthänigst überreichten riss“, der dem Auftrag an Johann Zick vom 7. September 1752 zugrunde lag. Der Maler erhielt für sein Fresko 3 000 Gulden. Die Ausführung unterscheidet sich von dem Modell nicht nur durch die Vermehrung der Figuren und der Arkadenfelder in den Hauptszenen, Zick mußte auch die Oberlichtfenster der Kuppel im Randbereich seines Freskos berücksichtigen. Zwischen die Hauptszene mit Kardinal von Hutten und die Göttliche Weisheit fügte er im Fresko als neue Gruppe den sagenhaften ersten Bischof von Speyer, Jessius, ein,

wie der dem Heidentum den Schleier der Unwissenheit entreißt und die Erkenntnis des Christenglaubens bringt.

Öl auf Leinwand, 114 × 139 cm.

Literatur: Feulner 1920, S. 102. – Roegele 1955, S. 191–192 m. Abb. auf dem Umschlag. – Ausst. Kat. Balthasar Neumann in Baden-Württemberg. Stuttgart 1975, S. 25–26 – von Freeden 1976, Kat. Nr. 9 m. Farbabb.

Würzburg, Mainfränkisches Museum, Inv. Nr. 32093

JOHANN GEORG ZIESENIS (1716–1776)

Geboren 1716 in Kopenhagen, gestorben am 4. März 1776 in Hannover. Die erste Ausbildung erhielt er bei seinem gleichnamigen Vater. Um 1740 vermutlich ging er nach Deutschland, zunächst nach Frankfurt a. M., seit 1742 für den Mannheimer Hof tätig. 1757 wurde er Hofmaler in Zweibrücken, 1760 Hofmaler und Dekorateur bei König Georg II. von England in Hannover. Von dort unternahm er zahlreiche Reisen an andere Höfe, nach Braunschweig, Dresden, Kopenhagen und Den Haag. Tätig fast ausschließlich als Porträtmaler.

A 115 □

Elisabeth Auguste von Pfalz-Sulzbach, Kurfürstin von der Pfalz

Johann Georg Ziesenis (1716–1776), 1758

Das Halbfigurenporträt ist ein Gegenstück zu Kat. Nr. A 116. Die Kurfürstin ist nach links gewendet, ihr Haupt dem Beschauer zugekehrt. Vor ihr liegt der Fürstenhut. Sie trägt ein golddurchwirktes Gewand und einen blauen, hermelingefütterten Mantel. Im in kurzen Löckchen eng am Kopf anliegenden Haar steckt eine Brillantagraffe. Dazu trägt die Kurfürstin große passende Ohrgehänge. Im Hintergrund wird das Sommerschloß Schwetzingen sichtbar.
Schon in frühen Jahren wurde Elisabeth Auguste (1721–1794) ihrem Vetter Carl Theodor anverlobt, um den Fortbestand des pfälzischen Hauses zu gewährleisten. Auf das Paar, das sehr jung zur Regierung gelangte, wurden zunächst große Hoffnungen gesetzt. Nachdem der langersehnte Thronfolger einen Tag nach der Geburt im Jahre 1761 starb, entfremdeten sich Kurfürst und Kurfürstin. Elisabeth Auguste folgte ihrem Gemahl 1778 nicht nach München. Ihre Mildtätigkeit und ihre barmherzigen Stiftungen brachten ihr bei der Pfälzer Bevölkerung großes Ansehen und Beliebtheit ein.

Öl auf Leinwand, 52,5 × 41,5 cm.

Literatur: Heidelberg 1979, Kat. Nr. 30 (mit Angabe der älteren Literatur).

Heidelberg, Kurpfälzisches Museum der Stadt Heidelberg, Inv. Nr. G 947

A 116

A 116 □

Carl Theodor, Kurfürst von der Pfalz

Johann Georg Ziesenis (1716–1776), 1758

Das Brustbild in gemaltem Ovalrahmen ist eine kleine Variante eines lebensgroßen Porträts des Kurfürsten. Von Ziesenis, der von 1743–1759 am Mannheimer Hof tätig war, sind mehrere Darstellun-

A 115

gen des Kurfürsten und seiner Gemahlin sowie von Mitgliedern des fürstlichen Hofhaltes erhalten. Der Porträtierte ist nach rechts gewendet, das Gesicht dem Betrachter zugekehrt. Er ist mit einem roten, hermelingefütterten Mantel mit doppeltem Hermelinkragen bekleidet. In der Rechten hält er das Zepter, der Kurhut wird teilweise sichtbar. Im Hintergrund eine Ansicht der Stadt Mannheim mit dem Neckar.

Carl Theodor (1724–1799), aus einer pfälzischen Seitenlinie, übernahm nach dem Tod des Kurfürsten Carl Philipp (s. Kat. Nr. A 122) im Jahre 1745 die Regierung, nachdem mehrere dem Thron näherstehende Mitglieder des Hauses frühzeitig verstorben waren. 1742 heiratete er seine Verwandte, Elisabeth Auguste von Pfalz-Sulzbach (s. Kat. Nr. A 115), eine Enkelin Carl Philipps. 1777 fiel Carl Theodor nach dem Aussterben der Wittelsbacher Linie auch das Kurfürstentum Bayern zu, und er verlegte 1778 die Residenz nach München. Der Weggang des Hofes von Mannheim war ein schwerer Schlag für diese aufstrebende Stadt, war doch der Hof Carl Theodors einer der prunkvollsten seiner Zeit. Vor allem war der Kurfürst ein Förderer der Wissenschaften, der Kunst und der Musik. Die Sommerresidenz Schwetzingen ist untrennbar mit seinem Namen verknüpft.

Öl auf Leinwand, 53 × 41,5 cm.

Literatur: Heidelberg 1979, Kat. Nr. 29 (mit weiterführender Literatur).

Heidelberg, Kurpfälzisches Museum der Stadt Heidelberg, Inv. Nr. G 1053

A 117 a–i □

Neun Kostümbildchen

Aus einer Serie von ursprünglich 70 Stück in Schloß Favorite.

Wohl Baden-badischer Hofmaler, erstes Viertel 18. Jahrhundert

Im „Spiegel-Cabinett... An den Thüren und gantzen Zimer befinden sich 70 Stück Maßcaraden, Portraits mit lacquirten Rahmen“, lautet ein Inventareintrag von 1762 (zitiert nach Sillib). Dargestellt sind Markgraf Ludwig Wilhelm von Baden-Baden und seine Gemahlin Sibylla Augusta und einer deren Söhne in allerlei phantastischen Kostümen, wie sie von der höfischen Gesellschaft bei Maskeraden, Karnevalsvergnügungen, Karoussels und anderen Gelegenheiten getragen zu werden pflegten. Die Personen sind teils in flüchtig angedeuteten Innenräumen, in theatralischer Pose stehend, teils in freier Landschaft sich bewegend dargestellt. Die Figuren selbst sind minutiös fein gemalt. Einige Tafeln sind auf der Rückseite bezeichnet. Alle Bilder haben schwarz oder rot lackierte Holzrahmen mit Figuren, Insekten, Vögeln und Landschaften in Gold in der Art der Lackarbeiten, die verschiedentlich in Schloß Favorite vorkommen. Ob die äußerst phantasievollen Kostüme, oft mit teuren Spitzen und Stickereien oder mit Steinen besetzt, alle in natura vorhanden waren, läßt sich heute nicht mehr feststellen. Doch ist es nicht ausgeschlossen, da am Ende des 18. Jhs. zahlreiche Kostüme in den Kriegswirren vernichtet wurden. Solche Verkleidungen gehörten zur Ausstattung einer fürstlichen Hofhaltung und werden in Inventaren eigens aufgeführt.

A 117d

A 117h

Porträts dem gleichen Künstler zugeschrieben werden dürfen.

Tempera auf Pergament, auf Holz geklebt
a) Markgraf Ludwig Wilhelm als Römer, 28,7 × 20,1 cm (ohne Rahmen), Inv. Nr. G 2552.
b) Markgräfin Sibylla Augusta als Ungarin, 28,8 × 20,1 cm, Inv. Nr. G 2553.
c) Markgraf Ludwig Wilhelm als Ungar, 28,7 × 20,2 cm, Inv. Nr. G 2554.
d) Markgraf Ludwig Wilhelm als Afrikaner, 28,8 × 20 cm, Inv. Nr. G 2564.
e) Markgräfin Sibylla Augusta als Tartarin, 28,7 × 20,3 cm, Inv. Nr. G 2567.
f) Markgräfin Sibylla Augusta als Jägerin mit Prinzen, 28,8 × 20 cm, Inv. Nr. G 2571.
g) Markgräfin Sibylla Augusta als Diana, 28,5 × 20 cm, Inv. Nr. G 2572.
h) Markgräfin Sibylla Augusta und Prinz als Harlekin, 35 × 27 cm, Inv. Nr. G 2738.
i) Markgräfin Sibylla Augusta als Magierin, 35 × 27 cm, Inv. Nr. G 2739.

Literatur: Sillib 1914, S. 38 und 105. – Renner 1937, S. 341/42. – Renner 1941, S. 87, 91/92. – Petrasch 1952, S. 638–640. – Karlsruhe 1955, Kat. Nr. 249, 251, 256, 257. – Petrasch 1960, Abb. 1. – Karlsruhe 1968. Kat. Nr. 2–6, 8–9, Abb. 2. – Rentsch 1972, Nr. 2.

Schloß Favorite bei Rastatt, Staatliche Liegenschaftsverwaltung

Theater und Feste dienten zu jener Zeit nicht allein dem fürstlichen Vergnügen sondern waren Mittel zur Selbstdarstellung der höfischen Gesellschaft.
Als Römer trägt der Markgraf ein knielanges Gewand, das Oberteil reich mit Steinen besetzt; an den Ärmeln ist ein breiter, wallender Spitzenbesatz angebracht. Auf der langen Allongeperücke sitzt ein hoher Aufbau aus Straußenfedern als Kopfputz. Noch phantasievoller ist sein Kostüm als Afrikaner. Unter seinem kurzen Rock tritt ein plissierter, in einer Art Schleppe herabhängender durchsichtiger Besatz hervor. Das mit Steinen besetzte Gewand erinnert an einen Brustpanzer. Neben Locken fallen auch zwei lange Zöpfe über die Schultern. Der Kopfputz besteht wiederum aus Federn. Als Ungar trägt Ludwig Wilhelm eine Husarenuniform mit über die Schulter gehängtem Dolman und Reiherfedern an der pelzbesetzten Mütze.
Die Markgräfin ist ebenfalls in ungarischer Tracht mit geschnürtem Mieder, Schürze mit breitem Spitzenbesatz und Dolman dargestellt. Als Tartarin hält sie einen kleinen Spiegel in ihrer Linken. Sie trägt einen gemusterten Rock, darüber ein durchsichtiges, mit Blumen besticktes Gewebe. Der Mantel ist aus dem gleichen Stoff wie der Rock. Als Diana, mit Halbmond in den hochgesteckten Haaren, Köcher mit Pfeilen und Bogen, schreitet sie von zwei Jagdhunden begleitet. Sie trägt ein prächtiges Gewand aus Goldbrokat, das Hemd hat weite, oberhalb des Ellbogens gepuffte Ärmel. Äußerst phantasievoll ist Sibylla Augusta als Magierin gekleidet. Über einem roten Gewand liegt ein schwarzer Mantel, der mit magischen Zeichen und Ornamenten bestickt ist. In der Rechten hält sie eine Schlange, in der Linken eine Wünschelrute. Auf dem wallenden Haar sitzt ein Kopfputz aus Schlangen, Fischkopf, Gabel und Rute.
Die Markgräfin als Jägerin, in klassischem grünem Jagdkostüm, wird von ihrem, ebenfalls als Jäger kostümierten Sohn, begleitet. Als Figuren der italienischen Komödie tragen Mutter und Sohn karierte Harlekinskostüme. Beide halten eine Pritsche in der Hand. Die Rückseite des Bildchens ist bezeichnet „Harlequin 9".
Alle Bilder sind auf Pergament gemalt, dieses auf Holz geklebt und verglast. Anna Maria Renner zufolge könnte als Autor der Hofmaler Nicolas Ivenet, Sohn eines Schlackenwerther Tanz- und Musikmeisters in Frage kommen, für den dekorative Wandverkleidungen, und zwar auf Leinwand gemalte Darstellungen von Parforcejagden nachgewiesen sind. Es ist allerdings fraglich, ob solch großflächig dekorative, meist flott gepinselte Dekorationen und die miniaturhaft fein gemalten

A 118 a–b □

a) Jagdgemälde

Süddeutsch, um 1720–40

Das Gemälde dokumentiert ein „eingestelltes Jagen" und zwar in Form einer sogenannten „Festin-Jagd" (vgl. hierzu Bd. II, Rentsch, Zum Jagdwesen an südwestdeutschen Fürstenhöfen im Barockzeitalter). Das „Falltuch" (rechts im Bild) ist niedergelassen und das zuvor durch ein „Zwangstreiben" in der „Kammer" zusammengetriebene oder in Kästen (vgl. Kat. Nr. A 118) bereitgehaltene Wild stürmt, von Treibern gehetzt, in den „Lauf". Dieser umfaßt mit der „Rundung" einen aus einem Bach aufgestauten Weiher. Mitten im Lauf, über der zum Wasser steil abfallenden Böschung, steht der mit einem Zeltdach gedeckte und vorsorglich mit einem Abtritt versehene „Jagdschirm" für die fürstlichen Schützen. Seitlich anschließende auf Pfosten erhöhte Tribünen dienen weiteren Schützen der herrschaftlichen Suite. Für die zuschauende Hofgesellschaft sind zu Seiten des von Tüchern abgegrenzten „Jagens" zweistöckig übereinander getürmte Tribünen errichtet.
Die Rundung ist von einem auf Leinwand gemalten Prospekt mit steilen, von Burgen bekrönten Bergen überhöht. Davor ist eine aus dem Wasser aufsteigende Rampe errichtet. Durch entsprechend

A 121 □

Elisabeth Charlotte von der Pfalz, Herzogin von Orléans

Atelier Hyacinthe Rigaud (1659–1743), 1713/14

Die Herzogin sitzt in einem Armsessel mit hoher Lehne, den Kopf leicht nach rechts gewandt. Mit ihrer Rechten zieht sie einen Schleier über die Brust, die Linke berührt eine auf einem Tisch liegende Krone. Sie trägt ein prächtiges Gewand aus Goldbrokat und einen blauen, mit goldenen Lilien bestickten, hermelingefütterten Mantel.
Elisabeth Charlotte, genannt Liselotte von der Pfalz,(1652–1722) war die Tochter des Kurfürsten Carl Ludwig von der Pfalz. 1671 wurde sie als zweite Gemahlin mit Philipp, Herzog von Orléans, dem jüngeren Bruder des französischen Königs Ludwig XIV., vermählt. Aufgrund der Erbansprüche, die dieser für seine Schwägerin geltend machte, kam es zum Orléanschen Erbkrieg, der in der Pfalz und im gesamten Oberrheingebiet verheerende Schäden anrichtete. Die Residenzen Heidelberg, Speyer, Durlach und Baden-Baden fielen ihm zum Opfer. Liselotte, die ihr ganzes Leben ihrem Heimatland treu verbunden blieb, litt sehr unter den Verwüstungen, die in ihrem Namen geschahen.
Der französische Hofmaler Rigaud fertigte von dem offiziellen Porträt, das er von der Herzogin malte, mehrere Kopien, andere entstanden in seiner Werkstatt. Insgesamt sind sieben Repliken verzeichnet (s. Roman, Le Livre de Raison du Peintre Hyacinthe Rigaud. Paris 1919, S. 168, 170, 173, 183. – H. Börsch-Supan, Höfische Bildnisse des Spätbarock. Ausstellung in Schloß Charlottenburg. Berlin 1966, S. 35 und 140).
Liselotte hat ihr Porträt folgendermaßen beurteilt: „Man hat sein Leben nichts gleicheres gesehen alß Rigeaut mich gemahlet hat.“ Es entsprach höfischem Gebrauch, Kopien solch offizieller Porträts an verwandte und befreundete Fürstenhöfe zu verschenken.

Öl auf Leinwand, 140 × 110 cm.

Literatur: JbStKsBW, Bd. 13, 1976, S. 208, Abb. 34.

Heidelberg, Schloß, Staatliche Liegenschaftsverwaltung, Inv. Nr. G 4923

A 121

A 122 □

Carl Philipp, Kurfürst von der Pfalz

Johann Philipp van der Schlichten (1681–1745), 1729

Das Porträt zeigt den Kurfürsten in einem Innenraum vor einem Armlehnsessel stehend. Seinen linken Arm stützt er auf einen Konsoltisch, auf dem Zepter, Fürstenhut und der hermelingefütterte Mantel liegen. Sein schwarzes Gewand wird durch weiße und goldene Spitzen sowie rote Bänder aufgehellt. Die Locken der langen Allongeperücke fallen weit über die Schultern. Um den Hals trägt er den Orden des Goldenen Vlieses mit Kette. Der Mantel ist mit dem Ordensstern geschmückt. Sessel und Konsoltisch entsprechen der neuesten Mode. Die im Hintergrund geraffte Draperie und die Säulen galten seit dem 16. Jahrhundert als verbindliche Formeln für offizielle Herrscherporträts, die sog. „portraits d'apparat“.
Carl Philipp (1661–1742) folgte seinem Bruder Johann Wilhelm im Jahre 1716 auf den pfälzischen Thron. Mit der Linie Pfalz-Neuburg, der diese beiden Herrscher angehörten, kam eine katholische Linie über die streng protestantische

Pfalz zur Regierung. „Jan Willem“ hatte seine Residenz in Düsseldorf belassen, zumal das Heidelberger Schloß durch die Kriege Ludwigs XIV. stark gelitten hatte. Sein Bruder, Carl Philipp, zog es jedoch vor, in der Pfalz zu residieren. Er ist der Erbauer des Mannheimer Schlosses, zu dessen Errichtung er sich entschied, nachdem es mit der protestantischen Bevölkerung der Stadt Heidelberg zu Mißhelligkeiten gekommen war. Auch verlegte er die Residenz von Heidelberg nach Mannheim, das daraufhin einen großen Aufschwung nahm. Carl Philipp ist ein typischer Repräsentant des deutschen Barockfürsten, für den äußerer Prunk gleichsam ein Statussymbol bedeutete. Diese Konzeption liegt auch dem pompösen Porträt des Kurfürsten mitsamt dem aufwendigen, in Eiche geschnitzten Prunkrahmen zugrunde. Das Gemälde ist rechts unten bezeichnet: „Von Der Schlichten pinxit 1729“.

Öl auf Leinwand, 242 × 149,3 cm.

Literatur: Heidelberg 1959, Nr. 100, Abb. 23. – Poensgen, Georg, Kunstschätze in Heidelberg. München 1967, S. 69, Abb. 73.

Heidelberg, Kurpfälzisches Museum der Stadt Heidelberg, Inv. Nr. G 1861

A 123

Herzog Eberhard Ludwig von Württemberg (1676–1733)

Unbekannter Maler um 1720

Der Herzog in ganzer Figur an eine Konsole gelehnt, auf der ein prächtiger Helm mit Federbusch steht. Er trägt Harnisch, Degen und Feldbinde, Reithosen und einen kostbar gestickten Frack. Auf der Brust prangt der Dänische Elefantenorden, außerdem ist er mit Stern und Kreuz des von ihm selbst 1702 gestifteten Jagdordens geschmückt.
Der Kommandostab in der Hand des Fürsten und die militärische Szene des Hintergrunds (Reiter und Zelte vor einer belagerten Stadt) weisen auf den militärischen Rang Eberhard Ludwigs hin, der im Spanischen Erbfolgekrieg bis zur Würde eines Reichsgeneralfeldmarschalls aufstieg.
Der Wolfshund zu seinen Füßen trägt den Namen des berüchtigten französischen „Mordbrenners“ Ezechiel de Melac, der im Pfälzischen Erbfolgekrieg die Pfalz und das Herzogtum Württemberg verwüstet hatte: eine etwas billige Demütigung für einen verhaßten Gegner.

A 122

Das ursprünglich etwas kleinere Bild wurde nach 1730 unten angestückt und für die Familiengalerie des Ludwigsburger Schlosses verwendet.

Öl auf Leinwand, 238 × 136 cm.

Literatur: Kübler, F., Die Familiengalerie des Württ. Fürstenhauses im kgl. Residenzschloß zu Ludwigsburg, 1905, S. 72–79.

Schloß Ludwigsburg, Land Baden-Württemberg, Staatliche Liegenschaftsverwaltung

A 124

Herzog Carl Eugen von Württemberg (1728–1793)

Pompeio Girolamo Batoni (1708–1787), um 1753

Der jugendliche Herzog in ganzer Figur nach links gewandt in einer toskanischen Säulenhalle. Er stützt die Rechte auf eine von einer Sphinx getragene Konsole, während von links oben eine Büste der Pallas Athene aus ihrer Nische ernst auf den sehr selbstbewußt auftretenden, in Samt und Seide gekleideten jungen Fürsten herunterblickt. Auf einem samtbezogenen Hocker liegen Zepter und Herzogshut. Die diamantene Ordensgarnitur des Herzogs meint wohl den württembergischen Jagdorden; unter der roten Schärpe ist außerdem der Orden vom Goldenen Vlies sichtbar.
Das Bild wurde von Bertold Pfeiffer Pompeio Batoni zugewiesen und mit der Romreise des Herzogs im Jahre 1753 in Zusammenhang gebracht. In der Tat wurden 1754 von kurz zuvor aus Italien eingetroffenen Portraits des Herzogs und der Herzogin Kopien für die Landschaft hergestellt, und 1756 werden fünf bei Batoni bestellte Portraits, darunter ein Miniaturportrait des Herzogs für eine Tabatiere, genannt.

Öl auf Leinwand, 280 × 170 cm (o.R.). Originaler vergoldeter Rahmen, der oben in einer Kartusche das württembergische Wappen zeigt.

Literatur: Herzog Karl Eugen und seine Zeit, Bd. 1, 1907, S. 769–770 Bertold Pfeiffer).

Stuttgart, Württembergische Landesbibliothek

A 125

A 125 □

Markgraf Karl Gustav von Baden-Durlach

David Klöcker, gen. Ehrenstrahl (1629–1698), 1651, zugeschrieben

Markgraf Karl Gustav von Baden-Durlach steht nach rechts gewendet vor einer gerafften Portiere. Nach der Zeitmode ist der kleine Markgraf in Mädchenkleidung wiedergegeben: eine zartgraue Zierschürze mit Spitzenbesatz ist über ein altrosafarbenes Unterkleid gebunden. Die Ärmel sind geschlitzt und tragen breite Manschetten mit Spitzen. Auf dem Kopf trägt er ein zierliches Käppchen mit einer Spitzenborte und einer aufgesteckten Feder. Eine schwere Goldkette liegt quer über der Brust. Mit der Linken greift das Kind nach einer üppig beladenen Obst-

schale, die rechts auf einem Tisch steht, während es mit der Rechten einem bettelnden Schoßhund eine Birne entgegenhält.
Markgraf Karl Gustav von Baden (1648–1703) war der Sohn von Markgraf Friedrich VI. von Baden-Durlach und von Christina Magdalena von Pfalz-Kleeburg. Höchstwahrscheinlich ist er hier im Alter von drei Jahren dargestellt. Er schlug später die militärische Laufbahn ein und wurde Generalfeldzeugmeister des schwäbischen Kreises. Er diente unter anderem auch unter Markgraf Ludwig Wilhelm von Baden. Die beiden Kinderporträts gehören zu den wenigen Stükken, die vom Baden-Durlacher Hof aus dem 17. Jahrhundert überliefert sind. Durch die engen Beziehungen zu Schweden haben sich in der Bildergalerie von Gripsholm mehrere Porträts aus der Familie von Friedrich VI. erhalten. Friedrich VI. stand von 1637 bis zu seinem Regierungsantritt 1659 in schwedischen Kriegsdiensten, wo er zum schwedischen Generalfeldmarschall ernannt wurde. In dieser Zeit sind wohl auch die Porträts in Schweden gemalt worden oder als Geschenke dorthin gelangt. Trotz geringfügiger Formatunterschiede waren beide Stücke wohl als Pendants gedacht.
Bei dem Künstler könnte es sich um D. Klöcker, gen. Ehrenstrahl handeln, der zahllose Porträts für den schwedischen Hof gemalt hat.

Öl auf Leinwand, 129 × 92 cm, 1651

Literatur: Rott 1917, S. 131–132. – Kircher 1958, S. 87, Nr. 398. – Die gesellschaftliche Wirklichkeit der Kinder in der bildenden Kunst. Staatliche Kunsthalle Berlin 1979, S. 7 Abb., S. 353, Nr. 114.

Schloß Gripsholm, Staatliche Kunstsammlungen, Inv. Nr. 192

A 126

A 126 □

Markgräfin Katharina Barbara von Baden-Durlach

David Klöckler, gen. Ehrenstrahl (1629–1698), 1651, zugeschrieben

Vor einem geteilten Vorhang, der in üppigen Falten zur Seite gerafft ist, sitzt in einem breiten Armstuhl dieetwa zweijährige Katharina Barbara von Baden-Durlach (1650–1733). Auch sie trägt, wie ihr Bruder, eine graue Zierschürze mit reichem Spitzenbesatz über einem altrosa Kleid mit Spitzensaum. Aus den breiten Manschetten sehen doppelt geschlungene Perlenketten hervor. Den Kopf umschließt ein Spitzenhäubchen. Das Kind wendet sich nach rechts und greift mit der Rechten in eine Schale voll Tragantwerk, die auf einem Tisch neben ihr steht. Kringel, ein Granatapfel und ein Türke sind deutlich zu erkennen.
Markgräfin Katharina Barbara von Baden-Durlach ist die Schwester von Markgraf Karl Gustav von Baden und die Tochter von Friedrich VI. von Baden und war berühmt für ihre große Bildung und Schönheit. Sie war u. a. die Schülerin des Miniaturmalers Thomas Lefebure, der längere Zeit am Baden-Durlacher Hof weilte. Einige ihrer Blumenaquarelle und Miniaturen haben sich noch heute in Privatbesitz erhalten. Aus Glaubensgründen schlug sie die Hand des Kaisers Leopold aus und starb 1633 unverheiratet.

Öl auf Leinwand, 129 × 102 cm, 1651, datiert: „Barbara Baden-... Jahr 1651“

A 129

Literatur: Rott 1917, S. 131–133, m. Abb. – Kircher 1958, S. 87, Nr. 399. – Die gesellschaftliche Wirklichkeit der Kinder in der bildenden Kunst. Staatliche Kunsthalle, Berlin 1979, S. 7, Abb., S. 354, Nr. 115.

Schloß Gripsholm, Staatliche Kunstsammlungen, Inv. Nr. 188

A 127 entfällt

A 128

Carl Wilhelm, Markgraf von Baden-Durlach

Johann Rudolf Huber (1668–1748) zugewiesen, um 1690/95

Der Basler Bildnis- und Historienmaler, der in freundschaftlichen Beziehungen zum Baden-Durlachischen Hof stand, hat den jugendlichen Markgrafen in ganzer Figur dargestellt. Gekleidet in ein reiches Jagdkostüm mit braunem Samtrock und geblümter Weste, steht Carl Wilhelm an einen Baum gelehnt, die Rechte in die Hüfte gestemmt; in der Linken hält er den federgeschmückten Hut. Im Hintergrund hält ein Mohrendiener sein Reitpferd, davor zwei große Hunde.
Markgraf Carl Wilhelm (1679–1738) trat 1709 die Regierung der noch unter den Folgen der Kriege gegen Frankreich leidenden Markgrafschaft Baden-Durlach an. Die Stadt Karlsruhe, die seinen Namen trägt, wurde 1715 von ihm gegründet. Im gleichen Jahr entschied er sich zum Bau eines neuen Schlosses inmitten des wildreichen Hardtwaldes und verlegte die Residenz von Durlach in die neue Stadt.

Öl auf Leinwand, 167 × 120 cm.

Literatur: Kircher 1958, Nr. 408.

Privatbesitz

A 129 □

Carl Friedrich, Markgraf von Baden-Durlach

Philipp Heinrich Kisling (1713–1767) zugeschrieben, um 1746–50

Kniestück des jugendlichen Markgrafen. Über einem reichen, goldgestickten Samtgewand trägt er einen Harnisch und einen roten, hermelingefütterten Mantel, am Hals den Badischen Hausorden der Treue (Fidelitas), an der Schärpe den pfälzischen Hubertusorden, dessen Ordensstern auf den Mantel geheftet ist. Die Rechte stützt er auf einen Kommandostab, im Hintergrund ist der Fürstenhut zu sehen.
Carl Friedrich (1728–1811) war Enkel und Nachfolger des Stadtgründers von Karlsruhe, Carl Wilhelm (s. Kat. Nr. A 128). Er ließ das von seinem Großvater errichtete Karlsruher Schloß weitgehend neu aufbauen und ausstatten, da dieses bereits um die Jahrhundertmitte baufällig geworden war. Carl Friedrich regierte mustergültig sein kleines Land im Sinne des aufgeklärten Absolutismus. Zu seinen bedeutenden Reformen gehörten die Abschaffung der Leibeigenschaft und der Folter. Unter seiner Regierungszeit wurden nach dem Tode des letzten Markgrafen der Linie Baden-Baden (1771) laut Erbvertrag die beiden Markgrafschaften Durlach und Baden wieder vereint. Gegen Ende seiner langen Regierung erlebte Carl Friedrich

noch, daß sein Land zum Kurfürsten- (1804), dann zum Großherzogtum (1806) erhoben wurde.
Ein ähnliches Porträt befindet sich in den Markgräflich badischen Museen. Jan Lauts vermutet eine Entstehungszeit, kurz nachdem der Markgraf vom Kaiser für volljährig erklärt worden war (Katalog der Ausstellung, Carl Friedrich und seine Zeit, Baden-Baden 1981, Nr. 1.3.12).

Öl auf Leinwand, 143,8 × 110 cm.

Literatur: Stuttgart 1975, S. 62, Kat. Nr. 1.

Karlsruhe, Badisches Landesmuseum, Inv. Nr. R 503

A 130 □

Ludwig Wilhelm, Markgraf von Baden-Baden

Anonym, Ende 17. Jahrhundert

Der als Kniestück dargestellte Markgraf trägt über der Rüstung einen roten, hermelingefütterten Mantel. In der Linken hält er den Kommandostab. Die langen Locken der Allongeperücke fallen über die Schultern. Das Gemälde befindet sich in einem geschweiften, geschnitzten und vergoldeten Rahmen, zu dem ein Gegenstück mit dem Porträt der Markgräfin Sibylla Augusta, entstanden um 1725/30, existiert. G. Kircher weist beide Gemälde Johann Casper Füßli dem Älteren zu, der allerdings erst 1706 geboren wurde. Die Darstellung folgt dem von Hyacinthe Rigaud (s. Kat. Nr. A 121) geprägten Typus des Feldherrenporträts.
Ludwig Wilhelm (1655–1707), genannt „Türkenlouis", errang als Feldherr im Dienste des Kaisers große Erfolge in den Kriegen gegen die Türken und im Spanischen Erbfolgekrieg am Rhein gegen die Franzosen, obwohl er in Paris geboren und Patensohn des französischen Königs Ludwig XIV. war. Der Ruhm der Türkensiege des Markgrafen von Baden-Baden wurde in der Nachwelt jedoch überstrahlt von den Erfolgen seines jüngeren Vetters, Eugen von Savoyen, des „Prinz Eugen". Ludwig Wilhelm, dessen Residenz Baden-Baden durch die Truppen Ludwigs XIV. im Orléanschen Erbkrieg (s. Kat. Nr. A 121) beschädigt worden war, ließ sich Anfang des 18. Jahrhunderts ein neues Schloß in Rastatt errichten, wohin er dann auch seine Residenz verlegte. Durch eine vorteilhafte, durch den Kaiser für seine militärischen Dienste vermittelte Heirat mit Sibylla Augusta, einer Erbtochter des Herzogs von Sachsen-Lauenburg, standen ihm die finanziellen Mittel zum Schloßbau zur Verfügung. Dieser imposante Palast war der erste einer Reihe bedeutender Barockbauten am Oberrhein.

Öl auf Leinwand, 147 × 113,5 cm.

Literatur: Karlsruhe 1955, Kat. Nr. 158. – Kircher 1958, Nr. 304. – Petrasch 1976, Nr. 242.

Karlsruhe, Badisches Landesmuseum, Leihgabe aus Privatbesitz

A 130

A 131 □

Damian Hugo Graf von Schönborn, Kardinal und Fürstbischof von Speyer

Anonym, um 1720

Das Porträt zeigt Damian Hugo an einem Tisch sitzend und den Kopf leicht nach rechts wendend. Er trägt das purpurne Kardinalsgewand, darüber einen Rauchmantel. In der rechten Hand hält er das

A 131

Kardinalsbirett, in der linken den Bischofsstab. An der Brust trägt er das Kreuz des Deutschritterordens. Auf dem Tisch liegt ein Zepter. Somit sind die verschiedenen Würden der geistlichen und weltlichen Gewalt des Porträtierten sichtbar gemacht: seine Zugehörigkeit zum Deutschritterorden sowie die Kardinals- und Fürstbischofswürde.
Damian Hugo Graf von Schönborn (1676–1743) wurde 1699 Ritter des Deutschordens und erhielt später die Landkomturen von Hessen und Altenbiesen. 1715 machte ihn Papst Clemens XI. zum Kardinal. 1716 wurde er zum Koadjutor des kranken Fürstbischofs von Speyer, Heinrich Hartard von Rollingen, ernannt, und er folgte ihm nach dessen Tod im Jahre 1719 als Fürstbischof von Speyer. Das Porträt mag kurz danach entstanden sein. Da die protestantische Bevölkerung der freien Reichsstadt Speyer ihm Schwierigkeiten machte, die Stadt, Sitz seines Bistums, zu betreten, verlegte er seine Residenz nach Bruchsal. Er ist der Erbauer des Schlosses, in dem diese Ausstellung stattfindet.

Öl auf Leinwand, 131 × 97 cm.

Literatur: Bregenz 1962, Kat. Nr. 35, Abb. 3. – Stuttgart 1975, S. 12, Kat. Nr. 1 m.Abb.

Pommersfelden, Schloß Weißenstein, Dr. Karl Graf von Schönborn-Wiesentheid

A 132

Bischof Johann Franz von Stauffenberg zu Pferd

Franz Ermeltraut, 1739

Der Bischof im Reitkleid, mit Hut und Perücke, die Reitgerte in der Hand in lässiger Haltung auf einem Schimmel sitzend. Außer dem diamantenen Brustkreuz, das auf allen Bildnissen des Bischofs wiederkehrt, erinnert nichts an den geistlichen Stand des Dargestellten. Franz Ermeltraut aus Heidelberg, dessen Lebensdaten nicht bekannt zu sein scheinen, malte nach Thieme/Becker u.a. Fresken in der Würzburger Dominikanerkirche, die ebensowenig erhalten sind, wie diejenigen im südlichen Zirkelbau des Schwetzinger Schlosses. Weitere Arbeiten in Freiburg in der Schweiz sowie in den Schlössern Seehof und Veitshöchheim (1765/66).

Öl auf Leinwand, 42 × 35 cm.

Literatur: unveröffentlicht.

Stauffenberg'scher Familienbesitz

A 133

Johann Franz, Freiherr Schenk von Stauffenberg (1658–1740), Fürstbischof von Konstanz

Unbekannter Maler, 1. Hälfte 18. Jahrhundert

Der Fürstbischof in ganzer Figur vor einem rundbogigen Fenster, das den Blick freigibt auf die Südseite des Konstanzer Münsters mit der Mariensäule.
Johann Franz war nach Studienjahren in

Dillingen Domherr in Konstanz, Würzburg und Augsburg geworden und wurde 1704 zum Fürstbischof von Konstanz gewählt. Nachdem er schon seit 1714 auch Koadjutor in Augsburg war, amtierte er dort ab 1737 noch drei Jahre als Fürstbischof, hatte aber seinerseits ab 1722 den Kardinal Damian Hugo von Schönborn als Koadjutor, mit dessen Familie die Schenken von Stauffenberg mehrfach verschwägert waren.
In den 36 Jahren seiner Regierung führte Johann Franz zahlreiche Neubauten in seinem Bistum auf. Vor allem ist ihm die Ausgestaltung von Meersburg zur Residenz zu danken. Zwar wurde der „Neue Bau" seines Bauinspektors P. Christoph Gessinger erst unter seinem Nachfolger Damian Hugo und dessen Baumeister Balthasar Neumann zum „Neuen Schloß", aber die Gesamtdisposition, die Anlage des Gartens und vor allem das ihm besonders am Herzen liegende Seminar für den Priesternachwuchs der Diözese, gehen auf ihn zurück.

Öl auf Leinwand, 215 × 140 cm.

Literatur: Wunder, Gerd, Die Schenken von Stauffenberg. Stuttgart 1972, S. 226–246.

Stauffenberg'scher Familienbesitz

A 134 entfällt

A 135 a-b

Graf Wolfgang Friedrich von Hohenlohe und seine Familie

Johann Georg Kreutzfelder zugeschrieben, um 1668

Zwei zusammengehörige Bilder, auf denen dieselben Personen dargestellt sind, und zwar sowohl die lebenden als auch die verstorbenen Mitglieder der Familie des Grafen Wolfgang Friedrich von Hohenlohe-Neuenstein (1617–1658) aus dem Waldenburger Zweig dieser Linie, der mit seinen und seines Bruders Philipp Gottfried Töchtern ausstarb. Der Graf selbst war schon 1658 gestorben und die Bilder sind wohl von der Witwe zu seinem 10. Todestag in Auftrag gegeben worden.
Auf dem ersten Bild ist die Familie auf beiden Seiten eines Baches, über den ein schmaler Steg führt, dargestellt. Die Gräfin Eva Christina (1621–1681) aus der Langenburger Linie der Familie und ihre drei überlebenden Töchter stehen links, der Graf und sieben, zum Teil im frühesten Kindesalter verstorbene Söhne und Töchter rechts. Die Verstorbenen und die Witwe haben jeweils ein großes Kreuz geschultert, nur die am Tage der Geburt auch gestorbene Maria Juliana wird von einem fliegenden Engel getragen. Angespielt ist mit diesen Kreuzen auf das Jesuswort (Matth. 10, 38): „Und wer nicht sein Kreuz nimmt und mir nachfolgt, ist meiner nicht wert". Wohin die Wanderung gehen soll, zeigt die Landschaft im Hintergrund, wo ein steiler Weg, auf dem einzelne Wanderer unterwegs sind, hinaufführt zum Himmlischen Jerusalem.
Das zweite Bild variiert das Thema, indem hier die noch Lebenden, zu denen als Ehemann der ältesten Tochter Dorothea Maria noch Schenk Philipp Albrecht Graf zu Limpurg gekommen ist, in einem Schiff auf lebhaft bewegter See, als noch im unsicheren Lebensschiff treibend dargestellt sind, während die bereits „Vorangegangenen" festen Grund unter den Füßen haben und, palmwedelschwingend, unterwegs sind auf dem Weg nach Jerusalem, der hochgebauten Stadt.
Die beiden Bildchen in ihrer etwas naiven, aber sehr genauen und detailreichen Malweise geben nicht nur interessante Aufschlüsse über Tracht und Habitus einer protestantischen gräflichen Familie im zweiten Drittel des 17. Jahrhunderts, sondern sind zugleich wertvolle Zeugnisse für die Bildwelt protestantischer Frömmigkeit, die im hohenlohischen Gebiet vielfältiger und origineller war, als etwa im Herzogtum Württemberg.
Die Bilder werden Johann Georg Kreutzfelder zugeschrieben, der, um 1620 geboren, von den Grafen von Hohenlohe gefördert, in Hall eine Ausbildung als Maler erhielt, später in Pfedelbach ansässig war und zahlreiche, meist kleinformatige Bilder der gräflichen Familie gemalt hat, auch Vorzeichnungen zu Stichen für Leichenpredigten, die in der Thematik den hier gezeigten Bildern oft sehr ähnlich sind. (Für freundliche Hinweise bin ich Herrn Dr. G. Taddey in Neuenstein zu Dank verpflichtet.)

Öl auf Kupfer, a) 58,5 × 50 cm, b) 60,3 × 70,3 cm.

Literatur: unveröffentlicht.

Privatbesitz

A 136

Graf Heinrich Friedrich von Hohenlohe-Langenburg (1625–1699)

Unbekannter Maler, 2. Hälfte 17. Jahrhundert

Der Graf im Jagdkleid, die Pulverflasche umgehängt, die Entenbüchse in der einen und einen erbeuteten Enterich in der anderen Hand haltend. Das lebensgroße, auf ein Brett gemalte Bild ist den Umrissen nach ausgesägt und wirkt dadurch besonders lebendig und unmittelbar. Aus dem kirchlichen Bereich sind solche Brettbilder wohl bekannt, in der Profanmalerei sind sie weniger häufig.
Der Dargestellte, der jüngste Sohn des als Heerführer in niederländischen Diensten hervorgetretenen Grafen Philipp Ernst, regierte seine Grafschaft mehr als ein halbes Jahrhundert und trug wesentlich zur Konsolidierung der Herrschaft bei durch Beendigung der Zwiste unter den verschiedenen Linien im Fürther Recess von 1644. Er hatte aus zwei Ehen zwanzig Kinder und ist der gemeinsame Stammvater der Häuser Hohenlohe-Langenburg und Hohenlohe-Öhringen.

Öl auf Holz, H. 188,5 cm.

Literatur: unveröffentlicht.

Privatbesitz

A 137

Ludwig Friedrich Carl zu Hohenlohe-Neuenstein-Öhringen

Johann Valentin Tischbein (1715–1768), 1762

Der Fürst ist zu Pferd dargestellt, das Haupt dem Beschauer zugewendet. Er trägt einen hermelingefütterten Mantel und einen Dreispitz. Die Rechte hat er in die Hüfte gestemmt, mit der Linken hält er die Zügel. Das nach rechts galoppierende Pferd, eher vor als in einer Landschaft agierend, ist ein Topos des fürstlichen Reiterbildnisses. Die ausladende Geste der erhobenen Vorderhufe symbolisiert gleichsam einen Machtanspruch über das weite zu Füßen liegende Land mit einem Schloß im Hintergrund.
Ludwig Friedrich Carl (1723–1805) war regierender Fürst der Linie Hohenlohe-Neuenstein-Öhringen und Senior des Gesamthauses Hohenlohe. Das Haus Hohenlohe war durch Erbteilungen im Laufe der Jahrhunderte in eine Haupt- und eine Nebenlinie gespalten worden, diese hatten sich wiederum verzweigt. Erst im 18. Jahrhundert wurde das Haus in den Fürstenstand erhoben, und zwar die jüngere, katholische Linie Hohenlohe-Waldenburg im Jahre 1744, die protestantische Hauptlinie Hohenlohe-Neuenstein im Jahre 1764. Erster Fürst des

Hauptstammes war Ludwig Friedrich Carl. Das Repräsentationsporträt besitzt seinen originalen, geschnitzten und vergoldeten Rahmen. Es ist rechts unten bezeichnet: J. V. Tischbein fec./1762.

Öl auf Leinwand, 149,5 × 120,5 cm.

Literatur: Stuttgart 1958/59, Kat. Nr. 212, Abb. 36.

Privatbesitz

A 138

Susanne Margaretha von Hohenlohe-Kirchberg

Johann Valentin Tischbein (?) (1715–1768), um 1745

Die in ganzer Figur dargestellte Fürstin steht vor einer Arkadenarchitektur. Am Dekolleté ihres prächtigen Gewandes trägt sie einen reichen Perlenschmuck. In der Linken hält sie einen geschlossenen Fächer, auf ihrem Arm sitzt ihr Schoßhündchen mit rosa Band um den Hals. Mit der Rechten rafft sie den wallenden, blauen, hermelingefütterten Mantel. Hinter ihr stellt ein Mohrenknabe einen Früchtekorb auf den geschnitzten und vergoldeten Konsoltisch. Gegenstück zu Kat. Nr. A 139.
Susanne Margaretha, geb. Gräfin von Auersperg (1712–1748) wurde am 11. 6. 1730 als zweite Gemahlin mit Carl August von Hohenlohe-Kirchberg vermählt. Sie ist die Mutter der drei jüngeren unter Kat. Nr. A 140 dargestellten Prinzen beim Schachspiel.

Öl auf Leinwand, 255 × 162 cm.

Literatur: Merten 1978, S. 15.

Privatbesitz

A 139

Carl August Fürst zu Hohenlohe-Kirchberg

Johann Valentin Tischbein (?) (1715–1768), um 1745

Der Fürst ist in ganzer Figur in seiner Bibliothek stehend dargestellt. Er trägt einen reichen, goldgestickten Rock und graue goldgestickte Weste. Am Hals einen Orden, dazu eine blaue Schärpe und einen Ordensstern. Mit der Rechten deutet er auf seine Bücher, die Linke stützt er auf einen Konsoltisch, über den ein roter, hermelingefütterter Mantel gebreitet ist. Daneben liegt ein Helm. Vor dem Fürsten sitzt ein Hund.
Carl August von Hohenlohe-Kirchberg (1707–1767) war Kaiserlich-Königlicher Geheimer Rat. Durch Diplom Kaiser Franz I. vom 7. 1. 1764 wurde er in den Fürstenstand erhoben. Am Schloß von Kirchberg ließ er bedeutende Umbauten vornehmen. Das Gemälde ist ein Gegenstück zu dem Porträt seiner zweiten Gemahlin, Susanne Margaretha von Auersperg (Kat. Nr. A 138). Beide Bilder besitzen ihren originalen, reich geschnitzten und vergoldeten Rahmen.

Öl auf Leinwand, 255 × 162 cm

Literatur: Merten 1968, S. 15.

Privatbesitz

A 140

Vier Prinzen des Hauses Hohenlohe-Kirchberg beim Schachspiel

Anton Tischbein (1720–1784), 1752

Zwei der Prinzen sitzen beim Schachspiel, die beiden anderen schauen ihnen zu. Es handelt sich um vier Söhne von Carl August von Hohenlohe-Kirchberg (Kat. Nr. A 139): Christian Friedrich Karl (1729–1819), Friedrich Wilhelm (1732–1796), August Ludwig (1735–1780) und Friedrich Eberhard (1737–1804). Drei der Knaben schlugen eine militärische Laufbahn ein. Der älteste, Christian Friedrich Karl, aus der ersten Ehe seines Vaters stammend, wurde später kaiserlicher Kammerherr. 1767 übernahm er die Regierung, die er gewissenhaft im Sinne des aufgeklärten Absolutismus über sein Miniaturland ausübte. Das Gemälde ist unter dem Konsoltisch bezeichnet A. TISCHBEIN 1752.

Öl auf Leinwand, 67,5 × 86,8 cm.

Literatur: Stuttgart 1958/59, Kat. Nr. 213. – Zu den Dargestellten: Fischer, Wolfram, Das Fürstentum Hohenlohe im Zeitalter der Aufklärung. Tübinger Studien zur Geschichte und Politik, Nr. 10. Tübingen 1958, S. 31–34.

Privatbesitz

A 141

Fürst Joseph Wilhelm Ernst von Fürstenberg (1699–1762)

Unbekannter Maler, Mitte 18. Jahrhundert

Hüftbild. Der Fürst in rotem, goldgesticktem Frack, das Goldene Vlies im Knopfloch (verliehen 1739) und den blauen, hermelingesäumten Mantel vor der rechten Brust gerafft, blickt dem Betrachter fest und würdig entgegen.
Aus der Stühlinger Linie seines Hauses stammend, erbte er 1716 beim Aussterben der Heiligenberger Linie und 1744 beim Erlöschen der Meßkircher Linie alle schwäbischen Besitzungen des Hauses Fürstenberg und kann, 1716 in den Reichsfürstenstand erhoben, als der eigentliche Gründer des Fürstenbergischen Staatswesens gelten. Er verlegte 1723, nachdem er volljährig geworden war, die Residenz von Stühlingen nach Donaueschingen, baute das dortige Schloß um und ließ die Pfarrkirche sowie zahlreiche höchst fortschrittliche Wirtschafts- und Verwaltungsbauten errichten: ein Archiv, ein Zuchthaus, Regierungsgebäude, Beamtenwohnungen und eine Brauerei, zumeist nach Plänen seines Baurats Franz Joseph Salzmann. Er förderte die eisenverarbeitende Industrie und führte den Bücher- und Bilderbesitz seines Hauses in Donaueschingen zusammen, so daß er auch als Gründer von Galerie und Hofbibliothek gelten kann.

Öl auf Leinwand, 108 × 85 cm.

Literatur: Johne, Eduard, Fürst Joseph Wilhelm Ernst zu Fürstenberg. In: Badische Heimat, Bd. 25, 1938, S. 291–304.

Privatbesitz

A 142

Fürst Joseph Friedrich von Hohenzollern-Sigmaringen (1702–1769)

Unbekannter Maler, Mitte 18. Jahrhundert

Fürst Joseph zu Pferd, den Marschallstab in der Rechten, mit einem ebenfalls berittenen Begleiter zu Füßen eines Berges mit Befestigungsanlagen, die wohl die Stammburg auf dem Zollern darstellen sollen. In den Wolken Fama mit Tuba und eherner Tafel.
Fürst Joseph ist der wahrhafte Barockfürst unter den schwäbischen Zollern und als Auftraggeber der Architekten Christian Großbayer und Tiberius Moosbrugger, des Malers Meinrad von Auw und des Bildhauers Johann Georg Weckenmann von größter Bedeutung für die barocke Kunstentwicklung in seinem Ländchen.
Er ist der eigentliche Gründer von Bad Imnau, wo er 1733 den Fürstenbau erstellen ließ, er erbaute die Josephskapelle und das Schlößchen Josephslust bei Sigmaringen, wo ihm auch der Neubau der

Pfarrkirche verdankt wird. In Haigerloch, wo er besonders gerne residierte, stiftete er die St. Anna-Kapelle, das Prunkstück unter den Barockbauten in Hohenzollern, und ließ die Schloßkirche barockisieren. Wie sehr er mit dem religiösen und kulturellen Leben der Region verbunden war, beweist die Nachricht, daß er bei der Einweihung der Klosterkirche Zwiefalten 1753 als Ministrant mitgewirkt habe und zur Einweihung seiner St. Anna-Kapelle, an deren Decke er als Stifter verewigt ist, sich den P. Sebastian Sailer aus Obermarchtal als Festprediger holte.
Daneben war er aber auch Generalfeldmarschall des Schwäbischen Kreises und Inhaber eines bayerischen Dragonerregiments. Als solcher scheint er auf dem Bild dargestellt zu sein, das eventuell von Meinrad von Auw gemalt worden sein könnte.

Öl auf Leinwand, 115 × 73 cm.

Literatur: Maier, Johannes, Charakteristische Profile der Grafen und Fürsten von Hohenzollern bis zu dem Fürsten Carl. In: Hohenzollerische Jahreshefte 10, 1950, S. 28–29.

Privatbesitz

A 143 a–b □

Graf Leopold von Neipperg und seine Familie

Unbekannter (vielleicht Wiener) Maler, um 1756/58

Zwei Bilder, die den Grafen Leopold von Neipperg (1728–1792) zusammen mit seiner zweiten Gemahlin, der Gräfin Wilhelmine von Althann (1733–1773) und seinen Kindern Maria (1755–1785), späteren Gräfin Starhemberg, und Joseph (1756–1809) zeigen, zu denen auf dem zweiten Bild noch das 1757 geborene Söhnlein Carl (gest. 1835) gekommen ist. In dem älteren Bild sitzt die gräfliche Familie vor dem Kamin, über dem die Bilder der Eltern des Grafen Leopold, des kaiserlichen Generalfeldmarschalls Wilhelm Reinhard von Neipperg (1684–1774) und der Maria Franziska, geb. von Khevenhüller-Aichelberg, sowie das Bildnis seiner ersten Gemahlin, der Gräfin Franziska von Königsegg (gest. 1751) hängen. Spiegel, Leuchter und Kaminuhr vervollständigen die Ausstattung. Der Graf hat Sessel und Tisch vor das Kaminfeuer gerückt und ist mit Schreibarbeiten beschäftigt, die Gräfin, die sich durch einen Kaminschirm mit

A 143 b

chinesischen Motiven vor der Hitze des Feuers schützt, blickt von der Lektüre eines Buches auf. Das Töchterchen mit Puppe sitzt zu ihren Füßen auf seinem Kinderstuhl, während der kleine Graf zur Linken vom Kindermädchen am Gängelband gehalten wird und eine Spielzeugtrommel schlägt.
Auf dem zweiten Bild, das nicht viel später gemalt sein kann, da 1760 bereits das vierte Kind geboren wurde, erscheinen die beiden Kinder gleichwohl sehr viel erwachsener. Die kleine Comtesse mit ihrer Puppe ist durchaus damenhaft gekleidet, der Knabe trägt bereits die österreichische Uniform. Dazu gekommen ist der kleine Carl, der mit seiner Rassel auf einem roten Kissen Platz genommen hat. Die Eltern sind beim Kaffeetrinken in einem anderen Raum des Hauses dargestellt; „der Mohr Xamor serviert", wie eine Inschrift auf der Rückseite des Bildes erläutert.
Die fränkische Familie der Freiherren von Neipperg spielte zeitweise in Militär und Verwaltung des Habsburgerreiches eine wichtige Rolle. Der Vater des Dargestellten war 1726 in den Reichsgrafen-

stand erhoben worden, Adam Albert (1775–1829) aus der dritten Ehe des Grafen Leopold heiratete Kaiserin Marie Luise, die Witwe Napoleons, und wurde zum Fürsten Montenuovo erhoben.

Öl auf Leinwand in altem Rahmen, je 54,5 × 45 cm.

Literatur: Meisterwerke aus baden-württembergischem Privatbesitz, Stuttgart 1958, Kat. Nr. 201

Schwaigern, Joseph Hubert Graf v. Neipperg

A 144 □

Alexander Magnus, Freiherr von St. André (1695–1771)

Philipp Heinrich Kisling (1713–1767), Durlach, 1744

Kniestück. In Rüstung, selbstbewußt die Linke in die Hüfte gestützt, die Rechte, auf den neben ihm liegenden Helm gelegt und einen blauen, golden gefütterten Mantel elegant über der rechten Schulter drapiert, trägt der Freiherr stolz den ihm im selben Jahr verliehenen markgräflich badischen Hausorden der Treue am roten Bande um den Hals. Die Inschrift nennt ihn als kaiserlichen römischen hungerischen Obristleutnant.
Die Familie von St. André kommt aus Frankreich. Der aus Grimmelshausens Simplicissimus bekannte Daniel Rollin von St. André erwarb durch Heirat das Rittergut Königsbach, sein Urenkel Alexander Magnus brachte durch seine Ehe mit Maria Juliana Leutrum von Ertingen dazu die Rittergüter Kreßbach, Eck und Wankheim bei Tübingen an sich und ist der Stammvater der noch heute blühenden Familie.

Öl auf Leinwand, 82,5 × 68 cm.

Privatbesitz

A 144

A 145

Graf Anton III von Montfort

Frans van Stampart (1673–1750), Salzburg, 1709

Brustbild des Grafen in gestickter Weste mit brillantengeschmücktem Spitzenjabot und wallender Perücke.

Die hohe Stirn, die kräftige Nase, der spöttisch-sinnliche Mund und die lebhaften Augen lassen recht gut auf den Charakter dieses Mannes schließen, der wegen seiner rauschenden Feste, seiner Großzügigkeit und Leutseligkeit zwar sehr beliebt bei seinen Untertanen war, mit diesen Eigenschaften, zu denen noch seine Baulust und sein Ehrgeiz, in den Fürstenstand erhoben zu werden, hinzutraten, aber auch den finanziellen Niedergang seines Hauses einleitete.
1670 geboren und seit 1693 mit der sehr anspruchsvollen Gräfin Maria Anna von Thun verheiratet, begann er 1712 mit dem Neubau des Schlosses Tettnang, der bedeutendsten barocken Residenz in Oberschwaben. Verwandtschaftliche Beziehungen nach Wien und zu den Schönborns mögen die Größe des Baus und die Pracht seiner Innenausstattung angeregt haben, der die finanzielle Lage des Grafen in keiner Weise entsprach. Das hinderte ihn aber nicht, gleichzeitig Kloster und Kirche in Langenargen zu erbauen, Schloß Langenargen umzugestalten und Park und Garten anzulegen. Schließlich wuchsen ihm die Schulden dergestalt über den Kopf, daß er 1734 zugunsten seines Sohnes abdankte und drei Jahre später starb. Aber auch die beiden letzten Generationen des Hauses konnten den Niedergang der Familie nicht mehr

aufhalten. Der Besitz mußte 1780 an das Haus Österreich abgetreten werden, und der letzte Montfort starb 1787 als armer Mann in Tettnang.

Öl auf Leinwand, 91 × 64, 2 cm.

Literatur: Vanotti, Johann Nepomuk von, Geschichte der Grafen von Montfort und von Werdenberg, Konstanz 1845, S. 199–201. – Merten, Klaus, Das Neue Schloß in Tettnang, München 1979, S. 1–8.

Salzburg, Museum Carolino Augusteum

SKULPTUREN

Eva Zimmermann

Vorbemerkung

Da die Forschungslage auf diesem Gebiet durch eine Reihe ungewisser und widersprüchlicher Zuschreibungen gekennzeichnet ist, wurde bei der Auswahl der Skulpturen Wert darauf gelegt, von den wichtigsten Bildhauern im Lande möglichst sichere Arbeiten in die Ausstellung aufzunehmen. Bei diesen unterscheidet der Katalogtext im Interesse der wissenschaftlichen Genauigkeit zwischen den durch Signatur oder Schriftquellen beglaubigten Werken eines Künstlers und den – obschon gut begründeten – rein stilkritischen Zuschreibungen. (Letztere sind durch den Zusatz „zugeschrieben" hinter dem Künstlernamen gekennzeichnet.) Steht ein „um" vor der Datierung, bedeutet es, daß das Datum nur ungefähr ermittelt werden konnte. Die Farbgebung der Skulpturen wird lediglich bei Originalfassung jeweils im Text oder im Abschnitt über Material und Technik mitgeteilt. So weit Archivalien direkt zitiert sind, handelt es sich um solche, die von der Katalogbearbeiterin selbst eingesehen worden sind; die anderen werden nach ihrer jeweiligen Veröffentlichung zitiert. Die ikonographischen Erklärungen beruhen auf der einschlägigen Literatur, die aber nicht zitiert werden konnte. Die Literaturangaben am Schluß der Katalogtexte beziehen sich jeweils auf den ausgestellten Gegenstand; Vollständigkeit wurde hierbei nicht angestrebt. Einen allgemeinen Überblick versucht der Beitrag im Aufsatzband „Künst – berühmte bildhaurer und Stuccadors – Bemerkungen zur südwestdeutschen Skulptur des 18. Jahrhunderts" zu geben.

JOHANN JOSEPH CHRISTIAN (1706–1777)

Der Bildhauer wurde als Sohn eines Lehrers am 12. Februar 1706 in Riedlingen an der Donau geboren, wo er auch am 22. Juni 1777 gestorben ist. Seine „Profession" hat er bei dem Biberacher Johann Eucharius Hermann erlernt, sich zwischendurch aber auch „2 Jahr lang anderwärts... aufgehalten." Eine Prägung durch den persönlichen Stil dieses Meisters, dem massige spätbarocke Figuren zugeschrieben werden, ist zwar bei Christian nicht nachzuweisen, doch wird – gerade in den volkstümlichen Elementen seines Werkes – ein Zusammenhang mit der oberschwäbischen Bildschnitzertradition spürbar. Anregend dürften aber auch die in Oberschwaben tätigen oberitalienischen Stukkatoren, vor allem Diego Francesco Carlone, gewirkt haben, wie manche Charakterköpfe und Aktfiguren Christians sowie sein Reliefstil erkennen lassen. Da es Christian nicht gelungen war, 1727 nach dem Tod seines Lehrmeisters Hermann in Biberach festen Fuß zu fassen, läßt er sich nach seiner Heirat 1728 in Riedlingen nieder, doch bringt er erst 1736 die nötigen Mittel auf, um das dortige Bürgerrecht zu erwerben. Aus den dreißiger Jahren sind nur wenige für Christian namentlich bezeugte Bildwerke erhalten, so die geschnitzte Kreuzigungsgruppe von 1738 aus der Meßkircher Hofkapelle, jetzt in Emmingen ab Egg, und die Steinstatue des hl. Nikolaus in Mochental, entstanden zwischen 1738 und 1744. Ihr Stil ist manchmal trocken und spröde, doch zeigt sich in den Köpfen bereits ein starkes Bemühen um gesteigerten seelischen Ausdruck.

Für die Ausstattung der Benediktiner-Klosterkirchen von Zwiefalten und Ottobeuren hat Christian dann über zwei Jahrzehnte – 1744–1755 und 1755–1767 – gearbeitet; hier finden sich seine Hauptwerke (s. Kat. Nr. B 2, 3, 4, 6a-b, 7a-b). Allerdings stellt sich da ein Problem, das allein von den Schriftquellen her nicht zu lösen ist: wie nämlich Christians Anteil abzugrenzen sei gegenüber dem des aus Wessobrunn stammenden, dann in Augsburg ansässigen Stukkators Johann Michael Feichtmayr, der in beiden Kirchen für den dekorativen Stuck sowie für die dem Bau verbundene figürliche Stuckplastik zuständig war. In Ottobeuren sind durch Zahlungsbelege die Steinstatuen der Fassade und ein großer Teil der Arbeit am Chorgestühl, d. h. die Schnitzereien an demselben, für Christian gesichert. Ein Festbericht über die Weihe des Neubaues 1767 bezeichnet ihn auch als Schöpfer der Stuckfiguren an Altären und Kanzel. In den Zwiefalter Rechnungsbüchern kommt Christians Name zwar vor, aber nicht mit Zahlungen für künstlerische Arbeiten. Man hat daraus den Schluß gezogen, daß Christian damals beim Kloster fest angestellt gewesen sei. Als Werke Christians in Zwiefalten werden in einer zeitgenössischen Chronik lediglich die bildnerischen Teile des Chorgestühls, die zwei Holzfiguren am Hochaltar sowie die Steinstatue des hl. Benedikt erwähnt. Christians Urheberschaft für die Stuckplastik ist deshalb öfters in Frage gestellt worden, selbst für diejenige von Ottobeuren; die Figuren sind auch sehr ungleich nach Stil wie Qualität und unterscheiden sich im großzügigen und raumgreifenden Gewandwurf stark von Christians Holzskulptur, was am Werkstoff liegen mag; frühe Stuckplastik von Christian, die zum stilkritischen Vergleich dienen könnte, fehlt leider. Trotz allem ist in der breiten Schrittstellung, in den Gesichtstypen wie vor allem in der Suche nach größtmöglicher Ausdruckskraft eine Verbindung auch zu den künstlerisch schwächeren Jugendwerken in Holz und Stein zu erkennen. Zweifellos ist Christian an den großen Aufgaben gewachsen und hat zugleich gelernt, seine Werkstatt immer besser zu schulen. Die neue Eleganz der Formensprache, die an manchen Stuckfiguren in Zwiefalten und Ottobeuren auffällt, mag auf den durch Feichtmayr vermittelten Einfluß der Wessobrunner Stukkatoren zurückzuführen sein; so erinnern Christians Altarskulpturen heiliger Ordensfrauen an entsprechende Stuckfiguren von Johann Georg Üblhör, der vorher an Stelle von Christian als Altarbildhauer mit Feichtmayr zusammengearbeitet hat. Einzigartig bleibt jedoch die Vertiefung des seelischen Ausdrucks, welche gerade die Skulpturen Christians zeigen. Spätere Arbeiten – so der Hochaltar der Pfarrkirche zu Unlingen 1773, die Ausstattung der Stiftskirche zu Buchau 1774–1776, das Fürstenberg-Epitaph in der Meßkircher Pfarrkirche 1776, – wurden dann unter Beteiligung von Christians Sohn Franz Joseph ausgeführt. Von Christians Schülern kennen wir namentlich Franz Magnus Hops, der 1738 bei ihm tätig war, dann den Landshuter Bildhauer Christian Jorhan d. Ä., der zweieinhalb Jahre in Christians Werkstatt verbracht hat, und Joseph Hör aus Blasiwald, der bei Christian in die Lehre ging. Aus stilistischen Gründen ist anzunehmen, daß auch Johann Georg Wekkenmann unmittelbar unter Christians Anleitung gearbeitet hat.

Literatur: Michalski o. J. – Lieb 1931. – Huber 1948. – Woeckel 1958. – Huber 1960. – Kasper 1962.

B 1a

B 1b

B 1 a–b □

Zwei Büsten, vermutlich der hll. Benedikt und Scholastika

Wahrscheinlich Bozzetti für die Büsten der hll. Benedikt und Scholastika auf dem Chorgestühl der ehemaligen Klosterkirche Zwiefalten. Angeblich aus dem Besitz eines Bildhauers Lang, St. Trudpert/Münstertal

J. J. Christian (zugeschrieben), 1744–1752

Obwohl von unterschiedlicher Größe, haben die Büsten, dem Sinne nach, als Gegenstücke zu gelten. Beide Heiligen tragen die Flocke, das weite Gewand der Benediktiner, und ein Kreuz auf der Brust. Die Frau ist außerdem mit Wimpel (eine Art Halstuch) und Schleier bekleidet; die Kapuze des Mannes liegt auf der Schulter. Eng verwandt sind, wie Ellen-Lore Noack-Heuck erkannt hat, die aus Holz geschnitzten Büsten des Geschwisterpaares Benedikt und Scholastika, welche jeweils den westlichen Abschnitt der beiden Chorgestühlwände in der ehemaligen Benediktiner-Klosterkirche Zwiefalten bekrönen (s. Kat. Nr. B 2; Noack-Heuck 1970 II, Abb. 5–8).
Die bildhauerischen Arbeiten dieses Chorgestühls wurden laut einer zeitgenössischen Chronik von Johann Joseph Christian 1744–1752 geschaffen. Wie die Karlsruher Büsten tragen auch die Zwiefalter keine persönlichen Attribute; denn diese werden von den unter ihnen stehenden Putten vorgewiesen. Die Köpfe von Mönch und Nonne sind jedoch beim Zwiefalter Paar im Gegensinne bewegt. Außerdem hat Benedikt die Kapuze über den Kopf gezogen, und Scholastika ist als Matrone wiedergegeben. Trotzdem liegt es nahe, mit Ellen-Lore Noack-Heuck in den Karlsruher Bildwerken Entwürfe für die Zwiefalter Chorgestühlbekrönung zu sehen, zumal auch sie die eigenartige Büstenform mit den vom gekräuselten Gewandsaum umgebenen Armstümpfen zeigen. Auffällig bleibt allerdings der Größenunterschied und die summarische Behandlung des Gesichts bei der weiblichen Büste. Es soll hier wohl jener Zustand der Gefühlsseligkeit dargestellt werden, den die Zwiefalter Stuckfiguren der hll. Gertrudis von Helfta und Scholastika so vollendet zeigen (Noack-Heuck 1970 II, Abb. 3–4); doch bleibt der Gesichtsausdruck der Büste verschwommen, auch wenn man ihren beschädigten Zustand in Betracht zieht. Dagegen ist der männliche Kopf in der kleinteiligen, etwas trockenen Formensprache gut mit dem Bozzetto (Kat. Nr. B 4) für den Zwiefalter Sebastian zu vergleichen.
Der Typus beider Karlsruher Büsten, vor allem der des kahlköpfigen und bärtigen alten Mannes, kehrt dann ganz auffällig wieder in den von Christians Sohn Franz Joseph 1784 vollendeten Hochaltarstatuen Benedikt und Scholastika (Noack-Heuck 1970 II, Abb. 9–10) in St. Trudpert/Münstertal. Offenbar hat Franz Joseph Christian damals die Büsten nach St. Trudpert mitgebracht, wo sein Bruder seit 1780 als Abt Columban II. regierte; denn laut Familientradition sollen die Büsten aus dem Besitz eines Bildhauers Lang stammen, der beim Bau von Kirche und Kloster St. Trudpert beschäftigt war. Mit ihm kann nur der Bildhauer Benedikt Lang gemeint sein, der seit 1794 Kammerdiener von Abt Columban II. war.

Rötlicher gebrannter Ton, vollrund, rückseitig abgeflacht. H. der männlichen Büste 22,5 cm, H. der weiblichen Büste 24,5 cm, diese mit Strichzeichen am Sockel. Bei ihm sind zwei Enden des Barts, bei ihr die Nasenspitze und fast der ganze Rand des Schleiers abgebrochen.

Literatur: Noack-Heuck 1970 II, S. 85–92, Abb. 1–2.

Karlsruhe, Badisches Landesmuseum, Inv. Nr. C 9237, C 9238

B 2 □

Büste der hl. Scholastika

Vom nördlichen Chorgestühl der ehemaligen Benediktiner-Klosterkirche in Zwiefalten

J. J. Christian, 1744–1752

Scholastika, die Schwester des hl. Benedikt, um 480 in Nursia geboren und um 547 dort gestorben, wird als die Gründerin des Benediktinerinnen-Ordens verehrt. Sie trägt das Ordensgewand, die Flocke, um den Hals und auf dem oberen Teil des Gewandes ein als Wimpel bezeichnetes Tuch, auf dem Haupt den Schleier, unter dem noch ein eng anliegendes Tuch, der Weihel, sichtbar wird. Die Büste wird flankiert von zwei Engelkindern, die etwas tiefer auf vorkragenden Gebälkstücken stehen. Diese halten die Attribute der Heiligen, der rechte das Buch mit der Ordensregel, der linke ihren Äbtissinnenstab und eine Taube. Die Taube erinnert daran, daß im Augenblick, da die hl. Scholastika starb, der hl. Benedikt die Seele seiner Schwester in Gestalt einer weißen Taube gen Himmel fliegen sah. In Zwiefalten wird jede Chorgestühlseite durch eine Tür in zwei Hälften geteilt; jede Hälfte hat einen reich bewegten Aufsatz, der von einer Büste bekrönt wird. Die hl. Scholastika ist über der westlichen Hälfte der Nordseite angebracht, ihr gegenüber ihr Bruder Benedikt, der Gründer des Benediktinerordens, auf ihrer Seite über der östlichen Hälfte Hermann der Lahme, Benediktinermönch von der Reichenau, Dichter und Gelehrter (1013–1054), diesem gegenüber der hl. Papst Gregor der Große. Zu dem Bildprogramm gehören weiter zwei Reliefs mit den Stiftern von Kloster Zwiefalten, Kuno Grafen von Achalm und seinem Bruder Luithold, über den beiden Türen sowie 20 Reliefs mit dem Marienleben an den Rückwänden des Chorgestühls (s.Kat. Nr. B 3).
Im Badischen Landesmuseum Karlsruhe befinden sich zwei Tonbüsten (Kat. Nr. B 1a-b), in denen Ellen-Lore Noack-Heuck mit guten Gründen Bozzetti für die Zwiefalter Büsten von Benedikt und Scholastika sieht. Sie zeigen den gleichen Büstentypus mit den deutlich markierten und von gekräuselten Gewandsäumen umgebenen Armstümpfen. In der Ausführung ist dann allerdings einiges geändert: den Chorgestühlbüsten ist kein Kreuz mehr umgehängt, der Büstenabschnitt ist mächtiger, die Köpfe sind im Gegensinne bewegt, Benedikt hat jetzt die Kapuze über den Kopf gezogen, Scholastika trägt zusätzlich noch den Weihel, und der tiefer herabfallende Schleier faßt die Skulptur stärker zusammen; vor allem ist die Heilige jetzt älter, als Matrone wiedergegeben. Im Ganzen ist die Komposition straffer, sind die Züge kräftiger geworden entspre-

B 2

chend der Aufgabe der Skulptur, ein mächtiges Chorgestühl zu bekrönen. Die Zuweisung der Schnitzarbeit des Chorgestühls an Christian beruht auf einem im Jahr 1765 abgeschlossenen Bericht von Bruder Othmar Baumann; dieser spricht vom Bildhauer Christian als demjenigen, „welcher das ganze Chorgestühl was immer von Bildhauer Arbeit daran ist, hat gemacht, und ist schon in diese Arbeit 1744 den 10. August eingestanden." Martin Hermann aus Villingen, dem die Schreinerarbeit am Chorgestühl übertragen war, hat seine erste Teilzahlung am 25. März 1748 empfangen. Über die Fertigstellung schreibt Baumann im Jahresbericht von 1752: „Gleich im Frühjahr hat Herr Martin Hermann von Villingen als Schreinermeister den Chor angefangen aufzurichten", „den 1. November..., dieses sind die ersten horae (= Stundengebete) gewesen, so man in den neuen Chorstühlen gehalten" (s. Paulus 1888, S. 180, 183, 184. – Huber 1948, S. 181).

Holz, vollrund, rückseitig abgeflacht, Büste vergoldet. H. mit Sockel ca. 85 cm. Ein Strahl des Strahlennimbus fehlt.

Literatur: Michalski o. J., S. 7–12. – Huber 1948, S. 58–60, 129–130. – Huber 1960, S. 36–37. – Noack-Heuck 1970 II, S. 87–89, Abb. 5–6.

Zwiefalten, Land Baden-Württemberg, Staatliche Liegenschaftsverwaltung

B 3 □

Anbetung der Hirten

Vom südlichen Chorgestühl der ehemaligen Benediktiner-Klosterkirche in Zwiefalten

J. J. Christian, 1744–1752

Der Stall der Herberge zu Bethlehem ist als Ruine wiedergegeben – wie schon in der Spätgotik, jetzt allerdings auch mit einer Grottenarchitektur ausgestattet, wie sie im 18. Jahrhundert beliebt war. In der Tiefe der Raumflucht ist das Christkind in der Krippe zu sehen, umgeben von Maria und Joseph, einem knienden Hirten und dessen Gabe, einem am Boden liegenden Lamm, das auf den Opfertod Christi vorausdeuten soll, ganz hinten stehen Ochs und Esel im Stall. Vorne kommen weitere Hirten herzu, von denen zwei mit Blasinstrumenten in den oben schwebenden Engelchor einstimmen. Das Relief gehört zu einer Reihe von zwanzig am Dorsale (= Rückwand) des Chorgestühls angebrachten Szenen,

B 3

welche das Marienleben schildern. Dabei wechselt die Abfolge zwischen Süd- und Nordseite des Gestühls hin und her. Jedes Relief sitzt in einem geschnitzten Rocaillerahmen mit einem Cherubkopf am unteren Rand. Die bewegten Formen dieser Rahmen bereiten auf die flakkernde Unruhe im Abschluß der Gestühlswand vor.
Innerhalb dieses Reliefzyklus gehört die Anbetung der Hirten – auch als Geburt Christi bezeichnet, die jedoch nicht als eigene Szene dargestellt ist – zu den bedeutendsten Kompositionen. Hier sind die Figuren ganz in die mit malerischem Reichtum ausgestattete Szenerie eingebettet. Diese Verzauberung des biblischen Geschehens durch Architektur und Landschaft erinnert an die deutsche Spätgotik, die Entrückung der Hl. Familie in eine tiefe Raumflucht dagegen an Kompositionen des italienischen Manierismus, Beziehungen, auf die bereits Michalski hingewiesen hat. Doch hat Christian es verstanden, die beiden so verschiedenartigen Überlieferungen in einer neuen bildnerischen Form aufgehen zu lassen, die seinem Zeitalter gemäß war. Alles wirkt wie aus weiter Ferne gesehen, dadurch werden die Spannungen gemildert, die eine extreme Perspektive in manieristischen Kompositionen verursacht, und auch das Verhältnis der Körper zueinander im Raum klärt sich, das im spätgotischen Relief nicht so ohne weiteres verständlich ist. Diese Sicht aus großem Abstand erinnert an die Veduten des 18. Jahrhunderts; doch vor deren Nüchternheit wird das Relief durch die phantastische Szenerie und die wirkungsvolle Verteilung der Figurengruppen im Bildraum bewahrt. Die Figuren selbst sind vergleichsweise schlicht, denkt man an die raffiniert gedrehten Gestalten eines späten Feuchtmayer-Reliefs (s. Kat. Nr. B 44). Christian hat später in Ottobeuren nochmals ein Chorgestühl (s. Kat. Nr. B 6a–b) in ähnlicher Weise mit Dorsale-Reliefs ausgestattet. Die beiden Zyklen gehören zu den Höhepunkten deutscher Reliefkunst im 18. Jahrhundert. Zur Quellenlage und Datierung s. Kat. Nr. B 2.

Lindenholz, vergoldet. Rahmen aus Nußbaumholz, ungefaßt. H. des Reliefs 115 cm, B. 75 cm, H. mit Rahmen 202 cm, B. ca. 104 cm.

Literatur: Michalski o. J., S. 7–29, Abb. 22.–Feulner 1929, S. 88–89. – Huber 1948, S. 72–76, 196. – Huber 1960, S. 36–38.

Zwiefalten, Land Baden-Württemberg, Staatliche Liegenschaftsverwaltung

B 4

B 4 □

Hl. Sebastian

Bozzetto zu einer Stuckfigur am Stephanus-Altar im Nordquerhaus der ehemaligen Benediktiner-Klosterkirche zu Zwiefalten

J. J. Christian, um 1750

Nach der Legende war Sebastian Offizier der Leibwache des römischen Kaisers Diokletian. Weil er sich zu Christus bekannte, wurde er auf Befehl des Kaisers an einen Baum gebunden und mit Pfeilen beschossen. Diese Szene ist hier dargestellt. Doch überstand er lebend solche Marter. Frauen lösten ihn vom Baum und pflegten ihn gesund. Daraufhin trat er dem Kaiser wieder entgegen und hielt ihm seine Christenverfolgungen vor. Auf Geheiß des Kaisers wurde Sebastian jetzt mit Keulen erschlagen (s. Kat. Nr. B 35) und sein Leichnam in eine Kloake geworfen; eine Christin barg aber den Toten und bestattete ihn. – Als Pestheiliger vielfach verehrt und dargestellt, ist der gemarterte jugendliche Sebastian zum Aktthema schlechthin innerhalb der kirchlichen Kunst des Barocks geworden. Christian gibt dem Gefesselten eine kontrapostische Haltung, läßt ihn das Spielbein auf einen Pfeilköcher stellen – wohl um damit die Überwindung der irdischen Marter anzudeuten –, und den Blick zum Himmel erheben. Helm und Schild, die neben dem Baum liegen, kennzeichnen ihn als Krieger. Die Modellierung des Aktes ist noch recht unausgeglichen; auffällig ist auch die peinlich genaue Wiedergabe von Haaren oder Hautpartien, die für Christians Zwiefalter Schaffensphase typisch zu sein scheint (s. auch Kat. Nr. B 1 a). Die Bewegungen sind eckig. Doch ist die jähe Rückwendung des Hauptes bei der ausgeführten Skulptur weniger schroff und ihr Gesichtsausdruck milder; sonst entsprechen sich Bozzetto und Stuckfigur weitgehend. Die letztere befindet sich, leicht schräg gestellt, links vom Altarblatt, das die Steinigung des hl. Stephanus zeigt; als ihr Gegenstück steht auf der rechten Seite die Aktfigur des hl. Ernst von Zwiefalten, der gleichfalls im Martyrium wiedergegeben ist. – Von der älteren Forschung wurde der Bozzetto Johann Michael Feichtmayr zugesprochen; Michalski schrieb ihn erstmals Christian zu, nahm aber noch an, daß die große Figur von Feichtmayr ausgeführt wurde. Huber gibt überzeugend auch diese dem Christian.

Gelblicher gebrannter Ton, vollrund, am Blattwerk Spuren von grüner Farbe. Träger des Köchers aus Kupferdraht. H. 42,3 cm. Die fünf ehemals im Körper steckenden Pfeile fehlen. Ein Stück Ast fehlt oben. Linker großer Zeh, rechter Daumen und Zeigefinger fehlen.

Literatur: Brinckmann 1924, S. 76–77, Taf. 31. – Feulner 1926, S. 27, Nr. 17, Abb. 52 (mit älterer Lit.). – Michalski o. J., S. 51, 53, 57, Abb. 76. – Huber 1948, S. 3, 9 u. Anm. 3. – Huber 1960, S. 80 (mit älterer Lit.).

Augsburg, Städtische Kunstsammlungen, Inv. Nr. 6306

B 5 □

Kruzifixus

Aus der Pfarrkirche St. Leonhard von Daugendorf, angeblich ursprünglich in Kloster Zwiefalten

J. J. Christian (zugeschrieben), um 1755–1760

Von den Kruzifixen, die Johann Joseph Christian zugeschrieben werden, kann dieser am ehesten als eigenhändiges Werk von ihm gelten. In der kraftvollen

B 5

und sicheren Modellierung des Aktes wie in der bewegten Führung des Lendentuchs besteht Verwandtschaft zu der für Christian gesicherten großen Kreuzigung von 1738, die, ursprünglich für die Meßkircher Hofkapelle geschaffen, sich heute in der Pfarrkirche von Emmingen ab Egg befindet (Huber 1960, Abb. 7). Doch dort hat Christian in den eckigen und harten Formen seines Frühstils einen Christus gezeigt, der sich im Schmerz aufbäumt. Der Daugendorfer Kruzifixus stellt dagegen den soeben Verschiedenen dar. Das Haupt ist schon zur Seite gesunken. Alle Formen sind glatter, fließender als bei dem frühen Gekreuzigten. Wehmut und sanfte Trauer kennzeichnen das Bildwerk. Dieser Wandel in der Auffassung entspricht dem auch sonst bei Christian zu beobachtenden Stilwandel zu den leichteren aufgelockerten Formen des Rokoko hin. So ähneln Christians Kruzifixus am Hochaltartabernakel zu Zwiefalten, um 1755, und der Christus des Kreuzigungsreliefs am dortigen Chorgestühl, 1744–1752, in ihrer Komposition dem Daugendorfer Bildwerk. Huber hält letzteres für eine Werkstattarbeit und datiert es um 1740, während Woeckel es überzeugend Christian selbst zuschreibt. Wie Huber angibt, sollen nach der Überlieferung „die Skulpturen der ehemals zu Zwiefalten gehörigen Daugendorfer Pfarrkirche St. Leonhard zumeist vom dortigen Kloster stammen".

Holz, vollrund, mit alter Fassung. Krone aus echten Zweigen. H. ca. 76 cm.

Literatur: Kdm. Württemberg, Kreis Riedlingen, 1936, S. 91, Abb. 71 – Woeckel 1958, S. 108, Abb. 53 – Huber 1960, S. 92.

Daugendorf (Gem. Riedlingen), Kath. Pfarrkirche St. Leonhard

B 6 a–b □

Büsten der Propheten Daniel und Jesaja

Bozzetti für zwei Büsten auf dem Chorgestühl in der Benediktiner-Klosterkirche Ottobeuren. Aus der Slg. Clemens, Köln

J. J. Christian, 1755–1764

Über den vier einspringenden Ecken des Ottobeurer Chorgestühls sitzen, umrahmt von der architektonischen Bekrönung, die aus Holz geschnitzten und vergoldeten Büsten der vier sog. großen Propheten Jesaja, Jeremia, Hesekiel (Huber 1960, Abb. 56) und Daniel. Der letztere, der schon im Jünglingsalter mit Weissagungen hervorgetreten war, ist als einziger jugendlich und bartlos wiedergegeben (Michalski o. J., Abb. 57–58). – Die figürlichen Schnitzereien am Ottobeurer Chorgestühl sind von Johann Joseph Christian gefertigt, von dem es im Jahr 1762 heißt, daß er bis jetzt „wegen accord der chorstühle 7600 fl." empfangen habe. Der Akkord selbst ist nicht erhalten. Die Schreinerarbeit liefert der Villinger Meister Martin Hermann, der seit dem 25. 2. 1756 in Ottobeuren nachweisbar ist. Bereits ab Januar 1751 werden Zahlungen für Holz „zu den altären und chorstühlen" geleistet. Im April 1755 werden 4 fl. Portokosten für das „modell der chorstühl" notiert, doch wird der Urheber des Modells nicht genannt.

B 6a–b

Seit 1760 werden die Reliefs des Dorsale (Rückwand) vergoldet (alle Angaben nach Huber 1948, S. 170–176). Demnach können die Bozzetti zu den Büsten frühestens 1755 entstanden sein; einen terminus ante quem bietet die Fertigstellung der in gleicher Höhe angebrachten Chororgeln durch Karl Riepp im Jahr 1764.
Nur zu zwei Büsten haben sich Bozzetti erhalten, übrigens die einzigen aus Holz, die uns von Christian überliefert sind. Am Chorgestühl sitzen die betreffenden Büsten an schräg einandergegenüberliegenden Ecken – Daniel an der Südwestecke, Jesaja an der Nordostecke (der Chor der Kirche ist nach Süden gerichtet) –, sind also keine Gegenstücke. Vielleicht hängt damit die unterschiedliche Größe der beiden Bozzetti zusammen. In der Ausführung sind dann die plastischen Akzente gesteigert, während die zartere Binnengliederung verschwindet, vor allem ist der Sockel reicher gebildet. Der Büstentypus hat jetzt, verglichen mit Zwiefalten (Kat. Nr. B 2), seine gültige Form gefunden: Köpfe, Draperie und Haare scheinen von dem gleichen großzügigen Pathos belebt, auch sind die ehedem in ihrer Vereinzelung störend wirkenden Armstümpfe in den Gewandfluß stärker eingebunden. Dieser Christian'sche Büstentypus steht dem der stuckierten Apostelreliefs von Johann Michael Feichtmayr im Ottobeurer Langhaus nahe, vor allem wenn man die künstlerisch gleichrangigen Birnauer Galeriebüsten von Joseph Anton Feuchtmayer (Kat. Nr. B 47) dagegenstellt mit ihren abrupten Bewegungen und oft bizarren Umrissen.

Lindenholz, vollrund, rückseitig etwas flacher gehalten, mit angeschnitztem rundem Sockel und originalen Anstückungen. H. 19,5 cm. Vom Haupt- und Barthaar des Jesaja ist je ein Stück verloren.

Literatur: Schaefer 1923, S. 42, Abb. S. 41. – Michalski o. J., S. 43, Anm. 1. – Huber 1960, S. 52, 85, Abb. 83. – Klesse/Haedcke/Griese 1963, Kat. Nr. 90, Abb. 28.

Köln, Kunstgewerbemuseum, Inv. Nr. A 1221/22

B 7 a–b □

Die hll. Theodor und Sebastian

Bozzetti zu den seitlichen Figuren am Hauptaltar im linken Querarm der Klosterkirche zu Ottobeuren

J. J. Christian (zugeschrieben), um 1760

Beide Heilige dienten im römischen Heer und sind deshalb mit kriegerischen Beigaben ausgestattet (der Helm des hl. Sebastian, der bei der ausgeführten Statue neben ihm am Boden liegt, fehlt beim Bozzetto). Beide Heilige sind im Martyrium dargestellt. Sebastian ist an einen Baum gefesselt und – in der ausgeführten Statue – von Pfeilen durchbohrt; bei dem kleinen Bozzetto wurden die Pfeile vermutlich aus technischen Gründen weggelassen. Daß Sebastian dabei auf den Pfeilköcher zu seinen Füßen tritt, deutet an, daß der Heilige kraft seines christlichen Glaubens diese Marter innerlich überwindet (s. den Bozzetto zum Zwiefalter Sebastian Kat. Nr. B 4, ebenda auch ausführlicher über die Sebastianslegende). Theodor, der gleichfalls an einen Baum gebunden ist, steht mit den Füßen im Feuer. Dieser Heilige, der Soldat im Heere von Kaiser Maximian war, steckte bei Beginn der Christenverfolgungen den Tempel der Kybele bei Amasea in Brand und erlitt daraufhin nach schrecklichen Martern den Feuertod.
Bei der ausgeführten Statue ist das Thema jedoch entscheidend verändert: der Heilige steht ungefesselt an dem Baum und weist mit der Linken, das Haupt triumphierend erhoben, auf das Feuer zu seinen Füßen. Auch sonst ergeben sich beträchtliche Unterschiede zwischen Bozzetti und Ausführung, vor allem in der Haltung, die bei den kleinen Tonfiguren viel labiler ist. Mit Recht wurden diese deshalb als erste Ideenskizzen bezeichnet. Beide Statuetten tragen eine farbige Fassung des 18. Jahrhunderts: rosiges Inkarnat, bräunliche Haare, Waffen und Gewänder mit Vergoldung auf rotbraunem Bolus, rotes Feuer, braunschwarze Baumrinde. Daraus kann jedoch nicht geschlossen werden, daß die großen Ottobeurer Stuckfiguren ursprünglich auf diese Weise farbig gefaßt werden sollten; denn nach ihrem Gebrauch wurden solche Bozzetti oft zu Kunstobjekten für Liebhaber und Sammler und erhielten dann erst eine ansprechende farbige Fassung. Die beiden großen Ottobeurer Stuckfiguren flankieren ein Altargemälde mit dem Martyrium des hl. Alexander. Alexander und Theodor sind Patrone der Klosterkirche Ottobeuren; deshalb zeigt der Schild des hl. Theodor die Rosette, das Klosterwappen (freundl. Hinweis von Pater Aegidius Kolb). Der Altar wird heute auch Eldern-Altar genannt, weil an seinem Tabernakel seit 1854 das Gnadenbild aus der 1806 abgebrochenen Wallfahrtskirche von Eldern angebracht ist.

Da weder Verträge noch spezifizierte Zahlungen für die Anfertigung der Ottobeurer Altarplastik erhalten sind, ist ihre Zuschreibung in der Forschung zwischen Johann Michael Feichtmayr, dem Stukkator von Ottobeuren (irrtümlich auch: Franz Xaver F.) und dem dort tätigen Bildhauer Johann Joseph Christian lange strittig gewesen, ebenso die Frage, wer den Entwurf und wer die Ausführung gemacht habe. Die neuere Forschung sieht in Johann Joseph Christian den Schöpfer der Bozzetti wie der Altarplastik. Neben stilkritischen Beobachtungen zieht sie hierfür Bayrhammers Festbericht von 1767 über die Einweihung der Klosterkirche heran, in dem alle Statuen und Reliefs inner- wie außerhalb der Kirche als Arbeiten Christians bezeichnet werden mit Ausnahme der Stuckfiguren auf dem Hauptgesims und der Reliefs über den Beichtstühlen, die als Werke J. M. Feichtmayrs gerühmt werden (zitiert bei Lieb 1931, S. 184). Ein unmittelbarer Vergleich zwischen dem Bozzetto zum Zwiefalter Sebastian (Kat. Nr. B 4) und den Ottobeurer Figürchen ist schwer zu ziehen, da ersterer der Ausführung näher steht, also aus einem späteren Stadium des Entwurfs stammt als diese. Vielleicht ist aber doch das Lockere und Sichere ihrer Modellierung gegenüber dem Spröden und Bemühten des älteren, für Zwiefalten bestimmten Bozzettos als Zeugnis für Christians wachsende künstlerische Reife zu deuten (s. auch den Vergleich zwischen den Büsten-Modellen Kat. Nr. B 1 a–b und Kat. Nr. B 6 a–b).

Ton, dreiviertel- bis vollrund, Baumstamm jeweils rückseitig ausgehöhlt, mit originaler Fassung. H. 39 und 41 cm. Theodor: linker Mittel-, Ring- und kleiner Finger abgebrochen, ein Flammenbündel abgebrochen. Sebastian: Nasenspitze bestoßen, Lendentuchzipfel neben seiner rechten Hüfte und ein Aststumpf abgebrochen.

Literatur: Thieme-Becker, Bd. 11, 1915, S. 351–352 (Artikel Franz Xaver Feichtmayr). – Brinckmann 1924, S. 78–79, Taf. 32, 33. – Michalski o. J., S. 50–51, 53, Abb. 74, 75 (mit älterer Lit.). – Lieb 1931, S. 186. – Huber 1948, S. 3, 9 u. Anm. 3. – Huber 1960, S. 85, Abb. 84. – Bregenz 1964, Kat. Nr. 18 (hl. Theodor).

Benediktinerabtei Ottobeuren, Kunstsammlungen der Abtei

B 7 a

B 8 □

Büste eines Wilden, vermutlich Allegorie des Erdteils Amerika

Bozzetto. Angeblich aus dem Besitz eines Bildhauers Lang, St. Trudpert/Münstertal

B 8

J. J. Christian (zugeschrieben), um 1760

Durch Kruselhaar, aufgeworfene Nase, wulstige Lippen sowie aufwendigen Schmuck wird der Dargestellte als Bewohner eines exotischen Erdteils gekennzeichnet. Wahrscheinlich zählte die Büste zu einer Folge der vier (damals bekannten) Erdteile. Diese allegorische Serie gehört nicht nur zum Statuenprogramm des barocken Parks, wie etwa die Jahreszeiten und die Elemente (s. Kat. Nr. B 54, 53 a–d), sondern sie begegnet auch im Kirchenraum der Zeit, z.B. an der Kanzel, wo sie die Weltgeltung des christlichen Glaubens verdeutlichen soll. Auf dem Rücken trägt der Dargestellte einen Köcher, über dem Stirnreif saß vermutlich ein jetzt abgebrochener Federschmuck. Beide Attribute kommen in der barocken Ikonographie sowohl „Afrika" wie „Amerika" zu. Christian, dem die Skulptur zuzuschreiben ist, pflegte jedoch „Afrika" durch ein Elefantenhaupt als Kopfputz, „Amerika" hingegen durch eine Federhaube zu charakterisieren. Deshalb dürfte die Büste trotz der negroiden Gesichtszüge „Amerika" darstellen.
Die Büste ist von derselben Herkunft wie die Büsten Kat. Nr. B 1 a–b, die von Ellen-Lore Noack-Heuck Johann Joseph Christian zugeschrieben werden konnten (der Zusammenhang mit diesen anderen Büsten wurde erst später entdeckt). Die Büstenform wirkt jedoch reifer als bei den beiden Heiligenbüsten, vor allem sind die Armstümpfe besser in die Gesamtkomposition einbezogen. Zu vergleichen wäre die Herme „Amerika", ein nackter Jüngling mit ähnlichem Stirnreif und einem Federputz darüber, der zusammen mit der Herme „Afrika" und den Putten „Europa" und „Asien" die Gruppe der Taufe Christi am Taufstein der Ottobeurer Klosterkirche rahmt; vergleichbar wäre weiter im Gesichtstypus und in der Form der Halskette der Putto „Afrika" (jedoch mit Elefantenhaupt) an der gegenüberliegenden Kanzel. Kanzel und Taufstein sind von dem Maler Johann Jakob Zeiller entworfen, die Stuckfiguren schuf nach dem Ottobeurer Festbericht von 1767 Johann Joseph Christian (s. Kat. Nr. B 7 a–b).

Rötlicher gebrannter Ton, vollrund, Gewand rückseitig nur skizziert. H. 23 cm. Sockel abgebrochen, Federbusch über dem Stirnreif, beide Enden des Köchers abgebrochen, mehrere Risse.

Karlsruhe, Badisches Landesmuseum, Inv. Nr. C 9913

JOHANN GEORG DIRR (1723–1779)

Er stammt aus einer Bildhauerfamilie: schon sein Vater Martin Dirr hat diesen Beruf ausgeübt, dann sein Stiefvater Franz Xaver Schmädl, der die Werkstatt des Vaters nach dessen Tod übernommen hat; das künstlerisch bedeutendste Mitglied der Familie ist jedoch sein älterer

Vetter Joseph Anton Feuchtmayer, mit dem Dirr jahrelang zusammengearbeitet hat. Johann Georg ist am 2. April 1723 im oberbayrischen Weilheim zur Welt gekommen, hat wahrscheinlich bei dem Stiefvater Schmädl gelernt, wird für uns aber erst wieder faßbar, als er 1749 mit seinem Bruder Franz Anton Dirr in Birnau auftaucht, wo beide als Gesellen ihres Vetters Feuchtmayer an der Ausstattung der Wallfahrtskirche mitwirken.
Eine Wange des 1750 entstandenen Birnauer Kirchengestühls (heute im Salemer Münster) trägt Dirrs Signatur. 1753 verheiratete sich Johann Georg Dirr nach Stockach, wo er bis 1756 lebt. 1757 sind beide Brüder wieder unter Leitung Feuchtmayers in Birnau tätig, und zwar an den Büsten und Aufsätzen für die Galerie (s. Kat. Nr. B 47). Es folgen nun größere Unternehmungen, bei denen Feuchtmayer und Johann Georg miteinander wirken als „gemeinschaftliche Prinzipalen" der Feuchtmayer'schen Werkstatt in Mimmenhausen, so 1760–62 bei der Altarausstattung für die Stiftskirche der Augustiner-Chorherren in Beuron und 1761–63 bei den Beichtstühlen und 1763–68 beim Chorgestühl für die Benediktiner-Stiftskirche in St. Gallen. Selbständig ausgeführt hat Dirr laut den Schriftquellen in dieser Zeit den Hochaltar der Zisterzienserinnen-Klosterkirche in Baindt bei Ravensburg 1763–64 und den Hochaltar der Schloßkapelle von Heiligenberg 1764–66. Berühmt geworden ist Dirr jedoch durch seine Arbeiten für das Zisterzienser-Kloster Salem, das schon Feuchtmayers großer Auftraggeber gewesen ist: 1764 wird die Prälatur ausstuckiert, 1765–66 entstehen die Seitenaltäre für die später abgebrochene St. Leonhardskirche (jetzt in Herdwangen), vor allem aber ist Dirr von 1766 an mit der Neuausstattung der Salemer Klosterkirche beschäftigt, einer riesigen Aufgabe, die zahlreiche Altäre, Chorgestühl, Orgel und Denkmäler umfaßt und die erst sein Schwiegersohn Johann Georg Wieland viele Jahre nach dem am 9. Oktober 1779 in Mimmenhausen erfolgten Tode Dirrs vollenden sollte.
Neben dem temperamentvollen und genialen Joseph Anton Feuchtmayer werden die künstlerischen Qualitäten des stilleren Johann Georg Dirr leicht übersehen. Dirr muß der ideale Mitarbeiter für den alternden Feuchtmayer gewesen sein, so einfühlsam, daß sich die Werkanteile der beiden heute nicht immer scharf

B 9

voneinander scheiden lassen, und andererseits durchaus fähig, auf dem Gebiet des Klassisch-Schönen, das nicht gerade Feuchtmayers Stärke war, eigenes und vollendetes zu schaffen, wie uns Dirrs Büsten des Salvators und der Maria auf der Birnauer Galerie zeigen. Feuchtmayers Stil, der im Ornament schon frühklassizistische Elemente enthielt, ist von Dirr in die kühlere Welt der Zopfzeit hinübergeführt worden, ohne dabei viel an Anmut und Leichtigkeit zu verlieren. – Johann Georgs jüngerer Bruder Franz Antoni Dirr tritt uns vor allem als Zeichner entgegen, denn er hat zahlreiche Altarrisse Feuchtmayers ins Reine gezeichnet; seine bildhauerischen Leistungen sind dagegen wenig bedeutend.

Literatur: Schweisheimer 1935. – Woeckel 1958. – Dillmann/Zoege von Manteuffel/Schulz 1980.

B 9 □

Hl. Katharina von Siena

Von einem Seitenaltar der ehemaligen Klosterkirche der Augustinerchorherren in Beuron

J. G. Dirr (zugeschrieben), 1760–1763

Diese Heilige, die als Tochter eines Wollfärbers 1347 in Siena geboren wurde und 1362 in den Dritten Orden des hl. Dominikus eintrat, war nicht nur eine begnadete Mystikerin und eine aufopfernde Pflegerin der Kranken während der Pestzeit, sondern auch eine Persönlichkeit von politischer Bedeutung, die mit weltlichen wie geistlichen Größen ihrer Zeit in Briefwechsel stand und von diesen um Rat gefragt wurde. So soll Katharina 1377 den Papst Gregor XI. veranlaßt haben, das Exil des Papsttums in Avignon aufzugeben und nach Rom zurückzukehren. Im Jahr 1380 ist sie in Rom gestorben.
Die hier ausgestellte Figur stand ursprünglich am ersten linken Nebenaltar der Beuroner Kirche, dem sogenannten Rosenkranzaltar, der 1738 zu Ehren der Jungfrau Maria, des hl. Dominikus und der hl. Katharina von Siena geweiht worden war (s. Schwind 1938, S. 351). Die Heilige ist im Habit ihres Ordens dargestellt mit wegschwingendem Skapulier (= schmaler, vorne und am Rücken herabfallender Stoffstreifen), ein Kruzifix in ihrer Linken und die Dornenkrone, die sie von Christus in einer ihrer Visionen empfing, auf dem Haupt. Sie wendet sich mit demütig auf die Brust gelegter Rechten der Altarmitte zu. Dort muß sich ursprünglich ein Gemälde oder Bildwerk der Maria als Rosenkranzkönigin befunden haben (nach Schwind 1938, S. 353 gibt es eine Statuennische hinter dem entfernbaren Altargemälde), das beim Umbau des Altares im 19. Jahrhundert verlorenging. Als Gegenfigur zur hl. Katharina stand auf der anderen Seite des Altars der hl. Dominikus, dem nach der Legende die Muttergottes das Rosenkranzgebet geoffenbart hat.
Am 17. Dezember 1759 hatten Abt Rudolf Reichel und „die Herren Künstler Herr Joseph Faichtmayer und Joan: georg Dirr Künst-berühmte bildhaurer und Stuccadors", einen Akkord abgeschlossen, wonach sich die beiden Künstler verpflichteten, in gemeinschaftlicher Arbeit für 2500 Gulden den neuen Hochaltar zu erstellen und an den zwei Seitenaltären „statt der oberen Englen grössere mit einem von oben abhangend – und von unten Etwas aufsteigendten behäng, oder fliglen zu machen, mittelst welchen an dem Rosen-Kranz-altar die geheümnüsse, und an St. Josephi altar die freündschafft christi vorgestellt werden künte..." (Abdruck der Archivalien bei Schwind 1938, S. 354–357 und Boeck 1948, S. 360–364). Boeck schließt daraus, daß 1759 die bereits vorhandenen Stuckmarmorbauten der Seitenaltäre (aus dem Jahr der Altarweihe 1738?) nur verändert werden sollten, während Ruth Schweisheimer diese Altäre als künstlerische Einheit ansah und zwei Altarentwürfe Feuchtmayers in der St. Galler Stiftsbibliothek auf sie bezog (Sauer 1936, S. 51–52, 108, Kat. Nr. St. Gallen 13). Die zu seiten dieser Altäre aufgestellten Figurenpaare, Dominikus und Katharina, Joachim und Anna, kommen im Vertrag nicht vor, entsprechen aber dem im Vertragstext erwähnten ikonographischen Programm; wahrscheinlich sind sie erst durch Abänderung oder Ergänzung des 1759 gefaßten Planes während der Arbeit hinzugekommen. Bei Auszahlung der letzten Rate am 7. November 1763 müssen die Altäre spätestens fertig gewesen sein.
Der Anteil der beiden Meister an dieser gemeinsam übernommenen Aufgabe ist nur stilkritisch zu erschließen, doch geben die Zahlungen einen gewissen Hinweis: so erhält Dirr 566 Gulden, 20 Kreuzer, d.h. bloß rund 23% der Gesamtsumme ausbezahlt (s. Ruth Schweisheimer). Der Hochaltar mit der Stuckgruppe der Himmelfahrt Mariens (s. Kat. Nr. B 48), die 1874–75 zerstört wurde, dürfte im wesentlichen ein Werk Feuchtmayers gewesen sein. Die erhaltenen Figuren von Dominikus und Katharina, Joachim und Anna von den Seitenaltären zeigen dagegen die Handschrift von Dirr, der hier allerdings noch stark unter dem Einfluß Feuchtmayers steht. Die beste Skulptur, die hl. Katharina, besitzt jene zarte Beseelung, durch die sich Dirrs Bildwerke gegenüber den leidenschaftlichen, aber eher herben Figuren Feuchtmayers auszeichnen. Die Zuschreibung gerade der hl. Katharina an Dirr konnte Ruth Schweisheimer durch den Vergleich mit der hl. Anna vom ehemaligen Hochaltar der Heiligenberger Schloßkapelle stützen (Dillmann/Zoege von Manteuffel/Schulz 1980, Abb. S. 23), den Dirr 1764–1766 geschaffen hat.

Lindenholz, dreiviertel- bis vollrund, rückseitig ausgehöhlt mit neuer weißer Fassung und Vergoldung. H. ohne den Heiligenschein 136 cm.

Literatur: Schweisheimer S. 9–14. – Schwind 1938, S. 353, 358, Abb. neben S. 353. – Boeck 1948, S. 37, 123–124, 287, 360–364. – Bregenz 1964, erwähnt bei Kat. Nr. 26. – Dillmann/Zoege von Manteuffel/Schulz 1980, S. 18, Abb. S. 19.

Beuron, Benediktiner-Erzabtei

B 10

B 10 □

Christus als Weltheiland

J. G. Dirr (zugeschrieben), um 1760–1770

Mit segnend erhobener Rechten, in der Linken die Weltkugel haltend, ist hier Christus als Weltheiland dargestellt. Vermutlich handelt es sich bei dieser ebenso großzügig bewegten wie drapierten Statuette um das Modell für eine Großplastik, die wir allerdings bisher nicht nachweisen können. Als Künstler wurde J. A. Feuchtmayer (Boeck), aber auch J. G. Dirr vorgeschlagen (Sandner im Bregenzer Katalog von 1964). Aufgrund der jahrelangen Zusammenarbeit dieser beiden Bildhauer lassen sich ihre Werke nicht immer deutlich voneinander unterscheiden. Bei der Statuette erinnert die starke bogenförmige Schwingung der Gestalt wohl an Feuchtmayers Art, andererseits wäre der Kopf für eine Feuchtmayer'sche Figur sehr klein proportioniert, auch wird – trotz des ausladenden Mantelumschlags – versucht, mit dem Gewand den Körper stärker zu modellieren, als dies Feuchtmayer zu tun pflegte. Boeck verweist u.a. auf die 1761–1763 entstandenen Beichtstuhlreliefs der St. Galler Klosterkirche, an denen jedoch auch Dirr beteiligt war. Die Verbindung von barocker Leidenschaft mit frühklassizistischer Strenge, die den besonderen Reiz dieser Statuette ausmacht, spricht doch mehr für Dirr als ihren Urheber.

Lindenholz, vollrund, ungefaßt. H. 15,7 cm. Rechter Zeigefinger und drei Ecken der Standplatte ergänzt.

Literatur: Boeck 1963, S. 28, Abb. 102–103. – Bregenz 1964, Kat. Nr. 32.

Beuren (Gem. Salem), Kath. Pfarrkirche St. Ulrich

B 11 □

Hl. Bernhard von Clairvaux

Vom Hochaltar der ehemaligen Zisterzienserinnen-Klosterkirche Baindt bei Ravensburg

J. G. Dirr, 1763–64

Der Dargestellte ist die führende Persönlichkeit aus der Frühzeit des Zisterzienserordens und eine der bedeutendsten Gestalten des Mittelalters überhaupt. Um 1090 als Sohn einer burgundischen Adelsfamilie geboren, tritt Bernhard 1112 in das Reformkloster Cîteaux bei Dijon ein. Von dort wird er 1115 ausge-

B 11

sandt, um das neue Kloster Clairvaux zu gründen, dem er als Abt bis zu seinem Tod im Jahr 1153 vorsteht. Ein strenger Asket und großer Mystiker, gewaltiger Prediger und Schriftsteller, der mit führenden Köpfen seiner Zeit Briefe wechselt, hat Bernhard entscheidend den Geist seines Ordens geprägt, dessen Verbreitung gefördert, hat aber auch durch seinen leidenschaftlichen Aufruf zum zweiten Kreuzzug die politische Geschichte des 12. Jahrhunderts mitbestimmt. Das Bildwerk gibt den Heiligen mit dem schmalen, ausgemergelten Antlitz des Asketen wieder, im Zisterzienserhabit mit dem Abtskreuz auf der Brust und dem Abtsstab in der Linken, die Rechte in sprechender Gebärde erhoben. Am Altar steht die Figur rechts auf einem Bogen, der den Hochaltar mit der seitlichen Chorwand verbindet. Ihr Gegenstück bildet links der als bärtiger Greis wiedergegebene hl. Benedikt, der Begründer des abendländischen Mönchswesens. Vor den Säulen der Baldachinarchitektur des Altares stehen die Figuren Johannes des Evangelisten und Johannes des Täufers; in der Mitte befand sich ein Gemälde mit der Krönung Mariens (heute entfernt). Die Mensa ist mit Reliefs der Beweinung Christi und der Engel mit Leidenswerkzeugen geschmückt. Dieser Altar ist die erste für uns faßbare völlig selbständige Arbeit von Johann Georg Dirr. Laut dem Vertrag, den die Äbtissin Maria Cäcilia Seitz mit Dirr 1763 abschloß, sollte dieser gegen Zahlung von 1200 Gulden ab Neujahr 1764 mit den Arbeiten für den Hochaltar beginnen. Außer Gips und Brettern hatte Dirr die Materialien selbst zu stellen, auch die Hilfskräfte mit Ausnahme des Poliers selbst zu unterhalten; die Figuren durfte er in seiner Mimmenhauser Werkstatt anfertigen, ihr Transport ging zu Lasten des Klosters, desgleichen die Vergoldung von Tabernakel und Altar. Über den Abschluß der Arbeit ist nichts bekannt; wegen der gleichzeitigen Beschäftigung Dirrs für Salem und St. Gallen dürfte sie sich länger hingezogen haben. Baindt war ein Tochterkloster von Salem, dem Hauptauftraggeber von Dirr, und Dirrs Riß zum Baindter Hochaltar hatte Abt Anselm II. von Salem vorher zu genehmigen. Nach Ansicht von Ruth Schweisheimer gab eine Lichtpause in der ehemaligen Sammlung Buchmann in Salem diesen verschollenen Riß wieder. Nach der Lichtpause sollte das äußere Figurenpaar ursprünglich nicht auf den seitlichen Bögen, sondern auf vorspringenden Postamenten aufgestellt werden; außerdem sollte es offenbar statt der heiligen Mönche die Apostelfürsten Petrus und Paulus darstellen.
Im Typus des Baldachin-Altares folgt der Baindter Hochaltar Feuchtmayer'schen Vorbildern; deshalb nahm Boeck an, daß ihm ein Entwurf Feuchtmayers zugrunde läge. Im Figurenstil löst sich hier Dirr jedoch, wie Boeck richtig bemerkt, von der bewegten Formensprache des alten Meisters, verglichen etwa mit den wenig älteren Seitenaltarfiguren von Beuron (s. Kat. Nr. B 9). Der Kontrapost, jetzt nur noch schwach ausgeprägt, ist nicht mehr mit einer Drehung, sondern bloß mit einer leisen Schwingung des Körpers verbunden, der Gewandfall ist stärker auf den Körper bezogen, die Umrisse sind beruhigt. Umso wirkungsvoller hebt sich das zarte durchgeistigte Haupt des hl. Bernhard davon ab.

Holz, dreiviertel- bis vollrund, rückseitig ausgehöhlt, mit neuer weißer Fassung. H. ca. 160 cm.

Literatur: Kdm. Württemberg, Tafelbd. 3, Donaukreis (Ergänzungen), o. J., Taf. 78. – Feulner 1929, S. 87. – Kdm. Württemberg, Ravensburg, 1931, S. 59–60. – Schweisheimer 1935, S. 14–19, 79. – Boeck 1948, S. 143, 280–282, Abb. 196. – Dillmann/Zoege von Manteuffel/Schulz 1980, Abb. S. 25.

Baindt, Kath. Pfarrkirche St. Johann Baptist

B 12 □

Entwurfszeichnung für einen Standleuchter

J. G. Dirr, um 1768–1778

Der schlanke hohe Leuchter hat drei Füße, auf denen Cherubim ruhen. Auf das hohe Sockelgeschoß folgt ein zylindrischer Schaft, der unterbrochen wird von einer mit Lorbeer umwundenen Kugel, wohl der Weltkugel. Über ihr erscheinen drei Putten mit den Attributen Kreuz, Anker und flammendes Herz. Sie verkörpern demnach die drei christlichen Kardinaltugenden „Glaube, Hoffnung, Liebe" (nach 1. Korinther 13, 13). Oben hat der Leuchter eine knaufartige Bekrönung. Die kräftigen Schmuckelemente, unter denen die vielen Lorbeergehänge auffallen, gehören jenem frühklassizistischen Formenschatz an, welcher uns auch in der von Dirr geschaffenen Ausstattung des Salemer Münster begegnet. Noch sehr dem Rokoko verhaftet sind dagegen die Putten mit den weichen Kinderkörpern, auf die wir wie auf eine Art Leitmotiv ständig in Salem treffen. Eben dort wird das 1776–77 von Dirr geschaffene Tabernakel des Hochaltars von sechs gleichgeformten, über zwei Meter hohen gegossenen vergoldeten Bronzeleuchtern

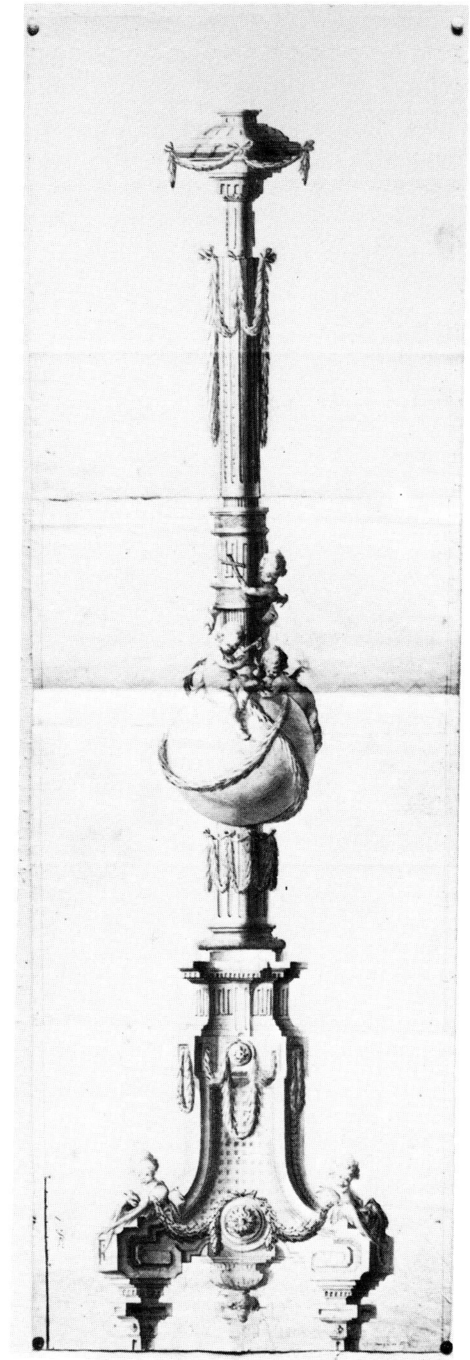

B 12

B 13 a–b

flankiert, die eine wesentliche Zierde des Altares bilden, da dieser ohne Rückwand frei in der Vierung steht. Die Leuchter, von ähnlichem Grundtypus wie derjenige unserer Zeichnung, sind jedoch sehr viel einfacher und ohne figürlichen Schmuck gestaltet. Nichtsdestotrotz sah Ruth Schweisheimer in unserem Blatt den Urentwurf dafür. Nach den uns überlieferten Zeichnungen und Schriftquellen erscheint die Geschichte der vom Abt geplanten großen Leuchter jedoch recht verworren und läßt diesen einfachen Schluß nicht ohne weiteres zu.
Die Herstellung von sechs Altarleuchtern wird vom Abt, wie sein Briefwechsel zeigt, mindestens seit 1768 erwogen (s. GLA Karlsruhe 98/728). 1773–74 läßt er durch den Aulendorfer Goldarbeiter J. M. Heuppel nach einem offenbar von J. G. Dirr geschnitzten Modell einen tragbaren kleineren Leuchter aus vergoldetem Kupfer mit aufgesetzter Silberzier gewissermaßen als Probestück für die großen Altarleuchter machen, der jedoch viel zu schwer geriet. Auf weitere Arbeiten von Heuppel ist daraufhin verzichtet worden. Zu diesem Leuchtertyp gehörten offenbar „Engel oder Kindlein" (GLA Karlsruhe 98/738, 98/742). Wahrscheinlich handelte es sich um einen Leuchter, der in seinem Reichtum dem hier ausgestellten Entwurf entsprach, aber von wesentlich kleinerem Format und gedrungenerer Proportion als dieser war. Zwischen 1775 und 1778 hat dann J. G. Dirr „auser acord" u. a. geliefert: „Das model zue den Leichter auch zu denen uibigen 5 Leichter alle gierlanden alles zu Haus ferdiget", d. h. wohl in Holz geschnitzt. Dafür erhält er am 26. März 1778 die erstaunlich hohe Summe von 100 Gulden ausbezahlt (GLA Karlsruhe 98/1535). Demnach hat Dirr nicht nur ein Modell für einen Leuchter, sondern zumindest noch Teilformen für weitere fünf Leuchter geschaffen, wodurch sich auch der hohe Preis erklärt. Das spricht wieder dafür, daß es sich um Modelle für kupfervergoldete Leuchter von gleichem Grundtypus mit unterschiedlichem Silberzierat handelte; für den Bronzeguß von sechs gleichen Leuchtern hätte ein Modell genügt. Möglicherweise ist unser Entwurf darauf zu beziehen; es müßte dann noch fünf andere Teilentwürfe für den wechselnden Zierat gegeben haben; ohnehin erscheint es widersinnig, daß die christlichen Kardinaltugenden unserer Zeichnung sechsfach wiedergegeben werden sollten.
Es gibt jedoch noch einen zweiten ähnlichen Leuchterentwurf mit Putten ohne Attribute sowie ohne Kugel, der nur in einer Nachzeichnung erhalten ist und sich zusammen mit einer Nachzeichnung unseres Blattes im Reichlin-Meldegg-Museum Überlingen befindet (Sauer 1936, Kat. Nr. Überlingen 1 u. 2). Auch er kann als Vorlage für die Modelle gedient haben. Ob diese hier vermuteten recht aufwendigen Standleuchter je zur Ausführung kamen, ist unbekannt. Ebenso wissen wir nichts über die Anschaffung der Bronzeleuchter, die heute auf dem Hochaltar stehen.
Nun zeigt eine neuaufgetauchte Zeichnung aus der Dirr-Werkstatt einen Standleuchter, der bis auf geringfügig abweichende Details mit diesen Bronzeleuchtern übereinstimmt; mit ihm zusammen sind auf dem gleichen Blatt noch ein Abschnitt der 1769–1775 entstandenen Salemer Hochaltarschranke und eine zu dieser gehörende reliefierte Vase wiedergegeben. Das kann bedeuten, daß der einfachere Leuchtertyp schon um 1769–1775 geplant war; wahrscheinlicher ist jedoch – auch nach den Aussagen der Schriftquellen –, daß hier der neuentworfene Leuchter zusammen mit der bereits bestehenden Schranke gezeichnet wurde, um zu zeigen, wie gut er sich in das Ganze einfügt (Staatl. Graphische Slg. München, Inv. Nr. 1965/151;

B 13 c–d

gleichfalls im Badischen Landesmuseum aufbewahrte Variante des Winters (Inv. Nr. C 4769, seit dem 2. Weltkrieg verschollen) aus dem Besitz des Malers Lucian Reich soll von einer Uhr mit Darstellung der vier Jahreszeiten aus Meßkirch stammen (Schweisheimer 1935, S. 69–70, 81). Unsere Figürchen könnten in gleicher Weise verwendet worden sein, aber auch als Bozzetti für Großplastik gedient haben.
Der Kindertypus mit der sehr hohen gewölbten Stirn sowie der dichte kompositorische Aufbau mit kontrapostischer Haltung bei geschlossenem Umriß und eng anliegender Draperie begegnen ganz ähnlich bei den 1769–1775 von Dirr geschaffenen alabasternen Puttengruppen auf den Hochaltarschranken des Salemer Münsters. Wie Ruth Schweisheimer bei Besprechung der verschollenen Variante des Winters bemerkt, weist jedoch die noch stärkere Deformierung des Puttenschädels mit blasenartiger Stirn sowie die „Linearität der Falten“ auf Dirrs letzte Schaffensphase 1778–79, in der die Seitenaltäre, die Pyramiden der Stifter und Äbte in Salem entstanden (Schweisheimer 1935, S. 70, 81).

Lindenholz, vollrund, Rückseite flacher und nur skizziert, ungefaßt. H. 18,3 cm, 18 cm, 18,5 cm, 19,1 cm (Frühling bis Winter). Beim Sommer ein Stück der Hutkrempe ausgebrochen, rechte Hand ergänzt, beim Herbst rechte Hand ergänzt. Beim Winter Teil des rechten Fußes mit Sockelstück ergänzt. Linker Daumen und Rand des Beckens beschädigt.

Literatur: Helbing, Frankfurt, 5.–6. 12. 1933, Kat. Nr. 343, Taf. 12. – Schneider 1938, Kat. Nr. 215–218, Taf. 85. – Woeckel 1958, S. 48, Anm. 10. – Bregenz 1964, Kat. Nr. 35–38, Abb. 65.

Karlsruhe, Badisches Landesmuseum, Inv. Nr. V 12 539 b, c, d, a

ebenda noch eine Detailzeichnung Inv. Nr. 1965/155 A).

Bleigriffel, Feder in Grau und Braun, grau laviert. 103 × 32,7 cm. Signiert rechts unten: „Jo: Georg Dirr Bildhr“.

Literatur: Schweisheimer 1935, S. 51 u. Anm. 103. – Sauer 1936, S. 80, Kat. Nr. Konstanz II E. – Woeckel 1958, S. 48 u. Anm. 11, Abb. 6–7.

Konstanz, Städtische Wessenberg-Galerie, Inv. Nr. III/1

B 13 a–d □

Allegorien der vier Jahreszeiten

J. G. Dirr (zugeschrieben), um 1775–1779

Die Jahreszeiten, ein in barocken Innenräumen und Gärten immer wiederkehrendes allegorisches Thema (s. Kat. Nr. B 54, 84), werden hier von vier Putten vorgestellt. Daß kindliche Gestalten die Aufgaben von Erwachsenen übernehmen, ist in der Kunst des 18. Jahrhunderts sehr beliebt. Dadurch kommt ein spielerischer Zug in die Darstellung; zugleich kündigt sich darin die nahende Auflösung der barocken Bilderwelt an. Der Frühling wird durch Blumenkranz und Füllhorn mit Blumen, der Sommer durch Garbe und breitkrempigen Hut, der Herbst durch einen Korb mit Weintrauben, der Winter durch Feuerbecken und pelzgefütterten Mantel charakterisiert. Eine früher

JOHANN PAUL EGELL (1691–1752)

Das Geburtsdatum, der 9. April 1691, ist uns nur durch die Unterschrift eines Schabkunstblatts nach Dathans Egell-Porträt überliefert; dagegen wissen wir nichts über Geburtsort, Herkunft und Lehrzeit. Aus der Pfalz, die Egell später „gleichsamb mein Vatterlandt“ nennt, stammt er sicher nicht. So ist Egell in mancher Hinsicht für uns ein Unbekannter geblieben; dazu kommt, daß seine Arbeiten durch kriegerische Zerstörung, vor allem im Zweiten Weltkrieg, aber auch infolge des sich ändernden Kunstgeschmacks später stark reduziert worden sind. Trotzdem erscheint er heute als die faszinierendste Gestalt unter den südwestdeutschen Bildhauern des 18. Jahrhunderts, und die erhaltenen Werke von ihm üben durch die eigenwillige Lösung formaler Probleme wie durch die sehr persönliche Ausdeutung des Bildinhalts wieder eine starke Anziehungskraft aus. Die erste für uns greifbare Arbeit Egells ist ein geschnitztes Kruzifix mit manchen spätgotischen Zügen, das er 1716 für das Bamberger Kloster St. Michael geschaffen hat (heute in der St. Ottokirche ebenda). Danach muß Egell nach Dresden gegangen sein, wo unter der Leitung Balthasar Permosers eine Schar von Bildhauern für den Bau des Zwingers beschäftigt ist; denn im Herbst 1717 nimmt Permoser seinen Gesellen Paul Egell nach Salzburg mit, um dort Marmor auszusuchen. Anfang der zwanziger Jahre dürfte Egell nach Mannheim gekommen sein, wo er bis zu seinem Tode am 11. Januar 1752 ansässig ist. Am 22. November 1723 läßt er sich in Oggersheim in der Pfalz trauen. Im gleichen Jahr bemüht sich Egell „umb die Hof Bild hauerey" und die „hoffreyheyt". Daß er den Titel Hofbildhauer führt, läßt sich jedoch erst für 1729 nachweisen. 1731 bittet er den Kurfürsten Carl Philipp in Anbetracht seiner bisherigen Dienste, auch „bey hiesigen Schloß=bau mit villen extra Modelen", um eine jährliche feste Besoldung, die ihm dann in der Höhe von 150 fl zugestanden wird, allerdings nur für die Dauer des Schloßbaues. 1736 weist Egell darauf hin, daß der Herzog von Württemberg ihm eine Hofbildhauerstelle mit 1000 Reichstalern Jahressold angeboten habe, worauf der Kurfürst am 21. Juni den Sold seines Hofbildhauers auf 400 fl erhöht. Gleichwohl scheint Egell in dieser Zeit für den württembergischen Herzog tätig gewesen zu sein (s. Kat. Nr. B 19a–b).

Egells Arbeiten für das Mannheimer Schloß sind im einzelnen nur mit Hilfe der Stilkritik festzustellen: so die Stukkaturen für den Rittersaal 1728–29 und das Treppenhaus 1729–30 (s. Kat. Nr. B 15a–g), das Giebelrelief der Schloßkirche um 1730–31 oder die Sandsteinfigur, heute im Historischen Museum Speyer, die vermutlich als Allegorie der Weisheit einst auf dem Balkon des Schlosses stand. Im Rittersaal waren auch die beiden von Egell vollendeten Marmorstatuen des Apollo (Kat. Nr. B 16) und der Ceres aufgestellt, die später in den Schwetzinger Schloßgarten gekommen sind (die Ceres zerstört). 1724–25 fertigt Egell den bauplastischen Schmuck für das Neckartor, 1726–1728 den für das Rheintor in Mannheim; das letztere sollte 1746 weitere Trophäen von seiner Hand erhalten (s. Kat. Nr. B 30; beide Tore wurden im 19. Jahrhundert abgetragen). Ein Hauptwerk Egells ist der vom Kurfürsten gestiftete, nach einem Entwurf von Galli da Bibiena 1739–um 1741 geschaffene Hochaltar für die Untere Pfarrkirche gewesen, der 1945 größtenteils in Berlin zu Grunde gegangen ist (s. Kat. Nr. B 22). Meisterhaft ist der bildnerische Schmuck am Prunksarkophag des am 31. Dezember 1742 verstorbenen Kurfürsten Carl Philipp gestaltet (s. Kat. Nr. B 25a–c). Auch für die aufwendigen Bauten der Mannheimer Jesuiten, Kolleg (1730–1734) und Kirche (1738–1760), werden Figuren in Auftrag gegeben (s. Kat. Nr. B 26). Doch hat Egell für die Kirche nur das Giebelrelief der Fassade vollenden können, während die anderen großen Aufgaben nach seinem Tod Verschaffelt zugefallen sind. Außerhalb Mannheims wären an Arbeiten Egells zu nennen: der Hochaltar der Heidelberger Heiliggeistkirche 1747–48 (s. Kat. Nr. B 29), die Dekoration der Loretokapelle zu Oggersheim, um 1746, das Grabmal des am 26. Juli 1741 verstorbenen Hoffaktors Fein in Durlach, jetzt im Badischen Landesmuseum Karlsruhe, sowie in größerer Entfernung: ein Altar im Hildesheimer Dom 1729–1731 und die Portalskulptur des Palais Thurn und Taxis in Frankfurt 1734–35 und die Ausstattung der Privatkapelle des Freiherrn von Weichs in Sarstedt bei Hildesheim 1744.

Egell ist ein außerordentlich vielseitiger Künstler gewesen, der in Stuck, Stein und Holz mit gleicher Meisterschaft gearbeitet, der als Stukkator auch dekorative Aufgaben übernommen hat. Seine Skizzen weisen ihn als hervorragenden Zeichner aus. Mit ihren zarten Lavierungen wirken sie wie eigenständige Kunstwerke, kaum wie die Arbeitsblätter eines Bildhauers. Egells Stil verrät jene Weltläufigkeit, die man von einem Hofkünstler erwartet: französisches Formengut ist ihm vertraut (seinen Sohn Augustin hat er zur Ausbildung nach Paris geschickt), italienisches ist ihm durch Permoser vermittelt worden, wahrscheinlich ist er selbst – vielleicht mit Permoser – in jungen Jahren in Italien gewesen und hat dort auch in Genua Werke des französischen Bildhauers Pierre Puget kennengelernt, eine zweite Italienreise kurz vor 1744 darf als sicher angenommen werden. Dennoch scheint er nicht das weltmännische Auftreten eines Hofkünstlers besessen zu haben, ganz im Gegensatz zu seinem Nachfolger Verschaffelt, auf den denn auch viel mehr Glanz gefallen ist. Egell muß ein grüblerischer Künstler gewesen sein, der an sich und sein Werk höchste Anforderungen stellte, sich dann „selbsten employren" mußte, d. h. nicht auf die Hilfe der Werkstatt zurückgriff und deshalb zum Ärger der Arbeitgeber immer wieder die Termine überzog (s. Kat. Nr. B 22). Ein Kunstliebhaber sollte sogar fünf Jahre auf die von ihm bestellte Pietà aus Ton warten. Tiefe Nachdenklichkeit verrät Egell auch in seiner Ausdeutung der Bildinhalte, nie werden traditionelle Schemata unbesehen übernommen, oft überrascht er mit eigenen Lösungen, die ein ungewöhnliches Maß an Einfühlungsvermögen erkennen lassen.

Bei Egells Skulpturen erwecken Steilfalten und durchgehende aufstrebende Linien den Eindruck starker aufsteigender Kräfte wie einer gewissen Schwerelosigkeit. Durch die kantige Brechung der Oberfläche, deren facettenhafte Wirkung eine Metallfassung noch steigern kann (s. Kat. Nr. B 19 a–b, 26), wird das Immaterielle der Erscheinung besonders betont. Dieses eigenwillige Stilbild muß ebenso wie Egells künstlerische Vielseitigkeit eine große Anziehungskraft besessen haben. Wir wissen von zwei hervorragenden Schülern: Franz Ignaz Günther (s. Kat. Nr. B 50), dem bedeutendsten Rokoko-Bildhauer Münchens, und Johann Peter Wagner, dem bedeutendsten Bildhauer Würzburgs in der zweiten Hälfte des 18. Jahrhunderts. Auch in den Werken des Bruchsalers Joachim Günther ist Egells Einfluß zu spüren (s. Kat. Nr. B 53 a).

Literatur: Demmler 1922. – Jacob 1934. – Feulner 1934. – Lankheit 1954. – Lankheit 1955. – Döry 1958. – Neue Deutsche Biographie, Bd. 4, 1959, S. 322–323 (Roswitha Beyer). – Lankheit 1960. – Döry 1963. – Lankheit 1965. – Volk 1967. – Lankheit 1976. – Döry 1980. – Schneider, R. 1980.

B 14 □

Beweinung Christi

Relief mit originalem Rahmen. Aus der Slg. Ferdinand Franz Walraf, Köln

J. P. Egell (zugeschrieben), um 1720–1730

Dies ist keine der bekannten Beweinungsszenen, in denen die Zeugen der Passion Christi ihre Klagen erheben. Hier wird der tote Heiland vom ersten Menschenpaar Adam und Eva betrauert; in demütiger Haltung verharren beide am Rand der Lichterscheinung, die das Haupt Christi umgibt. Außer ihnen sind nur noch zwei wehklagende Cherubim anwesend. Hinter Adam und Eva ragt der Paradiesesbaum empor, umringelt von der Schlange mit dem Apfel; an ihn ist das Kreuz, „das Holz des Lebens", gelehnt. Links wird noch der Sarkophag sichtbar, vorne liegen Dornenkrone und Inschriftenzettel des Kreuzes. – Den inneren Zusammenhang von Sündenfall und Erlösung sinnfällig zu machen, zeigte sich die christliche Kunst schon seit dem Mittelalter bemüht. Sie hat – Römer 5, 12–19 folgend – den alten Adam dem neuen Adam, Christus, gegenübergestellt, sie hat – der Legende folgend – die Schädelstätte, auf der das Kreuz Christi errichtet wurde, als Adams Grab gedeutet oder – wieder einer anderen Legende folgend – gezeigt, daß das Kreuz aus dem Holz des Paradiesesbaumes gemacht worden sei. Diesen symbolischen Bezügen hat Egell für das empfindsame Zeitalter, dem er angehörte, neues Leben verliehen: aus der typologischen Gegenüberstellung ist eine gefühlsinnige Verbindung geworden, in die der Betrachter miteinbezogen wird. Auch das Nebeneinander von Baum und Kreuz wird in solchem versöhnlichen Sinne empfunden. Ähnlich hat Egell später am Hochaltar der Unteren Pfarrkirche in Mannheim (s. Kat. Nr. B 22) der Kreuzigung den Paradiesesbaum, die Schlange sowie Adam und Eva gegenübergestellt, letztere allerdings in verschlüsselter Form als schuldbewußtes kindliches Paar und ohne unmittelbare Beziehung zum Kreuz.

Die Zuschreibung des Reliefs an Egell ist Feulner zu verdanken, der es in die frühen zwanziger Jahre setzte. Für diese Zeit gibt es zwar keine Vergleichsstücke, doch handelt es sich zweifellos um eine frühe Arbeit. Adam und Eva erinnern in ihrer Typisierung noch an Figuren von Egells Lehrer Permoser; auch sind ihnen in Umriß, Bewegung und Gesichtsbildung manche Figuren des Alabasterreliefs an dem 1731 von Egell vollendeten Altar im Hildesheimer Dom vergleichbar (Lankheit 1954, Taf. 54b). Jedoch wird bereits hier das Stilmittel der als Negativform sprechenden leeren Reliefflläche verwendet, das Egell später im Frankfurter Beweinungsrelief (Kat. Nr. B 27) so kunstvoll handhabt.

B 14

Der sehr fein und lebendig geschnitzte Rahmen nimmt am unteren Rand in der Darstellung eines Totenkopfs mit Apfel und Schlange das Thema des Sündenfalls wieder auf. Seine Ornamentik zeigt neben strengen Régence-Formen ein Muschelmotiv, das ähnlich bei Egells Allegorie des Wassers von 1729–30 im Treppenhaus des Mannheimer Schlosses wiederkehrt (s. auch Döry), außerdem Blütenzweige, die auch am Grabmal des 1729 verstorbenen Grafen von Wolckenstein und Trosburg in Schwetzingen vorkommen. Diese Vergleiche legen eine Datierung des Rahmens um 1730 nahe. Vielleicht ist er etwas später als das Relief entstanden.

Elfenbeinrelief in Birnbaumholzrahmen. H. 26 cm, B. 18,5 cm.

Literatur: Feulner 1934, S. 141–143, Abb. 4. – Feulner/Müller 1953, S. 550, Abb. 452. – Lankheit 1954, S. 53 u. Anm. 73. – München 1958, Kat. Nr. 448. – Döry 1963, S. 374–376, Abb. 2. – Klesse/Mayr 1977, S. 144, Abb. S. 145.

Köln, Kunstgewerbe-Museum, Inv. Nr. B 73

B 15 a–g

Entwurfszeichnungen für allegorische Stuckreliefs im Haupttreppenhaus des Mannheimer Schlosses

J. P. Egell (zugeschrieben), um 1724–1729

a–d) Die vier (damals bekannten) Erdteile sind in Form von Kriegstrophäen dargestellt, die an Bändern festgemacht zu sein scheinen und zwei abgeschnittene Köpfe als unteres Anhängsel haben. Europa wird u. a. gekennzeichnet durch Flinte, Hellebarde, Lanze, Amazonenschild, Trompete, Helm, Vase; Asien durch Krummsäbel, Rundschild, Pfeil- und Bogenköcher, Turban, das fürstliche Hoheitszeichen des „Tug" (= Stange mit Halbmond und wehendem Roßschweif) und Mongolenköpfe; Afrika durch Säbel, Schilde, Pfeil- und Bogenköcher, Jagdhorn, Vogel, Hoheitszeichen mit Strahlensonne und Negerköpfe. Am wenigsten ausgeprägt erscheint Amerika mit Schwertern, Schilden, Fahne, Jagdhorn, Raubtierfell, bezopftem Männerkopf. Die ausgeführten Stuckreliefs sind neben dem Eingang zum Rittersaal sowie an der gegenüberliegenden Fensterfront angebracht.
e) Studie für die Allegorie des Ruhmes im Wandfeld oberhalb des Gesimses auf der Balkonseite des Treppenhauses. Die geflügelte Fama (lat. = Ruhm) bläst in eine Posaune und hält den Schild mit dem Monogramm des Kurfürsten C(arl) P(hilipp), links von ihr zwei Putten mit Kette und Stern des Hubertusordens.
f–g) Vier paarweise auf zwei Blätter verteilte Zeichnungen sind Studien für Wandfelder oberhalb des Gesimses in den Treppenhausflügeln, die inhaltlich jeweils mit dem darunter liegenden großen Wandfeld eine Einheit bilden.
Die zum westlichen Treppenhaus gehörenden Szenen stellen in Anspielung auf den im Deckengemälde erscheinenden Schiffbruch des Äneas „Luft" – zwei Putten mit Segel und Ruder – und „Wasser" – zwei Putten mit Netz, Muschel und Fisch – dar. Im Deckengemälde des östlichen Treppenhauses ist „Vulkan schmiedet die Waffen des Achill" wiedergegeben; entsprechend zeigen Skizzen und Reliefs „Feuer" – schmiedender Putto und Kriegsgerät – und „Krieg" – Putten mit Kriegsgerät, der eine putzt ein Kanonenrohr.
Die Entwürfe stammen aus einem Skizzenbuch. Nach eigener Aussage aus dem Jahr 1731 ist Egell „bey hiesigen Schloß=bau mit villen extra Modelen occupiret gewesen" (GLA Karlsruhe 213/102); detaillierte Angaben über Egells Arbeiten liegen allerdings nicht vor. Stilistisch können ihm jedoch u. a. die Stukkaturen im Rittersaal 1728–29 und im Treppenhaus 1729–30 zugeschrieben werden (s. Walter 1927). Für die Komposition der Fama verweist Lankheit auf die entsprechende Figur von Adriaen de Vries auf dem Relief der Befreiung der Feste Raab von 1609, Kunsthistorisches Museum Wien (Lankheit 1954, Taf. 56a).

Feder in Grau, grau laviert, bei „Europa" wenig Bleigriffel-Vorzeichnung sichtbar. Auf Rückseite des einen Blattes spätere Beschriftung (s. Lankheit 1954).

a) „Asien": 27,3 × 19,5 cm. In rechter unterer Ecke „3". b) „Afrika": 27,5 × 19,5 cm. In rechter unterer Ecke „2", in linker oberer Ecke „12". c) „Amerika": 27,5 × 19,4 cm. In rechter unterer Ecke „1.", am oberen Rand „l.". d) „Europa": 27,4 × 18,4 cm. e) „Fama": 19,8 × 27,4 cm. In rechter oberer Ecke „5.". f) „Wasser" und „Krieg": 19,8 × 27,4 cm. In rechter oberer Ecke „7.". g) „Luft" und „Krieg": 19,8 × 27,2 cm. In rechter oberer Ecke „7.".

Literatur: Lankheit 1954, Kat. Nr. 45–51, S. 13, 19, 47–49, Taf. 34–36, 56–57 (mit älterer Lit.)

Mannheim, Städtisches Reiß-Museum

B 16 □

Apoll Lykeios

Ursprünglich im Rittersaal des Mannheimer Schlosses, später im Schwetzinger Schloßgarten aufgestellt

Begonnen von einem unbekannten italienischen Bildhauer vor Juni 1716, vollendet durch J. P. Egell (Zuschreibung) nach Herbst 1731

Bei Athen gab es im Altertum einen „Lykeion" genannten Bezirk mit einem Gymnasion (= Athletenschule), der dem Apoll Lykeios geweiht war (der Beiname „Lykeios" wird u. a. als „Wolfstöter" gedeutet). Aristoteles hatte im Lykeion seine Philosophenschule eingerichtet (daher unser Wort „Lyzeum" für eine höhere Schule). Eine ebenda im Gymnasion aufgestellte Statue zeigte Apoll, wie er sich an die Säule lehnt, „den Bogen in der linken Hand haltend, und die rechte schlaff und lässig um sein Haupt gebogen, als ob er von einer langwierigen Arbeit ausruhe" (Lukian, Anacharsis 7).
Der entsprechende, uns durch antike Statuen überlieferte Darstellungstypus des Gottes wird deshalb als Apoll Lykeios bezeichnet (Handbuch der Archäologie, 5. Lieferung, München 1950, Taf. 84,1).
In einer antiken Abwandlung dieses Typus hält der Gott an Stelle des Bogens in der Linken ein Saiteninstrument, die Kithara, im Barock fälschlich Lyra genannt, und in der auf dem Haupt ruhenden Rechten das Plektron, das Stäbchen zum Anreißen der Saiten (Bieber, Margarete, The Sculpture of the Hellenistic Age, New York 1961, Abb. 679–681). An diese Variante schließt sich die hier ausgestellte Skulptur an.
Nachahmungen antiker Skulpturen sind im Barock nichts Ungewöhnliches. Doch bei diesem Apoll fällt auf, daß zwar Aufbau und entspannte Haltung dem klassischen Muster folgen, daß aber der Kopf gegenüber dem flach modellierten Körper in ganz unantiker Weise betont ist. Wie ein Kranz umgibt der Arm den Kopf, statt lässig darauf zu ruhen; und die Hand ist beschattend über die Stirn gezogen. Vor allem aber ist das Haupt ganz und gar nicht apollinisch geformt, das Antlitz von ironisch-zugespitztem Ausdruck, Apoll erscheint als ein faunshafter Gott. Unklar bleibt der Gegenstand in der Rechten, der für ein Plektron zu stark erscheint und vielleicht einen (abgebrochenen) Lorbeerzweig darstellt. An den Baumstrunk, auf dem die Lyra steht, ist ein Messer festgebunden, das auf die Schindung des Marsyas hindeuten soll (s. Leger 1828, S. 120). Dieser Marsyas hatte übermütig den Gott zu einem musikalischen Wettstreit aufgefordert; er unterlag und wurde von Apoll auf solch' grausame Weise bestraft. Daß es hier zu keiner reinen Antikenkopie kam, liegt vielleicht am Werdegang des Bildwerks: es ist sicher identisch mit einem marmornen „Apollo 9 fueß hoch", auch beschrieben als „Apollo mit der Lyra in der Handt… Vnverfertigt", der sich zusammen mit einer ebenfalls „vnverfertigten" und gleich großen Ceres aus Marmor 1731 in Düsseldorf befand und dort unter den „italiänischen Statu-

en" geführt wurde (s. Kdm. Baden-Württemberg, Stadtkreis Mannheim, 1981; dagegen vermutete Walter 1927, S. 188 irrigerweise, daß es sich um Figuren aus dem Nachlaß von Grupello handle). Kurfürst Carl Philipp ließ im Herbst 1731 mit anderen Kunstsachen auch diese beiden Marmorbilder, obwohl sie unausgearbeitet waren, den Rhein hinauf nach Mannheim schiffen (GLA Karlsruhe 77/3895). Daß Egell die Statuen dann vollendet hat, läßt sich – vom Apoll her – stilkritisch erschließen; auch kennen wir einen entsprechenden Vorgang: so hatte Egell 1746 eine „noch nicht perfektionirte" Marmorstatue von Grupello in seiner Werkstatt (GLA Karlsruhe 77/2765, S. 439).

Zeyher/Roemer überliefern, daß Apoll und Ceres ursprünglich im Rittersaal des Mannheimer Schlosses als Nischenfiguren standen, bis sie dort 1758–1760 den Verschaffelt'schen Marmorstatuen des Kurfürstenpaares weichen mußten und in den Schwetzinger Schloßgarten versetzt wurden. Weiter berichten Zeyher/Roemer, daß die Ceres (in Schwetzingen) von ihrem Fußgestell gestürzt sei und daß ihre Trümmer im Badhaus verarbeitet worden seien. Zeyher/Roemer schrieben auch als erste – wohl auf Grund einer damals noch lebendigen Tradition – die Figuren Paul Egell zu. Die unfertige Figur des Apoll muß noch zu Lebzeiten von Kurfürst Jan Willem (gest. 1716) in Düsseldorf entstanden sein. Obwohl der unbekannte italienische Bildhauer die Komposition (nach dem antiken Vorbild) bereits festgelegt hatte, trägt die Figur das unverwechselbare Gepräge von Egells eigener Hand. Das wird am deutlichsten an dem sehr lebendig modellierten Kopf mit dem schalkhaften Lächeln; seine Physiognomie erinnert an die Faunshermen des Dresdner Zwingers, an denen Egell unter der Leitung Permosers mitgearbeitet haben dürfte.

Marmor, vollrund, Rückseite flacher gehalten. H. ca. 256 cm. Mehrfach gebrochen. Im Jahr 1908 war die Statue „zertrümmert" und wurde von Bildhauer F. Binz, Karlsruhe, restauriert; dabei wurde das „abgebrochene Fußstück", d.h. Füße und Waden, erneuert. Der Baumstrunk ist dagegen original; hier sind Kordel und Messer beschädigt. Daumenspitze und Zeigefinger der Linken ergänzt.

Literatur: Zeyher/Roemer 1809, S. 48–49. – Leger 1828, S. 120–124. – Demmler 1922, S. 140, Abb. 12. – Sauerlandt 1926, Taf. 38. – Walter 1927, S. 188. – Feulner 1929, S. 98–99, Abb. 92. – Kdm. Baden, Bd. X, 2, Stadt Schwetzingen, 1933, S. 342, 367, 368, Abb. 349. – Kdm. Baden-Württemberg, Stadtkreis Mannheim, 1981.

Schwetzingen, Schloß, Staatliche Liegenschaftsverwaltung, Inv. Nr. G 3724

B 16

B 17 □

Hl. Judas Thaddäus

Bozzetto für eine bisher nicht nachgewiesene große Figur. Aus der Bozzetti-Slg. des Johann Sebastian Barnabas Pfaff

J. P. Egell (zugeschrieben), um 1735

Die Figur, durch ihr antikisches Gewand und die bloßen Füße als Apostel gekennzeichnet, hat ihr Haupt einer ovalen Platte zugeneigt, die sie im linken Arm hält, und hat dabei die Rechte in einer Gebärde des Ergriffenseins auf die Brust gelegt; diese Rechte, auffallend groß und im Gelenk scharf geknickt, ist eine typische Egell-Hand (s. Kat. Nr. B 26). Die Linke stützt sich beim Halten des Ovals auf einen Stamm, der ein Marterwerkzeug, etwa eine Keule, darstellen könnte. Eingeritzte Querstriche in halber Wadenhöhe, über dem Knie, in Hüfthöhe, am rechten Ellenbogen, sowie eine senkrechte Ritzung über dem linken Oberschenkel geben ein Raster für die Übertragung in das große Format an. Die ungewöhnliche Darstellung meint den Jünger Judas Thaddäus, der nach der Himmelfahrt des Heilands vom Apostel Thomas zu König Abgar von Edessa gesandt wurde, um dem Herrscher das Bildnis Christi zu bringen, wonach dieser verlangt hatte. Es war aber kein von Menschenhand gemachtes Porträt; denn der Maler hatte das Antlitz Jesu nicht zu beschauen vermocht ob des großen Glanzes, der von ihm ausging. Daraufhin hatte Christus selbst sein Angesicht in das Leinengewand des Malers abgedrückt. Dieses wahre Bildnis des Herrn ist hier für den Überbringer Judas Thaddäus zum Gegenstand tiefer Verehrung geworden. Seine Hinneigung zu dem geliebten Bildnis wird in großartiger Weise einbezogen in die bogenförmige Schwingung der ganzen Gestalt.
Schon Brinckmann hat diesem Bozzetto die große, im Zweiten Weltkrieg zerstörte Sandsteinfigur des hl. Chrysostomus gegenübergestellt, die sich ursprünglich an dem um 1733 erbauten Mannheimer Haus C 1, 1 befand und den Namenspatron des Bauherrn Chrysostomus Mang darstellte (s. Kdm. Baden-Württemberg, Stadtkreis Mannheim 1981. – Brinckmann 1924, Abb. 16. – Volk 1967, Abb. 162). Wir finden dort die gleiche einseitige Schwingung der Figur, die der Skulptur ähnlich wie in der Gotik einen aufstrebenden Zug verleiht. Doch bei der Steinfigur gabelt sich die Bewegung in der oberen Hälfte, da dort das Attribut auf der Standbein-, nicht auf der Spielbeinseite gehalten wird. Der Bozzetto zeigt ebenfalls solchen Gegenzug zur großen Schwingung, wenn auch nicht so pathetisch, in dem wegwehenden unteren Mantelzipfel. Der hl. Chrysostomus dürfte als Hausheiliger gleichzeitig mit dem Bau um 1733 in Auftrag gegeben worden sein. Daß Egell in dieser Zeit das Motiv der wegwehenden Mantelzipfel verwendete, zeigt auch seine Zeichnung einer Maria vom Siege auf dem Altarentwurf für St. German und St. Moritz in Speyer (Mannheim, Reiß-Museum. – Lankheit 1954, Kat. Nr. 2, Taf. 2).

B 17

Rötlicher gebrannter Ton, dreiviertel- bis vollrund, rückseitig ausgefurcht, mit lehmfarbenem Anstrich. H. 28,5 cm. Rand des Bildnisovals teilweise abgebrochen.

Literatur: Demmler 1922, S. 141, 152, Abb. 9. – Brinckmann 1924, S. 52–53, Taf. 17. – Bischoff 1927, S. 8–9. – Feulner/Müller 1953, S. 549–550, Abb. 451. – München 1958, Kat. Nr. 449 (mit älterer Lit.).

Mainz, Mittelrheinisches Landesmuseum, Inv. Nr. 0,1406

B 18

Entwurfszeichnung zu einer Figur des Apostels Philippus

J. P. Egell (zugeschrieben), um 1735–1740

Der Apostel hält außer dem üblichen Buch auch ein Kreuz in Händen als Hinweis darauf, daß er nach der Legende am Kreuz gesteinigt worden ist. In der Komposition besteht Verwandtschaft zu dem Tonbozzetto des Apostels Judas Thaddäus (Kat. Nr. B 17). Vielleicht haben beide Skizzen, die gezeichnete wie die plastische, als Studien zu einem Apostelzyklus gedient? Lankheit datiert die Zeichnung um 1745, das Pathos der Figur spricht jedoch eher für eine etwas frühere Zeit. Die Zeichnung stammt aus demselben Konvolut wie Kat. Nr. B 20.

Bleigriffel, Feder in Grau und Braun, grau laviert. 23,9 × 12,7 cm. Allseitig beschnitten. Unten mit brauner Feder kursiv beschriftet „Philippus." (nach Lankheit eigenhändig).

Literatur: Lankheit 1954, Kat. Nr. 41, S. 18 u. Anm. 78, Taf. 32. – Heidelberg 1959, Kat. Nr. 144.

Heidelberg, Kurpfälzisches Museum, Inv. Nr. Z 880

B 19 a–b □

Die hll. Petrus und Paulus

Vom Hochaltar der Pfarrkirche Mariä Himmelfahrt zu Ringingen

J. P. Egell (zugeschrieben), um 1736

Während der eine Apostelfürst, Paulus, wie üblich mit dem Werkzeug seines Martyriums, dem Schwert, und einem Papierblatt als Hinweis auf die paulinischen Schriften dargestellt ist, tritt der andere als reuiger Petrus auf mit schmerzlich erhobenem Antlitz; in einer Gebärde der Selbstanklage ruht die Linke auf der Brust, während die Rechte auf den Hahn zu seinen Füßen weist. Deutlich ist hier auf die Verleugnung Petri angespielt. Nach der Prophezeiung des Herrn „ehe der Hahn kräht, wirst du mich dreimal verleugnen" hatte Petrus in der Nacht, da Christus vor den Hohepriester geführt wurde, dreimal geleugnet, zu dem gefangenen Herrn zu gehören (Matthäus 26, 34; 26, 69–75). Blick und Haltung des reuigen Petrus sind zur Altarmitte hin gerichtet, wo sich eine Darstellung der Passion Christi befunden haben muß (das jetzt dort angebrachte Gemälde des Gekreuzigten stammt von 1858; außerdem ist nicht sicher, ob Apostelfiguren und Altarretabel ursprünglich zusammengehörten, s. folgenden Text).
Der Stein, auf den Paulus tritt, weist wohl auf die Steinigung des Stephanus hin, bei der Paulus, damals noch ein Gegner der Christen, zugesehen hat.

In ihrem statuarischen Aufbau, im Gewandstil mit den scharfen aufsteigenden Faltengraten und den eingerollten Stoffzipfeln wie in der Gesichtsbildung erweisen sich die beiden Apostelfiguren als sichere Werke Egells. Der Egell-Forschung sind sie bisher unbekannt geblieben. Ihre Entdeckung ist Herrn Dr. Volker Himmelein zu verdanken. Besonders typisch erscheint der hl. Paulus. Diese Skulptur, die sich gegenüber dem von starker Gemütsbewegung beherrschten Petrus behaupten muß, ist zu einer großartigen Charakterfigur gestaltet worden. Sehr ausgeprägt sind die aufsteigenden Tendenzen, die der Biegung des Spielbeins folgen. Dem steht auf der Standbeinseite im kaskadenhaften Fall des Mantels und dem auf den Boden gestützten Schwert eine Gegenbewegung gegenüber, die durch die Blickrichtung des Hauptes zum Schwertknauf noch betont wird. Auf diese Weise entsteht eine starke Spannung innerhalb des Bildwerks, in die auch Schwert und Papierrolle miteinbezogen werden. Es ist charakteristisch für Egell, daß ihm die üblichen Heiligenattribute mehr als bloße Beigaben sind. Das Antlitz, zerfurcht und doch auch wieder weich modelliert, scheint sich unter dem Druck innerer Erregung gerade zu verwandeln; die sich bauschenden Locken an Stirn und Schläfen verstärken noch das Phantastische der Erscheinung.
Im Kunstdenkmäler-Band des Donaukreises bemerkt Julius Baum bei Besprechung des Ringinger Hochaltares dazu folgendes: „Zu den Seiten Skulpturen, Petrus und Paulus, aus der Eberhardskirche in Stuttgart, 18. Jhdt." Die Eberhardskirche, die zu den ab 1768 von Reinhard Fischer im Solitudepark bei Stuttgart errichteten Bauten gehörte, kann jedoch nicht der ursprüngliche Bestimmungsort der viel früher entstandenen Figuren sein, ebensowenig die 1771–1786 neuerbaute Kirche von Ringingen; doch weist Baums Angabe jedenfalls auf eine Herkunft aus dem Württembergischen hin.
1736 bemühte sich Herzog Carl Alexander von Württemberg, Paul Egell als Hofbildhauer für sich zu gewinnen. Egell, der aber Mannheim nur ungern verlassen wollte, erreichte daraufhin bei Kurfürst Carl Philipp eine Erhöhung seines Jahressoldes. Es liegt nahe, die beiden Apostelfiguren in diese Zeit zu datieren. Auch stilgeschichtlich scheint das Datum zu stimmen; allerdings gilt dabei die Einschränkung, daß wegen der Lückenhaftigkeit des Oeuvres sowie wegen der geringen Wandlung in den Figurentypen die Chronologie bei Egell ziemlich unsicher ist. Immerhin läßt sich der Ringinger Petrus in Typus und Gebärden recht gut mit dem Joachim des Hildesheimer Altares von 1729–1731 vergleichen (Lankheit 1960, Abb. 3). Noch enger scheint die Beziehung zu der Steinfigur des hl. Chrysostomus zu sein, die von dem um 1733 erbauten Mannheimer Haus des Chrysostomus Mang stammt (Volk 1967, Abb. 162, im 2. Weltkrieg zerstört): Schwingung und aufstrebende Tendenz der Gestalt, kontrapostische Haltung und Fall des Mantels entsprechen sich bei Petrus und Chrysostomus weitgehend; auch hat der Chrysostomus gleich dem Ringinger Paulus ein großes Papierblatt als Attribut. Beim Paulus fällt noch die Höherstellung des Spielbeins durch den untergeschobenen Stein auf, ein altertümliches manieristisches Motiv, das in abgeschwächter Form auch bei dem hl. Rochus vom Hochaltar der Unteren Pfarrkirche 1739–1741 begegnet (Figur 1945 zerstört; Demmler 1922, Abb. 8).
Schließlich hat Egell die beiden Apostelfürsten nochmals 1747–48 am ehemaligen Hochaltar der Heidelberger Heiliggeistkirche dargestellt (die Figuren heute verschollen; Lankheit 1954, Taf. 55b; s. auch Kat. Nr. B 29).
Die Architektur des Ringinger Altares mit ihrer asymmetrischen Rocaille könnte allerdings nach unserer Kenntnis der Egell'schen Ornamentik erst Anfang der vierziger Jahre entstanden sein (s. Döry 1963, S. 377–384). Die Frage ist, ob Apostelfiguren und Altarbau von Anfang an zusammengehörten. Es fällt auf, daß Baum nur die Apostelfiguren mit der Herkunftsangabe „aus der Eberhardskirche" versieht. Tatsächlich weisen die Engelkinder neben dem (erneuerten) Tabernakel und die Engel auf dem Gebälk des Altares keine Egell'schen Stilmerkmale auf. Dann müßte der Altar, der ja auch nicht zur ursprünglichen Ausstattung des erst 1771–1786 errichteten Neubaues der Ringinger Kirche gehören kann, aus einer anderen württembergischen Kirche stammen. Auf Württemberg weisen das Spiegelmonogramm „C" (= Carl Eugen) über dem Altargemälde und die Herzogskrone über dem Auszug hin. Diese Fragen könnten vielleicht durch eine gründliche Untersuchung des Altares wie der Schriftquellen noch geklärt werden.

Lindenholz, dreiviertel- bis vollrund, rückseitig ausgehöhlt. Die originale Vergoldung (Inkarnat, Haare und Hahn mattgolden, sonst Glanzvergoldung) wurde 1935 freigelegt und stellenweise ergänzt. Standplatten marmoriert. H. des hl. Petrus ca. 170 cm, H. des hl. Paulus ca. 165 cm.

Literatur: Kdm. Württemberg, Donaukreis, Bd. 1, Blaubeuren, 1914, S. 101.

Ringingen, Kath. Pfarrkirche Mariä Himmelfahrt

B 20

Entwurfszeichnung zum Hochaltar der Unteren Pfarrkirche in Mannheim

J. P. Egell, 1738

Die Zeichnung zeigt einen vom Kurhut bekrönten Baldachinaltar mit einem Kruzifix, das sich über dem Tabernakel aufbaut, und den trauernden Assistenzfiguren Maria und Johannes auf seitlich angefügten Postamenten. Den Kreuzesstamm hält eine männliche Figur umklammert, die voller Schmerz den Blick des Herrn sucht, in ihrer klagend ausgestreckten Rechten zwei Pfeile, das Attribut des hl. Sebastian (zur Legende des hl. Sebastian s. Kat. Nr. B 4). Auf der Gegenseite kniet ein Engel anbetend neben dem Tabernakel (zur Funktion des Tabernakels s. Kat. Nr. B 44). Der Entwurf gehört in seiner schwebenden Zartheit zu den Höhepunkten von Egells Zeichenkunst. – Die Darstellung des hl. Sebastian unmittelbar zur Rechten des Herrn weist auf einen Altar für eine Sebastianskirche hin; nach dem Datum 1738 auf dem Blatt muß dies die Untere Pfarrkirche St. Sebastian in Mannheim sein. Offensichtlich handelt es sich hier um einen ersten Entwurf Egells, der später verworfen wurde. Stattdessen ist der Ausführung, über die im April 1739 mit Egell und anderen der Vertrag abgeschlossen wurde, ein Riß von Alessandro Galli da Bibiena zu Grunde gelegt worden. Gleichwohl könnte dabei in der großen Bildkartusche, die jetzt die Kreuzigungsszene aufnahm, eine Idee von Egell verwirklicht worden sein (s. Egells Hildesheimer Altar 1729–1731 und das Fein-Epitaph aus Durlach, entstanden nach Juli 1741). Der Altar, seit 1879 Museumsgut, wurde 1945 in Berlin bis auf Reste zerstört (s. auch Kat. Nr. B 22). Die Zeichnung stammt aus demselben Konvolut wie Kat. Nr. B 18.

Bleigriffel, Feder in Grau und Braun, grau laviert, schwarzer und dunkelgrauer Tuschrand. 49,6 × 32,1 cm. Links unten signiert und datiert „J P Egell 1738". In der Mitte oben spätere Aufschrift „No: 1".

B 19a

Literatur: Lankheit 1954, Kat. Nr. 3, S. 18, 19, 26–28, 43, 46, Anm. 73, Taf. 3. – Heidelberg 1959, Kat. Nr. 141.

Heidelberg, Kurpfälzisches Museum, Inv. Nr. Z 103

B 21

Entwurfszeichnung zum Hochaltar der Unteren Pfarrkirche in Mannheim

J. P. Egell (zugeschrieben), um 1738–39

Die Altarmensa mit dem Tabernakel, neben dem zwei Engel anbetend knien, steht frei unter dem Chorbogen, an dem eine leere Kartusche (von ital. cartoccio = schildartiger Träger mit Relief, Bild, Inschrift usw. mit Zierrahmen) und ein Engel mit Kreuz angebracht sind. Hinter der Mensa dehnt sich halbkreisförmig eine schrankenartige Zierarchitektur, die auch die Chorbogenpfeiler umkleidet; an diesen steht je eine der Mitte zugewandte Figur, und über dem rechten Gesims sitzt ein posauneblasender Engel. In dem Halbrund sind seitlich zwei Wandfelder, das linke mit figürlicher Szene (Christus am Ölberg?), angedeutet; auch in dem portalartigen Mittelfeld ist ein Relief oder Gemälde – vermutlich eine Kreuzigung – anzunehmen.
Lankheit sieht mit gutem Grund in diesem aufwendigen Altarprojekt einen weiteren Entwurf Egells für den Hochaltar der Unteren Pfarrkirche, der später als das von ihm signierte und 1738 datierte Blatt (Kat. Nr. B 20) entstanden sein muß. Der Kurfürst oder sein kurpfälzischer Oberingenieur Alessandro Galli da Bibiena wünschten offenbar eine großartigere Lösung, als sie jener erste Entwurf im Typus des Baldachinaltars bot. Egell hat dann doch keine Altararchitektur eigener Erfindung durchsetzen können. In seinem Überschlag vom 23. Februar 1739 über die Bildhauerarbeit an diesem Hochaltar nennt Egell bereits eine Zeichnung von Bibiena, nach welcher er Figuren und Zierat verfertigen werde (Oeser 1934, S. 16). Die nach Bibienas Riß dann ausgeführte Altararchitektur war ebenfalls weiträumig, jedoch längst nicht so phantasievoll wie die auf Egells Blatt wiedergegebene. In die Ausführung wurden von Egells Entwurf nur die beiden einem Vorbild Berninis folgenden Tabernakelengel direkt übernommen (s. auch Kat. Nr. B 59); von Egell hat sich eine Federskizze zu dem linken Engel erhalten, die wohl gleichzeitig mit dem hier ausgestellten Gesamtentwurf ent-

standen ist (ebenfalls im Wallraf-Richartz-Museum, Köln, Inv. Nr. Z 87, Lankheit 1954, Kat. Nr. 31, Taf. 25). Lankheit weist daraufhin, daß auch die beiden Heiligenfiguren an den Chorbogenpfeilern der Skizze die Skulpturen der hll. Sebastian und Rochus bereits vorbereiten (s. Kat. Nr. B 22, ebenda auch ausführlicher über den Altar).

Bleigriffel, Feder in Braun. 26,2 × 21,3 cm. Linke untere Ecke abgerissen.

Literatur: Lankheit 1954, Kat. Nr. 4, S. 14, 16, 18, 27–28, 43, Taf. 4.

Köln, Wallraf-Richartz-Museum, Graphische Sammlung, Inv. Nr. Z 117

B 22 □

Hl. Sebastian

Bozzetto zu einer Figur am ehemaligen Hochaltar der Unteren Pfarrkirche St. Sebastian zu Mannheim. Aus der Bozzetti-Slg. des Johann Sebastian Barnabas Pfaff

J. P. Egell, 1739–um 1741

Der hl. Sebastian (zur Legende s. Kat. Nr. B 4) tritt uns in römischer Offizierstracht als Begleitfigur der Kreuzigung Christi entgegen. Sein Blick geht schräg hinauf zum Gekreuzigten des Mittelbildes, seine Hände waren klagend ausgestreckt. Von seiner phantasievoll antikisierenden Kriegerkleidung sind an dem beschädigten Bozzetto noch erkennbar: der geschuppte Brustpanzer mit Maske, das gepanzerte Schulterstück, die Stiefel und der Helm, dem heute die Ränder und der Federbusch fehlen. Die an einer Kette herabhängende Medaille zeigte bei der ausgeführten Statue den Profilkopf des römischen Kaisers Diokletian, dessen Leibgarde der hl. Sebastian nach der Legende befehligte. Gegenüber dem Bozzetto wurde in der großen Figur manches, vor allem der Mantelwurf, verändert.

Im April 1739 hatte sich Egell zusammen mit dem Hofschreinermeister Franz Zeller und dem Maler und Vergolder Johann Theodor Löhr verpflichtet, nach dem Riß von Alessandro Galli da Bibiena den von Kurfürst Carl Philipp gestifteten neuen Hochaltar für die Untere Pfarrkirche zu Mannheim zu erstellen. Das Datum für die Ablieferung der Arbeit – 25. Juli 1740 – kann Egell nicht einhalten. Deshalb am 3. Mai 1741 vor Gericht geladen, erklärt er, „daß er nicht jedermann zu dieser Altararbeit – sondern sich selbsten employren (= betäti-

B 19b

B 22

gen) müßte, gestalten er ein rechtschaffene arbeith zu verfertigen gemeint seye, deshalb er auch nicht übereilet werden könnte...". Er verspricht seine Arbeit bis längstens Michaelis 1741 (= 29. September) zu liefern, andernfalls er die 100 Reichstaler Strafe zahlen werde. Das Visitationsprotokoll von 1744 verzeichnet den fertigen Altar (s. Oeser 1934, S. 7–9, 31–33). Dargestellt war Christus am Kreuz in Vollplastik vor einem Relief mit Maria, Johannes und Maria Magdalena sowie dem Paradiesesbaum, der Schlange und dem ersten Menschenpaar in Gestalt zweier kleiner Kinder. Vor diesem, von einem Muschelrahmen umfaßten Bildfeld standen seitlich zwei vollplastische überlebensgroße Figuren: zur Rechten des Gekreuzigten (d.i. links vom Beschauer aus) der Kirchenpatron, der hl. Sebastian, auf der anderen Seite der hl. Rochus. Neben der Altarmensa knieten zwei Engel, andächtig dem Tabernakel zugewandt. Unter dem Altartisch war in Relief das Martyrium des hl. Sebastian zu sehen. Über den seitlichen Durchgängen, deren Bogenfelder mit Cherubim und Kartuschen besetzt waren, waren zwei Büsten angebracht, die laut den Schriftquellen die hll. Karl Borromäus und Filippo Neri darstellten (s. auch Kat. Nr. B 20, 21). Dieser Altar, an den Egell so viel Mühe verwendet hatte, wurde 1875 abgeräumt, 1879 an das Berliner Kunstgewerbemuseum verkauft und kam später in das Deutsche Museum ebenda. 1945 wurden große Teile des Altars durch Brand zerstört, darunter auch die Figur des hl. Sebastian; erhalten blieben Teile der Rückwand, die Büsten und die Kartuschen (heute im Bode-Museum, Berlin).

Trübgrauer, gebrannter Ton, dreiviertel- bis vollrund, rückseitig tief ausgehöhlt, mit späterem weißlichem Anstrich. H. 26,5 cm, Schwer beschädigt, u.a. linke Hand und rechter Unterarm abgebrochen, Füße und Sockelplatte beschädigt, Helmzier abgebrochen, freihängende Mantelfalte vor dem rechten Bein abgebrochen.

Literatur: Neeb 1907, S. 70, Taf. II, 14. – Bischoff 1927, S. 8–9. – Brinckmann 1924, S. 50–51, Taf. 16.

Mainz, Mittelrheinisches Landesmuseum, Inv. Nr. 0,1413

B 23 □

Jesuitenheiliger

Bozzetto für eine bisher nicht nachgewiesene große Figur

J. P. Egell (zugeschrieben), um 1740

Das sehr skizzenhaft geschnitzte Bildwerk zeigt einen Jesuiten in gegürtetem Talar und Mantel mit abstehendem Schulterkragen (s. auch Kat. Nr. B 26). Der Heilige beugt sich leicht zu dem neben ihm stehenden Kind hinab, das ihm einen halbkugeligen Gegenstand entgegenhält. Dieser ist als Totenschädel zu deuten, der als Attribut zweier Jesuitenheiligen, sowohl des hl. Aloysius von Gonzaga wie des hl. Franz Borgia, vorkommt und jeweils den Verzicht des Heiligen auf irdische Güter hervorheben soll. Der Bozzetto, der unverwechselbar die Handschrift Egells zeigt, könnte als Vorstudie für eine Statue des Mannheimer Jesuitenkollegs, errichtet 1730–1734, entstanden sein, aus dem die ähnlich komponierte große Figur eines Jesuiten im Mannheimer Reiß-Museum (Kat. Nr. B 26) stammt. Weniger wahrscheinlich ist ein Zusammenhang mit dem Skulpturenschmuck der Mannheimer Jesuitenkirche, der erst ab 1749 in Arbeit war; zudem ist Egell bis zu seinem Tode im Januar 1752 mit Bildwerken anderen Inhalts für diese Kirche beschäftigt gewesen. – Eine nach dem Bozzetto ausgeführte große Statue läßt sich bisher nicht nachweisen.

Birnbaumholz, vollrund, ungefaßt. H. 23,81 cm. Rechte Hand des Heiligen abgebrochen.

Literatur: Feulner 1934, S. 144, Abb. 8 – Baxandall 1967, Kat. Nr. 13, Abb. 24–25.

London, Victoria and Albert Museum, Inv. Nr. A. 5 – 1911

B 24 □

Hl. Nikolaus

Aus der Slg. Röhrer

J. P. Egell (zugeschrieben), um 1740–1745

Dargestellt ist der hl. Nikolaus, im 4. Jahrhundert Bischof von Myra in Kleinasien, der auch Nikolaus von Bari heißt, weil seine Gebeine 1087 aus Myra geraubt und nach Bari gebracht wurden, wo der Heilige seither sehr verehrt wird. Als Beispiel für die Mildtätigkeit des Heiligen erzählt die Legende, Nikolaus habe

B 24

drei jungen Mädchen, die ihr Vater wegen seiner Armut in ein Freudenhaus verkaufen wollte, des Nachts heimlich Gold in die Kammer geworfen, so daß sie sich anständig verheiraten konnten. Deshalb hält der Heilige hier als persönliches Attribut drei Goldkugeln auf seinem Buch; er tritt in bischöflicher Tracht mit Stola, Chormantel, Bischofsmütze und Krummstab auf und hat die Rechte segnend erhoben. – Demmler hat als erster die Statuette Egell zugeschrieben; Feulner hat sie um 1740 datiert, wobei er sich auf die Ornamente an dem inzwischen verlorenen Sockel berief. Dieser Sockel war zwar vermutlich eine neobarocke Zutat des Sammlers Röhrer (freundl. Hinweis von Frau Dr. Hannelore Müller), gleichwohl dürfte das genannte Datum ungefähr zutreffen. In der Gestaltung des Kontraposts ist die Statuette dem Heiligen aus dem Mannheimer Jesuitenkolleg (Kat. Nr. B 26) verwandt, ist aber in der Gewandführung ruhiger und konventioneller als die große Figur. Der breite Gesichtstypus mit der kurzen Nase kehrt ähnlich auf einer Egell zugeschriebenen Zeichnung des hl. Bischofs Valentin im Wallraf-Richartz-Museum Köln wieder (Lankheit 1954, Kat. Nr. 34, Taf. 27).

Lindenholz, vollrund, Rückseite flacher gehalten, z. T. nur skizziert. H. 40 cm, H. mit Krummstab 41 cm. Linker kleiner Finger abgebrochen.

Literatur: Demmler 1922, S. 141. – Feulner 1926, S. 27, Kat. Nr. 16, Abb. 51 (mit älterer Lit.). – Feulner 1929, S. 99. – Feulner 1934, S. 144, Abb. 9.

Augsburg, Städtische Kunstsammlungen, Inv. Nr. 6327

B 25 a–c □

Kruzifixus, Kreuztitel und Inschriftenkartusche

Vom Prunksarg des Kurfürsten Carl Philipp von der Pfalz (geb. 4. 11. 1661, gest. 31. 12. 1742) in der Gruft der Mannheimer Schloßkirche

J. P. Egell (zugeschrieben), nach 1742

Der Prunksarg ist in der schmalen Gruft mit dem Kopfende zum Eingang aufgestellt. Zwei auf dem Sargdeckel sitzende Putten (von ital. putto = der Kleine) hielten hier dem Eintretenden das Bildnismedaillon des Verstorbenen (heute im Reiß-Museum, Mannheim) entgegen. Dahinter waren bzw. sind auf dem Deckel angeordnet: ein Kissen, darauf die Abzeichen der Kurwürde und dagegen

B 23

B 25a

gelehnt ein Kruzifixus, mit den Füßen zum Fußende des Prunksarges gerichtet. Hiervon befinden sich der Gekreuzigte und der Kreuztitel mit eingegrabener Inschrift IN/RI und einem beigefügten trauernden Engelskopf heute im Reiß-Museum, Mannheim; das Kreuz ist verloren. An den vier Seiten des Deckels sowie am Fußende des Sargkörpers sind bzw. waren Kartuschen mit ruhmredigen lateinischen Inschriften auf den verstorbenen Herrscher angebracht (zitiert bei Drös 1930, Sp. 170–176). Hier ausgestellt ist die Kartusche (von ital. cartoccio = schildartiger Träger für Relief, Bild, Inschrift usw. mit Zierrahmen) vom Fußende des Sargkörpers, die jetzt im Reiß-Museum aufbewahrt wird. Reliefbilder auf den drei anderen Kartuschen am Körper des Prunksarges weisen mit Schlachtenszenen auf die Kriegstaten des Kurfürsten sowie durch die Gestalt Simsons mit dem von ihm erlegten Löwen (Richter 14, 8–9) auf die Stärke des Herrschers hin. Die Ornamentik der Kartuschen verwendet Rocailleformen und Fratzen dazu, um in schaurig-grotesker Weise auf die Verweslichkeit des irdischen Leibes anzuspielen.

Schon Feulner hat 1929 vermutet, daß Egell den Gesamtentwurf zu diesem Prunksarg gemacht hat. Dafür spricht der Stil der Ornamentik wie der Bildreliefs, vor allem aber die Gestaltung des Gekreuzigten. Mit Recht weisen Jacob und Lankheit auf den 1739–1741 entstandenen, in Holz geschnitzten Kruzifixus von Egells ehemaligem Altar der Mannheimer Unteren Pfarrkirche hin, der vor allem in Neigung und Bildung des Hauptes, auch im Verzicht auf die Dornenkrone verwandt erscheint; außerdem ist dort dem Kreuztitel ebenfalls ein trauernder Engelskopf beigefügt (s. Kat. Nr. B 22). Daß der Gekreuzigte des Altares flacher und ruhiger erscheint, mag mit seiner bildhaften Funktion zusammenhängen. Die Vereinfachung der Züge bei dem Kruzifixus des Sarkophages zum Graphischen und Ausdrucksvollen hin sprechen für eine spätere Entstehung desselben. Wahrscheinlich wurde der Sarkophag erst nach dem Tode Carl Philipps in Auftrag gegeben. Die Wirkung dieses stark bewegten Kruzifix-Typus auf andere Künstler wird durch drei offenkundige Nachzeichnungen in Rötel bezeugt, die nach Lankheit von einem Schüler Egells, vielleicht von Johann Peter Wagner, stammen (Martin-von-Wagner-Museum Würzburg, Lankheit 1955, Abb. 8).

Kruzifixus und Kreuztitel: Bleiguß, dreiviertel- bis vollrund, rückseitig hohl. Größte H. des Kruzifixus 46 cm, des Kreuztitels ca. 12,5 cm. Kartusche: Bleiguß, Ornamente vergoldet. Größte H. 30,7 cm, größte B. 40,5 cm.

Literatur: Feulner 1929, S. 96. – Drös 1930. – Jacob

B 25 c

1934, Sp. 33, Abb. 22. – Lankheit 1955, S. 249–251, Abb. 5. – Kdm. Baden-Württemberg, Stadtkreis Mannheim, 1981.

Mannheim, Städtisches Reiß-Museum

B 26 □

Jesuitenheiliger

Aus dem Mannheimer Jesuitenkolleg

J. P. Egell (zugeschrieben), um 1745

Die Statue, traditionell als hl. Franz Xaver bezeichnet, ist jüngst auch als hl. Aloysius gedeutet worden. Nach der Tracht, gegürtetem Talar und Schultermantel, handelt es sich zweifellos um einen Jesuiten; Hinweise zur Person des Dargestellten fehlen jedoch. Der Blick des Heiligen ist konzentriert auf den heute verlorenen Gegenstand in seiner Rechten, wahrscheinlich ein Kreuz, gerichtet. Der Überlieferung zufolge war die Statue in einer Nische im Treppenhaus des Jesuitenkollegs aufgestellt. Dieser Bau war 1730–1734 errichtet worden (1943 abgebrannt, Ruine nach dem Krieg abgebrochen). Die große Holzfigur, die gewiß erst nach Vollendung des Kollegbaues entstand, ist bisher um 1735–1740 datiert (Mannheim 1966) oder als Alterswerk des Künstlers bezeichnet worden (Volk). Nähere Anhaltspunkte fehlen, denn auch innerhalb von Egells Werk steht diese außerordentlich dichte Komposition vereinzelt da. Der klar entwickelte Kontrapost, das abgewogene Verhältnis von Standfestigkeit und aufstrebender Tendenz, das beinahe erreichte Gleichgewicht im Gegenspiel von Körper und Gewand lassen diese Figur als ein Werk von fast klassischer Harmonie innerhalb der süddeutschen Rokoko-Skulptur erscheinen. Egell hat die großen Flächen von Talar, Gürtel und Mantel durch kantige Brechung in eine Vielzahl von Splitterflächen unterteilt und die dadurch bewirkte unterschiedliche Lichtreflexion mittels einer silbernen Fassung noch um ein Vielfaches erhöht. Doch auch gegenüber dieser scheinbar dominierenden Unruhe vermögen sich der Kopf, der durch den doppelten Kragen optisch herausgehoben ist, und die großen knochigen, kantigen Hände zu behaupten. Zu überlegen wäre, ob diese ungewöhnlich ausgewogene Skulptur nicht bald nach der Italienreise des Künstlers von 1744 entstanden ist.

Lindenholz, dreiviertel- bis vollrund, rückseitig ausgehöhlt, mit originaler Silberfassung und – am Gürtel – Goldfassung. H. 175 cm.

Literatur: Demmler 1922, S. 140, 158–159, Abb. 14. – Sauerlandt 1926, S. 22, Taf. 37. – Feulner 1929, S. 98, Abb. 91. – Mannheim 1966, Kat. Nr. 5 m. Abb. (m. älterer Lit.). – Volk 1967, S. 205, 214 u. Anm. 52. – LCI, Bd. 5, 1973, Sp. 100–101 (Artikel hl. Aloysius Gonzaga). – Lankheit 1976, S. 152. – Kdm. Baden-Württemberg, Stadtkreis Mannheim, 1981.

Mannheim, Städtisches Reiß-Museum, Inv. Nr. L 279

B 27 □

Beweinung Christi

Relief. Aus der Fürstlich Hohenzollernschen Slg., Sigmaringen

J. P. Egell (zugeschrieben), um 1745–1750

Im Gegensatz zu Egells früherem Relief gleichen Themas handelt es sich hier um die vertraute Beweinungsszene mit den biblischen Personen, die allerdings ungewöhnlich angeordnet sind: der gegen den Sarkophag sinkende Leichnam Christi wird von Joseph von Arimathia gestützt, während der Jünger Johannes das Leichentuch hinter Christus ausbreitet; die beiden Frauen stehen im Hintergrund. Egells Fähigkeit, den Reliefgrad mit der inhaltlichen Komposition abzustimmen, aber auch die leere Fläche des Grundes sprechen zu lassen, hat hier ihre volle Meisterschaft erreicht. So ist der Höhepunkt des Ganzen, das Beieinander der drei Häupter von Christus, Johannes und Joseph, auch der am reichsten modellierte Teil des Reliefs. – Demmler hat in dieser Beweinung ein Werk Egells erkannt. Die Sicherheit der Komposition und ihr straffes lineares Gefüge deuten gegenüber dem Kölner Relief (Kat. Nr. B 14) eine wesentlich spätere Entstehung an. Der Christustypus ist dem Gekreuzigten vom Altar aus der Unteren Pfarrkirche in Mannheim vergleichbar, der 1739–um 1741 entstand (s. Kat. Nr. B 22); doch ist der Körper der Relieffigur schlanker und schärfer modelliert. Im Ganzen ist der Datierung von Volk in die „späten Jahre Egells“ beizupflichten, obwohl sichere Anhaltspunkte fehlen. Volk nennt als schwächere Replik des Frankfurter Reliefs eine um 1755 in der Werkstatt Johann Baptist Straubs entstandene Tabernakeltür aus der ehemaligen Pfarrkirche in Ettal (München 1960, Nr. 118).

Lindenholz, ungefaßt, H. 45 cm, B. 28 cm. Linker Daumen Johannis ist abgebrochen.

Literatur: Demmler 1922, S. 141, 160, Abb. 19. – Legner 1963, Nr. 50 m. Abb. (mit älterer Lit.). – Volk 1967, S. 205 u. Anm. 51.

Frankfurt a. M., Städtische Galerie Liebieghaus, Inv. Nr. 922

B 26

B 28

Entwurfszeichnung für ein Altartabernakel

J. P. Egell, um 1745

Die weitgehend nur halbseitig durchgeführte Zeichnung deutet den Altartisch an, zeigt das darauf stehende Tabernakel (lat. tabernaculum = Zelt), neben dem links anbetend ein Engel kniet; ein zweiter dürfte rechts zu ergänzen sein. Als Tabernakelbekrönung erscheinen, begleitet von Engelchen, der schwebende Gottvater und die Taube des Hl. Geistes. Die dritte Person der hl. Dreifaltigkeit, Christus, ist in Gestalt der im Tabernakel aufbewahrten konsekrierten Hostie anwesend. Auf der Rückseite eigenhändige Beschriftung mit Bleigriffel (kursiv): „au tres reverent/Le Pere Paule l'odre de/Seinte francisque presente/per/Germerheim a Lingenfelt". Lankheit nimmt neuerdings an, daß es sich hier um einen ersten, nicht ausgeführten Entwurf Egells für den Hochaltar der Heidelberger Heiliggeistkirche handelt (Näheres darüber bei Kat. Nr. B 29).

Bleigriffel, Feder in Braun, teilweise grau laviert. 25,4 × 18,1 cm.

Literatur: Lankheit 1954, S. 20, 64–65, Kat. Nr. 42, Taf. 33. – Heidelberg 1959, Kat. Nr. 150. – Lankheit 1959, S. 28, Abb. 5.

Heidelberg, Kurpfälzisches Museum, Inv. Nr. Z 113

B 29 □

Tabernakeltür mit Relief des Pfingstwunders

Vom ehemaligen Hochaltar der Heiliggeistkirche in Heidelberg

J. P. Egell, 1747–48

Architekturkulissen deuten einen hohen Raum mit einem Stufenpodest an. In der Mitte kniet Maria mit betend erhobenen Händen, umgeben von den zwölf Jüngern. Ob der von der Gruppe abgetrennt rechts vorne sitzende bärtige Mann ein „überzähliger" Apostel (die Zwölfzahl stimmt nicht immer) oder eine andere Person sein soll, mag dahingestellt bleiben. Für den formalen Aufbau des Reliefs ist diese Figur jedenfalls von großer Bedeutung, da sie den Eindruck von räumlicher Tiefe steigert und zugleich die S-förmige Schwingung der linearen Komposition bis zum unteren Bildrand fortsetzt. Über den Menschen schwebt die himmlische Erscheinung: die Heilig-

B 27

B 29

geisttaube und zu seiten eines Wolkenballens Cherubköpfe sowie ein Engel, der in eine Posaune bläst. Aus der Wolke aber fährt ein gewaltiger Luftstrom auf die Versammlung nieder. Nach abendländischer Bildtradition ist Maria inmitten der Apostel wiedergegeben, obwohl der biblische Bericht (Apostelgeschichte 2, 1–13) von ihrer Anwesenheit beim Pfingstgeschehen nicht spricht. Gegen die ikonographische Gepflogenheit wird hier jedoch – worauf Lankheit hinweist – nicht die Ausgießung des Hl. Geistes dargestellt, was durch Flämmchen auf den Häuptern der Versammelten angedeutet wäre, sondern der voraufgehende Augenblick: „Und es geschah plötzlich ein Brausen vom Himmel wie eines gewaltigen Windes und erfüllte das ganze Haus, da sie saßen". Trotz der beschädigten Oberfläche sind der hohe künstlerische Rang des Reliefs wie seine Zugehörigkeit zum Werk Egells noch erkennbar. Der Reliefgrad ist flacher als derjenige der Frankfurter Beweinung (Kat. Nr. B 27), der Aufbau ist bei manchen verwandten Zügen, etwa dem Motiv der Vordergrundsfigur rechts unten, schwingender, lockerer entsprechend dem hier geschilderten wunderbaren Ereignis. Daß dabei das Thema selbst völlig neu aufgefaßt wird, ist bei Egell nichts Ungewöhnliches.

Diese Tabernakeltür (zur Funktion des Tabernakels s. Kat. Nr. B 44) ist der von Riedl vor 28 Jahren wiederentdeckte einzige Rest des ehemaligen Hochaltars der Heidelberger Heiliggeistkirche, dessen Bildwerke Egell geschaffen hatte; 1808–09 wurde der Altar in die Jesuitenkirche übertragen, um 1870 ist er dort abgebrochen worden. Die Identität des Reliefs ist gesichert durch eine alte Photographie des Altars mit handschriftlichem Hinweis auf den Fundort des Reliefs, die katholische Kirche von Ziegelhausen, durch seinen künstlerischen Stil wie dadurch, daß es das von den Schriftquellen für die Tabernakeltür überlieferte Pfingstthema wiedergibt. Um 1746–47 hatte man den Chor der Heiliggeistkirche, der, durch eine Mauer vom Kirchenschiff geschieden, den Katholiken zur Verfügung stand, zunächst mit zwei Nebenaltären nach Entwurf des kurfürstlichen Oberingenieurs Alessandro Galli da Bibiena ausgestattet. 1747–48 wurde der Hochaltar errichtet: die hölzernen Teile der Architektur fertigte Schreiner Johann Georg Scherer, die ornamentalen Schnitzereien Bildhauer Peter Falck, beide aus Heidelberg, die Figuren Johann Paul Egell, die Faßmalerei Johann Michael Schweitzer „von Deggingen, der Reichsherrschaft Wißenstaig unterthan".

Egell hatte für seine Arbeit 800 Gulden gefordert, die Geistliche Administration wollte diesen Betrag auf 600 Gulden herunterdrücken. Daraufhin antwortet Egell am 30. September 1747, er sei „abgeschräckt und Confus gemacht", für 600 fl. könne er „soligeß werckh nit nach meiner meinung außfärtigen wie ich gehrne gewolt... weilen nuhn Hingegen Etwaß Extra zu machen verlange", so hoffe er „daß wenigstens Bey den 700 fl sein Bleyben Haben mögte", wegen 100 fl dürfe das Werk doch nicht unvollkommen werden, „dan auß der Zeignung ist gar nit zu Juticiren (= beurteilen) waß ich im werckh zu machen gedänckhe". Durch den Hinweis auf die künstlerische Bedeutung Egells und seiner Skulpturen erreicht der Geistliche Rat Peter Alef, daß die Geistliche Administration am 2. Oktober 1747 die 700 Gulden genehmigt. An Hand des in Egells Überschlag aufgeführten Figurenprogramms wie der alten Photographie des Altares (Lankheit 1954, Taf. 55b) und einer Zeichnung Ignaz Günthers nach dem Tabernakelaufbau (s. Kat. Nr. B 50) können wir uns eine Vorstellung von Egells Komposition machen: das Tabernakel mit dem „Parrelev" (= Basrelief, Flachrelief) „die Sendung deß Hl. Geistes vorstelent Bestehent in 13 Figuren" (ausgeführt: 14 Figuren), als Tabernakelbekrönung Christus, über ihm schwebend die Heiliggeisttaube, links neben dem Tabernakel die Allegorie der Religion, rechts zwei Engel, der eine verehrend zu Füßen Christi, der andere in Gebetshaltung neben dem Tabernakel kniend. Außen flankierten zwei lebensgroße Statuen der Apostelfürsten den Altar (vgl. Kat. Nr. B 19 a–b). Laut Akkord vom April 1748 wurden die Figuren alabasterweiß gefaßt, die übrige Bildhauerarbeit: Laubwerk, Tabernakel, Kapitelle vergoldet, die Schreinerarbeit wurde marmoriert (GLA Karlsruhe 204/1185). Die Altararchitektur, in klassizistisch erstarrten Formen des italienischen Hochbarock aufgeführt, ist von Lankheit mit guten Gründen Galli da Bibiena zugeschrieben worden. Vor ihren strengen, schweren Formen müssen sich Egells sensible Figuren seltsam ausgenommen haben.

Lindenholz, ohne Fassung. H. 90,8 cm, größte B. 52,5 cm. Oberfläche stark abgerieben. Gesicht der Maria beschädigt, rechter Daumen eines Apostels abgebrochen, unterer und oberer Rand stellenweise ausgebrochen.

Literatur: Riedl 1953, S. 10–12. – Heidelberg 1959, Kat. Nr. 284, Abb. S. 49. – Lankheit 1959, S. 27–32, Abb. 1, 7–8. – Woeckel 1975, S. 166–167. – Vierneisel 1969, S. 137–150, Abb. 7, 9.

Heidelberg, Kath. Pfarrgemeinde Heiliggeist (Jesuitenkirche)

B 30

B 30 □

Entwurfszeichnung für eine Trophäe am Mannheimer Rheintor

J. P. Egell, 1746

Das Trophäenmotiv spielt in der barokken Bauplastik, zumal beim Festungswesen, eine große Rolle. Egell hat es denn auch bei seinen Arbeiten für das Neckartor (1724–25) und das Rheintor (1726–1728) der Festung Mannheim in abgewandelter Form mehrfach verwendet. 1746 wird dann darauf hingewiesen, daß an der Stadtseite des Rheintors sechs „zum Theil noch ohnausgearbeithete Tropheen und Köpf" auszumachen seien. Daraufhin unterbreitet Egell einen Voranschlag, für 420 Gulden die „Bildhauerarbeyth" zu fertigen, „Bestehent in 6. stuck verschithtenen Tropphen mit abgeschlagenen Häupter von unterschidlicher Natzionen ... nach ... bey ligender Zeignung" – diese ist das hier ausgestellte Blatt. Nur die spitzen Satyrohren sowie Pfeil und Bogen deuten eine exotische „Natzion" an. Alles Fremdartig-Wilde und Abstoßende fehlt diesem Feindeshaupt; im Widerspruch zum Trophäenthema herrscht eine weiche Empfindung vor, Ruhe und Stille des Todes sind dargestellt. – Ansichten von der Stadtseite des Tores aus der zweiten Hälfte des 18. Jahrhunderts zeigen die Trophäen auf dem über den Arkadenbögen umlaufenden Gesims. Ob sie wirklich von Egell ausgeführt wurden, sagen uns die Akten nicht. Wenn sie dagegen von Konrad Linck (s. Text vor Kat. Nr. B 63) stammten, wie die Bildunterschrift des Stiches von Schlichten-Klauber 1782 angibt, müssen sie wesentlich später als 1746 entstanden sein. Das Rheintor stand noch bis 1863.

Bleigriffel, Feder in Grau, grau laviert, mit laviertem Randstreifen gerahmt. 23,7 × 30,6 cm.

Literatur: Zimmermann, E. 1959, S. 490–495, Abb. 4. – Zimmermann, E. 1961, S. 44–47, Abb. S. 47.

Karlsruhe, Generallandesarchiv, 213/2049

MATHIAS FALLER (1707–1791)

Sein Lebensweg ist einerseits bestimmt vom Wunsch, ein Klosterbruder zu werden, wie andererseits von seiner künstlerischen Berufung; beides ließ sich auf die Dauer doch nicht vereinen. Durch ein rührendes Zeugnis aus seinem Alter wissen wir, daß er diesen inneren Zwiespalt nie ganz bewältigt hat. Er ist als Sohn eines Bauern im Oberfallengrundhof (bei Neukirch im Schwarzwald) geboren. Über seine Ausbildung als Bildschnitzer erfahren wir, daß er als Geselle bei dem Colmarer Meister Anton Ketterer I gear-

B 31 a

beitet hat, er soll aber auch in Augsburg, München, Wien und Prag gewesen sein. 1735 tritt er dann als Novize (Laienbruder) in das Kloster St. Märgen ein, fertigt dort drei Altäre und die Kanzel für die Klosterkirche, wird aber 1737 wieder aus dem Kloster entlassen, „weillen er nichts anderes thun wolle, als bey seiner kunst verbleiben". 1741 stellt der Abt von St. Märgen einen Kammerdiener für sich ein, „weillen er ein guter Bildhauer"; hiermit dürfte Mathias Faller gemeint sein. 1742–43 schnitzt Faller die Figuren für die Seitenaltäre in St. Märgen. 1743 bezieht er Wohnung und Werkstatt beim Vater im Oberfallengrundhof. 1744–45 entsteht der Hochaltar für St. Märgen, dessen Figurenschmuck wahrscheinlich von Faller stammt. 1747 heiratet Faller, übersiedelt 1751 mit seiner Familie nach St. Peter, um dort als vielbeschäftigter Klosterbildhauer für St. Peter und dessen Bereich tätig zu sein. Auch wenn sein Name in den Akten nicht genannt, sondern bloß vom „Bildhauer" die Rede ist, so ist das, was in dieser Zeit an figürlichem und dekorativem Schnitzwerk für St. Peter wie für dessen Priorat St. Ulrich entsteht, im wesentlichen Fallers Werk. 1759 stirbt seine Frau. 1771 kehrt er nach St. Märgen zurück; denn – wie der dortige Abt schreibt – Faller „will doch hier sterben, nachdem er nicht in dem Closter als Novizius hat bleiben wollen". Am 3. 2. 1791 ist er dann dort gestorben.
Faller ist offenbar ausschließlich Schnitzer gewesen und hat hier auch im dekorativen Bereich Vorzügliches geleistet. Anfangs arbeitet er in einem üppigen spätbarocken Stil mit bewegten Gewandmassen, der an alpenländische Bildwerke erinnert. Doch seine Formensprache mäßigt sich schon in den vierziger Jahren, gewinnt dann seit 1752 unter dem Einfluß Wenzingers rokokohafte Anmut und Leichtigkeit (s. Kat. Nr. B 85 a–b, 32, 33). Er muß eine tüchtige Werkstatt besessen haben; denn Altäre mit Faller'schen Figuren finden sich in manchen Kirchen des Breisgaus und Schwarzwaldes. Aufträge ergehen an ihn auch von den Kartäusern in Ittingen bei Frauenfeld (1766–67) in der Schweiz sowie in Molsheim im Unterelsaß (1770).

Literatur: Hermann 1968, S. 76–101. – Brommer 1977, S. 67, 74–77.

B 31 a–b□

Zwei kniende Engel

Aus der ehemaligen Benediktiner-Klosterkirche von St. Peter im Schwarzwald

M. Faller (zugeschrieben), um 1760

Die beiden Engel sind – halb noch im Fluge – auf Wolken niedergekniet, schwingen mit beiden Händen Weihrauchfässer und wenden sich mit verzücktem Ausdruck einer heute verlorenen Mitte zu: dort kann sich ein Altar-Tabernakel, aber auch eine Muttergottesfigur befunden haben. Flügel und Mäntel der Engel tragen Polimentvergoldung, das Mantelfutter ist mattgolden, in den durch Vertiefung angedeuteten Löchern der vergoldeten Rauchfässer leuchtet rote Farbe auf. Das Inkarnat ist hell, das Haar dunkelblond. Die silbernen Wolkenballen ruhen auf Volutensockeln, deren Flächen schwarz marmorierend bemalt sind, während Randprofile und Rocaille-Verzierung mit Polimentgold gefaßt sind. – Brommer hat auf die beiden Engel aufmerksam gemacht und sie überzeugend Faller zugeschrieben. Die kleinen puppenhaften Köpfe und die anmutig leichten Bewegungen sind typisch für Faller, der zudem seit 1751 in St. Peter seßhaft und dort als „offizieller klösterlicher Bildhauer" für das Kloster tätig war. Die schlanke spröde Form der Rocaille am Sockel spricht für eine Entstehung in den sechziger Jahren.

Holz, vollrund, rückseitig abgeflacht, mit weitgehend erhaltener originaler Fassung. Rauchfässer an Metallketten. H. des linken Engels 66 cm, H. des rechten Engels 66,5 cm. Beim rechten Engel sind der rechte Mittelfinger und der linke kleine Finger abgebrochen.

Literatur: Brommer 1977, S. 67.

St. Peter im Schwarzwald, Erzbischöfliches Priesterseminar

B 31 b

B 32 □

Hl. Ulrich

Aus dem ehemaligen Benediktiner-Priorat St. Ulrich im Schwarzwald

M. Faller (zugeschrieben), um 1760

Ulrich von Zell – nicht zu verwechseln mit dem gleichnamigen Heiligen, der Bischof von Augsburg war –, wurde 1029 in Regensburg geboren und ebenda im Kloster St. Emmeram erzogen. 1045 wurde Ulrich Archidiakon und Dompropst in Freising. Nach einer Pilgerfahrt ins Heilige Land trat er 1061 in das Kloster Cluny ein. Er bemühte sich sehr um die Verbreitung der in Cluny aufgekommenen Ideen zur Reform des Benediktinerordens und schrieb als Prior von Grüningen (heute verschwundener Ort in der Nähe von Oberrimsingen/Breisgau) um 1082 für das Kloster Hirsau die Consuetudines Cluniacenses nieder, das sind jene Gewohnheiten des mönchischen Lebens, die sich im Anschluß an die Ordensregeln in Cluny herausgebildet haben. 1087 verlegte er das Priorat von Grüningen ins obere Möhlintal nach Vilmars-Zell, das spätere St. Ulrich; dort starb er 1093.
Das Bildwerk zeigt ihn in Flocke mit Kapuze, dem Habit des Benediktinerordens. Mit segnend erhobener Rechten blickt er auf ein nacktes Kind herab, das mit jammernd emporgestrecktem Arm, beiseite gesunkenem Kopf und herabhängendem Bein zu seinen Füßen liegt. Diese Darstellung bezieht sich auf eine legendäre Wundergeschichte, nach welcher Ulrich einen Knaben, der nicht gehen konnte, gesund machte. Mit der Linken weist der Heilige sein Werk vor, ein aufgeschlagenes Buch mit Inschrift „CONUE/TUDINES/CLUNA/CENSES"; außerdem sind zwei Augen auf die Buchblätter gemalt, vielleicht als Hinweis darauf, daß Ulrich im Alter erblindet ist.

B 32

Die Flocke ist ganz vergoldet und mit einem (in den Kreidegrund) eingetieften Blumenmuster versehen, das es in Wirklichkeit auf einem Benediktinerhabit nie gegeben hat. Hier schließt sich der Schnitzer bzw. Faßmaler den Gepflogenheiten barocker Goldschmiede an, welche die spiegelnden Gewandflächen ihrer Figuren gerne auf diese Weise gliedern (s. Kat. Nr. C 31 a). Ein weiteres belebendes Motiv ist die einseitige Raffung der Kutte, die durch das Aufstützen des Buches auf die Hüfte entsteht und ein wichtiges kompositorisches Gegengewicht zur Figur des Knaben links unten bildet. Mit dieser Raffung wiederholt der Bildschnitzer einen Kunstgriff von Wenzinger (s. Kat. Nr. B 88), achtet jedoch darauf, daß trotzdem die Zierlichkeit der Erscheinung gewahrt bleibt. Diese stilistischen Merkmale, die sich ähnlich bei der hl. Barbara (Kat. Nr. B 33) wiederfinden, weisen auf Mathias Faller als Künstler hin, der als Klosterbildhauer von St. Peter für das zu diesem Kloster gehörige Priorat St. Ulrich mehrfach tätig gewesen ist. Die außerordentlich feine Ausführung der Figuren von Ulrich und Barbara läßt sogar an eigenhändige Schöpfungen Fallers denken. Deshalb kann entgegen der Annahme von Schwarz unser Bildwerk auch nicht mit der Figur des hl. Ulrich identisch sein, die der Abt von St. Peter um 1757 in Augsburg anfertigen ließ (Pfarrarchiv St. Ulrich, Annales Prioratus S. Ulrici, Bd. 2, 1753–1766, S. 102; das Material, aus dem die Augsburger Figur bestand, wird nicht genannt).

Lindenholz, vollrund, rückseitig abgeflacht, modern überfaßt. Unterste Sockelplatte Föhrenholz. Strahlenkranz aus Kupfer. H. mit Strahlenkranz und Sockel ca. 100 cm, H. ohne Strahlenkranz mit Sockel 94 cm.

Literatur: Kdm. Baden, VI, Freiburg (Land), 1904, S. 452, Abb. 186. – Schwarz 1966–67, S. 201. – Storm 1977, S. 8, Abb. S. 3.

St. Ulrich im Schwarzwald (Gem. Bollschweil), Kath. Pfarrkirche St. Peter und Paul

B 33 □

Hl. Barbara

Aus dem ehemaligen Benediktiner-Priorat St. Ulrich im Schwarzwald

M. Faller (zugeschrieben), 1762

Die Heilige hält in der Rechten das Schwert als Werkzeug ihres Martyriums und in ihrer Linken einen Kelch als Hin-

B 33

weis auf den Beistand, den sie Sterbenden gewährt. Barbara zählt zu den 14 Nothelfern und gilt auch – da der Berg sich einst auftat, um die Fliehende schützend in sich aufzunehmen –, als Patronin der Bergleute (zur Legende s. Kat. Nr. B 60 b). In Hofsgrund, einem Nachbarort von St. Ulrich, wo Bergbau getrieben wurde, gab es eine St. Barbara-Bruderschaft, die vom Papst 1760 bestätigt worden war (GLA Karlsruhe 14/36 St. Ulrich). Zwei Jahre später schenkten die Hofsgrunder Bergleute eine hölzerne Barbara-Figur „arte sculptoria eleganter elaborata", d.h. von eleganter Schnitzweise, nach St. Ulrich, wo sie am 16. April 1762 aufgestellt wurde (Annales Prioratus S. Ulrici, Bd. 2, 1753–1766, S. 260, Pfarrarchiv St. Ulrich. – Schwarz 1966–67, S. 201). Es dürfte sich dabei um die hier ausgestellte Figur gehandelt haben; denn es passen sowohl die feinausgezogenen Rocailleformen des Sockels zu diesem Datum als auch die anmutige Erscheinung der Heiligen, die ganz den reifen Stil von Mathias Faller vertritt (s. auch Kat. Nr. B 32). Das altertümelnde Phantasiekostüm, durch die Rocaille am Mieder modisch etwas herausgeputzt, sowie die elegante Verbindung von Kontrapost und S-förmiger Schwingung geben dem Bildwerk einen besonderen Reiz.

Lindenholz, vollrund, rückseitig abgeflacht, mit neuer Fassung. Unterste Sockelplatte Föhrenholz. H. mit Strahlenkranz und Sockel 96,5 cm, ohne Strahlenkranz, mit Sockel 90,5 cm. Einige Strahlen des Strahlenkranzes ausgebrochen.

Literatur: Kdm. Baden, VI, Freiburg (Land), 1904, S. 452, Abb. 187.

St. Ulrich im Schwarzwald (Gem. Bollschweil), Kath. Pfarrkirche St. Peter und Paul

JOSEPH ANTON FEUCHTMAYER (1696–1770)

Dieser berühmte Bildhauer, dessen Name für uns untrennbar mit der Birnau und anderen Rokoko-Schöpfungen des Bodenseegebietes verbunden ist, stammt aus einer Wessobrunner Künstlersippe. Schon sein Vater ist Bildhauer, ein Bruder des Vaters Maler und Joseph Antons eigener Bruder Gervasius ist Faßmaler gewesen. Über eine Großmutter ist Feuchtmayer außerdem mit der bekannten Stukkatorenfamilie der Schmuzer verwandt. Der Vater Franz Joseph, der zu den Wessobrunner Wanderkünstlern gehört, hat

B 34

während einer Tätigkeit in Österreich seinen Wohnsitz in Linz an der Donau genommen, wo Joseph Anton am 3. Juni 1696 getauft wird. Bald zieht die Familie nach Schongau, wo Joseph Antons Stiefgroßvater Johann Pölandt eine Bildhauerwerkstätte betreibt, und im Jahre 1706 weiter nach Mimmenhausen bei Salem. Auch Joseph Anton hat als Stukkator mit seinen Gesellen weite Reisen unternommen, doch ist sein Arbeitsgebiet im Gegensatz zu demjenigen des Vaters auf den deutschsprachigen Südwesten beschränkt, außerdem ist Mimmenhausen immer Sitz der Werkstätte geblieben.
Zuerst wird Joseph Anton wohl beim Vater gelernt haben, 1715 weilt er als Bildhauergeselle in Augsburg, bei welchem Meister, erfahren wir leider nicht, doch entscheidend für seine künstlerische Ausbildung muß die Begegnung mit dem oberitalienischen Stukkator Diego Francesco Carlone gewesen sein. Diese hat spätestens in Kloster Weingarten stattgefunden, wo Joseph Anton die vom Vater begonnene bildnerische Arbeit am Chorgestühl nach dessen Tod im Dezember 1718 fortführt und 1724 vollendet, während Carlone gleichzeitig mit der Erstellung von Hochaltar und Nebenaltären beschäftigt ist (auch Feuchtmayer empfängt 10 Gulden für Mitarbeit am Hochaltar). Carlones flotte Art zu modellieren, dessen Kopftypen und dekorative Gewänder werden für den jungen Stuckbildner Feuchtmayer vorbildhaft; dies zeigen deutlich seine Sibyllenfiguren von 1726 in Schloß Kißlegg. Erst allmählich gelingt es Feuchtmayer, für sein eigenes gesteigertes Ausdrucksverlangen, das sich von der geschmeidigen Typisierung bei Carlone stark unterscheidet, eine gültige Form zu finden, und erst allmählich vermag er seine Werkstatt zu einer gleichmäßigen künstlerischen Leistung zu erziehen.
Feuchtmayers besondere Begabung liegt im rundplastischen Bilden von stark bewegten Figuren, Figurengruppen und ganzen Szenen. Damit geht sein dramatisches Talent glücklich überein, das – zum Spielerischen und Absonderlichen neigend – kirchliche wie weltliche Themen bühnenwirksam zu inszenieren weiß. Feuchtmayers vermutlich bedeutendste Leistung auf diesem Gebiet ist eine großfigurige Himmelfahrt Mariens in der Klosterkirche zu Beuron gewesen, 1759–1763 geschaffen, die leider im 19. Jahrhundert zerstört worden ist. Seine Hauptauftraggeber sind die großen

B 35

Klöster, allen voran die Zisterzienser-Abtei Salem; Arbeiten für den Adel spielen eher eine Nebenrolle. Er hat in allen Werkstoffen mit der gleichen Sicherheit gearbeitet: Stuck, Stein, Holz, Blei – und hat offenbar nur den Ton lediglich für Bozzetti benutzt. Gleichzeitig ist Feuchtmayer als Nachfahre einer Wessobrunner Künstlerfamilie noch Stukkator im engeren Sinne, der außer den Figuren auch Altararchitekturen und ornamentale Ausstattung in Auftrag nimmt. Daher rührt die harmonische Wirkung von Figur und Dekoration im Innenraum der Birnau, dem bedeutendsten „Gesamtkunstwerk" des Rokoko am Bodensee. Als Hauptwerke von ihm wären zu nennen: Altar- und Langhausfiguren (Stifter) sowie Fassadenfiguren für die Benediktiner-Klosterkirche St. Peter im Schwarzwald 1728–1731, Portal und Ausstattung der Kapelle des einstigen Deutschordensschlosses auf der Mainau 1737–38 (s. Kat. Nr. B 39), Ausstattung der Pfarrkirche zu Merdingen im Breisgau 1740–41, der Kapelle im Neuen Schloß zu Meersburg 1741–1743, der Wallfahrtskirche Birnau am Bodensee 1748–1757 (s. Kat. Nr. B 43, 46, 47), Beichtstühle, Chorgestühl und Giebelrelief für die Stiftskirche St. Gallen 1761–1768. Seine Arbeiten für die Salemer Abteikirche sind bis auf einen geringen Rest verschwunden. Am 2. Januar 1770 ist Feuchtmayer in Mimmenhausen gestorben. Die Werkstätte führte sein langjähriger Mitarbeiter Johann Georg Dirr fort (s. Text vor Kat. Nr. B 9).

Literatur: Boeck 1948. – Neue Deutsche Biographie Bd. 5, 1960, S. 108–109 (Wilhelm Boeck). – Boeck 1963 (mit älterer Lit.).

B 34 □

Entwurfszeichnung für einen Altar

J. A. Feuchtmayer, 1726

Aufriß eines Altares, darunter Grundriß mit Schnitt durch die Gebälkzone in der einen Hälfte. Säulenaltar mit gesprengtem Volutengiebel, einem großen Altargemälde in der Mitte, dessen Rahmen von zwei Engelhermen gehalten wird, und einem kleinen Gemälde im Auszug (die Gemälde selbst nicht angedeutet). Außen neben den Säulen stehen auf angeschobenen Postamenten links Johannes der Täufer, rechts ein großer Engel mit Palmwedel; in dem von einem Kreuz bekrönten Auszug finden sich weitere Engel. Bei dem sauber ausgearbeiteten Blatt handelt es sich offensichtlich um eine Zeichnung, die zur Vorlage beim Auftraggeber dienen sollte. Wir wissen jedoch nicht, für welche Kirche dieser Altar bestimmt war und ob er je zur Ausführung kam. Boeck weist auf die enge Verbindung mit Figurentypen des Diego Francesco Carlone hin, vergleichbar etwa Carlones Stuckfigur Johannes des Täufers in der Klosterkirche zu Weingarten, vollendet 1725. Boeck bemerkt weiter, daß Feuchtmayer noch 1734–1738 für die Ausstattung der Klosterkirche zu Engelberg Altarbauten von ähnlicher Schwere verwendet hat.

Feder in Blau mit Lavierung in Graublau, Karminrot, Licht- und Mittelgrün, Hell- und Dunkelgelb. 82,5 × 33 cm. Signiert „Jo Faichtmayr Bild: und Stock: / 1726". Weitere Beschriftung: „Aingang der Sacristay." „Die waite zwischen dem Altar und / der Haubt Maur 2 Sch. 7 Zoll" „Stab uohn 9 Sch:". Linke obere Ecke ausgerissen.

Literatur: Sauer 1936, Kat. Nr. Konstanz II A 1, S. 16–17, 28–29, Abb. 1. – Boeck 1948, S. 120, 122, Abb. 159.

Konstanz, Städtische Wessenberg-Galerie, Inv. Nr. I 9

B 35 □

Martyrium des hl. Sebastian

Vom Gestühl der St. Sebastiansbruderschaft in der ehemaligen Zisterzienser-Klosterkirche Salem

J. A. Feuchtmayer, um 1734. Fassung von Bruder Gervasius

Das Relief zeigt das letzte Martyrium des Heiligen: auf Geheiß des Kaisers wird Sebastian mit Keulen erschlagen; daß außerdem noch ein Hund den Heiligen ins Bein beißt, ist eine groteske Ausschmückung der Szene, die wohl der Künstler des 18. Jahrhunderts hinzuerfunden hat. Zwei Cherubimköpfe in den Wolken künden die bevorstehende Verherrlichung des Märtyrers an (zur Legende s. Kat. Nr. B 4). Fassungsspuren zeigen, daß das Inkarnat naturfarben, der linke Stiefel des Heiligen grünblau, das Untergewand des linken Schergen zinnoberrot, das Obergewand des rechten Schergen violett gefaßt waren. Das neuaufgetauchte Schnitzwerk gehört zu einem Relief gleicher Größe mit Monogramm JAF und Jahreszahl 1[7]34, das sich bis zu seiner Vernichtung 1945 im Deutschen Museum Berlin befand und von Peter Metz als Arbeit Feuchtmayers erkannt worden ist (Metz 1955, S. 8–11). Dort war eine vorangehende Szene der Legende dargestellt: die hl. Irene und ihre Frauen lösen den von Pfeilen durchbohrten Heiligen vom Baum, an den er gefesselt war. Das verlorene Berliner und das neuentdeckte Relief sind mit jenen „stückhen ... das Leben S. Sebastiani vorstellend" zu identifizieren, die J. A. Feuchtmayer 1734 für den Chor der St. Sebastiansbruderschaft in Salem gemacht hat und die von dem Salemer Laienbruder Gervasius, einem leiblichen Bruder Feuchtmayers, gefaßt worden sind. Das Salemer Rechnungsbuch zählt sechs Stücke auf, ohne die Darstellungen im einzelnen zu nennen (s. Zinsmaier 1953, S. 164). Seit 1733 besaß die Sebastiansbruderschaft eine eigene Kapelle im nördlichen Chorseitenschiff (s. Ast 1976, S. 104); doch schon bei der Neuausstattung des Salemer Chores in der 2. Hälfte des 18. Jahrhunderts muß das Gestühl mit den Reliefs abgebrochen worden sein.
Dieses früheste Relief, das sich von Feuchtmayer erhalten hat, besitzt eine tiefe Vorderbühne, auf der teilweise vollrund geschnitzte Figuren agieren, während der Hintergrund flach, manchmal fast graphisch gestaltet ist. Wohin dieser Reliefstil tendiert, zeigen die Birnauer Kreuzwegstationen: dort ist der Vordergrund als freies räumliches Szenarium vom Hintergrund gelöst, der sich seinerseits als bildhafte Kartusche verselbständigt hat. Die fast karikaturhafte Charakterisierung der Schergen auf dem Sebastiansrelief erinnert an die 1728–1731 entstandenen Stuckfiguren der Zähringer Herzöge aus der Feuchtmayer-Werkstatt in der Stiftskirche zu St. Peter im Schwarzwald. In der Gegenüberstellung einer zentralen, breit die Bildfläche füllenden Heiligenfigur mit einer gleichsam um sie kreisenden Schar von Peinigern, die sie zerrt und schlägt, kommt Feuchtmayers dramatische Begabung bereits gut zur Geltung, auch wenn die formale Gestaltung noch Schwächen aufweist: so ist die Modellierung der Figuren unausgeglichen, und selbst die Komposition wirkt stückhaft zusammengesetzt.

Lindenholzrelief mit geringen Resten originaler Fassung. H. 56 cm, B. 39,8 cm, T. 10,5 cm. Dem Heiligen und dem rechten Schergen fehlt jeweils der linke Arm. Beschädigungen an Mund, Ohr und Haar des rechten Schergen, an der Schnauze des Hundes.

Stuttgart, Württembergisches Landesmuseum, Inv. Nr. 1981–11

B 36 □

Schwebender Engel mit Laute

Aus Überlinger Privatbesitz, angeblich aus einer Kirche des Linzgaues stammend. Ursprünglich vielleicht zu einem der beiden Altäre gehörig, die Feuchtmayer 1738–39 für die Klosterkirche von Salem schuf

J. A. Feuchtmayer (zugeschrieben), um 1735–1740

Engelfiguren in tänzerisch schwebender Haltung mit wegwehenden Gewandzipfeln läßt Feuchtmayer gerne hoch oben im Auszug seiner Altäre gleichsam als gestaltgewordene kreisende Bewegung erscheinen. Auch der Engel mit Laute war, wie die auf Untersicht berechneten Aussparungen in der Goldauflage des Gewandes zeigen, ursprünglich sehr hoch, wenn auch sicher nicht in der Altarbekrönung, angebracht. Doch an künstlerischer Dichte, an Spannkraft der Bewegung übertrifft der Engel mit Laute diese Auszugsfiguren bei weitem. Sein Blick geht über die Schulter nach unten, indes die Hände abseits das Instrument halten und wie selbstvergessen bespielen. Er trägt ein goldenes Obergewand mit lüstergrünem Futter und ein blaugrünes Untergewand, das als Rips mit Rosettenmuster charakterisiert ist und ein silbernes (jetzt geschwärztes) Futter besitzt. Vom gleichen Vorbesitzer stammt eine auf Wolken stehende Maria (ohne Kind), heute in den Staatlichen Museen Berlin-Dahlem, die in ihren Maßen sowie im Stil von Schnitzerei und Fassung dem Engel entspricht. Die stark körperbetonte Haltung dieser Figur mit den sich im Gewand abzeichnenden Brüsten, auf welche die linke Hand zu weisen scheint, wurde durch die früheren Deutungen als Verkündigungsmaria oder als Immaculata nicht befriedigend erklärt. Überzeugend wird sie jetzt von Bruno Bushart als Maria einer lactatio interpretiert. Als Szene käme am ehesten die wunderbare Milchspende an den hl. Bernhard in Frage. Auf die Bitte des Heiligen „monstra te esse matrem“ (zeige, daß du Mutter bist) hatte Maria ihn mit ein paar Tropfen Milch erquickt und ihm damit seine „honigfließende Beredsamkeit“ eingegeben. Als motivisch verwandte plastische Darstellung wäre die lactatio des hl. Bernhard auf dem Kanzeldeckel der ehemaligen Zisterzienser-Klosterkirche Gotteszell im Bayerischen Wald zu nennen, wo Maria ebenfalls mit verhüllter Brust ge-

B 36

B 37

zeigt wird, die Linke auf der Brust ruhend. Feuchtmayer schuf, wie Bushart bemerkt, 1738–39 einen Benedikts- und einen Bernhardsaltar für das Salemer Münster (s. Zinsmaier 1953, S. 168–170, beide Altäre wurden schon im 18. Jahrhundert wieder abgetragen). Vielleicht, daß die Maria von letzterem stammt. Der engverwandte Engel mit Laute, der sich thematisch auf keine bestimmte Szene festlegen läßt, könnte dann zu diesem oder dem Benediktsaltar gehört haben. Stilgeschichtlich gesehen, verbietet es der scharfe schnittige Faltenstil der Figuren, sie viel später als 1738–39 zu datieren. Andererseits können die beiden Skulpturen von ihrer künstlerischen Reife her keine Frühwerke sein, wie Wilhelm Boeck vermutet hat.

Lindenholz, dreiviertel- bis vollrund, rückseitig ausgehöhlt, mit teilweise ergänzter originaler Fassung. H. 150 cm. Keine Ansatzspuren von Flügeln erkennbar. Linke Hand, Lautenhals und rechte große Zehe abgebrochen. Gewandsteg an rechter Schulter und einige Zehen verletzt.

Literatur: Überlingen 1951, Kat. Nr. 3, Abb. 3–4. – Karlsruhe 1959, Nr. 86–87 m. Abb. (mit älterer Lit.). – Boeck 1963, S. 13, 21, Abb. 3–4. – Bregenz 1964, erwähnt bei Kat. Nr. 48. – Koepf 1961, Nr. 92 m. Farbtaf. – Zimmermann, E. 1964, Nr. 30/31 m. Abb. – Karlsruhe 1976, Kat. Nr. 291 m. Abb.

Karlsruhe, Badisches Landesmuseum, Inv. Nr. V 12 499

B 37 □

Stifterin

Aus dem Marstall des ehemaligen Zisterzienserklosters Salem

J. A. Feuchtmayer, 1735–36

In den Jahren 1735–36 fertigte Feuchtmayer acht „Statuen vohn Holz in den nay erbauten Markh Stall“ „oben auf stehend“, jede zu 12 Gulden. Es sind stark bewegte Figuren in phantastischer historisierender Tracht, sieben Männer, einige von ihnen in Rüstung, und eine Frau, die im Innenraum hoch oben angebracht waren. Durch ein Erdbeben fielen sechs von ihnen herab und wurden stark beschädigt. Die hier ausgestellte weibliche Figur ist die bildnerisch beste von den acht, nur daß sie leider ihre Fassung – natürliches Inkarnat und steinfarbenes Gewand – eingebüßt hat. Mit ihrem kontrapostischen Standmotiv und der Gegenbewegung des Schultergürtels, den in aufsteigender Spirale den Körper umkreisenden Saumlinien der Gewandstücke und den weit in den Raum ausgreifenden

Armen ist sie ein prachtvolles Beispiel für Feuchtmayers Bewegungsstil, für seine Auffassung von der mehransichtigen „figura serpentinata" (s. Kat. Nr. B 45). Auch das sonderbare Kostüm ist derart gestaltet, daß sich die vollrunde Figur in jeder Ansicht verwandelt darbietet. Dabei ist der stückhafte Aufbau, den der „Panzergürtel" noch unterstreicht, das Pralle der Körperformen wie das Ungestüme der Bewegungen kennzeichnend für Feuchtmayers Stil in den dreißiger Jahren (s. auch Kat. Nr. B 35).
Die Ausmalung des Marstalls im Jahr 1734 sah folgendes Programm vor: in den Gewölben der Ställe antike Götter auf Pferdegespannen in den Lüften, in den Gewölben der Vorräume die hll. Georg und Martin und an den Seitenwänden Pferdestücke nach Rugendas (Augsburger Malerfamilie) oder nach anderen „guten Malern" (die Pferdestücke sind noch bruchstückhaft erhalten). Wen die Marstallfiguren darstellen sollen, sagen uns die Schriftquellen nicht. Zinsmaier nimmt an, daß es sich hier auch „um Gestalten aus der antiken Sagenwelt" handelt. Doch dann wäre wohl in ihrem Kostüm, das Elemente aus dem Mittelalter, aber auch aus dem Manierismus aufweist, deutlicher auf die Antike angespielt. Näher liegt die Vermutung, daß es sich hier um adlige Stifter wie um eine Stifterin des Klosters handelt, wozu auch die Kronen auf den Häuptern einiger Figuren passen würden. Feuchtmayer hatte 1728–1731 in ähnlich theatralischer Weise die Stifter des Klosters St. Peter an den Langhauswänden der dortigen Kirche wiedergegeben.

Zirbelholz, vollrund, ohne Fassung. H. 157 cm. Finger der Rechten fehlen, an der Linken kleiner Finger abgebrochen, andere Finger teilweise ergänzt.

Literatur: Boeck 1948, S. 218–222, Abb. 316–317. – Zinsmaier 1950, S. 164–165 u. Anm. 27. – Boeck 1963, S. 22–23, Abb. 31. – Bregenz 1964, Kat. Nr. 57, Abb. 55. – Ast 1976, S. 83–84.

Privatbesitz

B 38 □

Entwurfszeichnung für einen Altar

J. A. Feuchtmayer (zugeschrieben), um 1737–38

Das Blatt zeigt einen Alternativentwurf für einen Rahmenaltar mit Gemälde, das selbst nicht angedeutet ist, und zwei seitlichen Engelfiguren. Sauer und Boeck sehen mit gutem Grund hierin eine Vorstudie für einen der Nebenaltäre in der

B 38

B 39

Kapelle des ehemaligen Deutschordensschlosses auf der Mainau, die J. A. Feuchtmayer 1737–38 schuf. Vor allem die Engelfiguren stimmen im Motiv der schwungvollen Drehbewegung mit denen der Mainauer Altäre überein. Bei der Ausführung wurden die Nebenaltäre erhöht durch ein unterhalb des Rahmens eingeschobenes Podest und einen oberen Auszug; diese Erhöhung war nicht im Sinne Feuchtmayers, denn er hatte, als der Baumeister Johann Caspar Bagnato über Gebühr lange ausblieb, gegen den vereinbarten Riß die Nebenaltäre niedriger gemacht und mußte dann auf Bagnatos Befehl hin die Altäre nachträglich erhöhen (Sauer 1940, S. 409–412). Das Blatt darf, obzwar unsigniert, als eigenhändige Arbeit Feuchtmayers gelten. Es zeigt ihn als ebenso spontanen wie sicheren Zeichner. Neben den großartigen Engeln dieser Skizze geben sich die in Stuck ausgeführten der Mainauer Kapelle leicht als Gesellenarbeiten zu erkennen.

Bleigriffel, Feder in Braun. 34,7 × 22,2 cm. Rechter Rand beschnitten.

Literatur: Sauer 1936, Kat. Nr. Konstanz II B 3, S. 31–32, 43. – Boeck 1948, S. 123, 332, 335, Abb. 553.

Konstanz, Städtische Wessenberg-Galerie, Inv. Nr. V 2

B 39 □

Büste der Maria Immaculata

Vom Portal der Kapelle des ehemaligen Deutschordensschlosses auf der Mainau

J. A. Feuchtmayer (zugeschrieben), um 1737–38

Nach den Schriftquellen war Feuchtmayer bei der Ausstattung der Mainauer Schloßkapelle als „Marmorier", d. h. als Stukkator tätig, doch kann ihm – auch ohne archivalischen Beleg – außerdem die ebenda am Portalgiebel angebrachte Bleigruppe der Maria Immaculata mit zwei (hier nicht ausgestellten) Cherubimköpfen auf Wolken zugeschrieben werden. In den dreißiger Jahren hat Feuchtmayer mehrere Bleiskulpturen für Kloster Salem geschaffen, aber es hat sich von diesen schriftlich überlieferten Arbeiten nichts erhalten. Das Mainauer Bildwerk verkörpert den großen barokken Büstentyp mit breitem Büstenabschnitt. Feuchtmayers eigenwillige Art macht sich vor allem in der Gestaltung des Kopfes geltend. Dieser ist scharf zur Seite gewandt, so daß die zugespitzten Formen seines Profils mit dem geöffneten Mund deutlich hervortreten. Im Gesichtstypus ist die Stifterin vom Salemer Marstall (Kat. Nr. B 37) eng verwandt, doch erscheint deren ausdrucksvolle Häßlichkeit bei der Maria wesentlich gemildert, auch sind die Einzelformen in der Bleibüste viel sorgfältiger und feinfühliger wiedergegeben. – Zur Darstellung der Maria Immaculata s. Kat. Nr. B 70.

Bleihohlguß. H. mit dem vergoldeten Sternenkranz 74,4 cm, H. der Büste 57,2 cm.

Literatur: Boeck 1948, S. 237. – Boeck 1963, S. 11. – Bregenz 1964, Kat. Nr. 58, Abb. 54.

Privatbesitz

B 40 □

Entwurfszeichnung zu einem Brunnen in St. Peter im Schwarzwald

J. A. Feuchtmayer (zugeschrieben), um 1737–38

In einem achteckigen Brunnenbecken erhebt sich die Bildsäule der Maria Immaculata (zum Thema der Immaculata s. Kat. Nr. B 70). Die von Gubler entdeckte und überzeugend Feuchtmayer zugeschriebene Zeichnung stammt aus einer Sammelmappe mit Plänen für das Kloster St. Peter. Der reife Stil der Zeichnung legt nahe, diese ans Ende von Feuchtmayers Tätigkeit für St. Peter zu setzen. Sein letzter Auftrag dort betraf die Ausstattung der Klosterbibliothek, kam aber nach dem Abtswechsel im Jahre 1739 nicht mehr zur Ausführung (zur späteren Ausstattung der Bibliothek s. Kat. Nr. B 85 a–b). Im Typus ist die Immaculata der Zeichnung eng verwandt der um 1737–38 entstandenen, Feuchtmayer zugeschriebenen Bleibüste von der Mainau (Kat. Nr. B 39). In der Sicherheit der Strichführung entspricht die Immaculata einer signierten und 1736 datierten Federskizze Feuchtmayers mit der Brunnenfigur einer Judith im Frankfurter Städel (Boeck 1948, Abb. 570). Gegenüber der sehr lebendig und sicher eigenhändig gezeichneten Figur unseres Blattes sind Brunnenbecken und Pfosten schematisch wiedergegeben und wohl von anderer Hand nachgezogen (s. auch Gubler 1970). Außerdem ist noch ein Grundriß dazu erhalten (G-Sammelmappe St. Peter, Nr. 36). Nach Brommer war der Brunnen für den Klosterhof geplant.

Feder in Grau mit Lavierung in Grau, Rosa, Gelbgrün. 30,2 × 27,9 cm. Schwarzer Tuschrand oben und seitlich. Unten beschnitten, linke untere Ecke ausgerissen, rechte untere Ecke schräg abgeschnitten. Maßstab 1 : 10 „schue". Beschriftet (von anderer Hand) in brauner Feder (kursiv): „Statue von Maria."

Literatur: Gubler 1970, S. 51–52 m. Abb. – Brommer 1977, S. 63 u. Anm. 102.

Karlsruhe, Generallandesarchiv, G-Sammelmappe St. Peter, Nr. 35

B 41 □

Kniender Engel

J. A. Feuchtmayer, um 1740–1745

Da der Blick des Engels nach unten gerichtet ist und sich rückwärts auf seiner linken Seite die Ansatzstelle für ein Architekturteil befindet, dürfte der Engel ursprünglich oben am Gebälk eines Altares angebracht gewesen sein. Boeck vermutet, daß der Engel von einem Altar der Frauenbergkapelle bei Bodman stammt; doch kann es sich dann wie bei der Tabernakeltüre (s. Kat. Nr. B 44)

B 40

B 41

B 42

nur um eine zweite Verwendung handeln, denn für einen größeren Altaraufbau, wie er den Maßen des Engels entspräche, bietet die Frauenbergkapelle zu wenig Platz. Feuchtmayer hat mit seiner Werkstatt viele große Engelfiguren in Stuck geschaffen und an diesen gerne die Kunst der Aktdarstellung geübt, die allerdings durch übertriebene Modellierung manchmal zu abgeschnürten Gliedmaßen und krassen Mißbildungen geführt hat. Auch bei unserem Schnitzwerk gibt es Unstimmigkeiten in der Schulterpartie, die aber aus der ursprünglichen Betrachterperspektive wohl kaum als störend, sondern als Ausdruck äußerster Beweglichkeit empfunden wurden. Zugleich dient dieses Verformen der Schulterpartie der besseren Verdeutlichung einer meisterhaften Komposition. So kann sich der auf langem Hals vorgereckte Kopf mühelos als wichtigster Ausdrucksträger von der schrägen Drehbewegung des Oberkörpers lösen, bleibt auch abgetrennt von dem nach vorne greifenden rechten Arm und wird doch durch die unruhevollen, alles überschattenden Flügel in den Gesamtumriß eingebunden. – Boeck schlägt eine Datierung des Engels in die dreißiger Jahre vor u.a. wegen des bewegten Umrisses und der noch eckig gebrochenen Falten. Doch der Gesichtsschnitt und das Motiv der Korkenzieherlocken sprechen eher für eine etwas spätere Entstehung.

Holz, vollrund, mit teilweise übergangener alter Fassung. H. bis zur linken Fußspitze 110 cm. Ergänzt sind linker Unterarm und Hand, die Finger der Rechten bis auf die untersten Glieder von Mittel- und Ringfinger, die Stirnlocke, der Wolkensockel und das Postament.

Literatur: Überlingen 1951, Kat. Nr. 13, Abb. 5. – Boeck 1963, S. 21, Abb. 5, 7. – Bregenz 1964, Kat. Nr. 54 m. Farbtaf.

Privatbesitz

B 42 a–b □

Zwei Kinderengel

Vom Hochaltar der St. Martinskapelle bei Nenzingen

J. A. Feuchtmayer (zugeschrieben), um 1748

Der Neubau der St. Martinskapelle wurde 1716 begonnen und wahrscheinlich bald danach vollendet (s. Ginter 1932), doch hat man sich mit der Ausstattung Zeit gelassen. Von den drei Altären ist der Hochaltar der älteste: spätestens 1738 dürfte er errichtet worden sein; denn dieses Datum trägt das von dem Riedlinger Maler Joseph Ignatius Wegscheider signierte Altarblatt mit der Mantelteilung des hl. Martin. Wie Boeck (1948, S. 206) mitteilt, wurden laut Kircheninventar die Seitenaltäre 1748 erstellt, die Altarblätter schuf G. B. Goetz, die Altarbauten und Figuren J. A. Feuchtmayer. Gleichzeitig dürfte Feuchtmayer auch das hier ausgestellte Engelpaar geliefert haben, das nachträglich auf das Gebälk des älteren Hochaltares gesetzt wurde, während die seitlich an diesem Altar stehenden Figuren der hll. Georg und Eligius noch aus dessen Entstehungszeit stammen müssen. Auch in der Bekrönung der für Feuchtmayer archivalisch gesicherten Nebenaltäre ist je ein Putto (ital. = der Kleine) angebracht, der die gleiche lebenssprühende Bewegungsfreude zeigt wie die Kinder vom Hochaltar. In der Schnitzweise unterscheiden sich die beiden Paare jedoch: die Putten vom Hochaltar sind etwas fülliger, die Modellierung der kleinen Körper erscheint nicht ganz so fein gedrechselt wie bei den zwei anderen, dafür zeichnen sie sich durch eine wohlerhaltene Originalfassung aus (vor einigen Jahren freigelegt): rosiges Inkarnat, bräunliche und dunkelblonde Haare, Schärpen mit silbernem Streifenmuster auf rotbraunem Bolus. Mit Recht gelten die beiden Nenzinger Puttenpaare als Höhepunkt Feuchtmayer'scher Darstellungskunst in dieser vom 18. Jahrhundert so geschätzten Gattung der Kinderengel. Virtuos sind die Akte mit den babyhaften Speckwülsten modelliert; am erstaunlichsten aber ist die Bewegung der weit in den Raum hinausgeschleuderten Arme und Beine, aus der kindliche Ausgelassenheit und Übermut sprechen. Die vom Manierismus übernommene Mehransichtigkeit der Figur ist hier auf großartige Weise in eine offene raumgreifende Form überführt, wie sie dem 18. Jahrhundert gemäß war.

Holz, vollrund, mit originaler Fassung. Größe H. 81 und 86 cm. Beim linken Engel sind die Spitzen von rechtem Ring- und kleinem Finger abgebrochen.

Literatur: Boeck 1948, S. 206–212, Abb. 297–299. – Boeck 1963, S. 25, Abb. 54.

Orsingen-Nenzingen, Kath. Pfarramt St. Ulrich

B 43 □

Entwurfszeichnung für den Hochaltar der Wallfahrtskirche Birnau

J. A. Feuchtmayer, 1748

Das Blatt gibt zur Hälfte den Aufriß eines mit einer Halbkuppel überwölbten Säulenaltares sowie Schnitte von Einzelformen wieder. Als Hauptfiguren erscheinen unten links auf einer Volutenkonsole eine Gestalt mit Buch und weiter innen ein Engel. Über dem schlanken zylindrischen Tabernakel ist durch eine Strahlensonne der Standort des Gnadenbildes, einer spätgotischen thronenden Madonna, angedeutet. Von dem Altarblatt, welches die Himmelfahrt Mariens, gemalt von J.C. Storer, darstellte, ist – wie üblich – nur der Rahmen angegeben. Der Entwurf zeigt Feuchtmayer auf der Höhe seines zeichnerischen Könnens. Das plastische Volumen wird durch feine Schraffen sehr genau und doch nie schematisch wiedergegeben. Der ausgeführte Altar läßt, so weit er noch ursprünglich ist, manche Veränderung erkennen. Vor allem fällt auf, daß ganz andere Hauptfiguren gewählt wurden: links außen – auf einer jetzt schräg nach innen gerichteten Konsole – Joachim, der Vater Mariens, sowie weiter innen Zacharias, der Vater des Täufers; ihnen stehen rechts ihre Frauen Anna und Elisabeth gegenüber. Demnach ist ziemlich spät erst der Plan gefaßt worden, das Gnadenbild mit Gestalten der hl. Sippe zu umgeben. Dieses spätere Stadium überliefert uns eine von Franz Antoni Dirr signierte und 1757 datierte Nachzeichnung eines Feuchtmayer'schen Entwurfs, die bereits die Figuren von Joachim und Anna zeigt, die hintere Säule aber noch wie beim Blatt von 1748 mit Kanneluren versieht, während die ausgeführten glatte Schäfte haben (Wessenberg-Galerie, Konstanz; Sauer 1936, Kat. Nr. Konstanz II C 8). Am 6. August 1748 erhält Feuchtmayer wegen „sonst verfärttigten zerschydenen Rissen" für Birnau 4 Gulden 48 Kreuzer, am 24. Dezember 1749 quittiert er als zweite und letzte Zahlung laut Akkord den Empfang von 1600 Gulden für den Choraltar (GLA Karlsruhe 62/9252 S. 324 und 62/9253a). Beim Umbau des Hochaltares um 1790 durch Johann Georg Wieland wurde dann das Tabernakel durch ein klassizistisches ersetzt, das Gnadenbild von den Figuren fort in die Tiefe gerückt und erhöht, als Hintergrund statt des Gemäldes ein Relief mit Engelsglorie angebracht.

Feder in Braun mit grauer Lavierung. 84,5 × 44 cm. Signiert unten rechts „Inv.: von Jo: Faichtm. 1748." Außerdem weitere Beschriftungen von der Hand Feuchtmayers. Bei dem Rahmen: „Rahm[en] des / altar blatts fuer (vor)/ dem Beylaster (Pilaster) / welches man im Riss nit / kan sehen. wohl aber / im werkh wen man auf der / Saiten steth." Bei Treppenprofil: „gallery Höhe So durch/ die Kirchen geth" „Stieg" „ober der Rahm die gallery." Bei Schnitt durch Kuppel und bekrönenden Obelisken: „profil. oben der Cupl." Schnitt, bezeichnet mit „Spiegl". Maßangaben 1–5 „schuh", „25 gallery Höhe." „40 sch:"

Literatur: Sauer 1936, S. 22, 69, Kat. Nr. Stuttgart II A 2. – Boeck 1948, S. 142–143, 339, Abb. 195. – Stuttgart 1964, Kat. Nr. 97, Abb. 24.

Stuttgart, Staatsgalerie, Graphische Sammlung, Inv. Nr. C 31/6

B 44 □

Tabernakeltür mit Relief des hl. Abendmahls

Aus der Frauenbergkapelle bei Bodman. Vermutlich vom Hochaltar der Wallfahrtskirche zu Birnau

J. A. Feuchtmayer (zugeschrieben), um 1750–60

Als Tabernakel (von lat. tabernaculum = Zelt) bezeichnet man das Gehäuse zur Aufbewahrung des konsekrierten eucharistischen Brotes (Hostie). Im Barock befindet sich das Tabernakel in der Regel auf dem Hochaltar, und zwar ist es in das Altarretabel eingebaut oder diesem vorgesetzt. Die Tabernakeltür wird häufig mit einem Relief geschmückt: Hauptthemen sind die Kreuzigung Christi, das Mahl in Emmaus, das Pfingstfest (s. Kat. Nr. B 29), vor allem aber das Abendmahl. Dieses wird hier ebenso ungewöhnlich wie eindrucksvoll dargestellt. Um einen ovalen Tisch sind die Jünger versammelt, in halb liegender Stellung auf den mit Decken behangenen Bänken ruhend – dies ist wohl als Andeutung des antiken Bei-Tische-Liegens zu verstehen. Einige Apostel sind ähnlich wie in Lionardos berühmtem Abendmahl in erregtem Gespräch einander zugewandt, andere wieder blicken in gespannter Aufmerksamkeit nach oben zur Mitte der Tafel; dort erwartet der Lieblingsjünger Johannes in andächtig-hingebungsvoller Haltung Christi Antwort auf seine Frage, wer denn der Verräter sei; nur der unten sitzende Judas, kenntlich an dem Beutel in seiner Hand, hat sich völlig abgekehrt. Aber die Gestalt Christi, Mittelpunkt des ganzen Geschehens, ist ausgespart, statt ihrer ist eine kreisrunde Öffnung zu se-

B 43

B 44

hen. Gewöhnlich ist diese durch eine Metalltüre mit eingraviertem Strahlenkranz verschlossen; doch bei besonderen Anlässen erscheint in der Öffnung die von der Monstranz getragene Hostie. An die Stelle von Christi Abbild ist sein Leib in Gestalt des eucharistischen Brotes getreten. Dieser Wechsel der Realitätsebenen und das damit verbundene Spiel gedanklicher Beziehungen ist eine typisch barocke Erscheinung. Dabei hat die Darstellung nichts an religiösem Ernst eingebüßt. Der gleiche Vorgang begegnet öfters; bei einer Monstranz von 1712 z.B. vertritt die Lunula (mit der Hostie) im Stall zu Bethlehem das Christkind und wird von den Hirten angebetet (Kollegiatstiftskirche Tittmoning, s. Kdm. Bayern, Oberbayern, T. 3, Atlas, 1905, Taf. 280; freundl. Hinweis von Frau Dr. Inge Habig). Im Relief wird die Feierlichkeit des Aktes noch durch den Engel links oben betont, der den Vorhang beiseite rafft, um das Allerheiligste zu enthüllen. Als profane Gegenfiguren erscheinen unten die mit dem Tischdienst beschäftigten beiden Aufwärter.

Diese Tabernakeltür muß nachträglich in den rund 50 Jahre älteren Gnadenaltar der Frauenbergkapelle bei Bodman eingefügt worden sein. Ginter vermutet, daß sie vom ehemaligen Tabernakel des Birnauer Hochaltares stammt, das 1790 beim Umbau dieses Altares durch Johann Georg Wieland beseitigt wurde. Birnau gehörte ebenso wie die Frauenbergkapelle zu Kloster Salem. Während Ruth Schweisheimer das Relief wegen Mängeln in der Perspektive Johann Georg Dirr zuweisen und in den Anfang der sechziger Jahre datieren will, heben Ginter und Boeck die hohe Qualität hervor und schreiben es zu Recht Feuchtmayer zu. Dabei verweist Boeck auf die Birnauer Büsten (s. Kat. Nr. B 47) sowie die Mimmenhauser Taufgruppe (Kat. Nr. B 45) und setzt das Relief in die zweite Hälfte der fünfziger Jahre. In den Drehbewegungen von Engel und Dienern wie vor allem der Apostel macht sich Feuchtmayers Neigung zur „figura serpentinata" geltend (s. Kat. Nr. B 45), die der ihrem Wesen nach der Fläche verhafteten Reliefkomposition ein Äußerstes an Spannung verleiht. Der meisterhafte Entwurf dürfte in der Ausführung – vielleicht durch Johann Georg Dirr – etwas geglättet und auch in der Perspektive verunklärt worden sein.

Lindenholz, ohne Fassung, nur der Rahmen vergoldet, auf der Rückseite marmorierend bemalt, die kreisrunde Öffnung in der Mitte mit einer Blechtüre verschlossen. H. 118 cm, B. 61 cm, größte T. 25 cm. Oben ein Stück der Rocaille abgebrochen, Nasenspitze des Johannes bestoßen, linker großer Zeh des rechten Dieners abgebrochen.

Literatur: Schweisheimer 1935, S. 66, 79. – Ginter 1954, S. 578f. m. Abb. – Boeck 1963, S. 27, Abb. 85. – RDK, Bd. 6, 1973, Artikel Eucharistie, Sp. 216, Abb. 55 auf Sp. 243 (Klaus Lankheit).

Privatbesitz

B 45 □

Taufe Christi

Vom Taufstein der Pfarrkirche zu Mimmenhausen

J. A. Feuchtmayer (zugeschrieben), um 1750–1760

Johannes der Täufer hat mit einer Muschel Wasser (aus dem Fluß Jordan) geschöpft und tauft damit den zu seinen Füßen knienden Christus. In der Linken hielt er einen Stab. Dieses Urbild christlicher Taufe wird in unserem Gebiet gerne auf dem Taufsteindeckel dargestellt, eine Aufgabe, die ganz unterschiedliche Lösungen gefunden hat. Der Zwang, auf enger Bodenfläche zwei übereinandergestaffelte Personen zu einer Gruppe zu vereinen, wird für Feuchtmayer zum Anlaß, eine meisterhaft durchgeführte Komposition mit mehreren Ansichten, eine figura serpentinata (= schlangenförmig gewundene Figur), zu schaffen. Diese vom Manierismus erdachte Kunstfigur lebt in der nachfolgenden barocken Epoche vor allem in der Gartenplastik bei den sogenannten Raptusgruppen (= Entführungsgruppen) weiter. Mit ihrer Übernahme hat Feuchtmayer hier einer kirchlichen Darstellung eine ungewöhnliche Dichte verliehen. Der gleitende Linienfluß und die von der Gewandgebung begünstigte Verschmelzung der beiden Figuren in halber Höhe des Bildwerks lassen dabei fast vergessen, wie künstlich die Gruppe eigentlich gefügt ist. Diese Verschleierung des Kompositionsprinzips erscheint ebenso typisch für das 18. Jahrhundert wie die Tatsache, daß die Skulptur auf der Rückseite abgeflacht, also im Gegensatz zur manieristischen figura serpentinata doch nicht auf Allansichtigkeit angelegt ist. Das Bildwerk dürfte eine eigenhändige Schöpfung Feuchtmayers für die Kirche seines Wohnorts sein. Zur Datierung verweist Boeck auf die engverwandten, 1757 vollendeten Birnauer Büsten (s. Kat. Nr. B 47), vor allem den hl.

B 45

B 46

Markus ebenda im Vergleich mit dem Christus der Taufgruppe.

Holz, vollrund, rückseitig abgeflacht, mit moderner Fassung. Nach Abbruch der alten Mimmenhauser Kirche in den neuen Bau auf einen modernen Taufstein übertragen. H. (ohne die überhängenden Füße Christi) 64 cm. Vorderglieder von linkem Mittel-, Ring- und kleinem Finger Johannis abgebrochen. Stab fehlt.

Literatur: Überlingen 1951, Kat. Nr. 22, Abb. 13. – Boeck 1948, S. 294–296, Abb. 493, 494. – Boeck 1963, S. 27–28, Abb. 95.

Mimmenhausen (Gem. Salem), Kath. Pfarrkirche Unsere Liebe Frau

B 46 □

Kriegsknecht aus einer Kreuztragung Christi

Früher in der Slg. Dr. D. Rothschild. Vermutlich aus einer verlorenen Kreuzwegstation der Wallfahrtskirche Birnau

J. A. Feuchtmayer (zugeschrieben), um 1753–54

Feuchtmayer hat 1753–54 vierzehn Kreuzwegstationen für Birnau geschaffen, von denen acht noch in der Kirche erhalten sind (s. Sauer 1942, S. 443. – Zinsmaier 1950, S. 178). Hier ist jeweils vor einer Rocaille-Kartusche mit flach reliefiertem Mittelbild ein bühnenartiges Bodenstück angebracht, auf dem vollrunde, z. T. lebhaft handelnde Figuren auftreten. In den verschiedenen Szenen der Kreuztragung spielen die Kriegsknechte eine große Rolle, die mit ausfahrenden Gebärden den von der Last des Kreuzes zu Boden gedrückten Herrn durch Schlagen und Zerren weitertreiben. Entsprechend ist die Bewegung unseres Kriegsknechts zu deuten: die vorgestreckte Rechte hielt einen Riemen, die erhobene Linke wohl eine Geißel; mit einem Ausfallschritt nach rückwärts versucht er Christus hinter sich herzuziehen. Die Bewegungen des Kriegsknechts sind von federnder Spannkraft; das Brutale seines Tuns scheint in eine Bosheit von tänzerischer Eleganz verwandelt. Auch das historisierende Kostüm – Sturmhaube mit Naseneisen, Doppelküraß, knielanger Rock, Beinschienen und Kniekacheln – wird ganz im Feuchtmayer'schen Sinne zur Steigerung der theatralischen Wirkung genutzt (ein Wächter am Grabe Christi, der letzten Birnauer Station, trägt die gleiche Beinbekleidung). In den acht erhaltenen Birnauer Kreuzwegstationen ist nur zweimal der Fall Christi unter dem Kreuz dargestellt; es fehlt die dritte Szene dieser Art, die notwendig zu einem Kreuzweg gehört. Von ihr dürfte unser Kriegsknecht stammen.

Lindenholz, vollrund, mit älterer Fassung, der Riemen aus Leder. Standplatte Eiche, nicht ursprünglich. Größte H. 39 cm.

Literatur: Helbing, Frankfurt, 6.–7. 12. 1932, Kat. Nr. 556, Taf. 9. – Boeck 1963, S. 27, Abb. 82, 83. – Karlsruhe 1966, Bl. 171 m. Abb. (mit älterer Lit.). – Karlsruhe 1976, Kat. Nr. 305 m. Abb.

Karlsruhe, Badisches Landesmuseum, Inv. Nr. 59/82

B 47 □

Büste des hl. Lukas

Von der Galerie der Wallfahrtskirche Birnau

J. A. Feuchtmayer, 1757 vollendet

Der Verfasser des Lukas-Evangeliums und der Apostelgeschichte sowie Reisegefährte des hl. Paulus wird von letzterem als Arzt bezeichnet (Kolosser 4, 14). Doch hat dieser Arztberuf für die bildliche Darstellung des Heiligen nur geringe Bedeutung gehabt; viel wichtiger wurde die legendäre Überlieferung, nach welcher Lukas als Maler die Madonna porträtiert haben soll. Deshalb erscheint der Evangelist hier mit phantastischem Aufputz und nachlässiger Kleidung, so wie sich barocke Künstler gerne darzustellen pflegten: der Hemdkragen ist unachtsam umgeschlagen, das Kopftuch zu einer Art Barett gefaltet und mit einer Feder geschmückt. Der Blick des Heiligen ist zur Decke des Kirchenraumes schräg emporgerichtet, so als ob er dort oben – nach einem Deutungsvorschlag von Boeck – die Arbeit seines Malerkollegen Goetz kritisch betrachten wolle. Der unterhalb der Büste schwebende Putto hält Pinsel und Palette, das Werkzeug des Malers. Der schlanke, nur mit einer asymmetrischen Volute und einem Knauf verzierte Sockel weist schon auf den Zopfstil hin. Doch in der Büste selbst ist nichts von klassizistischer Kühle zu spüren, auch wenn sich gegenüber früheren Arbeiten manches geändert hat: so ist der Büstenabschnitt knapper gehalten (vgl. dagegen Kat. Nr. B 39), am Haupt sind die Wölbungen zurückgedrängt, stattdessen wird es mehr als bisher von tiefen Einschnitten gezeichnet, schattenfangende Formen wie Höhlungen, Falten um Augen, Nase, Mund prägen jetzt stärker die Physiognomie. Dadurch erreicht der Ausdruck des Antlitzes einen für Feuchtmayer neuen Grad der Vergeistigung. Daß der Künstler darüber seinen Sinn für das Phantastische, für bühnenwirksames In-Szene-Setzen keineswegs verloren hat, zeigt gerade die Büste des hl. Lukas in vollendeter Weise.

Die Birnauer Galeriebüsten gelten mit Recht als eine der Hauptschöpfungen des späten Feuchtmayer. Wir wissen, daß er „selbdritten gegen 5 Monat daran zu schneiden und zu vergulden gehabt, nemlich 3 Bildhauer und 2, bisweilen 3 Mahler", daß der „Hans Jörg" – gemeint ist wohl Johann Georg Dirr, dem die Ausführung der Büsten des Salvators und der Maria zuzuschreiben ist – achtzehn Wochen lang „meistezeit bis Miternacht gearbeitet" hat, daß man überhaupt „an Son= und Fairdag gearbeitet, auch bis Mitnacht", wofür man „den Laiten alzeit ein Trunckh geben" mußte… „Den man hat daran nit gearbeitet wie sonsten, sondern Dag und Nacht recht abgeschunden" (Sauer 1942, S. 424–425). Zu der Büstenreihe gehören Christus Salvator und Maria im Chor, dann folgen zu beiden Seiten des Kirchenraumes die zwölf Apostel. Ursprünglich nicht im Akkord vorgesehen, jedoch im gleichen Jahr 1757 vollendet waren die vier Büsten an der Orgelempore (s. Zinsmaier 1953, S. 179). Hier erst erscheint der Evangelist Lukas zu seiten des hl. Paulus, und

B 47

auf Lukas folgen zwei weitere Reisegefährten des Paulus: der Evangelist Markus und der hl. Barnabas.

Holz, vollrund, mit neuer Vergoldung auf älterer Goldschicht. H. der Büste mit Sockel und Heiligenschein ca. 138 cm, H. der Büste mit Heiligenschein 58 cm, ohne Heiligenschein 50,5 cm. Vorne auf dem Sockel Inschrift in Schwarz „S./LVCAS.“.

Literatur: Schweisheimer 1935, S. 6. – Boeck 1948, S. 291–294, Abb. 468, 469. – Boeck 1963, S. 27, Abb. 88. – Bregenz 1964, Kat. Nr. 66.

Birnau, Zisterzienser-Priorat

B 48 □

Entwurfszeichnung für den Hochaltar der Beuroner Klosterkirche

J. A. Feuchtmayer (zugeschrieben), um 1759

Der Entwurf zeigt den unten bis zur Hälfte, sonst zu zwei Dritteln wiedergegebenen Aufriß eines Säulenaltares mit der Figurengruppe der Himmelfahrt Mariens in der Mitte: unten sind die Apostel um den leeren Sarkophag versammelt, in der Höhe schwebt Maria über einem von Engeln dekorativ hochgezogenen Tuch der Öffnung im Baldachin des Altares zu, als Bekrönung wie so oft bei Feuchtmayer-Altären ein Engel in kreisender Bewegung, auf dem Gebälk musizierende Engel. Seitlich verbindet ein mit der Büste einer weiblichen Heiligen bekrönter Bogen den Altar mit der Chorwand, davor, an die Altarsäule angeschoben, steht ein Bischof auf Volutenpodest. Dazu gehören auf einem weiteren Blatt Detailskizzen Feuchtmayers von einer Büste auf einem Bogen und zwei Vasen (Wessenberg-Galerie Konstanz; Sauer 1936, Kat. Nr. Konstanz II B 23 u. Boeck 1948, Abb. 558). Durch ein altes Foto (Schwind 1938, Abb. neben S. 368) läßt sich die Zeichnung eindeutig bestimmen als Entwurf für den am 17. Dezember 1759 dem Joseph Anton Feuchtmayer und Johann Georg Dirr verdingten und 1760–1763 errichteten Hochaltar der damaligen Augustinerchorherren-Klosterkirche zu Beuron. Dieses sicher eigenhändige Blatt stellt heute das wichtigste künstlerische Zeugnis einer großartigen Schöpfung Feuchtmayers dar; der Altar selbst ist nämlich 1874–75 bis auf Teile seiner Architektur abgebrochen worden. Ein zweiter, auch unsignierter und undatierter Altarentwurf mit einer Himmelfahrt Mariens läßt sich ebenfalls auf den Beuroner Altar beziehen, muß jedoch noch einem frühen Planungsstadium angehören, da die Ausführung erheblich von ihm abweicht (Wessenberg-Galerie, Konstanz; Sauer 1936, Kat. Nr. Konstanz II B 20, Abb. 5).

Das Thema der Himmelfahrt Mariens, in der bildenden Kunst vor allem berühmt durch die Gemälde von Tizian, Dürer und Rubens, ist als freiplastische Gruppe im 18. Jahrhundert bereits 1721–1723 von Egid Quirin Asam in der Stiftskirche zu Rohr in Niederbayern gestaltet worden. Da es sich dort auch um die Kirche von Augustinerchorherren gehandelt hat, dürfte ein unmittelbarer Zusammenhang bestehen; wahrscheinlich wünschten sich die Beuroner Chorherren einen Hochaltar nach dem Vorbild von Rohr. Feuchtmayer hat jedoch anders als Asam die Apostel als Gruppe zusammengefaßt; zudem hat er in dem hier vorliegenden Entwurf durch das hochgezogene Tuch eine faßbare Verbindung zwischen der Emporschwebenden und den auf der Erde Zurückbleibenden geschaffen. Gegenüber dem römischen Pathos der Ein-

B 48

zelgestalt bei Asam zeigt sich Feuchtmayer in diesem Entwurf um eine bildhafte Verschmelzung der gegensätzlichen Gruppen bemüht. In der Ausführung wurden manche, offenbar nicht immer glückliche Veränderungen vorgenommen; so wurde links von Maria ein großer Engel angebracht, vor allem wurde auf Wunsch des Auftraggebers „das Velum von unser lieben Frauen ... abgeändret" (s. den Akkord, Boeck 1948, S. 360–364), d.h. es reichte nicht mehr bis zu den Aposteln herab; statt dessen hing bis zur halben Höhe ein Rosenkranz hernieder. Auch war Maria jetzt in die Gebälkzone emporgerückt; den Hintergrund bildete eine auf die Chorwand gemalte Landschaft. Eine Mittelstellung zwischen der Ausführung und dem hier ausgestellten Entwurf nimmt eine 1760 datierte Zeichnung mit der Signatur von Franz Antoni Dirr ein: sie zeigt den Engel links von Maria und den Rosenkranz, der das Motiv der großen Tuchdraperie bereits abschwächt, obwohl das Tuch noch bis zu den Aposteln herabreicht (Wessenberg-Galerie Konstanz; Sauer 1936, Kat. Nr. Konstanz II C 10). Großartiger erscheint die Lösung unseres Entwurfs: die Gestalt der Maria freigestellt innerhalb des Nischenbogens, wie eine Schleppe zu ihren Füßen das Velum, das den rauschhaften Zug des Ganzen betont.

Bleigriffel, Feder in Braun. 45,1 × 27,4 cm. Mit Maßstab bis zu 5 Schuh links unten. Kanten beschnitten.

Literatur: Sauer 1936, S. 37, Kat. Nr. Konstanz II B 21. – Boeck 1948, S. 151–152, 334, Abb. 205.

Konstanz, Städtische Wessenberg-Galerie, Inv. Nr. V 34

B 49 a–c □

Drei Büsten-Modelle: Christus, Joachim (?) und Anna

J. A. Feuchtmayer (zugeschrieben), um 1760

Offensichtlich handelt es sich um Modelle für eine umfangreiche Büstenreihe, wie sie uns auf der Galerie der Birnauer Wallfahrtskirche erhalten ist (s. Kat. Nr. B 47). Christus ist im Typus des Salvators, d.i. als Weltheiland wiedergegeben; das ihm hier fehlende Attribut, die Weltkugel mit Kreuz, sollte bei der ausgeführten Skulptur vielleicht wie in Birnau von einem am Sockel angebrachten Putto gehalten werden. Die alte Frau ist als hl. Anna, Mutter der Maria, zu deu-

B 49a–c

ten; zu ihr gehört der hl. Joachim, der wahrscheinlich in dem bärtigen Greis dargestellt ist, falls es sich hier nicht um einen Apostel handelt. Eine vierte Büste, die als hl. Scholastika (s. Kat. Nr. B 2) gedeutet wird, ist eine schwächere Werkstattarbeit. Alles, was die Büsten des späten Feuchtmayer auszeichnet, erscheint hier meisterhaft skizziert in kleinstem Format: prägnante Gesichtstypen, lokkere Gestaltung der Oberfläche und eine den Büstenabschnitt großzügig umkreisende Draperie, aus der sich das Haupt wirkungsvoll hervorhebt. Das Antlitz Christi zeigt, welchen Ausdruck der Vergeistigung der Künstler im Alter seinen Bildwerken zu geben vermochte.
Auch im einzelnen bestehen enge stilistische Beziehungen zu Arbeiten Feuchtmayers und seines Kreises, wie der Erwerbungsbericht des Bayerischen Nationalmuseums nachweist: der Typus des Salvators kehrt wieder in der Beurener Statuette, ebenfalls einem Modell (Kat. Nr. B 10, vergleichbar ist hier auch die Gestaltung der Rückseite), sowie in der Büste auf der Birnauer Galerie (Boeck 1948, Abb. 492); das Modell sowie die Ausführung der Birnauer Büste werden Johann Georg Dirr zugeschrieben; der Typus des bärtigen Greises begegnet in dem hl. Paulus aus Liptingen, jetzt Augustinermuseum Freiburg (Boeck 1948, Abb. 462), sowie den Benediktsfiguren der St. Galler Chorgestühlreliefs; der gleiche Typus der alten Frau ist verwendet in Feuchtmayers Anna Selbdritt im Überlinger Museum (Boeck 1948, Abb. 282) und später von Johann Georg Dirr für die Büste der hl. Anna am Epitaph der 1767 verstorbenen Anna Franziska Theresia Prästinari in der Überlinger Franziskanerkirche. Zeitlich entsprechen die Büsten-Modelle der Stilstufe der 1761–63 entstandenen Büsten der St. Galler Beichtstühle (Boeck 1963, Abb. 114, 115, 117).

Christus Lindenholz, Joachim und Anna Buchsbaumholz, vollrund, Rückseite nur skizziert und etwas flacher, Sockel aus Birnbaumholz. H. des Christus 9,5 cm (ohne Sockel 7,9 cm), H. des Joachim 9,4 cm (ohne Sockel 7,6 cm), H. der Anna 9,5 cm (ohne Sockel 7,6 cm). Kopftuch der Anna über der Stirn beschädigt.

Literatur: Weinmüller-Neumeister, München, 28.–29. 10. 1970, Nr. 655. – MüJb, N. F. Bd. 22, 1971, S. 242–243, Abb. 7.

München, Bayerisches Nationalmuseum, Inv. Nr. 70/138, 70/136, 70/137

FRANZ IGNAZ GÜNTHER (1725–1775)

Dieser bedeutendste Rokoko-Bildhauer Bayerns hat in zweifacher Hinsicht mit unserem südwestdeutschen Gebiet Berührung gehabt. Zum einen ist er Schüler Johann Paul Egells in Mannheim gewesen, zum anderen hat er eine seiner größten Schöpfungen für die Friedhofskapelle in Nenningen geschaffen (s. Kat. Nr. B 51). Am 22. November 1725 ist er in Altmannstein in der Oberpfalz als Sohn eines Schreiners, Bildhauers und Faßmalers geboren. Seine Ausbildung umfaßt mehrere Stationen, seine Wanderwege sind weit, was aber damals nichts Ungewöhnliches war. Nach den vermutlich beim Vater verbrachten ersten Lehrjahren tritt er 1743, wie so mancher andere bedeutende süddeutsche Bildhauer, in die große Münchner Werkstätte von Johann Baptist Straub ein. 1750 muß Günther in Salzburg gewesen sein. Eine Zeichnung Günthers nach Egells Hochaltartabernakel der Heidelberger Heiliggeistkirche (s. Kat. Nr. B 50), eine mit Günthers Handschrift versehene Zeichnung Egells sowie ein 1751 datiertes Relief Günthers, das er selbst als Kopie nach Egell bezeichnet hat, lassen darauf schließen, daß Günther im Jahr 1751 bei Egell in Mannheim weilte. Vom 17. Mai bis zum 10. November 1753 besucht er die Akademie in Wien und wird mit dem ersten Preis ausgezeichnet. Zwei Antiken-Kopien in Statuettenform haben sich aus dieser Zeit erhalten. Der Weg nach Wien muß ihn über Geppersdorf in Nordmähren (Kopřivná/ČSSR) geführt haben; denn von den Hochaltarfiguren der 1753 geweihten Kirche zeigen die Maria Immaculata und einige Engel eindeutig seine Handschrift. Schließlich läßt sich Günther in München nieder, wo er am 5. Juni 1754 zum „Hofbefreyten Bildhauer“ ernannt wird. Im Januar 1757 heiratet er, am 26. Juni 1775 ist er in München gestorben.
In dieser nur rund zwei Jahrzehnte umfassenden Münchner Schaffenszeit entsteht ein umfangreiches Oeuvre: Entwürfe für Altäre, Kanzeln und in der eigenen Werkstätte vornehmlich geschnitzte Figuren – in Stein hat Günther ungern und wenig gearbeitet. Hier können nur wenige Hauptwerke genannt werden: Hochaltarfiguren der Benediktiner-Klosterkirche Rott am Inn 1760–1762 und einige Seitenaltarfiguren ebenda, die Skulpturen in der Augustinerchorherren-Stiftskirche in Weyarn 1763–1765, die Hochaltarfiguren in der Prämonstratenser-Klosterkirche Neustift bei Freising, um 1765, und die Hochaltarfiguren der Benediktiner-Klosterkirche in Mallersdorf, um 1768–1770.
Günthers Beziehung zu Egell, die im Zusammenhang dieser Ausstellung vor allem interessiert, ist in der kunstgeschichtlichen Literatur unterschiedlich bewertet worden. Zweifellos haben die Lehrjahre bei Straub Günther eng mit der Münchner Hofkunst verbunden, als deren Voll-

ender er später erscheinen sollte. Auch dürfte ihm Straub bereits etwas an akademischer Schulung vermittelt haben. Demgegenüber mußte bei Egell manches neuartig auf Ignaz Günther wirken: etwa die eigentümliche Brechung der Oberfläche an dessen Skulpturen oder Egells Art, dem Bildinhalt eine persönliche Ausdeutung zu geben. Das erste hat Günthers Sinn für den künstlerischen Reiz der Oberfläche geschärft, doch hat er diesem Oberflächenspiel stoffliches Leben verliehen, gegenüber Egells eher abstraktem Stilprinzip. Auch das zweite traf bei Günther auf eine verwandte Natur, die aber, ihrer Begabung wie dem Zeitstil entsprechend, den künstlerischen Ausdruck mehr zum Empfindsamen und Gefühlsbetonten hin abwandelte.

Literatur: Feulner 1947. – Schönberger 1954. – Neue Deutsche Biographie, Bd. 7, 1966, S. 275–276 (Arno Schönberger). – Woeckel 1975.

B 50

Zeichnung nach dem ehemaligen Hochaltartabernakel der Heidelberger Heiliggeistkirche

F. J. Günther, um 1751–52

Durch die Beschriftung erfahren wir, daß hier ein Tabernakel aus „Heidlberg in Hl:geist Kirch" abgezeichnet ist (zur Funktion des Tabernakels s. Kat. Nr. B 44). Es kann sich dabei nur um das Hochaltartabernakel handeln mit den 1747–48 von Paul Egell geschaffenen Figuren, „vorstelent... Christum, die Religion und zwey Engell", und mit dem Relief „an dem Tabernacull die Sendung deß Hl. Geists vorstelent". Der Herr erscheint mit segnender Rechten und dem Kreuz in der Linken auf einem Wolkenhügel über dem Tabernakel, links steht die Religion, kenntlich an ihrem Attribut, dem Meßkelch, rechts unten kniet anbetend ein Engel neben dem Tabernakel, ein Motiv, das Bernini in die bildende Kunst eingeführt hat (s. Kat. Nr. B 21, 59); ein zweiter Engel schaut andächtig unter den Wolken zu Christus empor; die dazugehörige, oberhalb von Christus in einer Strahlenglorie schwebende Taube des Hl. Geistes ist nicht wiedergegeben. Seit dem Abbruch des Altares um 1870 sind diese Bildwerke verschollen bis auf das 1953 wiederentdeckte Tabernakelrelief (Kat. Nr. B 29, ebenda Näheres über den Altar), das auf der Zeichnung nur schwach angedeutet ist. Das Blatt, das durch die eigenhändige Beschriftung wie durch den zeichnerischen Stil als Arbeit Ignaz Günthers gesichert ist, zeigt, daß dieser Egells Heidelberger Altar kannte und schätzte; offensichtlich hat sich Günther davon auch zu seiner Tabernakelgruppe in Starnberg anregen lassen (Lankheit 1954, Taf. 67). Wir kennen noch ein Lindenholzrelief mit Johannes dem Täufer von Günthers Hand, das er selbst als Kopie „Nach Paul Egel in Mannheim" bezeichnet und 1751 datiert hat, (BNM München, Woeckel 1975, Abb. 108), schließlich eine Zeichnung Egells mit der Handschrift Günthers darauf: „[let]zte Ding, von Egel in sein garten." (Staatl. Graphische Slg. München, Woeckel 1975, Abb. 106). Dies sind die einzigen Zeugnisse für Günthers Aufenthalt in Mannheim bei Paul Egell im Jahre 1751. Unser Blatt besitzt somit eine dreifache Bedeutung: als Dokument eines verschollenen Altars von Egell, als Beleg für Günthers Wanderschaft in die Kurpfalz wie nicht zuletzt als Kunstwerk.

Bleigriffel. 24,5 × 16,7 cm. Oben mit brauner Tinte eigenhändig von Günther beschriftet „Heidlberg in Hl:geist Kirch". An beiden seitlichen Rändern sowie unten beschnitten und angesetzt.

Literatur: Lankheit 1954, Kat. Nr. 98, S. 13, 29, 46 u. Anm. 73, Taf. 66. – Woeckel 1975, Kat. Nr. 11, S. 166–169, Abb. 11, 105, 109 (mit älterer Lit.)

München, Staatliche Graphische Sammlung, Inv. Nr. 1949/43

B 51 □

Pietà

Aus der Friedhofskapelle von Nenningen

F. I. Günther, 1774

Dieses letzte Bildwerk Günthers, das nach Format und künstlerischer Kraft eines seiner größten ist, steht fernab von München in dem kleinen schwäbischen Ort Nenningen. Der Patronatsherr des Ortes, Freiherr Max Emanuel von Rechberg und Rothenlöwen zu Donzdorf-Weißenstein (1736–1819), hatte es für die neuerrichtete Friedhofskapelle gestiftet. Die Verbindung zu dem Münchner Hofbildhauer ergab sich dadurch, daß der Stifter kurbayerischer Kämmerer war; auch hatte Günther vorher schon für die Familie Rechberg gearbeitet (im Auftrag von Maria Theresia Gräfin Preysing, geb. Rechberg-Rothenlöwen, zwei Epitaphien für sie und ihren Gemahl in eine Ingolstädter Kirche). Das Bildwerk traf am 8. Dezember 1774 in Nenningen ein; Günther soll dafür 124 Gulden bekommen haben.

Das Thema der Muttergottes mit dem toten Sohn auf dem Schoß hatte Günther vorher schon zwei Mal für die Kirche in Kircheiselfing 1758 und für die Kirche in Weyarn 1764 gestaltet (zum Thema Vesperbild-Pietà s. Kat. Nr. B 78). Von diesen beiden steht die Weyarner Gruppe der Nenninger am nächsten. Doch die Komposition, die dort zartgliedrig erscheint und mit trauernden Engelkindern wie mit einem spielerischen Rahmen versehen ist, wird in Nenningen ganz ins Große und Heroische gewendet. Auf vollkommene Weise sind die Körper des Toten und der Lebenden wie Windung und Gegenwindung zu einer strengen Dreieckskomposition ineinandergefügt. Umso stärker sprechen die geöffneten Hände Christi, die sich aus dem Figurenblock lösen. Auf den pathetischen Blick Mariens gen Himmel, der so häufig bei Vesperbildern begegnet (s. Kat. Nr. B 78) und den Günther auch in einer Zeichnung als Motiv erwogen hat (Woekkel 1975, Abb. 81 u. 390), ist in der ausgeführten Nenninger Gruppe verzichtet. Statt dessen wenden sich Antlitz und Blick der Mutter dem toten Sohne zu, doch da sich dabei ihr Oberkörper zurückbiegt, entsteht trotzdem der Eindruck von Abstand und Ferne. Das schwebende Gleichgewicht, das zwischen beiden Figuren herrscht, die Vielzahl von leichten Achsenbrechungen, die ihre Bewegungen, ihren Aufbau bestimmt, kennzeichnen die Gruppe als Werk des Rokoko. Die Steigerung ins Große, die Stille, die über der so überaus durchdachten Komposition liegt, der bewußte Abstand zwischen beiden Figuren lassen jedoch schon die neue, an klassischen Vorbildern orientierte Stilepoche ahnen. Die farbige Fassung, die auch noch zum Rokoko-Charakter des Bildwerks gehört, hebt die Leichenblässe des Toten durch den Gegensatz zu den farbigen Gewandteilen der Mutter hervor; doch auch deren Farbkomposition wirkt bei allem Raffinement insgesamt kühl (das Kleid rosafarben mit hellblauer Abseite, das Kopftuch olivgrün, der Mantel blau). Woeckel hat die bereits genannte Zeichnung in der Staatlichen Graphischen Sammlung München (Inv. Nr. 32.213) als Vorstudie zur Nenninger Pietà angesprochen. Sicher zu ihr gehört ein Lindenholz-Bozzetto im Bayerischen Nationalmuseum München (Inv. Nr. L 73/251), der ihr in den Grundzügen weitgehend entspricht; doch ist der Aufbau in der großen Gruppe steiler, zugleich sind die

B 51

Bewegungen bei gestraffter Komposition behutsamer und gleitender geworden. Woeckel nimmt an, daß die Nenninger Pietà vor einem gemalten Landschaftshintergrund mit dem leeren Kreuz stand, wie ihn die Münchner Zeichnung andeutet. Außerdem vermutet er, Günther habe sich für diese Gruppe ein Vesperbild der schwäbischen Spätgotik wie jenes in der St. Pantaleonskirche in Reichenbach i. T. zum Vorbild genommen. Doch hat Günther bereits 1764 in Weyarn den gleichen Bildtypus verwendet. Eine oberschwäbische Replik der Nenninger Pietà aus dem 18. Jahrhundert befindet sich in der Kapelle St. Oswald in Tiefenbach, Kreis Saulgau (s. Weise 1952).

Lindenholz, dreiviertel- bis vollrund, rückseitig ausgehöhlt, mit originaler Fassung. H. ca. 162 cm, B. des Sockels ca. 130 cm. Auf der Rückseite eingeschnittene Signatur: „1774/F. I. Güntter“.

Literatur: Kdm. Württemberg, Donaukreis, Geislingen, 1914, S. 7, 14, 146, Abb. S. 144. – Feulner 1947, S. 121–122, Abb. S. 216–219. – Müller, Th. 1951. – Schönberger 1954, S. 14, 87–88, Taf. IV, Abb. 148–152. – Woeckel 1975, S. 476–491, Abb. 396, 399, 400 (mit älterer Lit.). – Seehofer 1981, S. 195–206 m. Abb.

Nenningen (Gem. Lauterstein-Nenningen), Kirchengemeinde

JOACHIM GÜNTHER (1720–1789)

Sein Geburtsdatum – er ist am 3. März 1720 im oberbayrischen Tritschenkreuth bei Peißenberg zur Welt gekommen – und seine verwandtschaftlichen Beziehungen – er ist der um 15 Jahre jüngere Bruder des berühmten Freskanten Matthäus Günther und ein Neffe des Bildhauers Ignaz Lengelacher – sind erst von der jüngsten Forschung entdeckt worden. Über seine Lehr- und Wanderjahre wissen wir nur, daß er sich in Mähren aufhielt, wo auch sein Onkel Lengelacher tätig war. 1749 heiratet Günther in Zusmarshausen, einem westlich von Augsburg gelegenen Ort, und läßt sich dort nieder. Für die nahe gelegene Kirche von Horgauergreuth schnitzt er 1749–50 eine lebensgroße Folge der zwölf Apostel, tüchtige Arbeiten, die ein sicheres Gefühl für den Aufbau einer Statue verraten – aber auch nicht mehr. 1752 tritt Günther erstmals in Bruchsal in Erscheinung, als ihm bauplastische Arbeiten für das neue Residenzschloß übertragen werden. In den kommenden Jahren schließen sich weitere Aufträge an, so für heute zerstörte Stukkaturen im Corps de Logis 1761, für eine nicht erhaltene Brunnengruppe im Garten 1755, für die Gartenstatuen zweier Schweizer und anderes mehr. Auf Günthers Antrag, Hofbildhauer zu werden, wird ihm von Fürstbischof von Hutten am 3. Januar 1755 „der hochfürstl. schutz nebst der personal freyheit gdgst gestattet“. An kirchlichen Arbeiten aus dieser Zeit sind archivalisch belegt u.a. 1755 die Schnitzfiguren der Maria Immaculata und des hl. Sebastian (s. auch Kat. Nr. B 52) in der Bruchsaler St. Peterskirche, 1766 der später abgebrochene Altar der Pfarrkirche in Otterstadt/Pfalz, von dem sich zwei Figuren im Historischen Museum der Pfalz in Speyer befinden, sowie 1768–69 die heute zerstörte Kanzel der Kirche zu Waghäusel. Bei Fürstbischof von Limburg-Stirum, der 1770 Huttens Nachfolge antritt, ist Günther anfangs nicht in Gunst gestanden, doch dann setzten 1773 mit Stukkaturen für Schloß Kislau und 1776 für den Musiksaal im Kammerflügel des Bruchsaler Schlosses neue fürstbischöfliche Aufträge an den Künstler ein. Überraschend wird Günther 1773 für einige Zeit nach Wien gerufen, um dort unter Leitung von Wilhelm Beyer im Zuge der Parkausstattung von Schönbrunn die Figurengruppe Ceres und Bacchus zu arbeiten. Auch für Kirchen der Bruchsaler Gegend muß Günther – nimmt man die stilkritisch ihm zugeschriebenen Werke hinzu – zahlreiche Aufträge in dieser letzten Schaffenszeit erhalten haben. Umso mehr erstaunt es, daß nach seinem am 2. Juli 1789 in Bruchsal erfolgten Tode seine Witwe fast mittellos dastand.

Günthers figürliche Arbeiten sind – wie so oft bei Inhabern großer Werkstätten im 18. Jahrhundert – außerordentlich ungleichwertig. Seine frühen, sicher eigenhändigen Apostel in Horgauergreuth verraten bei aller Befangenheit und Ausdrucksarmut in ihrem sicheren Aufbau und ihrem Anspruch eine gewisse akademische Schulung, die Günther in einer großen bayrischen Werkstatt, etwa von Johann Baptist Straub in München, erhalten haben könnte. Am Oberrhein gewinnen seine Figuren unter dem Einfluß der höfischen Umgebung an Geschmeidigkeit. Die Begegnung mit dem Stukkator Johann Michael Feichtmayr, die Begegnung mit dem Werk Johann Paul Egells haben ihn gleichfalls beeindruckt. Daß Günther selbst noch bei Egell gearbeitet hat, wofür nur die Zeit zwischen Herbst 1750 und Egells Tod im Januar 1752 in Frage käme, läßt sich freilich nicht nachweisen. Den Höhepunkt der Bruchsaler Bildhauerei stellen die großen Gartenskulpturen dar, von denen jedoch nur das eine Paar der Schweizer für Günther archivalisch gesichert ist. Daß die „Jahreszeiten“ Günthers andere Werke an Erfindungskraft und Gestaltung weit überragen – in gewissem Maß gilt das auch für die stilistisch etwas abweichenden „Elemente“ –, ist schon immer empfunden worden (s. Kat. Nr. B 54, 53 a–d). Wahrscheinlich ist diese bedeutende Leistung dem Zusammenwirken verschiedener künstlerischer Kräfte zu verdanken, von denen jedoch außer Günther für uns heute keine mehr faßbar ist. Die späten Bildwerke Günthers zeigen zumeist ein Erlahmen der Kräfte, wie es in dieser Zeit für alternde Künstler und ihr Bemühen, sich dem Zopfstil anzupassen, typisch ist.

Literatur: Thieme-Becker, Bd. 15, 1922, S. 207–208. – Siegel 1936. – Poensgen 1960. – Gehrig 1969. – Jäckel 1979 I. – Jäckel 1979 II.

B 52 □

Hl. Sebastian

Bozzetto zu einer Altarfigur in der St. Peterskirche zu Bruchsal. Aus der Bozzetti-Slg. des Johann Sebastian Barnabas Pfaff

J. Günther, um 1754–55

Dargestellt ist der gemarterte Heilige, an einen Baum gefesselt und mit Pfeilen bespickt (zur Legende des Heiligen s. Kat. Nr. B 4). Die ausgeführte große Figur, aus Holz geschnitzt und mit neuer Fassung in Weiß und Gold versehen, steht am rechten Seitenaltar der Bruchsaler St. Peterskirche, dessen Stuckaufbau von Johann Michael Feichtmayr errichtet wurde (Siegel 1936, Abb. 5. – Poensgen 1960, Abb. 5). Siegel fand die Rechnung im Pfarrarchiv, laut welcher Joachim Günther im Sommer 1755 die zwei Statuen der Maria Immaculata und des hl. Sebastian arbeitete, wofür ihm 45 Gulden bezahlt wurden. Die hier genannte Immaculatafigur steht am linken Seitenaltar (Poensgen 1960, Abb. 5); zu ihr hat sich jedoch kein plastischer Entwurf erhalten. Der Bozzetto zum hl. Sebastian ist sehr viel flüchtiger skizziert als Günthers Bozzetto zum „Winter“ (Kat. Nr. B 54). Das schmerzhafte Emporrecken des Hauptes, in dem beim Bozzetto die S-förmige Schwingung des Körpers gipfelt, hat in der ausgeführten Figur an Heftigkeit ver-

B 52

loren; dadurch tritt das dekorative Element in der Körperbewegung – nicht gerade zugunsten der Figur – stärker hervor. Auch die Immaculata am gegenüberliegenden Altar wirkt eher dekorativ als ausdrucksstark.

Rotbrauner gebrannter Ton, vollrund, mit späterem weißgrauem Anstrich. H. 23 cm. Hände und Teile der Äste abgebrochen.

Literatur: Neeb 1907, S. 63 Taf. I, 2. – Bischoff 1927, S. 10, 57–58.

Mainz, Mittelrheinisches Landesmuseum, Inv. Nr. 0,1397

B 53 a–d □

Allegorien der vier Elemente

Aus dem Bruchsaler Schloßgarten

J. Günther (?) und Werkstatt, um 1759–1761

Die Lehre von den vier Elementen als den Urstoffen, aus denen alle Dinge hervorgegangen sind, wurde vom christlichen Abendland aus der Antike übernommen. In der profanen barocken Kunst dient die Personifikation der vier Elemente zusammen mit anderen Allegorien der Darstellung des irdischen Kosmos. Dabei entsprechen die Elemente in ihrer Vierzahl anderen Themengruppen, etwa den Jahreszeiten, den (damals bekannten) vier Erdteilen und lassen sich dadurch mit diesen zusammen in das Skulpturenprogramm eines Parks recht gut einfügen, so hier in Bruchsal, wo Elemente und Jahreszeiten jeweils einen Kreuzungspunkt der Hauptachsen markieren (heute im Park durch Kopien ersetzt). Unmittelbar verständlich ist die Darstellung des „Wasser“ durch einen schilfbekränzten Wassergott mit Schilfbündel in der Rechten, Ruder in der Linken und einem Delphin zu seinen Füßen. Das Beiwerk am Sockel verweist vor allem auf Schifffahrt und Fischerei. Die „Luft“ ist eine halbnackte junge Frau mit hochgenommenem wehendem Gewand und wehendem Haar, neben ihr ein Adler, zu ihren Füßen ein aus vollen Backen blasender Puttenkopf als Windgott; das letztere Motiv kehrt am Sockel wieder, hier außerdem Fahne, Drachen, Dudelsack, Blasebalg. Das „Feuer“, eine junge Frau mit züngelnden Locken, hält einen auf geschichteten Quadern stehenden Feuerkessel; zu ihren Füßen zwei Salamander, von denen einer auf brennenden Holzscheiten liegt. Letztere Darstellung geht auf den fabulösen Bericht antiker Schriftsteller zurück, der Salamander sei ein derart kaltes Tier, daß er in Feuersglut zu leben bzw. Feuer auszulöschen vermöge. Am Sockel finden sich eine Feuerurne, ein durch Blitzschlag in Brand gesetztes Haus und der Wundervogel Phönix, der sich durch Selbstverbrennung verjüngt. Die „Erde“ hat ihre üblichen Attribute: ein Füllhorn mit Früchten, die Mauerkrone auf dem Haupt und zu Füßen einen Löwen; ganz ungewöhnlich ist jedoch, daß hier – nach den muskulösen Gliedmaßen zu urteilen – die Erde von einem Mann dargestellt wird. Am Sockel sehen wir eine Burg, Früchte und Spaten.
Neben den eleganten und mit phantasievollem Witz dargestellten Bruchsaler Jahreszeiten (s. Kat. Nr. B 54) wirken die Elemente statuarischer, einfacher und altertümlicher. Gleichwohl gibt es – nicht nur in der übereinstimmenden Sockelornamentik – Beziehungen, die auf ein gemeinsames Konzept für beide Gruppen schließen lassen. Man vergleiche etwa das Schreiten der männlichen Figuren über ein Tier oder einen Gegenstand hinweg und den nach oben in eine schöne Körperschwingung übergehenden Kontrapost bei den weiblichen Figuren oder das Motiv der aufgeschichteten Quadern als Stütze beim „Feuer“ wie beim „Herbst“. Doch bei den Jahreszeiten scheint sich die mehrfache Brechung der Körperachse, begünstigt vom verhüllenden Spiel der knittrigen Gewandbahnen, unmerklich zu vollziehen, und der Blick des Hauptes zur Schulter wirkt wie der notwendige Abschluß dieses koketten Hin und Hers von Drehungen und Wendungen. Solche Leichtigkeit und rokokohafte Leichtfertigkeit haben die Elemente nicht. Die starke Brechung der Körperachsen wirkt weit in den Raum hinaus, die Wendungen sind schroff, und das in großen scharfen Formen gegliederte Gewand unterstreicht durch seine gegensätzliche Erscheinung die Körperbewegung noch. Die Wirkung ist dadurch viel dramatischer, entspricht mehr dem Hochbarock, besonders bei den besten Figuren „Feuer“ und „Luft“. So erstaunt es nicht, daß die „Luft“ in ihrer Körperhaltung einer um 1685–1690 entstandenen Elfenbeinfigur Balthasar Permosers ähnelt, dem „Herbst“ im Dresdner Grünen Gewölbe (Asche 1978, S. 154, Abb. 85).
Den Wunsch, den Bruchsaler Schloßpark mit Skulpturen auszustatten, hat schon Kardinal Schönborn um 1730 und 1738 geäußert (s. Kdm. Baden, IX, 2, Bruchsal, 1913, S. 102–103. – Rott 1914, S. 63–64, 88); von entsprechenden Aufträgen hören wir jedoch erst während der Regierungszeit Huttens. So soll Hofbildhauer Joachim Günther 1755 eine Puttengruppe für das neue Gartenbassin schaffen (Rott 1914, Nr. 457, S. 121–122). Im August 1758 wird mit Günther der Akkord über zwei Statuen von Schweizern (= Hellebardiere in historischem Kostüm) geschlossen, die er nach dem von ihm aus Erde gefertigten Modell in Sulzfelder (Sand-)Stein, $7^1/_2$ Schuh hoch, für 220 Gulden zu fertigen hat (Rott 1914, Nr. 488, S. 127). Die Postamente dazu werden im Juni 1759 in Auftrag gegeben (Rott 1914, Nr. 492, S. 128). Im August desselben Jahres soll der Steinhauer Weber Steine für vier weitere, nicht näher bezeichnete Gartenfiguren brechen; der für diese Bildwerke vorgesehene Künstler wird nicht genannt (Rott 1914, Nr. 494, S. 129). Im September–Oktober 1761 sind 14 Mann be-

B 53 a

schäftigt, „die stein zu denen new zu fertigenden statuen in den hof garten in dem Sulsfelder steinbruch helfen auf und ablaten". Die gleichen Leute helfen auch im Oktober beim Transport der Postamente zu den schon vollendeten Gartenfiguren sowie beim Farbenreiben für die Fassung dieser Skulpturen (Rott 1914, Nr. 498, S. 131).
Heute befinden sich in Bruchsal vier Hellebardiere, von denen das Paar mit den kurzen Pumphosen deutlich Stilelemente Günthers zeigt, während das andere etwas abweicht, außerdem die vier Elemente und – in Kopie – die vier Jahreszeiten (Originale in Amerika s. Kat. Nr. B 54), zusammen zwölf Stück. Zwölf Figuren nennt auch ein Bericht aus dem Jahre 1806 von Johann Adam Günther, dem Sohn Joachim Günthers, über die Restaurierbedürftigkeit dieser Gartenplastik (Rott 1914, Nr. 565, S. 144). Die Erwähnungen von 1759 und 1761 beziehen sich wahrscheinlich auf die beiden Zyklen der Elemente und der Jahreszeiten. Eine stilistische Entwicklung und damit eine zeitliche Folge läßt sich jedoch nicht feststellen, da die Ausführung offensichtlich zwei verschiedenen Künstlern anvertraut wurde und da vielleicht bereits am Entwurf jeweils verschiedene Köpfe mitgewirkt haben. Die Elemente haben nicht dasselbe Interesse der Forschung gefunden wie die Jahreszeiten: so sind sie in ihrer künstlerischen Bedeutung als überlebensgroße, bewegte und doch sicher aufgebaute Aktfiguren bisher auch nicht genügend gewürdigt worden. Zusammen mit den Jahreszeiten sind sie von den letzten Bearbeitern (Siegel, Jäkkel) dem Joachim Günther zugeschrieben worden. Dabei scheint das Problem der künstlerischen Urheberschaft bei den Elementen noch schwieriger zu sein, zumal sich hierzu kein Bozzetto erhalten hat. Zwar gibt es von Egell zeichnerische Entwürfe der Göttin Vesta als „Erde" und der Göttin Juno als „Luft", doch wenn diese wirklich für Bruchsal bestimmt waren, wie Lankheit erwägt, müssen sie ein wesentlich früheres Stadium der Planung betreffen (Lankheit 1954, Kat. Nr. 26–27, Taf. 20–21). An den ausgeführten Statuen begegnen wohl Einzelformen wie die eingerollte Falte beim „Feuer", die an Egell erinnern, aber im ganzen steht ihre Komposition Egells Kunst fremd gegenüber. Wahrscheinlich ist Günther an den Elementen beteiligt gewesen, doch lassen sich eindeutige Beziehungen zu seinen gesicher-

B 53 c

B 53 b

B 53 d

ten Werken – etwa in den Kopftypen – nicht feststellen. Er bevorzugt sonst schlanke, mit leichter Achsenbrechung aufwachsende Figuren, – wenn man vom Sonderfall der Bruchsaler Hellebardiere absieht. Gerade Günthers Bozzetto zum „Winter“ (Kat. Nr. B 54) wirkt ja schmal und in sich gerundet gegenüber der ausgeführten Figur wie erst recht gegenüber den breit aufgebauten Allegorien der „Erde“ und des „Wasser“. Vermutlich entstanden die Elemente ähnlich wie die Jahreszeiten in einer Gemeinschaftsarbeit verschiedener Künstler. Gleich jenen haben auch die Elemente Nachfolge in einer Frankenthaler Porzellanserie (Kat. Nr. G 13 a–d) gefunden, deren Modelle Konrad Linck zugeschrieben werden.

Heller Sandstein, vollrund, rückseitig flacher gehalten. H. „Feuer“ 247 cm, H. „Wasser“ 245 cm, H. „Luft“ 247 cm, H. „Erde“ 253 cm, H. der Sockel unterschiedlich, ca. 145–155 cm. Zahlreiche Beschädigungen und Ausflickungen. „Feuer“: Spitze der vorderen Haarlocke abgebrochen. „Wasser“: Linker großer Zeh und ein Bartzipfel abgebrochen. „Erde“: Linker großer Zeh abgebrochen.

Literatur: Hirsch 1910, S. 34–35, Abb. auf Bl. 68 (mit älterer Lit.). – Kdm. Baden, IX, 2, Bruchsal, 1913, S. 188–189, Abb. 68–69. – Bischoff 1927, S. 51–52, 59–61. – Siegel 1936, S. 200, 204, Abb. 2. – Lankheit 1954, S. 85. – Kuhn 1965, erwähnt bei Kat. Nr. 88–91, S. 139–140. – Roegele 1975, S. 201. – Jäckel 1979 I, S. 90–100, Abb. 7–13.

Bruchsal, Schloß, Staatliche Liegenschaftsverwaltung

B 54 □

Allegorie des Winters

Bozzetto für eine ehemals im Bruchsaler Schloßpark aufgestellte Sandsteinfigur. Aus der Bozzetti-Slg. des Johann Sebastian Barnabas Pfaff

J. Günther (zugeschrieben), um 1759–1761

Der Ablauf der Zeit wird im Garten vor allem als ständige Wiederkehr von Frühling, Sommer, Herbst und Winter erlebt, und so gehören Allegorien der vier Jahreszeiten (s. Kat. Nr. B 13 a–d) sinngemäß zum festen Programm barocker Gartenskulptur (s. auch Kat. Nr. B 84). Dabei zeichnet sich die Bruchsaler Folge durch ihren besonderen Einfallsreichtum in Komposition wie Motiven aus. Die Originale der ausgeführten überlebensgroßen Figuren befinden sich heute in den Harvard-Sammlungen, Cambridge/Mass.; im Park stehen Kopien von dem Bildhauer Weltring aus dem Jahr 1902. Wie üblich werden „Frühling“ und „Sommer“ durch junge Frauen, der „Herbst“ durch einen bacchantischen jungen Mann verkörpert, der „Winter“ dagegen als Greis dargestellt. Da es sich um Allegorien handelt, wird manches nur angedeutet; das begünstigt eine für das 18. Jahrhundert sehr typische kokette Haltung: dieser Winter mit Zipfelmütze, Muff und pelzverbrämtem Gewand führt uns sein Frieren ja bloß vor, denn der dicken Kleidung zum Trotz tritt er halb nackt auf. Der am Boden liegende Putto, der das Feuer im Kohlebecken anbläst, windet sich schräg hinter dem Bein des „Winter“ hervor. In der ausgeführten Steinskulptur sind die beiden Figuren jedoch deutlich voneinander gesondert, auch die am Boden aufgeschichteten Holzbündel lösen sich besser von den Gewandteilen; der Muff, niedriger gehalten, verschmilzt nicht mehr mit dem Bart. Gegenüber diesem klaren Aufbau der Sandsteinfigur wirkt der Bozzetto mit seiner Verklammerung von Greis und Putto altertümlich, noch einem früheren, vom Manierismus kommenden Ideal der geschlossenen verdichteten Komposition verpflichtet. Bemerkenswert ist außerdem, daß der wegwehende aufgeworfene Mantelzipfel der ausgeführten Figur sich am Bozzetto nicht findet.

Die „Jahreszeiten“ sind die bedeutendste Figurenfolge des Bruchsaler Schloßparks, ja, sie gehören zu den bedeutendsten Gartenskulpturen von Süddeutschland überhaupt. Die Frage nach ihrem künstlerischen Urheber ist deshalb immer wieder gestellt worden: Egell, Johann Peter Wagner (Brinckmann), auch Johann Sebastian Barnabas Pfaff (Neeb), aus dessen Besitz der Bozzetto stammt, wurden

B 54

als Künstler genannt (Pfaff war jedoch Geselle von Günther und konnte von ihm den Bozzetto als Werkstattgut übernommen haben); die letzten Bearbeiter (Siegel, Kuhn, Karin Jäckel) haben sich für Joachim Günther entschieden (zur Quellenlage und zu den Daten s. Kat. Nr. B 53 a–d). Tatsächlich zeigt der „Winter" des Bozzettos in der Gesichtsbildung Verwandtschaft mit dem einen Paar der Bruchsaler Hellebardiere, das kurze Pumphosen trägt (Jäckel 1979 I, Abb. 2). Für zwei dieser sogenannten Schweizer hatte Günther 1758 Tonmodelle geliefert (s. Kat. Nr. B 53 a–d). Hier wie dort findet sich die gleiche wirkungsvolle, aber doch flüchtige Art, einen Charakterkopf zu modellieren durch Betonung der überhängenden buschigen Brauen, der tief liegenden Augen, der scharfen Nase, des vom Bart beschatteten Mundes. Gleichwohl bleiben angesichts des stilistisch wie qualitativ höchst ungleichartigen Werkes von Günther Zweifel, ob die berühmten Bruchsaler Jahreszeiten seine ureigenste Schöpfung sind. Das betrifft die figurale Komposition, in der sich Günther sonst nicht so erfinderisch erweist, das betrifft aber auch die Ausführung der großen Steinskulpturen, mit deren überlegener Eleganz sich keine einzige Arbeit von Günther messen kann. So ist einerseits damit zu rechnen, daß Günther zeichnerische Entwürfe von anderer Hand vorlagen, andererseits muß der nach Günthers Bozzetti schaffende Bildhauer, der für die Ausführung verantwortlich war, bei der Arbeit an den Großfiguren viel Eigenes hinzugetan haben. Wahrscheinlich handelt es sich um eine Gemeinschaftsschöpfung von zwei oder sogar drei Künstlern, wie sie im Barock öfters vorkommt; auf Grund der schlechten Quellenlage ist von diesen heute nur noch Günther namentlich faßbar. Ähnliches hatte schon Feulner erwogen: der Bozzetto eine Arbeit Johann Peter Wagners, jedoch eine Kopie nach Egell, die ausgeführten Figuren von Schülern Egells, wenn auch nicht unbedingt von Wagner. Feulners Zuschreibung an Wagner kann man allerdings heute nicht mehr zustimmen. Die Bruchsaler Jahreszeiten haben in einer Frankenthaler Porzellanserie eine Nachfolge gefunden, bei der nur der „Frühling" in seiner Gestaltung von der großen Statue abweicht. Die Modelle zu den Porzellanfiguren werden Konrad Linck zugeschrieben, der 1762 bei der Frankenthaler Porzellanmanufaktur angestellt wurde, aber auch nach seinem Wegzug nach Mannheim im Jahr 1766 noch für Frankenthal gearbeitet hat (s. Text vor Kat. Nr. B 63).

Gelbbraune Terrakotta, vollrund, Rückseite nur skizziert, mit weißem Anstrich. H. 26,8 cm.

Literatur: Neeb 1907, S. 63, Taf. II, 13. – Hirsch 1910, S. 34–35. – Kdm. Baden, IX, 2, Amtsbezirk Bruchsal, 1913, S. 189. – Brinckmann 1924, S. 112–113, Taf. 54. – Bischoff 1927, S. 10, 51–53. – Feulner 1929, S. 104. – Siegel 1936, S. 204–205. – Kuhn 1965, erwähnt bei Kat. Nr. 88–91 auf S. 139. – Jäckel 1979 I, S. 90, Abb. 14.

Mainz, Mittelrheinisches Landesmuseum, Inv. Nr. 0,1442

KONRAD HEGENAUER (1734–1807)

Er stammt aus einem Familienunternehmen: schon sein Vater und zwei ältere Brüder sind Bildhauer gewesen. Am 26. November 1734 in Pfullendorf geboren, 1749 bereits in der damals von Bruder Wilhelm geleiteten Hegenauer-Werkstatt zu Wolfegg tätig, macht er im Jahre 1756 sein Glück: er heiratet die Witwe des Bildhauers Thomas Hofer und übernimmt damit dessen Werkstatt in Friesenhofen bei Leutkirch. Von hier aus beliefert er die Pfarrkirchen dieser Gegend. Eines seiner Hauptwerke, den Hochaltar der Marienkapelle (heute Schloßkapelle) in Isny, arbeitet er für das dortige Benediktinerkloster um 1766. Als adliger Auftraggeber ist Fürstbischof Carl Eusebius von Chiemsee, Graf zu Waldburg zu nennen, der Konrad Hegenauer zur Ausstattung seines Schlößchens Rimpach bei Leutkirch herangezogen hat. Am 17. April 1807 ist der Meister in Friesenhofen gestorben. Konrad Hegenauers Werk ist umfangreich und von unverkennbarer Eigenart. Seine zierlichen Figuren haben kleine Köpfe, einen sehr ausgeprägten altertümlichen Kontrapost und ein Gewand, das übersponnen ist von netzartigem Faltenwerk. Sie rufen den Eindruck hervor, als sei dieser Meister unmittelbar von der Stilepoche des Manierismus zu der des Rokoko übergewechselt.

Literatur: Schwager 1963, S. 40–70.

B 55 □

Hl. Agathe

Aus der Slg. Röhrer

K. Hegenauer (zugeschrieben), um 1760

Die reiche Kleidung und der Schmuck kennzeichnen die Dargestellte als Jungfrau aus edlem Geschlecht. Die Brüste, die auf dem geöffneten Buch in ihrer Linken liegen, weisen auf ihr Martyrium hin: der frommen Christin aus Catania, die vorher die Werbung des heidnischen Landpflegers Quintianus von Sizilien abgewiesen hatte, wurden wegen ihres Bekenntnisses zum christlichen Glauben unter dem römischen Kaiser Decius die Brüste zerfleischt und abgeschnitten. Da ein Lavastrom des Ätna zu fließen aufhörte, als ihm ein Schleier der Heiligen am Jahrestag ihres Todes entgegengetragen wurde, gilt Agathe als Beschützerin gegen Feuersbrunst. Deshalb werden ihr zu Ehren von Schutzflehenden Kerzen geweiht; darauf soll die brennende Kerze in der Rechten der Figur hindeuten. Oscar Sandner hat im Bregenzer Ausstellungskatalog von 1964 die Skulptur überzeugend Konrad Hegenauer zugeschrieben. Sandner verweist dabei auf die in der kontrapostischen Schwingung verwandte Madonna dieses Meisters von 1757 in der Schloßkirche zu Rimpach und die ähnliche Gewandbildung der hl. Barbara am Hochaltar der Pfarrkirche von Hellengerst, die um 1765 zu datieren ist (Schwager 1963, Abb. 66, 83). Konrad Hegenauers eigentümlich manierierter Rokoko-Stil kommt in der Figur der hl. Agathe vorzüglich zur Geltung. Der gekünstelt wirkende, noch ganz manieristische Kontrapost mit dem hochgesetzten Spielbein und dem gebogenen Standbein, das Kleid mit den modischen Rokoko-Requisiten – Mieder und Rüschenärmel – und dem netzartigen Faltenwerk, der reiche Putz und der puppenhafte kleine Kopf verbinden sich zu einer Gestalt von gezierter Anmut. Daß trotz aller Künstelei die Figur recht lebendig wirkt, spricht dafür, daß sie ein Frühwerk ist, wie Sandner zu Recht betont.

Lindenholz, vollrund, rückseitig flacher gehalten, mit Fassung des 19. Jhs. über Resten einer älteren Fassung. H. 101,5 cm. Auf der Rückseite mit der Signatur (wohl des Faßmalers): „Jos.. Becherer/von überbach 1823". Rechter Mittelfinger ganz, Ring- und kleiner Finger teilweise abgebrochen.

Literatur: Feulner 1926, S. 40, Nr. 132. – Bregenz 1964, Kat. Nr. 89, Abb. 84.

Augsburg, Städtische Kunstsammlungen, Inv. Nr. 6382

DOMINIKUS HERMENEGILD HERBERGER (1694–1760)

Er war der Sohn eines Schulmeisters und wurde am 4. August 1694 in Legau, einem südlich von Memmingen gelegenen Ort, getauft. Dann ist uns erst wieder das Datum seiner Hochzeit überliefert, die am 22. November 1718 in Dietenheim stattfand. Hier, am unteren Lauf der Iller, hat er offenbar über zwei Jahrzehnte gelebt und gearbeitet. Werke von ihm aus dieser Zeit finden sich in Dietenheim selbst sowie in einem größeren Umkreis nördlich und südlich der Donau und westlich und östlich der Iller. Hervorzuheben sind von den gesicherten Arbeiten: der Hochaltar der Pfarrkirche zu Schwendi 1727 und die Ausstattung der Pfarrkirche zu Nasgenstadt um 1731. Von Ochsenhausen aus, wohin Herberger um 1741/42 übersiedelt, liefert er unter anderem 1743 den Benediktusaltar für die dortige Klosterkirche, 1744/45 die Figuren für die Wiblinger Klosterbibliothek und 1746/47 die Tabernakelwand des Hochaltars in der Pfarrkirche zu

B 55

B 56

Reinstetten. Am 30. März 1748 wird er zum Hofbildhauer des Bischofs von Konstanz ernannt; bald darauf dürfte er nach Meersburg gegangen sein. Von dort zog er nach Immenstaad, wo er am 12. Mai 1760 starb. Die bedeutendste Arbeit, die dem späten Schaffen des Künstlers zugeschrieben werden kann, ist die Hochaltarplastik der ehemaligen Damenstiftskirche zu Lindau im Bodensee 1752/53. Herberger hat überwiegend in Holz, nur wenig in Stein und offenbar nichts in Stuck geschaffen. Mit wenigen Ausnahmen gelten seine Arbeiten religiösen Themen. Charakteristisch ist die ausgesprochen kontrapostische Haltung seiner Figuren, die wieder im Gegensatz zur starken Eigenbewegung des Gewandes steht. Wo und bei wem Herberger die Lehrzeit verbracht hat, ist nicht bekannt. Der eigenartige Kontrapost seiner Figuren mit der Gegendrehung von Oberkörper und Haupt läßt jedoch vermuten, daß der Füssener Bildhauer Anton Sturm anregend auf den um vier Jahre Jüngeren gewirkt hat. Weitere Beziehungen, die bis nach Augsburg gehen, zeigen die enge Verflechtung von Herbergers Schaffen mit dem anderer Bildhauer im Gebiet zwischen Bodensee und Lech. Eindrucksvoller noch ist die umgekehrte Wirkung, die von Herberger auf die jüngeren Künstler Oberschwabens ausging. Da ist vor allem der Riedlinger Johann Joseph Christian zu nennen (s. Text vor Kat. Nr. B 1 a–b), dessen Formenverwandtschaft mit Herberger so weit geht, daß lange Zeit eine Reihe von Herberger-Figuren als Arbeiten Christians galten. Auch auf die Brüder Hegenauer (s. Text vor Kat. Nr. B 55), den jüngeren Ruez (s. Text vor Kat. Nr. B 64) und Johann Michael Fischer von Dillingen dürfte nach neuester Forschung Herberger von Einfluß gewesen sein.

Literatur: Schahl 1980.

B 56 □

Hl. Elisabeth von Thüringen

Rechte Seitenfigur vom südlichen Nebenaltar der ehemaligen Franziskanerkirche, jetzt Liebfrauenkirche, Ehingen/Donau

D. H. Herberger (zugeschrieben), um 1729

In der linken hält die Heilige als Zeichen ihres fürstlichen Ranges ein Zepter, mit der Rechten gibt sie einem zu ihren Füßen knienden Krüppel ein Brot in Form eines Spitzwecks. Sie trägt Sandalen und das mit einem Strick umgürtete Habit des Dritten franziskanischen Ordens (Tertiarinnen), dem sie 1228 nach dem Tod ihres Gemahls, des Landgrafen Ludwig von Thüringen, beigetreten war.
Die Ehinger Franziskanerkirche wurde 1723–1725 neuerbaut, der Hochaltar 1726 gestiftet. Das Altarblatt mit Darstellung der hl. Dreikönige am südlichen Nebenaltar ist 1729 datiert. Um diese Zeit dürften auch die das Gemälde flankierenden Figuren der hll. Elisabeth und Klara, der Mitbegründerin des Zweiten Ordens des hl. Franziskus (Schahl 1980, Abb. 20, 27), entstanden sein. In ihnen wie den Engeln des Altarauszugs sieht Schahl zu Recht frühe Arbeiten Herbergers und verweist dabei u. a. auf die engverwandten und für Herberger gesicherten Skulpturen von 1727 in der Kirche von Schwendi (Schahl 1980, Abb. 10, 11). Dagegen wird bei den Figuren der hll. Elisabeth und Klara der für Herberger typische Aufbau – ein starker, in S-förmige Schwingung übergehender Kontrapost – mit betonter Eleganz gestaltet; an dieser Wirkung hat die dem Frühstil eigene splittrige Gewandgebung wesentlichen Anteil. Die Bildwerke des nördlichen Ehinger Seitenaltars sind offensichtlich aus derselben Werkstatt, jedoch von schwächerer Hand.

Holz, rückseitig ausgehöhlt, mit Fassung von 1897–98. H. ca. 175 cm.

Literatur: Kdm. Württemberg, Donaukreis, Bd. 1, Ehingen, 1914, S. 24–25. – Schahl 1980, S. 11, 21, 26, 62–63, Abb. 21 (mit älterer Lit.).

Ehingen/Donau, Kath. Liebfrauenkirche

B 57 □

Thronende Maria mit Kind

Aus der Pfarrkirche St. Georg in Ertingen

D. H. Herberger (zugeschrieben), um 1730–1735

In der süddeutschen Skulptur des 18. Jahrhunderts sind thronende Madonnen ziemlich selten dargestellt. Die diesem Thema innewohnende feierliche Ruhe ist offenbar der Zeit wenig gemäß gewesen. So hat denn auch der Schnitzer der Ertinger Muttergottes das Sitzmotiv so weit in Bewegung umgesetzt, daß es – wie Schahl bemerkt – den Anschein hat, als wolle die Maria gleich aufstehen. Die Skulptur ist sehr stark auf Untersicht gearbeitet, der Blick der Maria nach unten gerichtet; während das Christkind die Rechte segnend erhebt, hat die Mutter ihre Rechte weit vorgestreckt. Offenbar hielt sie einen Rosenkranz in den leicht eingeschlagenen Fingern. Das spricht dafür, daß unterhalb der Thronenden zu ihrer Rechten der hl. Dominikus dargestellt war; denn nach der Legende hatte ihm die Muttergottes den Rosenkranz überreicht. Als Gegenfigur dürfte auf der anderen Seite die Dominikanerin Katharina von Siena gestanden sein (s. die entsprechende Darstellung von Mathias Faller am linken Seitenaltar in St. Märgen. Hermann 1968, Abb. S. 86; vgl. auch Kat. Nr. B 9). Huber hielt das Bildwerk für eine Arbeit von Johann Joseph Christian. Schahl hat die enge Verwandtschaft mit den 1730–31 von Herberger für die Kirche zu Nasgenstadt geschaffenen Fi-

B 57

guren erkannt (Schahl 1980, Abb. 30–32, 34–35, 38–41) und schreibt die Madonna deshalb diesem Künstler zu. Im Ganzen erscheint die Thronende zwar ausgewogener und bedeutender als die Nasgenstädter Arbeiten, doch macht sich die unbekümmert-frische Art der Darstellung von dort in glücklicher Weise auch bei dem Ertinger Christkind geltend.

Lindenholz, dreiviertel- bis vollrund, rückseitig ausgehöhlt, mit retuschierter originaler Fassung im Inkarnat, moderne Rekonstruktion der alten Lüsterfassung auf dem Gewand. H. (ohne die ergänzte Krone) 69 cm. Rechter Daumen, Mittel- und Zeigefinger der Maria sowie rechter Zeige- und Mittelfinger des Kindes ergänzt.

Literatur: Huber 1960, S. 71, Abb. 5. – Schahl 1980, S. 23, 29, 64, Farbtaf. 5 (mit älterer Lit.).

Ertingen, Kath. Pfarrkirche St. Georg

B 58 □

Hl. Wendelin

D. H. Herberger (zugeschrieben), um 1743–1745

Wendelin, der als Patron der Viehzucht verehrt wird, zählte beim Landvolk des 18. Jahrhunderts zu den beliebtesten Heiligen. Wurfschaufel, Hirtentasche und großer Hut weisen auf das Hirtenleben hin, das der Heilige, ein iroschottischer Königssohn, nach seinem Verzicht auf den Thron beim heutigen Ort St. Wendel geführt hat. Das Pferd und das Schaf zu seinen Füßen vertreten die ihm anempfohlene Kreatur. Auf sie deutet der Heilige mit der Linken, während er den Blick fürbittend zum Himmel emporrichtet. Wie üblich tritt der Heilige in antikischer Kleidung auf, die jedoch durch den übergroßen modischen Hut und die koketten Stiefel phantastisch herausgeputzt erscheint. So bildet die Figur zusammen mit ihrem Rocaille-Sockel ein Ganzes von ornamentaler Ausdruckskraft. – Die Entdeckung als Werk Herbergers ist Volker Himmelein zu verdanken. Nach kontrapostischer Haltung, nach Gewandgebung und Gesichtstypus gehört der Wendelin einem Figurentypus an, der sich durchgängig bei Herberger findet (vgl. den allerdings auch nicht gesicherten hl. Judas Thaddäus in Herbergers Wohnort Dietenheim, um 1725; Schahl 1980, Abb. 7, 9). In seiner Ornamentik ähnelt der Rocaille-Sockel den Figurenkonsolen des für Herberger gesicherten Benediktus-Altares in Ochsenhausen von 1743 (Schahl 1980, Abb. 58–59).

Holz, rückseitig ausgehöhlt, mit alter Fassung. H. mit Wurfschaufel 160 cm, bis zur Hutkrempe 138 cm (jeweils mit Sockel).

Literatur: Kdm. Württemberg, Münsingen, 1926, S. 48.

Bremelau (Gem. Münsingen), Kath. Pfarrkirche St. Othmar

B 59 □

Anbetender Engel

Vom Tabernakel der Pfarrkirche St. Urban in Reinstetten

D. H. Herberger, 1746–47

Die Idee, zu seiten des Altartabernakels zwei Engelfiguren aufzustellen, die kniend in Anbetung vor dem Allerheiligsten verharren, geht auf Berninis Altar von 1673–74 in der Cappella del Sacra-

Rokoko verwandelt. Doch wirkt im Gestus der Hände, die beim linken Engel gefaltet, beim rechten demütig auf die Brust gelegt sind, Berninis Komposition immer noch nach. – Huber hatte die Reinstettener Tabernakelengel Johann Joseph Christian zugeschrieben. Schahl fand die „Abbtey-Rechnung", laut deren am 24. Juli 1747 „dem Bildhauer Herberger vor seine arbeith auf den Tabernacul zu Reinstetten" 213 Gulden 24 Kreuzer gezahlt wurden. Aus der Höhe des Betrags schließt Schahl, daß Herberger die gesamte bildschnitzerische Arbeit an der Tabernakelwand geschaffen hat. Unter den reifen Werken Herbergers gehören die Reinstettener Engel zu seinen ausgewogensten Schöpfungen.

Lindenholz, vollrund, rückseitig nur skizziert, mit neuer weißer Fassung. Größte H. ca. 110 cm.

Literatur: Huber 1960, S. 73, Abb. 19. – Schahl 1980, S. 22, 31, 51, 92, Abb. 78–79 (mit älterer Lit.).

Reinstetten (Gem. Ochsenhausen/Kreis Biberach an der Riß), Kath. Pfarrkirche St. Urban

B 58

mento zu St. Peter in Rom zurück (zum Tabernakel s. Kat. Nr. B 44). Sie ist verschiedentlich von deutschen Künstlern des 18. Jahrhunderts aufgenommen worden. In Reinstetten bildet das Tabernakel den Mittelpunkt einer mit Figuren besetzten und mit seitlichen Türen versehenen Schranke, die hinter der Mensa, aber vor dem die Chorwand füllenden großen Retabel aufgestellt ist. Die anbetenden Engel knien hier auf reich gezierten Rocaillevoluten. Sie dominieren nicht wie in dem römischen Vorbild, sondern fügen sich in das ornamentale Gesamtbild ein. Auch ihre auf einer abschüssigen Volute balancierende Haltung hat sich gegenüber der hochbarocken Festigkeit bei Bernini ins Flüchtige und Elegante des

JOHANNES (BAPTIST) HOPS (geb. 1681, bis 1728 nachweisbar)

Dieser Stammvater einer oberschwäbischen Bildhauerfamilie wurde als Sohn eines Schuhmachermeisters am 6. Mai 1681 in Eggenthal bei Kaufbeuren geboren. Da er als Knabe „einen gleich samb von Natur ein gepflanzten sonderbahren Lust zue der Bildhauer Kunst" gezeigt hat und „mit schlechten allein auß denen schuemacher aalen Ihme selbsten zuegerichten Instrumenten solch: vnderschidliche Bilder geschnüezelt", wird er 1696 dem Bildhauer Martin Beichel in Türkheim für fünf Jahre in die Lehre gegeben. Von Beichel sind uns bisher keine Arbeiten bekannt. Erkennbar ist dagegen der Einfluß des gebürtigen Tirolers Ignaz Waibel, in dessen Werkstatt zu Heimertingen bei Memmingen Johannes Hops um 1707 gearbeitet haben dürfte; denn die fließende, oft parallele Faltenführung bei den frühen Skulpturen von Hops geht auf die hochbarocke alpenländische Bernini-Nachfolge zurück, die Ignaz Waibel nach Schwaben gebracht hat. Im Spätwerk von Hops wird der Faltenstil unruhig und manchmal splittrig (s. Kat. Nr. B 60 a–b). 1708 läßt sich Hops mit einer eigenen Werkstatt in Mietingen bei Laupheim nieder. Da er auf die Rück-

B 59

seite der Figuren gerne seine Signatur einzuschneiden pflegte, können wir eine ganze Reihe von Werken seiner Hand in Oberschwaben und Tirol nachweisen. Als vollständiger Altar von ihm hat sich der 1726 datierte Kerker-Christi-Altar in Heiligkreuztal erhalten. Nach 1728 haben wir keine Nachricht mehr über Johannes Hops. Drei seiner Söhne sind Bildhauer geworden: Johann Adam, geb. 1708, der sein Werkstattnachfolger wurde, Franz Magnus, 1717–1756, „hochfürstlicher Bildhauer“ der Fürsten von Hohenzollern, und Joseph Anton, 1720–1761 (s. Text vor Kat. Nr. B 61).

Literatur: Griebert 1939, S. 119–143. – Schwager 1952, S. 157, Anm. 4, S. 164–165 u. Anm. 4, S. 166 u. Anm. 2. – Schäll 1979, S. 17–25.

B 60 a–b □

Die hll. Katharina und Barbara

J. Hops, 1728

Die als Gegenstücke komponierten Figuren saßen jeweils über einem geschwungenen Auflager, vermutlich den Voluten eines Altargebälks. Durch goldene Krone mit Edelsteinbesatz und geschmückte Kleidung sind beide als Königstöchter charakterisiert. Die hl. Katharina hat das Bruchstück eines Rades neben sich, Zeichen ihres Martyriums wie des himmlischen Wunders, das dabei geschah: nachdem die gelehrte Königstochter in einem Redegefecht 50 heidnische Philosophen überwinden und zum Christentum bekehren konnte, befahl der erzürnte Kaiser Maxentius, Katharina zu rädern, doch zerstörten Engel das Marterwerkzeug; daraufhin ließ der Kaiser die Heilige enthaupten. Der hl. Barbara ist ein grauer Turm mit rotem Dach beigegeben, in dessen Fenstern sich Himmel und Wolken spiegeln. Er erinnert daran, daß das schöne Mädchen von ihrem Vater in einem festen Turm verwahrt worden war. Als der Vater erfuhr, daß sie in dieser Abgeschiedenheit Christin geworden war, wollte er sie erschlagen, sie entfloh in eine Felsspalte, die sich wunderbarerweise für sie öffnete. Doch ein Hirt verriet sie, der Vater ließ sie vor Gericht stellen und schlug ihr dann eigenhändig das Haupt ab. Die Attribute, welche die beiden Figuren in den Händen hielten, dürften – der Legende entsprechend – einmal das Schwert als Werkzeug des Martyriums, zum anderen die Märtyrerpalme bzw. bei der hl. Barbara ein Kelch (s. Kat. Nr. B 33) gewesen sein.
Johannes Hops hat viele seiner Figuren mit dem Schnitzmesser signiert und datiert. So hat er auch eine Maria vom Siege mit der Jahreszahl 1728 versehen, die, heute neugefaßt, in der Pfarrkirche von Mietingen, dem Wohnort von Hops, auf dem Hochaltar steht (Schäll 1979, S. 20, Abb. S. 18). Legner vermutet, daß die ebenfalls 1728 datierten Frankfurter Bildwerke von demselben Mietinger Hochaltar stammen, dessen Altararchitektur jedoch heute jüngeren Datums ist. Für das Jahr 1728 wirken die beiden

B 60 a

Sitzfiguren recht altertümlich; ihr Kostüm mit dem brustpanzerhaften Mieder und den Schmuckstücken über der Stirn wie am Gürtel und die mit viel Gold, Silber und Lüsterfarben arbeitende Fassung unterstreichen diesen Eindruck noch. So sind Schuhe, Gürtel, Mäntel golden, das Mantelfutter der Katharina blaugelüstert, das der Barbara rotgelüstert, die Mieder silbern, Ärmel und Rock der Katharina rotgelüstert mit grünem Futter, auch ihr Brusttuch silbern mit farbigen Streifen, das Kleid der Barbara lüstergrün mit aufgemalten goldenen Rosetten und rotgelüstertem Ärmelfutter, grün auch der Bausch an ihrem Hinterhaupt. Das Inkarnat ist blaß, das Haar jeweils aschblond. – Ein im Typus engverwandtes Paar der hll. Katharina und Barbara findet sich auf der Bekrönung eines Seitenaltars der Kirche in Ahlen (Krs. Biberach an der Riß).

Lindenholz, dreiviertel- bis vollrund, mit weitgehend erhaltener originaler Fassung. H. der Katharina 77 cm, H. der Barbara 84 cm. Jeweils auf der Rückseite eine Signatur eingeschnitten: „J · Hobs · / 1728 ·“ (Katharina), „J · Hobs“ (Barbara). Bei letzterer die rechte Fußspitze und ein Teil der Finger abgebrochen. Bei Katharina der kleine rechte Finger abgebrochen.

Literatur: Schmitt 1924, S. 52, Abb. 49. – Griebert 1939, S. 138. – Schwager 1952, S. 166, Anm. 2. – Legner 1963, Nr. 40–41. – Schäll 1979, S. 20.

Frankfurt a. M., Städtische Galerie Liebieghaus, Inv. Nr. 759

JOSEPH ANTON HOPS (1720–1761)

Von den drei Söhnen des Bildhauers Johannes Hops (s. Text vor Kat. Nr. B 60 a–b), die den väterlichen Beruf ausgeübt haben, gilt dieser als der bedeutendste. Aus der Zeit zwischen seiner Geburt am 2. Juni 1720 in Mietingen und der ersten Erwähnung seines Namens im November 1748 in den Villinger Ratsprotokollen haben wir keine Nachricht über ihn. Durch die Heirat mit der Witwe des Villinger Bildhauers Joseph Schupp und Tochter des Villinger Malers Georg Samuel Schilling am 2. Juni 1749 wird Hops zum Leiter einer alteingesessenen Bildhauerwerkstatt, die in Villingen ohne Konkurrenz ist. Bis zu seinem frühen Tod am 20. Mai 1761 in Villingen hat Hops für die Kirchen dieser Gegend gearbeitet, so für Villingen 1750 die Hochaltarfiguren der Bickenkapelle, 1758–59 die Kanzel im St. Georgenkloster und 1760 die Renovierung des Hochaltars ebenda (s. Kat. Nr. B 76), für Donaueschingen 1753 und 1758 Statuen in der Pfarrkirche. Seine Arbeiten für die Karmelitenkirche in Rottweil 1751–1757, Kanzel und Altarfiguren, sind heute verschollen. Ob großfigurig oder zierlich, stets wird der Kontrapost sehr betont, und Charakterköpfe werden nachdrücklich gestaltet. Die Lehrzeit wird Joseph Anton in der Werkstatt seines Vaters verbracht haben, falls dieser noch so lange am Leben war. Vermutlich stand er auch in Beziehung zu Johann Joseph Christian (s. Text vor Kat. Nr. B 1 a–b), bei dem sein älterer Bruder Franz Magnus 1738 gearbeitet hat. Außerdem war Christians Sohn „Carolus Christian Studiosus“ Trauzeuge bei der Heirat von Joseph Anton Hops.

Literatur: Thieme-Becker, Bd. 17, 1924, S. 500 (H. Feurstein). – Griebert 1939. – Revellio 1964, S. 243–245. – Schäll 1979.

B 60 b

B 61 □

Hl. Anna Selbdritt

J. A. Hops (zugeschrieben), um 1760

Dieser Bildtypus der Mutter Anna mit ihrer Tochter Maria und dem Christkind, der gegen Ende des 13. Jahrhunderts aufgekommen ist, hat in Deutschland seine größte Verbreitung im späten Mittelalter erfahren. War anfangs die Maria in den Selbdrittgruppen stets mädchenhaft klein der Gestalt der Anna untergeordnet, so entwickelt sich daneben in der deutschen Spätgotik ein zweiter Bildtypus mit natürlichen Größenverhältnissen: meist sitzen Maria und Anna nebeneinander und haben das Kind zwischen sich. Nach der Reformation geht die Verehrung der hl. Anna in Deutschland zurück, um sich jedoch Anfang des 18. Jahrhunderts wieder zu beleben. Die bedeutenderen südwestdeutschen Anna-Selbdritt-Gruppen des 18. Jahrhunderts gehören jedoch dem erstgenannten hochgotischen Bildtypus an, der sich jetzt freilich in eine bewegte beziehungsreiche Komposition verwandelt. Statt der breiten Entfaltung des Themas wird der turmartige Aufbau mit seinen Möglichkeiten für eine figura serpentinata (ital. = schlangenförmig gewundene Figur) im Sinne des Manierismus bevorzugt. Allerdings wird die Gruppierung jetzt nicht wie im Manierismus auf Allansichtigkeit angelegt; die Rückseite soll nicht gesehen werden (s. auch Kat. Nr. B 45). Besonders einfallsreich und bewegt ist die Komposition, die Joseph Anton Hops für dieses Thema gefunden hat. Spielerisch hält Mutter Anna den Christusknaben waagrecht schwebend der kindlichen Maria hin, die verlangend nach dem Knaben greift.
Von dieser Komposition, die das Thema der Hl. Familie ins Genrehafte auflöst, kennen wir drei Ausführungen: 1. Ein geschnitztes Bildwerk in Überlebensgröße, das mit seinem Gegenstück, dem hl. Joachim, den Hochaltar der St.-Georgen-Klosterkirche in Villingen flankiert; beide wurden bereits von Feurstein dem J. A. Hops zugeschrieben (Thieme-Bekker, Bd. 17, 1924, S. 500). 2. Die hier ausgestellte Gruppe unbekannter Herkunft. Zu ihr gehört ein hl. Zacharias (WLM, Inv. Nr. 1922/83), was darauf schließen läßt, daß es ursprünglich zwei Skulpturenpaare waren – Zacharias und Elisabeth, Joachim und Anna Selbdritt; Griebert erkannte ihre Verwandtschaft mit den Villinger Figuren und schrieb sie Hops zu. 3. Eine ebenfalls geschnitzte Gruppe am Hochaltar der Donaueschinger Pfarrkirche. Ebenso wie ihr Gegenstück, ein hl. Joseph mit dem Christkind, gilt sie als ein Werk des fürstenbergischen Hofbildhauers Franz Xaver Biecheler, um 1749–1751. Die Erfindung der Anna-Selbdritt-Komposition ist eher Hops als dem eklektizistischen Biecheler zuzutrauen. Biecheler dürfte sich eine der Gruppen von Hops zum Vorbild genommen oder einen Entwurf von Hops für die Donaueschinger Skulptur benutzt haben. Die Villinger Anna Selbdritt läßt sich innerhalb der Villinger Schaffensjahre 1748–1761 von Hops nicht mit Sicherheit genauer datieren (s. Kat. Nr. B 76). Die hier ausgestellte Gruppe hält Griebert mit dem zugehörigen Zacharias für Jugendwerke um 1743–44 wegen der – gegenüber den Villinger

B 61

Skulpturen – „dürftigeren Gewandbehandlung“ und „zaghafteren Komposition“. Doch sprechen die schlaffer fallenden Gewänder und die kleinen Köpfe eher für eine späte Entstehungszeit. Auch gehört das vogelartige Antlitz der Anna in seiner physiognomischen Schärfe mehr der zweiten Jahrhunderthälfte an. Verglichen damit ist dann das eine älter wirkende Ornament am Sockel, der Akanthus, ohne Bedeutung, zumal der Sockel aus einer anderen, noch mit altertümlichen Formen arbeitenden Werkstatt stammen kann.

Figurengruppe aus Zirbelholz, nur Kopf und rechter Arm der Maria, rechter Unterarm des Christkindes aus Lindenholz, vollrund. H. 193 cm. Sockel aus Zirbel- und Lindenholz. H. 80 cm. Jeweils ohne Fassung. Anna: Kuppe des linken Zeigefingers abgebrochen. Maria: rechter Mittelfinger ganz, kleiner Finger zur Hälfte abgebrochen, erste drei Zehen des rechten Fußes ergänzt. Christkind: Finger der Linken ergänzt.

Literatur: Griebert 1939, S. 134 f., Abb. 15. – Walzer 1959, S. 60 f., 73, Abb. 88–89.

Stuttgart, Württembergisches Landesmuseum, Inv. Nr. 1922/82

JOSEPH HÖR (HÖRR, HERR) (1732–1785)

Die beliebte Künstlerlegende vom Hirtenbüblein, dessen Naturtalent eines Tages entdeckt und von Kunstfreunden gefördert wird, so daß aus dem armen Büblein ein angesehener Meister werden kann – auf Joseph Hör scheint sie zuzutreffen. Er sei „eines Bauern Sohn, dessen Talent sich offenbarte, da er als Knabe schon in Holz schnitzte“, berichtet der Berliner Schriftsteller Friedrich Nicolai, der 1781 auf einer Kunstreise St. Blasien besucht hat. Dem am 29. November 1732 im St. Blasianischen Blasiwald geborenen Häuslerssohn hatte der Abt von St. Blasien ein Darlehen gewährt, damit er die Bildhauerei erlernen konnte. 1760–1763 gehört Hör zu den „officiales seculares“, den weltlichen Bediensteten von Kloster St. Blasien. Im September 1763 bewirbt sich Hör, ausgestattet mit einem Empfehlungsschreiben des Fürstabts, um das akademische Bürgerrecht der Freiburger Universität, das ihm im Januar 1764 gewährt wird. Das bedeutet allerdings, daß er – da außerhalb der Zunft stehend – seine Kunst nicht handwerksmäßig betreiben und keine Gesellen einstellen darf. Er heiratet und läßt sich in Freiburg nieder, wo er am 9. März 1785 gestorben ist. Prägender als die Lehrzeit, die Hör – laut zeitgenössischen Berichten – bei Johann Joseph Christian in Riedlingen zugebracht haben soll, ist der Einfluß Wenzingers gewesen. Schon in seiner St. Blasianer Zeit hat Hör für das Stiegenhaus des Klosters Skulpturen nach Modellen Wenzingers ausgehauen, weil eine Ausführung durch Wenzinger selbst zu teuer gekommen wäre (beim Brand von 1768 vernichtet). 1765–66 liefert Hör die Bildhauerarbeit am Altar der Schutzengelkapelle der St. Galler Stiftskirche (die Kapelle wurde 1807 abgebrochen). 1767–68 fertigt er – offenkundig nach Wenzingers Entwurf – das großartige steinerne Taufbecken für das Freiburger Münster (s. Kat. Nr. B 92), 1768 in Hartstuck die Zähringer-Grabmäler für die Klosterkirche in St. Peter. Als Steinbildhauer betätigt sich Hör an den Fassaden des Deutschordenshauses um 1768 und des Sickingen-Palais 1770–71, beide in der Freiburger Salzstraße. Mit den Arbeiten zum Sickingen-Palais vollzieht sich, wohl unter dem Einfluß von dessen Baumeister d'Ixnard, Hörs Wende zum Zopfstil. 1773 schnitzt Hör Putten und Zierat für die Orgel im Neubau der St. Blasianer Klosterkirche (heute weitgehend vernichtet). In den siebziger Jahren entsteht eine Reihe kleiner Alabastertäfelchen (s. Kat. Nr. B 62). Um die große, von Hör signierte Immaculata-Statue von 1781 an der Pfarrkirche von Riegel lassen sich noch einige kleinere Immaculata-Skulpturen gruppieren. Für die Universität hat Hör 1776 Entwürfe für Stuckarbeiten und 1783 zum Ausbau der Bibliothek geliefert. Hörs Rolle als Bildhauer im Breisgau ist ähnlich derjenigen des um neun Jahre älteren Johann Georg Dirr am Bodensee: beide vollziehen in ihrem Werk den Übergang vom Rokoko zum Zopfstil, beide stehen als Mitarbeiter im Schatten eines bedeutenderen älteren Meisters; doch hat Dirr die größere künstlerische Selbständigkeit entwickeln können.

Literatur: Thieme-Becker, Bd. 17, 1924, S. 214 (F. Schaub). – Noack-Heuck 1934. – Morath 1972, S. 125–265. – Brommer 1977, S. 69–70.

B 62 □

Kaiser Joseph II. wohnt im Freiburger Münster der Messe bei

Aus dem Benediktinerkloster St. Blasien im Schwarzwald

B 62

J. Hör, 1777

Im Jahr 1777 unternahm Kaiser Joseph II. eine Reise durch Frankreich, um seine Schwester, die Königin Marie Antoinette, zu besuchen und die Einrichtungen des Landes kennenzulernen. Er reiste incognito als Graf von Falkenstein mit nur 15 Begleitern und Dienern. Auf der Rückfahrt machte er in Freiburg im Breisgau, dem damaligen Sitz der vorderösterreichischen Regierung, halt. Auf das Angebot des Fürstabts von St. Blasien, Martin Gerbert, der zugleich kaiserlicher Hofkaplan war, für den Kaiser eine Festmesse zu zelebrieren, soll dieser geantwortet haben, „es sei ihm eines, ob ein Abt oder ein Kapuziner die Messe lese". Doch hatte Fürstabt Gerbert am 20. Juli 1777 dann „die allerhöchste Gnade I. Maj. dem Kaiser in dem Münster zu Freiburg die hl. Messe zu lesen auf dem Altar, wo das hochwürdigste Gut ausgesetzt ware wegen der ewigen Anbetung" (s. Brief Gerberts vom 3. 8. 1777 an Herrn von Püchler, Kabinettssekretär der Kaiserin, nach Wien; zitiert nach Noack-Heuck 1934, Anm. 21). Dieses Ereignis ist – sicher auf Wunsch Gerberts – hier festgehalten.
In frieshafter Anordnung sehen wir links außen den Fürstabt, der am Altar betet; auf den Altarstufen kniet mit dem Rosenkranz in den Händen ein Knabe in Husarenuniform; es folgt, durch einen Abstand hervorgehoben, der am Fußboden kniende Kaiser mit zwei Ordenssternen am Rock, rechts hinter ihm sein Betstuhl, auf dem sein Dreispitz abgelegt ist, am Behang des Betstuhls die Wappen von Österreich und Freiburg, am rechten äußeren Rand der leere Sessel des Kaisers. Damit entspricht die Darstellung dem zeitgenössischen Bericht: „der Kaiser hatte die Messe um 10 Uhr bestellt, ist aber dann erst um $11\,^1/_4$ gekommen, bis zum „Sanctus" ist er gestanden, dann kniete er, ohne den Betstuhl zu benützen, auf dem bloßen Boden" (s. Diarium des P. Roman Kuon, fol. IV^{V}–VI^{V}, zitiert nach Noack-Heuck 1934, Anm. 21). Die anderen Figuren stellen das Gefolge und einheimische Andächtige dar. Die Pfeiler und der geriefelte Säulenschaft im Hintergrund sollen wohl den ehemaligen Renaissance-Lettner des Münsters andeuten, der seit 1790, in zwei Teile getrennt, in den Querhausflügeln steht.
Daß der Bildhauer so getreulich das Verhalten Josephs II. aufgezeichnet hat, zeigt, welche Bedeutung man in Freiburg dem kaiserlichen Besuch beimaß. Zugleich äußert sich darin auch die neue künstlerische Sehweise der Zopfzeit. Der nüchternen Wesensart des Kaisers, der Prunk und Zeremoniell verabscheute, dürfte dieses kleine Relief in seiner Schlichtheit recht gut entsprochen haben.

Alabasterrelief in Holzkasten. H. 20,5 cm, B. 33,5 cm. Mit eingegrabener Inschrift am Altar „IOS: II R: K: / HOERTE DIE / H: MEES / SEINES KAP. / LANS MART: / ABTS VON / S. BLASI. / FREIBVRG / D. 20. IVLI / 1777. / IOS: HÖRR. SCV:".

Literatur: Noack-Heuck 1934, S. 259–260, Abb. 1. – Freiburg 1970, Kat. Nr. 441 (m. älterer Lit.). – Morath 1972, S. 210–211, Abb. S. 234. – Melk 1980, S. 97, Kat. Nr. 1007 m. Abb.

St. Paul im Lavanttal (Kärnten), Benediktinerabtei

(FRANZ) KONRAD LINCK (1730–1793)

Dieses begabteste Mitglied einer Speyrer Bildhauerfamilie – Vater, jüngerer Bruder und Stiefvater übten den gleichen Beruf aus – ist am 16. Dezember 1730 in Speyer geboren. Nach einer ersten Ausbildung beim Vater geht Konrad Linck um 1750 nach Würzburg, im Februar 1753 studiert er – laut Eintrag im Matrikelbuch – an der Wiener Akademie bei Jakob Schletterer, drei Jahre später begibt er sich nach Berlin in die Werkstätte von Georg Franz Ebenhecht, der damals für Potsdam arbeitet. 1757 kehrt Linck nach Speyer zurück, wird 1762 bei der kurpfälzischen Porzellanmanufaktur in Frankenthal angestellt, 1763 zum Hofbildhauer ernannt, siedelt 1766 nach Mannheim über, wo er am 13. Oktober 1793 stirbt. Die Ausbildungsstationen Wien und Berlin könnten auf eine Neigung Lincks zum antikisierenden akademischen Geschmack hindeuten. In der Tat finden sich im Schwetzinger Schloßgarten einige Bildwerke nach antikem Vorbild, die von Linck signiert sind bzw. sich ihm zuschreiben lassen. Doch bezeichnender für ihn ist die Verarbeitung des klassischen Stoffs zu gefälligen Gruppen, zu denen trotz ihrer Größe auch die Sandsteinskulptur der Putten mit Ziegenbock (Kat. Nr. B 63) gehört. Seine eigentliche Leistung hat er als Modelleur von Porzellanfiguren vollbracht, in denen er mythologische und allegorische Themen mit rokokohafter Anmut gestaltet.

Literatur: Thieme-Becker, Bd. 23, 1929, S. 234–235 (G. Jacob). – Jacob 1935, S. 326–350.

B 63

B 63 □

Bacchantische Putten mit Ziegenbock

Aus dem Schwetzinger Schloßgarten

K. Linck, 1775 vollendet

Ein Putto (ital. = der Kleine) reitet auf dem Ziegenbock, während die beiden anderen das widerspenstige Tier festzuhalten versuchen. Die Trauben und der thyrsosartige Stab in den Händen des kleinen Reiters zeigen, daß diese Kinder aus dem Gefolge des Weingottes Bacchus stammen bzw. daß sie dieses Gefolge spielen (griech. Thyrsos = mit krönendem Pinienzapfen versehenes, zepterähnliches Attribut des Bacchus). Der hier nicht ausgestellte originale Sockel ist auf der hohen Kehle mit Rankenwerk und anderem frühklassizistischem Ornament versehen. Das Putten-Bacchanal war ein beliebtes Thema im Kreis jener römi-

schen, der Antike nacheifernden Künstler um 1620–1630, zu denen Nicolas Poussin, François Duquesnoy u.a. gehörten (freundl. Hinweis von Frau Dr. Helge Siefert). Die Vorbilder dafür fanden sie an antiken Sarkophagen. Das 18. Jahrhundert greift das Thema, das der Schäfermode dieser Zeit so sehr entgegenkommt, gerne wieder auf.
Im Jahre 1775 ersucht Linck den Kurfürsten Carl Theodor darum, daß dieser ihm „zwey gruben (= Gruppen) von feinem Stein, eine Jede einen Geissbock, wormit 3 Kinder spielen, eine so genande Bogonale (= Bacchanal) vorstellendt", abkaufe. Der Künstler hatte die Bildwerke sozusagen auf Vorrat gemacht, auch in der Hoffnung, sie könnten im Schwetzinger Schloßpark Verwendung finden. Der Architekt Nicolas de Pigage, „Intendant über die Gärten und Wasserkünste", der um sein Urteil gebeten wird, berichtet, die Gruppen seien sinnreich komponiert, sorgfältig und mit unendlicher Feinheit ausgearbeitet, doch ihre Zeichnung sei nicht ganz korrekt. Den vom Bildhauer geforderten Preis von 600 bis 700 Gulden habe er auf 400 Gulden für beide Skulpturen herunterhandeln können. Am 14. August 1775 befiehlt der Kurfürst den Ankauf. Im Frühjahr 1776 sind die Sockel für die Gruppen in Arbeit, die dann im Schwetzinger Park zu seiten der sogenannten Wasserglocke vor dem Badhaus aufgestellt werden. Als ein fallender Baum in den 1840er Jahren die eine Skulptur zerstört, wird die übrig gebliebene an die nördliche Angloise übertragen, wo sie den Abschluß des Vogelbades bildet. Dort ist das Original heute durch eine Kopie ersetzt. – Was Linck zur Wahl dieses Themas veranlaßt hat, ob er hier einfach der Zeitmode gefolgt ist, wird kaum zu ermitteln sein. Auch über einen der Darstellung vielleicht innewohnenden Nebensinn läßt sich schwerlich Sicheres sagen, zumal das Gegenstück fehlt. Bei der formalen Gestaltung fällt der niederländische Typus der Putten mit ihren perückenhaften Lockenfrisuren auf. Im Mannheimer Reiß-Museum hat sich ein Bozzetto aus gebranntem Ton zu der hier ausgestellten Gruppe erhalten (Jacob 1935, Abb. 1 auf S. 328). Bei diesem Bozzetto hat der reitende Putto einen Pokal statt der Trauben in seiner Rechten.

Sandstein, vollrund. H. mit Standplatte 109,5 cm, L. der Standplatte 91 cm, T. der Standplatte 40 cm. Signiert „K. Linck fec."

Literatur: Thieme-Becker, Bd. 23, 1929, S. 234 (G. Jacob). – Kdm. Baden, Bd. X, 2, Stadt Schwetzingen, 1933, S. 166, 224 u. Anm. 2, 232–233, 353–354, 358, 374–375, Abb. 182, 364. – Jacob 1935, S. 333–334.

Schwetzingen, Schloß, Staatliche Liegenschaftsverwaltung, Inv. Nr. G 3695

JOHANN RUEZ (1678–1760)

Wie sein um eine halbe Generation älterer Landsmann Ignaz Waibel, der für die Kartause von Buxheim bei Memmingen gearbeitet hat, ist auch Johann Ruez schon in jüngeren Jahren aus Tirol in das schwäbische Alpenvorland gekommen und dort seßhaft geworden. Am 26. Januar 1678 wurde er in Strengen in der Herrschaft Landeck/Tirol getauft, 1709 begegnet sein Name erstmals in Oberschwaben im Zusammenhang mit Arbeiten für Schloß Zeil, 1712 wird er Bürger von Wurzach, das er nur kurzfristig verläßt, um sich bei seiner Verheiratung 1716 endgültig dort niederzulassen. Am 11. Januar 1760 ist er in Wurzach gestorben. Johann Ruez bringt den bewegten alpenländischen Hochbarock nach Oberschwaben, der das von Berninis Kunst geprägte große römische Pathos ins Kernig-Volkstümliche umsetzt und gleichzeitig die für Steinbildhauerei erdachte römische Formensprache in den heimatlichen Schnitzstil überträgt. Vermutlich hat Ruez bei dem Hauptmeister dieser Richtung in Tirol, bei Andreas Thamasch gelernt. Seine bedeutendsten Werke hat Ruez im zweiten und dritten Jahrzehnt des 18. Jahrhunderts geschaffen. Dazu gehört die ihm von der örtlichen Überlieferung zugeschriebene, um 1713–1717 entstandene Kreuzigungsgruppe der Wallfahrtskirche Heiligkreuz auf dem Gottesberg bei Wurzach, die mit ihren theatralischen lebensgroßen Figuren wie die Szene eines Passionsspiels wirkt. Schon in den zwanziger Jahren ebbt diese schwungvolle Bewegung ab, die Bildwerke werden einfacher, ihr Stil wird trockener. Ruez hat während seines langen Lebens die nähere und weitere Umgebung von Wurzach mit Figuren und anderen Schnitzarbeiten beliefert. Stukkaturarbeiten von ihm sind bisher nicht nachzuweisen. Dagegen hat sein Sohn, der Bildhauer Jakob Willibald Ruez (1728–1782), der sich 1765, fünf Jahre nach dem Tode des Vaters, in Wurzach niederläßt, auch als Stukkator gearbeitet und wird außerdem noch als „wurzachischer Architectus" bezeichnet.

B 64

Literatur: Schwager 1952, S. 1–175. – Schwager 1955, S. 7–25.

B 64 □

Hl. Johannes der Täufer

J. Ruez (zugeschrieben), um 1710–1720

Dieser Vorläufer und Wegbereiter Christi trat laut biblischem Bericht in einem Gewand „aus Kamelshaaren" auf (Matthäus 3,4; Markus 1,6), was im Bildwerk durch ein Fellfutter des goldenen Mantels angedeutet wird. In der erhobenen Rechten hielt der Heilige den heute verlorenen Kreuzstab. Haltung und Ausdruck der Figur sind jedoch vor allem vom Attribut des Lammes zu seinen Füßen bestimmt. Auf dieses deutet der Täufer, indes er die Augen wie verzückt gen Himmel erhebt. So wird der Augenblick von

Johannis prophetischem Ausspruch über Christus: „Siehe, das ist Gottes Lamm, welches der Welt Sünde trägt“ (Johannes 1,29), auf sehr barocke Weise dargestellt. – Die Zuschreibung an Johann Ruez gründet sich auf die enge Verwandtschaft im übersteigerten Pathos wie in der Formensprache mit den Hochaltar- und Seitenaltarfiguren der Wallfahrtskirche Heiligkreuz auf dem Gottesberg bei Wurzach (Schwager 1955, Abb. 16, 19–26). Diese Wurzacher Skulpturen sind zwar nicht urkundlich für Ruez gesichert, fügen sich aber stilistisch gut in dessen Gesamtwerk ein und müssen kurz, nachdem sich Ruez 1712 erstmals in Wurzach niederließ, entstanden sein: die Nebenaltäre sind 1713 datiert, 1717 wird die Kirche geweiht. Bei der Johannesfigur wirkt in der stark zergliedernden Behandlung des nackten Körpers noch die manieristische Stilüberlieferung nach. Dagegen sind die an die Bühnensprache erinnernden großen Gebärden charakteristisch für die barocke alpenländische Skulptur der zweiten Hälfte des 17. Jahrhunderts, aus deren Tradition Johann Ruez kommt. Der Zusammenhang mit dem Theater wird besonders deutlich bei der schon genannten Hochaltargruppe in der Kirche auf dem Gottesberg, einer Kreuzigungsgruppe, die wie die Szene eines geistlichen Schauspiels wirkt.

Kiefernholz, dreiviertel- bis vollrund, rückseitig abgeflacht, mit weitgehend erhaltener originaler Fassung: Inkarnat rosafarben, Mantel golden, Lamm weiß, Standplatte grün; an den Haaren des Johannes und des Fellfutters nur die Grundierung erhalten. H. 124 cm. Kreuzstab fehlt, Vorderfüße des Lammes abgebrochen, rechter Daumen, die vorderen Glieder von Mittel- und Ringfinger links, von Ring- und Zeigefinger rechts ergänzt.

Literatur: Bregenz 1964, Kat. Nr. 126, Abb. 50. – Zimmermann, E. 1964, Nr. 19 m. Abb. – Karlsruhe 1966, Bl. 152 m. Abb.

Karlsruhe, Badisches Landesmuseum, Inv. Nr. 54/83

CHRISTOPH DANIEL SCHENCK (1633–1691)

Die Schencks sind eine Mindelheimer Familie, doch sind schon Vater Hans Christoph und Onkel Hans Schenck, beide Bildhauer, nach Konstanz gezogen. Dort wird Christoph Daniel am 26. August 1633 zur Taufe angemeldet, und dort ist er wahrscheinlich auch im Jahre 1691 gestorben. Wie Vater und Onkel hat er für Konstanzer Kirchen und für große Klöster gearbeitet. Seine Altäre sind heute verändert – so der Thomas-Altar von 1680 für das Konstanzer Münster – oder bis auf wenige figürliche Reste zerstört wie der um 1680–1682 entstandene Altar der Magdalenenkapelle und der um 1684 geschaffene Choraltar der Klosterkirche von Einsiedeln. Während der zweiten Hälfte des 17. Jahrhunderts ist er der bedeutendste Bildhauer in den vom Krieg gezeichneten südwestdeutschen Ländern. Aber auch Christoph Daniel Schenck darf nicht am Maßstab des internationalen Barock gemessen werden. Wir wissen zwar nichts über seine Wanderjahre – die Lehrzeit wird er bei seinem Vater verbracht haben –, doch dürfte er, nach seinem Werk zu urteilen, kaum über den südwestdeutschen Sprachraum hinausgekommen sein. Er baut auf der spätmanieristischen Tradition auf, die ja gerade im Bodenseegebiet und in Oberschwaben sehr fruchtbar war; ähnlich wie andere süddeutsche Bildschnitzer dieser Zeit bildet er dabei – vielleicht in Anlehnung an die letzte Phase der Spätgotik – für die Gewänder eine Art Parallelfaltenstil aus, welcher der Komposition einen ausgesprochenen Wohllaut verleiht. Schon das Werk des Dreißigjährigen zeigt künstlerische Reife; in formaler Hinsicht hat es sich danach kaum mehr gewandelt. Dafür steigert sich das schnitzerische Können, verdichtet sich der Gefühlsgehalt der Bildwerke.
Schenck hat vor allem Skulpturen religiösen Inhalts geschaffen. Von seiner Großplastik vermitteln heute nach dem Verlust der Altarkompositionen die von vornherein als Einzelwerk gedachten Vesperbilder den besten Eindruck. Seine eigentliche Leistung stellen jedoch die Statuetten und Reliefs in kleinem Format dar, die sich, seit dem Jahr 1675 meist durch eingeschnittene Signatur und Datum gut belegt, in dichter Folge erhalten haben. Sie führen uns die ganze Spannweite seines Schaffens vom volkstümlichen Andachtsbild bis zum meisterhaft verfeinerten Kabinettstück vor Augen.

Literatur: Boeck 1953. – Thieme-Becker, Bd. 30, 1936, S. 26–27 (Karl Feuchtmayr). – Lohse 1960. – Lohse 1968. – Noack-Heuck 1970 I.

B 65 □

Arme Seele im Fegefeuer

Ch. D. Schenck, 1677

Aus einem Flammenmeer taucht ein Haupt mit verzweifelt nach oben gerichtetem Blick und dem Ausruf „o quando“ empor (lat. = oh, wann ? ! – s. die Beischrift in den Flammen). Die Hände der Figur sind demütig übereinandergelegt. In der linken oberen Ecke erscheint ein Engelchen, das mit der Linken in die Höhe weist und in der Rechten Meßkelch und Hostie hält als Hinweis auf die erlösende Kraft des Meßopfers für die Armen Seelen. Ganz deutlich wird die Bitte der Armen Seele um Fürbitte in der Bildunterschrift ausgesprochen: „Miseremini mei, Miseremini mei, Saltem Vos/amici mei.“ (lat. = Erbarmt euch meiner, erbarmt euch meiner, wenigstens ihr, meine Freunde). Außerdem findet sich am oberen Rand noch eine lateinische Inschrift in den Flammen, die jedoch durch den Beschnitt des Randes und Aussplitterungen bis auf das Anfangswort „Nil“ (=nichts) nicht mehr sicher zu entziffern ist.
Auch ohne die links unten angegebene Signatur würde man das Relief Schenck zuschreiben, so deutlich entsprechen der Kopftypus der Armen Seele und die graphische Gliederung des Ganzen seiner Art. Bezeichnend für Schenck ist weiter, daß die Darstellung den Beschauer unmittelbar zu packen versucht durch die frontale Gegenüberstellung mit der ganz nah vor ihm aus den Flammen auftauchenden gepeinigten Seele. Barocke Frömmigkeit dürfte selten auf kleinem Raum so wirkungsvoll zum Ausdruck gebracht worden sein wie in diesem Mitleid erheischenden Bild, das aufruft zur Fürbitte, aber auch zur Buße und Umkehr.

Holzrelief, braun gebeizt. H. 18 cm, B. 11,7 cm. Signiert und datiert links unten „C · D · Schenck: / Anno 1677 · “ Oberer Rand beschnitten und stellenweise ausgesplittert.

Donaueschingen, Fürstenberg Sammlungen

B 66 □

Stehende Maria mit Kind

Alter Besitz des Klosters Einsiedeln

Ch. D. Schenck (zugeschrieben), um 1680

Maria steht auf einem Wolkensockel. Durch den Mond zu ihren Füßen wird sie als apokalyptisches Weib gekennzeichnet (s. Offenbarung 12, 1–6), die Gleichset-

B 65

zung der Gottesmutter mit dem apokalyptischen Weibe ist vom späten Mittelalter bis ins 18. Jahrhundert gebräuchlich gewesen. Geschickt wird vom Künstler die Mondsichel als Unterlage für das Spielbein der Madonna benutzt, um dieses – manieristischer Tradition folgend – höher zu stellen. Maria blickt nach unten und hat die Rechte vorgestreckt. Hier hielt sie das Ende eines (heute verlorenen) Rosenkranzes, dessen Schnur von dem auf ihrem anderen Arm sitzenden Kind hochgenommen wurde. Offenbar war eine Rosenkranzspende dargestellt, zu der vielleicht noch eine oder zwei weitere Figuren gehörten (s. Kat. Nr. B 57). Der Gegensatz von Stand- und Spielbein wird bei dieser Statuette durch die eigenartig jedes Bein umschlingenden Parallelfaltenzüge noch besonders hervorgehoben. Dem Ausschwingen der Hüfte über dem Standbein antwortet das Haupt der Maria mit einer seitlichen Neigung. Diese wiederum erhält ihr Gegengewicht in der Wendung des Kindes zur anderen Seite. So ist das Werk Zug um Zug mit künstlicher Strenge gegliedert, was an manieristische Kompositionen erinnert, und zugleich ist es in der mütterlichen Erscheinung der Frau und der kindlichen Art des Knaben von einer natürlichen Lebendigkeit, wie sie der Manierismus nie angestrebt hat. Diese mit großem künstlerischen Können bewältigte innere Spannung der Skulptur macht ihren besonderen Liebreiz aus. Sie gehört mit der gleichgroßen Josephs-Statuette (Kat. Nr. B 67) zu Schencks Meisterleistungen auf dem Gebiet der Kleinplastik, ist aber ebenso wie jene unsigniert. Stilistisch sind beide Figuren um 1680 zu datieren (s. die Elfenbeinmadonna von 1680, Palazzo Pitti, Florenz; Lohse 1960, Abb. 1).

Buchsbaumholz, vollrund, ungefaßt. H. 17,5 cm. Rechter Mittel-, Ring- und kleiner Finger sowie rechter großer Zeh der Maria abgebrochen; rechter Daumen des Kindes ergänzt; Mondsichel zur Hälfte abgebrochen.

Literatur: Konstanz 1960, Kat. Nr. 40. – Bregenz 1964, Kat. Nr. 133, Abb. 35. – Lohse 1968, S. 123, Abb. 8. – Euw 1969, Kat. Nr. 31, S. 204, 206 m. Abb.

Einsiedeln, Kunstsammlungen des Klosters

B 66

B 67 □

Hl. Joseph mit dem Christkind

Alter Besitz des Klosters Einsiedeln

Ch. D. Schenck (zugeschrieben), um 1680

Die Verehrung des Nährvaters Jesu setzt allgemein erst mit dem 15. Jahrhundert ein. Hatte er in der deutschen Kunst bislang nur eine Nebenrolle gespielt, so begegnet er im Barock häufig als Einzelstatue wie hier mit dem Christkind auf dem Arm und einem Zweig in der Hand. Bei unserer Statuette ist nicht mehr genau auszumachen, ob es sich bei dem Zweig um eine Lilie, das Symbol der jungfräulichen Reinheit des hl. Joseph handelt oder ob es der wundersam erblühte Stab sein soll, an welchem Joseph nach der Legende als der von Gott auserwählte Bräutigam Mariens erkannt wurde. Die Statuette ist mit der gleichen Meisterschaft geschnitzt wie die ebenso große Figur der Maria mit dem Kind in derselben Sammlung (Kat. Nr. B 66), der sie auch im künstlerischen Stil völlig entspricht. Wie diese ist sie unsigniert.

Buchsbaumholz, vollrund, ungefaßt. H. 19 cm. Rechter Fuß des Kindes und linker großer Zeh des Joseph abgebrochen. Zweig beschädigt.

Literatur: Konstanz 1960, Kat. Nr. 41. – Bregenz 1964, Kat. Nr. 134. – Lohse 1968, S. 123, Abb. 9. – Euw 1969, Kat. Nr. 30, S. 204, Abb. S. 205

Einsiedeln, Kunstsammlungen des Klosters

B 68 □

Dornenkrönung

Ch. D. Schenck, 1685

Die Dornenkrönung ist hier zur Zweifigurengruppe reduziert. Der Scherge drückt von hinten mit der durch einen Panzerhandschuh geschützten Linken den letzten Zweig an der Dornenkrone fest, während er in der Rechten wohl das Rohrzepter schwang. Mit höhnisch vorgestreckter Zunge hebt er den Kopf; mit gespreizten Beinen umklammert er den vor ihm sitzenden Herrn; die Bedrängnis Christi durch das Gemeine kann nicht deutlicher ausgedrückt werden. Diese dichte Verflechtung von Peiniger und Opfer zu einer mehransichtigen Gruppe gehört zu Schencks Meisterleistungen. Doch im Gegensatz zum Manierismus wie zum nachfolgenden 18. Jahrhundert handelt es sich nicht um eine turmartige, sondern um eine niedrige, überschaubare

Gruppe. Dabei bemüht sich Schenck innerhalb des verschlungenen Aufbaus immer wieder um parallele Bewegungszüge, ein Kompositionsmittel, das dem Parallelfaltenstil seiner Gewänder entspricht. Eng verwandt ist ein in demselben Jahr entstandenes Elfenbeinrelief der Verspottung Christi mit zwei Schergen im Victoria and Albert Museum, London (Inv. Nr. A 26–1933).

Buchsbaumholz, vollrund, ungefaßt. Dornen der Dornenkrone aus Metallstiften. H. 14,2 cm. Am Sockel signiert „C·D·S 1685". Christus: linker Daumen und linker großer Zeh abgebrochen, Zehen und Mittelfuß rechts ergänzt. Scherge: an der Rechten der Daumen ergänzt, kleiner Finger und vordere Glieder der übrigen Finger abgebrochen, Ferse und Knöchel des rechten Fußes abgeschnitten.

Literatur: Lohse 1960, Kat. Nr. 21, S. 25–26, Abb. 38 (mit älterer Lit.). – Köln 1968, Nr. 183 m. Abb.

Köln, Schnütgen-Museum, Inv. Nr. A 743

B 69 □

Geißelung Christi

Ch. D. Schenck, 1688

Zwei Fackeln deuten das Nächtliche der Szene an, die vor einem Hause spielt mit Torbogen in der Mitte und seitlichen Fenstern; im rechten wird der sinnende Pilatus sichtbar, kenntlich an Turban und Zepter, der nach dem Verhör die Geißelung Christi angeordnet hat. Hinter Pilatus erscheint ein Gesicht mit aufgerissenem Mund; vielleicht soll es seine Frau sein, die ihm von ihrem warnenden Traum berichtet. Christus, die zentrale Figur des Reliefs, ist mit gekreuzten Händen an die Geißelsäule gefesselt. Von rechts und links schlagen zwei wild blickende Schergen in phantastisch aufgeputzter Renaissance-Tracht mit Ruten und Geißel auf ihn ein, der eine hält außerdem die Fessel fest gespannt. Dahinter sind weitere Menschen angedeutet, auch ein Hund wird sichtbar. Dieses meisterhafte Stück Elfenbeinschnitzerei ist ähnlich wie ein spätgotisches Hochrelief dicht mit Figuren gefüllt, die sich auf mehrere Bildebenen verteilen. Ähnlich wie in der Spätgotik wird auch der Gegensatz zwischen der ergreifenden edlen Gestalt Christi und den von grotesker Wildheit getriebenen Schergen mit allen künstlerischen Mitteln hervorgehoben. Doch ist die bildhafte Abrundung der Komposition von Peinigern und Gepeinigtem ganz unmittelalterlich.

B 67

B 68

Stilistisch reiht sich die Geißelung zwanglos in Schencks Werke der achtziger Jahre ein. Thematisch stehen ihr zwei 1685 datierte Werke nahe: eine vollplastische Dornenkrönung aus Buchsbaum im Schnütgenmuseum Köln (Kat. Nr. B 68) und ein Elfenbeinrelief der Verspottung Christi im Victoria and Albert Museum London (Inv. Nr. A 26 – 1933); auch hier sind die Henkersknechte durch grotesken Aufputz und wild ausfahrende Bewegungen charakterisiert, die Kompositionen reich an Überschneidungen. Gegenüber dem Londoner Relief wirkt die Geißelung jedoch klarer durch den schichtenförmigen Aufbau und die höher hinaufgezogene Hintergrundsmauer bei einem um Zuschauer bereicherten Szenarium. Der eigenartige hagere Christustypus begegnet im Werk von Schenck häufig (s. den Christus vom Thomasaltar des Konstanzer Münsters von 1680); die gelängten Proportionen sind für die Spätzeit des Künstlers typisch.

Elfenbeinrelief, halbrund gebogen, aus der Hälfte eines Zahnes herausgeschnitzt (ohne Anstückung), Hoch- bis Flachrelief. Gliedmaßen der freistehenden Figuren vollrund. H. 12,3 cm. B. 8 cm. Auf dem schmalen Bodenstreifen links die geschwärzte Signatur „C. D. S. 1688".

Literatur: Karlsruhe 1966, Bl. 140 m. Abb. – Lohse 1968, S. 125–127, Abb. 14. – Karlsruhe 1976, Kat. Nr. 260 m. Abb.

Karlsruhe, Badisches Landesmuseum, Inv. Nr. 64/111

FIDELIS SPORER (1731–1811)

Sporer stammt aus dem oberschwäbischen Weingarten, wo er am 8. Februar 1731 geboren wurde. Im März 1753 bewirbt er sich um die Aufnahme als Bildhauer in die Freiburger Bauzunft. Dabei gibt er an, er habe zu Stuttgart, Augsburg und München „die Collegia anathomiae frequentieret". Doch statt seiner wird der Freiburger Johann Baptist Sellinger aufgenommen, obwohl jener der schlechtere Bildhauer ist. Vielleicht ist Sporer damals schon in Verbindung mit Johann Christian Wenzinger gekommen, als dessen Gehilfe er 1757 in St. Gallen auftritt, wo er Wangen für das Kirchengestühl schnitzt. 1762–63 erstellt Sporer die Kanzel für die Klosterkirche seines Heimatortes Weingarten, 1764–65 arbeitet er in Stuck die Kirchenväter und Puttengruppen für den Bibliothekssaal von Kloster Schussenried und ab 1769 Seitenaltäre mit Engelsfiguren für die St. Galler Stiftskirche. Während dieser Zeit scheint er auch im Breisgau tätig gewesen zu sein. Den Rest seines Lebens verbringt Sporer im Elsaß, wo er für Straßburg, vor allem aber nach 1773 für die Liebfrauenkirche in Gebweiler (Guebwiller) tätig ist, die 1765–85 als weltliche Ritterstiftskirche neuerbaut wurde. Diese Ausstattung der Gebweiler Kirche, die u. a. eine große Stuckgruppe der Himmelfahrt Mariens und das mit Reliefs verzierte Chorgestühl umfaßt – bei letzterem half ihm seine Tochter Helene –, stellt Sporers Hauptwerk dar, auch wenn er hier nicht völlig frei, sondern nach Entwürfen des Baumeisters Gabriel Ignaz Ritter gearbeitet hat. Am 22. 3. 1811 ist er in Gebweiler gestorben. Von allen Gehilfen Wenzingers ist Sporer am mei-

B 69

sten vom Kult der Empfindsamkeit berührt, der in der zweiten Hälfte des 18. Jahrhunderts aufgekommen ist. Für solche künstlerische Gesinnung bot sich der weiche bildsame Ton als idealer Werkstoff an; so hat denn Sporer wie vor ihm Wenzinger nicht nur Bozzetti, sondern auch fertige Kunstwerke in Ton gebildet und hierin seine ausdrucksvollsten Werke geschaffen.

Literatur: Noack-Heuck 1939, S. 144–153. – Noack-Heuck 1951, S. 287–293. – Kdm. Schweiz, Kanton St. Gallen, Bd. 3, 1961, S. 114, 116, 124, 227. – Noack-Heuck 1969, S. 243–254. – Freiburg 1970, S. 331–332 (mit älterer Lit.). – Inv. Gén. Mon., Haut-Rhin, Guebwiller 1972.

B 70 □

Maria Immaculata

Aus der Slg. Röhrer

F. Sporer (zugeschrieben), um 1760–1770

Die katholische Lehre von der unbefleckten Empfängnis (immaculata conceptio) Mariens, die schon Jahrhunderte vor ihrer Erhebung zum Dogma am 8. 12. 1854 verbreitet war, besagt, daß Maria von ihrem Ursprung an vom Makel der Erbsünde frei war. In der Darstellung der „Purísima", der wahrhaft Reinen, findet die Marienverehrung des gegenreformatorischen Zeitalters ihren höchsten künstlerischen Ausdruck. Dieser Bildtypus zeigt im 18. Jahrhundert Maria in jugendlicher Schönheit mit demutsvollem oder verklärtem Ausdruck stehend als Einzelfigur, die manchmal von Engeln oder – wie hier – von Engelsköpfen begleitet wird. Der Immaculata werden auch Attribute des apokalyptischen Weibes (Offenbarung 12,1) beigegeben: der (bei dieser Statuette weggelassene oder verlorene) Sternenkranz um das Haupt, zu den Füßen die (hier ebenfalls weggelassene) Mondsichel und der apokalyptische Drache, Sinnbild des Bösen. Dieses Böse kann auch – wie hier – als Schlange mit dem Apfel des ersten Sündenfalls im Rachen erscheinen, die sich um die Weltkugel ringelt. Maria als die zweite Eva zertritt jedoch den Kopf der Schlange (Genesis 3, 15).
Diese Statuette gibt es in insgesamt vier leicht voneinander abweichenden Exemplaren. Von ihnen ist die hier ausgestellte Figur am stärksten durchgeformt. Sie wirkt als fertiges Kunstwerk, nicht wie ein Bozzetto und läßt sich auch am ehesten einem bestimmten Künstler zuweisen. Die gleichmäßig mit leichten Mulden belebte Gewandoberfläche findet sich ähnlich bei den Engeln an den 1769–1773 von Fidelis Sporer geschaffenen Nebenaltären in der St. Galler Klosterkirche; auch haben die Gesichter der Engel, obwohl breiter proportioniert, die vorgezogene Nasen- und Mundpartie der Immaculata. Zu vergleichen sind weiter die für Sporer gesicherten Kirchenlehrer von 1764–65 im Schussenrieder Bibliothekssaal und eine Sporer zugeschriebene Maria Magdalena (Kat. Nr. B 71), worauf Gombert im Freiburger Katalog von 1960 hinweist. Das Urbild der Statuetten-Reihe dürfte eine bozzettohafte Tonfigur sein, die wie die hier ausgestellte den Augsburger Kunstsammlungen gehört (Inv. Nr. 6312; Noack-Heuck 1951, S. 288, Abb. 5). Bei ihr ist die Frische des ersten Entwurfs noch unmittelbar zu spüren. Die zwei anderen Exemplare sind glasiert; eines befindet sich im Düsseldorfer Kunstmuseum, das zweite in Münchner Privatbesitz (s. Theuerkauff 1966, Kat. Nr. 35 m. Abb., Freiburg 1960, Kat. Nr. 72a). Die bis zu den Knien breit sich blähende Mantelbahn, hinter der die schlanke Gestalt fast verschwindet, der über den Ellenbogen hochgeschobene Mantelzipfel, die inmitten des Faltengewirrs so zart wirkenden Hände sind Motive, die sich auch an der von Wenzinger um 1758 für den Westgiebel der St. Galler Stiftskirche geschaffenen steinernen Immaculata (Noack-Heuck 1951, Abb. 8) finden. Sicher besteht zwischen Tonstatuetten und Steinfigur ein Zusammenhang; doch ob das bozzettohafte Augsburger Exemplar eine eigenhändige Vorstudie Wenzingers für die große Statue ist, läßt sich – auch wegen des für Wenzinger ungewöhnlich schmalen Kopftypus – kaum entscheiden. Gombert hat im Freiburger Katalog von 1960 alle vier Tonstatuetten Sporer zugeschrieben. Doch läßt die unterschiedliche Modellierung des bozzettohaften und des ganz ausgeformten Augsburger Exemplars erkennen, daß diese beiden nicht von derselben Hand stammen.

Gelbbrauer gebrannter Ton, dreiviertel- bis vollrund, rückseitig ausgehöhlt. H. 44 cm.

Literatur: Feulner 1926, S. 33, Kat. Nr. 58, Abb. 70. – Freiburg 1960, Kat. Nr. 72c. – Bregenz 1964, Kat. Nr. 145, Abb. 89. – Theuerkauff 1966, erwähnt bei Kat. Nr. 35.

Augsburg, Städtische Kunstsammlungen, Inv. Nr. 6313

B 71 □

Hl. Maria Magdalena

F. Sporer (zugeschrieben), um 1770–1780

Mit ihrer Rechten, die auch eine Geißel hält, führt die Heilige nachdenklich die Dornenkrone an ihre Lippen. Während die Geißel das Werkzeug eigener Bußübungen ist, mahnt die Dornenkrone an den Leidensweg Christi, den Maria Magdalene selbst miterlebt hat (freundl. Hinweis von Frau Dr. Marga Anstett-Janssen, s. auch LCI, Bd. 7, 1974, Sp. 516–541). Doch aus der leidenschaftlichen Versenkung in die Passion des Herrn, wie sie im Hochbarock dargestellt wurde, ist hier ein empfindsames Sich-Erinnern geworden. – Sporer, dem die Figur zu Recht zugeschrieben wird, hat – wohl durch Wenzinger angeregt – gerne Bildwerke in Ton geschaffen und darin Vorzügliches geleistet. Wie bei Wenzinger handelt es sich zum Teil um abgeschlossene vollendete Kunstwerke; vielleicht ist dies auch bei der Maria Magdalena der Fall, die aber ebenso gut ein Entwurf für eine größere Figur in anderem Werkstoff sein kann. Im Thema wie in der Stimmung erinnert die Statuette an die verschiedenen Tongruppen der Beweinung Christi, die sich in Geb-

B 70

weiler (Collection de l'église Notre-Dame), Frankfurt (Liebieghaus) und Straßburg (Grand Séminaire) befinden und die gleichfalls Fidelis Sporer zugeschrieben werden. Für diese undatierten Werke bietet die Vollendung vom Neubau des Straßburger Seminars im Jahr 1775 einen gewissen Anhaltspunkt, denn die eine Beweinung gehörte zu dessen Innenausstattung (s. Noack-Heuck 1969, S. 243–254, Abb. 1–9, und Inv. Gén. Mon., Haut-Rhin, Guebwiller, 1972, S. 86, 163, Abb. 615). In der unruhigen Gestaltung der Gewandoberfläche durch eingedrückte kleine Mulden ist die Statuette andererseits den Engeln an den Nebenaltären der St. Galler Stiftskirche verwandt, die Sporer nachweislich 1769–1773 geschaffen hat (s. Noack-Heuck 1951, S. 288ff., Abb. 9–11).

Gebrannter Ton, dreiviertel- bis vollrund, rückseitig abgeflacht und nicht modelliert. H. 25,1 cm. Linke Hand fehlt, rechte Fußspitze abgebrochen.

Literatur: MüJb, 3. F., Bd. 5, 1954, S. 227ff. – Freiburg 1960, erwähnt bei Kat. Nr. 72. – Theuerkauff 1966, erwähnt bei Kat. Nr. 35.

München, Bayerisches Nationalmuseum, Inv. Nr. 52/221

JOHANN BAPTIST STRAUB (1704–1784)

„Der Geburtsort unsers Herrn Straubens ist das im Schwäbischen Kreise und dem durchlauchtigsten Churhause Baiern zugehörige Städtchen Wiesensteig. Sein Vater Johann Georg, war Bildhauer daselbst, der aus zweyerley Ehen viele Kinder, und unter diesen fünf Söhne erzeugte, die er alle der Bildhauerkunst widmete, und ihnen hierin einen so getreuen Unterricht gab, daß sie in verschiedenen Orten ihren standsmäßigen und guten Unterhalt fanden. Philipp kam nach Gratz in Steuermark; Joseph nach Marburg, eben daselbst; Johann Georg nach Rakersburg, auch daselbst; und Franz, nach Agram in Kroatien. Unser Künstler ist den 25. Junius 1704. gebohren. Die Anfangsgründe seiner Kunst lernte er bey seinem redlichen Vater, der ihn nach glücklich überstandener Lehre nach München zu.... Gabriel Luidel... abschickte..." So beginnt Johann Caspar von Lippert seine „Kurzgefaßte Nachricht von dem churbaierischen ersten Hofbildhauer Herrn Johannes Straub", die am 31. Juli 1772 noch zu Lebzeiten des Künstlers im 3. Jahrgang des Augsburger monatlichen Kunstblatts (7. Stück,

B 71

S. 53–64) erschien. Dank dieser Veröffentlichung – wie glücklich wären wir, gäbe es für andere Bildhauer aus unserem Gebiet auch solche „kurzgefaßte Nachrichten“ – wissen wir über die Ausbildung sowie die Hauptwerke Straubs bis 1772 recht gut Bescheid.
Von München ist Straub um 1726 nach Wien gegangen, wo er auch die Kunstakademie besucht, hat aber dort wie anscheinend vorher schon in München, wo er nach Lippert die Auszierung der „schönen Zimmer“ in der Residenz übertragen bekommt, auch selbständig gearbeitet – so um 1730 für die Wiener Schwarzspanierkirche u. a. die Kanzel. Dann folgt er einem Ruf des kurbayrischen Hofbildhauers Andreas Faistenberger zurück nach München. Faistenberger stirbt Ende 1735. Am 7. Juni 1737 wird Straub selbst Hofbildhauer und leitet bald die für diesen Kunstzweig führende Werkstätte in München. Zahlreich sind die Aufträge für Altarausstattung und Figuren von Münchner Kirchen wie St. Anna am Lehel 1738–39, Berg am Laim 1742–1767, aber auch von großen Klosterkirchen außerhalb Münchens wie Dießen 1739–1741, Fürstenzell 1741–1745, Schäftlarn 1755–1762, Ettal 1757–1762; dazu kommen die Aufträge des Hofs z. B. für das Münchner Cuvilliés-Theater um 1753. Zu Beginn (s. Kat. Nr. B 72) und gegen Ende seiner Tätigkeit hat Straub auch für die Kirche seines Heimatorts Wiesensteig Bildwerke und Altäre geschaffen. Außer Franz Ignaz Günther (s. Text vor Kat. Nr. B 50) und Straubs Neffen Franz Xaver Messerschmidt, die Lippert als „Scholaren“ nennt, hat der Künstler noch mehr bedeutende Schüler gehabt: Christian Jorhan d. Ä., Franz Xaver Nißl und Roman Anton Boos, welcher der Schwiegersohn seines Meisters wurde. Straub selbst ist später unter dem künstlerischen Einfluß seines größten Schülers Ignaz Günther gestanden. Am 15. Juli 1784 ist er in München gestorben.
Straub ist vor allem Holzbildhauer gewesen, in Stuck hat er nicht gearbeitet. Den langen schlanken Figuren merkt man die akademische Schulung des Künstlers an. Ihr Aufbau ist sicher und elegant, ihr Pathos wirkt nie überzogen, ihr großzügiger Faltenwurf nie aufdringlich. Das Hauptgewicht liegt auf den mit feinem Gefühl modellierten Köpfen und den ebenso sorgfältig durchgearbeiteten Händen.

Literatur: Giedion-Welcker 1922. – Klessmann 1965. – Thieme-Becker, Bd. 32, 1938, S. 162–167 (N. Lieb). – Woeckel 1973. – Steiner 1974.

B 72 □

Hl. Johann von Nepomuk

Aus der ehemaligen Chorherren-Stiftskirche St. Cyriakus in Wiesensteig

J. B. Straub, 1739

Johannes, um 1350 im südböhmischen Nepomuk geboren, war Kanoniker am Prager Veitsdom und seit 1389 Generalvikar des Prager Erzbischofs. Im Jahr 1393 ließ ihn König Wenzel IV. gefangennehmen, foltern und in der Moldau ertränken, weil der Kanoniker der Legende nach sich geweigert hatte, das Beichtgeheimnis preiszugeben. In der Zeit der Gegenreformation gewinnt dieser Märtyrer der Priesterbeichte, eines von den Protestanten nicht anerkannten Sakraments der katholischen Kirche, an Bedeutung. 1719 hatte man sein Grab geöffnet und die Zunge unverwest gefunden. Die Art seines Todes führte dazu, daß er auch zum Patron der Schiffer und Flößer, zum Helfer in Wassersnot wurde; deshalb tritt er oft als „Brückenheiliger“ in Erscheinung. Die Mehrzahl der Nepomuk-Statuen entsteht jedoch erst nach seiner Heiligsprechung im Jahre 1729. Wie üblich, ist Johann Nepomuk hier in der Tracht des Kanonikers dargestellt, nämlich in Talar, Rochett, d. i. einem halblangen spitzenbesetzten Leinengewand, und der aus Pelz bestehenden Almutia, einem Schulterkragen, mit Bäffchen darüber. Er kniet in verzückter Haltung mit ausgebreiteten Armen und gen Himmel gerichtetem Blick auf einem Wolkenballen, den ein Engel umfangenhält. Das Bildwerk trägt die Beschriftung „Johannes Straub hat dises Bild gemacht anno 1739“. Als linkes Gegenstück dazu hat sich in Wiesensteig eine ebenfalls auf Wolken kniende Figur des hl. Aloysius erhalten, eines Angehörigen des Jesuitenordens, der 1726 heiliggesprochen wurde. Diese Gegenüberstellung erinnert daran, daß Johannes von Nepomuk seit 1730 auch Patron des Jesuitenordens ist. Der ursprüngliche Standort der beiden Statuetten ist nicht überliefert. 1775–1785 ist das Langhaus der Wiesensteiger Stiftskirche umgebaut und von Straub und seiner Werkstatt neu ausgestattet worden. Aus dieser Zeit stammt auch der östliche Altar an der südlichen Langhauswand, auf dessen Mensa der hl. Johannes von Nepomuk über einem Aufsatz im Zopfstil heute steht.
Dieses Einsprengsel von Münchner Hofkunst mitten im heutigen Württemberg erklärt sich daher, daß Wiesensteig nach dem Aussterben des Hauses Helfenstein im Jahre 1627 condominium (= gemeinsamer Besitz) von Fürstenberg und Bayern war und von 1752 bis 1806 ganz zu Bayern gehörte. Straub, der Münchner Hofbildhauer, besaß zudem als gebürtiger Wiesensteiger noch eine persönliche Beziehung zu dem Ort. Innerhalb von Straubs riesigem Oeuvre, das sehr stark von der Mitwirkung der Werkstatt geprägt ist, zeichnet sich diese Statuette durch ihre besonders feine Formgebung aus, – ein weiterer Hinweis auf die Eigenhändigkeit der Arbeit. Typisch für die Frühzeit des Künstlers ist der raumgreifende Aufbau, sind die unruhigen Umrisse, die ausfahrenden Bewegungen – vor allem des Engels. Das Flackernde, Erregte der bildnerischen Formen, das den Zustand der Verzückung so gut wiederzugeben vermag, ist jedoch zu einem guten Teil auch der Goldfassung zu verdanken. Schwebende Gruppen dieser Art

B 72

begegnen im Werk Straubs mehrfach auf Schalldeckeln von Kanzeln. Die bewegte Figur des Engels – hier wie bei der Aloysiusstatuette – hat Woeckel zu Recht mit den Engeln an der um 1730–1732 von Straub geschaffenen Kanzel der ehemaligen Schwarzspanierkirche von Wien verglichen, die später in die Pfarrkirche zu Laxenburg übertragen wurde (Woeckel 1973, Abb. 3, 7, 8, 21, 23).

Holz, vollrund, mit originaler Glanz- und Mattvergoldung (letztere auf dem Inkarnat). H. mit Sockel 100 cm, H. des hl. Johann von Nepomuk ca. 45 cm. Signiert: „Johannes Straub hat dises Bild gemacht anno 1739". Rechter Mittelfinger des Heiligen fehlt, Finger an seiner Linken mit Ausnahme des Daumens abgebrochen.

Literatur: Kdm. Württemberg, Donaukreis, Bd. 1, Geislingen, 1914, S. 195. – Giedion-Welcker 1922, S. 21 u. Anm. 3, Abb. 17. – Feulner 1929, S. 59f. – Thieme-Becker, Bd. 32, 1938, S. 164 (N. Lieb). – Klessmann 1965, S. 379 u. Anm. 1. – Woeckel 1973, S. 26. – Steiner 1974, S. 14, 110.

Wiesensteig, Kath. Pfarrkirche St. Cyriakus

ADAM FERDINAND TIETZ (1708–1777)

Dieser bedeutendste Bildhauer des fränkischen Rokoko ist vor allem berühmt wegen seiner tänzerisch bewegten, phantasievollen Gartenfiguren, die mit oft recht respektlosem Witz dem lustwandelnden Betrachter die antike Götter- und Heroenwelt, die typischen barocken Allegorien und anderes mehr vor Augen führen (s. etwa: Garten von Schloß Seehof bei Bamberg 1748–1753, 1760–1773; Garten von Schloß Veitshöchheim bei Würzburg 1765–1768). Kirchliche Aufträge treten demgegenüber zurück; sie gehören bezeichnenderweise seiner Frühzeit an: so die Figuren für Gerlachsheim um 1740 (s. Kat. Nr. B 73), für den Hochaltar in Gaukönigshofen und für das Portal der Benediktinerabtei auf dem Michaelsberg in Bamberg 1743, für die Lettneraltäre der Kartäuser-Klosterkirche in Tückelhausen 1744, für die Nebenaltäre in Unterleinach 1746 (nicht erhalten), schließlich noch für den Hochaltar von St. Paulin in Trier 1756–57. Auch hier spielt das dekorative Element in der lebhaften Bewegung und der aufgewühlten Draperie eine wichtige Rolle. Die Grundzüge dieses Stils hat Tietz von seinem Prager Lehrer Matthias Braun von Braun mitbekommen; die Auflockerung ins Tänzerische des Rokoko ist seine eigene große Leistung. Tietz, der am 5. Juni 1708 in Holtschitz/Böhmen als Sohn des Eisenberger Bildhauers Adam Dietz getauft wird, hat zuerst bei seinem Vater gelernt, ist dann bei Braun tätig, geht – wahrscheinlich über Wien – nach Würzburg, wo er seit Ende 1736 nachweislich Bildhauerarbeiten an der Residenz für Friedrich Carl von Schönborn ausführt. Nach dem Tod dieses Fürstbischofs im Jahr 1746 zieht Tietz nach Bamberg, wo 1748 seine eigentliche Laufbahn als Hofbildhauer verschiedener geistlicher Fürsten beginnt: 1748–1753 in Bamberg, 1754–1760 in Kurtrierer Diensten, damals entsteht auch das Epitaph für den 1743 verstorbenen Kardinal Damian Hugo von Schönborn in Bruchsal, das heute noch in der dortigen St. Peterskirche steht –, 1760 wiederum in Bamberg, das er nur noch einmal für drei Jahre verläßt, um die Figuren für Veitshöchheim zu schaffen. Am 17. 6. 1777 ist er in Memmelsdorf bei Bamberg gestorben.

Literatur: Stössel 1919. – Utz 1976 (mit älterer Lit.). – Trenschel 1978.

B 73 □

Hl. Sebastian

Vom Sebastiansaltar im linken Querschiff der ehemaligen Prämonstratenser-Klosterkirche in Gerlachsheim

A. F. Tietz (zugeschrieben), um 1740

Der Altar ist den beiden Pestheiligen Sebastian und Rochus sowie dem hl. Valentin geweiht. Sein Aufbau, dessen mittlere Rundbogenöffnung die Skulptur des hl. Sebastian aufnimmt, ist ausgesprochen wuchtig und dabei reich gegliedert. Nur dank ihrer vollen kräftigen Formen wie ihrer lebhaften Bewegung vermag sich diese einzige Figur des Altares gegenüber dem architektonischen Rahmen zu behaupten. Wie meist im 18. Jahrhundert, ist Sebastian auch hier im Martyrium dargestellt; der Helm zu seinen Füßen kennzeichnet ihn als römischen Offizier (zur Legende s. Kat. Nr. B 4). Auffallend ist die fast tänzerische Haltung, in welcher der Heilige an den Baum gefesselt ist. Arme und Beine deuten eine kreisende Bewegung an, zu der die schmerzliche Neigung des Hauptes einen eigentümlichen Kontrast bildet. Als Gegenstück steht ein Altar mit der Skulptur des hl. Joseph mit dem Christkind im rechten Querschiff. Beide Altäre müssen unter

B 73

B 74

Georg Fasel, 1738–1747 Abt von Oberzell bei Würzburg, errichtet worden sein; denn sie tragen in der Bekrönung sein Wappen (Gerlachsheim war Priorat von Oberzell). Schriftquellen über die Erstellung dieser Altäre haben sich bisher nicht gefunden. An der Eingangsfassade stehen zwei überlebensgroße steinerne Statuen, die den gleichen bildnerischen Stil wie die Figuren der Querschiffaltäre zeigen: links wieder der hl. Sebastian, rechts der hl. Clemens. 1740 wurde dem hl. Clemens ein Altar in der Kirche errichtet, und am 10. September 1740 wurden seine Reliquien feierlich von Würzburg nach Gerlachsheim übertragen. Um diese Zeit müssen nicht nur die Fassadenfiguren, sondern auch die Schnitzfiguren von Sebastian und Joseph entstanden sein. Hans-Peter Trenschel hat in ihnen Werke von Tietz erkannt und die Vermutung geäußert, der Bildhauer verdanke dieser Leistung in Gerlachsheim dann auch den Auftrag von 1743 für die Hochaltarfiguren der Kirche von Gaukönigshofen, das als Pfarrei ebenfalls der Abtei Oberzell unterstand.
Bezeichnend für Tietz sind bei dem hier ausgestellten Sebastian die schwellenden Körperformen, die breite, über dem Standbein extrem hochgeschobene Hüfte und die starke Drehbewegung der Figur. Darin ist der Sebastian den zahlreichen mythologischen Aktfiguren verwandt, welche Tietz mit seiner Werkstatt für die Gärten von Schloß Seehof bei Bamberg 1748–1753 und 1760–1773 sowie von Schloß Veitshöchheim bei Würzburg 1765–1768 und in kurtrierischen Diensten 1754–1760 geschaffen hat. Merkmale von Tietzens Frühstil dürften die gedrungenen Proportionen des Sebastian und das Jähe seiner Bewegungen sein, während später die Figuren gestreckter und ihre Bewegungen flüssiger werden. Der steinerne Sebastian an der Gerlachsheimer Kirchenfassade ist anatomisch genauer modelliert, dabei im Gegensinne komponiert, jedoch mit abweichender Armhaltung, die einem Bozzetto im Mainfränkischen Museum Würzburg (Kat. Nr. B 74) entspricht (freundl. Hinweis von Herrn Dr. Hans-Peter Trenschel). Da der Bozzetto sonst aber mehr dem geschnitzten Sebastian aus Gerlachsheim sowie einem zweiten, vielleicht aus Unterleinach stammenden (jetzt zerstört; s. Kat. Nr. B 74) ähnelt, ist er nicht mehr mit Bestimmtheit auf eine der drei Großplastiken zu beziehen. Von diesen wirkt die Gerlachsheimer Fassadenfigur am reichsten. Statt des Helms (der bei dem „Unterleinacher" weggelassen ist) steht hier ein Putto, der einen Pfeil aus dem Bein des Sebastian herauszieht. Das Lendentuch ist zu einer großen aufrauschenden Draperie geworden, welche die böhmische Schulung von Tietz erkennen läßt. Darin entspricht diese Skulptur ihrem Gegenstück, dem hl. Clemens, der großartigsten der Gerlachsheimer Tietz-Figuren.

Kiefernholz, dreiviertel- bis vollrund, rückseitig ausgehöhlt, mit originaler Fassung. Größte H. 133 cm. Abgebrochen das Ende des linken Zeigefingers, ein Ende des Lendentuchzipfels, Haarlocke über der rechten Schulter, Stücke der Fesseln an beiden Armen, Pfeil in der linken Achselhöhle.

Literatur: Kern 1925, S. 16, 132–133, m. Abb. – Trenschel 1978, S. 16.

Gerlachsheim (Gem. Lauda-Königshofen), Kath. Pfarrkirche Hl. Kreuz

B 74 □

Hl. Sebastian

Bozzetto für eine Altarfigur

A. F. Tietz (zugeschrieben), um 1740

Zur Legende des hl. Sebastian s. Kat. Nr. B 4. Tietz hat diesen Typus eines in hüpfender Stellung an den Baum gefesselten Sebastian mindestens dreimal verwendet: um 1740 als Schnitzfigur am linken Querschiffaltar (Kat. Nr. B 73) und als überlebensgroße Steinstatue an der Eingangsfassade der ehemaligen Prämonstratenser-Klosterkirche zu Gerlachsheim sowie für eine 1945 zerstörte Schnitzfigur, ehemals im Mainfränkischen Museum Würzburg, die vielleicht von einem der 1746 Tietz in Auftrag gegebenen Nebenaltäre in der Pfarrkirche von Unterleinach stammt (freundl. Hinweis von Herrn Dr. Hans-Peter Trenschel). Doch stimmt der Bozzetto in seiner Komposition mit keiner der drei Skulpturen völlig überein: mit seiner Kopfbewegung nach links entspricht der Bozzetto den beiden engverwandten Altarfiguren. Wie der vielleicht aus Unterleinach stammende Sebastian (Brinckmann 1924, Abb. 17) ist auch der Bozzetto ohne jedes Beiwerk im Gegensatz zu den beiden Gerlachsheimer Skulpturen (s. Kat. Nr. B 73). In der Haltung der Arme – der eine gesenkt, der andere über den vorstehenden Ast gehängt – entspricht der Bozzetto jedoch der Gerlachsheimer Fassadenfigur (Kern 1925, Abb. neben S. 56); auch die fast schwebende Stellung der Beine und das zum Oberkörper hochgezogene Lendentuch des Bozzettos scheinen auf deren sehr bewegten Aufbau hinzudeuten. Doch diese Statue ist im Gegensinne komponiert. So ist nicht mehr zu entscheiden, für welche der drei großen Skulpturen der Bozzetto als Vorstudie gedient hat. Früher galt er als Werk des Auwera-Kreises (Brinckmann: „Art des Jacob van der Auvera"; von Freeden: „Lukas Anton von der Auwera"). Die Zuschreibung an Tietz ist Trenschel zu verdanken (s. Kat. Nr. B 73).

Lindenholz, vollrund, H. 31,7 cm.

Literatur: Brinckmann 1924, S. 56, Taf. 20. – von Freeden 1951, S. 9, Abb. S. 38.

Würzburg, Mainfränkisches Museum, Inv. Nr. H 14 358

UNBEKANNTE MEISTER

B 75 □

Stehende Maria mit Kind

Aus der Wallfahrtskirche St. Peter und Paul in Reute bei Bad Waldsee

Oberschwaben, um 1720–1730

Die Madonna steht auf der von Wolken umgebenen Weltkugel, um die sich ein Drache ringelt, die Schlange vom ersten Sündenfall, kenntlich am Apfel in ihrem Rachen. Doch Maria als die zweite Eva tritt dieser Schlange aufs Haupt (Genesis 3,15; s. auch Kat. Nr. B 78). Wird so – ganz im Sinne der Gegenreformation – das Sieghafte der Himmelskönigin betont, das alle Widersacher überwindet, kommt andererseits in der fürsorglichen Art, mit der Maria das Kind hält, auch ihre Mütterlichkeit zur Geltung. Hierin wie in der unbekümmerten Kindlichkeit des Knaben ist noch die Tradition spätgotischer Madonnenbilder lebendig, die sich auf reizvolle Weise mit den barocken Elementen mischt. Sicher handelt es sich um die ehemalige Hauptfigur eines Marienaltares, über den wir jedoch nichts Näheres wissen. Im Kunstdenkmälerband wird die Skulptur durch Schahl und v. Matthey um 1740 angesetzt, Kasper schreibt sie dem Johann Georg Reusch zu und datiert sie um 1754 – wohl im Hinblick auf Reuschs damals entstandene Arbeiten in Waldsee (Kreuzaltar, s. Schwager 1955, Abb. 79–80) und Unterschwarzach; doch sind Reuschs Figuren blockhafter und gedrungener als die Madonna aus Reute. Bei ihr weist die Bindung an die spätgotische Tradition noch auf das 17. Jahrhundert hin, auch die Perlschnüre im Haar der Maria sind eine beliebte Schmuckform dieser frühen barocken Zeit, doch verleiht die an knittrigen Taft erinnernde Brechung der Gewandoberfläche der Figur eine Eleganz, die ganz dem 18. Jahrhundert angehört.

Holz, dreiviertel- bis vollrund, rückseitig abgeflacht, mit originaler Inkarnatfassung; Vergoldung (Gewand, Wolken, Teile der Kronen) teilweise erneuert. H. 170 cm. Rechter Zeige- und Mittelfinger des Kindes fehlen.

Literatur: Kdm. Württemberg, Waldsee, 1943, S. 200. – Kasper 1978, S. 23.

Reute (Gem. Bad Waldsee), Kath. Pfarr- und Wallfahrtskirche St. Petrus und Paulus

B 76 □

Altarmodell

Wahrscheinlich für den Hochaltar der ehemaligen Benediktiner-Klosterkirche St. Georgen in Villingen

Wahrscheinlich nach dem Altarriß von 1729 des Malers Antoni Schilling. Villin-

B 75

B 78

auf eine Gegend mit westlichem Einschlag hin. Neuerdings wird unsere Gruppe mit Fidelis Sporer in Zusammenhang gebracht (s. Inv. Gén. Mon., Haut-Rhin, Guebwiller 1972, S. 86); doch kennen wir bisher kein für Sporer gesichertes Schnitzwerk mit derart sorgfältiger Aktmodellierung und derart abwechslungsreich gestaltetem Gewand. Auch zu den großen Bildhauern am Oberrhein, Egell und Wenzinger, besteht keine unmittelbare Verbindung. Vielleicht haben wir hier eine Straßburger Arbeit vor uns. Wir können zwar den uns namentlich bekannten Straßburger Bildhauern dieser Zeit bisher keine Werke zuweisen, doch müssen die Meister eine gewisse Bedeutung gehabt haben, wenn beispielsweise die Freiburger Johann Christian Wenzinger und Anton Xaver Hauser dort in die Lehre gegangen sind. Für die Herkunft unserer Gruppe aus dem französischen Einflußbereich spricht zudem die enge Anlehnung an das Marmorbildwerk gleichen Themas, das Nicolas Coustou 1712–1728 für die Votivgruppe Ludwigs XIII. in Notre-Dame zu Paris geschaffen hat (Souchal, Bd. 1, 1977, Abb. 61 a–b, S. 171). Andererseits gehört die gleichzeitige Anspielung auf Maria als die zweite Eva eher zur süddeutschen Bildtradition, wie das jetzt dem Herberger zugeschriebene Vesperbild in Unlingen zeigt (Schahl 1980, Abb. 37).

Lindenholz, dreiviertel- bis vollrund, rückseitig abgeflacht, ungefaßt. H. 42 cm. Die Finger großenteils angestückt. Abgebrochen an der linken Hand Mariens der Zeigefinger und ein Stück des Mittelfingers, bei Christus der linke große Zeh und ein Stück des linken Mittelfingers. Nasenspitze Christi ergänzt.

Literatur: Feulner 1929, S. 102. – Kranzbühler 1932, S. 218. – Karlsruhe 1959, Nr. 91 m. Abb. (mit älterer Lit.). – Legner 1963, erwähnt bei Kat. Nr. 56. – Inv. Gén. Mon., Haut-Rhin, Guebwiller 1972, S. 86. – Karlsruhe 1976, Kat. Nr. 294 m. Abb.

Karlsruhe, Badisches Landesmuseum, Inv. Nr. C 4764

B 79 □

Apostel

Bozzetto für eine bisher nicht nachgewiesene große Figur

Bodenseegebiet, drittes Viertel 18. Jahrhundert

Auffallend sind die großen Bewegungszüge der Figur: ein weiter Schritt nach vorne, dazu eine starke Biegung zur Seite, der auch die Wendung des Hauptes und die ausgreifende, sprechende Gebärde des rechten Armes folgen. Im Gegensatz dazu steht die schwere Gewandhülle, die den bewegten Körper wie eine Fessel umschließt und der auch das von der Linken gehaltene Buch eingebunden zu sein scheint. Von diesem Bozzetto gibt es noch ein zweites Exemplar mit abgeschwächten Bewegungsimpulsen, das aus der Sammlung Schnell, Ravensburg, in das Freiburger Augustinermuseum gekommen ist. (Inv. Nr. S 39/1. H. 16,5 cm. Der rechte Unterarm fehlt hier. Lempertz, Köln, 21.–22. 4. 1938, Kat. Nr. 151, Taf. 20. – Freiburg 1960, Kat. Nr. 2. – Freiburg 1970, Kat. Nr. 406). Eine Ausführung in großem Format ist bisher nicht nachweisbar. Ingeborg Krummer-Schroth hält es (nach einem freundlicherweise überlassenen Manuskript) für möglich, daß dies eine der beim Brand von 1768 zugrunde gegangenen Figuren auf dem Portalbau des neuen St. Blasianer Konventsgebäudes gewesen ist; sie bezieht sich dabei auf die 1746 von Nikolaus Millich gezeichnete Ansicht des Klosters (Schmieder 1929, Abb. 37). Sicher ist, daß Wenzinger um 1740–41 Modelle für diese Statuen gemacht hat. Morath, der die etwas widersprüchlichen Schriftquellen anders deutet, nimmt an, daß die Zeichnung von Millich in diesem Punkt eine Idealansicht bietet; denn Morath möchte die den Portalbau bekrönenden Statuen mit jenen identifizieren, die der Bildhauer Hör nach alten Modellen von Wenzinger 1763 vollendet hat (Morath 1972, S. 161–162). Unabhängig davon ist festzuhalten, daß die Zeichnung von 1746 keine zuverlässige Auskunft über das Aussehen der damals geplanten bzw. vollendeten Fassadenfiguren gibt. Außerdem ist zu fragen, ob es sich bei den beiden Bozzetti überhaupt um Werke Wenzingers handelt (s. Walzer 1959, S. 61–62). Ruth Schweisheimer (1935, S. 69) schrieb dem Johann Georg Dirr die 16,5 cm hohe „Statuette eines jugendlichen Heiligen“ bzw. „eines Sal-

B 79

vator Mundi (= Erlösers) mit Buch“ in der Sammlung Schnell, Ravensburg, zu, womit nur das Freiburger Exemplar gemeint sein kann. Beim Vergleich mit der Statuette aus Beuren (Kat. Nr. B 10), welche Ruth Schweisheimer noch unbekannt war, ergeben sich zwar Schwierigkeiten für eine unmittelbare Zuschreibung der beiden Apostelbozzetti an Dirr, doch die starke Drehbewegung, mit der sich bei diesen der Körper einem hemmenden schweren Gewand zu entwinden scheint, weist auf den Feuchtmayer-Kreis und nicht auf die von einer größeren Gelassenheit geprägten Kompositionen Wenzingers.

Lindenholz, vollrund, rückseitig flacher gehalten und nur skizziert, mit Resten von graugrüner Fassung. H. 16,5 cm. Rechter Daumen und Zeigefinger ganz, Ring- und kleiner Finger zum Teil abgebrochen. Stück des linken großen Zehs abgebrochen. Linke Hand und rechte Ferse beschädigt. Ecke der Standplatte ergänzt.

Literatur: Walzer 1959, S. 61–62, 73, Abb. 90. – Freiburg 1960, Kat. Nr. 3, Abb. 1. – Walzer 1967, S. 23, Abb. 37.

Stuttgart, Württembergisches Landesmuseum, Inv. Nr. 1957/179

PETER ANTON VON VERSCHAFFELT (1710–1793)

Er gehört zu jenen zahlreichen niederländischen Künstlern, die es im Ausland zu Ruhm und Ansehen brachten. Am 8. Mai 1710 in Gent als Enkel eines Bildhauers geboren, kommt er um 1728 nach Paris, wo er an der Akademie 1734 und 1736 drei Mal mit einer Medaille ausgezeichnet wird und als Gehilfe Edme Bouchardons tätig ist; von dort geht er 1737 nach Rom, wo er u.a. das Modell für den riesigen Bronzeengel, die bekrönende Figur auf der Engelsburg, fertigt, und zieht schließlich über London 1752 nach Mannheim, um dort die durch Egells Tod freigewordene Stelle des Hofbildhauers anzunehmen, die er bis zu seinem Lebensende – er stirbt am 5. April 1793 in Mannheim – inne hat. Das Ergebnis von Verschaffelts vielseitiger Ausbildung ist eine am römischen Hoch- und Spätbarock ausgerichtete große pathetische Formensprache, die trotz des Pariser Aufenthaltes des Künstlers nichts von der Leichtigkeit des französischen Rokoko angenommen hat. In den späteren Schaffensjahren Verschaffelts macht sich daneben, dem Zeitgeschmack folgend, immer stärker eine antikisierende Neigung geltend. Dieser hohe, jedoch völlig unpersönliche Stil mußte in unserer Gegend fremdartig wirken, doch erfüllte er in großem Maße die repräsentativen Ansprüche der kurpfälzischen Residenz, die mit den internationalen Höfen mithalten wollte.
Verschaffelts erste Aufgabe in Mannheim ist die bildnerische Ausstattung der Jesuitenkirche, die mit Ausnahme der Fassadenfiguren heute verloren ist (1760 bei Einweihung der Kirche vollendet). 1754–1756 fertigt er das Giebelrelief für die Mannheimer Schloßbibliothek. Auch an dem 1756 begonnenen Neubau von Schloß Benrath bei Düsseldorf ist Verschaffelt mit bauplastischen Arbeiten und Statuen für den Park beteiligt. In den sechziger und siebziger Jahren ist er für den Schwetzinger Schloßpark tätig; es entstehen Vasen, Obelisken, die zwei großen Hirschgruppen, die Flußgötter von Rhein und Donau, für den Apollotempel das Standbild des Gottes, und anderes mehr. Aus Verschaffelts weiterem Schaffen seien noch die zwei überlebensgroßen Marmorstandbilder des Kurfürstenpaares im Rittersaal des Mannheimer Schlosses genannt, von denen die Statue Carl Theodors 1758, diejenige Elisabeth Augustes 1760 vollendet war. Auch als Architekt hat sich Verschaffelt betätigt; so baut er u.a. für Carl Theodors illegitime Kinder Bretzenheim das Palais Bretzenheim in Mannheim (1782–1788). Vor allem aber verdankt ihm die Mannheimer Zeichnungsakademie ihre Entstehung. Anfänglich nur eine „kleine akademie“, ein privates Unternehmen Verschaffelts, wird sie im Herbst 1756 zu der vom Kurfürsten unterhaltenen „Academie de Sculpture“ mit Verschaffelt als Lehrer, der 1758 in einem neuerrichteten Akademiegebäude mit dem Unterricht beginnen kann. Carl Theodor verwandelt diese, wiederum einer Anregung Verschaffelts folgend, 1769 in die „Mannheimer Zeichnungsakademie“, eine mit eigenen Statuten versehene größere Institution, die aus dem Protector – einem Hofmann, dem Direktor – diesen Posten erhält Verschaffelt –, den lehrenden Professoren und den ordentlichen Mitgliedern besteht. Unter den Bildhauern des 18. Jahrhunderts in Südwestdeutschland hat Verschaffelt als einziger internationalen Ruf besessen. Dem entsprach sein Selbstbewußtsein, sein Auftreten bei Hofe, das ihn viel mehr erreichen ließ, als es seine Berufsgenossen je vermocht haben. 1779 wird Verschaffelt in den Adelsstand erhoben.

Literatur: Beringer 1902. – Roelandts 1939. – Thieme-Becker Bd. 34, 1940, S. 299–300 (H. Vollmer). – Volk 1973. – Mannheim 1976. – Grotkamp-Schepers 1980, S. 44–76.

B 80 □

Büste des Kurfürsten Carl Theodor von der Pfalz

P. A. von Verschaffelt, um 1755–1758

Der Dargestellte ist halb in Zeittracht, halb im antiken Kostüm wiedergegeben. Er trägt einen antiken Schuppenpanzer mit Löwenmaske an der Schulter, darüber jedoch einen Mantel mit Hermelinbesatz, auch das Haar ist modisch frisiert. Trotz Verlust der Nase, die inzwischen ergänzt wurde, ist der Porträtierte mit den kräftigen Augenbrauen eindeutig als Kurfürst Carl Theodor zu erkennen. Bei aller Heroisierung des Dargestellten wirkt das Bildnis außerordentlich frisch; Volk nimmt deshalb an, daß es „ad vivum“, d. h. nach dem Leben und nicht nach einer Vorlage gearbeitet wurde. Das Gegenstück bildet eine allerdings in stark beschädigtem Zustand auf uns gekommene Büste der Kurfürstin Elisabeth Auguste, der Gemahlin Carl Theodors (im Depot des Münchner Residenzmuseums). Nach Volk (in: München 1980) sind die beiden Bildwerke wahrscheinlich identisch mit den Büsten des Kurfürstenpaares, die einst am Eingang zu dem 1758

B 80

vollendeten Bibliothekssaal des Mannheimer Schlosses standen und die vielleicht von Anfang an für diesen Ort bestimmt waren. Zur Datierung sind das von J. G. Ziesenis gemalte Bildnis Carl Theodors aus dem Jahr 1757 (BNM München; Volk 1973, Abb. 4) sowie dessen 1758 im Rittersaal des Mannheimer Schlosses aufgestellte, gleichfalls von Verschaffelt gearbeitete Marmorstatue (Volk 1973, Abb. 9) heranzuziehen, die den Kurfürsten etwa im gleichen Lebensalter zeigen wie die hier ausgestellte Büste. Zu dieser entdeckte Volk im Historischen Museum der Pfalz zu Speyer eine verkleinerte und schmaler komponierte Replik aus gebranntem Ton, die bisher als Werk von Konrad Linck galt (Volk 1973, Abb. 6).
Die Wiedergabe im antiken Panzer steht nach barocker Vorstellung dem regierenden Fürsten zu und soll auf dessen Feldherrnruhm hinweisen. Um die Mitte des 18. Jahrhunderts, einer Epoche, in welcher der intime Büstentypus bevorzugt wird, erscheint diese Art der Darstellung jedoch wenig zeitgemäß, zumal Carl Theodor sein Land aus kriegerischen Verwicklungen herauszuhalten versuchte und selbst nie im Feld gestanden ist. Volk vermutet deshalb, daß die antike Kostümierung hier eher als Hinwendung von Fürst und Künstler zum klassischen Geschmack des Altertums zu deuten ist. Wenn diese Absicht bestand, so wird sie verschleiert durch Verschaffelts Rückgriff auf den Büstentypus des 17. Jahrhunderts mit breitem Brustabschnitt und einer aufrauschenden barocken Draperie.

Weißer Marmor, vollrund, Rundsockel aus rotgeflecktem Marmor. H. mit Sockel 82 cm, H. des Sokkels 17,5 cm. Rückseitig eingegrabene fragmentierte Signatur „P. VERSCHAFFELT/GAN-DA = Sis/ANN...“ Nase ergänzt, kleine Beschädigungen.

Literatur: Volk 1973, S. 413, 414, 416, 417 u. Anm. 8, 10–11, Abb. 5. – Mannheim 1976, Kat. Nr. W 22, S. 140 (mit älterer Lit.). – Heidelberg 1979, Kat. Nr. 370 (mit älterer Lit.). – München 1980, Kat. Nr. 12 (mit älterer Lit.).

München, Residenzmuseum, Inv. Nr. Res. Mü. P. I 285

B 81 □

Selbstbildnis

Erworben um 1874 aus dem Nachlaß des Hofapothekers Wahlé in Mannheim

P. A. von Verschaffelt (zugeschrieben), um 1780–1785

Verschaffelts Gesichtszüge, aus anderen Bildnissen bekannt, sind in der Büste deutlich wiederzuerkennen. Die sichere großzügige Gestaltung des Bildwerks, die Wahl des altertümlichen breiten Büstenabschnitts (vgl. auch Kat. Nr. B 80) sprechen dafür, daß Verschaffelt sich hier selbst porträtiert hat. Das mag für einen süddeutschen Bildhauer des 18. Jahrhunderts, zumal wenn er noch kostbares Material dazu verwendet, ganz ungewöhnlich erscheinen. Doch der Flame Verschaffelt hatte Jahre in Paris gearbeitet, wo die Bildnisbüste zu den bedeutendsten künstlerischen Aufgaben gehörte und wo auch die Künstlerbüste schon eine Tradition besaß. Diesem herkömmlichen Typus gemäß erscheint Verschaffelt in nachlässiger Kleidung mit einer Mütze auf dem Kopf, wie er sie wahrscheinlich bei der Arbeit trug; der Mantel, der geschickt die Armstümpfe verdeckt, ist fast schon nach antiker Art geschlungen. Im Jahr 1887 soll das Terrakotta-Modell zu die-

B 81

ser Büste nach Wien verkauft worden sein.

Marmor, vollrund. H. 69 cm.

Literatur: Kdm. Bayern, Reg.-bez. Pfalz, III, Speyer, 1934, S. 721. – Heidelberg 1959, Kat. Nr. 296, Abb. S. 97. – Mannheim 1976, Kat. Nr. W 46, S. 148 (mit älterer Lit.). – Grotkamp-Schepers 1980, S. 46.

Speyer, Historisches Museum der Pfalz, Inv. Nr. HM 259

JOHANN GEORG WECKENMANN (1727–1795)

Dieser bedeutendste Bildhauer des Rokoko in Hohenzollern stammt aus dem oberschwäbischen Uttenweiler, wo er am 20. März 1727 geboren wurde. 1752 tritt er erstmals in Haigerloch als Beschützer und Anwalt seiner Verlobten Franziska Eblin in Erscheinung; er hatte deren gewalttätigen Stiefvater, den Haigerlocher Ochsenwirt Sebastian Eble, angezeigt und führt nun gemeinsam mit dem Großvater der Franziska einen Prozeß um das verschleuderte Hochzeitsgut der Braut. Als Ersatz dafür wird ihm das Haus des Ochsenwirts zugesprochen, ein Besitz, der, jedoch mit Schulden belastet, im Jahre 1770 den Konkurs des Bildhauers verursachen sollte. Am 15. Januar 1753 erhält Weckenmann das Haigerlocher Bürgerrecht, am 18. Januar 1753 heiratet er. Bei Weckenmanns Niederlassung in Haigerloch mag der Wunsch von Fürst Joseph Friedrich von Hohenzollern mitgesprochen haben, diesen tüchtigen Künstler, den er zum Hofbildhauer ernannte, in seiner zweiten, seiner Lieblingsresidenz bei sich zu wissen. So zieht der Fürst außer Johann Michael Feichtmayr ab 1752 auch Weckenmann zur Ausstattung seines Lustschlößchens Hag bei Haigerloch heran, Arbeiten, die durch einen späteren Brand des Schlosses verlorengegangen sind. Auch für kirchliche Aufträge ist die Gunst des Fürsten förderlich. Seit 1754 entstehen für die neuerbaute St. Annakirche in Haigerloch Portalskulpturen, Büsten und Vasen für die Kirchhofsmauer, alles in Stein, sowie im Innern, bei dessen Ausstattung wiederum Johann Michael Feichtmayr beteiligt ist, geschnitzte Altarfiguren, aber auch Putten aus Stuck, die den Vorhang am Hochaltar halten (s. auch Kat. Nr. B 82). 1755 arbeitet Weckenmann die große steinerne Kreuzigungsgruppe bei St. Luzen in Hechingen, 1757–1763 Altarskulpturen für die Sigmaringer Stadtpfarrkirche. Nach dem Tode des Fürsten 1769 gehen die Aufträge zurück. Am 29. März 1795 ist Weckenmann in Haigerloch gestorben. Über Weckenmanns Ausbildung ist nichts bekannt. Sein Werk, das infolge späterer Zerstörung starke Lücken aufweist, ist stilistisch nicht sehr einheitlich. Die Skulpturen von St. Anna, die heute als seine künstlerische Hauptleistung erscheinen, sind vermutlich nicht besonders typisch für ihn: Geschickt hat er hier Anregungen von den soeben fertiggestellten Schöpfungen Christians in Zwiefalten dem kleineren Rahmen der Haigerlocher Wallfahrtskirche angepaßt.

Literatur: Schimmelfennig von der Oye 1936. – Thieme-Becker, Bd. 35, 1942, S. 236–237 (Marta v. Schimmelfennig-Riel).

B 82 □

Synagoge

Vom Hochaltar der Wallfahrtskirche St. Anna in Haigerloch

J. G. Weckenmann (zugeschrieben), 1756–57

Die Figur, in gegürtetem Gewand, den Kopf mit einem Tuch umhüllt, trägt in der Rechten die Gesetzestafeln, die Moses auf dem Berge Sinai von Gott empfangen hat, und hält in der erhobenen Linken einen Kelch. In der Kirche ist ihr Standort neben dem Hochaltar auf einem Bogen, der den Altar mit der seitlichen Chorwand verbindet. In der Mitte des Altars, von einem doppelten Säulenpaar flankiert, ist das Gnadenbild, eine spätgotische Anna-Selbdritt-Gruppe, angebracht, hinter dem eine auf die Chorwand als Fresko gemalte Engelsglorie erscheint, darüber im Auszug die Heiliggeisttaube (zum Thema der Anna Selbdritt s. Kat. Nr. B 61). Die über dem Bogen auf der anderen Seite stehende Figur trägt über ihrem Gewand die Stola (s. Kat. Nr. E 1 e), hat die Rechte auf die Brust gelegt, wo die Taube des Hl. Geistes ruht, und hält in ihrer Linken ein Buch, d.i. das Evangelium, die Papstkrone und das Papstkreuz mit dreifachem Querbalken. Die beiden allegorischen Figuren sind als Synagoge und Ekklesia (griech. = Kirche) zu deuten. Sie treten hier auf, um darzulegen, daß Anna, die Mutter Mariens, diese beiden Welten miteinander verbindet (freundl. Hinweis von Frau Dr. Renate Schumacher). Deshalb ist die Synagoge bei dieser Gegenüberstellung nicht – wie üblich – im abwertenden Sinne, sondern als positive Gestalt wiedergegeben: sie lächelt, hat ihr Haupt aufgerichtet; deshalb kann sie auch den bevorzugten Platz zur Rechten des Gnadenbildes (d.i. vom Beschauer aus links) einnehmen. Ungewöhnlich ist nur, daß ihr der Kelch als Attribut beigegeben ist.
Den Neubau der Wallfahrtskirche St. Anna hat Fürst Joseph Friedrich von Hohenzollern 1753–1755 ausführen lassen. Die Portalskulptur sowie die Büsten und Vasen auf der Umfassungsmauer des Kirchhofs sind nachweislich Johann Georg Weckenmanns Werk. Über die Erstellung der Figuren im Innenraum liegt nur eine Abrechnung vom 10. Dezember 1755 vor, wonach Weckenmann zehn (geschnitzte) Putten für die drei Altäre sowie den Stuckvorhang für den Hochaltar gefertigt hat. Doch können Weckenmann mit Sicherheit auch die übrigen geschnitzten Altarskulpturen zugeschrieben werden. Damals müssen die Stuckmarmorbauten der drei Altäre bereits gestanden haben, die wie die übrige dekorative Ausstattung von Johann Michael Feichtmayr und seiner Werkstatt stammen werden; denn in einem Brief des Fürsten wird Feichtmayr als Stukkator der St. Annakirche bezeichnet. Im Juni 1757 sind die Arbeiten noch im Gange, doch hofft der Fürst, am St.-Anna-Tag (= 26. Juli) die Kirche einweihen zu können.

B 82

Von den großen Figuren ist die hier gezeigte das bedeutendste und lebendigste Bildwerk. Das Mädchen, das die Allegorie verkörpert, scheint mit leichtem Schritt gerade erst herangeeilt zu sein, die schwingenden Gewandsäume verdeutlichen das Lebhafte der Bewegung. Leicht, sicher und unprätentiös wirkt auch die Art, wie sie ihre Attribute, Gesetzestafeln und Kelch, dem Betrachter entgegenhält. Weckenmanns Skulpturen für die St. Annakirche verraten den Einfluß von Joseph Christian, dessen umfangreiche Arbeiten für die Zwiefalter Klosterkirche damals gerade vollendet wurden. Eine Verbindung ergab sich schon durch Feichtmayr, den Stukkator von Zwiefalten wie Haigerloch, der auch den Hochaltartypus von Zwiefalten mit den allegorischen Figuren auf den seitlichen Bögen in vereinfachter Form in Haigerloch wiederholt hat.

Holz, vollrund, mit neuer Fassung in Weiß und wenig Gold. H. 176 cm.

Literatur: Schimmelfennig von der Oye 1936, S. 42–45. – Kdm. Hohenzollern, Bd. I, Kreis Hechingen, 1939, S. 131, Abb. 245.

Haigerloch, St. Anna-Wallfahrtskirche

JOHANN CHRISTIAN WENZINGER (WENTZINGER) (1710–1797)

„Stadtrath, CHRISTIAN WENZINGER, Bildner, Architekt, Mahler; Gebohren den 10. Dezember 1710 zu Ehrenstetten, einem kleinen ... Dörfchen (des) Breisgaues; Sohn eines Müllers, Zögling der Musen, Roms vieljähriger Schüler, Dreymal gekrönter Akademiker zu Paris ...". So beginnt ein Nachruf auf Wenzinger, der 1798 in dem Buch „Die Philanthropen von Freyburg" erschienen ist. Tatsächlich konnte Wenzinger auf eine erstaunliche Laufbahn zurückschauen: er hatte es zu hohem Ansehen gebracht, hatte sich 1761–62 am Freiburger Münsterplatz das Haus „zum schönen Eck" gebaut, das eher ein Palais zu nennen war, und hinterließ bei seinem Tod am 1. Juli 1797 in Freiburg ein großes Vermögen, das er dem Spital vermachte. Wie er als Müllerssohn zu den weiten Studienreisen nach Rom 1731 und Paris um 1737 gekommen ist, ließ sich bisher nicht feststellen. Daß er dazwischen im September 1732 als Geselle zu dem Straßburger Bildhauer François Fosset geht, ist dagegen für einen jungen Breisgauer

nichts Ungewöhnliches. Leider besitzen wir von den Werken dieses Meisters Fosset keine Vorstellung.
Schon 1733 wird Wenzinger der Taufstein der Klosterkirche von St. Peter in Auftrag gegeben. 1737–38 nach der Rückkehr aus Paris arbeitet er die Figuren für den Hochaltar der Klosterkirche in Oberried. Diesen frühen Arbeiten haftet noch etwas Unausgeglichenes, manchmal sogar Plumpes an. Erst durch die Werke der vierziger Jahre – die Immaculata an der Kirche zu Merdingen 1741, das Grabmal für den General von Rodt im Freiburger Münster 1743–1745, den Ölberg für Staufen 1745 (größtenteils heute im Liebieghaus Frankfurt) und die Gartenfiguren für Schloß Ebnet bei Freiburg 1748–49 – erweist sich Wenzinger als bedeutender Bildhauer. Bei der Ausstattung der Klosterbibliothek von St. Peter mit Figuren im Jahr 1752 hören wir zum ersten Mal davon, daß Wenzinger nur die Modelle liefert, nach denen ein anderer, Mathias Faller, der nicht einmal zu Wenzingers Werkstatt gehört, die großen Bildwerke auszuführen hat. Im Juli 1753 kehrt Wenzinger von einer Reise nach Wien zurück. 1755 erwirbt er das Satzbürgerrecht der Stadt Freiburg, eine ehrenvolle Auszeichnung. 1757 erhält er den großen Auftrag seines Lebens, nämlich für Langhaus und Rotunde der Stiftskirche von St. Gallen die Deckengemälde, die dekorativen und figürlichen Stuckarbeiten sowie die steinernen Statuen an der Außenseite zu liefern, eine Arbeit, die er bereits 1760 vollenden wird (s. Kat. Nr. B 86–88). Dafür erhält er 52 000 Gulden. Von dieser Summe gehen zwar die Zahlungen an Wenzingers Hilfskräfte und zumindest wohl ein Teil der Materialkosten ab, doch auch dann bleibt sie erstaunlich hoch; nicht umsonst spricht der Nachruf aus dem Jahr 1798 von der „großbelohnenden Schweiz". Danach scheint sich Wenzingers Tätigkeit immer mehr auf die Herstellung von Entwürfen beschränkt zu haben, während er die Ausführung anderen Künstlern überlassen hat; auf diese Weise dürfte 1768 der berühmte Taufstein des Freiburger Münsters entstanden sein (s. Kat. Nr. B 92). Größer muß allerdings Wenzingers persönlicher Anteil an den Deckengemälden der Klosterkirche von St. Blasien gewesen sein, die er zusammen mit Simon Göser 1779–80 geschaffen hat, doch sind diese samt der sonstigen, teilweise auch von Wenzinger entworfenen Innenausstattung beim Brand von 1874 zugrunde gegangen. Trotz des umfangreichen malerischen Werkes, das Wenzinger geschaffen hat, steht der Maler hinter dem Bildhauer Wenzinger an Bedeutung zurück. Dieser hat in Stein, Holz, Stuck, auffallend oft auch in Ton, dem idealen Werkstoff für spontane Skizzen, gearbeitet, was von seiner künstlerischen Umgebung nachgeahmt wurde (s. Kat. Nr. B 70, 71). Bozzetto und fertiges Kunstwerk sind deshalb nicht immer auf den ersten Blick zu unterscheiden. Dies ist wohl kennzeichnend für einen Mann, der sich zuletzt mehr und mehr auf das bloße Entwerfen verlegt hat. Trotz ihrer weit sich bauschenden Gewandhüllen haben Wenzingers Figuren etwas Schwebendes, ihr statuarischer Aufbau vollzieht sich fließend, ohne jähe Drehung und Wendung, der Umriß ist meist geschlossen, die Gewänder zeigen bei allem stofflichen Reichtum keine ornamentale Eigenwilligkeit. In dieser Zurückhaltung gegenüber extremer Bewegung und Ornamentalisierung verrät sich wohl Wenzingers Pariser Schulung, die sonst schwer zu fassen ist. Unter den südwestdeutschen Bildhauern des 18. Jahrhunderts ist Wenzinger derjenige, der am stärksten seine künstlerische Unabhängigkeit hervorhebt. Bei seiner Bewerbung um das akademische Bürgerrecht der Universität Freiburg 1754 weist er stolz darauf hin, daß er ein weitgereister Mann sei und daß seine Künste auch mit Akademien und Wissenschaften zu tun hätten. Doch als die Universität, die seinem Antrag zustimmt, unter anderem verlangt, daß Wenzinger den Geboten und Verboten von Rektor und Senat gehorsam sei, schickt Wenzinger das Dekret mit der Bemerkung zurück, wenn er sich hätte binden wollen, so hätte er auch als Künstler an große Höfe gehen können.

Literatur: Thieme-Becker, Bd. 35, 1942, S. 385–386 (A. Siegel, mit älterer Lit.). – Noack-Heuck 1951. – Freiburg 1960. – Krummer-Schroth 1967.

B 83 □

Hl. Antonius von Padua mit dem Christkind

Aus der Pfarrkirche von Heitersheim

J. Ch. Wenzinger (zugeschrieben), um 1745–1750

Der volkstümliche Franziskanerheilige, der als „Helfer gegen alle Nöte" gilt, wirkte in Frankreich und Italien als erfolgreicher großer Prediger vor allem gegen die Ketzerbewegungen seiner Zeit. 1231 ist er sechsunddreißigjährig gestorben. Seine Gebeine ruhen in der Basilica di S. Antonio in Padua, die heute noch Mittelpunkt der Antoniusverehrung ist. Besonders beliebt ist im Barock die Darstellung des jugendlichen Franziskaners mit dem Christkind, das ihm nach der Legende in einem Lichtschimmer erschienen ist. In unserem Bildwerk wird die himmlische Erscheinung durch den Wolkenhügel angedeutet, auf dem das Christkind steht. Mit grüßend erhobener Rechten wendet sich dieses dem Andächtigen zu, während es den anderen Arm nach Kinderart um den Nacken des Heiligen gelegt hat. Antonius dagegen richtet seine ganze Aufmerksamkeit auf den Knaben, den er liebevoll festhält. Beide Figuren sind frontal vor dem Beschauer entwickelt und doch einander zugeordnet, ohne daß dies etwas Gezwungenes hätte. Dabei kennzeichnen Unruhe, Bewegtheit, offene Formen die Seite des Kindes, während auf der anderen Seite, der Standbeinseite des Heiligen, Ruhe und Gelassenheit vorherrschen. Diese meisterhaft komponierte Gruppe ist zuerst von Siegel als Werk Wenzingers erkannt worden. Sie dürfte gegen die Jahrhundertmitte geschnitzt worden sein, d. h. nach den noch recht barocken großen Steinbildwerken der frühen vierziger Jahre wie der Merdinger Madonna von 1741 und dem Putto mit großem Lokkenkopf am Rodt-Grabmal um 1743 im Freiburger Münster, aber vor den 1757–1760 entstandenen Skulpturen für St. Gallen mit ihren aufgebauschten und zerfurchten Gewändern (s. Kat. Nr. B 87).
Der ursprüngliche Aufstellungsort der Figur ist nicht mehr zu ermitteln. Sie könnte von dem 1752 gestifteten Hochaltar der 1825 abgebrochenen alten Pfarrkirche oder aus der Antonius-Kapelle stammen, die auf Grund der Josephinischen Reform von 1782 aufgehoben wurde (s. Schreiben von Professor Dr. Werner Noack an den Stadtpfarrer von Heitersheim am 21. 8. 1948). Vielleicht ist sie identisch mit der Skulptur des „Anton im Franziskanerkleid mit kupferrotem Gesicht", die der Pfarrer von Heitersheim mit anderen Heiligenbildern aus der alten Pfarrkirche nach Errichtung der neuen Kirche 1829 veräußern wollte (Sauer, Joseph, Die kirchliche Kunst der ersten Hälfte des 19. Jahrhunderts in Baden. Freiburg 1933, S. 156–157 u.

B 83

Anm. 143). Möglicherweise stammt das Bildwerk aber auch aus der Heitersheimer Franziskanerkirche, die 1812 abgebrochen wurde (freundl. Hinweis von Herrn Pfarrer Friedrich Schäfer).

Lindenholz, dreiviertel- bis vollrund, rückseitig ausgehöhlt, mit neuerer Fassung. H. (ohne Heiligenschein) 136,5 cm. Beim Christkind sind die vorderen Glieder vom rechten Mittel- und Ringfinger abgebrochen.

Literatur: Kdm. Baden, VI, Freiburg-Land, 1904, S. 421. – Thieme-Becker, Bd. 35, 1942, S. 385 (A. Siegel). – Freiburg 1960, Kat. Nr. 8, Abb. 6.

Heitersheim, Kath. Pfarrkirche St. Bartholomäus

B 84 □

Allegorie des Winters

Bozzetto für eine Steinfigur im Park von Schloß Ebnet bei Freiburg

J. Ch. Wenzinger, um 1748–49

Im Gegensatz zur Bruchsaler Gartenfigur gleichen Themas (s. Kat. Nr. B 54, ebenda auch ausführlicher zur Allegorie der vier Jahreszeiten) hat sich dieser „Winter" gegen die Kälte völlig vermummt mit Pelzmantel, Pelzmütze und Stiefeln. Auch steht er als ein Frierender ganz in sich zusammengezogen da, müde an einen Baumstrunk gelehnt, vor dem ein Feuerchen brennt. Auf alles Spielerische-Kostümierte, das allegorischen Figuren sonst gerne anhaftet, ist verzichtet. Daß gerade diese schlichte Auffassung des Themas so beeindruckt, liegt nicht zuletzt an der überlegenen Gestaltung der plastischen Massen, die das Standmotiv ebenso klar herausarbeitet wie die deckende große Mantelhülle, während sie Haupt und Oberkörper durch winklig gebrochene Formen hervorhebt. Die danach ausgeführte überlebensgroße Sandsteinfigur gehört zu einer Folge der vier Jahreszeiten im Ebneter Schloßgarten. Gegenüber dem Bozzetto ist sie gedrungener von Gestalt und in der Oberflächenbehandlung natürlich viel reicher. So erkennt man erst hier, daß die pelzgefütterte Mütze einen gestrickten Überzug hat. Während der „Winter" durch seine neuartige Schlichtheit und Lebensnähe überrascht, sind die anderen drei Jahreszeiten auf herkömmliche Weise gebildet; unter ihnen ist der „Sommer" die künstlerisch beste Figur. In seinem Gedicht „Die Philanthropen von Freyburg" rühmt Heinrich Sautier 1798, ein Jahr nach Wenzingers Tod, „Vier mythologische Statuen ... im Graf Sickingischen Garten

B 84

zu Ebnet“ als „Zeugen seiner (Wenzingers) Kunst“. Das Schloß, zu dem der Garten gehört, ließ Reichsfreiherr Ferdinand Sebastian von Sickingen 1748–49 durch den Basler Architekten Johann Jakob Fechter errichten. Doch ergaben sich während des Baues Planänderungen, für die Wenzinger verantwortlich war. Zur gleichen Zeit dürfte er die Jahreszeitenfolge geschaffen haben. Noack bezieht außerdem eine Äußerung vom Dezember 1749 über von Wenzinger hergestellte „Sickingische Denkmaler zu Freyberg“ auf die Gartenfiguren. Der Bozzetto stammt mit einem vor etlicher Zeit zerstörten zweiten Bozzetto zum Ebneter „Sommer“ aus dem Nachlaß des Künstlers, in dem sich „22 von Herrn Wenzinger sel. selbst gefertigte erdene Figuren“ befanden.

Gebrannter gelblicher Ton, vollrund. H. 33,5 cm. Die eine Klappe der Pelzmütze ist abgebrochen.

Literatur: Freiburg 1960, Kat. Nr. 9, Abb. 8 (mit älterer Lit.). – Noack 1960. – Freiburg 1970, Kat. Nr. 407, Abb. 64.

Freiburg, Privatbesitz

B 85 a–b □

Allegorien der Dichtkunst und Musik

Aus dem Bibliothekssaal des ehemaligen Benediktiner-Klosters St. Peter im Schwarzwald

Entwurf: J. Ch. Wenzinger, Ausführung: M. Faller, 1752–53

Ähnlich wie die Kirche von Birnau, die von demselben Baumeister Peter Thumb erbaut wurde, besitzt die Bibliothek von St. Peter eine umlaufende Galerie, die – wiederum ähnlich wie in Birnau (s. Kat. Nr. B 47) – mit Bildwerken und Vasen geschmückt ist. Jeweils ein Figurenpaar flankiert hier die Pfeilervorsprünge an Längs- und Schmalseiten, während die vier Ecken des Raumes durch eine Vase auf der Balustrade betont werden. 1822 waren noch sämtliche zwölf Statuen erhalten. Sechs sind heute verschollen, die anderen sechs befinden sich noch in der Bibliothek, stehen aber, wie sich an den Inschriften der Sockel ablesen läßt, nicht mehr alle an ihrer richtigen Stelle. Die Figurensockel – nur halb so hoch wie die Baluster – bilden kräftige Einschnitte in der Balustrade, deshalb erscheinen die dem Raum zugewandten Statuen unten umklammert vom Geländer und bilden somit einen untrennbaren Bestandteil der Galerie. Laut den Sockelinschriften folgten vom Eingang aus im Uhrzeigersinn aufeinander die Allegorien von „ASCESIS (= Askese), THEOLOGIA, IUS CIVILE (= bürgerliches, d.h. weltliches Recht), IUS CAN. (= ius canonicum, Kirchenrecht), PHILOSOPHIA, MEDICINA, RHETORICA, MATHESIS (= Mathematik), GRAMMATICA, POESIS (= Dichtkunst), MUSICA, HISTORIA“. Dichtkunst und Musik, die wir hier zeigen, entsprechen weitgehend Vorschlägen, die das zur Barockzeit viel benutzte Nachschlagwerk „Iconologia“ des Cesare Ripa für deren allegorische Darstellung machte: die Poesie als junges lorbeerbekränztes Mädchen mit der Lyra in der Linken, dem Plektron (= Stäbchen zum Reißen der Saiten; hier verloren) in der Rechten, einen Schwan zu ihren Füßen; letzterer gehört nach Ripa deshalb zur Poesie, weil beim Schwan wie beim Dichter der Gesang im Alter immer besser werde. Außerdem hat unsere Poesie noch eine Theatermaske am Bande umhängen. Der Musik soll nach Ripa die Lyra des Apollo (s. Kat. Nr. B 16) in beide Hände gegeben werden; stattdessen hat sie hier die Harfe, ein auch im 18. Jahrhundert beliebtes Instrument. Außerdem trägt sie einen Rosenkranz und tritt auf einen Stapel Bücher, wohl Notenbücher. (Zum weiteren Bildprogramm der Bibliothek s. den Beitrag von Renate Schumacher in unserem Aufsatzband.)
Nach langer Bauunterbrechung geht man 1750 in St. Peter an die Fertigstellung der Bibliothek. Mit den figürlichen und ornamentalen Schnitzereien wird Mathias Faller, der seit 1751 in St. Peter wohnt, betraut. „Gleich ahnfangs“ macht er „daß große Modelle zur gallerie“, auch ein anderes „Modell mit Balunsteren“ stammt von ihm. Während sich hier die Ausführung offenbar nach Fallers Modellen richtet, hat der Künstler mit seinen „6. Bohsirten Bilderen in die Bibliothec“ keinen Erfolg gehabt. Diese Bozzetti, für die Faller später eine Vergütung von 36 Gulden erhält, sind nämlich „wegen denen Wenßingerschen Neüen Modellen abgeschaffet worden“. Am 10. Juni 1752 verpflichtet sich Faller, für jeweils 18 rheinische Gulden 12 hölzerne Statuen „nach denen ihme zuhanden gestellt = und von dem berüehmt Bildthawer H Wenßinger in Leth (= Tonerde, Ton) bouhsirten modellen fleißig, sauber, und sobaldt möglich“ zu fertigen und auch „die nöthige postamenten darzue“ für jeweils fünf Gulden herzustellen. Laut Vertrag obliegt dem Künstler auch die Beschaffung des dazu „erforderlichen fohrenholzes“, der Transport des Holzes jedoch dem Kloster. Am 29. März 1753 erfolgt die Bezahlung der fertigen Werke. Vorher, am 3. März 1753, hat sich schon Johann Menrad, Faßmaler zu Löffingen, verpflichtet, die „12. Statuen von Holtz auf Alabaster arth weiß anzustreichen, und mit möglichstem Fleiß zu schleiffen, auch die bey solchen sich befindende Insignia zu verguldten, nicht minder die darzugehörige postamenter so weith solche denen Balunsteren gleich lauffen, auff jene arth, wie ebengedachte Balunster, zu marmorieren, zu schleiffen, die daran sich findende Zierath aber auff eine Bucelan (= Porzellan) arth herzustellen, und gleich den figuren zuschleiffen“ (GLA Karlsruhe 67/1282, Bll. 238, 245, 248).

B 85 b

Unklar bleibt, ob sich mit dem Wechsel des Entwurfes auch die Zahl der Bildwerke von ursprünglich sechs auf zwölf verdoppelt hat oder ob von Anfang an zwölf geplant waren. Wäre von den zwei unterschiedlichen Modell-Serien ein einziges Stück noch erhalten, könnten wir das künstlerische Verhältnis von Faller zu Wenzinger heute besser beurteilen. Trotzdem gibt es Anhaltspunkte für die Vermutung, daß die Auseinandersetzung mit diesen Wenzinger-Modellen Fallers Wendung zum Rokoko eingeleitet hat. Außer der Komposition dürfte auch die Gewandführung mit ihren weichen Mulden wie überhaupt das Bemühen um eine natürlich wirkende, lässige Eleganz auf Wenzinger zurückgehen. Gleichwohl scheint sich Faller mit der Arbeit nach fremdem Vorbild schwer getan zu haben; denn das Puppenhafte der Köpfe, das Weiche, Knochenlose der Gestalten fällt hier mehr ins Auge als bei Werken seiner eigenen Erfindung.

Föhrenholz, vollrund, rückseitig flacher gehalten, mit neuer weißer Fassung, Musikinstrumente vergoldet, in der Harfe echte Schnüre. Dichtkunst: H. 133 cm. Linke Hand und Teil der Lyra ergänzt. Plektron verloren. Musik: H. 126,5 cm.

Literatur: Münzel 1923, S. 70–75. – Ginter 1949, S. 82f., 94, 117f. – Kern 1959, S. 47f. – Brommer 1977, S. 66, 74f. – Mühleisen/Wischermann 1980, S. 67–68, 75–76, 84.

St. Peter im Schwarzwald, Erzbischöfliches Priesterseminar

B 86 □

Entwurfszeichnung für Stuckreliefs in St. Gallen

J. Ch. Wenzinger (zugeschrieben), um 1757–1760

Das Blatt zeigt, übereinander angeordnet, zwei Aufrisse von Rundbögen mit unterschiedlichen Profilen, am Bogenscheitel jeweils ein Cherubimpaar, das untere mit Mitra, Krummstab, Buch und einem Tuch, mit der Bezeichnung „bischöffe" im Rundbogen, das obere Paar mit Lilie als Hinweis auf Unschuld, Kreuzstab mit Fahne, auf der das Lamm Gottes mit Kreuzesfahne zu sehen ist, als Hinweis auf die Erlösung durch den Kreuzestod Christi, und einem Tuch, mit der Bezeichnung „beichtiger" im Rundbogen. Wie eine spätere Beschriftung angibt, gehören die beiden Entwürfe zur Stiftskirche von St. Gallen. Hier schuf Wenzinger 1757–1760 die Stukkaturen, Fresken und steinernen Statuen für den

Neubau von Langhaus und Rotunde (s. auch Kat. Nr. B 87, 88). Die Cherubim mit den bischöflichen Attributen finden sich als Stuckgruppe über dem schräg verzogenen Bogen zwischen nördlichem Seitenschiff des Langhauses und Umgang der Rotunde. Doch war die Gruppe einmal, wie der Entwurf erkennen läßt, für einen anderen Platz vorgesehen. Die Arkade der Zeichnung hat nämlich einen gestelzten Rundbogen mit einem unten rechtwinklig verkröpften Profil; die Bögen in den Seitenschiffen (d. i. die Bögen der Wandpfeilerdurchbrüche) sind dagegen nicht gestelzt, und das Bogenprofil endet auf dem Kämpfer des Pfeilers. Vielleicht waren die Cherubimgruppen ursprünglich für die niedrigen Durchlässe im Umgang der Rotunde gedacht? Noch aufschlußreicher für die Planung von St. Gallen sind zwei neuaufgetauchte Wenzinger-Zeichnungen, die Dr. Dietmar Lüdke veröffentlichen wird. Die andere Cherubimgruppe der Zeichnung ist weder in Langhaus noch Rotunde zur Ausführung gekommen.

Feder in Grau und Braun, grau laviert.
39,8 × 29,5 cm. Originale (eigenhändige?) Beschriftung mit der Feder „beichtiger“ und „bischöffe“. Rechts unten spätere Beschriftung mit Bleistift „Domkirche St. Gallen“.

Literatur: Freiburg 1970, Kat. Nr. 412 (mit älterer Lit.).

München, Staatliche Graphische Sammlung, Inv. Nr. 1967/218

B 87 □

Predigt des hl. Gallus

Bozzetto für ein Stuckrelief in der Rotunde der Stiftskirche zu St. Gallen

J. Ch. Wenzinger, 1757–1760

Mit der Flocke, dem Habit des Benediktinerordens bekleidet, steht der hl. Gallus vor dem Reliefgrund und wendet sich mit ausgebreiteten Armen an die rings um ihn am Boden sitzenden Zuhörer (zum hl. Gallus s. Kat. Nr. B 88). Dieser Entwurf für ein großformatiges Stuckrelief beschränkt sich auf die Komposition der Figuren, die im wesentlichen von der Ausführung übernommen, nur lockerer angeordnet und rechts um eine Hintergrundsfigur bereichert worden ist. Weggelassen sind im Bozzetto der Rocaillerahmen und der sich nach oben fortsetzende Reliefgrund, dessen gänzlich ungegliederte glatte Fläche über die Hälfte des Bildfeldes einnimmt.

B 85 a

B 86

Von Wenzingers Arbeiten in der Stiftskirche von St. Gallen (s. auch Kat. Nr. B 86, 88) gehören die acht Stuckreliefs mit Szenen aus dem Leben des hl. Gallus zu seinen bedeutendsten und ursprünglichsten Schöpfungen. Im Umgang der Rotunde an den seitlichen Pfeilerwänden so angebracht, daß sie das hohe Seitenlicht kräftig modelliert, haben sie auch einen hervorragenden und vermutlich von Wenzinger selbst bestimmten Platz. Das Freiburger Tonrelief ist der einzige bisher bekannte plastische Entwurf für diese Szenenfolge. Der von Wenzinger in St. Gallen angewandte Reliefstil ähnelt demjenigen der wenige Jahre zuvor entstandenen Birnauer Kreuzwegstationen von Feuchtmayer (s. Kat. Nr. B 46): unten kragt ein breiter Streifen wie eine Bühne vor, die von den fast vollplastischen Figuren so gefüllt wird, daß manchmal Beine und Stoffdraperien über den Bühnenrand herabhängen. Im Gegensatz zum Birnauer Kreuzweg verzichtet Wenzinger jedoch bei den meisten St. Galler Reliefs auf eine bildnerische Gestaltung des Reliefgrundes. Umso mehr richtet sich das Interesse des Betrachters auf die handelnden Personen; zugleich gibt der glatte neutrale Bildgrund schon eine Vorahnung von klassizistischer Kühle – trotz der Rocailleformen, mit denen der Reliefrahmen besetzt ist.

Relief aus graugelbem gebranntem Ton mit Resten alter Bemalung. H. 20,8 cm, B. 27,5 cm. Es fehlen die linke Hand und die Finger der Rechten des Heiligen, die Zehen der sitzenden Figuren, Kopf und linker Arm des Kindes, überhängende Partien der Gewänder.

Literatur: Freiburg 1960, Kat. Nr. 15, Abb. 13 (mit älterer Lit.). – Bregenz 1964, Kat. Nr. 165, Abb. 87. – Freiburg 1970, Kat. Nr. 411.

Freiburg i. Br., Augustinermuseum, Inv. Nr. S 61/1

B 88 □

Hl. Gallus

Bozzetto zu einer Steinfigur an der Nordseite der Stiftskirche von St. Gallen

J. Ch. Wenzinger, 1758

Der irische Mönch Gallus ist als Begleiter des hl. Kolumban um die Wende vom 6. zum 7. Jahrhundert über Gallien nach Alemannien gekommen, um die Heiden zu bekehren. An dem Flüßchen Steinach, dort, wo man 719 das nach ihm benannte Kloster St. Gallen errichten wird, erstellt er ein Bethaus. Nach der Legende hilft bei diesem Bau ein Bär, der dafür von dem Heiligen täglich ein Brot zum Lohne erhält. Daher wird der Figur des Gallus ein Bär beigegeben. Doch für Wenzinger ist dieses Tier kein nebensächliches Attribut; vielmehr verschmilzt er den Heiligen und die durch ihn gezähmte und ihm dienstbar gewordene Kreatur zu einer innigen Gruppe: Während der Heilige, sein Mönchsgewand raffend, daherschreitet, schmiegt sich der Bär mit einem Baumstamm in den Tatzen bittend an ihn; und Gallus, der das Brot schon bereit hält, blickt freundlich auf das Tier herab. Der geniale Entwurf ist jedoch nur stark vergröbert zur Ausführung ge-

B 87

kommen. Die große Figur gehört zu einer Reihe von acht Steinstatuen, welche Benediktinerheilige sowie die Apostelfürsten darstellen und die Nischen an den Außenseiten der Rotunde der St. Galler Stiftskirche füllen. Eine viel skizzenhaftere Statuette im Freiburger Augustinermuseum (Inv. Nr. S 36/2; s. Freiburg 1970, Nr. 410), bei welcher der Bär offenkundig abgearbeitet wurde, gilt als eine noch frühere Vorstudie zu der großen Gallusfigur. Es sind die einzigen Bozzetti, die sich zu dem Statuenzyklus der Rotunde erhalten haben. – Wenzinger ist 1757 zur „ausziehrung der newen kirchen" – dem von Peter Thumb errichteten Langhaus mit der anschließenden Rotunde – „in Bildhauer-Arbeit, mahlereyen und Stoccador" nach St. Gallen berufen worden. Wegen der Steine für die Statuen am Außenbau wird im Oktober 1757 mit dem Steinmetz vom Steinbruch zu Teufen der Vertrag gemacht. 1760 sind alle Arbeiten Wenzingers abgeschlossen; er erhält dafür die gewaltige Summe von 52000 Gulden (s. auch Kat. Nr. B 86, 87).

Lindenholz, vollrund, Rückseite nur skizziert, dunkelbraun gebeizt. H. 23 cm. Unter dem Sockel eingeritzt die Jahreszahl „1758". Linke vordere Sockelecke mit einem Teil des Fußes ergänzt. Linkes Ohr des Bären beschädigt.

Literatur: Feulner 1926, S. 32, Nr. 57, Abb. 69 (mit älterer Lit.). – Thieme-Becker, Bd. 35, 1942, S. 385 (A. Siegel). – Freiburg 1960, Kat. Nr. 14, Abb. 12. – Kdm. Schweiz, Kanton St. Gallen, Bd. 3, 1961, S. 149 u. Anm. 1. – Bregenz 1964, Kat. Nr. 164, Abb. 86.

Augsburg, Städtische Kunstsammlungen, Inv. Nr. 6244

B 89 □

Sel. Karlmann

J. Ch. Wenzinger (zugeschrieben), um 1760–1770

Die jugendliche Gestalt in der schwarzen Flocke der Benediktiner mit dem weißen Lamm auf den Schultern und der Krone zu ihren Füßen (am Sockel) entspricht thematisch einem Ölgemälde des 18. Jahrhunderts im Pfarrhaus zu St. Ulrich, das laut Beschriftung Karlmann, den ältesten Sohn des fränkischen Hausmeiers Karl Martell, wiedergibt (briefl. Mittlg. von Herrn Dr. Hermann Gombert an das WLM Stuttgart vom 4. 10. 1960). Dieser selten dargestellte Selige hatte bei der Reichsteilung im Jahre 741 die Herrschaft als Hausmeier über Austrasien, Thüringen und Alemannien erhalten, verzichtete jedoch 747 auf diese Würde – deshalb erscheint die Krone hier abgelegt zu seinen Füßen – und trat in den Benediktinerorden ein. 754 starb er in Vienne; sein Leib wurde nach Kloster Monte Cassino überführt, wo er vorher als Mönch gelebt hatte. Es wird berichtet, daß er dort, um sich selbst zu demütigen, das Hirtenamt bei den Schafen übernommen hatte. Als ein Lamm unterwegs krank wurde, nahm er es „nach Art eines wahren Hirten auf seine Schultern und trug es so nach Hause". In dieser Haltung ist Karlmann auf dem Titelblatt seines Lebenslaufs in „Bavaria sancta" wiedergegeben, und dieser Ikonographie folgt auch unsere Statuette (s. Text in M. Raderus, Bavaria sancta, Bd. 2, 2. Aufl. München 1704, S. 76, Titelblatt auf S. 69; freundl. Hinweis von Herrn Dr. Hans K. Ramisch). Das schon genannte Ölgemälde in St. Ulrich, dem ehemaligen Priorat von St. Peter im Schwarzwald, spricht dafür, daß Karlmann in St. Ulrich bzw. St. Peter besonders verehrt worden ist. Vielleicht wurde die Statuette eigens für Pater Carolomannus Mayer (1728–1775), den bekannten Orientalisten von St. Peter, geschaffen (freundl. Hinweis von Frau Dr. Ingeborg Krummer-Schroth).

B 88

B 89

Wenzinger, dem die Stuttgarter Statuette durch Werner Fleischhauer zu Recht zugeschrieben wurde, hat auch sonst für St. Peter (s. Kat. Nr. B 85a–b) gearbeitet. Der klein proportionierte Kopf der Figur spricht für eine relativ späte Entstehung, doch verbieten die Rocailleformen des Sockels eine Datierung nach 1770. Die Statuette gehört zu den anmutigsten und zugleich beseeltesten Schöpfungen, die sich von Wenzingers Hand erhalten haben. Reifstes Rokoko ist die elegante Bändigung der Stoffmassen der Kutte, die der Körperbewegung einen fließenden Charakter verleiht; rokokohaft ist auch die Zuspitzung der Silhouette nach oben mit dem bekrönenden kleinen Kopf, in dem trotz seiner Zierlichkeit die innere Erregung der Gestalt verdichtet zum Ausdruck kommt.

Lindenholz, vollrund, mit teilweise erhaltener originaler Fassung, Sockel marmoriert mit Vergoldung. H. 31,7 cm. Linke Hand des Heiligen fehlt, linke Fußspitze und einige Zacken der Krone abgebrochen.

Literatur: Freiburg 1960, Kat. Nr. 20, Abb. 17. – Freiburg 1970, Kat. Nr. 415.

Stuttgart, Württembergisches Landesmuseum, Inv. Nr. 1937/2

B 90 □

Maria Immaculata

J. Ch. Wenzinger (zugeschrieben), um 1760–1770

Diese Immaculata wirkt demütig und hoheitsvoll zugleich. Wie eine kleine Krone überhöht der über den Scheitel hochgezogene Tuchzipfel ihr Haupt, das ehedem noch von einem Sternenkranz umgeben war (zum Bildtypus der Immaculata s. Kat. Nr. B 70). Der locker sich bauschende Mantel mit der wegwehenden Bahn verleiht der Gestalt etwas überirdisch Schwebendes. Die Statuette gilt seit dem Freiburger Katalog von 1960 als Arbeit Wenzingers. Diese Zuschreibung bereichert Wenzingers Oeuvre um eine wichtige weitere Variante des Immaculata-Typus. Fraglich bleibt allerdings, ob die Ausführung ganz eigenhändig ist: so wirkt die Gewandführung am rechten (Spiel-)Bein der Immaculata unverständlich; zwar findet sich eine entsprechende Draperie beim sel. Karlmann (Kat. Nr. B 89), die dort aber durch die Höherstellung des Fußes auch überzeugend motiviert wird. Andererseits gehören der runde Kopftypus und die Frisur mit der kurzen Schläfenlocke zu Wenzingers ureigenem Formenschatz; so ergibt sich von da aus kein Hinweis auf einen bestimmten Wenzinger-Schüler.

Lindenholz, vollrund, rückseitig flacher gehalten und nur skizziert, ohne Fassung. H. 32,3 cm. Der ehemals wohl rückwärts befestigte Sternenkranz fehlt.

Literatur: Revellio 1938, S. 259f., Abb. 18. – Freiburg 1960, Kat. Nr. 18, Abb. 18.

Villingen, Städtische Sammlungen

B 90

B 91 □

Selbstbildnis

Büste vom Balkongitter am „Haus zum schönen Eck", dem Wohnhaus des Künstlers am Freiburger Münsterplatz

J. Ch. Wenzinger, 1761–62

Die Büste ist kein Künstlerselbstbildnis im üblichen Sinne, das wird schon in der Betonung des dekorativen Elements, in dem großzügig geschlungenen Mantel mit den wegwehenden Zipfeln deutlich. Sie stellt eher eine Art Bauplastik dar: umgeben von schmiedeeisernen Schnörkeln zeigt sich der Bauherr und Baumeister am Balkongitter seines neuen Hauses. Auch die schräge Wendung des Kopfes, als belebendes Motiv so beliebt in der französischen Bildniskunst, hat hier ihren besonderen, auf den Standort der Büste bezogenen Sinn: der Bauherr blickt hinüber zum Turm des Freiburger Münsters. So leicht und frei sich der Kopf auch emporreckt, so zugespitzt uns sein Lächeln erscheinen mag, es wäre falsch, hier ausgeprägte individuelle Züge zu suchen. Es ist eher ein typisches Künstlerporträt – dazu gehört auch die nachlässige Kleidung mit offenem Hemdkragen (s. Kat. Nr. B 81) –, doch eines, das über alles Äußerliche hinaus uns vor allem den überlegenen Witz des Künstlers vor Augen führt. An Selbstbewußtsein hat es dem so erfolgreichen Künstler Wenzinger nicht gemangelt. Das bezeugt auch sein um 1761 erbautes Wohnhaus „zum schönen Eck", von dem diese Büste stammt. Groß und aufwendig mit schönem Treppenhaus im Innern gleicht es eher einem Adelspalais als der Behausung eines Maler-Bildhauers.

Bleihohlguß, dreiviertelrund bis reliefhaft flach. H. 41 cm, B. 35 cm.

Literatur: Münzel 1922, S. 110, Abb. 1, 12. – Feulner/Müller 1953, S. 587, Abb. 481. – Noack 1957, S. 69, Abb. 4. – Freiburg 1960, Kat. Nr. 21. – Freiburg 1970, Kat. Nr. 414b.

Freiburg i. Br., Augustinermuseum, Inv. Nr. S 48/10

B 92 □

Taufsteindeckel mit Gruppe der Taufe Christi

Vom Taufstein des Freiburger Münsters

Entwurf: J. Ch. Wenzinger; Ausführung des steinernen Beckens: J. Hör, der Bildschnitzerarbeit am Deckel: A. X. Hauser, der Schreinerarbeit am Deckel: Johann Adam Bretz, der Schlosserarbeit: Christoph Bötz, 1768

Der glockenförmige Deckel wird durch senkrechte Rippen und Rocaillen in vier Teile gegliedert und läßt sich längs der einen Rippe aufklappen. Der Deckelrand springt an einer Stelle um 25 cm zurück, um einer kleinen Standfläche Platz zu machen. Aus dem Scheitel des Deckels wächst organisch der Sockel der bekrönenden Figurengruppe auf. Diese stellt, wie üblich, die Taufe Christi dar (s. auch Kat. Nr. B 45). Johannes, der in der Linken sein Attribut, den Kreuzstab, hält, gießt mit der Rechten aus einer Muschel das Taufwasser auf das Haupt des vor ihm knienden Christus. Das Taufbecken selbst, das auch Rocailledekor trägt, erscheint feierlich umhüllt mit einem schweren fransenbesetzten Vorhang, der von einem Engelkind hochgehalten wird. Erstaunlich ist, wie sich dank einer überlegten Komposition die mächtigen Formen des Beckens und die zierlichen des Deckels mit ihren maßstäblich so verschiedenen Figuren zu einem harmonischen Ganzen zusammenschließen.

B 91

Nach Aussage des Taufbuches der Münsterpfarrei (1754–1782 f 390^{v}f) ist der Taufstein unter der Leitung Christian Wenzingers am 17. August 1768 im südlichen Seitenschiff des Münsters aufgestellt worden (erst um 1819 wurde er an seinen heutigen Standort in der Stürzelkapelle des Chorumgangs versetzt). Der Stein für das Becken war im Vorjahr gebrochen worden, die Ausarbeitung des Ganzen hatte fast fünf Monate beansprucht. Als Künstler nennt das Taufbuch wiederum Wenzinger, desgleichen das nach Wenzingers Tod erschienene Gedicht „Die Philanthropen von Freyburg" (1798, S. 253). In den Rechnungen des Münsterarchivs erscheinen jedoch nur folgende Zahlungen: 90 fl 52 xr an Joseph Hör für die Bildhauerarbeit und seine Reise zum Steinbruch bei Schleit-

B 92

heim (Kanton Schaffhausen), 83 fl an Anton Xaver Hauser (für die Bildschnitzerarbeit am Deckel 50 fl und die Faßarbeit daran 33 fl), 41 fl 30 xr an den Schreinermeister Johann Adam Bretz und 10 fl 15 xr an den Schlosser Christoph Bötz; Wenzinger wird dagegen nicht erwähnt. Der sich aus der Notiz des Taufbuches und den Rechnungen ergebende Widerspruch, von der Forschung lange diskutiert, ist wohl dahingehend aufzulösen, daß Wenzinger kostenlos das Modell für den ganzen Taufstein lieferte, nach welchem die in den Rechnungen genannten Künstler die Ausführung übernahmen. Wenzinger hatte bereits beim Taufstein für die Klosterkirche von St. Peter im Schwarzwald 1733 eine ähnliche Komposition versucht, doch ist es ihm in diesem Frühwerk nicht gelungen, ein ausgewogenes Verhältnis zwischen den großen Engelkindern mit der Draperie am Becken und der Taufgruppe auf dem Deckel herzustellen. Über Wenzingers großartiger Erfindung darf jedoch nicht die außerordentlich feine Ausführung durch Anton Xaver Hauser übersehen werden, die zum Besten gehört, was dieser Künstler geschaffen hat.
Anton Xaver Hauser, am 3. Januar 1712 in Schlettstadt im Elsaß getauft, kommt 1732 zur gleichen Zeit wie Wenzinger als Bildhauergesell nach Straßburg, wird 1736 Bürger in Freiburg, wo er am 23. März 1772 stirbt. Dieser wichtigste unter den zünftigen Freiburger Bildhauern steht in seiner späten Schaffenszeit unter dem Einfluß Wenzingers.

Holz (die geschreinerten Teile aus Eichenholz), Figurengruppe vollrund, mit grauer Fassung des 19. Jhs. Gesamte H. mit Kreuzstab 184 cm, H. des Johannes (ohne Kreuzstab) 60 cm, H. des Deckels 66 cm, Dm. 120 cm. Linker Zeigefinger des Johannes zur Hälfte abgebrochen.

Literatur: Münzel 1913, S. 35–41, Abb. 2–4. – Riegel 1917. – Thieme-Becker, Bd. 35, 1942, S. 385 (A. Siegel). – Freiburg 1970, Kat. Nr. 433, Abb. 66. – Hermann/Brommer 1972, S. 124–128, Abb. S. 125 (mit älterer Lit.).

Freiburg i. Br., Münster Unserer Lieben Frau

JOHANN GEORG WIELAND (1742–1802)

Wieland, der am 21. 4. 1742 in Worblingen bei Radolfzell geboren wurde, ist der dritte in der Reihe der Mimmenhauser Bildhauer. Nach dem Tode seines Schwiegervaters Johann Georg Dirr übernimmt er dessen Werkstatt und führt die Arbeit an der Innenausstattung des Salemer Münsters fort, an der er vorher schon unter Dirrs Leitung mitgewirkt hat. Außerdem sind hervorzuheben: der Choraltar der später abgebrochenen Leonhardskirche in Salem, der jetzt als Hochaltar in der Pfarrkirche zu Herdwangen steht, und der Heiligblutaltar von 1783 in der ehemaligen Klosterkirche zu Weißenau. Anfangs schließt sich Wieland eng an den Stil seines Schwiegervaters an, ohne jedoch dessen Können wirklich zu erreichen, später machen sich in seinen Werken gewisse Manierismen störend geltend. Am 8. 6. 1802 ist er in Mimmenhausen gestorben.

Literatur: Thieme-Becker, Bd. 35, 1942, S. 532–533.

B 93 □

Altärchen

Nach Angabe des Vorbesitzers aus Mimmenhausen bei Salem stammend

J. G. Wieland (zugeschrieben), um 1780

Dieses Werk wurde bisher als Altarmodell bezeichnet, doch dürfte es sich – wegen des hier verwendeten wertvollen Materials – viel eher um einen kleinen Altar für private Andacht handeln (freundl. Hinweis von Herrn Dr. Peter Volk). In der Predella (Untersatz des Altars) ist der Leichnam Christi, auf der Altarbekrönung ist Gottvater auf der Weltkugel dargestellt. Das Mittelbild, das von zwei Engeln flankiert wird, zeigte wahrscheinlich in Relief die Kreuzigung oder die Kreuzabnahme. Das Ganze ist ein typisches Werk des Zopfstils, dessen antikisierende Neigung sich in den eckigen, baukastenartig aufeinandergesetzten Architekturformen ausdrückt, ohne daß dabei klassische Regeln befolgt würden, während die Nähe dieses Stils zum Rokoko in den flüssig modellierten Figuren zur Geltung kommt. Der langgestreckte Aufbau, einzelne typische Elemente wie die von Puttenköpfen bekrönten Lorbeergirlanden und die durch die Wandstücke gesteckten Stoffgehänge begegnen an den Alabasteraltären in der Salemer Klosterkirche wieder, mit deren Errichtung Johann Georg Dirr und sein Schwiegersohn Johann Georg Wieland 1778–79 begonnen hatten; nach Dirrs Tod 1779 war Wieland als Werkstattnachfolger noch jahrelang mit der Ausstattung der Salemer Klosterkirche beschäftigt. Wielands Altarbauten unterscheiden sich von denjenigen Dirrs durch ihre größere Flächigkeit; seine Figuren sind zierlicher, dafür mit umso reicheren Gewandmassen behängt, die sich vor allem um die Hüften aufbauschen. Ruth Schweisheimer erkannte diese Wieland'schen Stilelemente an dem Altärchen wieder.

Alabaster, mit Reliefbild und vollplastischen Figuren; Beschläge, Heiligenschein Gottvaters, Kreuz der Weltkugel aus vergoldetem Kupfer. Größte H. 103 cm. Es fehlen der Kopf und ein Flügel des lin-

B 93

GOLDSCHMIEDEKUNST

Johann Michael Fritz

Goldschmiedekunst des Barock in Baden-Württemberg: wer dächte nicht bei einem solchen Thema unwillkürlich an Pforzheim und Schwäbisch Gmünd, die beiden Orte des Landes, die als Goldschmiedestädte und Zentren der deutschen Schmuckindustrie heute weltweiten Ruf erlangt haben? Mit einigem Recht erwartet daher der Besucher der Ausstellung, dort mit Werken einheimischer Goldschmiede bekannt gemacht zu werden. Doch stattdessen sieht er mit Befremden, daß fast Dreiviertel der ausgestellten Goldschmiedearbeiten außerhalb der heutigen Landesgrenzen, davon gut Zweidrittel allein in Augsburg entstanden ist. Fast sämtliche künstlerisch bedeutenden und handwerklich vollendet ausgeführten Werke des katholischen und evangelischen Kultus, der fürstlichen Tafel und Repräsentation, ja selbst Becher und Pokale, die von den Städten, Zünften und Bürgern des Landes in Auftrag gegeben worden waren, tragen den Pinienzapfen, das Beschauzeichen der schwäbischen Reichsstadt. War man denn wirklich nur in der Metropole am Lech in der Lage, kostbare, mit bunten Emails und Steinen geschmückte Meßkelche, mächtige, vielfältig mit Figuren verzierte Monstranzen, gewaltige aus Silber getriebene Statuen und Büsten, große Schreine und Reliquiare, Antependien und sonstige liturgische Gegenstände aus edlem Metall herzustellen? Konnte evangelisches Kirchengerät, Kelche, Abendmahlskannen, Hostiendosen, Brotschalen, Taufkannen und -schüsseln von anspruchsvoller Form und mit dem gerade modernen Dekor verziert, wirklich nur aus der Stadt der Augsburger Konfession bezogen werden? Gab es für das üppige Tafelservice der Fürsten, ihre silbernen Prunkmöbel, Kronleuchter, Reisenecessaires in mächtigen Koffern, für die vielen schlichten Leuchter und einfachen Tee- und Kaffeekannen wirklich keine andere Quelle außer immer wieder derselben alten Reichsstadt in Schwaben? Mußten denn selbst die Städte, Zünfte und Bürger unter Umgehung der eigenen einheimischen Goldschmiede ihre Becher und Pokale auswärts im fernen Augsburg bestellen?

Läßt sich schon an Hand der noch erhaltenen wie der ausgestellten Goldschmiedearbeiten das absolute Übergewicht Augsburgs ablesen, so tritt dieses fast konkurrenzlose Monopol bei einem Studium der überlieferten Akten noch viel deutlicher hervor. Aus zahlreichen Rechnungen und Korrespondenzen ersieht man erst richtig, in welchem unglaublichen Umfang die großen Abteien und Reichsklöster, die Kirchen, allen voran die der Bischofsstadt Konstanz, die Fürstbischöfe von Konstanz und Speyer, die Kurfürsten von der Pfalz, die Herzöge von Württemberg, die Markgrafen von Baden oder die Grafen von Hohenlohe oft märchenhaft hohe Summen für heute meist nicht mehr erhaltene Werke der Augsburger Gold- und Silberschmiede ausgegeben haben. Nach der Lektüre solcher Akten, die sich in großer Zahl in den Archiven befinden, hat man den Eindruck, daß angesichts der Vormachtstellung Augsburgs einheimische Goldschmiede überhaupt keine Rolle spielen konnten, so daß man sich fragen muß: gab es denn in den Städten des Landes wirklich Goldschmiede? Doch, es gab sie trotz allem tatsächlich, und zwar in recht ansehnlicher Zahl. Ja, es haben sich sogar teilweise ziemlich bemerkenswerte Werke ihrer Hand erhalten, wenn man auch zugeben muß, daß diese sich nur in Ausnahmefällen mit Augsburger Erzeugnissen messen können.

Um die Situation der einheimischen Goldschmiede richtig verstehen zu können, bedarf es eines kurzen historischen Rückblicks. Schon seit dem Mittelalter lagen die Städte, die sich über Jahrhunderte hin durch eine blühende Kunstübung auszeichneten, außerhalb der heutigen Landesgrenzen, wenn man nur an so bedeutende Orte wie Straßburg, Basel, Augsburg, Nürnberg, Würzburg, Mainz oder Frankfurt denkt. Konstanz, die einzige Bischofsstadt des Landes, hatte seine wirtschaftliche Bedeutung bereits im späten Mittelalter verloren. Obwohl im 16. und frühen 17. Jahrhundert dort noch eine Reihe von Goldschmieden tätig war, die achtbare Leistungen hervorgebracht haben, gehen die Werke der Barockzeit nicht über ein bescheidenes Mittelmaß hinaus (Kat. Nr. C 6, 29, 84). Ähnlich war die Situation in der einst künstlerisch so wichtigen Reichsstadt Ulm. Auch dort haben die Goldschmiede nach der Reformation noch viele bedeutende Werke geschaffen, doch schon in der zweiten Hälfte des 17. Jahrhunderts setzt mit Johann Adam Kienlen dem Älteren der Abgesang ein (Kat. Nr. C 52, 59, 86, vgl. auch 45 und 72). Viele Goldschmiede, darunter einige aus der namhaften Familie Gelb, übersiedelten damals nach Augsburg.

Und wie sieht es in den eingangs zitierten Goldschmiedestädten Schwäbisch Gmünd und Pforzheim aus, von denen die letztere heute allein 70% der Erzeugnisse der deutschen Schmuckindustrie produziert? Pforzheims Aufstieg zu einer fast monopolhaften Stellung, die der von Augsburg in gewisser Weise vergleichbar ist, setzt erst im ausgehenden 18. Jahrhundert ein. Dagegen war Schwäbisch Gmünd bereits im späten 17. und im 18. Jahrhundert wahrhaftig ein Goldschmiedezentrum. Im Jahre 1695 werden dort 94 Werkstätten namentlich aufgeführt; 1739 sollen sogar ohne Gesellen und Lehrlinge über 250 Goldschmiede tätig gewesen sein, eine Zahl, die auch aus Augsburgs größter Blütezeit überliefert wird. Doch produzierte man in Schwäbisch Gmünd nur Massenartikel, die als „Cramerey und wallfahrter wahren" weithin, vor allem etwa auf der Frankfurter Messe, verkauft wurden. Dazu gehörten kleine Kreuze, aus Filigran gearbeitete Rosenkränze, Agnus Dei, Ringe, Halsbandschließen, Brustschmuck, Ohrgehänge, Schuhschnallen, Knöpfe für die Tracht von Bürgern und Bauern, Schließen, Haken, Tabaks- und Riechdosen,

Stockknöpfe, Fingerhüte, Nadelbüchsen und vieles andere mehr. Da diese Erzeugnisse von geringem Gewicht in der Regel nicht gestempelt waren und aus unterlötigem Silber bestanden – 1740 wurde vom Rat der Stadt die untere Feingehaltsgrenze sogar offiziell mit nur 9 Loth statt der sonst üblichen 13 festgesetzt –, erfreute sich diese Massenware bei den Behörden anderer Städte und Länder keiner Beliebtheit. Immer wieder wurde gegen diese als unlauter angesehene Konkurrenz, die sich eines viel zu geringen Feingehaltes bediente, heftig protestiert und des öfteren sogar der Verkauf auf der Frankfurter Messe oder im Herzogtum Württemberg verboten. Daß man in Schwäbisch Gmünd selbst keine allzu hohe Meinung von der Leistungsfähigkeit der eigenen Handwerker hatte, sieht man daran, daß die besten Stücke des Kirchenschatzes im Heiligkreuz-Münster, darunter die riesige Monstranz von Michael Mair, aus Augsburg bezogen wurden (vgl. Kat. Nr. C 21).

Trotz der Übermacht Augsburgs waren dennoch in vielen Städten des heutigen Landes Baden-Württemberg Goldschmiede tätig, die durch urkundliche Belege nachgewiesen werden können, aber auch durch noch erhaltene Werke, die mit dem jeweiligen Beschauzeichen der Städte gekennzeichnet sind. Genannt seien: die evangelischen württembergischen Landstädte Balingen (Kat. Nr. C 99), Calw (Kat. Nr. C 60), Göppingen, Tübingen (Kat. Nr. C 54), Urach (Kat. Nr. C 48) und Vaihingen; die alten Reichsstädte Biberach, Giengen, Heilbronn, Leutkirch, Rottweil, Schwäbisch Hall, Überlingen (Kat. Nr. C 5) und Wangen (Kat. Nr. C 3); die vorderösterreichischen Städte Freiburg (Kat. Nr. C 7), Radolfzell, Villingen (Kat. Nr. C 18, 23, 78) und Waldkirch; die weltlichen Residenzen Heidelberg, Mannheim (Kat. Nr. C 75, 80, 92), Stuttgart (Kat. Nr. C 61, 79a, 85, 90, 91, 97), Ludwigsburg, Durlach (Kat. Nr. C 51, 55), Karlsruhe und Rastatt; die geistlichen Residenzen Bruchsal (Kat. Nr. C 10), Ellwangen und Mergentheim und andere Städte kleinerer weltlicher Herrschaften wie Crailsheim in der Markgrafschaft Ansbach-Bayreuth, Künzelsau in der Grafschaft Hohenlohe, Pforzheim und Emmendingen (Kat. Nr. C 67) in der Markgrafschaft Baden-Durlach, Engen und Meßkirch (Kat. Nr. C 16) im Fürstentum Fürstenberg und Wertheim in der Grafschaft Wertheim. Selbst in einigen großen Klöstern gab es im 17. und 18. Jahrhundert wie in Zwiefalten und St. Blasien Brüder oder Patres, die das Handwerk des hl. Eligius trieben. Ziel der Ausstellung muß es deshalb sein, von den nicht allzu viel erhaltenen einheimischen Goldschmiedearbeiten in angemessenem Verhältnis zu dem Augsburger Anteil eine Auswahl charakteristischer Werke zu zeigen. Unter diesen ist bemerkenswerterweise die Zahl des evangelischen Abendmahlssilbers ziemlich hoch.

Wenn man nun meint, daß die in den Städten des Landes geschaffenen Werke wirklich von einheimischen Meistern stammten, so trifft eine solche Vorstellung nur sehr bedingt zu. Sie mag für so traditionsreiche Orte wie die alten Reichsstädte weitgehend richtig sein, jedoch ist es erstaunlich zu sehen, in welchem Maße sich fremde Goldschmiede, die oft von weither, z. B. aus Frankreich, aus der Zips oder Schlesien gekommen waren, in Residenzen wie Mannheim, Stuttgart, Durlach und Karlsruhe niederließen. Umgekehrt wanderten viele junge Goldschmiede aus dem Gebiet des heutigen Baden-Württembergs aus und gelangten außerhalb des Landes zu Ansehen. Berühmtestes Beispiel ist Johann Melchior Dinglinger, der Hofjuwelier Augusts des Starken in Dresden, der wie mehrere Augsburger Goldschmiede, vor allem aber eine Reihe der namhaftesten Silberhändler aus den Familien Schönfeld, Gutermann und Liebert, in Biberach geboren war. Zu den produktivsten und künstlerisch bedeutendsten Augsburger Meistern für katholisches Kirchengerät in der zweiten Hälfte des 18. Jahrhunderts gehört Georg Ignaz Baur, der gleichfalls aus Biberach stammte (Kat. Nr. C 9, 39, 40). Auf demselben Gebiet arbeitete im frühen 18. Jahrhundert Franz Anton Betle, der aus Konstanz nach Augsburg gekommen war (Kat. Nr. C 34a).
Auf der anderen Seite gab es auch Goldschmiede, die die Metropole am Lech verließen und sich auswärts eine Existenz aufbauten, wofür man am besten ins Handwerk einheiratete. So tat es z. B. Jeremias Peffenhäuser, Mitglied einer namhaften Augsburger Künstlerfamilie von Plattnern und Goldschmieden, der seit 1652 in Stuttgart ansässig war (Kat. Nr. C 85, 90, 91, 97). Allerdings hat er – wie mancher andere Meister – neben seiner Arbeit als Goldschmied sich vornehmlich als Silberhändler betätigt und bedeutende Aufträge des württembergischen Hofes nach Augsburg vermittelt. Des öfteren wurden auch von einheimischen Meistern Angebote eingeholt oder diese baten selbst die Auftraggeber darum, doch meistens erhielt eine der blendend organisierten Augsburger Silberhandlungen den Zuschlag, die die Aufträge schneller, besser und oft sogar billiger ausführen konnten.
Zogen die ortsansässigen Goldschmiede also meist gegenüber ihren Augsburger Zunftgenossen den kürzeren, so mußten sie darüberhinaus noch mit der Konkurrenz aus benachbarten Städten fertig werden. So lieferten z. B. die Goldschmiede von Basel und Straßburg (Kat. Nr. C 65, 81, 82, 89, 96a und b) immer wieder auf die andere Seite des Rheins. Im Bereich des Bodensees spielte Bregenz eine nicht unbeträchtliche Rolle (Kat. Nr. C 27). Ein Sonderfall ist der Schaffhausener Goldschmied Hans Jakob Läublin. Er hatte es verstanden, obwohl Abkömmling württembergischer Eltern evangelischer Konfession, die besten Beziehungen zur katholischen Geistlichkeit in der Schweiz und am Oberrhein anzuknüpfen und vor allem die großen Abteien wie Salem, Gengenbach, Schuttern und Schwarzach mit aufwendigen Monstranzen zu versehen (Kat. Nr. C 13–15). Gelegentlich gelangten auch Werke aus entfernten Städten, meist auf Grund besonderer Umstände, wie etwa dynastischer Beziehungen, ins Land. Erwähnt seien hier nur Goldschmiedearbeiten aus Prag und Wien (Kat. Nr. C 8). Andererseits verließ einer der kostbarsten Schätze der Zeit das Land: bei seiner Übersiedlung von Mannheim nach München im Jahre 1778 nahm Kurfürst Carl Theodor den Pfälzer Schatz mit dorthin, der heute in der Münchner Residenz aufbewahrt wird.

Werke der Goldschmiedekunst sind zu allen Zeiten in ihrer Existenz bedroht, ganz gleich, ob sie nun aus Gold, aus vergoldetem Silber oder nur aus Silber bestehen. Der Grund dafür, daß diese Werke ständig mit einem Bein im Schmelztiegel stehen, liegt in ihrem kostbaren Material, das wie auch heute noch Geld wert ist, also jederzeit in Geld umgesetzt werden kann und in früheren Jahrhunderten sogar im wahrsten Sinn des Wortes zu Geld gemacht werden konnte, indem man aus dem einge-

schmolzenen Metall Münzen schlug. Waren auf diese Weise die kirchlichen wie weltlichen Goldschmiedearbeiten während der vielen Kriege im 17. Jahrhundert fürchterlich dezimiert worden, so drohte den im Laufe des 18. Jahrhunderts stattlich wieder aufgefüllten Schatzkammern am Ausgang des Barockzeitalters neues Unheil. Davon waren zunächst die weltlichen Gegenstände, also kostbarer Schmuck mit in Gold gefaßten Edelsteinen und das Tafelsilber betroffen, aber ebenso die kirchlichen Kultgeräte. So sah sich z. B. der Markgraf von Baden im letzten Jahrzehnt des 18. Jahrhunderts angesichts der Kriegswirren gezwungen, fast sein gesamtes Tafelsilber, ferner Schmuck und Orden, aus Geldnot der Münze zu überantworten und die kostbaren Edelsteine zu verkaufen. In Konstanz mußte der größte Teil des Münsterschatzes im Jahre 1795 eingeschmolzen werden, um aus seinem Materialwert ein Darlehen für den Kaiser zu finanzieren. Auch der Speyerer Domschatz, der auf seiner Flucht vor den Franzosen viele Irrfahrten über sich ergehen lassen mußte, bevor er in Bruchsal landete, wurde im Jahre 1798 auf die gleiche Weise geopfert.
Die größten Vernichtungsaktionen von Goldschmiedearbeiten erfolgten im Zuge der Säkularisation, die in Regensburg auf dem Reichstag im Jahre 1803 beschlossen worden war. Da durch die Auflösung der Klöster deren Besitz als Entschädigung verschiedenen weltlichen Fürsten und Grafen zugesprochen worden war, hatten diese nichts Eiligeres zu tun, als sich der Kirchenschätze wie des weltlichen Tafelsilbers der Abteien durch ihre Kommissare zu bemächtigen. Diese hielten in endlosen Verzeichnissen höchst penibel fest, was alles auf unzähligen Pferdefuhrwerken nach Ludwigsburg oder Karlsruhe zum Einschmelzen gebracht wurde. Auf diese Weise gingen kostbarste liturgische Geräte nicht nur aus der Barockzeit, sondern ebenso aus früheren Epochen zugrunde. In Stuttgart ließ sich der nunmehrige König von Württemberg aus dem eingeschmolzenen Edelmetall ein umfangreiches Tafelservice anfertigen, das sich noch erhalten hat. Den ehemaligen Klöstern beließ man nur die für den Pfarrgottesdienst unbedingt erforderlichen Geräte. Daß dafür nur die unscheinbarsten Gegenstände von geringem Wert infrage kamen, versteht sich von selbst. Alle Hauptwerke, goldene Kelche und Monstranzen, riesige Statuen, dann vor allem die schwergewichtigen silbernen Antependien und tabernakelartigen Altaraufsätze, wie sie sich z. B. in Ellwangen, Groß-Comburg und St. Blasien befanden, wurden ausnahmslos vernichtet. Dennoch ist es erstaunlich, welche gewaltige, bislang kaum abschätzbare Zahl an liturgischen Geräten, überwiegend Augsburger Provenienz, sich in den katholischen Kirchen des Landes erhalten hat. Auch viele evangelische Kirchen, insbesondere in Württemberg, verfügen noch heute über eine ansehnliche Menge von silbernen Abendmahlsgeräten der Barockzeit. So nennt etwa die Stadtkirche von Schorndorf sieben mächtige Abendmahlskannen ihr eigen (Kat. Nr. C 57). Andererseits konnten sich zahlreiche evangelische Pfarrgemeinden im 18. Jahrhundert nur Abendmahlsgeräte aus Zinn leisten.

Sieht die Zahl der überkommenen kirchlichen Goldschmiedearbeiten, die allerdings nur noch einen Bruchteil des einstigen Bestandes repräsentieren, vergleichsweise günstig aus, so ist es dagegen um die weltlichen Werke äußerst schlecht bestellt. Schmuck und Tafelsilber als Gegenstände des persönlichen Besitzes und Gebrauchs unterlagen gänzlich dem Geschmack ihrer Eigentümer. Da sie schnell unmodern wurden, war ihnen von vornherein kein langes Leben beschert. Hier wirkte sich das geldwerte Material, aus dem diese Werke bestanden, höchst verhängnisvoll aus: sie wurden nach relativ kurzer Zeit eingeschmolzen. So ließ z. B. Herzog Eberhard Ludwig von Württemberg im Jahre 1728 ein kostspieliges, kaum fünfzehn Jahre altes Service aus vergoldetem Silber wieder einschmelzen, um für das Material ein moderneres aus Augsburg anzuschaffen. Ein solches Verfahren, den Erwerb neuer Goldschmiedearbeiten mit dem Untergang älterer zu erkaufen, war wie ähnlich auch beim Zinn, ein seit Jahrhunderten bis in die Gegenwart geübter Brauch. Er war so gang und gäbe, daß man sagen darf: fast jedes neue Werk entstand aus einem oder mehreren alten. Die Goldschmiede lebten also, etwas überspitzt formuliert, weitgehend von dem Zerstören der Werke ihrer Vorgänger. Für diesen allgemein üblichen Prozeß des „Recycling", um es einmal modern auszudrücken, gibt es eine Fülle von archivalischen Belegen. Fast jedem Briefwechsel über die Bestellung von Goldschmiedearbeiten oder jeder abschließenden Rechnung liegt eine Aufstellung bei, was alles an „Altsilber" in Zahlung gegeben wurde. Auch ältere liturgische Gegenstände wurden keineswegs verschont, wie ebenfalls aus vielen Abrechnungen hervorgeht. Daher wird so manches mittelalterliche Werk im 17. und 18. Jahrhundert seine Mutation in ein barockes erlebt haben. Erst die Kenntnis dieser ziemlich umfänglichen Ablieferungen von Altsilber macht uns Heutigen klar, auf welche Weise man fast immer die Anschaffung neuer Goldschmiedearbeiten finanziert hat. Um zu erfahren, wieviel denn wirklich in barem Geld bezahlt wurde, müßte man von den oft abenteuerlich hohen Endsummen, die in den Rechnungen genannt werden, den Erlös für das zur Verfügung gestellte Gold oder Silber abziehen.

Die Stifter, Auftraggeber oder Besitzer solcher kostspieliger Werke blieben in der Barockzeit keineswegs anonym, im Gegenteil. Durch ihre Wappen, Initialen, den voll ausgeschriebenen Namen, oft in Verbindung mit einer längeren Inschrift taten sie in aller Deutlichkeit der Mit- und Nachwelt kund, wer in frommer Absicht den Kirchen etwas gestiftet hatte oder wem solche Köstlichkeiten aus edlem Metall gehörten. Bei den Werken des katholischen Kultus waren es in vielen Fällen die Kirchen selbst, die als Auftraggeber fungierten, d. h. die Pfarrgemeinde, die Münsterfabrik, die Abtei, das Domkapitel oder die Bruderschaft. Meistens wurden die Kosten aus eigenen Mitteln bestritten, vielfach war aber das notwendige Geld ganz oder zu einem Teil durch Almosen und private Spenden zusammengekommen. So hatten z. B. zu den Kosten der Monstranz von Veringendorf (Kat. Nr. C 16) die Kirchenfabrik, die Rosenkranzbruderschaft und der Pfarrer selbst beigetragen. Mehrfach treten etwa der Pfarrektor und die Stadtverwaltung, die Münsterpfleger oder der Abt eines Klosters im Namen ihrer Institutionen als Auftraggeber in Erscheinung. Um die nach den Kriegen des 17. Jahrhunderts verarmten Landkirchen seiner Diözese wieder mit würdigen liturgischen Geräten auszustatten, hatte sich Kardinal von Schönborn, Fürstbischof von Speyer, etwas besonderes einfallen lassen: er gründete einen Fond, die „Cassa Paramentorum", aus der die Kosten der Neuanfertigungen bezahlt wurden (Kat. Nr. C 10).

Sieben silberne Kronleuchter im Marmorsaal des Neuen Schlosses in Stuttgart

Silberne Kronleuchter, Prunktische, Sessel, Spiegel und Gueridons gehörten zur Ausstattung fürstlicher Repräsentationsräume. Die kostbarsten befanden sich in Versailles, dessen Einrichtung ebenso wie die Anlage des Schlosses den Fürsten der Zeit als das grosse Vorbild galten. Jedoch wurden die Silbermöbel und Kronleuchter von Versailles bereits 1683 zur Deckung von Kriegskosten eingeschmolzen. Auch sonst war solchen kostspieligen Werken kein langes Leben vergönnt, da sie wegen des hohen Silbergewichtes ziemlich bald in die Münze wanderten. Um so bemerkenswerter sind daher die sieben großen Kronleuchter, die jetzt im Marmorsaal des Neuen Schlosses in Stuttgart hängen, aber aus konservatorischen Gründen nicht ausgeliehen werden konnten. Sie wurden alle von der berühmten Augsburger Silberhandlung Wilhelm Michael von Rauner geliefert, drei im Jahre 1737, vier weitere 1762. Die drei älteren mit dem Wappen von Herzog Carl Alexander von Württemberg stammen von Philipp Jakob VI Drentwett, von dem sich noch bedeutende Silbermöbel erhalten haben, die vier jüngeren mit dem Wappen von Herzog Carl Eugen von Württemberg von Drentwetts ehemaligem Mitarbeiter, dem aus Osnabrück stammenden Bernhard Heinrich Weyhe, der 1735 in Augsburg Meister wurde.

Eine beträchtliche Anzahl kirchlicher Goldschmiedewerke verdankt ihre Entstehung dem frommen Sinn privater Stifter. Unter ihnen finden sich in großer Zahl Laien, wohlhabende Bürger und Adlige, in ganz besonderem Maße aber Geistliche. Ihr Rang reicht vom Kardinal bis hinab zum einfachen Pfarrer. Laien wie Geistliche stifteten am häufigsten Meßkelche, mit denen nach dem Tode der frommen Spender Messen zu deren Seelenheil gelesen werden sollten, wie das seit dem Mittelalter üblich war. So verehrte der berühmte Augsburger Goldschmied Georg Ignaz Baur im Jahre 1786 der Kirche seiner Vaterstadt Biberach einen aus seiner Werkstatt hervorgegangenen Kelch (Kat. Nr. C 9). Hochstehende Persönlichkeiten mußten, ihrem Rang entsprechend, für ihre Stiftungen schon tiefer in die Tasche greifen. Als etwa der Türkenlouis sich mit einem ganz persönlichen familiären Anliegen an das wundertätige Gnadenbild von „Maria in der Tann" in Triberg wandte, gelobte er als Dank für die Hilfe der Muttergottes „ein ganz silbernes Antependy", das nach seinem Tode auch tatsächlich ausgeführt wurde und noch heute einmal im Jahr am Fest Mariä Himmelfahrt den Hochaltar der Wallfahrtskirche schmückt (Kat. Nr. C 37). Kardinal von Schönborn leistete sich zum privaten Gebrauch im Jahre 1716, noch als Koadjutor von Speyer, eine kostspielige, aus Kreuz und sechs Leuchtern bestehende Altargarnitur, die nach seinem Tod in den Besitz der Bruchsaler Hofkirche überging (Kat. Nr. C 38). Auffallend ist, daß im 18. Jahrhundert mehrfach Pfarrer kleiner Kirchen ungewöhnlich aufwendige Werke aus Silber auf eigene Kosten anfertigen ließen. Hier sei nur an Pfarrer Werrer aus Nasgenstadt erinnert, der der Kapelle des Meersburger Priesterseminars ein großes Altarkreuz (Kat. Nr. C 39) und einen Altaraufbau mit Antependium verehrte, und an Pfarrer Lohr von Kißlegg, der teilweise gemeinsam mit seiner Schwester seiner Kirche das einzigartige Ensemble von monumentalen Büsten Christi und seiner Mutter, der vier Kirchenväter und der zwölf Apostel testamentarisch vermachte (Kat. Nr. C 35).

Beim evangelischen Altargerät läßt sich ungefähr dasselbe wie bei den liturgischen Gegenständen der katholischen Kirche beobachten. Auch hier treten mehrfach Pfarrer als Stifter hervor, vor allem aber Gläubige. Ihre soziale Stellung reicht von Bürger und Handwerker, etwa einem Schlossermeister und einem Schönfärber (Kat. Nr. C 62, 64) über Patrizier und einfache Adlige (Kat. Nr. C 60) bis hin zum Markgrafen von Baden-Durlach und zum Herzog von Württemberg (Kat. Nr. C 49, 50, 55). Sie alle verehrten den Kirchen zu ihrem Andenken des öfteren einzelne Geräte wie kleine Hostiendosen, mächtige Abendmahlskannen und anspruchsvolle Taufbecken und -kannen, gelegentlich sogar vollständige Abendmahlsgarnituren.

Silbernes Tafelgeschirr konnten sich im 18. Jahrhundert fast ausnahmslos nur die höchsten geistlichen und weltlichen Fürsten leisten. Das gilt erst recht für repräsentative Luxusgegenstände wie silberne Möbel, Kronleuchter (vgl. Abb. im Text dieser Einleitung) und Tafelaufsätze. Von dem wenigen, was sich durch glückliche Umstände erhalten hat, trägt einiges die Wappen der Kurfürsten von der Pfalz, der Herzöge von Württemberg, der Markgrafen von Baden und der Grafen von Hohenlohe (Kat. Nr. C 67, 68, 69, 73, 77, 79, 83). Wie anspruchslos dagegen das silberne Besteck des niederen Adels sein konnte, zeigen deutlich Gabel, Löffel und Pastetenheber, die sich der in markgräflich badischem Dienst stehende Freiherr von Gayling in Straßburg anfertigen ließ (Kat. Nr. C 81, 82).
Im bürgerlichen Bereich war es weniger der einzelne Bürger, der Gegenstände aus Silber sein eigen nennen konnte. Dafür kamen eher Körperschaften in Frage,

die die Bürger vertraten, wie der Rat einer Stadt, oder denen diese als Mitglieder angehörten, wie die Zünfte oder Schützengesellschaften. Das Rats-, Zunft- oder Schützensilber (Kat. Nr. C 85, 86, 88, 89, 91, 92, 96), war also in gewisser Weise gemeinschaftlicher Besitz, der entweder auf Kosten der jeweiligen Institution angeschafft worden oder die Stiftung einer vermögenden Privatperson, insbesondere des Landesherren, war. Besonders bemerkenswert ist, was der Universität Tübingen zu ihrem zweihundertjährigen Bestehen im Jahre 1677 von den verschiedensten Seiten, dem Herzog von Württemberg, der Stadt Tübingen, der Landschaft Württemberg, anderen Städten und Vereinigungen an kostbaren Pokalen geschenkt wurde (Kat. Nr. C 93–95). Daß gelegentlich auch Bürger hübsche Gegenstände aus Silber besaßen, belegen der Deckelbecher, den der Apotheker Palm in Schorndorf von seinem Schwiegervater erhielt (Kat. Nr. C 98), oder der Becher, den der Herr Spezial (Dekan) du Vernoy von seiner Diözese Balingen im Jahre 1730 verehrt bekam (Kat. Nr. C 99).

Der gestiftete oder eigene wertvolle Besitz sollte natürlich auch zu sehen sein und verwendet werden, zumindest bei besonderen Anlässen. Tatsächlich wurde fast alles benutzt, wenn auch nicht täglich wie etwa ein Meßkelch. In den katholischen Kirchen wurde bei hohen Festen der gesamte Kirchenschatz mit Werken aus verschiedensten Epochen feierlich auf dem Hochaltar aufgestellt. Am Fest des Namenspatrons trägt man noch heute in Säckingen den Schrein des hl. Fridolin in einer Prozession durch die Stadt (Kat. Nr. C 25). Dasselbe geschieht zweimal jährlich mit der sogenannten Schweden-Madonna in Überlingen, wie es das im Jahre 1634 geleistete Gelübde vorschreibt (Kat. Nr. C 29). Ebenso wird in Walldürn der silberne Altar für das Corporale, den der Augsburger Goldschmied Wolfgang Caspar Kolb im Jahre 1684 geschaffen hat, am Großen Heilig-Blut-Feiertag bei der Prozession mitgeführt.

Auch auf den Altären der evangelischen Kirchen war bei der Abendmahlsfeier das gesamte Abendmahlsgerät aufgebaut, besonders die großen Weinkannen, weshalb die neuen sich in der Form meist den vorhandenen anpaßten. Nicht minder hatten die weltlichen Gegenstände ihre bestimmte Rolle zu erfüllen, sei es nun, daß sie in Repräsentationssälen der Fürsten standen, wie die silbernen Möbel, in

Silberner Kronleuchter. Philipp Jakob VI Drentwett, Augsburg 1737

den Gemächern der hochadligen Damen aufgebaut waren, wie ein erlesenes Toilettenservice (Kat. Nr. C 74), oder die festliche Tafel schmückten, wie die umfänglichen Service und großen Dekorationsstücke. Andere Kostbarkeiten waren auf einer Schaukredenz aufgestellt, wie z. B. das Rats- oder Zunftsilber, aus deren besten Stücken bevorzugten Gästen der Willkommenstrunk gereicht wurde.

Betrachtet man die in ihrer Form und in ihrer Aufgabe so verschiedenen ausgestellten Werke, so fällt zunächst die vollendete handwerkliche Ausführung in den unterschiedlichsten Techniken ins Auge, wie Treiben, Gravieren, Punzieren, Gießen oder das meisterhafte Verlöten großer Einzelteile. Erst danach wird man wohl etwas viel Wesentlicheres, die erstaunliche künstlerische Leistung der Goldschmiede erfassen, die beim minutiös gearbeiteten kleinen Gegenstand wie beim monumentalen Werk gleichermaßen in Erscheinung tritt. Doch darf man diese Leistung nicht allein als die ganz individuelle des einzelnen Meisters ansehen, mit dessen Marke das jeweilige Werk gezeichnet ist. Anders als etwa bei einem Gemälde, bei dem die Signatur in viel stärkerem Maße die eigenhändige Ausführung des Bildes durch den Maler bedeutet, ist ein Werk der Goldschmiedekunst vielfach aus dem Zusammenwirken von verschiedenen Künstlern und Handwerkern erwachsen.

Natürlich waren an der Arbeit eines Goldschmiedes stets dessen Gesellen mehr oder minder selbständig beteiligt, so daß von einer gänzlichen Eigenhändigkeit des Meisters eigentlich nie gesprochen werden kann. Selbstverständlich war auch, daß für bestimmte Aufgaben Spezialisten der verschiedensten Fachrichtungen, wie z. B. Emailleure (Kat. Nr. C 30) und Filigranarbeiter (Kat. Nr. C 1) oder Handwerker anderer Berufe, hinzugezogen wurden.

Das seit der Gotik durch archivalische Belege immer wieder nachweisbare Zusammenwirken mit anderen Künstlern mußte in erster Linie vor dem Beginn der eigentlichen Goldschmiedearbeit stattfinden. Vor allem bei so komplizierten Dingen wie Altaraufbauten, großen Statuen und Büsten, figurenreichen Monstranzen, mächtigen Schreinen und Antependien, Möbeln, umfangreichen Servicen und Tafelaufsätzen war zunächst eine genaue Planung aller Einzelheiten notwendig. Diese reichte in verschiedenen Stadien von den ersten Ideenskizzen bis zum endgültigen, meist originalgroßen, genau konstruierten Entwurf. Erst wenn dieser vorlag, konnten vor allem für die figürlichen Teile die benötigten Modelle aus Holz, Wachs oder Metall angefertigt werden.

Wie das im einzelnen vor sich ging, läßt sich an vorwiegend aus dem 18. Jahrhundert stammenden Briefwechseln, Rechnungen, sonstigen Notizen, Entwurfszeichnungen (Kat. Nr. C 12–14, 26, 53, 71, 93) und Modellen ablesen. Diese beziehen sich auf bedeutende kirchliche und weltliche Goldschmiedearbeiten, erhaltene und – leider in der Mehrzahl – verlorene, die aus dem Gebiet des heutigen Baden-Württembergs fast ausnahmslos in Augsburg bestellt wurden. In der Regel wandten sich die Auftraggeber an einen der renommierten dortigen Silberhändler, die, oft selbst gelernte Goldschmiede, die gesamte Abwicklung sowohl von der handwerklich-künstlerischen wie der finanziellen Seite übernahmen. Diesen Silberhändlern schickten die Auftraggeber schriftlich ihre Wünsche oder ließen diese durch Mittelsmänner mündlich ausrichten, darüber hinaus wurden des öfteren Skizzen übersandt, die von einem dem Besteller vertrauten Künstler stammten. Ja es kam sogar vor, daß von Seiten des Auftraggebers bereits ein originalgroßes Modell geliefert wurde. Verzichtete dieser auf eigene Vorschläge, und das war die Regel, so beschaffte der Silberhändler, dem als künstlerisch versiertem Organisator von Kunstwerken eine nicht zu unterschätzende Rolle zukommt, in Augsburg einen oder mehrere Entwürfe, die er den Bestellern zur Ansicht und Auswahl übersandte.

Diese Entwürfe konnten von einem im Zeichnen begabten Goldschmied herrühren, aber auch von anderen Künstlern. Leider geben die überlieferten Quellen darüber keine Auskunft. War dann ein Entwurf endgültig genehmigt, so wurde nach der Beschaffung der notwendigen Modelle beim gleichfalls anonym bleibenden Bildhauer oder Wachsbossierer die gesamte Ausführung einem oder mehreren geeigneten Goldschmieden übertragen. Wie kompliziert ein solcher Entstehungsvorgang sein konnte, zeigen die Wünsche Herzog Eberhard Ludwigs von Württemberg für ein neues Tafelservice. Dafür sollten im Jahre 1728 „die Models nach der aller neuesten facon zur Prob von Holz, Blech oder Zinn von Augsburg, die Zeichnung dazu aber von Paris verschrieben werden, wo sich der Konferenzminister von Graevenitz zur Zeit befinde“ (Fleischhauer 1958, S. 264).

Schließlich darf bei der Beurteilung von Goldschmiedearbeiten nicht vergessen werden, daß seit dem Aufkommen des Kupferstichs im 15.Jahrhundert zahllose Vorlagen für Ornamente und Gefäße in vervielfältigter Form von Goldschmieden, Malern und anderen Künstlern herausgegeben wurden. Gerade in Augsburg erschienen in der Barockzeit ständig gestochene Musterbücher. Sie machten die Goldschmiede in Augsburg selbst, aber auch in ganz Europa, erstaunlich schnell mit den neuesten Ornamenten, Formen und Stilströmungen bekannt, die sofort aufgegriffen und angewandt wurden. Aus derartigen allgemein geläufigen Vorbildern erwuchsen dann im Verein mit den eigenen oder fremden Entwürfen und insbesondere mit den Modellen der Bildschnitzer die Werke der Goldschmiede. Erst wenn man sich die geschilderten Stadien des Entstehungsprozesses vor Augen führt und dabei nochmals bedenkt, in welchem Maße verschiedene Künstler und Handwerker an Planung und Ausführung beteiligt waren, erst dann läßt sich die künstlerische Leistung der Augsburger wie auch mancher einheimischer Goldschmiede ermessen, die es verstanden, die vielfältigen, von mehreren Seiten eingeflossenen Anregungen und Vorbilder zu integrieren und Werke von einheitlicher Gesamtwirkung hervorzubringen.

Der folgende Katalog entstand unter Mitwirkung von Margret Skalitzky-Wagner. Die Katalognummern C 6, 29, 81, 82, 84 verfaßte Christoph A. Graf Douglas.

C 1 □

Meßkelch

Meister FS, Augsburg, um 1668

Der Kelch gehört als einer der ältesten zu einer kleinen, im späten 17. und frühen 18. Jahrhundert entstandenen Gruppe von Goldschmiedearbeiten, die mit feinem Silberfiligran geschmückt sind (vgl. Hubel, Achim, Der Regensburger Domschatz, München–Zürich 1976, Nr. 8; Seling 1980, Abb. 321; Kelch in Steinhausen a.d.R.). Dieses vermutlich von Spezialisten gearbeitete dünne Rankenwerk überspinnt den Fuß und die Kuppa, deren goldener Grund hinter den silbernen Ranken, Blüten und Tulpen durchschimmert. Dazwischen sind auf dem Fuß wie auf der Kuppa je drei blaue Emailmedaillons angebracht, die neben dem Stifterwappen fünf Szenen aus dem Marienleben darstellen und zwar die Geburt Mariens, Mariä Tempelgang, Verkündigung, Flucht nach Ägypten und Mariä Himmelfahrt. Durch das blaue Email, das silberne Filigran und den vergoldeten Grund ergibt sich ein überaus nobler Farbdreiklang, der die Wirkung des Kelches bestimmt. Dieser wurde, wie aus dem Wappen und der Inschrift auf einem der Medaillons des Fußes hervorgeht, von Matthäus Edelmann, Doktor der heiligen Theologie und Pfarrer von St. Martin in Rottenburg gestiftet. Diese Funktion übernahm er im Jahre 1668, so daß der Kelch wohl zu seiner Ernennung zum Rottenburger Stadtpfarrer entstanden ist. Diese Datierung wird durch die Form des Beschauzeichens bestätigt. (Die Angaben zu Matthäus Edelmann werden Dieter Manz, Rottenburg, verdankt.)

Silber, z. T. vergoldet. H. 24,5 cm. Beschauzeichen Augsburg, wohl R^3 162 und Seling 101 = 1665–70. Meistermarke FS im Oval, R^3 646, Seling 1610. Es ist bislang nicht zu klären, ob sich die Marke eher auf Franz Schwab oder Friedrich Straub (Seling 1644 und 1649) beziehen ließe.

Literatur: Keppler 1888, S. 291.

Rottenburg a. N., Dom St. Martin

C 2 □

Meßkelch

Wahrscheinlich Johann Haltenwanger, Augsburg 1699

Der Kelch repräsentiert auf das Beste ei-

C 1

C 2

nen Typus, der um 1700 in Augsburg immer wieder gleichartig in verschiedenen Werkstätten ausgeführt wurde. Zum Schmuck eines reich verzierten Kelches gehören in dieser Zeit stets kräftig herausgetriebene Putten und Emailmedaillons an Fuß und Kuppakorb. Diese sind jeweils zwischen den Engeln aufgesetzt. Die Medaillons auf der Kuppa zeigen eine Darstellung des Gnadenbildes der Wallfahrtskirche Steinhausen – sichtlich nach einer übersandten Vorlage angefertigt – sowie die hll. Benedikt und Scholastika als Hinweis darauf, daß Ort und Kirche Steinhausen seit 1392 zur Benediktinerabtei Ochsenhausen gehörten. Auf den Medaillons des Fußes erscheinen zwei Wappen und eine Inschrift, in der sich die am 12. Januar 1699 verstorbene Maria Gertrude Emplin, geborene von Tylli, als Stifterin nennt.

Silber vergoldet. H. 28,5 cm. Marken: Beschauzeichen Augsburg, Meistermarke vermutlich Seling 1802 = Johann Haltenwanger, Meister 1684, gestorben 1734.

Literatur: Kdm Württemberg, Donaukreis, Bd. I, Biberach 1914, S. 225.

Steinhausen an der Rottum, Kath. Pfarrkirche Mariä Himmelfahrt

C 3 □

Meßkelch

Joseph Christadler, Wangen im Allgäu, Anfang 18. Jahrhundert

An dem Kelch fällt besonders der im frühen 18. Jahrhundert beliebte Riefeldekor auf, der mehrfach wiederholt wird: er erscheint an der Zarge des Fußes, an der den Schaft abschließenden Platte wie an dem vasenförmigen Knauf. Verwandt sind auch die rippenartig vortretenden Riefeln des Schaftes. Im Gegensatz zu diesem strengen Dekor steht der Schmuck des durchbrochenen Unterfanges der Kuppa, der aus Akanthusblättern und Blüten gebildet wird. Auf dem wulstartigen Anstieg des sechspassigen Fußes sind in verschieden gerahmten Medaillons Leidenswerkzeuge Christi dargestellt.
Joseph Christadler hat – wie aus urkundlichen Nachrichten hervorgeht – für die Abtei Ottobeuren mehrfach Goldschmiedearbeiten geliefert, so 1712 eine kostbare Monstranz und 1715 ein neues Brustkreuz für den Abt (R^3 4844; Schnell, Hugo, Ottobeuren. München–Zürich 1979, S. 23). Die noch erhaltene, vorzüglich gearbeitete Monstranz

ist jedoch nicht sein Werk. Sie entstand vielmehr, wie die Marken beweisen, in Augsburg. Christadler hat sich hier also nur als Vermittler betätigt. In der kleinen Reichsstadt Wangen sind seit der Spätgotik stets Goldschmiede tätig gewesen. Von einigen haben sich noch verschiedene liturgische Geräte von achtbarer Qualität erhalten. Die besten Werke stammen von Martin Hahn (tätig 1667–1706) und Anton Popele (tätig 1716–1766).

Silber vergoldet. H. 24,7 cm. Beschauzeichen Wangen (großes W). Meistermarke IC = Joseph Christadler, nachweisbar 1708–15.

Literatur: Kdm. Württemberg, Kr. Wangen, 1954, S. 37 und 51, Nr. 12.

Wangen im Allgäu, Kath. Pfarrkirche St. Martin

C 4 □

Meßkelch

Georg Lorenz II Gaap, Augsburg, um 1720

Der „Krippele-Kelch" des Freiburger Münsterschatzes ist in jeder Weise einzigartig. Weder in der Augsburger oder der deutschen Goldschmiedekunst des frühen 18. Jahrhunderts noch in der des übrigen Europa lassen sich auch nur annähernd verwandte Werke finden. Einzigartig ist der Gedanke, den sonst stets geschlossenen Fuß nur aus acht geschweiften Bögen zu konstruieren, die die achtpassige Standplatte überfangen. Auf diese Weise entsteht darunter eine nach allen Seiten offene Bühne, auf der die Anbetung des Kindes durch die Hirten wie bei einer Krippe in zusammen neun winzigen Figürchen dargestellt ist. Über Maria schweben zwei Engel, die ein Spruchband mit der Inschrift „Gloria in excelsis deo" halten. Einzigartig ist weiter, daß sich dies Prinzip des Durchschaubaren im oberen Aufbau noch zweimal wiederholt. Über dem aus vier Puttenköpfen bestehenden Zwischenglied folgt zunächst ein kleiner, aus vier schmalen Akanthusblättern gebildeter Knauf, dann ein größerer, dessen Blattenden die auffallend kleine Kuppa tragen. In dem freien Raum darunter thront die Gestalt Gottvaters, während im klei-

C 3

C 4

neren Knauf die Taube des Hl. Geistes erscheint, so daß mit dem Kind in der Krippe die Dreifaltigkeit dargestellt ist. Der Künstler dieses erstaunlichen Werkes wird in den Jahren 1700 und 1701 in den Akten des „consortio degli orefici“ in Rom erwähnt. Er arbeitete dort zusammen mit seinem berühmten Bruder Johann Adolf Gaap, der bedeutende Aufträge für die Ignatiuskapelle bei Il Gesù in Rom und die Dome in Foligno und Perugia ausführte und später in Venedig und Padua wirkte (vgl. Lipinski, Angelo, Ein schwäbischer Goldschmied in Umbrien, Johann Adolf Gaap aus Augsburg . . . In: Das Münster, Jg. 33, 1980, S. 53 ff.). Die Idee für den „Krippele-Kelch” muß sich wohl aus den künstlerischen Erfahrungen geformt haben, die Georg Lorenz Gaap von seinem Italienaufenthalt nach Augsburg – er wurde dort erst 1709 Meister – mitgebracht hatte. Welcher Art diese Anregungen im einzelnen gewesen sind, läßt sich bislang jedoch nicht belegen. Der Kelch wurde von Münsterpfarrer Dr. Johann Jakob Vicari gestiftet, der noch im Jahre 1744 die Beschießung Freiburgs durch die Franzosen erlebte.

Silber, Kuppa vergoldet. H. 30,5 cm. Beschauzeichen Augsburg, um 1720. Meistermarke GLG, R^3 837, Seling 2016 = Georg Lorenz II Gaap, geboren 1669, Meister 1709, gestorben 1745.

Literatur: R^3 837a. – Freiburg 1964, Kat. Nr. 84. – Gombert 1965, Nr. 37. – Augsburg 1968, Kat. Nr. 453. – Freiburg 1970, Kat. Nr. 469. – Seling 1980, Abb. 639.

Freiburg i. Br., Münsterschatz

C 5 □

Meßkelch

Meister IAS, Überlingen, um 1723

Der überraschend prächtige Kelch belegt, daß auch in einer kleinen Reichsstadt, in der seit dem Mittelalter ständig Goldschmiede tätig waren, noch im 18. Jahrhundert Werke von achtbarer Qualität entstanden, wenn auch das getriebene Ornament auf sorgsam aufgerauhtem Grund im Vergleich zu Augsburger Erzeugnissen nicht mehr ganz dem Zeitstil zu entsprechen scheint. Wie in Augsburg seit dem späten 17. Jahrhundert üblich (vgl. Kat. Nr. C 1–2), so sind auch bei dem Überlinger Kelch Kuppakorb und Fuß mit bunten Emailmedaillons geschmückt. Dargestellt sind fünf Szenen aus der Passion Christi und zwar Ölberg, Dornenkrönung, Geißelung, Kreuztragung und Kreuzigung. Außerdem ist auf dem breiten Fuß noch ein Wappen angebracht, das sich nach der Inschrift unter dem Fuß auf Dr. theol. Johann Joachim Ferdinand Geist von Wildegg bezieht, der 1731 als Propst der Überlinger Stiftskirche starb (vgl. Semler, Alfons, Die Seelsorger der Pfarrei Überlingen. In: FDA, Bd. 77, 1957, S. 131 f.). Der Kelch wurde im Jahre 1723 gestiftet.

C 5

Silber vergoldet. H. 27,5 cm. Beschauzeichen Überlingen R^3 4711. Meistermarke IAS, R^3 4722. Die Buchstaben könnten sich auf Johann Andreas Stahl oder Joseph Anton Schaller beziehen, die im frühen 18. Jh. als Goldschmiede in Überlingen wirkten. Letzterer lieferte 1719 eine Monstranz für das Kloster Kalchrain in der Schweiz, heute in Wertbühl (ZAK, Bd. 1, 1939, S. 50).

Literatur: Karlsruhe 1881, Kat. Nr. 110. – R^3 4722 a.

Überlingen, Münsterschatz

C 6 a–b □

Kelch und Meßkännchengarnitur

Aus der Stiftskirche St. Johann in Konstanz

Franz Andreas Weech, Konstanz 1742

Der alternierend kantig und geschwungen geformte Stehrand und der Sockel des Kelches bilden die Grundfläche für den trichterförmigen Kelchfuß, der durch drei breite Bänder vertikal gegliedert wird. Zwischen Fuß und Cuppa schiebt sich ein balusterförmiger Nodus. Die schmale, hohe Cuppa wird über die Hälfte von einem Korb umfangen, der, ähnlich wie der Fuß, durch Bänder gegliedert wird. Auf Fuß und Korb befinden sich je drei Medaillons mit Heiligenfiguren. Unten sind es die Heiligen Barbara, Elisabeth und Katharina, oben die Heiligen Konrad, Laurentius und Stephanus. Auf der Unterseite des Kelchfußes haftet ein aufmontiertes Plättchen, das mit Wappen und Umschrift graviert ist: „IOS:CARL:BERN:COLNAG:FRENER SS:TH:D:ETCAN:AD.S: Ioann.“. Das dazugehörige Tablett mit Wasser- und Weinkännchen weist ähnliche Formen wie der Kelch auf. Die Medaillons auf dem Tablett stellen Christus mit Lamm und die Heiligen Johann Evangelist, Johann Nepomuk und Mauritius dar. Auf der Stehfläche der Kännchen sind die Monogramme Christi und Mariae graviert. Auf der Rückseite des Tabletts weist eine Inschrift auf Auftraggeber und Meister der Goldschmiedearbeit hin: „IOS CARL:BERN:COLNAG:FRENER SS:TH:D:ET.CAN:AD:S:IOANN (stiftet) DIS.SAMBT.DEM.KELCH.EIN MEISTER.STUCKH V:FRAN.ANDREA.WECH.IN:CONSTANZ 1742“. Chorherr Frener hatte auch die silberne Statue Johannes des Täufers in die Stiftskirche gestiftet (s. Kat. Nr. C 31 a). Kelch, Tablett und Kännchen zeigen eine Vielfalt ornamentaler Verzierungen wie Bandwerk, Kartuschen, Blumenbouquets und Ansätze von Rocaille-Formen, mit denen der Goldschmied sein ganzes Können unter Beweis stellte. Sie sind die einzigen als solche bezeichneten Meisterstücke Konstanzer Goldschmiede. Während die Stadt bis in die Mitte des 15. Jahrhunderts ein hervorragendes Zentrum der Goldschmiedekunst in Südwestdeutschland war, büßte sie ihre Bedeutung nach diesem Zeitpunkt mehr und mehr ein. Für diesen Verfall der wirtschaftlich-politischen Stellung und des Kunsthandwerks spielen mehrere Faktoren eine Rolle.
Patrizier, Adel und Klerus zählten zu den hauptsächlichsten Kunden der Goldschmiede. Auf Grund der erbitterten Kämpfe der Zünfte gegen die Patrizier verließen eine Reihe dieser Familien die Stadt und siedelten sich in benachbarten Städten an. Dort vergaben sie ihre weiteren Aufträge an die ansässigen Gold-

schmiede. Die Reformation brachte den zweiten Schlag für das Handwerk. Bischof und Domkapitel verließen, vom Rat bedrängt, 1524 die Stadt und kehrten erst zu einem Zeitpunkt zurück, als die Reformation niedergeschlagen und die Stadt den Status einer Freien Reichsstadt verloren hatte. Zwar waren die großen Silberschätze der Konstanzer Kirchen während der Reformation eingeschmolzen worden, die bedeutenden Aufträge, die Sakristeien wieder zu füllen, gingen aber in Zukunft in eine neue Metropole des Kunsthandwerks, nach Augsburg. Konstanz hatte seine beachtliche wirtschaftliche Stellung verloren. Den Konstanzer Goldschmieden blieb bezüglich sakraler Arbeiten hauptsächlich die Herstellung von Kelchen und kleineren Gegenständen. Nur wenige große sakrale Arbeiten sind aus der Zeit nach 1500 von Konstanzer Goldschmieden bekannt (vgl. Kat. Nr. C 29). Im 18. Jahrhundert waren nur noch fünf Goldschmiede in der Stadt tätig, unter denen der Meister dieser Arbeit, Franz Andreas Weech, zu den besten zählte.

Nach der Zunftordnung war ein Tablett mit Wasser- und Weinkännchen als Meisterstück nicht vorgesehen. Der Geselle Weech wird aber glücklich gewesen sein, in Frener, einem Chorherrn von St. Johann, einen Auftraggeber für eine Goldschmiedearbeit gefunden zu haben. Die kleine Zunft hat wahrscheinlich, durch die wirtschaftlichen Schwierigkeiten bedingt, ein solches sakrales Werk als Meisterstück gelten lassen.

Silber vergoldet. Kelch H. 27,4 cm, Tablett L. 35,5 cm, Br.: 28,2 cm, Kännchen H. 15,5 cm. Beschauzeichen Konstanz R³ 2915. Meistermarke FAW im Dreipaß R³ 2941 = Franz Andreas Weech.

Literatur: R³ 2941 a–b. – Kdm Südbaden, I, Konstanz, Münster, 1955, S. 525, 527. – C.-A. Graf, Douglas Konstanzer Silberarbeiten des 16. bis 18. Jhs., Dissertation in Vorbereitung.

Konstanz, Münsterschatz

C 6

C 7 □

Meßkelch

Franz Xaver Gäs, Freiburg, 1765

Der silberne Kelch ist am Fuß und am korbartigen Unterfang der vergoldeten Kuppa mit sechs erstaunlich großen Emailbildern geschmückt. Diese werden von Rocaille-Rahmen eingefaßt, die in ihrer lebhaften Bewegung an gleichzeitige Stukkaturen erinnern. Auf den teilweise überraschend vielfigurigen Emails sind an der Kuppa das Abendmahl, die Öffnung der Seite Christi mit der Lanze des Soldaten und Maria von Engeln umgeben dargestellt. Auf dem Fuß erscheinen Christus am Ölberg, die Kreuzigung und der hl. Joseph. Der sehr farbig wirkende Kelch ist laut Inschrift unter dem Fuß eine Stiftung des Münstergeistlichen J. A. Müller und seiner Schwester Agatha, Witwe des Kaufmanns Franz Xaver Jaquin. Sein Urheber war der als Gürtlermeister bezeichnete Franz Xaver Gäs. Auch von anderen Freiburger Goldschmieden der Barockzeit haben sich ansehnliche kirchliche Werke erhalten. Hier sei nur auf die stattliche, 1673 von Johann Jakob Rothbletz geschaffene silberne Muttergottes-Statue im Freiburger Münsterschatz hingewiesen (Gombert 1965, Nr. 33; Hering-Mitgau 1973, Nr. 28). Im Kopialbuch des Klosters St. Peter ist der um 1730 entstandene Entwurf eines Kelches und einer Meßkännchengarnitur von Johann Anton Voit überliefert, auf dem sich auch farbig angelegte Vorlagen für die Emailbilder befinden (GLA Karlsruhe, Abt. 67/1282, fol. 120).

C 7

Silber, z. T. vergoldet. H. 26 cm. Kein Beschauzeichen. Meistermarke von Franz Xaver Gäs, der offensichtlich nicht als Goldschmied anerkannt war. Geboren 1728, gestorben 1794.

Literatur: Gombert 1965, Nr. 44. – Freiburg 1970, Kat. Nr. 478.

Freiburg i. Br., Münsterschatz

C 8 □

Meßkelch

L. Höbert, Wien, 1770

Goldschmiedearbeiten aus dem fernen Wien haben nur ganz selten den Weg nach Westen gefunden, am ehesten noch

C 8

in Orte der habsburgischen Vorlande oder in eines der großen Klöster. Dies war bei dem reich mit Emails und bunten Steinen geschmückten Kelch der ehemaligen Benediktinerabtei Schuttern der Fall, zu dem noch eine schlichtere Meßkännchengarnitur aus dem Jahre 1768 gehört. Im Schatz eines anderen oberrheinischen Benediktinerklosters, nämlich in St. Peter, hat sich eine sehr verwandte Garnitur des gleichen Meisters erhalten, deren Entstehungsdaten merkwürdigerweise umgekehrt sind als in Schuttern: die Kännchen stammen von 1770, während der Kelch, unter dessen Fuß das Wappen des bedeutenden Abtes Jacob Steyrer eingesetzt ist, die Jahreszahl 1768 trägt (Erhard 1977, S. 140). Vielleicht hatte der Abt von Schuttern sich einen Kelch wie den seines Amtsbruders von St. Peter gewünscht und sich deshalb ein ähnliches Stück beim gleichen Meister in Wien bestellt, vielleicht hängt der Kelch auch mit dem Besuch von Maria Theresias Tochter, der Erzherzogin Marie Antoinette zusammen, die auf ihrem Weg nach Frankreich in Schuttern am 6. Mai 1770 zum letzten Mal auf Reichsboden übernachtete. Jedenfalls verehrte sie dem Abt Karl Vogel (1753–86) ein kostbar mit Brillanten besetztes Pektoralkreuz und eine goldene Medaille (FDA, Bd. 14, 1881, S. 166).

Die Wiener Kelche des Rokoko – wie z. B. auch der 1789 in den Freiburger Münsterschatz gelangte (Gombert 1965, Nr. 42) – zeichnen sich im Gegensatz zu den gleichzeitigen Augsburgern durch ausgeprägte architektonische Formen aus, die in kräftigem Relief deutlich hervortreten. Dies gilt etwa für die rosafarbenen, grünen und glasklaren Steine, die in hohen rocailleförmigen Fassungen aufgesetzt sind und teilweise die in zarten Farben gemalten Emailbilder rahmen. Auf ihnen sind dargestellt: an der Kuppa Maria mit dem Kind übergibt den Rosenkranz an den hl. Dominikus, der hl. Sebastian, Maria übergibt das Skapulier an den Karmelitermönch Simon Stock; auf dem Fuß eine Gruppe von Heiligen, ein einzelner jugendlicher Heiliger mit Palme und Schwert, schließlich der hl. Benedikt.

Silber vergoldet. H. 28,5 cm. Beschauzeichen Wien mit Jahreszahl 1770. Meistermarke LH = L. Höbert (vgl. Knies, Carl, Wiener Goldschmiedezeichen aus den Jahren 1781–1850. Wien 1905, S. 7 und 10). Höbert wird noch 1781 und 1792 erwähnt.

Literatur: Kdm. Baden, Bd. VII, Kr. Offenburg, 1908, S. 130 f. – Freiburg 1964, Kat. Nr. 149.

Schuttern, Kath. Pfarrkirche Mariä Himmelfahrt

C 9 □

Meßkelch

Georg Ignaz Baur, Augsburg 1786

Vierzig Jahre lang war Georg Ignaz Baur der führende Augsburger Goldschmied für katholisches Kirchengerät von höchsten Ansprüchen. Zwischen 1750 und 1790 ging aus seiner Werkstatt eine unübersehbar große Zahl von gewaltigen Silberaltären und Tabernakeln, riesigen Kruzifixen und Altarleuchtern, Statuen, Büsten, Monstranzen, Kelchen und anderen liturgischen Gegenständen von vorzüglicher künstlerischer Qualität hervor. Am Ende seines Lebens erinnerte er sich dankbar seiner Vaterstadt Biberach und stiftete zusammen mit seiner zweiten Frau der dortigen Pfarrkirche einen kostbaren Kelch, wie das seit dem Mittelalter üblich war. Eine unter dem Fuß befestigte Silberplatte hält diesen schönen Vorgang in einer ausführlichen gravierten Inschrift für die Nachwelt fest. Sie lautet: „Diesen Kelch zum angedenken verehrt von 2 gebohrne Biberacher in dasige Pfarr Kirche Georg Ignati Baur Churtrierischer u. Augsburger Hof Gold und Silber arbeither zu Augsburg und deßen Haußfrau Maria Barbara Baurin gebohrne Pidonin 1786."
Reich mit Steinen und Perlmuttplättchen geschmückte Kelche hat Baur des öfteren geschaffen. Aus dem Gebiet des heutigen Landes Baden-Württemberg sei nur an die Prachtstücke in Waldsee und Schussenried (Pazaurek 1912, Taf. LXXVII) sowie im Freiburger Münsterschatz (Gombert 1965, Nr. 49; vgl. auch MüJb 3. F., Bd. 9, 10, 1958/59, S. 415 und Seling 1980, Abb. 643) erinnert. Bei allen sind – statt der sonst üblichen Emailmedaillons – je drei Perlmuttplatten in den Fuß und den Korbunterfang der Kuppa eingesetzt, die – wie bei dem Biberacher Kelch – von einem silbernen, mit kleinen weißen und roten Steinen besetzten Blattkranz eingerahmt werden. Die runden Perlmuttplatten tragen fein ziselierte vergoldete Reliefs, die sich in nobel zurückhaltender Weise von dem weiß schimmernden Untergrund abheben. Dargestellt sind sechs Szenen aus der Passion: auf dem Fuß Christus am Ölberg, Dornenkrönung und Kreuztragung, auf dem Kuppakorb Christus wird seiner Kleider beraubt, Geißelung und Kreuzigung.
Im Gegensatz zu den genannten, meist nur ein Jahrzehnt älteren Kelchen, die

C 9

sich durch reich bewegte asymetrische Rokokoformen auszeichnen, atmet das Spätwerk Baurs bereits ganz den Geist einer neuen Epoche. Nur mit Hilfe weniger Motive, darunter den im Zopfstil beliebten Girlanden, wird ein klarer und übersichtlicher Aufbau erreicht. Den Fuß, dessen Seiten nur mäßig geschwungen sind, teilen drei kräftig vortretende Rippen in drei Felder. Diese Gliederung setzt sich ähnlich am Kuppakorb fort.

Silber vergoldet. H. 28,5 cm. Beschauzeichen Augsburg, R³ 281, Seling 272 = 1785–87. Meistermarke GIB im Dreipaß, R³ 975, Seling 2403 = Georg Ignaz Baur, Meister 1750, gestorben 1790.

Literatur: Pazaurek 1912, Taf. LXXVII, 3. – Kdm. Württemberg, Donaukreis, Bd. I, Biberach, 1914, S. 54.

Biberach an der Riß, Kath. Kirchengemeinde St. Martin

C 10 a–c □

Kelch, Ziborium und Monstranz

Johann Friedrich Pölcking, Bruchsal 1733 und 1734

C 10

Als der Kardinal Damian Hugo von Schönborn im Jahre 1719 Bischof von Speyer wurde, übernahm er ein durch jahrzehntelange Kriege zerstörtes Land. Deshalb galt seine Sorge vor allem dem Wiederaufbau und der Neuausstattung der Kirchen. Insbesondere bemühte er sich, neue, ordentlich gearbeitete Vasa Sacra, also liturgische Geräte wie Kelche, Ziborien und Monstranzen, für die ausgeraubten Kirchen anzuschaffen. Zur Bestreitung der Kosten ließ der Kardinal sich etwas Ungewöhnliches, wenn nicht sogar Einzigartiges einfallen. Er gründete einen besonderen Fond, der aus ihm zur Verfügung stehenden Schatullengeldern gespeist wurde (Wille, Jakob, Bruchsal. Bilder aus einem geistlichen Staat im 18. Jahrhundert. Heidelberg 1900, S. 66 f.). Am 24. Oktober 1733 befahl er dem neu angestellten „herrschaftlichen Silberarbeiter" Johann Friedrich Pölkking, „vor die neuer Kirchen iz neuer Kelch, die Füß von Kupfer, die Cuppen und Teller von Silber zu machen und damit es wohl fortkomme, soll er solche durch den Kupferschmidt und den hiesigen Gießer die Knöpf machen laßen" (GLA Karlsruhe, Abt. 78/145). Auf den Einwand des Goldschmiedes, man könne doch Einzelteile fertig von Augsburg beziehen, ließ Schönborn dort Erkundigungen einziehen.
Von Pölckings Erzeugnissen haben sich noch mehrere erhalten. Die verschiedenen Typen wurden jeweils nach einem Riß möglichst einfach und billig hergestellt. Die Füße und andere weniger wichtige Teile bestehen, wie befohlen, aus vergoldetem Kupfer, nur das Mittelstück der Monstranz, die Kuppen der Kelche und Ziborien sind aus vergoldetem Silber. An gut sichtbarer Stelle ist auf den Füßen aller Gegenstände das Wappen des Bistums Speyer und das der Familie Schönborn mit der Jahreszahl 1733 oder 1734 graviert. Die gleichfalls auf den Füßen gravierte Inschrift „EX CASSA PARAMENTORUM EMPTUS" weist deutlich darauf hin, aus welcher Quelle diese schlichten Altargeräte bezahlt worden sind. Nur die Monstranz zeichnet sich durch etwas reicheren Schmuck aus. Auf dem Strahlenkranz sind neben Bandelwerkornamenten und einigen Glasflüssen oben Gottvater, unten eine Taube, ferner zwei geflügelte Engelsköpfe angebracht.
Über das Leben Johann Friedrich Pölkings sind nur wenige Daten bekannt. Aus den Ettlinger Kirchenbüchern weiß man, daß der Hofgoldschmied der verwitweten Markgräfin Sibylla-Augusta von Baden-Baden am 15. Juni 1733 heiratete und daß er aus Quakenbrück stammte, wo sein Vater Hermann als Goldschmied lebte (freundliche Mitteilung von Hans Leopold Zollner, Ettlingen). Andere Mitglieder der Familie waren in demselben Beruf in Osnabrück tätig. Doch ver-

lor Pölcking schon wenige Wochen später kurz nach dem Tode der Markgräfin, der er über vier Jahre gedient hatte, am 29. Juli 1733 seine Stelle (GLA Karlsruhe Abt. 47/637). Der mit Sibylla-Augusta befreundete Kardinal Schönborn holte ihn bald darauf nach Bruchsal (Rott 1914, S. 79, Nr. 307). Da die Kirche zum hl. Grab in Baden-Baden im Jahre 1735 in den Besitz eines Guthabens Pölckings gelangte, dessen Erbe in Osnabrück lebte, muß er um diese Zeit gestorben sein (Kdm. Baden, Bd. 11,1, Stadt Baden-Baden, 1942, S. 166).

Silber und Kupfer vergoldet. H. 21,3 cm (Kelch), 31,8 cm (Ziborium) 59 cm (Monstranz).

Literatur: Kdm. Baden, Bd. IX, 2, Bruchsal, S. 247 und 257 (Kronau und Neuthard).

Kronau, Kath. Pfarrkirche St. Laurentius (Kelch)
Karlsruhe, Badisches Landesmuseum, Inv. Nr. C 8772 (Ziborium)
Karlsdorf-Neuthard, Kath. Pfarrkirche St. Sebastian (Monstranz)

C 11 □

Ziborium

Johann Georg Jaser, Augsburg, 1757–59

Wie die reicher ausgestatteten Kelche, so wurden auch anspruchsvollere Ziborien gern mit Emailmedaillons geschmückt. Für diesen Speisekelch, also das Gefäß zur Aufbewahrung der konsekrierten Hostien, wurden in sinnvollem Bezug zur Eucharistie drei Szenen ausgewählt, eine aus dem Alten und zwei aus dem Neuen Testament, und zwar die Mannalese der Juden, das letzte Abendmahl und Christus mit den beiden Jüngern in Emmaus. Die Emailbilder, eingefaßt von silbernen, mit roten Glassteinen besetzten Rahmen, sind auf den drei größeren Feldern des Fußes angebracht, während die kleineren nur mit ähnlich den Rahmen gestalteten Auflagen besetzt sind. Diese kehren als drei kleinere und drei größere Schmuckplättchen am Kuppakorb wieder, der sich ebenso wie der Deckel und der Fuß durch reich bewegtes, getriebenes Rokoko-Ornament auszeichnet. Den Deckel des Ziboriums bekrönt ein Kreuz, dessen Form dem der Johanniter entspricht, denn die Villinger Kommende besaß das Patronatsrecht über die Dürrheimer Kirche.

Silber vergoldet. H. 36,5 cm. – Beschauzeichen Augsburg R³ 259, Seling 238 = 1757–59; Meister-

C 11

marke R³ 950, Seling 2320. Jaser wurde 1740 Meister und starb 1760.

Literatur: Kdm. Baden, Bd. II, Kr. Villingen, 1890, S. 74.

Bad Dürrheim, Kath. Pfarrkirche St. Johann

C 12 □

Entwurf für eine Monstranz

Augsburg, um 1700

Unter den Bauplänen des Benediktinerklosters Schwarzach befinden sich zwei Entwürfe für Monstranzen (vgl. Kat. Nr. C 14), die in der Zeichenweise so verschieden sind, daß sie nicht von derselben Hand herrühren können. Das hier besprochene Blatt zeigt nur das Oberteil einer Monstranz. Diese zeichnet sich durch ein sorgfältig durchdachtes ikonographisches Programm aus, das ganz auf das Leiden Christi und seiner Mutter bezogen ist. Um das Schaugefäß mit der Hostie, auf der eine Kreuzigungsgruppe erscheint, ist eine Dornenkrone gelegt. Als weitere Arma Christi sind zu Seiten der Dornenkrone der Stab mit dem Schwamm und die Lanze angebracht. Darunter ist Maria als schmerzhafte Mutter dargestellt, deren Herz von sieben Schwertern durchbohrt wird. Auf die sieben Schmerzen Mariens sollten sich auch die Darstellungen in den von Putten gehaltenen, noch leeren Medaillons beziehen. Zwei der vorgesehenen Szenen sind bereits durch Beischriften „Die Beschneidung Christi" und „Christus lehrt im Tempel" angegeben. Daß alle sieben Schmerzen dargestellt werden sollten, geht aus dem Kommentar des Goldschmiedes hervor: „In diese siben Feldt soldt hier die 7 Schmertzhafte Geheimnuße von getriben od(er) geschmöltzen arbeit gemacht werden oder staat deßen die Bildnuße der Heylligen, deren Name auf gezeichnet werden möge. Der Schein (Strahlenkranz) an diß Monstranz muß mehrer vorstehen wie undn angedeut . . .".
Durch die Bemerkung an der unteren rechten Ecke des Blattes „Johann David Saller Goldschmidt zugehörig" wollte dieser zum Ausdruck bringen, daß der Entwurf von ihm vorgelegt wurde und daß folglich ein etwa zu erteilender Auftrag nur ihm zukomme. Ob er auch als der Urheber der Zeichnung angesehen werden darf, muß offenbleiben.

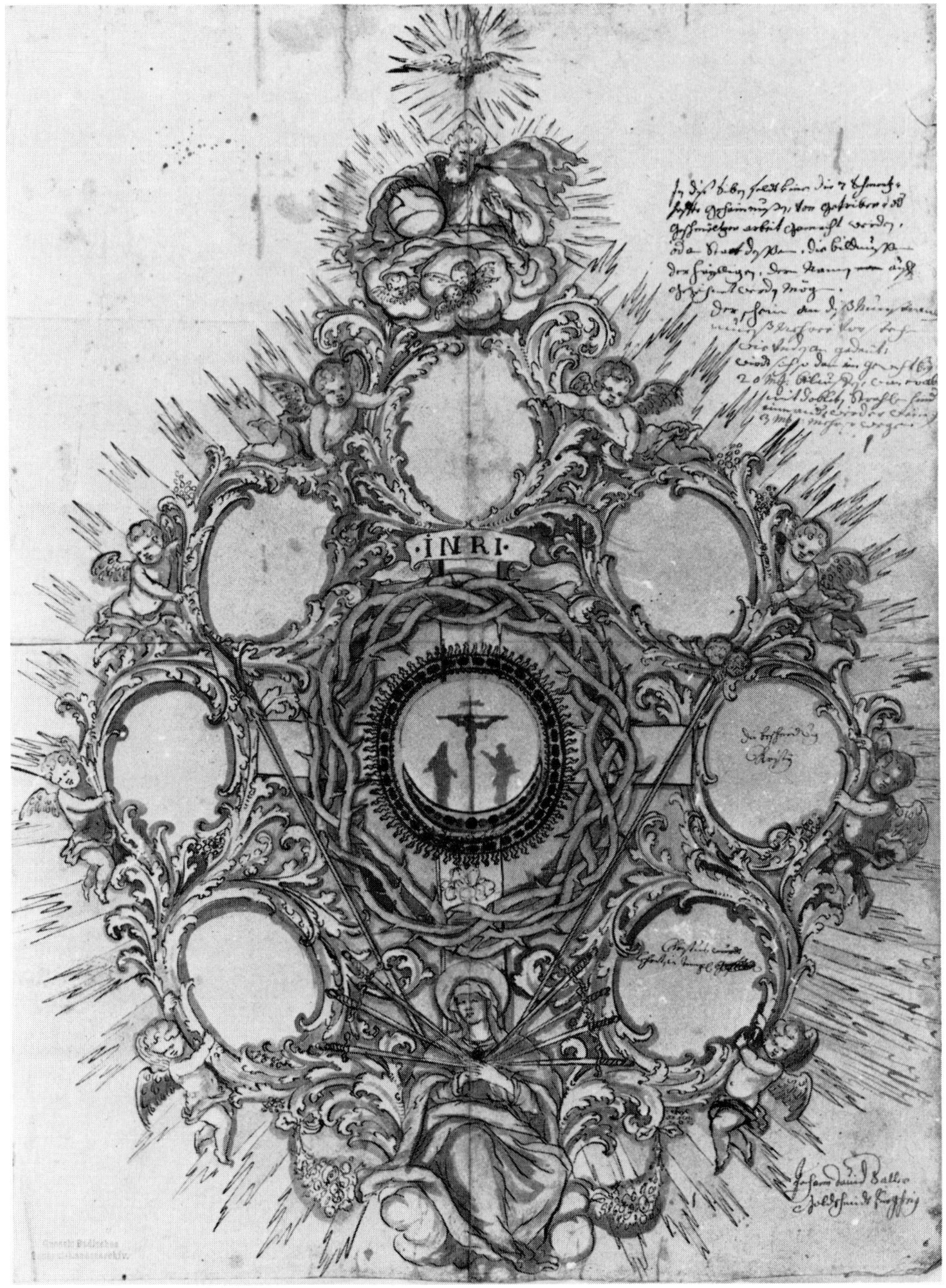

C 12

Feder laviert, auf Papier, 61 × 45 cm. Johann David Saler, Meister in Augsburg um 1693, gestorben 1724, vgl. Seling 1877.

Literatur: R³ 760 und 2599.

Karlsruhe, Generallandesarchiv, G/Schwarzach 16

C 13 □

Kupferstich mit Darstellung der goldenen Monstranz von Kloster Salem

Hans Jakob Läublin, Schaffhausen, um 1710

Der Goldschmied Hans Jakob Läublin, 1664 in Schaffhausen als Sohn eines aus Metzingen in Württemberg stammenden gleichnamigen Goldschmiedes geboren, muß ein tüchtiger Geschäftsmann gewesen sein. Er hatte sich, obwohl evangelischer Konfession, in seinem Schaffen auf anspruchsvolles katholisches Kirchengerät, besonders auf prächtige Monstranzen, spezialisiert und es deshalb verstanden, zu den großen Klöstern und Kirchen der Schweiz und Südwestdeutschlands die besten Beziehungen anzuknüpfen. Die kostbarsten seiner Monstranzen waren aus Gold gearbeitet, wovon die älteste, im Jahre 1697 fertiggestellte in St. Ursus in Solothurn noch heute Zeugnis ablegt, während die übrigen, die er z. B. für die Klöster Muri, Andlau im Elsaß, Rheinau und Salem schuf, zugrunde gegangen sind. Auf die letztere muß Läublin sehr stolz gewesen sein, denn er fertigte danach vermutlich sogar selbst einen riesigen Kupferstich, der unten rechts seine Signatur trägt: „Hans Jakob Löblin von Schaffhausen gezeichnet Infentiertum (erfunden) von Gold gemacht".
Auf dem Stich ist die Monstranz, die die hohe Summe von 10 427 fl. gekostet hatte, wahrscheinlich in originaler Größe dargestellt, hinter ihr erscheint eine Ansicht des Klosters Salem. Der Text darunter erläutert in lateinischer und deutscher Sprache die einzelnen figürlichen Darstellungen, die von „teils hochgetriebener, teils geschmelzter arbeit" waren. Als letztes wird vermerkt, daß Abt Stephan I. (1698–1725) „nachdem Er das Stifft Salmansweiler auss der brundstatt new auffgerichtet hat in schuldigster dankbarkeit dem eingefleischten wort Gottes in dem Heyl. Sacrament dess Altarß disen von gold und edelgesteinen schimmernde(n) thron eingerichtet" hat. Die auf dem Stich gegebene Beschreibung wird noch durch eine weitere ergänzt, die sich bei Salemer Akten fand. Es heißt dort:
„Der Fues, Herz und die Cron seind von Silber und dreifacht im Feur vergult. Umb das Herz, auf beeden Seithen seindt geschmelzte Cränz und in jedem 12 grosse Stein und umb diese, die mit 6 kleinen Rubinlein und andern Steinlein schön gefasst. Zitterrosen 18, die zimlich gross, in der Mit einen grossen Stein und umb diesen 6 kleine haben. Sodann 18 und auf diesse Weiß mit 7 Steinen gefasste Bantellocken (Pendeloques). Die Cron ist mit 72 Stein besetzt. Im halben Mohn seind 13 gar feine Rubin. Das Creitzel, so zu oberst auf dem Pellican kombt, und fast einem Pectoral gleichet, hat 5 Safier. 7 Historien von Golt und schön getriebene Arbeit, so auf den Fuss khommen, 4 Engel von Gold, die den Passion representieren. NB. Am vorderen Kranz des Herzens seind in denen Rosen die Stein mit Diamanten gefasst."
Die nach dem Stich entstandenen Monstranzen Läublins sehen sich untereinander – von kleineren Varianten abgesehen – ziemlich ähnlich (vgl. Kat. Nr. C 15). Er muß wohl seinen geistlichen Kunden stets den monumentalen Stich als Muster gezeigt haben, wie es bei der 1727 ausgeführten Monstranz in Wil (Schweiz) der Fall war: sie wurde „nach der in Kupfer erzeigten manier" geschaffen (Rittmeyer 1959, S. 49).

Papier. 122 × 52,5 cm.

Literatur: Rittmeyer 1959, S. 59 ff.

Kreuzlingen, Basilika St. Ulrich

C 14 □

Entwurf für eine Hostienmonstranz

Hans Jakob Läublin, Schaffhausen, um 1716

Der zweite Monstranzentwurf, der sich unter den Schwarzacher Bauplänen befindet (der erste vgl. Kat. Nr. C 12), ist erhaltenen Werken des Schaffhausener Goldschmiedes Hans Jakob Läublin so geschwisterlich verwandt, daß er ohne Zögern seiner Hand zugeschrieben werden darf. Die sehr sorgfältige Zeichnung muß in seiner späteren Zeit, vermutlich im 2. Jahrzehnt des 18. Jahrhunderts entstanden sein, denn sie übernimmt Motive des großen, um 1710 datierbaren Kupferstiches, der die goldene Monstranz von Salem darstellt (Kat. Nr. C 13). Bestimmte Einzelheiten sind dort ähnlich zu finden wie z. B. die Bildung des Fußes und des Schaftes oder die angehängten emaillierten Schmuckstücke, die ein charakteristisches Merkmal von Läublins Kunst sind. Sie schmücken auch den Rahmen um das herzförmige Schaugefäß, größere sind außerdem dem rahmenden Akanthus-Blattwerk aufgelegt, vielleicht auch als Zitterrosen, wie in Schuttern (Kat. Nr. C 15). Das ikonographische Programm beginnt an der Spitze mit einem Pelikan, der sein Blut für seine Jungen gibt, darunter erscheinen Gottvater und die Verkündigungsszene, die unter einem großen Baldachin stattfindet. Unter dem Schaugefäß war, gleichfalls als Relief, die Darstellung der Opferung Isaaks durch Abraham vorgesehen, die nach demselben Modell wie bei der Salemer Monstranz gearbeitet werden sollte. In dem Blattwerk tummeln sich noch Putten mit Leidenswerkzeugen sowie rechts und links vom Schaugefäß zwei anbetende Engel.
Im Juli des Jahres 1716 machte Läublin eine Geschäftsreise an den Oberrhein, während der er Monstranzen für die Klöster Gengenbach, Schuttern (Kat. Nr. C 15) und Andlau ablieferte. Über die letztere, aus Gold gearbeitete und reich mit Steinen besetzte Monstranz, die bereits am Ende des 18. Jahrhunderts zugrunde ging, äußerte die Äbtissin in einem Attest: „dass Wür unsere darob geschöpfte höchste Satisfaktion und Genügen gegen männiglichen loben, und Ihme Kunsterfahrnen Goldarbeitern allen Kunstliebenden bestens recommendieren müssen" (Rittmeyer 1959, S. 55). Anläßlich der genannten Reise wird Läublin gewiß auch in Kontakt zu Kloster Schwarzach getreten sein, an dem seine Reiseroute fast vorbeiführte. Ob sein Entwurf auch ausgeführt wurde, ließ sich nicht ermitteln.

Papier, Feder laviert. 65,5 × 42,5 cm.

Karlsruhe, Generallandesarchiv, G/Schwarzach 15

C 15 □

Hostienmonstranz

Hans Jakob Läublin, Schaffhausen, 1716

Die Monstranz, die Läublin auf seiner Reise an den Oberrhein im Jahre 1716 in Kloster Schuttern ablieferte und für die er 700 fl. verlangte, gehört zu den kleineren seiner Werke (vgl. Kat. Nr. C 14). Sie ist zwar in Grundzügen der auf dem großen Kupferstich dargestellten Salemer Monstranz von 1710 (Kat. Nr. C 13) verpflichtet, doch nicht so reich ausgestattet, weder im Schmuck noch in den figürlichen Darstellungen. Diese zeigen neben zehn kleinen Putten nur den Pelikan an der Spitze, Gottvater und unter dem herzförmigen, von einer Krone bekrönten Schaugefäß ein Relief mit der Verkündigung an Maria. Ihre besondere Wirkung erhält die Monstranz durch den „trathsilbernen" Schmuck, der wie ein fein gesponnenes Gewebe den dahinter befindlichen Laubkranz überzieht. Zu dem Farbakkord Gold und Silber treten als Akzente die farbig fein ab-

C 13

C 14

gestimmten Steine und emaillierten Rosetten hinzu, die eine Spezialität Läublins waren. Der Rahmen um das Schaugefäß ist mit zehn solchen Rosetten besetzt, in deren Mitte, umgeben von kleinen Amethysten und Smaragden, jeweils ein großer Amethyst, Turmalin oder Rauchtopas angebracht ist. Über dem Filigran schweben acht auf Federn befestigte Zitterrosen, die aus Silbergittern mit kleinen Schmucksteinen bestehen. Diese Rosetten bewegen sich beim Tragen auf eine seltsam zurückhaltende, zittrige Weise, während die 18 am äußeren Rand angehängten „Bandeloken“ (Pendeloques) sicher stärker schwanken.

C 15

Silber, z. T. vergoldet. H. 87 cm. Beschauzeichen Schaffhausen. Meistermarke HIL ligiert = Hans Jakob Läublin, geboren 1664, Meister 1687, gestorben 1730.

Literatur: Rittmeyer 1959, S. 57 ff. – Freiburg 1964, Kat. Nr. 77.

Schuttern, Kath. Pfarrkirche Mariä Himmelfahrt

C 16 □

Hostienmonstranz

Georg Andreas Claus, Meßkirch, 1720

In den katholischen Kirchen des Landes Baden-Württemberg hat sich bis auf den heutigen Tag eine kaum übersehbare Zahl von Hostienmonstranzen des späten 17. und des 18. Jahrhunderts erhalten, die in unterschiedlicher Größe und Qualität aus Augsburg geliefert wurden. Nur ganz selten findet sich eine Monstranz, die im Lande selbst von einem ortsansäs-

C 16

C 17

sigen Meister geschaffen wurde. Dieser konnte bei seinem Werk freilich keine eigenen Wege gehen, sondern mußte sich bemühen, den berühmten Augsburger Vorbildern möglichst nahe zu kommen. In der Regel wird er sich daher Augsburger Vorlagen oder von dort bezogener Modelle bedient haben.
Zu den wenigen, im Lande entstandenen Monstranzen zählt neben dem Villinger Prachtstück (Kat. Nr. C 18) die von Veringendorf. Auftraggeber und Meister müssen auf das Werk besonders stolz gewesen sein, wie aus der auf den Fußrand gravierten Inschrift, die zugleich Stifter und Name des Meisters überliefert, hervorgeht. Danach hat Georg Andreas Claus im Jahre 1720 in Meßkirch die Monstranz angefertigt, und zwar auf Kosten der Kirchenverwaltung von Veringendorf, der dortigen Rosenkranz-Bruderschaft und des aus Saulgau stammenden Pfarrers Franz Dangel.
Vor dem in jüngerer Zeit erneuerten Strahlenkranz sind silberne Akanthusblätter und vergoldete Trauben angebracht. Zum figürlichen Programm gehören Gottvater in einer Wolkenbank und die Taube des Hl. Geistes über dem etwa herzförmigen Schaugefäß für die Hostie. Zu beiden Seiten erscheinen rechts der hl. Michael als Kirchenpatron, links der hl. Nikolaus. Zwischen Schaugefäß und Schaft steht Maria als Immaculata auf einer von der Schlange umwundenen Erdkugel. Auf dem Fuß sind vier Passionsszenen dargestellt. Das Werk von Claus zeichnet sich durch eine wirkungsvolle Farbigkeit aus, die durch den fein abgestuften Wechsel von vergoldeten und silbernen Partien sowie einige bunte Steine hervorgerufen wird. Von Claus hat sich in St. Martin in Meßkirch ein etwa gleichzeitiger Kelch erhalten (Freiburg 1964, Kat. Nr. 83). Aus archivalischen Quellen ist außerdem bekannt, daß Claus 1726 für Kloster Weißenau einen Abtsstab anfertigte (Kdm. Württemberg, Oberamt Ravensburg, 1931, S. 79).

Silber, z. T. vergoldet. H. 73cm. Beschauzeichen Meßkirch. Meistermarke GAC = Georg Andreas Claus.

Literatur: R^3 3412. – Kdm. Hohenzollern, Bd. II, Kr. Sigmaringen, 1948, S. 387.

Veringendorf, Kath. Pfarrkirche St. Michael

C 17 □

Hostienmonstranz

Franz Ignaz Berdolt, Augsburg 1755

Unter der großen Zahl der erhaltenen Augsburger Sonnenmonstranzen fällt die des Rottenburger Domes durch die ungewöhnliche Form des Schaugefäßes für die Hostie auf. Denn dieses ist nicht wie allgemein üblich herzförmig oder oval gebildet, sondern hat die Form eines dem Strahlenkranz vorgeblendeten Altaraufbaues, dessen offene Mitte – sonst Platz eines Altargemäldes – die Lunula für die Hostie aufnimmt. Diese Öffnung wird zu beiden Seiten von je zwei Säulen, einer spiralig gedrehten und einer kannelierten, gerahmt. Auf ihnen ruht das reich geschwungene Gesims, über dem sich ein hoher Baldachin erhebt, dessen Vorhänge rechts und links der Säulen herabfallen.
Um diesen Altaraufbau zieht sich ein Wolkenband, in dem sich eine Fülle von Putten tummeln. Einige von ihnen tragen auf ihren Köpfen Körbe, aus denen Weinstöcke mit Weinlaub und Trauben herauswachsen. Den unteren Abschluß des Wolkenbandes bilden zwei große Füllhörner, aus denen einzelne Ähren hervorragen. Trauben und Ähren weisen den Betrachter auf die beiden Gestalten Brot und Wein hin, unter denen Christus beim letzten Abendmahl die Eucharistie einsetzte. Diese Szene ist als getriebenes Relief zwischen den beiden Füllhörnern auf einer gesondert eingesetzten Platte dargestellt. Darüber erscheint am unteren Rand des Altaraufbaues der Pelikan, der sein Blut für seine Jungen opfert so wie Christus, der in der konsekrierten Hostie darüber gegenwärtig ist, durch seinen Kreuzestod sein Leben für die Erlösung der Menschheit hingab. Unter dem Baldachin schwebt die Taube des Hl. Geistes und hoch darüber auf einer Wolkenbank die Gestalt von Gottvater mit großer Weltkugel, so daß der Betrachter zusammen mit der in Christi Leib verwandelten Hostie die Dreifaltigkeit vor Augen hat.
Die besondere Wirkung der Monstranz beruht neben dem ungewöhnlichen Aufbau und dem durchdachten ikonographischen Programm auf der erstaunlichen Farbigkeit. Diese ergibt sich aus dem Kontrast von silbernen Ornamenten, die auf die ganz vergoldete Monstranz aufgelegt sind, erst recht aber durch die reiche Verwendung von grünen, rosafarbenen,

C 18

C 19

blauen, violetten und glasklaren Steinen. Einige davon sind sogar als Andeutung von Glasscheiben in die Fenster der Abendmahlsszene eingesetzt. Der Materialreichtum wird noch erhöht durch die Vielzahl kleiner Perlen, die die Weintrauben bilden und sich spiralenförmig in schmalen Streifen um die gedrehten Säulen und Füllhörner winden. Die reiche Farbigkeit ergänzen schließlich noch einige grün bemalte Weinblätter.
Dem Goldschmied muß bewußt gewesen sein, daß er mit dieser Monstranz ein aus dem Rahmen des Gewohnten fallendes kostbares Werk geschaffen hat. Aus diesem Grunde brachte er – was in Augsburg sehr selten vorkommt – an deutlich sichtbarer Stelle, am vorderen Rand des Fußes seine gravierte Signatur an: „Franz Ignaty Berdolt Fecit A° 1755“. Dasselbe hatte Berdolt – einer der führenden Augsburger Meister für katholisches Kirchengerät in der ersten Hälfte des 18. Jahrhunderts – schon 1739 bei der großen Monstranz der ehemaligen Jesuitenkirche in Landshut getan (Seling 1980, Abb. 653), die in ihren Grundzügen weitgehend dem späteren Werk entspricht. Jedoch sind dessen Formen im Sinne des auf seiner vollen Höhe stehenden Rokokostiles viel stärker bewegt und von graziöser Leichtigkeit erfüllt.

Silber, vergoldet. H. 93,5 cm. Beschauzeichen Augsburg mit L = 1753–55. Meistermarke IFB im Dreipaß, Seling 2026 = Franz Iganz Berdolt, Meister 1710, gestorben 1762.

Literatur: Keppler 1888, S. 291.

Rottenburg a. N., Dom St. Martin

C 18 □

Hostienmonstranz

Zacharias und Gottlieb Otto, Villingen, 1755–1760

Der Monstranz des Villinger Münsters läßt sich von den zahlreichen liturgischen Geräten dieser Gattung, die sich aus dem 18. Jahrhundert erhalten haben, nicht einmal aus der umfangreichen Augsburger Produktion ein auch nur annähernd vergleichbares Werk an die Seite stellen. Erstaunlich ist, daß so etwas Ungewöhnliches in einer kleinen Stadt des Schwarzwaldes geschaffen wurde. Aus einem „Accord“ vom 15. April 1755, also aus einem Vertrag zwischen dem Pfarrektor Benedikt Schuh mit den Villinger Goldarbeitern Zacharias und Gottlieb Otto geht hervor, daß diese eine Monstranz

aus 13-lötigem Silber für insgesamt 949 fl. 30 kr. anfertigen sollten. Das große, wegen seiner aus dem Rahmen des Üblichen fallenden Form nicht leicht auszuführende Werk war offensichtlich im Jahre 1760 vollendet, denn diese Jahreszahl ist in römischen Lettern auf das zugehörige Futteral geprägt.
Das Ungewöhnliche der vorzüglich gearbeiteten, fein ziselierten Monstranz ist ihr architektonischer Aufbau, der in dieser Konsequenz im 18. Jahrhundert nicht seinesgleichen hat. Zwar gab es des öfteren Monstranzen mit architektonischen Motiven – wie etwa die gleichzeitige Monstranz des Rottenburger Domes von 1755 (Kat. Nr. C 17) – doch wurde dabei nie auf den obligatorischen Strahlenkranz verzichtet. Läßt man bei der Villinger Monstranz einmal den Ständer außer Acht, so hat man einen Altaraufbau en miniature vor sich. Der Gedanke zu einer so einzigartigen Gestaltung ist sicher nicht allein auf die Wünsche des Auftraggebers oder die Ideen der beiden Goldschmiede zurückzuführen, vielmehr muß man als Urheber des Entwurfs einen Maler oder Bildschnitzer annehmen. Villingen war im 18. Jahrhundert ein bemerkenswertes kleines Kunstzentrum. Um die Mitte des Jahrhunderts wirkten dort – vielfach gemeinsam an denselben Aufgaben – der Bildschnitzer Joseph Anton Hops (vgl. Kat. Nr. B 61) und der Altarbauer Martin Hermann. Letzterer war auch der Partner Joseph Christians (vgl. Kat. Nr. B 1–8) bei den Chorgestühlen von Zwiefalten und Ottobeuren. Es liegt deshalb die Vermutung nahe, daß einer der Villinger Künstler, vielleicht auch beide, den Goldschmieden den Entwurf und die benötigten Modelle, vor allem für die gegossenen Teile, geliefert haben.
Der architektonische Aufbau ruht auf zwei etwa gleichberechtigten Säulenpaaren und einem dritten, etwas nach rückwärts versetzten, die durch geschwungene Sockel und Gesimse miteinander verbunden sind. Eine ähnliche Lösung hatte man auch für den nur wenig älteren Hochaltar von Zwiefalten gefunden (Huber 1960, Abb. 41). Den Mittelpunkt zwischen den Säulen bildet – statt des Altarblattes, aber wie ein solches gerahmt – das Schaugefäß mit der Lunula für die Hostie. Im gesamten Altaraufbau sind nach einem theologisch genau durchdachten Programm eine Fülle von Figuren, vor allem Putten, angebracht. Ganz oben schwebt ein Engel mit dem

C 20

Kreuz. Unter dem Baldachin darunter, dessen Vorhänge zwei Putten zur Seite halten, erscheint Gottvater und die Taube des Hl. Geistes. Ein Lamm Gottes, das auf einem Buch mit sieben Siegeln steht, bekrönt das Schaugefäß, unter dem sich ein geöffnetes Buch, begleitet von den vier Evangelistensymbolen, befindet. Um den Sockel, der den Übergang zum Schaft herstellt, schweben schließlich noch drei Putten mit Kelch, Anker und Herz, den Attributen von Glaube, Hoffnung und Liebe. Bleiben noch die gegossenen Ornamentplatten zu erwähnen, die rechts und links der Säulen befestigt sind. Sie enthalten in ihrem Rocaille- und Rankenwerk auf der einen Seite Ähren, auf der anderen Trauben als Hinweise auf die beiden Gestalten der Eucharistie.

Silber vergoldet. H. 94 cm. Beschauzeichen Villingen, R^3 4839, Feingehaltszeichen 13. Meistermarke OTO, R^3 4842 = Zacharias Otto, geboren 1722, gestorben 1788 und Gottlieb Otto, geboren 1726, gestorben 1809.
Literatur: Karlsruhe 1881, Kat. Nr. 1508. – Kdm. Baden, Bd. II, Kr. Villingen, 1890, S. 121 und 124. – Kling 1921, S. 128 ff. – Freiburg 1964, Kat. Nr. 127.

Villingen, Münsterschatz

C 19 □

Hostienmonstranz

Aus dem Ritterstift Odenheim in Bruchsal

Franz Anton Gutwein, Augsburg 1789

Die große, recht breit ausladende Monstranz ist auf beiden Seiten gleich gearbeitet, d. h., der reiche, mehrfach abgestufte Strahlenkranz mit der Krone über dem Schaugefäß wiederholt sich übereinstimmend. Die Einfassung der Schauöffnung, der zweite Strahlenkranz, die Krone und das bekrönende Kreuz sind dicht mit geschliffenen, im Licht funkelnden Glassteinen besetzt. Auffallend ist, daß das im Aufbau überaus klar gegliederte Werk in spürbarem Gegensatz zu den oft übermäßig bewegten Formen der Rokokozeit steht, die gerade erst überwunden war. Hier bricht sich eine neue Sachlichkeit Bahn, die man in gewisser Weise mit der Aufklärung und kunsthistorisch mit dem Zopfstil in Verbindung bringen darf. Charakteristisch ist auch, daß ähnlich wie bei dem vom gleichen Meister stammenden Expositorium (Kat. Nr. C 20) auf figürliche Darstellungen vollkommen verzichtet worden ist.
Von der gravierten Inschrift unter dem Fuß sind nur die Initialen der Vornamen und der Titel des Stifters sowie das Datum 1789 zu lesen, also das Jahr der französischen Revolution, mit der eine ganze Epoche zu Ende ging. Obwohl bei der Säkularisation der eigentliche Name unkenntlich gemacht worden war, läßt er sich doch noch entziffern. Der Stifter dieses prachtvollen, noblen Werkes hieß Carl Adolph Joseph Freiherr von Mirbach, der zugleich Domkapitular und Scholaster, Propst des Kollegiatsstiftes Allerheiligen zu Speyer sowie Kapitular und Kantor des frei adligen Ritterstiftes Odenheim zu Bruchsal war. Dort starb er im Jahre 1798. Ursprünglich sollte die diesem Ritterstift verehrte Monstranz nach der Säkularisation eingeschmolzen werden, doch wurde sie auf Bitten des Geheimen Rates Oehl im Jahre 1805 vor diesem Schicksal bewahrt und vom Kurfürsten, späteren Großherzog Carl Friedrich von Baden der katholischen Pfarrkirche St. Stephan in Karlsruhe übergeben. In deren Schatzverzeichnis vom Jahre 1812 wird sie unter Nummer 4 mit folgenden Worten aufgeführt: „Eine ganz große Silber vergoldete Monstranz mit Böhmischen marmoroscher Topaßen auf beiden Seiten gleich besetzt . . .“

C 21

Silber vergoldet H. 78,1 cm. Beschauzeichen Augsburg R³ 282, Seling 274 = 1787–89. Meisterzeichen R³ 999, Seling 2455/1 und 3 = Franz Anton Gutwein, Meister 1759, gestorben 1805.

Literatur: Hirsch 1928, S. 532. – Seling 1980, Nr. 2455 f.

Karlsruhe, Kath. Stadtpfarrkirche St. Stephan

C 20 □

Expositorium

Franz Anton Gutwein, Augsburg 1783–85

Ein Expositorium ist ein in der Barockzeit meist „Thronus“ genanntes transportables Gerät, in dem bei besonderen Gelegenheiten, vor allem beim Fronleichnamsfest, die konsekrierte Hostie in der Monstranz allen Gläubigen sichtbar ausgesetzt wurde (vgl. dazu RdK, Bd. VI, s. v. Expositorium, Sp. 714 ff.). Das ausgestellte Expositorium, das keinerlei figürlichen Schmuck aufweist, hat die Form eines Baldachins, der von einer gewaltigen Krone bekrönt wird. Die Rückwand des zur Seite gerafften vergoldeten Vorhanges ist mit rotem Samt ausgekleidet, auf dem ein weiterer Strahlenkranz angebracht ist, der die Strahlen der eingestellten Monstranz hinterfängt und fortsetzt. In der Baden-Badener Stiftskirche haben sich zwei verschieden große Monstranzen erhalten, von denen die ältere aus dem Jahre 1684 mit Hilfe einer zugehörigen Sockelplatte die richtige Höhe im Baldachin erhält (Kdm. Baden, Bd. 11, I, Stadt Baden-Baden, 1942, S. 99 f.). Die jetzt ausgestellte, ursprünglich aus der Bruchsaler Liebfrauenkirche stammende Monstranz (Kat. Nr. C 19) wurde im Jahre 1789 gleichfalls wie die silbernen Beschläge des Expositoriums von Franz Anton Gutwein geschaffen. Wahrscheinlich sind auch dessen aus vergoldetem Kupfer gearbeiteten Teile aus seiner Werkstatt hervorgegangen.

Kupfer vergoldet auf mit rotem Samt bezogener Holzplatte. H. 155 cm, Br. 32 cm. Schmuckstücke Silber. Beschauzeichen Augsburg R³ 279, Seling 270 = 1783–85. Meistermarke etwa R³ 1005, Seling 2455/3 = Franz Anton Gutwein, Meister 1759, gestorben 1805.

Baden-Baden, Liebfrauenkirche

C 21 □

Meßkännchengarnitur

Michael Mair, Augsburg, Anfang 18. Jahrhundert

Die Platte zu den Meßkännchen entspricht im Dekor, vor allem mit den getriebenen Putten und den von Steinen eingefaßten Emailmedaillons, so sehr dem goldenen, gleichfalls im Hl. Kreuz Münster in Schwäbisch Gmünd aufbewahrten Kelch (Mangold, S. 149), daß man beide als zusammengehörige Garnitur betrachten darf, wenn auch das Ornament der Platte stilistisch etwas jünger wirkt. Auf den vier Emails sind die Fußwaschung, Christus mit den beiden Jüngern in Emmaus, die Himmelfahrt Mariens und der hl. Joseph dargestellt. Auf diese Szenen beziehen sich sehr sinnreich die Attribute der den Medaillons paarweise zugeordneten Putten: zwei halten Wasserkanne, Becken und Handtuch für die Fußwaschung, zwei andere Brot und Kelch für das Abendmahl in Emmaus, zwei Krone und Zepter bei der Himmelfahrt Mariens, einer die Lilie als Attribut des hl. Josephs, während das Pendant nur die Hände betend gefaltet hat. Die Herzen von Jesus und Maria, die im Innern der Standringe der beiden Kännchen erscheinen, vervollständigen das ikonographische Programm.

Silber vergoldet. Platte 33 × 25 cm. Beschauzeichen Augsburg, Meistermarke MM, Seling 1745 = Michael Mair, Meister um 1677, gestorben 1714.

Literatur: Biermann 1882, Taf. XXIV, 2. – Mangold 1963, S. 150.

Schwäbisch Gmünd, Münster Hl. Kreuz

C 22 □

Lavabogarnitur

Franz Ignaz Berdolt, Augsburg, 1716

Auf einer reich geschwungenen Platte stehen, gehalten von Standringen, drei Kannen, eine größere und zwei kleinere. Die letzteren dienen als Meßkännchen zur Aufnahme von Wasser und Wein wie bei den üblichen dreiteiligen Garnituren (vgl. Kat. Nr. C 21, 23), die größere Kanne wird zusammen mit der Platte bei Pontifikalämtern für die Händewaschung beim Lavabo verwendet. Derartige vierteilige Garnituren haben sich nur selten erhalten (vgl. Seling 1980, Abb. 312 und Regensburg 1979, Kat. Nr. 94). Die Platte ist mit fein getriebenem Laub- und Bandelwerk verziert, außerdem sind auf dem Rand gegossene Medaillons mit den vier Evangelisten angebracht. Auf den kleinen Standringen erscheinen die gravierten Monogramme von Jesus und Maria, auf dem größeren ein unbekanntes Wappen (Blume auf Berg) mit den Buchstaben F.B.R.P.C. darüber. Aus der Werkstatt von Franz Ignaz Berdolt ging über 50 Jahre vorzüglich gearbeitetes katholisches Kirchengerät hervor (vgl. Kat. Nr. C 17).

Silber vergoldet. H. der großen Kanne 26,2, der kleinen Kannen 14 cm. Platte 39,4 × 31 cm. Beschauzeichen Augsburg wohl R³ 221, Seling 176 = 1716. Meistermarke IFB in herzförmigem Schild, Seling 2026 = Franz Ignaz Berdolt, Meister 1710, gestorben 1762.

C 22

Literatur: Kdm. Württemberg, Jagstkreis, 1, Ellwangen, 1907, S. 123 f. – Pazaurek 1912, Taf. LIX. – Braun 1932, S. 444. – Ellwangen 1964, Kat. Nr. 288.

Ellwangen, Basilika St. Vitus

C 23 □

Meßkännchengarnitur

Zacharias und Gottlieb Otto, Villingen 1777

Ebenso wie die große Monstranz (Kat. Nr. C 18), so ist auch die Meßkännchengarnitur der Brüder Otto ein ungewöhnliches Werk. Denn normalerweise ist ein Tablett, das in seinem Fond die Kännchen trägt, vertieft, um das Wasser beim Lavabo aufzufangen. Die Brüder Otto haben hier jedoch die Sache umgedreht und für die beiden Kännchen eine Art Bühne geschaffen, um die herum noch genügend Platz für das Wasser der Handwaschung bleibt. Kännchen und Tablett zeichnen sich durch reich bewegtes Rokoko-Ornament aus, das vorwiegend aus Rocaillen und Blüten besteht. Die beiden Kännchen sind durch eine Traube bzw. durch einen Delphin auf dem Deckel als die jeweiligen Behälter für Wein und Wasser gekennzeichnet, eine originelle Idee, die z. B. auch bei einer Garnitur des bekannten Augsburger Goldschmiedes Georg Ignaz Baur von 1757–59 begegnet (Regensburg 1979, Kat. Nr. 390).
Aus den unter der Platte gravierten Namen geht hervor, daß die einzigartige Garnitur von vier Personen im Jahre 1777 veranlaßt worden ist: von dem Pfarrer und Rektor der Villinger Kirche Dominicus Luz, dem Bürgermeister (consul) Franz Xaver Zacharias Kegel, dem Schultheiß (prätor) Johann Hieronymus Knoll und dem Syndikus Andreas Bernhard Handtmann. Die überlieferten Akten enthalten den schriftlichen Beleg, daß die Stadtverwaltung die Garnitur für das Münster angeschafft und den Brüdern

C 23

Otto das notwendige Gold und Silber geliefert hat.

Silber vergoldet. Tablett 43 × 33,5 cm. H. eines Kännchens 17,5. Beschauzeichen Villingen, Meistermarke OTO, R³ 4842, die offenbar für beide Brüder gilt, außerdem Feingehaltszeichen 13.

Literatur: Kling 1921, S. 131.

Villingen, Städtische Sammlungen

C 24 □

Schüssel mit Kanne

Johann Marx Schoap, Augsburg, um 1690–1695

Die Mitte der großen, ganz glatt belassenen Schüssel, bei der nur der Rand ornamentiert ist, enthält ein kleines emailliertes Medaillon mit Wappen und Umschrift. Aus diesen geht hervor, daß die vermutlich zunächst für nicht liturgische Handwaschungen gedachte Garnitur vom Kurfürsten und Erzbischof von Trier, Johann Hugo Freiherr von Orsbeck (1676–1711) gestiftet worden ist, der von 1675 bis 1711 auch Bischof von Speyer war. Die gedrungene Form der Kanne findet bei Werken anderer Augsburger Meister des späten 17. Jahrhunderts Parallelen.

Silber vergoldet. Dm. der Schüssel 49 cm, H. der Kanne 22,5 cm. Beschauzeichen Augsburg, R³ 185, Seling 148 = 1690–95. Meistermarke MS ligiert, Seling 1712 = Johann Marx Schoap, Meister um 1671, gestorben 1704.

Literatur: Kdm. Baden, Bd. IV, 3, Buchen, 1901, S. 139. – R³ 728. – Speyer 1930, Kat. Nr. 265. – Seling 1980, Nr. 1712 a.

Walldürn, Kath. Pfarr- und Wallfahrtskirche Hl. Blut

C 25 □

Schrein für die Reliquien des hl. Fridolin

Emanuel Gottlieb Oernster, Augsburg 1764

Am 25. August 1758 schrieb der angesehenste Augsburger Silberhändler Wilhelm Michael von Rauner an die Fürstäbtissin Maria Anna von Hornstein-Göffingen, die von 1755 bis 1805 dem „freiadligen Damenstift" Säckingen vorstand, einen überaus höflichen Brief. Es heißt darin, er, der Silberhändler, habe von dem Baron von Hornstein-Göffingen, Domherr von Augsburg und Ellwangen, dem Bruder der Äbtissin gehört, daß diese und das Stift die „Intention" hätten, „vor den heiligen Leib S(anc)ti Fridolini einen silbernen sarg, der circa 7000 Gulden" kosten sollte, anfertigen zu lassen. Deshalb empfehle er sein Haus, das schon durch Lieferungen nach Hildesheim, Mannheim, Würzburg und Bamberg „die größte Renomé und Reputation" erworben habe. Bei der Lieferung für Hildesheim handelte es sich übrigens ebenfalls um einen Schrein, den in der dortigen Maria Magdalenenkirche noch erhaltenen Schrein des hl. Bernward. Rauner bat in seinem Brief nun um nähere Auskunft, ob „diese heilige Sarg in das Antependium des Althares oder auf den Althar oder sonsten wohin gestellet werde". Desweiteren begehrte Rauner noch Länge, Breite und Höhe zu wissen und stellte die Frage, ob der Schrein auch bei der Prozession umhergetragen werden sollte. Nach Beantwortung dieser Fragen könnte er von Augsburg eine „wohlinventionirte Zeichnung" übersenden.

Daß die Silberhandlung Rauner – Wilhelm Michael war schon 1735 gestorben und das Geschäft wurde von seinen Söhnen fortgeführt – wirklich den Auftrag erhalten und ausgeführt hat, belegt die Abschlußrechnung vom 27. Februar 1764. Aus ihr geht hervor, daß der am Vorabend des Fridolinsfestes am 6. März 1764 in Säckingen eingetroffene „extra magnifique gearbeitete Sarg" 1333 Gulden mehr kostete als ursprünglich veranschlagt. Aus den vielen Einzelposten der Rechnung ergibt sich außerdem eine genaue Beschreibung des Schreines: Dieser ruht auf einem „hölzernen extra schön schwarz gebeizten Fuß" mit silbernen Appliken. Die großen Glasfenster der vier Seitenwände lassen das „inwendige, mit ächtem cramoisie Samt bezogene Pyramidalische Gestell" erkennen, auf dem

C 24

C 25

mit Hilfe „goldener Garnierung" ursprünglich die unverhüllten Knochen des hl. Fridolin befestigt waren, wie das seit der Gotik üblich war. Auf der oberen Platte des Einsatzes lag auf einem Kissen das Haupt des Heiligen. Zwischen den Reliquien, die vom Gewölbe her noch durch acht Fenster beleuchtet werden, sind zahlreiche Steine aus Glasfluß, von den Stiftsdamen gespendete Perlen und Zitterblumen auf Federn angebracht, die bei Prozessionen durch ihre vibrierende Bewegung einen besonderen Reiz ausmachen (vgl. Kat. Nr. C 15). Die auf den vier Eckvoluten der Füße sitzenden Putten tragen „4 doppelte Branches (Arme) zu 8 Leuchter und 8 Bouquets zur Abänderung garniert" in den Händen, vier weitere Putten hocken auf den oberen Eckvoluten und präsentieren Attribute des hl. Fridolin: Stola, Manipel, Mitra, Krone und Schwert sowie ein geöffnetes Buch mit der gravierten Inschrift: „Veritas Paratura S. Fridolini Fundat(oris) Coll(egiatae) Duc(alis) Et Patr(oni) Seccon(iensis)".

Der aus irischem Fürstenhaus stammende hl. Fridolin, der im späten 6. oder frühen 7. Jahrhundert das Kloster Säckingen gegründet hatte, erscheint in Benediktinertracht und mit einem Abtsstab in der Rechten auf dem plattformartigen oberen Abschluß des Schreines, begleitet von einem stehenden Skelett, dem er die linke Hand reicht. Bei dem Toten handelt es sich um einen gewissen Urso, den der hl. Fridolin nach seiner im 10. Jahrhundert niedergeschriebenen Lebensgeschichte vom Tode erweckt haben soll, um als Zeuge in einem Rechtsstreit aussagen zu können.

Der heutige Schrein war keineswegs der erste für die Reliquien des hl. Fridolin. Bereits im Jahre 1661 war ein noch aus dem Mittelalter stammender Schrein durch einen neuen hölzernen ersetzt worden, der sich noch in Großlaufenburg (Schweiz) erhalten hat. Wie man außerdem der im Karlsruher Generallandesarchiv erhaltenen Entwurfszeichnung entnehmen kann, ist auch der barocke Schrein bereits mit Glasfenstern ausgestattet und entspricht somit dem schon in der Gotik aufgekommenen Wunsch der Gläubigen, die Reliquien selbst schauen zu dürfen. Schreine dieser Art sind jedoch nur wenige auf uns gekommen (vgl. Braun, Joseph, Die Reliquiare des christlichen Kultus. Freiburg 1940, Abb. 89, 96, 104, 106, 130).

Die Ausführung eines so großen, etwa 2

C 26

$^1/_2$ Zentner schweren Schreines war eine komplizierte und auch langwierige Angelegenheit, die sich, wie aus den Akten hervorgeht, fast über sechs Jahre hinzog. Für uns Heutige ist es bemerkenswert, daß der Auftraggeber – in diesem Falle die Äbtissin – nicht mit dem ausführenden Goldschmied korrespondierte, sondern, wie das in der Barockzeit allgemein üblich war, mit einem namhaften Silberhändler. Dieser übernahm keineswegs nur die technische und finanzielle Abwicklung des Auftrages, wie z. B. auch die Übernahme von einzuschmelzendem Altsilber, vielmehr war seine vornehmste Rolle eher die eines Impresarios, der verschiedene Künstler heranzog, die dann unter seiner Regie das Werk ausführten. Charakteristisch ist dabei, daß wir aus den Rechnungen keinen Namen der beteiligten Künstler erfahren. So wissen wir nicht, wer den bei den Akten befindlichen und von Rauner in seinem ersten Brief angekündigten Entwurf (Kat. Nr. C 26) gezeichnet hat, ob damit ein Maler, Bildhauer, Architekt oder Goldschmied betraut worden war. Ebensowenig kennen wir die Namen der Bildhauer und Bossierer, die „das Modell selbsten . . . von Holz und Wachs geschnitten und poußirt", noch die der Handwerker, die die benötigten Formen aus Gips und Messing geliefert hatten.

Allein der ausführende Goldschmied überliefert dank des eingeschlagenen Meisterzeichens der Nachwelt seinen Namen: es handelt sich um Emanuel Gottlieb Oernster, der bislang nur mit einigen wenigen Stücken Tafelsilber in üppigem Rokokostil hervorgetreten ist. Er war, übrigens evangelischer Konfession, in Danzig als Sohn des aus Halle an der Saale stammenden Goldschmiedes Siegfried Oernster im Jahre 1718 geboren worden und hatte nach langen Geselenjahren erst 1755 in Augsburg die Meisterwürde erworben. Im gleichen Jahr heiratete er Anna Catharina Neuß, die

Witwe des Philipp Jakob VI Drentwett (vgl. Abb. Einführung), eines jener Augsburger Goldschmiede, die sich durch virtuos getriebene Silberschmiedewerke in großem Format hervorgetan hatten. Etliche davon hatte Drentwett mit einem anderen ausgezeichneten Meister dieses Genres, Bernhard Heinrich Weyhe (vgl. Kat. Nr. C 41), zusammen geschaffen, der seinerseits wiederum mit Oernster ein großes Tafelservice gemeinsam gearbeitet hatte (Seling 1980, Bd. I, S. 168, Abb. 751). Durch diese enge Verbindung mit zwei der berühmtesten Meister seiner Zeit war Oernster bestens für die meisterhafte Ausführung des Säckinger Schreines vorbereitet, der als ein Hauptwerk Augsburger Goldschmiedekunst des 18. Jahrhunderts angesehen werden muß. Hatte Joseph Braun in seinem 1940 erschienenen Buch „Die Reliquiare des christlichen Kultus" noch von „völlig verwilderten Rokokoformen" gesprochen, so erscheint uns Heutigen der Fridolinsschrein als der krönende Abschluß der zweiten Barockisierung des Säckinger Münsters, kongenial der 1754 abgeschlossenen Rokoko-Stuckierung von Johann Michael Feichtmayr.

Silber, einige Teile vergoldet. H. 130 cm, Br. 97 cm, Länge 110 cm. Beschauzeichen Augsburg, R^3 264, Seling 245 = 1763–65. Meistermarke R^3 988, Seling 2435 = Emanuel Gottlieb Oernster, Meister 1755, gestorben 1767. In den vier Kartuschen an den unteren Rahmenleisten des Schreines Wappen der Äbtissin von Hornstein und Stiftungsinschrift.

Literatur: Kdm. Baden, Bd. III. Kr. Waldshut, 1892, S. 56. – Reinle, Adolf, Der Schatz des Münsters zu Säckingen. In: ZAK, Bd. 10, 1948/49, S. 146 f. – Freiburg 1964, Kat. Nr. 131. – Jehle, Fridolin, Geschichte der Stadt Säckingen. Teil I; St. Fridolin, sein Werk und seine Verehrung. Säckingen 1968. – Die oben gegebene Darstellung beruht auf Akten des GLA Karlsruhe, Abt. 97/343.

Bad Säckingen, Münster St. Fridolin

C 26 □

Entwurf für den Schrein des hl. Fridolin in Säckingen

Augsburg, um 1758

Es handelt sich vermutlich um die „wohlinventionirte Zeichnung", die der Augsburger Silberhändler Wilhelm Michael von Rauner im Jahre 1758 der Säckinger Fürstäbtissin Maria Anna von Hornstein übersandte. Der Entwurf entspricht in seiner Größe fast dem Original. Zu diesem vgl. Kat. Nr. C 25. Bei der Ansichtszeichnung war – im Gegensatz zum aus-

C 27

geführten Schrein – die Längsseite als Schauseite vorgesehen. Auch sonst sind geringfügige Unterschiede zwischen Zeichnung und ausgeführtem Werk festzustellen.

Papier, Feder laviert. 116 × 115,1 cm. Rechts und links zwei angeklebte Zettel, beschriftet Lit[a] und Lit[b].

Karlsruhe, Generallandesarchiv

C 27 □

Reliquienkreuz

Johann Christian Lenz, Bregenz 1737

Im Jahre 1388 hatte ein gewisser Peter der Staehler dem Benediktinerkloster St. Georg in Isny „dryer stuk erwirdigen hailtums" geschenkt. Es handelte sich – wie in einer Urkunde festgehalten – um Partikel „des gewandz, das unserm herren an dem crutz umb die lenden gebunden wart, des gewandz, das unsre frow uf dem hopt hett, do si under dem crutz stund und ain span des hailigen crutz".
Für diese wertvollen Reliquien ließ das Kloster im Jahre 1737 ein reich mit Steinen besetztes Kreuz durch den Goldarbeiter Johann Christian Lenz in Bregenz für 1136 fl. 39 kr. anfertigen. Dieses lehnt sich vermutlich in seiner Grundform an einen älteren, vielleicht noch aus gotischer Zeit stammenden Vorgänger an.
Das neue Kreuz wirkt durch die vielen Steine, die aufgelegten silbernen Ornamente und die zahlreichen Emailplatten außerordentlich bunt. Auf ihnen sind acht Szenen aus der Passion dargestellt: Ölberg, Dornenkrönung, Verspottung Christi und Vorführung vor den Juden in den runden Medaillons; Geißelung, Fall unter dem Kreuz, Kreuzanheftung und Kreuzigung in den länglichen Plättchen der Kreuzarme. In deren Mitte ist, kostbar „mit guten Steinen und Diamanten" in Kreuzform eingefaßt, die Hauptreliquie zu sehen, die am 3. Mai, wie aus den Klosterakten hervorgeht, „in festo Inventionis s. Crucis solennissime" (am Fest Kreuzauffindung feierlichst) eingesetzt wurde. Die übrigen Reliquien sind im Innern des Kreuzes untergebracht und, in Säckchen eingenäht, durch verschieden große verglaste Öffnungen auf der Rückseite zu sehen. Das gesamte Kreuz wird von einer Statuette der hl. Kaiserin Helena getragen, die nach der Legende das wahre Kreuz Christi wieder aufgefunden hatte. Auf dem Fuß sind noch weitere Emailmedaillons befestigt, die die Arma Christi am Kreuz, ferner das Schweißtuch, die Geißelsäule und die Wappen des Klosters und des Auftraggebers, Abt Leo Bestles (1731–1746), zeigen.
Goldschmiedearbeiten aus Bregenz haben im späten 17. und frühen 18. Jahrhundert in Oberschwaben und am Bodensee eine weite Verbreitung gefunden. In vielen Kirchen sind noch Werke mit dem Beschauzeichen der Stadt erhalten, die am häufigsten von Johann Georg Zwickle (gestorben 1732) stammen (vgl. Pazaurek, Gustav E., Alte Bregenzer Silberarbeiten. In: Kunst und Kunsthandwerk, Bd. 23, 1920, S. 61 ff.).

Silber, z. T. vergoldet. H. 73 cm. Kein Beschauzeichen. Feingehaltsmarke 13. Meistermarke IL = Johann Christian Lenz in Bregenz. Die Marken sind dreimal auf den Rand des Fußes geschlagen.

Literatur: Erzberger 1902, S. 388. – Pazaurek 1912, Taf. LI, 2. – Kdm. Württemberg, Kr. Wangen, 1954, S. 160 f.

Isny, Kath. Pfarrkirche St. Georg

C 28 □

Reliquiar des hl. Johannes von Nepomuk

Franz Thaddäus Lang und Josef Tobias Herzebik, Augsburg, 1759–1761

Für den 22. Januar des Jahres 1761 enthalten die Protokolle des Konstanzer Domkapitels folgenden Eintrag: „Dompropst Joh(ann) Ferd(inand) Truchseß v(on Waldburg-) Wolfegg verehrt der Cathedralkirche ein Reliquiarium von vergoldetem Kupfer mit schönen silbernen Ziraden reichlich ausgeziert, mit einem silbernen getribnen, die Glori des hl. Joh(ann) von Nep(omuk) repraesentirenden blatt". Dieses erstaunlich große, zum Schmuck des Hochaltares gedachte Reliquiar, dessen oberster Teil die Reliquie unter Glas enthält, ist durch glückliche Umstände der fast vollständigen Einschmelzung des Konstanzer Domschatzes am Ende des 18. Jahrhunderts entgangen. Es hat die Form eines Altares, wie sie im 18. Jahrhundert vor allem für Seitenaltäre üblich war. An Stelle eines gemalten Altarblattes ist hier ein silbernes Relief in den geschweiften Rahmen eingesetzt. Es zeigt den am 19. März 1729 heilig gesprochenen Johann von Nepomuk (vgl. Kat. Nr. B 72) im Chorhemd auf einer Wolken gen Himmel schwebend. In seiner Linken hält er die Palme des Märtyrers. Ihn begleiten zu beiden Seiten zwei Putten, von denen der eine einen Kruzifix, der andere die Zunge des Heiligen hält, die im Jahre 1719 unverwest in seinem Grab aufgefunden worden war. Unter dieser himmlischen Gruppe sieht man auf einem Fliesenfußboden links die mächtige Gestalt des Dompropstes mit verehrend ausgebreiteten Armen knien, ihm gegenüber kniet ein reich gekleideter Kavalier, offenbar ein Adliger mit betend gefalteten Händen, hinter ihm ein mehr bürgerlich gewandeter Mann. Die Gestalt, die hinter dem Dompropst erscheint und einen Ast in der Hand hält, könnte ein Bauer sein, so daß hier die vier Stände, repräsentiert durch je einen Adligen, Geistlichen, Bürger und Bauern den neuen Heiligen verehren, wie das in ähnlicher Weise im 18. Jahrhundert mehrfach dargestellt worden ist.
Die Verehrung des Heiligen hatte in Konstanz sofort nach seiner Heiligsprechung eingesetzt. Ihm wurde im Münster ein eigener Altar geweiht, später erhielt er eine besondere Kapelle im nördlichen Langhaus, für die in den Jahren 1750–1755 ein noch erhaltener, reich mit silbernen Zieraten geschmückter Altar gestiftet wurde, dessen Mittelpunkt ein silbernes Büstenreliquiar bildet. Auf Bitten des Konstanzer Domkapitels hatte der Prager Erzbischof am 5. November 1751 eine Partikel von den Reliquien des hl. Johann Nepomuk übersandt. Neben der von Franz Christoph Mederle gearbeiteten Büste (Hering-Mitgau 1973, Nr. 81) wurde im Jahre 1776 zum Schmuck des Hochaltares noch eine weitere angeschafft, die wie das große Kreuz (Kat. Nr. C 40) von Georg Ignaz Baur stammte. Das altarförmige Reliquiar ging aus der Werkstatt von dessen Schwiegervater Franz Thaddäus Lang hervor, der über viele Jahrzehnte einer der bedeutendsten Augsburger Meister für katholisches Kirchengerät war. Die silbernen Zierate hat einschließlich der Kartusche mit der Widmungsinschrift ein jüngerer Goldschmied, Josef Tobias Herzebik, angefertigt.

Silber; Kupfer vergoldet. H. 109 cm. Beschauzeichen R^3 260/61 = 1759–61. Meistermarken FTL, R^3 869, Seling 2118 = Franz Thaddäus Lang, Meister 1719, gestorben 1773 und ITH, R^3 994, Seling 2437 = Joseph Tobias Herzebik, Meister 1756, gestorben 1788.

Literatur: Kdm. Südbaden, I, Konstanz, Münster, S. 326 ff., 541. – Zinsmaier, Paul, Beiträge zur Kunstgeschichte des Konstanzer Münsters. In: FDA, Bd. 77, 1957, S. 65 ff.

Konstanz, Münsterschatz

C 28

C 29 □

Maria mit Kind

Jakob Übelacker, Konstanz 1646–1660

Die vollrund gearbeitete Muttergottesfigur mit Christuskind, allgemein als die Überlinger „Schwedenmadonna" bezeichnet, entstand auf Grund eines Gelübdes, das die Überlinger Bürger leisteten, als ihre Stadt 1634 von schwedischen Truppen unter General Horn belagert wurde. Nach einer heftigen Beschießung der Stadt schwor der Münsterprediger im Namen der Bürgerschaft „wenn der Allmächtige sie aus dem Rachen des Feindes erretten wollte", jedes Jahr eine feierliche Prozession durchzuführen. Für diese Prozession sollte eine silberne Muttergottesstatue hergestellt werden, da während der Belagerung Maria „von etlichen frommen und gottesfürchtigen Personen ob der Stadt in den Lüften" gesehen worden war. Diese Prozession, bei der die Statue von Bürgern der Stadt getragen wird, feiern die Überlinger heute noch.
Der Auftrag, die Silberfigur herzustellen, ging etwa zehn Jahre nach der glücklich überstandenen Belagerung an den in Konstanz tätigen Goldschmied Jakob Übelacker. Dieser war zu jenem Zeitpunkt wohl der bedeutendste Goldschmied seiner Stadt. Vierzehn seiner Werke haben sich bis heute erhalten, wobei neben einer anderen Muttergottesfigur in St. Stephan in Konstanz zwei besonders schöne Monstranzen in Engen und Jettenhausen bei Friedrichshafen zu erwähnen sind.
Obwohl der Überlinger Rat schon 1646 Übelacker beauftragte, die Figur auszuführen, und der Meister bald darauf versuchte, alte silberne Leuchter aus der Sakristei des Konstanzer Münsters zu kaufen, um aus diesem Silber die Figur herzustellen, war die Arbeit 1658 immer noch nicht fertiggestellt.
In diesem Jahr wandte sich der ungeduldig gewordene Rat der Stadt Überlingen an den Konstanzer Rat, man möge doch den Goldschmied Übelacker dazu anhalten, endlich die in Auftrag gegebene Figur fertigzustellen, wenn nicht, drohe der Prozeß. Der Meister scheint zu diesem Zeitpunkt völlig verarmt gewesen zu sein. Er starb ein Jahr nach der letzten Mahnung. Die Statue wurde unvollendet 1659 samt dem dazugehörigen Bruchsilber nach Überlingen geholt und von dem dortigen Goldschmied Gottfried Haitin-

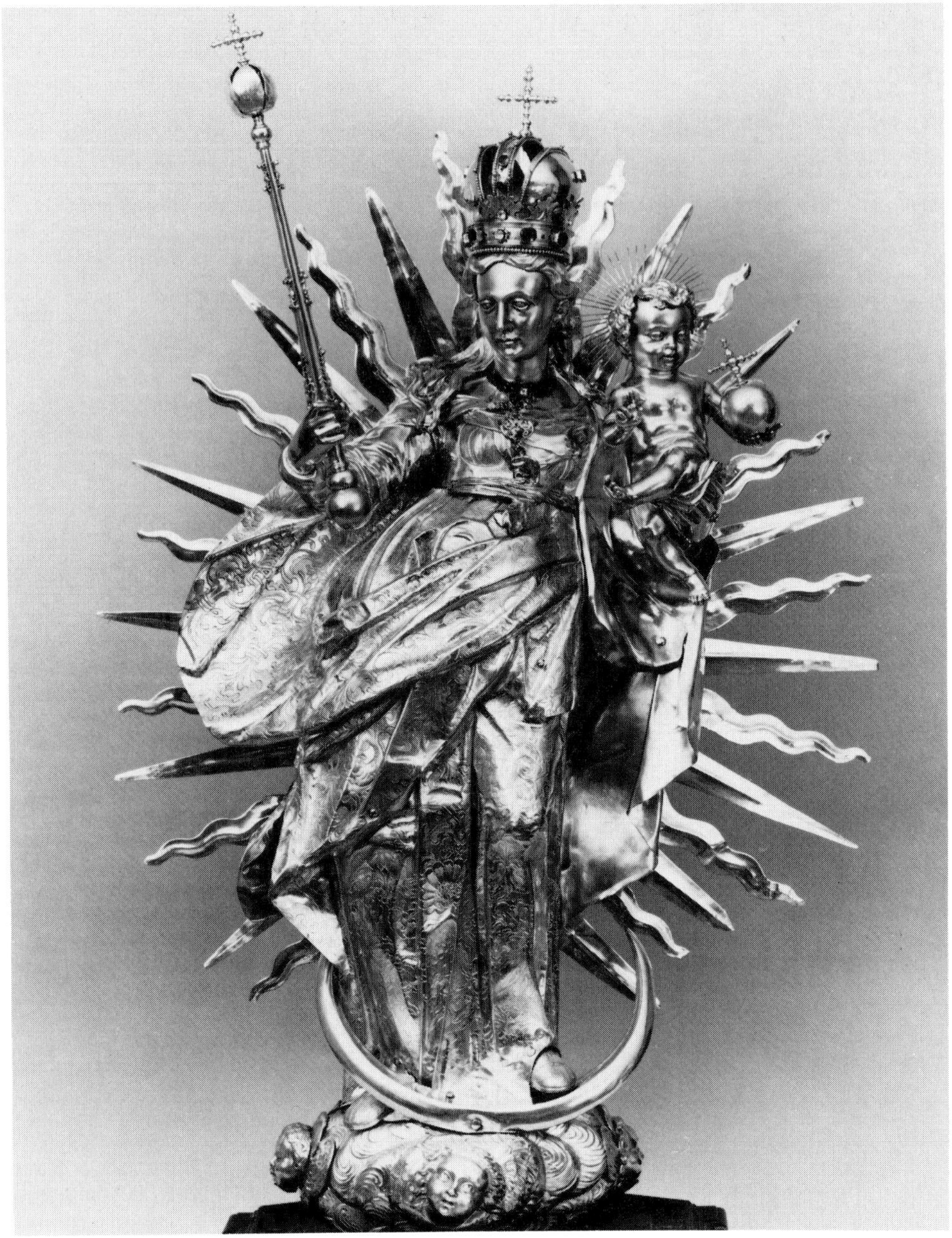

C 29

ger fertiggestellt. Erst in der Mitte des 18. Jahrhunderts fügte der Augsburger Goldschmied Franz Thaddäus Lang die Taube hinzu. Auch der Schmuck, den Maria trägt, ist, wie der Rosenkranz, ein Weihegeschenk und wurde später angefügt.
Die gekrönte Muttergottesfigur steht, zurückgelehnt, mit betontem Kontrapost auf einem Wolkensockel mit Mondsichel. Während sie in der angewinkelten rechten Hand als Himmelskönigin ein Zepter hält, sitzt auf ihrem linken Arm das Christuskind. Lächelnd, mit überkreuzten Beinen, segnet das Kind mit der Rechten und umfaßt mit seiner linken Hand die Erdkugel. Gewand und Mantel der Gottesmutter bauschen sich in einem komplizierten Faltenwurf. Mutter und Kind blicken in entgegengesetzte Richtungen. Die gesamte Figur wird von einem Strahlenkranz umfangen. Über dem Haupt der Maria schwebt, von einem Eisenstab gehalten, eine Taube, Sinnbild des Hl. Geistes.
Die Figur ist in verschiedenen Techniken ausgeführt. Körper und Mantel Mariens sind in Platten getrieben, die untereinander verschraubt bzw. verlötet sind. Der Kopf der Muttergottes, sowie das gesamte Christuskind wurden in einem Hohlguß hergestellt, ein Verfahren, das bei anderen Plastiken aus dieser Zeit nicht üblich ist. Silbervergoldet sind die aufgesetzten Haare von Mutter und Kind, der Gürtel Mariens, Mondsichel und Wolkensockel. Aus vergoldetem Kupfer dagegen bestehen der große Strahlenkranz, das Zepter und die vom Kind gehaltene Erdkugel. Der Mantel Mariens ist punziert und graviert, um ihm ein brokatähnliches Aussehen zu geben.
Zur Herstellung einer solchen Silberskulptur benötigte der Goldschmied eine Vorlage. Meistens war dieses Modell, das dem Silberwerk in der Größe entsprechen mußte, von einem Bildhauer gefertigt und in Holz gearbeitet. Auffallende Ähnlichkeit bestehen zwischen der Martin Zürn zugeschriebenen Madonna in Owingen bei Überlingen und der Schwedenmadonna. Es ist recht wahrscheinlich, daß ein Mitglied der Bildhauerfamilie Zürn, die im 17. Jahrhundert einen bedeutenden Einfluß auf die Entwicklung der Plastik im Bodenseeraum hatte, das Modell zu Übelackers Madonna schuf.
Die Überlinger Madonna ist das bedeutendste und schönste Werk Jakob Übelackers. Der betonte Kontrapost, das bewegte, gebauschte Gewand, die in sich schwingende Körperhaltung und die feinen, individuellen Gesichtszüge unterscheiden sich deutlich von spätmittelalterlichen Formen, die im handwerklichen Bereich noch bis in die zweite Hälfte des 17. Jahrhunderts fortlebten. Frei von einem „retardierenden Gotizismus“ wäre eine solche, für diese Zeit und Region so moderne Figur ohne den Einfluß der Zürnwerkstatt nicht möglich gewesen. In der Monographie über diese Werkstatt wurde zu Martin Zürn folgendes gesagt: „er schaffte von der Gotik her die Grundlagen für den Barock, indem er die Renaissance übersprang“ (Zoege von Manteuffel; beide Zitate). Es ist erstaunlich, wie schnell dieser bewegte Stil von Handwerkern wie Jakob Übelacker, der noch 1632 eine in ihrem Aufbau gotische Monstranz herstellte, verstanden und

ausgeführt wurde. Die Madonna wirkt in unseren Augen weder gotisch noch renaissancehaft, sondern frühbarock. Diese so fortschrittlichen Tendenzen wurden jedoch in der Konstanzer Silberschmiedekunst kaum weiterentwickelt, da Augsburg die führende Rolle im süddeutschen Kunsthandwerk zu diesem Zeitpunkt schon übernommen hatte.
Beschau- und Meisterzeichen, wie sie auf nahezu allen Silberarbeiten dieser Zeit üblich sind, fehlen bei diesem Werk. Nur auf der Rückseite der Figur befinden sich zwei leicht eingravierte Beschriftungen: „R 1788 M.B W 178?. L“ und „1660 G.G.H B I V“. Während sich die erste Inschrift sicherlich auf eine Restaurierung am Ende des 18. Jahrhunderts bezieht, könnte sich die zweite Schrift auf den Überlinger Goldschmied Haitinger beziehen (Gottfried Haitinger, Bürger in Überlingen), der die Figur vollendet hat. Da Übelacker die Figur nicht fertigstellte, kam ein Konstanzer Beschauzeichen nicht in Frage. Haitinger wiederum verstand sich wohl nicht als Urheber der Plastik.

Silber, z. T. vergoldet, Kupfer, z. T. vergoldet. H. gesamt (mit Taube) 105,0 cm, H. Figur 77,0 cm. Beschau- und Meisterzeichen nicht vorhanden.

Literatur: Zinsmaier, Paul, Beiträge zur Kunstgeschichte des Konstanzer Münsters. In: FDA, Bd. 77, 1957, S. 52. – Stolz, D. H., Konstanzer Goldschmied schuf Überlinger Schwedenmadonna. In: FDA, Bd. 86, 1966, S. 515 ff. – Zoege von Manteuffel, Claus, Die Bildhauerfamilie Zürn 1606–1666. Weißenhorn 1969, Bd. 1, S. 131–137. – Hering-Mitgau 1973, S. 152–155 (dort weitere Lit.). – C.-A. Graf Douglas, Konstanzer Silberarbeiten des 16. bis 18. Jhs., Dissertation in Vorbereitung.

Überlingen, Münsterschatz

C 30 □

Hl. Joseph

Johann Zeckel und Samuel Wolfgang, Augsburg 1710

C 30

Nur selten geschieht es, daß durch schriftliche Nachrichten genaue Angaben über die Entstehungsgeschichte eines tatsächlich noch erhaltenen Kunstwerkes überliefert werden. In diesem Fall ist es eine Freiburger Familienchronik, in der sich folgender Eintrag findet: „Anno Domini 1710 ist die silberne Statua S. Josephi, so von den Oberpflegern des Münsters allhier zu Augsburg zu machen angeordnet worden, hier angekommen, ist deswegen Herrn Bürgermeister Wappen als geschmolzen künstlich darauf eingesetzt worden, weilen er der ersteren Oberpfleger war und solche hat Herr Zeckel Goldschmied in Augsburg verfertigt und hat gewogen 37 Markh 7 Loth 3 Quintl 3 Pfennig per Gold, Silber, Macherlohn 20 fl 30; den Schild in geschmelzter Arbeit hat Samuel Wolffgang Emalirer in Augsburg gemacht, kommt auf 85 fl, als der Stadt Freyburg abriß 34 fl, Kaisers und Königs Caroli Contraphe 36 fl, Haus Österreichs Wappen 5 fl, 3 kleinere Wappen, als das Bayerische Rieherische und Hauserische per 10 fl, die ganze Statua samt Bildschnitzler Arbeit ohne Fuhrlohn betrifft sich auf 1065 Gulden 33 Pfennig.“
Aus dieser Notiz erfahren wir nicht nur, daß die Pfleger des Freiburger Münsters die 1710 fertig abgelieferte Statue in Auftrag gegeben hatten und wieviel das Werk im Ganzen kostete, sondern auch

C 34

28. Jener zu Meratshoffen gebohren 1740. 1. Decemb. zu Kislegg gottseelig gestorben ist. Ihres Alters 35 Jahr 10 Monath 3 tag Ihr Leben erstreckhte sie zu Meratshoffen, in dem Haus ihrer Eltern in Schweiss des Angesichts. Als ein christliche Baurentochter 21 Jahr 10 Monath 7 täg / 14 Jahr weniger 3 Täg, zu Rh(?)absen am Rhein, zu waltershoffen und zu Kislegg, bey ihrem geistlichen Bruder, als ein wahrhaffte geistliche Hauss=magd; Als welche die Zeit, die ihr von ihrer Arbeit übrig ware, allein in dem dienst gottes, und zwar mehrentheils in seinem Hauss zu gebracht hat; Bey welchem sie hoffentlich nun einnimmet den Ewigen Lohn."

Das Kißlegger Figurenensemble läßt viele Fragen offen. Als erstes wüßte man gerne, wie denn der Pfarrer eines kleinen Ortes, der zwar die Residenz der Grafen von Waldburg-Wolfegg war, mit seiner Schwester eine so kostspielige Sache finanzieren konnte. Die Antwort darauf muß hier ausbleiben. Es kann nur als Parallele auf den Pfarrer Werrer von Nasgenstadt hingewiesen werden, dessen Kunstförderung und mildtätige Stiftungen damals wie heute Aufsehen erregen (vgl. Kat. Nr. C 39). Auch sei – wenn in bescheidenerem Ausmaß – an Pfarrer Rom in Arnach erinnert (vgl. Kat. Nr. C 33). Die zweite Frage gilt der Aufstellung. Wie hat man das Ganze – vermutlich nur an hohen Kirchenfesten – präsentiert? Etwa mit dem Reliquienschrein in der Mitte, den sechs Büsten zu beiden Seiten und den Aposteln im Hintergrund oder seitlich vor einer Wand, an der sie rückwärts befestigt waren? Da der barocke Hochaltar der Kißlegger Kirche nicht erhalten ist, lassen sich keine weiterführenden Überlegungen mehr anstellen. Ebenso bleibt die Frage nach dem Urheber von Entwürfen und Modellen unbeantwortet. Nur archivalische Quellen könnten Aufschluß darüber geben, ob der Entwurf vielleicht einem in Oberschwaben ansässigen Künstler zu verdanken ist, oder ob alles Augsburger Erfindung war. Der Goldschmied Mederle hat sich jedenfalls in diesem Ensemble ein unvergängliches Denkmal gesetzt (vgl. auch Kat. Nr. C 31, 34 b). Wie immer bei Silberfiguren der Zeit, wird ihre farbige Wirkung durch den wohldurchdachten Wechsel von vergoldeten und silbernen Partien erreicht, deren Stofflichkeit mit Hilfe von gravierten oder punzierten Flächen möglichst naturgetreu wiedergegeben ist.

Silber, z. T. vergoldet. Kupfer vergoldet. H. Apostel 123 cm, Kirchenväter 126 cm. Beschauzeichen Augsburg: Jakobus R^3 254 = 1751–53; Johannes R^3 254 und 256 = 1751–53 und 1753–55; Augustinus R^3 256 und 257 = 1753–55 und 1755–57; Gregor R^3 257 = 1755–57. Meistermarke FCM im Herzschild (Apostel) und Rechteck (Kirchenväter), R^3 899, Seling 2219 = Franz Christoph Mederle, Meister 1729, gestorben 1765.

Literatur: Kdm. Württemberg, Kr. Wangen, 1954, S. 202 ff. – Hering-Mitgau 1973, Nr. 66, 67, 82, 85–88, 91. – Seling 1980, Nr. 2219 n – p, s – v.

Kißlegg, Kath. Pfarrkirche St. Gallus und Ulrich

C 36 □

Opferung Isaaks

Aus der Benediktinerabtei St. Blasien im Schwarzwald

Elias I Jäger, Augsburg, 1700

C 34

In seiner „Kunst-, Gewerbe- und Handwerksgeschichte der Reichsstadt Augsburg" berichtet Paul von Stetten 1779 von einer Reihe berühmter Augsburger Goldschmiede, die sich durch ausgezeichnete Treibarbeit hervorgetan haben, darunter auf Seite 474 auch von Elias Jäger. Über ihn weiß er folgendes mitzuteilen: „Dieser hat in das Kloster St. Blasi ein silbernes Altarblat, mit der Vorstellung eines Treffens, ungemein künstlich gearbeitet. Von einem anderen durch ihn verfertigten Altarblat aber, mit der Aufopferung Isaacs, ist mir unbekannt, wo es hingehörte. Von dergleichen Kunststücken der Jäger sind bey ihren noch lebenden Nachkommen verschiedene in Gyps-Abgüssen zu sehen".
Bei dem ersten Werk handelt es sich um das große, heute im Kunsthistorischen Museum in Wien aufbewahrte Antependium, das Herzog Karl V. von Lothringen nach dem ihm und seinem Heer geglückten Übergang über den Schwarzwald im Jahre 1678 in die Kirche von Todtmoos gestiftet hatte. Jäger brachte das von ihm signierte Werk, das nach Skizzen des Rottweiler Malers Johann Georg Glücker angefertigt worden war, zusammen mit dem Goldschmied Fesenmair im Jahre 1687 nach St. Blasien (Augsburg 1968, Kat. Nr. 463. – Seling 1980, Bd. 1, S. 100, Abb. 326–328).
Auch das zweite von Stetten erwähnte Altarblatt „mit der Aufopferung Isaacs" dürfte Elias Jäger für St. Blasien geschaffen haben. Denn im „Epitome" des Paters Stanislaus Wülberz, einer Chronik aus dem Jahre 1753, findet sich eine diese Vermutung bestätigende Nachricht. Es heißt dort: „Accessere anno 1700 magnis sumptibus antependium pro summo altari, cuius fundus ex cupro deaurato, undique argenteis uvis et fructibus super inductis resplendens, medium tenet argentea tabula exquisiti et elationis laboris, Abrahamum, filium suum Deo immolantem, praefigurans 31.300 fl.".
Wir erfahren also, daß unter Abt August Finck (1695–1720) ein überaus hohe Kosten verursachender Altarvorsatz für den Hochaltar angeschafft worden ist, dessen Hauptteile aus vergoldetem Kupfer bestanden und mit silbernen Trauben und Früchten geschmückt waren, dessen Mittelstück aber eine ausgezeichnete, aus Silber gearbeitete Darstellung der Opferung Isaaks bildete. Auch in Beschreibungen des späteren 18. Jahrhunderts wird der Altarvorsatz stets lobend erwähnt (Schmieder 1929, S. 107, Anhang S. 34). Dieses silberne Mittelstück muß offensichtlich bei der Auflösung des Klosters aus dem Altarvorsatz herausgelöst worden sein. Jedenfalls gelangte es mit vielen anderen Werken des Kirchenschatzes von St. Blasien, darunter auch dem Antependium des Herzogs Karl, nach St. Paul in Kärnten, wo die Mönche eine neue Bleibe gefunden hatten.
Etwa in der Mitte der ovalen Platte steht in reicher Landschaft der Opferaltar, auf dem Isaak bereits zusammengekauert kniet, während sein Vater, das Haupt des Sohnes mit der Linken haltend, mit der Rechten zum tödlichen Schwertstreich ausholt. In diesem Augenblick erscheint aus einer Wolke der Engel, der Abraham von seinem ihm von Gott befohlenen Tun abhält. Der Stil der großartig getriebenen Platte erinnert auch an die virtuose Treibtechnik anderer Augsburger Meister, z. B. an die große ovale Platte

C 35

mit der Taufe Christi, die Albrecht Biller nach einem Modell von Abraham II Drentwett um 1690–95 ausgeführt hatte. (Seling 1980, S. 100, Abb. 330), oder an den bekanntesten Treibkünstler der Zeit, an Johann Andreas Thelott.

Silber, 58 × 86 cm. Ohne Marken. In späterem Holzrahmen. Elias Jäger wurde um 1678 Meister und starb 1709.

Literatur: Österreichische Kunsttopographie, Bd. 37. Die Kdm. d. Benediktinerstiftes St. Paul im Lavanttal ... Bearb. v. Karl Ginhart. Wien 1969, S. 244 f., Nr. 5.

St. Paul im Lavanttal (Kärnten), Benediktinerabtei

C 37 □

Altarvorsatz

Lorenz II Biller, Augsburg, 1708–1710

„Ex Voto Serenissimi Domini Ludovici Guilielmi Marchionis Badensis Sac. Caes. Majestatis Archistrategi 1706". So lautet die Inschrift auf einer Kartusche, die unter dem großen Medaillon des Altarvorsatzes angebracht ist. Über dieser Inschrifttafel befindet sich, bekrönt von ei-

C 35

C 35

nem Fürstenhut, das von der Ordenskette des Goldenen Vlieses umgebene Wappen der Markgrafen von Baden-Baden. Aus der zitierten Inschrift geht hervor, daß die Tafel das Ergebnis eines Gelübdes ist, das Markgraf Ludwig-Wilhelm von Baden (1655–1707), hier als der „kaiserlichen Majestät Erzstratege" bezeichnet, im Jahre 1706, also kurz vor seinem Tode am 4. Januar 1707, getan hatte. Der unter seinem Beinamen „Der Türkenlouis" volkstümlich gewordene Markgraf hatte zusammen mit seiner Gemahlin Sibylla Augusta aus sehr persönlichen Gründen eine besondere Verehrung für das „wunderthätige Bildnuß" Mariens in Triberg, das seit dem späten 17. Jahrhundert Wallfahrer in immer größer werdenden Scharen anzog. Diese besondere Bindung bestätigt ein als „Zeugschrift" bezeichnetes Schreiben der Markgräfin vom 18. Mai 1722, das sie dem ersten Direktor der Wallfahrt, Dr. Johann Baptist Degen, für sein „Wallfahrtsbüchel" zur Verfügung stellte. In diesem Brief werden zahlreiche „Gutthaten" beschrieben, die dem fürstlichen Hause Baden über viele Jahre hinweg durch die Mut-

C 35

C 36

tergottes von Triberg erwiesen worden und die auch der Anlaß für mehrmalige Wallfahrten dorthin mit beiden Prinzen und dem Hofstaat gewesen waren.
Vor allem bezeugt der Brief die „Gutthat, die unserm Herrn Ehe Gemahl Ludwig Wilhelm Liebden Christmildisten Andenkens von dieser heiligen Bildnuß Mariä zukommen seye, da er zwey bis dreymal seine auß einem gefährlichen Feld-Zug glücklich gesunde Zurück-Kunfft solcher mächtigsten Fürsprecherin auf gleichfahls gethanes Gelübd zugeschrieben, endlich können wir under anderen noch mehreren Gutthaten nicht umgehen jene grosse, so unsers liebsten erstgebohrnen Herrn Sohn Ludwig Georg Liebden empfangen, indem er zwey Jahr alt auf wohlgedacht unsers Herrn Gemahls Liebden dahin gethanes Gelübd, und Versprechen eines ganz silbernen Antependy wundersam von einer gefährlichen Krankheit errettet worden, den wir auch zu erwünschter Succession der seligsten Mutter Gottes mit andächtigstem Hertzen in dero heiligsten Schutz anbefehlen". (Hier zitiert nach: Kurze Geschichte der Wallfahrt zu Tryberg auf dem Schwarzwald. Tryberg 1884, S. 41f.).
Auf die dank der Fürsprache der Muttergottes erfolgte Genesung des Erbprinzen bezieht sich auch die Darstellung auf dem großen Medaillon in der Mitte. Dort sieht man in bergiger Landschaft den Knaben Ludwig Georg mit einem Rosenkranz in den Händen auf einem Kissen knieend vor dem wundertätigen Bild „Mariens in der Tann". Das bekleidete Gnadenbild ist – sichtlich an Hand der Abbildung auf einem von Triberg nach Augsburg gesandten Wallfahrtszettel – korrekt wiedergegeben. Dagegen ist aus der Tanne bei der Augsburger Treibarbeit ein mächtiger Laubbaum geworden. Dieses Medaillon ist der beherrschende Mittelpunkt und zugleich der einzige figürliche Schmuck des Antependiums, mit dem an hohen Kirchenfesten die Mensa des Hochaltares verkleidet werden konnte. Dies geschieht heute nur noch einmal im Jahr am Fest Mariä Himmelfahrt.
Die schmale lange Tafel, richtiger als Altarvorsatz zu bezeichnen, besteht aus einer mit rotem Samt überzogenen Eichenholzplatte, auf der neben dem Medaillon zahlreiche Ornamente befestigt sind. Diese liefern geradezu eine Musterkarte der im frühen 18. Jahrhundert, der sogenannten Bandelwerkzeit, beliebten

C 37

Schmuckmotive. Charakteristisch dafür sind die schmalen, geradlinig oder in Kreissegmenten verlaufenden Bänder, die sich vielfältig überschneiden oder in Voluten enden. Die Strenge dieser geometrischen Dekorationsweise wird durch Blumen und Laubwerk gemildert, die sich mit den Bändern mischen und diese sogar umwinden. Zwischen diesen teils klar gegliederten, teils lebhaft bewegten Ornamenten erscheinen rechts und links neben dem zentralen Medaillon zwei Vasen mit Blumensträußen; ferner sind als Motive ein Korb mit Blumen, zwei Muscheln, Girlanden und aus Akanthusblättern hervorwachsende Füllhörner zu verzeichnen, in denen wiederum Blumensträuße stecken. Alle ungemein lebendig getriebenen und vorzüglich ziselierten Ornamente heben sich zusammen mit dem Votivbild silbern von dem roten Samtgrund ab.

Mit Lorenz Biller hatte man für die Gabe des Türkenlouis einen der besten Augsburger Meister seiner Zeit gewonnen. Die weniger exakt gearbeiteten vier Ekken und die vier Abdeckplatten des Rahmens wurden etwa 50 Jahre später von den Brüdern Otto in Villingen hinzugefügt.

Silber. Eichenholzplatte mit rotem Samt bezogen. H. 104 cm, Br. 298 cm. Beschauzeichen Augsburg, Seling 165 = 1708–10. Meistermarke LB mit Stern, R^3 577, Seling 1753 = Lorenz II Biller, Meister um 1678, gestorben 1726. Die vier aufgesetzten Ecken tragen das Beschauzeichen von Villingen und die Meistermarke OTO, vgl. dazu Kat. Nr. C 18, 23. In der Mitte der oberen Rahmenleiste ist nachträglich eine Kartusche aus dünnem Silberblech mit der Inschrift angebracht: „Auf gnädigste Anordnung Sr. Königl. Hoheit des Regenten Prinz Friedrich von Baden im Jahr 1855 renovirt durch A. Stadler in Freiburg". Auf der Rückseite steht: „Geh.Rath Schaaff Regierungs-Director in Freiburg".

Literatur: Kdm. Baden, Bd. II, Kr. Villingen, 1890, S. 63. – R^3 577 g. – Maier, Wilhelm, und Lienhard, Karl, Geschichte der Stadt Triberg im Schwarzwald. Triberg 1964, S. 201 ff.

Triberg, Kath. Pfarr- und Wallfahrtskirche Maria in der Tanne

C 37

C 38 a–b □

Altarkreuz mit sechs Leuchtern

Johann Bartermann, Augsburg, 1716–1717

Bevor Damian Hugo Graf von Schönborn im Jahre 1719 Fürstbischof von Speyer wurde, hatte er bereits drei Jahre lang die Würde eines Domdekans und Koadjutors von Speyer bekleidet. Schon im Jahre 1715 war er wegen seiner Verdienste bei verschiedenen diplomatischen Missionen von Papst Clemens XI. zum Kardinal ernannt worden. Aus einem dieser beiden Anlässe, der Erhebung zum Kardinal oder der Ernennung zum Koadjutor, muß Schönborn die prächtige, aus schwerem Silber gearbeitete Garnitur bestellt haben. Kreuz und Leuchter tragen alle auf einer Kartusche des Sockels das gravierte Schönbornsche Wappen unter einem Kardinalshut, einige außerdem die Jahreszahl 1717. Auf Grund des Beschauzeichens muß die Garnitur aber schon 1716 fertig gestellt gewesen sein. Sie wird bereits im „Inventarium der hochfürstlichen Hofkirche . . ." in Bruchsal aus dem Jahre 1728 aufgeführt. Es heißt dort: „Ein paar große (bzw. mittlere und kleine) Leuchter mit Emmi (Emminentissimi) ausgestochenem Wap-

C 38

pen“ (GLA Karlsruhe, 133/503 und 504, S. 21). Am Rand ist für die ganze Gruppe vermerkt: „ad Emmi Privatum“, d. h., daß die Altargarnitur Schönborn persönlich gehörte und sie zunächst für seinen eigenen Gebrauch gedacht war. Wahrscheinlich hat er sie dann testamentarisch der Hofkirche vermacht. Das Inventar von 1728 erwähnt als Schönborns Privatbesitz noch einen Kelch, eine Monstranz und ein Ziborium, die alle – wie es z. B. bei dem letzteren heißt – „Emmi portrait in schmeltzarbeit sambt der Inscription Damianus Hugo Cardinalis a Schönborn fieri curavit anno 1717“ tragen (GLA Karlsruhe, 133/503 und 504, S. 7ff.). Von diesen Vasa Sacra hat sich nur noch die Monstranz in der Bruchsaler Hofkirche erhalten (Freiburg 1964, Kat. Nr. 79; Böer 1970, S. 18f.).

An dem schlanken, hohen Kreuz, dessen Enden mit kartuschenartigen Platten besetzt sind, hängt ein gegossener Corpus Christi. Zu Füßen des Kreuzes liegen Knochen und Schädel Adams. Über dem Haupt Christi ist eine silberne Pergamentrolle angebracht, auf der in Hebräisch, Griechisch und Lateinisch die Worte „Jesus von Nazareth, König der Juden“ zu lesen sind. Die dreiseitigen Sockel von Kreuz und Leuchtern sind ganz gleich gebildet, sie unterscheiden sich nur in der Größe. Auf den eingeschwungenen Rippen der Füße wachsen aus Voluten Dreiviertelfiguren gegossener Engel heraus, die an Bändern aus Blüten und Blättern gewundene Girlanden halten. Auf den am weitesten vorspringenden Ecken der Schaftstücke darüber sind bei den Leuchtern geflügelte Engelsköpfe befestigt. Der weitere Aufbau ist sechseckig, die Tropfschalen haben einen neuneckigen Umriß. Die Leuchter und das Unterteil des Kreuzes wirken durch ihre schweren Formen merkwürdig gedrungen. Vor allem die aufgesetzten Engel tragen zu diesem Eindruck bei. Die Garnitur ist im Ganzen wie im Detail, etwa den Blumengirlanden, noch völlig spätbarocken Stilvorstellungen verpflichtet. Von dem damals gerade modischen „Bandelwerk"-Ornament ist nichts zu spüren (vgl. dagegen das 1708 entstandene Triberger Antependium, Kat. Nr. C 37). Der in Danzig 1661 geborene Johann Bartermann war ein Meister großer getriebener Werke. Von seiner Hand haben sich vor allem prunkvolle Silbermöbel, bestehend aus Tisch, Spiegel und Gueridons, im Besitz des niederländischen und dänischen Königshauses erhalten. Die um 1708–10 geschaffenen Gueridons in Schloß Rosenborg in Kopenhagen sind zwar in manchen Einzelheiten verwandt, wirken aber erheblich eleganter (Seling 1980, Abb. 1065).

Silber. H. des Kreuzes 140 cm. H. der drei Leuchterpaare (in Klammern ohne Dorn) 76(68), 65,5(59) und 58(53) cm. Beschauzeichen Augsburg, R^3 221, Seling 176 = 1716. Meistermarke IB mit vierblättriger Blüte darüber, R^3 758, Seling 1874 = Johann Bartermann, Meister um 1693, gestorben 1732.

Literatur: Kdm. Baden, Bd. IX, 2, Bruchsal, S. 141. – Freiburg 1964, Kat. Nr. 78. – Böer 1970, S. 22. – Seling 1980, Nr. 1874f.

Bruchsal, Hofkirche, Staatliche Liegenschaftsverwaltung

C 39 □

Altarkreuz

Aus der Kapelle des Priesterseminars in Meersburg

Georg Ignaz Baur, Augsburg, 1755

Unter den erhaltenen silbernen Altarkreuzen fällt dieses durch seine ungewöhnliche Gestaltung auf. Während sonst das Kreuz aus zwei rechteckigen Armen gebildet ist, die meist dreipaßförmig enden, ist es hier aus zwei grob behauenen Baumstämmen zusammengefügt, deren Astlöcher und Rillen deutlich zu erkennen sind. Derartige Baum- oder Astkreuze hat es bereits in der Goldschmiedekunst der Gotik gegeben. Ebenso lassen sich für das 18. Jahrhundert einige ähnlich gestaltete geschnitzte Kruzifixe, z. B. von Dominikus Hermenegild Herberger und Joseph Anton Feuchtmayer, anführen. An diesem naturalistischen Kreuz hängt der schlanke Körper Christi, dem von den erlittenen Qualen nichts anzumerken ist. Vielmehr wird hier ganz im Sinne des 18. Jahrhunderts ein schöner, gut modellierter männlicher Leib ge-

C 39

zeigt. Zu Füßen des Kreuzes sitzt ein lebhaft bewegter Putto, der, zu Christus aufblickend, ihm den Schädel Adams entgegenhält. Der Kreuzesstamm ist in feiner Beobachtung der Wirklichkeit mit einem Holzpflock festgerammt. An Stelle des eigentlich zu erwartenden Erdreiches tritt jedoch der Sockel, der in seiner asymmetrischen Anlage als Musterbeispiel der Stilprinzipien des Rokoko bezeichnet werden darf. Den großen und recht üppigen Rocaillen auf der linken Seite entspricht als Gegengewicht, nur nach oben verschoben, der auf einer Volute sitzende Putto.
Das Kreuz verrät in seiner ungewöhnlichen Gestaltung eine ganz persönliche Aussage, die sowohl auf Wünsche des Auftraggebers wie auf Vorstellungen der beteiligten Künstler zurückgehen muß. Der Stifter war, wie aus dem kleinen, dem Kreuzesstamm aufgehefteten Wappenschild mit der Jahreszahl 1755 hervorgeht, David Werrer, der 45 Jahre lang als Pfarrer die Gemeinde von Nasgenstadt in der Nähe von Ehingen betreute. Dieser Pfarrer eines kleinen Ortes, ausgezeichnet durch die Titel eines Doktors des kanonischen Rechtes und eines apostolischen Protonotars, war in mehrfacher Hinsicht ein ungewöhnlicher Mann. Neben seinen geistlichen Stiftungen, insbesondere für das 1734 neu gegründete Meersburger Priesterseminar, tat er sich als Auftraggeber zahlreicher Künstler hervor, die für ihn auf seine eigenen Kosten, wie er in seinen Aufzeichnungen betont, eine stattliche Reihe von Kunstwerken „ad majorem Dei gloriam", zum größeren Ruhme Gottes, schufen. So begann er z. B. 1729 mit der „totalen Kürch-renovirung" in seiner Pfarrei Nasgenstadt (Schahl 1980, S. 46), der er auch eine silberne Monstranz und zehn Leuchter stiftete (Kdm. Württemberg, Donaukreis Bd. 1, Oberamt Ehingen, 1914, S. 126). Besondere Sorge trug er um die Ausstattung des von ihm zur Hebung des Priesternachwuchses so nachhaltig geförderten Meersburger Priesterseminars. Für dessen Kapelle war das Altarkreuz gedacht, das nach einer Aktennotiz ein gewisser Christoph Knittel im Jahre 1755 von Augsburg nach Nasgenstadt und von dort nach Meersburg getragen hatte. Außer einem Kelch, einem Ziborium, einer Ewig-Licht-Ampel und silbernen Leuchtern schenkte er der Kapelle vor allem eine aus vergoldetem Kupfer in den Jahren 1761–1765 gearbeitete Altarverkleidung, die aus einem Antependium und einem Altaraufsatz mit Tabernakel besteht (vgl. Hundsnurscher, Franz, Die finanziellen Grundlagen für die Ausbildung des Weltklerus im Fürstbistum Konstanz. theol. Diss., Freiburg 1968, S. 114). Alle Teile sind mit reichen silbernen Rokoko-Ornamenten geschmückt, das Antependium zeigt in der Mitte die Verkündigung, die Tabernakeltüre in asymmetrischer Komposition Christus beim Mahl mit den Jüngern in Emmaus.
Dieses kostspielige Werk, das ebenfalls Werrers Wappen trägt, ist wie das Kreuz von Georg Ignaz Baur geschaffen. In diesem Auftrag an den bedeutendsten Augsburger Goldschmied für liturgische Geräte in der zweiten Hälfte des 18. Jahrhunderts zeigt sich der vielgerühmte Kunstverstand Werrers, der stets die besten Künstler seiner Zeit für sich arbeiten ließ, auf dem Gebiet der Bildhauerei z. B. Dominikus Hermenegild Herberger sowie Ägid Verhelst und seine Söhne aus Augsburg (Schahl 1980, S. 17 und 46). Aus diesen engen persönlichen Beziehungen zwischen Auftraggeber und Künstlern wird auch die Gestaltung des Altarkreuzes zu erklären sein. Denkbar wäre, daß einer der Verhelst-Söhne das Modell dafür geschnitzt hat. Kreuz und Altar Werrers fanden ebenso wie die von Kardinal von Roth 1768 gestiftete, wiederum von Georg Ignaz Baur geschaffene Büste des hl. Karl Borromäus (Hering-Mitgau 1973, Nr. 101) nach der Verlegung des Meersburger Priesterseminars 1842 nach St. Peter in der dortigen Kreuzkapelle eine würdige neue Aufstellung.

Corpus, Putto und Dekor Silber. Kreuz und Sockel Kupfer vergoldet. H. 106,5 cm. Beschauzeichen Augsburg R[3] 256, Seling 234 = 1753–55. Meistermarke GIB im Dreipaß, R[3] 975, Seling 2403 = Georg Ignaz Baur, Meister 1750, gestorben 1790.

Literatur: Hering-Mitgau 1973, Nr. 89. – Erhard 1977, S. 138. – Seling 1980, Nr. 2403 c.

St. Peter, Erzbischöfliches Priesterseminar

C 40 □

Altarkreuz

Georg Ignaz Baur, Augsburg, 1777–1781

Den Mittelpunkt des ungewöhnlich großen Kreuzes bildet die eindrucksvolle Gestalt des Gekreuzigten. Christus hängt mit geneigtem Haupt und gebrochenen Augen tot am Kreuz. Aus dem auch im Tode noch edlen Antlitz sprechen, wenn auch still verhalten, die erlittenen Schmerzen. Über Haare und Stirn ist eine mächtige Dornenkrone gedrückt, um Christi Hüften schlingt sich ein schmales Lendentuch, das, an der linken Seite geknotet, in einem langen Zipfel herabhängt. Der athletische, männlich schöne Leib zeigt keinerlei Spuren des furchtbaren Martyriums. Eine solche Darstellung des bis in die Einzelheiten von Knochen, Sehnen und Muskeln genau wiedergegebenen, kräftig modellierten Körpers entsprach selbst bei dem Gekreuzigten den Vorstellungen, die sich im Barock seit dem 17. Jahrhundert entwickelt hatten. Am Ende dieser Epoche schuf der Goldschmied Georg Ignaz Baur in ungewohnter Größe dieses meisterhaft getriebene, von innerer Ruhe erfüllte Silberwerk. Während seiner Arbeit hatte der Meister, wie allgemein üblich, das Holz-Modell eines ausgezeichneten Bildhauers vor Augen, das bei aller persönlichen Aussage doch ganz dem in Süddeutschland verbreiteten Typus des Gekreuzigten verpflichtet ist.
Aus Baurs Werkstatt sind im Laufe seines Lebens immer wieder silberne Kreuze von erstaunlichem künstlerischem Rang hervorgegangen. Erinnert sei hier nur an das für Meersburg 1755 angefertigte Kreuz (Kat. Nr. C 39). Atmet das genannte Werk noch ganz den Geist des Rokoko, so ist bei dem Konstanzer Kreuz schon etwas von der Gedankenwelt der Aufklärung zu spüren. Das kommt vor allem in dem zurückhaltenden Pathos des Gekreuzigten zum Ausdruck, aber auch in der bewußt schlichten Form des aus rechteckigen Balken bestehenden Kreuzes, dem nur ein silberner Pergamentstreifen mit den Buchstaben I N R I, Jesus Nazarenus Rex Judaeorum (Jesus von Nazareth, König der Juden) angeheftet ist. Der Sockel des Kreuzes weist schon Stilelemente der sogenannten Zopfzeit, also des beginnenden Klassizismus, auf.
Wenn das Kreuz in der Ausstellung durch die isolierte Art seiner Präsentation auf den heutigen Betrachter eine suggestive Wirkung ausübt, so wäre es doch historisch gesehen völlig falsch, es allein als Einzelkunstwerk zu betrachten. Gestiftet von dem Fürstbischof Kardinal von Rodt (1750–1775) – wie das Schatzverzeichnis von 1790 vermerkt – war es vielmehr ein wesentlicher Bestandteil des silbernen Hochaltares der Konstanzer Bischofskirche, der sich zu-

C 40

C 41

mindest in Resten erhalten hat. Für dessen Neugestaltung hatte das Domkapitel seit 1767 von verschiedenen Künstlern, darunter dem Stuttgarter Architekten de la Guêpière sowie den Bildschnitzern Johann Georg Dirr, Joseph Christian und dessen Sohn Entwürfe und Modelle anfertigen lassen. Für den im Herbst 1774 aufgestellten neuen Altar lieferte Georg Ignaz Baur den mit vergoldetem Kupfer verkleideten oberen Aufbau, der aus der Leuchterbank, Postamenten für Figuren, Reliquienbehältern und, als Mittelstück, dem Expositorium für die Aussetzung der Monstranz besteht. Alle silbernen Beschläge sind noch im üppigsten Rokokostil gearbeitet. Wie aus dem Schatzverzeichnis von 1790 hervorgeht, vollendete Baur im Jahre 1776 als weiteren Schmuck des Hochaltares noch zwei Büsten der hl. Johann Nepomuk und Judas Thaddäus.

Kaum war dieser Altar aufgestellt, entschloß sich das Domkapitel noch in demselben Jahr, „zur größeren Ehre Gottes und mehrerer Verherrlichung dessen Dienstes" den Altarraum des Münsters im neuen Zeitstil umzugestalten und den Altar zu verschieben. Für diese Aufgabe gewann man den „berühmten architectus herr Dinnar" (d'Ixnard). Vielleicht geht auf seinen Einfluß schon der zopfige Sockel des Altarkreuzes zurück, denn gleichzeitig schuf Baur ein ganz aus klassizistischen Motiven zusammengesetztes Kreuz für Kloster Buchau, das offensichtlich auf einen Entwurf d'Ixnards zurückgeht (Hering-Mitgau 1973, Nr. 109). Ebenso führte Baur die Kanontafeln sowie die über einen Meter hohen sechs Leuchter für den Konstanzer Hochaltar in den Jahren 1777–79 und 1779–81 bereits in dem neuen Stil aus.

Doch schmückten den Hochaltar keineswegs nur moderne Werke. Den Mittelpunkt bildete vielmehr die riesige, über drei Meter hohe silberne Altartafel, die Bischof Fugger gestiftet hatte. Dieses von dem Augsburger Goldschmied Hans Jakob I Bair im Jahre 1626 vollendete, viel gepriesene Relief, das in seiner Funktion einem Altargemälde entsprach, wurde übrigens, wie die Rechnungen belegen, 1776 vorübergehend an seinen Entstehungsort zurückgeführt, um in Baurs Werkstatt restauriert zu werden. Außerdem standen an Hochfesten neben verschiedenen, heute verlorenen Figuren und Büsten die noch erhaltenen Statuen der Bistumsheiligen Konrad und Pelagius, die Bair schon 1613 geschaffen hatte, und die große Muttergottes des Fürstbischofs von Prasberg (1645–1689) auf dem Altar, der auch über ein stattliches Antependium verfügte. Die meisten Kostbarkeiten dieses gewaltigen silbernen Hochaltares, der schon Vorgänger im Mittelalter hatte, wurden, um ein Darlehen an den Kaiser zu finanzieren, bereits 1795 eingeschmolzen. In dieser Versammlung vielgestaltiger Werke von unterschiedlichem Alter und Rang nahm das große Kreuz vor dem silbernen Altarblatt von 1626 einen zentralen Platz ein. Auch heute wird es noch an den vornehmsten Kirchenfesten über dem Expositorium aufgestellt.

Silber. H. 244 cm, des Corpus mit ausgestreckten Armen 104 cm. Beschauzeichen Augsburg. Corpus

C 42

und Sockel R³ 276, Seling 262 = 1777–79; Kreuz R³ 277, Seling 263 = 1779–81. Meistermarke GIB im Dreipaß, R³ 975, Seling 2403 = Georg Ignaz Baur, Meister 1750, gestorben 1790.

Literatur: Kdm. Südbaden, Bd. I, Konstanz, Münster, 1955, S. 303 ff., 521 und 532. – Hering-Mitgau 1973, S. 53 und Nr. 110.

Konstanz, Münsterschatz

C 41 a–b □

Zwei Altarleuchter

Bernhard Heinrich Weyhe, Augsburg, 1753–1755

Die beiden großen Leuchter gehören zu insgesamt sechs gleichartigen, die den Hochaltar der Schloßkirche von Rastatt schmücken. Über dem breiten dreieckigen Fuß mit eingeschwungenen Seiten folgt ein schlanker Schaft, der ungefähr in der Mitte von einem vasenartigen Knauf unterbrochen wird. Alle Partien sind reich mit Ornament – Rocaillen, Blattwerk und Blüten – überzogen. Der Meister dieser Leuchter, Bernhard Heinrich Weyhe, war um die Mitte des 18. Jahrhunderts der führende Spezialist für virtuos getriebene, große Silberarbeiten, die im üppigsten Rokoko-Stil dekoriert sind. Die Leuchter wurden zur Regierungszeit von Markgraf Ludwig Georg von Baden-Baden (1727–1761) angeschafft. Sie sind bereits im Inventar der Schloßkirche von 1772 verzeichnet (GLA Karlsruhe, 46/4464, Nr. 25, S. 18 vo).

Silber. H. ohne Dorn 95,5 cm. Beschauzeichen Augsburg, Seling 234 = 1753–55. Meistermarke HBW im Dreipaß, Seling 2275 = Bernhard Heinrich Weyhe, Meister 1735, gestorben 1782.

Rastatt, Schloßkirche, Schulstiftung Baden-Württemberg

C 42 □

Weihrauchfaß

Gottfried Bartermann, Augsburg 1759–1761

Das elegante Rauchfaß, auf dem Höhepunkt des Rokoko-Stiles entstanden, zeichnet sich durch reiche Verzierung mit asymmetrisch angeordneten Rocaillen und verschieden großen Blumen aus. Sein Deckel ist vielfältig durchbrochen, damit der Rauch aufsteigen kann. Es wurde unter Fürstbischof Franz Christoph von Hutten (1743–1770) angeschafft. Von demselben Meister stammt die Terrine Kat. Nr. C 70.

C 43

Silber. H. 25,5 cm, mit Ketten und Griff 129 cm. Beschauzeichen Augsburg, R³ 260, Seling 241 = 1759–61. Meistermarke GB, R³ 909 mit großen Querstrich beim G. Die Marke Seling 2248 hat eine abweichende Form.

Literatur: Kdm. Baden, Bd. IX, 2, Bruchsal, S. 141. – Böer 1970, S. 21.

Bruchsal, Hofkirche, Staatliche Liegenschaftsverwaltung

C 43 □

Weihwasserkessel mit Wedel

Johann Caspar Lutz, Augsburg, 1717–1718

Der kleine bauchige Kessel ist mit zwei Ornamentfriesen geschmückt: einer umzieht den Rand, ein zweiter den oberen Teil des bauchigen Gefäßkörpers. Dieser Fries besteht aus Bandelwerkornamenten, Muscheln und hohen Köpfen, die gesondert aufgesetzt sind. Das „Weywaßer Keßele“ wird im Inventar der Schloßkirche von 1772 erwähnt, (GLA Karlsruhe, 46/4464, Nr. 25, S. 20 vo).

Silber. H. 11,2 cm, Dm 15 cm. L. des Wedels 25,5 cm. Beschauzeichen Augsburg, R³ 222, Seling 177/178 = 1717–18 (beim Wedel verschlagen). Meistermarke (auch beim Wedel) ICL im Dreipaß, Seling 2086 = Johann Caspar Lutz, Meister 1716, gestorben 1748.

Literatur: Seling 1980, Nr. 2086a.

Rastatt, Schloßkirche, Schulstiftung Baden-Württemberg

C 44 a–b □

Zwei Ewig-Licht-Ampeln

a. Caspar Riss, Augsburg, um 1670–80
b. Meister IM, Augsburg, um 1670–80

Nach dem Konzil von Trient (beendet 1563) wurde es allgemein üblich, in der Nähe des Tabernakels, in dem sich die hl. Eucharistie befindet, eine Ewig-Licht-Ampel aufzuhängen. Die Ampeln bestanden, falls die jeweilige Kirche sich das leisten konnte, aus kostbarem Silber, sonst aus meist versilbertem Messing (Über Ewig-Licht-Ampeln vgl. RdK, Bd. VI, Sp. 600 ff.). Die Körper der Ampeln

C 44 a

waren in der Regel durchbrochen, so daß das Licht in dem vorwiegend roten Glaseinsatz durch die Öffnungen schimmern konnte. Die beiden ungefähr gleichzeitig entstandenen Ampeln zeigen virtuos getriebenes barockes Blattwerk, Akanthus-Blätter und verschieden gebildete mohn-, distel- und lilienartige Blüten. Bei der Baden-Badener Ampel sind auf dem breit ausladenden Mittelstück in Blattkränzen die hll. Georg, Johannes Evangelist und ein fürstlicher Heiliger mit Zepter und Reichsapfel dargestellt. Die Ketten der Aufhängung sind an geflügelten Engeln befestigt, bei der Walldürner Ampel an großen Blättern, aus denen je ein Puttenkopf herauswächst.

a. Silber. H. 43 cm. Beschauzeichen Augsburg, etwa um 1670–80. Meistermarke R³ 633, Seling 1636 = Caspar Riss, Meister um 1661, gestorben 1712.
b. Silber. H. 35,5 cm. Gesamthöhe 1,10 m. Beschauzeichen Augsburg, um 1670/80 läßt sich wie bei a. nicht eindeutig zuordnen. Meistermarke IM in der Form R³ 665.

Literatur: a) Kdm. Baden, Bd. IV, 3, Buchen, 1901, S. 140. – b) R³ 665 g.

a Walldürn, Kath. Pfarr- und Wallfahrtskirche Hl. Blut
b Baden-Baden, Liebfrauenkirche

C 45 □

Bucheinband

Caspar Mayer, Ulm 1737

Der kleine Einband enthält ein Kommunionbuch von 1737. Die beiden Deckel zeigen in hervorragend getriebenem hohem Relief die Taufe Christi und das Abendmahl. Beide Szenen fallen durch die dicht gedrängte Komposition in dem schmalen hochrechteckigen Format auf.

Silber. H. ca. 15 cm. Beschauzeichen Ulm, Meistermarke CM, R³ 4796 = Caspar Mayer, nachweisbar von 1700–1737.

Ulm, Ulmer Museum, Inv. Nr. 1965.9021

C 46 □

Deckelgefäß aus Achat

Anfang 18. Jahrhundert

Das Gefäß besteht aus vier Teilen von geschliffenem, violett rötlich braunem Achat: aus der runden Fußplatte, dem Schaft, der Kuppa und dem Deckel. Auf der Einfassung aus vergoldetem Silber sind vielfältig facettierte Glassteine montiert, die sich stark im Licht brechen. Die Steine, abwechselnd ein ovaler und ein viereckiger, sind auf der Unterseite rosarot bemalt, so daß ein rötlicher Ton durchschimmert. Den Deckel schmückt ein Kreuz, das mit sechs großen, viereckigen Steinen, aber auch mit zahlreichen kleinen besetzt ist. Dieses Kreuz wurde vermutlich erst nachträglich hinzugefügt, wie sich aus der feineren Art der Silberarbeit und der Montierung auf der Rückseite ergibt.
Wahrscheinlich handelt es sich um dieses Gefäß, das 1772 im Inventar der Rastatter Schloßkirche als „Im Kirchengewölb" befindlich beschrieben wird: „1 agaten Ciborium in Silber vergold gefaßt und mit 161 Murggsteinen besezt" (GLA

C 45

C 46

Karlsruhe, 46/4464, Nr. 25, S. 18 vo). Das Wort „Ciborium" wird hier wohl nur als Analogie zu den in der Form ähnlichen Ziborien verwendet. Das Deckelgefäß dürfte kaum als Speisekelch zur Aufbewahrung konsekrierter Hostien gedient haben, da es im Innern nicht mit vergoldetem Silber verkleidet ist. Auch von Steinen aus der Murg kann keine Rede sein. Der Achat ist mit einiger Wahrscheinlichkeit böhmischer Herkunft. Im Schatz der Schloßkirche befanden sich noch weitere Gegenstände aus Achat, vor allem aber wird in der Kunstkammer der Markgräfin Sibylla Augusta eine Menge von Schalen aus Achat aufgeführt. Eine Muschelschale war, wie eigens vermerkt wird, „aus Böhm: (ischem) agath geschnitten". Einige Gefäße waren bereits gefaßt, andere erhielten ihre Fassung erst unter Markgraf Ludwig Georg (Renner 1941, S. 230 und 245ff.). Das „Ciborium" dürfte zunächst ein prächtiges Schaustück der markgräflichen Kunstkammer gewesen sein, das später in die Schloßkirche gestiftet wurde.

Achat. Glassteine. Fassung Silber vergoldet. H. 37,5 cm. Keine Marken.

Literatur: Freiburg 1964, Kat. Nr. 90.

Rastatt, Schloßkirche, Schulstiftung Baden-Württemberg

C 47 □

Brustkreuz

Augsburg (?), 1656

Die kostbaren, mit vielen Edelsteinen geschmückten Goldkreuze, die man als Zeichen der bischöflichen und äbtlichen Würde auf vielen Porträts des 17. und 18. Jahrhunderts sehen kann, sind wegen ihres wertvollen Materials fast ausnahmslos zu Grunde gegangen. Die Akten berichten immer wieder davon, wie solche Prunkstücke aus Abteien und Domschätzen eingezogen, zu Geld gemacht und ihre Steine einer anderen Verwendung zugeführt wurden. Vor diesem Hintergrund muß es fast als ein Wunder betrachtet werden, daß das mit 40 Edelsteinen besetzte Brustkreuz des bedeutenden Fürstbischofs von Konstanz Franz Johannes Vogt von Altensumerau und Prasberg (1645–1689) nicht konfisziert wurde. Gut zwei Jahrzehnte nach der Säkularisation war man sogar froh, daß das „vorzüglich schöne und kostbare Pektoral", dem nach Meinung der Zeit keines in der Provinz gleichkomme, noch vorhanden war und bei der Inthronisation des ersten Freiburger Erzbischofes Dr. Boll im Jahre 1827 verwendet werden konnte.

Die kostbare Wirkung des Kreuzes beruht auf der Farbigkeit der geschliffenen Steine, in denen sich das Licht bricht, auf dem matten Glanz der Perlen und auf dem leuchtenden Gold, das durch das vielfältig verwendete schwarze Email noch stärker hervortritt. Die Farbakzente setzen neben Rubinen und Diamanten die fünf großen blauen Saphire. Zwischen diesen Edelsteinen ist als einziger figürlicher Schmuck der Vorderseite die Gestalt des Gekreuzigten angebracht. Auf der nicht minder farbigen Rückseite erscheinen in transluzidem Email Engel mit den Leidenwerkzeugen Christi und im Mittelpunkt des Kreuzes das Wappen des Bischofs mit der Mitra, der Jahreszahl 1656 und den Buchstaben FIEC (Franciscus Johannes Episcopus Constantinensis) darüber. Etwa gleichzeitig mit dem Brustkreuz sind der goldene Kelch und die zugehörige Meßkännchengarnitur im

C 47

Freiburger Münsterschatz entstanden, die ebenfalls mit dem Wappen des Bischofs geschmückt sind (Gombert 1965, Nr. 31, 32).

Gold. Edelsteine, Perlen. H. 20 cm.

Literatur: Freiburg 1964, Kat. Nr. 42. – Gombert 1965, Nr. 30. – Freiburg 1970, Kat. Nr. 503.

Freiburg i. Br., Münsterschatz

EVANGELISCHES KIRCHENGERÄT

C 48 □

Abendmahlskelch

Ludwig Friedrich Leporinus, Urach 1701

Der schlichte Kelch wurde nach der Inschrift auf der hohen Kuppa von Johann Friedrich Lins, Pfarrer in Dapfen, im Jahre 1701 gestiftet. Von dem Goldschmied Leporinus stammt noch ein Krankenkelch von 1689 in Neuffen (Fleischhauer 1958, S. 101). Später wirkte in Urach der Goldschmied Johann Ludwig Kämpf, von dem sich in Laichingen eine Taufschale und im Württembergischen Landesmuseum Stuttgart ein Pokal der Uracher Bäcker, beide aus dem Jahre 1747, erhalten haben.

Silber vergoldet. H. 22 cm. Beschauzeichen Urach, R^3 4816. Meistermarke LFL im Dreipaß, R^3 4818 = Ludwig Friedrich Leporinus, nachweisbar 1682–1727.

Literatur: Kdm. Württemberg, Donaukreis, Münsingen, 1926, S. 52. – R^3 4818. – Gommel 1969, Abb. 41.

Dapfen (Gem. Gomadingen), Ev. Pfarrkirche

C 49 a–c □

Abendmahlsgerät

Aus der evangelischen Kirche von Gochsheim/Kraichgau

C 48

C 49

Augsburg, 1685

Das durch seine betont schlichte Formgebung eindrucksvolle Abendmahlsgerät besteht aus einem Kelch, einer Brotschale und einer Hostiendose. Doch ist es damit noch nicht vollständig, denn in der Kirche von Gochsheim werden noch zwei Abendmahlskannen sowie ein Taufkännchen mit Schüssel aufbewahrt, die alle mit denselben gravierten Wappen geschmückt sind. Das große Wappen in der Mitte läßt sich dank der beigegebenen Buchstaben leicht auflösen. Es bezieht sich auf Clara Auguste Herzogin zu Württemberg, geborene Herzogin zu Braunschweig und Lüneburg-Wolfenbüttel (1632–1700), die mit Herzog Friedrich von Württemberg-Neuenstadt (1615–1682) verheiratet war. Diese Herzogin muß – wie aus der im Boden gravierten Jahreszahl 1685 hervorgeht – das Abendmahlsgerät zunächst für die eigene Hauskapelle bestellt haben. Durch die Verbindung ihres Sohnes mit der letzten Ebersteinerin kamen Schloß und Ort Gochsheim 1679 in württemberg-neuenstädtischen Besitz. Nachdem die Stadt 1689 von den Franzosen zerstört worden war, sorgte das junge Herzogspaar u.a. für den Wiederaufbau der Kirche (vgl. Kat. Nr. J 116) und stiftete – wie die lange lateinische Inschrift auf dem Kelch berichtet – im Jahre 1703 das schon vorhandene Abendmahlsgerät. Vermutlich wurden damals dem Wappen der Mutter die beiden der nächsten Generation hinzugefügt: das des Herzogs Friedrich August (1654–1716) und seiner Gemahlin Sophie Esther, geborene Gräfin von Eberstein (1661–1728). Von Herzog Friedrich von Württemberg und seiner braunschweigischen Gemahlin bewahrt die Kirche von Neuenstadt noch eine gleichfalls mit Wappen gravierte Abendmahlskanne und einen ebenso verzierten Kelch, beide Augsburger Provenienz, die 1656 gestiftet worden waren (Pazaurek 1912, Taf. IL, 2. – Gommel 1969, Abb. 36).

Silber vergoldet. Kelch H. 25,2 cm; Brotschale H. 5 cm, Dm 19,8 cm; Hostiendose H. 6 cm, Dm. 12,8 cm. Beschauzeichen Augsburg, Seling 135 = 1685. Meistermarken: AL (Kelch und Brotschale) R^3 642. Seling 1656 oder 1693 und ISA, R^3 685, Seling 1735 = Johann Sigmund Aberell, Meister 1676, gestorben 1733.

Literatur: Kdm. Baden, Bd. IX, 1, Bretten, S. 55ff. – Weiser, Emil, Geschichte der ehemals württembergischen Stadt Gochsheim im Kraichgau. Bruchsal 1912, S. 26.

Privatbesitz

C 50 □

Abendmahlsgerät

Aus der evangelischen Schloßkapelle in Stuttgart

Johann Heinrich Menzel, Augsburg 1717–1718

Abraham III Drentwett, Augsburg, 1735–1736

Das Abendmahlsgerät ist nicht gleichzeitig entstanden. Die voluminöse Kanne, zu der noch eine zweite gehört, stammt wie die kleine Hostiendose von dem aus Breslau in Augsburg eingewanderten Johann Heinrich Menzel. Auf dem Deckel der Dose sind das württembergische Wappen, die Initialen von Herzog Eberhard Ludwig (1676–1733) und die Jahreszahl 1720 eingraviert. Der feingliedrige elegante Kelch mit Deckel trägt ebenso wie die Brotschale die Inschrift: „HOCHFÜRSTL. WÜRTEMBERG. EVANGELISCHE HOF = CAPELL". Beide Werke wurden gut eineinhalb Jahrzehnte später von Abraham III Drentwett gearbeitet. Die schöne, von

C 50

C 50

einem Lamm Gottes bekrönte Brotschale folgt einem Typus, den der Augsburger Goldschmied Christoph I. Epfenhauser zweihundert Jahre früher für dieses typisch evangelische Kultgerät geschaffen hatte. Die Statuette auf dem Deckel des Kelches wird als Fides, der Glaube, gedeutet.

Silber vergoldet. Kanne H. 32 cm. Hostiendose H. 6,5 cm, Dm 6,5 cm. Kelch H. 42 cm. Brotschale H. 20,5 cm, Dm 22 cm. Beschauzeichen: Kanne und Hostiendose. Augsburg, Seling 177 = 1717/18. Meistermarke HM, Seling 2097 = Johann Heinrich Menzel, Meister 1717, gestorben 1750. Kelch und Brotschale Augsburg, Seling 205 = 1735/36. Meistermarke AD, Seling 1999a = Abraham Drentwett, Meister 1707, gestorben 1735.

Literatur: Seling 1980, Nr. 1999 d, Abb. 648 (Kelch) und Nr. 2056 c, Abb. 646 (Brotschale).

Stuttgart, Württembergisches Landesmuseum, Inv. Nr. E 2110, 2112, 2115, 2116

C 51 □

Abendmahlskanne

Johann Georg Burckhardt, Durlach 1656

Die Bedeutung der stattlichen Abendmahlskanne liegt vor allem darin, daß sie das Werk eines Durlacher Meister ist, denn bislang war von Goldschmieden in der Residenz der Markgrafen von Baden-Durlach nicht das Geringste bekannt. Erstaunlich ist außerdem, daß die Kanne wie eine fast gleichartige die Zerstörung Durlachs durch die Franzosen im Jahre 1689 unbeschadet überstanden hat. Die zweite Kanne von der Hand desselben Meisters wurde 1666 von dem baden-durlachischen Hofrat Conrad Heinrich von Selmnitz und seiner zweiten Gemahlin gestiftet, deren Grabmal sich in der Kirche von Berghausen erhalten hat. Die ältere ausgestellte Kanne ist, wie aus der Inschrift um das Wappen hervorgeht, die Stiftung eines Wolf Adam Zachman. Auf dem bauchigen Kannenkörper sind neben dem Wappen drei Zitate aus Schriften des Evangelisten Johannes graviert: aus seinem Evangelium Kapitel 6, Vers 56 (nicht 55, wie auf der Kanne steht) und aus seinem ersten Brief Kapitel 1, Vers 7 und Kapitel 5, Vers 6. Alle Textstellen nehmen ebenso wie das gegossene Lamm auf dem Deckel Bezug auf das Abendmahl.

Silber, z. T. vergoldet. H. 40 cm. Beschauzeichen Durlach. Meistermarke IB ligiert = Johann Georg Burckhardt, nachweisbar 1665–1678 (Mitteilung von Ernst Schneider, Karlsruhe). Der als „Baden-Durlachischer Hofjuwelier" bezeichnete Burckhardt heiratete 1672 in Augsburg in zweiter Ehe die Witwe des Goldschmiedes Jeremias II Wild (Seling 1980, Nr. 2881).

Karlsruhe-Durlach, Ev. Stadtkirche

C 50

C 51

C 52 □

Abendmahlskanne

Johann Adam Kienlen d. Ä., Ulm, Ende 17. Jahrhundert

Johann Adam Kienlen versorgte nicht nur die nähere Umgebung Ulms mit Abendmahlsgerät, sondern auch weit darüber hinaus protestantische Länder wie Württemberg. Beispiele dafür sind etwa die große Hostiendose in Eßlingen (Kat. Nr. C 59) und die Abendmahlskanne in Pfäffingen bei Herrenberg (Pazaurek 1912, Taf. L,1). Viele seiner Werke sind von anspruchsloser Schlichtheit, manche zeichnen sich jedoch durch reichen Schmuck und qualitätvolle Arbeit aus. Zu Kienlens besten Werken zählen die beiden Laichinger Kannen, von denen eine ausgestellt ist. Sie fallen durch ungewöhnliche Größe und wuchtige Form aus dem Rahmen der üblichen heraus. Getriebene spätbarocke Ornamentstreifen schmücken den Fuß, den Gefäßkörper und den Deckel. Der Henkel mit der Büste einer nackten Frau kommt ähnlich auch bei weltlichen Werken

C 52

C 53

Kienlens vor, z. B. einem Elfenbeinhumpen im Ulmer Museum (Häberle 1926, Abb. 6 und 7). Worauf das in der Literatur genannte Entstehungsdatum 1687 beruht, konnte nicht ermittelt werden.

Silber, z. T. vergoldet. H. 45,5 cm. Beschauzeichen Ulm, Meistermarke K = R³ 4784, wahrscheinlich Johann Adam Kienlen d. Ä., nachweisbar 1650 bis 1690/91.

Literatur: Kdm. Württemberg, Donaukreis, Münsingen, 1926, S. 112. – Häberle 1926, S. 26.

Laichingen, Ev. Kirche

C 53 □

Entwurf für eine Abendmahlskanne

Württemberg (?), Anfang 18. Jahrhundert

Der Entwurf verrät die Hand eines wenig geübten Zeichners. Nur durch die Verwendung von Rötel und Blei gewinnt die Zeichnung aus dem Rot-Schwarz-Kontrast einen besonderen Reiz. Durch den auf der linken Seite beigegebenen Text sollten dem Besteller verschiedene technische Einzelheiten, nicht sichtbar zu machendes wie die Vergoldung im Inneren, aber auch gewisse Mängel, die sich aus dem Unvermögen des Zeichners ergeben, in zehn Punkten erläutert werden. Manche Punkte dienten wohl auch als Erinnerungsstütze für Meister und Gesellen bei der Ausführung der Kanne. Diese wurde vermutlich von den Grafen von

C 56

C 57

Hohenlohe bei einem einheimischen Goldschmied in Auftrag gegeben.

Rötel, Blei und Feder, Papier. 44 × 32,5 cm.

Neuenstein, Hohenlohe-Zentralarchiv

C 54

Abendmahlskanne

Johann David Beerstecher, Tübingen 1711

Die „von einer frommen Seele" gestiftete Kanne mit einem Lamm Gottes auf dem Deckel zeichnet sich durch einen eindrucksvollen Umriß und durch klare, wenn auch etwas schwere Formen aller Einzelteile aus, die sehr ausgeprägt hervortreten: Ausguß, birnförmiger Kannenkörper, Fuß und Henkel. Als Schmuckmotive fallen die kraftvollen Riefelfriese an Fuß, Unterteil des Kannenkörpers und Deckel sowie der Perlstab an Henkel und Ausguß ins Auge. Von Johann David Beerstecher, der angeblich einige Zeit bei dem späteren kaiserlichen Kammergoldschmied Johann Känischbauer in Wien in Arbeit stand, haben sich noch weitere Abendmahlsgeräte erhalten. Er ließ sich 1698 in Tübingen nieder, wo er sogar Bürgermeister wurde.

Silber vergoldet. H. 40,5 cm. Beschauzeichen Tübingen, Meistermarke R^3 4700 = Johann David Beerstecher (Bärenstecher), geboren um 1673, gestorben 1747.

Literatur: Fleischhauer 1958, S. 268. – Gommel 1969, Abb. 45.

Tübingen, Stiftskirche

C 55

Abendmahlskanne

Aus der Karlsruher Schloßkirche

Ernst Croll, Durlach 1717

Ebenso wie die Kanne Kat. Nr. C 51, so wurde auch diese etwas jüngere Abendmahlskanne von einem Durlacher Goldschmied geschaffen. Sie zeichnet sich wie ihr zugehöriges Gegenstück durch kraftvolle barocke Formen aus. Laut Inschrift unter dem Fuß wurden beide von dem Stadtgründer Karlsruhes, Markgraf Karl-Wilhelm von Baden-Durlach, anläßlich des 200. Jahrestages der Reformation am 31. Oktober 1717 in die Kapelle des gerade neu erbauten Karlsruher Schlosses gestiftet. Den einzigen Schmuck der schlichten Kannen bildet das auf dem Deckel gravierte Wappen des Markgrafen. Der Goldschmied Ernst Croll hatte in Durlach über mehrere Jahrzehnte die Stelle eines Hofgoldschmiedes inne. Aus den Akten weiß man, daß er sich nach der Zerstörung Durlachs im Jahre 1689 längere Zeit in Augsburg aufhielt, später aber in die badische Residenzstadt zurückkehrte.

Silber vergoldet. H. 33 cm. Beschauzeichen Durlach, Meistermarke EC = Ernst Croll (Kroll), nachweisbar von 1686–1716. Zwischen 1689 und 1699 hielt er sich in Augsburg auf. Die Marke könnte sich auch auf seinen Sohn Johann Ernst Croll beziehen, der 1719 Bürger von Durlach wurde.

C 58

C 59

Literatur: 200 Jahre Kleine Kirche 1776–1976. Karlsruhe 1976, S. 28.

Karlsruhe, Ev. Stadtkirche

C 56 □

Abendmahlskanne

Philipp Stenglin, Augsburg 1727

Der untere Teil des bauchigen Kannenkörpers ist mit vorzüglich getriebenen Bandelwerkornamenten auf punziertem Grund gefüllt, außerdem mit Lambrequins, auf denen Körbe mit Früchten stehen. Die übrige glatte Fläche zeigt nur einen sehr zurückhaltend gravierten Fries am oberen Rand und unter dem Ausguß das Wappen des Stifters. Hervorgehoben sei neben dem Lamm Gottes auf dem Deckel noch der elegant geschwungene Henkel, der von einem Frauenkopf mit sehr sorgfältiger Frisur bekrönt wird. Die Kanne wurde wie eine gleichartige zweite von Jakob von Furtenbach, Mitglied einer angesehenen Leutkircher Kaufmanns- und Patrizierfamilie gestiftet. Die Inschrift auf dem Fuß erklärt in besonders schöner Weise die Gründe für die Stiftung:

„Zur Ehre des Dreyeinigen Gottes
aus liebe zu dieser Gemeine
zur Zierde des geheiligten Altares
zum Gebrauch des abgesonderten Weins
und zu seinem billigen andenken
gestiftet von
dem Hoch Edel gebohrnen Herrn Jakob
von Furtenbach auf Hummelberg
Anno M D C C X X V I I".

Silber. H. 33,5 cm. Beschauzeichen Augsburg. Meistermarke R^3 778, Seling 1880 = Philipp Stenglin, Meister 1693, gestorben 1744.

Literatur: Pazaurek 1912, Taf. LXIII, 1. – Kdm. Württemberg, Donaukreis, Bd. 2, Leutkirch, 1924, S. 25. – Gommel 1969, Abb. 69.

Leutkirch, Ev. Dreifaltigkeitskirche

C 57 □

Abendmahlskanne

Johann III Mittnacht, Augsburg 1740

Die evangelische Stadtkirche von Schorndorf, einer für den schwäbischen Pietismus wichtigen Stadt, besitzt noch heute sieben barocke Abendmahlskannen von erstaunlicher Größe und bemerkenswertem künstlerischen Rang. Drei stammen von dem Stuttgarter Meister Jeremias Peffenhäuser (gestorben 1677), die vier anderen – die sich durch glänzend gravierte Kreuzigungsdarstellungen auszeichnen – wurden von Augsburger Goldschmieden, darunter zwei von Philipp Stenglin (vgl. Kat. Nr. C 56) in den Jahren 1723 und 1732, geliefert. Die wohl prächtigste Kanne ist eine Stiftung der fast neunzigjährigen Schorndorfer

C 61

Bürgermeistersfrau Barbara Walch-Künckele (1651–1741) aus dem Jahre 1740. Die beherzte Frau, Gattin des Bürgermeisters Walch, hatte es gewagt, im Jahre 1688 die Übergabe der Stadt an den französischen General Melac zu verhindern. Über dies Ereignis erschien bereits ein Jahr später in Augsburg eine Schrift mit dem Titel „Der durch das Schorndorffische Weiber-Volck geschüchterte (französische) Hahn". Nach dem Tod ihres ersten Mannes hatte die aus Leutkirch stammende geborene Agricola dessen Nachfolger im Bürgermeisteramt, Johann Georg Künckele, geheiratet, als dessen „hinterlassene Wittwe" sie sich in der Stiftungsinschrift auf dem Fuß der Kanne nennt. Deren farbige Wirkung bestimmen die vergoldeten Ornamentfriese aus Laub- und Bandelwerk, die sich um den Fuß, den unteren und oberen Teil der Kanne und um den Deckel herumziehen. Den Hauptschmuck bildet jedoch die gravierte Darstellung von Christus am Kreuz, dessen Schaft die knieende Maria Magdalena mit ihren Armen umschlingt. Das Kreuz steht in bergiger Landschaft mit der Stadt Jerusalem im Hintergrund.

Silber, z. T. vergoldet. H. 43 cm. Beschauzeichen Augsburg R^3 243, Seling 213 = 1739–41. Meistermarke R^3 823, Seling 2271 = Johann III Mittnacht, Meister 1735, gestorben 1758.

Literatur: Pazaurek 1912, Taf. LXV.

Schorndorf, Ev. Stadtkirche

C 62

C 58 □

Hostiendose

Meister HK, Augsburg, um oder vor 1661

Aus dem Deckel der rechteckigen Hostiendose ist in hohem Relief die Darstellung des Abendmahls herausgetrieben. Christus sitzt, etwas aus der Mittelachse nach rechts verschoben und überhöht von einer Türöffnung im Hintergrund, mit den zwölf Aposteln an einer langen Tafel, auf der zwei ovale Schüsseln mit dem Osterlamm stehen. Messer, Teller und Brot sind durch Gravierung angegeben. Die Wandung der Hostiendose zeigt eine umlaufende getriebene Blumengirlande. Nach der auf der Innenseite des Bodens punzierten Inschrift wurde die Dose 1661 von einer Wild- und Rheingräfin Luise gestiftet.

Silber, 16,6 × 11,9 cm, H. 6 cm. – Beschauzeichen Augsburg (undeutlich), Meistermarke HK, ähnlich R³ 517 und Seling 888.

Literatur: Pazaurek 1912, Taf. XLIV. – Kdm. Württemberg, Jagstkreis, Bd. 1, Gerabronn 1907, S. 286.

Langenburg, Ev. Kirchengemeinde

C 59 □

Hostiendose mit Kreuz

Johann Adam Kienlen der Ältere, Ulm, um 1680–1690

Zum evangelischen Abendmahlsgerät gehört nicht nur eine kleine, meist sehr schlichte Hostiendose, sondern häufig ein stattlicheres Behältnis, das eine größere Anzahl von Hostien aufnehmen konnte. Die Vorderseite der Eßlinger Dose zeigt ikonographisch sinnvoll eine getriebene Darstellung des Abendmahls. Auf dem Dosendeckel ist ein erstaunlich hohes Kreuz mit dem Kruzifix angebracht, so daß das Werk eine ungewöhnliche Kombination von Hostiendose und Altarkreuz darstellt. Dadurch wird dem Gläubigen, der das Werk auf dem Altartisch aufgestellt sieht, der enge Zusammenhang von Abendmahl und Opfertod Christi augenfällig.

Silber. H. 65,5 cm. Beschauzeichen Ulm. Meistermarke K = R³ 4784, wahrscheinlich Johann Adam Kienlen d. Ä., nachweisbar 1650–90/91.

Literatur: Gommel 1969, Abb. 39.

Esslingen, Ev. Stadtkirche St. Dionys

C 60

Hostiendose

Christian Ludwig Pisker, Calw 1756

Die kleine truhenförmige Hostiendose wurde von Regina Salome von Rehbach 1756 in die Kirche von Gärtringen gestiftet. Auf dem Deckel ist ein Lamm Gottes mit Fahne angebracht.

Silber vergoldet. H. 14 cm. Beschau Calw. Meistermarke Christian (nach Gommel: Karl) Ludwig Pisker (Pißger), nachweisbar 1721–1757 (Fleischhauer 1958, S. 269).

Literatur: Gommel 1969, Abb. 50.

Gärtringen, Ev. Pfarrkirche St. Veit

C 61 □

Hostiendose

Christian Friedrich Sick, Stuttgart 1772

Die wie eine weltliche Terrine aussehende kleine „Hostiencapsul" stiftete, wie aus der Inschrift in der großen Kartusche des Deckels hervorgeht, der Amtmann und Gerichtsschreiber zu Metzingen, Christoph Eberhard Ostertag und seine Ehefrau Rosina Margaretha, und zwar „unter dem demüthigsten Danck gegen Gott vor alle empfangene Wohlthaten auf Pfingsten 1772". Auf dem Deckel der ganz in reichem Rokokostil gearbeiteten Dose ist ein großes Lamm Gottes angebracht, das mit einem Vorderbein die Kreuzesfahne hält.

Silber. H. 19 cm, L. 22 cm, B. 15 cm. Beschauzeichen Stuttgart, Meistermarke Christian Friedrich Sick.

Literatur: Gommel 1969, Abb. 72.

Metzingen, Ev. Stadtkirche

C 62 □

Taufschale

Meister I B, Augsburg 1683

Daß die Taufschale von Anfang an für diesen Zweck gedacht war, belegt nicht nur das in der Mitte eingesetzte Medaillon mit der Taufe Christi und dem Matthäus 28, Vers 19 entnommenen Text „Tauffet sie im Namen deß Vatters und deß Sohns und deß Heyligen Geistes", sondern noch deutlicher die mit sichtlichem Stolz an der Außenwand eingravierte Inschrift. Sie lautet: „Zu Gottes Ehre und Hiesiger Kirchen gebrauch hat der Weyland Erbare Johann Georg Strigel Burger und Schlosser alhier dises Tauffbecken gestifftet, welches nach seinem Tod die hinterlassene Wittib Barbara Str. durch ihren Tochtermann dem Erbarn Johann Wolfgang Wellhöffern auch Bürgern und Schlossern alhier Verfertigen lassen. Anno 1683". Neben der prachtvollen Schale hatte der Schlosser Strigel auch noch eine einfachere Abendmahlskanne von der Hand des gleichen Meisters gestiftet.
Die zwölfpassige Taufschale gehört zu den Meisterwerken virtuoser Treibarbeit. Diese zeigt sich nicht nur in der zwölffach gebuckelten Schale, sondern insbesondere an den von innen nach außen getriebenen Ornamenten. Diese stellen abwechselnd mit Akanthusblättern Weintraube, Mispel, Granatapfel, Zitrone und Erdbeere in sehr naturgetreuer Weise dar. Ein Akanthusblatt ist mit dem Wappen der Schlosserzunft verbunden. Das Innere der Schale ist ganz vergoldet, während die Ornamente der Außenseite sich silbern vom vergoldeten Grund abheben.

Silber, teilweise vergoldet. Dm 37 cm, H. 12,5 cm. Beschauzeichen Augsburg, Meistermarke wahrscheinlich IB = 664 d, möglicherweise mit einem Bindestrich zwischen den Buchstaben = Seling 1574, jedoch ist der Meister Hans Jakob II Baur schon 1678 gestorben.

Literatur: Kdm. Württemberg, Jagstkreis, Bd. 1, Crailsheim, 1907, S. 52. – Pazaurek 1912, Taf. XLVII, 2. – Gommel 1969, Abb. 7.

Crailsheim, Ev. Johanneskirche

C 63 □

Taufkanne

Johann I (oder II) Mittnacht, Augsburg 1708

Die Taufkanne fällt durch ihren unge-

C 63

C 64

Silber. Dm der Schüssel 48,5 cm. H. der Kanne 34,4 cm. Beschauzeichen Augsburg R³ 269/270, Seling 254–256 = 1769–71. Meistermarke R³ 941, Seling 2352 = Johann Hagemair, Meister 1744, gestorben 1784. Die Kanne trägt nur ein verschlagenes Beschauzeichen, vermutlich wohl dasselbe wie bei der Schüssel.

Literatur: Pazaurek 1912, Taf. LXIX. – Kdm. Württemberg, Donaukreis, Bd. 1, Biberach, 1914, S. 54. – Gommel 1969, Abb. 19.

Biberach an der Riß, Ev. Stadtpfarrkirche St. Martin

wohnt markanten Umriß auf, der sich vor allem aus dem langgezogenen Ausguß und dem aus einem geflügelten Engel gebildeten Henkel ergibt. Den eigentlichen Körper der Kanne schmücken drei ovale Medaillons, von denen zwei die gravierten Darstellungen der im Meer schwimmenden Arche Noahs und der Taufe Christi zeigen, während das dritte die 15zeilige lateinische Widmungsinschrift der Stifter, eines Johann Jakob Herterich und seiner Frau, enthält.

Silber, z. T. vergoldet. H. 28,5 cm. Beschauzeichen Augsburg. Meistermarke IM vermutlich Seling 1710 = Johann I Mittnacht, Meister 1671, gestorben 1727. Vielleicht bezieht sich die Marke jedoch auf dessen Sohn, Johann II Mittnacht, Seling 1967, Meister um 1703, gestorben 1732.

Literatur: Pazaurek 1912, Taf. L, 3. – Kdm. Württemberg, Jagstkreis, Heidenheim, 1913, S. 159. – Gommel 1969, Abb. 14.

Giengen an der Brenz, Ev. Pfarrkirche

C 64 □

Taufschüssel mit Kanne

Johann Hagemair, Augsburg 1769

Die Taufgarnitur ist ein gutes Beispiel dafür, daß für evangelisches liturgisches Gerät nicht nur strenge, schlichte Formen bevorzugt wurden, sondern daß auch zeitgemäßer Schmuck – in diesem Fall reich bewegte Rokoko-Ornamentik – Verwendung fand. Im Fond der Schüssel befindet sich ein Medaillon mit der Darstellung des guten Hirten inmitten seiner Schafherde. Neben dem Kopf des Hirten ist die Inschrift „Freuet euch, daß Euere Nahmen im Himmel geschrieben sind. Luc. X, V 20" eingraviert. Die auf der Unterseite der Schüssel eingesetzte Platte enthält außer einem langen Widmungsgedicht das Datum 17. Oktober 1769 und den Namen der Stifterin, der 58jährigen Schönfärbersfrau Regine Margareta Schmidt, während bei der kleinen Kanne auf der im Boden eingesetzten Platte dasselbe Datum und der Name ihres Mannes Johann Jakob Schmid von Ehingen, Burger und Schönfärber in Biberach, verzeichnet ist. Bei der Kanne, auf deren Deckel eine Statuette von Johannes dem Täufer angebracht ist, tritt die Ornamentik weniger stark hervor, dagegen kommen bei der Schüssel die in erstaunlich hohem Relief glänzend getriebenen Rocaillen viel besser zur Geltung. Dazu trägt auch der raffinierte Wechsel von glatter und ornamentierter Fläche wesentlich bei.

WELTLICHE GOLDSCHMIEDE-KUNST

C 65 □

Zeremonienschwert

Daniel Harnister, Straßburg, um 1663

Zu seinem Amtsantritt als Fürstbischof von Straßburg im Jahre 1663 ließ sich Franz Egon Graf von Fürstenberg (1626–1682) ein Zeremonienschwert als Zeichen seiner Würde als Reichsfürst und Regent der weltlichen Besitzungen des Straßburger Bistums anfertigen. Aus diesem Grunde ist auf beiden Seiten in dem gebläuten Teil der Klinge, die zweifellos in Solingen bestellt worden war, das Wappen des Bistums Straßburg, kombiniert mit dem der Landgrafschaft Unterelsaß und dem persönlichen des neuen Bischofs in Goldätzung zu sehen. Auf der einen Seite ist das Wappen vor einem von Lorbeerzweigen umgebenen römischen Altar angebracht, der in einer bergigen Landschaft steht. Neben der Helmzier ragen ein Bischofsstab als Zeichen der geistlichen und ein Schwert als Zeichen der weltlichen Macht heraus. Darüber schwebt eine Taube mit dem Spruch „Aethera non caetera" (Nur den Himmel will ich, nichts anderes). Unterhalb des Altares befindet sich die Jahreszahl 1663. Außerdem sind auf der Klinge noch zweimal ein Arm mit einem Schwert bzw. Säbel und zwei Inschriften geätzt. Auf der Seite mit dem großen Wappen und den Buchstaben FEDGA-PALACAF steht: „Obsequium amicos, veritas odium parit" (Die Nachgiebigkeit schafft Freunde, die Wahrheit Haß), auf der anderen „Quid quid agis, Prudenter Agas et Respice finem" (Was du auch tust, verrichte es klug und bedenke das Ende).

Die übrigen Darstellungen dieses weltlichen Herrschaftszeichens beziehen sich ausschließlich auf die Person des Bischofs. Der Griff ist als der fürstenbergische Adler gebildet, der seine Schwingen angelegt hat, so daß sich das Schwert wirklich anfassen läßt. Der Adler hält sich mit seinen Krallen auf einem naturalistisch wiedergegebenen Ast. Nicht minder naturgetreu sind die in hohem Relief getriebenen Ranken und Blüten der dreiteiligen Scheide. Diese Ranken und Blüten, in denen auch der Kopf und der Schwanz einer Schlange erscheinen, umrahmen 16 medaillonartige Felder, die

C 65

C 66

mit dem persönlichen Wappen des Bischofs und denen seiner adligen Vorfahren graviert sind. Unter diesen sind etwa die Wappen von Eberstein, Sulz-Brandis, Baden-Hachberg, Sonnenberg und Öttingen zu erkennen. Am Beginn der Ranke, also am oberen Rand der Scheide, ist eine geflügelte Sphinx dargestellt, an der Spitze erscheint die Helmzier vom Wappen der alten Landgrafschaft Unterelsaß, eine aus einer Bischofsmitra herauswachsende gekrönte junge Frau, die einen Ring in der Rechten hält. Zum weltlichen Besitz des Bistums Straßburg gehörten übrigens auch die rechtsrheinischen Gebiete um Oberkirch und Ettenheim. Zwischen den Ranken, Blüten und Medaillons ist die Grundfläche herausgesägt, so daß der wohl erneuerte rote Stoffbezug der hölzernen Scheide durchschimmert. Ihre flache Rückseite ist mit ähnlichen Ranken und Blüten graviert.

Franz Egon von Fürstenberg, der unter anderem auch das Amt des Kölner Dompropstes inne hatte, war in der Politik ein Parteigänger Frankreichs. Am 24. Oktober 1681 empfing er Ludwig XIV. im Straßburger Münster. Das Schwert ist durch die so absichtliche persönliche Gestaltung ein sichtbares Zeichen des weltlichen Herrschaftsanspruchs dieses politisch ehrgeizigen Bischofs. Daß auch andere Bischöfe solche Zeremonienschwerter führten, belegt das aus der Spätgotik stammende fränkische Herzogsschwert, heute in der Schatzkammer der Münchner Residenz. Auch Damian Hugo von Schönborn hatte sich als Fürstbischof von Speyer um 1729 ein solches repräsentatives Herrschaftszeichen anfertigen lassen, das im Jahre 1811 für die badischen Kroninsignien adaptiert wurde (Fritz, Johann Michael und Schwarzmaier, Hansmartin, Die Kroninsignien der Großherzoge von Baden. In: ZGO, Bd. 125, 1977, S. 212f.).

Klinge: Stahl. H. 102 cm. Marke durch Parierstange fast völlig verdeckt. Griff und Scheide: Silber, Gesamthöhe 128,5 cm. Beschauzeichen Straßburg, Meistermarke DH ligiert, R[3] 6987 = Daniel Harnister, Meister 1651, nachweisbar bis 1690. Das Schwert befand sich früher in der Silberkammer der Großherzöge von Hessen-Darmstadt. Wie es dorthin gelangt ist, konnte nicht festgestellt werden.

Literatur: Back, Friedrich, Kunstwerke aus dem Elsaß in Darmstädter Sammlungen. In: Revue Alsacienne illustrée/Illustrierte Elsässische Rundschau, Bd. 15, 1913, S. 66f. – Haug, Hans, Zur Geschichte des Straßburger Goldschmiede-Handwerks 1362–1870. In: XIV. Verbandstag Verband deutscher Juweliere, Gold- & Silberschmiede. Straßburg 1914, S. 42. – R[3] 6987 b. – Le Siècle d'Or de l'Orfèvrerie de Strasbourg. Paris 1964, Nr. 1.

Donaueschingen, Fürstenberg Sammlungen

C 66 a–b □

Zwei Kredenzen mit Darstellungen aus den Metamorphosen des Ovid

Jakob Jäger, Augsburg 1667

Mythologische Themen der Antike gehörten zum ständigen Repertoire barokker Gelehrter und Künstler. Meist wurden die dargestellten Szenen den Metamorphosen des Ovid entnommen, darunter nicht nur allgemein bekannte, sondern auch recht ausgefallene. Zwei solcher Szenen aus dem fünften Buch sind auf den runden Reliefs wiedergegeben, die in den Boden der etwas später entstandenen Kredenzschalen eingelassen sind.
Auf der ersten wird die Geschichte von dem Wettstreit der neun Töchter des Pierus geschildert, die sich erkühnten, sich mit den neun Musen im Gesang zu messen. Nymphen – auf dem Relief allerdings drei Götter – wurden als Schiedsrichter bestellt. Als diese den Musen den Sieg zuerkannten, schmähten die Pieriden die Siegerinnen so sehr, daß diese die Unterlegenen zur Strafe in Elstern verwandelten, die nun, neun an der Zahl, auf dem Boden und dem Baum hocken oder in der Luft flattern (Ovid, Metamorphosen V, 294ff. und 662ff.; vgl. auch Pigler 1974, Bd. 2, S. 1857).
Die zweite Darstellung stammt aus dem Wettgesang, mit dem die Musen ihre Schwester Calliope betraut hatten. Sie erzählt u.a., wie der junge Athener Triptolemus von Ceres (Demeter), der Göttin der Feldfrüchte – sie erscheint rechts auf ihrem von Schlangen gezogenen Wagen – beauftragt wird, Korn auch nach Scy-

thien zu bringen. Der dortige König Lyncus ist neidisch und möchte selbst der Spender solcher großer Gaben sein. Deshalb versucht er den Gast während des Schlafes umzubringen (im Hintergrund), wird aber zur Strafe von Ceres in einen Luchs verwandelt. Vorn sieht man den jugendlichen Triptolemus mit Korngarben und -säcken (Ovid, Metamorphosen V, 642–661; vgl. auch Pigler 1974, S. 242).
Die Schalenreliefs tragen beide die Signatur von „Jacob Jeger" (Jäger), die zweite außerdem noch das Datum 1667. Von dem Künstler – schon im 18. Jahrhundert als einer der bedeutendsten Augsburger Meister in virtuoser Treibarbeit bezeichnet – sind noch zwei Schalen mit Darstellungen aus den Metamorphosen (Leipzig, Museum des Kunsthandwerks) und eine weitere signierte und 1667 datierte mit einer antiken Szene bekannt (Falke, Otto von, Eine Augsburger Silberschale von Jakob Jeger. In: Pantheon, Bd. 27, 1941, S. 138ff.). Nicht völlig klar ist bislang, ob als Urheber der Reliefs Jakob I Jäger oder sein gleichnamiger Sohn anzusehen ist. Von letzterem wird berichtet, daß er sich zu Studienzwecken in Italien und Frankreich aufgehalten hat. Da sich in der Staatlichen Galerie Dessau eine „Jacob Jeger goltschm. in Augsburg 1672" signierte Federzeichnung, die Apollo mit der Leier darstellt, erhalten hat (Seling 1980, Nr. 1396f.), könnte Jäger die Entwürfe für einige seiner Reliefs auch selbst gefertigt haben.

Silber, z. T. vergoldet. Dm. 28 cm. Jakob I Jäger, Seling 1397, Meister um 1624, gestorben 1673; Jakob II Jäger, Seling 1581, Meister um 1653, gestorben 1674. Kredenz: Beschauzeichen Augsburg, Seling 192 = 1722–26; Meistermarke CM, Seling 2087 = Christian Meiting, Meister 1716, gestorben 1740.

Literatur: R³ 827 l–m. – Bregenz 1967, Kat. Nr. 58, 59. – Seling 1980, Bd. 1, S. 118 und 287, Abb. 492, 493, Bd. 3, Nr. 1396e und 2087 a.

Privatbesitz

C 67 □

Kanne und Becken

Johann Edel, Emmendingen, um 1681

Kanne und Becken tragen auf der Wandung bzw. am Rand das gravierte Allianzwappen von Baden-Durlach und Holstein, außerdem zahlreiche Buchstaben, die abgekürzt die Namen des fürstlichen Paares nennen: Friedrich Magnus Markgraf zu Baden und Hachberg (1647–1677–1709) und Augusta Maria Markgräfin zu Baden und Hachberg geborene Herzogin zu Schleswig Holstein (1649–1728). Das Paar hatte 1670 in Husum geheiratet, zog dann nach Durlach, mußte aber des öfteren wegen der verschiedenen Kriege, die die Lande am Oberrhein heimsuchten, mehrmals im Markgräfler Hof in Basel Zuflucht suchen. Deshalb ist es erstaunlich, daß sich der Markgraf unter diesen Umständen eine so schwere, aus vergoldetem Silber gearbeitete Garnitur leisten konnte.

C 67

C 68

C 69

Diese entstand nicht, wie man vermuten könnte, in Durlach, Basel oder Straßburg, sondern in Emmendingen.
Die wuchtige gedrungene Kanne trägt keine Goldschmiedemarken, dafür sind unter dem Becken zwei vorzüglich erkennbare, bislang gänzlich unbekannte Stempel eingeschlagen. Der eine zeigt oben den Usenberger Pflug, das Wappenbild der Markgrafschaft Hachberg, darunter die Feingehaltszahl 13 und dazwischen den Buchstaben L, der andere die Initialen des Meisters I E. Die nicht ganz den heraldischen Gepflogenheiten entsprechende Wiedergabe des Usenberg-Hachberg'schen Pfluges begegnet sehr ähnlich auf einigen Münzen, die Markgraf Friedrich Magnus zwischen 1680 und 1683 in einer ehemaligen Mühle bei Emmendingen durch seinen Schirmjuden Löwel prägen ließ (Wielandt, Friedrich, Badische Münz- und Geldgeschichte. Karlsruhe 1973, S. 158 ff.). Die Schrötlinge wurden 1681 von einem Münzwardein namens Johann Edel, der für diese Tätigkeit eine Ausbildung als Goldschmied haben mußte, auf ihren Feingehalt untersucht (GLA Karlsruhe, 115/443, S. 34 und 37). Von ihm dürften die Kanne und das Becken gearbeitet sein, ob in Emmendingen oder auf der nah gelegenen Hochburg selbst muß allerdings offen bleiben. Im Zähringer Museum in Baden-Baden existiert noch eine zweite ähnliche, aber gestrecktere Kanne ohne Wappen, die von Johann II Leser zwischen 1680 und 1685 in Augsburg geschaffen wurde.

Silber vergoldet. H. der Kanne 24,2 cm. Dm des Beckens 52,2 cm.

Literatur: Kat. Das Weingefäß im Wandel der Jahrtausende. Stuttgart-Düsseldorf 1966, Nr. 151, 152. – Seling 1980, Abb. 472 (dort ist statt der Augsburger fälschlich die oben besprochene Kanne abgebildet und kommentiert).

Privatbesitz

C 68 a–e □

Schale mit Kanne, zwei Leuchtern und Lichtputzschere

Aus Schloß Weikersheim

Peter Kick, Augsburg, 1708–1710

Es ist heutzutage selten, daß sich eine solche, aus mehreren Teilen bestehende Garnitur als Ganzes erhalten hat. Sie bildet ein Ensemble von nobler Eleganz. Diese Wirkung beruht vor allem auf der raffinierten Verteilung der Vergoldung: durch sie sind nur die Ornamentfriese hervorgehoben, während die glatten Flächen silbern belassen sind. Von diesen Friesen fällt besonders der aus kleinen Riefeln bestehende ins Auge, deren leichte Biegung den Ornamentstreifen einige Bewegung verleiht. Sämtliche Teile der Garnitur sind mit dem Wappen und den Initialen von Graf Carl-Ludwig von Hohenlohe-Weikersheim graviert. Am auffallendsten ist das von Löwen gehaltene Wappen bei der ovalen Schale, für deren Wirkung es eine wesentliche Rolle spielt. Bei der Kanne ist das gravierte Wappen weniger ostentativ auf der vergoldeten Kartusche unterhalb des Ausgusses angebracht. Einen verwandten Dekor weisen eine um 1705 entstandene Kanne und die dazugehörige Schüssel des Augsburger Meisters Daniel I Schäffler auf (Seling 1980, Abb. 843, 844).

Silber, z. T. vergoldet. Schale: 46 × 36 cm. Kanne H. 22,5 cm. Leuchter H. 20,3 cm. Lichtputzschere L. 24 cm. Beschauzeichen Augsburg, Seling 165 = 1708–10. Meistermarke Seling 1942 = Peter Kick, Meister um 1700, gestorben 1721.

Privatbesitz

C 69 a–g □

Sieben Teile eines Tafelservices

Aus Schloß Weikersheim

Augsburg, zwischen 1736 und 1755

Tafelservice wurden selten in ihrer Gesamtheit angeschafft, sondern vielmehr im Lauf der Zeit immer wieder ergänzt, wobei nach dem Vorbild bereits vorhandener Teile neue angefertigt wurden. Nach der Auftragserteilung für ein umfangreiches Service vergab der vermittelnde Silberhändler die Ausführung der einzelnen Teile an verschiedene Meister (vgl. Kat. Nr. C 77, 2 Leuchter), was

C 69

C 71 d

zweifellos einen schnelleren Abschluß der Arbeiten ermöglichte. Aus einem solchen, im Verlauf von fast 20 Jahren entstandenen großen Tafelservice wurden einige charakteristische Teile, ein Weinkühler, zwei Teller und zwei Platten von sechspassigem Umriß, eine ovale Schüssel und eine Anbietplatte in Form eines Blattes für die Ausstellung ausgewählt. Alle Teile mit Ausnahme der Anbietplatte tragen das Wappen des Grafen Carl-Ludwig von Hohenlohe-Weikersheim (1674–1756).

Silber. Weinkühler H. 21,3 cm: Beschauzeichen Augsburg, Seling 207 = 1736–37, Meistermarke Seling 2056 = Emanuel Drentwett, Meister 1713, gestorben 1753. – Anbietplatte L. 32,5 cm, beide Platten Dm 37 cm, ein Teller Dm 24 cm: Beschauzeichen Augsburg Seling 220 = 1743–45, Meistermarke Seling 2104 = Johann Christoph I Drentwett, Meister 1718, gestorben 1763. – Teller: Beschauzeichen Augsburg Seling 233 = 1753–55, Meistermarke Seling 2329 = Abraham IV Drentwett, Meister 1741, gestorben 1785. – Ovale Schüssel 37 × 24,5 cm: Beschauzeichen Augsburg Seling 234 = 1753–55, Meistermarke Seling 2195 = Johann Peter Müller, Meister 1727, gestorben 1761.

Privatbesitz

C 70 □

Terrine mit Einsatz, Platte und Schöpfkelle

Gottfried Bartermann, Augsburg
1753–1755

Neben Tafelaufsätzen bildeten vor allem stattliche Terrinen einen wesentlichen Bestandteil der fürstlichen Tafel des 18. Jahrhunderts. Zu einer solchen Terrine gehörte – so wie bei der ausgestellten – eine große Platte und eine Schöpfkelle. Außerdem befindet sich im Innern ein herausnehmbarer Einsatz, so daß die ganze Garnitur aus vier Teilen besteht. Auf dem Deckel der Terrine tummeln sich im Astwerk zwei Raubvögel und eine Taube, in den Rocaille-Kartuschen

C 70

der Schüssel sind zwei Enten dargestellt. Von Gottfried Bartermann haben sich mehrere ähnlich reich verzierte Terrinen in üppigem Rokokostil erhalten, so daß er wohl als Spezialist für derartig prunkvolles Tafelsilber gelten kann (vgl. Seling 1980, Abb. 731, 734). Ob der Entwurf für die Terrine (Kat. Nr. C 71 d) auch seiner Hand zugeschrieben werden darf, muß offen bleiben.

C 71 a

Silber. Einsatz und Kelle innen vergoldet. Gesamthöhe 34 cm. Platte 58 × 41 cm. Kelle L. 41,5 cm. Beschauzeichen Augsburg, Terrine Seling 233, Löffel Seling 234 = 1753–55. Meistermarke R^3 909, Seling 2248 = Gottfried Bartermann, Meister 1733, gestorben 1769.

Privatbesitz

C 71 a–d □

Entwürfe für silbernes Tafelgerät

Augsburg (?), Anfang 18. und Mitte 18. Jahrhundert

C 71 b

C 72

Bei den Entwürfen handelt es sich nicht um Risse, nach denen ein Goldschmied die darauf dargestellten Gegenstände arbeitete, sondern um Zeichnungen, die der Silberhändler aus Augsburg den Bestellern, in diesem Fall den Grafen von Hohenlohe, zur Ansicht übersandte. Aus überlieferten Briefwechseln der Zeit läßt sich des öfteren entnehmen, daß die Kunden keineswegs die Angebote ohne weiteres akzeptierten, sondern mehrfach Änderungswünsche äußerten. Vielfach wurden auch gleich zwei verschiedene Versionen eines Gegenstandes zur Auswahl vorgelegt.
Die älteste Zeichnung stellt einen Teekessel mit beweglichem Henkel dar, dessen Mittelstück aus gedrechseltem schwarzem Holz bestehen sollte. Der Ausguß ist in Form eines Drachens gebildet. Die Ornamente der verschiedenen Friese sprechen für eine Entstehung um 1710. Zu solchen Teekesseln gehörte stets ein Rechaud für die Heißwasserbereitung.
Die übrigen Entwürfe stammen aus der Mitte des 18. Jahrhunderts, wie die reich bewegten Rocaillen erkennen lassen. Dargestellt sind kostspielige, aber für die fürstliche Tafel unentbehrliche Gegenstände: ein „Surtout de table", eine „fontaine" und einen „pot à oille", wie die damals gebrauchten französischen Ausdrücke lauten. Ein „Surtout" war als Tafelaufsatz gedacht und konnte wie der ausgestellte Entwurf wahrscheinlich mit Konfekt oder Obst belegt werden (zu solchen Tafelaufsätzen vgl. Bursche 1974, Abb. 245ff.). Eine meistens in einer Zimmernische aufgestellte, mit Wasser gefüllte „Fontaine" diente zusammen mit einem hier nicht mitgezeichneten Becken zum Händewaschen (zu einem weiteren Entwurf für eine Fontäne vgl. Johann Michael Fritz, Adolph Wolputt und Anton Bernhard Freiherr von Velen, Ein Kölner Silberhändler und sein westfälischer Auftraggeber. In: Bonner Jahrbücher, Bd. 164, 1964, S. 181ff.).
Neben den „Surtouts" und großen Girandolen bildeten die mächtigen „Pots à oille", zu denen so wie auf dem Entwurf zu sehen eine Platte gehörte, die am meisten ins Auge fallenden Gegenstände der barocken Tafel. Ihr Platz war in den für jede Festlichkeit neu entworfenen Tafelgrundrissen ebenso wie die Anordnung der Schüsseln und Teller genau festgelegt.
Ob auf Grund der Entwürfe dann tatsächlich Silberschmiedearbeiten bestellt wurden, läßt sich heute nicht mehr feststellen. Nur bei dem „Pot à oille", der Suppenterrine, scheint das der Fall gewesen zu sein, denn es hat sich eine Terrine erhalten, die im wesentlichen mit der Zeichnung übereinstimmt (Kat. Nr. C 70). So sind z. B. die Vögel der Deckelbekrönung anders angeordnet und an Stelle der bescheidenen Dekoration des mittleren Deckelrandes ist beim ausgeführten Werk eine große Rocaille getreten.

Papier, Feder, grau laviert. Teekessel 35 × 47 cm; Tafelaufsatz 43,5 × 50,5 cm; Fontäne 61,5 × 49; Terrine 49 × 61,3.

Neuenstein, Hohenlohe-Zentralarchiv, Inv. Nr. I 118, III 190, III 194, III 193

C 72 □

Pfeffer- und Salzgefäße in Form eines Adlers

Georg Preg, Ulm, 2. Hälfte 17. Jahrhundert

Die ungewöhnliche Form der kleinen Pfeffer- und Salzgefäße erklärt sich aus dem Wappen der Freiherren Schad von Mittelbiberach, in dem ein Adler mit einem Fisch im Schnabel erscheint. Durch diese Anspielung auf das eigene Wappen entstand für die Familie Schad von Mittelbiberach eine ausgesprochen sinnreiche Tafeldekoration.

Silber, z. T. vergoldet. H. 11,5 cm, B. 10 cm. Beschauzeichen Ulm, Meistermarke GP R³ 4787 = Georg Preg, nachweisbar 1658–1691.

Ulm, Ulmer Museum, Inv. Nr. 1963. 8990

C 73

C 74

C 73 □

Zwei Becher

Meister MS, Augsburg 1711

Die schlichten Tischbecher tragen auf der glatten Wandung das reich gravierte württembergische Wappen. Darüber erscheinen die Initialen von Eberhard Ludwig Herzog zu Württemberg (1676–1733), darunter die Jahreszahl 1711. Die Becher gehören zu einem Satz von sechs gleichartigen Bechern.

Silber. H. 9 cm. Beschauzeichen Augsburg. Meisterzeichen MS, nicht bei Seling.

Literatur: Ludwigsburg 1976, Kat. Nr. 269.

Stuttgart, Württembergisches Landesmuseum, Inv. Nr. 1937/382

C 74 □

Service in tragbarem Koffer

Gottlieb Satzger und Johann Georg Kloss, Augsburg, 1755–1757

Ein so kostspielig aus vergoldetem Silber gearbeitetes Service diente in erster Linie der fürstlichen Repräsentation, weniger zum praktischen Gebrauch. Es war in den Privatgemächern, insbesondere der Damen, als prunkvolles Schauobjekt aufgestellt, entweder als Ganzes im geöffneten Koffer wie auf der Abbildung oder in seinen vornehmsten Teilen, die etwa auf einem Toilettentisch als Blickfang arrangiert werden konnten. Da der Koffer tragbar war, ließ er sich samt seinem wertvollen Inhalt wohl gelegentlich auch auf Reisen mitnehmen.

Ein Service wie das ausgestellte war mit seinen 32 Teilen nur als Solitär, also zum Gebrauch für eine Person gedacht. Es enthält neben dem großen, repräsentativ aufzustellenden Spiegel: eine Kanne mit Waschbecken, 2 Schüsseln, 8 verschieden große Dosen, 1 Kredenz, 2 Platten, 1 Teller, 2 Leuchter mit Lichtputzschere, 1 Trichter und 1 Bürste – sämtliche Teile (mit Ausnahme des Spiegels) sind mit der Marke von Gottlieb Satzger gezeichnet –; einige nicht markierte Gegenstände: 2 Flakons aus Glas, 1 Pinselbürste, 1 Nadelkissen, 1 Glocke und ein Glas mit Deckel; außerdem je eine Schokoladen-, Tee- und Kaffeekanne, ferner einige Bestecke und zwar je ein Löffel, ein Messer und eine Gabel sowie zwei Kaffeelöffel, die aber z. T. älter sind und wohl nicht alle ursprünglich zum Service gehörten.

Solche in einem mit rotem Samt ausgeschlagenen und mit braunem Leder überzogenen Koffer vereinigten Service waren eine Augsburger Spezialität, die sich dort im frühen 18. Jahrhundert in verschiedenen Varianten ausgebildet hatte. Sie wurden über einen der namhaften Augsburger Silberhändler bestellt, der dann die Aufgaben an verschiedene Meister verteilte, die nach einem einheitlichen Entwurf – vor allem was die Dekoration aller Teile angeht – arbeiteten. Dies war für die künstlerische Gesamtwirkung natürlich von großer Bedeutung. An dem ausgestellten Service waren – von den Bestecken abgesehen – nur zwei Meister beteiligt: Gottlieb Satzger für die schon weiter oben aufgezählten Teile und der Spezialist für Kaffee- und Teekannen Johann Georg Kloss. Ihr Werk entstand in den Jahren der größten Blüte des Rokokostils und wurde zur Regierungszeit von Herzog Carl Eugen (1737–1793) für den württembergischen Hof angeschafft.

C 75

Silber vergoldet. Holzkasten H. 36, B. 86, T. 64 cm. Beschauzeichen: Augsburg R^3 257, Seling 235 = 1755–57. Meistermarken: GS, R^3 968, Seling 2373 = Gottlieb Satzger, Meister 1746, gestorben 1783 und IGK, R^3 951, Seling 2300 = Johann Georg Kloss, Meister 1738, gestorben 1766.

Literatur: München 1958, Kat. Nr. 562. – Heitmann, Bernhard, Die deutschen sogenannten Reise-Service und die Toiletten-Garnituren von 1680 bis zum Ende des Rokoko und ihre kulturgeschichtliche Bedeutung. Diss. München, Hamburg 1979, Nr. 57, S. 276 ff. – Seling 1980, Nr. 2300 g, 2373 g, Abb. 897 und 932.

Stuttgart, Württembergisches Landesmuseum, Inv. Nr. 1938/138–174

C 75 □

Schnupftabaksdose

Jacob Breton, Mannheim, um 1750

Tabak zu schnupfen war im 18. Jahrhundert eine allgemein verbreitete Leidenschaft, der nahezu jedermann fröhnte. Diese beschränkte sich keineswegs nur auf die Herren der Schöpfung, auch die Damenwelt schnupfte eifrig. Zur Aufbewahrung des Tabaks benötigte man kleine, handliche Dosen, nach dem französischen Wort meist Tabatieren genannt, die je nach Rang und Finanzkraft seiner Besitzer aus Edelmetall, nach Möglichkeit aus Gold und anderen erlesenen Materialien bestanden oder mit solchen geschmückt waren. Die Fürsten besaßen oft ganze Kollektionen von kostspieligen, vielfach mit Edelsteinen besetzten Tabaksdosen – der Fürstbischof von Konstanz nannte am Ende des 18. Jahrhunderts etwa 110 sein eigen – die häufig als Ehrengeschenke, geschmückt mit dem Bildnis des jeweiligen Potentaten, verwendet wurden. Am feinsten war es, Golddosen aus Paris zu beziehen. Dort hatte sich seit etwa 1740 unter den Goldschmieden ein besonderer Handwerkszweig gebildet, der nur solche Luxuswaren herstellte. Im übrigen wurden durch französische und deutsche Vorlagenstiche die neuesten Formen schnell über ganz Europa verbreitet. Die Fürsten hielten sich fast alle in ihren Residenzen einen eigenen Hofjuwelier, der unter anderem auch Tabaksdosen herzustellen hatte. Von einem solchen Hofkünstler, dem im „Chur-Pfältzischen Hoff- und Staats-Calender“ auf die Jahre 1748 und 1749 erwähnten „Hoff-Jubelierer“ Jacob Breton, stammt die ausgestellte Golddose, die, wie in Paris üblich, auf dem inneren Dosenrand die Signatur „Breton a manheim“ trägt. Offensichtlich handelt es sich um einen Franzosen, der möglicherweise mit dem Pariser Golddosenmacher Jean-François Breton (Meister 1737) und anderen Dosenmachern mit demselben Familiennamen verwandt war. Sein Werk zeigt die neueste Pariser Technik: nämlich zweifarbiges Gold. Während die eigentliche Dose aus einer rötlichen Goldlegierung besteht, sind alle Auflagen aus einem mehr gelblichen Gold gearbeitet. Mit diesem zweifarbigen Gold verbindet sich das geschnittene Perlmutt, das in den Deckel, den Boden und die Dosenwandung eingelassen ist, zu einer raffinierten Farbwirkung. Die Rahmung des Deckels zeigt lebhaft bewegte Architekturformen und Rocaillen. In der Mitte sitzt auf einem Podest, zu dem Treppen hinaufführen, eine junge Dame mit einer großen Mappe auf dem Schoß, vor ihr steht, vom Rücken her gesehen, ein Kavalier. Rechts ruht eine Quellnymphe. Den Abschluß bildet ein Tempietto. Die verschiedenen Perlmuttplatten sind geschickt in die Komposition als Vorder- und Hintergrund sowie in die Rahmenarchitektur einbezogen. In der Mitte des aus Rokoko-Ornamenten zusammengesetzten Schmuckes der Unterseite erscheint ein mit Blumen gefüllter Korb.

Zweifarbiges Gold, Perlmutt. H. 3,3 cm, Dm 8 cm. Im Deckelinnern englische Inschrift von 1853.

Literatur: Swoboda, Franz, Kunst und Kunsthandwerk. Neuerwerbungen 1974–1978. Bildheft des Städt. Reiß-Museums, Mannheim 1981, Taf. 37/38, Text Nr. 37/38.

Mannheim, Städtisches Reiß-Museum, Inv. Nr. RMM 1974/5 LBW

C 76

C 76 □

Zwei Reiseleuchter

Georg Konrad Banzer, Augsburg, um 1680

Die beiden kleinen Leuchter muten in ihrer Schlichtheit geradezu modern an. Sie bestehen nur aus einer quadratischen Grundplatte, die in der Mitte leicht ansteigt, und einer einfachen Tülle für die Kerze darüber. Kerzenstöcke dieser Art dienten als Nachtleuchter oder waren Teile von Reiseservicen. Zwei ältere Leuchter von verwandter Form, nur mit einem höheren Fuß, haben sich aus dem zwischen 1611 und 1616 angefertigten berühmten Pommerschen Kunstschrank erhalten (Pechstein, Klaus, Goldschmiedewerke der Renaissance. Kataloge des Kunstgewerbemuseums Berlin, Bd. V, Berlin 1971, Nr. 133–134). Auch aus dem 18. Jahrhundert sind einige Beispiele dieser Gattung überliefert (vgl. Seling 1980, Abb. 833–835). Leider ließen sich die Buchstaben unter den Fußplatten nicht auflösen, so daß einstweilen unbekannt bleibt, wer die Leuchter in die Wallfahrtskirche Maria in der Tanne zu Triberg gestiftet hat.

Silber, Vergoldung fast völlig abgerieben. H. 8 cm. Beschauzeichen Seling 127 = 1680. Meistermarke Seling 1585. Banzer wurde um 1654 Meister und starb 1692. Die Buchstaben unter den Fußplatten lauten: S.F.V.F. und M.S.V.F.

Triberg, Wallfahrtskirche Maria in der Tanne

C 77 □

Zwei Leuchter

Augsburg, 1710–1712

Die beiden Leuchter stammen, wie aus den eingeschlagenen Nummern 10 und 11 hervorgeht, ursprünglich aus einem Satz von mindestens zwölf gleichartigen Kerzenstöcken. Wie damals üblich, wurde ein so umfangreicher Auftrag an mehrere Meister vergeben, die alle nach demselben Entwurf arbeiteten. Auf dem Fuß ist jeweils das einfache Wappen der Markgrafen von Baden unter einem Fürstenhut graviert. Daraus geht hervor, daß die Leuchter zur Silberkammer der Durlacher oder Baden-Badischen Linie in Durlach oder Rastatt gehörten.

Silber. H. 22 cm. Beschauzeichen Augsburg, wohl Seling 170 = 1710–1712. Meistermarken Nr. 10: Seling 2104 = Georg Andreas Sedelmayr, Meister 1707, gestorben 1736; Nr. 11: Seling 2045 = Johann Daniel I Amende, Meister 1712, gestorben 1752.

Privatbesitz

C 77

C 79 a

C 79 b

C 79 c

C 78

Zwei Leuchter

Joseph Neidinger, Villingen, Mitte 18. Jahrhundert

Die beiden Leuchter – zwei weitere sind nicht ausgestellt – belegen, daß in einer kleinen Stadt wie Villingen neben liturgischen Geräten (Kat. Nr. C 18, 23) auch ordentliches weltliches Gebrauchsgerät von eher bürgerlichem Anspruch entstand. Von Neidinger stammt auch das prächtige Wettersegenskreuz von 1733 im Villinger Münsterschatz.

Silber. Beschauzeichen Villingen, Meistermarke NEI = Joseph Neidinger (1703–1779).

Villingen, Städtische Sammlungen

C 79 a–c □

Zwei Leuchter, Tee- und Kaffeekanne

Christoph Friedrich Sick, Stuttgart, Mitte 18. Jahrhundert
Johann II Pepfenhauser, Augsburg 1736–1737
Johann Georg Kloss, Augsburg 1753–1755

Silbernes Tafelgerät wie die ausgestellten Leuchter, die Tee- und die Kaffeekanne hat es in einer fürstlichen Silberkammer stets in großer Zahl gegeben. Dies beweisen etwa die Leuchter, von denen sich noch zehn erhalten haben. Jedoch wurde solches Tafelsilber der fürstlichen Hofhaltung meist sehr schnell entweder aus Geldnot oder als Material für modernere Geräte eingeschmolzen. Deshalb sind gerade solche einfachen, künstlerisch weniger anspruchsvollen Gegenstände des täglichen Gebrauchs, die nachweislich aus hochadeligem Besitz stammen, heute ziemlich selten. Bei den ausgestellten Stücken beweist das eingravierte Wappen, daß sie einst zur Silberkammer der Herzöge von Württemberg gehörten.

Silber. Leuchter: H. 20,9 cm. Beschauzeichen Stuttgart, Meistermarke CFS im Dreipaß = Christoph Friedrich Sick 1724–87.
Teekanne: H. 15,2 cm. Beschauzeichen Augsburg Seling 207–210 = 1736–37; Meisterzeichen IP im Rechteck mit abgeschrägten Ecken Seling 1919 = Johann II Pepfenhauser, Meister 1697, gestorben 1754.
Kaffeekanne: H. 23 cm. Beschauzeichen Augsburg Seling 233–234 = 1753–55; Meisterzeichen Johann Georg Kloss, Meister 1738, gestorben 1766.

Stuttgart, Württembergisches Landesmuseum, Inv. Nr. 1937–483, 410 a und 414

C 80 □

Kaffee- und Schokoladenkanne

Adelhard von Hundel, Mannheim 1761

Seit der Verlegung des kurpfälzischen Hofes von Heidelberg nach Mannheim im Jahre 1720 fanden hier zumindest bis zur Übersiedlung des Hofes nach München 1778 eine größere Anzahl von Goldschmieden Arbeit. Im Jahre 1731 gründeten 5 Silber- und 7 Goldarbeiter eine eigene Zunft. Zu den profiliertesten Meistern zählt der 1740 zum Hofsilberarbeiter ernannte Adelhard von Hundel, dessen Werke sich durch eine für die Zeit des Rokoko erstaunliche Schlichtheit auszeichnen. Dies belegen z. B. eine Schokoladenkanne in der Münchner Residenz (Brunner, Herbert, Altes Tafelsilber. München 1964, Abb. 116) und die ausgestellte Kaffeekanne, deren Deckelknauf herausschraubbar ist, so daß ein Quirl zum Verrühren der Schokolade eingeführt werden kann. Auf diese Weise konnte die Kanne für die damals modischen Getränke Kaffee und Schokolade verwendet werden. Die strenge Form der Kanne, die weder mit graviertem Wappen noch mit Ornament geschmückt ist, könnte von englischen oder eher niederländischen Vorbildern inspiriert sein.

Silber, innen vergoldet, schwarzer Holzgriff. H. 28,4 cm. Beschauzeichen Mannheim, Meistermarke Adelhard von Hundel, Meister 1737, gestorben 1787, Jahresbuchstabe F = 1761. Für die Marken vgl. Schmitt 1908, Sp. 101 ff., Marken Nr. 9 und 57.

Literatur: Kunst und Kunsthandwerk. Neuerwerbungen 1964–1973. Reiß-Museum Mannheim. Mannheim 1974, Nr. 32.

Mannheim, Städtisches Reiß-Museum, Inv. Nr. RMM 1971/6

C 81

Löffel und Gabel

Johann Jakob Kirstein, Straßburg 1781

Das in seiner Form sehr schlichte Gebrauchssilber trägt auf der Stielrückseite deutlich Beschau- und Meisterzeichen. Das Stielende ist mit dem Gayling'schen Wappen graviert, wobei die Kartusche mit Helmzier und vegetabilen Ornamenten verziert ist. Gedeckt wurde dieses Besteck meistens rechts neben dem Teller, wobei die Laffe nach unten gerichtet war, und das Stielende des Bestecks in die Mitte des Tisches zeigte. So war die Gravur deutlich sichtbar, auch sollten Beschau- und Meisterzeichen, die teilweise an der Laffe, teilweise am Stiel eingeschlagen waren, dem Gast erkennbar sein, zum Beweis, daß man von gutem Silber aß. Das Gayling'sche Besteck, von dem sich nur Teile erhalten haben, war für einen Tisch von vierundzwanzig Personen hergestellt. Vielteilige Tafelbestecke, einheitlich in der Form und für jede Person mit Löffel, Gabel und Messer ausgestattet, kamen erst am Ende des 17. und am Anfang des 18. Jahrhunderts auf.
Die Besteckgarnitur stammt aus dem Besitz des Christian Heinrich Freiherrn Gayling von Altheim, dessen Leben und Wirken die enge Verbundenheit zwischen rechts- und linksrheinischen Gebieten aufzeigt. 1743 in Buchsweiler im Unterelsaß geboren, heiratete er 1773 in Straßburg Franziska von Berstett und starb 1813 in Karlsruhe. Da sein älterer Bruder die Besitzungen im Elsaß erbte, ging Christian Heinrich in den Markgräflich Badischen Staatsdienst. 1772 als Gesandter nach St. Petersburg geschickt, wurde er 1777 Kammerpräsident und war von 1808 bis 1812 Präsident der Ministerkonferenz und damit erster Großherzoglicher Badischer Staatsminister. Da das väterliche Schloß im Elsaß während der Revolution vernichtet wurde, hat sich aus dem Gayling'schen Haushalt nur wenig erhalten. Es ist bezeichnend, daß dieses Besteck in Straßburg hergestellt wurde, da diese Stadt auch nach der Abtretung an Frankreich 1681 die kunsthandwerkliche Metropole des Oberrheins blieb. Auch die Markgrafen von Baden haben des öfteren ihr Tafelsilber aus Straßburg bezogen.

Silber. L. Löffel 20,6 cm, L. Gabel 19,7 cm. Beschauzeichen Straßburg, Jahresbuchstabe F = 1781. Meistermarke: Kirstein = Johann Jakob Kirstein, Meister 1760, gestorben 1816.

Freiburg, Gayling von Altheim'sches Gesamtarchiv

C 80

C 82 □

Vorlegebesteck

Johann Jakob Kirstein, Straßburg 1784

Der Pasteten- oder Fischheber mit schwarzem Holzgriff und feuervergoldeter Hebeplatte ist Teil eines größeren Tafelbestecks. Die feine Durchbruchsarbeit der Hebeplatte besteht aus pflanzlichen Motiven, die symmetrisch angeordnet sind. Palmetten, Blütenkelche und Blattgirlanden weisen schon deutlich auf Stilelemente des Klassizismus hin. Dagegen ist die gravierte Kartusche, die das Gayling'sche Wappen zeigt, noch ganz dem Rokoko verhaftet.
Vorlegbestecke, wie große Löffel, Fisch-, Torten- und Pastetenheber oder Zuckerstreulöffel kamen mit den verfeinerten Tischsitten und den Prunktafeln im Laufe des 18. Jahrhunderts auf. Johann Jakob Kirstein, der Meister dieser Arbeit, gehört zu den bekanntesten Goldschmieden in Straßburg am Ende des 18. Jahrhunderts. Er stellte hauptsächlich Bestecke und profanes Gebrauchssilber her.
Das Besteckteil stammt aus dem gleichen Besitz wie Kat. Nr. C 81.

Silber, vergoldet, Holz, Elfenbein. L. 33,5 cm, Br. 9,0 cm. Beschauzeichen Straßburg, Jahresbuchstabe I = 1784. Meistermarke Kirstein = Johann Jakob Kirstein, Meister 1760, gestorben 1816.

Freiburg, Gayling von Altheim'sches Gesamtarchiv

C 83 □

Schreibzeug

Christian I Drentwett, Augsburg, um 1721

C 82

C 83

Silberne Schreibzeuge befanden sich in der Barockzeit in fast jedem gut ausgestatteten fürstlichen Arbeitsraum. Erhalten haben sich allerdings nur noch wenige Beispiele (vgl. Seling 1980, Abb. 973–982). Das ausgestellte trägt auf der Glocke, dem Tintenfaß und der Streudose das gravierte Allianzwappen von Baden-Baden und Sachsen-Lauenburg. Da das Schreibzeug erst um 1721 entstanden ist, kann sich das Wappen nur auf die Markgräfin Sibylla-Augusta von Baden-Baden, geborene Herzogin von Sachsen-Lauenburg beziehen, da ihr Gemahl, Markgraf Ludwig Wilhelm, bekannt als der „Türkenlouis", bereits 1707 gestorben war. Die Garnitur besteht aus einem von vier Muschelfüßen getragenen Tablett, in dessen Vertiefungen Streudose, Glocke und Tintenfaß stehen.

Silber. L. 23,3 cm. Beschauzeichen wohl R^3 227, Seling 185. Meistermarke R^3 885, Seling 2134 = Christian I Drentwett, Meister 1721, gestorben 1737.

Literatur: R^3 885 c.

Privatbesitz

C 84 □

Büttenmann

Johann Keller, Konstanz, 1659

Der Büttenmann, aus Buchsbaumholz geschnitzt, mit weiten Kniebundhosen, westenartigem Wams, offenem Hemd und umgeschlagenen Manschetten steht auf einem kleinen modellierten Sockel. In der ausgestreckten Rechten hält er ein silbernes Rebmesser, in der linken Hand einen Knorpelstock. Auf dem Kopf trägt er einen Hut, an dem ehemals ein jetzt verschollenes Täfelchen steckte, das mit einer gravierten Wildsau verziert war. An der geschnitzten Figur sind Silberarbeiten befestigt.
Vor dem Winzer hockt ein gegossenes Silberhündchen, das mit einer Kette am Gürtel des Herrn befestigt ist. Auf seinem Halsband ist das Monogramm „HLB" graviert, ein Hinweis auf den Besitzer des Büttenmannes. Auch die Rosetten auf den Schuhen und auf den Strumpfbändern sind aus Silber. Das wichtigste Attribut ist die silberne Weinbütte auf dem Rücken des Rebbauern. Am Büttenrand sind Beschau- und Meisterzeichen des Goldschmieds eingeschlagen. Bütte und Gürtel tragen sechsunddreißig silberne Schilder, die unterschiedlich mit Wappen, Namenszügen und Jahresdaten graviert sind. Auch Goldmünzen befinden sich darunter. Die ältesten Schilder sind mit dem Jahresdatum 1659 datiert, dem wahrscheinlichen Entstehungsdatum des Büttenmannes.
Büttenmänner sind uns schon aus der zweiten Hälfte des 15. Jahrhunderts bekannt. Teilweise sind sie ganz in Silber ausgeführt, im 17. Jahrhundert aber meistens geschnitzt und mit Silberarbeiten besetzt. Die silberne Bütte ist abnehmbar und als Becher für einen Willkommenstrunk verwendbar. In Weingegenden wie in Süddeutschland, der Schweiz und dem Elsaß waren diese Figuren besonders bei den Rebleutezünften beliebt (RdK, Bd. 3, 1954, s. v. „Büttenmann"). Der aus Konstanz stammende Büttenmann kommt aber nicht aus der dortigen Zunft, sondern aus dem Besitz der Familie Beutler. Ab 1659 wurde die Figur von Generation zu Generation weitergereicht und erst am Anfang des 20. Jahrhundert dem Rosgarten-Museum übergeben. Die verschiedenen Silberplaketten wurden in einem Zeitraum von über zweihundertfünfzig Jahren von Freunden der Familie oder zu festlichen Ereignissen an die Bütte oder an den Gürtel der Figur gehängt.
Der Künstler, der den Büttenmann schnitzte, ist nicht bekannt. Dagegen läßt sich die Silberarbeit durch das Meisterzeichen „IK" dem Konstanzer Goldschmied Johann Keller zuschreiben. Von dem Meister sind weitere fünf sakrale Arbeiten bekannt, darunter eine getriebene Andachtsfigur in Pfullendorf, die 1657 datiert ist.

Buchsbaumholz, geschnitzt. Silber, getrieben, gegossen. H. 29 cm. Beschauzeichen Konstanz R^3 2910. Meistermarke R^3 2936.

Literatur: R^3 2936 b. – C.-A. Graf Douglas, Konstanzer Silberarbeiten des 16. bis 18. Jhs., Dissertation in Vorbereitung.

Konstanz, Rosgarten-Museum, Inv. Nr. S 25

C 85 □

Willkomm der Stadt Stuttgart

Jeremias Peffenhäuser, Stuttgart 1659

Der 1652 aus Augsburg nach Stuttgart übersiedelte Jeremias Peffenhäuser muß sich dort binnen kurzem so gut eingeführt haben, daß er bereits im Jahre 1659 den Auftrag erhielt, für das Ratssilber der „HOCHFÜRSTL WURTTEMB RESIDENZ STUTGARD" einen repräsentativen Willkomm anzufertigen. Entsprechend dem Namen und dem Wappen der Stadt konnte dieser nur die Gestalt einer Stute haben, der ein Füllen beigesellt ist. Beide stehen auf einem Sockel, der die erwähnte Inschrift mit der Jahreszahl 1659 trägt.
Ein wesentlicher Anteil für die Wirkung der Gruppe ergibt sich aus dem Kontrast von vergoldeten und silbernen Partien. Den wenigen vergoldeten Teilen – Mähne, Schwanz und Hufe – steht das silbern belassene Fell beider Tiere gegenüber, dessen Haare durch sorgsame Gravierung fast lebensnah nachgeahmt sind. Die

burger Goldschmiede oder Zeichner waren, sondern vielmehr Bronzestatuetten der Zeit um 1620 zum Vorbild hatten. Eine fast gleichartige Reiterfigur schuf etwa der Ulmer Goldschmied Hans Ludwig Kienle um 1630 nach einem oberitalienischen Bronzereiter des späten 16. Jahrhunderts (Weihrauch, Hans R., Italienische Bronzen als Vorbilder deutscher Goldschmiedekunst. In: Studien zur Geschichte der europäischen Plastik. Festschrift Theodor Müller. München 1965, S. 272). Letztlich geht jede Gestaltung eines sich auf seinen Hinterbeinen aufbäumdenden Pferdes – als Aufgabe stets eine künstlerische Herausforderung ersten Ranges – auf Leonardo da Vinci zurück. Der aus Augsburg stammende Peffenhäuser wird sich also aus seiner Heimatstadt ein entsprechendes Modell für den Guß seines Pferdes beschafft haben. Daß er selbst im Modellieren nicht allzu geschickt war, beweist das wenig gelungene Füllen.

Silber, z. T. vergoldet. H. 35,5 cm. Beschauzeichen Stuttgart. Meistermarke IP = Jeremias Peffenhäuser, tätig in Stuttgart 1652–77. Beide Marken sind sowohl am Hals des Pferdes wie am Sockel eingeschlagen.

Literatur: Neues Tagblatt Stuttgart, 19. 3. 1909. – R^3 4640 b. – Fleischhauer 1958, S. 98. – Leipner, Kurt, Die stadtgeschichtlichen Sammlungen des Archivs der Stadt Stuttgart. Führer durch die Ausstellung im Wilhelmspalais. 1972, S. 14.

Stuttgart, Stadtarchiv Stuttgart, S 841

C 84

stärkste Wirkung des Willkomms geht allerdings von der sich auf den Hinterbeinen hoch aufbäumenden Stute aus, die ihren ausdrucksvollen abnehmbaren Kopf zur Seite wendet. Man gewinnt den Eindruck, daß der Urheber eines so glänzend modellierten Pferdekörpers voll barocker Kraft ein hervorragender Künstler gewesen sein muß. Jedoch stellt sich heraus, daß das Motiv des sich aufbäumenden Pferdes in der Augsburger Goldschmiedekunst des ganzen 17. Jahrhunderts häufig und fast übereinstimmend vorkommt. Erinnert sei hier an die Statuetten mit dem reitenden König Gustav Adolf von Schweden (Augsburg 1968, Kat. Nr. 472, vgl. auch Nr. 350).
Für diese zahlreichen Pferdedarstellungen konnte nachgewiesen werden, daß sie nicht eigene Erfindung bestimmter Augs-

C 86 □

Muschelpokal

Aus dem Ratssilber der Stadt Bischofszell im Thurgau

Johann Adam Kienlen der Ältere, Ulm 1681

Johann Adam Kienlen, der bedeutendste Ulmer Goldschmied der 2. Hälfte des 17. Jahrhunderts, hatte einen großen Kundenkreis. Als Protestant lieferte er für viele evangelische Kirchen der näheren und weiteren Umgebung das notwendige Altargerät (vgl. Kat. Nr. C 52, 59), doch arbeitete er auch für den katholischen Fürstbischof von Konstanz, Franz Johannes Vogt von Altensumerau und Prasberg (1645–1668, vgl. auch Kat. Nr. C 47). Dieser schenkte im Jahre 1681 zwei von Kienlen gearbeitete Muschelpokale – eine im späten 17. Jahrhundert sehr beliebte Form für Ehrengeschenke – dem Rat der Stadt Bischofszell im Thurgau, da er von der Stadt seiner-

C 85

Beim Einfall der Franzosen in Württemberg im Jahre 1693 hatten diese hohe Kontributionen von der Stuttgarter Regierung gefordert. Da diese vor allem nicht so schnell über das notwendige Geld verfügte, stellten sich unter Führung des Landschaftskonsulenten Johann Heinrich Sturm (1651–1709) mehrere Stuttgarter Bürger als Geiseln zur Verfügung, die dann in Metz inhaftiert wurden. Zu Ende des Jahres 1696 gelang es, die Geiseln mit Hilfe eines Basler Bankiers loszukaufen. Den Zurückgekehrten – zwei waren während der Haft gestorben – wurden als Dank prächtige Deckelbecher aus vergoldetem Silber überreicht, von denen sich noch mehrere erhalten haben. Auf ihnen ist in getriebener Arbeit das Wappen der württembergischen Landschaft, der Vertretung der Landstände, mit den drei Hirschstangen zu sehen. Der Deckel wird von einem ruhenden Hirsch bekrönt. Nach den Rechnungen der Landschaftseinnehmerei waren durch den Stuttgarter Goldschmied Christian Thill 16 Becher in Augsburg bestellt worden, zwei größere für Sturm und den Basler Bankier, 14 kleinere für die übrigen Geiseln bzw. deren Hinterbliebene. Den Entwurf für die Pokale hatte der Stuttgarter Glas-, Wappen- und Steinschneider Johann David Daniel (1650–1702) geliefert, nach dessen Zeichnung mehrere Augsburger Goldschmiede die Becher anfertigten. Den großen für Sturm, heute gleichfalls im Besitz des Württembergischen Landesmuseums in Stuttgart, hatte z. B. Michael Heckel angefertigt.

Silber vergoldet. H. 20,8 cm. Beschau Augsburg. Meistermarke CP R³ 731, Seling 1815 = Cornelius Poppe, Meister um 1685, gestorben 1723.

Literatur: R³ 731 p-q. – Grube, Walter, Der Stuttgarter Landtag 1457–1957. Stuttgart 1957, S. 364–366. – JbStKsBW, Bd. 3, 1966, S. 270.

Stuttgart, Württembergisches Landesmuseum, Inv. Nr. KK hellblau 2

seits ein „Lavoir mit Gießkanne" als Präsent erhalten hatte. Name, Titel und Wappen des Bischofs sind auf dem ovalen Emailmedaillon unterhalb des bekrönenden Schwanes angebracht. Der ausgestellte Pokal ruht auf einem Meerweibchen, das heute eine vermutlich ergänzte Muschel im Arm hält.

Silber, z. T. vergoldet. H. 50 cm. Beschauzeichen Ulm. Meistermarke K = R³ 4784, wahrscheinlich Johann Adam Kienlen d. Ä., nachweisbar 1650–90/91.

Literatur: R³ 4784 e und f. – Häberle 1926, S. 25. – Kdm. Schweiz, Kanton Thurgau, Bd. 3, Bezirk Bischofszell, 1962, S. 276.

Ulm, Ulmer Museum (Leihgabe der Fam. von Kienlin)

C 87 □

Deckelbecher

Cornelius Poppe, Augsburg 1697

C 88

Pokal

Aus dem Ratssilber der Stadt Freiburg

Abraham III Drentwett, Augsburg. Um 1709

Gut vier Jahrzehnte währte der Rechtsstreit zwischen dem Rat der Stadt Freiburg und der Reichsritterschaft Breisgau. Nach langen Auseinandersetzungen gelang es schließlich dem Gouverneur der

C 86

vorderösterreichischen Lande, Pfalzgraf Karl Philipp, am 30. März 1708, einen Vergleich zwischen den beiden Kontrahenten herzustellen, den am 6. Januar 1709 Kaiser Joseph I. bestätigte. In diesem Vergleich wurde der Ritterschaft, der Standesvertretung der reichsunmittelbaren Adligen, unter anderem die Beibehaltung des Priminstanzgerichtes über ihre immatrikulierten Mitglieder zugestanden, das ihr einst aus kaiserlicher Machtvollkommenheit erteilt worden war. Allerdings sollte die Ritterschaft kein eigenes Gefängnis in der Stadt haben, sondern beim Rat jedesmal darum ansuchen. Außerdem wurde festgelegt, daß das Ritterhaus „zu ewigen Zeiten" von allen bürgerlichen Lasten frei sein sollte. Im Gegenzug verzichteten die Mitglieder der Ritterschaft endgültig auf die Ratsstellen und Ehrenämter der Stadt.
Wie wichtig der Reichsritterschaft Breisgau der erzielte Vergleich war, belegt der speziell aus diesem Anlaß angefertigte, ziemlich kostspielige große Pokal, den sie als Andenken nach langen Zerwürfnissen und zum Zeichen beständiger und aufrichtiger Freundschaft dem Rat der Stadt verehrte. Diese Worte sind in der lateinischen Inschrift enthalten, die in einer Kartusche auf der Kuppa des Pokals eingraviert ist. Auf der gegenüberliegenden Seite erscheint das Stadtwappen von Freiburg. Auf dem Deckel hockt als Zeichen des Kaisers ein gekrönter Doppeladler, der in seinen Fängen ein Medaillon mit dem hl. Georg zu Pferde hält, dem Symbol der Reichsritterschaft Breisgau. Die hohe Kuppa wird von einem nur mit Schurz, Armreifen und Beinschmuck bekleideten Neger getragen. Der getriebene Dekor, für den Motive des damals gerade modernen Bandelwerks verwendet wurden, hebt sich deutlich vom fein punzierten Grund ab. Der Wechsel von vergoldeten und silbernen Partien trägt besonders zur Wirkung des sehr sorgfältig gearbeiteten Pokals bei. Sein Meister, Abraham III Drentwett, hat später nochmals einen ähnlichen Erinnerungspokal geschaffen (Seling 1980, Abb. 998).

Silber, z. T. vergoldet. H. 60,5 cm. Inschrift in der Kartusche: Ex Dono Inclyti Ordinis Equestris per Brisgoiam In Tesseram Constantis et Sincere Amicitiae Et Monumentum Transactionis cum Laudabile Magistratu Friburgensi Post diuturnas controversias initae et a S.M.C.clementissime confirmatae MDCCVIII.

Beschauzeichen: Augsburg, etwa Seling 165–167 = 1708–10. Meistermarke AD, Seling 1999 = Abraham III Drentwett, Meister 1707, gestorben 1735.

Literatur: Heinrich Schreiber, Geschichte der Stadt Freiburg im Breisgau, IV.Theil, Freiburg 1858, S. 176 und 232ff. – Freiburg 1970, Kat. Nr. 379. – Seling 1980, Nr. 1999a.

Freiburg, Augustinermuseum, Inv. Nr. 12123

C 89 □

Ratsbecher der Stadt Lahr

Straßburg 1724

Silberne Ratsbecher waren im späten 17. und im 18. Jahrhundert in vielen elsässischen Orten sehr beliebt. Zunächst hatten sie die schlichte Form eines fast zylindrischen Bechers, seit dem frühen 18. Jahrhundert wurde unter französischem Einfluß eine elegantere Form bevorzugt, deren leicht geschwungene Kuppa an den Kelch einer Tulpe erinnert. Auch die badische Stadt Lahr besaß in ihrem Rathaus solche Becher, von denen sich zwei erhalten haben. Auf der Wandung des ausgestellten ist das Wappen der Stadt in einem Lorbeerkranz graviert, darunter steht der Name des Stifters Georg Müller. Dieser Georg Müller (1652–1731) war Ratsherr, zugegebener Bürgermeister und später Schultheiß in Lahr. Ein ähnlicher Becher mit demselben Wappen und der Jahreszahl 1738, allerdings ohne Namen eines Stifters, dafür aber mit dem Meisterzeichen des Straßburger Goldschmiedes J. J. Ehrlen, befindet sich im Straßburger Museum (vgl. Le Siècle d'Or de l'Orfèvrerie de Strasbourg. Paris 1964, Nr. 35).

Silber, innen vergoldet. H. 10,1 cm. Verschlagenes Beschauzeichen von Straßburg (etwa R^3 6913). Ohne Meistermarke.

Literatur: Fritz, Johann Michael, Alte Straßburger Silberbecher aus der Ortenau. In: Geroldsecker Land, H. 18, 1976, S. 65ff. – JbStKsBW, Bd. 12, 1975, S. 314.

Karlsruhe, Badisches Landesmuseum, Inv. Nr. 74/53

C 90 a–c □

Drei Ritterbecher

Aus dem „Keller-Stüble" des Stuttgarter Schlosses

Jeremias Peffenhäuser, Christian Thill, Johann Christoph Schafhausen, Stuttgart 1670, 1697, 1729

Die Wandungen der etwa gleich großen, in ihrer Form sehr schlichten Becher sind

C 87

C 89

fast gänzlich mit Wappen graviert, teils in runden Medaillons, teils nur als Wappen mit Helmzieren. Allen Wappen sind durch Umschriften die Namen ihrer meist adligen Träger beigegeben, außerdem die Daten, die kundtun, wann die Wappen auf die Becher gestochen wurden. Diese Daten reichen beim ersten Becher von 1672–1696, beim zweiten von 1697–1718 und beim dritten von 1729–1731. Wozu die Becher dienten, geht am schönsten aus den Versen hervor, die in einer Kartusche am oberen Rand des jüngsten graviert sind:

„ES HABEN VON RÖDER VND HOFF MICH SILBERNEN BECHER VEREHRT / ZUR FÜRSTLICHEN KELLERSTUB HIR WAN JEMAND ZU TRINCKEN BEGEHRT / ES STIFTEN DIE WAAPE UND NAHM NOCH ANDRE VON ADEL DAREIN / SO SCHENCKET IHR FREUNDE MICH DAN AUF IHRE GEDÄCHTNUS VOLL EIN".

Dieser Kartusche entspricht eine zweite am unteren Rand, in der gleichfalls ein Vers steht:

„WERS GUT UND REDLICH MEYNT UND WER AUCH SCHWEIGEN KAN / DEM WIRD VOR ANDERN HIER AUS MIR BESCHEID GETHAN".

Unter dem Boden sind noch mehrere Namen, darunter der des „Hauskeller"(meisters) und die der Mundschenken verzeichnet, denen der Becher „eigentümlich".

Während der älteste Becher keinerlei Inschriften aufweist, besitzt der zweite gleich mehrere. In einer kleinen Kartusche am oberen Rand liest man: „Ihro Gnaden Herr Obrist Reuschach und Herr Oberjägermeister haben ihre Wappen zu erst auff disen Becher stechen laßen in Hoffnung alle andere Herrn Cavallier werden bald nachfolgen." Einige Jahre später ließ ein launiger Zecher am unteren Rand den folgenden Vers anbringen:

„SCHAW MICH AUCH UNDEN AHN
WIRST FINDEN EIN EHRLICHEN MANN
DER NICHT MEHR AUFFEN KHAN.
1710".

Schließlich hat sich im Boden noch ein Ritter, vermutlich der Autor der vorherigen Zeilen mit dem Vers „Johann Rudolff Freyherr von Ow etwaß wenigs Bekhant / Insgemein Der Wiener Ow genant" verewigt.

Silber, z. T. vergoldet. H. 15, 15, 14,3 cm. Beschauzeichen Stuttgart. Meistermarken IP = Jeremias Peffenhäuser, tätig in Stuttgart 1652–77; Christian Thill, sein Schwiegersohn geboren um 1653, gestorben 1731 und ICS im Dreipaß = wohl Joh. Christoph Schafhausen tätig in Stuttgart seit 1726, gestorben 1756.

Literatur: Fleischhauer 1958, S. 98.

Stuttgart, Württembergisches Landesmuseum, Inv. Nr. B 155/1–3

C 91 □

Vierpassige Schale

Jeremias Peffenhäuser, Stuttgart 1654

Im Jahre 1652 ließ sich der aus namhafter Augsburger Plattner- und Goldschmiedefamilie stammende Jeremias Peffenhäuser in Stuttgart nieder. Um sich

C 90

C 90

C 90

C 91

bei der dortigen Zunft gut einzuführen, schenkte er dieser eine vierpassige Schale mit der Darstellung der vier Elemente auf der Wandung und seinem Wappen im Boden. Dieser Vorgang wurde für die Nachwelt in einer ausführlichen Inschrift festgehalten: „DISES TRINCKH GESCHIRLEN IST VON IEREMIA PEFFNHAUSER GOLDSCHMID VND MEISTER ALHIER IN STVTGART EINER LÖBLICHEN ZUNFFT DER GOLDSCHMID IN DIE LADEN VEREHRT WORD 1654“. Peffenhäuser war in Stuttgart nicht nur als angesehener Goldschmied tätig, sondern seit 1664 auch als Münzmeister. Durch seine Herkunft aus Augsburg verfügte er über beste Beziehungen zu den dortigen Künstlern. Deshalb betätigte er sich auch häufig als Silberhändler und vermittelte für den württembergischen Hof große Lieferungen Augsburger Goldschmiedearbeiten. Von seinen eigenen Werken haben sich vor allem evangelische Abendmahlsgeräte, darunter prächtige Kannen wie in Brackenheim und Schorndorf erhalten (Fleischhauer 1958, Abb. 56). Weitere Werke seiner Hand vgl. Kat. Nr. C 85, 90 a, 97.

Silber vergoldet. H. 8,8 cm. Beschauzeichen Stuttgart, Meistermarke IP R³ 4640 = Jeremias Peffenhäuser, geboren 1617 in Stuttgart seit 1652, gestorben 1677.

Literatur: Biermann 1882, Taf. 15. – R³ 4640 a. – Fleischhauer 1958, S. 93–98.

Stuttgart, Württembergisches Landesmuseum, Inv. Nr. E 1188

C 92 □

Zunftpokal der Mannheimer Zimmerleute

Hans Conrad Wintz, Mannheim 1717

Vor der Übersiedlung des kurpfälzischen Hofes von Heidelberg nach Mannheim im Jahre 1720 gab es dort nur wenige Goldschmiede. Von ihnen ist nur Hans Conrad Wintz hervorzuheben, dessen Willkomm der Zimmerleute belegt, daß er ordentliche Arbeit zu leisten vermochte und das gerade modische Bandelwerkornament anzuwenden verstand, das ihm durch gestochene Vorlagebücher zugänglich war. Einen besonderen Reiz gewinnt sein Zunftpokal durch den gut überlegten Wechsel von silbernen und vergoldeten Partien. Auf dem Deckel steht die Figur eines Zimmermannes mit Lederschurz und Winkelmaß in recht altmodischer Tracht. Er hält einen großen Schild in der Hand, auf dem die Namen zweier geschworener Meister sowie die anderer Zunftmitglieder und das Datum 1717 graviert sind. Im Innern des Pokals befindet sich als Einsatz ein herausnehmbarer kleiner Becher.

Silber, z. T. vergoldet. H. 40 cm. Beschauzeichen Mannheim, Meistermarke HCW = Hans Conrad Wintz, nachweisbar von 1717–33.

Literatur: Karlsruhe 1881, Kat. Nr. 631. – Schmitt 1908, Sp. 101ff., Nr. 44. – R³ 3364 a.

Mannheim, Städtisches Reiß-Museum

C 93 □

Entwurf für einen Tafelaufsatz zum Tübinger Universitätsjubiläum

Augsburg (?), um 1677

Das zweihundertjährige Bestehen der Universität Tübingen wurde im Jahre 1677 mit großem Pomp gefeiert. Aus diesem Anlaß erhielt die Universität von den verschiedensten Seiten kostbare silberne Ehrengeschenke überreicht, von denen sich einige Becher des gerade einjährigen Herzogs Eberhard Ludwig von Württemberg (Kat. Nr. C 94), der Pokal der Stadt Tübingen (Kat. Nr. C 95) und der Tafelaufsatz der Stadt Eßlingen noch erhalten haben. Letzteren, heute im Württembergischen Landesmuseum in Stuttgart, hatte Johann Adam Kienlen in Ulm angefertigt (vgl. Kat. Nr. C 86), während die übrigen Geschenke vorwiegend in Augsburg bestellt worden waren. Von dem üppigen Tafelaufsatz, den die Landschaft, also die Vertretung der württembergischen Landstände, präsentierte, hat man nur noch Kenntnis aus den Akten, bei denen sich jedoch ein großer Entwurf befindet, der eine genaue Vorstellung vom Aussehen dieses aufwendigen Goldschmiedewerks vermittelt. In einem an den Rektor der Universität gerichteten Schreiben vom 30. Oktober 1677 heißt es, daß die „Landschaft“ zu dieser „festivität . . . diser Lobl. Academi von dem Corpore Gemeiner Prelaten und Landschaft in betrachtung von dißem Ihnen und Ihrem Corpori Academico jeder Zeit erwisener affection und gewogenheit . . . auch eine memorie“ stiften wolle. Dabei handele es sich um „eine große, silberne und zier verguldete, von der Minerva tragende (getragene) Muschel oder Bronnen Schal“, auf der sich „verschiedene Emblemata und Inscriptiones“ befänden. In dem Schreiben wird sogar erwähnt, daß dieses Prachtstück von Balthasar Gelb, „Goldschmiden in Augspurg“ stamme (Meister um 1668, gestorben 1695, vgl. Seling 1689). Ob der stattliche Entwurf, in dem die zu vergoldenden Teile in gelb angelegt sind, seiner Hand zuzuschreiben ist, muß offenbleiben. Jedenfalls dürfte es sich wohl um eine aus Augsburg nach Stuttgart gesandte Ansichtszeichnung handeln, die vermutlich nach schriftlich vorgetragenen

C 92

C 93

Wünschen angefertigt worden war. Da die Größe des Papiers nicht ausreichte, wurde die Bekrönung, eine Statuette der nackten Fortuna auf der Weltkugel, auf einem kleinen Blatt gesondert gezeichnet. Neben der Minerva, die Schild und Lanze in ihren Händen hält, ist ihr Attribut, die Eule, zu erkennen. Auf dem Fuß sollte, wie die Zeichnung deutlich ausweist, eine Ansicht der Stadt Tübingen angebracht werden. Im oberen Teil des Entwurfs ist eine Girlande mit freier, wohl für eine Inschrift gedachter Kartusche über der Muschelschale aufgeklebt.

Feder laviert, auf Papier, 60 × 46 cm, das kleine Blatt 16,5 × 10,7 cm.

Literatur: Schleich 1927, S. 70. – Tübingen 1977, Kat. Nr. 560.

Stuttgart, Hauptstaatsarchiv, LA, Abt. 11, Bü 32

C 94 □

Becher zur Zweihundertjahrfeier der Universität Tübingen

Christian Schliesser, Augsburg 1677

Zum zweihundertjährigen Jubiläum der Universität Tübingen wurden von verschiedensten Seiten kostbare silberne Ehrengeschenke präsentiert (vgl. Kat. Nr. C 93, 95). Zu den Schenkern zählte auch der eben erst einjährige Herzog Eberhard Ludwig von Württemberg (geboren am 28. 9. 1676), der neben einem Dutzend glatter Tischbecher noch „ein Tutzet geschwitzter Tischbecher aus und inwendig vergültet“ gleichfalls „mit dem fürstlichen Wappen“ verziert überreichen ließ. Von diesen letzteren, die wegen ihrer mit der Hohlperle aufgerauhten Wandung Schwitzbecher genannt werden, haben sich noch mehrere erhalten. Sie zeigen auf einer Seite in einer aus zwei Zweigen gebildeten Kartusche das herzogliche Wappen und die Inschrift „Eberhardus Ludovicus D(ei) G(ratia) D(ux) W(irtembergiae)“, die sich in einer kleineren Kartusche darunter mit den Worten „dono misit Universitati Tubingensi in memoriam Anni jubilaei 1677“ fortsetzt.

Silber vergoldet. H. 10,5 cm. Beschauzeichen Augsburg, Seling 123 = 1675–77; Meisterzeichen R^3 739, Seling 1844. Der 1712 gestorbene Schliesser soll angeblich erst um 1689 Meister geworden sein, was sich aber nicht mit dem Entstehungsdatum der Becher verträgt.

Literatur: R^3 739 b–d. – Schleich 1927, S. 70. – Fleischhauer 1958, S. 95. – Ludwigsburg 1976, Kat. Nr. 267. – Tübingen 1977, Kat. Nr. 559. – Seling 1980, Nr. 1844 a.

Stuttgart, Württembergisches Landesmuseum, Inv. Nr. E 2114

C 94

C 95

C 95 □

Pokal der Stadt Tübingen

Peter Winter, Augsburg 1677

„Zu Ehren Gedächtnus löblicher Universität Jubilöei Ao 1677 verehrt dises Pocal die Statt Tübingen“. So lautet die gravierte Inschrift, die am oberen Rand des stattlichen Pokals angebracht ist. Wie viele andere Städte, Vereinigungen und Persönlichkeiten (vgl. Kat. Nr. C 93, 94), so war natürlich die Stadt Tübingen erst recht verpflichtet, der in ihren Mauern beherbergten Universität zu deren zweihundertjährigem Bestehen ein kostspieliges silbernes Ehrengeschenk in Augsburg anfertigen zu lassen. Als deutlich sichtbaren Hinweis auf die Spenderin hält der auf dem Deckel ruhende Hirsch, das Wappentier von Württemberg, einen Schild mit dem Wappen der Stadt vor seiner Brust. Auf der Wandung des eigentlichen Bechers sind in sinnreicher Anspielung auf die Aufgabenbereiche einer Universität die sieben freien Künste dargestellt, versinnbildlicht durch Putten, denen charakteristische Attribute für die einzelnen Künste beigegeben sind. Diese werden außerdem noch auf kleinen Inschrifttafeln genannt. So hockt etwa der Putto der Dialektik auf einem Stapel Bücher, während sich der die Astrologie (so die Inschrift) repräsentierende auf einen Globus lehnt. Der Becher wird von einem bärtigen Krieger auf seinem mit einem Turban bedeckten Kopf und mit seiner erhobenen linken Hand getragen.

Silber, z. T. vergoldet. H. 52 cm. Beschauzeichen Augsburg, Seling 123 = 1675–77. Meistermarke PW, R^3 613, Seling 1573 = Peter Winter, Meister um 1651, gestorben 1702.

Literatur: Schmidt, Richard, Ein Pokal der Tübinger Universität. In: Württemberg, Monatsschrift im Dienste von Volk und Heimat, 1929, S. 233–235. – Fleischhauer 1958, S. 95. – Augsburg 1968, Kat. Nr. 554. – Tübingen 1977, Kat. Nr. 561. – Seling 1980, Nr. 1573 g.

Paris, Musée National des Thermes et de l'Hôtel de Cluny

C 96 a–d □

Vier Pokale der Schützengesellschaft von Lahr

Straßburg 1717 und 1726; Augsburg, um 1695–1700 und 1745–1747

Die vier Pokale spiegeln anschaulich die komplizierte Geschichte der Herrschaft Lahr wieder. Diese gehörte ursprünglich den Grafen von Nassau, jedoch mußte ein Teil des Landes an die katholischen Markgrafen von Baden-Baden, ein anderer an die evangelischen von Baden-Durlach verpfändet werden. Deshalb findet sich auf dem Deckelbecher von 1717, einer Straßburger Arbeit von Johann Friedrich Unselt, neben der Darstellung eines auf die Scheibe zielenden Büchsenschützen Monogramm und Wappen von Markgraf Carl-Wilhelm von Baden-Durlach als dem zuständigen Landesherrn. Im 18. Jahrhundert sahen es die Fürsten gern, wenn sich die Bürger ihres Landes im Gebrauch der Waffen übten. Daher förderten sie die Schützengesellschaften und verehrten ihnen des öfteren silberne Pokale.
Der Deckelbecher von 1726 belegt durch sein Wappen und Monogramm, daß es den Grafen von Nassau-Ottweiler gelungen war, den an Durlach verpfändeten Teil mit der Stadt Lahr wieder auszulösen. Auch dieser Becher entstand, wie aus den Goldschmiedemarken hervorgeht, in Straßburg. Er ist ein Werk von Johann Daniel Ott.

C 96

Der dritte Becher wurde von dem nächsten Landesherrn, Fürst Carl von Nassau-Usingen anläßlich seiner Anwesenheit bei einem Preisschießen im Jahre 1751 den Lahrer Schützen als Geschenk versprochen. Doch ließ der Fürst nicht einen neuen Pokal anfertigen, sondern schickte einen schon fünfzig Jahre alten nach Lahr, den er wohl seiner Schatzkammer in Schloß Biebrich bei Wiesbaden hatte entnehmen lassen. Dieser Deckelbecher stammt von dem bekannten Augsburger Meister Philipp Stenglin.
Den vierten, prächtigsten Pokal haben die Schützen vermutlich selbst gekauft und als ersten Preis für ihr im Jahre 1751 stattfindendes Schießen ausgesetzt. Der Bruder des regierenden Landesherrn, Fürst Wilhelm-Heinrich von Nassau-Saarbrücken, gewann den Pokal und ließ ihn sogleich mit nobler Geste den Schützen als Geschenk zurückgeben. Dieser hat eine für das 18. Jahrhundert merkwürdig altertümliche Form. Obwohl er sich durch reiche Rocaille-Ornamente auszeichnet und der eigentliche Becher von einem Putto getragen wird, entspricht seine Form einem Pokaltypus des späten 16. Jahrhunderts. Mit hoher Wahrscheinlichkeit haben wir es mit einem Meisterstück zu tun, für das der angehende Meister unter anderem einen Pokal aus der Zeit um 1580 nachbilden mußte, den Dekor aber seiner Zeit anpassen durfte. Merkwürdigerweise trägt der Pokal jedoch nicht die Marke des neuen Meisters, sondern stattdessen gleich vier Marken Augsburger Goldschmiede, die im Jahre 1750 Vorgeher und Geschworene ihrer Zunft waren. Sie haben wohl kaum den Pokal gemeinsam gearbeitet. Eher muß man annehmen, daß sie das auf Grund des Beschauzeichens bereits 1745–1747 entstandene Werk nachträglich gekennzeichnet haben. Da ein solches Meisterstück wegen seiner veralteten Grundform unmodern und daher schwer verkäuflich war, haben die Schützen den virtuos gearbeiteten Pokal sicher recht preiswert erwerben können. Zu den drei Deckelbechern haben sich die ursprünglichen gedrechselten Holzdosen erhalten, die des großen Pokals stammt erst von 1815.

Silber, z. T. vergoldet. Der große Pokal nur Silber. H. in der oben genannten Reihenfolge: 19, 20, 6, 22, 32 cm. Die beiden ersten tragen die Beschauzeichen von Straßburg und die Meistermarken von Johann Friedrich Unselt (Meister 1701) und Johann Daniel Ott (Meister 1710). Die beiden übrigen sind mit dem Augsburger Beschauzeichen markiert, der ältere etwa Seling 153 = 1695–1700 oder 156 = 1698, Meistermarke PS, Seling 1880 = Philipp Stenglin, Mei-

C 97

ster 1693, gestorben 1744, der große Pokal Seling 222 = 1745–47. Die Meistermarken stammen von Joseph Anton Spiry, Bernhard Heinrich Weyhe, Franz Thaddäus Lang und Johann Christian Drentwett. Zahlreiche Inschriften.

Literatur: Fritz, Johann Michael, Der Silberschatz der Schützengesellschaft von Lahr. In: Geroldsecker Land, Heft 16, 1974, S. 57 ff. – JbStKsBW, Bd. 10, 1973, S. 193 f. und Bd. 11, 1974, S. 202 ff. – Seling 1980, Bd. 1, S. 192, Abb. 1002 und Nr. 1880 b (die beiden Augsburger Stücke).

Karlsruhe, Badisches Landesmuseum, Inv. Nr. 72/134, 73/39, 73/40, Lahr, Stadt Lahr (Becher von 1726)

C 97 □

Deckelhumpen

Jeremias Peffenhäuser, Stuttgart, um 1660–1670

Um die Wandung des vergoldeten Humpens ist ein silberner Mantel gelegt, auf dessen Relief eine Wochenstube dargestellt ist. Ein Kavalier überreicht der mit ihrem Kind im Bett liegenden Wöchnerin einen Humpen, dessen Form in etwa dem ausgestellten Werk entspricht. Derartige mit Reliefs ummantelte Humpen wurden damals in Augsburg in großer Zahl hergestellt. Als Vorlage für die hübsche Szene der Wandung diente Peffenhäuser eine 1656 datierte Zeichnung des aus Augsburg stammenden, seit 1640 in Ulm ansässigen Malers Jonas Arnold (Augsburg 1968, Kat. Nr. 171). Weitere Werke Peffenhäusers vgl. Kat. Nr. C 85, 90 a, 91.

Silber, z. T. vergoldet. H. 20,6 cm. Beschauzeichen Stuttgart. Meistermarke IP = Jeremias Peffenhäuser, tätig in Stuttgart 1652–1677.

Literatur: Fleischhauer, 1958, S. 98. – Augsburg 1968, Kat. Nr. 514.

Stuttgart, Württembergisches Landesmuseum, Inv. Nr. 1936/194

C 98 □

Deckelbecher

Adolf Gaap, Augsburg, um 1680

Der Becher repräsentiert auf das Schönste den Typus eines auf drei Kugeln ruhenden Deckelbechers, wie er in Augsburg in den letzten Jahrzehnten des 17. Jahrhunderts beliebt war. Auf der Wandung sind in drei ovalen Medaillons der zwölfjährige Jesus im Tempel, die Taufe Christi und das Abendmahl dargestellt. Der Deckel wird von einem Putto mit flatterndem Band bekrönt. Einen besonderen Reiz gewinnt der Becher durch den Kontrast von vergoldeten und silbernen Partien. Nur der Grund ist vergoldet, während alle hervortretenden Ornamente und figürlichen Darstellungen sich silbern abheben. Im Innern des Deckels ist nachträglich eine silberne Platte befestigt, deren gravierte Inschrift berichtet, daß Sigmund Wishack, Diakon und Praeceptor in Schorndorf, zusammen mit seiner Frau Anna Catharina den Becher im Jahre 1743 ihrem Schwiegersohn Johann Philipp Palm, dem Inhaber der bekannten Schorndorfer Apotheke, ihrer Tochter und ihren Enkelkindern geschenkt hat.

Silber, z. T. vergoldet. H. 21,5 cm. Beschauzeichen Augsburg Seling 127 = 1680. Meisterzeichen AG

C 99

C 98

R^3 643, Seling 1653 = Adolf Gaap, Meister um 1664, gestorben 1695.

Literatur: Bilder aus dem K. Kunst- und Altertümer-Kabinett und der K. Staatssammlung . . . in Stuttgart. Stuttgart 1889, Taf. XV, 1. – R^3 643 a. – Seling 1980, Bd. 1, S. 108, Abb. 390, Nr. 1653 a.

Stuttgart, Württembergisches Landesmuseum, Inv. Nr. 7593 a

C 99 □

Becher

Andreas Daubmann, Balingen 1730

Der kleine zierliche Becher, der aus einem glatten Oberteil und einem gerippten Unterteil zusammengesetzt ist, wurde dem Herrn Spezial (Dekan) Samuel du Vernoy als Zeichen der Liebe von seiner Diözese Balingen am 13. September 1730 verehrt. Die Dedikation ist in den beiden Kartuschen des Becherrandes graviert. Der Becher ist ein schöner Beleg dafür, daß auch in einer kleinen Stadt wie Balingen im 18. Jahrhundert ordentliche Silbergeräte geschaffen wurden.

Silber, vergoldet (?). H. 12 cm. Beschauzeichen Balingen; Meisterzeichen AD = Andreas Daubmann, tätig zwischen 1710 und 1735 (Fleischhauer 1958, S. 268).

Stuttgart, Württembergisches Landesmuseum, Inv. Nr. 1950/39

MÖBEL

Rosemarie Stratmann

Im 18. Jahrhundert befand sich die europäische Möbelkultur auf ihrem Höhepunkt. Paris, wo sich die besten Kunsttischler, darunter zahlreiche Deutsche, zusammengefunden hatten, spielte die führende Rolle. Auch die höfische Gesellschaft des Reiches orientierte sich, spätestens seit der Jahrhundertmitte, weitgehend am französischen Vorbild, während sich im ersten Drittel noch italienische, holländische und andere Einflüsse geltend machen konnten.
Im südwestdeutschen Raum ist die Situation des Möbels ebenso komplex wie die politische Konstellation. Erschwerend für eine Darstellung ist die Tatsache, daß Detailuntersuchungen für dieses Gebiet weitgehend fehlen. Außerdem befindet sich die Mehrzahl der Stücke in Privatbesitz und ist daher unbekannt geblieben. Vor allem ging der weitaus größte Teil des ehemaligen Bestandes im Laufe der Zeit verloren. Immerhin lassen sich bestimmte Gruppierungen vornehmen und Zentren lokalisieren. Scharfe Abgrenzungen sind jedoch schwierig, da durch Wanderungen von Kunsthandwerkern, gemeinsame Einflüsse, etc. Durchdringungen und Verschleifungen von kennzeichnenden Merkmalen unvermeidbar waren. Auch bietet das Vorhandensein eines Möbels an einem bestimmten Ort keineswegs den Beweis für seine Entstehung an der gleichen Stelle, konnten die Stücke doch aufgrund von Heiraten, Erbschaften, etc. mehrfach ihren Standort wechseln.
Selbst eine strenge Trennung zwischen höfischem und bürgerlichem Bereich läßt sich nicht vornehmen, da auch in den fürstlichen Schlössern, vor allem in zweitrangigen Räumen, Mobiliar in Benutzung war, das von orts- und landesansässigen zünftigen Handwerkern geliefert wurde und sich von dem für das Bürgertum gefertigten nicht unterschied. Der übrige Adel bezog, von einigen besonders wertvollen Stücken abgesehen, seine Möbel ohnehin aus den gleichen Quellen wie das gut situierte Bürgertum. Die von den Fürsten benutzten unterschieden sich durch die Kostbarkeit der verwendeten Materialien. Als höfisches Mobiliar kann man Sitzmöbel und Konsoltische bezeichnen, die zusammen mit den Wandpaneelen vom Bildschnitzer für einen Raum angefertigt und zumeist gefaßt oder vergoldet wurden (Kat. Nr. D 18, D 19, D 21, D 22). Höfisch sind auch die von den Fürsten in Paris erworbenen furnierten Möbel wie Kommoden (Kat. Nr. D 20), Schreibsekretäre, etc. (Kat. Nr. D 27 D 28), die Kreationen aus der Roentgenwerkstatt in Neuwied (Kat. Nr. D 24) sowie die französischen Vorbildern nachempfundenen Stücke von der Hand einheimischer, meist außerhalb der Zunft stehender und für den Hof tätiger Kunsttischler. Hier hatte sich vor allem im letzten Drittel des 18. Jahrhunderts am kurpfälzischen Hof ein eigenständiger Stil entwickelt, der so stark von Pariser Modellen geprägt war (Kat. Nr. D 26, D 30), daß bisweilen Verwechslungen vorkamen und in Mannheim gefertigte Stücke als französisch angesehen wurden. (Typisch für die Mannheimer Produktion ist die Verwendung von Wurzel- und Maserholz als Furnier, sei es in großen Feldern oder kleinen Kompartimenten).
An kleineren Höfen bildeten sich im Zusammenhang mit Residenzbauten, bisweilen zeitlich begrenzte Zentren wie z. B. am Hof einer der hohenlohischen Linien in Weikersheim (Kat. Nr. D 4–D 6).
Beim Studium sowohl der erhaltenen Bestände als auch der zeitgenössischen Inventare fällt die Begeisterung der höfischen Gesellschaft für Lackdekore auf (Kat. Nr. D 10, D 25).
Auf dem Sektor des bürgerlichen Mobiliars spielen im Spätbarock die freien Reichsstädte noch eine bedeutende Rolle, wo sich in großen Dielenschränken der solide Besitzstand des Bürgertums manifestierte (Kat. Nr. D 32 D 33). Doch erfreuten sich diese repräsentativen Schränke auch in den Schlössern des Adels größter Beliebtheit. Mit dem Typus des sog. Papageienschrankes (Kat. Nr. D 37) entwickelte sich im Herzogtum Württemberg, wo Kirchheim/Teck ein Zentrum der Möbelproduktion war, ein eigenständiges Modell eines bürgerlichen Schreibmöbels.
Leider erlaubt die aus Platzgründen begrenzte Auswahl nicht, ein umfassendes Bild von der Möbelkunst des heutigen Baden-Württemberg zu vermitteln, allenfalls wird durch die in der Ausstellung präsentierten Exponate der Versuch unternommen, etwas von der Vielfalt des Spektrums aufzuzeigen.

I. HÖFISCHER BEREICH

D 1 □

Kabinettschrank

Aus dem fürstpröpstlichen Schloß in Ellwangen

Augsburg, um 1670

Als „das beliebteste Prunk- und Modemöbel" des 17. Jhs. bezeichnet Heinrich Kreisel solche Kabinettschränke (Kreisel 1968, S. 175). Neben Tirol und Prag war vor allem Augsburg Herstellungszentrum dieser teuren Möbel, von denen die meisten jedoch kleiner waren als das hier gezeigte. Der eigentliche Kasten steht auf separatem Tisch als Sockel, getragen von drei Atlanten (kräftige männliche, Lasten tragende Gestalten, abgeleitet von dem Riesen der nach der griechischen Mythologie das Himmelsgewölbe tragen mußte). In der Zarge sind vier Schubladen untergebracht. Der Kabinettschrank selbst ist dreiteilig im Aufbau. Über dem hohen Hauptgeschoß, auf drei niedrigen Füßen, mit ausladendem Kranzgesims ruht, zurückgesetzt hinter einer kleinen Balustrade, ein niedriges zweites mit vorspringendem Mittelrisalit (aus der Fluchtlinie hervortretender Gebäudeteil). Darauf sitzt ein mehreckiger, mit abgestufter Kuppel bekrönter Aufsatz. Die Fassade

D 1

ist außerordentlich belebt, dabei erfolgt durch die gedrehten Säulen und die Kranzgesimse eine deutliche vertikale und horizontale Gliederung. Eine Vielzahl von Schubladen gruppieren sich um das Mittelfeld: Tür in Form eines Säulenportikus mit gesprengtem (gebrochenem) Giebel und perspektivisch angelegtem Fußboden. Dahinter befindet sich ein kleines polygonales Spiegelkabinett mit über Eck gestellten Säulen. Als Mittelstück der Tür fand ein Alabasterrelief aus der 2. Hälfte des 16. Jhs. mit der Darstellung der Frauen des Darius vor Alexander Verwendung, das zur Herstellungszeit des Möbels schon als Kunstwerk galt. (Nach dem Sieg Alexanders des Großen über den Perserkönig Darius II. bei Arbela, 331 v. Chr. baten Mutter, Gattin und Tochter des Besiegten Alexander um Gnade.) An der Innenseite der Tür befindet sich ein zweites Relief mit dem Urteil Salomonis (1. Könige, 3). Ein drittes Relief mit der Darstellung der Jungfrau Maria und ihrer Mutter, der hl. Anna, aus Lindenholz, ist in der Mitte des zweiten Geschosses eingefügt.

Ein reicher Dekor ziert das Möbel. Die Schubladenfronten sind mit feinem Metallbeschlag und Ruinenmarmor belegt. Dieser durch seinen natürlichen Wuchs Architekturen vorstellende Marmor fand an mehreren Augsburger Kabinettschränken Verwendung. Gebrochen wurde er in Böhmen und in der Toskana. Geschnitztes, vergoldetes Knorpelwerk (ein teigig verlaufendes, wie geknetet erscheinendes Ornament, das aus Italien übernommen wurde) überzieht die Füße, akzentuiert die Zarge des Tisches und markante Stellen des Möbels. Stoffgehänge mit Blumen verbinden die Atlanten. Meerweibchen, deren Leiber in Fischschwänze enden, flankieren den Haupttrakt. Außerdem schmücken elf vollplastisch geschnitzte, vergoldete weibliche Figuren die oberen Geschosse: weltliche und geistliche Tugenden, Krieg und Frieden, etc. sowie eine Minerva als Bekrönung. Der Schrank besitzt keine Klappe, läßt sich demnach nicht zum Schreiben verwenden. Es handelt sich um ein reines Kabinettmöbel zum Aufbewahren von allerlei Pretiosen, Raritäten und Papieren. Nur wenige dieser kostbaren Kabinettschränke haben sich erhalten. Gegen Ende des 17. Jhs. kamen sie außer Mode und wurden durch Schreibmöbel verdrängt. Der Schrank des Fürstpropstes von Ellwangen ist nicht nur ein besonders reiches Exemplar, er zeigt gleichzeitig den politischen Anspruch, den ein geistlicher Fürst einer reichsunmittelbaren Abtei sich zumaß.

Ahorn, schwarz gebeizt. Blindholz Eiche und Tanne, Lindenholz, geschnitzt und vergoldet, Ruinenmarmor, Alabaster, vergoldetes Metall, H. 330 cm, B. 189 cm, T. 76 cm. Im 19. Jh. renoviert.

Ludwigsburg, Schloß, Staatliche Liegenschaftsverwaltung, Inv. Nr. Schl. L. 6002

D 2 □

Tisch

Aus Schloß Kirchberg an der Jagst

Hans Daniel Sommer (geb. Künzelsau 1643), Künzelsau 1666

Der Tisch ist nicht nur eines der wenigen signierten und datierten Möbel seiner Zeit, sondern auch ein künstlerisch außergewöhnliches Stück. Die schlichte, kubische Form, gebildet durch vier nach unten sich verjüngende Vierkantbeine auf gedrückten Kugelfüßen, verbunden durch verschlungene, gesägte Zwischenstege, und die über die Zarge stehende Tischplatte, kontrastiert mit dem reichen, bunten Dekor. In das mit Rot und Blau hinterlegte Schildpatt sind aus Zinn lokkere Ranken eingelegt, die aus gelben, roten und grünen Blumen (gefärbtes Horn) wachsen. Dazwischen schlängeln sich feine Fäden aus Zinn. Dieser Ornamentstil des Rankenwerkes erinnert an die Entwürfe des bedeutenden französischen Ornamentstechers Jean Lepautre (1618–1682). Eine Gliederung der Platte erfolgt durch den breiten, an den Schmalseiten eingezogenen Zinnstreifen und ein rundes Medaillon im Zentrum. Die beiden weiblichen Figuren, deren Leib in vegetabilen Ranken enden, halten ein bekröntes Herz mit der Inschrift „corda fidelia super omnia 1666 Fet.“ (Treue Herzen über alles. Gemacht 1666). Außerdem befindet sich innerhalb des rahmenden Streifens die Künstlersignatur: „HD Sommer v. Cintzelsow/Fet. Anod. 1666“.
Hans Daniel Sommer, von dem nur das Geburtsdatum bekannt ist, gehört zur Dynastie einer Bildhauer-, Schreiner- und Büchsenschäfterfamilie, die am Ende des 17. Jhs. und während des 18. Jhs. im hohenlohischen Gebiet tätig war. Als junger Mann muß er in Paris gewesen sein. Die Form des Tisches stimmt weitgehend mit einem Modell überein, das auf einem um 1670 entstandenen Wirk-

D 2

teppich dargestellt ist. Die Szene der Wirkerei zeigt den Besuch Ludwigs XIV. in seiner Gobelinmanufaktur, bei dem die in dieser königlichen Werkstatt unbehelligt von den strengen Zunftbestimmungen arbeitenden Handwerker dem König ihre neuesten Erzeugnisse präsentieren. Außerdem besteht die Einlegearbeit in der sog. Boulle-Technik, ein Verfahren, holzfremde Materialien wie Metall, Schildpatt, Perlmutt, Elfenbein, etc. als Furnier zu verwenden. Benannt wurde die Technik nach André-Charles Boulle, dem berühmten Hofebenisten Ludwigs XIV., der sie zwar nicht erfunden hatte, aber vollendet beherrschte. Boulle hatte seine Werkstatt erst 1664 eröffnet, somit gehört der im Jahre 1666 entstandene Tisch zum modernsten seiner Art in Form und Dekor. Beinahe 20 Jahre später fertigte Sommer für den Kurfürsten Karl II. von der Pfalz (gest. 1685) ein Ensemble bestehend aus Kabinettschrank, Spiegel, Tisch und zwei Gueridons (Leuchtertische), die über dessen Witwe nach Schloß Lichtenburg bei Torgau, Sachsen, später Preußen, gelangten (Jacob, G., Eine Möbelgarnitur aus dem Besitz des Kurfürsten Carl II. von der Pfalz. In: MannhGbl, Jg. XXI, Nov. 1930, Nr. 11, S. 223–229). Allerdings überlebte nur der Schrank den Zweiten Weltkrieg (heute Kunstgewerbemuseum, Berlin-Köpenick, DDR).
Den Neuensteiner Tisch ließ sich Graf Joachim Albrecht von Hohenlohe-Langenburg anfertigen, der Schloß Kirchberg geerbt hatte und prunkvoll ausstattete. Sein Bruder und Erbe, Graf Heinrich Friedrich, legte im Jahr 1687 eigenhändig ein Inventar an von Gegenständen, die „ohne verationiret oder zerteilt beieinander verbleiben sollen“. Dabei handelt es sich vorwiegend um sog. Kunstkammerobjekte. Unter der Rubrik „Japonische Lack-Arbeit, auch Schreiner Arbeit“ ist das Möbel aufgeführt: „Ein Tisch mit zwei Schubladen mit englischen Zihn und allerhand Malwerk eingelegt, wozu ein Brettspiel von gleicher Arbeit (Kat. Nr. H13) so von Hannß David (!) Somer zu Küntzelsau gemacht“. Die Aufnahme des Tisches in dieses Kleinodieninventar ist ein Beweis für seine Wertschätzung.

Schildpatt, Nußbaum, Zinn, Perlmutt und Horn auf Eiche furniert. H. 76, 2 cm, B. 100,3 cm, T. 76 cm.

Literatur: Huth 1930, S. 24–25. – Schumm 1949, S. 226, Abb. 8. – Grünenwald 1951/52, S. 279–280, Abb. 2. – World Furniture 1965, S. 99, Abb. 346, 347. – Kreisel 1968, S. 253–254, Abb. 560.

Privatbesitz

D 3 □

Schreibmöbel

Aus dem Besitz des Fürstbischofs von Speyer, Damian Hugo Graf von Schönborn

Niederländisch (?), kurz nach 1715

Auf einem massiven Tisch mit hoher, gekehlter Zarge, in der sechs Schubladen untergebracht sind, ruht ein separater viereckiger Kasten. Seine Deckplatte läßt sich hochheben und die Vorderfront nach unten klappen. Dahinter befinden sich um eine mittlere Scheinschublade zwei Reihen von je sechs Schubfächern. Außergewöhnlich an dem Möbel ist sein Dekor. In dunklen Holzrahmen sitzen eine Reihe verschieden großer gravierter Messingplatten. Die Feinheit der Gravierung erinnert an Platten für Kupferstiche. Diese Messingplatten sind mit Groteskendekor überzogen: Bandel- und Rankenwerk, exotische Tierfigürchen, Maskenköpfe, Füllhörner, etc. im Stil des französischen Ornamentstechers Jean Bérain (1637–1711), der dieser Art Dekor den Namen gab. Dazwischen befinden sich pro Platte ein oder zwei kreisrunde Medaillons, die bis auf zwei an der Vorderfront leer sind. Die Füllungen nehmen offensichtlich auf bedeutende Ereignisse aus dem Leben des Eigentümers Bezug. Allerdings läßt sich eines, nämlich links des Schlüssellochs, bislang nicht deuten. Um einen Brunnen mit hoher Wasserfontäne, vor dem zwei weibliche allegorische Figuren (Justitia – Gerechtigkeit und Fides – Treue) lagern, und um das Schönbornwappen herum befindet sich die

D 2

Umschrift: „LYMPHAM HAURIS: VENERARE DEUM FONTEMQUE CORONA. MDCCXI“. Diese Umschrift (reines Wasser; Gott und die Quelle verehren durch die Krone) ergibt keinen Sinn. Es ist anzunehmen, daß es sich um ein Zitat eines römischen Schriftstellers handelt, das aus dem Zusammenhang gerissen ist (freundliche Mitteilung von Studiendirektor Hans Volkmer). Aus dem Jahre 1711 ist nichts Außergewöhnliches im Leben Damian Hugo von Schönborns bekannt. Allerdings wurde in diesem Jahr Karl VI. deutscher Kaiser, an dessen Wahl die Familie Schönborn großen Anteil hatte.

Das zweite Medaillon bezieht sich auf die Verleihung der Kardinalswürde an den Grafen. Dargestellt sind vier Wappen mit Umschriften: oben drei Berge und Stern, darüber die Tiara, Wappen des Papstes Clemens XI. aus der Familie Albani; rechts eine schräggestellte Krone und drei Adler, Wappen der polnisch-sächsischen Könige, links ein Doppeladler, das kaiserliche Wappen also; unten schließlich das Schönborn'sche Wappen mit den Kardinalsemblemen. Die dazugehörigen Inschriften lauten: „CLEMENTE XI CREANTE 29. DIE MAY MDCCXV“, „AUGUSTO REGE POLONIAE NOMINANTE“, „CAROLO VI INAUGURANTE DIE DE CEMBRIS MDCCXV“, „DAMIAN HUGON. EX S(acri). R(omani). I(imperii). COMITIB(ibus) DE SCHONBORN IN S(acra). R(omana). E(cclesia). CARDINALEM DIACONUM“ (Hugo Damian Graf von Schönborn des Heiligen Römischen Reichs zum Kardinaldiakon der Heiligen Römischen Kirche am 29. Mai 1715 von Papst Clemens XI. kreiert, von August, König von Polen, vorgeschlagen und im Dezember 1715 von Kaiser Karl VI eingeführt). In der Tat hatte Friedrich August I. von Sachsen, König von Polen, wesentlich zur Verleihung der Kardinalswürde an Damian Hugo beigetragen. Seit dem Übertritt des sächsischen Kurhauses zum Katholizismus hatten sich die Beziehungen zu den süddeutschen katholischen

Fürsten- und Bistümern freundschaftlich entwickelt. Auf einer Medaille, geprägt anläßlich der Ernennung Schönborns zum Kardinal, befinden sich die gleichen Inschriften wie auf dem zweiten Medaillon, und zwar in Verbindung mit der Darstellung eines Brunnens, aus dem ein Granatapfel mit großer Frucht wächst (s. Schwarz, Dietrich, Eine Medaille auf den Kardinal Damian Hugo von Schönborn und ihre Allegorik. In: Numismatische Zeitschrift, Nr. 87/88, 1972, S. 127–131, Taf. 15). Möglicherweise ist der Brunnen auf dem ersten Medaillon eine Art Emblem der Familie Schönborn.

Der Deckel des Schreibkastens wird durch eine große, metallgravierte Platte gebildet, die das Wappen Schönborns als Fürstbischof von Speyer und Deutschordenskomtur mit den Insignien der Kardinalswürde zeigt (Schönborn rechts, fürstbischöflich Speyerisches links und Deutschordenskreuze, Kardinalsembleme, Schwert und, schlecht erkennbar, der Bischofsstab).

Die Allegorik des Schreibkastens stellt einige Probleme. Es ist anzunehmen, daß in den leeren Medaillons weitere Ereignisse verewigt werden sollten, deren es im Leben des Fürstbischofs von Schönborn nicht mangelte. Warum man davon Abstand nahm, vor allem warum die Ernennung zum Koadjutor des kranken Fürstbischofs von Speyer Heinrich Hartard von Rollingen im Jahre 1716 oder der Regierungsantritt als Fürstbischof 1719 nicht dargestellt sind, läßt sich heute nicht mehr sagen. Das Wappen der Deckplatte beweist jedoch, daß Schönborn beide Ämter bereits inne hatte. Die rahmende Ornamentik dieser Deckplatte scheint etwas später als die der anderen. Das Bandelwerk ist lockerer geschwungen, weniger scharfkantig abgesetzt. Es wäre möglich, daß sich das nachträgliche Gravieren der leergebliebenen Medaillons als zu schwierig erwies, da die Platten nicht mehr aus dem Möbel herausgenommen werden konnten, und daß man nach 1719 lediglich eine neue Deckplatte einfügte.

Die etwas schwere Form des Tischgestells mit seinen kräftigen Beinen und der hohen, konkav und konvex geschweiften Zarge sowie die Tatsache, daß sich Schönborn als Komtur der Ballei Altenbiesen häufig in den Niederlanden aufhielt, legt die Vermutung nahe, daß das Möbel in dieser Gegend entstand. Die Herkunft der gravierten Platten ist nicht bekannt.

Der Schreibkasten selbst ist eine Variante des im 16. und 17. Jh. beliebten Kabinettschranks, der sich seinerseits aus dem spanischen Vargeño entwickelte. Er war wohl als Reisemöbel gedacht, denn er läßt sich leicht transportieren. Mit dem Tischgestell zusammen benötigte er eine Wand als Folie, denn die Rückseite des Tisches ist nicht bearbeitet, die des Schreibkastens nur durch eingelegte Adern in Felder gegliedert. Das Möbel trägt einen Inventarzettel des 19. Jhs. von Schloß Baden.

Nußbaum, Ahorn und andere, z. T. dunkel gebeizte Hölzer auf Tanne und Eiche furniert, gravierte Messingplatten. H. 129,5 cm, B. 74,2 cm, T. 58 cm.

Privatbesitz

D 4 □

Prunkspiegel

Für den Rittersaal des Weikersheimer Schlosses

Johann Heinrich Vogt (1683–1733) und Magdalena Vogt,
Weikersheim, 1716, Aufsatz Augsburg um 1716, Spiegelglas Venedig (?)

D 3

D 4

Der Rahmen des hochrechteckigen Spiegels besteht gleichfalls aus Spiegelgläsern, die durch Profilleisten gehalten und an markanten Stellen durch durchbrochenes Silberbeschläg akzentuiert werden. Die hohe Bekrönung aus getriebenem Silberblech und geschnittenem Spiegelglas erscheint wie ein separates Element. Über dem etwas vorstehenden, mit Draperien behangenen Baldachin befindet sich in einer Vierpaßkartusche auf Spiegelglas ein geschnittenes Spiegelmonogramm mit den Initialen CL EFS (Carl Ludwig von Hohenlohe und Elisabeth Friederike Sophie von Oettingen (s. Kat. Nr. D 5). Darunter ist ebenfalls in eine Spiegelscheibe das Allianzwappen von Hohenlohe-Langenburg-Gleichen und Oettingen-Oettingen geschnitten. Von diesem Spiegeltypus existieren vier Stück. Aus den Archivalien geht hervor, daß sie Johann Heinrich Vogt mit seiner Schwester Magdalena fertigte und dazu die getriebenen Aufsätze sowie das Beschläg aus Augsburg bezog. Im Auftrag heißt es wörtlich: 4 große Spiegel „und zwar auf die Arth und nach dem Maas, wie Ihro Hochgräfl. Excellenz bemeldtem Schrei-

D 5

ner (Vogt) selbsten angegeben und zugestellt von Augsburg so bald möglichen verschaffen". Das Stück war mit 100 Reichstalern angesetzt. Graf Adelmann, der die Weikersheimer Möbel in einem ausführlichen Aufsatz behandelte, ist aufgrund des Textes der Annahme, daß auch die Spiegelgläser aus Augsburg bezogen wurden, dabei könnte es sich um venezianische Arbeit handeln. Als Autor des silber-getriebenen Aufsatzes vermutet Adelmann Caspar Gelb II, der den Kronleuchter im Weikersheimer Rittersaal schuf, für den ursprünglich auch die Spiegel gedacht waren. Diese wurden dann aber in das Appartement der Gräfin gehängt.
Spiegelglas war am Anfang des 18. Jhs. aufgrund des kostspieligen Herstellungsverfahrens sehr teuer. Die reiche Bekrönung aus Edelmetall bedeutet noch eine erhebliche Wertsteigerung dieser Stücke. Prunkmöbel dieser Art galten im Barock als reine Repräsentationsgegenstände, gleichsam als sichtbare Zeichen von Reichtum und Macht. Sie waren Mittel zur Darstellung des Ranges und der Stellung eines Fürsten und seines Hauses. Im vorliegenden Falle sind die aufwendigen Spiegel auch Zeugen für die Bedeutung, die der Heirat des Grafen von Hohenlohe-Weikersheim mit der einzigen Tochter des Generalfeldmarschalls Fürst Albrecht Ernst zu Oettingen beigemessen wurde.

Spiegelglas, geschliffen, Holz, Silberbeschläg, Silber getrieben. H. 230 cm, B. 118 cm.

Literatur: Adelmann 1953/54, S. 253, S. 267 Anm. 20. – Kreisel 1970, S. 105, Abb. 245. – Merten 1978, S. 10.

Weikersheim, Schloß, Württembergisches Landesmuseum, Inv. Nr. W 9

D 5 □

Armlehnsessel und Tabouret

Aus den „Schönen Zimmern" der Gräfin Elisabeth Friederike Sophie

Christoph und Johann Adolf Schupp, Weikersheim, Bezüge Jean Blanc, Schwabach, 1711

Sitz und Rücken des hochlehnigen Armsessels sind völlig vom Bezug bedeckt, während das Fußgestell reiche Schnitzerei aufweist. Die auf Löwentatzen ruhenden, S-förmig geschwungenen Volutenfüße sind mit Akanthuslaubwerk belegt und die breiten, gesägten Zwischenstege mit großen Ovalkartuschen. Dagegen findet sich an den Armlehnen nur wenig Schnitzerei. Der mit Gold und Silberfäden durchwirkte Bezugsstoff wurde eigens in der Manufaktur des Jean Blanc in Schwabach angefertigt, wie ein erhaltener Akkord über zwei Sessel und acht Tabourets vom 13. 4. 1711 beweist. Reiche Bordüren auf dunklem Grund rahmen die einzelnen Darstellungen: Auf der Rücklehne eine in einem Wagen sitzende Erd- oder Stadtgottheit, gekennzeichnet durch eine Mauerkrone, die sie auf dem Haupt trägt. Sie hält eine Ovalkartusche mit einem hohenlohischen Spiegelmonogramm und Grafenkrone, wohl ein direkter Bezug zum Besitzer Graf Carl Ludwig von Hohenlohe (1674–1756) und seiner ersten Gemahlin Charlotte von Brandenburg Culmbach (1691–1712). Auf der Sitzfläche befindet sich ein Tannenbaum. Das Tabouret (Hocker) hat die gleichen S-förmig geschwungenen, geschnitzten Volutenbeine, verbunden durch vier rundumlaufende Zwischenstege. Der Bezug zeigt die Darstellung des waffenschmiedenden Vulkan. Vor dem am Amboß beschäftigten Gott liegen fertige Rüstungsteile und Kanonen. Das Motiv der Bordüre nimmt auf das Hauptthema Bezug, indem zwischen Blumen allerlei Waffen dargestellt sind.
Sessel und Tabouret gehören zu einem Ensemble bestehend aus sechs Armlehnsesseln und acht Tabourets mit unterschiedlichen Darstellungen auf den Bezügen. Die hohe, gerade Lehne ist typisch für Lehnsessel aus dem Ende des 17. und frühen 18. Jhs. Im Jahre 1708 fiel Schloß Weikersheim durch Erbteilung an Graf Carl Ludwig. Sogleich setzte eine rege Bautätigkeit ein, und eine Neuausstattung des Schlosses wurde in Angriff genommen. Glücklicherweise sind Archivalien aus dieser Zeit erhalten und die tätigen Handwerker bekannt. Christoph Schupp und sein Sohn Johann Adolf – von beiden sind die Lebensdaten nicht bekannt – waren aus Öhringen kommend, 1708 und nach 1709 bis 1712 bzw. 1716 in Weikersheim tätig. Im Inventar des Schlosses aus dem Jahre 1725 ist das Ensemble verzeichnet in „Ihro Durchlaucht Haubtgemach" der „schönen Zimmer der Fürstin" Elisabeth Friederike Sophie von Oettingen

(1691–1758), zweite Gemahlin des Grafen Carl Ludwig. Ein Großteil der Möbel von Schloß Weikersheim stammt aus den zwei ersten Jahrzehnten des 18. Jhs. Daher vermittelt diese homogene mobile Ausstattung ein ausgezeichnetes Bild der Möbeltypen und Wohngepflogenheiten ihrer Entstehungszeit.

Nußbaum geschnitzt, Wirkerei in Wolle, Seide, Silber- und Goldfäden. H. 137 cm, B. 75 cm, Sitztiefe 52 cm; Hocker: H. 53 cm, B. 58,5 cm, T. 53 cm.

Literatur: Adelmann 1953/54, S. 243–244, 258, 263, 267, Anm. 11, S. 268, Anm. 30. – Merten 1978, S. 12.

Weikersheim, Schloß, Württembergisches Landesmuseum, Inv. Nr. W 46 und W 54

D 6 □

Tisch und zwei Gueridons

Johann Heinrich Vogt (1683–1733), Magdalena Vogt, Weikersheim, 1713–1716

Im Weikersheimer Schloß befinden sich eine Reihe von Möbeln aus schwarz gebeiztem und gestrichenem Holz mit Silbereinlagen. Der hier gezeigte Tisch mit ovaler Platte, zu dem ein Gegenstück existiert, ruht auf einem Balusterschaft mit drei gesägten, S-förmig ausschwingenden Beinen, wobei der Balusterschaft eckig gebrochen ist. Zum Ensemble zählen auch rechteckige Tische mit Mittelbaluster und vier seitlichen Stützen (Abb. bei Kreisel 1970, Nr. 241). Die Gueridons, Ständertische für Leuchter, haben einen gedrehten Schaft und die gleichen gesägten Füße, dazu eine sechseckige Platte. Auf den Platten aller Möbel befindet sich in graviertem Silber das Wappen von Hohenlohe-Langenburg-Gleichen mit reicher Helmzier, umgeben von Akanthuslaub. Rings um den Rand der Platten sind Silberfolien aufgelegt. Diese sind so dünn, daß sich das darunter befindliche Ornament, Blattstäbe oder Riefen, abdrücken. Einfache, mit Silberfolie belegte Stab- und Blattprofile, akzentuieren auch horizontale Linien der Tischfüße.
Johann Heinrich Vogt arbeitete mit seiner Schwester zusammen, die eigens bezahlt wurde. Er war Sohn eines Langenburger Schreiners und selbst Hofschreiner in Langenburg. Im Jahre 1717 ging er nach Öhringen, wo er 1733 starb. Die Wanderung von Kunsthandwerkern im Bereich der verschiedenen hohenlohischen Höfe findet sich häufig. Daraus er-

D 5

klärt sich auch der homogene Stil, der die Möbel dieser Höfe kennzeichnet. Im 17. und beginnenden 18. Jh. waren schwarze Möbel mit Silbereinlagen sehr beliebt. Für kostbare Ausfertigungen, wie z.B. Kabinettschränke, wurde Ebenholz verwendet; für einfachere Ausführungen begnügte man sich mit schwarz gebeizten Hölzern. Die Kunsthandwerker der Stadt Augsburg hatten sich auf Prunkmöbel dieser Art spezialisiert. Man nimmt an, daß auch Vogt in dieser Stadt sein Handwerk erlernt hatte.

Nußbaum auf Tanne furniert, schwarz gebeizt und gestrichen, Silberfolie, graviertes Silber.

Tisch H. 76 cm, B. 77 cm, T. 64 cm, Gueridons H. 106,5 cm, Dm 34 cm, Seitenlänge 20 cm.

D 6

D 6

Literatur: Adelmann 1953/54, S. 253. – Kreisel 1970, Abb. 241, 277. – Merten 1978, S. 13.

Weikersheim, Schloß, Württembergisches Landesmuseum, Inv. Nr. Tisch W 18, Gueridons W 30, 31

D 7 □

Schreibschrank

Wohl Johann Eberhard Sommer (Künzelsau 1675–1723), Öhringen, um 1720

Mit dem Kommodenunterbau auf gedrückten Kugelfüßen, der schrägliegenden Schreibklappe und den beiden Türen im Aufsatz bietet der Schreibschrank ein frühes, klassisches Beispiel dieses im Deutschland des 18. Jhs. beliebtesten Möbeltypus. Man kennt höchst prunkvolle, höfische Ausführungen (Kat. Nr. D 14) wie einfache Exemplare für den bürgerlichen Haushalt (Kat. Nr. D 37). Der hier vorgestellte Schrank erhält durch die Verwendung mit Spiegelglas in den Türen besonderen Wert. Die geraden Umrißlinien, nur belebt durch die mehrfach gebrochenen Arkaden der Türen, die sich an den Schmalseiten wiederholen, verleihen dem Möbel noble Eleganz. Nach Kreisel gehört es zu den „Spitzenleistungen der deutschen Schreinerkunst jener Zeit". Sorgfältig durchdacht ist auch die Dekoration in Marketerie-Technik (Furnier aus verschiedenen Hölzern zu einem Ornament zusammengesetzt und auf das sog. Blindholz aufgeleimt). Durch eine Gliederung in Felder werden auf den vier Schubladen des Unterteils optisch acht vorgetäuscht, und die eckig gebrochenen schmalen sowie die rechtwinklig die Ekken einfassenden Felder um die Spiegelfüllungen lassen an metallenes Beschläg denken. Auf der Platte befinden sich, in graviertem Zinn eingelegt, in einer Kartusche das Wappen Hohenlohe-Öhringen und beidseits ein Phönix in runden Medaillons.
Im letzten Drittel des 17. Jhs. und vor allem im ersten Drittel des 18. Jhs. entwikkelte sich im hohenlohischen Gebiet ein bedeutendes Kunstzentrum. Mehrere Linien des Hauses bauten an ihren Residenzen und ließen diese ausstatten (Kat. Nr. D 3 – Nr. D 5). Die bedeutendste, in der Gegend tätige Künstlerfamilie waren die Sommer aus Künzelsau (s. Kat. Nr. D 2). Mehr als hundert Jahre lang prägten sie nachhaltig das Kunstschaffen ihrer Gegend. Von 1712 bis 1723 war Johann Eberhard Sommer Hofschreiner in Öhringen, einem der hohenlohischen Höfe. In seiner Werkstatt könnte das Möbel entstanden sein. Ähnliche Schreibschränke, bei denen sich die Abschlußarkaden an den Schmalseiten wiederholen, befinden sich im Schloß von Weikersheim und gelten dort als holländisch.

Nußbaum auf Tanne furniert, Spiegelglas, Messingbeschläg. H. 226,5 cm, B. 112 cm, T. 63 cm.

Literatur: Grünenwald 1951/52, S. 278 u. 289. – Kreisel 1970, S. 106, Abb. 248.

Privatbesitz

D 8 □

Andachtsbild

Galleria di Lavori, plastischer Schmuck Giovanni Battista Foggini (1652–1725), Florenz, 1720

D 6

In eine achteckige Schieferplatte sind in Pietra Dura Technik zwischen Blumensträußen und -ranken zwei ovale Medaillons mit der Darstellung des Verkündigungsengels Gabriel und der heiligen Jungfrau Maria eingefügt. Den Blattrahmen aus vergoldeter Bronze umfaßt eine zweite, unregelmäßig gestaltete Tafel aus Lapislazuli, ebenfalls gerahmt von Blattwerk aus vergoldeter Bronze, an dem traubenförmige Gehänge aus geschliffenen Steinen und Gesteinsgeröllen befestigt sind. Im oberen Kranz von Wolken und Engelsköpfchen, hinterfangen von einer Strahlenglorie, befindet sich die Taube des Heiligen Geistes.

Pietra Dura ist eine Technik, bei der verschiedenartige und -farbige Halbedelsteine und Marmore in einen Steingrund eingelegt werden. Normalerweise bilden Grund und Einlagen eine ebene Fläche, sind „di piano"; seltener heben sich, wie auf dieser Tafel, die buntfarbenen Einlagen als geschnittenes Relief vom Fond ab. Die Steine sind mit dem Diamant geschnitten. Der Farbreichtum entsteht durch eine Vielzahl verschiedener Steine: Für Blau Lapislazuli, für Rottöne fleischfarbene bis dunkelrote Karneole und Hornstein, für Gelb Jaspis und für Weiß Chalzedon verschiedener Schattierungen. Die Lilienblüten auf Lapisgrund und die Taube sind aus dem matten Steatit gebildet. Grüntöne werden durch Jadeit, Heliotrop, Plasma (grün gefärbter Chalzedon) und sogar durch grünen Glasfluß wiedergegeben. Besonderen Einfallsreichtum lassen die beiden Figuren erkennen: Nimben und Inkarnate sind aus Jaspis. Die feinen Abschattierungen der Engelsflügel werden durch Achate erreicht. Für die Gewänder fanden rötlicher Marmor, Lapis, Chalzedon, grüngefärbt durch Asbestnädelchen, Verwendung. Die Wand hinter Maria ist ein durch Eisenglanz rot gefärbter Hornstein, der Thron verkieseltes Holz. Unter den Früchten der äußeren Rahmung finden sich neben den schon erwähnten Gesteinen u.a. Chrysopas (hellgrün), Labrador (graublau schimmernd), Rauchquarz, Serpentin (schwärzlich-grün), Bergkristall, Porphyr (dunkelrot), schwarzer Onyx und grünlicher Alabaster (die Bestimmung der Steine erfolgte durch Prof. Dr. Metz, Universität Karlsruhe).
Pietra Dura Arbeiten erfreuten sich im Spätbarock großer Beliebtheit. Vor allem die großherzoglichen Werkstätten in Florenz waren für Arbeiten in dieser Technik berühmt. Auch die Markgräfin Sibylla Augusta von Baden-Baden (1675–1733), aus deren Besitz die Tafel stammt, muß diese Art von Dekoration sehr geschätzt haben, denn in ihrem Lustschloß Favorite bei Rastatt ließ sie einen Raum, das sog. Florentiner Zimmer mit Pietra Dura ausstatten. In der Kirche ihres Residenzschlosses Rastatt findet sich diese Technik ebenfalls. Als Vorlage für die Verkündigungsdarstellung diente ein Gnadenbild aus dem 14. Jh. in der Kirche Santissima Annunziata in Florenz, das seinerseits auf eine ältere Darstellung zurückgeht.

Das Andachtsbild war ein Geschenk des Großherzogs Cosimo III. von Toskana (1642–1723), das er eigens in seinen Werkstätten anfertigen ließ und 1720 der Markgräfin zum Geschenk machte, da sie ein Jahr zuvor in Florenz das „so wundertätige Bild" in der Kirche Santissima Annunziata sehr verehrt hatte. Für das kostbare Geschenk mögen auch die engen verwandtschaftlichen Beziehungen eine Rolle gespielt haben, war doch die Schwester Sibylla Augustas, Maria Anna Franziska, die Gemahlin von Giovanni Gastone, Nachfolger Cosimas III. Über die Anfertigung und die Übersendung der Tafel nach Rastatt geben einerseits die „Giornali", Rechnungsbücher, der großherzoglichen Werkstätten sowie die Korrespondenz zwischen dem Großherzog und der Markgräfin detaillierte Auskunft (s. Lankheit 1979). Cosimo III, ebenso fromm wie Sibylla Augusta, hatte mehrere solcher Andachtsbilder als Geschenke anfertigen lassen. Von den sieben archivalisch belegten lassen sich drei erhaltene mit bestimmten Personen in Verbindung bringen (s. Lankheit 1979). Im Kunstinventar der Markgräfin vom 20. April 1733 wird das Verkündigungsbild als „1 schön- und kostbares Bild, der Englische Gruß von Florentiner Arbeit, die Rahm ist Medall vergoldt und von lapis Lasoli" beschrieben. Nach dem Aussterben der Baden-Badischen Linie wurde es mit anderen Pretiosen im Jahre 1775 in Offenburg versteigert. Auf der Rückseite des Holzbrettes, auf das die Tafel montiert ist, befindet sich die Zahl 166, die der Nummer im Versteigerungskatalog entspricht. Das seinerzeit von dem Straßburger Goldarbeiter Bär gesteigerte Gnadenbild blieb 200 Jahre verschollen und konnte vor einigen Jahren vom Badischen Landesmuseum aus englischem Kunsthandel erworben werden.

D 7

Vergoldete Bronze, Halbedelsteine, polierter Schiefer und Lapislazuli. H. 89 cm, B. 85 cm.

Literatur: Lankheit, Klaus, Ein Verkündigungsbild von „Florentiner Arbeit". In: Pantheon, Jg. XXXVII, Jan./Febr./März 1979, S. 45–54 (mit weiterführender Lit. und Publikation der Archivalien). – Stratmann, Rosemarie, Verkündigungsbild aus dem Besitz der Markgräfin Sibylla Augusta, Führungsblatt des BLM, Karlsruhe 1978.

Karlsruhe, Badisches Landesmuseum, Inv. Nr. 78/52

D 9 □

Tisch

Galleria di Lavori, Florenz, um 1720

Auf einem reich geschnitzten, vegetabil erscheinenden Fuß, bestehend aus mit Akanthusblättern belegtem Mittelschaft und vier eingerollten Volutenfüßen, ruht eine rechteckige Platte mit geschweift ausschwingenden Schmalseiten aus schwarzem Stuckmarmor. In die in geometrische Felder gegliederte Platte sind in Pietra-Dura-Technik Landschaften

D 8

und Blumenornamente eingelegt: eine Meereslandschaft mit Burg im mittleren Oval, zwei Seelandschaften in den runden Seitenfeldern; Blumen, Vögel und Insekten in zwölf Rechteckkompartimenten, dazwischen Blumensträuße aus graviertem Perlmutt. Pietra Dura ist eine Technik, bei der verschiedenartige und -farbige Halbedelsteine und Marmore in einen Steingrund eingelegt werden. Normalerweise bilden Grund und Einlagen eine ebene Fläche, sind „di piano" gearbeitet. Für diese Technik waren vor allem die großherzoglichen Werkstätten in Florzenz berühmt.
Der Tisch stammt aus dem Besitz der Markgräfin Sibylla Augusta von Baden-Baden, die wohl bei einer Reise nach Florenz und Rom diese schon im Mittelalter geübte Dekorationsform schätzen lernte. In ihrem Sommerschloß Favorite bei Rastatt ließ sie einen Raum, das sog. Florentiner Zimmer, in dieser Technik ausschmücken. Auch erhielt sie vom Großherzog der Toskana, Cosimo III. (1642–1723), ein Andachtsbild in Pietra-Dura-Arbeit zum Geschenk. (s. Kat. Nr. D 8). Tisch und die einzelnen Platten der Wandverkleidung des Florentiner Zimmers entstanden zweifellos im Opificio delle pietre dure, den in den Uffizien untergebrachten großherzoglichen Werkstätten. Sehr ähnliche Stücke, die in Technik und Detailmotiven mit den Favoriter Tafeln übereinstimmen, haben sich im Museo dell'Opificio in Florenz erhalten. Das genaue Entstehungsdatum des Tisches ist nicht bekannt, doch darf es bald nach dem Besuch der Markgräfin in Florenz im Jahre 1719 angenommen werden. Der Reisende Keyßler erwähnt das Möbel in seiner Reisebeschreibung von 1729. Die erste urkundliche Nachricht findet sich in einem Inventar der „aus der herrschafl. Favorite nacher Baaden Transportirten Meubles" vom 6. März 1734, als die Bestände im polnischen Thronfolgekrieg (1733–1735) in Sicherheit gebracht wurden. Unter dem Mobiliar ist „1 Vergoldter Tischfuß, zum Florentium Tisch" verzeichnet (GLA Karlsruhe 47/688). In dem im Jahr 1762 nach dem Tod des Markgrafen Ludwig Georg aufgestellten Inventar von Schloß Favorite wird im „Florentiner Zimmer" „1 Florentiner Tisch mit vergoldetem Fuß" erwähnt (GLA Karlsruhe 47/691). Im wechselvollen Schicksal des Schlosses hat der Tisch seinen Standort bewahrt. Er ist eines der wenigen erhaltenen und einer bestimmten Person zuweisbaren Möbelstücke, dessen Herkunft bekannt ist.

D 9

Linde, geschnitzt und vergoldet, verschiedene Marmore und Halbedelsteine, Perlmutt, Stuckmarmor. H. 80 cm, B. 131 cm, T. 67 cm.

Literatur: Sillib 1929, S. 42, 101 (mit älterer Lit.). – Fink, A. Ein Tisch aus Florenz. In: Westermanns Monatshefte 98, Jg. 1957, Heft 11, S. 28–31. – Petrasch 1960, S. 20 und 1978[5], S. 20, Taf. XV, XVI. – Rossi, Ferdinando, La pittura di pietra, Florenz 1967, S. 104, Taf. XXI–XXIII. – Rentsch, Karlsruhe 1968, Kat. Nr. 29 m. Abb. – Rentsch 1972, Nr. 28/29.

Schloß Favorite bei Rastatt, Staatliche Liegenschaftsverwaltung, Inv. Nr. G 1773

D 10 □

Garnitur bestehend aus Tisch und zwei Gueridons

Aus Schloß Favorite bei Rastatt

Südwestdeutsch (?), um 1720/30

Diagonal stehende, mehrfach ausschwingende Volutenbeine, mit aufgesetzten Akanthusblättern und vollplastischen Sirenen geschmückt, tragen die rechteckige, allseits konkav eingeschwungene Platte des Tisches. Figuren, Blattwerk und Blattornamente der Zarge sind vergoldet, der Grund blaue Lackmalerei. Am Fuß und auf der Platte befindet sich Blumen- und lockere Ornamentmalerei. Die Platte ist zusätzlich mit Chinoiserie-Figürchen in erhabener Arbeit verziert. Den Schaft der beiden Gueridons (Leuchtertische) bilden auf vier Volutenfüßen ruhende Sirenen, die eine viereckige, allseits konkav eingeschwungene Platte tragen. Die Ornamentik entspricht derjenigen des Tisches. Über einem blauen Smalte-Grund sind zahlreiche Firnisschichten aufgebracht, die im Laufe der Jahrhunderte gegilbt waren, so daß der Fond grünlich erschien. Die erhabenen Chinoiserien, bestehend aus einer Mischung von Asche, Leim und Gips befinden sich über der Lackschicht, die Malerei dagegen ist in den Lack eingebettet. Eine vor einigen Jahren durchgeführte Restaurierung war deshalb so schwierig, weil der vergilbte Lack um die erhabene und flache Malerei sorgfältig entfernt werden mußte. An einem Volutenfuß eines Gueridons wurde eine Stelle in unrestauriertem Zustand belassen.
Die Garnitur wird erstmals in einem Inventar von Schloß Favorite aus dem Jahr

D 10

1734 erwähnt: „1 blau vergolter Tisch nebst 2 cheridons“ (GLA Karlsruhe 47/688). Nach einem Inventar von 1762 befanden sich im „Eckzimmer“ „1 mit Gold und Farben auf blauem Fond lacquirter Tisch mit 2 Gueritons von gleicher Art“ (GLA Karlsruhe 47/691). Nach Meinung von Hans Huth könnten die Gestelle der Möbel holländischer oder englischer Herkunft sein. Die Technik der Lackarbeiten und die Figürchen selbst zeigen große Verwandtschaft mit einem Lackkabinett im Rastatter Schloß, das vor einigen Jahren restauriert und an seinem ursprünglichen Ort im Südflügel (heute Wehrgeschichtliches Museum) wieder eingebaut wurde.
Solche Garnituren bestehend aus Tisch und Gueridons gehörten zur obligaten Raumausstattung höfischer Gemächer. Normalerweise vervollständigte ein Spiegel das Ensemble. Oft standen Leuchter auf den Gueridons. In Prunkräumen waren diese Möbel sogar bisweilen aus massivem Silber oder mit getriebenem Silber belegt. Über den Hersteller des Ensembles ist leider ebenso wenig bekannt wie über den Autor des Lackkabinetts im Rastatter Schloß. Am ehesten käme für Rastatt Johannes Kratochvil in Frage, der schon für den Markgrafen Ludwig Wilhelm in Schlackenwerth tätig war und später in Wien arbeitete (über das Problem s. Grimm, U., Die Dekorationen im Rastatter Schloß 1700–1771. Diss. Karlsruhe 1978, S. 73–74 und Anm. 215–218).

Pappel und Eiche geschnitzt, Lackmalerei und Blattvergoldung. Tisch H. 79 cm, B. 102 cm, T. 73 cm, Gueridons H. 93 cm.

Literatur: Sillib 1914, S. 97 u. 101. – Huth 1971, S. 79, Abb. 210 a + b.

Schloß Favorite bei Rastatt, Staatliche Liegenschaftsverwaltung, Inv. Nr. G 1686–1688

D 11 □

Schmuckkassette

Aus dem Besitz der Maria Anna von Baden-Baden, Schlackenwerth, 1737

Der rechteckige Kasten ist reich mit Bandelwerkornamentik überzogen: einmal in Marketerie aus hellen und dunklen Hölzern, zum andern in vergoldeter Bronze. Auf allen vier Seiten und am Deckel bilden mehrere, in sich und gegenseitig verschlungene Bänder eine äussere und eine innere Rahmung, in letzterer befindet sich jeweils auf einem mit Gitterwerk oder Wurzelholzfüllung verzierten Sockel eine bekrönte Wappenkartusche (diese nicht auf der Rückseite), flankiert von Adlern oder Sphingen. In der Kartusche des Deckels ist das Spiegelmonogramm L MA eingelegt, das sich in Ludwig (Georg Simpert von Baden-Baden) und Maria Anna von Schwarzenberg, seine erste Gemahlin, auflösen läßt. Auf der prunkvollen Platte des Schlosses befindet sich über dem eigentlichen, durch ein Puttenköpfchen bedeckten Schlüsselloch das Allianzwappen von Baden und Schwarzenberg mit Fürstenhut. Außerdem hat am oberen Rand der Beschlägschmied eine Inschrift hinterlassen: „AR. à Slacowerta. Fecit. Ao 1737“. Herrschaft und Schloß Schlakkenwerth war durch seine Mutter Sibylla Augusta von Sachsen-Lauenburg in den Besitz des Markgrafen Ludwig Georg gelangt. Die Verbindung mit dem weit entfernt liegenden Land war noch sehr eng. Ob nur das Beschläg oder auch der Kasten dort entstand, ist zwar nicht gesichert, doch denkbar. Fein gravierte ausgeschnittene Bänder schützen alle Kanten der Kassette und umgeben sie an drei Seiten. Was im Mittelalter und an schweren Reisetruhen zum Schutz diente, ist hier dekorativ umgestaltet. Mobile Tragegriffe erleichtern die Handhabung. Der Kasten wurde neuerdings mit blauem Samt innen ausgeschlagen. Vor einigen Jahren konnte dieses historisch interessante und qualitätvolle Stück, im Hinblick auf die Wiedereröffnung des Rastatter Schlosses für das Publikum, erworben werden.

Nußbaum, Palisander, Mahagoni, Ahorn, Ebenholz und Perlmutt auf Eiche furniert, vergoldete Metallfolie, vergoldete Bronzen. H. 25 cm, B. 47 cm, T. 24,5 cm.

Literatur: JbStKsBW 1972, S. 288–289, Abb. 39.

Karlsruhe, Badisches Landesmuseum, Depot der Staatlichen Liegenschaftsverwaltung, Inv. Nr. G 3822

D 11

D 12 □

Wappenrelief

Vom Kardinal und Fürstbischof von Speyer, Graf Damian Hugo von Schönborn

Südwestdeutsch, Bruchsal (?), um 1720–30

Auf einer mit Gitterwerk verzierten, vielfach geschweiften Platte sind drei Wappen angeordnet: Links ein quadrierter Schild mit Wappen des Bistums Speyer (Stadttor) und der Probstei Weißenburg (Kreuz), rechts Wappen der Familie Schönborn (gekrönter laufender Löwe nach links auf Dreiberg), darunter ein Schild mit zwei Ordenskreuzen. Diese beziehen sich auf Damian Hugo von Schönborn als Landkomtur der Deutschordens-Balleien Hessen und Altenbiesen/Holland. Ein Kardinalshut bekrönt die Platte, die Schnüre und Troddeln sind dekorativ auf dem Treillagegrund (Treillage = Gitterwerk) angeordnet. Graf Damian Hugo von Schönborn war 1715 Kardinal und 1719 Fürstbischof von Speyer geworden. Die gesamte Platte in Form einer großen Kartusche ist gerahmt von Bandwerk und eingerollten C-Voluten. Solche Wappenschilde, vergoldet oder gefaßt, waren unentbehrliche Requisiten jeder fürstlichen Hofhaltung und sind in den sog. Hauskämmereiinventaren, in denen die deponierten Mobilien verzeichnet waren, aufgeführt. Je nach Bedarf dienten sie zur Ausschmückung repräsentativer Räume bei offiziellen Anlässen.

Linde, geschnitzt und vergoldet. H. 72 cm, B. 75 cm.

Literatur: Karlsruhe 1968, Kat. Nr. 23.

Bruchsal, Schloß, Staatliche Liegenschaftsverwaltung, Inv. Nr. G 2791

D 12

D 13 □

Armsessel

Bruchsal (?), Ferdinand Hund (?), um 1752/58

Die behäbige Linienführung der Beine und Armstützen, etwas verunklärt durch den reichen Dekor, sowie die diagonal geführten Zwischenstege verleihen dem Möbel den Eindruck von Stabilität. Züngelnde, vor einen verzierten Fond vorgelegte Rocaillen lassen die Schnitzereien quasi doppelschichtig erscheinen, und einzelne von einem durchgezogenen Bogen gerahmte Rocailleelemente wirken wie überdacht. Darüber liegen einzelne Blüten oder Blütengehänge. Vollplastisch gearbeitete Blüten und Rosetten sind auch in die stark gebogenen C-Schwünge der Knie oder in die geschlossenen Kartuschen eingefügt. Um die Beine sind zusätzlich Palmwedel gelegt. Beinahe schlicht dagegen wirken die in Schwanenköpfen endenden Armlehnen. Die virtuos ausgeführten Schnitzereien und die sehr eigenständige Ornamentik zeigen enge Verwandtschaft mit den im Zweiten Weltkrieg zerstörten Wandpaneelen des Bruchsaler Schlosses, von denen nur noch Abbildungen einen Eindruck vermitteln. Diese Schnitzereien wurden zwischen 1751 und 1758 von dem Würzburger Bildschnitzer Ferdinand Hund ausgeführt. Auch mit in Würzburg erhaltenen Möbeln dieses Kunsthandwerkers bestehen gewisse Ähnlichkeiten, so daß eine Zuschreibung an ihn, der nach Aussage Balthasar Neumanns diese „Zieratenschnitzerei am besten verstehen" würde, gerechtfertigt erscheint. Ferdinand Hund war zunächst an der Ausstattung der fürstbischöflichen Residenz in Würzburg beteiligt und wechselte im Jahre 1751 mit anderen in Würzburg tätigen Meistern in die Dienste des Fürstbischofs Franz Christoph von Hutten über, der in den fünfziger Jahren die Innendekoration seiner Bruchsaler Residenz vollenden ließ. Hund starb am 28. Februar 1758 in Bruchsal.

Der außergewöhnlich reich geschnitzte Sessel muß an hervorgehobener Stelle Verwendung gefunden haben. Mit anderen Möbeln aus dem Schloß gelangte er nach der Säkularisation wohl in die Hauskämmerei des Karlsruher Schlosses. Vielleicht handelt es sich um einen der beiden „Thronsessel mit vergoldetem Gestell und Bildhauer Arbeit mit rothem Samet bezogen und goldenen Borden besetzt aus Bruchsal", die im Inventar von 1838 aufgeführt und mit je 160 Florinen veranschlagt sind (GLA Karlsruhe 56/4129, S. 88 v und S. 89 v). Jedenfalls verwendete der Hofmaler Johannes Grund in einem 1852 gemalten offiziellen Porträt des Großherzogs Leopold, gestorben im gleichen Jahr, den Sessel und eine zugehörige Konsole als Staffage (Generalinventar der Staatlichen Schlösser Nr. 2494). Am Ende des 19. Jhs. war das Möbel im Audienzzimmer des kaiserlichen Quartiers im Mannheimer Schloß aufgestellt (Aufnahme des Hoffotografen Lill von 1896 und 1897). Nach 1919 wurde der Armsessel mitsamt Baldachin, Rückwand und Draperien nach Bruchsal gebracht. Man entfernte lediglich am Baldachin den Aufsatz mit dem badischen Wappen, beließ aber die Krone. Der Sessel bietet ein beredtes Beispiel für die Bewegung von Mobiliar innerhalb der fürstlichen badischen Schlösser je nach Bedarf. Vor allem nach dem Anfall mehrerer bedeutender Palais mit Teilen ihrer Einrichtung wurden im 19. Jh. Möbel häufig hin und her transportiert.

Linde, geschnitzt und vergoldet, Bezug aus rotem Samt erneuert, alte Borten wiederverwendet. H. 124 cm, B. 84 cm, T. 62 cm.

Literatur: Tillessen, Rudolf, Das Großherzogliche Schloß zu Mannheim. Berlin 1897, Taf. XXV. – Roegele 1955, Abb. S. 119. – Kreisel 1970, S. 205, Abb. 567. – Lit. zu Ferdinand Hund: Böhr 1975, S. 432.

Bruchsal, Schloß, Staatliche Liegenschaftsverwaltung, Inv. Nr. G 1378

D 14 □

Schreibschrank

Aus dem Besitz des Fürstbischofs von Speyer, Kardinal Franz Christoph von Hutten zu Stolzenberg

Maingebiet, Würzburg (?), um 1755

Das Möbel bildet eine in Deutschland weit verbreitete Variante des Schreibschranks mit Kommodenunterbau, schrägliegender Schreibklappe und Aufsatz. Anstatt des kompakten Kommo-

D 13

denunterteils existieren hier zwei separate, mit jeweils fünf Schubladen versehene Trakte, während in der Mitte zum bequemen Sitzen eine tiefe Nische freibleibt, in deren hinterem Teil sogar Schubfächer untergebracht sind. Die schrägliegende Schreibklappe leitet über zum zurückgesetzten, zweitürigen Oberbau. Der gesamte Möbelkorpus ist geschweift und geschwungen, wenn nicht die senkrechten Linien selbst, so doch das aufgelegte, plastische Blattdekor, das sich bisweilen vom Grund löst. Analog diesem Blattdekor sind die in Voluten eingerollten sechs Beine behandelt, denen jeweils eine zweite Rocaillevolute vorgesetzt ist. Da sich der Oberschrank zur Mitte hin kräftig vorwölbt und unten etwas hochgezogen ist, entsteht eine regelrechte Sockelzone mit fünf Schubladen. Ursprünglich befand sich auf dem Schrank eine Uhr, die im Zweiten Weltkrieg verloren gegangen zu sein scheint. Das Innere hinter den Türen ist in zwanzig offene Fächer eingeteilt. In den waagerechten Brettern sind kleine Schublädchen verborgen, deren Stirnseite dem Rahmenprofil der Bretter entspricht. Hinter der innen mit Leder bezogenen Schreibplatte befinden sich offene Fächer und Schubladen.

Die Dekoration des Möbels ist außerordentlich reich. Das feine Bandelwerk aus hellen und dunklen Hölzern bildet auf den Schubladen des Unterbaus einzelne Felder, die im Sinn des im Barock so beliebten „Trompe l'oeil“, der Augentäuschung, jeweils zwei nebeneinander angeordnete Schübe suggerieren, was durch die kräftige, senkrechte Gliederung noch betont wird. Auch die Griffe aus vergoldeter Bronze in Form üppig wuchernder Rocaillen nehmen diese optische Täuschung auf. Sie sind flankiert von in Gold aufgemalten und in Perlmutt eingelegten Rocaillen. Solche Kartuschen befinden sich, schräg gestellt, auch auf den parkettierten (mit größeren, gemaserten Holzflächen furnierten) Schmalseiten des Schrankes. Über beide Türen weggehend stellt eine Phantasiearchitektur einen dreischiffigen Raum mit schwarz-weiß quadriertem Boden (Perlmutt und Schildpatt), mächtigen Säulenstellungen, hohen Arkaden und Kuppeln, Galerien und Treppen dar. Unter den Blumenvasen in den Nischen der Säulenstellungen steht rechts ein Mann in Rüstung, dem ein Mohrenknabe auf einem Kissen eine Krone darreicht, links die gleiche Gestalt mit Krone und Szepter, vielleicht die Berufung Davids zum Königtum darstellend. In den übereinander angeordneten Kartuschen aus Schildpatt mit Perlmuttrahmung ist die ehemals vorhandene Goldmalerei größtenteils abgerieben, lediglich rechts unten ist ein bekrönter steigender Löwe nach links zu erkennen. Die großen Bogen geben Durchblicke auf Stadtveduten frei. Laut freundlicher Auskunft von Dr. Hannelore Müller, Augsburg, handelt es sich um frühere

D 14

D 15

Ansichten der Stadt Augsburg, ergänzt durch Phantasiezutaten. Auf der Schildpattkartusche in der Mitte der Schreibplatte befindet sich in Perlmutt eingelegt das Spiegelmonogramm F(ranz) C(hristoph) z(u) S(tolzenberg). Von den beiden flankierenden Putten hält der linke das Pedum (Bischofsstab), darüber ist eine Mitra (Bischofsmütze), der rechte Schwert und Waage, über ihm der Fürstenhut, Symbole der geistlichen und weltlichen Macht des Fürstbischofs. Darunter ist das Wappen Huttens zu Stolzenberg eingelegt. An der Sockelzone des Oberschranks ist das Wappen von Speyer (Tor), Weißenburg (Kreuz) und Hutten (Schrägbalken) angebracht. Wie ein Rocaillegespinst überzog ursprünglich feine Goldmalerei die Flächen, doch blieb davon nur wenig erhalten. Das ikonographische Programm läßt sich aufgrund der abgeriebenen Malerei nicht mehr erschließen.

Ein ungelöstes Rätsel bleibt bislang auch die Herkunft dieses Prunkmöbels, zu dem sich im Bruchsaler Schloß noch ein zweites Exemplar, ebenfalls mit Wappen und Initialen des Fürstbischofs von Hutten, befindet. Auf diesem Schrank sind religiöse Szenen dargestellt: Auf den Außenseiten der Türen die Heiligen Karl Borromäus, Bischof von Mailand (1538–1584), und Johannes von Nepomuk (1340–1393), auf den Innenseiten Christus am Kreuz und die Jungfrau Maria als Immakulata. Von der älteren Forschung wurden die beiden Schreibschränke dem fränkischen Kunsttischler Johann Georg Neßtfell (1694–1762) zugewiesen, der vorwiegend für die Familie Schönborn tätig war, neuerdings Johann Wolfgang Elias Weinspach (1712–1776). Betrachtet man die archivalisch für diesen Bruchsaler Hofschreiner gesicherten Arbeiten, die lediglich gefaßte (d.h. bemalte) Altargehäuse, Türen und Kanzeln umfassen, sowie deren einfache Qualität, so kann man nicht glauben, daß diese Prunkmöbel, deren Fertigung höchstes künstlerisches Können bezeugen, von dem gleichen Handwerker ausgeführt sein sollen. Auf dem Sektor der Goldschmiedekunst steht eindeutig fest, daß die Bruchsaler Hofhandwerker nur einfache Gebrauchsgegenstände, vor allem für die zahlreichen im 18. Jh. im Bistum Speyer neu gebauten Pfarrkirchen fertigten, wie es ja auch für Weinspach bezeugt ist, während die Fürstbischöfe die kostbaren und für den eigenen Gebrauch bestimmten Gegenstände von den bedeutenden Kunstzentren bezogen. Im Inventar von Schloß Bruchsal aus dem Jahr 1813 ist der Schreibschrank ebenso wie sein Gegenstück aufgeführt „1 Tresor von Nußbaum mit von Holz, Schildkrot und Perlenmutter eingelegten Huttischen Wappen" (GLA Karlsruhe 56/2657). In den sechziger Jahren des 19. Jhs. wurden die beiden Schreibschränke ins Karlsruher Schloß überführt, in den zwanziger Jahren unseres Jahrhunderts kamen sie wieder nach Bruchsal zurück. Ein weiteres, nur mit geometrischer Marketerie furniertes Schreibmöbel aus der gleichen Werkstatt befindet sich im Zähringer Museum, Neues Schloß, Baden-Baden.

Nußbaum, Ahorn und andere Hölzer, Perlmutt und Schildpatt auf Eiche und Tanne furniert, Goldmalerei, vergoldetes Bronzebeschläg, H. 218 cm, B. 180 cm, T. 87 cm.

Literatur: Hirsch 1910, S. 33, Taf. 62. – Kdm. Baden, IX, 2, Bruchsal, S. 109. – Maier, A. R. Zwei Prunkschränke im Bruchsaler Schloß. In: Badische Heimat Nr. 9, 1922, S. 85–93. – Feulner 1927, S. 385, Abb. 315. – Roegele 1955, S. 203, Abb. 129. – World Furniture 1965, S. 148, Abb. 542. – Karlsruhe 1968, Kat. Nr. 35, Abb. 4. – Kreisel 1970, S. 205–206, Abb. 571–573. – Rentsch 1972, Nr. 32/33. – Feulner/Alfter 1980, S. 167, Abb. 542.

Bruchsal, Schloß, Staatliche Liegenschaftsverwaltung, Inv. Nr. G 1359

D 15 □

Tisch

Aus dem Besitz des Kurfürsten Karl Theodor von der Pfalz und seiner Gemahlin Elisabeth Augusta

Johann Georg Wahl (1702–1773), Osthofen, 1754

Auf einem geschnitzten, in drei Voluten auslaufenden Balusterschaft ruht eine ovale Platte, die sich senkrecht umklappen läßt. Aus verschiedenen Hölzern ist in Marketerietechnik eine figürliche Szene wiedergegeben. Diese äußerst komplexe Darstellung nimmt offensichtlich Bezug auf die im kurpfälzischen Hause sehnlichst erwartete Nachkommenschaft, um den Fortbestand der Linie zu gewährleisten. Ausgangspunkt ist das von einer Strahlenglorie umgebene und in Wolken schwebende Auge Gottes in einem Dreieck, unter dem eine Hand aus den Wolken hervorkommt und durch ein Füllhorn Blumen und Früchte ausschüttet. Ebenfalls davon ausgehend zieht sich ein Strahl zu einem Altar auf dem drei brennende, üppige Rauchschwaden entwickelnde Herzen liegen. In dem Strahl befindet sich eine Inschrift: „WIr Bitten CarL TheoDors Leben MIt LIebes thränen", wobei das „B" von Bitten als „I" mit angehängtem „b" wiedergegeben ist. Die Buchstaben ergeben als Chronogramm gelesen die Jahreszahl 1754 (freundlicher Hinweis auf das Chronogramm durch Dr. Heppe, Stadtgeschichtl. Museum Düsseldorf). Vor dem Altar liegen in anbetender Haltung drei Figuren, von denen jedem ein qualmendes Rauchfaß beigegeben ist. Die Attribute (Kreuz, Buch und Anker) weisen sie als die Kardinaltugenden Glaube, Liebe, Hoffnung aus. Neben dem Altar erstreckt sich eine antike Säulenarchitektur. Auf dem Architrav stehen ein Engel mit Harfe und ein Engel mit Kreuz. Als Bekrönung der Kuppel umarmen sich die Figuren der Justitia (Gerechtigkeit, mit Waage) und Pax (Friede, einen Ölzweig haltend). In der linken Bildhälfte senkt eine aus den Wolken tretende Hand einen Baldachin, dessen Draperie von Putten gehalten wird. Unter diesem sind der Kurhut und zwei Medaillonkartuschen mit den Initialen „CT" (Carl Theodor) und „EA" (Elisabeth Augusta) angeordnet. Von der rechten Kartusche geht eine Spruchband mit der Inschrift aus: „Es Blüh sein Gnaden Thron/Des Pfältzer vatters Cron/ Den Wunsch Erfüllen wolle / Zu dritt Auch Leben Sollen". Auf dem linken Spruchband steht: „Der Himel wird Doch noch/ Das ER und SIE Beglückt". Auf der oberen Hälfte des Bandes steht, allerdings schwieriger zu entziffern: „Es Leb Carl Theodor./Es Leb Elisabeth." An diesen Spruchbändern ist das vom Kurhut bekrönte Allianzwappen der Kurpfalz und Pfalz-Sulzbach aufgehängt, darunter in einer Kartusche ein „D", (Deleatur – weggenommen), das für den Reichsapfel steht, dessen die Kurpfalz mit der Truchsessenwürde im Dreißigjährigen Krieg verlustig ging. Eine üppige, das Wappen rahmende Militärtrophäe ist auf einem Sockel arrangiert, auf dem zwei Skulpturen, in der Art antiker Flußgottheiten, lagern. Diese außergewöhnliche Darstellung, deren Deutung hier im Detail vorgenommen wurde, geht sicherlich auf eine dem Kunsttischler vorgegebene Vorlage zurück. Der Tisch gehört zu einem Schreibschrank, an dessen rechter Tür, Innenseite, eine vergleichbare, wenn auch einfachere Szene mit anderer Thematik dargestellt ist. Dieses Möbel ist 1750 datiert und von Johannes Wahl signiert. In der Fachliteratur wurde es mehrfach abgebildet. Beide Möbel wirken etwas altertümlich. Von Wahl sind mehrere Tische und Schreibschränke sowie andere Möbel bekannt, die sich alle durch reiche Marketerien auszeichnen. Wahl war Sohn eines nach Osthofen eingewanderten Schreiners, er verbrachte sein Leben in diesem kleinen Ort unweit Worms und arbeitete, wie die Möbel beweisen, auch für den kurpfälzischen Hof.

Fuß Nußbaum geschnitzt; Markterien Nußbaum, Mahagoni, Ahorn, Ebenholz, Elfenbein, Perlmutt, Messing. H. 77 cm, B. 100 cm, T. 67,5 cm.

Literatur: Kreisel 1970, S. 212, Abb. 608/609. – Fuchs 1975, S. 370 und 380. – Heidelberg 1979, Kat. Nr. 37 m. Abb.

Berchtesgaden, Schloß, Inv. Nr. III a 145

D 16

D 16 □

Entwurf eines Bilderrahmens

Paul Egell zugeschrieben, 1730–1735

Das Blatt bietet einen Alternativentwurf, d.h. es zeigt zwei Varianten, wenn die Unterschiede auch nicht sehr auffällig sind. Links verläuft der Rahmenbogen flacher als rechts und das akzentuierende Engelsköpfchen, eingebettet in stilisiertes Blattwerk, sitzt höher. Auch für die ornamentale Behandlung der Gelenkstellen an der inneren und äußeren Rahmenleiste werden zwei Möglichkeiten angebo-

D 17

ten, ebenso für die Verzierung der äußeren Leisten der Rahmenschenkel. Selbst das bekrönende Motiv der beiden von einer Muschel hinterfangenen Engelsköpfchen weist Varianten auf. „Alle Blicke scheinen sich zur Bildmitte zu richten", stellt Baron Döry fest und vermutet, da die Engelsköpfe auf eine sakrale Sphäre hinweisen, daß der Rahmenentwurf für ein Altarblatt gedacht war. Eine genaue Ausführung nach diesem Entwurf oder besser gesagt Entwürfen ist nicht bekannt. Doch läßt sich der Rahmen des Altarblattes aus der Hauskapelle des ehem. Palais Thurn und Taxis in Frankfurt in etwa vergleichen, wenn auch der obere Rahmenschenkel flacher verläuft als auf der Zeichnung. (Zur Biographie von Paul Egell s. vor Kat. Nr. B 14).

Feder in Grau laviert, teilweise zart gelb getönt. 37 × 22,8 cm.

Literatur: Döry 1963, S. 371–374, Abb. 1. – Kreisel 1970, Abb. 601.

Frankfurt/Main, Historisches Museum, Inv. Nr. C 11837

D 17 □

Spiegelboiserie mit Uhr

Werkstatt Paul Egell, Uhr Jacques Jérôme Gudin, Mannheim, um 1745–50

In einen rechteckigen, oben hochgeschwungenen Rahmen ist vor einem Spiegel ein reich geschnitzter Sockelaufbau mit Uhr einbeschrieben. Schwungvolle Voluten und C-Bögen sowie à jour (durchbrochen) geschnitzte Treillagen (Gitterwerk) mit Blümchen an den Schnittpunkten bilden diesen Sockel. Über einem Faunskopf befinden sich in einer offenen Kartusche die Initialen CT; ein Kurhut bekrönt die Uhr. Die meisterhaften Schnitzereien, der Schwung der Linien und vor allem die Faunsmaske zeigen Ähnlichkeiten mit Arbeiten aus der Werkstatt des Bildhauers Paul Egell. Das ursprünglich gefaßte Panneau bildete ehemals wohl Teil einer Wandverkleidung. Vielleicht stammt es aus dem Mannheimer Schloß. Eine lavierte Federzeichnung Paul Egells (Kat. Nr. D 16) zeigt ähnlich ausschwingende Schulterpartien und eine akzentuierende Bekrönung des hochgeschwungenen oberen Rahmenschenkels.

Lindenholz, ehemals gefaßt, Uhr: Messing und Email. H. 125 cm, B. 79 cm, T. 7,5 cm.

Literatur: Heidelberg/Düsseldorf 1979/80, Kat. Nr. 45 m. Abb.

Speyer, Historisches Museum der Pfalz, Inv. Nr. HM 1973/61

D 18 □

Wandtisch

Aus dem Mannheimer Schloß

Umkreis des Paul Egell, Mannheim, um 1750

Das Gestell wird getragen von vier S-förmig geschwungenen, mit Rocaillen und C-Bögen belegten Beinen. Am Übergang in die Zarge hocken, diagonal angeordnet, zwei Drachen, deren Schwanzenden sich um die Beine nach unten winden, sowie zwei Vögel. Am Schnittpunkt der diagonal verlaufenden, mit langgezogenen Rocaillen verzierten Stege sitzt eine Militärtrophäe, bestehend aus Harnisch, flankiert von zwei Trommeln. Die Mittelkartusche der Zarge zeigt eine gravierte Jagddarstellung, und zwar eine Hirschjagd. Die Schnitzereien sind von außergewöhnlicher Qualität. Einzelne Motive, wie z.B. die Fabeltiere oder die langgezogenen Rocaillen mit kleinen konkaven Spiegeln, finden sich an geschnitzten Paneelen, die Paul Egell für das Mannheimer Schloß fertigte. Auch der Tisch, zu dem ein Gegenstück mit abgewandelter Kriegstrophäe gehört (Helm, flankiert von Kanone und Köcher mit Pfeilen), stammt aus dem kurpfälzischen Residenzschloß. Jacob charakterisiert das Stück: „Das Tischlermäßige ist völlig verschwunden, das Möbel scheint zum Ornament geworden.“ Die Konsole erhielt im 19. Jahrhundert eine teilweise Überfassung, und zwar wurde der Grund der Zarge auf „Palisanderart“ braun gestrichen und das Gold der Schnitzereien an einigen Stellen übergangen.

Linde, geschnitzt, vergoldet und braun gefaßt, graugelblicher Marmor. H. 81 cm, B. 141,5 cm, T. 63 cm.

Literatur: Jacob, Gustav, Möbel aus der Werkstatt des Bildhauers Paul Egell. In: MannhGbl. Jg. XXXVI, Juli/Sept. 1935, Heft 7–9, Sp. 125–142, Abb. 8. – Kreisel 1970, Abb. 596. – Heidelberg 1979, Kat. Nr. 44.

Mannheim, Städtisches Reiss-Museum, Inv. Nr. Ls 1026 a

D 18

D 19 □

Konsoltisch

Hofwerkstatt, Michel Fressencourt (1700–1764) (?), Stuttgart, um 1755

Palmwedel und Blütengirlanden winden sich um die stark S-förmig geschwungenen Beine und setzen sich an der Zarge fort. Am oberen Ansatz der Hinterbeine sind Löwenköpfe, an dem der Vorderbeine langhalsige Drachen eingefügt. Auf den wellenartig getürmten Rocaillen des Zwischenstegs sitzt ein Harlekin. Die Ornamentik überwuchert regelrecht das Gerüst. Im Jahr 1757 ließ sich Herzog Carl Eugen im Attikageschoß (Obergeschoß) des von Frisoni errichteten Neuen Corps de Logis im Ludwigsburger Schloß einige Räume neu einrichten. Diese Zimmer waren niedriger als in der Bel Etage (Hauptgeschoß), daher leichter zu heizen und gemütlicher. Sie entsprachen den neuen Forderungen der Architekturtheoretiker nach „commodité“, d.h. Bequemlichkeit. 1797 befand sich der Konsoltisch in diesem Appartement, wo er bis 1930 verblieb. Vermutlich wurde er schon dafür gefertigt. Einer der bedeutendsten an der Innendekoration beteiligten Bildhauer war Michel Fressencourt, der zuvor am Palais Thurn und Taxis in Frankfurt gearbeitet hatte. (Die Mutter des Herzogs Carl Eugen war eine Prinzessin aus dem Hause Thurn und Taxis.) Für das Frankfurter Palais hatte er ähnlich üppig dekorierte Schnitzmöbel ausgeführt. Zum Konsoltisch existiert ein Gegenstück (Inv. SCH.L. 3485).

Eiche, geschnitzt und vergoldet, gelblicher Marmor. H. 90,5 cm, B. 175 cm, T. 66,5 cm.

Literatur: Fleischhauer 1967, S. 34, Abb. 12. – Kreisel 1970, Abb. 592. – Merten 1977, S. 22 m. Abb.

Ludwigsburg, Schloß, Staatliche Liegenschaftsverwaltung, Inv. Nr. SCH.L. 5236

D 20 □

Kommode

Jean Baptiste Hédouin (gest. 1783), Paris, um 1740/1750

Die bauchige Kommode mit drei durch Zwischenstege getrennten Schubladen und niedrigen Beinen gehört zum Typus „en tombeau“ oder „à la Régence“, wobei erstere Bezeichnung sich auf die Form, die zweite auf die Entstehungszeit des Modells bezieht. Diese im frühen 18. Jh. entwickelte Kommodenart hielt sich bis zur Mitte und erfreute sich grosser Beliebtheit. Stützende und lastende Elemente sind im Aufbau klar ablesbar. Das reiche Beschläg aus vergoldeter Bronze schützt nicht nur die gefährdeten Stellen wie Beine und Stollen, sondern den Griffen und Schlüsselschildern kommt gleichzeitig akzentuierende Funktion zu. Im Ludwigsburger Schloß befinden sich fünf Kommoden des gleichen Typus mit Signaturen verschiedener Pari-

D 19

ser Ebenisten (Kunsttischler), eine ist unsigniert. Die Beschlägstücke finden sich an allen Exemplaren, doch sind sie jeweils in unterschiedlicher Kombination angebracht. Da die Bronzen, vom Gießer hergestellt, als Fertigprodukte bezogen wurden, braucht es nicht zu verwundern, daß gleiche Motive auf Möbeln verschiedener Ebenisten vorkommen. Vermutlich wurde der Gesamtkomplex an Kommoden über einen Händler in Paris erworben. Der genaue Zeitpunkt für den Kauf ließ sich bislang aus den Archivalien nicht ermitteln.

Nußbaum, Palisander auf Eiche und Tanne furniert, Marmor, Bronzebeschläg. H. 87,5 cm, B. 146 cm, T. 68 cm.

Literatur: Stratmann 1979, S. 164, 167 Anm. 4 u. 7, Abb. 1.

Ludwigsburg, Schloß, Staatliche Liegenschaftsverwaltung, Inv. Nr. SCH.L. 3486

D 21 □

Konsoltisch

Aus dem Karlsruher Schloß

Karlsruhe, Hofwerkstatt, um 1760

Die grazilen S-förmig geschwungenen Beine sowie der aus züngelnden Rocaillen aufgebaute Zwischensteg und die durchbrochen gearbeitete, tief unterschnittene Zarge deuten auf die Spätphase des Rokoko-Stils hin. Auch die zwischen Beinen und Zarge hängenden lockeren Blütengirlanden entsprechen dieser Stilstufe. In der gleichen Zeit erfolgte die Ausstattung des grundlegend neu gestalteten Ostflügels des Karlsruher Schlosses, der kurz vor 1759 bezogen wurde. Zwei Inventarzettel der 2. Hälfte des 19. Jhs. weisen das Möbel als Ausstattungsstück dieses Schlosses aus, wenn es sich auch im Inventar des Jahres 1759 (GLA Karlsruhe 56/4096) nicht eindeutig identifizieren läßt. Ein Großteil der dekorativen Wandverkleidungen fertigte der Bildschnitzer Christoph Melling (1716–1778). Laut Inventar lieferte er auch Kanapees. Ob der Konsoltisch sein Werk ist, läßt sich jedoch nicht mit Bestimmtheit sagen. Doch bildeten Wandpaneele, Konsoltische und Sitzmöbel im allgemeinen eine Einheit und wurden von dem selben Handwerker gemacht. In den Inventaren werden sie immer „von Bildhauerarbeit" bezeichnet. Die Fassung erfolgte durch den Maler und Vergolder, der auch den Anstrich der Wände vornahm. Der Marmor – oder eigentlich Granit – stammt wohl aus einem einheimischen Steinbruch aus der oberen Markgrafschaft. Der Konsoltisch vermittelt somit einen Eindruck der im zweiten Weltkrieg zerstörten Innenausstattung des Karlsruher Schlosses. In der Innendekoration kam dem Konsoltisch raumgliedernde Funktion zu. Nur mit zwei Füßen ausgestattet, muß er an der Wand befestigt werden und zählt zur wandfesten Ausstattung. Zusammen mit einem Spiegel, dem sog. Trumeau, setzte er im Raum architektonische Akzente, indem er als Pendant zum Kamin, einer Tür oder zwischen Fenstern die Symmetrie betonte. Ursprünglich war zu dem Tisch ein Gegenstück vorhanden (abgebildet bei Gurlitt, Möbel deutscher Fürstensitze, Berlin 1887, Taf. 40 und Meyers Konversations Lexikon Bd. 14, Taf. Möbel I.).

Linde, geschnitzt und vergoldet, grüne Fassung, grau-rosa Marmor. H. 79,5 cm, B. 115 cm, T. 58 cm.

Literatur: Kreisel 1970, Abb. 577.

Karlsruhe, Badisches Landesmuseum, Inv. Nr. R 83

D 22 □

Armsessel

Aus dem Karlsruher Schloß

Hofwerkstatt, um 1760

Die straffen Konturen der Sessellehne und die sparsamen Schnitzereien in Form von Rocaillen, Fiederblättern und Blüten weisen auf eine Entstehungszeit des Möbels in der Spätphase des Rokokostils hin. Wie auf dem Konsoltisch Kat. Nr. D 21 befindet sich auf dem Sessel ein Inventarzettel des Karlsruher Schlosses aus dem späten 19. Jh. In der Barockzeit kommt in der Möblierung von Schloßräumen den Sitzmöbeln eine bedeutende Funktion zu. Die Regeln der höfischen

D 20

Etikette legten genau fest, welche Art von Sitzgelegenheit dem Höfling oder Besucher, seinem Rang gemäß, zustand: Armsessel, Lehnstuhl ohne Armstütze, Tabouret, d.h. Hocker, oder gar Sitzkissen. Der hier gezeigte Armsessel gehört zu einem Ensemble, von dem ein Kanapee, zwei weitere Sessel und drei Stühle erhalten sind. Polsterung und Bezug sind erneuert. Original gepolsterte Sitzmöbel sind nur in geringer Zahl überkommen. Die meisten Sessel und Stühle des 18. Jhs. weisen heute eine Polsterung mit Stahlfedern auf, die jedoch im 18. Jh. noch unbekannt waren. Als Polstermaterial dienten damals vorwiegend Roßhaar und Wolle.

Buche, weiß gefaßt, Schnitzereien vergoldet. H. 105,5 cm, B. 55 cm, T. 54 cm.

Karlsruhe, Badisches Landesmuseum, Inv. Nr. R 63

D 23 □

Tischvitrine

Aus dem ehemaligen Naturalienkabinett des Mannheimer Residenzschlosses

Frantz Zeller (1697–1780) und Johann Graff, Mannheim, 1765

Im Jahre 1765 ließ Kurfürst Carl Theodor durch seinen Geheimen Sekretär Cosimo Alessandro Collini seine Naturaliensammlung neu ordnen und aufstellen. Für die Präsentation wurden vom Hofschreiner Frantz Zeller, der wesentlich an der Innenausstattung des Mannheimer Schlosses beteiligt war, und dem Hof- und Maschinen-Schreiner Graff eigens Schränke und Vitrinen angefertigt. Von dieser Einrichtung haben sich einige Stücke erhalten, von denen zwei in der Ausstellung gezeigt werden. Die Tischvitrine ruht auf sechs geschweiften Beinen. In der hohen Zarge sind acht Schubladen (auf jeder Breitseite vier) untergebracht. Die Flächen darüber sind mit kartuschenförmigen, verglasten Öffnungen versehen. Ebenfalls verglast ist die gesamte Oberseite.
Lediglich an der Zargenunterkante befindet sich Schnitzdekor. Ein großer (H. 264,5 cm, B. 119 cm, T. 47 cm) zugehöriger Schrank (Kat. Nr. H 23) ist im Unterbau mit sechs Schubladen ausgerüstet, darüber befinden sich zwei verglaste Türen. Das Ornament beschränkt sich auf einige Schnitzereien in Form von Rocaillen. Drei ineinander verschlungene und verbissene Schlangen bilden die Bekrönung.

Eiche, geschnitzt, braun gebeizt, Glas. H. 81 cm, B. 240,3 cm, T. 98 cm.

Literatur: Speyer 1925, Sp. 198–203. – Heidelberg 1979, Kat. Nr. 72.

Mannheim, Städtisches Reiss-Museum

D 24 □

Pultschreibtisch

Aus dem Karlsruher Schloß

Abraham (1711–1793) und David (1743–1807) Roentgen, Neuwied, 1768/69

Der Pultschreibtisch zeichnet sich durch gespannte, in die Zargen und die Stollen weiterführende Schwingungen der Beine, durch eine weite, segmentförmige Ausbuchtung der Unterkante und eine akzentuierte vertikale dreiteilige Gliederung der Vorderfront aus. Den Bauchungen

D 21

D 22

D 23

der drei Kompartimente und der Schmalseiten entsprechen die Schweifungen der Platte. Ausgewogene Linienführung und Proportionen charakterisieren das Möbel. Auch weist es für die Roentgen-Werkstatt typische Raffinessen in der Ausstattung auf. Die beiden „Schubladen" seitlich des Knielochs sind in Wirklichkeit ausschwenkbare Kästen, die sich in der Mitte aufklappen lassen und in beiden Hälften je zwei Schublädchen enthalten. Die darüber wie drei Laden erscheinende Fläche besteht jedoch aus nur einem Schubfach. Im Aufsatz hinter der schrägliegenden Klappe sind rechts und links je drei Schubladen angeordnet, wobei die rechte untere mit Fächer für Tinte und Sand ausgerüstet ist. In der Mitte verschließt ein horizontaler Rollverschluß in Form imitierter Buchrücken ein offenes Fach. Diese Buchrücken in unterschiedlichen Farben tragen die Aufschriften: „E.F. Gellerts Lustspiele 2. Theil", „Trillers Gedichte Tom I", „Rabeners Satiren 1. Theil", „E.F. Gellerts Lehrgedichte 1. Theil", „Humme Geschichte Tom I", „Schmieder Geschichte der Deutschen". Das gesamte Innenfach hinter der Klappe ist mit Palisander furniert, während aussen in helles Satinholz üppige Blumenmarketerien und fiedrige Rocaillen mit Schmetterlingen und Vögeln eingelegt sind. Unter den recht naturalistisch wiedergegebenen Blumen lassen sich Rosen, Narzissen und Wicken erkennen. An den echten und vorgetäuschten Schubladen bilden dünne helle, mit fiedrigen Rocaillen durchsetzte Adern die Rahmung der einzelnen Felder. Charakteristisch für die Arbeit Abraham Roentgens sind die abgefasten Kanten der Zarge, die feinen Rundstäbe „Lippenränder", die Rahmung der Schubladen und die mit Messing ausgekleideten Hohlkehlen als Zwischenleisten. Die Rückseite des Möbels ist nicht furniert, im Gegensatz zu einem sehr ähnlichen, signierten Stück im Germanischen Nationalmuseum in Nürnberg. Die Beine sind abschraubbar und der Ansatz an den Knien durch Beschläge aus vergoldeter Bronze in Form von durchbrochenen Rocaillen versteckt. Durch eine vor kurzem durchgeführte Restaurierung konnte die lebhafte Maserung des warmtonigen Seidenholzes intensiviert werden. Auch die schwarzen Konturen und roten und schwarzen Binnenzeichnungen der Marketerie treten verstärkt hervor.
Der Pultschreibtisch ist wohl identisch mit dem „Schreib-Tischgen", das die Markgräfin Caroline Luise von Baden-Durlach bei David Roentgen für die Ausstattung des Karlsruher Schlosses bestellte. Davids Vater, Abraham Roentgen, der es ausführte, avisierte den Versand in einem Schreiben vom 7. März 1769 (zitiert bei Himmelheber). Caroline Luise zählte zu den guten Kunden der Neuwieder Möbelwerkstatt. Die Beziehungen gingen sogar so weit, daß sie Davids jüngeren Bruder Ludwig, der gegen den Willen des Vaters Theologie studierte, zusammen mit Lavater unterstützte (s. Huth, Hans, Abraham und David Roentgen und ihre Neuwieder Möbelwerkstatt. Berlin 1928, S. 16). In den staatlichen Schlössern des badischen Landesteils und im Besitz des Markgrafen von Baden befinden sich mehrere vom badischen Fürstenhaus einst erworbene Möbel Roentgens. Heute läßt sich nicht mehr nachweisen, zu welchem Zeitpunkt der Pultschreibtisch aus dem Karlsruher Schloß nach der Favorite gebracht wurde. Er trägt einen älteren Inventarzettel und ist in einem 1893 aufgestellten Inventar dieses Schlosses aufgeführt. (Über die Transferierung von Möbeln innerhalb der badischen Schlösser im 19. Jh. s. Kat. Nr. D 13.)
David Roentgen galt schon zu Lebzeiten als der hervorragendste Möbeltischler seiner Zeit. Er übernahm im Jahre 1772, inoffiziell jedoch schon 1768, die Werkstatt seines Vaters Abraham, wobei sich David vor allem der geschäftlichen Belange annahm, während Abraham bis 1784 an leitender Stelle in der Werkstatt weiter arbeitete. Als Angehörige der Herrnhuter Brüdergemeinde und unter dem Schutz des Grafen Wied konnte sich die Werkstatt entwickeln, ohne den strengen Zunftbedingungen unterworfen zu sein. Ebenso konnten Handwerker anderer Sparten wie Mechaniker, Uhrmacher, etc. beschäftigt werden. Ohne diese günstigen Bedingungen wäre die Entwicklung der für Roentgen so charakteristischen mechanischen Vorrichtungen nicht möglich gewesen. Zahlreiche deutsche und selbst bedeutende europäische Höfe zählten zum Kundenkreis der Neuwieder Werkstatt.

Seidenholz mit Marketerien in verschiedenen Hölzern, Palisander, Zeder, Blindholz Eiche und Tanne, vergoldete Brone. H. 93,5 cm, B. 110 cm, T. 57,5 cm.

Literatur: Himmelheber, Georg, Beobachtungen an unbekannten Roentgen-Möbeln. In: JbStKsBW, Bd.

D 25

D 24

1, 1964, S. 217–219, Abb. 170. – Greber 1980, Bd. 1, S. 98, Bd. 2, Abb. 226–231.

Schloß Favorite bei Rastatt, Staatliche Liegenschaftsverwaltung, Inv. Nr. G 1681

D 25 □

Münzschrank

Südwestdeutsch, Karlsruhe (?), um 1770 – 1780

Im Besitz des Badischen Landesmuseums befinden sich zwei Münzschränke, die sich aus der ehemaligen Ausstattung des Schlosses erhalten haben. Die beiden formgleichen Stücke unterscheiden sich lediglich in der, allerdings schlecht erhaltenen Malerei der Felder des Oberschranks. Das tischartige Untergestell mit Schublade in der hohen Zarge weist noch die geschwungene Linienführung des Rokoko auf, während der rechteckige, separat aufgesetzte Oberschrank mit Zahnschnittfries dem Zopfstil verpflichtet ist. Hinter den beiden mit Chinoiserien in Lackmalerei verzierten Türen befinden sich zwei Reihen von jeweils 36 flachen, übereinander angeordneten Schüben für Münzen und Medaillen. Die beiden Möbel sollten einen Teil der Münzsammlung des Markgrafen Karl Friedrich aufnehmen. Laut Inventar standen sie zwar nicht im Schloß selbst, sondern in einem Nebengebäude, in dem u. a. das Naturalienkabinett, die Bibliothek und die Münzsammlung untergebracht waren.

Eiche und Tanne, dunkel gebeizt mit bunter Lackmalerei und Gold. H. 154,5 cm, B. 106 cm, T. 43 cm.

Karlsruhe, Badisches Landesmuseum, Inv. Nr. R 510

D 26 □

Tischchen

Jacob Kieser, Mannheim, um 1765/70

Der Tisch zeigt in seinem gesamten Habitus sehr große Ähnlichkeit mit Werken französischer Ebenisten aus dem Umkreis von Jean-François Oeben. Der Verlauf der Konturlinien, die leichte Wölbung der Flächen, die Schweifung sowie die Umrandung der Platte an drei Seiten mit einem oben überstehenden Messingstreifen sind von den Vorbildern ebenso übernommen wie die Ornamentik: helle Lanzettblätter auf dunklem Fond, die je nach Lichteinfall und Betrachtungswinkel wie Kreise oder stilisierte vierblättrige Blüten wirken, sowie die auf einem Volutensockel aufgebaute Militärtrophäe der Platte. Typisch ist auch die Aufteilung der Flächen in einzelne Felder durch Bänder und Adern. Man möchte annehmen, daß sich Kieser eine zeitlang in Paris aufhielt und vorwiegend in dem oben genannten Kreis verkehrte. Der Tisch ist handschriftlich bezeichnet: „Kieser Ebeniste de S.A.S. Elec Palatine fait toute sorte d'Ebenisteri à Mannheim". Kiesers Werkstatt läßt sich seit 1764 in Mannheim nachweisen. Nach mündlicher Auskunft des verstorbenen Dr. Gustav Jacob übersiedelte er mit dem Hof nach München, kehrte aber wieder nach Mannheim zurück. Das Tischchen gelangte vermutlich mit dem pfälzischen Erbe nach München.

Rosenholz, Königsholz, Amarant, Bux, Zitrone, Ahorn auf Eiche furniert, Messing. H. 73 cm, B. 64 cm, T. 40 cm.

Literatur: Feulner 1927, S. 310. – Kreisel 1970, S. 214, Abb. 622. – Heidelberg 1979, Kat. Nr. 359.

München, Bayer. Verwaltung der Staatl. Schlösser, Gärten und Seen, Inv. Nr. Res Mü 180

D 26

D 27

D 27 □

Aufsatzschränkchen

Pierre Antoine Foullet (Meister 1765, gest. 1785), Paris, 1770

Der hochrechteckige, an den Schmalseiten leicht vorgewölbte Möbelkörper auf niedrigen Beinen bietet ein charakteristisches Beispiel für den „Style transition", den Übergangsstil vom Rokoko zum Klassizismus. Vor allem die leicht geschweiften, in einem tiefen Knick eingezogenen, dann in die schräggestellten Stollen (seitliche Vertikalrahmen) einmündenden Beine zählen zu den typischen Merkmalen dieser Stilepoche, die um 1760–1770 anzusetzen ist. Die Motive des Beschlägs, wie das Friesband in Form eines laufenden Hundes, die Blattrahmung der hochovalen Medaillons an den Schmalseiten, die Bleche der Kanneluren, etc., sind dem antiken Ornamentrepertoire entlehnt. Der große Blütenkranz auf der Tür und die an einer Schleife aufgehängte Pastoraltrophäe, ein Arrangement bestehend aus verschiedenen Gartengeräten, zeigen jene realistische und logische Behandlung, die man im Rokoko vermißte. Figürliche Darstellungen, wie die galante Szene auf der Platte oder die Frau ein Kind tragend, und das Kind beim Angeln, in den Medaillons der Schmalseiten, nehmen mit der Abkehr vom Rokoko-Stil zu. Der kleinformatige Aufsatzschrank, ausgestattet mit Rolltür und Schublade in der Frieszone sowie offenem Aufsatz in der gesamten Breite des Möbels, gehört zur Kategorie der sog. „meubles en cas", jener leicht transportierbaren Möbel, die je nach Gebrauch Verwendung fanden. Er ist auf der Platte signiert „Foullet. 1770". Foullet, dessen Vater Pierre schon Ebenist war, verwendete als Dekorationsmotive mit Vorliebe figürliche Szenen sowie die hochovalen, von Blattgirlanden gerahmten Medaillons. Auch die Blumengirlanden gehören zu seinem üblichen Repertoire.

Rosenholz, Amarant, Satinholz, Palisander, Ahorn, etc. auf Eiche furniert, vergoldete Bronze. H. 119 cm, B. 57 cm, T. 35 cm. Schlagstempel Foullet.

Privatbesitz

D 28 □

Schreibschrank

Joseph Schmitz (Meister 1761, nachweisbar bis 1782), Paris, um 1770/1775

Der Schreibschrank mit zwei Türen im Unterbau, darüberliegender Klappe und Schublade in der Frieszone gehörte in Frankreich zu den beliebtesten Möbeltypen. Die abgeschrägten Stollen (senkrechte seitliche Rahmen) und die schräggestellten Beine verleihen dem Möbel eine gewisse Leichtigkeit. Die üppigen Blumenarrangements, ob in Gestalt von Sträußen oder als Strauß in einer antiken Vase, füllen die durch Bänder und dünne Adern abgegrenzten Felder. Beschläg ist nur sparsam verwendet. Im 18. Jh. wurde eine Fülle verschiedener Typen von Schreibmöbeln kreiert, die der Leidenschaft jener Zeit entgegenkam, seinen Gefühlen sowohl in flüchtigen Billets als auch in langen Briefen schriftlich Ausdruck zu verleihen. Das Innere des Schrankes ist mit mehreren kleinen Schubkästen und offenen Fächern ausgestattet. Neben einer Reihe weiterer französischer Möbel befindet sich im Sigmaringer Schloß noch eine Kommode des gleichen Ebenisten Schmitz. Wann diese Möbel nach Sigmaringen kamen, ist bislang archivalisch noch nicht erforscht. Vielleicht besteht ein Zusammenhang mit Amalie Zephyrine von Salm-Kyrburg (1760–1841), seit 1782 Gemahlin des Fürsten Anton Alois (1762–1831).

Rosenholz, Palisander, Ahorn auf Eiche furniert, vergoldete Bronze, graublauer Marmor. H. 134 cm, B. 73 cm, T. 38 cm. Schlagstempel J. Schmitz.

Sigmaringen, Fürstlich Hohenzollernsches Museum

D 29 □

Zylinderschreibtisch

F. J. Freirer, 1776

Der Schreibtisch ist dreigeschossig im Aufbau. Auf das Bureau plat, den eigentlichen Schreibtisch, mit jeweils zwei seitlichen und einer Mittelschublade, ist der mit einem einteiligen Zylinder verschlossene Aufsatz gestellt. Darüber befindet sich ein zweiter Aufbau mit erhöhtem mittlerem Kasten, den zwei Türen verschließen. Die seitlichen Verschlüsse bilden horizontal bewegliche Rolltüren. Die einzelnen Lamellen imitieren Buchrücken, so daß diese Jalousieverschlüsse Bücherregale vortäuschen. Auf den beiden Türen des erhöhten Mitteltrakts sind zwei Wappenschilde mit dem Allianzwappen Waldburg-Zeil und Hornstein-Weiterdingen eingelegt. Im Oval des Zylinderverschlusses ist eine Ansicht von Schloß Zeil dargestellt. Ein Zug von Reitern und Karossen zieht den Berg hinauf in Richtung Schloß. Die Schubladen des Schreibtischs zieren eine geometrische Marketerie. Das Möbel gehört dem sog. Transition-Stil an, dem Übergang vom Rokoko zum Zopfstil. Am Bureau plat herrschen noch geschweifte Linien und gebauchte Flächen vor, während Zylinder und Aufsatz den klaren Linien des neoklassizistischen Stils verpflichtet sind. Die Kanneluren an den Kanten des Aufsatzes und die beweglichen Ringgriffe an den Schubladen sind dem antiken Dekorationsrepertoire entnommen, während die Griffe am Zylinder noch dem Rokokostil entsprechend geschwungen sind. Der Zylinderschreibtisch wurde am Anfang der sechziger Jahre des 18. Jhs. in Paris entwickelt. Er bot dem Pultsekretär gegenüber den Vorteil der besseren und bequemeren Nutzung. Bei den frühen Exemplaren besteht der Zylinder aus einzelnen, horizontal angeordneten, auf einer starken Leinwand befestigten Lamellen, die sich beim Öffnen um eine im Gehäuse untergebrachte Metallwalze aufrollen. Beim etwas später entworfenen einteiligen Zylinder in Form eines Viertelkreises, schiebt sich dieser beim Öffnen in die Rückwand des Aufsatzes ein (beschrieben und dargestellt bei Roubo, L'art du Menuisier, 4 Bde. Paris 1769–1774, Bd. 3, S. 172/30, Abb. 262). Der Zylinderschreibtisch zählte zu den zahllosen Varianten an Schreibmöbeln, die im Laufe des 18. Jhs. kreiert wurden. Der Schreibtisch ist im Innern signiert und datiert „17 F. J. Freirer 76".

Nußbaum, Ahorn, Obsthölzer und Zinn auf Tanne und Eiche furniert. Beschläg, vergoldete Bronze. H. 154 cm, B. 120 cm, T. 65 cm.

Literatur: Kreisel 1970, S. 316, Abb. 1076.

Privatbesitz

D 30 □

Toilettentisch

Aus dem Toilettenkabinett der Kurfürstin Elisabeth Augusta im Schwetzinger Schloß
Kurpfalz, Mannheim (?), um 1775–80

Der rechteckige Kasten mit leicht hochgezogenem Mittelteil zum bequemeren Sitzen ruht auf vier nach unten sich verjüngenden Vierkantbeinen. Im Tisch sind untergebracht ein ausziehbares Schreibbrett, drei Schubladen sowie zwei von oben zugängliche Fächer, die an der Vorderfront durch die Marketerie jedoch wie vorgetäuschte Schubladen erscheinen. Von der dreiteiligen Platte lassen sich die äußeren Flügel nach der Seite klappen; der mittlere, an dem sich ursprünglich ein Spiegel befand, läßt sich hochstellen. Die Fächer, in denen ehedem Flacons, Toilettengegenstände und Schreibzeug untergebracht waren, sind durch zusätzliche, nach hinten klappbare Deckel verschlossen. Eine geometrische Dekoration in verschiedenen, z. T. grün getönten Hölzern unterstreicht die schlichte kubische Form. Eine vor kurzem durchgeführte Restaurierung brachte die lebhafte Maserung und die warmen Töne des Holzes wieder voll zur Geltung.
Aufgrund der ausgewogenen Proportionen und des harmonischen Erscheinungsbildes galt das Möbel lange Zeit als französische Arbeit. Nachdem in der nahen Vergangenheit Möbel vom kurpfälzischen Hof zusammengeführt wurden und die

D 28

D 29

Produktion umfassender bekannt wird, zeigt sich, daß einige in der Kurpfalz tätige Werkstätten, vor allem die des Jakob Kieser, die französischen Vorbilder ausgezeichnet erfaßt haben (s. Kat. Nr. D 26). Außerdem läßt sich eine eindeutige Vorliebe für geometrische Muster, die Einteilung in Felder, häufig versehen mit Füllungen aus Wurzelholz, sowie die Rahmung und Gliederung durch Bänder und Adern erkennen.
Der Toilettentisch gehört zur Gattung der „Toilette de campagne", der Reisetoilette. Der eigentliche Toilettentisch im Schlafzimmer der fürstlichen Dame war ein einfaches Holzgestell mit reicher Stoffverkleidung, wobei das Material sehr kostbar sein konnte. Darauf war die Toilettengarnitur aufgebaut. Der Reisetoilettentisch fand später seinen festen Platz im Toilettenkabinett.

Nußbaum, z. T. grün gefärbt, und Rosenholz auf Eiche und Tanne furniert. H. 75 cm, B. 83,5 cm, T. 48 cm.

Literatur: KDM. Baden, X, 2, Stadt Schwetzingen, 1933, S. 81. – Fuchs 1975, S. 263, 267, 275, 278. – Heidelberg 1979, Nr. 89.

Schwetzingen, Schloß, Staatliche Liegenschaftsverwaltung, Inv. Nr. G 1458

D 31 □

Schreibtisch

Etienne Levasseur (1721–1798), Paris, um 1780/85

Das vor kurzem restaurierte Bureau plat (Schreibtisch) besticht durch seine Eleganz. Die Linienführung der schlanken konischen und kannelierten Beine sowie die schmale Zarge sind auf wenige geometrische Formen reduziert. Dazu kontrastiert der reiche Dekor goldener Lackmalerei auf schwarzem Grund. Die Lackpanneaux sind französische und nicht fernöstliche Arbeit. Griffe in Form aufgehängter Draperien, hochrechteckige Rosetten und Blattstäbe als Rahmung der drei Schubladen akzentuieren die Farbkombination Schwarz-Gold. Auf dem Schreibtisch entdeckte man unlängst die Signatur „E. Levasseur". Außerdem trägt er den Kontrollstempel der Pariser Schreinerzunft „JME" (Jurés Menuisiers Ebénistes).
Etienne Levasseur, einer der führenden Ebenisten der Louis XVI-Zeit, war 1767 in die Zunft aufgenommen worden. Er arbeitete für die französische Krone und lieferte u.a. für Mesdames de France, die Tanten Ludwigs XVI., Lackmöbel nach Schloß Bellevue. Neben solchen hatte sich Levasseur auch auf die Reparatur und Neuanfertigung von Kabinetten und Kommoden in Boulle-Technik (Kat. Nr. D 2) spezialisiert. Im Ludwigsburger Schloß befindet sich eine Wandkonsole in Holzmarketerie des gleichen Ebenisten, die sich ebenfalls durch Sparsamkeit in der Linienführung auszeichnet (publiziert bei Stratmann, 1979). Von diesen beiden Stücken ist das Ankaufsdatum

D 30

D 31

nicht bekannt. Doch notiert die Gräfin Franziska von Hohenheim am 2. 8. 1782 in ihrem Tagebuch: „... nach dissem besahe man ... auch die Mebels, die von Baris gekomen sein" und am 10. 8. 1782 „... stig man im neihen schloß ab, und besahe die Möbels, die wieder von Baris gekomen sein". (A. Osterberg, Tagebuch der Gräfin Franziska von Hohenheim, späteren Herzogin von Württemberg, Stuttgart 1913, S. 170/171). Natürlich wäre es zu gewagt, die Louis XVI-Möbel des Stuttgarter Schlosses definitiv mit diesen Notizen in Verbindung zu bringen. Bei den Reisen nach Paris in den Jahren 1787 und 1791 suchte das herzogliche Paar ebenfalls ein „Meublemagazin" auf und tätigte Einkäufe (Herzog Carl Eugen von Wirttemberg, Tagebücher seiner Rayßen, Tübingen 1968, S. 299, S. 384f., S. 388). Paris war im ganzen 18. Jh. Zentrum der Mode und des guten Geschmacks, und für eine modebewußte fürstliche Hofhaltung in Deutschland war es unerläßlich, französische Möbel in ihrer Ausstattung zu besitzen.

Eiche, Ebenholz, Lackmalerei, vergoldete Bronze, grüner Samt (neu). H. 75 cm, B. 146 cm, T. 74 cm.

Ludwigsburg, Schloß, Staatliche Liegenschaftsverwaltung, Inv. Nr. SCH.L. 4394

II. BÜRGERLICHER BEREICH

D 32 □

Schrank

Ulm, Ende 17. Jahrhundert

Dem klaren, kubischen Möbelkorpus – auf dem Boden aufsitzender Sockel mit zwei Schubladen, zweitüriges Mittelteil und Kranzgesims – ist ein reicher Dekor aufgelegt: Auf den Türen sind es aufgedoppelte Felder, unten achteckig, oben hochrechteckig, an der Oberseite spitz hochgezogen. Beide rahmen üppige Fruchtgehänge und Akanthuslaub. Die Aufdoppelungen sind gewöhnlich hohl und mittels Leisten aufgebaut, da sonst die Türen zu schwer würden. Drei gedrehte Säulen auf hohen Sockeln schaffen eine vertikale Gliederung. Sie stehen vor hohen Nischen mit oberem Abschluß in Muschelform. Ein reicher, plastisch geschnitzter, durchbrochener Aufsatz von symmetrisch angeordneten Akanthusranken bekrönt den Schrank. Alle Felder sind mit Flammleisten gerahmt (s. Kat. Nr. D 36). Wohl durchdacht sind die breiten Rahmungen, von denen die unteren konkav gekehlt, die oberen konvex gewölbt sind. In diesen Kehlungen und Rundungen fängt sich das Licht, ebenso bricht es sich auf den zahllosen Buckeln der Flammleisten und spielt in den gewundenen Säulen. Diese Lichtreflexe sowie die Bewegtheit und der starke plastische Aufbau der Fassaden kommt der barocken Sinnesfreude entgegen. Eine Steigerung wird durch die reiche Maserung des Holzes erreicht. Ulmer Schränke zeichnen sich durch reiches Dekor und plastische Formen aus. Der durchbrochene Aufsatz ist ebenso ein typisches Element.

Nußbaum und Ahorn auf Fichte furniert und geschnitzt, Säulen Birnbaum, graviertes Eisen. H. 240 cm, B. 177 cm, T. 71 cm.

Literatur: Meister/Jedding 1958, Nr. 218.

Ulm, Ulmer Museum, Inv. Nr. A.B.

D 33

Schrank

Hällisch, 1694

Das kubische Kastenmöbel, dessen Sokkel, mit zwei Schubladen versehen, direkt auf dem Boden ruht, hat einen hohen doppeltürigen Korpus und ein ausladendes niedriges Kranzgesims. Er stellt einen Typus dar, der im bäuerlichen Bereich bis ins 19. Jh. hinein weiterlebte. Die flache gesägte Ornamentik dagegen geht auf Stilelemente des höfischen Möbels des Manierismus und Frühbarock (Ende 16. Jh./Mitte 17. Jh.) zurück. Auch die an den Ecken und an der Schlagleiste (Stelle, an der beide Türen aufeinandertreffen und anschlagen) aufgelegten nach unten sich verjüngenden Pilaster, die mit einem geschnitzten Schuppenband verziert sind, und die Felder bildenden Profilrahmungen sind recht flach. Dieses Stilelement eignet eigentlich zeitlich früher anzusetzenden Möbeln. Doch heben sich diese Pilaster durch ihre dunkelbraune Farbe vom rötlichbraunen Ton des Fonds und der gesägten Ornamente ab. Es finden Ornamentformen verschiedener Stilphasen Verwendung wie Knorpelwerk mit Fratzen (das sind jene teigig auslaufenden, von Italien übernommenen Ornamente) und Beschlagwerk, das, wie der Name besagt, an Eisenbeschläg erinnert. Die auf dem Gesims angebrachte Jahreszahl 1694 ist ornamental behandelt und nicht auf den ersten Blick erkennbar. An den Schmalseiten sind durch Profilleisten hochrechteckige, oben und unten spitz zulaufende Felder angedeutet, eine Form, die sich am Bauernmöbel noch bis

Schwäbisch Hall, Keckenburg Museum, Inv. Nr. 810

D 34 □

Armlehnsessel

Süddeutsch (?), um 1700

Vorderbeine, Zwischenbrett und innerer Rahmen der Lehne sind geschnitzt, Hinterbeine, Zwischenstege und Lehnenpfosten gedrechselt. Die Schnitzereien bestehen weitgehend aus stilisiertem Akanthuslaub, das sich an der Lehne um einen zu Voluten geschwungenen Bandrahmen legt. In dem bekrönenden Volutengiebel der Lehne ist eine Öffnung zum Tragen des Sessels ausgespart. Die Sitzfläche ist gerade; Sitz und Lehne sind mit Rohrgeflecht versehen. Die hohe steife Lehne ist typisch für Armlehnsessel des ausgehenden 17. und beginnenden 18. Jhs. Auch die Verbindung von gedrechselten und geschnitzten Teilen findet sich häufig. Rohrgeflecht war zur Bespannung von Sitzmöbeln sehr beliebt. Häufig wurden zusätzlich lose Kissen auf die Sitzfläche gelegt. In der ersten Hälfte des 17. Jhs.

D 32

weit ins 19. Jh. auch in Schwäbisch Hall verfolgen läßt. Der Schrank ist somit ein gutes Beispiel für Übernahmen und Weiterleben stilistischer und formaler Elemente. Er zeigt, daß das bürgerliche Möbel im allgemeinen weitaus konservativer ist und länger einzelne Form- und Dekorationselemente beibehält als das höfische; gleichzeitig wird aber deutlich, wie sehr das bürgerliche Möbel seinerseits auf das bäuerliche beeinflussend wirkte. Im Keckenburg Museum befindet sich ein zweiter, sehr ähnlicher, 1695 datierter Schrank, der sicherlich aus der gleichen Hällischen Werkstatt stammt.

Tanne, Ornamente Nußbaum und Eiche, Eisenbeschläg, graviert. H. 214 cm, B. 198 cm, T. 63,5 cm.

D 34

begann man in Holland, solches Rohr, aus Asien importiertes und zur Verarbeitung gespaltenes Schilf, für Sitzbespannungen zu verwenden. Zuvor benutzte man Binsen.

Nußbaum und Birnbaum, geschnitzt, Rohrgeflecht. H. 133 cm, B. 66 cm, T. 53 cm.

Ulm, Ulmer Museum, Inv. Nr. A.B

D 35

Brettstuhl

Aus einem Kloster in Weil der Stadt

Württembergisch, 1. Viertel 18. Jahrhundert

Brettstühle gehören zu den ältesten Sitzmöbeln, es sind Schemel mit Lehnen. Die Beine sind schräggestellt und in die Sitzfläche verzapft, im vorliegenden Fall in parallel zur Sitztiefe an der Unterseite angebrachte Gratleisten. Bei Belastung spreizen sich die schräggestellten Beine auseinander, was die Standfestigkeit erhöht. In die Rückseite der Sitzfläche ist die Lehne eingestemmt. Das hier gezeigte Exemplar geht über den einfachen Brettstuhl hinaus: die Beine sind gedrechselt, die Lehne reich geschnitzt. Zwei sich umarmende Putten, deren Unterkörper in Akanthusranken enden, umgeben das Griffloch.

Eiche. H. 90 cm, B. 38 cm, Sitztiefe 41 cm.

Stuttgart, Württembergisches Landesmuseum, Inv. Nr. 1435 b

D 36

D 37

D 36 □

Wiege mit Ständer

Esslingen (?), um 1700–1720

Die Wiege mit Kufen hängt in einem hohen Tragegestell aus gesägten und ausgeschnittenen Brettern mit Tragegriffen und Ablagebrett für Windeln, das gleichzeitig als Querverstrebung dient. Aufgelegte Flammleisten bilden an den Seitenwangen sowie am Kopf- und Fußende der Wiege eine Feldergliederung. Nachdem am Anfang des 17. Jhs. – ausgehend von der von dem Nürnberger Mechaniker und Tischler Leonhard Danner (gest. 1585) erfundenen Drahtziehbank – eine sog. Wellenziehbank entwickelt worden war, wurden diese in kurzen Wellen ge-

D 38

schweiften Leisten zu einem überaus beliebten Dekorationsmotiv. Die zahllosen kleinen, das Licht reflektierenden Buckel entsprachen dem barocken Bedürfnis nach Belebung der Oberfläche. Einzige plastische Dekorationen sind an Kopf- und Fußende das Zeichen Christi IHS, darüber ein Kreuz, sowie ein Davidstern. An den seitlichen Knäufen befestigte man die Wiegenbänder, mit denen sich die aufgehängte Wiege leicht bewegen läßt, und die, überkreuzt geschnürt, das Bettzeug festhielten. Bei Tag stand die Wiege wohl zumeist am Boden; hochgestellt bot sie einen Schutz gegen Ungeziefer für den Säugling und war in der Nacht für die Mutter vom Bett aus leichter zu erreichen.

Eiche, geschnitzt. H. 126 cm, B. 112,5 cm, T. 70 cm.

Esslingen, Stadtmuseum, Inv. Nr. IV K 46

D 37 □

Schreibschrank

Werkstatt des Isaak Roos (1684–1757) (?), Kirchheim u. Teck, 2. Viertel 18. Jahrhundert

Der „Papageienschrank", genannt nach dem Dekor, ist ein charakteristisches Behältnismöbel im Herzogtum Württemberg, das im bürgerlichen Haushalt, im Schloß des Adels sowie im höfischen Bereich Verwendung fand. Fleischhauer meint, „daß es außer den Schreibschränken zum mindesten im sparsamen Bürgertum kaum andere Möbel gegeben hat, denen man eine kostbare Ausführung zugebilligt hätte … Die oft farbige Auszierung … ist immer gediegen und säuberlich, doch im Entwurf wie im einzelnen trocken und phantasiearm. Das Schreinerhandwerk wehrte sich bis tief in das achtzehnte Jahrhundert gegen die modischen Formen". Auch „die Besteller wollten, wie es scheint, keine Neuerungen". Die bekannten Exemplare des Typus sind alle nach dem gleichen Schema konstruiert: Zur Mitte hin eckig eingezogener Kommodenunterbau, seitlich lappig vorgeschwungene Platte, schräge Klappe, Oberschrank in Tabernakelform, d.h. Mitteltür umgeben von kleinen Schubladen, Oberkante waagerecht verlaufend. Den Dekor bilden Vögel, insbesondere Papageien in verschiedenen Posen, bisweilen auf Grassockel, und Blumen, vor allem die damals äußerst kostbaren Tulpen, z.T. auf Wurzelholzgrund. Alle Felder werden durch helle Adern gerahmt. Hier sitzt auf der Tür ein besonders großer Papagei, die Platte schmückt eine Blumenvase mit üppigem Strauß. Die Schattierungen der einzelnen Furnierhölzer entstehen durch Brennen in heißem Sand oder Eintauchen in siedendes Öl. Beide Verfahren verlangten Umsicht und lange Übung. Der Aufbau des kubischen Möbels ist übersichtlich, die schwarz gebeizten Leisten ergeben eine klare horizontale Gliederung. Zentren der Möbelherstellung im Herzogtum Württemberg waren die Städte Stuttgart und Kircheim u. Teck, wo sich zahlreiche, auch für den Hof arbeitende Schreiner niedergelassen hatten. Vermutlich entstand der Schrank in der Werkstatt des Isaak Roos, von dem mehrere Papageienschränke bekannt sind. Ein ähnliches Stück befindet sich in Schloß Zeitlofs in Unterfranken (abgebildet bei Schmitz 1923, S. 204).

Nußbaum z.T. gefärbt, Ahorn, Zwetschge auf Tanne furniert. H. 158 cm, B. 112 cm, T. 76,5 cm.

Literatur: Fleischhauer 1958, S. 287–289. – Uto Auktionen, Luzern 1977, S. 168, Nr. 681, Abb. S. 169. – JbStKsBW 1978, S. 256, Abb. 50.

Stuttgart, Württembergisches Landesmuseum, Inv. Nr. 1977/106

D 38 □

Modell eines Schranks

Christoph Gottfried Rößler, Geislingen/Steige, Mitte 18. Jahrhundert

Vielleicht handelt es sich bei dem kleinen Schrank um ein Schmuckkästchen. Der zweitürige, nach unten ausschwingende Korpus sitzt auf einem gebauchten, von vier Volutenbeinen getragenen Sockel. In den abgestuften, mehrfach geschweiften Aufsatz ragt vorn das in der Mitte hochgezogene Gesimsteil hinein. Hinter den Türen sind um ein großes offenes Fach zahlreiche größere und kleinere Schubladen angeordnet. Neben der eigenwilligen Form bildet vor allem die Bemalung den Reiz des Möbels. Auf blauem Fond heben sich in frischen, bunten Farben die Darstellungen ab. Auf den Schmalseiten und den Außenseiten der Türen sind es stehende Damen und Kavaliere in einer Landschaftsstaffage, an den Türinnenseiten links eine sitzende, Laute spielende Dame, rechts ein Flöte blasender Kavalier. Schuppen- und Gittermuster, sog. Treillagen, und Blattwerk in Gold überziehen Sockel und Aufsatz. In den abgeschrägten, nach oben sich verjüngenden Kanten sind geschickt bekränzte Pyramiden eingefügt. Unten angelehnt stehen hochovale Medaillons mit Wappen, links derer von Neubronner und rechts von Schaden von Mittelbiberach. Die Wappen beziehen sich auf Franz Daniel von Neubronner, Patrizier in Ulm (1700–1766) und Veronika Regina von Schad von Mittelbiberach (1701–1770); Eheschließung 12. 10. 1723. (Freundliche Auskunft Dr. Treu). Der Autor der reiz-

D 40

D 39

vollen Malereien ist nicht bekannt. Solche galante Szenen erfreuten sich im Rokoko großer Beliebtheit.

Linde, bunt bemalt. H. 62,5 cm, B. 53 cm, T. 22 cm.

Literatur: Kreisel 1970, S. 315, Abb. 1075.

Ulm, Ulmer Museum, Inv. Nr. G.M. 240

D 39 □

Modell eines Schreibschranks

Johannes Glaser (1741–1828), Leonberg, 1775

Kleine Modellmöbel entsprachen bis ins Detail den großformatigen. Bisweilen bildet die Vorderfront nur eine Blendfassade, in den meisten Fällen sind aber die Türen und Laden benutzbar. Auch bei unserem Schreibmöbel läßt sich die Schreibklappe öffnen und birgt ein offenes Mittelfach und seitlich jeweils eine Lade. Auch die Schubladen des Kommodenunterteils sind zu öffnen und sogar mit eigenen Schlüssellöchern versehen. Der Aufsatz mit Mitteltür, flankiert von seitlichen Schubläden, ist dem Typus nach ein sog. Tabernakelschrank. Der in der Mitte hochgezogene Aufsatz bildet eine offene Nische. Auf der Vorderfront ist sogar eine, wenn auch sparsame Dekoration angebracht: dünne Zinnadern, die Felder bilden, und stilisierte Rocaillen- und Blattornamente. Kleinmöbel dienten gewöhnlich als Modelle für Großausführungen oder als Spielmöbel. Eine besonders interessante Bestimmung hatte unser kleiner Schreibschrank. Er wurde als Andenkenmöbel geschaffen, wie die Inschrift auf der Rückseite bezeugt: „Ich Johannes Glaser, Schreinermeister dahier verehre dem Herrn Eberhard Friedr. Bürk zum Angedenken dieses Schreibtischlen. Leonberg, den 1. Januar 1776". Die senkrechte Akzentuierung des unteren Schubladentraktes ist etwas altertümlich, doch sind bürgerliche Möbel häufig etwas konservativ gegenüber den höfischen. Das Möbelchen stammt aus dem Nachlaß des bekannten Ingenieurs und Schriftstellers Max von Eyth, geboren in Kirchheim unter Teck. Die Daten des Schreiners Johannes Glaser erforschte freundlicherweise Herr Kreisarchivar Prantl, Böblingen.

Nußbaum auf Tanne furniert, Ahorn, Zinn. H. 65 cm, B. 36 cm, T. 20 cm.

Kirchheim unter Teck, Stadtmuseum, Inv. Nr. 6122

D 41

D 40 □

Kanapee

Aus der Benediktinerabtei St. Blasien

Südwestdeutsch, Mitte 18. Jahrhundert

Das dreisitzige Möbel ruht auf fünf geschweiften, an den Knien mit Rocaillen reich geschnitzten Beinen. Die in Tatzen endenden Füße umklammern Kugeln in der Art der in England so beliebten sog. „claw and ball feet" (Klauen- und Ball-Füße). Die Zarge ist verhältnismäßig schmal, doch durchgehend mit gegenläufig angeordneten Rocaillen geschnitzt. Das behäbig wirkende Kanapee mit hoher, mehrfach geschweifter und zur Mitte hin hochgezogener Rücklehne besitzt die Eigentümlichkeit, daß die Außenseiten der ausladenden Armlehnen massive Holzflächen aufweisen, die Innenseiten jedoch gepolstert sind. Auf diesen Außenwänden bilden in Flachschnitzerei gegenläufig geschwungene und in Blattwerk endende Rocaillen viereckige Felder. Die Polsterung des Kanapees zeigt die alte Art einer relativ flachen Auflage von Roßhaar und Wolle, darauf liegen lose, mit Federn gefüllte Sitzkissen. In seinem Gesamthabitus wirkt das Möbel etwas schwerfällig im Vergleich zu zeitgenössischen höfischen Stücken.

Eiche geschnitzt, braun gebeizt. Damastbezug erneuert. H. 117 cm, B. 202 cm, T. 80 cm.

Literatur: Kreisel 1970, S. 207, Abb. 583. – Freiburg 1978, S. 141.

Freiburg, Augustiner-Museum Freiburg, Inv. Nr. 1258/5

D 41 □

Sessel und Stuhl

Oberrhein, um 1780/85

In der eleganten Form der Sitzmöbel zeigt sich die Nähe zu Frankreich. Der Sitz ist gerundet, und an der Vorderseite zusätzlich leicht nach vorn geschwungen. Dagegen ist die Lehne dem Rücken folgend etwas konkav eingezogen, der obere Traversrahmen hochgeschwungen. An allen architektonisch bedeutsamen Stellen, wie über den kannelierten konischen Beinen, in der Zargenmitte sowie oben und unten an den seitlichen Pfosten der Rücklehne, sitzen Würfel mit geschnitzten Rosetten. Der obere Traversrahmen ist mit Lorbeergirlanden verziert. Die ausladenden Armstützen vermitteln den Eindruck von Bequemlichkeit. Nur die Sitzflächen sind gepolstert, die Rücklehnen mit Rohrgeflecht versehen. Zu dem Ensemble gehören eine dreisitzige Bank, ein zweiter Armsessel und ein zweiter Stuhl. Sitzmöbel mit Rohrgeflecht waren im bürgerlichen Haushalt, ja sogar in der Ausstattung fürstlicher Privaträume sehr beliebt. Ein bedeutendes Herstellungszentrum war im 18. Jh. Straßburg. Doch gab es in jeder Stadt Stuhlmacher, die solche Möbel fertigen konnten. Die Garnitur stammt aus dem Besitz der Familie des bekannten Juristen und Universitätsprofessors Karl von Rotteck (1775–1840). Es ist ein Glücksfall, daß sich eine komplette Garnitur aus bürgerlichem Milieu jener Zeit erhalten hat.

D 41

Nußbaum, dunkel gebeizt, Bezug erneuert.
Sessel H. 90 cm, B. 60 cm, Sitztiefe 51 cm.
Stuhl H. 90 cm, B. 48 cm, Sitztiefe 53 cm.

Literatur: Freiburg 1978, S. 145.

Freiburg, Augustiner-Museum, Inv. Nr. K 62/4 a, K 62/3 c

III. KIRCHLICHER BEREICH

D 42

Notenpult

Südwestdeutsch, um 1705

Je drei größere und kleinere Voluten bilden Stütze und Auflage des Pultes. Die unteren ruhen auf der dreieckigen Fußplatte, die oberen halten eine Ablageplatte, über der, getrennt durch einen kurzen Stab, das zweiseitige Notenpult aufsitzt. Die Ornamente, Akanthuslaub, Lorbeergehänge etc., gehören dem klassischen Formenrepertoire an und fanden zwei Generationen später im Zopfstil wieder Verwendung. Der ausführende Künstler ist nicht bekannt, doch war es ein für die Kirche tätiger Schreiner. Von seiner Hand stammen auch sechs in die Wand eingebaute Beichtstühle.

Eiche, geschnitzt. H. 166 cm, B. 70 cm, T. 77 cm.

Literatur: Strittmatter, Walter, St. Landelin, Ettenheimmünster, Kunstführer 1978 mit Abb.

Ettenheimmünster, kath. Pfarrkirche St. Landelin

D 43 □

Beichtstuhl

Mimmenhausen, Werkstatt Joseph Anton Feuchtmayer, um 1738

Aus den Archivalien geht hervor, daß Feuchtmayer am 21. Oktober 1738 „wegen den 6 Beichstillen im Münster (zu Salem) a 50 f jeden" bezahlt wurde. Die relativ flachen Beichtstühle, von denen jeweils drei im nördlichen und südlichen Seitenschiff aufgestellt wurden, ragen mit ihrer Bekrönung in die Fensterzone hinein. Heute sind vier mit Büsten bekrönt, zwei mit Vasen. Ob dies der originalen Anlage entspricht, läßt sich nicht mehr sagen. Außer der Bekrönung ziert reicher plastischer Schmuck die obere Zone des dreiteiligen, zunächst konkav, zur Mitte hin, dann konvex vorgeschwungenen Beichtstuhls. Engelhermen und -köpfe akzentuieren die stark verkröpften vertikalen Stützen, Muscheln und Rocaillen die geschwungenen Arkaden. Im Gegensatz dazu steht der zarte, flache Rankendekor mit C-Schwüngen auf der Halbtür. Die Rückwand der drei Kompartimente ist mit Figuren und Spruchbändern bemalt, die sich auf das Sakrament der Beichte beziehen, wie es in der Zeit üblich war. Links ist in einem geschweiften Hochoval David in Königsornat mit Hermelinmantel und Krone dargestellt, vor ihm liegen ein Totenschädel und Knochen. Das Spruchband trägt die Inschrift: „Erbarme dich meiner o Gott! psal: 50.VI". Rechts steht unter dem mit Christus gekreuzigten reuigen Schächer, der sein Kreuz hält: „Herr gedencke an mich. lu: C.23.V.42". In der Mitte schwebt in einer Strahlenglorie das Dreieck mit dem Auge Gottes. Die Inschrift darunter lautet: „Dir werden Deine Sünden vergeben werden. Matth. 9.5". Boeck charakterisierte die Beichtstühle als hart und trocken im figürlichen Schmuck. Lebendiger und üppiger im Dekor sind vergleichbare Werke, die Feuchtmayer später für die Klosterkirche St. Gallen schuf. Bei Sauer (Das Werk Joseph Anton Faichtmayers. Ein Überblick. In: Oberrheinische Kunst, Bd. 6, 1934, S. 201–255) ist einer der sechs Beichtstühle, der sich allerdings von dem hier präsentierten etwas unterscheidet, abgebildet (Abb. Nr. 29, S. 241). Zur

D 43

Biographie Feuchtmayers s. vor Kat. Nr. B 34.
Der Beichtstuhl existiert erst seit dem Konzil von Trient im Jahre 1551. Seine kanonische Form mit dreiteiligem, nach vorn offenem Gehäuse entwickelte sich recht bald.

Nußbaum geschnitzt, Tanne, Bemalung. H. 279 cm, B. 250 cm, T. ca. 80 cm.

Literatur: Klein 1927, S. 84. – Boeck 1948, S. 275. – RDK, Bd. 2, 1948, Artikel „Beichtstühle", Sp. 183–199. – Zinsmaier 1950, S. 168. – Boeck 1963, S. 11 und 18. – Ast 1976, S. 104.

Salem, Markgräfl. Bad. Museen

TEXTILIEN

Eva Zimmermann

E 1a–f □

Teile eines roten geistlichen Ornats

Aus dem Besitz des Speyrer Fürstbischofs Franz Christoph von Hutten stammend

Seidenbrokat: Frankreich, um 1735–1745. Gestickte Wappen: nach dem 14. November 1743 entstanden

Die verschiedenen Zeiten und Feste im Ablauf des Kirchenjahres werden in der römisch-katholischen Kirche durch die liturgischen Farben Weiß, Rot, Violett, Grün und Schwarz gekennzeichnet. Diese Farben gelten für solche liturgischen Gewänder und Textilien, die in der Regel aus Seide gefertigt sind, nämlich für Kasel, Dalmatika, Tunicella, Rauchmantel, Stola, Manipel und Kelchvelum, die bischöflichen Handschuhe, Schuhe (s. Kat. Nr. E 3a–b) und Strümpfe. Eine solche Garnitur, Ornat genannt, benötigte man deshalb in den fünf liturgischen Farben. Bei der Verwendung gemusterter Stoffe ist jeweils die vorherrschende Farbe entscheidend; in der Regel ist das diejenige des Stoffgrundes. Der Gebrauch der liturgischen Farben hat erst im Laufe der Kirchengeschichte feste Formen angenommen. Für die uns hier interessierende Zeit, das 18. Jahrhundert, gilt die Regelung des Missale Romanum von 1570. Danach ist Weiß die am häufigsten gebrauchte Farbe (s. Kat. Nr. E 2a–f). Sie wird vor allem verwendet für die Feste des Herrn (am Karfreitag jedoch die Farbe Schwarz), Feste Mariens, der Bekenner und der weiblichen Heiligen, welche keine Märtyrer sind. Rot wird vor allem verwendet für Pfingsten und Märtyrerfeste.

a) Die Kasel ist das Obergewand des Priesters bei der Messe und wird deshalb auch als Meßgewand bezeichnet. Der Brokat zeigt auf dunkelrotem Grund ein spiegelbildlich symmetrisches Muster in leuchtenden Farben sowie in Silber und Gold: in der Mittelachse als Hauptmotiv ein Granatapfel in einer Vase, darüber Vergißmeinnicht; in versetzter Reihe darüber, durch die Webekante halbiert, eine große Blumenstaude mit zwei aufwachsenden Zweigen und einem nach unten hängenden Blütenmotiv. Aufgenähte Silberborten unterteilen die Kasel in drei Bahnen und bilden den Randbesatz. Über dem rückwärtigen unteren Saum sind die für sich gestickten Wappen des Fürstbischofs Franz Christoph von Hutten aufgenäht. Die sehr plastisch wiedergegebenen großen Blumen und die leuchtende Farbigkeit weisen auf den Stil des Lyoner Musterzeichners Jean Revel hin, der um 1730–1740 in Mode war. Revel hatte durch die Einführung der „points rentrés" (= ineinandergreifender Zierschüsse) die Seidenweberei zur Wiedergabe von Abschattierungen und damit von plastischen Effekten fähig gemacht. Die an der Kasel angebrachten Hutten'schen Wappen deuten darauf hin, daß der Ornat erst nach der Wahl Huttens zum Fürstbischof am 14. November 1743 angefertigt worden ist; doch kann der kostbare Stoff selbst früher entstanden sein.

Seidenbrokat: Grund in dunkelrotem Kettatlas, Muster einbroschiert in vierbindigem Rechtsgratschußköper mit Seidenschuß in Rosa, Blau, Violett, Grün, Gelbgrün, jeweils mit Abschattierungen und zweierlei Metallfäden, Goldlahn (S) um gelbliche Seidenseele und Silberlahn (S) gelockt um weiße Seidenseele. Rapporthöhe 66 cm, Rapportbreite 53 cm, Webebreite ca. 54 cm. Zur Silberborte sind breite Lahnstreifen und Silberlahn (S) um weiße Seidenseele verwendet. Modernes grünes Atlasfutter (bei allen Teilen des Ornats). Die Stickerei des Wappens in Anlege- und Sprengtechnik mit Goldlahn (S) um helle Seidenseele, Silberlahn (S) um weiße Seidenseele, Goldkordel, Z-gezwirnter rosafarbener und hellblauer Seide, schwarzer Seide und Pailletten. L. in der Mitte des Rückens 108,5 cm, größte B. 73 cm.

b) Die Dalmatika wird im 18. Jahrhundert von Diakon und Subdiakon vor allem beim feierlichen Hochamt als Obergewand getragen. Daher gehört zu diesem roten Ornat noch eine zweite Dalmatika. Silberborten unterteilen Vorder- und Rückseite in drei Bahnen, gliedern die Ärmel und bilden den Randbesatz.

Seidenbrokat s. Kasel a). L. in der Mitte des Rükkens 105 cm, größte B. 135,5 cm.

c) Der Rauchmantel, auch Chormantel oder Pluviale genannt, ist das liturgische Obergewand des Priesters und Bischofs bei Prozessionen, feierlichem sakramentalem Segen und ähnlichen Funktionen. Durch Silberbortenbesatz wird, wie üblich, ein stabartiger Streifen an dem geraden Rand des halbkreisförmig geschnittenen Mantels eingegrenzt. Silberbortenbesatz an den Rändern, auch des Rauchmantelschildes; am Hals und am geraden Rand erneuert. Schließe aus Silber mit Gravierung.

Seidenbrokat s. a). L. in der Mitte des Rückens 146 cm.

d) und e). Das Manipel wird von Priester, Diakon und Subdiakon während der Messe am linken Arm getragen. Die Stola ähnelt dem Manipel in ihrer Form, ist aber wesentlich länger. Sie wird im liturgischen Gebrauch von Priester, Diakon und Bischof auf unterschiedliche Weise getragen. An ihren Enden und in der Mitte erscheint jeweils das Kreuz, hier aus aufgenähter Silberborte bestehend. Silberbortenbesatz am Rand.

Seidenbrokat, s. a). Manipel: L. in zusammengelegter Form 49 cm, Stola, L. 244 cm.

f) Das Kelchvelum, dessen Gebrauch im Jahr 1570 eingeführt wurde, dient zum Verhüllen von Kelch und Patene. Mit aufgenähtem Kreuz aus Silberborte. Am Rand Silberbortenbesatz.

Seidenbrokat s. a). L. 60 cm, B. 52,5 cm.

Freiburg i. Br., Münsterschatz

E 2 a–f □

Teile eines weißen geistlichen Ornats

Aus der ehemaligen Prämonstratenser-Klosterkirche Gerlachsheim

Vermutlich Würzburger Stickereiwerkstatt, um 1740–1750

a) Kasel. (Näheres über die einzelnen Teile eines Ornats und die liturgischen Farben bei Kat. Nr. E 1). Gewellte goldgestickte Bänder teilen Vorder- und

E 1 a

Rückseite der Kasel in drei Bahnen und laufen an den Rändern des Gewandes um. Auf der Rückseite gibt die Stickerei in der mittleren Bahn eine große goldene Vase wieder, aus der ein Blütensproß mit Pfingstrosen und Chrysanthemen hervorwächst, in den seitlichen Bahnen jeweils ein goldenes Füllhorn, aus dem eine Blütenranke aufsteigt, um die sich ein breites goldenes Band schlingt. Auf der kleineren Vorderseite sind die Motive z. T. etwas vereinfacht. Als Stickgrund weißer Seidendamast.

Grundgewebe: weißer Seidendamast in fünfbindigem Kettatlas (Grund) und Schußatlas (Muster). Farbige Plattstichstickerei mit gezwirnter Seide (S) in Blau, Rot, Violett, Blaugrün, Gelbgrün, Gelb, Braun und Schwarz, z. T. mit Abschattierungen. Metallstickerei in Anlege-, Kordel- und Sprengtechnik; die Metallstickerei ist z. T. am Rande eingefaßt mit Seidenstikkerei und angelegten gewellten Lahnstreifen. Metallfäden: glatter vergoldeter Silberlahn (S) und gelockter vergoldeter Silberlahn (Z) jeweils um helle rötliche Seidenseele; breite silbervergoldete Lahnstreifen, desgl. schmäler und gewellt, Pailletten, Bouillon. Äußerer Rand mit originaler geflochtener Silberkordel eingefaßt, nur am Halsausschnitt moderne gelbe Seidenkordel. Modernes rotes Seidenköperfutter. L. in der Mitte des Rückens 98 cm, größte B. 73 cm. Das Schwarz wie auch bei anderen Teilen des Ornats stellenweise ausgefallen, hier am Rande die Vorzeichnung sichtbar.

b) Dalmatika. Zum Gerlachsheimer weißen Ornat gehört noch eine zweite Dalmatika. Das Gewand ist auf Vorder- und Rückseite in gleicher Weise bestickt mit einer großen goldenen Vase und zwei Füllhörnern, aus denen bunte Blumen – Schwertlilie, Rosen, Chrysanthemen, Stiefmütterchen – Früchte und breite goldene Bänder aufwachsen ähnlich wie bei Kasel a), nur in noch üppigeren Formen. Die goldgestickten gewellten Bänder finden sich hier auch auf den Ärmelnähten. Goldfransenbesatz.

Material und Technik s. a), jedoch Grundgewebe mit anderem Muster, das moderne Seidenköperfutter hier in Gelb. Die Fransen bestehen aus vergoldetem Silberlahn (S) um helle rötliche Seidenseele. L. in der Mitte 95 cm (ohne Fransen), 100,5 cm (mit Fransen), größte B. 127 cm (ohne Fransen), 134 cm (mit Fransen).

c) und d) Manipel und Stola. Mit Blütenmuster und je einem Kreuz in der Mitte und an beiden Enden bestickt. Goldfransenbesatz.

Material und Technik s. a), jedoch ohne Pailletten, Bouillon und die gewellten Lahnstreifen. Rand mit moderner gelber Seidenkordel eingefaßt. Modernes gelbes Seidenköperfutter. Manipel: L. in zusammengelegter Form 44,5 cm (ohne Fransen), 48 cm (mit Fransen). Stola: L. 126 cm (ohne Fransen), 225 cm (mit Fransen).

e) Grundsätzlich entspricht die Kasel in ihrer Gliederung und ornamentalen Gestaltung der Kasel a) und Dalmatika b), sie verzichtet dabei jedoch auf Füllhörner und Vasenmotiv und bringt stattdessen gelappte Voluten, die sich schon der Rocaille nähern. Als Füllmuster erscheinen Gitter mit Pailletten. Die gestickten Blüten wirken hier flächiger, sind weniger plastisch als bei der Kasel a) und der Dalmatika b).

Grundgewebe, Seiden- und Metallstickerei entsprechen der Kasel a), doch hat das Grundgewebe ein anderes Muster, das wiederum demjenigen des Kelchvelums f) entspricht. Soweit die Metallstickerei am Rand eingefaßt ist, geschieht dies mit gelegten niedergenähten Seidenfäden und einem gelockten Metallfaden, bestehend aus vergoldetem Silberlahn (S) um gelbe Seidenseele. Rand mit moderner gelber Seidenkordel eingefaßt. Modernes gelbes Seidenköperfutter. L. in der Mitte des Rückens 102 cm, größte B. 71 cm.

E 2b

(S) um helle rötliche Seidenseele und breite silbervergoldete Lahnstreifen. Modernes gelbes Seidenköperfutter. Ca. 54 × 54 cm (ohne Borte), ca. 62 × 62 cm (mit Borte).

Dieser reichgestickte weiße Ornat dürfte im Zusammenhang mit dem Neubau der Klosterkirche angeschafft worden sein (1723 begonnen, Deckengemälde datiert 1742). Zur Datierung läßt sich eine engverwandte gestickte Kasel mit dem Datum 1754 in der Pfarrkirche von Opferbaum heranziehen, die in derselben Stickereiwerkstatt gearbeitet sein wird (Kdm. Bayern, III, 6, Karlstadt, 1912, S. 141, Taf. XII). Da an der Kasel in Opferbaum Rocailleformen vorkommen, die beim Gerlachsheimer Ornat noch fehlen, ist dieser etwas früher zu datieren. Innerhalb des Ornats sind zwei vielleicht von verschiedenen Händen ausgeführte Gruppen zu unterscheiden: a) – d) und e) – f).

Literatur: Kern 1925, Abb. nach S. 160.

Gerlachsheim (Gem. Lauda-Königshofen), Kath. Pfarrkirche Hl. Kreuz

E 2e

f) Kelchvelum. In seinem Mittelfeld ist in Stickerei ein kreisrundes, von einem Strahlenkranz umgebenes Feld wiedergegeben. Darin steht auf dem am Boden liegenden goldenen Kreuz das silberne Lamm Gottes, das die Kreuzesfahne trägt und aus seiner Brust Blut in einen auf dem Kreuz stehenden Meßkelch fließen läßt. Im Randstreifen große bunte Blumen, Korbblütler und Tulpen. Der Rand mit Borte besetzt. Die Plattstichstickerei entspricht weitgehend derjenigen auf der Kasel e).

Grundgewebe und Seidenstickerei entsprechen der Kasel e), desgleichen die Metallstickerei, auch in der Art der Randeinfassung; doch ist die Metallstickerei bereichert um Silberfäden aus glattem Silberlahn (S) und gelocktem Silberlahn (Z), jeweils um weiße Seidenseele, in Anlegetechnik und – beim Lammfell – in gelegten offenen Schlingen. Außerdem Klöppelspitzenborte aus Metallfäden: silbervergoldeter Lahn

E 3 a–b

Pontifikalhandschuhe und -schuhe von einem weißen Ornat

Aus der ehemaligen Prämonstratenser-Klosterkirche in Schussenried

Oberschwaben, um 1740–1750

Die liturgischen Kleidungsstücke Mitra, Calotte (=Scheitelmütze), Handschuhe, Schuhe und Strümpfe gehören zusammen mit Krummstab, Brustkreuz und Ring zu jenen besonderen Zeichen bischöflicher Würde, die auch Äbten zugestanden worden sind. Am Ende des 16. Jahrhunderts hatten die meisten Äbte von den bedeutenderen Klöstern das Recht, die genannten textilen Pontifikalien zu tragen, unter ihnen auch Abt Ludwig Mangold von Schussenried (1582–1604). Von einem seiner Nachfolger hat sich aus der Zeit der Klosterrenovierung eine fast vollständige Garnitur erhalten, von der nur die Strümpfe fehlen (die dazugehörige Mitra ist nicht ausgestellt). Daß in Schussenried Handschuhe und Schuhe bewahrt geblieben sind, ist ungewöhnlich; denn die meisten dieser Pontifikalien wurden während der Säkularisation vernichtet. Zur liturgischen Farbe Weiß s. Kat. Nr. E 1a–f.

a) Ein Paar Handschuhe, aus weißer Seide gestrickt, mit Ziermuster am oberen und den seitlichen Rändern. Auf dem

E 2f

Handrücken Rosette in Metallstickerei. Manschette aus weißem Damast mit Blumenwellenranke in Metallstickerei und Fransenborte.

Metallstickerei: Goldlahn bzw. Silberlahn (S) um gelbe Seidenseele, desgl. gelockt um écrufarbene Seidenseele. Anlege- und Sprengtechnik; gestochene Technik. Größte L. mit Fransen ca. 32 cm.

b) Ein Paar flache Schuhe. Als Oberstoff écrufarbener Seidenrips, verziert mit metallgesticktem, spiegelbildlich symmetrischem Palmetten- und Volutenmuster. Oberer Rand, Zunge und seitliche Laschen sind mit karminrotem Taftband eingefaßt, auch die Naht an der Ferse damit besetzt; gebunden werden die Schuhe mit einem breiten Ripsband in gleicher Farbe. Ledersohle und Lederabsatz, letzterer seitlich mit rotem Leder bezogen, das farbig den Seidenbändern entspricht. Im Gegensatz zum konventionellen Rankenmuster der Handschuhe läßt sich das Ornament der Schuhe recht genau in die Zeit kurz vor dem allgemeinen Auftreten der Rocaille in Süddeutschland datieren.

Metallstickerei: Goldlahn bzw. Silberlahn (S) um gelbe Seidenseele, desgl. gelockt um écrufarbene Seidenseele, außerdem breiter Lahn ohne Seele. Anlege- und Kordeltechnik. L. ca. 27 cm.

Literatur: Kdm. Württemberg, Waldsee, 1943, S. 222–223, Taf. 87.

Bad Schussenried, Kath. Pfarrkirche St. Magnus

E 4 □

Wandteppich mit Gehängen aus Blumen und Früchten

Aus dem Bruchsaler Schloß

Niederlande (?), Anfang 18. Jahrhundert

Rotbraune gedrehte Säulen, die mit Zweigen umwunden sind, gliedern den weißgrundigen Teppich in drei schmale, hohe Felder. Von diesen ist jedes mit einem reichen Gehänge gefüllt, bestehend aus bunten Blumen und Früchten, flatternden Bändern in Blau und Rot mit unten baumelnden Quasten. Im mittleren Gehänge sitzt ein schnäbelndes Vogelpaar, im linken ein Papagei in einem Ring. Streifen trennen in der Basis-und Kapitellzone querrechteckige Felder ab, die ebenfalls mit Blumen und Fruchtgirlanden gefüllt sind. Die Säulen an den seitlichen Rändern sind halbiert. Das Muster ist fortlaufend gedacht; mit den unmittelbar aneinanderstoßenden Teppichen sollte ein Raum lückenlos ausgekleidet werden. Der hier ausgestellte Behang gehört zu einer von Kardinal Damian Hugo von Schönborn als „Vestons tapet" (frz. feston = Gehänge, Girlande) bezeichneten Folge, die sich 1721 in seinem Audienzzimmer zu Bruchsal und zuletzt (vor der Zerstörung von 1945) im Pagenzimmer des Bruchsaler Schlosses befand. Von der „Vestons tapet" sind heute noch insgesamt sieben Stücke von unterschiedlicher Breite erhalten. Als der Kardinal 1721 zur Papstwahl nach Rom fuhr, nahm er diese Wandteppichserie zusammen mit zwei anderen auf die Reise mit, um sein römisches Quartier damit zu schmücken. Er zeigte sich besorgt, daß für ihren Transport zwei Kästen gemacht wurden, „daß alles sauber und wohl hienein gelegt undt gepackt werde, daß es sich nicht ruiniere, wann alles wohl ausgestaubt ist, und daß über dise 2 kasten ohnversaumbt kalbfäll gezogen werden, damit sie ja nicht naß werden, welches wir auf das höchste hier an recommendiren, dann der schaden wäre gar zu groß." (s. Rott 1922, S. 84). Göbel hielt die „Vestons tapet" für ein Straßburger Erzeugnis, obwohl er für das frühe 18. Jahrhundert keinen Manufakturbetrieb in Straßburg nachweisen konnte. Da sich ähnliche Serien in weiter nördlich gelegenen Schlössern erhalten haben, so in Schloß Clausholm in Dänemark (Göbel 1933, Abb. 196a); ehemals Schloß Panker/Nordsee, jetzt Schloß Fasanerie bei Fulda; ehemals Schloß Mohrungen/Ostpreußen, dann Schloß Schlobitten/Ostpreußen; sowie im Museum zu Schwerin (Göbel 1933, Abb. 196b), wäre auch an eine niederländische Herkunft dieser sehr dekorativen Behänge zu denken, allerdings nicht an Oudenaarde, das Grommelt und Christine von Mertens als Ursprungsort für die ehemals in

E 5

Schlobitten aufbewahrte Serie in Erwägung gezogen haben (s. Grommelt, Carl, Mertens, Christine von, Das Dohnasche Schloß Schlobitten in Ostpreußen. Stuttgart 1962, S. 268, Abb. 214).

Wirkerei in Wolle und Seide auf Wollkette. 5 Kettfäden, ca. 18 – 33 Schüsse auf den qcm.
317 × 250 cm.

Literatur: Rott 1922, S. 82–84, Abb. 7. – Göbel 1933, S. 198–199 u. Anm. 23.

Bruchsal, Schloß, Staatliche Liegenschaftsverwaltung, Inv. Nr. G 137–1

E 5 □

Wandteppich mit kurpfälzischem Wappen

Aus dem Audienzzimmer von Kurfürst Carl Theodor im Mannheimer Schloß

Entwurf: Hoftapetenmaler Steidel; Ausführung: Kurpfälzische Savonnerie-Manufaktur Heidelberg unter den Leitern Stephan Bossmann und Peter Jesse, 1763–1768

Vor hellgrünem Grund erscheint, von Blumenranken umspielt, mit dem Kurhut bekrönt, das geteilte kurpfälzische Wappen. Unter ihm hängen herab die Kollane (=Ordenskette) des St. Hubertus-Ritterordens und das Regalienschild (Regalien = Hoheitsrechte) mit dem Tilgungszeichen „D“ (von lat. delere) an Stelle des Reichsapfels, des Symbols der Erztruchseßwürde (freundl. Hinweis von Frau Dr. Helge Siefert). Dieses Erzamt des Reiches war der Pfalz 1619 genommen worden. Danach hat es der pfälzische Kurfürst nur in den Zeiten, da ihm auch die bayerische Kurwürde zufiel, 1708 bis 1714 und endgültig 1777, zurückerhalten. Als Rahmung des Bildfeldes dienen dünne goldbraune Stäbe mit Rocailleornament, wiederum von Blumenranken umspielt. An sie sind oben Blumengirlanden geknüpft, unten tragen sie einen mit Blumen und Früchten gefüllten Korb. Wappen und Stabwerk werfen leichte Schatten, so als ob sie frei vor dem Grund schwebten.
Der Teppich gehört zu einer Folge von insgesamt zehn gleichen Behängen, die nur in der Blumenzier leicht variieren. Diese Reihe wurde als Wandschmuck 1763 für das Audienzzimmer im Mannheimer Schloß von Kurfürst Carl Theodor in Auftrag gegeben samt einem Baldachin in der gleichen Technik, der aber nicht zur Ausführung kam. Von dieser

E 4

Funktion her erklärt sich der an farbig gefaßte Wandvertäfelungen erinnernde Charakter der Teppiche. Nach einem Entwurf von Hoftapetenmaler Steidel wurde in der Heidelberger Savonnerie-Manufaktur unter Leitung von Stephan Bossmann mit der Ausführung begonnen, nach Bossmanns Tod im Jahr 1766 wurde die Arbeit unter Peter Jesse fortgesetzt und 1768 vollendet. Der Preis dürfte rund 3.400 Gulden betragen haben. Neun der zehn Wappenteppiche befinden sich heute in bayerischem Staatsbesitz, einer in Wittelsbacher Privatbesitz. Die Folge stellt ein bedeutendes Zeugnis dar für das technische wie künstlerische Können der 1756 von Stephan Bossmann gegründeten und mindestens bis 1790 tätigen kurpfälzischen Savonnerie-Manufaktur, die zuerst in Mannheim und ab 1762 in Heidelberg arbeitete. Die Bezeichnung „Savonnerie" leitet sich von der gleichnamigen, seit 1608 bestehenden Pariser Manufaktur für Knüpfteppiche her, die seit 1627 in einer ehemaligen Seifenfabrik (=savonnerie) untergebracht war und die zum Vorbild für weitere höfische Unternehmen solcher Art in Europa wurde. Auch die Erzeugnisse dieser Manufakturen liefen unter dem Namen „Savonnerien". Eine Besonderheit der kurpfälzischen Manufaktur war, daß sie außer Bodenteppichen, Tischdecken und Möbelbezügen auch großformatige Wandteppiche in Knüpfarbeit herstellte.

Knüpfteppich mit naturfarbener Wollkette (S), indigoblauem, zweifach (S) gezwirntem Leinenschuß, Flor in mehrfädiger verschiedenfarbiger Wolle (S). Persischer Knoten, ca. 1800 Knoten auf den qdm. 383 × 147 cm.

Literatur: Dreczko 1975, S. 52–53, 55, Kat. Nr. 50–59 (mit älterer Lit.). – München 1980, erwähnt bei Kat. Nr. 16 (mit älterer Lit.). – 475 Jahre Fürstentum Pfalz-Neuburg. Schloß Grünau bei Neuburg 1980, Kat. Nr. 171.

München, Schloß Nymphenburg, Inv. Nr. Res. Mü. WB 5

KERAMIK

Walther Franzius
unter Mitwirkung von Ursula Paal

PORZELLAN

Die große Zeit des europäischen Porzellans und der bedeutungsvollen Porzellanfiguren ist das 18. Jahrhundert, die Ära des Absolutismus, die Zeit des Barocks und Rokokos. Genauer gesagt, liegt sie zwischen Böttgers Erfindung des Hartporzellans im Jahre 1708 und dem Ausspruch Winckelmanns vom Jahre 1765: „Das mehrste Porzellan ist in lächerlichen Puppen geformt." Mit ihm wird bereits das Zeitalter des Klassizismus eingeleitet, der in den letzten Jahrzehnten des 18. Jahrhunderts der großen Blütezeit der Porzellanplastik ein Ende setzen sollte.

Das edelste keramische Material ist das rein weiße, angenehm klingende, für Luft und Wasser undurchdringliche, für die Strahlen des Lichts aber durchlässige Porzellan. Sein Name wird abgeleitet von einer weißen Seemuschel mit glänzender porzellanähnlicher Oberfläche, die italienisch „Porcellana" heißt.

Porzellan wurde in China schon seit Jahrhunderten hergestellt, ehe es im Mittelalter in Europa bekannt wurde. Die ersten ins Abendland gelangten Stücke, die man in kostbare Gold- und Silbermontierungen faßte, ließen bereits den Wunsch wach werden, das von den Chinesen streng gehütete Geheimnis der Porzellanherstellung zu ergründen. Diese Bemühungen verstärkten sich begreiflicherweise, als nach der Entdeckung des Seeweges nach Ostindien die Portugiesen im Jahre 1567 ihre ersten Handelsniederlassungen in Macao errichteten und im 17. Jahrhundert die vor allem in Holland und England gegründeten Ostindischen Compagnien für die massenhafte Einfuhr des chinesischen und später auch des japanischen Porzellans sorgten.

Die in Italien bereits seit dem 15. Jahrhundert überlieferten Versuche der Porzellanherstellung hatten in der zweiten Hälfte des 16. Jahrhunderts im Florenz des Großherzogs Francesco Maria de Medici mit dem sogenannten „Medici-Porzellan" einen ersten Teilerfolg zu verzeichnen, dem aber weder technische Vollendung noch Nachfolge beschieden waren. Auch die in Frankreich unternommenen Anstrengungen führten, hundert Jahre später, in Rouen und St. Cloud nur zu Erzeugnissen, die zwar äußerlich dem Porzellan ähnelten, in ihrer technischen Zusammensetzung aber eher glasartiger Natur waren.

Erst Johann Friedrich Böttger, der bei seinen Versuchen im Dienste Augusts des Starken von Sachsen eng mit dem Physiker Ehrenfried Walther von Tschirnhaus zusammenarbeitete, glückte es im Jahre 1708, mit dem ersten weißen und durchscheinenden Scherben – so nennt man die gebrannte keramische Masse – das Geheimnis der Porzellanherstellung zu lüften. Der wichtigste Bestandteil des von Böttger erfundenen und seitdem ständig weiterentwickelten europäischen Hartporzellans ist das Kaolin, eine rein weiße, plastische, weitgehend feuerfeste Tonsubstanz, die nur an wenigen Stellen der Erde gefunden wird. Sie gibt dem Porzellan seine charakteristische Lichtdurchlässigkeit und seinen angenehmen Klang. Etwa 50 % Kaolin werden 25 % Feldspat, der als Flußmittel den Prozeß des Schmelzens und Dichtwerdens – die Sinterung – fördert, sowie 25 % Quarz zugefügt, welcher der Tonsubstanz größere Festigkeit verleiht und die Schwindung, d.h. das Kleinerwerden des keramischen Werkstückes durch die Verflüchtigung des Wassers beim Trocknen und Brennen, herabsetzt.

An der Herstellung von Porzellanfiguren waren in den Manufakturen des 18. Jahrhunderts in einem Prozeß strenger Arbeitsteilung zahlreiche verschiedene Hände beteiligt. Von den Modellmeistern wurden aus Gips, Wachs, Holz oder Terracotta Original-Modelle angefertigt, die im Hinblick auf die unvermeidbare Schwindung der Porzellanmasse etwa 10 bis 15 % größer sein mußten als die geplanten Figuren. Von den einzelnen Bestandteilen eines Modells (z.B. Körper, Arme, Beine usw.) hat man dickwandige Gipsformen abgenommen. In diese wurde von den Formern die mit Wasser angemachte Porzellanmasse mit der Hand in einer mehr oder minder dikken Schicht gedrückt. Die Gipsformen saugten rasch das überschüssige Wasser aus der bildsamen Masse, die dadurch eine gewisse Festigkeit erhielt und schon bald als positives Formstück der Hohlform entnommen werden konnte. Nachdem die zahlreichen zu einer Figur oder Figurengruppe gehörigen Formstücke an der Luft etwa lederhart getrocknet waren, wurden sie von den Bossierern mit Tonschlicker möglichst modellgetreu zusammengesetzt. Anschließend wurden sie von den Brennern im Ofen bei etwa 900° Celsius dem sogenannten Verglühbrand ausgesetzt, dem die bereits etwas kleiner gewordenen Figuren in hartem, aber immer noch porösem Zustand entnommen werden konnten. Danach haben die Glasierer die Figuren – meist durch kurzes Eintauchen – mit einer dünnen Schicht des ebenfalls mit Wasser angemachten und in der Zusammensetzung der Porzellanmasse verwandten Glasurbreis bedeckt. Im anschließenden Glasur- oder Glattbrand sinterte das Porzellan bei Temperaturen zwischen 1350° und 1500° Celsius, d.h. es zog sich zu einem porenlosen Scherben zusammen, der mit der jetzt durchsichtig und glasartig schmelzenden Glasur eine unlösbare Verbindung einging.

Nun war es an den Malern und Staffierern, ihre Kunstfertigkeit in der farbigen Dekorierung der Stücke unter Beweis zu stellen. Da im 18. Jahrhundert die meisten der vorwiegend aus Metalloxyden bestehenden keramischen Farben die hohen Temperaturen des Glasurbrandes nicht vertrugen, mußte die Malerei in einem weiteren Brand mit Temperaturen von 600–800° Celsius auf die Glasur aufgeschmolzen werden. Die bemalten Stücke wurden in feuerfesten keramischen Kapseln, den sogenannten Muffeln, gebrannt. Die Aufglasurmalerei wird da-

her auch Muffelmalerei genannt. Die lichtbeständigen Farben haben den Zauber ihrer Leuchtkraft zwar bis heute unverändert bewahrt, doch waren sie häufig mechanischen Verletzungen ausgesetzt, da sie wegen der geringen Einbrenntemperatur mit Scherben und Glasur keine feste Verbindung eingegangen sind.
„Notwendiges Attribut des Glanzes und der Würde", nannte Herzog Carl Eugen von Württemberg das Porzellan in seinem Gründungsdekret der Ludwigsburger Porzellanmanufaktur vom 5. April 1758. Wie er mögen siebzehn weitere große und kleine Souveräne in den politisch zersplitterten deutschsprachigen Landen des 18. Jahrhunderts gedacht haben, als sie zwei Drittel der 28 hier nachzuweisenden Porzellanmanufakturen selbst gründeten oder von Privatleuten in eigene Regie übernahmen. Aber nicht nur eine Steigerung ihres Ansehens und ihrer Machtfülle erhofften sie sich durch die damit verbundene Prachtentfaltung. Mit dem – meist jedoch vergeblich – erwarteten finanziellen Gewinn gedachten sie auch ihren stets arg strapazierten Staatssäckel wieder aufzufüllen. Als Anhängern der Wirtschaftsform des Merkantilismus mußte ihnen nicht zuletzt daran gelegen sein, das vielbegehrte Porzellan im eigenen Lande zu erzeugen und die Gelder für seine Anschaffung nicht ins Ausland fließen zu lassen.
Trotz strengster Geheimhaltungsvorschriften und Androhung hoher Strafen war es der Meißener Manufaktur nicht gelungen, das im Jahre 1708 von Johann Friedrich Böttger ergründete Geheimnis der Porzellanherstellung sicher zu bewahren. Schon 1718 ermöglichten Meißener Überläufer die Herstellung von Porzellan in der Wiener Fabrik des Claudius Innocentius du Paquier. 1720 folgte ebenfalls mit Hilfe des aus Meißen kommenden Christoph Conrad Hunger die Gründung der Porzellanfabrik in Venedig. Erst 1747 wurde – diesmal mit Überläufern aus Wien – Nymphenburg als dritte deutsche Porzellanmanufaktur errichtet. Dichtauf folgten dann 1750 Höchst, 1751 Berlin, 1755 Frankenthal und 1758 Ludwigsburg.
Besser als andere Kunstwerke vermitteln uns die Porzellanfiguren mit ihren im flackernden Kerzenlicht unstet hin und her huschenden Glanzlichtern eine ungemein lebendige Vorstellung von Geist und Leben im Zeitalter des Absolutismus. Auftraggeber und Abnehmer waren in erster Linie die Fürstenhöfe und der begüterte Hochadel, denen sich in der zweiten Jahrhunderthälfte auch der niedere Adel und das reiche Bürgertum immer mehr zugesellten. Kirche und Geistlichkeit scheinen von den lebensprühenden Kunstwerken der Porzellanplastik weniger gehalten zu haben, doch sind vereinzelt auch umfangreiche Aufträge für geistliche Herren überliefert. Meist jedoch waren in dem zerbrechlichen Material geschaffene Heiligenfiguren nicht für Kirchen und Klöster, sondern für Schloßkapellen oder für die private häusliche Andacht bestimmt.
Überaus eng ist durch das ganze Jahrhundert der Zusammenhang zwischen dem Tafelgeschirr und Figuren aus Porzellan gewesen. War doch die festliche Tafel seit eh und je ein Kristallisationspunkt gehobenen gesellschaftlichen Lebens und luxuriöser Prachtentfaltung. Hatte man im Mittelalter bei Hofe Gold- und Silbergeschirre in Gebrauch und ergötzte sich bei festlicher Tischmusik am Anblick des wie im Leben hergerichteten Wildbrets, das danach erst von hochgestellten Persönlichkeiten und Meistern ihres Faches mit wenigen gekonnten Schnitten tranchiert wurde, so bediente man sich in einer Zeit weit differenzierteren Lebensgenusses reich dekorierter Porzellangeschirre und erfreute sich bei prunkvollen Festmahlen am Anblick und an der Benutzung vielteiliger porzellanener Tafelaufsätze. Zu ihnen gehörten nicht nur mit plastischen Figuren geschmückte Saucieren, Schalen, Schüsseln und Terrinen sowie Figuren mit bei Tisch benutzten Behältern aller Art, sondern auch große landschaftliche oder architektonische Aufbauten mit Figurengruppen und Einzelfiguren oder aber Vasen und Geräte verschiedener Zweckbestimmung, deren figurenplastischer Schmuck häufig zu mehr oder minder umfangreichen Zyklen zusammengefaßt ist. Ganz allgemein läßt sich sagen, daß es wirkliche Einzelfiguren nur in geringer Zahl gegeben haben dürfte. Fast immer läßt sich zu einer Figur oder Figurengruppe, wenn nicht eine Mehrzahl zugehöriger Figuren, so doch wenigstens ein entsprechendes Gegenstück nachweisen.
Die Darstellungsinhalte waren breit gefächert. Sehr beliebt waren die antiken Götter, vor allem Apoll und Venus, mit deren Darstellung häufig eine persönliche Anspielung oder im Zeitalter des Sonnenkönigs gar eine versteckte eigene Glorifizierung gemeint war, sowie die zum rechten Verständnis gleichfalls ein höheres Maß an Bildung voraussetzenden Allegorien (künstlerische Versinnbildlichungen von Begriffen). Stärker an der zeitgenössischen Umwelt orientiert waren die Darstellungen von Freimaurern, Kriegern, Fischern, Bauern und Schäfern. Gerne sah man auch Figuren oder Gruppen, die an die bevorzugten Zerstreuungen des höfischen Lebens erinnerten, wie Jagd, Musik, Tanz und Theater. Daneben waren ausdrucksvolle Tierfiguren häufig, die bereits von einer gewissenhaften Beobachtung sowohl des Tierkörpers als auch dessen, was man die Tierseele nennen könnte, Zeugnis ablegen.
Als willkommener Anregungen für die immer neuen Darstellungsmotive bediente man sich vorwiegend der zahlreichen Kupferstiche und ganzen Kupferstichfolgen, die im Zeitalter der französischen Enzyklopädie weitverbreitet waren und sich als Musterbücher im Besitz verschiedener Porzellanmanufakturen haben nachweisen lassen.

ZUR FRANKENTHALER PORZELLANMANUFAKTUR 1755–1800

Im Jahre 1710, zwei Jahre nachdem Johann Friedrich Böttger in Dresden das erste weiße und durchscheinende Hartporzellan aus seinem Versuchsofen gezogen hatte, war von August dem Starken in Meißen die älteste europäische Porzellanmanufaktur gegründet worden. Über vierzig Jahre später ist es 1751 Paul Anton Hannong in der Straßburger Fayencemanufaktur mit Hilfe des Arkanisten Joseph Jakob Ringler gelungen, das erste Hartporzellan in Frankreich herzustellen. Da ihm die Produktion wegen der staatlichen Monopolstellung von Vincennes untersagt war, gründete er unter der Protektion des Kurfürsten Carl Theodor von der Pfalz im Jahre 1755 die Frankenthaler Porzellanmanufaktur, die bereits sieben Jahre später wegen wirtschaftlicher Schwierigkeiten in den Besitz des Kurfürsten überging.
Zu den erfahrenen Straßburger Mitarbeitern, die das neue Werk zur Blüte bringen sollten, zählte vor allem der Modellmeister Johann Wilhelm Lanz. Er hatte in Straßburg bereits zahlreiche hervorragende Fayence- und zum Teil auch Porzellanfiguren modelliert, die dann in Frankenthal zum Ausgangspunkt der Produktion der bedeutenden Porzellanfiguren dieser Manufaktur geworden sind. Zu ihnen gehört die Reihe der sehr ausdrucksvollen Figuren der italienischen Komödie und als absolutes Meisterwerk die Toilette der Venus.
Während Lanz wohl noch bis 1761 in Frankenthal tätig war, wurden 1758 der über Höchst aus Meißen gekommene und 1764 wieder dorthin zurückkehrende Johann Friedrich Lück und 1760 der auf dem gleichen Weg gekommene Karl Gottlieb Lück als Former und Modelleure eingestellt. Johann Friedrich Lück sind zahlreiche Figuren und Gruppen, wie z.B. die Allegorien der fünf Sinne oder der Flötenunterricht zuzuschreiben, denen eine größere innere Gelöstheit und Beschwingtheit eignet als den Figuren von Lanz, die trotz ihrer Meisterschaft in Bewegung und Ausdruck immer etwas Verhaltenes haben. Mit Johann Friedrich Lück setzte sich in Frankenthal das höfisch galante Rokoko durch. Demgegenüber ist das umfangreiche Werk des bis zu seinem Tode 1775 in Frankenthal tätigen Karl Gottlieb Lück eher genrehaf-

F 1

ter Natur. Er scheint von Johann Friedrich Lück, der wohl sein älterer Bruder war, stärker beeinflußt worden zu sein. In der großen Parforcejagd hat er uns ein besonders typisches Meisterwerk seiner Zeit hinterlassen.
Die Wende zum Klassizismus brachte mit seiner besonderen Bevorzugung von Themen aus der antiken Mythologie der 1762–1766 als Modelleur an die Manufaktur berufene Kurpfälzische Hofbildhauer Konrad Linck. Seine ausgezeichneten Porträt-Darstellungen, seine allegorischen und mythologischen Entwürfe, wie z.B. Okeanos und Thetis, die Allegorien der vier Elemente, oder die Rückführung der Alkestis, für die er auch nach seinem Ausscheiden noch um 1780 die Entwürfe lieferte, bezeichnen einen Höhepunkt in der Geschichte der Manufaktur.
Wie die Figurenplastik war auch die Geschirrproduktion der Frankenthaler Porzellanmanufaktur von ganz hervorragender Qualität, wovon in der Ausstellung besonders das Speiseservice mit den Vogeldarstellungen und das Teeservice mit den bezaubernden Miniaturmalereien eine ausgezeichnete Vorstellung vermitteln.
Obwohl Carl Theodor, nachdem ihm 1777 Bayern zugefallen war und er seine Residenz von Mannheim nach München verlegt hatte, der Frankenthaler Manufaktur die Treue hielt, ging der Absatz gegen das Jahrhundertende laufend zurück. Die kriegerischen Ereignisse trugen mit zum Niedergang bei, so daß die einst blühende Manufaktur ein Jahr nach dem Tode des Kurfürsten im Jahre 1800 endgültig geschlossen werden mußte.

F 1 □

Chinesisches Teehaus und fünf Chinesenkinder

Frankenthal, Modell von Johann Wilhelm Lanz, um 1755–1756

a) Auf dreistufigem Sockel quadratisches Gebäude, dessen zwei offene und zwei geschlossene Türen von hohen gitterdurchbrochenen Fenstern flankiert werden, das geschweifte Ziegeldach mit Blumen- und Früchtegirlanden von einem auf einem Drachen reitenden Chinesen mit Sonnenschirm bekrönt. Vorbild für die prachtvolle Tafeldekoration war ein um 1750 von Paul Egell entworfener chinesischer Pavillon im Park von Oggersheim bei Frankenthal (Heidelberg 1979, Nr. 174 m. Abb.). – b) Drei bzw. zwei Chinesenkinder mit jeweils gleichen Spitzhüten und gleichen Gebärden.
Die Kunst und Kultur Ostasiens war in Europa seit der Gründung der Holländisch-Ostindischen Kompagnie im Jahre 1602 mit den zunehmenden Importen ostasiatischen Porzellans immer mehr in den Blickpunkt des Interesses gerückt. Stets von neuem wurden die Europäer zur Auseinandersetzung mit der Formen- und Gedankenwelt des Fernen Ostens herausgefordert. Märchenhafte Reiseberichte von Kaufleuten, Missionaren und Abenteurern, die zum Teil illustriert waren, trugen dazu bei, daß sich eine wahre Chinamode entwickelte, die aber nicht bei Werken der Kleinkunst stehen blieb, sondern in chinesischen Pavillons und Pagoden auch die Architektur erfaßte und in chinesischen Festen selbst das höfische Leben ergriff.

Porzellan mit Muffelmalerei in See-, Seladon- und Dunkelgrün, Hellblau, Hell- und Dunkelbraun, Rot, Hell- und Dunkelviolett und Gold. – H. a) 50 cm; b) 11,8–12,5 cm. – Marken: a) Ritzmarke PH; b) Stempelmarken PH.

Literatur: Kalnein 1960, Nr. 26 m. Abb. – Kalnein 1966, S. 20, Abb. 5. – Heidelberg 1979, Nr. 173. – Hofmann 1980, Farbtaf. 109.

Privatbesitz

F 2 □

Acht Figuren der italienischen Komödie

Frankenthal, Modelle von Johann Wilhelm Lanz, um 1755–1759

Im höfischen Leben des Barocks nahm neben der Jagd auch das Theaterspiel einen breiten Raum ein, wobei sich die aus Italien stammende Stegreifkomödie, die Commedia dell'arte, besonderer Beliebtheit erfreute. Das abwechslungsreiche Thema wurde von den Porzellanmanufakturen mit großem Interesse aufgenommen und bisweilen sogar in zwei oder mehreren als geistreicher Tafelschmuck dienenden figurenreichen Serien modelliert. Die künstlerische Phantasie der Modelleure variierte die sich stets wiederholenden Typen und versuchte, deren Eigenarten möglichst treffend zu charakterisieren. Zu größter Berühmtheit gelangt sind die von Bustelli in Nymphenburg geschaffenen Porzellanfiguren der italienischen Komödie.

F 2 a

F 2a □

Colombine

Ausformung nach 1762

Auf flachem Rocaillensockel steht die maskierte Colombine in weitem Rock und buntgeschecktem Wams mit einem breitkrempigen Hut auf dem Kopf, die Linke hoch erhoben, in der gesenkten Rechten abgebrochene Pritsche. – Colombine (das „Täubchen") ist die weibliche Hauptdarstellerin der italienischen Komödie. Sie ist eine kokette und geputzte Zofe, die als Geliebte des Harlekin häufig buntscheckig wie dieser gekleidet ist.

Porzellan mit Muffelmalerei in Gelb, Rot, Purpur, Grün, Blau, Schwarz und Gold. – H. 17 cm. – Marke: CT mit Kurhut und AB 6.

F 2b

Literatur: Sauerlandt 1923, Taf. 70. – Jedding 1971, S. III/105, Abb. 274.

Hamburg, Museum für Kunst und Gewerbe, Inv. Nr. 1922, 233

F 2b □

Harlekin

Ausformung nach 1762

Auf flachem Rocaillensockel an Baumstumpf angelehnt, steht der bärtige und maskierte Harlekin in buntgeschecktem Wams, die Rechte in die Seite gestemmt und die Linke zum breitkrempigen Hut erhoben. – Der Harlekin der italienischen Komödie ist eine unserem Hanswurst vergleichbare komische Figur, die mit einem flickenbesetzten Gewand bekleidet ist.

Porzellan mit Muffelmalerie in Gelb, Rot, Blau, Braun, Purpur und Schwarz. – H. 15 cm. – Marke: CT mit Kurhut und AB 6, Goldmarke 5b.

Literatur: Hofmann 1911, Bd. 1, Taf. 16, Nr. 58.

München, Residenzmuseum, Inv. Nr. Res. Mü. K.I.Fra. 16

F 2c □

Pantalone

Auf Rocaillensockel ausschreitender spitzbärtiger Mann mit umgehängtem Dolch und langem Mantel hat die Rechte in Gesichtshöhe erhoben und die Linke hinter seinem Rücken unter dem Mantel verborgen. – Vergleichsstück bei Hofmann 1911, Bd. 1, Taf. 15, Nr. 55. – Pantalone ist eine nach den langen roten oder schwarzen Hosen benannte Charakterfigur der italienischen Komödie. Er ist ein alter geiziger Venezianer Kaufmann mit charakteristischem Spitzbart.

Porzellan mit Muffelmalerei in Rotbraun, Schwarz, Weiß, Inkarnatrosa, Purpur und Gold. – H. 15,8 cm. – Marke: Steigender Löwe, Stempelmarke PH, Ritzmarke 3.

Mannheim, Städtisches Reiß-Museum, Inv. Nr. 421

F 2c

F 2d

Pantalone

Ausformung nach 1762

Auf Rocaillensockel ausschreitender spitzbärtiger Mann mit umgehängtem Dolch und langem Mantel hat die Rechte in Gesichtshöhe erhoben und die Linke hinter seinem Rücken unter dem Mantel verborgen.

Porzellan mit Muffelmalerei in Hellpurpur, Eisenrot, Purpur, Grau, Schwarz und Gold. – H. 16 cm. – Marke: CT mit Kurhut und AB 6.

Literatur: Sauerlandt 1923, Taf. 71, – Jedding 1971, S. III/105, Abb. 275.

Hamburg, Museum für Kunst und Gewerbe, Inv. Nr. 1922, 234

F 2e □

Pierrot

Auf Rocaillensockel steht junger Mann mit Halskrause und Schlapphut und hält in der Rechten einen Geldbeutel, in der erhobenen Linken einen Brief. – Pierrot

F 2e

F 2f

F 2g

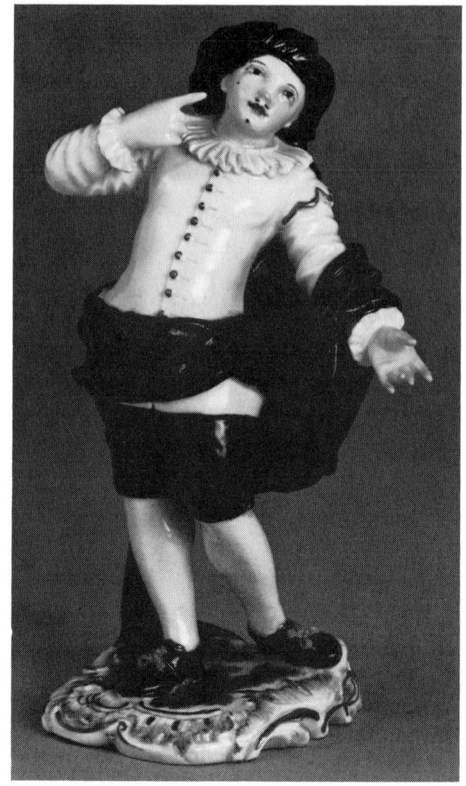

F 2h

ist eine komische Figur der italienischen Komödie mit meist weiten weißen Kleidern und weiß gemehltem Gesicht.

Porzellan mit Muffelmalerei in Weiß, Hellgelb, Inkarnatrosa, Rot, Grün, Blau, Braun und Gold. – H. 12,8 cm. – Ohne Marke.

Literatur: Hofmann 1911, Bd. 1, Taf. 15, Nr. 54.

Mannheim, Städtisches Reiß-Museum, Inv. Nr. Cb 8

F 2f □

Pierrot

Auf flachem Rocaillensockel an Baumstumpf angelehnt steht der jugendliche Pierrot in gestreiftem Gewand mit Umhang und Pludermütze, die Rechte vor das Gesicht erhoben, die Linke zur Seite gestreckt.

Porzellan mit Muffelmalerei in Gelbgrün, Grün, Rot und Purpur. – H. 15 cm. – Marke: unkenntlich.

Literatur: Hofmann 1911, Bd. 1, Taf. 16, Nr. 61.

München, Residenzmuseum, Inv. Nr. Res. Mü. K.I.Fra. 17

F 2g □

Policinell

Auf Rocaillensockel sich mit der Rechten an den Spitzbart greifender buckliger Mann mit schiffchenförmigem Hut, dreht sich mit vorgesetztem linken Bein nach links, der linke Arm abgewinkelt. – Vergleichsstück bei Hofmann 1911, Taf. 16, Nr. 56. – Policinell (das „kleine Hähnchen") ist eine mit krähender Stimme sprechende Charakterfigur der italienischen Komödie. Er ist ein listiger, unverschämter und gefräßiger Diener mit meist neapolitanischer Mundart.

Porzellan mit Muffelmalerei in gestuftem Violett, Purpur, Hellgelb, Grün, Inkarnatrosa, Braun, Schwarzgrau, Schwarz und Gold. – H. 14 cm. – Marke: Ritzmarke PH (zweimal) 3 und steigender Löwe.

Mannheim, Städtisches Reiß-Museum, Inv. Nr. Ch 732

F 2h □

Scapin

Auf Rocaillensockel junger Mann mit zum Gesicht erhobener Rechten und schräg seitwärts gestrecktem linken Arm, über den ein um den Körper geschlungener Umhang fällt, das linke Bein leicht rückwärts gestellt. – Scapin ist der verschmitzte Springinsfeld der italienischen Komödie.

Porzellan mit Muffelmalerei in Weiß, Inkarnatrosa, Grün, Purpur, Hellbraun und Schwarz. – H. 14,5 cm. – Ohne Marke.

Literatur: Hofmann 1911, Bd. 1, Taf. 16, Nr. 59.

Mannheim, Städtisches Reiß-Museum, Inv. Nr. Cb 13

F 3 □

Schäferpaar mit Vogelkäfig

Frankenthal, Modell von Johann Wilhelm Lanz, um 1755–1759

In einer aus kannelierten Pfeilern und durchbrochenen Rocaillen gebildeten Laube sitzt ein junges Liebespaar. Er hat seinen Arm um sie gelegt und hält auf dem Knie ein Vogelbauer mit einem Vogel, dem das junge Mädchen einen Futterhappen reicht. – Die in der Porzellan-

F 3

plastik des Barock häufigen Darstellungen von Schäfern und Schäferinnen spiegeln das große Interesse der in höchstem Grade kultivierten höfischen Gesellschaft an einem der Natur besonders engverbundenen Stande wider, in dessen Gewänder man bei Maskeraden und ländlichen Festen mit Vorliebe schlüpfte. Schon in dem Hirtenroman „L'Astrée" des französischen Schriftstellers Honoré d'Urfé aus der ersten Hälfte des 17. Jahrhunderts wird die in Schäferkostümen erscheinende höfische Gesellschaft mit ihrer speziellen Liebesauffassung geschildert, und von der französischen Königin Marie Antoinette ist ihre Mitwirkung bei der Aufführung von Schäferstücken in den Versailler Parkanlagen überliefert.

Porzellan mit Muffelmalerei in gestuftem Grün, Blau, Gelb, Türkis, Purpur, Braunviolett, gestuftem Braun, Inkarnatrosa, Schwarz und Gold. – H. 31,5 cm. – Marken: Steigender Löwe und Stempelmarke PH.

Literatur: Mannheim 1966, S. 23 mit Farbtaf.

Mannheim, Städtisches Reiß-Museum

F 4

F 4 □

Toilette der Venus

Frankenthal, Modell von Johann Wilhelm Lanz, um 1760

In einer schwungvollen, vielfach durchbrochenen Rocaillenlaube sitzt die prächtig gekleidete Venus und schaut in einen (nicht erhaltenen) Spiegel, den ein geflügelter Putto ihr hinhält, während eine hinter ihr stehende Dienerin ihren Haarschopf ergriffen hat. – Vergleichsstück im Residenzmuseum München (Schönberger 1949, Taf. 26). – Das reizvolle Motiv der aus Architekturteilen und spritzigen Rocaillen gebildeten Laube ist nach Meißener Vorbild von J. W. Lanz in die Frankenthaler Porzellanplastik eingeführt und von ihm und J. F. Lück immer wieder geistreich variiert worden.

Porzellan mit Muffelmalerei in Gelb, Rot, gestuftem Violett, Purpur, Grün, Blau, Grau, Inkarnatrosa und Gold. – H. 49,5 cm. – Marke: Steigender Löwe und ligiertes JAH.

Literatur: Edles Erbe – Kunst und Kultur in Kostbarkeiten aus städtischem Besitz. Ausst. Kat. Mannheim 1951, Nr. 37 m. Abb. – Böhm 1960, Abb. 5.

Mannheim, Städtisches Reiß-Museum, Inv. Nr. Ch 793

F 5

F 5 □

Standuhr

Frankenthal, Modell von Johann Wilhelm Lanz, um 1760

Uhrgehäuse auf vier schwungvollen Volutenfüßen, ringsum von reichem durchbrochenem Rocaillenwerk eingefaßt und mit plastischen Blumen besetzt, seitlich ein vollplastischer Putto.

Porzellan mit Muffelbemalung in Hellgrün, Purpur, Blau und Gold. – H. 63 cm; B. 41 cm. – Ohne Marke.

Literatur: Karlsruhe 1959, Nr. 95, m. Abb. – Karlsruhe 1976, Nr. 316.

Karlsruhe, Badisches Landesmuseum, Inv. Nr. V 19161

F 6 □

Jagdgruppe mit erlegten Rebhühnern

Frankenthal, Modell von Johann Wilhelm Lanz und Johann Friedrich Lück, um 1757–1760

Auf Rocaillensockel gelagerter Jäger mit Gewehr, eine Pfeife rauchend. Neben ihm lädt eine Jägerin ihr Gewehr, während ein vor ihr stehender Hund ein erlegtes Rebhuhn im Maul hält. Hinter den Figuren Postament mit Rocaillenvase und geschwungener Baumstamm.

Porzellan mit Muffelmalerei in gestuftem Grün, Gelb und Braun, Rot, Grau, Schwarz und Gold. – H. 27 cm. – Marke: Steigender Löwe und geritzt H 3.

Literatur: Franzius 1977, Nr. 32–33, Farbtaf. 33.

Karlsruhe, Badisches Landesmuseum, Inv. Nr. 67/135

F 6

F 8

F 7

Jagdgruppe mit erlegtem Hirsch

Frankenthal, Modell von Johann Wilhelm Lanz und Johann Friedrich Lück, um 1757–1760

Auf Rocaillensockel gelagerter Jäger mit Gewehr, ein Jagdhorn blasend. Hinter ihm Postament mit Rocaillenvase und geschwungener, abgestorbener Baumstamm, von dem ein erlegter Hirsch herabhängt; neben diesem ein großer Jagdhund.

Porzellan mit Muffelmalerei in gestuftem Grün, Blau, Violett, gestuftem Braun, Hellgelb, Eisenrot, Grau, Schwarz und Gold. – H. 26,7 cm. – Marke: Steigender Löwe und ligiertes JAH.

Literatur: Swoboda 1981, Nr. 20 m. Abb.

Mannheim, Städtisches Reiß-Museum, Inv. Nr. 1974/3

F 8 □

Der Flötenunterricht

Frankenthal, Modell von Johann Friedrich Lück, um 1759

In schwungvoller Rocaillenlaube sitzendes Schäferpaar mit Schaf und Ziege. Der hinter dem Mädchen sitzende Jüngling hält um ihren Hals herumgreifend eine Flöte, in die sie hineinbläst. – Der Figurengruppe diente ein Kupferstich René Gaillards von 1758 nach einem 1750 im Pariser Salon ausgestellten Gemälde von François Boucher als Vorbild. Dieser war zu seinem Gemälde durch die 1745 in dem Jahrmarktstheater von Saint-Laurent bei Paris aufgeführte Pantomime „Les vendanges de Tempé“ von Charles Siméon Favart angeregt worden. Auf den Kupferstich Gaillards gehen auch in Vincennes und Chelsea geschaffene Porzellangruppen des gleichen Themas zurück (vgl. Zick, Gisela, D'après Boucher. In: Keramos, Heft 29, 1965, S. 3–47, hier: S. 16–26, Abb. 21–24).

Porzellan mit Muffelmalerei in Hell- und Dunkelviolett, Gelb, Grün, Rot, Braun, Blau, Schwarz und Gold. – H. 33 cm. – Marke: Steigender Löwe und Ritzmarke J. H.

Literatur: Karlsruhe 1976, Nr. 315 m. Farbtaf. – Franzius 1977, Nr. 24–25, Farbtaf. 25.

Karlsruhe, Badisches Landesmuseum, Inv. Nr. 60/54

F 9a

F 9 □

Allegorien der fünf Sinne

Frankenthal, Modelle von Johann Friedrich Lück, um 1760

Obwohl es weit mehr menschliche Sinne gibt, gelten als die klassischen fünf Sinne des Menschen das Sehen, Hören, Fühlen, Schmecken und Riechen. Diese wurden in der Porzellanplastik häufig in allegorischer (sinnbildlicher) Form sichtbar gemacht. J. F. Lück hat dafür die Darstellungen vornehmer junger Paare bei unterschiedlichen, jeweils dem betreffenden Sinn in charakteristischer Weise entsprechenden Tätigkeiten gewählt. In Meißen waren zehn Jahre früher die fünf Sinne als antikisch gekleidete Frauenfiguren dargestellt worden, in Ludwigsburg sollten sie dagegen zehn Jahre später als nackte Putten erscheinen.

F 9a □

Allegorie des Gesichts

An einem durch Tischtücher verhüllten Tisch steht ein Kavalier, der ein Fernglas ans Auge hält und einen auf dem Tisch stehenden Spiegel stützt, in den eine davor sitzende Dame prüfend hineinblickt. – Vergleichsstück bei Hofmann 1911, Bd. 1, Taf. 62, Nr. 273.

Porzellan mit Muffelmalerei in Violett, Lachsfarben, gestuftem Grün, Eisenrot, Beigegrau, Gelb, Braun und Gold. – H. 20,2 cm. – Marke: Steigender Löwe und JAH ligiert.

Literatur: Swoboda 1981, Nr. 23, m. Abb.

Mannheim, Städtisches Reiß-Museum, Inv. Nr. 1976/3

F 9b □

Allegorie des Gehörs

Ausformung um 1765–1770

Vor einem Tischchen mit Notenständer sitzt eine Dame und spielt Cello. Daneben ein stehender Querflöte spielender Kavalier.

Porzellan mit Muffelmalerei in Purpur, Hellviolett, Hellgelb, Hellbeige, Inkarnatrosa, Eisenrot, Grün, Braun, Schwarz und Gold. – H. 21,6 cm. – Marke: CT mit Kurhut und B.

Literatur: Mannheim 1966, S. 63 f., Taf. 107.

Mannheim, Städtisches Reiß-Museum, Inv. Nr. II C 1216

F 9c

Allegorie des Gefühls

Ausformung um 1770–1775

Auf Rocaillensockel mit Rocaillentischchen eine sitzende Dame, die mit beiden Händen einen sich ihr nähernden Kavalier abwehrt, der sie zu umarmen versucht.

Porzellan mit Muffelmalerei in Blaßpurpur, Eisenrot, gestuftem Grün, Grau, Inkarnatrosa, Dunkelbraun und Gold. – H. 22 cm. – Marke: CT mit Kurhut.

Literatur: Mannheim 1966, S. 63, Taf. 106.

Mannheim, Städtisches Reiß-Museum, Inv. Nr. Cb. 81

F 9d

Allegorie des Geschmacks

Ausformung um 1762–1770

An einem Tisch sitzende Dame, die eine

F 9b

Tasse mit Untertasse in der Hand hält. Ein vor ihr stehender Kavalier, der in der Linken ebenfalls eine Tasse mit Untertasse hält, ist im Begriff, der Dame aus einer Kanne Kaffee einzuschenken.

Porzellan mit Muffelmalerei in Hellgelb, Hellgrau, Hellbraun, Violett, Purpur, Schwarz und Gold. – H. 20,6 cm. – Marke: CT mit Kurhut und B.

Literatur: Böhm 1960, Abb. 13.

Frankenthal, Stadtverwaltung

F 9e

Allegorie des Geruchs

Zu seiten eines Rocaillentisches mit einem blumengefüllten Körbchen stehender Kavalier mit geöffneter Schnupftabaksdose in den Händen und sitzende junge Dame, die an einem Blütensträußchen riecht. – Vergleichsstück bei Hofmann 1911, Bd. 1, Taf. 62, Nr. 272.

Porzellan mit Muffelmalerei in Violett, Lachsfarben, Hellblau, gestuftem Grün, Beigegrau, Dunkelbraun und Gold. – H. 20,9 cm. – Marke: Steigender Löwe und JAH ligiert.

Literatur: Swoboda 1981, Nr. 22 m. Abb.

Mannheim, Städtisches Reiß-Museum, Inv. Nr. 1975/6

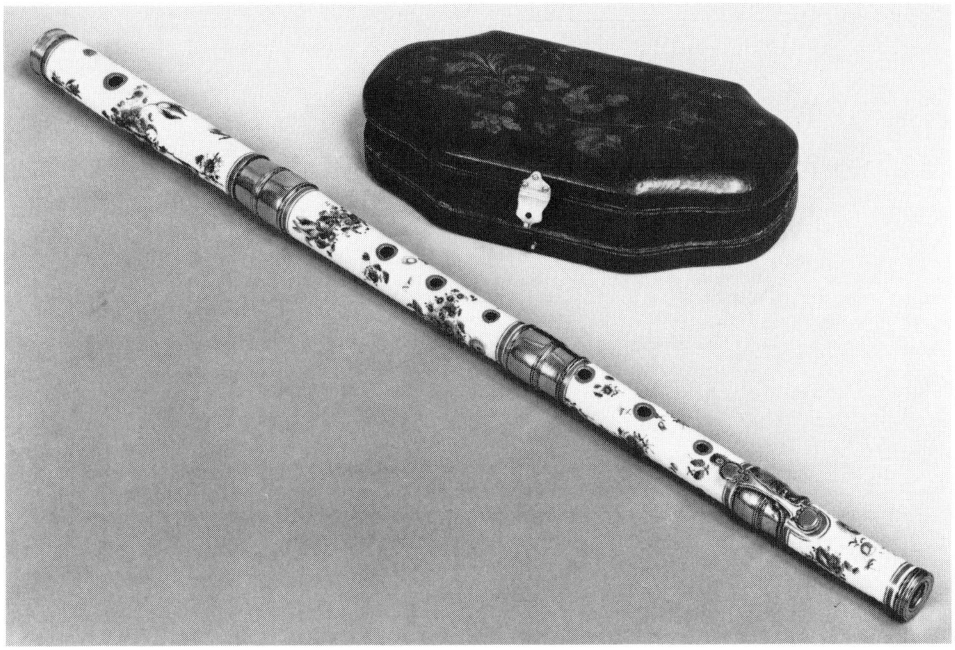

F 10

F 10 □

Querflöte mit Etui

Frankenthal, um 1760

Vierteilige Querflöte, mit sog. „deutschen" Blumen bemalt. Holzetui mit Blumenzweigen bemalt und innen mit Samt ausgelegt. – Die schon früher bekannte Querflöte erfreute sich im 18. Jahrhundert großer Beliebtheit und war im Barock ein besonders bevorzugtes Instrument, wovon die zahlreichen Flötensonaten und -konzerte der Zeit Zeugnis ablegen, man denke z. B. an die Flötenkonzerte Friedrichs des Großen.

Porzellan mit Muffelmalerei in unterschiedlichen Farben, Kupfer vergoldet. – L. 63,5 cm; Dm. (oben) 3,2 cm; (unten) 2,3 cm. – Ohne Marke.

Literatur: Mohr, Emil, Eine Querflöte aus Frankenthaler Porzellan. In: Pfälzer Heimat, Bd. 28, 1977, S. 68–70 m. Abb.

Speyer, Historisches Museum der Pfalz, Inv. Nr. H.M. 1975, 45 a–e

F 11 □

Große Parforcejagd, sog. Jäger aus Kurpfalz

Frankenthal, Modelle von Karl Gottlieb Lück, um 1765–1772

Vierteilige Figurengruppe: a) Auf einem Apfelschimmel zwischen zwei abgestorbenen Bäumen hinter einem Hirsch hersprengender Jagdhornbläser. b) Auf einem Schimmel reitender Piqueur, der mit

F 11 b

F 11 a

ausgestrecktem Arm den hetzenden Jagdhunden den Weg weist. c und d) Je ein Kavalier mit Peitsche auf einem Schimmel reitend. – Die Jagd bildete eine vornehme Art der Unterhaltung, die im 18. Jahrhundert als wichtiger Bestandteil zum Leben der Fürsten und der Hofgesellschaft gehörte. Diese Beschäftigung, die einem genauen Zeremoniell unterlag und mit großem Aufwand in der Wahl der edlen Pferde und eleganten Kostüme betrieben wurde, ist von den großen Porzellanmanufakturen häufig in kostbaren figürlichen Tafeldekorationen dargestellt worden.
Der ausgestellten Figurengruppe diente ein Stich des in Augsburg tätigen Stechers und Radierers Johannes Elias Ridinger als Vorlage. Dieser um 1750 entstandene Stich trug den Titel „Der Hirsch wird vom Piqueur aufgenommen" und stammt aus „Die Par Force Jagd eines Hirsches und wie er erlegt wird".

Porzellan mit Muffelmalerei in Rot, Gelb, gestuftem Grün, Braun, Hellblau, gestuftem Grau, Inkarnatrosa, Schwarz und Gold. – H. a) 29,2 cm; b) 18,9 cm; c–d) 16,7 cm und 16,5 cm. – Marken: CT mit Kurhut, darunter AB (a), 71 (b), 72 (c und d).

Literatur: Mannheim 1966, S. 66, Taf. 114–115. – Hofmann 1980, Nr. 190 m. Abb. (nur a).

Mannheim, Städtisches Reiß-Museum, Inv. Nr. C b 54, C b 55 und C b 56 a+b

F 12 □

Okeanos und Thetis

Frankenthal, Modelle von Konrad Linck, um 1765

In prächtige seegras- und seetang-, muschel- und perlengeschmückte Gewänder gehüllt stehen a) Okeanos mit langem Bart und pathetischer Gebärde sowie b) Thetis mit einem Muschelkorb mit Meeresfrüchten in den Händen auf reliefierten gewölbten Sockeln.
Die von Theater und Oper am Mannheimer Hof Carl Theodors angeregten Figuren treten nach Sauerland (1923, S. XXV, Abb. 76–77) „mit dem ganzen barocken Pomp der Protagonisten eines fürstlichen Balletts auf". Gruber (Gruber, Alain Charles, Le modèle inconnu d'une figurine de Frankenthal. In: Keramik-Freunde der Schweiz, Mitteilungsblatt Nr. 82, 1971, S. 18–24 m. Abb.) hält einen Kostümentwurf von Louis-René Boquet für das 1763 von Noverre in Stuttgart aufgeführte Ballett „La victoire de Neptune" für das unmittelbare Vorbild der Okeanos-Figur.

F 12 a

Porzellan mit Muffelmalerei in gestuftem Hell- und Dunkelgrün, Hell-, Lachs- und Dunkelrot, schwarzoxydiertem Silber, Hellblau, Braun und Gold. – H. a) 28,5 cm; b) 26 cm. – Marken: a) CT mit Kurhut; b) CT mit Kurhut und 6, Goldmarke 7 Ja, geritzt Marx.

Literatur: Jacob 1935, S. 342 f., Abb. 8.

Privatbesitz

F 12 b

F 13 a

F 13 □

Allegorien der vier Elemente

Frankenthal, Modelle von Konrad Linck, um 1768

Seit Empedokles wurden in der antiken Naturphilosophie die Grundstoffe Erde, Wasser, Luft und Feuer die vier allem Leben zugrunde liegenden Elemente genannt. Mit den Elementen der modernen naturwissenschaftlichen Forschung haben sie natürlich nichts gemein. Eigentlich bezeichnen sie nur die verschiedenen Erscheinungsformen der Materie, wie fest, flüssig, gasförmig und brennend heiß. Die allegorische (sinnbildliche) Darstellung der vier Elemente gehörte zum festen Repertoire der Porzellanfabriken und trat in Meißen bereits 1745, von J.J. Kaendler modelliert, auf.

F 13 b

F 13a □

Allegorie der Erde

Auf einem Sockel mit einem Löwen steht eine in eine lange Draperie gehüllte weibliche Gestalt mit einer Mauerkrone auf dem Haupt und einem Füllhorn mit Früchten in den Händen.

Porzellan mit Muffelmalerei in gestuftem Gelb, Grün und Purpurviolett, Inkarnatrosa, Graubraun, Schwarz und Gold. – H. 26,7 cm. – Marke: CT mit Kurhut.

Literatur: Mannheim 1966, S. 62, Taf. 103.

Mannheim, Städtisches Reiß-Museum, Inv. Nr. II C 1261

F 13b □

Allegorie des Wassers

Auf einem Sockel mit delphinähnlichem Fisch steht ein bärtiger Mann mit entblößtem Oberkörper und umfaßt mit der Rechten ein Schilfbündel, mit der Linken ein Ruder.

Porzellan mit Muffelmalerei in Weiß, Blaßgelb, Inkarnatrosa, Hellblau, Grün, Braun, Schwarz und Gold. – H. 24,8 cm. – Marke: CT mit Kurhut.

Literatur: Mannheim 1966, S. 62, Taf. 102.

Mannheim, Städtisches Reiß-Museum, Inv. Nr. C 1229

F 13 c

F 13c □

Allegorie der Luft

Auf einem Wolken-Sockel mit zwei Köpfen blasender Windgötter steht eine weitgehend unbekleidete weibliche Gestalt, die mit der erhobenen Linken eine hinter ihrem Rücken herabfallende Draperie hält. Die Rechte stützt sie auf einen neben ihr auf Wolken sitzenden Adler.

Porzellan mit Muffelmalerei in Hellgelb und -blau, Violett, Rot, Grün, Grau, Schwarz und Gold. – H. 26,5 cm. – Marke: CT mit Kurhut und B, Goldmarke 7 No.

Literatur: Hofmann 1909, Nr. 1752. – Hofmann 1911, Bd. 1, Taf. 80, Nr. 354.

Karlsruhe, Badisches Landesmuseum, Inv. Nr. V 4469

F 13 d

F 13d □

Allegorie des Feuers

Eine stehende weibliche Gestalt mit entblößtem Oberkörper hält beide Hände über ein auf einem Felssockel neben ihr stehendes Feuerbecken.

Porzellan mit Muffelmalerei in gestuftem Gelb und Grün, Rot, Rotbraun, Hell- und Dunkelviolett, Grau, Schwarz und Gold. – H. 26 cm. – Marke: CT mit Kurhut und B, Goldmarke 7 DE.

Literatur: Hofmann 1909, Nr. 1751. – Hofmann 1911, Bd. 1, Taf. 80, Nr. 353.

Karlsruhe, Badisches Landesmuseum, Inv. Nr. V. 4470

F 14

F 14 □

Apotheose des Kurfürstenpaares Carl Theodor und Elisabeth Auguste

Frankenthal, Modell von Konrad Linck, 1769

Über geschwungenem Inschriftsockel das von Minerva und einem Putto mit Füllhorn gehaltene lorbeerumkränzte reliefierte Profilbildnis von Carl Theodor. In den drei goldgemalten Zeilen der Inschrift ist jeweils das Chronogramm 1769 enthalten:

EN VIGET HIC CAROLVS QVÆ PONDERA MAIESTATIS
AVGVSTI SCEPTRI DIGNÆ SALOMONICVS HÆRES
LAVDE SACRI CVSTOS STVDII DEFENSOR ET ARTIS

Übersetzung nach E. Heuser:
Siehe hier in voller Frische Carl! Welch gewaltiger Eindruck! Eine Hoheit, würdig des Szepters eines Augustus, der Erbe Salomos, Ruhmreich als Wächter der Religion, als Beschützer der Wissenschaften und Künste!
Auf der Rückseite entsprechend das von zwei Putten gehaltene Profilbildnis von Elisabeth Auguste, auf das Apollon herabblickt. Auch hier ist in den drei goldgemalten Zeilen der Inschrift jeweils das Chronogramm 1769 enthalten:

HIC MIRARE DEAS NOBIS NOVA SÆCVLA GIGNVNT
ELISABETA DOCET VIRTVTE IMAGINE ACTV
CVLTA DEA IN. TERRIS SVPERIS HABETVR AMICA

Übersetzung nach E. Heuser:
Hier Staune! Die neuen Jahrhunderte bringen neue Göttinnen hervor. Das lehrt Elisabeth durch ihre Tugend, ihr Bild, ihre Handlungen. Verehrt als Göttin auf Erden, gilt sie als Freundin der oberen Gottheiten.
Die dem Herrscherpaar zugeordneten Figuren der Minerva-Athena einerseits und des Apoll andererseits weisen sowohl auf Weisheit und militärische Macht als auch auf Bildende Kunst, Theater und Musik als bestimmende Elemente am kurfürstlichen Hof hin. Aus dem vom Putto der Vorderseite gehaltenen Füllhorn quillt u. a. eine Porzellantasse hervor, die an die Gründung der Porzellanmanufaktur erinnert.
Die prunkvolle Apotheose des Herrscherpaares sollte die inzwischen eingetretene völlige Entfremdung der beiden Ehepartner überspielen und vor den Untertanen verheimlichen.

Porzellan mit Muffelmalerei in unterschiedlichen Farben. – H. 44 cm. – Ohne Marke.

Literatur: Heuser 1922, Abb. 132 und 134. – Jacob 1935, S. 347.

Sèvres, Musée National de Céramique, Inv. Nr. MNC. 19057 Dépôt du Musée de Cluny en 1938

F 15

Apotheose des Kurfürstenpaares Carl Theodor und Elisabeth Auguste

Frankenthal, Modell von Konrad Linck, 1769

Über geschwungenem Inschriftsockel das von Minerva und einem Putto mit Füllhorn gehaltene lorbeerumkränzte reliefierte Halbprofilbildnis von Carl Theodor. Auf der Rückseite entsprechend das von zwei Putten gehaltene Halbprofilbildnis von Elisabeth Auguste, auf das Apollon herabblickt.

Porzellan, weiß glasiert. – H. 44 cm. – Bezeichnet: Linck: fec.

Literatur: Heidelberg 1979, Nr. 358 m. Abb. – München 1980, Bd. III, 2, Nr. 25 m. Abb.

Nürnberg, Germanisches Nationalmuseum, Inv. Nr. H.G. 6129

F 16 □

Die erhörten Wünsche der Pfalz

Frankenthal, Modell von Konrad Linck, 1775

Allegorie auf die Genesung des Kurfürsten Carl Theodor: Athena und Hygieia, zu deren Füßen sich die Krankheit in Gestalt eines Drachens windet, weisen auf einen Rundaltar mit der Inschrift „VOTA PALATINATUS EXAUDITA dié 3te Juny 1775". Auf der anderen Seite die personifizierte Pfalz mit Löwe, die Göttinnen anflehend. Vor dem Altar zwei Putten, von denen einer das z.T. verhüllte Reliefbildnis des Kurfürsten hält.

Porzellan mit sparsamer Goldbemalung und -beschriftung. – H. 41 cm; B. 46 cm. – Ohne Marke.

Literatur: Figürliche Keramik aus zwei Jahrtausenden. Museum für Kunsthandwerk. Ausst. Kat. Frankfurt a.M. 1963, Nr. 211 m. Abb.

Frankfurt a.M., Museum für Kunsthandwerk, Inv. Nr. 5772

F 17 □

Trauer Mannheims über den Verlust des Herrschersitzes

Frankenthal, Modell von Konrad Linck und Adam Bauer, 1779

Auf gestuftem Podest sitzt eine reich gewandete, trauernd in die Höhe blickende Frauengestalt, von zwei Putten und hinter ihr stehender weinender Frau getröstet. Bisher allgemein auf die Verlegung der Residenz von Mannheim nach München bezogen, nachdem Bayern am 30. 12. 1777 an den pfälzischen Kurfürsten Carl Theodor gefallen war. Neuerdings von Franz Swoboda als Allegorie des Trauerspiels gedeutet (vgl. Ausst. Kat. Wittelsbach und Bayern, Bd. III/2. München 1980, Nr. 34).

Porzellan mit Muffelmalerei in Weiß, Gelb, Grün, gestuftem Blau, Rosa, Dunkelbraunviolett, Schwarz, Inkarnatrosa und Gold. – H. 22 cm. – Marke: CT mit Kurhut.

Literatur: Böhm 1960, Abb. 22. – Heidelberg 1979, Abb. 43.

Mannheim, Städtisches Reiß-Museum, Inv. Nr. C 1266

F 18

Rückführung der Alkestis

Frankenthal, Modell von Konrad Linck, 1783

Vor zwei Säulenstümpfen und Urnenvase führt Herakles dem König Admetos seine für ihn gestorbene Gattin Alkestis aus der Unterwelt wieder zu. Davor kniend ein erschrockener Diener. – Wohl angeregt von der Mannheimer Aufführung von Wielands „Alceste" im Jahre 1775 nach einem Stich von Desplaces geschaffen, der auf ein entsprechendes Gemälde von Antoine Coypel zurückgeht.

F 16

F 17

F 23 a

F 25

F 24 c

F 24 e

Porzellan mit Muffelmalerei in Purpur und Goldstaffierung. – H. 24 cm. – Marke: Steigender Löwe und ligiertes JAH.

Literatur: Böhm 1960, Abb. 37.

Mannheim, Städtisches Reiß-Museum, Inv. Nr. B 489

F 23 □

Fünf Teile aus einem Kaffeeservice

Frankenthal, um 1759–1762

Form: a) Birnförmige Kanne auf drei Volutenfüßen mit geschweiftem Bandhenkel, Schnabelausguß und hochgewölbtem Deckel mit Apfelknauf. b) Birnförmiges Milchkännchen auf Standring, flacher Deckel mit Apfelknauf. c) Kumme auf Standring mit geschweiftem Umriß und glattem Rand. d–e) Zwei steilwandige Kaffeetassen mit Untertassen. – Dekor: Unterschiedliche Blumenbuketts und Streublumen. – Die ausgestellen Stücke stammen aus einem 24teiligen Kaffee- und Teeservice im Städtischen Reiß-Museum Mannheim.
Seit dem 17. Jahrhundert haben sich in Europa drei exotische, aus fernen Ländern eingeführte und zunächst als Arzneien in Apotheken verkaufte Getränke eingebürgert und einen so tiefgehenden Einfluß auf die Europäer ausgeübt, daß unser ganzes kulturelles Leben auch heute noch von ihnen mitbestimmt wird: Tee, Kaffee und Kakao.
Seit der Gründung des ersten Kaffeehauses in Paris im Jahre 1643 und der Einführung des Kaffeetrinkens am Hofe Ludwigs XIV. im Jahre 1671 sind bis zum Ende des Jahrhunderts in allen bedeutenden Städten Europas Kaffeehäuser eingerichtet worden, durch die sich der Genuß dieses neuen köstlichen Getränkes in den Kreisen der begüterten Oberschicht immer mehr ausbreitete. Nach der Gründung der Meißner Porzellanmanufaktur im Jahre 1710 wurden von den Künstlern dieser Manufaktur verschiedene Grundformen für Kaffeekannen und Kaffeeservice als ganze Ensembles von in Form und Dekor aufeinander abgestimmten verschiedenartigen Teilen entwickelt, die von allen späteren Manufakturen als verbindlich übernommen und allenfalls geringfügig abgeändert worden sind.

Porzellan mit Muffelmalerei in Purpur, Violett, gestuftem Grün, Hellblau, Eisenrot, Rotbraun und Gold. – H. a) 22,8 cm; b) 16,9 cm; d–e) 6,6 cm. Dm. c) 17 cm; d–e) 13,1 cm. – Marken: Steigender Löwe und teilweise ligiertes JAH.

F 26a

Literatur: Mannheim 1966, S. 69, Taf. 123.

Mannheim, Städtisches Reiß-Museum

F 24 □

Sechs Teile aus einem Teeservice

Frankenthal, um 1765

Form: a) Teekanne mit hochgezogener Schulter, Ausgußtülle mit Drachenkopf, Ohrhenkel und flachem Deckel. b) Birnförmiges Milchkännchen mit geschweiftem Bandhenkel und flach gewölbtem Deckel. c) Vierkantige Teedose mit gebogener Schulter und zylindrischem Dekkel. d) Runde Zuckerdose mit hochgewölbtem Deckel. e–f) Zwei steilwandige Teetassen mit Untertassen. – Dekor: Rokoko-Reserven mit Miniatur-Landschaften, Gitterfelder bzw. -streifen, Girlanden und kleine Blumensträuße. – Die ausgestellten Stücke stammen aus einem 18-teiligen Tee- und Kaffeeservice im Städtischen Reiß-Museum Mannheim.
Neben dem Kaffee und dem Kakao hat auch der im 17. Jahrhundert aus dem fernen Osten eingeführte Tee einen starken Einfluß auf die Lebensgewohnheiten der Europäer bis zum heutigen Tag ausgeübt.
Schon bald nach der Gründung der Ostindischen Kompagnien um das Jahr 1600 wurde neben den begehrten chine-

F 26b

sischen Porzellanen in Holland auch der erste chinesische Tee eingeführt. Da dieser sich schon bald großer Beliebtheit erfreute und immer mehr ausbreitete, wurden in der Folge in wachsendem Umfang mit den ostasiatischen Porzellanimporten auch die bauchigen chinesischen Teekannen und henkellosen Teetassen, die sog. Koppchen, in Holland eingeführt. Nach der Gründung der Meißener Porzellanmanufaktur im Jahre 1710 wurde von den Künstlern dieser Manufaktur die typische bauchige Form der chinesischen Teekanne übernommen und mit den henkellosen Koppchen weiterentwickelt. Daneben wurden aber auch Teeservice als ganze Ensembles von in Form und Dekor aufeinander abgestimmten Teilen unter Einbeziehung von gehenkelten Tassen entwickelt. Wie die Meißener Kaffeeservice sind auch die Teeservice von den späteren Manufakturen als verbindlich übernommen und allenfalls geringfügig abgeändert worden.

Porzellan mit Muffelmalerei in Purpur, Braun, gestuftem Grün, Gelb, Eisenrot, Blau und Gold. – H. a) 9,8 cm; b) 15,5 cm; c) 15,8 cm; d) 12,3 cm; e–f) 13,2 cm. – Marken: CT mit Kurhut.

Literatur: Mannheim 1966, S. 68f., Taf. 122.

Mannheim, Städtisches Reiß-Museum, Inv. Nr. Ch 1269

F 25 □

Platte von einem Solitaire

Frankenthal, Goldmalerei von Johann Michael Appel, um 1765

Form: Rautenförmig mit gerundeten Ecken und leicht gebogten Seiten. – Dekor: Chinesen in luftiger Phantasie-Architektur in Landschaft mit Bäumen. Im Stil der Augsburger Goldchinesenmalerei der Zeit um 1730–1740.

Porzellan mit Goldmalerei. – H. 3,7 cm; L. 29,4 cm; B. 25,1. – Marke: CT mit Kurhut und Goldmarke A.

Literatur: Swoboda 1981, Nr. 24 m. Abb.

Mannheim, Städtisches Reiß-Museum, Inv. Nr. 1977/1

F 26 □

Fünf Teile von einem „Vogelservice“

Frankenthal, um 1770

Das repräsentative Service mit den reizvollen Vogeldarstellungen ist in Anlehnung an ein entsprechend dekoriertes „Vogelservice“ der berühmten französischen Porzellanmanufaktur in Sèvres entstanden, das um 1760 Carl Theodor von Ludwig XV. geschenkt worden war.

F 26a □

Ovaler Tafelaufsatz

Form: Ovaler Untersatz auf teils durchbrochenen Rocaille-Voluten. Vier kleine vertiefte Reserven, dazwischen vier kleine Sockel. In der Mitte ovaler, nach oben verjüngter Rocaillenaufsatz mit durchbrochenem Gitterwerk und ovalem Gitterkorb darauf. Dieser von hohem durchbrochenem Deckel bekrönt, der nach oben fast spitz zuläuft. An den Schmalseiten Handgriffe. – Dekor: Die Reserven des Untersatzes und die Seiten des Aufsatzes mit je zwei in Gezweig sitzenden Vögeln, die kleinen Sockel mit Blümchen, alles übrige sparsam mit bandförmigem Gitterwerk und eingeschlossenen vierblättrigen Blüten bemalt. – Ein noch größerer Frankenthaler Tafelaufsatz befindet sich im Historischen Museum der Pfalz in Speyer (Abb. Hofmann 1980, Taf. 157). – Der prachtvolle mehrteilige Tafelaufsatz ist nicht nur Prunk-, sondern auch Nutzgerät. Die Reserven und kleinen Sockel waren zur Aufnahme vielleicht sogar figürlich gestalteter Behältnisse für Essig und Öl sowie Gewürze aus aller Herren Länder bestimmt und im hohen Gitterkorb wurden seltene exotische Früchte (z.B. Ananas) dargeboten.

Porzellan mit Muffelmalerei in Grün, Purpur, Gelb, Rot, Braun, Blau, Schwarz und Gold. – H. 48 cm, L. 52 cm, B. 35 cm. – Marke: CT mit Kurhut und B.

Literatur (Korb mit Deckel): Hofmann 1909, Nr. 1023. – Hofmann 1911, Bd. 2, Taf. 166, Nr. 645.

München, Residenzmuseum, Inv. Nr. Res. Mü. KII.Fra. 180

F 26b □

Zwei ovale Schalen

Form: Auf Standring flache vierpassig gebogte Schale. – Dekor: In Zweigen eines Busches zwei bzw. drei exotische Vögel, ringsum mit bandförmigem Gitterwerk und eingeschlossenen vierblättrigen Blüten bemalt.

Porzellan mit Muffelmalerei in gestuftem Grün, Purpur, Gelb, Rot, Braun, Blau, Schwarz und Gold. – H. 5,5 cm, L. 32 cm, B. 25,7 – 26 cm. – Marken: CT mit Kurhut.

München, Residenzmuseum, Inv. Nr. Res.Mü.K.II.Fra. 106 und 108

F 26c □

Zwei Leuchter

Form: Über rundem Rocaillenfuß schlank mit bewegter Umrißlinie aufsteigend. – Dekor: Achtseitiger Schaft und runde Kerzentülle mit Vogelmotiven, alles übrige sparsam mit Streublumen und bandförmigem Gitterwerk mit eingeschlossenen vierblättrigen Blüten bemalt.

Porzellan mit Muffelmalerei in Grün, Purpur, Gelb, Rot, Braun, Blau, Schwarz und Gold. – H. 26–26,5 cm. – Marken: CT mit Kurhut, Goldmarke 6-Ja.

München, Residenzmuseum, Inv. Nr. Res.Mü.K.III.Fra. 38 und 39

F 26c

ZUR LUDWIGSBURGER PORZELLANMANUFAKTUR 1758–1824

„Als notwendiges Attribut des Glanzes und der Würde" hat Carl Eugen von Württemberg im Jahre 1758 die herzogliche Porzellanmanufaktur in Ludwigsburg gegründet. Ihre Blütezeit erlebte sie schon kurz nach ihrer Gründung in den Jahren von 1760–1770.
Lang ist die Reihe der Former, Modelleure und Bildhauer, die in Ludwigsburg beschäftigt waren oder Entwürfe für die Manufaktur geliefert haben. Zunächst war es der als Obermaler bis 1779 wirkende Gottlieb Friedrich Riedel, der die künstlerische Produktion der Manufaktur weitgehend beeinflußte. Hervorragende Prunkvasen gehen ebenso auf seine Entwürfe zurück wie zahlreiche ausgezeichnete Geschirre, z.B. das ausgestellte Schokoladenservice und das in üppigen Rocailleformen gehaltene Toilettenservice der Marchesa Giovanelli-Martinengo, oder die vielen Verkaufsstände und Miniaturfiguren des leider nicht zur Verfügung gestellten Ludwigsburger Jahrmarktes.
Zu den ersten Bossierern und Modelleuren gehörte Johann Göz, von dem die ebenso liebenswürdigen wie qualitätvollen Gruppen der vier Jahreszeiten und der Erdteile Europa und Afrika ausgestellt sind.
Von dem nach dem Tode von Johann Göz 1762 als dessen Nachfolger eingestellten Oberbossierer Jean Jacques Louis stammen zahllose, sehr lebendig modellierte Volkstypen und als besondere Kostbarkeiten große und ausdrucksvolle Tierfiguren, wie Papagei und Kakadu, welche beide in der Ausstellung zu sehen sind.
Auf Entwürfe des Bildhauers Joseph Weinmüller (1765–1767) gehen prächtige, der Ostasien-Mode huldigende Chinesenfiguren zurück.
Der wohl bedeutendste für die Manufaktur tätige Bildhauer war Wilhelm Beyer, der von etwa 1763–1767 die Aufsicht über die Bossierer ausübte und selber zahlreiche Figuren und Gruppen für die Manufaktur geschaffen hat. In vielen Figuren eiferte er dem antiken Vorbild nach, z.B. in seiner ungemein geschmeidigen und ausdrucksstarken Bacchantengruppe. Sein Meisterwerk ist die Folge der unübertrefflichen Musiksoli, in denen sich junge Damen und Herren in äußerst legerer Kleidung mit voller Hingabe ihrer Musik widmen. Im Reichtum ihrer Bewegungen und der Musikalität ihres Ausdrucks können die Musiksoli zu den Höhepunkten der Porzellanplastik überhaupt gerechnet werden.
Als weiterer Großbildhauer stand von

F 27a

F 27b

1768 bis etwa 1778 Pierre François Lejeune im Dienst der Manufaktur. Auf sein um 1770 entstandenes Modell geht ein lebensgroßes plastisches Hauptwerk der Manufaktur zurück, die in Fayence geschaffene Büste des Manufakturgründers Herzog Carl Eugen von Württemberg.

F 27 □

Folge der vier Jahreszeiten

Ludwigsburg, Modelle wohl von Johann Göz, um 1761

Vier Liebespaare als Allegorien von Frühling, Sommer, Herbst und Winter:
a) Frühling. Schäferpaar mit Blumenkorb vor Rocaillenkulisse am Brunnen sitzend, zwischen ihnen ein Schaf.
b) Sommer. Ländliches Paar vor Rocaillenkulisse mit Hermenbekrönung sitzend, zwischen ihnen eine Korngarbe.
c) Herbst. Junges Paar vor Rocaillenkulisse sitzend, zwischen ihnen ein Korb mit Weintrauben.
d) Winter. Junges Paar vor Rocaillenkulisse mit Hermenbekrönung sitzend, zwischen ihnen ein Kohlenbecken mit brennenden Scheiten.
Die allegorische Darstellung der vier Jahreszeiten war im Barock sehr beliebt. Das Thema wird hier von jungen Liebespaaren verkörpert, die als Gärtner, Schäfer, Landarbeiter, Winzer oder Musiker auftreten. Dabei bedeuten Blumen den Frühling, geschnittenes Korn den Sommer, Weintrauben den Herbst und das wärmende Feuer den Winter. In der Wiedergabe des einfachen Lebens der Landbevölkerung sind die Paare ein Spiegelbild der unter dem Einfluß von Jean Jacques Rousseau mit seinem Ruf „Zurück zur Natur" stehenden Bewegung, die für den mit Freiheit, Unschuld und Tugend verbundenen Urzustand des Menschen plädierte.

Porzellan mit Muffelmalerei in Weiß, Gelb, Grün, gestuftem Blau, Rot, Purpur, Violett, gestuftem Braun, Schwarz und Gold. – H. 20,5–23,3 cm. – Marken: CC mit Krone bzw. CC.

Literatur: Landenberger 1959, Nr. 28–31. – Landenberger 1980, S. 21.

Stuttgart, Württembergisches Landesmuseum, Inv. Nr. a) 1935/298; b) 5967; c) 6033; d) 5965

F 28 a

F 28 b

F 28 □

Aus einer Folge von allegorischen Darstellungen der Erdteile

Modelle wohl von Johann Göz, um 1762

Die vier Erdteile Europa, Asien, Afrika und Amerika – der fünfte Erdteil Australien war damals noch nicht bekannt – wurden im Barock meist durch charakteristische Darstellungen ihrer Ureinwohner, ihrer wichtigsten Tiere oder Pflanzen verkörpert.

F 28a □

Europa

Auf Rocaillensockel unter einem Baum sitzend Mars und Venus (?), zu ihren Füßen Pferd, Putto und Globus.

Porzellan mit Muffelmalerei in Gelb, Grün, Blau, Rot, Violett, gestuftem Braun bis Schwarz und Gold. – H. 38 cm. – Marke: CC mit Krone.

Literatur: Landenberger 1959, Nr. 41.

Stuttgart, Württembergisches Landesmuseum, Inv. Nr. 5814

F 28b □

Afrika

Auf Rocaillensockel unter einer Palme sitzendes Negerpaar mit Kind, zu ihren Füßen Löwe und Elefantenstoßzahn.

Porzellan mit Muffelmalerei in Hell- bis Schwarzbraun, Weiß, Lichtgelb, Ocker, Lichtgrau, gestuftem Grün, Blau, gestuftem Rot, Violett und Gold. – H. 37,5 cm. – Ohne Marke.

Literatur: Landenberger 1959, Nr. 40, Taf. 9.

Stuttgart, Württembergisches Landesmuseum, Inv. Nr. 5812

F 29 □

Bacchantenpaar

Ludwigsburg, Modell von Wilhelm Beyer, um 1764

Auf Felssockel sitzendes, stark bewegtes Bacchantenpaar mit Trauben in den Händen. Hinter ihnen ein kleiner Satyr und eine Ziege.

Porzellan mit Muffelmalerei in Grün, Blau, Lichtgelb, gestuftem Braun, Violett und Gold. – H. 27 cm. – Marke: CC mit Krone.

Literatur: Landenberger 1959, Nr. 381, Taf. 13.

Stuttgart, Württembergisches Landesmuseum, Inv. Nr. 6148

F 29

F 30 □

Fünf Musiker-Figuren aus der Folge der „Musiksoli"

Ludwigsburg, Modelle von Wilhelm Beyer, um 1765–1766

Die Musik spielte während der Barockzeit im Leben der Fürsten und der Hofgesellschaft wie Jagd und Theater eine ganz bedeutende Rolle. Sie fand ihren bildnerischen Niederschlag innerhalb der Porzellanplastik aller bedeutenden Manufakturen, in denen Musikanten von unterschiedlicher Herkunft und unterschiedlichem Stand dargestellt wurden. Die wohl schönste und bedeutendste Folge dieser Art sind die von Wilhelm Beyer geschaffenen „Musiksoli" der Ludwigsburger Manufaktur.
Die einzelnen männlichen und weiblichen Musikanten, die in salopper Kleidung weltverloren dasitzen und mit voller Hingabe die Hauptinstrumente der damaligen Kammermusik spielen, sind in der Intensität ihres künstlerischen Bemühens und der Musikalität des Ausdrucks bis heute nicht übertroffen worden.

F 30a □

Violinspieler

Auf Polsterhocker in schraubenförmiger Bewegung sitzender Violinspieler vor hermenbekröntem Notenpult. – Vergleichsstück bei Landenberger 1980, S. 33 m. Abb.

Porzellan mit Muffelmalerei in Weiß, Hellgelb, Grün und Hellviolett. – Höhe 18,8 cm. – Marke: CC mit Krone.

Literatur: Franzius 1977, Nr. 38 m. Abb.

Karlsruhe, Badisches Landesmuseum, Inv. Nr. V 19392

F 30b □

Cellospieler

In ungezwungener Haltung und Bekleidung auf einem Polsterhocker an einem Tischchen sitzender junger Mann, der Cello spielt.

Porzellan mit Muffelmalerei in gestuftem Braun und Blau, Hellgelb, Violett, Rostrot, Schwarz und Gold. – H. 17,8 cm. – Marke: CC mit Krone.

Literatur: Landenberger 1959, Nr. 411. – Landenberger 1980, S. 32.

Stuttgart, Württembergisches Landesmuseum, Inv. Nr. 5983

Schwarz und Gold. – H. 22,5 cm. – Marke: CC mit Krone.

Literatur: Landenberger 1959, Nr. 410. – Landenberger 1980, S. 32.

Stuttgart, Württembergisches Landesmuseum, Inv. Nr. 9154

F 31 □

Türke mit Handpferd

Ludwigsburg, Modell von Jean Jacques Louis, um 1762

Auf Erdsockel schreitender Türke mit reich geschmücktem Schimmel zu seiner Linken. – Durch die von Markgraf Ludwig Wilhelm von Baden, den sogen. „Türkenlouis", und den im Volkslied besungenen Prinzen Eugen geführten Türkenkriege des 17. und des beginnenden 18. Jahrhunderts war das Interesse für die bedeutende Kunst und Kultur der Osmanen geweckt worden. So ist es nicht verwunderlich, wenn die Darstellung von Türken in der Porzellankunst des 18. Jahrhunderts sehr beliebt war. Doch anders als die häufig modellierten Chinesendarstellungen mit ihren zahlreichen Figuren treten die Türken vorwiegend einzeln oder höchstens paarweise auf.

Porzellan mit Muffelmalerei in Weiß, Gelb, Grün, Türkis, gestuftem Blau, Rostrot, gestuftem Braun, Schwarz und Gold. – H. 16,5 cm. – Marke: CC mit Krone.

F 30b

F 30a

F 30c □

Gitarrespielerin

Auf Polsterstuhl vor hermenbekröntem Notenpult sitzt singende und Gitarre spielende junge Dame. – Vergleichsstück bei P. W. Meister, Porzellan des 18. Jahrhunderts, Sammlung Pauls, Bd. 2, Frankfurt a. M. 1967, S. 238 m. Abb.

Porzellan mit Muffelmalerei in unterschiedlichen Farben. – H. 20 cm. – Marke: CC mit Krone.

Literatur: Hofmann 1980, Nr. 182 m. Abb. – Landenberger 1980, S. 32.

Stuttgart, Württembergisches Landesmuseum, Inv. Nr. 5980

F 30d □

Spinettspielerin

Auf Polsterstuhl sitzende junge Dame, die hingebungsvoll auf einem von Rocaillefüßen getragenen Spinett spielt. – Vergleichsstück bei Landenberger 1959, Nr. 408

Porzellan mit Muffelmalerei in Rotviolett, Hellgelb, Inkarnatrosa, Beige, Türkis, Eisenrot, Blau und Gold. – H. 19 cm. – Marke: CC mit Krone, eingeritzt U.M.Z.S 52.

Berlin, Staatliche Museen Preußischer Kulturbesitz, Kunstgewerbemuseum, Inv. Nr. HF 502

F 30e

Sängerin

Auf Polsterstuhl vor kleinem Tischchen sitzende Sängerin mit Notenblatt in der erhobenen Linken. Am Boden ein Hündchen und vier Bücher.

Porzellan mit Muffelmalerei in Weiß, Gelb, Grau, Grün, Blau, gestuftem Rot, Braun und Violett,

F 30 d

F 32

F 30 c

F 31

F 33

F 34

F 35

Literatur: Landenberger 1959, Nr. 237, Taf. 2. – Landenberger 1980, S. 10.

Stuttgart, Württembergisches Landesmuseum, Inv. Nr. 14399

F 32 □

Papagei

Ludwigsburg, Modell von Jean Jacques Louis, um 1767

Auf Baumstumpf mit Rocaillen sitzender Papagei mit nach links gewandtem Kopf. Vögel gehören in der Porzellankunst mit zu den beliebtesten Dekorationsmotiven aus der Tierwelt. Zahlreiche Manufakturen geben vielerlei verschiedene Gattungen und Arten in ihrer Geschirrmalerei wieder. Aber auch als plastische Darstellungen treten Vögel immer wieder auf, wobei exotische Arten wegen ihres vielfältigen farbenprächtigen Gefieders besonders bevorzugt wurden. Die von J. J. Louis geschaffenen Vogelfiguren sind Meisterwerke der Charakterisierungskunst.

Porzellan mit Muffelmalerei in Grau, Zinnoberrot, Giftgrün, Gelb, Braun und Schwarz. – H. 33 cm. – Marke: CC mit Krone.

Literatur: Landenberger 1959, Nr. 312. – Landenberger 1980, S. 53.

Stuttgart, Württembergisches Landesmuseum, Inv. Nr. 1946/1

F 33 □

Kakadu

Ludwigsburg, Modell von Jean Jacques Louis, um 1767

Auf Rocaillensockel mit Kirschenzweig Kakadu mit nach rechts gewandtem Kopf mit hohem Federschopf.

Porzellan mit Muffelmalerei in Grau und Gelb. – H. 29,5 cm. – Marke: CC mit Krone, eingeritzt N 59 Z.C. L.

Literatur: Landenberger 1959, Nr. 316. – Landenberger 1980, S. 53.

Stuttgart, Württembergisches Landesmuseum, Inv. Nr. 9156a

F 34 □

Chinesenfürst

Ludwigsburg, Modell wohl von Joseph Weinmüller, um 1767

Stehender bärtiger Chinese mit mitraähnlicher Kopfbedeckung und Hermelinman-

F 37

tel. Neben ihm eine große Vase und ein kahlköpfiger Chinesenknabe. – Vergleichsstück bei P. W. Meister, Porzellan des 18. Jahrhunderts, Sammlung Pauls, Bd. 2, Frankfurt a. M. 1967, S. 244 m. Abb. – Zur China-Mode in der Porzellanplastik des 18. Jahrhunderts vgl. das zum Frankenthaler Chinesischen Teehaus Kat. Nr. F 1 Gesagte.

Porzellan mit Muffelmalerei in Weiß, Gelb, Grün, gestuftem Rot, Purpur, Lila und Gold. – H. 28,5 cm. – Marke: CC mit Krone.

Stuttgart, Württembergisches Landesmuseum, Inv. Nr. 1945/1

F 35 □

Chinesin

Ludwigsburg, Modell wohl von Joseph Weinmüller, um 1767

Stehende Chinesin, der ein neben ihr stehender Knabe eine Schüssel mit einer Melone reicht. Auf der anderen Seite eine große Vase.

Porzellan mit Muffelmalerei in Weiß, Gelb, gestuftem Grün, Blau und Braun, Rot, gestuftem Violett und Gold. – H. 26 cm. – Marke: CC mit Krone.

Literatur: Landenberger 1959, Nr. 425. – Landenberger 1980, S. 55.

Stuttgart, Württembergisches Landesmuseum, Inv. Nr. 1945/8

F 36

Vier Hermen als Allegorien der Monate März, Mai, Juni und Dezember

Aus einer Folge von Darstellungen der zwölf Monate

Ludwigsburg, Modelle von Johann Heinrich Schmidt nach Gottlieb Friedrich Riedel, um 1768

a) Behelmte weibliche Herme mit Tierkreiszeichen des Widders als „März“
b) Weibliche Herme mit Blumenkranz im Haar und Tierkreiszeichen der Zwillinge als „Mai“
c) Weibliche Herme mit Ährenkranz im Haar und Tierkreiszeichen des Krebses als „Juni“
d) Langbärtige männliche Herme mit Tierkreiszeichen des Steinbocks als „Dezember“

Porzellan mit Muffelmalerei in Weiß, Gold, Purpur, Schwarz, Gelb, Blau, Rostrot und Violett. – H. 16,7–18,1 cm. – Marken: CC.

Literatur: Landenberger 1959, Nr. 451–454. – Landenberger 1980, S. 83.

Stuttgart, Württembergisches Landesmuseum, Inv. Nr. 5818, 5817, 5819, 5816

F 37 □

Büste Herzog Carl Eugens von Württemberg

Ludwigsburg, um 1770. Nach Marmorbüste von Pierre François Lejeune

Auf rundem profiliertem Sockel Büste ohne Arme mit leicht nach rechts gedrehtem Kopf, in Harnisch mit reliefiertem Löwenkopf und Rocaillen, mit schräg über seine linke Brust geworfenem Hermelin und Manteltuch mit Ordensstern. – Vergleichsstück bei Landenberger 1959, Nr. 449,Taf. 1
Die Büste gibt den etwa vierzigjährigen württembergischen Herrscher wieder, der eine vielseitig interessierte, begabte und komplexe Persönlichkeit war, deren Handlungen von den Zeitgenossen unterschiedlich beurteilt worden sind. Carl Eugen war ein Förderer von Kunst und Kultur. Mit dem Bau von Schloß Solitude und Hohenheim, der Gründung der Hohen Karlsschule und der Ludwigsburger Porzellanmanufaktur vollzog er den Anschluß an das europäische Kunstschaffen.

F 39 F 39a

Die Fayencebüste der Ludwigsburger Manufaktur entstand zu einer Zeit, als der Schloßbau der Solitude in vollem Gang war. Das Schloß sollte dem Herzog dazu verhelfen, „von dem Getümmel und den Täuschungen der Welt sich erholend, Stunden der Muße und der Zurückgezogenheit verleben zu können". Carl Eugen wollte den kriegerischen Auseinandersetzungen entgehen, da er den angestrebten Kriegsruhm nicht erzielt und auch die von ihm erwünschte Kriegswürde nicht erhalten hatte. Der Künstler spricht hier allerdings diese Seite nicht an, sondern gibt den Herzog in der Rüstung wieder, an der ein Löwenkopf angebracht ist. Er ist ebenso wie das Fell ein Merkmal des Herkules und weist sinnbildlich auf die fürstliche Fortitudo Carl Eugens hin. Der Bruststern zeigt den Württembergischen Jagdorden, der durch Eberhard Ludwig gegründet wurde. Hinter dieser Porträtkonzeption steht letzten Endes die Auffassung des französischen Barockbildhauers Antoine Coyzevox (1640–1720), der in Paris arbeitete und als der bedeutendste Bildhauer der Epoche Ludwigs XIV. anzusehen ist (s. auch Kat. Nr. B 80 Büste Karl Theodors von Peter Anton Verschaffelt).

Fayence, weiß glasiert. – H. m. Sockel 75 cm. – Marke: fehlt.

Weinsberg, Kernerhaus

F 38

Allegorie auf die Kunstpflege Herzog Carl Eugens

Ludwigsburg, Modell nach Nicolas Guibal von Adam Bauer, um 1770–1775

Eine sitzende weibliche Figur hält als Personifikation der Gartenbaukunst eine Tafel mit Gartenplan und Schloßansicht. Neben ihr eine kniende weibliche Figur mit Töpferscheibe, Becken und Kanne als Personifizierung der Porzellankunst (1758 Gründung der Ludwigsburger Porzellanmanufaktur durch Carl Eugen), außerdem zwei Putten. – Die Porzellangruppe geht auf einen Entwurf von Nicolas Guibal für eine Steinplastik für Schloß Solitude bei Stuttgart zurück.

Porzellan mit Muffelmalerei in Weiß, Gelb, Grün, Blau, Rot, gestuftem Violett, gestuftem Braun bis Schwarz und Gold. – H. 26,5 cm. – Marke: CC.

Literatur: Landenberger 1959, Nr. 533. – F. Hofmann 1980, Nr. 147a m. Abb. – Landenberger 1980, S. 97.

Stuttgart, Württembergisches Landesmuseum, Inv. Nr. 5663

F 41 a

F 39 □

Sieben Teile aus einem Toilettenservice mit reliefierter Rocaillenborte

Ludwigsburg, Entwürfe von Gottlieb Friedrich Riedel, 1763

Form: a–b) Große und kleine ovale Deckelterrine auf Rocaillenfuß, mit Rocaillengriffen und Blumenstrauß als Knauf. c) Teller. d–e) Messer und Gabel. f) Suppenlöffel. g–h) Tischglocke auf ovaler Untersatzplatte mit Rocaillengriffen. – Dekor: Landschaftsdarstellungen und Ehewappen in Rocaillenkartusche. – Das sehr umfangreiche komplett erhaltene Toilettenservice war ein Geschenk Herzog Carl Eugens von Württemberg an die Marchesa Giovanelli-Martinengo in Venedig 1763.

Porzellan mit Muffelmalerei in unterschiedlichen Farben. – Maße: a) H. 17,5 cm; B. 26 cm; T. 15,5 cm. b) H. 12,2 cm; B. 18 cm; T. 10 cm. c) Dm. 24,5 cm. d) L. 22,8 cm. e) L. 20 cm. f) L. 18,6 cm. g) H. 11 cm. h) B. 22,5 cm; T. 14 cm. – Marken: CC mit Krone.

Literatur: Landenberger 1959, Nr. 776, 778, 790, 792 ff. und 749. – Landenberger 1980, S. 49 f.

Stuttgart, Württembergisches Landesmuseum, Inv. Nr. 1930 a) 29; b) 31; c) 37; d) 76; e) 75; f) 72; g–h) 47

F 40 □

Teekännchen

Ludwigsburg, Modell nach Entwurf von Gottlieb Friedrich Riedel, um 1765, bemalt um 1770

Form: Auf Standring kugeliges Kännchen mit geschwungenem Ohrhenkel und Drachenkopfausguß, auf Gefäß und Deckel aufgesetzte Blumen. – Dekor: Beidseitig je ein Vogelpaar in Gezweig.

F 40

Porzellan mit Muffelmalerei in Purpur und unterschiedlichen Farben. – H. 11 cm. – Marke: CC mit Krone.

Literatur: Landenberger 1959, Nr. 949.

Stuttgart, Württembergisches Landesmuseum, Inv. Nr. 14328

F 41 □

Drei Teile aus einem Schokoladenservice mit Schuppenrelief

Ludwigsburg, Modelle nach Gottlieb Friedrich Riedel, um 1765–1770, bemalt um 1775–1780

Form: a) Zylindrische Schokoladenkanne mit Röhrenausguß und seitlichem Stutzen mit stabförmigem Holzgriff, Deckel mit Bronzebügel. b) Vierfach ausgebogte ovale Zuckerdose mit gewölbtem Deckel. c) Gerundete Bechertasse mit geschwungenem Ohrhenkel und d) Untertasse. – Dekor: Blumensträuße und Streublumen. Mit Kaffee und Tee zusammen gehörte auch der Kakao zu den drei Getränken, die im 17. Jahrhundert aus fernen Ländern in Europa eingeführt worden sind und in der Folgezeit eine große kulturgeschichtliche Bedeutung erlangt haben. Nach einer ausführlichen Beschreibung des tropischen amerikanischen Kakaobaumes durch Girolamo Benzoni im Jahre 1565 ist das neue Schokoladengetränk zu Beginn des 17. Jahrhunderts bereits in Italien und den Niederlanden nachweisbar. Um 1660 führte Maria Theresia, die Gemahlin Ludwigs XIV., das Schokoladetrinken in Frankreich ein, von wo es sich bald über ganz Europa verbreitete. Wie für die aus Porzellan hergestellte Kaffee- und Teekanne ist auch für die Schokoladenkanne die allgemein verbindliche Form von der berühmten Meißener Porzellanmanufaktur entwickelt worden.

F 43

Porzellan mit Muffelmalerei in unterschiedlichen Farben und Gold. – H. a) 15,7 cm; b) 11 cm; c) 7 cm. B. b) 13,5 cm. Dm. d) 13,4 cm. – Marken: CC mit Krone.

Literatur: Landenberger 1959, a) Nr. 831, b) Nr. 828. – Landenberger 1980, S. 25.

Stuttgart, Württembergisches Landesmuseum, Inv. Nr. a) 1946/123, b) 1981 b c–d) 5914

F 42

Plat de Menage

Ludwigsburg, um 1765–1770

Form: Ovale profilierte und gebogte Platte mit zwei Muschelgriffen und vier geschwungenen Stützen, die unten je ein Muschelnäpfchen, oben gemeinsam ein zentrales sternförmig ausschwingendes Gitterkörbchen tragen. Zwischen den Stützen Essig- und Ölkännchen, Streubüchse und Senftopf mit Löffelchen. – Dekor: „Ostasiatische" Blumen.

Fayence mit Muffelmalerei in Purpur, Gelb, Grün, Blau und Braun. – L. 37 cm; B. 27 cm; H. 29 cm. – Marken: CC.

Literatur: Landenberger 1959, Nr. 1170, Taf. 31.

Stuttgart, Württembergisches Landesmuseum, Inv. Nr. 1952/466 a–g

F 43 □

Wandleuchter

Ludwigsburg, Modell von Johann Heinrich Schmidt nach Vorbild von Gottlieb Friedrich Riedel, um 1770

Hochovale Rocaillenkartusche mit bekrönendem Adler. Unten zwei plastische Bocksköpfe und weibliche Halbfigur mit Füllhorn als Lichttülle. In der Kartusche gemalter Blumenstrauß. – Teilweise übereinstimmender Wandleuchter ohne die Halbfigur bei Landenberger 1959, Nr. 1027f.

Porzellan mit Muffelmalerei in unterschiedlichen Farben. – H. 48 cm, B. 25,5 cm. – Ohne Marke.

Literatur: Landenberger 1980, S. 19.

Stuttgart, Württembergisches Landesmuseum, Inv. Nr. 1946/23

F 44 □

Brûle-Parfum (Räuchergefäß)

Ludwigsburg, Modell von Johann Heinrich Schmidt nach Entwurf von Gottlieb Friedrich Riedel, um 1770

Form: Kugelig auf dreiseitigem Volutenfuß mit drei Reliefmaskarons über Rocaillenkartuschen. – Dekor: Vogel- und Blumenmalerei. – Ein sehr ähnliches Modell gibt es auch in Fürstenberger Porzellan, vgl. Christian Scherer, Das Fürstenberger Porzellan, Berlin 1909, Abb. 32

Porzellan mit Muffelmalerei in unterschiedlichen Farben. – H. 22,5 cm. – Marke: CC mit Krone.

Literatur: Landenberger 1959, Nr. 1033. – Landenberger 1980, S. 87.

Stuttgart, Württembergisches Landesmuseum, Inv. Nr. 1935/303

F 44

F 45 □

Kaffeekanne

Ludwigsburg, bemalt von Philipp Jakob Ihle, um 1770

Form: Auf drei Blattvolutenfüßen birnförmige Kanne mit Schnabelausguß und geschwungenem Ohrhenkel sowie glokkenförmigem Deckel mit Apfelknauf. – Dekor: Gitarre spielende Dame mit Kavalier und Liebespaar in Baumlandschaft (zum Maler Ihle vgl. Wanner-Brandt 1906, S. 6). – Zu Kaffee und Kaffeekanne vgl. Kat. Nr. F 23.

Porzellan mit Muffelmalerei in unterschiedlichen Farben und Gold. – H. 23,1 cm. – Marke: CC mit Krone, Malermarke I.

Literatur: Landenberger 1980, S. 21.

Stuttgart, Württembergisches Landesmuseum, Inv. Nr. 1971/109

F 46 □

Blumentopf

Ludwigsburg, um 1770–1780

Form: Zylinderförmig, nach oben etwas erweitert, im Boden in der Mitte eine etwas größerce, am Rand drei kleinere runde Öffnungen. – Dekor: Großes Württembergisches Herzogswappen. – In Form und Dekor übereinstimmende Blumentöpfe bei Riesebieter 1921, Abb. 151 und bei Hüseler, Bd. 2, 1957, Abb. 462.

Fayence mit Scharffeuerbemalung in gestuftem Blau. – H. 18 cm. – Marke: CC, B und 2, dazwischen Querstrich.

Freiburg i. Br., Sammlung Simmermacher

knauf. b) Runde Zuckerdose mit gewölbtem Deckel mit Knospenknauf. c–d) Zwei steilwandige Tassen mit Untertassen. – Dekor: Sträuße und Zweige mit sog. „deutschen" Blumen. – Vergleichsstück zur Kaffeekanne bei Schmitz 1925, Nr. 10 m. Abb.

Porzellan mit Muffelmalerei in Purpur, Dunkelrot, Gelb, Grün und Blau. – H. a) 21,5 cm; b) 11 cm; c–d) 6,3 cm. – Marken: Bad. Wappenschild.

Karlsruhe, Badisches Landesmuseum, Inv. Nr. 62/24 a–d

F 52

F 53 □

Wasserkanne

Baden-Baden, um 1770–1778

Form: Über ausschwingendem Fuß birnförmiger Gefäßkörper mit weitem, hochgezogenem Ausguß und bandförmigem C-Schwung-Henkel. – Dekor: Sträuße und Zweige mit sog. „deutschen" Blumen.

F 53

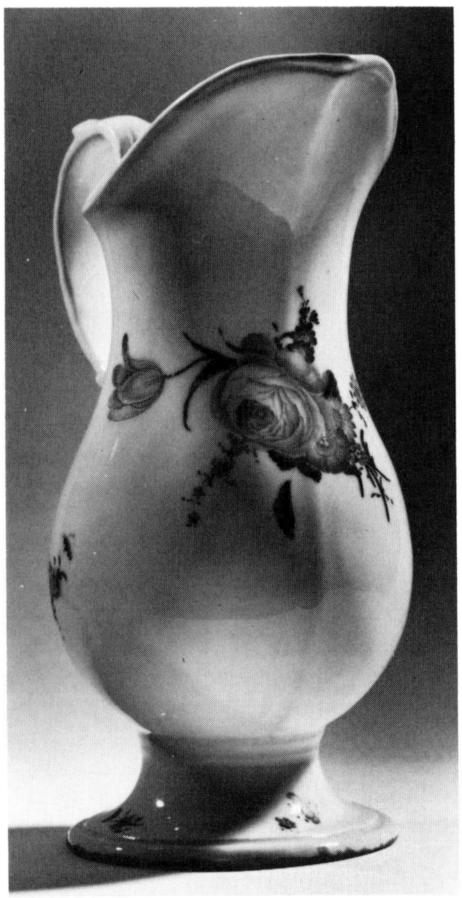

Porzellan mit Muffelmalerei in Purpur, Dunkelrot, Gelb, Blau und Grün bis Schwarzgrün. – H. 22,8 cm. – Marke: Bad. Wappenschild.

Literatur: Schmitz 1925, Nr. 7 m. Abb. – Jedding 1971, S. III/84, Nr. 218 m. Abb.

Karlsruhe, Badisches Landesmuseum, Inv. Nr. V 12338[b]

F 54

Schale

Baden-Baden, um 1770–1778

Form: Langovaler Gefäßkörper mit geschwungen steil aufsteigender Wandung. – Dekor: Sträuße und Zweig mit sog. „deutschen" Blumen.

Porzellan mit Muffelmalerei in Purpur, Rotbraun, Gelb, Grau, Grün und Blau. – H. 5,5 cm; L. 31,5 cm; B. 20,8 cm. – Ohne Marke.

Literatur: Schmitz 1925, Nr. 8 m. Abb.

Karlsruhe, Badisches Landesmuseum, Inv. Nr. V 12338[a]

F 55 □

„Fünffingervase"

Baden-Baden, um 1770–1778

Form: Über schmalem Sockel kastenartiger Gefäßkörper in Wappenschildform mit zwei geschwungenen Henkeln und fünf runden Tüllen zum Einstellen von Blumen. – Dekor: Sträuße mit sog. „deutschen" Blumen.

Porzellan mit Muffelmalerei in Purpur, Dunkelrot, Gelb, Blau und Grün. – H. 17,8 cm; B. 21,7 cm. – Marke: Bad. Wappenschild.

Freiburg i. Br., Augustinermuseum, Inv. Nr. K 27/16

F 55

FAYENCE

Fayencen nennt man nördlich der Alpen Gegenstände des Gebrauchs oder Figuren aus gebranntem porösem Ton mit einer durch Zinnoxyd weiß gefärbten Glasur. Mit glänzend weißen Fayencen hat man bewußt das teure Porzellan imitiert, das lange Zeit aus Ostasien eingeführt werden mußte.
Die Bezeichnung Fayence ist von der italienischen Stadt Faenza abgeleitet, die im 15. und 16. Jahrhundert ein Zentrum zinnglasierter Keramik war. Diese wird südlich der Alpen jedoch Majolika genannt, nach der Insel Mallorca, über die im späten Mittelalter maurische Fayencen nach Italien eingeführt worden sind.
Während die Figuren vorwiegend in Gipsformen hergestellt wurden, sind die meisten Gebrauchsgegenstände wie Vasen, Kannen, Schüsseln und sonstigen Gefäße gewöhnlich auf der Töpferscheibe mit den Händen frei gedreht worden.
Die von der Töpferscheibe abgenommenen Objekte ließ man zunächst an der Luft etwa lederhart trocknen. Dann wurden die meist in Gipsformen hergestellten komplizierten Henkel und Ausgußtüllen angarniert, das heißt mit Tonbrei an den vorgesehenen Stellen der Gefäßwandung befestigt. Da der trockene Ton von Henkel bzw. Ausgußtülle und Gefäß dem als Kittmasse dienenden Tonbrei die Feuchtigkeit entzog, entstand eine feste Verbindung. Darauf kamen die Stücke zum Brennen in den Ofen. Im sogenannten Schrühbrand mit Temperaturen von etwa 800° Celsius wurde ihnen weitere Feuchtigkeit entzogen und damit eine größere Festigkeit gegeben. In einem neuen Arbeitsgang wurden die Objekte glasiert. Grundbestandteil der Glasur war Quarzsand, dem vor allem Zinnoxyd zugefügt wurde. Das Gemenge wurde fein gemahlen und mit Wasser zu einem weißgrauen Brei angerührt, in den die geschrühten Stücke nur kurz eingetaucht wurden. Da der poröse Ton die Feuchtigkeit rasch aufsog, schlug sich die Glasurmasse augenblicklich als mehliger Überzug auf der Oberfläche des Gefäßes nieder.
Ein zweiter sogenannter Glattbrand bei etwa 1000–1050° Celsius brachte den Überzug zum Schmelzen, so daß er mit dem Scherben – wie man die gebrannte Tonmasse nennt – eine feste Verbindung einging. Die glänzend weiß gebrannte Glasur war wasserundurchlässig und hatte eine glasartige Konsistenz.

F 56

Neben der „Weißware" wurden auch mit keramischen Farben geschmückte Fayencen hergestellt. Für die Dekoration bediente man sich vor allem in den älteren Manufakturen der sogenannten Scharffeuerfarben. Diese wurden als vorwiegend weiße oder graue Paste mit dem Pinsel auf die noch ungebrannte Glasur aufgetragen. Erst im „scharfen Feuer" des Glattbrandes bei etwa 1000–1050° Celsius entwickelte sich die Leuchtkraft der Farben. Sie sanken in die schmelzende Glasur ein und ergaben besonders zarte, manchmal leicht verschwommene Umrißlinien. Nur wenige der aus Metalloxyden bestehenden Farben hielten die hohe Temperatur des Glattbrandes aus ohne zu verbrennen: Kobaltblau, Antimongelb, Kupfergrün, Eisenrot, Manganviolett sowie das aus Mischungen verschiedener Oxyde bestehende Schwarz.
In vielen Manufakturen bediente man sich der reicheren Farbskala der sogenannten Muffelfarben, die bei geringerer Temperatur in einem dritten Brand auf die bereits fertige Glasur aufgeschmolzen wurden. Verfügte man mit den fest in die Glasur eingeschmolzenen Scharffeuerfarben über einen weitgehend unempfindlichen Dekor, so waren die nur auf der Oberfläche der Glasur haftenden Muffelfarben dagegen viel leichter Beschädigungen ausgesetzt.
Der Scherben war bei der Fayence wegen der Eisenoxyd-Beimengungen des Tones meist gelblich oder rötlich. Das glänzende, aber keineswegs kalte Weiß der Glasur verlieh der Fayence ihre von den Manufakturen bewußt angestrebte Porzellanähnlichkeit.

ZUR DURLACHER FAYENCE-MANUFAKTUR 1723–1847

Acht Jahre nach der Gründung seiner zukünftigen neuen Residenz Karlsruhe erteilte Markgraf Carl Wilhelm von Baden-Durlach im Jahre 1723 dem sog. „Porcellain-Fabrikanten" Johann Heinrich Wachenfeld das Privileg zur Errichtung einer „Porcellain und Tabac Pfeifenfabrique". Der zwei Jahre zuvor maßgeblich an der Gründung der Straßburger Fayence-Manufaktur beteiligte Wachenfeld starb nach ersten beachtlichen Erfolgen bereits 1726. Die zunächst von seiner Witwe und deren zweitem Mann Johann Ludwig Wagner und seit 1739 von Joseph Vincent aus Hagenau weitergeführte Manufaktur produzierte kaum noch und geriet schließlich ganz in Verfall. Erst der Durlacher Postmeister Georg Adam Herzog und der Klosterwirt und Handelsmann Johann Adam Benckiser aus Herrenalb leiteten ab 1749 mit einem von Markgraf Karl Friedrich erteilten Privileg die eigentliche Blütezeit der Manufaktur ein, indem sie den sachverständigen Dominikus Cuny aus Nancy zum technischen Direktor des Unternehmens bestellten. Bis ins 19. Jahrhundert hinein blieb die Manufaktur im Besitz der Nachkommen ihrer Neugründer und entwickelte sich durch ihre perfekte porzellanähnliche Glasur, ihre schönen Scharffeuerfarben und die Reichhaltigkeit ihrer Formen und Dekore zu einer Fayence-Manufaktur von besonderer Eigenart und hervorragender Bedeutung.
Die Geschirre aus der Frühzeit der Manufaktur mit ihren Wappen oder Spiegelmonogrammen des Markgrafen von Baden-Durlach schließen sich mit ihren blauen Randbortendekoren noch stark an Ansbach und Straßburg an. Auch der Neubeginn um 1750 mit den reichen blauen Behangborten, die vielleicht auf den aus der Göppinger Fayence-Manufaktur gekommenen Blaumaler Cyriakus Löwer zurückgehen, wäre ohne Straßburg kaum denkbar. Eine unverkennbare künstlerische Eigenständigkeit setzt dann mit den prachtvollen ostasiatischen Blumen mit den geknickten Gräsern in mehrfarbiger Scharffeuermalerei ein. Schon früh treten die später im 19. Jahrhundert die Produktion weitgehend bestimmenden birnförmigen Krüge mit Jagd-, Ackerbau- und Handwerks-Darstellungen sowie den Namen ihrer Eigentümer in Erscheinung.
Um 1763 tauchen im Gegensatz zu den ostasiatischen die ersten sog. „deutschen" Blumen auf, die später zu besonders reicher Ausbildung kommen sollten. Dann kam es mit den höchst phantasie- und qualitätvollen unverwechselbaren Durlacher Chinoiserien zu einer Wiederaufnahme ostasiatischer Einflüsse. Das letzte Viertel des Jahrhunderts wird schließlich von Landschaftsveduten mit antiken Monumenten geprägt, die an Rousseaus Ruf „Zurück zur Natur" und Winckelmanns Entdeckung der klassischen Antike denken lassen.

F 56 □

Achteckige Platte

Durlach, um 1725

Form: Flacher Spiegel, stark gewölbte Fahne mit Wulst und geriefelter Randborte. – Dekor: Bekröntes Wappen des Markgrafen von Baden-Durlach mit dem Hausorden der Treue, von Greifen gehalten. Auf der Fahne umlaufende bandartige Borte mit ausgesparten Spiralornamenten und Blattmotiven.

Fayence mit Scharffeuermalerei in gestuftem Blau. – H. 4,6 cm; Dm. 39 cm. – Marke: N.ro. 3.

Literatur: Franzius 1975, Nr. 6 m. Abb.

Schloß Favorite bei Rastatt, Inv. Nr. G 609

F 57 □

Zuckerstreuer

Durlach, Maler Johann Heinrich Wachenfeld, um 1725

Form: Bauchiger Gefäßkörper auf gewölbtem Fuß, mit glockenförmigem Schraubdeckel mit Durchbrüchen. – Dekor: Bekröntes Spiegelmonogramm C (Markgraf Carl Wilhelm von Baden-Durlach). An Fuß, Hals und Deckel umlaufende bandartige Borte mit ausgesparten Spiralornamenten und Blattmotiven. – Vergleichsstück aus Schloß Favorite bei Franzius 1975, Nr. 13 m. Abb.

Fayence mit Scharffeuermalerei in gestuftem Blau. – H. 21,6 cm. – Marke: W N.ro. 13.

Schloß Favorite bei Rastatt, Inv. Nr. G. 2504

F 57

F 58

Kleiner Deckelkrug

Durlach, Maler Johann Heinrich Wachenfeld, um 1725

Form: Birnförmiger Gefäßkörper mit Schnabelausguß, Ohrhenkel und leicht gewölbtem Deckel. – Dekor: Auf Gefäß und Deckel bekröntes Spiegelmonogramm C (Markgraf Carl Wilhelm von Baden-Durlach). Am Hals und auf dem Deckel umlaufende bandartige Borte mit ausgesparten Spiralornamenten und Blattmotiven.

Fayence mit Scharffeuermalerei in gestuftem Blau. – H. (ohne Deckel) 10,7 cm. – Marke: W. N.ro. 15.

F 60

Form: Ovaler geschweifter Spiegel mit gebuckelter vierpassig geschweifter Wandung mit muschelförmigen Griffen. – Dekor: Fahne mit breiter Behangborte aus stilisiertem Rankenwerk mit stilisierten Blüten, Fruchtkörbchen und Muscheln. Im Spiegel aus gleichen Motiven gebildetes Mittelstück.

Fayence mit Scharffeuermalerei in gestuftem Blau mit Schwarz. – H. 4,5 cm; L. 42 cm; B. 28 cm. – Ohne Marke.

Literatur: Franzius 1975, Nr. 24 m. Abb.

Karlsruhe, Badisches Landesmuseum, Inv. Nr. V 12387

F 62 □

Birnkrug mit Zinnmontierung

Durlach, um 1750

Form: Birnförmiger Gefäßkörper mit Ohrhenkel und Zinnmontierung. – Dekor: Am Hals umlaufend große Behangborte mit Muschel, überkreuztem Stab-

F 62

Literatur: Franzius 1975, Nr. 10 m. Abb.

Schloß Favorite bei Rastatt, Inv. Nr. G 4324

F 59

Kleiner Walzenkrug

Durlach, Maler Johann Heinrich Wachenfeld, um 1725

Form: Zylindrischer Gefäßkörper mit Ohrhenkel und leicht gewölbtem Deckel. – Dekor: Auf Gefäß und Deckel bekröntes Spiegelmonogramm C (Markgraf Carl Wilhelm von Baden-Durlach). Am Hals und auf dem Deckel umlaufende bandartige Borte mit ausgesparten Spiralornamenten und Blattmotiven.

Fayence mit Scharffeuermalerei in gestuftem Blau. – H. (ohne Deckel) 9,3 cm. – Marke: W N.ro 14.

Literatur: Franzius 1975, Nr. 11 m. Abb.

Schloß Favorite bei Rastatt, Inv. Nr. G 4323

F 60 □

Deckelterrine

Durlach, um 1750

Form: Ovaler, vielfach gebuckelter bauchiger Gefäßkörper auf geschwungenen Klauenfüßen; hoher, mehrfach gestufter Deckel mit Artischockenknauf. – Dekor: Auf Leibung und Deckelrand breite Behangborte aus stilisierten Blüten, Fruchtkörbchen und Muscheln.

Fayence mit Scharffeuermalerei in gestuftem Blau mit Schwarz. – H. 28,7 cm; L. 32,5 cm; B. 20,8 cm. – Ohne Marke.

Literatur: Franzius 1975, Nr. 26 m. Abb., Farbtaf. II.

Karlsruhe, Badisches Landesmuseum, Inv. Nr. V 12642

F 61

Bratenschüssel

Durlach, um 1750

F 64

werk, Akanthuslaub, Voluten, ostasiatischen Blüten und hängendem Blumengebinde.

Fayence mit Scharffeuermalerei in Blau, Gelb, Ocker, Grün und Manganviolett. – H. 28,5 cm. – Ohne Marke.

Literatur: Franzius 1975, Nr. 27 m. Abb. – Swoboda, Franz, Durlacher Fayencen, Ausst. Kat., Reiß-Museum Mannheim 1978, Nr. 3 m. 2 Abb., Farbtaf. 2.

Mannheim, Städtisches Reiß-Museum

F 63 □

Adlerterrine

Durlach, um 1755–1760

F 63

F 66

Form: Über eingezogenem Sockel geschwungener ovaler Gefäßkörper mit reliefplastischen Blattmotiven, Adlerköpfen als Handhaben und einem geschwungenen Deckel mit Rosenzweig als Knauf. – Dekor: Neben Staffierung der reliefplastischen Verzierungen stilisierte ostasiatische Blütenzweige mit geknickten Gräsern, Knospen- und Streuzweige.

Fayence mit Scharffeuermalerei in Blau, Gelb, Ocker, Grün, Manganviolett und Schwarz. – H. 20,2 cm; L. 40 cm; B. 20,5 cm. – Ohne Marke.

Literatur: Franzius 1975, Nr. 39 m. Abb., Farbtaf. V.

Freiburg i. Br., Sammlung Simmermacher

F 64 □

Große Platte

Durlach, um 1755–1760

Form: Oval mit geschweiftem Rand und reliefierten Muscheln als Handhaben. – Dekor: Zwei große und zwei kleinere gegenständige Blütenzweige mit ostasiatischen Blumen mit geknickten Gräsern, außerdem Streublümchen.

Fayence mit Scharffeuermalerei in Blau, Gelb, Ocker, Dunkelgrün, Manganviolett und Schwarz. – L. 60 cm. B. 43,5 cm. – Ohne Marke.

Literatur: Franzius 1975, Nr. 38 m. Abb., Farbtaf. IV.

Karlsruhe, Badisches Landesmuseum, Inv. Nr. 57/54

F 65

Kanne

Durlach, um 1755–1760

Form: Über gebuckeltem Glockenfuß und Nodus helmförmiger Gefäßkörper mit senkrechten Einschnürungen und J-förmigem Wulsthenkel. – Dekor: Großer und kleinere Blütenzweige mit ostasiatischen Blumen und geknickten Gräsern.

Fayence mit Scharffeuermalerei in Blau, Gelb, Ocker, Grün, Manganviolett und Schwarz. – H. 20,7 cm; L. 23 cm; B. 11 cm. – Ohne Marke.

Literatur: Franzius 1975, Nr. 41 m. Abb.

Karlsruhe, Badisches Landesmuseum, Inv. Nr. V 5181

F 66 □

Teller

Durlach, um 1755–1760

Form: Runder Spiegel mit sechspassig geschweifter Fahne mit gekehltem Rand. – Dekor: Ein großer und zwei kleinere Blütenzweige mit ostasiatischen Blumen und geknickten Gräsern sowie Streublättchen.

F 67

F 68

F 69

Fayence mit Scharffeuermalerei in Blau, Gelb, Okker, Hellgrün, Manganviolett und Schwarz. – Dm. 25 cm. – Ohne Marke.

Literatur: Franzius 1975, Nr. 33 m. Abb.

Karlsruhe, Badisches Landesmuseum, Inv. Nr. V 12378

F 67 □

Birnkrug mit Zinnmontierung

Durlach, datiert 1758

Form: Birnförmiger Gefäßkörper mit gedrücktem Schnabelausguß, Ohrhenkel und Zinnmontierung. – Dekor: In bekrönter, von Löwen flankierter Bandelwerkumrahmung Brötchen, Brezel und Mühlrad als Zunftzeichen der Bäcker und Jahreszahl 1758. Am Halsrand Inschrift MATTHEIS WEINGAERTNER. Seitlich ostasiatische Blumen mit geknickten Gräsern.

Fayence mit Scharffeuermalerei in Blau, Gelb, Okker, Grün, Manganviolett und Schwarz. – H. (ohne Deckel) 23,7 cm. – Ohne Marke.

Literatur: Franzius 1975, Nr. 276 m. Abb.

Karlsruhe, Badisches Landesmuseum, Inv. Nr. C 3807

F 70

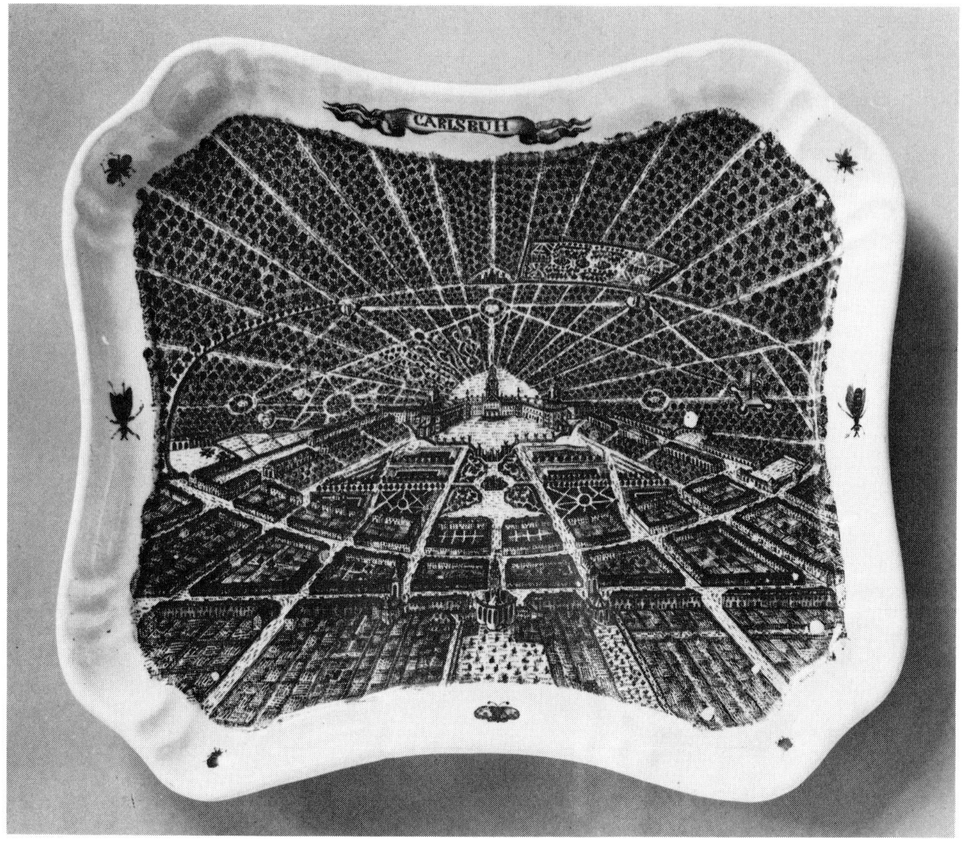

F 71

F 68 □

Birnkrug mit Zinnmontierung

Durlach, um 1760

Form: Birnförmiger Gefäßkörper mit gedrücktem Schnabelausguß, Ohrhenkel und Zinnmontierung. – Dekor: In baumbestandener Landschaft springender Hirsch und Jäger mit umgehängtem Gewehr und Hundekoppel.

Fayence mit Scharffeuermalerei in Hellblau, Gelb, Ocker, Hellgrün, Manganviolett und Schwarz. – H. (ohne Deckel) 22 cm. – Ohne Marke.

Literatur: Franzius 1975, Nr. 194 m. Abb., Farbtaf. XVI.

Karlsruhe, Badisches Landesmuseum, Inv. Nr. 73/140

F 69 □

Teller

Durlach, datiert 1763

Form: Runder Spiegel mit sechspassig geschweifter Fahne mit gekehltem Rand. – Dekor: Großer Blumenstrauß mit ostasiatischen und sog. „deutschen“ Blumen (Chrysantheme und Tulpe), Fahne mit Blütengirlanden.

Fayence mit Scharffeuermalerei in Blau, Gelb, Okker, Grün, Manganviolett und Schwarz. – Dm. 25 cm. – Malermarke T und Jahreszahl 1763.

Literatur: Franzius 1975, Nr. 143 m. Abb. – Karlsruhe 1976, Nr. 320.

Karlsruhe, Badisches Landesmuseum, Inv. Nr. 62/135

F 70 □

Birnkrug

Durlach, datiert 1765

Form: Birnförmiger Gefäßkörper mit gedrücktem Schnabelausguß und Ohrhenkel. – Dekor: In baumbewachsener Landschaft mit zwei Pferden pflügender Bauer, darüber Inschrift CHRISTIAN ROTWEILLER, darunter 1765.

Fayence mit Scharffeuermalerei in Blau, Gelb, Okker, Grün, gestuftem Manganviolett und Schwarz. – H. 21 cm. – Ohne Marke.

Karlsruhe, Badisches Landesmuseum, Inv. Nr. V 3588

F 71 □

Tablett mit Stadtansicht

Durlach, um 1765

Form: Viereckige Grundform mit eingezogenen Seiten und abgeschrägten Ekken. – Dekor: Ansicht der im Hardtwald gelegenen Residenzstadt Karlsruhe nach einem von G. N. Fischer gezeichneten und von J. Striedbeck gestochenen zeitgenössischen Kupferstich.

Fayence mit Scharffeuermalerei in Graugrün bis Schwarz. – L. 36 cm, B. 32 cm. – Ohne Marke.

Literatur: Franzius 1975, Nr. 58 m. Abb. – Karlsruhe 1976, Nr. 319.

Karlsruhe, Badisches Landesmuseum, Inv. Nr. R 209

F 72 □

Wandkalender

Durlach, um 1765–1770

F 72

Form: Hochrechteckige Platte mit vielfach geschweiftem giebelförmigem oberen Abschluß und Segmentausschnitt. – Dekor: Unten Jagddarstellung mit Hirsch, Reh und Hasen. In der Mitte ein aus mehreren konzentrischen Kreisen aufgebautes Schriftfeld. Im äußersten Ring Frakturinschrift: „Die gantze Jahreszeit, auch Monath und den Tag, man hier deutlich sehen mag", sowie abgekürzt die Namen der Wochentage. Im folgenden Feld zwölf Herzen mit den Monatsnamen und der entsprechenden Zahl der Tage; in den von den Spitzen der Herzen gebildeten Dreiecken die zwölf Tierkreiszeichen. Im innersten Feld die vier Jahreszeiten. In der Plattenmitte ein Loch zur Befestigung der nicht erhaltenen drehbaren Scheibe mit den Datumsangaben, die im Segmentausschnitt sichtbar wurden und die Platte zum „ewigen Kalender" machten.

Fayence mit Scharffeuermalerei in Hellblau, Gelb, Ocker, Grün, Manganviolett und Schwarz. – H. 45 cm; B. 35 cm. – Ohne Marke.

Literatur: Franzius 1975, Nr. 210 m. Abb. – Meinz/Strauß 1976, Taf. 16.

Karlsruhe, Badisches Landesmuseum, Inv. Nr. V 3959

F 73 □

Platte

Durlach, um 1770

Form: Ovaler Spiegel mit vierpassig geschweifter Fahne mit breiten Zwischenstegen und gekehltem Rand. – Dekor: Vier Sträuße mit sog. „deutschen" Blu-

F 73

F 75

F 79

F 78

F 80

men, wie Rosen und Tulpen, außerdem Käfer und Insekten.

Fayence mit Scharffeuermalerei in gestuftem Grün mit Schwarz. – L. 37 cm; B. 20 cm. – Malermarke T.

Literatur: Franzius 1975, Nr. 136 m. Abb.

Karlsruhe, Badisches Landesmuseum, Inv. Nr. C 4753

F 74

Teller

Durlach, um 1770

Form: Runder Spiegel mit sechspassiger Fahne mit gekehltem Rand. – Dekor: Großer Blumenstrauß mit sog. „deutschen" Blumen, wie Rose und Nelke, Streuzweige und -blättchen.

Fayence mit Scharffeuermalerei in Grün mit Manganviolett und Schwarz. – Dm. 25 cm. – Ohne Marke.

Literatur: Franzius 1975, Nr. 133 m. Abb.

Karlsruhe, Badisches Landesmuseum, Inv. Nr. V 11010

F 75 □

Teekanne

Durlach, um 1770

Form: Kugeliger Gefäßkörper mit Röhrenausguß, J-förmigem Henkel und flach gewölbtem Deckel mit Blütenzweig als Knauf. – Dekor: Sträuße mit sog. „deutschen" Blumen, wie Rosen und Nelken, sowie Blütenzweige und Streublümchen.

Fayence mit Scharffeuermalerei in Grün mit Manganviolett. – H. 12,8 cm. – Ohne Marke.

Literatur: Franzius 1975, Nr. 140 m. Abb.

Karlsruhe, Badisches Landesmuseum, Inv. Nr. V 3614

F 76

Zuckerdose

Durlach, um 1770

Form: Runder, steilwandiger Gefäßkörper mit gewölbtem Deckel mit Blütenzweig als Knauf. – Dekor: Sträuße mit sog. „deutschen" Blumen, wie Rosen und Nelken, sowie Streublümchen.

Fayence mit Scharffeuermalerei in Grün mit Schwarz. – H. 11 cm; Dm. 10,3 cm. – Malermarke S.

Literatur: Franzius 1975, Nr. 141 m. Abb.

Karlsruhe, Badisches Landesmuseum, Inv. Nr. 67/78

F 77

F 77 □

Nachtlicht mit Breinapf (Réchaud)

Durlach, um 1765–1770

Form: Oben offener Kegelstumpf mit aufgesetztem Breinapf und gewölbtem Deckel. – Dekor: Große, von Rocaillen umgebene Chinesenfiguren, Streuzweige und -blättchen sowie Insekten.

Fayence mit Scharffeuermalerei in gestuftem Grün mit Schwarz. – H. 23,5 cm; Dm. 16,7 cm. – Malermarke H.

Literatur: Franzius 1975, Nr. 86 m. Abb., Farbtaf. VI. – Karlsruhe 1976, Nr. 321.

Karlsruhe, Badisches Landesmuseum, Inv. Nr. 63/36

F 81

F 82

F 78 □

Tintenzeug

Durlach, um 1770–1775

Form: Auf vier Füßen nierenförmiger Kasten mit drei Einsätzen für Tinte, Streusand und Federn sowie einer Kerzentülle. – Dekor: Jeweils in exotischer Gartenlandschaft verschiedene Chinesen-Darstellungen, außerdem Streuzweige.

F 82 c

Fayence mit Scharffeuermalerei in Grün, Braun und Schwarz. – H. 11,5 cm; L. 17 cm; B. 14,4 cm. – Malermarke S.

Literatur: Franzius 1975, Nr. 90 m. Abb.

Karlsruhe, Badisches Landesmuseum, Inv. Nr. 58/66

F 79 □

Vier Teile von einem Service

Durlach, um 1775

Form: a) Anbietplatte in Kleeblattform mit kleinem Ohrhenkel. b) Kugelige Teekanne mit J-förmigem Henkel und flachem Deckel mit Apfelzweig als Knauf. c) Kaffee- oder Milchkanne in Birnform mit J-förmigem Henkel und gewölbtem Deckel mit Apfelzweig als Knauf. d) Runde Zuckerdose mit steiler Wandung und gewölbtem Deckel mit Apfelzweig als Knauf. – Dekor: Chinesen in exotischer Landschaft, Blütenzweige, Streublümchen und Insekten. – Kleeblattförmige Anbietplatten sind für Durlach besonders typisch und treten in der Blütezeit der Manufaktur häufig auf.

Fayence mit Scharffeuermalerei in Blau, Gelb, Okker, Grün, Manganviolett und Schwarz. – H. b) 9,7 cm; c) 18 cm; d) 9,5 cm. Dm. a) 28,3 cm × 27 cm. – Marken: a, b und d) Malermarke H.

Literatur: Franzius 1975, Nr. 118 m. Abb., Farbtaf. IX.

Karlsruhe, Badisches Landesmuseum, Inv. Nr. V 12402 a–d

F 80 □

Teebüchse

Durlach, um 1775

Form: Hohe, oben gerundete Kastenform mit rundem Deckel mit Apfelzweig als Knauf. – Dekor: Chinese bzw. Tiere in exotischer Landschaft, Blumenzweige und Insekten.

Fayence mit Scharffeuermalerei in Blau, Gelb, Okker, Grün, gestuftem Manganviolett und Schwarz. – H. 13,5 cm; L. 7,5 cm; B. 4,6 cm. – Malermarke D.

Literatur: Franzius 1975, Nr. 104 m. Abb.

Karlsruhe, Badisches Landesmuseum, Inv. Nr. 62/133

F 81 □

Wandvase (Demilune)

Durlach, um 1780

Form: Halbrunde, nach oben erweiterte, senkrecht gerippte Kastenform. Oberseite mit halbkreisförmigem Ausschnitt zum Eingießen des Wassers und zwei Reihen runder Löcher zum Einstecken der Blumen. – Dekor: Großer Strauß mit sog. „deutschen" Blumen und Blütenzweige.

Fayence mit Scharffeuermalerei in Blau, Gelb, Okker, Grün, Eisenrot und Manganviolett. – H. 11 cm; L. 19,4 cm; B. 12,5 cm. – Malermarke H.

Literatur: Franzius 1975, Nr. 155 m. Abb.

F 83

Karlsruhe, Badisches Landesmuseum, Inv. Nr. V 12638^{b}

F 82 □

Fünf Teile von einem Kaffee- und Teeservice

Durlach, um 1780

Form: a) Rechteckiges Tablett mit abgerundeten Ecken. b) Kugelige Teekanne mit Röhrenausguß, J-förmigem Henkel und flachem Deckel mit Apfelzweig als Knauf. c) Birnförmige Kaffeekanne mit Schnabelausguß, J-förmigem Henkel und gewölbtem Deckel mit Apfelzweig als Knauf. d) Birnförmige Milchkanne wie c. e) Teebüchse in hoher, oben gerundeter Kastenform mit rundem Deckel mit Apfelzweig als Knauf. – Dekor: Landschaftsveduten mit Schiffen, Architekturen und Staffagefiguren.

Fayence mit Scharffeuermalerei in Hellblau, Gelb, Grün, Eisenrot, gestuftem Braun und Manganviolett. – H. b) 11,5 cm; c) 24 cm; d) 17,5 cm; e) 13,8 cm. L. a) 44,5 cm; e) 7 cm. B. a) 36,5 cm; e) 4,5 cm. – Ohne Marken.

Literatur: Franzius 1975, Nr. 181 m. Abb.

Karlsruhe, Badisches Landesmuseum, Inv. Nr. a) V 11077; b) V 12478; c) V 12475; d) V 12470; e) V 12477

F 83 □

Birnkrug

Durlach, datiert 1782

Form: Birnförmiger Gefäßkörper mit gedrücktem Schnabelausguß und Ohrhenkel. – Dekor: In bekrönter Rocaillen- und Blumenkartusche Inschrift: Johann David Langbein: Barbara Langbeinin. Darunter zwei überkreuzte Schlüssel als Zunftzeichen der Schlosser und Jahreszahl 1782. Seitlich Blumensträuße mit sog. „deutschen“ Blumen.

Fayence mit Scharffeuermalerei in Blau, Gelb, Ocker, Grün, Eisenrot, Manganviolett und Schwarz. – H. 20 cm. – Ohne Marke.

Literatur: Franzius 1975, Nr. 290 m. Abb.

Karlsruhe, Badisches Landesmuseum, Inv. Nr. V 10996

F 84

Birnkrug

Durlach, datiert 1783

Form: Birnförmiger Gefäßkörper mit gedrücktem Schnabelausguß und Ohrhenkel. – Dekor: In bekrönter Blumen- und Rocaillenumrahmung, zwischen Weinstock und gefüllter Bütte stehend, ein Weingärtner mit Rebmesser in der Linken; darüber Inschrift: Johann Jacob Blum. Sophia Salome Blumin. 1783

Fayence mit Scharffeuermalerei in Blau, Gelb, Ocker, Eisenrot, Grün, Manganviolett und Schwarz. – H. 20,5 cm. – Ohne Marke.

Literatur: Franzius 1975, Nr. 291 m. Abb., Farbtaf. XIX. – Karlsruhe 1976, Nr. 318 m. Farbtaf.

Karlsruhe, Badisches Landesmuseum, Inv. Nr. V 10937

F 85 □

Duftvase (Brûle-Parfum)

Durlach, um 1785–1790

Form: Auf vier Klauenfüßen balusterförmiges Gefäß mit glockig ausschwingendem Deckel, gitterartigen Durchbrechungen sowie plastischen und reliefierten Blatt- und Blütenauflagen. – Dekor: Landschaftsveduten zwischen Palmblättern und Blütenzweigen.

F 85

Fayence mit Scharffeuermalerei in Blau, Gelb, Ocker, Grün, Eisenrot, Braun, Manganviolett und Schwarz. – H. 27 cm. – Ohne Marke.

Literatur: Franzius 1975, Nr. 186 m. Abb., Farbtaf. XV.

Heidelberg, Kurpfälzisches Museum, Inv. Nr. 159

ZUR CRAILSHEIMER FAYENCE-MANUFAKTUR UM 1715–1827 (?)

Um 1715 bemühte sich der Hafnermeister Georg Veit Weiß aus Crailsheim um die Herstellung von Fayencen, und 1732–33 wird eine sog. „Porzellan"-Fabrik erwähnt. Diese in Wirklichkeit nur Fayencen herstellende Manufaktur leitete sein Sohn Johann Georg Weiß der Ältere und nach seinem Tode 1769 dessen Sohn Johann Georg Weiß der Jüngere, der im Jahre 1800 starb. Seine mit Johann Friedrich Schäfer wiederverheiratete Witwe hat die Manufaktur mit ihrem Mann bis zu dessen Tod 1827 oder aber auch noch darüber hinaus weitergeführt. Die ältesten erhaltenen Crailsheimer Fayencen zeigen mit ihren Chinesendarstellungen einen starken Einfluß des Fernen Ostens, der in ostasiatischen Blumendarstellungen auch später wieder auftritt. Von der wegen ihrer Farbgebung sog. „Grünen Familie" ist eine prachtvolle Terrine mit Untersatzplatte ausgestellt, wogegen die berühmte „Gelbe Familie" vorwiegend in einer Reihe von Walzenkrügen mit Jagd- und anderen Darstellungen vertreten ist. Besonders selten sind die zusätzlich mit schwungvollen Rocaillen geschmückten Krüge. Grundsätzlich sind die Crailsheimer Dekore in Scharffeuermalerei ausgeführt, doch haben sich auch wenige Fayencen mit sehr sorgfältig ausgeführter Muffelmalerei erhalten, von denen ein Tee- und ein Milchkännchen in der Ausstellung gezeigt werden können.

F 86

Enghalskrug

Crailsheim, um 1730–1740

Form: Über ausschwingendem Fuß gedrückt eiförmig aufsteigender Gefäßkörper mit schlankem Hals, etwas erweiterter Mündung und Ohrhenkel. Von der Zinnmontierung noch Bodenreifen erhalten. – Dekor: In Landschaft mit Häusergruppe und Bäumen zwei Chinesen und zwischen ihnen zwei große Vögel.

Fayence mit Scharffeuermalerei in Blau, Grün, Gelb und Manganviolett. – H. 25,3 cm. – Ohne Marke.

Literatur: Gretsch 1928 II, Abb. 40. – Gretsch 1928 I, Abb. 3. – Hüseler, Bd. 1, 1956, Nr. 164 m. Abb. – Klein 1975, Abb. 189.

Stuttgart, Württembergisches Landesmuseum, Inv. Nr. 2596

F 87 □

Platte

Crailsheim, um 1740

Form: Ovale Platte mit gebogter Fahne. – Dekor: Zwischen zwei großen ostasiatischen Blütenstauden hält ein Chinese in der Linken ein Schwert und in der Rechten das Haupt eines anderen Chinesen, das er diesem soeben abgeschlagen hat. Auf der Fahne Blütenranken und Streublätter.

Fayence mit Scharffeuermalerei in gestuftem Blau, Gelb, Ocker, Gelbgrün und gestuftem Manganviolett. – H. 4 cm; L. 35 cm; B. 28,7 cm. – Ohne Marke.

Literatur: Gretsch 1928 I, S. 52, Abb. 4. – Weinmüller, München, 11.–12. 4. 1962, Kat. Nr. 225 m. Abb.

Crailsheim, Fränkisch-Hohenlohesches Heimatmuseum, Inv. Nr. 327

F 88 □

Kaffeekanne

Crailsheim, um 1740–1750

Form: Auf Fußring birnförmiger Gefäßkörper mit spitzem Schnabelausguß und Reliefknöpfchen daneben, beidseitig aufgerolltem Ohrhenkel und gewölbtem Deckel mit rundem Knauf. – Dekor: Sitzender Chinese in ostasiatischer Blütenlandschaft.

F 87

F 88

Fayence mit Scharffeuermalerei in Graublau. – H. 18 cm. – Marke: „K".

Literatur: Gretsch 1928 II, Abb. 12. – Gretsch 1928 I, Abb. 7.

Stuttgart, Württembergisches Landesmuseum, Inv. Nr. E 1166

F 89 □

Walzenkrug mit Zinnmontierung

Crailsheim, um 1753

Form: Glatte, nach oben etwas verjüngte Zylinderform mit bandförmigem Ohrhenkel und Zinnmontierung. – Dekor: In baumbewachsener Landschaft von zwei Hunden angefallener galoppierender Hirsch. In den Zinndeckel eingraviert IAVH 1753.

Fayence mit Scharffeuermalerei in Gelb, Ocker und gestuftem Blau, Grün und Manganviolett. – H. 24,7 cm. – Marke: „Creilsheim".

Literatur: Gretsch 1928 I, Abb. 12. – Meinz/Strauß 1976, Taf. 30 oben.

Karlsruhe, Badisches Landesmuseum, Inv. Nr. Pf. 63

F 89

F 90 □

Enghalskrug mit Zinndeckel

Crailsheim, um 1755

Form: Über ausschwingendem Fuß gebaucht aufsteigender Gefäßkörper, der sich zu schlankem geschwungenem Hals mit zugespitztem Ausgußrand verengt, Ohrhenkel und Zinndeckel. – Dekor: Drei große aufspringende Granatäpfel, mit Rosetten und Akanthusblättern gefüllt, darüber je ein kleiner Früchtekorb mit Blütenzweig. Blumenstauden auf Sockeln und Streublumen.

Fayence mit Scharffeuermalerei in Blau, Gelbgrün, Manganviolett, Gelb und Ocker. – H. 27 cm. – Ohne Marke.

Literatur: Gretsch 1928 I, Abb. 10.

Karlsruhe, Badisches Landesmuseum, Inv. Nr. V 2711/190

F 90

F 91 □

Walzenkrug

Crailsheim, um 1755

Form: Zylindrischer, nach oben etwas verjüngter Gefäßkörper mit fast bandförmigem Ohrhenkel und Zinnmontierung. – Dekor: Von weiträumiger schwungvoller Rocaille eingefaßt peitscheschwingender Reiter mit Hund, davor – durch Tanne getrennt – ein springender Hirsch. Auf dem Deckel eingeritzt JMBM

Fayence mit Scharffeuermalerei in Gelb, Ocker, gestuftem Blau, gestuftem Grün und Manganviolett mit manganvioletter Zeichnung. – H. 24 cm. – Ohne Marke.

Ulm, Ulmer Museum, Inv. A.B.

F 92 □

Walzenkrug mit Zinnmontierung

Crailsheim, um 1755

F 91

Form: Zylindrischer, nach oben etwas verjüngter Gefäßkörper mit fast bandförmigem Ohrhenkel und Zinnmontierung. – Dekor: Von schwungvoller Rocaille beidseitig eingefaßt Darstellung des heiligen Simon mit langer Säge und Inschrift „S SIMON“. Auf dem Deckel eingraviert „ADR 1726 JHNM 1752 KNM. – Vergleichsstück im Heimatmuseum Feuchtwangen (Gretsch 1928 I, Abb. 14–15).

Fayence mit Scharffeuermalerei in gestuftem Blau und Manganviolett, Gelb, Ocker und Gelbgrün. – H. 23 cm. – Ohne Marke.

Crailsheim, Fränkisch-Hohenlohesches Heimatmuseum, Inv. Nr. 313

F 93

Walzenkrug mit Zinnmontierung

Crailsheim, datiert 1760

F 92

Form: Zylindrischer, nach oben etwas verjüngter Gefäßkörper mit fast bandförmigem Ohrhenkel und Zinnmontierung. – Dekor: Zwischen oberer und unterer Randborte mit halbierten Blüten hochovales Medaillon mit Architekturdarstellung, Bäumen und Vögeln unter Sonnenstrahlen, seitlich je zwei liegende Blütenzweige. – Die manganviolette Schwämmelung sowie der Randdekor und die Medaillon-Darstellung zeigen einen starken Einfluß der Manufakturen in Ansbach und Nürnberg (vgl. Nürnberger Walzenkrug bei Nagel, Gert, Fayencen. München 1977, S. 79, Nr. 64 m. Abb.)

Fayence mit Scharffeuermalerei in gestuftem Blau auf mangangeschwämmeltem Grund. – H. 25,5 cm. – Marke: „Creilßheim 1760“.

Würzburg, Mainfränkisches Museum, Inv. Nr. A 8669

F 95

F 94 □

Walzenkrug mit Zinnmontierung

Crailsheim, um 1760

Form: Zylindrischer, nach oben etwas verjüngter Gefäßkörper mit fast bandförmigem Ohrhenkel und Zinnmontierung. – Dekor: Zwischen zwei Laubbäumen in einspänniger zweirädriger Kutsche fahrende vornehme Dame. Auf dem Zinndeckel eingraviert · I · M · V ·

Fayence mit Scharffeuermalerei in Grün, Gelb, Ocker, gestuftem Blau und gestuftem Manganviolett. – H. 24 cm. – Unleserliche Ritzmarke.

Karlsruhe, Privatbesitz

F 95 □

Walzenkrug mit Zinnmontierung

Crailsheim, um 1760

Form: Zylinderförmiger Gefäßkörper mit Ohrhenkel und Zinnmontierung. – Dekor: Symmetrisches Blumenbukett mit

F 98

F 99

F 94

F 96

Rosen und Tulpen. – Der Krug von Gretsch (s.u.) trotz seiner zwei (!) Marken als Schrattenhofener Erzeugnis bezeichnet.

Fayence mit Scharffeuermalerei in Blau, gestuftem Gelbgrün bis Violettgrün, Gelb und Manganviolett. – H. 24,7 cm. – Marke: Zart in Violett und kräftig in Blau „Crailsheim".

Literatur: Gretsch 1928 I, S. 95.

Mannheim, Städtisches Reiß-Museum

F 96 □

Terrine mit Untersatzplatte

Crailsheim, um 1760

Form: a) Ovale bauchige und reich reliefierte Terrinen-Leibung auf vier gerollten und profilierten Füßen. Muschelhörner als Henkel an den Schmalseiten und in der Mitte des gebuckelten Deckels. b) Ovale Platte mit gebogter Fahne und reliefierten Henkeldurchbrüchen an den Schmalseiten. – Dekor: Blumensträuße vorwiegend mit Rosen, Tulpen und Nelken, Streublümchen und -blättchen. – Vergleichsstück aus der Slg. Heiland bei Gretsch 1928 I, Abb. 31.

Fayence mit Muffelmalerei in gestuftem Gelbgrün und Blau- bis Schwarzgrün. – H. a) 29 cm; b) 4,5 cm. L. a) 38,5 cm; b) 42,5 cm. B. a) 25,5 cm; b) 34 cm. – Ohne Marken.

Crailsheim, Fränkisch-Hohenlohesches Heimatmuseum, Inv. Nr. 360

F 97

Teekanne

Crailsheim, um 1760

Form: Kugeliger Gefäßkörper mit abgeknicktem röhrenförmigem Ausguß, C-geschwungenem Henkel und gewölbtem Deckel. – Dekor: Verstreut große und kleine sog. „deutsche" Blumen (Rosen) und Blätter.

Fayence mit Muffelmalerei in Purpurrot, Gelb, Smaragdgrün bis Grüngelb, Violettblau und Schwarz. – H. 13,5 cm. – Ohne Marke.

Literatur: Klein 1962, Nr. 405 m. Abb. – Klein 1975, Abb. 192.

Düsseldorf, Hetjens-Museum, Inv. Nr. R 37

F 98 □

Milchkännchen

Crailsheim, um 1760

Form: Birnförmiger Gefäßkörper mit spitzem Schnabelausguß, C-geschwungenem Henkel und gewölbtem Deckel. – Dekor: Sog. „deutsche" Blumen, wie Rosen und Tulpen, in Sträußen oder einzeln.

Fayence mit Muffelmalerei in Purpurrot, Gelb, gestuftem Grün, Blau, Dunkelviolett und Braun. – H. 16 cm. – Marke: „6".

Crailsheim, Frau Luise Frank

F 99 □

Kaffeekanne und Milchkanne

Crailsheim, um 1770

Form: Auf niedrigem Fuß birnförmige Kanne mit Schnabelausguß und Reliefknöpfchen links und rechts davon, einem an Quersteg ansetzendem C-Schwung-Henkel und glockenförmigem Deckel mit gedrückt artischockenförmigem Knauf. –

F 100

Dekor: Auf der Stirnseite ostasiatischer Blumenstrauß mit Chrysantheme, an den Seiten in der Mitte Sternblume und oben fliegender Vogel, außerdem Streublumen und Streublättchen.

Fayence mit Scharffeuermalerei in Blau, Gelb, Okker, Grün und Manganviolett. – H. 25,3 cm und 18,5 cm. – Ohne Marken.

Stuttgart, Württembergisches Landesmuseum, Inv. Nr. 1953/20; 1953/19

F 100 □

Walzenkrug mit Zinnmontierung

Crailsheim, „Gelbe Familie“, um 1770–1780

Form: Zylindrischer, nach oben etwas verjüngter Gefäßkörper mit Ohrhenkel und Zinnmontierung. – Dekor: Vor Bäumen und Buschwerk sitzendes ländliches Paar, sie mit Obst in der Schürze, er mit einer Traube in der Hand. – Vergleichsstück im Mainfränkischen Museum Würzburg (Gretsch 1928 I, Abb. 24).

Fayence mit Scharffeuermalerei in Gelb, Ocker, Grün, Blau, Braun und gestuftem Manganviolett. – H. 23,3 cm. – Ritzmarke „A“.

Mannheim, Städtisches Reiß-Museum, Inv. Nr. Ch 255

ZUR GÖPPINGER FAYENCE-MANUFAKTUR 1741–1801

Mit einem Privileg Herzog Karl Friedrichs von Württemberg gründete der Hafner Andreas Bliederhäuser im Jahre 1741 die Göppinger Fayence-Manufaktur. Sie blieb über mehrere Generationen im Besitz der Familie, bis die unrentabel gewordene Fabrik im Jahre 1801 abgerissen wurde.
Die teilweise hervorragende Qualität der Fayencen mit den an Straßburg und Ansbach erinnernden Behang-Dekoren aus der Blütezeit der Manufaktur um 1750 geht wohl auf den Blaumaler Cyriacus Löwer zurück, der wenig später eine wichtige Position in der Durlacher Fayence-Manufaktur einnehmen sollte. Nach der um 1765–1770 geschaffenen sehr schönen Kaffeekanne mit der stilisierten ostasiatischen Blüte, deren Kelch gitterartig schraffiert ist, und dem um 1770–1780 entstandenen reizvollen Tintenzeug erhebt sich die Göppinger Fayence kaum noch über ein gewisses Mittelmaß hinaus.

F 101 □

Deckelvase

Göppingen, um 1750

Form: Über ausschwingendem Fuß eiförmiger Gefäßkörper mit zylindrischem Hals und gewölbtem Deckel mit großem Pilzknauf. – Dekor: Auf Fuß, Schulter und Deckel Behangmuster, auf dem Gefäßbauch große Blumenstücke in ostasiatischer Art.

Fayence mit Scharffeuermalerei in Blau. – H. 48,8 cm. – Marke: Hirschgeweihstange und iMBH.

Literatur: Wanner-Brandt 1906, Nr. 1053 m. Abb. – Hofmann 1912, S. 809, Abb. 1. – Stoehr 1920, Abb. 120. – Riesebieter 1921, Abb. 144. – Haegele, Mary, Die Porcellainer zu Göppingen. Göppingen o.J. (um 1980), S. 97

Stuttgart, Württembergisches Landesmuseum, Inv. Nr. 1930/10

F 102 □

Platte

Göppingen, um 1750

Form: Große ovale Platte mit breitgefächertem Rand und Mittelbuckel zum Aufsetzen einer ehemals zugehörigen Helmkanne. – Dekor: In der Mitte ostasiatische Blumenmuster von einer Wellenranke umgeben. Die radial umlaufenden zungenförmigen Felder des Randes mit zwei alternierenden symmetrischen pflanzlichen Motiven in ostasiatischer Art.

Fayence mit Scharffeuermalerei in Hellblau, Dunkelblau und Manganviolett. – L. 46,5 cm; B. 36,7 cm. – Marke: Hirschgeweihstange.

Literatur: Hofmann 1912, S. 810, Abb. 2. – Auktionskatalog Fayencesammlung Georg Kitzinger, Hugo Helbing München 1912, Nr. 427 m. Abb. – Riesebieter 1921, Abb. 145. – Hüseler, Bd. 1, 1956, Nr. 126 m. Abb. – Klein 1975, Abb. 238. – Haegele, Mary, Die Porcellainer zu Göppingen. Göppingen o. J. (um 1980), S. 97.

Stuttgart, Württembergisches Landesmuseum, Inv. Nr. 13718

F 103 □

Teekanne

Göppingen, um 1750

Form: Bauchiger Gefäßkörper mit etwas ausschwingendem Hals und leicht gewölbtem Deckel, Ohrhenkel mit Daumenstütze und steilem, zu einem Tierkopf gebogenem Röhrenausguß. – Dekor: Dichte Bemalung mit Blumen- und Blattmotiven sowie Füllornamenten zwischen senkrechten Teilungen. Am Hals Wellenrankenband.

Fayence mit Scharffeuermalerei in Blau und Grün. – H. 12,5 cm. – Marke: Hirschgeweihstange.

Literatur: Wanner-Brand 1906, Nr. 1313 m. Abb.

Stuttgart, Württembergisches Landesmuseum, Inv. Nr. 1921/14

F 104 □

Hängevase (Demilune)

Göppingen, um 1750–1760

Form: Über segmentbogenförmigem Grundriß kastenartiger Gefäßkörper mit je fünf senkrechten Kehlen seitlich des Mittelfeldes. Oben kleine halbmondförmige Öffnung und fünfzehn Einstecklöcher für Blumen. – Dekor: Auf der Stirnseite Wappen der Familie Stahl von Schwäbisch Gmünd in Rocaillenkartusche, seitlich je ein großer Blumenstrauß. – Die Form der Hängevase stark von Ludwigsburg beeinflußt (vgl. Fuchs, Eduard, Heiland, Paul, Die deutsche Fayence-Kultur. München 1925, S. 135, Taf. 59b).

Fayence mit Scharffeuermalerei in Blau. – H. 14 cm; B. 24 cm; T. 11 cm. – Marke: Hirschgeweihstange und iv.

Literatur: Rupé, Hans, Katalog süddeutscher und

F 101

F 103

F 104

F 105

F 102

mitteldeutscher Fayencen aus dem Vermächtnis Dr. Paul Heiland. München 1934, Nr. 419.

Stuttgart, Württembergisches Landesmuseum, Inv. Nr. 1934/175

F 105 □

Kaffeekanne

Göppingen, um 1765–1770

Form: Birnförmig mit spitzem Schnabelausguß, innen gestuftem Ohrhenkel mit Daumenruhe und gewölbtem Deckel. – Dekor: Zweig mit stilisierter ostasiatischer Blüte, deren Kelch gitterartig schraffiert ist, mit stilisierten Knospen und Blättchen. Zu dem in der Fayence-Kunst sehr verbreiteten Dekor vgl. Schafft, Karl, Gleiche Dekors bei verschiedenen Manufakturen. In: Keramos, Heft 65, 1974, S. 31ff., Abb. 6 a–h, sowie Franzius, 1975, Abb. 236ff. – Vergleichsstück: Wanner-Brandt 1906, Nr. 1310

Fayence mit Scharffeuermalerei in gestuftem Blau. – H. 21 cm; Dm. (Gefäßkörper) 11,6 cm. – Marke: Hirschgeweihstange.

Literatur: Schafft, a. a. O., Abb. 6 e.

Karlsruhe, Privatbesitz

F 106

Krug mit Zinnmontierung

Göppingen 1773

Form: Über vorspringendem Fuß birnförmiger Gefäßkörper mit ausschwingender Mündung und Zinnmontierung, Ohrhenkel mit Zinnverstärkung. – Dekor: Zwei aufrecht stehende Löwen halten große Brezel (als Zeichen des Bäckerhandwerks) mit der Jahreszahl 1773, darüber Krone, darunter Aufschrift: Josias Klenck. Zinndeckel mit eingraviertem Bäckerzeichen, J.K. und 1774.

Fayence mit Scharffeuermalerei in Blau, Gelb, Grün und Manganviolett. – H. 26 cm. – Marke: Hirschgeweihstange und HBM.

Literatur: Rupé, Hans, Katalog süddeutscher und mitteldeutscher Fayencen aus dem Vermächtnis Dr. Paul Heiland. München 1934, Nr. 421.

Stuttgart, Württembergisches Landesmuseum, Inv. Nr. 1934/177

F 107 □

Krug mit Zinndeckel

Göppingen 1773

Form: Über vorspringendem Fuß birnförmiger Gefäßkörper mit ausschwingender Mündung, Ohrhenkel und Zinndekkel. – Dekor: Zwischen zwei unten wie eine Schleife gebundenen Glockenblumenzweigen Zimmermannsemblem und Inschrift: Jacob Baur in Mannem 1773. Seitlich Blütenzweige und Streublättchen.

Fayence mit Scharffeuermalerei in Gelb, Grün und gestuftem Blau. – H. 26,5 cm. – Marke: Hirschgeweihstange und P.

Mannheim, Städtisches Reiß-Museum, Inv. Nr. 67

F 108 □

Kleiner Walzenkrug

Göppingen, um 1770–1780

Form: Zylinderförmig, nach oben etwas verjüngt, mit Ohrhenkel und Zinnmon-

F 107

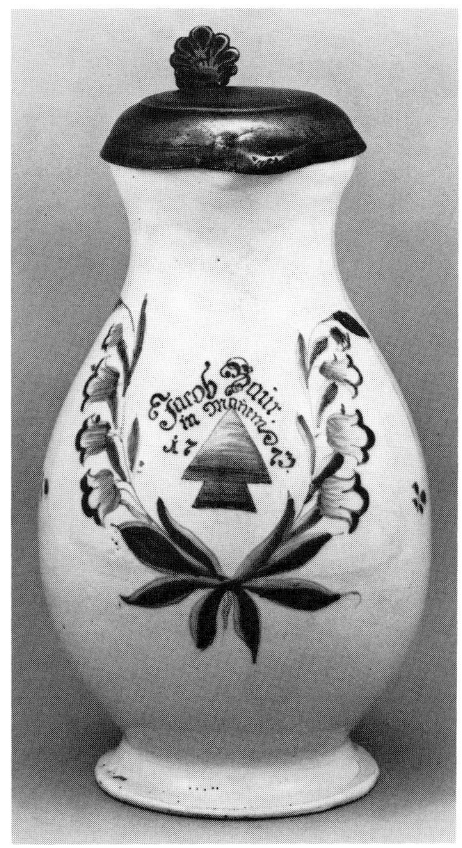

F 108

tierung. – Dekor: Fünfblättrige Nelke und Streublättchen. Auf dem Deckel eingeritzt FMF.

Fayence mit Scharffeuermalerei in hellem Gelb, Grün, Manganviolett und dunklem Blau. – H. 12,8 cm. – Marke: Hirschgeweihstange.

Freiburg i. Br., Sammlung Simmermacher

F 109 □

Tintenzeug

Göppingen, um 1770–1780

Form: Auf vier Kugelfüßen rechteckiger Kasten mit runden Behältern für Tinte und Streusand, davor niedere rechteckige Ablage für Federn. – Dekor: Über Ab-

F 109

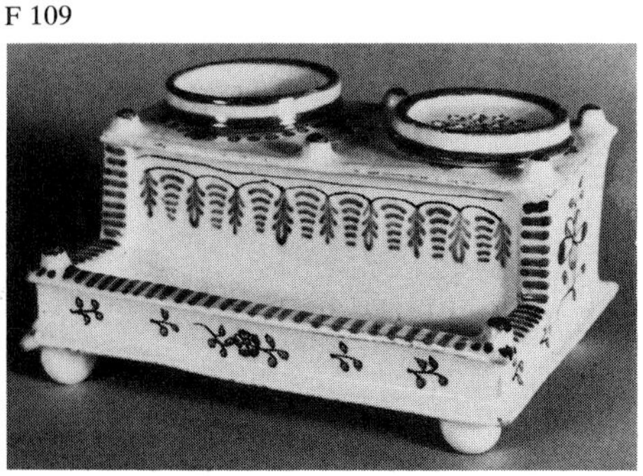

F 112

lage Gehängemotiv, auf Rückfront fünfblättrige Nelke und Streublättchen wohl vom gleichen Maler wie der kleine Walzenkrug der gleichen Sammlung. Kat. Nr. F 108. – In Form und Dekor übereinstimmendes Tintenzeug mit Hirschgeweihstange im Göppinger Museum, ein anderes daselbst formgleich, aber im Dekor geringfügig abweichend.

Fayence mit Scharffeuermalerei in Gelb, Grün, Manganviolett und dunklem Blau. – H. 7,3 cm; B. 15 cm; T. 10,7 cm. – Ohne Marke.

Freiburg i. Br., Sammlung Simmermacher

F 110

Teekanne

Göppingen, um 1770–1780

Form: Kugelförmiger, etwas gedrückter Gefäßkörper mit flachem Deckel mit Pilzknauf, wulstigem Ohrhenkel und dra-

F 113

chenkopfartigem Röhrenausguß. – Dekor: Kleine ostasiatische Blumenzweige und Streublumen.

Fayence mit Scharffeuermalerei in Manganviolett, Blau, Gelb und Grün. – H. 8,9 cm. – Marke: Hirschgeweihstange.

Stuttgart, Württembergisches Landesmuseum, Inv. Nr. 1921/70

F 111 □

Deckeldose

Göppingen, um 1770–1780

F 111

F 114

Form: Längliche, achtseitige Dose mit Bauch und Randwulst darüber, dreifach gestufter Deckel mit viereckigem Knauf. – Dekor: Rosen- und andere Blumenzweige sowie Streublättchen. – Gleiches Formstück mit Marke, aber anderem Deckelknauf und Dekor im Städtischen Museum Göppingen.

Fayence mit Scharffeuermalerei in Manganviolett, Grün, Blau und Gelb. – H. 9,3 cm; L. 12,3 cm; B. 8,8 cm. – Marke: Hirschgeweihstange.

Literatur: Rupé, Hans, Katalog süddeutscher und mitteldeutscher Fayencen aus dem Vermächtnis Dr. Paul Heiland. München 1934, Nr. 422.

Stuttgart, Württembergisches Landesmuseum, Inv. Nr. 1934/178

F 112 □

Krug mit Zinnmontierung

Göppingen, um 1780

Form: Über vorspringendem Fuß birnförmiger Gefäßkörper mit ausschwingender Mündung, Ohrhenkel und Zinnmontierung. – Dekor: Großer Zweig mit rosenartiger ostasiatischer Blüte und gefiederten Blättern, daneben je ein Fiederblatt.

Fayence mit Scharffeuermalerei in Blau, Grün, Manganviolett und Gelb. – H. 15,3 cm. – Marke: Hirschgeweihstange und R.

Stuttgart, Württembergisches Landesmuseum, Inv. Nr. 1930/1

F 113 □

Krug

Göppingen, um 1780

Form: Über flachem, etwas vorspringendem Fuß birnförmiger Gefäßkörper mit leicht ausschwingender Mündung und Ohrhenkel. – Dekor: Großer Blumenstrauß mit Rose und Tulpe, daneben Streublumen und -blättchen.

Fayence mit Scharffeuermalerei in Manganviolett, Blau, Grün und Gelb. – H. 18,8 cm. – Marke: Hirschgeweihstange.

Stuttgart, Württembergisches Landesmuseum, Inv. Nr. 1921/52

F 114 □

Krug mit Zinnmontierung

Göppingen, um 1780

Form: Über vorspringendem Fuß birnförmiger Gefäßkörper mit ausschwingender Mündung, Ohrhenkel und Zinnmontierung. – Dekor: Blumenstrauß mit großer Tulpe, daneben kleine Blütenzweige und Streublättchen. Zinndeckel mit Gravierung ML.

Fayence mit Scharffeuermalerei in Blau, Grün, Gelb und Manganviolett. – H. 25,5 cm. – Marke: Hirschgeweihstange und P.

Literatur: Rupé, Hans, Katalog süddeutscher und mitteldeutscher Fayencen aus dem Vermächtnis Dr. Paul Heiland. München 1934, Nr. 420.

Stuttgart, Württembergisches Landesmuseum, Inv. Nr. 1934/176

F 115

Krug

Göppingen, um 1780

Form: Über vorspringendem Fuß birnförmiger Gefäßkörper mit ausschwingender Mündung und Ohrhenkel. – Dekor: Blatt- und Früchtezweig, daneben Fiederblätter und Streublumen.

Fayence mit Scharffeuermalerei vorwiegend in Manganviolett. – H. 13,9 cm. – Marke: Hirschgeweihstange und 3.

F 117

Stuttgart, Württembergisches Landesmuseum, Inv. Nr. 1928/65

F 116

Kaffeekanne

Göppingen, um 1780

Form: Über schmalem Fußring birnförmiger Gefäßkörper mit etwas ausschwingender Mündung, Schnabelausguß und J-förmigem Henkel mit Daumenstütze. Deckel fehlt. – Dekor: Zwei Drittel des Gefäßes bedeckende Schwämmelung. – Gleiches Formstück mit Marke, aber anderem Dekor im Städtischen Museum Göppingen.

Fayence mit Scharffeuermalerei in Manganviolett und Blau. – H. 18,5 cm. – Marke: Hirschgeweihstange.

Literatur: Hoffmann 1912, S. 811, Abb. 3.

Stuttgart, Württembergisches Landesmuseum, Inv. Nr. 1936/41

F 117 □

Walzenkrug

Göppingen, um 1780–1790

Form: Über flachem gewulstetem Fuß zylindrisch aufsteigender Gefäßkörper mit Ohrhenkel. – Dekor: Ein Hirsch zwischen zwei Laubbäumen.

Fayence mit Scharffeuermalerei in Manganviolett, Blau und Grün. – H. 14,6 cm. – Marke: Hirschgeweihstange.

Stuttgart, Württembergisches Landesmuseum, Inv. Nr. 1926/23

ZUR SCHREZHEIMER FAYENCE-MANUFACTUR 1752–1852

Mit einem „Freyheits-Brieff" von Franz Georg von Schönborn, dem auch über die Fürstpropstei Ellwangen gebietenden Kurfürsten und Erzbischof von Trier, wurde im Jahre 1752 von Johann Baptist Bux die Schrezheimer Fayence-Manufaktur gegründet, die bis zu ihrem wirtschaftlichen Zusammenbruch 1852 volle hundert Jahre im Familienbesitz bleiben sollte.
Einzigartiges Hauptwerk der Manufaktur ist ein relativ gut erhaltener Fayence-Altar, der aber bedauerlicherweise für die Ausstellung nicht ausgeliehen werden konnte. Doch sind andere Beispiele für die lebendigen Schrezheimer Fayenceplastiken glücklicherweise vertreten.
Besonders eindrucksvoll ist eine große Vase mit mannigfaltigen Chinoiserien. Verschiedenartige Walzen- und Enghalskrüge weisen hervorragende Chinesen-, Jagd-, Landschafts- und Blumendarstellungen auf, und prachtvolle Geschirre dokumentieren mit reichem Rocaillenwerk den Prunk der Epoche. Charakteristisch für die Manufaktur sind feingemalte Bild-Platten. Der hervorragendste Maler war Johann Andreas Bechdolff, der mit einem in Muffelfarben ausgeführten ausgezeichneten Panorama von Ellwangen auf einem porzellanenen Walzenkrug vertreten ist.

F 118a

F 118 □

Helmkanne mit Untersatzschüssel

Schrezheim, um 1755

Form: a) Auf gewelltem Hohlfuß helmartiges, stark gemuscheltes Gefäß mit Schlangenhenkel. b) Kleiner Rundspiegel mit ovaler, weit auslappender doppelter Rocaillenblattwandung und unregelmäßigen radialen Linien. – Dekor: a) Am Gefäß zwei gemalte Blumenzweige. b) Im Spiegel gemaltes Blumenstück, an den Volutengriffen Blumenzweig.

Fayence mit Scharffeuermalerei in Blau, Manganviolett, Grün und Gelb. – a) H. 23,5 cm. b) L. 41 cm; B. 35 cm. – Marke: a) „Schretzheim".

Literatur: Erdner/Nagel 1972, Nr. 85 und 85 a m. Abb.

Stuttgart, Württembergisches Landesmuseum, Inv. Nr. 1678

F 119 □

Enghalskrug

Schrezheim, um 1755–1760

Form: Auf ausschwingendem Fuß eiförmiger, schräg gewellter Gefäßkörper mit quergerilltem Hals und erweiterter Mündung, Zopfhenkel und Zinnmontierung. – Dekor: Drei große Blumenzweige in ostasiatischer Art, kleinere Blumenzweige, Streublumen und Insekten.

Fayence mit Scharffeuermalerei in Blau, Manganviolett, Grün und Gelb. – H. 34,5 cm. – Marke: Pfeil.

Literatur: Ellwangen 1964, Nr. 161.

Stuttgart, Württembergisches Landesmuseum, Inv. Nr. 1955/93

F 118b

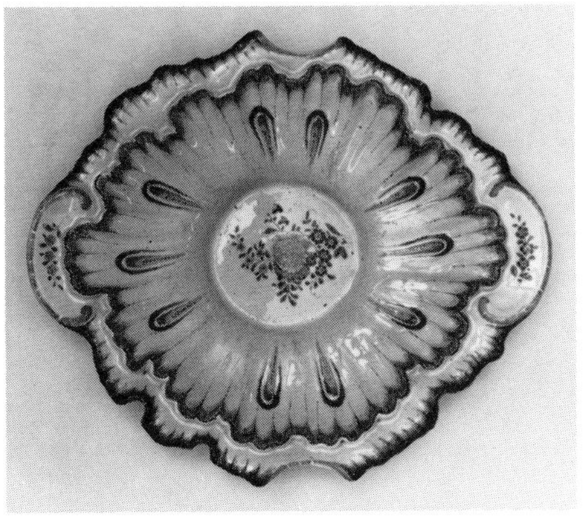

F 119

F 120 □

Große Vase

Schrezheim, Bemalung von Jörg Adam Keyp (?), um 1760

Form: Achtkantiger, gerippter Gefäßkörper mit bauchiger Leibung über hohem, konischem Fuß, mit engem Hals und kleinerer Bauchung unter der trichterförmigen Mündung. – Dekor: Übereinander vier umlaufende Darstellungen von Chinesenszenen, die wohl von Künersberger Fayencen beeinflußt sind.

Fayence mit Scharffeuermalerei in Blau auf hellem kleisterblauem Grund. – H. 34,2 cm. – Marke: Pfeil über K, durch Querstrich getrennt.

Literatur: Erdner/Nagel 1972, Nr. 76 m. Abb. – Ausst. Kat. Fayencen. Berlin 1976, Nr. 95, Taf. VII.

Berlin, Staatliche Museen Preußischer Kulturbesitz, Kunstgewerbemuseum, Inv. Nr. 1970/24

F 121 □

Walzenkrug mit Zinnmontierung

Schrezheim, um 1760

F 121

F 122

F 120

F 123

F 124

F 126

Form: Zylindrisch, mit Ohrhenkel und Zinnmontierung. – Dekor: Sitzender Chinese mit Sistrum zwischen Palmen. Auf dem Henkel Streublättchen.

Fayence mit Scharffeuermalerei in Blau, Grün, Zitronengelb, Manganviolett und Schwarz. – H. (ohne Deckel) 12,3 cm. – Marke x-förmig geritzt.

Literatur: Ellwangen 1964, Nr. 171.

Stuttgart, Württembergisches Landesmuseum, Inv. Nr. 1934/144

F 122 □

Teller

Schrezheim, um 1760

Form: Rund mit gebogter reliefierter Fahne. – Dekor: Im Spiegel große Nelke und Tulpe sowie kleine Insekten, die Fahne marmoriert.

Fayence mit Scharffeuermalerei in Grünviolett, Grün

F 125

F 128

und Rostrot. – Dm. 24,5 cm. – Marke: Pfeilspitze über Querstrich.

Literatur: Erdner/Nagel 1972, Nr. 363 m. Abb.

Mannheim, Städtisches Reiß-Museum

F 123 □

Walzenkrug

Schrezheim, Malerei von Johann Andreas Bechdolff, um 1760

Form: Zylindrisch mit Ohrhenkel und Zinnmontierung. – Dekor: In Rocaillenumrahmung Ansicht von Ellwangen mit Schloß und Wallfahrtskirche Schönenberg im Hintergrund.

Porzellan mit Muffelmalerei in Hellgelb, Hell- und Dunkelgrün, gestuftem Rot, Purpur und Grauviolett. – H. 12 cm. – Ohne Marke.

Literatur: Erdner/Nagel 1972, Nr. 124 m. Abb.

Mannheim, Städtisches Reiß-Museum

F 124 □

Deckelterrine

Schrezheim, um 1765

Form: Ovale Terrine auf profiliertem Hohlfuß. Die Handhaben sind als Kopf und Schwanz einer Truthenne gebildet. Flach gewölbter, teils gemuschelter Dekkel mit Volute als Knauf. – Dekor: Kopf naturalistisch bemalt, außerdem drei Sträuße deutscher Blumen und Streublumen.

Fayence mit Muffelmalerei in Purpur und unterschiedlichen Farben. – H. 22,5 cm; L. 32,5 cm; B. 16,5 cm. – Ohne Marke.

Literatur: Erdner/Nagel 1972, Nr. 334 m. Abb.

Stuttgart, Württembergisches Landesmuseum, Inv. Nr. 1934/138

F 125 □

Uhrgehäuse

Schrezheim, um 1770

Form: Über flacher halbkreisförmiger

F 127

Bodenplatte tragen vier durchbrochene Rocaillevoluten ein geschwungen aufsteigendes Gehäuse mit vierpaßförmiger Öffnung für das Zifferblatt und Rocaillenreliefs auf Vorderseite und Seitenflächen. Auf der geschwungenen Bedachung zwischen bewegten Putten Totenkopf mit Schlange vor Gebeinen. Dahinter rechteckige Vertiefung vielleicht für ein Kruzifix. Zu Seiten des Gehäuses zwei weitere bewegte Putten. – Dekor: Neben Bemalung von Uhrgehäuse und Putten auf Bodenplatte und Seitenflächen Blumensträuße mit Rosen.

Fayence mit Scharffeuer- und Muffelmalerei in Violett, Gelb, Grün, Inkarnatrosa, Blau und Rotbraun. – H. 41,5 cm. – Ohne Marke.

Literatur: Erdner/Nagel 1972, Nr. 7 m. Abb.

Karlsruhe, Badisches Landesmuseum, Inv. Nr. V 1626

F 126 □

Tafelaufsatz

Schrezheim, um 1770

Auf mehrfach getrepptem ovalem Sockel zwei auf dem Kopf stehende Delphine, die mit dem Schwanzende eine bekrönende, durchbrochene und gewellte Schale und mit dem Körper mehrere kleine muschelförmige Schalen tragen. Zwischen den Delphinen je ein sitzender Putto, der eine Schale über seinem Kopf hält. Sockel und Schalen mit Blumenzweigen und Streublumen bemalt.

Fayence mit Muffelmalerei, vorwiegend in Purpur und Braunrot. – H. 31,3 cm. – Marke: Pfeil über Strich.

Literatur: Erdner/Nagel 1972, Nr. 296 m. Abb.

Stuttgart, Württembergisches Landesmuseum, Inv. Nr. 1934/133

F 127 □

Bildplatte

Schrezheim, um 1770

Form: Aus einem Stück rechteckige Bildplatte und profilierte Rahmung mit Rocaillenauflagen. – Dekor: Gemalte Darstellung eines holländischen Bauernpaares beim Trunk zwischen einem Laub- und einem Nadelbaum.

Fayence mit Muffelmalerei in Purpur, Braun, Grün, Blau, Gelb, Ocker, Grau und Eisenrot. – H. 25,5 cm; B. 30 cm. – Ohne Marke.

Literatur: Erdner/Nagel 1972, Nr. 61 m. Abb.

Stuttgart, Württembergisches Landesmuseum, Inv. Nr. 1934/125

F 128 □

Walzenkrug mit Zinnmontierung

Schrezheim, um 1775

Form: Zylindrisch, mit Ohrhenkel und Zinnmontierung. – Dekor: In baumbestandener Landschaft Jäger zu Pferd mit Falken. An den Seiten Jagdembleme mit Hirschkopf über Flinte und Spieß, Blattkranz mit erlegten Vögeln, Waldhorn und Falke.

F 129

F 130

Fayence mit Muffelmalerei in Gelb, Gelbgrün, Blau, Blaugrün, Braun und Schwarz. – H. 20 cm; Dm. (Boden) 11,5 cm. – Ritzmarke 5 B.

Literatur: Erdner/Nagel 1972, Nr. 184 a m. Abb.

Stuttgart, Württembergisches Landesmuseum, Inv. Nr. 1962/47

F 129 □

Enghalskrug

Schrezheim, um 1770–1780

Form: Über ausschwingendem Fuß bauchiger, schräg gewellter Gefäßkörper mit schlankem, zur Mündung etwas erweitertem Hals und Ohrhenkel. – Dekor: Flußlandschaft mit beladenem Boot, Pfeife rauchendem Reiter und Staffagefiguren. Deckel mit eingeritzten Initialen A. F.

Fayence mit Scharffeuermalerei in Grün, Blau, ockerigem Gelb und Manganviolett. – H. 39 cm. – Ohne Marke.

Literatur: Erdner/Nagel 1972, Nr. 202 m. Abb.

Mannheim, Städtisches Reiß-Museum, Inv. Nr. Ch 348

F 130 □

Pochspielplatte

Schrezheim, um 1770–1780

Leicht gewölbte Vierpaßplatte auf sechs Kugelfüßen. Acht ovale Vertiefungen für das Spielgeld mit gemalten Kartenbildern, wie König, Ober, Unter, Zehn, Sau, Ziegenbock usw. Ringsum reliefierte Rocaillen und gemaltes Blatt- und Rankenwerk.

Fayence mit Scharffeuermalerei in leuchtendem Gelb, Hell- und Dunkelblau, Olivgrün, Manganviolett und Schwarz. – H. 4,5 cm. Dm. 32,5 cm. – Ohne Marke.

Literatur: Erdner/Nagel 1972, Nr. 54 m. Abb.

Ulm, Ulmer Museum, Inv. Nr. A. B.

ZUR MOSBACHER FAYENCE-MANUFAKTUR 1770–1836

Mit einem Privileg des Kurfürsten Carl Theodor gründete der Franzose Pierre Berthevin im Jahre 1770 die Mosbacher Fayence-Manufaktur, die aber schon zwei Jahre später bis 1774 in herrschaftliche Verwaltung überging. Danach leitete Johann Samuel Friedrich Tännich den Betrieb zunächst in eigener Regie und von 1779–1781 unter herrschaftlicher Oberhoheit. 1782 ging die Fabrik an den bisherigen technischen Leiter der Durlacher Manufaktur, Johann Gottfried List und 1787 an Johann Martin Roemer über. Nachdem die Pfalz 1792 Kriegsschauplatz geworden und 1799 der greise Kurfürst gestorben war, kam die Manufaktur praktisch zum Erliegen, wurde aber erst 1836 endgültig aufgelöst.
Während der ersten künstlerischen Blütezeit der Manufaktur unter ihrem Begründer Berthevin wurden neben vorzüglich bemalten Gebrauchsgegenständen auch hervorragende plastische Figuren und Figurengruppen hergestellt. Unter der Leitung des erfahrenen Tännich setzte sich der künstlerische Aufschwung fort und fand in durchbrochen gearbeiteten und delikat bemalten Fayencen von zauberhafter Grazie seine Höhepunkte. Mit dem ehemaligen Faktor List setzte dann ein künstlerischer Stillstand mit einer starken Beeinflussung durch Formen und Dekore der Durlacher Manufaktur ein, die vor allem bei den Landschaftsveduten, aber auch bei verschiedenen Blumenmotiven zu mancherlei Verwechslungen mit späten Durlacher Fayencen Anlaß gab.

F 131 □

Jäger zu Pferd und gelagerte Jägerin

Mosbach, um 1770–1772

Auf Felsensockel gelagerte Dame in Jagdkleidung blickt zu einem vorbeireitenden Jäger mit geschultertem Jagdhorn empor, der von einem Hund verbellt wird.

Fayence mit blaugrauer Glasur, ohne Bemalung. – H. 34,5 cm; L. 31,5 cm; T. 23 cm. – Ohne Marke.

Literatur: Swoboda 1970 I, Nr. 3, Farbtaf. 1. – Meinz/Strauß 1976, Taf. 40.

Mannheim, Städtisches Reiß-Museum

F 131

F 132 □

Junges Paar als Winzer und Winzerin

Mosbach, um 1770–1772

Am Fuße eines halbhohen Baumstumpfes sitzt ein junges, einander zugeneigtes Paar in lässiger Kleidung, zu seiten Bottich und Kiepe mit Trauben.

Fayence mit weißer Glasur, ohne Bemalung. – H. 16,4 cm; L. 22 cm. – Marke MB mit o und Kurhut.

Literatur: Swoboda 1970 I, Nr. 2 m. Abb.

Karlsruhe, Badisches Landesmuseum, Inv. Nr. V 12569

F 133 □

Henkelvase

Mosbach, um 1770–1772

Form: Auf ausschwingendem Fuß birnförmiger Gefäßkörper mit zwei Henkeln. – Dekor: Große und kleine Sträuße mit sog. „deutschen" Blumen, darunter Rose, Winde und Vergißmeinnicht, sowie Streublätter.

Fayence mit Muffelmalerei in Gelb, Rotviolett, Blau, Grün und Braun. – H. 21,5 cm. – Marke: MB mit o und Kurhut.

Literatur: Swoboda 1970 I, Nr. 4 und 5, Farbtaf. 2. – Swoboda 1970 II, Abb. S. 45.

Mannheim, Städtisches Reiß-Museum

F 132

F 134

Gitterkörbchen

Mosbach, um 1770–1772

Form: Rund mit steiler, gitterförmig durchbrochener Wandung und gedrehten Henkeln. – Dekor: Strauß mit sog. „deutschen" Blumen, wie Rose, Glokkenblume, Vergißmeinnicht u. a.

Fayence mit Muffelmalerei in Purpurviolett, Blau, Gelb, Grün, Violett und Rotbraun. – H. 6,9 cm; Dm. 16,6 cm. – Marke: MB mit o und Kurhut.

Literatur: Swoboda 1970 I, Nr. 9 m. Abb.

Mannheim, Städtisches Reiß-Museum

F 133

F 135

Essig- und Ölkännchen mit Unterplatte

Mosbach, um 1779–1781

Form: a) Unterplatte vierpassig oval mit Muschelung, Asthenkeln und zwei durchbrochenen Zylindereinsätzen. b–c) Essig- und Ölkännchen in Birnform mit schlankem Hals, verschnörkeltem Henkel und profilierter Wandung. – Dekor: Stilisierte sog. „deutsche" Blumen (u. a. Nelke und Winde) und Streublüten.

Fayence mit Scharffeuermalerei in Purpurviolett, Türkisgrün, Blau, Gelb und Braun. – H. a) 6,7 cm; b–c) 12,5 cm. L. a) 24,2 cm. – Marken: TC.

Literatur: Swoboda 1970 I, Nr. 24 und 25 m. Abb.

Mannheim, Städtisches Reiß-Museum

F 136 □

Gitterkörbchen mit Unterplatte

Mosbach, um 1779–1781

Form: a) Körbchen in geschweifter Ovalform mit Asthenkeln, Boden und Wandung gitterartig durchbrochen. b) Unterplatte in geschweifter Ovalform mit Asthenkeln und gitterartig durchbrochener Fahne. – Dekor: Sog. „deutsche" Blumen mit Rose, Tulpe, Winde u. a.

Fayence mit Muffelmalerei in Purpurviolett. – H. a) 8,7 cm. L. a) 25,7 cm; b) 34,6 cm. – Marke: TC mit Kurhut.

Literatur: Swoboda 1970 I, Nr. 27, m. Abb. – Swoboda 1970 II, Abb. S. 46.

Mannheim, Städtisches Reiß-Museum, Inv. Nr. Ch 332

F 137

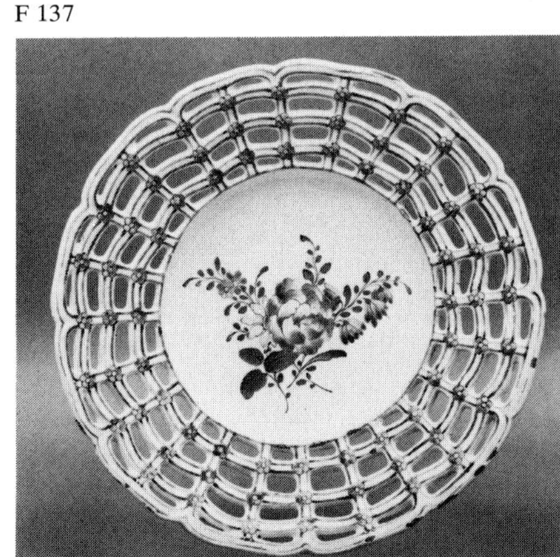

F 136

F 140

Teekanne

Mosbach, um 1782–1787

Form: Kugelförmiger, etwas gedrückter Gefäßkörper mit Röhrenausguß, verschlungenem Henkel und flachem Deckel mit Blütenzweig als Knauf. – Dekor: Vorne und hinten Landschaftsvedute mit Häusern am Wasser.

Fayence mit Scharffeuermalerei in gestuftem Grün, Gelb, Manganviolett und Rotbraun. – H. 10,9 cm. – Marke: CT.

Literatur: Swoboda 1970 I, Nr. 72 m. Abb. – Swoboda 1970 II, Abb. S. 48. – Franzius 1975, Nr. 260 m. Abb.

Mannheim, Städtisches Reiß-Museum, Inv. Nr. II C 358

F 137 □

Gitterteller

Mosbach, um 1779–1781

Form: Rund mit zwölfpassig geschweifter, gitterförmig durchbrochener Fahne. – Dekor: Strauß mit stilisierten ostasiatischen Blumen.

Fayence mit Muffelmalerei in Rot- und Blauviolett, Blau und Gelb. – H. 4,6 cm; Dm. 25,3 cm. – Marke: TC mit Kurhut.

Literatur: Swoboda 1970 I, Nr. 21 m. Abb.

Karlsruhe, Badisches Landesmuseum, Inv. Nr. 62/37

F 139

F 138

Teller

Mosbach, um 1779–1781

Form: Runder Spiegel mit gekehlter und vielpassig geschweifter Fahne. – Dekor: Strauß mit sog. „deutschen" Blumen und Blütenzweigen.

Fayence mit Scharffeuermalerei in unterschiedlichen Purpurviolettönen, Blau, Grün, Gelbgrau und -braun. – Dm. 25,2 cm. – Marke: TC.

Literatur: Swoboda 1970 I, Nr. 29 m. Abb.

Mannheim, Städtisches Reiß-Museum

F 139 □

Kurfürst Carl Theodor

Mosbach, um 1782–1787

In hochovalem Medaillon Darstellung von Kurfürst Carl Theodor im Profil nach rechts. – Vorbild ist ein 1771 datierter Kupferstich von Egid Verhelst nach einer Marmorbüste von Konrad Linck. – Vergleichsstück bei Swoboda 1970 I, Nr. 112 m. Abb.

Fayence, weiß glasiert, unbemalt. – H. 40 cm; B. 36,5 cm. – Marke: CT.

Karlsruhe, Badisches Landesmuseum, Inv. Nr. 67/14

F 141

F 141 □

Kaffeekanne

Mosbach, um 1782–1787

Form: Über profiliertem Standring birnförmiger Gefäßkörper mit Schnabelausguß, verschlungenem Henkel und hochgewölbtem Deckel mit Blütenzweig als Knauf. – Dekor: Landschaftsvedute mit Häusern an einem See.

Fayence mit Scharffeuermalerei in gestuftem Grün, Gelb, Manganviolett und Rotbraun. – H. 18 cm. – Marke: CT.

Literatur: Swoboda 1970 I, Nr. 74 und 75 m. Abb. – Franzius 1975, Nr. 258 m. Abb.

Mannheim, Städtisches Reiß-Museum

F 142 □

Kumme

Mosbach, um 1782–1787

Form: Auf profiliertem Standring etwa halbkugelförmiger Gefäßkörper. – Dekor: Landschaftsvedute mit Bäumen und Häusern am Wasser.

Fayence mit Scharffeuermalerei in gestuftem Grün, Gelb, Manganviolett und Rotbraun. – H. 8,6 cm. – Marke: CT.

Literatur: Swoboda 1970 I, Nr. 73 m. Abb. – Franzius 1975, Nr. 262 m. Abb.

Heidelberg, Kurpfälzisches Museum

F 143 □

Platte

Mosbach, um 1782–1799

Form: Ovaler Spiegel mit gekehlter, mit breiten Zwischenstegen vierpassig geschweifter Fahne. – Dekor: Großer Rosen- und kleinerer Schwertlilienzweig sowie Streublütenzweige.

F 142

F 143

Fayence mit Muffelmalerei in Violett, Gelb, Grün, Blau und Braun. – L. 28,4 cm; B. 23,7 cm. – Marke: CT 6.

Literatur: Swoboda 1970 I, Nr. 90 m. Abb. – Swoboda 1970 II, Abb. S. 47.

Mannheim, Städtisches Reiß-Museum

GLAS

Helge Siefert

HERZÖGE VON WÜRTTEMBERG

G 1 □

Pokal

Thüringen, um 1720

Fuß mit umgeschlagenem Rand; pseudofacettierter Balusterschaft mit roter Fadeneinlage. Auf der Kuppa, in deren Boden Luftblasen eingestochen sind, vor Hermelinmantel mit Fürstenhut das Wappen der Herzöge von Württemberg, eingefaßt von der Kette des württembergischen Jagdordens. Auf der Gegenseite vor Trophäen unter dem Herzogshut das Monogramm EL (ligiert). An der Lippe eine Reihe blankgeschnittener Kugelungen, darunter Festons im Mattschnitt.
Dieses Glas gehörte Herzog Eberhard Ludwig von Württemberg (1676–1733) und zeigt den 1702 von ihm gestifteten Jagdorden, mit dem „eine gut und auserwählte Gesellschaft edler Ehr- und Tugendliebender Personen" ausgezeichnet werden sollte, „welche fähig und geschickt seyn, nicht allein an der Lust und Ergötzlichkeit, die das Jagen gibt, Theil zu nehmen, sondern auch in den oftmals dabei vorfallenden Nöthen und Gefährlichkeiten einer dem anderen mit Hilf und Rettung beizuspringen" (Stadlinger 1856, S. 587). Die Devise „Virtutis amicitiaeque foedus" (Ein Bund der Tugend und Freundschaft) stellt den Orden in eine Reihe mit anderen Gründungen dieser Zeit. Als Vorbilder werden sowohl der sächsische als auch der kurpfälzische Hubertusorden gewirkt haben.
Das Glas ist in Thüringen entstanden. Für die Glasproduktion dieser Gegend sind die pseudofacettierten Schäfte typisch.

Farbloses Glas, Mattschnitt, Schliff, H. 29 cm.

Literatur: Stadlinger, Leo Ignaz von, Geschichte des Württembergischen Kriegswesens von der frühesten bis zur neuesten Zeit. Stuttgart 1856, S. 586–589. – Greiner 1971, S. 67, Anm. 40, Taf. 18. – Stuttgart 1976, S. 49, Nr. 272, Abb. 33. – Landenberger 1980, S. 74, Nr. 22.

G 1

Stuttgart, Württembergisches Landesmuseum, Inv. Nr. B 124/1

G 2 □

Flöte

Sachsen, 1720–1730

Fuß mit umgeschlagenem Rand; Schaft mit Nodus. Schlanke, konisch ansteigende Kuppa, nur sparsam dekoriert mit Spiegelmonogramm E L unter dem Herzogshut und mit Muschel- und Bandelwerk am Lippenrand.
In Sachsen wurden diese Gläser in großer Zahl hergestellt und bis 1735 auf den sächsischen Hoffesten als Preise bei dem alljährlichen Preisschießen verteilt. (Nach diesem Zeitpunkt sind die Stücke meistens mit dem Datum des Ereignisses versehen.)
In Schloß Favorite und im Badischen Landesmuseum sind ähnliche Stücke erhalten, die für den Markgrafen von Baden-Durlach, für Herzog Eberhard Ludwig von Württemberg und für den Erzbischof von Mainz, Franz Lothar von Schönborn, geschaffen wurden (s. Kat. Nr. G 25 a u b).

Farbloses Glas, Mattschnitt, Schliff, H. 28,8 cm.

Literatur: Holzhausen 1954, S. 115. – Greiner 1971, S. 68, Nr. 42, Taf. 19. – Dresden 1975, S. 103, Nr. 172. – Landenberger 1980, S. 74, Nr. 12.

Stuttgart, Württembergisches Landesmuseum, Inv. Nr. B 124/2

G 3 □

Becher

Schwarzwald, 1729

Glatter Boden mit leicht abgesetztem Rand. Unten umlaufender Rundbogenfries. Auf der einen Seite der Wandung die Inschrift: „Vive ce Serenissime protecteur/ de tous les bons et savants chasseurs./ In dem Kirchheimer forst der frickenheißer hüth/ pürst(sic) ELudwig diesen hirsch:/ mit recht vergnügtem muth/ Ano 1729 11. Okt." Auf der Gegenseite ein kapitaler Hirsch mit abnormem Geweih zwischen Bäumen.
Der Becher belegt die Jagdleidenschaft des Herzogs Eberhard Ludwig von Württemberg, der sich diesen Becher entweder zur Erinnerung an ein Jagderlebnis am 11. Oktober 1729 anfertigen ließ

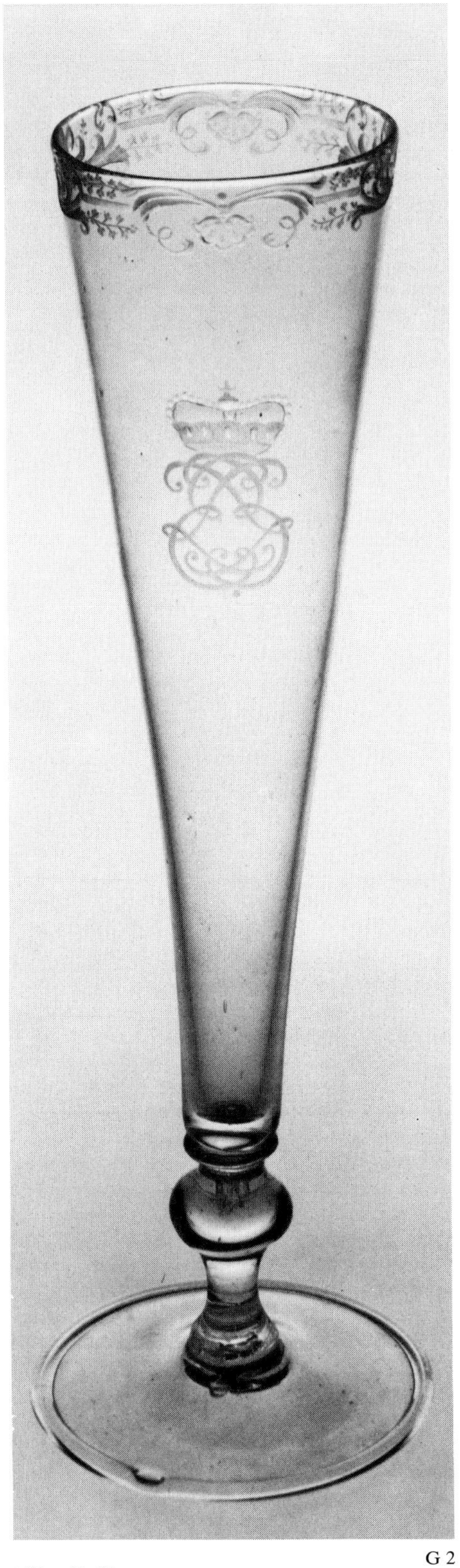

G 2

oder ihn als Geschenk erhielt. Gläser mit präzisen Hinweisen auf das erlegte Wild und auf bestimmte Ereignisse oder historische Persönlichkeiten sind äußerst selten, während Pokale mit Jagdszenen nach Stichvorlagen sich in großer Zahl erhalten haben. Die lückenhafte Überlieferung verwundert um so mehr, da jeder Fürst im 17. und 18. Jahrhundert der Jagdleidenschaft frönte und auch bestrebt war, seine Trophäen, besonders wenn sie Abnormitäten aufwiesen, verewigen zu lassen.

Die Form ähnelt dem sehr viel später entstandenen Becher der Stuttgarter „Keller-Balley“ (s. Kat. Nr. G 8), im Schnitt unterscheiden sie sich stark voneinander. Vergleichbar ist ein Stück aus dem Rosgartenmuseum in Konstanz, das für eine bürgerliche Auftraggeberin geschaffen wurde. Form und Schnitt sind identisch. Die Gläser könnten in einer Glashütte im Schwarzwald entstanden sein.

Farbloses Glas, Mattschnitt, Schliff, Details gerissen, H. 10,3 cm.

Literatur: Pazaurek 1920, S. 8. – Moser 1969, S. 42, Anm. 11, Abb. 8. – Landenberger 1980, S. 74, Nr. 9.

Stuttgart, Württembergisches Landesmuseum, Inv. Nr. 13 053

G 4 □

Becher

Stuttgart, Johann Michael Hess, 1732

Über dem leicht eingezogenen Fußring konische Gefäßwandung, leicht nach außen schwingend. Auf der Wandung umlaufend die Allegorien des Glaubens, der Hoffnung und der Liebe, dargestellt als drei weibliche Gestalten in einer Landschaft mit Bäumen. Der Hoffnung ist die Sonne und ein mit Weinlaub umranktes Kreuz zugeordnet, der Liebe, die mit Pfeil und Bogen auf ein schwebendes Herz zielt, der Mond. Zwischen den beiden durch einen Regenbogen verbundenen Gestalten ein vierseitiger, von Weinlaub umschlungener Obelisk, dessen quadratischer Sockel mit einem Porträt, den Initialen B M M und einem Wappengreifen dekoriert ist. Auf der Gegenseite die Allegorie des Glaubens, eine Frau mit Kreuz, die unter einem Baum mit dem hebräischen Gottesnamen steht. Auf dem neben ihr liegenden Stein die Signatur „M. Hes fe“. Am unteren Bildrand die Inschrift: „D. 20. Aug. Anno 1732“. Darunter umlaufend: „Zum Nahmenstag meines Herrn Groß Vatters verEhrt“. Dieser Becher gehört zu den wenigen Stücken, die nachweislich im Land entstanden sind, und er ist das einzige Stück, für das auch ein Künstler genannt werden kann. Pazaurek nimmt an, daß es sich um den Hofglasschneider Michael Heß handelt, der von 1732–1739 in Stuttgart lebte und dort 1732 Regina Margaretha Simson, die Tochter des preußischen Landbereiters Joh. Ludwig Simson, heiratete. Im Alter von 39 Jahren stirbt er bereits 1739. Pazaurek vermutet, daß der aus Thüringen stammende Glasschneider auch dort gelernt hat, denn die Gläser, die sich ihm zuweisen lassen, zeigen auffallende Parallelen zum Thüringer Glasschnitt. Aus den Quellen ist bekannt, daß M. Heß von 1721–1731 in der Stuttgarter Spiegelfabrik arbeitete und 1731 um eine Anstellung als Hofglasschneider bat. Er belegte sein Können mit mehreren Stücken, von denen jedoch keines erhalten ist. Pazaurek schreibt dem Künstler den Jagdbecher von 1729 (Kat. Nr. G 3) zu, doch weichen die beiden Stücke in der Schnitttechnik stark voneinander ab.

Farbloses Glas, Mattschnitt, Schliff, Details gerissen, H. 11,5 cm.

Literatur: Pazaurek 1920, S. 8–10, Abb. 4 a–c. – Fleischhauer 1958, S. 277–278. – Greiner 1971, S. 67, Nr. 39, Abb. 17.

Wien, Österreichisches Museum für Angewandte Kunst, Inv. Nr. 62.2263

G 3

G 4

G 4

G 5 □

Pokal

Glücksburg, vor 1737 (Glas)
Stuttgart, vor 1737 (Schnitt)

Fuß mit einem von oben eingeschnittenen Dekor aus Blattranken und Kugelungen, facettierter Balusterschaft mit Nodus. Kuppa unten reich facettiert, darüber vor Hermelinmantel mit Herzogshut das Monogramm Carl Alexanders. Auf der Rückseite zwei von Laub umrankte vierseitige Obelisken auf Kugelfüßen, zwischen denen auf einem Rasenstück ein kapitaler Hirsch mit riesigem Geweih ruht. Am Lippenrand Kugelfries.
Da der Hirsch so stark betont ist, könnte es sich bei dem Glas um einen Jagdpokal handeln, doch weisen die in der Emblematik beliebten Obelisken in eine andere Richtung. Sie könnten die emblematisch verschlüsselte Aussage: „Reichtum und Festigkeit nützen dem Volk" (Schöne), eine Anspielung auf den Regierungsantritt von Carl Alexander 1733, enthalten. Der Schnitt ist verhältnismäßig schlicht. Die Darstellung weist gewisse Parallelen zu dem Becher von J. M. Heß (Kat. Nr. G 4) auf, doch könnte die Übereinstimmung auf gemeinsame Vorlagen zurückgehen.
Gläser mit solch reicher Facettierung waren in Glücksburg (Sachsen) üblich. Sie wurden dort gelegentlich ohne Dekor bestellt und erst an Ort und Stelle verziert, wie es auch bei dem vorliegenden Stück geschah.

Farbloses Glas, Mattschnitt, Blankschliff, Details gerissen, H. 36,5 cm.

Literatur: Henkel/Schöne 1976, Sp. 1222. – Landenberger 1980, S. 76, Nr. 5, Abb. S. 77.

Stuttgart, Württembergisches Landesmuseum, Inv. Nr. B 140/1

G 6 □

Pokal

Dresden(?), um 1735

Kräftiger Balusterschaft mit Nodus. Am unteren Teil der Kuppa Rundbogenschnitt. Auf der Kuppawandung das württembergische Herzogswappen, darüber die Initialen: „C · A · H · Z · W" (Carl Alexander Herzog zu Württemberg). Auf der anderen Seite Trinkspruch in einer aus Füllhörnern mit Blütenzweigen gebildeten ovalen Kartusche: „Es geh dem Herrn / und Lande wohl / und deme der / es trincken soll". An der Lippe Laub- und Bandelwerk mit Festons und kleinen Medaillons, in die Blütensträuße geschnitten sind.
Das Glas entstand sicher nach dem Regierungsantritt Carl Alexanders (1733), da er das Wappen der Hauptlinie führt und nicht mehr dasjenige der Linie Württemberg-Winnental (s. Kat. Nr. H 6). Es ist fraglich, ob der Schnitt von einer Hand stammt, da eine gewisse Diskrepanz in der Qualität der Vorder- und Rückseite besteht. Das Glas scheint mit Wappen und Laub- und Bandelwerk am Lippenrand bestellt worden zu sein, während der Trinkspruch im Oval wohl erst in Stuttgart hinzugefügt wurde.
Der Trinkspruch belegt, daß es sich um ein Gesundheitsglas handelt. Ein Vergleichsstück mit dem gleichen Spruch befindet sich in Privatbesitz (s. Kat. Nr. G 34), allerdings ist der Dekor dort sehr viel reicher.

Farbloses Glas, Mattschnitt, Schliff, H. 32 cm.

Literatur: Greiner 1971, S. 68, Nr. 43, Taf. 19, Abb. 43. – Landenberger 1980, S. 76, Nr. 3.

Stuttgart, Württembergisches Landesmuseum, Inv. Nr. B 144/2

G 7 □

Pokal

Warmbrunn, wahrscheinlich Christian Gottfried Schneider (1710–1773), ca. 1740

Fuß mit Fries aus aneinandergereihten Dreiecken; Nodus und eingezogener Ansatz der vielkantigen Kuppa facettiert. Auf der Kuppa das Wappen der Landstände, ein Ovalschild mit drei Hirschstangen, über zwei einander abgekehrten Hirschen. Auf der Rückseite in Rocaillenrahmen ein Delphinbrunnen, eine lautenspielende Dame und ein Putto mit Säule und Früchten. Goldband am Kuppaansatz und am Lippenrand.
Das Stück könnte ein Geschenk der Landstände an Carl Eugen zum Regierungsantritt 1744 gewesen sein, worauf die Emblematik hindeutet, in der eine Aufforderung zu weiser Regierung mit Förderung der Künste und Wissenschaften zu sehen ist. Die Landstände hofften beim Regierungsantritt des Herzogs auf Erneuerung ihrer Rechte, erreichten diese jedoch erst 1770 durch Intervention des Kaisers.
Christian G. Schneider arbeitete sehr oft nach Stichvorlagen, und überliefert sind von ihm auch Papierabdrucke seiner eigenen Arbeiten (Dreier 1965, S. 66–78). Für dieses Glas sind keine Vorlagen erhalten. Ähnlich im Schnitt ist ein Glas in der Sammlung Biemann.

Farbloses Glas, Mattschnitt, Schliff, Golddekor, kleine Details gerissen, H. 19,5 cm.

G 5

Literatur: Dreier, Franz-Adrian, Stichvorlagen und Zeichnungen zu Gläsern Christian Gottfried Schneiders. In: Journal of Glass Studies, Bd. 7, 1965, S. 66–78. – Klesse/Saldern 1978, S. 185, Nr. 124. – Landenberger 1980, S. 76, Nr. 15.

Stuttgart, Württembergisches Landesmuseum, Inv. Nr. B 142/2

G 8 □

Becher

Stuttgart, 1749

Über eingezogenem Fuß leicht ausschwingender Becher. Auf der Vorderseite in einer Kartusche aus Beschlagwerk und Laubranken die Inschrift: „VIVAT Die fürstliche Keller Balley in Stuttgard 1749“. Darunter zwischen

G 6

Palmzweigen unter einer Krone das Monogramm „J. C. L." Der übrige Teil der Wandung dekoriert mit sechs paarweise übereinander angeordneten Medaillons aus geflochtenem Weinlaub mit Inschriften: „VIVAT herr hoffkiefer Gleich"; „VIVAT herr haußkeller Belßer"; „VIVAT herr mundschenck Johann Christoph Grael"; „VIVAT herr mundschenck Cramer"; „VIVAT herr Joseph Reichlin"; „VIVAT herr Johan Friedrich Grunsky". Am Mundrand umlaufende Inschrift in Alexandrinern: „Der, so diß glaß gestifft, will daß es allzeit voll, auf guter Freunde glück getruncken werden soll".
Der adelige Stifter, der sich nur mit seinem Monogramm verewigt hat, konnte bisher nicht identifiziert werden. Über

G 7

die in den Vivat-Aufschriften genannten Personen gibt dagegen das württembergische Dienerbuch (§ 599–617) Auskunft: Georg Jack. Gleich wird am 24. März 1731 Hofküfer in Ludwigsburg und kommt später nach Stuttgart in Dienst (§ 602, 608 u. 617). Joh. Belser war zuerst Kellerknecht, dann von 1727–1737 Mundschenk in Ludwigsburg und wird Martini 1737 Hauskeller (§ 600 u. 605). Joh. Christoph Gräel ist 1733 bis zum 6. April 1752 Mundschenk in Ludwigsburg (§ 602, 609 u. 617). Hermann Kramer ist Mundschenk bis zum 28. Juni 1756 (§ 601 u. 607). Joseph Reichle ist bis 1752 Kellerknecht gewesen und schließlich wird Joh. Friedrich Grunzki 1756 als Kellerknecht erwähnt.
Die Bezeichnung Ballei – im Ordenswesen für einen selbständigen Bezirk üblich – wird im 18. Jahrhundert auch innerhalb der höfischen Verwaltung gebräuchlich.
Für den Dekor dürften die im gleichen Rahmen benützten silbernen Ritterbecher (Kat. Nr. C 90 a–c) aus dem „Keller-Stüble" des Stuttgarter Schlosses das Vorbild abgegeben haben.
Typus und Schnitt legen eine Entstehung des Bechers in Württemberg nahe.

Farbloses Glas, Mattschnitt, Schliff, Details diamantgerissen, H. 14,7 cm.

Literatur: Pazaurek 1920, S. 8, Abb. 3. – Pfeilsticker, Walther, Neues Württembergisches Dienerbuch. 3 Bde., Stuttgart 1957–60, Bd. 1, § 599–617. – Greiner 1971, S. 67, Nr. 38, Taf. 17. – Landenberger 1980, S. 74, Nr. 8.

Stuttgart, Württembergisches Landesmuseum, Inv. Nr. 12580

G 9 □

Deckelpokal

Dresden, Mitte 18. Jahrhundert

Fußansatz, Schaft und Nodus facettiert; Kuppaansatz mit Bogenschliff; Lippenrand gekugelt. Im Fuß die Inschrift: „Mon unique zele est d'etre fidele". Auf der Kuppawandung unter dem Fürstenhut das Württembergische Wappen mit dem Orden vom goldenen Vlies auf Hermelin. Darüber die Inschrift: „Vive l'illustre Maison de Wurtemberg". Rückseitig das Spiegelmonogramm von Carl Eugen Herzog von Württemberg. Auf dem Deckel Inschrift: „Heureux, qui est digne de boire à cete santé".
Die Devise und die Trinksprüche belegen, daß es sich bei dem Stück um ein Gesundheitsglas handelt. Möglicherweise

G 8

entstand es kurz nachdem Carl Eugen als 695. Ritter in den Orden des Goldenen Vlieses aufgenommen wurde. S. Baumgärtner datiert den Pokal mit „Vivatinschrift und simplen französischen Devisen" 1737 (das Datum des Regierungsantritts von Carl Eugen). Das von ihr zum Vergleich herangezogene Stück aus Ludwigsburg, ebenfalls mit französischer Vivatinschrift ist „Dreßen 1722" datiert, aber nicht für Eberhard Ludwig, sondern für Luise Elisabeth von Württemberg-Bernstadt (katholische Linie der Württembergischen Herzöge) geschnitten worden, die ohne weiteres die Verbindung des Hofes zu den sächsischen Glashütten hergestellt haben könnte.

Farbloses Glas, Mattschnitt, Schliff, H. 33,5 cm.

Literatur: Brügge 1962, S. 53, Nr. 695. – Baumgärtner 1977, S. 73, Abb. 88. – Landenberger 1980, S. 76, Nr. 12.

Stuttgart, Württembergisches Landesmuseum, Inv. Nr. E 1174

G 10

Kasten mit 6 Flaschen, 2 Bechern mit Deckeln und einem Trichter

Thüringen, um 1760 (Glas)
München, um 1760 (Fassung)

In einem Nußbaum- auf Nußbaumholz furnierten rechteckigen Kasten mit eingeschnittenen Ecken, der mit grünem Samt

G 9

ausgeschlagen ist, auf den Längsseiten je zwei, auf den Schmalseiten je eine rechteckige Flasche eingelassen und von 1–6 durchnumeriert. In der Mitte sitzt ein Trichter in einer Vertiefung, flankiert rechts und links von kleinen Bechern mit Deckeln.
Die Flasche No. 4 zeigt auf der einen Schmalseite in einer Baumlandschaft eine Jagdszene, Hase und Hirsch von Hunden verfolgt, auf der Gegenseite Treiber vor einem Pavillon im Hintergrund. Auf der einen Längsseite ist eine Bärenjagd dargestellt: Der Bär wehrt sich gegen die anstürmenden Hunde und die beiden Jäger, die sich ihm zu Fuß und zu Pferd nähern. Gegenüber sind vor einer Stadtarchitektur mit großem Tor Hund und Ziege friedlich vereint. Die Zwischenräume sind mit Laub- und Bandelwerk gefüllt.
Die Flasche No. 1 ist auf den Hauptseiten mit einem Hirschgehege, gegenüber mit einem Gemsenpaar dekoriert. Auf No. 2 sind Hirsche, Füchse und Löwe in einer Landschaft mit Architektur friedlich vereint, während auf der Gegenseite eine Hirschjagd stattfindet. Auf den Hauptseiten der Flasche No. 3 ist einer Landschaft mit Brunnen, Hirsch und Löwen eine Sauhatz gegenübergestellt.
No. 5 zeigt Kamele an einem See und Jäger unter einem Baum, auf dem ein Affe sitzt, No. 6 schließlich eine Vogeljagd und Fischfang.
Auf den Becherchen sind in zartem Bandelwerk Jagdszenen und eine Burg dargestellt. Allen Stücken gemeinsam ist der reiche Dekor mit Masken, Blattranken und Festons.
Die Flaschen lassen sich von der Schnitttechnik her mit den um 1720 zu datierenden Flaschen in der Sammlung Helfried Krug vergleichen. Schnitt und Technik in der Kombinierung von Kugelschliff und Mattschliff sind hier gröber. Bei den vorliegenden Stücken spricht die Fassung von 1760 jedoch gegen eine Datierung um 1720. Um 1750 käme für eine solche Arbeit nur Johann Heinrich Balthasar Sang in Frage, doch fehlen die Rokokoelemente völlig. Kastenform und Griffe erlauben auch keine präzise Datierung, da beides im Hinblick auf die Verwendung bei der Jagd verständlicherweise grob gehalten ist.
Solche Garnituren waren äußerst beliebt, sind aber relativ selten komplett erhalten. Reste gibt es vom Pfälzer und Baden-Badener Hof, während für Carl Alexander und seine Frau Marie Auguste, geb. von Thurn und Taxis, ein Likörservice überliefert ist. Der schlichte Schnitt des Wappens erlaubt jedoch keine Einordnung nach Nürnberg. – Bei dieser Garnitur sind sämtliche Deckel mit dem Württembergischen Wappen und mit dem Jagdorden versehen. Die Datierung der Verschlüsse (1760) läßt an die Fassung unter Carl Eugen denken.

Farbloses Glas, Mattschnitt, Schliff, Verschluß: Silber, vergoldet, Flaschen: H. 24,8 cm, L. 10,9 cm, B. 7,3 cm; Kasten: L. 44 cm, T. 31 cm. Beschau München 1760, Meisterzeichen IMR (Johann Michael Roth 1746–1763).

Literatur: R[3]3548. – Klesse 1965, Bd. 1, Nr. 167 und 168. – China und Europa. China-Verständnis

G 11

und Chinamode im 17. und 18. Jahrhundert. Schloß Charlottenburg, Berlin 1973, S. 255, Nr. 28, S. 256, Abb. L 28.

Privatbesitz

KURFÜRSTEN VON DER PFALZ

G 11 □

Becher

Johannes Schaper, Nürnberg 1660

Auf drei gerippten, hohlen Kugelfüßen zylindrischer Gefäßkörper. Auf der Gefäßwandung auf der einen Seite in Medaillonform ein Brustbild in Schwarzlotmalerei. Umgeben von einem Schriftband der Porträtierte im Profil nach links gewendet mit Allongeperücke. Über dem Brustharnisch zarter Spitzenkragen und Mantel. Der ursprünglich durchgehende schwarze Streifen (Linie) zwischen Schriftband und Porträt z.T. ausgelöscht. Im Schriftband steht in Großbuchstaben: „ELECTOR PALATINUS CAROLUS LUDOVICUS". Links ein Monogramm (JS ligiert). Auf der Rückseite reicher Laubkranz um eine Verkleinerungslinse. Bei dem Dargestellten handelt es sich um den Kurfürsten Carl Ludwig von der Pfalz, der 1648–1680 regierte, und hier nach dem Stich von Waldtrid abkonterfeit wurde (Pazaurek 1925, S. 11). Die Signatur weist auf den bedeutendsten Schwarzlotmaler dieser Zeit: Johannes Schaper hin. Er arbeitete seit 1652 vorwiegend in Nürnberg, war Glas- und Fayencemaler und gehörte zu den ersten, die die Technik der Schwarzlotmalerei auf Glas übertrugen. Vergleichbares gibt es im deutschen Südwesten nicht. Lediglich die Familie Spengler in Konstanz hat ebenfalls Gläser in dieser Technik bemalt, doch haben sie mehr bürgerlichen Charakter und ähneln noch stark den Wappenscheiben (s. Kat. Nr. G 37–39). Weitere Porträtbecher von Schaper existieren in Kassel, Prag und London. Im Charakter am ähnlichsten ist das Londoner Glas mit dem Porträt des Kurfürsten Johann Georg II. von Sachsen, der in Brust- und Dreiviertelsansicht gezeigt wird. Ein prachtvoller Spitzenkragen ist über den Brustharnisch gelegt. Die Haare sind nach der Zeitmode in der Mitte gescheitelt und fallen in üppigen Locken auf die Brust. Umlaufend in einem Band ist auch hier der Name des Porträtierten eingetragen (Klesse/Saldern 1978, S. 13 – 14). Schaper hat auf seinen Stükken vorwiegend Genreszenen, Allegorien und Wappen, wohl nach Stichvorlagen, dargestellt. Bei den Nürnberger Patrizierfamilien waren besonders Gläser mit den Wappen der Besteller beliebt. Mit Sicherheit waren diese Stücke nicht zur Benutzung bestimmt, sondern dienten als Schaustücke. Die empfindliche Schwarzlotmalerei hätte eine häufige Benutzung nicht lange überdauert. Der Typus des Bechers mit den Kugelfüßen wurde fast ausschließlich in Nürnberg hergestellt. In der Ausstellung kann das erste Stück gezeigt werden, das im Südwesten produziert wurde (s. Kat. Nr. G 39).

Farbloses Glas, Schliff, Schwarzlotmalerei. H. 8 cm.

Literatur: Pazaurek 1925, Bd. 1, S. 1–13. – Klesse/Saldern 1978, S. 13–14.

Heidelberg, Kurpfälzisches Museum, Inv. Nr. GI 1

G 12

G 12 □

Deckelpokal

Böhmen, um 1720

Über dem flachen Fuß mit Bandelwerk und Blattranken Balusterschaft und facettierter Knauf mit eingelegtem blaurot-goldenem Fadendekor. Der Kuppaansatz mit Oliven facettiert. Auf der Vorderseite ein Allianzwappen eingeschnitten, um das heraldisch rechte Wappen ist der Hubertusorden geschlungen. Bandelwerk stellt die Verbindung zum Dekor auf der Rückseite, einer Kartusche mit Spiegelmonogramm E A, gekrönt vom Kurhut und umgeben von Trophäen her. Der Deckel, stark ausschwingend über dem eingezogenen Rand, mit Bandelwerk dekoriert. Als Abschluß Kugelungen.
Bei dem Allianzwappen handelt es sich um die Wappen des Erbprinzen Joseph Carl Emanuel von Sulzbach (heraldisch rechts) und von Elisabeth Auguste Sophie von Pfalz-Neuburg, der Tochter Carl Philipps, die 1717 heirateten und die Eltern von Elisabeth Auguste, der Gemahlin Carl Theodors von der Pfalz, sind. A. Ohm datiert das Glas um 1720. Eine Entstehung z.B. zur Vermählung ist durchaus denkbar. Der Erbprinz Joseph Carl Emanuel war Mitglied des Hubertusordens. Der Orden wurde 1708 von Johann Wilhelm von der Pfalz wieder erneuert, und es wurden jährlich im Oktober große Ordensfeste abgehalten. Vergleichbare Stücke aus der Glassammlung von Schloß Favorite werden von Olga Drahotová 1710–1720 datiert. Unmittelbar vergleichbar ist der Pokal auf den Rastatter Frieden 1714 im Zähringer Museum Baden-Baden, bei dem ein streng geometrischer Dekor die Kuppawand umzieht, während auf dem vorliegenden Stück Bandelwerk und heraldischer Dekor in lockerer Form kombiniert sind.

Farbloses Glas, Mattschnitt, Schliff, Fadeneinlage, H. 35 cm.

Literatur: Kalnein 1960, Nr. 23, Abb. 23. – Ohm 1970 I, S. 31, 34, Abb. 26 u. 27; S. 40, Anm. 18, 19. – Ohm 1970 II, S. 112 u. Anm. 52; S. 130, Nr. 134. – Heidelberg 1979, S. 133, Nr. 291 m. Abb.

Heidelberg, Kurpfälzisches Museum, Inv. Nr. G 98

G 13 a–b □

Schnapsflaschen

Süddeutschland, um 1720

a) Vierkantige, am unteren Rand facettierte Flasche, darüber auf den vier Flaschenseiten reicher Dekor mit einer bogenförmig schwingenden Balustrade, besetzt mit zwei Obelisken auf den jeweils gegenüberliegenden Seiten, auf der Rückseite mit Deckelvasen. In den Vertiefungen der Balustrade Blumensträuße. Auf der Balustradenwand Festons. Auf der Vorderseite auf zwei Schilden das pfälzische Wappen, bekrönt mit dem Kurhut. Zwischen den Wappen auf dem Regalienschild, statt des Reichsapfels, ein „D" (für lat. deleatur) als Hinweis auf die im dreißigjährigen Krieg verlorene Erztruchsessenwürde. Unter dem Wappen zwei Ordensketten: Der Hubertusorden mit Collane und darunter der Orden des Goldenen Vlieses. Abschließender Dekor: bogenförmige Kugelfriese. Auf dem Hals im Hochschnitt Zungen.

b) Rechteckige, schlanke Flasche mit ähnlichem Dekor. Auf der Vorderseite über der Balustrade mit den Ziervasen wieder das Pfälzische Wappen mit zwei Schilden, bekrönt vom Kurhut. Dazwischen das „D", unter dem der Hubertusorden und der Orden des Goldenen Vlieses mit Collanen hängen. Auf den drei anderen Seiten über der mit Ziervasen und Festons geschmückten Balustrade streng geometrisches Bandelwerk, be-

krönt von kleinen Blüten. Auf halber Höhe eine Trennungslinie, darauf, eingefaßt von Fruchtkörben mit pickenden Vögeln, ein Postament mit einer Büste. Unter diesem eine in das untere Bildfeld hängende Schabrake. Festonartiger Baldachin als Abschluß. Am Halsansatz bogenförmige Kugelungen. Im Hochschnitt zum Flaschenhals emporlaufende Zungen.
Eine weitere Flasche des gleichen Typs befindet sich in Schloß Fasanerie bei Fulda. Sie ist genau so hoch wie die Flasche aus dem Württembergischen Landesmuseum, auch der Dekor ist, zumindest was Vorder- und Rückseite betrifft, identisch.
Die stilistische Einordnung ist schwierig, da es keine unmittelbaren Vergleichsstücke gibt, doch scheint die von A. Ohm vorgeschlagene Lokalisierung nach Mittel- oder Süddeutschland von der Qualität der Glasmasse und der Schnittechnik her plausibel. Sicherlich handelt es sich nicht um Nürnberger Arbeiten. Dieses verdeutlicht der Vergleich mit den Flaschen von Mäuerl aus der Sammlung Helfried Krug, die 1720 datiert werden. Gegenüber diesen weisen sowohl die Form als auch der Schnitt, der möglicherweise von den gleichen Stichvorlagen inspiriert ist, starke Vereinfachungen auf. A. Ohm datiert diese Flaschen in die Regierungszeit Carl Philipps von der Pfalz (1716–1742), und zwar 1716, als er Souverän des Hubertusordens wird. Wie sie feststellt, kann der Flaschensatz nur

G 13 a

G 13 b

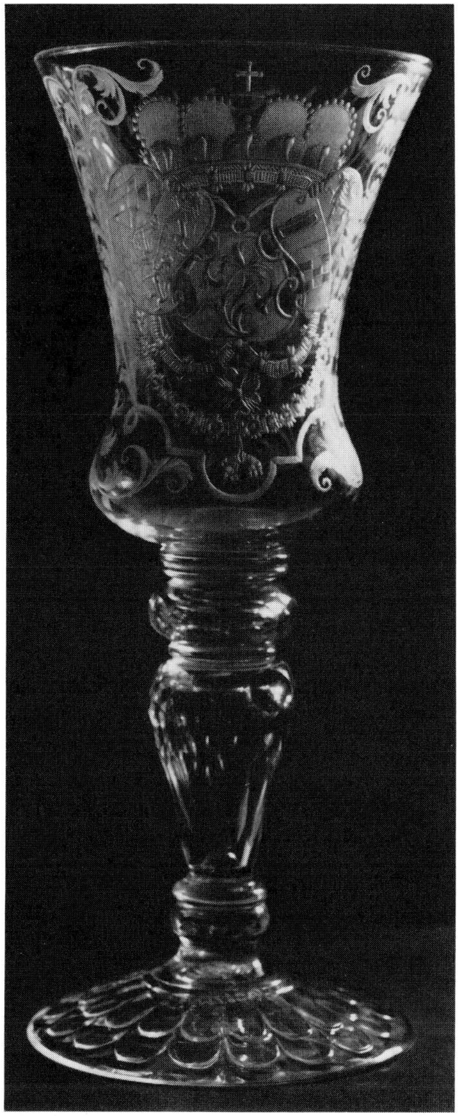

G 14

einem Herrscher gehört haben, da nur Souveräne mehrere Orden tragen durften.

Farbloses Glas, Mattschnitt, Schliff, H. 15,6 cm (a), 20,5 cm, B. 8,6 cm, T. 4,8 cm (b).

Literatur: Brügge 1962, S. 49, Nr. 580. – Stuttgart 1964, S. 33. – Klesse 1965, Bd. 1, Nr. u. Abb. 167 u. 168. – Ohm 1970 I, S. 22–31, Abb. S. 23, Abb. S. 24 u. 25. – Ohm 1970 II, S. 111–112, S. 130, Nr. 129, Nr. 129 a mit Abb. 23 u. Abb. 24. – China und Europa. China-Verständnis und Chinamode im 17. und 18. Jahrhundert. Schloß Charlottenburg, Berlin 1973, S. 255, Nr. 28, S. 256, Abb. L 28.

Mannheim, Städtisches Reiß-Museum, Inv. Nr. D 136 (a)
Stuttgart, Württembergisches Landesmuseum, Inv. Nr. 7780 (b)

G 14 □

Pokal

Sachsen, 1730–1740

Über dem mit zwei Reihen von Bogen dekorierten Fuß facettierter Balusterschaft mit glockenförmiger Kuppa. In einer Rahmung aus Laub und Bandelwerk das pfälzische Wappen mit zwei Schilden unter dem Kurfürstenhut, zwischen ihnen der Regalienschild mit dem „D“ (vergl. Kat. Nr. G 13), darunter der Hubertusorden und der Orden vom Goldenen Vlies. Auf der Rückseite Spiegelmonogramm C P (Kurfürst Carl Philipp von der Pfalz) umgeben von Trophäen und gehalten von zwei Victorien rechts und links, die in Trompeten blasen.
Die Zuschreibung nach Sachsen scheint zweifelhaft, da der Typus mit der stark eingezogenen glockenförmigen Kuppa dort außer bei den Landgläsern (Baumgärtner 1977, S. 88, Abb. 134, 135, 137) selten ist. Nicht minder rar ist in Sachsen ein Dekor, der die gesamte Kuppawandung überzieht. Der bogenförmige Dekor im Tiefschnitt taucht bei keinem der erhaltenen sächsischen Gläser auf. Vielleicht wäre doch eher an eine Einordnung nach Böhmen oder Schlesien zu denken.

Farbloses Glas, Mattschnitt, Schliff, H. 28,5 cm.

Literatur: Ohm 1970 I, S. 35–36, Abb. 29, Anm. 25 und 26. – Baumgärtner 1977, S. 1, Abb. 50, 91; S. 8, Abb. 134, 135, 137.

Speyer, Historisches Museum der Pfalz, Inv. Nr. HM 1966/38

G 15 □

Kelchglas

Thüringen (?) oder Hessen, 1730 – 1740

Über dem Fuß mit umgeschlagenem Rand pseudofacettierter Schaft, darüber konische Kuppa. Auf der Kuppawandung das kurpfälzische Wappen, bekrönt mit dem Kurhut und umgeben von stilisierter Ordenskette mit dem Goldenen Vlies. Auf der Gegenseite eine stilisierte Ranke.
Nach Angaben von A. Ohm handelt es sich um ein Glas aus dem persönlichen Besitz von Kurfürst Carl Philipp von der Pfalz.
Solche Gläser werden an der Hoftafel verwendet. Die kostbaren Gläser und Pokale dienten meist als Dekor und als Gesundheitsgläser für wenige Privilegierte. Ein weiteres Kelchglas mit Balusterschaft, gestochener Blase, Wappen und Porträt Carl Philipps befindet sich im Kurpfälzischen Museum Heidelberg. Leider ist das Glas krank, so daß aus konservatorischen Gründen an eine Ausleihe nicht zu denken war. Vom Typus her könnte es sich in beiden Fällen um hessische Gläser handeln (Dreier 1969, Nr. 58, 59, 60). Vom Schnitt her ähnelt nur das erste den bei Dreier gezeigten Gläsern, es ist 1722 datiert.

Farbloses Glas, Mattschnitt, H. 15,6 cm.

Literatur: Dreier 1969, Nr. 58–60, Abb. 58–60. – Ohm 1970 I, S. 34–35 u. Anm. 21, 22, Abb. 28 rechts.

Heidelberg, Kurpfälzisches Museum, Inv. Nr. GI 53

G 15

G 16

G 16 □

Kelchglas

Äule, um 1750/60

Über dem Fuß mit umgeschlagenem Rand Balusterschaft. Die Kuppa ist leicht nach außen geschwungen. Auf der Kuppawandung unter dem Fürstenhut im Hochoval mit sternförmigem Umriß das Monogramm C T (ligiert).
Vergleichbare Stücke sind in großer Zahl im Kurpfälzischen Museum in Heidelberg erhalten und stammen von der Hoftafel Carl Theodors von der Pfalz. A. Ohm nimmt an, daß die Stücke Mitte des 18. Jahrhunderts in Lauenstein geschaffen wurden. Dieses Stück stammt höchstwahrscheinlich aus der Glashütte Äule im Schwarzwald. Ähnliche Gläser wurden dort für den bürgerlichen Haushalt mit den Initialen des Käufers und mit den gewünschten Sprüchen versehen.

Farbloses Glas, Mattschnitt und Schliff, H. 14 cm.

Karlsruhe, Badisches Landesmuseum, Inv. Nr. V 12835 a

G 17 □

Becher

Böhmen, um 1777

Zylindrischer Becher auf flachem Standfuß mit unten radial eingeschnittenen Oliven. Auf der einen Seite der Wandung kurpfälzisches Wappen und Regalienschild mit Reichsapfel, von steigenden Löwen getragen. Auf der Gegenseite in einem Hochoval, im Innern von einem Blütenkranz umgeben, die Initialen C T des Kurfürsten Carl Theodor von der Pfalz (ligiert) unter dem Kurhut. Auf muschelartiger Volute Minerva mit Speer, das Monogramm haltend und flankiert von einer Eule auf einem aufgeschlagenen Buch. Links Neptun mit dem Dreizack. Darunter an einer stilisierten Blumenkette der Hubertusorden, der zusammen mit dem Orden vom Goldenen Vlies und zwei weiteren Orden an einer Kette auch das Wappen auf der Gegenseite ziert. Im Lippenrand roter Fadendekor.
Der Gott mit dem Dreizack ist sicher Neptun und nicht der Rhein, da Flußgöttern üblicherweise Quellurne und Ruder beigegeben werden. A. Ohm vermutet, daß es sich bei dem Becher um eine Schöpfung aus Anlaß der Gründung der Pfälzischen Akademie der Wissenschaften handelt.
Das Glas ist mit Mattschnitt geschnitten, und kleine Kugelungen sind eingeschliffen. Die Binnenzeichnungen sind wohl zum größten Teil gerissen. Die Simplizität des Schnittes und die plumpe Darstellung der Allegorien erschwert die Zuordnung. Böhmische Gläser aus dieser späten Zeit sind kaum überliefert. Zieht man Gläser aus der späten hessischen Produktion heran, so scheinen (worauf A. Ohm hinwies) Schnitt und Typus am ehesten mit dem Becher aus den Staatl. Kunstsammlungen Kassel übereinzustimmen.

G 17

Farbloses Glas, Mattschnitt und Schliff, Binnenzeichnung gerissen, H. 10,3 cm.

Literatur: Dreier 1969, Nr. 82. – Ohm 1970 I, S. 30 u. 31, Abb. S. 36 u. Anm. 27.

Speyer, Historisches Museum der Pfalz, Inv. Nr. HM 1957/127

MARKGRAFEN VON BADEN-BADEN

G 18 □

Deckelpokal

Nürnberg, Hans Wolfgang Schmidt, 1694

Über dem Hohlbalusterschaft mit umgeschlagenem Fußrand und von unten eingeschnittener Ranke weit ausladende konische Kuppa. Auf der Vorderseite das Porträt des Markgrafen Ludwig Wilhelm von Baden im Brustpanzer mit Allongeperücke, nach rechts gewendet, im verlorenen Profil. Unter dem Brustbild in der unteren Hälfte das einfache badische Wappen in einer Kartusche, bekrönt von einer dreizackigen Krone. Zur Rechten und Linken Trophäen, über diesen Palmwedel, die das Porträt umschließen. Auf der Rückseite umlaufend eine Landschaft mit einer Schlachtszene zwischen drei großen z.T. dürren Bäumen: Zwei Reiterheere prallen aufeinander, feiner Pulverdampf überzieht den Himmel, während von rechts ein Reiter mit Standarte heranstürmt. In der rechten Hälfte eine von Schilf bestandene Uferlandschaft am gegenüberliegenden Ufer eine befestigte Stadt. Am unteren Rand Schriftband mit „Pro lege et grege". Auf der Vorderseite links von den Trophäen

G 18

unter den beiden Bäumen die Signatur: „H. W. Schmidt. NÜR“, auf den beiden Kanonen zur Rechten und Linken des Porträts „1694“ und „Anno“.
Die dargestellte Szene läßt sich mit keinem bestimmten Ereignis in Verbindung bringen, doch weist die Datierung auf die Zeit nach Ludwig Wilhelms Übernahme des Kommandos am Oberrhein 1693.
Das Porträt ähnelt zumindest im Kopftypus der Medaille von Jan Boskam zum Besuch am Englischen Hof (Wieland/Zeitz 1980, S. 51, Nr. 45). Einen Bezug zum Türkenkrieg herzustellen, erlauben eigentlich nur der Köcher und der Bogen unter den Trophäen. Diese waren in europäischen Heeren nicht mehr gebräuchlich.
Fast gleichzeitig entstanden zwei Pokale, die sich heute in fränkischem Privatbesitz befinden (Saldern 1970, S. 104–105, Abb. 1–4). Auch bei einem von diesen erscheint neben dem Bild des Türkenlouis im Profil das einfache badische Wappen unter der Krone, eine heraldische Ungenauigkeit, da üblicherweise der Fürstenhut über dem Wappen dargestellt wurde. Wie dieses zustande kam, ist schwierig zu beurteilen. Es beruht vermutlich auf einer falschen Information, denn das zweite Glas mit dem Porträt des Kurfürsten Max Emanuel von Bayern trägt das dem Rang entsprechende Wappen und den Kurfürstenhut (Saldern 1970, S. 105–107, Abb. 5–8).
Die Form der Hohlbalusterpokale ist identisch, ebenso der Schnitt und einzelne stilistische Merkmale, wie z.B. die Arbeit mit dem Diamantstichel, die feine Fiederung der Bäume, die Wolken aus Pulverdampf.
Das Glas wurde von dem Glasschneider Hans Wolfgang Schmidt (Meyer-Heisig 1963, S. 63, S. 91, Nr. 143) geschaffen, der ca. 1679–1711 in Nürnberg gearbeitet hat. Für ihn sind Landschaftsdarstellungen dieser Art charakteristisch. Nürnberger und böhmische Becher in dieser Art waren im 17./18. Jahrhundert weit verbreitet: überliefert sind vorwiegend Gläser und Becher mit den Porträts von Kaiser Karl VI., Kaiser Leopold und Prinz Eugen von Savoyen. Über ihren Verwendungszweck gibt es keine eindeutigen Quellen, doch wurden sie sicher als Erinnerungsstücke verschenkt und als Schaustücke verwendet.

Farbloses Glas, Mattschnitt, Schliff, Details gerissen, H. 45,5 cm.

Literatur: R. Schmidt 1922, S. 251, Abb. 140. – Meyer-Heisig 1963, S. 63, S. 91, Nr. 143, Abb. WT 143. – Saldern, Axel von, Unbekannte Gläser von Johann Wolfgang Schmidt, Friedrich Winter und Franz Gondelach. In: AGNM, 1970, S. 103–117.

Hamburg, Museum für Kunst und Gewerbe, Inv. Nr. 1911–281

G 19 a–c □

a) Becher

Böhmen, um 1721 (?)

Konischer, facettierter Becher mit dem

G 18

Allianzwappen Sachsen-Lauenburg und Baden-Baden in einer reichen Blatt- und Rollwerkkartusche unter dem Fürstenhut. Auf der Rückseite Gehänge aus Blüten, Früchten und Ranken.

Farbloses Glas, Mattschnitt, Schliff, H. 9,8 cm.

b) Becher

Böhmen, um 1720

Konischer, facettierter Becher, innen sich spitz nach unten verjüngend, mit dem Porträt des Markgrafen Ludwig Georg von Baden im Brustpanzer in hochovaler Kartusche, bekrönt von Putto und umrahmt von reichem Laub- und Bandelwerk, das die gesamte Wandung überzieht. Im Boden Zwischengoldmedaillon mit Amor, bewaffnet mit Pfeil und Bogen.

Farbloses Glas, Mattschnitt, Schliff, Zwischengoldmedaillon, H. 10,6 cm.

c) Platte

Böhmen, um 1721

Platte mit flachem Boden und breiter Fahne. Auf der Unterseite Blüten im Olivschliff. Im Mittelpunkt ein Zwischengoldmedaillon mit Amor zwischen Blüten, der auf ein flammendes Herz auf einem Hügel deutet. Auf der Fahne sechs Blattvoluten zwischen geschliffenen Rosetten. Rand mit umlaufenden Oliven dekoriert.

Farbloses Glas, Mattschnitt, Schliff, Zwischengoldmedaillon, Dm. 25,1 cm.

Die Becher und die Platte gehören zu einem mehrteiligen Service, das Becher unterschiedlicher Größe, etwa drei Dutzend Teller in drei Größen und Flacons umfaßte (Inv. Nr. G 929–938, 987, 618 usw.). Während der Becher (a) möglicherweise früher entstand, da das Wappen auf Sibylla Augusta, Markgräfin von Baden-Baden, weist, wurden die Teile b und c etwa 1721 zur Hochzeit von Markgraf Ludwig Georg von Baden-Baden mit Maria Anna von Schwarzenberg bestellt. Zumindest wird diese Vermutung bestärkt durch die Amor-Emblematik der Zwischengoldmedaillons, die nach einem der zahlreichen Emblemata-Bücher der Zeit kopiert wurden. Die Platten zeigen nicht nur Amor-Themen, sondern auch Genre- und Jagdszenen, u.a. ein Hinweis auf die Jagdleidenschaft des Markgrafen. Diese Ikonographie wird auch ausführlich in den Stickereien des Prunkbettes des Markgrafen aufgegriffen (Zimmermann 1980, S. 310–327).

Literatur: Zimmermann, Eva, Das Prunkbett des Markgrafen Ludwig Georg von Baden-Baden in Schloß Favorite bei Rastatt. In: Documenta Textilia. Fs Sigrid Müller-Christensen, Berlin 1981, S. 310–327.

Schloß Favorite, Staatliche Liegenschaftsverwaltung, Inv. Nr. G 1167 (a), G 938 (b), G 906 (c)

G 20 □

Flaconpokal

Böhmen, um 1720

G 19 a

Hoher Fuß mit radialem Olivschliff und Blattranken. Facettierter Balusterschaft, darüber hohe, konische Kuppa von rechteckigem Grundriß mit geschwungenen Ecken. Auf der Vorderseite Amor mit erhobenem Bogen und Inschrift: „LEIDE UNDT SCHWEIGE"; auf der Rückseite herabhängende Ranke mit Blüten und Früchten. Auf den Schmalseiten Ranke mit drei Blüten. Der hochgewölbte Deckel als Flacon gebildet, dessen Knauf abschraubbar ist.
Zwei weitere Flaconpokale, ohne Dekor, sind in Schloß Favorite erhalten, bei beiden ist der Fuß als Flacon ausgebildet (Inv. Nr. G 551 u. G 234). Über den Verwendungszweck dieser Stücke ist nichts bekannt. Ähnlich wie auf Flegels Stilleben in der Karlsruher Kunsthalle, wo ein gefüllter Pokal in der Vorratskammer dargestellt ist, könnten auch diese als Vorratsgefäße für kostbare Flüssigkeiten (Liköre, Südwein) gedient haben. Der Spruch läßt sich auf keine bestimmte Person beziehen und gehört in die Gruppe der weit verbreiteten Devisen, die dem Benutzer des Glases immer wieder moralische Grundsätze in Erinnerung brachten.

Farbloses Glas, Mattschnitt, Schliff, H. mit Deckel 28,5 cm.

Schloß Favorite, Staatliche Liegenschaftsverwaltung, Inv. Nr. G 958

G 21 a–b

a) Becher

Böhmen, um 1721

Leicht konischer Becher. In einer großen mattierten Kartusche, durchsetzt mit geschliffenen und geschnittenen Kugelungen, von der zarte Blattranken und Blütenzweige sich zur Seite und emporranken, ein buntes Emailmedaillon in Zwischengoldmalerei. Amor mit dem Bogen in der Rechten, auf den er sich stützt, vor einer Stadtsilhouette stehend, balanciert mit der Rechten ein Tablett mit Herzen, aus denen eines emporragt. Mattierter Lippenrand.

Farbloses Glas, Mattschnitt, Schliff, buntes Zwischengoldemail, H. 10 cm.

b) Kelchglas

Flacher Fuß mit mattiertem Rand und eingeschnittener Ranke auf einer Seite. Gedrehter Schaft mit rotem und goldenem Fadeneinschluß. Konische Kuppa mit hochovaler Kartusche mit symmetrischem Rankendekor. In farbiger Emailmalerei aufgesetztes Zwischengoldmedaillon mit Amor, der auf ein bereits dreimal getroffenes Herz zielt.

G 20

Farbloses Glas, Mattschnitt, Schliff, buntes Zwischengoldemail, H. 13,5 cm.

Die Emblematik stellt mit der Amorthematik wieder den Bezug zu einem bestimmten historischen Ereignis, der Hochzeit des Markgrafen Ludwig Georg von Baden 1721, her. Die Ikonographie ist in diesen beiden Fällen auf den totalen Sieg Amors zu deuten. Zu diesem Service sind noch weitere Teile erhalten (Becher: G 303–305, 984 und Kelchgläser: G 310, 311, 990). R. Schmidt vermutet, daß die Zwischengoldgläser alle in einer böhmischen Klosterwerkstatt entstanden sind. Die bunten Zwischengoldemails wurden ebenfalls nur in Böhmen in der ersten Hälfte des 18. Jahrhunderts hergestellt.

Literatur: R. Schmidt 1922, S. 365–368.

Schloß Favorite, Staatliche Liegenschaftsverwaltung, Inv. Nr. G 985 (a) und G 989 (b)

MARKGRAFEN VON BADEN-DURLACH

G 22 □

Pokal

Südwestdeutsch, um 1700

Eine echte Adlerkralle ist in den Glasschaft eines Pokales eingelassen. Über Balusterschaft konische Kuppa mit umlaufender Jagdszene: Unter stilisierten Bäumen auf einem Geländestreifen springende Hirsche und Rehe zwischen Bäumen, darüber ein Vogel. Der Lippenrand mit Behangborte.

G 22

Der Pokal ist außergewöhnlich, weil hier eine kostbare Jagdtrophäe als Fuß in das Glas eingearbeitet wurde. Bei Kunstkammerstücken ist die Verwendung solcher Erinnerungsstücke bzw. Kostbarkeiten durchaus üblich, für Gläser ist nichts Derartiges überliefert. Sicher handelt es sich um einen ausgesprochenen Jagdpokal. Das große Interesse an der Jagd belegen die zahlreichen im Südwesten erhaltenen Gläser mit konkretem Bezug auf Jagdereignisse.
Der Schnitt ist äußerst einfach. Das Glas ist von der Masse her blasig und müßte im Schwarzwald entstanden sein. Dafür spricht auch, daß das Anpassen des Glases auf die Adlerklaue wohl nur an Ort und Stelle möglich war. Weitere Stücke mit Adlerklauen sind in den Sammlungen von Schloß Favorite erhalten.

Farbloses Glas, Mattschnitt, H. 20,5 cm.

Schloß Favorite, Staatliche Liegenschaftsverwaltung, Inv. Nr. 6233

G 23 □

Kelchglas

Niederlande (?), um 1700

Über dem hohen Fuß schlanker Balusterschaft; stark nach außen schwingende Kuppa. Auf einer bogenförmigen Linie mit zarten herabhängenden Blattranken und von Kugelungen eingerahmt, auf einem Delphin Justitia mit der Waage in der Linken. Über dem Emblem am Lippenrand die Inschrift: „COGNOSCE ELIGE MATURA“. Zwei weitere Gläser sind zu diesem Service erhalten mit den Inschriften: „NEC SPERNO, NEC METUO“ und „GLORIA FINIS“. Das eine zeigt als Emblem einen Schwan und einen auf einem Stein sitzenden Adler, während auf dem anderen ein Hund einen Hasen erlegt.
Alle drei Embleme mit den lateinischen Devisen sind den emblematischen Büchern des Joachim Camerarius jun. entnommen (Henkel/Schöne 1976, S. CLXXXII). Zu dem hier abgebildeten Emblem wird folgendes vermerkt: „Prüfe, wähle, handle rasch! / Was schweift diese Jungfrau auf dem Delphin in den Fluten dahin? / Gibt es nicht auch auf dem weiten Meer Gerechtigkeit?“ (Henkel/Schöne 1976, Sp. 1556). Während dieses das Sinnbild für die Gerechtigkeit ist, stehen Schwan und Adler für die Tapferkeit und der Hund, der einen Hasen erlegt, für das Streben nach Ruhm.

G 23

Die Bildkompositionen sind identisch mit Illustrationen aus dem 16. Jahrhundert. (Die Bücher wurden mehrfach im 17. Jahrhundert ediert.)
Vom Typus her scheinen die Gläser aus den Niederlanden oder aus England zu stammen. Im 17. und 18. Jahrhundert hatte der Baden-Durlacher Hof zahlreiche Beziehungen nach Norden und zu den Niederlanden durch die Heirat von Markgraf Friedrich Magnus von Baden-Durlach mit Augusta Maria von Holstein-Gottorp (1670) und durch die Heirat des Erbprinzen Friedrich (Sohn des Markgrafen Karl Wilhelm) mit einer Prinzessin von Oranien, Anna Charlotte Amalie (1727). Von der Thematik her scheinen diese Gläser jedoch eher um 1700 entstanden zu sein. W. Dexel bildet in seinem Buch mehrere Gläser dieses Typus ab, die alle Ende des 17. Jahrhunderts datiert werden und für die Nordengland oder die Niederlande als Entstehungsorte angegeben sind (Dexel 1977, S. 128, Nr. 136, Nr. 137; S. 132, Nr. 146).

Farbloses Glas, Mattschnitt, Schliff, H. 14,1 cm.

Literatur: Henkel/Schöne 1976, Sp. 583–584,

G 25 a

816–817, 1556–1557. – Dexel 1977, S. 128, Nr. 136, Nr. 137; S. 132, Nr. 146.

Schloß Favorite, Staatliche Liegenschaftsverwaltung, Inv. Nr. G 998

G 24

Kelchglas

Niederlande, um 1700

Flacher Fuß mit gedrehtem Stiel, Kuppa trichterförmig nach außen schwingend. Auf der einen Seite Wappen von Baden-Durlach unter dem Fürstenhut, auf der Gegenseite ein Schiff im Sturm mit der umlaufenden Inschrift: „TOUT AVEC LE TEMPS".
Das Kelchglas entstand wohl wie Kat. Nr. G 23 in den Niederlanden, gehört aber vom Typus und von der Ikonographie her zu einem anderen Service. Für die Emblematik wurde keines der bekannten Emblemata-Bücher benutzt. Sinngemäß entspricht diesem Bild ein Emblem mit der Devise „In contraria ducet" und der Erläuterung „Ein erfahrener verschlagener Schiffsman / der fähret nit alzeit mit dem windt / ja durch hülfe desselbigen / weiß er seine Segel also zu wenden / das er an den gewünschten ort gelanget / ...Nicht mit mindern Fleiß und aufsicht muß der Fürst das Schiflein der gemeine auf der windigen See seines Reichs regieren /."
Die Devise: „Alles zu seiner Zeit" weist auch auf ein Sich-Bescheiden mit dem Erreichbaren hin.

Farbloses Glas, Mattschnitt, Schliff, H. 14,1 cm.

Literatur: Henkel/Schöne 1976, Sp. 1461.

Schloß Favorite, Staatliche Liegenschaftsverwaltung, Inv. Nr. G 1405

G 25 a–d □

Teile eines Services

Sachsen (?), um 1714

a) Flöte

Über dem sehr hochgezogenen, kelchartigen, mit Blattranken dekorierten Fuß geschwungener, facettierter Balusterschaft mit schlanker konischer Kuppa, die am unteren Teil facettiert und auf der das Wappen von Baden-Durlach unter dem Fürstenhut eingeschnitten ist. Am Lippenrand zarte Blattranken.

Farbloses Glas, Mattschnitt, Schliff, H. 28,7 cm, Erhaltung: Krankes Glas.

b) Flöte

Form und Dekor identisch mit a). Auf der Vorderseite über Trophäen das Württembergische Wappen unter dem Fürstenhut mit dem herabhängenden Jagdorden, auf der Rückseite „VIVAT ALLES CONTENTEMENT DES HAUSES DURLACH".

Farbloses Glas, Mattschnitt, Schliff, H. 36,2 cm, Erhaltung: krankes Glas.

G 25 c

c) Kelchkuppa

Über kurzem Balusterknauf konische Kuppa. Auf einer Blattwerkvolute im Hochoval ein Rasenstück, in dem eine Lanze steckt, umschlungen von einer Blattranke. Außen umlaufend Inschrift: „Apres les larmes les fruits". Am Lippenrand Blattranke.
Zwei weitere Sturzkelche dieser Art sind in Schloß Favorite erhalten. Der eine (Inv. Nr. G 1312) zeigt im Medaillon ein stehendes Schwert mit Blattranken und der Inschrift: „Bonne pour la guerre et pour la paix", der andere (Inv. Nr. G 1311) ein Herz auf einer Säule mit einer links aus einer Wolke kommenden Hand und der Inschrift: „C'est pour la constance".

Farbloses Glas, Mattschnitt, Schliff, H. 11,9 cm.

d) Sturzbecher

Böhmen, ca. 1714

Der schlanke konische Kelch endet in einem Nodus, der von einer silbernen Schelle umfaßt ist. Auf der einen Seite das französische Wappen mit den Lilien, bekrönt von der Inschrift: „Vive le Roy", auf der Gegenseite: „Vive l'empereur" über dem Doppeladler. Umlaufend die Inschrift: „SINE PONERE" und darunter „Rastadt 16. Mart. 1714".

G 25 d

Farbloses Glas, Mattschnitt, Schliff, H. 32 cm mit Schelle.

O. Drahotová nimmt an, daß diese Gläser in Sachsen entstanden sind. Schlanke Flöten waren dort weit verbreitet, speziell in der Sächsischen Hofkellerei, doch zeigt keines der überlieferten Gläser eine vergleichbare Form mit dem extrem hochgezogenen Fuß. Für die Emblematik gibt es Vergleichsbeispiele in Sachsen, allerdings in viel prunkvollerer Ausführung, bei Gläsern von Joh. Christoph Kießling, um 1730 mit der Inschrift: „C'est pour la constance" (Baumgärtner 1977).
Das Service ist wahrscheinlich zur Erinnerung an den Rastatter Frieden entstanden, den die Inschrift auf dem zweiten Sturzbecher ausdrücklich nennt. Auch die Devisen und Emblemata der anderen Stücke weisen deutlich auf die Hoffnungen hin, die sich an diesen Friedensschluß knüpften.
Mit der Schelle am Nodus des großen Sturzkelches wurde sicher das Signal zum Umtrunk gegeben. Alle Kelchkuppen mußten, wenn sie gefüllt waren, unmittelbar ausgetrunken werden, da man sie nur mit der Öffnung nach unten aufstellen konnte. Wenn noch 1714 zur Feier des Rastatter Friedens ein Trinkservice bestellt wurde, das mit seinen zahlreichen Sturzkelchen alle Geladenen bei Festen zum Umtrunk und zum Austrinken des Kelches zwang, so belegt das die Bedeutung, die diesem Ereignis am Baden-Durlacher Hof beigemessen wurde. Schon 1715 wurde dann der Fidelitas-Orden gegründet, der in seinen Statuten den Umtrunk und die Nötigung zum Trunk ausdrücklich verbot.

Literatur: Fleischhauer 1958, S. 130. – Baumgärtner 1977, Abb. 66 und Abb. 68.

Schloß Favorite, Staatliche Liegenschaftsverwaltung, Inv. Nr. G 1308 (a), G 1309 (b), G 1313 (c)
Privatbesitz (d)

GEISTLICHE WÜRDENTRÄGER

G 26 □

Pokal

Ulmertal, Unbekannter Meister, A. A. F., 1705

Über flachem Fuß ausladender Schaft mit rotem Fadendekor. Hohe konische Kuppa, auf der Vorderseite das Wappen von Unterelchingen auf drei Schilden. Im ersten Schild Madonna mit Kind, im zweiten Schrägbalken, darüber drei Kleeblätter, darunter zwei Sterne, im dritten das Wappen des Abtes, ein steigender Löwe. Wappen von Zweigen umschlossen und von Inful und Krümme bekrönt. Umlaufend Inschrift: „MEINRADUS ABBAS IMPERIALIS MONASTERII ELCHINGENSIS", der Abt Meinrad von Elchingen.
Unter den Zweigenden das Monogramm des Künstlers A. A. F. und die Jahreszahl 1705. Auf der Gegenseite asymmetrische Doppelhenkelvase mit reichem Strauß aus Tulpen und anderen Blüten.
Die Unregelmäßigkeit des Schnittes, die Blasigkeit der Glasmasse und die etwas derbe Form sprechen für eine Entstehung im Südwesten. Es liegt nahe, zu vermuten, daß das Glas in der Glashütte der Glasmeister Schmid in Ulmertal entstanden ist.

Farbloses Glas, Mattschnitt, Schliff, signiert: A. A. F., dat. 1705, H. 20,7 cm.

Literatur: Greiner 1971, S. 20–21, Anm. 46, Abb. 46. – Siebmacher 1974, S. 16, Taf. 26 u. 27.

Ulm, Ulmer Museum, Inv. Nr. 1938.8228

G 27 □

Pokal

Ulmertal, um 1730

Über dem flachen Fuß mit dem von unten eingeschliffenen Facetten- und Olivenschliff facettierter Schaft mit flachem Nodus und rotem Fadendekor. Auf der konischen facettierten Kuppa unter Inful und Krümme in drei ovalen Blattwerkkartuschen das Wappen des Klosters Elchingen, umschlossen von gekreuztem Palm- und Lorbeerzweig; auf der Gegenseite die Inschrift: „CAELESTINO ABBAS/ IMPERIALIS/MONASTERII/ ELCHINGENSIS". Es handelt sich um das Wappen des Abtes Coelestin von Elchingen. Mit Ausnahme des dritten Schildes, der einen springenden Hirsch zeigt, ist das Wappen identisch mit dem des Abtes Meinrad (s. Katalog Nr. G 26).
Im Typus ähneln sich die Gläser der Grafen von Zeil (Kat. Nr. G 32), des Abtes von Neresheim (Kat. Nr. G 29) und der Äbte von Unterelchingen. Die leicht blasige Glasmasse und die unregelmäßigen Facettierungen der Stücke lassen den Schluß zu, daß sie alle wohl aus einer Hütte stammen – wahrschein-

G 27, G 26

lich aus der in Ulmertal (s. Kat. Nr. G 26).

Farbloses Glas, Mattschnitt, Schliff, Details gerissen, H. 18,5 cm.

Literatur: Greiner 1971, S. 20–21. – Siebacher 1974, S. 16, Taf. 26 u. 27.

Ulm, Ulmer Museum, Inv. Nr. 1938.8229

G 28 a–b □

Teile eines Glasservices

a) Pokal

Nürnberg, um 1725

Der Fuß mit einem am äußeren Rand umlaufenden Kugelfries, nach innen mit Oliv- und Facettenschliff. Über dem facettierten Balusterschaft die konische Kuppa, im unteren Teil mit Oliven und Stäben. Auf der Vorderseite der Wandung das Wappen des Abtes Blasius III. (Bender) von Gengenbach, in reicher Kartusche, bekrönt von einem Engelskopf mit Mitra und Krümme. Um das Wappen gekreuzte Palmwedel und Blütenzweige, darüber ein Blütenkorb. Nach beiden Seiten üppiges Laub- und Bandelwerk zwischen Vasen auf der Kuppawandung. An der Lippe ein Kugelfries mit einem Bogenrand nach unten.

Farbloses Glas, Mattschnitt, Schliff, H. 19 cm. Erhaltung: Teil des Fußes abgebrochen.

b) Becher

Nürnberg, um 1725

Becher und Pokal im Dekor identisch. Im Becherboden von unten eine Sonne eingeschliffen. Becherwandung leicht konisch.

Farbloses Glas, Mattschnitt, Schliff, H. 8 cm.

Reste eines Services, das in der Amtszeit des Abtes Blasius III. (Bender) von Gengenbach (1720–27) entstanden sein dürfte. Höchstwahrscheinlich gehörten noch ein Satz Karaffen und weitere Gläser dazu.
Ein von Typus und Schnitt her vergleichbarer Becher befindet sich in der Sammlung Heine in Karlsruhe. Da der hier gezeigte Becher sehr viel kleiner ist, wurde der Dekor entsprechend reduziert. Der Dekor am Lippenrand und in der Sockelzone ist fast identisch, wenn auch bei dem Karlsruher Stück das Bandelwerk stärker betont wird.
Gegen die Einordnung nach Nürnberg spricht die Facettierung des Balusterschaftes des Pokals. In Böhmen gibt es keine vergleichbare Schnittechnik.
Vom Dekor her handelt es sich um die Prunkgarnitur, sicher existierte daneben noch einfacheres Glas aus den klostereigenen Glashütten.

Literatur: Österreich. Kunsttopographie, Bd. XXXVII, St. Paul in Lavanttal, S. 215, Nr. 4, Abb. 296, S. 216, Nr. 5. – Karlsruhe 1971, S. 33, Kat. Nr. 40 mit Abb.

St. Paul im Lavanttal/Kärnten, Benediktinerabtei

G 29 □

Pokal

Ulmertal (?), um 1730

Fuß mit umgeschlagenem Rand und Schliffkranz mit Radialstrichen von unten und mit einer Ranke im Mattschnitt von oben. Über dem facettierten Balusterschaft konische, facettierte Kuppa. Drei Wappen ins Dreieck gestellt, umrahmt von Kartuschen und von zwei gekreuzten Lorbeerzweigen. Die beiden oberen Schilde geben die Wappen der Abtei Neresheim wieder, das dritte dasjenige des Abtes Edmund Heyser: Feld 1 und 4 mit links steigendem Löwen, Feld 2 und 3 fünfmal geteilt, die beiden Querstreifen mit ein und zwei silbernen Sternen, über Balken Anker, Herzschild mit Krone und Pelikan mit Jungen (Weißenberger 1934, S. 172).

G 28 b

Abt Edmund Heyser (1729–1739) war der Sohn des Neresheimer Klostersekretärs Heyser. Nachdem sein Vorgänger das Amt aus Gesundheitsgründen hat niederlegen müssen, wurde Edmund Heyser zum Nachfolger gewählt, konnte jedoch lange nicht die Weihe empfangen, da die Rechtmäßigkeit der Wahl umstritten war. Man kann wohl annehmen, daß das Glas erst nach der Weihe 1731 in Auftrag gegeben wurde. Es gehört wohl zu einem reichen äbtlichen Tafelservice. Leider geben die Ausführungen P. Weißenbergers, der sich ausführlich mit der Ausstattung der Abtei Neresheim befaßte und anhand der Inventare die Möbilierung der Räume rekonstruierte, keinen Aufschluß über die Bestände an Silber, Geschirr und Gläsern. Man weiß aus Reisebeschreibungen, daß die Bewirtung in den Klöstern immer reichlich war. Die Ausstattung der Sommer- und Winterrefektorien und des Tafelzimmers mit Stuck und Gemälden lassen vermuten, daß der Tafeldekor nicht weniger prächtig gewesen sein muß. Für Neresheim wird das durch Reste des Tafelsilbers belegt, das für Heysers Nachfolger geschaffen wurde und sich in Privatbesitz erhalten hat.
Vom Typus her ist der Pokal vergleichbar mit dem weltlichen Glas aus dem ehem. Besitz von St. Blasien in St. Paul im Lavanttal und dem Glas mit den Wappen der Grafen zu Waldburg-Zeil (s. Kat. Nr. G 32). Ähnlich sind auch die Pokale der Äbte von Elchingen (s. Kat. Nr. 26 u. 27). Alle sind wohl im Ulmertal entstanden.

Farbloses Glas, Mattschnitt und Schliff, kleinere Details gerissen, H. 25 cm, Deckel fehlt.

Literatur: Weißenberger, Paulus, Baugeschichte der Abtei Neresheim. In: Darstellungen aus der Württembergischen Geschichte, Bd. 24, Stuttgart 1934. – Sammlung Georg Schuster, München. Hrsg. Wilm, Hubert, Buchheit, Hans, Goering, Max; Julius Böhler, München 1938, S. 99, Nr. 416, Taf. 64. – Landenberger 1980, S. 76, Nr. 6.

Stuttgart, Württembergisches Landesmuseum, Inv. Nr. 1937/102

G 30 □

Glasservice

Böhmen (?), nach 1762

a und b) Zwei kleine Essenzflaschen

Über dem scharf eingezogenen Fuß bauchiger, facettierter Flaschenkörper. Schlanker Flaschenhals mit Wulst, facettierter Stöpsel mit breiterem Grundriß. Am Fuß, Glaskörper, Flaschenrand, Stöpselrand und Knauf vergoldet. Auf Wandung des Gefäßkörpers das Wappen des Kardinals Franz Christoph Freiherr von Hutten vor Hermelinmantel, bekrönt vom Kardinalshut. Das Wappen des Kardinals ist auf der einen Flasche oberhalb, auf der anderen unterhalb der schräggestellten Schilde mit dem Wappen des Bistums Speyer angebracht.
c) Auf der großen bauchigen Essenzflasche ist in voller Breite eine Szene dargestellt: Vor einem Altar, mit Leuchtern, Kreuz und Monstranz im Mittelpunkt, steht zur Linken Kaiser Franz I., erkenntlich an Krone und Hermelin, der dem vor ihm knienden Hutten den Kardinalshut überreicht, während ein Page Reichsapfel und Zepter trägt. Rechts steht der Erzbischof von Wien, Christoph Anton Graf Migazzi von Waal und Sonnenthurn. Alle drei sind durch ihre Wappen am unteren Rand der Szene zu identifizieren. Dazwischen steht „den 27. 1762. February". Die äußeren Wappen sind allerdings falsch angeordnet. Vor dem österreichischen Doppeladler prangt das Wappen des Erzbischofs von Wien, während unter der Mitra das Hauswappen der Habsburger, der steigende Löwe, steht.
Franz Christoph Freiherr von Hutten erhielt 1761 die Nachricht von Papst Clemens XIII., daß dieser ihm den Purpur am 23. Nov. 1761 verliehen habe (Remling 1854, S. 696). Die Antwort des Papstes vom 2. Januar 1762 auf das Dankschreiben Huttens ist noch erhalten (Remling 1853, S. 746, Nr. 392). Am 3. Februar 1762 reist Hutten dann nach Wien, um von Kaiser Franz I. das Birett zu empfangen (Remling 1854, S. 696) und kehrt am 1. Mai nach Bruchsal zurück. Bereits 1761 läßt Freiherr Franz Christoph von Hutten Medaillen auf dieses Ereignis prägen.
Bemerkenswert ist diese Garnitur durch die Darstellung einer historischen Szene. Emblematisch wird oft an solche Ereignisse erinnert, direkte Darstellungen mit historischer Treue sind sehr selten. Als Vorlage wird ein Stich mit der Darstellung des historischen Ereignisses gedient haben. Wieweit es sich um ein Geschenk oder einen Auftrag handelt, ist nicht überliefert. Es läßt sich auch nicht mehr feststellen, wieviele Teile das Service einst hatte. Zwei Essenzflaschen, ein Po-

G 29

G 30

kal und ein Kelchglas zählen zu den Kriegsverlusten (Auf dem Pokal war die Szene nochmals wiedergegeben). Möglicherweise handelte es sich um ein umfassendes Tafelservice. Eine Karaffe aus dem Museum in Liberec (Reichenberg) ähnelt zumindest im Dekor diesem Service. Am nächsten kommt ihm wohl die Karaffe aus dem Besitz der Familie Gayling von Altheim (s. Kat. Nr. 36 a) und eine Tafelgarnitur vom Zweibrücker Hof. Die Einordnung nach Böhmen erfolgte nach der Form und dem Schnitt. Die Entstehung in Wien kann ausgeschlossen werden, da dort eine Verwechslung der Wappen nicht denkbar wäre.

Farbloses Glas, Mattschnitt, Schliff, Golddekor, H. 17,3 cm (a), H. 17,8 cm (b), H. 24,3 cm (c).

Literatur: Remling, Franz Xaver, Urkundenbuch zur Geschichte des Bischofs zu Speyer, 2 Bde., Mainz 1853, Bd. 2, S. 746, Nr. 392. – Remling, Franz Xaver, Geschichte der Bischöfe zu Speyer. 2 Bde., Mainz 1854, Bd. 2, S. 696. – Speyer o. J., S. 80, Nr. 311. – Siebmacher 1976, S. 5.

Speyer, Historisches Museum der Pfalz, Inv. Nr. HM 1929/31 a–c

KLEINERE FÜRSTEN UND ADELIGE

G 31

Riesendeckelpokal

Sachsen, um 1730 (Glas)
Stuttgart, um 1730 (Schnitt)

Über Fuß mit Olivschliff facettierter Balusterschaft. Auf der Vorderseite der weit ausladenden konischen Kuppa das Wappen der Grafen von Montfort (eine Kirchenfahne mit drei Wimpeln) und herabhängend der württembergische Jagdorden. Auf der Rückseite emporwachsender Zweig mit gefiederten Blättern, großer Rosenblüte mit Kugelschliffrand und Knospe.
Der Riesenpokal gehörte möglicherweise Graf Anton III. von Montfort, der 1670–1733 lebte und sich 1724 von der Verwaltung seiner Güter wegen übergroßer Schulden zurückziehen mußte. Den Jagdorden wird er vor diesem Datum erhalten haben. Die Jagden, die auf seinen Besitzungen stattfanden, waren berühmt und zugleich berüchtigt, da dafür Unsummen ausgegeben wurden. Ohne Zweifel gehörte auch Herzog Eberhard Ludwig von Württemberg zu den Jagdgästen, und bei einer solchen Gelegenheit wird er auch dem Grafen den Orden überreicht haben. Eine Verleihung wegen treuer Verdienste am Hofe ist auszuschließen, da die Grafen von Montfort nur äußerst selten dort Ämter innehatten.
Entstanden ist der Schnitt des Riesenpokals mit Sicherheit im deutschen Südwesten. Joh. Mich. Hess (s. Kat. Nr. G 4) könnte ihn ausgeführt haben. Die asymmetrische Anordnung des Rosenzweigs in der Fläche wäre in einem der großen Glaszentren undenkbar bei aller Qualität des Schnittes.

Farbloses Glas, Mattschnitt, Schliff, H.

Literatur: Vanotti, Johann Nepomuk von, Geschichte der Grafen von Montfort und von Werdenberg. Bellevue/Konstanz 1845, S. 199–201. – Merten, Klaus, Neues Schloß Tettnang. München/Berlin 1979.

Privatbesitz

G 32 □

Pokal

Ulmertal (?), um 1730

Flacher Fuß mit umgeschlagenem Rand und von oben eingeschnittener Blattranke auf der Vorderseite. Facettierter Balusterschaft mit eingelassenem roten und goldenen Faden. Steile, facettierte und konische Kuppa mit Wappen der Erbtruchsessen von Waldburg-Zeil mit reicher Helmzier, darunter der Reichsapfel und ausladende Blattranken an den Seiten. Zwei gekreuzte Palmzweige umfassen das Wappen.
Das Glas ähnelt den Gläsern aus Neresheim und Elchingen und ist sicher, ebenso wie diese, in Ulmertal in Auftrag gegeben worden. Nach einer mündlichen Überlieferung soll auch Abt Eusebius von Chiemsee (von Waldburg-Zeil) sein Glasservice dort bestellt haben. Dieses ist durch die reiche Facettierung und Schnitt ein Beleg für das relativ hohe Können der Glasschneider dieser Hütte.

Farbloses Glas, Mattschnitt, Schliff, rote und goldene Fadeneinlagen, H. 19 cm.

Karlsruhe, Badisches Landesmuseum, Inv. Nr. V 6068

G 33 □

Vierkantflasche

Schwarzwald, um 1724

Vierkantflasche mit flachem Boden und nach oben abgeflachten Ecken. Auf den vier Seiten jeweils umlaufende, unten gekreuzte Weinranken. Auf der Vorderseite das Wappen der Reichsritterschaft vor dem Doppeladler, auf der 2. Seite unter der Krone, der Patron der Reichsritterschaft, der heilige Georg mit dem Drachen, und die Inschrift: „INSIGNIA · ORDINIS · EQUESTRIS“ (Zeichen des Ritterordens), auf der dritten Seite fliegt ein gekrönter Vogel der Sonne entgegen. Inschrift: „VIRTUTE PATRUM“. Auf der letzten Seite die Inschrift:
„ES · LEBE · DIE · LÖBL · REICH RITTERSCHAFFT DES BEZIRCHS ALLGGEI BODENSEE 1724“. Am Halsansatz Blütenranken in einem umlaufenden Band. Facettierter Hals, Stöpsel verloren.
Die Reichsritterschaft war ein politischer Zusammenschluß des niederen Adels zu dessen Schutz gegen die Reichsfürsten und gegen das reichsstädtische Patriziat. Sie war in Kreise eingeteilt, darunter die schwäbische Reichsritterschaft, die wiederum unterteilt war in die Bezirke Allgäu, Hegau und Bodensee. In der 2. Hälfte des 18. Jahrhunderts fand eine zunehmende politische Entmachtung der Reichsritterschaft statt. Als Zeit ihrer größten Blüte bezeichnet K. H. Freiherr Roth von Schreckenstein die erste Hälfte des 18. Jahrhunderts.
Die Dekoration der Flasche weist auf den Schutzpatron der Reichsritterschaft, den hl. Georg hin, der ebenfalls auf den Ritterzeichen dargestellt ist, zusammen mit dem Wappen der Reichsritterschaft. Entstanden ist das Stück wohl in Äule, wo ähnliche Flaschen hergestellt wurden. Auch der Schnitt spricht für eine Entstehung im Südwesten.

G 32

Farbloses Glas, Mattschnitt, H. 22,5 cm.

Literatur: Roth von Schreckenstein, Karl Heinrich von, Geschichte der ehemaligen Reichsritterschaft in Schwaben, Franken und am Rheinstrome. 2 Bde., Tübingen 1871, S. 395–596.

Karlsruhe, Badisches Landesmuseum, Inv. Nr. 0424

G 34

Pokal

Sachsen, um 1730

Fuß mit eingeschnittener Ranke. Facettierter Balusterschaft und konische Kuppa mit Bogenfries. Darüber in drei hochovalen Medaillons folgender Dekor: im ersten das Wappen von Hohenlohe unter reicher Helmzier, im zweiten unter einer Krone das Spiegelmonogramm F G V H in einer Rollwerkkartusche mit gerissener Binnenzeichnung, im dritten schließlich umgeben von einem Blattkranz: „Es geh dem Herrn / und Lande wohl / und deme der / es trincken soll“. An der Lippe Kugelfries.
Möglicherweise gehörte das Glas Friedrich Eberhard Graf von Hohenlohe-Kirchberg (1672–1737), der in erster Ehe mit Friedrich Albertine Gräfin zu Erbach und in zweiter mit Auguste Sophie Herzogin von Württemberg (1691–1743) verheiratet war.
Dieses Glas ist wohl gleichzeitig wie dasjenige für Carl Alexander Herzog von

G 33

Württemberg (Kat. Nr. G 6) entstanden, der Dekor ist jedoch sehr viel reicher.

Farbloses Glas, Mattschnitt, Schliff, H. 32,5 cm.

Privatbesitz

G 35

Kelchglas

Ulmertal, nach 1739

Achteckiger, flacher Fuß mit von unten eingeschliffenen Oliven und Zackenborte am Rand auf der Fußplatte. Facettierter Balusterschaft. Facettierte Kuppa. In reichem Laub- und Bandelwerk mit Behangdekor das Wappen der Fürsten von Fürstenberg unter der Helmzier, umrahmt von Blattranken und der herabhängenden Collane mit dem Kleinod des Goldenen Vlieses. Der Fürstenhut belegt, daß das Glas nach der Erhebung in den Reichsfürstenstand 1716 entstand. Der Orden des Goldenen Vlieses weist auf Fürst Joseph Wilhelm Ernst von Fürstenberg (1699–1762) hin, der 1739 als 702. Ritter in den Orden aufgenommen wur-

G 36

de. Von 1735–1743 war er Principalkommissar auf dem Reichstag in Regensburg, ebenso von 1745–1748. Unmittelbar nach der Aufnahme in den Orden des Goldenen Vlieses ließ er sich wohl ein komplettes Glasservice anfertigen, wovon noch einige Teile erhalten sind (Karaffen, ein Pokal und Kelchgläser). Die Garnitur entstand in Ulmertal, ein weiteres Service stammt wohl aus Schlesien.

Farbloses Glas, Mattschnitt, Schliff, H. 17 cm.

Literatur: Gatterer, Johann Christoph, Handbuch der Genealogie und Heraldik. Nürnberg 1763, S. 87–88. – Brügge 1962, S. 54, Nr. 702.

Privatbesitz

G 36 □

Sechsteiliges Glasservice

Süddeutschland, um 1770

a) Karaffe

Über flachem Boden facettierte Karaffenwandung. Auf der Vorderseite eingeschnitten Allianzwappen der Freiherrn von Gayling (heraldisch links) und von Esebeck (heraldisch rechts) unter der Freiherren-Krone in einer reichen Rocaillenkartusche mit Festons aus Ranken und Blüten. Am Halsansatz gemalte Goldranken und umlaufende Blütenfestons im Mattschnitt. Goldrand am Halsansatz und am Flaschenrand, Knauf vergoldet.

b) Konfektschale

Flacher Boden mit eingezogenem Rand. Facettierte Schale mit eingraviertem Allianzwappen (s. Kat. Nr. G 36 a). Am Lippenrand eingeschnittene umlaufende Linie und darüber Goldrand. Facettierter Deckel mit umlaufenden Festons. Am Knaufansatz Ovale mit Goldranke und eingeschnittenen Blüten. Knauf teilweise facettiert und vergoldet.

c) Kelchglas

Flacher Fuß mit facettiertem Schaft. Konisch facettierte Kuppa mit Allianzwappen, Festons und Goldband am Lippenrand.

d) großer Becher

Dekor (s. Kat. Nr. G 36 c).

e) kleiner Becher

Dekor (s. Kat. Nr. G. 36 c).

f) kleiner Becher mit Henkel

Dekor (s. Kat. Nr. G 36 c).

Nach familiärer Überlieferung wurde das Service für die Hochzeit von Freifrau Caroline Augusta von Gayling zu Altheim, Tochter des königlichen Rittmeisters des „Régiment allemand“ Freiherrn Friedrich Jakob von Gayling zu Altheim, mit Freiherrn Ludwig von Esebeck 1766 geschaffen. (Die Angaben erhielt ich freundlicherweise von C.-A. Graf Douglas.)
Im Typus ähnelt es dem Glasservice für Kardinal Freiherrn Franz Christoph von Hutten (s. Kat. Nr. G 30). Hier sind nur die einzelnen Typen des Services vertreten, es ist annähernd komplett erhalten. Ein anschauliches Bild von einer vollständigen Garnitur vermittelt das Service des Herzogs Karl II. August von Pfalz-Zweibrücken (München 1980, III, 1, S. 669, Nr. 1237 A). Wiederum ist über die Verwendung der einzelnen Karaffen und Gläser nichts bekannt, doch wurde sicher das kleine Glas für Schnaps gebraucht, die Schale für Konfekt und die Karaffen für Liköre. Die Garnitur vom Zweibrücker Hof wird von R. Reichert 1780 datiert. Bei dieser kann durch die Hochzeit ein früheres Datum um 1770 angenommen werden. Sie könnte sowohl in Böhmen als auch im Südwesten entstanden sein, dafür sprechen die blasige Masse, die unregelmäßige Facettierung und kleine Fehler beim Schnitt (weitere Vergleichsstücke Karlsruhe 1971, S. 44–45, Nr. 59, 60).

Farbloses Glas, Mattschnitt, Schliff, Golddekor, H. 22,5 cm (a), H. 14,5 cm (b), H. 13,5 cm (c), H. 10,8 cm (d), H. 9 cm (e), H. 3,2 cm (f).

Literatur: Karlsruhe 1971, S. 44–45, Nr. 59, 60. – München 1980, Bd. III, 1, S. 664, Nr. 1237 m. Abb.

Ebnet, Gayling von Altheim'sches Familienarchiv

BÜRGER

G 37

Pokal

Äule, um 1667 (Glas)

Konstanz, Wolfgang Spengler, 1667

Über hochgezogenem, doppelwandigem Fuß mit gelbem Rand konisch aufsteigende Kuppawandung. Auf der einen Seite das von Engeln getragene Wappen des kaiserlichen Hofkriegsrats und Obersten Stadthauptmanns von Konstanz Jo-

G 38

hann Gaudentz von Rost mit der Inschrift: „Johann Gaudentz von Rost Herr Zue Magtberg und Singen, der Röm. Kays. Mte. & & hoffkriegsRath Bestellter Oberister Statt Haubtmann und Comendant Löbl Statt Constantz Anno 1667". Auf der Gegenseite zwischen querovalen Lorbeerranken, die oben und unten durch Engelsköpfe verbunden sind, die Ansicht von Konstanz aus der Vogelschau. Auf dem Abschlag der vorderösterreichische Doppeladler und die Signatur „W.SP.i.Cost.". Die Malerei ist in Schwarzlot und Silbergelb ausgeführt.
Die Ansicht von Konstanz wurde sicher nach einer Stichvorlage übertragen und ähnelt derjenigen der großen Wappenscheibe im Rosgartenmuseum in Konstanz von 1653, ausgeführt für die Stadt Konstanz.
Bei dem Künstler handelt es sich um das bekannteste Mitglied der Glasmalerfamilie Spengler in Konstanz, die vom späten 16. bis zum späten 18. Jahrhundert in Konstanz tätig war. Wolfgang Spengler wurde 1624 geboren und fertigte zahllose Wappenscheiben für bürgerliche und adelige Auftraggeber an. Einen besonders reichen Bestand an Wappenscheiben der Familie Spengler besitzt das Rosgartenmuseum in Konstanz.
Während das Glas im Schwarzwald, höchstwahrscheinlich in der Glashütte Äule, entstand, wurde die Bemalung in Konstanz durchgeführt. Vergleichbare Stücke müssen in größerer Zahl existiert haben. G. Pazaurek erwähnt drei erhaltene Becher, von denen zwei hier ausgestellt sind (s. Kat. Nr. G 38 und 39). – Ein weiterer, bisher unpublizierter Becher, der für die Müller- und Bäckerzunft in Riedlingen um 1670 bemalt wurde, befindet sich im Heimatmuseum in Riedlingen. Fast gleichzeitig mit Johannes Schaper in Nürnberg (s. Kat. Nr. G 11) beginnt W. Spengler die Dekoration von Gläsern in Konstanz. Während jedoch J. Schaper sich zunehmend auf die Produktion von bemalten Gläsern beschränkt, da er keine Aufträge mehr für Wappenscheiben erhielt, bildeten die Stücke bei W. Spengler die Ausnahme, da die Familie Spengler in Vorderösterreich bis ins späte 18. Jahrhundert noch zahlreiche Kunden für Wappenscheiben fand. Von der Qualität der Scheiben her ist allerdings ein deutlicher Niedergang im 18. Jahrhundert zu beobachten.

Hohlglas, Schwarzlot und Silbergelbmalerei, H. 23 cm.

Literatur: Thieme-Becker, Bd. 31, S. 356–357. – Pazaurek 1925, S. 6, Anm. 1.

Privatbesitz

G 38 □

Becher

Äule, um 1676 (Glas)

Konstanz, Wolfgang Spengler, 1676 (Malerei)

Flache Standplatte mit eingezogenem, hohlem Fuß. Leicht konische Kuppawandung mit Schiffsdarstellung und Allianzwappen mit der Inschrift: „Lienhart Spengler Burger in Costantz und Ordinary Schiff Patron nacher Lindauw und Frauw Helenna Dieboldy, sein Eheliche Hausfrauw Anno 1676". Unter dem Wappen steht: „Maria Unß bewar in Aller Höchster gefar Auff wasser unnd Lande". Das Handelsschiff ist mit Fässern beladen, die mit den Hausmarken der Besitzer versehen sind, und wird von sechs Männern gerudert. Im vorderen Teil des Schiffes steht der Kapitän und erhebt in der Linken einen Pokal, während auf einem Podest, errichtet auf den Fässern, ein Mann einem anderen mit einer Flöte zutrinkt. Über ihnen bläht sich das Segel im Wind. Das Glas ist signiert: „W.SP.Costntz" (zum Künstler s. Kat. Nr. G 37).

Hohlglas, Schwarzlotmalerei, H. 15,2 cm.

Literatur: Pazaurek 1925, S. 6, Anm. 1. – Thieme-Becker, Bd. 31, S. 356. – Rosgarten-Museum Konstanz. Thorbecke Kunstbücherei, Bd. 1, Hrsg. Sigrid von Blanckenhagen, Konstanz o. J., S. 14, Nr. 27. – Moser 1969, S. 42, Nr. 9 und 10 m. Abb.

Konstanz, Rosgartenmuseum, Inv. Nr. K 391

G 39

Becher

Äule(?), um 1689

Konstanz, Maria Salome Spengler, 1689

Auf drei hohlen Kugelfüßen zylindrischer Gefäßkörper. Auf der Gefäßwandung das Urteil Salomonis und die Hausmarke des Bestellers HRL (ligiert). Unter dem Thron die Signatur „M.S.SP." und die Datierung „1689".
Das Stück ist der erste Beleg für die Benutzung dieses eigentlich für Nürnberg charakteristischen Typus in Konstanz (s. Kat. Nr. G 11). Bemalt wurde der Becher von Maria Salome Spengler (gest. 1726), für die auch einige Wappenscheiben von durchschnittlicher Qualität belegt sind. Im Unterschied zu Wolfgang Spenglers Arbeiten ist die Malerei äußerst einfach, das mag auch an der Vorlage liegen, belegt aber wohl eher den Niedergang der Glasmalerei in Konstanz.

Hohlglas, Schwarzlotmalerei, H. 9 cm.

Literatur: Thieme-Becker, Bd. 31, S. 356.

Privatbesitz

Aus stilistischen und historischen Gründen ist daher eine Zuweisung an Kreutzburg, wie O. Drahotova vermutete, hinfällig, da das erste nachweislich von Kreutzburg geschnittene Glas erst 1679 zu datieren ist (Markgraf Wilhelm starb 1677). Vom Schnitt her ist der Becher sehr viel virtuoser als Kreutzburgs Arbeiten gestaltet und daher eher mit dem Stuttgarter Becher vergleichbar (Wieland/Zeitz 1980, Kat. Nr. 23–26, Nr. 23 u. 24 o.J.). Während die Genreszene sorgfältig eingeschnitten ist, sind Wappen und Emblem von anderer Hand, einem weit unerfahreneren Künstler, ausgeführt. Das könnte auf eine Überarbeitung des Stückes an einem anderen Ort hinweisen. Wie nun das Stück in den Besitz des Markgrafen Hermann kam, läßt sich nicht feststellen.

Bemerkenswert ist der unmittelbare Einfluß des Medailleurs auf den Glasschneider. Die Benutzung einer gemeinsamen Vorzeichnung liegt nahe, auf der Medaille ist das Emblem seitenverkehrt wiedergegeben. Für die Bauernszenen mit den tanzenden Paaren wurden Stiche von H. S. Beham als Vorlagen benutzt, wie sie B. Klesse für ein Glas in der Sammlung Bieman veröffentlicht hat. Pazaurek weist auf Schüssel und Krug eines Fayencemalers hin, der auf beiden Stücken Szenen nach Beham wiedergibt; nach der Fassung ist der Krug 1683 zu datieren. Beham erfreute sich lange Zeit großer Beliebtheit, da diese Szenen vor 1677, 1683 und um 1740 aufgegriffen werden. In keinem Fall entsprechen sich Vorlage und Ausführung genau. Bei diesem Becher weist die gekrönte Frau auf die Darstellung des Bohnenfestes hin.

Das Gefäß ist geschliffen und geschnitten, Details sind gerissen. Es fällt auf, daß überall Farbreste vorhanden sind: Auf den Blättern, auf dem Insekt (schwarz) und geringe Spuren auf den Bauern. Farbige Fassungen scheinen häufiger gewesen zu sein, da auch in Hamburg zwei Gläser aus Nürnberg Farbreste aufweisen. Wieweit es sich um Fassungen aus dem 19. Jh. handelt, war nicht festzustellen.

Bergkristall, Schnitt, silberne Fassung, vergoldet, H. 13,5 cm.

Literatur: Pazaurek 1925, Bd. 1, S. 90, Abb. 69. – Renner 1941, S. 129, 170, 249. – Brügge 1962, S. 45, Nr. 402. – Klesse/Saldern, 1978, S. 164–165, Abb. 41 (zu Kreutzburg, S. 142–143, Abb. 4–8). – Wieland/Zeitz 1980, S. 37–38, Nr. 23–26 m. Abb.

Privatbesitz

H 3

H 3 □

Bergkristallbecher

Georg Schwanhardt d. Ältere
Nürnberg, um 1656

Über dem leicht eingezogenen Fuß mit Wulst, dekoriert mit Ranken, zylindrischer Becher. An der Lippe flacher Silberring, der das stark beschädigte Stück zusammenhält. Auf beiden Seiten Allianzwappen, auf der einen Seite das der Herzöge von Württemberg und das Wappen der Grafen von Oettingen unter dem Fürstenhut in sparsamen Rollwerkkartuschen. Zwischen den Wappen hängt eine Blütenranke herab. Auf zwei Bändern unter den Wappen die Initialen „E. H. Z. W." und „N. D. Z. W." Auf der Gegenseite das Baden-Badener Wappen umrahmt von der Kette und dem Kleinod des Goldenen Vlieses und dasjenige der Grafen von Oettingen unter dem Fürstenhut. Auf den beiden Schriftbändern die Initialen „W. M.Z. B." und „M.M.Z.B". Die Allianzwappen sind durch üppige Frucht- und Blütengehänge voneinander getrennt, während am unteren Rand eine feine mit dem Diamantstichel eingeritzte Jagdszene umläuft. Die Allianzwappen der einen Seite weisen auf den Herzog Eberhard III. und Marie Dorothea Sophie Herzogin von Württemberg, geb. von Oettingen-Oettingen (Heirat 1656), die der anderen Seite auf den Markgrafen Wilhelm von Baden-Baden und Maria Magdalena von Oettingen-Katzenstein (Heirat 1650). Marie Dorothea ist die Tochter des letzten Grafen von Oettingen-Oettingen. (Ihre erste Initiale wurde hier als „N" falsch eingeschnitten.) Der Becher wurde Eberhard III. 1659 vom Markgrafen Wilhelm von Baden geschenkt. Im Inventar der Württembergischen Kunstkammer von 1662 ist vermerkt: „ein christalliner Becher, worauf das frstl. württembergische und badische Wappen einmal, das öttingische aber zweimal geschnitten von Markgraf Wilhelm von Baden-Baden verehrt".
Die Darstellung der Doppelallianz weist auf die engen verwandtschaftlichen Beziehungen hin. Von der Technik her ist dieser Kristallschnitt den Arbeiten der Miseroni in Prag verwandt. Die Vorliebe Herzog Eberhards III. für Bergkristall ist belegt durch die zahlreichen Kristallgefäße, die er laut Inventar besaß, und durch die Nachricht, daß er 1652 auf dem Regensburger Reichstag Kaiser Ferdinand III. (1637–1657) einen drei Zentner schweren Kristallblock schenkte, aus dem 1653 die „Pyramide" der Wiener Schatzkammer geschnitten wurde. Im Vergleich zu den subtilen Ranken des Dionysio Miseroni ist der Schnitt hier derber.

Bergkristall, geschnitten und geschliffen, H. 14,5 cm.

Literatur: Pazaurek 1920, S. 271, Abb. 2. – Meyer-Heisig 1963, S. 39, S. 79, Nr. 37, Abb. u. T 37. – Ohm 1970 I, S. 116, Nr. 8. – Fleischhauer 1976, S. 64.

Stuttgart, Württembergisches Landesmuseum, Inv. Nr. E 479

H 4 □

Trinkschale

Südwestdeutschland (?), 1667

„ein grosse Schalen von Christall zierlich geschnitten, so von Markgraf Ferdinand von Baden-Baden verehrt worden, daran der Fuß geschmelzt und verguldet Silber." (Fleischhauer 1976, S. 63). So wird die Schale im Inventar der württembergischen Kunstkammer von 1669 genannt. Von ovaler Zehnpassform mit achtpassigem Fuß und einer verhältnismäßig komplexen Ikonographie nimmt das Stück eine Sonderstellung unter den Bergkristallgefäßen ein. Zudem ist sie auf der Unterseite der Fassung des Fußes voll datiert, signiert und mit einer gravierten Inschrift versehen: „VAS.FERD.MAX.MB.QUOD.IN.AMICIT.SIG.EBERHD.DUCX. WIRT.EX. AURO.ARGENTOQ.RENANO . ELAB. DD.A.MDC.LXVII. AB/ABRAH/DAV/PHIN/BADENAE." Die Inschrift besagt, daß das Stück Herzog Eberhard von Württemberg von Ferdinand Maximilian von Baden-Baden geschenkt und von Abraham Dauphin in Rheingold gearbeitet wurde. Der Goldschmied wird 1639 als Abraham Doffin in Straßburg erwähnt. Markgraf Ferdinand Maximilian von Baden war der Sohn des Markgrafen Wilhelm von Baden-Baden und der Vater des Türkenlouis. Er starb 1669 bei einem Jagdunfall. Der Grund für dieses üppige Geschenk ist unbekannt. Vielleicht steht es mit den Verhandlungen über die Nachfolge in Polen in Zusammenhang.
Die Ikonographie ist ungewöhnlich dicht, selbst die Fassungen am Fußrand, am Schaftansatz und -ende weisen in eine bestimmte Richtung. Am Fuß sind in die emaillierte Goldfassung zwischen Granaten Widderschädel gesetzt, während sich am Fuß und Schalenansatz Widderköpfe mit Festons zwischen quadratischen Edelsteinen befinden, möglicherweise eine Anspielung auf die Vanitas. Die Thematik der Fußplatte zeigt zwischen Weinranken in den vier Feldern der Schmalseiten Jagd- und Fischerszenen. Am Nodus des Schaftes sind in vier Hochovalen die vier Jahreszeiten eingeschnitten. Auf der Wandung der Schale gruppieren sich zehn Szenen aus den Metamorphosen des Ovid um das Wappen des Markgrafen Ferdinand Maximilian von Baden-Baden in Goldemail. Folgende Themen aus den Metamorphosen sind wiedergegeben: die Jagd auf den kalydonischen Eber, Meleager und Atalante, Perseus und Andromeda, Cephalus und Prokris, Endymion (?), Jupiter und Ganymed, Perseus und Drachen (?) und Jupiter und Semele. Ein einheitliches Programm ist nicht zu erkennen. Die Einordnung des Stückes ist schwierig. Möglicherweise schnitt es derselbe Künstler, der auch für Markgraf Wilhelm von Baden den Becher anfertigte (s. Kat. Nr. H 2).

Bergkristall, geschnitten, emaillierte Goldfassung, datiert und signiert: Abrah Dauphin, 1667, H. 16,2 cm, L. 25,7 cm.

Literatur: Meyer, Hans, Die Straßburger Goldschmiedezunft von ihrem Entstehen bis 1681. Leipzig 1881, S. 220. – Landenberg, Mechthild, Kleinodien aus dem Württembergischen Landesmuseum Stuttgart. Pfullingen 1973, S. 52, Abb. – Fleischhauer 1976, S. 63.

Stuttgart, Württembergisches Landesmuseum, KK blau 39

H 5 □

Schale

Stuttgart(?), 2. Hälfte des 17. Jahrhunderts

Bergkristallgefäße erfreuten sich vom 16. Jahrhundert bis in die zweite Hälfte des 17. Jahrhunderts großer Beliebtheit. Sieht man die Inventare der Markgrafen von Baden-Baden und diejenigen der Herzöge von Württemberg durch, so fällt die große Anzahl an Trinkgeschirren und Gefäßen aus Bergkristall auf, die sich im fürstlichen Besitz befanden. Diese Schale stammt aus der Württembergischen Kunstkammer, kann aber anhand der Inventare nicht identifiziert werden. Die gedrungene Form ähnelt der Schale und dem Kristallbecher von Miseroni im Kunsthistorischen Museum in Wien. E. v. Strohmer bezeichnet die vom Boden auf-

H 4

steigenden Zungen als typisch für Miseroni, doch fällt eine Zuschreibung schwer, da der Schnitt in äußerster Schlichtheit eine umlaufende Landschaft mit Stadtsilhouette, Angler und Bäume wiedergibt. Fleischhauer erwähnt, daß in Stuttgart auch Kristall geschnitten wurde. Belegt ist kein einziges Stück, doch liegt es nahe zu vermuten, daß sich in der Württembergischen Kunstkammer auch einheimische Arbeiten befinden, wie z. B. auch Stücke aus Halbedelsteinen.
Die Württembergische Kunstkammer hat noch einen Teil des alten Bestandes an Bergkristall erhalten, darunter eine datierte Trinkschale und kleine Trinkgeschirre aus Freiburg und italienische Arbeiten. Bedeutende Stücke waren 1635 verlorengegangen und befinden sich heute in Wien und in München.

Bergkristall, H. 7,5 cm, L. 17,4 cm, B. B. 13,3 cm.

Literatur: Strohmer, Erich von, Prunkgefäße aus Bergkristall. Wien 1947, S. 33, Nr. 42 u. 43 m. Abb.

Stuttgart, Württembergisches Landesmuseum, Inv. Nr. KK blau 8

H 6 □

Bergkristallbecher

Elias Adam, Augsburg, 1706

Der Bergkristallbecher muß zusammen mit einem Becher aus Goldrubinglas (nicht ausgestellt), ebenfalls im Museum für Kunsthandwerk, betrachtet werden, da beide in Form und Fassung identisch sind und für einen Auftraggeber hergestellt wurden. Sie gehörten Herzog Friedrich Karl von Württemberg-Winnental

H 5

Während das Goldrubinglas um 1700 von einem unbekannten Augsburger Goldschmied geschaffen wurde, stammt der zweite Becher von Elias Adam und ist 1706 datiert. Ein problematisches Datum, da der Herzog Friedrich Karl zu diesem Zeitpunkt bereits tot war. Eine Anfertigung des Stückes „in memoriam" wäre möglich. Die beiden Becher selbst könnten älter sein, möglicherweise handelt es sich um Geschenke. Das Goldrubinglas war von Kunckel in Berlin erfunden worden und hatte schnell seine Nachahmer in Süddeutschland gefunden. Zahlreiche Flacons und Becher in der Württembergischen Kunstkammer belegen die Beliebtheit dieses Materials. Diese Becher dienten sicher nur als Schaustücke.

Über das weitere Schicksal des Bergkristallbechers ist nichts Genaueres bekannt. Das Goldrubinglas gelangte später in den Besitz der Hohenzollern und aus den Sammlungen in Sigmaringen schließlich in das Frankfurter Museum.

Bergkristall, Fassung Silber, vergoldet, mit Rubinen und Smaragden besetzt. H. 20,4 cm, Beschau Augs-

(1652–1698) und seiner Frau Eleonore Juliana, einer geborenen Markgräfin von Brandenburg-Bayreuth (1663–1693). Herzog Friedrich Karl führte von 1677–1693 als Administrator in Stuttgart die Regierungsgeschäfte für den minderjährigen Herzog Eberhard Ludwig von Württemberg. 1692 geriet er in französische Kriegsgefangenschaft. 1693 übernahm Herzog Eberhard Ludwig die Regierungsgeschäfte. Nach dem Aussterben der protestantischen Linie der Herzöge von Württemberg wurde der Sohn des Administrators Carl Alexander Herzog von Württemberg (1733). Das Interesse Friedrich Karls an der Württembergischen Kunstkammer war begrenzt, wohl in erster Linie aus finanziellen Gründen (Fleischhauer 1976, S. 92). Nennenswerte Erwerbungen wurden keine gemacht. Diese beiden Stücke sind die einzigen, die sich für ihn nachweisen lassen. Die Fassung der beiden Stücke ist identisch: drei sitzende Löwen tragen die vergoldete Silberfassung des Bodens, die mit silbernen Filigranranken und Smaragden und Rubinen am unteren Rand besetzt ist. Während der Gefäßkörper undekoriert ist, sind auf dem Deckel umlaufende Filigranranken montiert, zwischen die in Email Blätter gemalt und, im Wechsel mit Smaragden, rubinbesetzte Buchstaben eingefügt sind. Es sind – auf dem Bergkristallbecher – die Initialen von Eleonore Juliana, Herzogin zu Württemberg: „E.I.H.Z.W"; die ihres Gemahls: „F.C.H.Z.W"(Friedrich Carl Herzog zu Württemberg) sind zwischen Ranken auf den glatten äußeren Deckelrand graviert. Um den Deckelknauf in Form eines Fürstenhutes steht die Jahreszahl 1706. Auf dem Goldrubinbecher ist die Anordnung vertauscht: Auf dem Deckel die Initialen des Herzogs: „F.H.Z.W", auf dem Rand die seiner Gemahlin: „E.I.H.Z.W.G.M.Z.B" (Eleonore Juliana Herzogin zu Württemberg geborene Markgräfin zu Bayreuth). Der Bergkristallbecher trägt zusätzlich unter dem Boden das in Goldemail gemalte Wappen von Württemberg-Winnental und auf der Unterseite des Dekkels das eingravierte Emblem des Herzogs: Gerahmt von einem Lorbeerkranz Herakles' Kampf mit der Hydra und die umlaufende Devise: „DURA PLACENT FORTIBUS" (Schwierigkeiten gefallen den Starken). Die Taten des Herakles galten von jeher als vorbildlich für einen Herrscher und wurden häufig in der Herrscherikonographie verwendet. Das Emblem erscheint in der Administratorenzeit des Herzogs auch auf einer Medaille (s. Kat. Nr. J 94).

H 6

H 7

burg, Meistermarke Elias Adam. (Elias Adam wurde 1703 Meister.)

Literatur: R[3] 810. – Fleischhauer 1976, S. 89–93. – Europäisches und außereuropäisches Glas. Museum für Kunsthandwerk, 2. Aufl., Frankfurt a. M. 1980, S. 220, Nr. 479. – Schönes aus dem Museum für Kunsthandwerk. Frankfurt a. M. 1980, Nr. 104.

Frankfurt a. M., Museum für Kunsthandwerk, Inv. Nr. 10076

H 7 □

Prunkschale

Schwäbisch Gmünd, Johann Michael Maucher, um 1670

Diese Schalen gehörten zu den prunkvollen Schaustücken, die zusammen mit Kannen in den Sammlungen präsentiert wurden. Geschmückt sind die Stücke entweder mit mythologischen Szenen oder mit Jagddarstellungen. Das Dekorationsschema der in Elfenbein geschnitzten und in Eichenholz und Hirschhorn gefaßten Platte ist kompliziert: eine zentrale Szene ist von sechs trapezförmigen Bildfeldern, unterteilt durch zierliche Säulen, umschlossen, während die Fahne in sechs Querovale gegliedert ist, deren Zwickel ebenfalls szenisch ausgestaltet sind. Die neunzehn Bildfelder zeigen mythologische Darstellungen. Es gruppieren sich innen um das zentrale, im 17. Jahrhundert äußerst beliebte Thema „Diana und Aktäon“: Minerva und Perseus, Die Gefährten des Kadmus werden von dem Drachen getötet, Perseus und Andromeda, Bacchus und Ariadne, Apoll und Coronis mit dem Raben, der von der Untreue der Coronis berichtet, und Amor fesselt Merkur. Außen ist die Thematik komplizierter: Nereus und Nereiden, Merkur mit dem Haupt des Argus, Amor und Psyche, Zyparissos tötet den Hirsch, der Raub der Europa, ein Zweikampf, Venus und Mars (?), Orpheus, Pan und Syrinx, Merkur und Argus, die Töchter des Cecrops und der kleinen Erichthonius. Das komplizierte Programm der Schale greift bevorzugt auf Stellen aus Ovids Metamorphosen zurück. Der Aufbau ist wohldurchdacht und wurde vielleicht vom Besteller selbst festgelegt. Die einzelnen Szenen sollen nach Stichen von Goltzius und Spranger geschnitten worden sein. Die Virtuosität, mit der die einzelnen Szenen die Bildfelder ausfüllen, und die Qualität des Schnittes lassen weitgehend den uneinheitlichen Stil der Vorlagen vergessen.

J. M. Maucher hat Schalen in dieser Art in großer Zahl angefertigt, neben mythologischen Szenen behandelte er bevorzugt Jagddarstellungen. Die Platte im Grünen Gewölbe in Dresden ist ähnlich aufgebaut, doch ist das mittlere Feld ohne figürliche Gestaltung, was allgemein als charakteristisch für Mauchers Spätwerk betrachtet wird.
Eine zugehörige Kanne in derselben Sammlung ist voll signiert. Der Künstler bezeichnet sich als „Bildhauer“ zu Schwäbisch Gmünd. Er wird dort am 16. August 1645 als jüngster Sohn des Büchsenmachers Georg Maucher geboren. J. M. Maucher erlernte zunächst den Beruf des Büchsenschifters (Büchsenmacher). In vielen Rüstkammern sind seine prunkvollen Büchsen erhalten (s. Kat. Nr. K 16–18). Ebensolcher Beliebtheit erfreuten sich seine Schalen, Kannen und Pokale aus Elfenbein, die nicht zum Gebrauch bestimmt waren, sondern als Schaugefäße für Prunkräume dienten. Aus den Akten ist bekannt, daß J. M. Maucher um 1692 nach Würzburg zog, da er aus Schwäbisch Gmünd ausgewiesen worden war und keine Erlaubnis zur Rückkehr in seine Heimatstadt erhielt. Er scheint häufig mit seinem Bruder Christoph (geb. 1642) gearbeitet zu haben, der jedoch gegen Ende des 17. Jahrhunderts nach Danzig übersiedelte. Die besten Arbeiten der beiden Künstler entstanden sicher in der Schwäbisch Gmünder Zeit.
Die ausgestellte Platte wird bereits im Inventar der Sammlung von 1687 als Arbeit von Maucher bezeichnet und um 1670 datiert. Das von ihm gearbeitete Stück ist typisch für das gewandelte Repräsentationsbedürfnis der Auftraggeber, die jetzt in stärkerem Maße Stücke für die prunkvolle Raumausstattung anschaffen.

Elfenbein, Hirschhorn, Eiche, L. 59,5 cm, B. 47 cm.

Literatur: Klein, Walter, Johann Michael Maucher und Christoph Maucher. Zwei Gmünder Elfenbeinschnitzer des Barocks. Schwäbisch Gmünd 1920, S. 3, 12, Nr. 14, Abb. IV. – Schumm 1950, S. 12–13.

Privatbesitz

H 8 a–c □

Besteck, dreiteilig

Augsburg, Ende des 17. Jahrhunderts

Löffel, Messer und Gabel könnten ursprünglich als Reisebesteck in einem ledernen Futteral vereinigt gewesen sein.

H 8 c, b, a

Ob sie allerdings oft gebraucht wurden, erscheint fraglich, da das empfindliche Email, das die Griffe schmückt, eine häufigere Benutzung kaum zuläßt. Auf beiden Seiten der Griffe sind allegorische Gestalten wie der Glaube, die Hoffnung, die Mäßigung, die Gerechtigkeit und die Stärke dargestellt. Die Besteckteile tragen keine Goldschmiedemarken, doch könnten sie wegen des Emails wohl am ehesten in Augsburg entstanden sein.

Vergoldetes Silber, Emailmalerei, H. 16,2 cm (a), H. 19 cm (b), H. 16,8 cm (c).

Stuttgart, Württembergisches Landesmuseum, Inv. Nr. KK 204, Inv. Nr. E 324, Inv. Nr. KK 205

H 9 □

Trinkschale

Süddeutsch(?), Mitte des 17. Jahrhunderts

Im Inventar von 1669 der württembergischen Kunstsammlungen wird ein „Trinkgeschirr in Form einer Muschel in Holz geschnitten" erwähnt. Dieser Eintrag bezieht sich mit hoher Wahrscheinlichkeit auf eine kleine, aus kostbarem hartem Holz geschnitzte Schale, deren Muschelform ineinander verschlungene Fischleiber bedecken. Den Griff bildet ein großer Fisch mit aufgerissenem Rachen.
Unklar ist, wozu die Schale gedient hat. Sie könnte als Modell, etwa für Goldschmiede, gedient haben, auf Grund des kostbaren Holzes aber auch von vornherein als Kunstkammerstück bestimmt gewesen sein. Als Lokalisierung wurde ohne nähere Begründung „Niederlande oder Süddeutschland" vorgeschlagen, vielleicht ist das Stück wirklich in Süddeutschland entstanden. Der Dekor weist eine gewisse Ähnlichkeit mit dem Nashornpokal auf, der von Hans Mayer in Stuttgart gefaßt wurde.

Zedern- oder Sandelholz, geschnitzt, H. 10 cm, L. 15,6 cm. Erhaltung: Hals gebrochen.

Literatur: Landenberger, Mechthild, Kleinodien aus dem Württembergischen Landesmuseum Stuttgart. Pfullingen 1973, S. 50 m. Abb. – Fleischhauer 1976. S. 66 u. Anm. 183.

Stuttgart, Württembergisches Landesmuseum, Inv. Nr. KK 118

H 10 a–e □

Fünf Ziergefäße

Philipp Jakob Drentwett, Augsburg, frühes 18. Jahrhundert

Antike Gemmen erfreuten sich seit der Antike auch der Beliebtheit der Gelehrten. Der Wunsch, solche erhaben oder vertieft geschnittenen Steine zu besitzen, war so groß, daß das Angebot die Nachfrage nicht mehr decken konnte. Deshalb versuchte man seit dem Mittelalter, Gemmen und Intaglien, die sowohl zum Schmuck kirchlicher Geräte wie weltlicher Gegenstände verwendet wurden, in großem Umfang nachzuahmen. Die Herzöge von Württemberg kamen durch Erbschaft in den Besitz einer großen Sammlung von geschnittenen Steinen, einige davon verwendeten sie für die sog.

H 9

Moskowiter Kassette, andere dienten möglicherweise als Schmuck der fünf zierlichen Gefäße, die hier ausgestellt sind.
Ihr Meister, Philipp Jakob Drentwett, war am Anfang des 18. Jahrhunderts ein führender Goldschmied in Augsburg, der die Höfe mit kostbaren Goldschmiedearbeiten belieferte. Ob die fünf Stücke ursprünglich frei in den Repräsentationsräumen oder aber in Kabinettschränken aufgestellt waren, ist nicht bekannt. Der Dekor ist sorgfältig geplant, Cameen wechseln mit Intaglien, und die Farbigkeit begrenzt sich auf Blau- und Brauntöne. Während auf den drei größeren Stücken vorwiegend Cameen mit Porträts verwendet wurden, zeigen die beiden kleineren Stücke Intaglien mit mythologischen Darstellungen. Alle sind bekrönt mit einem Doppelporträt.

Silber vergoldet, Fassung mit aufgesetzten Cameen und Intaglien, H. (a) 19,2 cm, (b und c) 16,8 cm, (d und e) 14 cm. Beschau Augsburg, Meistermarke: P/D (Philipp Jakob Drentwett).

Literatur: R^3 722. – Landenberger, Mechthild, Kleinodien aus dem Württembergischen Landesmuseum Stuttgart. Pfullingen 1973, S. 65 m. Abb.

Stuttgart, Württembergisches Landesmuseum, Inv. Nr. KK hellblau 1 (b), 5 (c), 28 (a), 66 (d), 68 (e).

H 11 □

Emailminiaturporträt

Augsburg(?), um 1700

Das kleine ovale Miniaturporträt, in einer vergoldeten Silberfassung mit roten, violetten und weißen Halbedelsteinen im Hochoval montiert, gehört zu einer Reihe von acht Fürstenporträts, darunter Kaiser Joseph I. (1678–1711), Elisabeth Charlotte von der Pfalz (1652–1721), Maria Anna Josefa von Habsburg (1654–1689), die Gemahlin von Kurfürst Joh. Wilhelm von der Pfalz. Auf diesem Bildnis ist Markgraf Ludwig Wilhelm von Baden, der „Türkenlouis", dargestellt, wohl nach dem Stich von J. G. Seiller gemalt.
Für Emails wurden in Augsburg, dem wichtigsten Zentrum der Emailmalerei, häufig Stichvorlagen benutzt. In der Kunstkammer der Markgrafen von Baden-Baden z.B. befinden sich Schalen mit Emailmalerei, die nach Stichen von Coypel geschaffen wurden, während auf sechs Bechern, wohl auf Wunsch des Auftraggebers, nach Miniaturen aus einem Stundenbuch von J. Brentel aus dem Besitz des Markgrafen Wilhelm von Baden die Jahreszeiten gemalt wurden. Es ist dies eines der wenigen Beispiele, wo die Einflußnahme des Bestellers belegt ist.
Das Miniaturbildnis kann als Schmuckstück gebraucht worden sein. Denkbar wäre aber ebenso eine rein dekorative Funktion in einem Kunstschrank, wie ihn z.B. J. Heinze 1660 malte. In seinem als „bürgerlich" bezeichneten Kunstschrank hängen um einen kostbaren Elfenbeinpokal gruppiert Perlenketten, Amulette und zwei kleine Porträts in Elfenbein mit Edelsteinfassungen.

Silberfassung mit violetten, roten und weißen Halbedelsteinen. H. 6,1 cm, Dm. 4,7 cm.

Literatur: Fleischhauer 1976, S. 120 u. Anm. 81.

Stuttgart, Württembergisches Landesmuseum, Inv. Nr. KK grün 70

H 12

Emailminiatur

Augsburg(?), um 1700

Die drastische Darstellung der Susanna im Bade, die von den beiden Alten heftig bedrängt wird, mag wohl dem Zeitgeschmack entsprochen haben. Sicher wurde sie nach einer niederländischen Stichvorlage kopiert, die mit minutiöser Genauigkeit in die Miniatur umgesetzt wurde. Es ist möglich, daß die Emails (s. Kat. Nr. H 11) in Augsburg bestellt und dann vom Hofjuwelier an Ort und Stelle verarbeitet wurden. Auch dieses Stück wird eher als Dekoration denn als Schmuckstück gedient haben. Die Fassung mit Silberranken, durchsetzt mit roten, weißen und violetten Halbedelsteinen, ähnelt sehr derjenigen der Porträtreihe, ist aber sehr viel kleinteiliger gestaltet.

Silberne Fassung, mit violetten, roten und weißen Halbedelsteinen. Dm. 6 cm.

Stuttgart, Württembergisches Landesmuseum, KK grün 80

H 13

Brettspiel

Aus Schloß Kirchberg an der Jagst

H 10b

H 10c

H 10a

Hans Daniel Sommer (geb. Künzelsau 1643), Künzelsau, um 1666

Die Schauseite des zweiteiligen, aufklappbaren Spielbretts bildet ein Tric-Trac-Spiel, wobei die spitzwinkligen Dreiecke aus farbigem und weißem Achat bestehen. Die in Schildpatt eingelegten Ranken und Blümchen aus bemaltem und farbig unterlegtem Horn sowie Zinn ähneln denen eines Tisches von der Hand des gleichen Daniel Sommer. In aufgeklapptem Zustand wird ein Schachbrett sichtbar. Zugehörig sind 57 Spielsteine aus schwarzem, weißem und braunem Achat sowie drei Würfel. Tisch und Spielbrett wurden für den Grafen Joachim Albrecht von Hohenlohe-Langenburg angefertigt und gingen auch zusammen im Erbgang an den Bruder des Grafen, Heinrich Friedrich, über, der Spielbrett und Tisch in einem eigenhändig geschriebenen Inventar vermerkte. Beide teilten im Laufe der Jahrhunderte das gleiche Schicksal und sind heute noch beisammen (s. Kat. Nr. D 2). Ein verwandtes Spielbrett, vermutlich vom gleichen Künstler geschaffen, befindet sich, aus der Kunstkammer der Herzöge von Württemberg stammend, im Württembergischen Landesmuseum (s. Fleischhauer, Werner, Die Geschichte der Kunstkammer der Herzöge von Württemberg in Stuttgart. Stuttgart 1976, S. 89).

Ebenholz, Schildpatt, Horn, Zinn, Achat.
H. 58,5 cm, T. 55,6 cm.

Literatur: Schumm 1949, S. 226. – Grünenwald 1951/52, S. 279/280.

Privatbesitz

H 11

H 14

Nautilusmuschel

In Schloß Favorite nachweisbar seit 1893

Deutsch, 2. Hälfte 16. Jahrhundert

Die rauhe Schale der Muschel wurde als oberste Schicht der Wandung abgeschliffen. Restflächen ließ man in Form von Ornamenten und aus Eiern ausschlüpfenden Tieren, Schildkröte und Krokodil, stehen. Die Krümmung unterhalb der Muschelöffnung wurde aufgeschnitten; in die freigelegte Zwischenwand ein Helm mit Doppeladler und Habsburger Krone geschnitten und graviert.
Die großen Nautilusmuscheln mit ihrem feinen Perlmuttglanz auf der geschliffenen Oberfläche wurden seit der Renaissance gern zu reich mit Goldschmiedewerk montierten Pokalen verarbeitet. Hier sind Spuren einer ursprünglich wohl beabsichtigten Montierung nicht erkennbar. Als exotische Kostbarkeit ein typisches Kunstkammerstück.

H. 15,3 cm, B. 18,9 cm.

Literatur: Karlsruhe 1955, Nr. 321. – Karlsruhe 1968, Nr. 110.

Schloß Favorite bei Rastatt, Staatliche Liegenschaftsverwaltung, Inv. Nr. G 2836

H 15 a–b □

Zwei Wachsporträts

Deutsch, Anfang 18. Jahrhundert

Am 31. Dezember 1894 ist in einem Inventar von Schloß Favorite als Zugang aus Karlsruhe eine Serie von 31 Wachsporträts aus dem beginnenden 18. Jh. verzeichnet, die fürstliche Damen und Herren, historische Persönlichkeiten und Philosophen der Antike wiedergeben. Die Brustporträts in erhöhtem Relief, zum Teil bunt bemalt, sind auf runden Glasscheiben aufgebracht. Diese an der Rückseite schwarz bemalten Gläser befinden sich in schwarz gebeizten, reich profilierten Rahmen und sind mit gewölbten Gläsern versehen. Alle sind auf der Rückseite, auf eingelegten Kartons, namentlich bezeichnet, doch wurden die Beschriftungen in früherer Zeit vertauscht, so daß eine Identifikation heute in einigen Fällen schwer fällt.
Von den 31 Wachsporträts wurden ein bunt bemaltes und ein ungefaßtes Stück für die Ausstellung ausgewählt. Die junge Dame, bei der es sich um Christina Sophia, Tochter Herzog Ludwig Rudolfs von Braunschweig-Lüneburg, handeln könnte, die im Jahre 1711 Alexius Petrowitsch von Rußland heiratete, trägt modische Kleidung und Haartracht. Sie hat den Kopf nur leicht gewendet. Über dem dekolletierten, am Ausschnitt mit Spitzen besetzten Gewand liegt ein faltig drapierter Umhang. In die hohe Lockenfrisur ist eine Perlenkette geschlungen. Perlen zieren auch das enge Mieder. Der wohlbeleibte Herr trägt einen roten Rock mit roter Weste, Spitzenjabot und Allongeperrücke. Eine erneuerte Inschrift bezeichnet ihn als August den Starken von Sachsen, König von Polen, was aber wohl nicht zutrifft.
Wachsporträts erfreuten sich in der Barockzeit großer Beliebtheit und bildeten Bestandteil fürstlicher Sammlungen. Auch am baden-durlachischen Hof waren sog. Wachsbossierer, wie man die in diesem Material arbeitenden Künstler nannte, tätig.

Wachs, Glas, Holzrahmen.
a) Dm mit Rahmen 13,4 cm.
b) Dm mit Rahmen 14,3 cm.

Schloß Favorite bei Rastatt, Staatl. Liegenschaftsverwaltung, Inv. Nr. G 2117, G 2082

H 16 a–b □

Bettlerpaar

Die beiden Figuren sind seit der Inventarisation von 1893 in Schloß Favorite nachweisbar

Stilkreis Simon Troger, Süddeutsch, Mitte 18. Jahrhundert

Wohl von derselben Hand wie das Bettlerpaar im BNM, das dem Veit Graupensberger zugeschrieben wird. (Vergl. R. Berliner, Die Bildwerke in Elfenbein, 1926, Nr. 841–842, Taf. 289). Gestalten von Bettlern standen den Menschen zu allen Zeiten drastisch vor Augen. Seit Hieronymus Bosch und Pieter Bruegel ist das „Leben der Bettler" ein unausschöpflicher Themenschatz der Kunst geblieben (vgl. E. Sudek, Bettlerdarstellungen vom Ende des XV. Jhs. bis zu Rembrandt. Straßburg 1931). – Auf Jacques Callot, der eine Bettlerserie von 25 Blättern geschaffen hat, beruhen zahlreiche spätere Darstellungen. Im 18. Jh. schuf Simon Troger (1693–1768) neben biblischen und mythologischen Themen populär gewordene Bettler- und Komödiantenfiguren. In seinem Stilkreis sind die Elfenbeinstatuetten des ausgestellten Bettlerpaares entstanden, unglaublich zerlumpte, von Ungeziefer bedeckte Gestalten mit grotesken, humpelnden Bewegungen. Die Figuren sind aus kontrastierenden Materialien in ungewöhnlicher Technik meisterhaft dargestellt. Das Schaurige, Komische, Gaunerhafte ist durch das Gewürm zu Füßen des Mannes mit dem Hinweis auf den Tod verbunden. Als kleinplastische Werke stehen derartige Skulpturen den Genrefiguren des Rokoko-Porzellans nahe (Schäferidyllen, Berufsfiguren). Wegen der Kostbarkeit des Materials wurden sie als fürstliche Prunkgeschenke verwendet (vgl. Thieme-Becker, Bd. 33, S. 420 und Bd. 21, S. 373 – Stichwort Krabenberger).

Vollrunde Statuetten aus Elfenbein und Holz, die Augen aus gefärbter Glasmasse. H. 24 cm (Mann), und 26,2 cm (Frau).

Literatur: Karlsruhe 1968, Nr. 24. – Rentsch 1972, Nr. 14. – Petrasch 1978, Nr. 26.

Schloß Favorite bei Rastatt, Staatliche Liegenschaftsverwaltung, Inv. Nr. G 2802, 2803

H 16a–b

H 15

H 17

Modell einer Grotte

In Schloß Favorite hat sich das Modell einer apsisförmigen Brunnennische erhalten. Im Inventar des Schlosses von 1772 wird „ein holzen Model zu einer Grote darin 3 kleine Menschen Figuren" (zitiert nach Sillib 1914, S. 105) genannt.

Michael Rohrer (?), um 1711

Wahrscheinlich handelt es sich um ein Modell für die vier Brunnennischen in der Sala terrena von Schloß Favorite. Sicher ist der Entwurf durch das für Schloß Favorite vorbildliche Gartenhaus im Schloßpark von Schlackenwerth angeregt worden (vgl. Petrasch 1978). Auch dort gibt es grottierte Brunnennischen im Oktogon der gleichfalls zentral angelegten

Sala terrena. Dort sind sie jedoch von einer rechteckigen Rahmung umfaßt (vgl. Hubatschek, Josef, Schlackenwerth, die böhmische Heimat der badischen Markgräfin Franziska Sibylla Augusta. Eichstätt 1972, S. 82 m. Abb.). Auf dem Grundbrett unseres Modells ist ein rautenförmiger Bodenbelag aus weißen und roten Platten angedeutet. Auch in der Sala terrena von Schloß Favorite war der Boden ursprünglich mit roten und weißen Sandsteinplatten belegt, wie es in den übrigen Räumen des Erdgeschosses noch der Fall ist. Die Grottennischen sind seit etwa Mitte des 18. Jhs. mit einer Rocaillenmalerei dekoriert, wohl im Zusammenhang mit Renovationen, die gleichzeitig in weiteren Räumen des Schlosses vorgenommen wurden. Es ist anzunehmen, daß die Nischen ursprünglich dem Modell entsprechend grottiert waren.
Im Modell ist das Wasser durch Spiegelglas angedeutet, die Rückwand mit kleinen Tuffsteinen belegt und durch drei Nischen mit Muschelbekrönung gegliedert. Darin je eine Figur, in der Mitte mit Füllhorn; seitlich nur Torsen erhalten, links wohl eine Quellnymphe mit Krug. Über den Nischen und am Scheitel der Hauptnische Masken, die in der Art des Archimboldo aus Muscheln gebildet sind.

Lindenholz, Tuffsteinchen, ungebrannter Ton und Muscheln. H. 66 cm, B. 47 cm, T. 29,5 cm.

Schloß Favorite bei Rastatt, Staatliche Liegenschaftsverwaltung, Inv. Nr. G 3818

H 20

H 18

Räuchergefäß

Türkisch, Kutâliya, 17./18. Jahrhundert

Auf hohem, stark eingezogenem, abgetrepptem Fuß sitzt der eierförmige Gefäßkörper, bekrönt von einer durchbrochenen Palmette. Ein Henkel umspannt den Fuß und die untere Hälfte des Gefäßes. Die obere ist senkrecht gerippt und diese Rippen mit durchbrochenen Arabesken verziert. Auf dem unteren Teil sind große Blüten aufgemalt. Der Gefäßkörper ist zweigeteilt und mit einer Montierung versehen, die sich durch ein Scharnier öffnen läßt: ein silber-vergoldeter Reif, dekoriert mit Lanzettblättern und mit einem Scharnier in Form von Lotusblättern versehen. Im Innern befindet sich ein runder unglasierter Einsatz. Nachdem der Vordere Orient mit der Kultur Chinas, insbesondere mit ostasiatischem Porzellan in Berührung gekommen war, läßt sich auf die islamische Keramik ein deutlicher Einfluß aus dem Fernen Osten feststellen, doch sind die Blütendekore nicht wörtlich übernommen sondern heimischen Vorstellungen angenähert. Das Räuchergefäß ist in einem Inventar des Jahres 1762 von Schloß Favorite erwähnt: „1 blau gemahlter und mit Möß beschlagener Rauchtopf" (zitiert nach Sillib).

Fayence, weiße Zinnglasur und blaue Unterglasurmalerei in Kobalt; silber-vergoldete Fassung. H. 23 cm, Dm. Standring 9,8 cm.

Literatur: Sillib 1914, S. 94. – Karlsruhe 1955, Kat. Nr. 336.

Schloß Favorite bei Rastatt, Staatliche Liegenschaftsverwaltung, Inv. Nr. G 3246

H 19

Kumme

China, Ming Zeit, Wang-li (1573–1619), Montierung Europa, um 1620

In Schloß Favorite bei Rastatt befinden sich eine Reihe von Kummen unterschiedlicher Größe aus hauchdünnem Porzellan, dem sog. Eierschalenporzellan (t'o-t'aitse), das während der Regierungszeit des Kaisers Wang-li gefertigt wurde. Alle haben die gleiche Form: Auf niedrigem Standring steigt die Gefäßwandung nach anfänglich ausladender Wölbung relativ steil an, biegt in scharfem Knick nach außen und bildet einen unregelmäßig ausgebogten Rand. Auch im Dekor ähneln sich diese Kummen. Die Außenwandungen sind in sechs schmale und sechs breite Felder unterteilt, wobei die schmalen mit einem Schleifenmotiv, die breiten mit Landschaftsszenen mit Figuren oder Blumenarrangements dekoriert sind. Auch die Innenseite ist in Felder gegliedert, jedoch mit sparsamem Dekor versehen. Im Fond ist ein Vogel auf einem Felsen sitzend dargestellt. Die hier gezeigte Kumme ist als einzige mit einer Metallmontierung versehen, auch weist sie an mehreren Stellen Sprünge auf. Im Gegensatz zur großen Schale (Kat. Nr. H 21) ist anzunehmen, daß in diesem Fall die Fassung nicht zur Erhöhung des Wertes beitragen sollte sondern einer praktischen Funktion diente, nämlich das kostbare Stück vor dem Zerbrechen zu schützen. Die Montierung, bestehend aus Fußring, Schulterkranz und vertikalen Reifen, umklammert das Gefäß wie ein Korsett. Stifte und Ösen geben sogar die Möglichkeit, die Montierung zu öffnen und abzunehmen. Ein – wohl abgebrochener – vertikaler Steg ist heute durch einen gedrehten Messingdraht ersetzt. Zur einfacheren Handhabung der Kumme wurden zwei Griffe angebracht. Die zierliche Durchbrucharbeit des Metalls mit Schweifwerkornamentik und Akanthusblättern erinnert an Reiden von Schlüsseln. Ostasiatisches Porzellan erfreute sich in Europa, vor allem vor der Erfindung des europäischen Porzellans, großer Wertschätzung. Obgleich sich die Einfuhren nach der Gründung sog. Ostasiatischer Handelskompanien in mehreren europäischen Ländern stark vermehrten, blieb die Ware sehr teuer, bedeutete der lange Seetransport doch ein erhebliches Risiko. Daher erstaunt es keineswegs, daß man ein gesprungenes Stück mit einer Metallmontierung versah. Die ostasiatischen Porzellane dienten ohnehin nicht nur dem Gebrauch sondern ebenso als Schauobjekte und fanden in sog. Porzellankabinetten Aufstellung (s. Bd. II, Aufsatz Stratmann, Wandel in der Wohnkultur). Ob die Kumme aus dem Besitz der Markgräfin Sibylla Augusta von Baden-Baden oder aus dem Hause Baden-Durlach stammt, läßt sich heute nicht mehr ermitteln. In beiden Fürstenhäusern sammelte man mit großer Leidenschaft Porzellan. Auch ist unbekannt, wann das Stück nach der Favorite kam, jedenfalls ist es in einem Inventar des Jahres 1893 (S. 86 Nr. 391) verzeichnet.

Porzellan mit Unterglasurmalerei in Kobaltblau, Messing. H. 7,5 cm, Dm 11,5 cm.

Literatur: Fichtner 1939/40, S. 139. – Fichtner 1953, S. 413. – Karlsruhe 1955, Kat. Nr. 327.

Schloß Favorite bei Rastatt, Staatliche Liegenschaftsverwaltung, Inv. Nr. G 3004

H 20 □

Schale

China, Ming-Zeit, um 1600, Fassung Süddeutsch ?, um 1720

In einem Inventar aus dem Jahre 1762 (Übergang der Regierung des Markgrafen Ludwig Georg von Baden-Baden an seinen jüngeren Bruder August Georg) über „die in der hochfürstl. Favorite sich befindlichen meubles" ist im oberen Stock im Porzellanzimmer verzeichnet: „Unter dem Kasten Nr. 2 1 große blaue gemahlte Platt mit einem Silber vergolden Krantz versehen" (zitiert nach Sillib). Diese Beschreibung trifft auf eine große Schale zu, die sich heute noch in der Favorite befindet. Die flachansteigende Wandung ist alternierend in schmale und breite Felder unterteilt; die schmalen sind mit einheitlichen Motiven, die breiten mit unterschiedlichen Blatt- und Blütenstauden bemalt. Im Spiegel befindet sich eine Landschaft mit dem Fong-hoang-Vogel. Standring und Plattenrand sind mit einer silbernen, teilweise vergoldeten Fassung versehen. Den aus Muschelwerk, Palmetten und C-Voluten bestehenden Reif des Randes akzentuieren sieben Blattagraffen.
Im 17. und vor allem im 18. Jh. war es Mode, kostbares Porzellan mit Montierungen aus Edelmetall oder vergoldeter Bronze zu versehen, um so den Wert eines Stückes noch zu erhöhen. Kin-têtschen-Porzellan wurde in China für den Export nach Europa eigens angefertigt.

Porzellan mit Unterglasurmalerei in Kobaltblau, Silber, teilweise vergoldet. H. 10 cm, Dm. 42,5 cm.

Literatur: Sillib 1914, S. 93. –Fichtner 1939/40, S. 139, Abb. 17. – Karlsruhe 1955, Kat. Nr. 328. – Petrasch 1960, S. 16. – Petrasch 1969, S. 10, m. Abb. S. 16. – Karlsruhe 1968, Kat. Nr. 44 m. Abb. – Rentsch 1972, Nr. 39 m. Abb. – Petrasch 1978, S. 15/16, Abb. 34.

Schloß Favorite bei Rastatt, Staatliche Liegenschaftsverwaltung, Inv. Nr. G 2772

H 21 □

Kaffeekanne

Alter Bestand von Schloß Favorite

Johann Friedrich Böttger (1682–1719), Meißen, um 1710–1719

H 21

Straffer Schwung zeichnet den vierkantigen, bauchigen Gefäßkörper aus. Dem ausschwingenden Ohrhenkel entspricht der aus einem Drachenmaul wachsende, hochschwingende Ausguß, dem flachen, karnisförmig geschweiften Deckel die niedrige, eingezogene Standfläche. Der Dekor ist sowohl geschnitten und geschliffen als auch aufgelegt. Plastisch hervortreten kleine Prunuszweige, die chinesischen Vorbildern abgenommen erscheinen, während für den vertieften Dekor europäische Motive Verwendung fanden, die vom Glasschnitt bekannt sind: gerahmte, bekrönte Kartuschen, Draperien, Bandelwerk, Kugelfacetten, etc. Die Kanne ist in einem Inventar des Schlosses Favorite aus dem Jahre 1762 erwähnt: „aus brauner Erden verfertigtes Holländisches Geschirr... 1 Caffée Kännlein mit erhabenem Blumenwerck" (zitiert nach Sillib). Nach einem halben Jahrhundert schon war die Herkunft der umfangreichen Sammlung an Böttger-Steinzeug bereits in Vergessenheit geraten, denn alle Stücke dieser Gattung werden als holländisch bezeichnet. Dies mag daher rühren, daß sich in der Favorite auch einige unbedeutende Stücke mit der Signatur des in Holland tätigen Ary de Milde befinden.
Von der Kanne gibt es mehrere Ausfor-

H 22b

mungen mit Varianten im Dekor, teilweise mit bunter Emailmalerei oder gar mit Glasur. Das rote Steinzeug, aus fein geschlämmtem Lehm und Bolus hergestellt, zählt zu den frühesten Erfindungen der in Meißen tätigen von Tschirnhaus und Böttger, wohl noch vor der offiziellen Gründung der Manufaktur. Es ist zumeist matt und imitiert chinesische I-hsing-yao-Ware. Für Schnitt und Schliff konnte man böhmische Glasschneider gewinnen, andere Stücke wurden zur Dekorierung eigens nach Böhmen gebracht. Daher ist es nicht verwunderlich, daß dieses Geschirr zur Zeit seiner Entstehung sehr teuer war. Die Gefäßform geht auf ein Vorbild aus der Goldschmiedekunst zurück. Schloß Favorite beherbergt eine der bedeutendsten Sammlungen an Böttger-Steinzeug, darunter einige Unikate, die nicht einmal in Dresden vorhanden sind.

Rotbraunes Steinzeug, geschnitten, geschliffen und plastische Auflagen. H. 15 cm, B. und T. des Fußes je 4,5 cm. Deckel gekittet, Knauf ergänzt.

Literatur: Schnorr v. Carolsfeld 1956, S. 40, Abb. 13. – Karlsruhe 1955, Kat. Nr. 342. – Köllmann 1965, S. 6. – München 1966, Kat. Nr. 16, Farbtaf. I. – Karlsruhe 1968, Kat. Nr. 86. – Petrasch 1967, Abb. S. 15. – Rentsch 1972, Nr. 43. – Petrasch 1978, Abb. 31.

Schloß Favorite bei Rastatt, Staatliche Liegenschaftsverwaltung, Inv. Nr. G 2273

H 22 a–c □

Drei Ausformungen der Kuan Yin

Johann Friedrich Böttger (1682–1719), Meißen, um 1710–15

Kuan Yin ist eine Göttin der Barmherzigkeit, die vor allem im chinesischen Buddhismus große Verehrung genoß. In ihrem Wesen vereinigt sie mütterliche Eigenschaften. Bisweilen trägt sie ein Kind im Arm und ähnelt dann Darstellungen der christlichen Madonna. Die Kuan Yin wird immer barfuß, auf Wolken stehend mit gefalteten Händen dargestellt. Sie trägt ein knöchellanges Gewand, darüber einen kürzeren, unter der Brust verschlungenen Mantel. Über die hoch aufgetürmte Frisur ist ein Schultertuch gezogen. Brust und Gewand, vorn unterhalb des Mantels, sind mit plastisch aufgelegtem Schmuck dekoriert.
Die Ausformungen von Meißen erfolgten nach einem chinesischen Original, das sich in den Sammlungen in Dresden erhalten hat. Aufgrund des Materialschwundes beim Brand sind die Meißener Stücke etwas kleiner als das Original. Die Kopien wurden in weißem Porzellan und in braunrotem Böttger-Steinzeug gefertigt. Die Sammlung in Schloß Favorite enthält nicht weniger als fünf Exemplare, zwei in weißem Porzellan, drei in Steinzeug. Ein Unikat bildet das polierte Stück (freundliche Mitteilung Frau Ingelore Menzhausen, Porzellansammlung Dresden). Lediglich der Sockel, die Hände und einige Gewandfalten sind matt geblieben. Die Technik des Polierens von Böttger-Steinzeug an gewölbten Flächen ist äußerst schwierig und heute überhaupt nicht mehr bekannt.

a) Böttger-Hartporzellan, weiß. H. 36,5 cm. Brandrisse im Sockel.

Literatur: Schnorr von Carolsfeld 1956, S. 38, Abb. 10. – Fichtner 1959, Abb. 10. – Petrasch 1967, Abb. S. 14. – Karlsruhe 1968, Kat. Nr. 60.

b) Böttger-Steinzeug, braun, poliert. H. 37,2 cm. Brandriß im Sockel.

Literatur: Fichtner 1939/40, S. 45. – Schnorr von Carolsfeld 1956, S. 38, Abb. 10. – Fichtner 1959, S. 254, Abb. 10. – München 1966, Kat. Nr. 821, Taf. 195. – Petrasch 1967, Abb. S. 14. – Karlsruhe 1968, Kat. Nr. 87. – Rückert/Willsberger 1977, Taf. 3.

c) Böttger-Steinzeug, braun, matt. H. 37,5 cm. Linke Hand angesetzt, rechte Hand erneuert.

Literatur: Schnorr von Carolsfeld 1956, S. 38, Abb. 10. – Fichtner 1959, S. 254, Abb. 10. – München 1966, Kat. Nr. 820, Taf. 195. – Rentsch 1972, Nr. 41. – Petrasch 1981, Abb. 36.

Schloß Favorite bei Rastatt, Staatliche Liegenschaftsverwaltung, Inv. Nr. G 2267, G 2268, G 2270

H 23 □

Schrank mit Keramik aus der fürstlichen Sammlung in Schloß Favorite

Der geschnitzte Schrank aus massiver Eiche mit alter Verglasung stammt aus dem Naturalienkabinett des ehemaligen Mannheimer Residenzschlosses (s. Kat. Nr. D 23). Darin sind ausgewählte Porzellane und Fayencen ausgestellt aus der Sammlung, die zum großen Teil auf die Markgräfin Sibylla Augusta von Baden-Baden zurückgeht und sich immer in Schloß Favorite befand, wie alte Inventare bezeugen.
Im unteren Fach ist eine Gruppe von blau-weißem chinesischem Porzellan zusammengestellt, und zwar jeweils eine Platte, Ming-Zeit (1368–1644) um 1600, mit zwei Vasen aus der Epoche des Kaisers K'ang-hsi (1662–1722), die eigens für den Export nach Europa angefertigt wurden. Die beiden Platten zeigen große

Ähnlichkeit im Dekor; zu ihnen gehört eine dritte, mit einer europäischen Montierung aus Edelmetall (Kat. Nr. H 21). Im Spiegel ist einmal ein Pfau in einer Landschaft dargestellt (Inv. Nr. G 2804, Dm 45,5 cm), die andere (G 2844) zeigt einen Vogel in einer Felslandschaft (Dm 49 cm). Beide Platten lassen sich in einem Inventar des Schlosses Favorite aus dem Jahre 1762 identifizieren. Von den Vasen gehören die beiden Flötenvasen zu einer mehrteiligen Kamingarnitur, von der sich nur diese beiden Stücke erhalten haben (Inv. Nr. G 2872/73). Von den beiden anderen Vasen ähnelt die eine (G 210) den vorigen. Auch sie ist mit einem Wulst, wenn auch weniger ausladend, dekoriert, von dem Lanzettblätter nach unten ausgehen. Anstatt der Blüten und Stauden sind figürliche Szenen in Landschaften dargestellt (H. 42,5 cm). Auf der bauchigen Wandung der vierten Vase (G 2871) ist in einer Kartusche ein Stilleben mit Möbeln, Schriftrollen, Vasen und chinesischen Glückssymbolen angeordnet (H. 41,6 cm). Alle Stücke des Faches sind in blauer Kobaltmalerei dekoriert.
Im mittleren Fach befindet sich eine kleine Auswahl der bedeutenden Kollektion von sog. „Straßburger Tierfayencen“. Diese Terrinen dienten als Tischdekoration, und gleichzeitig wurden sie als Gefäße benutzt. Von den eigentlichen Schüsseln läßt sich ein Deckel abheben. Sie wurden zwischen 1750 und 1754 in der berühmten Manufaktur des Paul Hannong in Straßburg gefertigt. Die Farben sind in Muffelmalerei aufgebrannt, d. h. auf die Glasur gemalt und in einem oder mehreren Bränden entstanden, zu denen die Stücke nicht direkt in den Brennofen sondern in Tonformen, sog. Muffeln, gesetzt waren. Ausgewählt wurden eine Schildkröte (G 3744, H. 16,5 cm, B. 34 cm), eine Ente (G 3742, H. 37 cm, B. 35,5 cm) und eine Taube (G 3739, H. 24,5 cm, B. 33 cm). Eichelhäher (G 4285, H. 27,6 cm) und Papagei (G 4283, H. 35,5 cm) wurden um 1750 in der Fayence-Manufaktur der Kurfürsten von Mainz, deren Zeichen (Rad mit sechs Speichen) sie tragen, in Höchst geschaffen. Die Muffelmalerei erlaubte eine größere Farbpalette, die z.B. eine äußerst nuancierte Darstellung des Gefieders oder des Panzers der Schildkröte ermöglichte.
Im oberen Fach sind bunte chinesische Porzellane aus der sog. „famille verte“ (grüne Familie) und „famille rose“ (rosa

H 23

Familie) gruppiert. Die Kamingarnitur, bestehend aus Balustervase mit Deckel und zwei Flötenvasen (G 2824–2826), rosa Familie, um 1723–1735, zur Zeit des Kaisers Yung Chêng entstanden, zeigt zwischen Blüten und Ornamentmustern Blumenvasen, Tische mit Stilleben und Glückssymbole (H. 34 cm und 28,8 cm). Die bauchige Deckelvase (G 2811) gehört der grünen Familie an und mag kurz nach 1700 entstanden sein. In schmalen Längsstreifen sind Vögel, Insekten und Schmetterlinge zwischen Blüten aller Art wiedergegeben und am Halsrand in einem umlaufenden Band Glückssymbole dargestellt (H. 31,3 cm). Die Deckelvase mit plastisch geformten Drachen an der Schulter und vollplastischem Fo-Hund als Deckelknauf (G 2866) bildet mit einer zweiten ein Paar. In Unterglasurblau und bunten Schmelzfarben sind große Figurengruppen dargestellt, die sich durch besonders feine Qualität auszeichnen. Auch diese Vase gehört zur sog. grünen Familie (H. 37,5 cm). Ebenso die dritte (G 2812), die in kräftigen Farben zwischen Rankenwerk zwei Paradiesvögel und Chrysanthemen zeigt (H. 30,4 cm).
Sammeln von Porzellan hatte sich im 17. und 18. Jh. zu einer wahrhaft fürstlichen Leidenschaft entwickelt. Man schätzte die Stücke nicht nur ihres Eigenwertes sondern vornehmlich ihrer dekorativen Funktion willen. Sie dienten als Kamingarnituren, standen auf oder unter Möbeln oder auf Gesimsen aufgereiht. Im letzten Drittel des 17. und vermehrt in der ersten Hälfte des 18. Jhs. entstanden in Schlössern ganze Porzellankabinette, in denen die chinesischen und japanischen Porzellane als flächendeckendes Muster an den Wänden aufgereiht waren und auf Etageren in Pyramidenform Auf-

H 23

stellung fanden. Mit der Gründung von Manufakturen an europäischen Fürstenhöfen wurden auch deren Erzeugnisse in die Porzellankabinette aufgenommen. Das Sammeln von Porzellan war vorwiegend Angelegenheit fürstlicher Damen. In den Häusern Baden-Baden und Baden-Durlach bemühten sich die Markgräfinnen Sibylla Augusta (1675–1733) in Schloß Favorite und Magdalena Wilhelmina (1677–1742) in Durlach, bedeutende Kollektionen aufzubauen (s. Bd. II, Aufsatz Stratmann, Wandel in der Wohnkultur). Aus diesen Sammlungen rekrutieren sich die Favorite-Bestände.

Literatur: Reidemeister 1933. – Fichtner 1939.

Mannheim, Städtisches Reiss-Museum (Schrank), Schloß Favorite bei Rastatt, Staatliche Liegenschaftsverwaltung (Keramik)

MEDAILLEN

Monika Bachmayer und Peter-Hugo Martin

Im Leben des 17. und 18. Jahrhunderts spielten Medaillen in den verschiedensten Bereichen und Schichten eine heute nur noch schwer vorstellbare Rolle. Ihre Wichtigkeit wird schon allein aus der nahezu unübersehbaren Anzahl überlieferter Stücke deutlich.
Medaillen gibt es erst seit dem ausgehenden Mittelalter. Der italienische Maler Antonio Pisano, genannt Pisanello (ca. 1395–ca. 1455), gilt allgemein als der Erfinder der neuen Kunstgattung, die rasch in ganz Europa weite Verbreitung fand und in der Zeit der Renaissance mit hervorragenden Bronzegüssen zu einem ersten künstlerischen Höhepunkt kam.
Medaillen ähneln ihrer äußeren Gestalt nach den Münzen, haben aber nie Geldcharakter. Eine Münze dient als Zahlungsmittel, für dessen Gewicht, Feingehalt und Kursfähigkeit der Staat durch Bild und Aufschrift bürgt, was für Medaillen nicht gilt. Unklare Bezeichnungen wie „Schaumünze" oder „Denkmünze" sollten daher heute nur noch in ihrem mittlerweile eng definierten Sinn für Stücke mit Geldeigenschaft benutzt werden.
In den deutschen Staaten der Barockzeit war auch für die Medaillen der Einfluß des französischen Hofes von entscheidender Bedeutung. 1663 hatte Colbert auf Befehl Ludwigs XIV. die Petite Académie gegründet, die später unter der Bezeichnung Académie royale des Inscriptions et Belles-Lettres berühmt wurde. Ihre Aufgabe war die Formulierung und Herausgabe der „Histoire métallique", jener ausschließlich der Verherrlichung Ludwigs XIV. dienenden Medaillenserie, die im Lauf seiner langen Regierung auf über dreihundert Prägungen anwuchs und von denen einige Exemplare ausgestellt sind (Kat. Nr. J 6, J 9, J 10, vgl. auch J 19 und J 20). Die Auffassung von Medaillen als einem der vornehmsten Mittel zur Repräsentation absolutistischen Herrschertums war bereits unter Heinrich IV. formuliert worden. Man sah in ihnen Denkmäler par excellance, „das einzig ewige, das einzig echte, das einzige den einzigartigen großen Fürsten angemessene und vor allen Dingen das vollkommenste, um ihren Ruhm und das Gedenken an sie zu erfassen, zu verbreiten und zu verewigen." (Paris 1970, S. XII). Diesen hohen Zielen entsprachen auch die propagandistischen Bildinhalte, die in zum Teil hochkomplizierten Allegorien die einzelnen Ideen und Absichten zum Ausdruck brachten. Ihre Verbreitung fanden sie durch Publikationen, Ausstellungen und Geschenke des Herrschers, wobei das Metall und die Anzahl der vergebenen Exemplare sorgfältig nach dem Rang der Empfänger gestaffelt waren. Dem einem niedriggestellten Untertanen gnädig gewährten Kupferstück stehen Etuis mit zweihundert Goldexemplaren gegenüber, die der Sonnenkönig bedeutenden Souveränen durch Botschafter überreichen ließ. Solche Art der Selbstdarstellung forderte Gegenreaktionen heraus, die in zahlreichen satirischen Spottmedaillen zu gelegentlich unmittelbarer politischer Wirkung kamen.

Da außerhalb Frankreichs Fürsten, Adel und hoher Klerus die wichtigsten Auftraggeber waren, entwickelten sich vor allem die großen europäischen Höfe zu Zentren der Medaillenkunst. Um bekannte Medailleure entbrannte zuweilen ein regelrechter Wettstreit unter den Herrschern. Daraus erklärt es sich, daß viele der berühmten Künstler als Hofmedailleure in ganz Europa, von Stockholm bis Rom, von Paris bis St. Petersburg tätig waren. Meist bildeten sie an ihren verschiedenen Aufenthaltsorten Schüler aus, so daß die Medallienkunst der Zeit wirklich europäische Züge trägt; lokale Eigenheiten lassen sich nur selten feststellen.
Allerdings konnten sich selbst die größeren Höfe in Südwestdeutschland nicht immer einen eigenen Hofmedailleur leisten. Aufträge für anspruchsvollere Stücke wurden daher häufig nach auswärts vergeben. Bestellt wurde entweder bei den Medailleuren an den großen Zentren oder bei Privatfirmen, die seit der Entwicklung neuer maschineller Prägetechniken vor allem in Augsburg und Nürnberg entstanden waren. Genannt seien hier Friedrich Kleinert und Caspar Gottlieb Lauffer in Nürnberg, sowie der Unternehmer und Medailleur Philipp Heinrich Müller, der in beiden Städten tätig war. Zu den Kunden dieser Firmen gehörten in immer größerem Maß auch die Reichsstädte. Diese teilweise sehr reichen Gemeinwesen hatten die fürstliche Gepflogenheit repräsentativer Medaillenprägungen gern übernommen und hielten die wichtigsten lokalen Ereignisse auf diese Weise fest. An die Stelle des fürstlichen Bildnisses trat dabei häufig das „Porträt" der Stadt, ihre Ansicht mit den oft stolz betonten Hauptgebäuden. Aber auch das Besitzbürgertum trat seit dem Ende des 17. Jahrhunderts wieder als Auftraggeber von Medaillen stärker in Erscheinung und ließ bemerkenswerte Daten der Familiengeschichte in Metall verewigen. In den niedrigeren Schichten des Volkes waren neben Gedenkstücken und Medaillen auf sensationelle historische Ereignisse vor allem Religiöses, Amulette und Talismane beliebt.

Die Verbreitung von Medaillen in verschiedenen Schichten der Gesellschaft ließ gerade im Deutschland der Barockzeit eine wahre Sammelleidenschaft entstehen, die von den Prägefirmen gern ausgenutzt und in Material und Ausführung jedem Geldbeutel angepaßt wurde. Es gab kaum ein Ereignis der Zeitgeschichte von einiger Bedeutung, das nicht in dieser Publizistik aus Metall seinen Niederschlag gefunden hätte. Anders als im zentralistischen Frankreich läßt sich daher heute für deutsche Verhältnisse oft nicht mehr feststellen, ob eine Medaille, die einen Fürsten darstellt, in dessen Auftrag oder auf private Initiative von Medailleuren und Verlegern zum Verkauf an die „curieusen Liebhaber" entstanden ist. Die Medaillenverlage boten aber auch ganz allgemein gehaltene Gelegenheitsmedaillen an, die als sinnige Geschenke bei Taufe und Hochzeit, zu Neujahr und Weihnachten, oder einfach als Zeichen der Liebe und Freundschaft Verwendung fanden.

Um angesichts der Materialfülle der Vielfalt der Barockmedaille im Gebiet des heutigen Baden-Württemberg annähernd gerecht zu werden, war eine strenge Auswahl nötig, die sich zunächst an den historischen Gegebenheiten der Territorien und Herrschaftsbereiche zu orientieren hatte. Da der umfangreichste Teil der fraglichen Medaillenproduktion in Zusammenhang steht mit den Markgrafen von Baden, den Herzögen von Württemberg und den Kurfürsten von der Pfalz ist diesen Fürstenhäusern der größte Raum eingeräumt worden, ohne dabei aber die anderen territorialen und inhaltlichen Bereiche zu vernachlässigen.
Bei der Entscheidung über die auszustellenden Exemplare wurde versucht, neben vielem Prominentem und Bekanntem auch weniger häufig Gezeigtes bis hin zum Unscheinbaren auszuwählen, um das ganze breite Spektrum der Baden-Württembergischen Barockmedaille erfassen zu können.

Um den Katalog für den Benutzer verständlicher zu machen, wurden im Gegensatz zu der in der numismatischen Literatur geübten Praxis alle lateinischen Legenden übersetzt und ihre Abkürzungen ergänzt. Ist die Datierung einer Medaille nicht der Legende selbst entnommen, sondern wurde auf anderem Wege erschlossen, so wurde sie in Klammern gesetzt. Es ist zu beachten, daß das Datum auf einer Medaille sich auf das Ereignis bezieht, dem sie gewidmet ist; das Stück selbst kann wesentlich später geprägt worden sein. Nur in Ausnahmefällen sind wir davon unterrichtet. Der geschichtliche Hintergrund der einzelnen Stücke konnte nur knapp umrissen werden. Die Literaturangaben sind bewußt auf das wichtigste beschränkt worden, wobei versucht wurde, möglichst weiterführende Literatur zu nennen. Als vervielfältigte Kunstwerke sind die gleichen Stücke häufig in zahlreichen Museums-, Sammlungs- und Ausstellungskatalogen rein beschreibend aufgeführt, ohne daß damit zu einer Wertung und Interpretation beigetragen wurde. Auf diese Zitate wurde in der Regel verzichtet. Kurze Biographien der Künstler finden sich im Anhang an die Medaillenbeschreibungen.

Weitere Erläuterungen zur Kulturgeschichte der südwestdeutschen Barockmedaille geben die Autoren im Aufsatzband des Kataloges.

WESTFÄLISCHER FRIEDEN

J 1
Spanisch-Niederländischer Frieden. 1648

Engelbert Kettler, Münster

Vs.: (Blümchen) ET * IVNCTI * CVRRVM * DOMINÆ * SVBIERE * LEONES (Gemeinsam ziehen die Löwen den Wagen ihrer Herrin. Der Vers stammt aus Vergil, Aeneis, 3, 113).
Zwei gekrönte Löwen, der spanische und der niederländische, ziehen gemeinsam einen Wagen nach rechts, in dem die Friedensgöttin mit Füllhorn und Merkurstab sitzt. Der niederländische Löwe hält ein Pfeilbündel in der Pranke, der spanische ein Szepter. Über den Löwen die Inschrift: PAX / HISPANO BATAVA (Spanisch-Niederländischer Frieden). Am Boden liegen zerbrochene Waffen und Rüstungsteile. Unter die Signatur: E K.

Rs.: PACIS . FŒLICITAS / ORBI : CHRISTIANO : QVA RESTITVTA / QVA . AD. INCITAMENTVM . DEMONSTRATA / TOT. REGNIS . ET . PROVINCIIS / AD. VTRVMQVE . SOLEM . VTRVMQ[ue] OCEANVM / TERRA . MARIQVE . PARTA . SECVRITAS / TRANQVILLITATIS . PVBLICÆ / SPE ET. VOTO / MONASTERY . WESTPHA[liae] / ANNO . MDCXLVIII (Die Seligkeit des Friedens ist der christlichen Welt teils wiederhergestellt, teils zum Ansporn gezeigt worden. Für so viele Königreiche, so viele Provinzen, von einem Ende der Erde zum anderen, von einem Ozean zum anderen ist Sicherheit zu Lande und zu Wasser erlangt worden durch die Hoffnung und den Wunsch nach allgemeiner Ruhe. Münster in Westfalen im Jahre 1648).

Silber, geprägt, 60 mm, 37,8 g mit angelötetem Henkel.

Literatur: Van Loon, Bd. 2, 1732, S. 301–302. – Schulmann 1913, S. 27, Nr. 96.

Nürnberg, Germanisches Nationalmuseum

J 2
Westfälischer Frieden. 1648

Medailleur unbekannt

Vs.: AVREA PAX VIGEAT DET DEVS ARMA CADANT (Gott gebe, daß der goldene Frieden blühe und die Waffen fallen).
Ein Krieger in zeitgenössischer Tracht hält in der linken Hand ein zerbrochenes Schwert, im rechten Arm einen gewaltigen Helm. Er blickt zum Himmel empor, aus dessen Wolken eine Hand der links stehenden Friedensgöttin einen Zweig entgegenstreckt. Am Boden liegen zerbrochene Waffen.

Rs.: PAX THEMIS ET PIETAS SAPIENTIA MVSA RESVRGVNT E CONTRA GLADIVS BELLICA SIGNA IACENT (Frieden, Gerechtigkeit, Frömmigkeit, Weisheit und Kunst erheben sich wieder, dagegen liegen Schwert und Kriegswerkzeug darnieder).
Im Spiegel unter einem Engelsköpfchen: DREISIG . IAHR. / HATT. GEWERT. DER / KRIEG. VIEL. BLVTT. VER / GOSEN. WARD. ZVM. SIEG / DIS. IAHR. SCHICKT. GOTT / DEN. FRIEDEN. FEIN. / DEM. SEY. EHR. LOB. / VND. PREYS. ALLEIN / ANNO. 1648

Blei, gegossen und ziseliert, 54 mm, 32,9 g.

Literatur: Van Loon, Bd 2, 1732, S. 308–310. – Schulmann 1913, S. 31–32, Nr. 115.

Nürnberg, Germanisches Nationalmuseum

J 3 □
Westfälischer Frieden. 1648

Sebastian Dadler, Danzig

Vs.: AMBIGUO PAX ET BELLUM LUCTAMINE CERTANT, PAX EUROPA VOVET, LÆTA TROPHÆA FERAT. („Es sind in schwerem Kampf der Friede und der Krieg. Es ist Europens Wunsch: Der Fried erhalte den Sieg." Köhler).
Die Friedensgöttin Pax hat die in einen Harnisch gekleidete Kriegsgöttin Bellona mit beiden Armen hochgehoben, um sie besiegt auf den Boden zu werfen. Auf der linken Seite erscheint eine Hand, die die Weltkugel hält, auf der Merkurstab, Ölzweig und Friedenspalme liegen; rechts lehnt an einem Bäumchen der Schild der Bellona mit dem Medusenhaupt, daneben eine Fahne. Im Abschnitt die gravierte Signatur: S 1648 D

Rs.: LAETA TROPHÆA TULIT VICTO PAX OPTIMA BELLO. NUNC TEMIS N TERRAM ET COPIA PULSA REDDIT . („Der Friede hat ge-

J 3

J 3

siegt. Dahero auf der Welt nun Recht und Überfluß sich wiederum einstellt." Köhler).
Unter Strahlen steht die Friedensgöttin auf dem Rücken der besiegten, von Trophäen umgebenen Bellona; in der Rechten hält sie den Merkurstab und Ähren, in der Linken die Friedenspalme und Ölzweige. Im Hintergrund liegt eine waldreiche, bebaute Landschaft mit der Silhouette der Stadt Münster (?). Links im Mittelgrund steht die Gerechtigkeit mit Schwert und Waage, rechts die Gestalt des Reichtums mit Füllhorn und einem Fruchtzweig, beide verbildlichen die in die Zukunft gesetzten Hoffnungen.

Die Medaille existiert mit unterschiedlichen Gravierungen der Jahreszahl. Die früheste Ausführung ist 1644 datiert und wurde zum Beginn der Friedensvorbereitungen in Münster im Jahr 1644 geschlagen. Das ausgestellte Exemplar erhielt seine Gravur anläßlich des 1648 tatsächlich geschlossenen Westfälischen Friedens. Das von Köhler erwähnte, 1650 bezeichnete Stück bezieht sich auf die langwierigen, erst 1650 zu einem gewissen Abschluß gekommenen Verhandlungen über die Ausführungsbestimmungen des Friedens von Münster und Osnabrück.

Zwei Exemplare ausgestellt:
Silber, geprägt, 61 mm, 69,6 g.
Silber, geprägt, 61 mm, 61,8 g.

Literatur: Köhler 1750, S. 281–288. – Schulmann 1913, S. 22–23, Nr. 83. – Więcek 1962, S. 119 bis 120, Nr. 117.

Nürnberg, Germanisches Nationalmuseum

J 4

J 4 □

Vollzug des Westfälischen Friedens. 1650/51

Medailleur unbekannt

Vs.: DES FRIEDEN–LOBS–GEDENCKEN
Vor einer Stadtansicht sitzen Pax mit Füllhorn und Zweig und Justitia mit Schwert und Waage auf einer Bank und küssen sich. Über ihnen schwebt ein Engel mit zwei Kränzen in den Händen. Das Chronostichon der Inschrift ergibt die Jahreszahl 1651.

Rs.: Unser Gott / der sey gepreyset. / Der den Edlen Frieden gibt / Der die kriegesflam̄e dempfet / Der uns väterlich geliebt / Durch ihn sol der liebe Friedt, Und Gerechtigkeit sich küssen / Das wir in gewünschter ruh / Süesse Friedensfrücht / geniessen. / A[nno]. 1650. 16. juny

Blei, geprägt und verkupfert, 58 mm, 42,5 g.

Nürnberg, Germanisches Nationalmuseum

POLITISCHE EREIGNISSE

J 5 □

Eroberung von Philippsburg. 1676

Johann Linck (?), Heidelberg

Vs.: Grundriß der am Rhein gelegenen Festung mit ihren Vorwerken und Bastionen.

Rs.: Unter zwei Zweigen: VON DER / RÖM[ischen] : KAI[serlichen] : MAI[estät] : / UND DES H[eiligen] . R[ömischen]. REICHES . WEGEN . / BELAGERT . VND . EROBERT . / IM IAHR 1676 . / DEN . 7. VND 17. SEPTEM /BER

Im Westfälischen Frieden war der französischen Krone das Recht zugesprochen worden, in Philippsburg eine Besatzung zu halten, während Eigentum und Jurisdiktion dem Bischof von Speyer verblieben. Im Krieg gegen Frankreich wurde die Festung 1676 von der kaiserlichen und der Reichsarmee belagert und im September erobert.

Silber, geprägt, 48,3 mm, 33,6 g.

Literatur: Köhler 1734, S. 169–176 (var.). – Berstett 1846, S. 169, Nr. 522. – Karlsruhe 1955, S. 36, Nr. 42.

Karlsruhe, Badisches Landesmuseum

J 6

Einnahme von Philippsburg. 1688

Jérôme Roussel und Michel Molart, Paris

Vs.: LVDOVICVS . MAGNVS . – REX . CHRISTIANISSIMVS . (Ludwig der Große, Allerchristlichster König).

J 5

Brustbild Ludwigs XIV. mit Allongeperücke in drapierter römischer Rüstung nach rechts. Darunter die Signatur: R

Rs.: PROVIDENTER (Mit Vorsicht). Die von vorn gezeigte Siegesgöttin berührt im Flug mit dem rechten Bein ein mit RHENVS beschriftetes Gefäß, aus dem Wasser strömt. Sie hat beide Schwingen weit ausgebreitet und ist in ein flatterndes antikisiertes Gewand gekleidet. In der Rechten hält sie einen Pfeil, mit der Linken hebt sie einen bebänderten Kranz empor. Im Hintergrund Ansicht der Feste Philippsburg. Im Abschnitt: PHILIS . BVRGVM . EXPVGNATVM / M.DC.LXXXVIII / (Philippsburg erobert 1688), darunter die Signatur: MOLART F[ecit]. (Von Molart gemacht).

Im Frieden von Nijmwegen übergab 1679 der französische König das Besatzungsrecht für Philippsburg dem deutschen Kaiser und erhielt statt dessen Freiburg. 1688 griffen die Franzosen die Festung an und eroberten sie im Oktober.

Bronze, geprägt, 72 mm, 130,5 g.

Literatur: Jacquiot 1968, S. 461–464 (dort weitere Literatur).

Karlsruhe, Badisches Landesmuseum

J 7 □

Zerstörung der Pfalz. 1688

Georg Hautsch, Nürnberg

Vs.: SECVROS SIC TRACTAT GALLVS AMICOS (So behandelt der Gallier seine sorglosen Freunde). Im Vordergrund mordende und plündernde Soldaten vor brennenden Häusern, dahinter Truppenformationen vor einem Hügelland mit der Aufschrift PFALTZ . In der Landschaft liegen drei Städte: PHILIPSBVRG , COBLENZ und HEYDELBERG ; die beiden ersten werden beschossen. Im Abschnitt: DENCK / TEVTSCHLAND AN DEN / FRIDENSBRVCH . / MDCLXXXVIII.

Rs.: Hinter einem Adler mit einem Blitzbündel steht frontal Minerva mit Helm und Ägis; hinter ihr ein Säulenstumpf. An der rechten Hand hält sie eine gleichfalls in einen antikisiertes Gewand gekleidete Frauengestalt, die ein Schild mit drei kleeblattförmig zusammengefügten Herzen trägt; ihr zu Füßen drei Masken. Mit der Linken hat Mi-

J 7

J 7

nerva eine zweite weibliche Figur gefaßt, die im Herbeischreiten ein Bündel von sieben Pfeilen bringt; hinter ihr ein Schiffsbug. Im Abschnitt: DIE HVLFF DVRCH / TREV U. EINTRACHT / SVCH / darunter die Signatur: G. H.

Randschrift: DAS SOLL DIR EIN EWIGER BVND SEYN DIR UND DEINEN KINDERN

Die Darstellung der Rückseite ist unterschiedlich gedeutet worden. Die mittlere Gestalt wird entweder als Verkörperung der klugen Besonnenheit, dargestellt durch Minerva, oder aufgrund des beigegebenen Adlers häufig als Personifikation von Deutschland aufgefaßt. An der rechten Hand hält sie die Treue, zu deren Füßen die abgeworfenen Masken der Falschheit liegen, an der Linken die Einigkeit. Durch die sieben Pfeile charakterisiert kann diese Gestalt auch als die Darstellung der Niederlande verstanden

J 8

J 8

werden; die beiden anderen wären dann als die gegen Frankreich verbündeten Länder Deutschland und England zu verstehen.

Zwei Exemplare ausgestellt:
Silber, geprägt, 45 mm, 36,6 g;
Silber, geprägt, 45 mm, 38,2 g.

Literatur: Van Loon, Bd. 3, 1732, S. 362–363. – Exter 1759–1768, S. 257, Nr. 250. – Harster 1889, S. 57–58. – Seubert 1900, S. 81–82. – Haas/Gesche 1972, S. 15, Nr. 12. – JbStKsBW, Bd. 8, 1971, S. 281.

Karlsruhe, Badisches Landesmuseum
München, Staatliche Münzsammlung

J 8 □

Verwüstung der Pfalz und der Donaulande. 1683 und 1689

Raimund Faltz (?), Stockholm

Vs.: GESTA PER TURCAS A[nn]o 1683. (Taten der Türken im Jahr 1683).

In einer hügeligen Flußlandschaft mit brennenden Städten liegt frontal der nackte, bärtige Flußgott der Donau nach rechts. Im rechten Arm hält er ein Ruder und stützt sich auf eine Quellurne mit der Aufschrift DANVVI / VS; in der Linken hält er ein Schriftband mit: QVAM ATROCIA (Welche Scheußlichkeiten). Rechts unten die Signatur: F (kursiv).

Rs.: GESTA PER GALLOS A[nn]o 1689 (Taten der Franzosen im Jahr 1689).
In einer weiten hügeligen Flußlandschaft mit brennenden Städten liegt frontal der nackte bärtige Flußgott Rhein nach rechts; er stützt sich mit dem rechten Arm auf eine RHENVS beschriftete Quellurne. In der erhobenen Linken hält er ein Band mit der Aufschrift: LONGE ATROCIORA (Bei weitem abscheulicher). Rechts unten die Signatur: F (kursiv).

Randschrift: HÆC GERMANE , TIBI PRÆBENT INCENDIA LUMEN UT VIDEAS, TALI QVÆ SIT IN HOSTE FIDES (Diese Feuersbrünste, Deutscher, sollen dir als Licht dienen, damit du siehst, welche Glaubwürdigkeit es beim Feind gibt).

Bronze, geprägt, 50 mm, 48,8 g.

Literatur: Van Loon, Bd. 3, 1732, S. 405–407.

München, Staatliche Münzsammlung

J 9

Schlacht bei Pforzheim. 1692

Jérôme Roussel und Michel Molart, Paris

Vs.: LVDOVICVS . MAGNVS . REX . CHRISTIANISS[imus]. (Ludwig der Große, Allerchristlichster König). Brustbild Ludwigs XIV. mit Feldherrnmantel, Allongeperücke und Lorbeerkranz. Darunter die Signatur: R

Rs.: FUSO . GERMAN[orum]. EQVITATV . PARTIS . SPOLIIS . CAPTO . DVCE . Im Abschnitt: AD . PHORTSEIMIVM . WIRTEMBERG[ense]. / M.DC.XCII. / (Die Reiterei der Deutschen ist versprengt, die Beute geteilt und ihr Anführer gefangengenommen worden. Bei Pforzheim in Württemberg 1692), darunter die Signatur: MOLART . F[ecit] . (Von Molart gemacht). Trophäen und zwei Pferde vor einem wimpelgeschmückten Zelt.

Bronze, geprägt, 72 mm, 155,5 g.

Literatur: Van Loon, Bd. 4, 1736, S. 119. – Berstett 1846, S. 171, Nr. 530. – Jacquiot 1968, S. 549–553 (dort weitere Literatur).

Karlsruhe, Badisches Landesmuseum

J 10 □

Zerstörung von Heidelberg. 1693

Jérôme Roussel, Paris

Vs.: LUDOVICUS MAGNUS REX CHRISTIANISSIMUS. (Ludwig der Große, Allerchristlichster König). Kopf Ludwigs XIV. mit Allongeperücke und Lorbeerkranz nach rechts. Darunter die Signatur: H. Roussel . F[ecit] . (Von H. Roussel gemacht).

Rs.: HEIDELBERGA . DELETA . (Heidelberg ist zerstört worden).
Im Vordergrund liegt die trauernde Stadtgöttin in antikisierten Gewändern. Mit dem linken Arm stützt sie sich auf einen geborstenen Wappenschild mit dem Löwen von Heidelberg, zu ihren Füßen die Mauerkrone. Links von ihr sitzt am Ufer eines Gewässers ein nackter, bärtiger Mann, der Flußgott Neckar. Er hält eine Quellurne mit der Aufschrift NICER (Neckar). Im Hintergrund die zerstörte Stadt. Im Abschnitt: M. DC. XCIII. / H. ROVSSEL . F[ecit] . (Von H. Roussel gemacht).

Silber, geprägt, 75,7 mm, 217,5 g.

Literatur: Julius 1958, S. 22, Nr. 432. – Jacquiot 1968, S. 617–623 (dort weitere Literatur). – Haas/Gesche 1972, S. 15–16, Nr. 13 (Nachprägung der Monnaie de Paris 1972).

Karlsruhe, Badisches Landesmuseum

J 11

Schändung der kurfürstlichen Gräber in Heidelberg. 1693

Medailleur unbekannt

Vs.: LVDOVICVS MAGNVS REX (König Ludwig der Große).
Kopf Ludwigs XIV. mit Allongeperücke nach rechts.

Rs.: QUOUSQUE RABIES PERGET (Wohin die Raserei vordringt).
In der Mitte steht ein französischer Soldat, der Gebeine aus einem Sarg kippt. Rechts von ihm übereinandergetürmt zwei Särge mit den Aufschriften CHARLO I. und FRID[ericus] V. Links schlägt ein zweiter Soldat mit erhobener Axt auf einen schon beschädigten Sarg mit der Schrift CAR[olus] : LUDOV[icus] . ein; dahinter an einem Altar mit SEP[ulcra] :/ ELEC[torum] : (Gräber der Kurfürsten) eine betende Frau, über deren Haupt ein Hammer geschwungen wird. Im Abschnitt: NON PARC[unt] . ELECT[oribus] : SEPULT[is] : / HEIDELBERG[ae] : VAST[ores] : MDCXCIII (Die Plünderer Heidelbergs verschonen die begrabenen Kurfürsten nicht. 1693).

Es handelt sich um eine politische Medaille, die sicher nicht in Frankreich entstanden ist; die eigentliche Herkunft ist aber unbekannt. Möglicherweise ist sie als Antwort auf die französischen Propaganda-Medaillen entstanden (vgl. Kat. Nr. J 10).

Silber, geprägt, 37,6 mm, 31,5 g.

Literatur: Van Loon, Bd. 4, 1736, S. 124. – Exter 1759–1768, S. 327, Nr. 318.

Heidelberg, Kurpfälzisches Museum, Inv. Nr. M 5500

J 10

J 10

J 12

J 12 □

Vermeintliche Friedensbereitschaft Frankreichs. 1693

Medailleur unbekannt. (Niederländisch)

Vs.: NE CREDITE BELGI, im Abschnitt die Fortsetzung: ALIQUIS LATET ERROR (Glaubt es nicht, Niederländer, es ist eine verborgene Täuschung, vgl. Vergil, Aeneis, 2, 48).
Links sitzt der französische König unter einem Baldachin auf seinem Thron, zu seinen Füßen eine Schlange, die eine Maus belauert. Er hält in der Rechten eine Angel, deren Haken durch ein Papier mit der Aufschrift PAX (Friede) verborgen ist. Links stehen drei Niederländer, die sich der Angel nähern wollen. Ihnen tritt Minerva, die Göttin der Weisheit entgegen. Sie ist mit Helm, Panzer und langem Gewand bekleidet und mit Speer und Schild bewaffnet. Ganz links am Rande eine Gestalt mit einer französischen Lilie auf dem Rücken, sie hat Schlangenhaare und hält ein Herz in der Hand, in das eine Schlange beißt, zu ihren Füßen liegt eine Narrenkappe.

Rs.: FELIX QUEM FACIUNT ALIENA PERIC[ula] : CAUTUM (Glücklich derjenige, den fremde Gefahren vorsichtig machen).
In einer Landschaft, die rechts Hügel, links eine Meeresküste zeigt, steht ein Altar, verziert mit sieben zusammengebundenen Pfeilen, dem Symbol der vereinigten Niederlande. Auf dem Altar liegt eine Bibel und ein Freiheitshut, darüber eine Hand mit einem Schwert, das von einer Schriftrolle mit der Aufschrift ANIMIS OPIBUSQ[ue] : PARATI (Mit Mut und Mitteln gerüstet, vgl. Vergil, Aeneis, 2, 799) umwunden ist. Links fällt ein Ölzweig zu Boden, der eine Schlange und eine Fessel verbirgt.
Im Hintergrund über der Landschaft die Namen der Opfer Frankreichs: GENUA PALATIN[atus] : RHENI (Rheinpfalz) BELG[ium] : HISP[anicum] (Spanische Niederlande). Im Abschnitt: SECURIUS BELLUM PACE DUBIA MDCXIII. (Der Krieg ist sicherer als ein zweifelhafter Frieden 1693).

Silber, geprägt, 56 mm, 77,4 g.

Literatur: Van Loon, Bd. 4, 1736, S. 152–155. – Lochner, Bd. 2, 1738, S. 313.

München, Staatliche Münzsammlung

J 13 □

Siege der kaiserlichen Truppen an Rhein, Maas und Donau. 1694

Philipp Heinrich Müller, Nürnberg
Prägung von Friedrich Kleinert, Nürnberg

Vs.: VIRTUTI ET CONCORDIÆ CHRISTIANORUM (Der Tapferkeit und der Eintracht der Christen).
Sieben nackte Putten mit Helmen frontal nebeneinander halten die Fahnen der verbündeten Staaten, von links nach rechts: Polen, Spanien, Venedig, Österreich, Nassau-Oranien, England und Savoyen. Der Schaft der österreichischen Standarte durchbohrt das am Boden liegende Französische Banner. Die Fahnen werden von dem Labarum, der antiken Kaiserstandarte, mit dem Christogramm überragt. Rechts unten am Ende der Legende die Signatur: PHM

Rs.: PETROVARADINO LIBERATO, HVYO RECEPTO, RHENO TRAIECTO . (Peterwardein ist befreit, Huy wiedererobert, der Rhein überschritten).
Im Abschnitt: CONTRA TVRCAS EORVMQVE / FŒDERATOS TRIPLEX /☧ | ANORVM (Christianorum) VICTORIA / * 1694 * (Dreifacher Sieg der Christen über die Türken und ihre Verbündeten).
Victoria schwebt auf einer kleinen Kugel zwischen drei gelagerten bärtigen Männern mit Wasserurnen, den Flußgöttern Rhein, Maas und Donau. In der linken Hand hält sie einen Palmzweig, in der Rechten drei Kränze. Rechts unten die Signatur: P. H. M.

Randschrift: * DOMINVS PROTECTIO TVA : PER DIEM SOL NON VRET, NEQVE LVNA PER NOCTEM : PS[alm]. 121. Und die Signatur: FK (Der Herr ist dein Schutz, daß dich bei Tag

J 13

J 13

die Sonne nicht brenne, noch schade der Mond in der Nacht).

Bronze, geprägt und vergoldet, 50 mm, 43,1 g.

Literatur: Forster 1910, S. 96, Nr. 686. – Wielandt 1969, Nr. 53.

Karlsruhe, Badisches Landesmuseum

J 14

Frieden von Rijswijk. 1697

Philipp Heinrich Müller, Nürnberg

Vs.: NE TOTA DEHISCAT . (Es soll nicht ganz bersten).
Pax und Merkur flicken eine geborstene mit EVROPA beschriftete Erdkugel mit einem Ölzweig. Im Abschnitt: PAX RYSWICK . CONCL[usa] . / MEDIANT[e] . SVECIA. / . 1697 (Frieden von Rijswijk durch schwedische Hilfe geschlossen).

Rs.: NUNQUAM VIOLETUR AB AEVO (Er soll in Ewigkeit nicht verletzt werden).

Unter einem links stehenden Ölbaum ruht frontal eine weibliche Gestalt mit einem hochgestellten Merkurstab in der Hand. Im Abschnitt: TRANQUILLITAS / REDUX. / * (Die zurückgekehrte Ruhe).

Silber, geprägt, 32 mm.

Literatur: Forster 1910, S. 98, Nr. 696.

Mannheim, Städtisches Reiß-Museum

J 15 □

Schlacht bei Höchstädt. 1704

Martin Brunner und Georg Friedrich Nürnberger, Nürnberg

Vs.: + SOCIVM COMITANTIBVS ARMIS TEVTONIÆ TANTIS SE TOLLIT GLORIA REBVS + Gegenläufig: AD HÖCHSTET. 13. AVG[usti] . 1704 (Wenn seine Verbündeten ihm Waffenhilfe leisten erhebt sich Deutschland zum Gipfel des Ruhms, vgl. Vergil, Aeneis, 4, 48 und 49).
In einer Flußlandschaft die Darstellung der Schlacht. Im Hintergrund auf dem diesseitigen Ufer die Stadt, jenseits Berge. Im Vordergrund galoppierende Kavallerie, dazwischen Schwaden von Pulverdampf.

Rs.: VT SESE TERTIVS–ADDAT DVX DEVS. (Damit Gott sich als dritter Heerführer anschließe).
Zwei Feldherren in antikisierter Tracht (gemeint sind Prinz Eugen und Herzog Marlborough) beten kniend, den Blick zum Himmel erhoben, von dem hinter Wolken Strahlen herunterkommen.

Randschrift: EVGENII VIRTVS COELO MISSIQVE IOHANNIS (Die

J 15

J 15

Tugend des Eugen und die des vom Himmel gesandten Johannes = Herzog von Marlborough) und die Signatur: G.F.N.

Silber, geprägt, 48 mm, 39,0 g.

Literatur: Thesaurus numismatum 1711, S. 389–390. – Van Loon, Bd. 4, 1736, S. 424–426.

Nürnberg, Germanisches Nationalmuseum

J 16 □

Niederlagen Philipps von Anjou in Spanien und den Niederlanden. 1706

Georg Friedrich Nürnberger, Nürnberg

Vs.: In den vier Ecken: BAR/CELONA/LIBERATA/A[nno] . 1706. 12. Mai[i] ECLIPSIS SO/LIS. MADRI=/TVM.OCCVP[atum] . /m[ense] . MAI[o] . BRABAN/TIA. OCCVP[ata]./ m[ense] . MAI[o] . TIRLEMONT[ana] CLA/DES m[ense] . MAI[o] . (Barce-

J 16

Der Gedanke, den geschlossenen Janustempel auf Medaillen abzubilden, wurde sicherlich beeinflußt von Münzen des Kaisers Nero.

Silber, geprägt, 41 mm, 35,8 g.

Literatur: Wielandt 1970, S. 340, Nr. 47 (dort weitere Literatur).

Karlsruhe, Badisches Landesmuseum

J 29 □

Ludwig Georg

Frieden von Rastatt. 1714

Georg Friedrich Nürnberger und Martin Brunner, Nürnberg

Vs.: IANVS A MARTE MENSE MARTIO CLVSVS. (Der Janustempel wird im Monat März von Mars geschlossen).
Der Kriegsgott Mars schließt mit Schild und Schwert unter dem Arm mit der rechten Hand das Portal eines antikisierten torartigen Tempels mit hoher Attika- und Gebälkzone. Im Abschnitt: PAX RASTADIENS[is] (Frieden von Rastatt). Darunter die Signatur: N

Rs.: FORTI DVLCE VENIT FORTI MEL FORTIS AB ORE. (Durch gütigen Zufall kommt süßer Honig vom starken Mund des Starken). Das Chronostichon ergibt die Jahreszahl 1714. Im Abschnitt als Anspielung auf die Legende: IVD[icum] : CAP[itulum] : XIV. V[ersus]. 14 (Buch Richter, Kapitel 14, Vers 14).
In einer Berglandschaft mit Wolkenhimmel liegt ein schlafender Löwe. Zahlreiche Bienen umschwirren sein Haupt; links neben ihm die Signatur: MB (ligiert).

J 29

J 29

Durch das Bibelzitat werden Legende und Darstellung auf das Rätsel Samsons vom toten Löwen bezogen. Vgl. Kat. Nr. J 70.

Silber, geprägt, 43 mm, 30,5 g.

Literatur: Wielandt 1970, S. 343, Nr. 58.

Karlsruhe, Badisches Landesmuseum

J 30 □

Ludwig Georg

Frieden von Rastatt. 1714

Georg Wilhelm Vestner, Nürnberg

Vs.: IN GALEA MARTIS NIDVM FECERE COLVMBAE . (Im Helm des Mars haben die Friedenstauben ihr Nest bereitet).
In einer Landschaft liegt ein großer federgeschmückter Helm, vor dem zwei Tauben Ölzweige für ein Nest zusammentragen. Im Abschnitt die Signatur: V

Rs.: Akanthusornament DAT PACEM RASTSTATT Akanthusornament / PATRIAE EST VRBS ILLA QVIETIS . (Rastatt gibt den Frieden. Jene Stadt ist des Vaterlandes Rast-Statt). Das Chronostichon ergibt die Jahreszahl 1714. Ansicht des Rastatter Schlosses mit einer breiten gerade darauf zuführenden Straße und mehreren Personen davor. Im Abschnitt: MARTIVS EXPELLIT / PACIS FVNDAMINE / MARTEM (Auf dem Fundament des Friedens vertreibt der März den Mars).

Zwei Exemplare ausgestellt:
Gold, geprägt, 54 mm, 83,2 g;
Silber, geprägt, 54 mm, 59,3 g.

Literatur: Wielandt 1970, S. 337, Nr. 36 (dort weitere Literatur).

Karlsruhe, Badisches Landesmuseum

J 30

J 30

J 31 □

Ludwig Georg

Satirische Medaille auf den Frieden von Rastatt. 1714

Medailleur unbekannt

Vs.: In einem Schriftband: NEC CANTUS NEC UMBRA (Er bietet weder Gesang noch Schatten).
Vor einem Wolkenhimmel kräht ein großer Hahn; um seine Füße sieben Küken.

Rs.: UNITOS – SERVABIT * (Er wird die Geeinten bewahren).
Unter dem Zeichen der Dreifaltigkeit hält der gekrönte Reichsadler mit dem Schnabel einen Strick, an dem drei Wappen im Dreieck befestigt sind. Die beiden oberen sind mit Fürstenhüten versehen und tragen die Aufschriften: ELECT[ores] (Kurfürsten) und PRINC[ipes] (Reichsfürsten), das dritte ist mit CIV [itates] (Reichsstädte) beschriftet. Mit der rechten Klaue trägt der Adler einen Lor-

J 31

beerzweig und das Schwert, mit der linken den Reichsapfel. Im Abschnitt: PACI ANNO 1714 D[ie] 6 MARTII / RASTADII CONCLUSÆ / SACER . (Dem im Jahr 1714 am 6. März zu Rastatt geschlossenen Frieden gewidmet).

Die Darstellungen der Medaille sind Ausdruck einer Skepsis gegenüber der Dauerhaftigkeit des Friedens. Die unter dem Reichsadler vereinten Stände sollen den Schutz Gottes erhalten gegen den gallischen Hahn, der weder Geborgenheit noch Freude bringt.

Silber, geprägt, 58 mm, 59,3 g.

Literatur: Wielandt 1970, S. 343, Nr. 57 (dort weitere Literatur).

Karlsruhe, Badisches Landesmuseum

J 32

Frieden von Rastatt. 1714

Medailleur unbekannt

Vs.: Zwei Krieger in antikisierten Rüstungen, David und Jonathan, bzw. Jupiter und Apoll, umarmen sich. Der linke hält einen Bogen und trägt einen federgeschmückten Helm, der rechte eine Krone auf dem Haupt.

Rs.: DER / HIMMEL SPIEHLT / AUF ERDEN / DASS / HELLDEN / EINIG / WERDEN . / RASTADT / D[ie] . VI. MARTI[i] / 1714 .

Die Art von Darstellung und Inschrift stellt die sicherlich nicht offiziell herausgegebene Medaille in den Bereich des Volkstümlichen.

Silber, geprägt, 20 mm, 5,8 g.

Literatur: Wielandt 1970, S. 344, Nr. 59.

Karlsruhe, Badisches Landesmuseum

J 33 □

Ludwig Georg

Vermählung mit Maria Josepha von Bayern. 1755

Franz Andreas Schega, München

Vs.: MARIA IOSEPHA CAROLI VII. CAES[aris] . AUG[usti] . FIL[ia] . LUDOV[ici] . M[archionis] . BAD[ensis] . CONIUX. (Maria Josepha, Tochter Kaiser Karls VII., Gemahlin des Markgrafen Ludwig von Baden).
Brustbild der Markgräfin mit tiefem Dekolleté und langer Lockenfrisur mit Perlen und Bändern nach links. Am Armabschnitt die Signatur: SCHEGA.

Rs.: Unter dem Fürstenhut die Wappen von Baden (neun Felder) und Bayern (vier Felder) auf einem Hügel nebeneinander. Die ovalen Wappenkartuschen sind mit Palm- und Lorbeerzweigen geschmückt. Davor lagert ein halbnackter, bärtiger Mann, der Flußgott Rhein, nach rechts und stützt sich auf eine Quellurne mit der Aufschrift RHENUS. Im Abschnitt: NATA VII AUG[usti] . MDCCXXXIV. / NUPTA X IUL[ii] . MDCCLV. (Geboren am 7. August 1734, vermählt am 10. Juli 1755).

Gold, geprägt, 45 mm, 41,8 g (12 Dukaten).

Literatur: Wielandt/Zeitz 1980, S. 59, Nr. 55 (dort weitere Literatur).

Karlsruhe, Badisches Landesmuseum

J 34 □

August Georg (1761–1771)

Wahl des Seligen Markgrafen Bernhard II. zum Landespatron. 1770

Johann Jakob Hauter, Durlach

Vs.: AUGUSTO GEORGIO REGNANTE (Unter der Regierung des Erhabenen Georg ...)
Brustbild mit zusammengebundenen Haaren, Harnisch und Orden vom Goldenen Vließ nach rechts. Am Armabschnitt die Signatur: I. H.

Rs.: */ BERNARDUS / MARCHIO BADENSIS / MORTUUS MONCALIÆ / MCCCCLVIII / A / CLEMENTE XIV / DIVIS ADSCRIPTUS / MDCCLXIX / IN PATRONUM / PATRIÆ ELIGITUR / MDCCLXX /* (... wird 1770 zum Patron seines Heimatlandes erwählt Bernhard, Markgraf von Baden, gestorben zu Moncalieri 1458, seliggesprochen von Clemens XIV. 1769).

Gold, geprägt, 44 mm, 31,0 g.

Literatur: Wielandt/Zeitz 1980, S. 61, Nr. 57 (dort weitere Literatur).

Karlsruhe, Badisches Landesmuseum

J 33

J 33

J 34

MARKGRAFSCHAFT BADEN-DURLACH

J 35

Friedrich VI. (1659–1677)

Preismedaille für das Gymnasium Durlach. 1669

Johann Linck, Heidelberg

Vs.: FRID[ericus] . D[ei] . G[ratia] . MARCHIO . BAD[ensis] . ET . HOCHB[ergensis] (Friedrich, von Gottes Gnaden Markgraf von Baden und Hochberg).
Brustbild mit schulterlangen Locken und drapiertem Harnisch nach rechts. Unter dem Armabschnitt die Buchstaben: St[uttgart?]

Rs.: TANDEM. FIT. SVRCVLVS. ARBOR (Endlich wird das Reis zum Baum). Zwei Männer pflanzen und begießen einen Baum; links darüber die Sonne. Im Abschnitt: LIBERAL[itas] . IN. IVVENT[utem] / GYMN[asii] . DVRLAC[ensis] /. 1669. (Stiftung für die Jugend des Durlacher Gymnasiums 1669).

Silber, geprägt, 28,4 mm, 7,2 g.

Literatur: Erlanger 1975, S. 38. – Wielandt/Zeitz 1980, S. 80, Nr. 80 (dort weitere Literatur).

Karlsruhe, Badisches Landesmuseum

J 36 □

Friedrich VI.

Gnadenpfennig. O. J.

Georg Pfründt, Durlach

Vs.: FRID[ericus] : D[ei] : G[ratia] : MARCHIO : BAD[ensis] : ET : HOCHB[ergensis] . (Friedrich, von Gottes Gnaden Markgraf von Baden und Hochberg).
Brustbild mit schulterlangen Locken und Harnisch mit Spitzenkragen nach rechts. Perlreif.

Rs.: VIRTVTI FORTVNA COMES. (Das Glück ist der Begleiter der Tüchtigkeit).
Merkurstab mit geflügeltem Helm, zwei symmetrisch darum gewundenen Schlangen und zwei darübergelegten Füllhörnern; am Stabende zwei Flügel. Unten die Signatur: G–P

„Um das Glück als Begleiter der Tüchtigkeit darzustellen, wurden als Symbole die beiden Füllhörner (Glück), der Stab

J 36

des erfinderischen Merkur (Tüchtigkeit) und zwei Schlangen (Weisheit) gewählt.“ Wielandt/Zeitz

Gold, gegossen, 39 mm × 31 mm, 14,7 g, gehenkelt.

Literatur: Wielandt/Zeitz 1980, S. 79, Nr. 78 (dort weitere Literatur).

Karlsruhe, Badisches Landesmuseum

J 37 □

Friedrich VII. Magnus (1677–1709)

Die führerlose Markgrafschaft. 1689

Anton Meybusch, Paris

Vs.: FRIDER[icus] : MAGNVS – D[ei] : G[ratia] : MAR[chio] : BAD[ensis] : HACHB[ergensis] : (Friedrich Magnus, von Gottes Gnaden Markgraf von Baden und Hachberg).
Brustbild mit Allongeperücke und drapiertem Harnisch nach rechts. Unter dem Armabschnitt die Signatur: A. MEIBUS. F[ecit]. (Von A. Meybusch gemacht).

Rs.: QVO. FAS. ET. GLORIA. DVCVNT. (Wohin Schicksal und Ruhm führen).
Ein gesatteltes und geschmücktes Turnierpferd sprengt ohne Reiter über einer Hügellandschaft nach links. Im Abschnitt: 1698. In der Kehle der Abschnittsleiste die Signatur: A. MB F[ecit]. (Von Anton Meybusch gemacht).

Silber, geprägt, 54 mm, 35,5 g.

Literatur: Wielandt/Zeitz 1980, S. 86, Nr. 88.

Karlsruhe, Badisches Landesmuseum

J 37

J 37

J 38 □

Karl Wilhelm (1709–1738) Regierungsantritt. 1709

Philipp Heinrich Müller, Nürnberg

Vs.: CAROL[us] . GVILIELM[us] . D[ei] . G[ratia] . MARCH[io] . BADEN[sis] . DVRL[acensis] . ET HOCHB[ergensis] . (Karl Wilhelm, von Gottes Gnaden Markgraf von Baden, Durlach und Hochberg).
Brustbild mit Allongeperücke und drapiertem Harnisch nach rechts. Unter dem Armabschnitt die Signatur: P.H.M.

Rs.: AVDACEM FORTVNA CORONAT (Den Kühnen krönt das Glück).
Ein gekrönter Löwe mit doppeltem Schweif schreitet über zerbrochene Waffen nach links. Im Abschnitt: MDCCVIIII.

J 38

Die Rückseite der Medaille „nimmt allegorisch auf die militärische Laufbahn des ‚Löwen aus Zähringer Geschlecht' Bezug." Wielandt/Zeitz

Gold, geprägt, 45 mm, 42,0 g (12 Dukaten).

Literatur: Thesaurus numismatum 1711, S. 901. – Wielandt/Zeitz 1980, S. 94–95, Nr. 100 (dort weitere Literatur).

Karlsruhe, Badisches Landesmuseum

J 39 □

Karl Wilhelm

Grundsteinlegung des Schlosses und Gründung der Stadt Karlsruhe. 1715, geprägt um 1720/21

Jonas Thiébaud, Augsburg, oder Georg Wilhelm Vestner, Nürnberg

Vs.: Ansicht der Stadtanlage aus der Vogelperspektive. Im Zentrum mit umgebendem Park das Schloß, wie es unter Leitung von Jakob Friedrich von Batzen-

J 39

J 38

dorf ausgeführt worden war; davon ausgehend 32 radiale Straßen und Alleen.

Rs.: CAROL[us] . / WILH[elmus] . / MARCH[io] . BADA[e] . DURLAC[ensis] . / PRIM[um] . LAPID[em] . FUNDAMENT[i] . / ARCIS CAROLSRUH[ae] / PONEBAT / A[nno] . MDCCXV . / D[ie] . XVII . IVN[ii] . (Karl Wilhelm, Markgraf von Baden-Durlach, legte den ersten Stein zum Fundament des Schlosses Karlsruhe im Jahr 1715 am 17. Juni).
Über der Schrift eine geknickte Leiste mit Muschel- und Rankenverzierung. Unten auf Postamenten zwei Greifen, die gemeinsam eine Kette mit dem Hausorden der Treue halten, der anläßlich der Stadtgründung gestiftet worden war.

Gold, geprägt, 46,5 mm, 32,0 g.

Literatur: Wielandt/Zeitz 1980, S. 96, Nr. 102 (dort weitere Literatur).

Karlsruhe, Badisches Landesmuseum

J 40

J 40 □

Karl Wilhelm

Silberbergwerk in Sulzburg. 1720

Georg Friedrich Nürnberger, Nürnberg

Vs.: CAROLVS. D[ei] . G[ratia] . MARCH[io] . BADEN[sis] . DVRL-[acensis] . ET . HOCHB[ergensis] . (Karl Wilhelm, von Gottes Gnaden Markgraf von Baden-Durlach und Hochberg).
Büste des Markgrafen im Harnisch mit langgelockten Haaren nach rechts. Darunter die Signatur: GFN

Rs.: UTILITATI PUBLICÆ FELICITER PATET (Es steht dem öffentlichen Wohl glückbringend zu Diensten). Im Abschnitt: ARGENTIF[odina] . / SULZBURG[ensis] . / 1720 . (Silberbergwerk Sulzburg 1720).
Schnitt durch einen Erzberg, in dem Abbaustollen mit arbeitenden Menschen sichtbar sind. Unter der Bergkuppe nebeneinander die Symbole von Eisen, Silber, Gold, Kupfer und Blei, die den astrologischen Zeichen von Mars, Mond, Sonne, Venus und Saturn entsprechen.

Silber, geprägt, 38 mm, 21,9 g.

Literatur: Wielandt/Zeitz, S. 97, Nr. 103 (dort weitere Literatur).

Karlsruhe, Badisches Landesmuseum

J 41 □

Karl Friedrich (1738–1811)

Porträtmedaille. 1751

Anton Schaeffer, Mannheim

Vs.: CAR[olus] . FRIDER[icus] . D[ei] . G[ratia] . M[archio] . BAD[ensis] . & H[ochbergensis] . L[angravius] . S[usenbergae] . C[omes] . S[ponheimensis] . & E[bersteinensis] . D[ominus] . R[ötelensis] . B[adenweilensis] . L[ahrensis] . & M[albergensis] . (Karl Friedrich, von Gottes Gnaden Markgraf von Baden und Hochberg, Landgraf von Sausenberg, Graf von Sponheim und Eberstein, Herr in Röteln, Badenweiler, Lahr und Mahlberg).
Brustbild im Harnisch mit zusammengebundenen Haaren nach rechts; unten am Rand das Kreuz vom Hausorden der Treue. Unter dem Armabschnitt die Signatur: A. S.

Rs.: MODERATE ET – PRUDENTER (Maßvoll und klug).
Auf einem Postament steht der verzierte

J 41

J 41

badische Ovalschild mit zehn Feldern. Links sitzt eine weibliche Gestalt, die Weisheit, mit Ring, Globus und Instrumenten; rechts steht eine gleichfalls in antikisierte Gewänder gekleidete Figur, die Ausgewogenheit, und hält Waage und Füllhorn. Im Abschnitt die Jahreszahl MDCCLI; am Boden rechts die Signatur: AS

Gold, geprägt, 52 mm, 84,0 g (24 Dukaten).

Literatur: Wielandt/Zeitz 1980, S. 100, Nr. 107 (dort weitere Literatur).

Karlsruhe, Badisches Landesmuseum

J 42 □

Karl Friedrich

Erneuerung der Stadtrechte von Lörrach. 1756

Medailleur unbekannt

Vs.: AFFLANTE DEO, PRINCIPE RECTORE (Unter Gottes Hauch und des Fürsten Führung).
Ein breiter Flußhafen mit Leuchtturm und Häusern. Auf dem Wasser ein mit geschwellten Segeln einfahrendes Schiff, darüber am Himmel Wolken und links das von Strahlen umgebene Auge Gottes.

Rs.: CAROLO FRIDERICO / MARCHIO . BAD[ensis] . ET HACHB[ergensis] . / OB IURA CIVITATIS / RESTAURATA ET AUCTA / GRATI ANIMI MONUMENTUM / MUNIFICENTISS[imo] . PRINCIPI / DICAT / MAGISTRATUS POPULUSQ[ue] . / LOERACENSIS / XXIV . AVG[usti] . MDCCLVI. (Karl Friedrich, dem Markgrafen von Baden und Hachberg, dem mildtätigsten Fürsten, weihen Magistrat und Bevölkerung von Lörrach dankbaren Herzens ein Denkmal, weil er die Stadtrechte wiederhergestellt und erweitert hat. 24. August 1756).

Während des Dreißigjährigen Krieges waren die seit 1403 bestehenden Marktrechte Lörrachs verloren gegangen. 1682 wurden dem Ort Marktprivilegien und das Stadtrecht verliehen, dessen Erneuerungsurkunde vom 3. 6. 1756 stammt. Aus diesem Anlaß hat die Stadt zwei Medaillen herausgegeben (vgl. Kat. Nr. J 43).

Gold, geprägt, 48 mm, 50,9 g (15 Dukaten).

J 42

Literatur: Wielandt/Zeitz 1980, S. 104, Nr. 114 (dort weitere Literatur).

Karlsruhe, Badisches Landesmuseum

J 43

Karl Friedrich

Erneuerung der Stadtrechte von Lörrach. 1756

Medailleur unbekannt

Vs.: ICH BIN ZWAR JUNG UND KLEIN AN HEUTE
Stehendes, nur mit einem Tuch bekleidetes Kind. Im Abschnitt: MDCCLVI.

Rs.: IEDOCH AUS KINDER WERDEN LEUTE .
Stehender junger Mann in zeitgenössischer Tracht. In der linken Hand hält er einen Dreispitz. Im Abschnitt: LOERACH.

Gold, geprägt 29 mm, 10,0 g

Literatur: Berstett 1846, S. 162, Nr. 492.

Karlsruhe, Badisches Landesmuseum

J 44

Karl Friedrich

Fünfzigjähriges Regierungsjubiläum. 1796

Johann Martin Bückle, Durlach

Vs.: CAR[olus] . FRID[ericus] . MARCH[io] . BAD[ensis] . (Karl Friedrich, Markgraf von Baden).
Drapiertes Brustbild mit zusammengebundenen Haaren nach rechts. Unterhalb des Armabschnittes die Jahreszahl 1792., darunter die Signatur: BÜCKLE. F[ecit] . (Von Bückle gemacht).

Rs.: PRINCIPATVS. / FELICISSIMI. / SEMISAECVLAREM. / MEMORIAM. / CELEBRAT. / SALVTIQVE. MANENTI. / NOVA. VOTA. SVSCIPIT. / HILARITAS. PVBLICA. Im Abschnitt: XXII. D[ie] . NOV[embris]. / CIↃIↃ CCXCVI. (Die vergnügte Öffentlichkeit feiert das Gedenken seiner so glücklichen fünfzigjährigen Regierung und huldigt neu für sein bleibendes Wohl. Am 22. November 1796).

Gold, geprägt, 36,6 mm, 38,1 g.

Literatur: Wielandt/Zeitz 1980, S. 108, Nr. 125 (dort weitere Literatur).

Karlsruhe, Badisches Landesmuseum

KURFÜRSTENTUM PFALZ

PFALZGRAFSCHAFT SULZBACH

J 45 □

Christian August (1644–1708)

Gottvertrauen des Pfalzgrafen. O. J.

Georg Pfründt, Durlach

Vs.: CHR[istianus] : AUG[ustus] : D[ei] : G[ratia] : COM[es] : PAL[atinus] : RH[eni] . DVX : BAV[ariae] : IUL[iaci] : CL[iviae] : & M[ontium] (Christian August, von Gottes Gnaden Pfalzgraf bei Rhein, Herzog von Bayern, Jülich, Kleve und Berg).
Brustbild mit langen Locken, Bart, Harnisch und Spitzenkragen nach rechts.

Rs.: CUM CECIDERIT . PS[alm]36 . V[ersus] . 24 . (Selbst wenn er strauchelt).
In einer Felsenlandschaft fällt ein Pilger nach hinten und wird von einer Hand aus Wolken über ihm am linken Arm gehalten und vor dem Sturz bewahrt.

Nach heutiger Zählung stammt das Bibelzitat aus Psalm 37. Der vollständige Vers lautet: Selbst wenn er strauchelt, er wird nicht stürzen; denn Jahwe ergreift seine Hand. Der Pilger trägt die Gesichtszüge des Pfalzgrafen, der in den für ihn so schwer zu bewältigenden Zeitläufen auf diese Weise sein Vertrauen in das Walten Gottes zum Ausdruck brachte.

Gold, gegossen, 43 mm, 19,9 g, mit Öse.

Literatur: Köhler 1729, S. 423–448. – Exter 1759–1768, S. 466–467, Nr. 450. – Bechtold 1923/24, S. 47, Nr. 40. – Theuerkauf 1974, S. 71 (var.).

München, Staatliche Münzsammlung

J 46

Christian August

Gottvertrauen des Pfalzgrafen. O. J.

Medailleur unbekannt

Vs.: CHR[istianus] AVG[ustus] COM[es] PAL[atinus] RH[eni] DVX BAV[ariae] IVL[iaci] CL[iviae] & M[ontium] (Christian August, Pfalzgraf bei Rhein, Herzog von Bayern, Jülich, Kleve und Berg).
Drapiertes Brustbild mit schulterlangen Locken nach rechts.

Rs.: In einer Berglandschaft kniet ein Pilger mit entblößtem Haupt nach rechts und hat die Hände betend zu dem in Wolken erscheinenden Christusmonogramm erhoben; dazwischen senkrecht die Worte OMNIA MIHI in dem Sinn von : Christus ist mir alles.

Auch hier ist ein Porträt des Pfalzgrafen wiedergegeben (vgl. Kat. J 45).

Silber, gegossen, 36 mm × 38 mm, 15,1 g.

Literatur: Exter 1759–1768, S. 465, Nr. 459.

Berlin, Staatliche Museen Münzkabinett

J 45

J 45

LINIE PFALZ-SIMMERN

J 47

Karl Ludwig (1649–1680)

Auf das zerstörte Schloß von Heidelberg. (Um 1650)

Johann Bartholomäus Braun (?), Nürnberg

Vs.: CAR[olus] : LVD[ovicus] : D[ei] : G[ratia] : C[omes] : PAL[atinus] : RH-[eni] : S[acri] : R[omani] : I[mperii] : A[rchithesaurarius] (oder A[rchidapifer]) : ET. EL[ector] : D[ux] : B[avariae] : (Karl Ludwig, von Gottes Gnaden Pfalzgraf bei Rhein, des Heiligen Römischen Reiches Erzschatzmeister, Kurfürst, Herzog von Bayern).
Brustbild mit schulterlangen Haaren und drapiertem Harnisch nach rechts.

Rs.: DOMINVS PROVIDEBIT (Der Herr wird Sorge tragen. Aus: 1 Mose, 22, 8).
Teilansicht der von Bäumen bewachsenen Ruine des Heidelberger Schlosses.

Da der Streit um die Erzämter jahrelang unentschieden blieb, hat Karl Ludwig hier möglicherweise die neutrale Abkürzung gewählt, die beide Lesarten „Archidapifer" und „Archithesaurarius" zuläßt.

Silber, gegossen und gelötet, 42 mm × 35 mm, 20,0 g, mit Öse.

Literatur: Exter 1769–1775, S. 385, Nr. 116. – Stemper 1954, S. 118–119.

Heidelberg, Kurpfälzisches Museum, Inv. Nr. M 545

J 48 □

Karl Ludwig

Wiederherstellung von Heidelberg. 1661

Georg Pfründt, Durlach

Vs.: CAR[olus] : LUD[ovicus] : D[ei] : G[ratia] : COM[es] : PAL[atinus] : RHEN[i] : ELECT[or] : B[avariae] : D[ux] : (Karl Ludwig, von Gottes Gnaden Pfalzgraf bei Rhein, Kurfürst, Herzog von Bayern).
Kniestück des Kurfürsten mit schulterlangen Locken, Harnisch und Hosenbandorden nach rechts; in der Rechten hält er waagrecht einen Kommandostab, die Linke hat er auf Helm und Kurhut gelegt, die vor ihm auf einem Tisch stehen. Im Ornament der Tischdecke ist das

J 48

verschlungene Spiegelmonogramm C L zu erkennen. Links von der rechten Hand die Signatur: G. P.

Rs.: Ansicht von Heidelberg mit Neckargestade und Schloß. Darüber ein Schriftband mit der Devise des Kurfürsten: DOMINUS PROVIDEBIT (Der Herr wird Sorge tragen. Aus: 1 Mose 22, 8). Im Abschnitt halten zwei Löwen das pfälzische Wappen, das von dem Hosenbandorden mit der Aufschrift: HONI SOIT QVI MAL Y PENSE (Schämen soll sich, wer schlecht davon denkt) umgeben ist. Durch das Wappen geteilt die Jahreszahl 1661, darunter die Signatur: G. P.

Zwei Exemplare ausgestellt:
Gold, geprägt, 72 mm, 169,2 g;
Silber, geprägt, 72 mm, 87,1 g.

Literatur: Exter 1759–1768, S. 125–126, Nr. 134. – Karlsruhe 1955, S. 33, Nr. 34. – Theuerkauf 1974, S. 71. – Münz-Zentrum 1979, S. 54, Nr. 2322 (var.).

Heidelberg, Kurpfälzisches Museum, Inv. Nr. M 578
Karlsruhe, Badisches Landesmuseum

J 48

J 49

Karl Ludwig

Wiederherstellung des Schlosses und des Fasses von Heidelberg. 1664

Medailleur unbekannt

Vs.: ARX HEIDELBER[gensis] . VETVSTA . ELECTOR[um[. PALATIN[orum] . REGIA . PRISTINO . DECORI . POST BELLI . TEMPESTATEM . RESTITVT[a] . Im Abschnitt: A. CAROLO . LVDOVICO . / ELECT-[ore] : PALATINO (Nach dem Sturm des Krieges wurde das altehrwürdige königliche Schloß der pfälzischen Kurfürsten zu Heidelberg im alten Glanz wiederhergestellt von dem Kurfürsten Karl Ludwig von der Pfalz).
Vor den Hängen des Königstuhles Ansicht des Heidelberger Schlosses von Süden.

Rs.: DAS GROS FAS ZV HEIDELBERG . HELT . 204 . FVDER . 5 . OHM . 4 . VIRTEL . HOC[h] : 212 . LANG . 30 . WERCKSCHV . A[nn]°. 1664 .
Ansicht des reichverzierten Fasses, das auf einem Fliesenboden in einem Gewölbe steht; oben darauf sitzt der pokulierende Zwerg Perkeo.

Pfalzgraf Johann Casimir hatte bereits 1591 im Heidelberger Schloß ein bemerkenswert großes Weinfaß errichten lassen, das im Dreißigjährigen Krieg zugrunde ging. Kurfürst Karl Ludwig ließ im Jahre 1664 ein neues, weit größeres bauen. Bei der Plünderung Heidelbergs 1693 wollten die Franzosen es zunächst demontieren und als besonders kuriose Kriegsbeute nach Paris transportieren. Als sich das als unmöglich erwies, versuchten sie, es zu sprengen, mußten sich dann aber damit begnügen, es unbrauchbar zu machen. So konnte das große Heidelberger Faß unter Karl Philipp restauriert werden „und ist auf den ersten May (1728), als Ihro Chur-Fürstl. Durchl. hohen Nahmens-Tag, mit Chur-Pfältzischen Weine wieder gefüllt worden". Köhler

Silber, geprägt, 63 mm, 59,9 g.

Literatur: Köhler 1736, Titelblatt. – Exter 1759–1768, S. 127–128, Nr. 137. – Berstett 1846, S. 150, Nr. 326.

Heidelberg, Kurpfälzisches Museum, Inv. Nr. M 5895

J 50 □

Karl Ludwig

Auf die Überlegenheit über seine Feinde. 1665

Johann Linck, Heidelberg

Vs.: CAR[olus] . LVD[ovicus] . D[ei] . G[ratia] . COM[es] . PAL[atinus] . RHEN[i] . ELECT[or] . B[avariae] D[ux] . 1665 (Karl Ludwig, von Gottes Gnaden, Pfalzgraf bei Rhein, Kurfürst, Herzog von Bayern).
Kniestück des Kurfürsten mit schulterlangen Locken und Harnisch nach rechts; in der Rechten hält er waagrecht einen Kommandostab, die Linke hat er auf Helm und Kurhut gelegt, die vor ihm auf einem Tisch stehen. Links von der rechten Hand die Signatur: IL

Rs.: PRAESTENT . MODO . SVMMA . QVIETETEM . (Wenn sie nur Ruhe in den wichtigen Dingen bewahren).
Ein nach rechts fliegender Pegasus, der den Kurfürsten darstellt, wird von drei springenden Hunden angebellt, die vergeblich versuchen ihn zu beißen; dazwischen züngelnde Schlangen und Kröten, die alle die Feinde des Herrschers verkörpern.

Zu möglichen inhaltlichen Deutungen der Rückseite schreibt Exter: „Daß der Churf. durch diese Vorstellung Sein vestes Vertrauen auf den göttlichen Schutz/ und eine Verachtung gewisser Feinden hat zu erkennen geben wollen, das ist wohl ausser allem Zweifel. Wer sind aber diese Feinde? Anfänglich kame auf die Gedancken, ob nicht darunter die benachbarte Fürsten, mit denen Er des Wildfangs-Rechts wegen in weit aussehende, und endlich ann. 1665. in würckliche Thätlichkeiten ausgebrochene Irrungen gerathen, zu verstehen seyn möchten. ... Weil aber die Vergleichung gar zu hart, und schwer zu glauben stehet, daß der weise Churf. Sich derselben von Fürsten, die mit Ihme gleichen Standes waren, solte gebrauchet haben: so mag der Grund dieser Erfindung vielleicht ehender in denen nachtheiligen Urtheilen zu suchen seyn, welche wegen Seiner/ zu der Religions=Aenderung Seiner anno 1671. an den Herzog von Orleans vermählten einzigen Prinzessin/ sogar leicht gegebenen Einwilligung/ aller Orten über Ihn ergangen sind."

J 50

Die Medaille wurde von Johann Linck nach dem Vorbild seines Lehrers Georg Pfründt geschaffen (vgl. Kat. Nr. J 48).

Silber, geprägt, 56 mm, 62,0 g.

Literatur: Exter 1759–1768, S. 132–133, Nr. 142. – Exter 1769–1775, S. 391, Nr. 122. – Theuerkauf 1974, S. 71–72.

München, Staatliche Münzsammlung

J 51 □

Karl Ludwig

Wiederaufbau von Mannheim und Friedrichsburg. 1665

Johann Linck, Heidelberg

Vs.: CAROLVS LVDOVICVS . D[ei] . G[ratia] . COMES . PALATINVS . RHENI . S[acri] . R[omani] . I[mperii] . ARCHITHESAUR[arius] . ET . ELECT[or] . B[avariae] . D[ux] . (Rosette) (Karl Ludwig, von Gottes Gnaden Pfalzgraf bei Rhein, des Heiligen Römischen Reiches Erzschatzmeister und Kurfürst, Herzog von Bayern).
Der Fürst im Kurornat mit Hosenbandorden reitet nach rechts. Im Abschnitt die Signatur: LINCK h (Das h ist ungedeutet).

Rs.: VTRIVSQUE TVTELÆ (Beider Schutz).
Die Stadt Mannheim und die Festung Friedrichsburg im Winkel zwischen Rhein und Neckar gelegen, aus der Vogelperspektive.

Nach den Zerstörungen des Dreißigjährigen Krieges widmete sich Kurfürst Karl Ludwig mit großer Intensität dem Wiederaufbau des Landes. Seine besondere Liebe galt der Stadt Mannheim. Die Umschrift der Rückseite bezieht sich darauf, daß der Kurfürst die Stadt zum Schutz seiner Herrschaftsrechte an den beiden Flüssen hat ausbauen lassen.

J 51

J 51

Zwei Exemplare ausgestellt:
Silber, geprägt, 80 mm, 197,7 g;
Blei, geprägt, 80 mm.

Literatur: Exter 1759–1768, S. 131–132, Nr. 141; S. 532.

Heidelberg, Kurpfälzisches Museum, Inv. Nr. M 606
Mannheim, Städtisches Reiß-Museum

J 52 □

Karl Ludwig

Heidelberger Faß. 1667

Johann Linck, Heidelberg

Vs.: IMAGINEM . VIDES . PALATINI . CADI . YVO . MAIOR. HAVD . VLLVS . NEC . EXPOLITIOR (Blattornament) (Du siehst ein Bild des pfälzischen Fasses, ein größeres und schöneres gibt es nicht).

J 52

J 52

Ansicht des reichgeschmückten Fasses, das auf einem Fliesenboden steht. Rechts darüber ein Fenster, links der Steg zum Besteigen des Fasses. Darunter die Signatur: IL

Rs.: ARCIS . PALATINAE . HAEC IMAGO . EST . ET . SITVS . QVAM . VINDICANT . GRADIVVS . ET . PALLAS . SIBI (Dies ist ein Bild der pfälzischen Burg und ein Ort wie ihn Mars und Pallas sich erwählen).
Ansicht des Heidelberger Schlosses von Süden, dahinter die Hänge des Königstuhles. Darüber halten zwei Putten ein Schriftband mit der kurfürstlichen Devise DOMINVS PROVIDEBIT (Der Herr wird sorgen . Aus: 1 Mose, 22, 8). Darunter eine Kartusche mit der Inschrift ANNO 1667, darunter die Signatur: IL

Zwei Exemplare ausgestellt:
Silber, geprägt, 60 mm, 63,5 g;
Silber, geprägt, 60 mm, 63,21 g.

Literatur: Van Loon, Bd. 3, 1732, S. 358–360. – Exter 1759–1768, S. 128, Nr. 139. – Seubert 1900, S. 68, Nr. 13. – Wielandt 1969, Nr. 41–42.

Heidelberg, Kurpfälzisches Museum, Inv. Nr. M 598
Karlsruhe, Badisches Landesmuseum

J 53 □

Karl Ludwig

Porträtmedaille. 1671

Johann Linck, Heidelberg

Vs.: CAR[olus] LVD[ovicus] D[ei] G[ratia] COM[es] . PAL[atinus] . RH- [eni] S[acri] R[omani] I[mperii] ARCHIT[hesaurarius] & E[lector] B[avariae] D[ux] (Karl Ludwig, von Gottes Gnaden Pfalzgraf bei Rhein, des Heiligen Römischen Reiches Erzschatzmeister und Kurfürst, Herzog von Bayern).
Brustbild mit stark gelockten Haaren und drapierter, löwenkopfgeschmückter Rüstung mit Jabot und Hosenbandorden nach rechts. Unter dem Armabschnitt die Signatur: LINCK

Rs.: NON ME QVAE CAETERA
Sitzender Löwe, der den pfälzischen Wappenschild hält, nach links. Im Abschnitt: 1671

Zur Übersetzung der Rückseitenlegende schreibt Exter folgendes: „Die hier per ellipsin ausgelassenen Worte sind meines Erachtens durch ANIMALIA TERRENT zu ersetzen, und der Verstand etwan dieser: Gleichwie unter den Thieren der Löw durch seine Unerschrockenheit sich hervorthue: also stamme der Churf. aus einem solchen hohen Hauß her / das sich in Widerwärtigkeiten und Gefahren nicht so bald als andere niederschlagen lasse. Ohne Zweifel ist diß Stük bey der 1671 vollzogenen doppelten Vermählung der beyden Churfürstlichen Kinder, des Chur-Printzen mit der Dähnischen Printzessin/ und der Printzessin Elisabetha Charlotta mit dem Hertzog von Orleans zu Praesenten gebraucht und das Sinnbild, weil es dem Churf. besonders wohl gefallen, hernach in den folgenden Jahren auf Medaillen noch weiter continuiret worden“. Die Übersetzung des ergänzten Wahlspruchs muß also lauten: „Was andere Tiere schreckt, schreckt mich nicht.“

Silber, geprägt, 43 mm × 38 mm, 40,0 g.

Literatur: Exter 1759–1768, S. 134–136, Nr. 145. – Karlsruhe 1955, S. 32, Nr. 33.

Karlsruhe, Badisches Landesmuseum

J 54

Karl Ludwig

Weihe der Concordienkirche in der Feste Friedrichsburg. 1679

Medailleur unbekannt

Vs.: S[acrum] . CON – CORDIÆ (Der Eintracht geweiht).
Frontansicht der Kirche. Im Abschnitt: MDCLXXVIIII

Rs.: CONSECRATIO (Weihe)
Antikisierter Altar mit Adlerrelief, über der Mensa ein Blitzbündel.

Die in der Zitadelle Friedrichsburg erbaute Kirche sollte allen drei damals zugelassenen Konfessionen offenstehen. Die Rückseite „... ist von einer gewissen Alten Müntze des Kaysers Augusti, auf welcher desselben Vergötterung nach dem Tod vorgestellt ist, hergenommen, und hier in einem der Christlichen Religion gemässen Sinn so angewendet worden, daß durch den Altar die Widmung der Kirche zum einträchtigen Gottesdienst / durch den Adler, als den König der Vögel, der durch den Churfürsten ihr angedeyhende Schutz / durch den auf dem Altar aufliegenden Donnerkeil aber, die durch die Religion und Einigkeit unterstützt= und gestärckte Macht der hohen Regenten angedeutet wird ...“ (Exter). Die von Exter zitierte römische Münze stammt aus einer Gedenkserie für die vergöttlichten Kaiser aus der Mitte des dritten Jahrhunderts (Mattingly, Harold, Sydenham, Edward A., und Sutherland, Carol H. V., The Roman Imperial Coinage Vol. IV, Part III, London 1949, S. 130, Nr. 78).

Zwei Exemplare ausgestellt:
Silber, geprägt, 41 mm, 26,2 g;
Silber, geprägt, 41 mm.

Literatur: Exter 1759–1768, S. 142, Nr. 152. – Haas/Gesche 1972, S. 13. – Münz-Zentrum 1979, S. 62, Nr. 2357.

Karlsruhe, Badisches Landesmuseum
Mannheim, Städtisches Reiß-Museum

J 55

Elisabeth Charlotte

Porträtmedaille. (Nach 1673)

Ferdinand Saint Urbain, Nancy

Vs.: ELIZ[abetha] . CAR[lotta] . PALAT[ina] . RHENI . D[ucissa] . AVREL[ianensis] . MATER FELICIT[atis] . PVBLICAE . (Elisabeth Charlotte von der Pfalz bei Rhein, Herzogin von Orlé-

J 53

J 53

ans, Mutter des öffentlichen Glückes). Brustbild der Prinzessin in dekolletiertem Kleid mit hochgetürmten Haaren und Schleier nach links. Rechts unten die Signatur: S. V.

Rs.: FECVNDITAS . CONSERVATRIX . GALLIAE . (Fruchtbarkeit, die Bewahrerin Galliens).
Eine stehende weibliche Gestalt in antikisierten Gewändern hält in der Rechten eine Lilie, an der sie riecht; links von ihr ein radschlagender Pfau, der sie zusammen mit der Blume als „französische Juno" ausweist. So wurde die Prinzessin in Gestalt der Göttermutter gezeigt.

Elisabeth Charlotte war die Tochter Karl Ludwigs und Gemahlin Philipps von Orleans, des Bruders Ludwigs XIV.

Kupfer, vergoldet geprägt, 55 m, 61,4 g.

Literatur: Köhler 1739, S. 1–8. – Exter 1759–1768, S. 150–151, Nr. 157. – Haas/Gesche 1972, S. 18–19.

Heidelberg, Kurpfälzisches Museum, Inv. Nr. M 4407

J 56

Karl (1680–1685)

Porträtmedaille. 1681

Johann Linck, Heidelberg

Vs.: CAROLVS D[ei] . G[ratia] . COM[es] . PAL[atinus] . RHEN[i] . ELECT[or] . B[avariae] . D[ux] . (Karl, von Gottes Gnaden Pfalzgraf bei Rhein, Kurfürst, Herzog von Bayern).
Brustbild mit schulterlangen Locken in drapierter Rüstung nach rechts. Links die Signatur: IL

Rs.: SVSTENTAT (Er stützt).
Unter der Devise des Kurfürsten eine kunstvoll angelegte Fontäne, auf deren höchstem Strahl eine Kugel schwebt; dahinter eine Balustrade, hinter der Bäume emporwachsen. Unten: 1681

Mit Bild und Beischrift der Rückseite hat der Fürst, wie er selbst veröffentlicht hat „... vorstellen wollen: daß, wie eine / durch einen künstlichen Spring=Brunnen in die Höhe getriebene Kugel / ohngeachtet der beständigen Bewegung des Wassers / dennoch oben über demselben beständig aufliegend erhalten wird; also die während gegenwärtigem Leben in täglichen Gefahren schwebende Kinder Gottes / eintzig und allein durch dessen Gnade unterstützet werden/ so gar / daß ihnen der Todt selbst nicht schade / sondern vielmehr / gleichwie eine Kugel/ bey nachlassendem Wasser / an ihren ersten Ort zurück fällt / also auch sie aus diesem Jammerthal zu Gott / ihrem ersten Ursprung/ und also zur ewigen Freude gelangen." Exter

Gold, geprägt, 39 mm.

Literatur: Exter, 1759–1768, S. 159, Nr. 163.

Mannheim, Städtisches Reiß-Museum

J 57 □

Karl

Mannheim und die Feste Friedrichsburg. (Nach 1681)

Johann Linck, Heidelberg

Vs.: CAROLVS . D[ei] . G[ratia] . COM[es] . PAL[atinus] . RH[eni] . S[acri] . R[omani] . IMP[erii] . ARCHITH[esaurarius] . PR[inceps] . EL[ector] . D[ux] . B[avariae] . (Karl, von Gottes Gnaden Pfalzgraf bei Rhein, des Heiligen Römischen Reiches Erzschatzmeister, Fürst, Kurfürst, Herzog von Bayern).
Brustbild mit langen Locken, drapiertem Harnisch und Hosenbandorden nach rechts. Links unten die Signatur: .IL.

Rs.: SVSTEN – TANTE – DEO (Durch die Hilfe Gottes).
Grundriß der Stadt Mannheim und der Feste Friedrichsburg im Winkel zwischen Rhein und Neckar gelegen. Die Flüsse sind mit RHEN[us] und NIC[er] . bezeichnet.

Silber, geprägt, 68 mm, 145,2 g.

Literatur: Exter 1759–1768, S. 163–164, Nr. 168. – Haas/Gesche 1972, S. 14 und 15.

München, Staatliche Münzsammlung

J 57

J 57

J 58 □

Philipp Wilhelm (1685–1690)

Porträtmedaille. O. J.

Johann Linck, Heidelberg

Vs.: S[erenissimus] . P[hilippus] . W[ilhelmus] . C[omes] . P[alatinus] . R[heni] . B[avariae] . I[uliaci] . C[liviae] . E[t] . M[ontium] . D[ux] . C[omes] . V[eldentiae] . S[ponhemii] . M[arcae] . R[avensbergae] . E[t] . M[oersiae] . D[ominus] . I[n] . R[avenstein] . (Seine Durchlaucht Philipp Wilhelm, Pfalzgraf bei Rhein, Herzog von Bayern, Jülich, Kleve und Berg, Graf von Veldenz, Sponheim, Mark, Ravensberg und Mörs, Herr in Ravenstein). Brustbild mit dichten Locken und Harnisch nach rechts.

Rs.: TANDEM – GRADATIM (Endlich Schritt für Schritt).
Ein steiler Berg, auf den eine Treppe hinaufführt; darüber zwischen Wolken in einem Strahlenkranz das Wort Jehovah in hebräischen Buchstaben.

Schritt für Schritt soll der Mensch auf den Stufen seiner Verdienste das ersehnte Ziel, die Gnade Gottes, endlich erreichen.

Blei, geprägt, 45 mm × 36 mm, 21,6 g.

Literatur: Exter 1759–1768, S. 244, Nr. 238.

München, Staatliche Münzsammlung

J 58

J 58

J 59

Philipp Wilhelm

Dreihundertjähriges Jubiläum der Universität Heidelberg. 1686

Johann Linck, Heidelberg

Vs.: VNIVERSITATIS . HEIDELBERG[ensis] . FESTVM . SECVLARE . III[tertium] : (3. Jahrhundertfeier der Universität Heidelberg).
In einer dreigliedrigen Nischenarchitektur mit gotischem Gesprenge sitzt in der Mitte der Hl. Petrus mit dem Schlüssel in der rechten Hand; links und rechts von ihm knien die Kurfürsten Ruprecht I., der Stifter der Universität, und Ruprecht II., ihr Förderer.

Rs.: D[omino] . O[ptimo] . M[aximo] . S[acrum] . / FVNDATA CIƆCCCXLVI / INTRODVCTA XVIII OCT[obris] / CIƆCCCXXCVI A RVPERTO / SENIORE . ELECT[ore] . PAL[atino] . / NVNC . SVB . AVSPICIIS . SEREN[issimi] . D[omi] N[i] . / PHILIPPI . WILHELMI . EL[ectoris] . PAL[atini] . EIVSQ[ue] . FILIO . D[omi]N[o] . / FRIDERICO WILH[elmo] . / RECT[ore] . MAGNIFICENTISS[imo] CIƆIƆC XXCVI/ 25/15 NOV[embris] . IVBILEUM / CELEBRAT (Dem besten und größten Gott geweiht. Gegründet 1346, am 17. Oktober 1386 von Ruprecht dem Älteren, Kurfürsten von der Pfalz, eröffnet, feiert sie nun unter der Schirmherrschaft des Durchlauchtigsten Herrn Philipp Wilhelm, des Kurfürsten von der Pfalz, und unter dem Rekorat seines Sohnes, des Herrn Friedrich Wilhelm, am 15./25. November 1686 ihr Jubiläum).
Ein Palm- und ein Lorbeerzweig; darunter die Signatur: IL

Die Darstellung entspricht dem Gründungssiegel der Universität.

Silber, geprägt, 43 mm, 29,6 g.

Literatur: Exter 1759–1768, S. 252, Nr. 246. – Berstett 1846, S. 132, Nr. 335. – Roller 1936, S. 23, Nr. 2. – Münz-Zentrum 1979, S. 65, Nr. 2372.

Karlsruhe, Badisches Landesmuseum

J 60

Philipp Wilhelm

Sterbemedaille. 1697

Georg Hautsch und
Georg Friedrich Nürnberger, Nürnberg

Vs.: SERIS FACTVRA NEPOTIBVS VMBRAM . Virg (kursiv) . (Er wird späten Enkeln Schatten geben. Aus: Vergil, Georgica, 2, 58).
Über der Abschnittsleiste in einem ovalen, von der Kaiserkrone geschmückten Medaillon die Porträts von Kaiser Leopold I. und Kaiserin Eleonore Magdalene einander gegenüber, darum herum die Inschrift: LEOPOLD[us] I. R[omanorum] . IMP[erator]. ELEONOR[a] . MAGD[alena] . THER[esia] . (Leopold I., Kaiser der Römer, Eleonore Magdalene Theresia); rechts und links je ein Putto. Der rechte hält das österreichische, der linke das bayerisch-pfälzische Wappen. Über dieser Gruppe ein Schriftband mit der Aufschrift: CHARA DEVM SO – BOLES. (Die Gott teure Nachkommenschaft). Darüber in den Zweigen eines Baumes, dessen Stamm aus der Kaiserkrone herauswächst, sechs im Dreiviertelprofil wiedergegebene Porträtmedaillons in zwei Reihen zu je drei übereinander. Von links nach rechts: MARIA IOSEPHA . IOSEPH[us] I. ROM[anorum] . ET HVNG[ariae] . REX . (Joseph I., Römischer und Ungarischer König), MARIA MAGDALENA. MARIA ELISABETHA . CAROLVS ARCHI – DVX AVS[triae] . (Karl, Erzherzog von Österreich), MARIA ANNA .
Im Abschnitt: ÆTERNITAS DOMVS / AVGVSTI / (Ewigkeit des Kaiserhauses, 16–97 / darunter die Signatur: G. HAVTSCH.

Rs.: STATE PALATINÆ LAVRVS PRÆTEXTA QVE QVERCV – STET DOMVS ÆTERNOS stirps (kursiv) HABET illa (kursiv) DEOS . Ovid . (kursiv) (Steht ihr Lorbeerbäume der Pfalz, mit Eiche geschmückt soll das

Haus bestehen. Jener Stamm hat ewige Götter. Abgeändert aus: Ovid, Fasti, 4, 953 und 954).
Auf der Abschnittsleiste liegt Kurfürst Philipp Wilhelm in Harnisch und vollem Kurornat schlafend. Den rechten Arm hat er auf den pfälzischen Wappenschild gelegt, in der Linken hält er den Kommandostab. Hinter ihm wächst ein Baum hervor, in dessen Geäst acht bekrönte Porträts rautenförmig mit einem neunten Bildnis in der Mitte angeordnet sind. Dargestellt und mit Namen bezeichnet sind die Kinder Philipp Wilhelms; links außen beginnend: DOR[othea] . SOPH[ia] . PR[incipessa] . PARMAE . (Dorothea Sophia, Fürstin von Parma), MARIA ANNA HISP[aniae] . REG[ina] . (Maria Anna, Königin von Spanien), EL[eonora] . MAG[dalena] . TH[eresia] . ROM[anorum] . IMP[eratrix] . (Maria Magdalene Theresia, Kaiserin der Römer), MAR[ia] . SOPH[ia] . EL[isabetha] . PORT[ugalliae] . R[egina] . (Maria Sophia Elisabeth, Königin von Portugal), HED[wiga] . EL[isabetha] . AM[alia] . POLON[iae] . PR[incipessa] . (Hedwig Elisabeth Amalie, Fürstin von Polen); in der Mitte: CARL PH[ilippus] . COM[es] . P[alatinus] . R[heni] . (Karl Philipp, Pfalzgraf bei Rhein); unten: ALEX[ander] . SIG[ismundus] . EPISC[opus] . AVGVS[tanus] . (Alexander Sigismund, Bischof von Augsburg), IOH[annes] . WILH[elmus] . ELECTOR (Johann Wilhelm, Kurfürst), FR[anciscus] . LVD [ovicus] . M[agister] . ORD[inis] . TEVT[onici] . (Franz Ludwig, Deutschordensmeister). Im Abschnitt: GLORIA GENTIS / AVGVSTAE . / (Ruhm des Kaiserlichen Geschlechtes), darunter die Signatur: G. F. N.

Dargestellt sind sämtliche damals noch lebende Kinder Philipp Wilhelms sowie die von seiner Tochter, der Kaiserin Eleonore Magdalena Theresia, stammenden Enkel.

Silber, geprägt, 78 mm, 222,9 g.

Literatur: Exter 1759–1768, S. 265–269, Nr. 254.

Heidelberg, Kurpfälzisches Museum, Inv. Nr. M 3761

J 61

Johann Wilhelm (1690–1716)

Verdienste um die katholische Religion. (Nach 1708)

Ferdinand Saint Urbain, Nancy

Vs.: IOH[annes] . WIL[helmus] . D[ei] . G[ratia] . C[omes] . P[alatinus] . R[heni] . – S[acri] . R[omani] . I[mperii] . ELECT[or] . ET. ARCHID[apifer] (Johann Wilhelm, von Gottes Gnaden Pfalzgraf bei Rhein, des Heiligen Römischen Reiches Kurfürst und Erztruchseß).
Kopf des Kurfürsten mit Allongeperücke nach rechts. Am Gewand die Signatur: S.V.

Rs.: INVICTO . RELIGIONIS . RESTITVTORI . (Dem unbesiegten Erneuerer der Religion).
Über einem leeren Abschnittsfeld steht links neben einem Altar mit einem qualmenden Weihrauchfaß frontal eine weibliche, in fließende Gewänder gekleidete Gestalt, die Gottesfurcht. In ihrer erhobenen Rechten hält sie ein Kreuz, mit der Linken faßt sie eine auf dem Altar stehende Bibel. Links von ihr das Symbol der Gottesfurcht, ein Reiher mit einer Schlange im Schnabel; zu beiden Seiten angedeutetes Buschwerk.

Johann Wilhelm betrieb zunächst eine sehr entschiedene Rekatholisierungspolitik, die er aber aufgrund heftiger Reaktionen im Reich mäßigen mußte und nur noch mit indirekten Mitteln weiterführen konnte.
Die Datierung der Medaille ergibt sich aus dem Titel Archidapifer, den der Kurfürst erst 1708 für die Pfalz wieder zurückgewinnen konnte.

Bronze, geprägt, 47,5 mm, 53,1 g.

Literatur: Exter 1759–1768, S. 371–372, Nr. 374.

Karlsruhe, Badisches Landesmuseum

J 62

Johann Wilhelm

Kurfürstenmedaille. (Nach 1708)

Nicolas Chevalier, Amsterdam und Utrecht

Vs.: IOH[annes] . WIL[helmus] . D[ei] . G[ratia] . C[omes] . P[alatinus] . R[heni] . – S[acri] . R[omani] . I[mperii] . ARCHID[apifer] . ET . ELECT[or] . (Johann Wilhelm, von Gottes Gnaden Pfalzgraf bei Rhein, des Heiligen Römischen Reiches Erztruchseß und Kurfürst). Kopf des Kurfürsten mit Allongeperücke, Lorbeerkranz und Haarschleife nach links.

Rs.: Ein zentrales rundes Medaillon ist umgeben von sieben konzentrischen, in 13 unterschiedlich große Segmente unterteilten Kreisringen. Unter der fünfmal wiederholten Überschrift: NOMS DES ELECTEURS (Namen der Kurfürsten) sind jeweils in französischer Sprache sechs Namen pfälzischer Herrscher, oben beginnend mit SEGEFRIEDUS bis zu JEAN GUILL. eingetragen. Soweit es dem Medailleur bekannt war, werden sie links vom Datum des Regierungsantrittes und rechts von dem des Todesjahres begleitet. Im Mittelfeld ein nach links liegender Löwe mit der Umschrift: NUNQUAM SUA LUMINA CLAUDIT (Niemals verbirgst er seine Lichter). Im Abschnitt die Signatur: NICOLAS CHEVALIER / INVENIT (Von Nicolas Chevalier erfunden).

1702 hatte Chevalier bereits eine ähnliche Medaille für König Wilhelm III. von England entworfen.

Zinn, geprägt, 74 mm, 129,9 g.

Literatur: Vgl. Van Loon, Bd. 4, 1736, S. 339–340.

München, Staatliche Münzsammlung

J 63 □

Johann Wilhelm

Ausübung des Reichsvikariates. 1711

Philipp Heinrich Müller, Nürnberg

Vs.: D[ei] . G[ratia] . IO[hannes] . WIL[helmus] . C[omes] . P[alatinus] . R[heni] . S[acri] . R[omani] . I[mperii] . ARCHID[apifer] . EL[ector] . EIVSQ[ue] . IN P[artibus] . R[heni] . S[uevici] . ET F[ranconici] . I[uris] . PROVISOR ET VICARIVS . (Von Gottes Gnaden Johann Wilhelm, Pfalzgraf bei Rhein, des Heiligen Römischen Reiches Erztruchseß, Kurfürst und in seinen Teilen des rheinischen, schwäbischen und fränkischen Rechtes Provisor und Reichsverweser).
Der Kurfürst mit Harnisch, Allongeperücke, Kurhut und dem Kommandostab reitet nach rechts. Im Abschnitt: MDCCXI .

Rs.: HIS TVTO CONCREDERE POSSVM. (Diesen kann ich in allem vertrauen). Das Chronostichon ergibt die Jahreszahl 1711.
Atlas und der mit dem Löwenfell bekleidete Herkules tragen in einer Hügellandschaft gemeinsam die Weltkugel. Rechts am Boden liegt die Keule des Herkules. Auf einem Stein die Signatur: PHM

Die Erzählung von Atlas und Herkules „... wird hier gar schicklich, auf die bey-

J 63

de Churfürsten von Sachsen und Pfalz / als die währendem Interregno gewesene Reichs = Vicarios appliciret, welche wie dorten Atlas und Hercules die Himmels = Kugel, eben so hier, die unter dem Globo vorgestellte Interims=Regierungs=Last des Römischen Reichs, mit gleichen Kräften gemeinschaftlich tragen. Es erhält diese Vergleichung, dadurch einen um so viel grössern Nachdruck, als die ganz ungemeine Leibes=Stärcke bekant ist, womit der einte dieser hohen Reichs=Vicarien, Churf. Frid. August. von Sachsen begabet gewesen, die Ihm auch den Beynahmen des Sächsischen Herculis, und daß man Ihn unter dem Bild des Herculis auf Müntzen vorgestellet, erworben hat.“ Exter

Zwei Exemplare ausgestellt:
Gold, geprägt, 66 mm, 168,3 g;
Silber, geprägt, 66 mm, 145,5 g.

Literatur: Van Loon, Bd. 5, 1737, S. 182–183. – Exter 1759–1768, S. 362–363, Nr. 362.

Heidelberg, Kurpfälzisches Museum, Inv. Nr. M 6620
Karlsruhe, Badisches Landesmuseum

J 64 □

Johann Wilhelm

Nachtschießen bei Verleihung des Hubertusordens. 1711

Medailleur unbekannt

Vs.: *NACHTSCHIESS[en] GEH[alten] : Z[u]: WEISENF[els]: BEY EMPFANG : DES CHVRPFALZORD[ens] S[ancti]: HVB[erti]
In zwei von je einen Kurhut überschwebten Kartuschen die Monogramme I.W.E.P. (Johannes Wilhelmus Elector Palatinus) links und I.G.D.S.Q. (Johan-

J 63

nes Georgius Dux Saxo-Querfurtensis) rechts. Unten die Jahreszahl 1711. / M[ense]: MAY[i] (1711 im Monat Mai).

Rs.: In einer Waldlandschaft kniet der Hl. Hubertus nach rechts vor einem Hirsch mit dem Kruzifix zwischen den Geweihstangen. Im Vordergrund steht ein gesatteltes Pferd nach links, neben ihm vier Jagdhunde in verschiedenen Bewegungen; im Hintergrund links auf einem Hügel eine Burg.

„Diese Medaille gehöret zwar eigentlich nicht unter die Pfältzische, sondern unter die Hertzogl. Sächsische. Da sie aber gleichwohlen die besonders Achtung bezeugte, in welcher auswärts der Pfältzische St. Huberts=Orden gestanden, so gar, daß auch das Andencken von dessen Empfang, mit schönen Medaillen, und andern Solenniteten, ist beehret worden,

J 64

so mag ihr in dieser Betrachtung, hier gar wohl ein Platz gegönnet werden.“ Exter

Silber, geprägt, 44 × 39 mm, 26,7 g.

Literatur: Exter 1759–1768, S. 356–357, Nr. 351.

München, Staatliche Münzsammlung

J 65

Johann Wilhelm

Geschenkmedaille. (Vor 1708)

Johann Selter, Heidelberg

G[ratia] . C[omes] . P[alatinus] . R[heni] . S[acri] . R[omani] . I[mperii] . ARCHIT [hesaurarius] . ET - EL[ector] . B[avariae] . I[uliaci] . C[liviae] . & M[ontium] . D[ux] . C[omes] . V[eldentiae] . S[ponhemii] . M[oersiae] . R[avensbergae] & M[arcae] . D[ominus] . I[n] . R[avenstein] (Johann Wilhelm, von Gottes Gnaden Pfalzgraf bei Rhein, des Heiligen Römischen Reiches Erzschatzkanzler und Kurfürst, Herzog von Bayern, Jülich, Kleve und Berg, Graf von Veldenz, Sponheim, Moers, Ravensberg und Mark, Herr in Ravenstein).
Brustbild des Kurfürsten mit lorbeerbekränzter Perücke, Rüstung, Kurmantel und Orden vom Goldenen Vließ nach rechts. Unterhalb des Armabschnittes die Signatur: SELTER

Rs.: DOMINVS : VIRTVTVM : NOBISCVM (Mit uns ist Jahwe Zebaoth. Psalm 46, 8 in der Übersetzung von Martin Luther).
Auf stürmisch bewegtem Meer fährt ein Schiff mit voll gesetzten Segeln nach links. Auf dem Heck ist ein Aufsatz mit dem pfälzischen Löwen in einem Schild zu erkennen, darüber weht eine Fahne mit dem von einem Kurhut bekrönten neunfeldrigen Wappen der Pfalz.

Auf der Rückseite „... haben wir Churf. Johann Wilhelms Sinnbild und Wahlspruch, so wie Er den letztern allein, schon vorher mermahlen auf seine Müntzen gesetzet ... und beyde vereiniget, nachhero öfters auf selbigen gebrauchet hat. Er hat Sich dieselbe schon als Chur-Printz auserlesen, zur stetigen Erinnerung, der Ihm von GOTT angediehenen gnädigen Errettung, in einem entsetzlichen Sturm, der Ihn bey der Ueberfahrt von Calais in Engelland überfallen, als Er in Seinen jungen Jahren fremde Länder besuchte. In dieser grossen Gefahr, bey welcher alle mitschiffende an der Rettung verzweiffelten, und voller Furcht, dem gewissen Untergang entge-

J 66

gen sahen, war der junge Chur-Printz allein so resolut, daß, Er, voll Vertrauen auf GOtt, ohne Veränderung des Gesichts gesprochen: Was förchten wir? GOtt / dem Himmel / Wasser und Luft gehorchen/ ist mit uns. Welches dann eben die Worte sind, die wir Lateinisch auf Seinen Müntzen lesen.“ Exter

Silber, geprägt, 63 mm, 98,2 g.

Literatur: Vgl. Exter 1759–1768, S. 318–321, Nr. 309–310; S. 323–326, Nr. 312–316.

Heidelberg, Kurpfälzisches Museum, Inv. Nr. M 898

J 66 □

Johann Wilhelm

Sterbemedaille. 1716

Johann Selter, Heidelberg

Vs.: D[ei] . G[ratia] . I[ohannes] . W[ilhelmus] . C[omes] . P[alatinus] . R[heni] . S[acri] . R[omani] . I[mperii] . ARCHID[apifer] ET. – EL[ector] . B[avariae] . I[uliaci] . C[liviae] . ET M[ontium] . D[ux] . P[rinceps] . M[oersiae] . C[omes] . V[eldentiae] . S[ponhemii] . M[arcae] . ET R[avensbergae] . D[ominus] . I[n] . R[avenstein] (Von Gottes Gnaden Johann Wilhelm, Pfalzgraf bei Rhein, des Heiligen Römischen Reiches Erztruchseß und Kurfürst, Herzog von Bayern, Jülich, Kleve und Berg, Fürst von Moers, Graf von Veldenz, Sponheim, Mark und Ravensberg, Herr in Ravenstein).
Brustbild des Kurfürsten mit Allongeperücke nach rechts. Sein Harnisch ist drapiert und am Arm mit einem Löwenkopf geschmückt. Auf der Brust trägt er den Orden von St. Hubertus und das Goldene Vließ. Unter dem Armabschnitt die Signatur: SELTER

Rs.: NATVS / XIX . APR[ilis] . A[nno] . MDCLVIII . / PATRE PHILIPPO WILHELMO / MATRE ELISAB[etha] . AMAL[ia] . MAGD[alena] . HASS[iae] . L[andgravia], / A[nno] . LXXVIII . MARIÆ ANNÆ IOSEPHÆ / FERD[inandi] . III. ROM[anorum] . IMP[eratoris] . FILIÆ PRIMVM / A[nno] . LXXXXI . ANNÆ MARIÆ LVDOVICÆ / COSMI . III . MAGNI ETRVR[iae] . DVCIS FILIÆ / SECVNDO IVNCTVS / PIETATIS AC RELIGIONIS EXIMIVS CVLTOR / IVSTVS CLEMENS MVNIFICENTISSIMUS / DE OMNIBVS BONIS ARTIBVS OPTIME MERITVS / RECTA SAC[ri] . ROM[ani] . IMP[erii] . ADMINISTRATIONE / VICARIA POTESTATE FELICITER EXPLETA / POST PRÆCLARVM IN BELLO ET PACE / XXXVIII. ANNORVM REGIMEN VIII. IVN[ii] . A[nno] .

CONIVX MŒSTISSIMA SVPERSTES / IN ÆTERNVM AMORIS / MONVMENTVM . (Geboren am 19. April im Jahr 1658, vom Vater Philipp Wilhelm, von der Mutter Elisabeth Amalie Magdalene, Landgräfin von Hessen. Im Jahr 78 zuerst verheiratet mit Maria Anna Josepha, der Tochter des Kaisers der Römer, Ferdinands III., im Jahr 91 zum zweiten Mal verheiratet mit Anna Maria Ludovica, der Tochter Cosimos III., Großherzogs der Toskana. Herausragender Pfleger der Frömmigkeit und der Religion, gerecht, milde, äußerst wohltätig, um alle guten Künste höchst verdient. Die richtige Verwaltung des Heiligen Römischen Reiches hat er während seiner Vikariatsmacht auf das glücklichste erfüllt. Nach einer in Krieg und Frieden hervorragenden Regierung von 38 Jahren ist er am 8. Juni sehr fromm gestorben. Die tieftraurige überlebende Gattin zum ewigen Gedenken der Liebe).

Silber, geprägt, 81 mm, Granatfassung.

Literatur: Exter 1759–1768, S. 372–374, Nr. 375.

Berlin, Staatliche Museen, Münzkabinett

J 67

Anna Maria Luise

Auf ihre Witwenschaft. O. J.

Johann Selter, Heidelberg

Vs.: A[nna] . M[aria] . L[uisa] . D[ei] . G[ratia] . C[omitissa] . P[alatina] . R[heni] . ET . ELECTRIX . B[avariae] . I[uliaci] . C[liviae] . ET . M[ontium] . D[ucissa] . P[rincipessa] . M[oersiae] . C[omitissa] . V[eldentiae] . S[ponhemii] . M[arcae] . ET R[avensbergae] . D[omina] . I[n] . R[avenstein] . N[ata] . M[agna] . P[rincipessa] . H[etruriae] . (Anna Maria Luise, von Gottes Gnaden Pfalzgräfin bei Rhein und Kurfürstin, Herzogin von Bayern, Jülich, Kleve und Berg, Fürstin von Moers, Gräfin von Veldenz, Sponheim, Mark und Ravensberg, Herrin in Ravenstein, geborene Großfürstin der Toskana).
Brustbild mit Witwenschleier und Nonnenhabit nach rechts.

Rs.: A. DEO – + OMNIA + (Alles kommt von Gott).
Ein auf Wolken kniender Engel, der die Kurfürstin darstellt, nach links. Sie hat die Hände betend zu dem in Wolken und einem Strahlenkranz hebräisch erscheinenden Namen Jehovas erhoben.

Anna Maria Luise war die zweite Gemahlin Johann Wilhelms.

Silber, geprägt, 49,4 mm, 61,1 g.

Literatur: Exter 1759–1768, S. 388–389, Nr. 397.

Karlsruhe, Badisches Landesmuseum

J 68 □

Karl Philipp (1716–1742)

Alchimistenmedaille. 1716

Medailleur unbekannt

Vs.: AUREA PROGENIES PLUMBO PROGNANTE PARENTE (Goldene Nachkommenschaft von bleiernen Eltern abstammend).

J 68

Eine nur mit einem Lendentuch bekleidete männliche Gestalt, Saturn, der Planet des Bleies, sitzt halb nach links gewendet auf Wolken. In der Rechten hält sie eine Sense, in der Linken ein Stundenglas. An der Stelle des Kopfes befindet sich eine von einem Strahlenkranz umgebende Maske: Wie sich die Sonne, der „Planet" des Goldes, vor das Gesicht des Saturn geschoben hat, so wird Blei in Gold verwandelt. Rechts auf den Wolken das Zeichen des Saturn, das h.

Rs.: METAMORPHOSIS / CHYMICA / SATURNI IN SOLEM / ID EST, / PLUMBI IN AURUM , SPECTATA OENIPONTI . / 31 DECEMBRIS MDCCXVI. / PROCURANTE SERENISSIMO / CAROLO PHILIPPO / COMITE PALATINO RHENI / S[acri] : R[omani] : I[mperii] : ARCHIDAPIFERO ET ELECTORE / BAVARIÆ IULIÆ . CLIVIÆ . / ET MONTIUM DUCE . / TYROLIS GUBERNATORE ETc. / ATQUE IN HAC MONETA / AD PERENNEM REI MEMORIAM / ARCI AMBROS ET / POSTERITATI DONATA. (Die chemische Verwandlung des Saturn in die Sonne, das heißt des Bleies in Gold, wurde in Innsbruck am 31. Dezember 1716 unter der Verwaltung des Durchlauchtigsten Karl Philipp, Pfalzgrafen bei Rhein, des Heiligen Römischen Reiches Erztruchsessen und Kurfürsten, Herzogs von Bayern, Jülich, Kleve und Berg, Statthalters in Tirol und so weiter, beobachtet und ist in dieser Medaille zur ewigen Erinnerung an dieses Ereignis auf Schloß Ambras auch der Nachwelt überliefert).

Nach Rudolph Keysler, dem beteiligten Alchimisten „geschahe diese Verwandlung, in Gegenwart des Kaysers, durch den Chur=Pfältzischen Oberjägermeister, Baron Pfenninger, und wuste der, welcher demselben das Pulver, womit die Kunst verrichtet wurde, zugestellt hatte, selbst nicht, dasselbe zu bereiten, sondern hatte es von seinem verstorbenen Vatter bekommen, der ihm dabey bedeutet, das Pulver koste viel mehr, als das Gold selbsten. Ob und wie fern es möglich, geringere Metalle in edlere zu wandeln, darüber wird noch heutiges Tags viel pro & contra gestritten." Exter

Silber, geprägt, 60 mm, 43,8 g.

Literatur: Exter 1759–1768, S. 397–400, Nr. 401.

München, Staatliche Münzsammlung

J 69

Karl Philipp

Auf die Neutralität der Pfalz. 1734

Wigand Schaeffer, Mannheim

Vs.: CAR[olus] . PHILIP[pus] . D[ei] . G[ratia] . C[omes] . P[alatinus] . R[heni] . – S[acri] . R[omani] . I[mperii] . ARCHIT[hesaurarius] . ET ELECT[or] . (Karl Philipp, von Gottes Gnaden Pfalzgraf bei Rhein, des Heiligen Römischen Reiches Erzschatzmeister und Kurfürst).
Brustbild des Kurfürsten mit Allongeperücke und Harnisch mit Kurmantel und Orden vom Goldenen Vließ nach rechts. Unten die Signatur: W. SCHÆFER.

Rs.: EST . VIGIL . QUIES (Wachsam ist selbst die ruhige Zurückhaltung). Unter einem Stamm mit Trophäen der liegende pfälzische Löwe mit aufmerksam erhobenem Haupt nach links. Zwei der am Baum befestigten Fahnen weisen die Initialien des Kurfürsten und das pfälzische Wappen auf. Im Abschnitt in einer Kartusche: MANNHEMII / .1734.

Um sein Land vor Schaden zu bewahren, hatte Karl Philipp angesichts der Streitigkeiten um die polnische Königswahl seine Neutralität erklärt, die er, da seine Armeen gerüstet und seine Festungen gut in Stand waren, auch bewahren konnte..

Zwei Exemplare ausgestellt:
Silber, geprägt, 62 mm, 54,3 g;
Silber, geprägt, 62 mm, 86,0 g.

Literatur: Exter 1759–1768, S. 423–426, Nr. 424.

Heidelberg, Kurpfälzisches Museum, Inv. Nr. M 9316
München, Staatliche Münzsammlung

J 70 □

Karl Philipp

Sterbemedaille. 1742, frühestens geprägt 1743

Wigand Schaeffer, Mannheim

Vs.: D[ei] : G[ratia] : CAR[olus] . PHILIP[pus] . C[omes] . P[alatinus] . R[heni] . S[acri] . R[omani] . I[mperii] . ARCHIT[hesaurarius] . ET . ELECT[or] . (Von Gottes Gnaden Karl Philipp, Pfalzgraf bei Rhein, des Heiligen Römischen Reiches Erzschatzkanzler und Kurfürst).
Brustbild des Kurfürsten mit Allongeperücke, drapiertem Harnisch und Orden vom Goldenen Vließ nach rechts. Am Armabschnitt die Signatur: S

Rs.: VIVIT ADHUC POST FUNERA VIRTUS (Auch nach dem Begräbnis lebt seine Tugend noch immer fort).
In einer Berglandschaft liegt ein toter Löwe nach rechts, aus dessen Rachen ein Schwarm Bienen herausfliegt. Oben in den Wolken Teile der Tierkreiszeichen Waage und Löwe. Im Abschnitt: NAT[us] 4 N[ovembris] 1661 . OB[iit] . 31 . D[ecembris] . 1742 . / MANNHEMII (Geboren am 4. November 1661, gestorben am 31. Dezember 1742 zu Mannheim).

Die Darstellung der Rückseite „ist hergenommen, von dem von Simson getödteten Löwen, Buch der Richter / Cap. 14. in dessen Rachen nachhero die Bienen Honig getragen, und ihn also nach dem Tod, gleichsam von neuem belebet, und will auf den Churf. appliciret, mit der Umschrift, so viel sagen: daß eben also auch Churf. Carl Philipp, obwohlen dem Leibe nach todt, doch noch nach dem Tod, in dem hinterlassenen Nachruhm, biß auf die spateste Nachwelt fortlebe. Es ist diese allusion um so viel schicklicher, als in dem Pfältzischen Wapen, der Löwe bekanntlich das Stamm=Wapen ausmacht." Exter (Vgl. Kat. Nr. J 29).

Silber, geprägt, 47 mm, 45,0 g.

Literatur: Exter 1759–1768, S. 442–443, Nr. 440. – Haas 1974, S. 31, Nr. 52.

Heidelberg, Kurpfälzisches Museum, Inv. Nr. M 7717

J 70

J 71

Karl Theodor (1742–1799)

Auf das glückliche Wachsen und Gedeihen des Prinzen. 1739

Wigand Schaeffer, Mannheim

Vs.: CAR[olus] . PHIL[ippus] . THEODOR[us] . D[ei] : G[ratia] : C[omes] . P[alatinus] . R[heni] . DVX . SVLTZ . B[aci] . (Karl Philipp Theodor, von Gottes Gnaden Pfalzgraf bei Rhein, Herzog von Sulzbach).
Brustbild mit zusammengebundenen Haaren und Harnisch nach rechts. Am Armabschnitt die Signatur: W. S.

Rs.: OMNIBUS . UT . PROSIT . (Damit er allen nütze).
Ansicht eines symmetrisch angelegten, von Orangerien begrenzten Barockgartens; im Hintergrund eine Hügellandschaft, über der, wie der junge Fürst über seinem Land, die Sonne aufgeht. Möglicherweise handelt es sich um eine Ansicht des Schwetzinger Schloßgartens zu der Zeit des Kurfürsten Karl Philipp (Heidelberg 1979). Im Abschnitt: MDCCXXXIX.

Silber, geprägt, 52,4 mm, 49,5 g, Neuabschlag von 1911.

Literatur: Exter 1759–1768, S. 489–490, Nr. 460. – Haas 1974, S. 59, Nr. 187. – Heidelberg 1979, S. 153, Nr. 372. – Münz-Zentrum 1979, Nr. 2435.

Karlsruhe, Badisches Landesmuseum

J 72

Karl Theodor

Vermählung mit seiner Kusine Elisabeth Auguste von Sulzbach. 1742

Medailleur unbekannt

Vs.: CAR[olus] . PHILIP[pus] . THEODOR[us] . & MARIA ELISAB[etha] . AUGUSTA . Im Abschnitt: C[omites] . P[alatini] . R[heni] . D[uces] . B[avariae] . I[uliaci] . C[liviae] . M[ontium] . / DUC[es] . SUL[z]B[aci] . (Karl Philipp Theodor und Maria Elisabeth Auguste, Pfalzgrafen bei Rhein, Herzöge von Bayern, Jülich, Kleve, Berg, Herzöge von Sulzbach).
Die Brustbilder des Paares gegeneinander; links der Bräutigam, rechts die Braut. Karl Theodor trägt einen Harnisch mit dem Hubertusorden und hat die Haare zusammengebunden; Elisabeth Auguste mit dekolletiertem Kleid und hochgesteckten Haaren.

Rs.: QUAM BENE CONVENIUNT . OV[idius] . IN EP[istulis] . (Wie sie gut zusammenkommen. Aus: Ovid, Briefe, 7, 187).
Zwei Löwen halten die durch einen gemeinsamen Fürstenhut verbundenen Wappen von Sulzbach. Im Abschnitt: FELICI PARIUM CONNUBIO / MDCCXXXXII / D[ie] XVII IANVARI[i] (Zur glücklichen Heirat Ebenbürtiger 1742 am 17. Januar).

Silber, geprägt, 58 mm, 79,8 g.

Literatur: Exter 1759–1768, S. 490–491, Nr. 461. – Haas 1974, S. 59–60, Nr. 188.

München, Staatliche Münzsammlung

J 73

Karl Theodor

Genesung des Kurfürsten von den Pokken und Huldigung der Stadt Mannheim. 1744

Medailleur unbekannt

Vs.: VIRGINI – SOSPITALI (Der rettenden Jungfrau).
Unter einem Baldachin sitzt auf einem dreistufigen Thron die Jungfrau Maria nach links. Ihr zu Füßen kniet der Fürst in Harnisch und Kurmantel nach rechts; neben ihm liegen Kurhut und Degen. Im Abschnitt: CAROLUS THEODORUS / CONFIRMATA / VALETUDINE (Karl Theodor in wiederhergestellter Gesundheit).

Rs.: CAR[olo]. THEOD[oro] . – ELECT[ori]. PALAT[ino] . Im Abschnitt: MANNHEMIUM / D[ie] 29. APRIL[is] / 1744. (Karl Theodor, dem Kurfürsten von der Pfalz, Mannheim am 29. April 1744).
Unter einem Baldachin sitzt der Kurfürst in vollem Kurornat auf einem dreistufigen Thron nach rechts. Zu seinen Füßen kniet rechts eine weibliche Gestalt, die durch das Wappen mit der Wolfsangel als die Stadt Mannheim gekennzeichnet ist; hinter ihr Trophäen. Links liegt der pfälzische Löwe auf den Stufen des Thrones.

Zwei Exemplare ausgestellt:
Gold, geprägt, 28 mm, 10,3 g (3 Dukaten);
Silber, geprägt, 28 mm, 7,1 g.

Literatur: Exter 1759–1768, S. 506–507, Nr. 466. – Berstett 1846, S. 164, Nr. 505. – Holzmair 1937, S. 312, Nr. 4560. – Haas 1974, S. 62, Nr. 193. – Heidelberg 1979, S. 153, Nr. 376. – Münz-Zentrum 1979, Nr. 2444.

Karlsruhe, Badisches Landesmuseum

J 74

Karl Theodor

Gemeinsames Reichsvikariat von Kurpfalz und Kurbayern. 1745

Georg Wilhelm Vestner, Nürnberg

Vs.: IMPERIO AD = – MINISTRANDO (Zur Verwaltung des Reiches).
Rechts und links von einem mit einem Tuch bedeckten Altar stehen die beiden Kurfürsten, Karl Theodor und Maximilian III. Joseph. Sie tragen über ihren Harnischen die Kurmäntel und Lorbeerkränze im Haar und berühren jeder mit einer Hand ein auf der Mensa aufgeschlagen liegendes Buch mit der Aufschrift: AUREA BULLA (Goldene Bulle). Über ihnen das Auge Gottes in Strahlenkranz und Wolken. Im Abschnitt: MEMORIA DUUMVIRATVS / AUGUSTORUM S[acri]. R[omani]. I[mperii]. / VICARIORUM (Zur Erinnerung an die gemeinsame Herrschaft der beiden erhabenen Vikare des Heiligen Römischen Reiches). Über der Abschnittsleiste links die Signatur: V.

Rs.: MAIESTAS – GERMANIAE. (Erhabenheit Deutschlands).
Auf einem mit einem Fransentuch bedeckten Altar die Reichsinsignien: Krone, Reichsapfel, Szepter und Schwert. Darüber schwebt der doppelköpfige Reichsadler. Im Abschnitt: INTERREGNVM AB EXCES = / SV DIVI CAROLI VII. / CI)I)CCXLV. (Interregnum nach dem Tod des göttlichen Karls VII. 1745).

Die grundlegenden Bestimmungen über ein Interregnum waren seit 1356 in der Goldenen Bulle festgelegt.

Zwei Exemplare ausgestellt:
Silber, geprägt, 44,4 mm, 30,5 g;
Bronze, geprägt, 44 mm, 29,2 g.

Literatur: Exter 1759–1768, S. 515–516, Nr. 472. – Heidelberg 1979, S. 153, Nr. 377. – Münz-Zentrum 1979, Nr. 2449.

München, Staatliche Münzsammlung
Heidelberg, Kurpfälzisches Museum, Inv. Nr. M 6302

J 75

Karl Theodor

Faßmedaille zur Huldigung der Stadt Heidelberg. 1746

Von der Körs, Weilburg

Vs.: IN . HEIDELBERG. 1664 Im Abschnitt: HALT . 204 FUDER / 3 OHM 4 VIERT / WEIN
Ansicht des reichgeschmückten Fasses, das von zwei Löwen getragen wird. Rechts und links Treppenaufgänge; oben steht ein pokulierender Bacchus.

Rs.: V[on] . CHVRF[ürst] . CAR[l] . LUD[wig] . ERBAVET . 1764 (sic) . V[on] . CHVRF[ürst] . CAR[l] . PHIL[ipp] . VERNEVRET . 1728 (Rosette). Im Spiegel: CHVRFVRST / CARL THEODOR / IAHR . UND . LEBEN / NACH . DER . ZAHL / GOTT . MESSEN . WOL / WELCHE UNS / DIE . TROPFEN . GEBEN / WAN . SIE . DIS . FAS / MACHEN . VOL ./.1746 .

Silber geprägt, 26 mm, 5,4 g.

Literatur: Exter 1759–1768, S. 521, Nr. 478. – Heidelberg 1979, S. 153, Nr. 378.

München, Staatliche Münzsammlung

J 76 □

Karl Theodor

Frieden von Aachen. 1748

Anton Schaeffer, Mannheim

Vs.: D[ei] . G[ratia] . CAR[olus] . THEOD[orus] . – C[omes] . P[alatinus] . R[heni] . S[acri] . R[omani] . I[mperii] . A[rchi] . T[hesaurarius] . & EL[ector] . (Von Gottes Gnaden Karl Theodor,

J 76

J 76

Pfalzgraf bei Rhein, des Heiligen Römischen Reiches Erzschatzkanzler und Kurfürst).
Brustbild des Fürsten mit zusammengebundenen Haaren, Harnisch, Kurmantel und Hubertusorden nach rechts. Unterhalb des Armabschnittes die Signatur: A. SCHÆFER

Rs.: QUIESCIT . NON . DORMIT . (Er ruht, er schläft nicht).
Das mit dem Kurhut bedeckte pfälzische Wappen steht auf einem Altar zwischen zwei Eichenzweigen, von denen der Orden des Hl. Hubertus herabhängt. Davor liegt der pfälzische Löwe mit weit geöffneten Augen nach links; zu beiden Seiten hinter ihm Trophäen. Auf der Abschnittsleiste rechts die Signatur: AS
Im Abschnitt: M.DCC.XLVIII

Silber, geprägt, 49,5 mm, 42 g.

Literatur: Exter 1759–1768, S. 527–529, Nr. 481. – Haas 1974, S. 68, Nr. 209. – Heidelberg 1979, S. 153, Nr. 379. – Münz-Zentrum 1979, Nr. 2459.

München, Staatliche Münzsammlung

J 77 □

Karl Theodor

Auf die Rheinschiffahrt. (Nach 1749)

Medailleur unbekannt

Vs.: In einem Schriftband: GOTT GEB WACHSTUM Darunter das Auge Gottes im Strahlenkranz über einer Palme. Auf der linken Seite des Baumes steht frontal eine geflügelte Frauenfigur, die in der linken Hand einen Spaten und mit der Rechten ein Wappen hält. Es ist das Wappen des Mainzer Bischofs Johann Friedrich Karl von Ostein (1743 – 1763). Neben ihr der Hinweis: ICH HAB IHN GEPFLANZET Eine zweite geflügelte weibliche Gestalt begießt den Baum von rechts mit einer Kanne; in ihrer Linken hält sie das Wappen des Mainzer Domkapitels. Daneben die Inschrift: ICH WERD IHN ERHALTEN

Rs.: WOHLFAHRT DES RHEINSTROMES
Vier Schiffe fahren nebeneinander auf den Fluten des Rheines; im Vordergrund Rebstöcke. Jedes Schiff trägt zu seiner Bezeichnung einen Wimpel; von links nach rechts: M (Mainz), T (Trier), C (Köln), P (Pfalz), das sind die vier Kurfürstentümer, die sich in die Herrschaftsrechte über den Rhein teilten. Am Himmel ragt aus einer Wolke die Hand Gottes, die ein Füllhorn über den Fahrzeugen ausleert.

Es handelt sich eigentlich um eine Mainzische Medaille, die in unserem Zusam-

J 77

J 77

menhang durch ihr Thema aber doch von Interesse ist. Die Datierung der Medaille ergibt sich aus dem 1749 geschlossenen Vertrag, in dem die Pfalz in den tatsächlichen Mitbesitz der Schiffahrtsrechte auf dem Rhein von Straßburg bis Mainz gesetzt wurde.

Silber, geprägt, 46 mm, 29,5 g (1 Taler).

Literatur: Exter 1759–1768, S. 531–534, Nr. 485.

München, Staatliche Münzsammlung

J 78

Karl Theodor

Geschenkmedaille. (Um 1755)

Anton Schaeffer, Mannheim

Vs.: CAROLUS THEODORUS . D[ei] . G[ratia] . ELECTOR PALATINUS (Karl Theodor, von Gottes Gnaden Kurfürst von der Pfalz).

Brustbild des Fürsten mit zusammengebundenen Haaren, Harnisch, Kurmantel und Hubertusorden nach rechts. Neben dem Orden die Signatur: A.S. (kursiv)

Rs.: DOMINUS – REGIT ME (Der Herr regiert mich, Psalm 23, Vers 1). Unter der Devise des Kurfürsten die pfälzischen Wappen in einer Rocaillekartusche, die von dem Kurhut bedeckt, mit einem Palmzweig besteckt und dem Hubertusorden behängt ist. Rechts dient ein sitzender Löwe als Schildhalter, links springt ein zweiter Löwe mit hocherhobenem Schwanz herbei. Oben in einem Strahlenkranz das Auge Gottes mit dem hebräischen Schriftzug Jehovah. Rechts auf der Abschnittleiste die Signatur: S

Silber, geprägt, 70 mm, 116,2 g.

Literatur: Exter 1759–1768, S. 541–542, Nr. 498. – Heidelberg 1979, S. 154, Nr. 382. – Münz-Zentrum 1979, Nr. 2467.

Heidelberg, Kurpfälzisches Museum, Inv. Nr. 9320

J 79 a–b

Karl Theodor

„Schaeffersche Suite". 1758

a) Medaillen

Wigand und Anton Schaeffer, Mannheim

In einem roten, mit hellblauem Samt ausgeschlagenen Lederetui liegen 30 Silbermedaillen. Sie stellen auf der Vorderseite die 26 regierenden Pfalzgrafen bei Rhein und vier Administratoren von Ludwig I. (1215–1231) bis zu Karl Theodor dar. Die Legenden der Vorderseiten nennen Namen und Titel der Abgebildeten. Die Rückseiten tragen nur eine Inschrift, die die Abstammung und stichwortartig die wichtigsten Ereignisse im Leben der einzelnen Pfalzgrafen mit den zugehörigen Daten erwähnt. Die Rückseitenlegende der Medaille auf Karl Theodor lautet lediglich: HAEC NUMISMATA. CUDI IUSSIT. 1758 (Er ließ diese Medaillen prägen. 1758). Jede Medaille trägt unter der Büste die Signatur: S

Bereits Karl Philipp (gest. 1742) hatte eine Medaillenreihe – eine Suite – mit den Bildnissen seiner Vorfahren geplant und mit der Ausführung seinen Medailleur Wigand Schaeffer beauftragt. Das Fortschreiten der zeitraubenden Arbeiten verzögerte sich zusätzlich dadurch, daß es wegen der Formulierung der Rückseitentexte zwischen dem Autor, dem Straßburger Professor Johann Daniel Schöpflin (vgl. Kat. Nr. J 155), und dem Auftraggeber zu Differenzen kam. Offensichtlich bestanden sie im Konflikt zwischen dem Wunsch des Kurfürsten nach beschönigender Darstellung und dem Streben Schöpflins nach historischer Wahrheit. So konnte die Suite erst 1758 unter Karl Theodor von Schaeffers Sohn Anton vollendet werden. Sie wurde in Gold, Silber und Kupfer ausgeprägt und diente als fürstliches Propagandageschenk.

Medaillen: Silber, geprägt, ca. 39,5 mm, ca. 25 g.

Etui: Holz mit rotem Leder bezogen und mit hellblauem Samt gefüttert. 29 × 24,5 cm.

Literatur: Haas/Gesche 1972, S. 10. – Heidelberg 1979, S. 154, Nr. 383. – Goetze/Roggenkamp 1980.

Karlsruhe, Badisches Landesmuseum

b) Begleitheft zur „Schaefferschen Suite". 1772

Egid Verhelst, Mannheim

Auf dem Titelbild sind auf Wolken dreizehn Putten in verschiedener Weise beschäftigt: Sie halten zwei Wappenschilde, einen Schild mit dem Monogramm Karl Theodors, einen Merkurstab, sie streicheln den pfälzischen Löwen, lesen in einem Buch oder spielen einfach mit Blumen. In der Mitte die Inschrift: SERIES/ NUMISMATICA /PRINCIPUM ELECTORUM/ PALATINORUM/ IUSSU/ CAROLI THEODORI P[ii] . F[elicis] ./ A[uro] . A[rgento]. A[ere]. EXPRESSA/ CIↃCCLVIII. (Medaillenserie der Pfälzer Kurfürsten, auf Befehl des frommen und glücklichen Karl Theodor in Gold, Silber und Kupfer geprägt. 1758). Unten rechts die Signatur: Egid[ius]. Verelst Sereniss[imi] . Princ[ipis] . Elect [oralis] . Palat[ini] . Chalcograph[us] . Mannhemii 1772. (Egid Verhelst, Kupferstecher des durchlauchtigsten Kurfürsten von der Pfalz. Mannheim 1772) Im Inneren des Heftes sind auf fünf Seiten die dreißig Medaillen in originalgroßen Kupferstichen abgebildet.

Papier, 25 × 19,5 cm.

Literatur: Heidelberg 1979, S. 154, Nr. 383. – Goetze/Roggenkamp 1980, Frontispiz.

Heidelberg, Kurpfälzisches Museum, Inv. Nr. S 3507[1]

J 80 □

Karl Theodor

Weihe der Jesuitenkirche in Mannheim. 1760

Anton Schaeffer, Mannheim

Vs.: DEO . OPTIMO . MAXVMO . (Dem besten höchsten Gott).
Ansicht der Kirche mit anschließendem Jesuitenkolleg von Südwesten. Vor dem Gebäude gehen und fahren mehrere Gestalten. Im Abschnitt: BASILICAM . MANNHEIM[ensem] . / SOC[ietatis] . IESV . (Die Mannheimer Kirche der Gesellschaft Jesu).

Rs.: Zwei Puttenköpfe auf Wolken. Darunter: CAROLVS . PHILIPPVS . / ELECTOR . / VOVIT . INCHOHAVIT . / MDCCXXXVII . / CAROLVS . THEODORVS . / ELECTOR . / AB-

J 80

SOLVIT . DOTAVIT . / MDCCLIX . / IOSEPHVS . / EPISCOPVS . AVGVSTANVS . / LANDGRAVIVS . HASSIAE . / CONSECRAVIT . / ANNO MDCCLX . / XV. KAL[endas] . IVN[ii] . / (Kurfürst Karl Philipp hat sie gelobt und 1737 begonnen; Kurfürst Karl Theodor hat sie 1759 vollendet und ausgestattet; der Bischof von Augsburg, Joseph, Landgraf von Hessen, hat sie am 15. Tag vor den Kalenden des Juni – d.h. am 18.5. – 1760 geweiht), darunter die Signatur: A : S.

Silber, geprägt, 52 mm, 58,5 g.

Literatur: Exter 1759–1768, S. 549, Nr. 505. – Berstett 1846, S. 165, Nr. 508. – Haas/Gesche 1972, S. 25. – Haas 1974, S. 76, Nr. 222. – Heidelberg 1979, S. 154, Nr. 385.

München, Staatliche Münzsammlung

J 81 □

Karl Theodor

Gründung der Akademie der Wissenschaften. 1763, erste Prägung 1764

Anton Schaeffer, Mannheim

Vs.: CAROLUS THEODORUS D[ei]. G[ratia]. ELECTOR PALATINUS. (Karl Theodor, von Gottes Gnaden Kurfürst von der Pfalz).
Brustbild des Fürsten mit zusammengebundenen Haaren, Harnisch, Kurmantel und Hubertusorden nach rechts. Neben dem Orden die Signatur: S

Rs.: PHOEBI RHENI NECCARI CONIVNCTIO FELIX (Glückliche Verbindung von Apoll, Rhein und Neckar).
In einer Flußlandschaft zwei lagernde, halbnackte, bärtige Männer, die Flußgötter Rhein links und Neckar rechts. Über ihnen sitzt auf Felsen in einer Gloriole Apoll mit der Leier, der den Kurfürsten selbst darstellt. Im Abschnitt: ACAD[emia] . SCIENT[iarum] . THEOD[oro] . PALAT[ina] / INAVG[urata] . XX. OCT[obris] / MDCCLXIII. (Akademie der Wissenschaften, Theodoro Palatina, gegründet am 20. Oktober 1763).

Nach dem Vorbild der französischen und der preußischen Akademie wurde 1763 in Mannheim eine pfälzische Akademie der Wissenschaften gegründet, die in eine historische und eine naturwissenschaftliche Klasse gegliedert war. Die Zahl der ordentlichen Mitglieder, die sich einmal wöchentlich trafen, sollte zehn (später 15) nicht überschreiten, dazu kamen noch außerordentliche und Ehrenmitglieder, unter denen Voltaire eines der berühmtesten war.

Zwei Exemplare ausgestellt:
Gold, geprägt, 52 mm, 86,7 g (25 Dukaten);
Silber, geprägt, 52 mm, 53,3 g.

Literatur: Exter 1759–1768, S. 558–562, Nr. 511. – Haas/Gesche 1972, S. 26. – Haas 1974, S. 73, Nr. 224. – Heidelberg 1979, S. 169–170, Nr. 474. – Münz-Zentrum 1979, Nr. 2481. – Kirchheimer 1980, S. 1119–1121.

Heidelberg, Kurpfälzisches Museum, Inv. Nr. M 6683
Karlsruhe, Badisches Landesmuseum

J 82 □

Karl Theodor

Rheinsilbermedaille. 1764

Anton Schaeffer, Mannheim

Vs.: CAR[olus] . THEODOR[us] . D[ei] : G[ratia] . C[omes] . P[alatinus] . R[heni] .

J 81

J 81

J 82

J 82

S[acri] . R[omani] . I[mperii] . A[rchi] . T[hesaurarius] . & EL[ector] . (Karl Theodor, von Gottes Gnaden Pfalzgraf bei Rhein, des Heiligen Römischen Reiches Erzschatzkanzler und Kurfürst).
Kopf des Fürsten mit zusammengebundenen Haaren, Harnisch und Mantel nach rechts. Darunter die Signatur: A.S.

Rs.: SIC FULGENT LITTORA RHENI (So glänzen die Gestade des Rheins).
Im Vordergrund arbeiten Goldwäscher am Fluß, auf dessen anderem Ufer die seitenverkehrte Silhouette der Stadt Mannheim mit dem Kurfürstlichen Schloß und der Jesuitenkirche zu sehen ist; links darüber eine strahlende Sonne.
Im Abschnitt: EX ARGENTO AURI / RHEN[i]. SOCIO . / 1764 (Aus dem mit dem Rheingold verbundenen Silber 1764).

Von der Antike bis in die Mitte des 19. Jahrhunderts hinein wurde am Rhein Gold gewaschen. Die Ausbeute war gering, die Goldwäscherei wurde daher von den Uferanwohnern meist nur nebenbei betrieben. Beim Scheiden des Goldes fiel auch Silber an, das gelegentlich für Medaillen verwendet wurde.

Silber, geprägt, 27,4 mm, 7,2 g.

Literatur: Exter 1759–1768, S. 563–566, Nr. 513. – Kirchheimer 1967, S. 154, Nr. 36. – Kirchheimer 1972, S. 25, Nr. 9. – Haas/Gesche 1972, S. 7–8; S. 27, Nr. 14.

Karlsruhe, Badisches Landesmuseum

J 83

Elisabeth Auguste

Stiftung des Elisabethenordens. 1766

Anton Schaeffer, Mannheim

Vs.: ELISABETHA . AVG[usta] . D[ei] : G[ratia] . ELECT[rix] . PALAT[ina] . (Elisabeth Auguste, von Gottes Gnaden Kurfürstin von der Pfalz).
Brustbild der Fürstin mit aufgesteckten, diademgeschmückten Haaren nach rechts.

Rs.: SOLATVR ET ORNAT (Er tröstet und ziert). Unten gegenläufig: INSTIT[utum] . 19. NOV[embris] . 1766 (Gestiftet am 19. November 1766).
Das Ordenskreuz mit dem Kurhut darüber. Im runden Bildfeld Darstellung der Hl. Elisabeth, die Almosen austeilt.

Der heute noch bestehende Orden war hochadligen Damen vorbehalten und hatte sich Wohltätigkeit zum Ziel gesetzt. Die Stiftung erfolgte zu Ehren der Namenspatronin der Kurfürstin am 19. November, dem Elisabethentag.

Silber, geprägt, 35 mm, 18,0 g.

Literatur: Exter 1759–1768, S. 635–639, Nr. 544. – Haas/Gesche 1972, S. 28. – Heidelberg 1979, S. 92, Nr. 118.

München, Staatliche Münzsammlung

J 84

Karl Theodor

Stiftung des Löwenordens. 1768

Anton Schaeffer, Mannheim

Vs.: CAR[olus] . THEODOR[us] . D[ei] . G[ratia] . C[omes] . P[alatinus] . R[heni] . S[acri] . R[omani] . I[mperii] . AR[chi] . T[hesaurarius] . ET EL[ector] . (Karl Theodor, von Gottes Gnaden Pfalzgraf bei Rhein, des Heiligen Römischen Reiches Erzschatzkanzler und Kurfürst).
Drapiertes Brustbild des Fürsten mit zusammengebundenen Haaren nach rechts. Unter dem Armabschnitt die Signatur: S

Rs.: In einem Schriftband: ANNIS ET MERITIS (Den Jahren und Verdiensten). Unten gegenläufig: KAL[endas] . IAN[uarii] . MDCCLXVIII . (1. Januar 1768).
Orden mit dem aufrechtstehenden pfälzischen Löwen in der Mitte, darum ein Schriftband mit MERENTI (Dem Verdienten).

Der Orden wurde zur Erinnerung an das 25jährige Regierungsjubiläum Karl Theodors gestiftet. Die Anzahl der Mitglieder war zunächst auf 25 begrenzt. Jeder Anwärter mußte 25 Jahre in kurfürstlichen Diensten gestanden haben. Der Name Löwenorden wurde zu Ehren des pfälzischen Wappentieres gewählt.

Silber, geprägt, 35 mm, 14,6 g.

Literatur: Exter 1769–1775, S. 514, Nr. 215. – Heidelberg 1979, S. 144, Nr. 341.

Karlsruhe, Badisches Landesmuseum

J 85

Karl Theodor

Stadthuldigungen. 1750

Medailleur unbekannt

a) Huldigung der Stadt Weinheim. 1750

Vs.: STADT WEINHEIM
In einer verzierten Kartusche, hinter der rechts ein Löwe hervorschaut, die Weinleiter, das Wappen der Stadt.

Rs.: In einer Rocaillekartusche: HULDIGET / CAROLO THEODORO / D[ie] . 4. MAY / 1750

Silber, geprägt, 22,1 mm, 2,4 g.

b) Huldigung der Stadt Neckargemünd. 1750

Vs.: STADT NECKARGMVND
Der aufrechtstehende pfälzische Löwe hält nach rechts ein Kartuschenschild mit dem Adler, dem Wappen der Stadt.

Rs.: In einem Lorbeerkranz: HULDIGET / CAROLO THEODORO / D[ie] . 8. MAY / 1750

Silber, geprägt, 22 mm, 2,4 g.

c) Huldigung der Stadt Wiesloch. 1750

Vs.: STADT WISSLOCH
In einer verzierten Rocaillekartusche das Wappen der Stadt aus zwei Feldern: im linken ein aufrechtstehender Löwe, das rechte gerautet.

Rs.: In einem Palmenkranz: HULDIGET / CAROLO THEODORO / D[ie] . 12. MAY / 1750

Silber, geprägt, 22,5 mm, 2,6 g.

Die Treuepflicht der Untertanen dem Herrscher gegenüber wurde häufig durch feierliche öffentliche Eidesleistungen bekräftigt. Diese Huldigungen mußten nicht unbedingt mit dem Regierungsantritt des Monarchen in Zusammenhang stehen und wurden auch nicht immer vom Herrscher direkt entgegengenommen. So ließ sich Karl Theodor in den kleinen Städten von zwei hohen Beamten vertreten. Bisweilen prägte man zur Erinnerung an eine solche Zeremonie Medaillen, die an die Teilnehmer verteilt oder unter sie ausgestreut wurden. Je höher der Rang der Empfänger, desto edler war das Metall der Stücke.

Literatur: Exter 1759–1768, S. 537–539, Nr. 493–495. – Haas 1974, S. 68–69, Nr. 209–211.

Karlsruhe, Badisches Landesmuseum

J 86

Karl Theodor

Preismedaille des Mannheimer Collegium Chirurgicum. 1754, frühestens geprägt 1772

Anton Schaeffer, Mannheim

Vs.: CAROLUS THEODORUS . D[ei] : G[ratia] . ELECTOR PALAT[inus] : (Karl Theodor, von Gottes Gnaden Kurfürst von der Pfalz).
Brustbild des Fürsten mit zusammengebundenen Haaren, Kurmantel, Harnisch und Hubertusorden nach rechts. Links von dem Orden die Signatur: A.S

Rs.: Über einer Sockelleiste in einem Eichenkranz: PRAEMIVM CHIRVRGICVM (Preis für Chirurgie). Im Abschnitt: SCHOLA PVBLICA / MANHEMII INSTIT[uta] . / AN[no] . MDCCLIV (Öffentliche Schule zu Mannheim eingerichtet im Jahr 1754).

Das Collegium Chirurgicum entstand 1754 zusammen mit dem Militärisch-anatomischen Theater, nahm seinen vollen Betrieb aber erst 1765 zur unentgeltlichen Ausbildung der Feldschere auf.

Silber, geprägt, 53 mm, 39,5 g.

Literatur: Exter 1769–1775, S. 501–502, Nr. 205. – Haas 1974, S. 71, Nr. 220. – Kirchheimer 1980, S. 1126.

München, Staatliche Münzsammlung

J 87 □

Karl Theodor

Anwesenheitsmedaille der Akademie der Wissenschaften. (Nach 1774)

Anton Schaeffer, Mannheim

Vs.: CAR[olus] . THEODOR[us] . D[ei] . G[ratia] . C[omes] . P[alatinus] . R[heni] . S[acri] . R[omani] . I[mperii] . A[rchi] . T[hesaurarius] . ET EL[ector] . (Karl Theodor, Von Gottes Gnaden Pfalzgraf bei Rhein, des Heiligen Römischen Reiches Erzschatzkanzler und Kurfürst). Brustbild des Fürsten mit zusammengebundenen Haaren, Harnisch und Kurmantel nach rechts. Darunter die Signatur: S

Rs.: RIMATVR VTRIMQVE (Nach beiden Seiten wird geforscht).
In der Mitte steht eine Janusbüste auf einem hohen Postament; links eine liegende Sphinx, rechts eine Pyramide mit einer Schlange und einer Muschel, daneben ein Gefäß mit Pflanzen. Im Hintergrund antikisierte Architekturen; links ein Rundtempel mit Säulenportikus, rechts eine Halle mit Kolossalordnung. Im Abschnitt: ACAD[emia] . SCIENT[iarum] . / ELECT[oralis] . THEOD[oro] . PAL[atina] . (Kurfürstliche Akademie der Wissenschaften Theodoro Palatina).

J 87

J 87

Silber, geprägt, 28 mm, 7,7 g.

Literatur: Exter 1759–1768, S. 562, Nr. 512. – Vgl. Haas/Gesche 1972, S. 29. – Kirchheimer 1980, S. 1121–1124.

Karlsruhe, Badisches Landesmuseum

J 88

Karl Theodor

Kurpfälzische Deutsche Gesellschaft. (Um 1775)

Anton Schaeffer, Mannheim

Vs.: Karl Theodor Kurfürst (Fraktur). Brustbild des Fürsten mit zusammengebundenen Haaren und zeitgenössischer Jacke, Hermelinmantel sowie Orden vom Goldenen Vließ nach rechts. Unter dem Büstenabschnitt die Signatur: A.S

Rs.: In einem Lorbeerkranz: Dem Sieger (Fraktur). Darunter unter einer geknickten Leiste: Kurpfälzische / Deutsche Gesellschaft. (Fraktur).

Nach dem Vorbild der Académie Française wurde in Mannheim 1775 die Kurpfälzische Deutsche Gesellschaft gegründet, die sich der Pflege der nationalen Bildung und Sprache annehmen sollte. Zu ihren berühmtesten Mitgliedern zählten Klopstock, Lessing, Schiller und Wieland.

Zwei Exemplare ausgestellt:
Silber, geprägt, 52,7 mm, 58,5 g;
Bronze, versilbert, Nachguß, 52 mm, 42,9 g.

Literatur: Haas/Gesche 1972, S. 30. – Haas 1974, S. 82, Nr. 244. – Heidelberg 1979, S. 171.

Mannheim, Städtisches Reiß-Museum
Karlsruhe, Badisches Landesmuseum

J 89 a–b

Karl Theodor

Vereinigung von Pfalz und Bayern. 1777

a) Medaille

Kaspar Joseph Schwendimann, Rom
Prägung in München 1786

Vs.: CAROL[us] . THEODOR[us] . D[ei] . G[ratia] . C[omes] . P[alatinus] . R[heni] . BOI[orum] . DVX . S[acri] . I[mperii] . R[omani] . A[rchi] . D[apifer] . ELECTOR (Karl Theodor, von Gottes Gnaden Pfalzgraf bei Rhein, Herzog von Bayern, des Heiligen Römischen Reiches Erztruchseß, Kurfürst).
Brustbild mit zusammengebundenen Haaren und Harnisch nach rechts. Unter dem Armabschnitt die Signatur: IOS. SCHWENDIMANN F[ecit] . (Gemacht von Joseph Schwendimann).

Rs.: NOVVM – SAECVLVM (Ein neues Zeitalter).
Vor einer Palme, unter deren Krone die Wappenschilder von Pfalz und Bayern hängen, umarmen sich zwei bekrönte, in lange fließende Gewänder gekleidete Gestalten, die Palatia links und die Bavaria rechts. Links sitzen zwei bärtige Flußgottheiten, die durch die Aufschriften auf ihren Quellurnen als RHENVS (Rhein) und NACRVS (Neckar) ausgewiesen sind. Rechts die Personifikation der Donau, hinter ihr mit entblößtem Busen die Isar; die Wassergefäße sind mit DANVVIVS und ISARA beschriftet. Unterhalb der Urne des Rheingottes: 1785 IOS . / SCHWENDI / MAN . F[ecit] . ROME (1785 von Joseph Schwendimann in Rom gemacht). Im Abschnitt: XXX DECEMBRIS / MDCCLXXVII (Am 30. Dezember 1777).

Seit der Vereinigung von Pfalz und Bayern führte Karl Theodor den zwischen den beiden Ländern solange umstrittenen Titel Archidapifer.

Zwei Exemplare ausgestellt:
Silber, geprägt, 72 mm, 116,8 g;
Zinn, geprägt, 72 mm, 44,2 g.

Literatur: Beierlein 1901, S. 339, Nr. 2260. – Stemper 1961, S. 278–285. – Heidelberg 1979, S. 156, Nr. 407.

Nürnberg, Germanisches Nationalmuseum
Heidelberg, Kurpfälzisches Museum, Inv. Nr. M. 1259

b) Entwurf 1781

Peter Anton von Verschaffelt, Mannheim

Zwei Frauengestalten in antikisierten Gewändern reichen einander die Hände und sehen sich in die Augen. Die linke hat den Arm um die Schulter der anderen gelegt. Darunter die Bezeichnung: „L'union de la Bavaria au (sic!) Palatina".

Es handelt sich um einen Vorentwurf, der endgültige Entwurf Verschaffelts, der Schwendimann als direkte Vorlage gedient hat, ist nicht erhalten.

Bleistift, Feder/Tusche, Pinsellavierung in Englischrot, auf Papier, 214 x 144 mm.

Literatur: Stemper 1961, S. 278–285.

Heidelberg, Kurpfälzisches Museum, Inv. Nr. Z 1974

J 90

Karl Theodor

Vierhundertjähriges Jubiläum der Universität Heidelberg. 1786

Anton Schaeffer und Johann Heinrich Boltschauser, Mannheim

Vs.: CAROLVS THEODORVS P[ius] . F[elix] . AVG[ustus] . INSTAVRATOR (Karl Theodor, frommer, glücklicher, erhabener Erneuerer).
Kopf des Fürsten mit kurzen Haaren nach rechts. Unten die Signatur: A.S

Rs.: LAETA SAECVLI V. AVSPICIA (Frohe Vorzeichen für ein fünftes Jahrhundert).
Pallas Athene, die Göttin der Weisheit, sitzt mit dem linken Unterarm auf den ovalen Schild mit dem Universitätswappen gestützt nach links und weist mit der Rechten zu einem Altar, auf dem ein aufgeschlagenes Buch mit der Aufschrift LEGES (Gesetze) liegt; auf dem Boden zwei Füllhörner. Im Abschnitt: M[ense]. NOV[embris] . MDCCLXXXVI . / HEIDELBERGAE / darunter die Signatur: B

Silber, geprägt, 41 mm, 29,0 g.

Literatur: Roller 1936, S. 24, Nr. 3–4. – Boltshauser 1960/61, S. 24, Nr. 19. – Haas/Gesche 1972, S. 34.

Karlsruhe, Badisches Landesmuseum

J 91

Karl Theodor

Schulprämie. 1788

Johann Heinrich Boltschauser, Mannheim

Vs.: DANCKBARE NACHKOMMEN
Ein Lehrer in zeitgenössischer Tracht hält in der Linken einen Stecken und führt an der rechten Hand einen Knaben. Im Abschnitt die Signatur: H.B.F[ecit] . (Von Heinrich Boltschauser gemacht).

Rs.: BELOHNVNG DES FLEISES *
In einem profilierten Kreisring: PFALZ / GOTT ERHALTS / D. E. T / C. L. P. v. M. / 1788

Silber, geprägt, 35,6 mm, 14,3 g.

Literatur: Boltshauser 1960/61, S. 24, Nr. 21. – Haas 1974, S. 123, Nr. 370. – Heidelberg 1979, S. 157, Nr. 412.

Mannheim, Städtisches Reiß-Museum

HERZOGTUM WÜRTTEMBERG

J 92

Eberhard III. (1633–1674)

Übereinkunft mit dem Bischof Franz Johann von Konstanz (1645–1689). (1662)

Georg Pfründt, Durlach

Vs.: EBERHARD[us] . D[ei] . G[ratia] : DUX WIRTEMB[ergensis] : ET : TEC[censis] COM[es] : MONT[is] P[eligardensis] DOM[inus] IN HEIDENH[eim] (Eberhard, von Gottes Gnaden Herzog von Württemberg und Teck, Graf von Mömpelgard, Herr in Heidenheim).
Brustbild mit Panzer und Spitzenkragen nach rechts.

Rs.: FRANCISC[us] . IOAN[nes] . D[ei] . G[ratia] . EP[i] S[copus] . CONST[antiensis] . D[omi] N[u] S. AVG[iae] . MAIOR[is] . ET OENING[iac] (Franz Johann, von Gottes Gnaden Bischof von Konstanz, Herr der Reichenau und von Öhningen).
Mit einem Kreuz geschmücktes Brustbild nach rechts.

Die Medaille bezieht sich auf die nach langen Streitigkeiten wegen des schwäbischen Kreisdirektoriums getroffene Übereinkunft zwischen dem Herzog von Württemberg und dem Bischof von Konstanz (nach Binder/Ebner).

Gold, gegossen, 47,1 mm × 38,1 mm, 44,42 g.

Literatur: Binder/Ebner 1910, S. 126, Nr. 80. – Bechtold 1923/24, S. 55, Nr. 60.

Stuttgart, Württembergisches Landesmuseum

J 93 □

Eberhard III.

Ankunft des Prinzen Wilhelm Ludwig in Stuttgart. (1674)

Johann Christoph Müller, Stuttgart

Vs.: VIDEANT . OCVLI . MEI . FILIOS . VESTROS . (Mögen meine Augen eure Kinder sehen. Aus: Tobias, 10, 12). Im Abschnitt: ADVENTUI . FELICISSIMO . (Der sehr glücklichen Ankunft), darunter neben einer Verzierung die Buchstaben A – VS (Vielleicht: Ab urbe Stuttgardia = Von der Stadt Stuttgart gewidmet).
Eine sitzende Gestalt empfängt ein Paar in antikisierter Kleidung. Der Mann trägt

J 93

J 93

die Tracht eines römischen Feldherren, die Frau die einer römischen Matrone und hält einen Lorbeerzweig in der Hand. Das Paar wird von zwei nackten Kindern begleitet, die sich an den Rock der Frau klammern. Links auf der Abschnittsleiste die Signatur: I C M

Rs.: SIC . STABIT . SEMEN . ET . NOMEN . VESTRVM . (So wird Eure Familie und Euer Name bestehen).
Unter dem Gottesauge halten zwei verschlungene Hände ein Ornament aus Weinlaub mit Trauben, Kornähren und Palmzweigen, in das die Buchstaben W L S G L Z D N F T verflochten sind (Vielleicht: Wilhelm Ludwig, Sibylla geborene Landgräfin zu Darmstadt, nach Fürsten Treue). Rechts und links davon: P.P. EBERH.III – D. WIRT. ET. / M. DOR. SOPH. – N.C.OETING / F.C.ET.N.M. – VOT. ET.T. / M D. – F.C. (Vielleicht: Pii parentes Eberhardus III. Dux Wirtembergensis et Maria Doro-

J 94

J 94

thea Sophia nata Comitissa Oetingensis filiis carissimis et nuncupatis matrimonii votis et tenera mente devictis faciendum curaverunt. Oder: Pii parentes . . . Oetingensis filio carissimo et novae maritae vota et testimonia mentis deditae faventes – oder: fideliter – consecrant = Die frommen Eltern Eberhard III., Herzog von Württemberg, und Maria Dorothea Sophia, geborene Gräfin von Öttingen, haben ihren heißgeliebten Kindern, die durch die Ehegelübde einander zugesprochen und durch verliebten Sinn besiegt sind [diese Medaille] machen lassen. Oder: . . . widmen dem heißgeliebten Sohn und der Jungvermählten gerne – oder: treu – [diese Medaille] als Versprechen und Zeugnis eines gewogenen Geistes. Nach Binder/Ebner).

Die Medaille wurde geprägt anläßlich des Einzugs des Erbprinzen Wilhelm Ludwig und seiner Frau, Prinzessin Magdalena Sibylla von Hessen, am 12. 2. 1674 in Stuttgart. Die Hochzeit hatte am 6. 9. 1673 in Darmstadt stattgefunden. Die sitzende Gestalt ist als die Personifikation Württembergs oder Stuttgarts zu deuten, die das Paar begrüßt. Die Umschrift und die Kinder sollen eine Anspielung auf die Schwangerschaft der Fürstin sein.

Silber, geprägt, 48,8 mm, 48,66 g.

Literatur: Lochner, Bd. 7, 1743, S. 145–152. – Binder/Ebner 1910, S. 128, Nr. 101.

Stuttgart, Württembergisches Landesmuseum

J 94 □

Friedrich Karl, Administrator von Württemberg (1677–1693)

Porträtmedaille. O. J.

Anton Meybusch, Paris oder Kopenhagen

Vs.: FRID[ericus] . CAR[olus] . D[ei] . G[ratia] . DVX . WIRT[embergensis] . ET . T[eccensis] . ADMIN[istrator] . ET . T[utor] . (Friedrich Karl, von Gottes Gnaden Herzog von Württemberg und Teck, Verwalter und Vormund). Brustbild mit großer Perücke in antikisiertem Panzer und Paludament nach rechts. Am Armabschnitt die Signatur: ANT[onius] . MEIBVS . F[ecit] . (Von Anton Meybusch gemacht).

Rs.: DVRA . PLACENT FORTIBVS. (Schwierigkeiten gefallen den Starken). Herakles im Kampf mit der Hydra. Er schwingt seine Keule über ihr und tritt sie mit dem Fuß nieder. Im Vordergrund liegt ein abgeschlagener Kopf des Untiers.

Das idealisierte Porträt des Herzogs erinnert an Bildnisse Ludwigs XIV., für den Meybusch ebenfalls Medaillen geschnitten hat.
Die Darstellung des Kampfes mit der Hydra als Symbol des Sieges über das Böse ist, zurückgreifend auf antike Münzen, seit der Renaissance ein beliebtes Medaillenthema.

Zwei Exemplare ausgestellt:
Silber, geprägt, 51 mm, 49,72 g;
Silber, geprägt, 51 mm, 50,3 g.

Literatur: Binder/Ebner 1910, S. 137, Nr. 61.

Stuttgart, Württembergisches Landesmuseum

J 95

Friedrich Karl, Administrator

Einweihung des Gymnasiums in Stuttgart. 1686

Johann Christoph Müller, Stuttgart

Vs.: Frid[ericus] . Carol[us] . D[ei] . G[ratia] . D[ux] . WIRT[embergensis] . ET . T[eccensis] . ADMIN[istrator] . (Friedrich Karl, von Gottes Gnaden Herzog von Württemberg und Teck, Verwalter).
Brustbild mit großer Perücke in antikisiertem Panzer mit Paludament nach rechts, darunter die Signatur: ICM

Rs.: FUND[atum] . XXVII. MART[ii] MDCLXXXV. INAUGUR[atum] . XIII. SEPT[embris] . MDCLXXXVI Im Abschnitt: GYMNAS[ium] . STUTG[ardiae] . (Gymnasium Stuttgart. Grundsteinlegung 27. März 1685. Eröffnung 13. September 1686).
Ansicht des neuerbauten Gymnasiums.

Silber, geprägt, 41,3 mm, 22,6 g.

Literatur: Binder/Ebner 1910, S. 138, Nr. 68.

Stuttgart, Württembergisches Landesmuseum

J 96 □

Eberhard Ludwig (1693–1733)

Auf die Reichssturmfahne. (Nach 1697)

Philipp Heinrich Müller, Nürnberg

Vs.: EBERH[ardus] ‡ LVD[ovicus] ‡ D[ei] ‡ G[ratia] DVX WIRTEMB[ergensis] ‡ E[t] ‡ T[eccensis] ‡ (Eberhard Ludwig, von Gottes Gnaden Herzog von Württemberg und Teck).

J 96

J 96

Brustbild mit großer Perücke und reich verziertem Harnisch mit Feldbinde nach rechts. An einem Band hängt der dänische Elefantenorden. Am Armabschnitt die Signatur: P.H.M.

Rs.: PRO DEO ET IMPERIO (Rosette) (Für Gott und das Reich).
Ein aus den Wolken herausragender Arm hält die mit dem Adler bestickte Reichssturmfahne.

Die Medaille bezieht sich auf den Streit um die Reichssturmfahne, mit der Württemberg seit 1336 belehnt war. Kaiser Leopold wollte sie 1694 an Braunschweig-Hannover übertragen. Württemberg protestierte dagegen. Um diese Auseinandersetzung entwickelte sich seit 1697 ein langwieriger Prozeß vor verschiedenen Gerichten.
Der Entwurf wurde lange Zeit in großer Zahl in verschiedenen Größen und Metallen ausgeführt.

Zwei Exemplare ausgestellt:
Gold, geprägt, 51,9 mm, 104,15 g (30 Dukaten);
Silber, geprägt, 52,6 mm, 60,07 g (2 Taler).

Literatur: Köhler 1742, S. 233–240. – Binder/Ebner 1910, S. 159, Nr. 239. – Forster 1910, S. 125, Nr. 842.

Stuttgart, Württembergisches Landesmuseum

J 97 □

Stuttgart

Medaille zum neuen Jahrhundert. (1700)

Philipp Heinrich Müller, Nürnberg

Vs.: TVTA SVB HOC CLYPEO . Im Abschnitt: STUTGARDIA DUCATUS / WÜRTEMBERGICI / METROPOLIS (Sicher unter diesem Schild. Stuttgart, Hauptstadt des Herzogtums Württemberg).
Ansicht der Stadt Stuttgart von Süden. Sie liegt, von einer Stadtmauer umgeben, inmitten von Gärten und Weinbergen. Darüber ein aus den Wolken ragender Arm mit einem Schild. Auf der Abschnittsleiste in der Mitte die Signatur: P.H.M.

Rs.: (Rosette) GNATORUM SEDULA NUTRIX (Rosette) (Die eifrige Nährerin der Kinder).
Eine springende Stute mit einem saugenden Füllen nach links, Stuttgarts redendes Wappen.

Die Datierung dieser Medaille ergibt sich aus anderen, mit denselben Stempeln geprägten Exemplaren, die zusätzlich folgende Randschrift tragen: GOTT VERLEUE . ZVM . ANFANG . MITTEL . VND . ENDE . DES . XVII . SECVLI . GLÜCKH . VND . SEEGEN . I. I. W.

J 97

J 97

Zwei Exemplare ausgestellt:
Silber, geprägt, 60 mm, 53,0 g;
Silber, geprägt, 60 mm, 49,3 g (Randschrift).

Literatur: Thesaurus numismatum 1711, S. 991–992. – Binder 1846, S. 499, Nr. 5. – Forster 1910, S. 100, Nr. 708. – Nau 1959, Taf. 59.

Stuttgart, Württembergisches Landesmuseum

J 98

Stuttgart

Klippe. O. J. (Um 1700)

Johann David Daniel, Stuttgart

Vs.: Ansicht der Stadt Stuttgart. Im Abschnitt: STUTGAR / DIA

Rs.: WOHL / GERATHENE / IUGEND / MACHT / FREU / DE
Die springende Stuttgarter Stute mit einem Fohlen nach links. Darunter die Signatur: D.

Diese Klippen dienten als Geschenke zu allen Gelegenheiten. Besonders beliebt waren sie als Patengeschenke.

Gold, geprägt, 23,6 mm x 24,9 mm, 6,92 g (Doppeldukat).

Literatur: Binder 1846, S. 499, Nr. 6.

Stuttgart, Württembergisches Landesmuseum

J 99 □

Stuttgart

Klippe. O. J. (Um 1700)

Eine Stuttgarter Klippe ähnlich wie Kat. Nr. J 98 ist in eine kleine durchbrochene Filigrandose eingearbeitet.

J 99

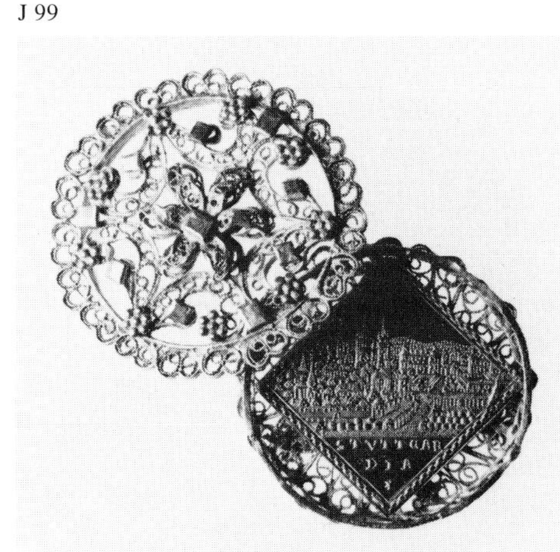

Gold, geprägt, 3,5 g, mit Dose 11,3 g.

Nürnberg, Germanisches Nationalmuseum

J 100 □

Eberhard Ludwig

Ehemedaille. 1705

Philipp Heinrich Müller, Nürnberg

Vs.: EBER[hardus] : LUD[ovicus] : ET IOH[anna] : ELISAB[etha] : D[ei] : G[ratia] : DUCES : WURTTEMB[ergensis] : E[t] : T[eccensis] : (Eberhard Ludwig und Johanna Elisabeth, von Gottes Gnaden Herzöge von Württemberg und Teck).
Brustbilder nebeneinander nach rechts. Der Herzog mit Lockenperücke, Harnisch und Elefantenorden, die Herzogin mit spitzenbesetztem Dekolleté. Am Armabschnitt die Signatur: 1705 / P.H. Muller F[ecit] . (1705 von P.H. Müller gemacht).

Rs.: * COGIT IN UNUM * (Er bindet sie in eines).
In einer Parkanlage mit einem Schloß im Hintergrund steht ein Cupido, der zwei Lorbeerzweige unter einem Fürstenhut zu einem Kranz zusammenbindet. Rechts lehnen an einem Postament Bogen und Köcher des Liebesgottes.

Die Hochzeit mit Johanna Elisabeth von Baden, der Schwester des Karlsruher Stadtgründers Karl Wilhelm, hatte bereits 1697 stattgefunden. Es war allgemein bekannt, daß diese Ehe sehr unglücklich war. Die Rückseite der Medaille ist also nur als frommer Wunsch zu zu verstehen.

Gold, geprägt, 60 mm, 175,0 g (50 Dukaten).

Literatur: Wielandt/Zeitz 1980, S. 89, Nr. 93 (dort weitere Literatur).

Karlsruhe, Badisches Landesmuseum

J 101

Eberhard Ludwig

Grundsteinlegung der Schloßkapelle zu Ludwigsburg. 1716

Johann David Daniel (?), Stuttgart

Vs.: SURGIT . SANCTA . DOMUS . COEAT . FISSURA . SIONIS (Das heilige Haus Zions ersteht wieder und sein Riß soll sich schließen).
Grundriß der Schloßkapelle in Ludwigsburg, links davon in zwei Zeilen AMOS / IX., rechts / V[ersus] . / II. Im Abschnitt: DONAT[us] . IOSEP[hus] . FRISONI / DE LAINO COMENSIS / ARCHITECTUS / ITAL[icus] . INV[enit] . (Entworfen von dem italienischen Architekten Donato Giuseppe Frisoni aus Laino bei Como).

Rs.: HOC TEMPLUM / AUSPICIIS / SERENIS[simi] . PRINCIPIS / DOMINI . / EBERH[ardi] . LUDOVICI / DUCIS WURTEMB[ergensis] : / LUDOVICO-BURGI / FUNDATUM FUIT . / XVIII. MAY . / M. DCCXVI (Der Grundstein zu diesem Gotteshaus ist am 18. Mai 1716 unter der Schirmherrschaft des durchlauchtigsten Fürsten, des Herren Eberhard Ludwig, Herzogs von Württemberg, in Ludwigsburg gelegt worden).

Das Zitat Amos, 9, 11 lautet anders als der wiedergegebene Text in der Übersetzung der Vulgata: In die illa suscitabo tabernaculum David, quod cecidit: et reaedificabo aperturas murorum eius. (An jenem Tag werde ich die zerfallene Hütte Davids wieder aufrichten und die Risse ihrer Mauern zumauern).

Silber, geprägt, 23 mm, 3,05 g.

Literatur: Binder/Ebner 1910, S. 161, Nr. 264

Karlsruhe, Badisches Landesmuseum

J 102

Eberhard Ludwig

Schwangerschaft seiner zweiundfünfzigjährigen Gemahlin Johanna Elisabeth. 1732

Christian Ernst Müller, Stuttgart

Vs.: EBER[hardus] : LUD[ovicus] : D[ei] : G[ratia] . D[ux] . W[urttembergensis] : & T[eccensis] . IOH[anna] : ELIS[abetha] : N[ata] . M[archionissa] . BAD[ensis] : D[urlachensis] (Eberhard Ludwig, von Gottes Gnaden Herzog von Württemberg und Teck, Johanna Elisabeth, geborene Markgräfin von Baden-Durlach).
Brustbilder nebeneinander nach rechts. Der Herzog mit kurzen Locken in verziertem Harnisch mit Hermelin und Ordensband nach rechts; unter dem Armabschnitt die Signatur: M. Die Herzogin mit Dekolleté. Beide Bildnisse auf einem Postament mit der Inschrift: FELIX FELICIS NOMINIS / AVGVRIVM / IOHANNA ELISABETHA / GRAVIDA AET[ate] . AN[no] LII. (Glückliche Deutung eines glückhaften Namens, Johanna Elisabeth, schwanger im Alter von 52 Jahren). Das Chronostichon der dritten Zeile ergibt die Zahl 52.

Rs.: SPES FŒCVNDA VIGE & TRISTES SVB PECTORE CVRAS DISCVTE! FELICI PARTV (Fruchtbare Hoffnung wachse und verjage betrübte Sorgen unter der Brust! Auf glückliche Geburt).
Eine Hand aus den Wolken reicht der an einem runden Rauchaltar opfernden Herzogin einen Granatapfel, ein Symbol der Fruchtbarkeit. Im Abschnitt zwischen zwei Palmzweigen: 1732.

Randschrift: FELIX O FŒMINA SALVE IAM PATRIAE GESTANS VTERI SINVAMINE FVLCRVM . * (Sei gegrüßt, o glückliche Frau, die du in deinem gewölbten Leib des Vaterlandes ruhende Hoffnung trägst).

An die Schwangerschaft der Herzogin knüpften sich große Hoffnungen, da nach dem Tod von Friedrich Ludwig 1731

J 100

J 100

kein leiblicher männlicher Erbe vorhanden war. „Die – allerdings vergeblichen – Erwartungen werden in der Schrift auf dem Postament geheimnisvoll apostrophiert: Die glückliche Deutung eines glückhaften Namens bezieht sich auf Elisabeth, die Mutter Johannes des Täufers, die in hohen Jahren noch schwanger wurde.“ Wielandt/Zeitz.

Silber, geprägt, 52,7 mm, 72,1 g (2 1/2 Taler).

Literatur: Wielandt/Zeitz 1980, S. 90, Nr. 94 (dort weitere Literatur).

Karlsruhe, Badisches Landesmuseum

J 103

Eberhard Ludwig

Genesung des Herzogs. 1733

Christoph Heinrich Müller, Augsburg

Vs.: EBER[hardus] ⁑ LVD[ovicus] ⁑ D[ei] ⁑ G[ratia] * DUX WUR[tembergensis] ⁑ ET TEC[censis] ⁑ (Eberhard Ludwig, von Gottes Gnaden Herzog von Württemberg und Teck).
Brustbild des Herzogs mit antikisiertem Panzer und Hermelinmantel nach rechts, über der Brust ein breites Ordensband. Am Armabschnitt die Signatur: C * M .

Rs.: DEO. CONSERVATORI. PRINCIPIS. OPTIMI. (Gott, dem Erhalter des besten Fürsten).
Vor einem konischen Altar mit einem Weihrauchfaß kniet die Personifikation Württembergs. Sie ist in ein antikisiertes Gewand und einen Hermelinmantel gehüllt. Sie hat die Hände betend gefaltet und blickt zum Himmel empor, aus dessen Wolken Strahlen auf sie herabscheinen. Am Boden liegt der Herzogshut. Auf dem Altar steht die Inschrift VOTA PVBLICA (Öffentliches Dankopfer). Im Abschnitt: WVRTENBERGIA . AETERNAS . / GRATES . SOLVIT . / MDCCXXXIII. (Württemberg sagt ewigen Dank 1733). Am Sockel des Altars die Signatur: M., auf dem Fußboden zweimal die Abkürzung des Vornamens des Medailleurs: C.H.

Die Rückseite dieser Medaille auf die vorübergehende Genesung des Herzogs in seinem Todesjahr ist eine Kopie nach einer Medaille auf die Genesung Ludwigs XIV. von Frankreich 1687 (Jacquiot 1968, Taf. LXXXVI).

Silber, geprägt, 64,5 mm, 121,16 g.

Literatur: Binder/Ebner 1910, S. 162, Nr. 272.

Stuttgart, Württembergisches Landesmuseum

J 104

Karl Alexander (1733–1737)

Huldigung der Stadt Calw. 1733

Christian Ernst Müller, Stuttgart

Vs.: * CAROLVS ALEXANDER DEI GRATIA DVX WIRTENBERGÆ (Karl Alexander, von Gottes Gnaden Herzog von Württemberg). Das Chronostichon der Umschrift ergibt dieJahreszahl 1733.
Brustbild mit Panzer, Hermelinmantel und Orden vom Goldenen Vlies nach rechts. Am Armabschnitt die Signatur: M

Rs.: FIDELIS ET OBSEQUIOSA CALVA * (Das treue und gehorsame Calw).
In einer verzierten Kartusche das Wappen der Stadt, ein nach links schreitender Löwe auf drei Felsen.

Der Stempelschneider war offensichtlich noch nicht mit dem Porträt des neuen Herrschers vertraut. Karl Alexander trägt hier noch die Gesichtszüge seines Vorgängers Eberhard Ludwig (vgl. Kat. Nr. J 96–103).

Zwei Exemplare ausgestellt:
Gold, geprägt, 26,7 mm, 6,97 g (2 Dukaten);
Silber, geprägt, 26,9 mm, 8,99 g.

Literatur: Binder 1846, S. 430, Nr. 1–2.

Stuttgart, Württembergisches Landesmuseum

J 105 □

Karl Alexander

Tod des Herzogs. 1737

Christoph Schmeltz, Stuttgart

Vs.: CAROLUS ALEXANDER D[ei] : G[ratia] : DUX WURTEMBERG[ensis] : & TEC[censis] (Karl Alexander, von Gottes Gnaden Herzog von Württemberg und Teck).
Brustbild mit verziertem Harnisch und großer Perücke nach rechts. Über der linken Schulter ein Mantel mit einem Ordensstern, auf der Brust der Orden des Goldenen Vlieses an einer Kette. Am Armabschnitt die Signatur:
C. SCHMELTZ F[ecit] . (C. Schmeltz hat es gemacht)

Rs.: LAUDABITUR HEROS POST FUNERA (Der Held wird nach seinem Begräbnis gerühmt werden).
Vor einer Zypressenallee steht ein hohes Grabmal mit einem Räuchergefäß. Links

J 105

J 105

davon sitzt eine trauernde Frau, in der gesenkten Rechten hält sie einen Spiegel, zu ihren Füßen liegt eine erloschene Fakkel. Rechts lehnt der mit dem Löwenfell bekleidete Herkules, in der Linken hält er eine gesenkte Keule. An den Stufen liegen links ein Wappenschild und ein umgestürzter Fürstenhut, rechts Waffen und Fahnen sowie ein Schild mit der Inschrift VICIT / MORTE / SUA (Er hat durch seinen Tod gesiegt). Auf dem Grabmal stehen die Worte NON CUM CORPO / : RE EXTINGUN / : TUR MAGNÆ / ANIMÆ. (Die großen Seelen werden nicht mit dem Körper ausgelöscht). Auf dem Sockel die Datumsangabe DIES FATALIS XII/MART[ii] . MDCCXXXVII (Unglückstag 12. März 1737). Im Abschnitt: LUCTUS PUBLICUS (Staatstrauer). Links unten im Feld die Signatur: C. S.

Köhler, der diese Medaille nur in einem Bleiabschlag kannte, behauptet, sie sei nie offiziell geprägt worden, „weil allerhand Bedencklichkeit solches verhindert hat". Welcher Art diese „Bedencklichkeit" war, erwähnt er leider nicht.

Silber, geprägt, 64,5 mm, 138,47 g.

Literatur: Köhler 1743, S. 297–304. – Binder/Ebner 1910, S. 177, Nr. 114.

Stuttgart, Württembergisches Landesmuseum

J 106 □

Karl Eugen (1744–1793)

Grundsteinlegung des Neuen Schlosses in Stuttgart. 1746

Adam Rudolph Werner, Stuttgart

Vs.: CAROLVS. D[ei] . G[ratia] . DVX . WURTEMB[ergensis] . ET . TEC[censis] . (Karl, von Gottes Gnaden Herzog von Württemberg und Teck).
Brustbild des Herzogs mit Panzer und Hermelinmantel nach rechts, er trägt den Orden vom Goldenen Vlies. Am Armabschnitt die Signatur: A. R. WERNER.

Rs.: ARCIS . FUNDAMENTA . NOVAE . Im Abschnitt die Fortsetzung: IACTA : STUTGAR / DIAE : A[nn]o 1746. (Der Grundstein des neuen Schlosses wurde in Stuttgart im Jahre 1746 gelegt).
Der Grundriß des Neuen Schlosses in Stuttgart.

Unter anderem wurden auch Medaillen dieser Art in den Grundstein des Neuen Schlosses eingemauert.

Silber, geprägt, 52,1 mm, 71,93 g (2 1/2 Taler).

Literatur: Binder/Ebner 1910, S. 213, Nr. 290.

Stuttgart, Württembergisches Landesmuseum

J 106

J 107

Karl Eugen

Heirat mit Elisabeth Sophie Friederike von Brandenburg-Bayreuth. 1748

Konrad Boerer, Augsburg

Vs.: MAIORUM FOEDERA NOVO CONNUBIO FIRMATA * Gegenläufig: MDCCXLVIII (Die Bündnisse der Vorfahren sind 1748 durch eine neuerliche Heirat gefestigt worden).
In ovalen Rocaillekartuschen aneinander gelehnt die Wappen von Württemberg (links) und Brandenburg (rechts), darüber der Herzogshut.

Rs.: FELICITAS & GLORIA OPTIMI PRINCIPIS. Im Abschnitt die Fortsetzung: HILARITAS / POPULI (Das Glück und der Ruhm des besten Fürsten sind die Freude des Volkes).
An einem großen Steinblock mit dem Grundriß des damals noch nicht fertiggestellten Stuttgarter Neuen Schlosses lehnt eine weibliche Gestalt mit einem Füllhorn im linken Arm. Sie hält einen Myrtenkranz über zwei flammende Herzen auf einem Altar. Unter dem Grundriß die Signatur: BOERER . F[ecit] . (Von Boerer gemacht.)

Die Medaille wurde in zwei Größen von dem württembergischen Regierungsrat von Gollen in Auftrag gegeben und dem Hochzeitspaar überreicht (Binder/Ebner 1910, S. 196). Wie aus der Legende der Vorderseite hervorgeht, hatte es bereits früher Heiraten zwischen Mitgliedern der Häuser Württemberg und Brandenburg-Bayreuth gegeben.

Gold, geprägt, 39 mm, 27,80 g (8 Dukaten).

J 106

J 108

Literatur: Köhler 1749, S. 201–208. – Binder/Ebner 1910, S. 214, Nr. 292. – Forster 1910, S. 65, Nr. 497.

Stuttgart, Württembergisches Landesmuseum

J 108 □

Stuttgart

Zurschaustellung eines Nashorns. 1748

Veit Schrempf, Stuttgart

Vs.: Vor einer tropischen Steppenlandschaft mit Palmen steht ein großes Nashorn unter sengender Sonne nach rechts. Links und rechts die getrennte Signatur V S.

Rs.: DIESER / RHINOCEROS / IST 1741 DURCH DEN / CAPITAIN DAVID MOVNT / VON DER MEER AVS BENGA / LEN. IN EVROPA GEBRACHT / VND IST IM IAHR 1747 . ALS ES / 8 1/2 IAHR ALT WAR . 12 SCHVH / LANG . V[nd] : 12 SCHVH DICK . VND / 5 SCHVH 7 . Z[oll] : HOCH GEWEST / ES FRIST TAEGLICH 60℔. / HEU . 20 ℔ BRODT . VND / SAUFT 14. EIMER. / WASSER. / 1748.

Das Nashorn, dessen Herkunft und Eigenschaften auf der Rückseite der Medaille geschildert werden, war das fünfte, das nach Europa kam, es ist in den Jahren 1741 bis 1758 in ganz Europa gegen Eintrittsgeld auf den Märkten zur Schau gestellt worden. Diesem denkwürdigen Ereignis wurden in den jeweiligen Städten neben Flugblättern bisweilen auch Medaillen gewidmet. Man kennt sie aus Ansbach, Nürnberg, Straßburg und Stuttgart. Das Tier, „ist alt worden 21 Jahr in

London Crepirt 1758 den 14. Aprill."
Emmerig

Silber, geprägt, 39,1 mm, 21,25 g.

Literatur: Binder 1846, S. 624, Nr. 122. – Emmerig, Hubert, Das Rhinozeros in Europa 1741–1758 und seine Medaillen. In: money-trend, Jg. 10, 1978, Heft 5, S. 20–25; 50 u. 52, hier: S. 24, Nr. IV, 1. – Detlef Heikamp. Seltene Nashörner in Martin Sperlichs Nashorngalerie und anderswo. In: Schlösser, Gärten, Berlin. Festschrift für Martin Sperlich zum 60. Geburtstag 1979, Tübingen 1980, S. 301–325.

Stuttgart, Württembergisches Landesmuseum

J 109 □

Karl Eugen

Preismedaille für Malerei, Bildhauerei und Stukkateurkunst der „Académie des Arts". In vergoldeter Silberdose, Stuttgart 1761

Medaille: Veit Schrempf, Stuttgart
Dose: Christoph Friedrich Sick (1724–1787), Stuttgart

Vs.: CAROLUS D[ei] . G[ratia] . DUX WURTEMB[ergensis] : & TEC[censis] . (Karl, von Gottes Gnaden Herzog von Württemberg und Teck).
Brustbild nach rechts im Panzer mit dem württembergischen Jagdorden.

Rs.: STUDIO & VIGILANTIA. (Mit Eifer und Sorgfalt).
Im Abschnitt PRAEM[ium] : ACADEM[miae] : ARTIUM / FUND[ata] . AUSPICIIS CAROLI / WURT[embergensis] DUC[is] . 1761. (Preis der Kunstakademie, gegründet 1761 unter der Schirmherrschaft Herzog Karls von Württemberg).
An einem Quader lehnen eine Maske, ein Zeichendreieck, ein Zirkel, ein Bild, ein Hammer und eine Palette. Auf dem Quader steht eine brennende Öllampe in antiker Form.

Medaille: Silber, geprägt, 72 mm, 126,52 g.
Dose: Silber, getrieben und vergoldet, H. 17 mm, Dm. 90 mm, Holzkern gedreht, mit rotem Samt bezogen.

Literatur: Sixt 1903, S. 8, Nr. 1. – Binder/Ebner 1910, S. 217, Nr. 325. – Nau 1959, Taf. 68.

Stuttgart, Württembergisches Landesmuseum

J 110

Karl Eugen

Eröffnung des Militärischen Waisenhauses. 1770

Adam Rudolph Werner, Stuttgart

Vs.: CAROLVS D[ei] : G[ratia] : WURT[embergiae] : DVX FUNDATOR SEMINARII MILIT[aris] : (Karl, von Gottes Gnaden Herzog von Württemberg, Gründer der militärischen Lehranstalt).
Brustbild im Panzer mit dem württembergischen Jagdorden nach rechts (ähnlich wie Kat. Nr. J 109). Am Armabschnitt die Signatur: WERNER.

J 109

J 109

J 109

Rs.: ALIT. HAS. ET . PROTEGIT. ARTES. (Sie nährt und schützt diese Künste). Im Abschnitt das Gründungsdatum: o D[ie] : 14 : DECEMBER : o / o 1770 o
Vor einem hohen Sockel mit kannellierter Säule und anschließendem Mauerwerk sitzt Athene, die Göttin der Wissenschaften, auf einem Stapel Bücher, an dem auch ihr Schild mit dem Medusenhaupt lehnt. Um sie herum sind die Sinnbilder verschiedener Wissenschaften und Künste verteilt, unter anderem eine Leier, Palette, Zirkel, Büsten und ein Globus.

Die Rückseite dieser Medaille ist eine getreue Kopie der Preismedaille der Akademie der freien Künste in Stockholm 1728 von Johann Carl Hedlinger. (Felder, Peter, Medailleur Johann Carl Hedlinger 1691–1771. Leben und Werk. Aarau 1978, S. 122, Nr. 73).

Silber, geprägt, 54,4 mm, 43,9 g (1 1/2 Taler).

Literatur: Binder/Ebner 1910, S. 215, Nr. 303. – Nau 1959, Taf. 69.

Stuttgart, Württembergisches Landesmuseum

J 111

Karl Eugen

Preismedaille für Moral der Militärischen Pflanzschule. 1773

Johann Martin Bückle, Augsburg

Vs.: CAROLUS D[ei] . G[ratia] . DUX WURTEMB[ergensis] . & TEC[censis] . (Karl, von Gottes Gnaden Herzog von Württemberg und Teck).
Brustbild nach rechts im Panzer mit dem württembergischen Jagdorden (ähnlich wie Kat. Nr. J 109). Am Armabschnitt das Datum 1773 und die Signatur: I. M. BÜCKLE F[ecit] . (Gemacht von Johann Martin Bückle).

Rs.: MAGISTRA VIRTUTUM. VITIORUM EXPULTRIX (Lehrerin der Tugenden, Vertreiberin der Laster).
Auf einem Quader liegt eine mit einem Lorbeerkranz geschmückte Lanze. Unter dem Quader krümmt sich eine Schlange. Rechts unten die Signatur: B. F[ecit] (Von Bückle gemacht).

Die später unter dem Namen Hohe Karlsschule berühmt gewordene Lehranstalt in Stuttgart hat verschiedene Vorstufen auf Schloß Solitude gehabt: 1770 Schule für Garten- und Stukkatorknaben, 1770 Militärisches Waisenhaus, 1771 Militärische Pflanzschule, 1773 Militärakademie, 1775 Übersiedlung nach Stuttgart, 22. 12. 1781 Hohe Schule.
Als Auszeichnung für besondere Leistungen in den verschiedenen Fächern wurde anfangs die Preismedaille der „Académie des arts" verwendet (Kat. Nr. J 108). Eigene Medaillen wurden erst mit der Einrichtung der Militärischen Pflanzschule eingeführt. Die Zahl der verschiedenen Medaillen erhöhte sich im Laufe der Jahre von ursprünglich 19 auf 45. Die Entwürfe zu den Rückseiten dieser Prägungen stammen von dem herzoglichen Galeriedirektor Guibal (vgl. Kat. Nr. J 148), die Legenden von den Professoren der Schule. Beides mußte vom Herzog persönlich genehmigt werden. „Es läßt sich nicht leugnen, daß Symbole und Beischriften in ihrer Beziehung zu den betreffenden Wissenschaften nicht selten dunkel und gezwungen sind." Sixt

Zinn, geprägt, 72 mm, 89,70 g.

Literatur: Sixt 1903, S. 10, Nr. 15. – Binder/Ebner 1910, S. 219, Nr. 348.

Stuttgart, Württembergisches Landesmuseum

J 112

Karl Eugen

Preismedaille für Kameralwissenschaft der Militärischen Pflanzschule. 1775

Adam Rudolph Werner, Stuttgart

Vs.: CAROLVS D[ei] . G[ratia] . DVX WURTEMB[ergensis] : & TEC[censis] . (Karl, von Gottes Gnaden Herzog von Württemberg und Teck).
Brustbild nach rechts im Panzer mit dem württembergischen Jagdorden (ähnlich wie Kat. Nr. J 109). Am Armabschnitt die Signatur W . 17 75.

Rs.: CORNU COPIAE. (Das Füllhorn) Dicht über dem Meer schwebt ein Steuerruder, an das ein Zirkel und ein geflügelter Merkurstab gebunden sind; er endet in einer Hand, in deren Fläche ein Auge zu sehen ist. Über der Darstellung schwebt ein Lorbeerkranz. Unten die Signatur: W.

Unter Kameralwissenschaft versteht man die auf den Nachweis von Einnahmen und Ausgaben sowie den Vergleich mit dem Haushaltsplan ausgerichtete Rechnungsführung der öffentlichen Verwaltung und der mit ihr verbundenen Betriebe in der Zeit des deutschen Absolutismus.
Der Zirkel auf der Rückseite ist in diesem Zusammenhang nicht verständlich. Das Steuerruder und der szepterartige Merkurstab versinnbildlichen nach Guibal die Regierung. Das Auge in der Hand ist das Symbol der Vorsicht, die die Macht leitet, die Flügel des Merkurstabes bedeuten die Geschäftigkeit.

Silber, geprägt, 10,6 mm, 98,05 g.

Literatur: Sixt 1903, S. 12, Nr. 27. – Binder/Ebner 1910, S. 220, Nr. 370.

Stuttgart, Württembergisches Landesmuseum

J 113 □

Karl Eugen

Preismedaille für Münzkunde der Militärischen Pflanzschule. (1777)

Adam Rudolph Werner, Stuttgart

Vs.: CAROLVS D[ei] . G[ratia] . DVX WURTEMBERG[ensis] . & TEC[censis]. (Karl, von Gottes Gnaden Herzog von Württemberg und Teck).
Brustbild nach rechts im Panzer mit dem württembergischen Jagdorden (ähnlich wie Kat. Nr. J 109). Am Armabschnitt die Signatur: A. R. WERNER. F[ecit] (gemacht von Adam Rudolph Werner).

Rs.: SUPPLET UBI DEFICIO. (Er ergänzt, wo ich nicht weiterkomme.)
Vor einer Kulisse aus Pfeilern und Vorhängen sitzt ein geflügelter Genius an einem Tisch. In der Linken hält er eine Münze, deren Beschreibung er in ein Buch einträgt. Der geflügelte Gott der Zeit lehnt auf einem Pfeiler, hat seine Sense geschultert und sieht ihm dabei zu.

J 113

J 114

J 114

Zinn, geprägt, 71 mm, 112,65 g.

Literatur: Sixt 1903, S. 11, Nr. 20. – Binder/Ebner 1910, S. 219, Nr. 357.

Stuttgart, Württembergisches Landesmuseum

J 114 □

Karl Eugen

Einweihung der Hohen Karlsschule. 1782, geprägt 1783

Johann Martin Bückle, Durlach

Vs.: CAROLVS D[ei] . G[ratia] . DVX WVRT[embergensis] . RECTOR MAGNIFICENTISSIMVS. (Karl, von Gottes Gnaden Herzog von Württemberg, hochherzigster Leiter).
Brustbild des Herzogs nach rechts mit Panzer und Hermelinmantel. Er trägt den Orden vom Goldenen Vlies und den württembergischen Jagdorden. Am Armabschnitt die Signatur: Bückle (kursiv).

Rs.: Im Abschnitt: INAVG[uratio] . ACADEM[iae] . STVTG[ardiensis] . / XI. FEBR[uarii] . ANNO / MDCCLXXXII (Eröffnung der Stuttgarter Akademie am 11. Februar des Jahres 1782).
Eine gekrönte weibliche Figur, die Gnade, setzt der vor ihr knienden Stuttgardia einen Kranz auf. Hinter ihr ein geflügelter weiblicher Genius, die Wahrheit, die sie an Schulter und Arm berührt. Rechts spielen zwei Putten vor wolkigem Hintergrund mit dem Stuttgarter Wappenschild, rechts von ihnen ein Kranich. Ein weiterer Putto setzt über dieser Gruppe den Herzogshut auf ein auf den Wolken schwebendes Kissen. Links von der zentralen Figurengruppe deutet ein Putto auf eine Tafel mit der Inschrift ACADE[mia] / CAROL[iensis] / STVTG[ardiae]. (Karlsschule in Stuttgart). Ein weiterer Putto hält vor einer Palme und einer Eiche einen Schild mit der Signatur: Bückle/83 (kursiv).

Silber, geprägt, 50,3 mm, 58,37 g (2 Taler).

Literatur: Binder/Ebner 1910, S. 216, Nr. 310. – Nau 1959, Taf. 71.

Stuttgart, Württembergisches Landesmuseum

HERZOGTUM WÜRTTEMBERG-NEUENSTADT

J 115 □

Friedrich (1649–1682)

Porträtmedaille. O. J. (Nach 1666)

Medailleur unbekannt

Vs.: Brustbild mit Allongeperücke und Jabot en face. Der Herzog trägt auf der Brust den dänischen Elefantenorden, der ihm 1666 verliehen wurde. Um das Bildnis ein breiter Rand mit Rankenwerk, darin verteilt die Buchstaben F[ridericus] D[ux] W[irtembergensis] (Friedrich Herzog von Württemberg).

Rs.: * DOMINVS . PROVIDEBIT (Der Herr wird Sorge tragen. Aus: 1 Mose, 22, 8).
Ein Palmbaum am Ufer eines stürmischen Meeres mit mehreren Schiffen.

Silber, gegossen, 53 mm, 39,67 g.

Literatur: Binder/Ebner 1916, S. 42, Nr. 6. – Nau 1959, Taf. 50.

Stuttgart, Württembergisches Landesmuseum

J 116

Friedrich August (1682–1716)

Wiederaufbau der 1689 von den Franzosen zerstörten Kirche von Gochsheim. 1704

Medailleur unbekannt

Vs.: Nordansicht der eintürmigen Kirche; auf dem Dach ein Storchennest. Über dem Gebäude von Palmzweigen gerahmt auf ovalen Schilden links das Wappen von Württemberg, rechts die fünfblättrige Rose von Eberstein, darüber der Fürstenhut.

Rs.: TEMPLUM / GOCHZHEIMENSE / 2 : AUG[usti] : 1689 : A . GALLIS / EXUSTUM : / FRIDERICO AUGUSTO : D[ei] / G[ratia] : DUCE WIRTEMBERGIAE & c[etera] REAEDIFICATUM / et / 15. IUNY 1704 / INAUGURATUM (Die Kirche von Gochsheim ist am 2. August 1689 von den Franzosen

J 115

J 115

zerstört, durch Friedrich August, von Gottes Gnaden Herzog von Württemberg etc., wiederaufgebaut und am 15. Juni 1704 geweiht worden).

Silber, geprägt, 32 mm, 6,45 g.

Literatur: Berstett 1846, S. 129–130, Nr. 324. – Binder/Ebner 1916, S. 42, Nr. 13–17.

Karlsruhe, Badisches Landesmuseum

HERZOGTUM WÜRTTEMBERG-ÖLS

J 117 □

Christian Ulrich (1668–1704)

40. Geburtstag seiner vierten Gemahlin, Sophia von Mecklenburg-Güstrow. 1702

Johann Neidhardt, Öls

Vs.: D[ei] . G[ratia] . SER[enissimus] . PRINC[eps] . D[omi]N[us] . D[omi]N[us] . CHRIST[ianus] . ULR[icus] . D[ux] . W[irtembergensis] . T[eccensis] . OLS-[nensis] . + D[ei] . G[ratia] . SER[erenissima] . PRINC[epessa] : D[omi]N[a] . D[omi]N[a] . SOPHIA . DUC[issa] . W[irtembergensis] . O[lsnensis] . & D[ucissa]. M[egalopolis] . G[ustrov]. (Christian Ulrich, von Gottes Gnaden durchlauchtigster Fürst und Herr, Herzog von Württemberg, Teck und Öls, Sophia, von Gottes Gnaden durchlauchtigste Fürstin und Herrin, Herzogin von Württemberg-Öls und Herzogin von Mecklenburg-Güstrow). Die Brustbilder des Paares einander gegenüber, links die Herzogin mit hochgesteckten Haaren, rechts der Herzog mit Panzer und Mantel. An seinem Armabschnitt die Signatur I.N.

J 117

Rs.: Darstellung der Geburtstagsfeierlichkeiten der Herzogin. In der Mitte des Hintergrundes der gekrönte Doppeladler mit dem Anfangsbuchstaben des regierenden Kaisers L[eopold]. auf der Brust. Rechts eine Ehrenpforte mit der Inschrift VIVAT SOPHIA (Es lebe Sophia) sowie acht spitze Pyramiden mit den Buchstaben ACLRMSHE. Sie bedeuten die Namen der Mutter der Herzogin, Magdalena Sibylla, sowie ihrer Schwestern Augusta, Christiana, Luise Regina (Königin von Dänemark), Hedwig und Elisabeth. Links neben aufsteigenden Raketen ein Podest mit Venus und Amor. Im Mittelgrund finden verschiedene Kampfspiele statt. Im Vordergrund ein See mit mehreren geschmückten Booten, in seiner Mitte eine hohe Stange mit einem gekrönten S (Sophia), links davon ein Meerfräulein mit einem S in der Rechten und zwei flammenden Herzen in der Linken. Im Abschnitt: M. DCC.II. / D[ie] . XXI IUNIUS (am 21. Juni 1702).

Silber, geprägt, 53 mm, 39,3 g.

Literatur: Thesaurus numismatum 1711, S. 1023 bis 1024. – Friedensburg 1899, S. 165. – Friedensburg/Seeger 1901, Sp. 40, Nr. 2429. – Binder/Ebner 1916, S. 38, Nr. 266.

Nürnberg, Germanisches Nationalmuseum

FÜRSTENTUM FÜRSTENBERG

J 118 □

Joseph Wenzeslaus (1728–1783)

Ausbeutemedaille von Wolfach. 1767

Adam Rudolph Werner, Stuttgart

Vs.: IOSEPHUS WENCESLAUS . S[acri] . R[omani] . I[mperii] . PRINCEPS . DE FURSTENBERG. (Joseph Wenzeslaus, des Heiligen Römischen Reiches Fürst von Fürstenberg.)
Brustbild mit langen Haaren, kurzer Perücke und drapiertem Harnisch nach rechts. Am Armabschnitt die Signatur: A. R. W.

Rs.: SYDERA FAVENT INDUSTRIAE (Die Gestirne begünstigen die Industrie). Im Abschnitt: DIE GRUB S[ankt] . WENCESLAUS : . / BEY WOLFFACH KAME IN AUS / BEUT IM QUARTAL REMI = NISCERE / 1767. Darunter Arabeske.
Ansicht der Abbaustelle im Frohnbachtal bei Wolfach. Von dem Auge Gottes gehen Strahlen aus zu dem oben auf dem

J 118

J 118

Hügel gelegenen Schacht; rechts unterhalb das Zechenhaus, links im Vordergrund eine Wohnhütte. Rechts im Vordergrund frontal der Hl. Wenzeslaus mit Krone und Mantel; die Rechte hat er auf eine Kartusche mit dem Fürstenbergischen Wappen gelegt.

Silber, geprägt, 64 mm, 87,7 g (3 Taler).

Literatur: Dollinger 1903, S. 11, Nr. 32. – Kirchheimer 1967, S. 91–93, 100–101 (dort weitere Literatur).

Karlsruhe, Badisches Landesmuseum

FÜRSTENTUM HOHENLOHE-NEUENSTEIN-ÖHRINGEN

J 119

Ludwig Friedrich Karl (1765–1805)

Prämienmedaille der Zeichenlehranstalt zu Öhringen. O. J.

Johann Samuel Götzinger, Ansbach

Vs.: LVD[ovicus] . FRID[ericus] . CAROL[us] . D[ei] . G[ratia] . PRINC[eps] . AB . HOHENL[ohe] . NEUENST[ein] . & (Ludwig Friedrich Karl, von Gottes Gnaden Fürst von Hohenlohe Neuenstein und so weiter).
Brustbild mit Panzer und umgehängtem Weißen Adlerorden nach rechts. Am Armabschnitt die Signatur: GÖZINGER.

Rs.: ARTIFICI PROGREDIENTI (Für Fortschritte in der Kunst).
Ein in antiker Art gekleideter junger Mann sitzt auf einem Block nach links und zeichnet eine vor ihm auf einem Postament stehende Büste. Im Hintergrund steht frontal Minerva mit Schild und Lanze in der Rechten und bekränzt mit der Linken den Jüngling mit einem Lorbeerkranz. Auf dem Boden verteilt und im Abschnitt liegen Zeichengeräte.

Silber, geprägt, 42 mm, 32,0 g.

Literatur: Albrecht 1844, S. 44, Nr. 175. – Albrecht 1865, S. 75, Nr. 175.

München, Staatliche Münzsammlung

GRAFSCHAFT HOHENLOHE-WEIKERSHEIM

J 120 □

Albert Ludwig Friedrich (1716–1744)

Lustschloß bei Weikersheim. 1743

Johann Leonhard Oexlein, Nürnberg

Vs.: ALB[ertus] . LVD[ovicus] . FRID[ericus] . COMES. DE HOHENLOH[e]. (Albert Ludwig Friedrich, Graf von Hohenlohe).
Brustbild mit Harnisch, besticktem Gewand und Mantel nach links. Am Armabschnitt die Signatur: I. L. OEXLEIN

Rs.: IN ALLEM WAS DV THVST BEDENKE DAS ENDE. Im Abschnitt: MDCCXLIII
Frontalansicht einer Ruine.

Die stilistische Stellung der Medaille im Oeuvre Oexleins läßt es möglich erscheinen, daß sie erst nach dem Tode des Grafen entstanden ist. Zu der Darstellung der Rückseite merkt Albrecht an: „Bei Weikersheim in einem Garten ließ er ein Lusthaus errichten, das in seinem Äußeren eine Ruine vorstellte, innen aber eine kostbare Einrichtung hatte.“

J 120

J 120

Zwei Exemplare ausgestellt:
Silber, geprägt, 43 mm, 29,70 g, (ein Taler);
Zinn, geprägt, 43 mm, 31,8 g.

Literatur: Albrecht 1865, S. 68, Nr. 154.

Stuttgart, Württembergisches Landesmuseum
München, Staatliche Münzsammlung

GRAFSCHAFT KÖNIGSEGG

J 121 □

Franz Maximilian Eusebius (geb. 1669, gest. 1710)

Porträtmedaille. O. J.

Philipp Heinrich Müller, Nürnberg

Vs.: FRANC[iscus] . MAX[imilianus] . EUS[ebius] . S[acri] . R[omani] . I[mperii] . C[omes] . D[e] . KONIGSECK & c[etera] S[acri] . C[aesaris] . M[aiestatis] . A[ctualis] . CO[n] S[iliarius] . INT[imus] & CAM[erarius]. (Franz Maximilian Eusebius, des Heiligen Römischen Reiches Graf von Königsegg und so weiter, der Heiligen Kaiserlichen Majestät wirklicher Geheimer Rat und Kämmerer).
Brustbild nach rechts mit Harnisch und Mantel, unter dem Armabschnitt die Signatur: P. H. M.

Rs.: VIGILANTIA FABIUS, CONSILYS CATO, ARMIS SCIPIO. (In der Wachsamkeit ist er ein Fabius, im Planen ein Cato, in den Waffentaten ein Scipio.)
Ein frontal dargestellter Krieger in der Rüstung eines römischen Feldherren breitet seine Arme mit Schwert und Schild über drei vor ihm kniende weibliche Gestalten aus. Sie sind durch Mauerkronen als Stadtgöttinnen gekennzeichnet und strecken dem Krieger Kränze entgegen. Sie halten die Wappenschilde von Kempten, Bregenz und Ehrenberg.

Randschrift: FORS ET VIRTUS MISCENTUR IN UNUM VIRG[ilius] . AEN[eis] . L[iber] . 12. (Stärke und Kraft vereinigen sich. Virgil, Aeneis, Buch 12)

Der Graf hatte sich im spanischen Erbfolgekrieg als Verteidiger von Bregenz, Kempten und Ehrenberg ausgezeichnet. Die Medaille feiert ihn als Beschützer der drei Städte.

Drei Exemplare ausgestellt:
Silber, geprägt, 45 mm, 30,0 g;
Blei, einseitig geprägt, 45 mm, 33,2 g, 36,7 g.

Literatur: Forster 1910, S. 127, Nr. 860. – Binder/Ebner 1916, S. 105, Nr. 5.

Augsburg, Städtische Kunstsammlungen

J 121

GRAFSCHAFT MONTFORT

J 122

Ernst (1730–1758)

Porträtmedaille. 1730

Christian Ernst Müller, Augsburg

Vs.: ERNEST[us] : COM[es] : DE MONTFORT (Ernst, Graf von Montfort).
Brustbild mit Allongeperücke und Harnisch nach rechts. Am Armabschnitt die Signatur: C. E.

Rs.: * PRO DEO ET LEGE * Gegenläufig: 1730. (Für Gott und das Gesetz). Unter einem Wappenmantel mit Helm und Inful das Wappen der Grafen von Montfort, eine Kirchenfahne mit drei Wimpeln.

Silber, geprägt, 33,4 mm, 14,42 g (ein halber Taler).

Literatur: Forster 1910, S. 65, Nr. 495. – Binder/Ebner 1916, S. 135, Nr. 294.

Stuttgart, Württembergisches Landesmuseum

VORDERÖSTERREICH

J 123 □

Geschenk der Breisgauer Stände an Kaiser Karl VI. zur Geburt von Erzherzog Leopold. 1716

Medailleur unbekannt

Vs.: CAES[ar] . AVG[ustus] . CAR[olus] . VI . GENTIS HABSBVR[gensis] . DECVS ET COLUMIN[sic] (Der erhabene Kaiser Karl VI., Schmuck und Zierde des Habsburger Geschlechtes). Umgeben von den Attributen seiner Macht ist der Kaiser im Profil nach rechts bis zu den Knien dargestellt. Mit der auf die rechte Hüfte gestützten Hand hält er den Kommandostab, die Linke hat er auf einen mit einem Löwen gezierten Helm gelegt, der neben einer kaiserlichen, einer königlichen und einer erzherzoglichen Krone und dem Reichsapfel vor ihm steht. Die darunterliegende Draperie zeigt um den Habsburger Löwen angeordnet die Wappen der geistlichen Stifter der vorderösterreichischen Stände. Im Hintergrund links Teil einer Doppelsäule, daneben ein Vorhang und rechts türkische Roßschweife als Trophäen. Gekleidet ist der Monarch in einen Prunkharnisch mit wallendem Umhang. Auf der Brust trägt er das Goldene Vlies, im Haar einen Lorbeerkranz.

J 123

Rs.: AETERNITAS AVGVSTA. (Ewigkeit des Kaisertums). Im Abschnitt: GAVDII ROMANOR[um] . DE AVG[ustali] . NATAL[i] . LEOP[oldi] . A[rchiducis] . AV[striae] . PR[incipis] . A[ltissimi] . PRAECIPVAM SIBI SVMVNT PARTEM . / GRATVLABVNDAE PROVINCIAE . / DITIONIS PRISCAE HABS[burgicae] . AVS[triae] . ANT[erioris] / M. DCC. XVI. (Die gratulierenden Provinzen der alten Habsburgischen Herrschaft Vorderösterreich nehmen hervorragenden Anteil an der Freude der Römer über die Kaiserliche Geburt des Allerhöchsten Fürsten Leopold, Erzherzogs von Österreich. 1716).

Auf einer Weltkugel mit verschiedenen Flußläufen und den Namen „vora[r]lsb[e]rg, Habspurg, Bre[i]sgau und Schweb[isch] Öster[reich]" sitzt in ein antikisiertes Gewand gekleidet und mit der Mauerkrone im Haar die Schicksalsgöttin Tyche. Mit beiden Händen hebt sie den kleinen Erzherzog auf den Rücken des Habsburger Löwen, der mit dem ungarischen Patriarchalkreuz in der rechten Vorderpranke sich zu ihren Füßen niederbeugt, um das Kind, das in Zukunft seine Geschicke bestimmen soll, zu tragen.

Die Medaille ist sicher eine der größten, die jemals hergestellt wurden. Ein goldenes Exemplar im Gewicht von 3740 g wurde Kaiser Karl VI. vom Abt Augustin Fink von St. Blasien und Johann Baptist Recliff überreicht. Es wurde später für karitative Zwecke eingeschmolzen.

Bronze, gegossen, versilbert, 216 mm, 4620 g.

Literatur: Thesaurus numismatum 1711, S. 970. – Berstett 1846, S. 203, Nr. 654. – Günzburger 1930, S. 151, Nr. 307. – Jungwirth 1969, S. 86–87. – Rath 1971, S. 248, Nr. 176.

Karlsruhe, Badisches Landesmuseum

GEISTLICHE TERRITORIEN

FÜRSTPROPSTEI ELLWANGEN

J 124 □

Johann Christoph Adelmann von Adelmannsfelden, Propst von Ellwangen (1674–1687)

Porträtmedaille. 1685

Philipp Heinrich Müller, Nürnberg

Vs.: IO[hannes] : CHRISTOPH : D[ei] : G[ratia] : S[acri] : R[omani] : I[mperii] : PRINCEPS . PRÆPOS[itus] : ET. D[omi]N[us] . ELVACENS[is]. (Johann Christoph, von Gottes Gnaden Fürst des Heiligen Römischen Reiches, Propst und Herr von Ellwangen).
Brustbild mit kostbarem Spitzenhemd nach rechts. Darunter die Signatur: P. H. Müller fecit. (Von P. H. Müller gemacht).

Rs.: PIE AC FORTITER (Fromm und tapfer).
Reich verziertes Wappen mit Schwert und Krummstab, darunter klein die Jahreszahl 16–85.

Blei, geprägt, 48 mm × 45 mm, 24,5 g.

Literatur: Vgl. Binder/Ebner 1916, S. 75, Nr. 12–13 (Gold- und Silberexemplar).

München, Staatliche Münzsammlung

J 124

HOCHSTIFT KONSTANZ

J 125 □

Franz Johann von Pralsberg (1645–1689)

Porträtmedaille. O. J.

Georg Pfründt, Durlach

Vs.: In einem Lorbeerkranz: FRANCISC[us] IOAN[nes] D[ei] G[ratia] EPIS[copus] CONSTANT[iae] . D[omi] N[us] . AVGIÆ MAIOR[is] ET OEN[ingensis]. (Franz Johann, von Gottes Gnaden Bischof von Konstanz, Herr der Reichenau und von Öhningen.)
Brustbild des Bischofs nach rechts.

Rs.: In einem Lorbeerkranz das fünffeldrige Wappen von Konstanz, Öhningen und das Familienwappen; als Mittelschild das Wappen der Reichenau. Über reichen Helmdecken die Zier aus einem Kopf mit Inful und Bischofsstab in der Mitte, links auf einem Polster das Bischofskreuz, rechts ein Jagdhund.

Silber, gegossen, 54 mm × 45 mm, 21.6 g, gehenkelt.

Literatur: Berstett 1846, S. 147, Nr. 107 b. – Bechtold 1923/24, S. 40, Nr. 16.

Karlsruhe, Badisches Landesmuseum

J 126

Hugo Damian von Schönborn (1722–1740)

Wahl zum Koadjutor. 1722

Georg Wilhelm Vestner und Peter Paul Werner, Nürnberg

Vs.: DAMIANVS HVGO S[acrae] . R[omanae] . ECCLES[iae] . CARD[inalis] . EX S[acri] . R[omani] . I[mperii] . COMIT[ibus] . DE SCHOENBORN. (Damian Hugo, Kardinal der Heiligen Römischen Kirche aus dem Geschlecht der Grafen des Heiligen Römischen Reiches von Schönborn.)
Brustbild des Kardinals mit schulterlangen Haaren nach rechts. Unter dem Armabschnitt die Signatur: VESTNER F[ecit]. (Von Vestner gemacht.)

Rs.: CONSTANTER FERET HÆC PONDERA DIA MANVS. (Möge er diese Gewichte standhaft mit den Händen tragen). Im Abschnitt: HVGO CARDINALIS Â SCHÔNBORN / ELECTVS COADIVTOR EPI = / SCOPI CONSTANTI = / ENSIS. (Hugo, Kardinal von Schönborn, gewählter Koadjutor des Bischofs von Konstanz.) Das Chronostichon ergibt die Jahreszahl 1722.
Neben einer korinthischen Säule steht nach rechts Atlas und trägt gemeinsam mit dem knienden Herkules das als Kugel mit Tierkreiszeichen dargestellte Himmelsgewölbe; rechts darüber auf Wolken sitzend Jupiter mit dem Adler. Im Hintergrund die Silhouette der Stadt Konstanz. Auf der Abschnittsleiste rechts die Signatur: PW

J 125

J 125

Die Worte Constanter und dia manus der Legende der Rückseite sind als Spiel mit den Namen des Bistums Konstanz und seines neuen Koadjutors Damian zu verstehen. Mit Atlas und Herkules sind der Bischof Johann Franz II. und Damian Hugo gemeint, die jetzt die Last des Amtes gemeinsam tragen. Jupiter verkörpert den Papst.

Silber, geprägt, 43,5 mm, 28,5 g (1 Taler).

Literatur: Berstett 1846, S. 147–148, Nr. 411.

Karlsruhe, Badisches Landesmuseum

ABTEI ST. BLASIEN

J 127 □

Abt Franz Schechtelein (1727–1747)

Neubau des Klosters. 1740

Matthäus Donner, Wien

Vs.: FRANC[iscus] . D[ei] . G[ratia] . ABB[as] . CONG[regationis] . S[ancti] . BLASII . IN . NIGRA . SYLVA . S[acrae] . C[aesareae] . R[egiaeque] . C[atholicae] . MAI[estati] . A . SEC[retoribus] . CONS[iliis]. (Franz, von Gottes Gnaden Abt der Bruderschaft von St. Blasien im Schwarzwald, der Heiligen Kaiserlichen und Königlichen Katholischen Majestät Geheimer Rat.)

Rs.: OPERIBVS AMPLITATIS RESTITVIT (Er hat es erweitert und wiederhergestellt).
Ansicht des Klostergebäudes aus der Vogelperspektive. Darunter im Kartuschenabschnitt: MDCCXL. Rechts unten die Signatur: MD (ligiert).

Bereits seit Generationen waren weite Teile des Klosters St. Blasien vom Ein-

J 127

J 127

sturz bedroht oder veraltet. Das konnte erst nach dem Machtzuwachs der Abtei unter Abt Franz Schechtelin geändert werden. Er ließ eine völlig neue, um mehr als das Doppelte vergrößerte Anlage errichten, von der heute nur noch Weniges erhalten ist.

Silber, geprägt, 45 mm, 34,8 g.

Literatur: Lochner, Bd. 8, 1744, S. 193–197. – Berstett 1846, S. 82, Nr. 51. – Domanig 1907, S. 97, Nr. 595. – Günzburger 1930, S. 75, Nr. 150 a.

Karlsruhe, Badisches Landesmuseum

J 128 □

Abt Martin II. (1764–1793)

Neubau des Klosters. 1783

Anton Guillemard, Mailand

Vs.: MARTINVS . II. S[acri] . R[omani] . I[imperii] . PR[inceps] . ABB[as]. CONG[regationis] . S[ancti] . BLASII . IN . NIGRA . SILVA. (Martin II., Fürst des Heiligen Römischen Reiches, Abt der Bruderschaft von St. Blasien im Schwarzwald).
Brustbild des Abtes nach rechts. Am Armabschnitt die Signatur: A. GUILLEMARD . F[ecit]. (Von A. Guillemard gemacht).

Rs.: OPTIMO . PATRI . OB . REM . RESTITVTAM. (Dem besten Vater aus Anlaß des Wiederaufbaues).
Ansicht des Klosters von Westen; im Hintergrund die Berge des Schwarzwaldes. Im Abschnitt in einer verzierten Leiste: CAPITV[lum] . S[anctum] . BLASIANVM / MDCCLXXXIII (Das Heilige Kapitel von St. Blasien).

Am 25. 7. 1768 hatte ein Großbrand die gesamte Klosteranlage von St. Blasien

J 128

J 128

vernichtet. Unter dem tatkräftigen Abt Martin II. Gerbert wurden die Gebäude in ihrer heutigen, bereits 1771 weitgehend abgeschlossenen Gestalt wieder aufgebaut. Architekt war der Franzose Pierre Michel D'Ixnard (1723–1795).

Gold, geprägt, 41,6 mm, 34,9 g (10 Dukaten).

Literatur: Berstett 1846, S. 83, Nr. 52. – Günzburger 1930, S. 70, Nr. 151.

Stuttgart, Württembergisches Landesmuseum

HOCHSTIFT SPEYER

J 129 □

Lothar Friedrich von Metternich (1652–1675)

Porträtmedaille. O. J.

Medailleur unbekannt

Vs.: LOTHAR : FRIDERIC[us] : D[ei] : G[ratia] : EPISC[opus] : SPIRENSIS : PRÆPO[situs] : WEISSENB[urgensis]. (Lothar Friedrich, von Gottes Gnaden Bischof von Speyer, Präpositus von Weissenburg).
Das Brustbild des Bischofs mit glattem, schulterlangem Haar nach rechts.

Rs.: Das quadrierte Wappen von Speyer und Weißenburg; in der Mitte das Familienwappen mit drei Muscheln; reiche Helmdecken. Darüber vier Helme mit den Zeichen der Familie und der Stifte.

Silber, gegossen, 39 mm × 32 mm, 18,4 g.

Literatur: Harster 1882, S. 142, Nr. 131 (var.).

Karlsruhe, Badisches Landesmuseum

J 130 □

Damian Hugo von Schönborn (1719–1743)

Regierungsantritt. 1719

Georg Wilhelm Vestner, Nürnberg

Vs.: DAMIANVS HVGO S[acrae] . R[omanae] . ECCLES[iae] . CARD[inalis] . EX S[acri] . R[omani] . I[mperii] . COMIT[ibus]. DE SCHOENBORN (Damian Hugo, Kardinal der Heiligen Römischen Kirche, aus dem Geschlecht der Grafen des Heiligen Römischen Reiches von Schönborn).

J 129

Brustbild des Kardinals nach rechts. Am Armabschnitt die Signatur: VESTNER. F[ecit]. (Von Vestner gemacht).

Rs.: POST NEMO SIGNVM HOC IMPVNE LACESSET * (Nachher soll niemand dieses Zeichen ungestraft herunterreißen).
An einem gemauerten Pyramidenstumpf in einer Kartusche das Wappen von Speyer mit daruntergelegtem Bischofsstab und Inful sowie Fürstenhut und Szepter. Vor der Pyramide das Wappenbild der Schönborns, ein doppelschwänziger Löwe auf drei Bergspitzen nach links; rechts vor Binsen hingelagert ein nackter bärtiger Mann, der Flußgott Rhein, links ein nackter junger Mann mit einer Quellurne, der Speyerbach.

Gold, geprägt, 44 mm, 34,5 g (10 Dukaten).

Literatur: Harster 1882, S. 152, Nr. 159.

Karlsruhe, Badisches Landesmuseum

J 131

Damian Hugo von Schönborn

Dukat zur Erbauung des Schlosses in Bruchsal. 1726

Medailleur unbekannt

Vs.: BRUCHSALIA . DAMIANOBURGUM (Bruchsal, die Damiansburg). Vereinfachte Ansicht der 1725 im Rohbau vollendeten drei Hauptgebäude des Bruchsaler Schlosses. Darüber in Spiegelschrift: INDE SALUS. (Von hier kommt das Heil).

Rs.: Auf dem Kreuz des Deutschen Ordens nebeneinander die Wappen von Speyer und Weissenburg (links), sowie das neunfeldrige Familienwappen (rechts); darüber der Fürsten- und der Kardinalshut, dazwischen klein der Wappenschild der Balleien Hessen und Altenbiegen, darunter 17–26, dahinter Krummstab und Schwert.

Der Dukat wurde vermutlich geprägt aus Anlaß des Einzuges von Damian Hugo in den 1726 fertiggestellten (rechten) Kammerflügel.

Gold, geprägt, 20,5 mm, 3,5 g (ein Dukat).

Literatur: Harster 1882, S. 153–154, Nr. 162.

Karlsruhe, Badisches Landesmuseum

J 130

J 130

J 132 □

Franz Christoph von Hutten (1743–1770)

Huldigung der Stadt Bruchsal. 1745

Medailleur unbekannt

Vs.: FRANCIS[cus] . CHRIST[ophus] . D[ei] . G[ratia] . EP[iscopus] . SPIR[ensis] . S[acri]. R[omani] . I[mperii] . PR[inceps] . P[raepositus] . WEISSENB-[urgensis] (Franz Christoph, von Gottes Gnaden Bischof von Speyer, Fürst des Heiligen Römischen Reiches, Präpositus von Weissenburg).
Brustbild des Bischofs mit Spitzenhemd nach rechts.

Rs.: DOM[ino] : CLEMENTISSIMO BRUCHSALIA DEVOTISSIMA Gegenläufig: 1745 (Dem allermildesten Herrn das ergebenste Bruchsal 1745).
Die in ein antikisiertes Gewand gekleidete Stadtgöttin bringt die Stadtschlüssel

J 132

zu dem Bischof, der nach rechts auf einem Sessel unter einem Baldachin sitzt. Im Hintergrund das Bruchsaler Schloß.

Gold, geprägt, 21,7 mm, 3,5 g (ein Dukat).

Literatur: Harster 1882, S. 155–156, Nr. 165.

Karlsruhe, Badisches Landesmuseum

ABTEI WEINGARTEN

J 133 □

Dominikus II. Schnitzer (1745–1784).

50jähriges Priesterjubiläum. 1781

Franz Matzenkopf d. J., Salzburg

Vs.: D[ei] . G[ratia] . DOMIN[icus] . S[acri] . R[omani] . I[mperii] . PRÆLAT[us] . & ABBAS WEINGARTENSIS. (Dominikus, von Gottes Gnaden des Heiligen Römischen Reiches Prälat und Abt von Weingarten).
In einem verzierten Schild ein Wappen mit sechs Feldern und gespaltenem Mittelschild. Darüber ein Engelskopf mit Mitra, dahinter Krummstab und Schwert. Im Abschnitt: VINEA FVIT PACIFICO. CANT[icum Canticorum] / MDCCLXXXI (Der Friedfertige besaß einen Weingarten. Hoheslied). Darunter die Signatur: F. M.

Rs.: IVBILAEI SACER–DOTII MEMORIA. (Erinnerung an das Priesterjubiläum).
Vor einer Kirchenfassade sitzt links der Papst mit der Tiara, im rechten Arm ein dreifaches Kreuz, zu seinen Füßen die

J 132

Schlüssel Petri. Mit der Linken deutet er zu einem auf Wolken schwebenden strahlenden Kelch mit einer Hostie. Rechts steht ein Priester in alttestamentlicher Tracht und bläst eine Posaune. Links unten die Signatur: M. Im Abschnitt: SANCTIFICABIS ANNVM L (quinquagesimum) / QVIA IVBILAEVS EST. LEV[iticus]. XXV. (Du wirst das fünfzigste Jahr heiligen, denn es ist ein Jubeljahr, Leviticus 25).

Die genauen Zitate für die angeführten Bibelverse lauten: Canticum Canticorum = Hoheslied, 8, 11 und Leviticus (= 3 Mose), 25, 10. Der vorhergehende Vers 9 beginnt: „Du sollst die Posaune blasen lassen durch alles euer Land!"

Silber, geprägt, 36 mm, 17,5 g.

Literatur: Binder/Ebner 1916, S. 89, Nr. 6.

Stuttgart, Württembergisches Landesmuseum

J 133

REICHSSTÄDTE

ESSLINGEN

J 134 □

Zweihundertjahrfeier der Reformation. 1717

Philipp Heinrich Müller, Augsburg

Vs.: * MEMOR[ia] . IVBILÆI. II. CELEBRATI IN S[acri] . R[omani] . I[mperii] . CIVITATE . ESSLINGA. D[ie] . 31. OCT[obris] . 1717 (Zur Erinnerung an das zweite Jubiläum, gefeiert in der Stadt des Heiligen Römischen Reiches Esslingen).
Stadtansicht mit der Neckarbrücke, dem Rathaus, der Frauenkirche und den Kirchen St. Dionysius und St. Paul. Darüber die strahlende Sonne und die Inschrift CONSERVET DOMINUS LUMEN IN URBE SUA (Der Herr möge sein Licht in seiner Stadt erhalten).

Rs.: PAUL[o] DE BURGERMEISTERO . IEREM[io] . SPINDLERO . IEREM[io] GODELMANNO. P[ro] . T[empore] . CO[n]S[ulibu]S: (Unter der Regierung der derzeitigen Ratsherren Paul von Burgermeister, Jeremias Spindler und Jeremias Godelmann).
Dreiviertelansicht Martin Luthers nach rechts mit der Bibel in der Hand. Darüber die Inschrift: MARTINVS LVTHERVS THEOLOGIAE DOCT-[or] (Martin Luther, Doktor der Theologie). Das Chronostichon dieser Inschrift ergibt die Jahreszahl 1717. Darunter die Signatur: M

J 134

Gold, geprägt, 34 mm, 10,4 g (3 Dukaten).

Literatur: Binder 1846, S. 434, Nr. 4 (var.) – Forster 1910, S. 118, Nr. 814.

Nürnberg, Germanisches Nationalmuseum

J 135

Fünfzigjähriges Amtsjubiläum des Ratsherren Philipp Eberhard Eckher. 1769

Medailleur unbekannt

Vs.: HIC DOMUS HÆC PATRIA EST . VIRG[ilius]. (Dies ist mein Haus, dies ist meine Heimat. Vergil, Aeneis, 7, 122). Ansicht der Hauptfassade des Esslinger Rathauses. Darunter im Abschnitt D[ie] .

27. Apr[ilis]. – 1769. (Blattornament), dazwischen das Eckhersche Wappen, vier Rauten.

Rs.: Unter einem kleinen Reichsadler die Inschrift: HOC / PIETATIS ET GAUDII / MONUMENTUM / D[omi]N[o] . PHIL-[ippo] . EBERH[ardo] . ECKHERO / CONSULI / PER X. LUSTRA PATRIÆ / CUM LAUDE INSERVIENTI / D[ono] . D[edit] . D[edicavitque]. / SEN[atus] . REIP[ublicae] . ESLING[ensis]. (Blattornament) (Dieses Denkmal der Verehrung und der Freude schenkt und widmet der Rat der Stadt Esslingen Herrn Philipp Eberhard Eckher, der seinem Vaterland fünfzig Jahre lang lobenswert als Ratsherr gedient hat).

Gold, geprägt, 33,3 mm, 13,95 g (4 Dukaten).

Literatur: Binder 1846, S. 435, Nr. 7.

Stuttgart, Württembergisches Landesmuseum

HEILBRONN

J 136 □

Zweite Säkularfeier der Reformation. 1717

Philipp Heinrich Müller, Augsburg

Vs.: (Arabeske) HIC QVOQVE SARTA DEO BENE CONSERVANTE MANEBIT: (Arabeske) / Gegenläufig: MEM[oriae] . IVB[ilaei] . II. HEILBR-[onnae]. (Auch hier wird sie unter Gottes gutem Schutz wohlbehalten bleiben. Zur Erinnerung an das zweite Jubiläum in Heilbronn). Das Chronostichon der Legende ergibt die Jahreszahl 1717.
Die Personifikation der Religion steht

J 136

J 136

frontal mit einem großen Kreuz im linken Arm nach links an einem Altar, auf dem eine Bibel liegt, über die sie mit der rechten Hand eine Kerze hält. Sie wird von einem aus den Wolken kommenden Arm gekrönt. Auf der Bibel stehen die Buchstaben V[erbum] . D[omini] . M[anet] . I[n] . Æ[ternum] . (Das Wort des Herren bleibt in Ewigkeit). Auf dem Altar die Jahreszahl 1717, links von ihm die Signatur: M.

Rs.: * HAC SALVATORIS PORRO / LAETABIMVR VNDA * / Gegenläufig: MANAT ADHVC SALIENS FONTE SALVTIS A AQVA (Wir werden uns auch in Zukunft des Wassers des Erlösers erfreuen. Das Wasser fließt bis heute munter aus der Quelle des Heils). Jeder der lateinischen Sätze enthält das Chronostichon der Jahreszahl 1717.
Der Siebenröhrenbrunnen in einer felsigen Landschaft. Darüber steht Christus mit dem Kreuz, sein Haupt ist von Strahlen umgeben und aus seinen Wunden fließt Blut in den Brunnen. Unten links an der Einfassung die Signatur: M.

Silber, geprägt, 44 mm, 29,11 g, (1 Taler).

Literatur: Binder 1846, S. 462, Nr. 7.

Karlsruhe, Badisches Landesmuseum

J 137 □

Pferdemarktmedaille. 1770

Jakob Michael Pressel, Heilbronn

Vs.: (Rosette) SOLERTIÆ PRÆMIUM (Rosette) Gegenläufig: ARBITRIO SENATUS HEILBRONN 1770 (Dem Fleiß der Preis. Auf Beschluß des Senats von Heilbronn 1770).

J 137

J 137

Darstellung des Siebenröhrenbrunnens in der Kirchbrunnenstraße in der Nähe der Kilianskirche. Darüber ein Adler mit einer Girlande im Schnabel. Unter der Brunnennische das Stadtwappen. Rechts unten die Signatur: P
Der Brunnen wurde 1868 nach Versiegen der Quelle abgebrochen.

Rs.: O FORTUNATOS NIMIUM SUA SI BONA NORINT AGRICOLAS (O wie überaus glücklich wären die Bauern, wenn sie ihre Werte kennen würden. Der Vers stammt aus Vergil, Georgica, 2, 458–459).
Bei einem einfachen Stall zwei Pferde und zwei Ochsen, denen ein Bauer ein Joch auflegt. Im Abschnitt die Signatur: Pressel (kursiv).

Diese Medaillen wurden auf dem dreimal im Jahr abgehaltenen Viehmarkt für das beste Pferd und das schwerste Paar Ochsen verliehen. Die Jahreszahl bezieht sich auf die Stiftung des Preises und nicht auf die Prägung des einzelnen Exemplars.

Zwei Exemplare ausgestellt:
Silber, geprägt, 48,9 mm, 38,61 g;
Silber, geprägt, 54,2 mm, 58,47 g.

Literatur: Binder 1846, S. 463, Nr. 9. – Koch 1976, S. 287, Nr. 1.

Stuttgart, Württembergisches Landesmuseum

RAVENSBURG

J 138

Zweite Säkularfeier der Augsburger Konfession. 1730

Christian Ernst Müller, Augsburg

Vs.: * VICIT. IO ! CONFESSA FIDES RVRSVSQVE TRIVMPHAT (Ja, er siegt ! Und wiederum triumphiert der offen bekannte Glaube).
Ein geflügelter Putto überreicht dem nach links thronenden Kaiser Karl V. ein aufgeschlagenes Buch mit den Initialen C[onfessio] A[ugustana] .

Rs.: VIM VIRTVS VINCENDO VIRESCIT. (Die Tugend ergrünt beim Besiegen der Gewalt). Im Abschnitt: SIC IVBILAT ECCLESIA/RAVENSPVRGENSIS / EVANG[elica]. (So feiert die evangelische Kirche in Ravensburg das Jubiläum). Die Chronosticha der Legenden beider Seiten ergeben jeweils die Jahreszahl 1730.
Ein aufrechter Baum im Gewittersturm. Rechts unten die Signatur: M

J 139

J 139

Silber, geprägt, 25,5 mm, 5,4 g.

Literatur: Binder 1846, S. 485, Nr. 25. – Lanz 1927, S. 190, Nr. 116. – Nau 1964, S. 100, Nr. 52.

Stuttgart, Württembergisches Landesmuseum

REUTLINGEN

J 139 □

Zweite Säkularfeier der Reformation. 1717

Medailleur unbekannt

Vs.: *ZV VVVNSCH AVF KEISERS TREVV AVCH ZV MARIEN EHR MICH ZIERT IEZT IESV WORT DIE REIN LVTHERI LEHR. Das Chronostichon des ersten Teils des Satzes ergibt die Jahreszahl 1247, das im zweiten Teil die Jahreszahl 1717. Im Abschnitt: ANN[um] AEDIFIC[ationis] . 1247. / IUBIL[aei] . II. REUTTLING[ensis] . 1717 (Jahr der Erbauung 1247, des zweiten Jubiläums in Reutlingen 1717).
Seitenansicht der dreitürmigen Marienkirche in Reutlingen.

Rs.: WOLT SCHON DAS INTERIM DAS HELLE LIECHT VERDUNCKLEN . / LIES DOCH DES HERREN STIM SEIN WORT BEI UNS STETS FUNCKLEN. Im Abschnitt: APOCALYPS[e] . C[apitel] . 1 . V[ers] . 13 . 14. 15. 16. / *
Dargestellt ist die an der zitierten Stelle der Offenbarung des Johannes geschilderte Christuserscheinung: Christus in einem langen Gewand inmitten von sieben Leuchtern. In der rechten Hand hält er sieben Sterne, aus seinem Mund ragt ein Schwert und sein Haupt ist von Strahlen umgeben. An der rechten Seite steht auf einem Altar ein weiterer Leuchter, vor den ein großes Buch gestellt ist.

Randschrift: FISCHER: CAMERER: ZWISLER: C[onsulibus] : BERGER : S[yndico] : WUCHRER: SCHMID: P[raetoribus] : KALBFEL: EFREN: ENSLIN: MANN: BAUR: TH[eologis] : (Die Namen der weltlichen und geistlichen Beamten der Stadt im Jubiläumsjahr).

Silber, geprägt, 45 mm, 40,6 g.

Literatur: Binder 1846, S. 486, Nr. 2.

Stuttgart, Württembergisches Landesmuseum

SCHWÄBISCH HALL

J 140 □

Neubau der Saline. 1716

Martin Brunner, Nürnberg

Vs.: HALENSIS FVMANT CALIDIS PATRIAE IGNIBVS ARAE. („Halline bringet hier auf diesem Dankaltar/In tiefgebogner Pflicht ihr Andachtsopfer dar.“ Lochner). Das Chronostichon der Umschrift ergibt die Jahreszahl 1716.
Ansicht der Stadtkirche St. Michael mit der großen Freitreppe, an derem oberen Ende ein kleiner brennender Altar steht. Am unteren Ende der Treppe die Signatur: M B (ligiert).

Rs.: ISTIS LAETA DABVNT SVPERI INCREMENTA SALINIS. („Nun heist sie wiederum ein Salzstadt in der That,/ Weil Gott den Suhlenbau so wol beglücket hat.“ Lochner).
Ansicht des neuerbauten Salzbrunnenhauses. Im Abschnitt: FAVSTA SALINARVM REPARA=/TIO PIE CON-

J 140

CELEBRATA/ HALLIS CO-CHA=/RICIS. („Der Kocher Stadt sich freut, weil Gottes Gnadenseegen/ Will neuen Überfluß in diese Salzquell legen." Lochner). Die Chronosticha beider Inschriften ergeben die Jahreszahl 1716.

Bei den von Lochner überlieferten zeitgenössischen Eindeutschungen der lateinischen Legenden handelt es sich nicht um wörtliche Übersetzungen.

Zwei Exemplare ausgestellt:
Gold, geprägt, 35,5 mm, 10,42 g (3 Dukaten);
Silber, geprägt, 35,7 mm, 14,89 g.

Literatur: Lochner, Bd. 8, 1744, S. 33–40. – Binder 1846, S. 453–454, Nr. 47–48.

Stuttgart, Württembergisches Landesmuseum

J 141 □

Neubau des Rathauses. 1735

Peter Paul Werner, Nürnberg

Vs.: Am oberen Rand rechts und links des Gottesauges NUMINE PROPITIO (Mit Gottes Gnade). CAESAR ET IMPERIUM MISERIS SOLAMINA FIXIT. (Der Kaiser und das Reich haben den Unglücklichen Trost gespendet). Am unteren Rande gegenläufig: SIC URBS EX FLAMMIS CURIA SICQUE REDIT. (So steigt die Stadt und so das Rathaus aus den Flammen empor).
Unter dem Reichsadler die Gesamtansicht der nach dem Brand von 1728 wiederaufgebauten Stadt von Westen.

Köhler gibt folgende sehr freie Eindeutschungen der Legenden: „Der Kayser und das Reich hat den elenden Stand / Mit der Exemtion getröstet bey dem Brand." „Also kann man die Stadt nach Flammen wieder schauen,/ Und mit gestärckter Hand ein neues Rathaus bauen". „Die reiche Gnadenhand des Gottes Zebaoth / Hat uns geholfen jetzt aus großer Feuersnoth."

J 140

Rs.: *IUSTITIÆ TEMPLUM VIRTUTES CONTINET OMNES*/ SIC NULLI CEDUNT IURA SACRATA DEO (Der Tempel der Gerechtigkeit umfaß alle Tugenden, nie entwichen daraus die göttlichen Rechte).

Köhler: „Hier steht der Tempel fest, so der Gerechtigkeit, / Und allen Tugenden beständig ist geweiht./ Also entweichen nie daraus die festen Rechte / Und richten sich gar nicht nach Willkür ein'ger Mächte."
Ansicht des neu erbauten Rathauses. Rechts unten die Signatur: P. P. W.
Im Abschnitt: CVRIA NOVA / VRBIS IMPERIALIS DEVOTÆ SVEVO-HALANÆ (Neues Rathaus der getreuen Reichsstadt Schwäbisch Hall).
Köhler: „Der Kayerstadt Hall in Schvvaben neves Rathhavß so in Zeit von drey Iahren erbavet ist." Sowohl der lateinische Text als auch Köhlers Übersetzung enthalten das Chronostichon für 1735.

Vier Exemplare ausgestellt:
Gold, geprägt, 43,7 mm, 27,71 g (8 Dukaten);
Silber, geprägt, 44 mm, 24,59 g;
Bronze, geprägt, 44,1 mm, 27,4 g;
Zinn, geprägt, 43,9 mm, 30,0 g.

Literatur: Köhler 1748, S. 217–224. – Binder 1846, S. 454, Nr. 52–53.

Stuttgart, Württembergisches Landesmuseum
München, Staatliche Münzsammlung

J 142

100 Jahre Westfälischer Friede. 1748

Peter Paul Werner, Nürnberg
Prägung von Carl Gottlieb Lauffer, Nürnberg

Vs.: *CRESCANT AC VIGEANT RELLIGIO ET PIETAS. (Religion und Frömmigkeit mögen wachsen und gedeihen).
Ein Altar ist mit einem kostbaren, mit den hallischen Wappen geschmückten Tuch bedeckt, darauf zwei Leuchter, ein Kruzifix und ein als „Biblia" gekennzeichnetes Buch. Unten die Signatur: W ./ und die Initialen C. G . L .

Rs.: FRANCISCVS VIVAT VIREAT PAX ARMA QVIESCANT: (Es lebe Kaiser Franz, es grüne der Friede, es schweigen die Waffen). Das über Vorder- und Rückseite verteilte Chronostichon ergibt die Jahreszahl 1748.

J 141

J 141

Eine frontal sitzende weibliche Gestalt hält in der Rechten einen Ölzweig und im linken Arm ein Füllhorn. Über ihr unter dem strahlenden Gottesauge der Doppeladler mit einem Schild, darin die Signatur: P P W

Silber, geprägt, 29 mm, 3,65 g.

Literatur: Binder 1846, S. 456, Nr. 72.

Stuttgart, Württembergisches Landesmuseum

J 143 □

Goldene Hochzeit und 50jähriges Amtsjubiläum des Stadtmeisters Johann Lorenz von Jemgumer-Kloster. 1748

Peter Paul Werner, Nürnberg

Vs.: CŒLITUS HÆC VOBIS RARA CORONA DATUR (Vom Himmel wird euch diese seltene Krone gegeben). In einem Garten zwei eng ineinander verschlungene Bäume mit Früchten. Unter ihnen an zwei gekrönten hohen Pyramiden zwei Schilde mit den Brustbildern des Ehepaares einander gegenüber. In die Äste ist ein Band mit der Aufschrift: CORONA HONORIS AMORIS SEMISECULARIS (Krone einer halbhundertjährigen Ehre und Liebe) geschlungen. Im Abschnitt: DULCISSIMA POMA. (Süßeste Früchte) und die Signatur: P . P . W .

Rs.: PARENTIBUS OPTIMIS/ IO[hanno] . LAUR[entio] . DE IEMGUMER CLOSTER / I[uris] . U[triusque] . D[octori] . & REIP[ublicae] . SUEVO HALENSIS / CONSULI SENIORI & H[oc] . T[empore] . REGENTI / ET / CATHARINÆ MAGDALENÆ NATÆ / ENGELHARDTIÆ / UNO DIE EOQUE

J 143

PATRI NATALI / D[ie] . 7. MAY[i] . 1748 . / IUBILÆUM AMORIS & HONORIS / CELEBRANTIBUS / GRATULANTUR / FILIUS . FILIÆ . NURUS / GENERI . NEPOTES . PRO : / NEPOTES. (Den besten Eltern, dem Doktor beider Rechte Johann Lorenz von Jemgumer-Kloster, dem älteren und zur Zeit regierenden Ratsherrn der Stadt Schwäbisch Hall, und Katharina Magdalena, geborenen Engelhardt, die an einem und zwar am Geburtstag des Vaters, dem 7. Mai 1748 das Jubiläum der Liebe und Ehre feiern, gratulieren der Sohn, die Töchter, die Schwiegertochter, die Schwiegersöhne, die Enkel und Urenkel).

Silber, geprägt, 43,5 mm, 23,20 g.

Literatur: Köhler 1748, S. 185–192. – Binder 1846, S. 458, Nr. 93.

Stuttgart, Württembergisches Landesmuseum

ULM

J 144

Einnahme durch Kurfürst Max Emanuel von Bayern. 1702

Philipp Heinrich Müller, Nürnberg

Vs.: Der Kurfürst steht in der Tracht eines römischen Feldherrn auf einem Postament. In der Rechten hält er ein mit Lorbeer umwundenes Schwert, am linken Arm trägt er einen Schild mit dem Monogramm der Maria und der Umschrift: IN HOC SIGNO VINCO (In diesem Zeichen siege ich). Hinter dem Kurfürsten zahlreiche Feldzeichen und Fahnen. Links neben dem Postament der Flußgott der Donau mit Dreizack und Wasserurne. Rechts überreicht die Stadtgöttin Max Emanuel die Stadtschlüssel. Im linken Arm hält sie ein Füllhorn. Auf dem Postament die Wappen von Ulm und Augsburg. Darüber: ARTE & MARTE, unten IN VTROQUE MAGNVS. (In der Kunst und im Kriege ist er gleich groß). Rechts unten die Signatur: P H M .

Rs.: SIC ERAT UTILE CAPI Im Abschnitt: ULMA STRATAGEMATE / CAPTA 8. SEPT[embris] . / A[nno] . 1702. (So war sie leicht zu nehmen. Ulm ist am 8. September des Jahres 1702 durch Kriegslist eingenommen worden). Ein als Bauer verkleideter Soldat reißt von einem Postament ein Tuch, auf dem der Plan von Ulm zu erkennen ist. Links unten auf dem Plan: DONAV.

Zwei Exemplare ausgestellt:
Silber, geprägt, 41 mm, 32,9 g;
Blei, geprägt, 41 mm, 37,7 g.

Literatur: Thesaurus numismatum 1711, S. 188–189. – Binder 1846, S. 534, Nr. 130. – Forster 1910, S. 101, Nr. 713. – Nau 1964, S. 83, Nr. 202.

Augsburg, Städtische Kunstsammlungen

J 145

Rückeroberung Augsburgs und Ulms durch die kaiserlichen Truppen. 1704

Martin Brunner, Nürnberg
Prägung von Georg Friedrich Nürnberger, Nürnberg

Vs.: REVERTAR AD MARITVM PRIOREM, VBI MELIVS MIHI ERAT (Ich will zu meinem früheren Gatten zurückkehren, wo es mir besser ging. Aus: Hosea, 2, 7).
Über der Stadtansicht von Ulm fliegt ein Adler, mit einem Spruchband in den Fängen: SVB HVIVS LÆTIOR ALIS (Unter dessen Flügeln bin ich froher). Im Abschnitt: ULMA CÆSAREIS REDDITA / D[ie] . 13. SEPT[embris] . 1704. / Darunter die Signatur: GFN. (Ulm ist den Kaiserlichen am 13. September 1704 wiedergegeben worden).

Rs.: AVGVSTAM AVGVSTI MENSIS MEMINISSE IVVABIT. (Augsburg wird sich gerne an den Monat August erinnern).
Über dem Stadtbild von Augsburg schwebt ein Engel mit einem Schriftband: REPARATIO REIPVBLICÆ (Wiederherstellung der Stadt). Im Abschnitt: LIBERATA D[ie] . 16. AVG[usti] . / 1704. (Befreit am 16. August 1704). Links unten über der Abschnittsleiste die Signatur: MB.

Randschrift: + PROSPERA SORS VNIT, MODO QVAS JUNGEBAT ACERBA. (Ein glückliches Schicksal vereint diejenigen, die eben noch durch ein trauriges verbunden waren).

Die Legende REPARATIO REIPVBLICAE ist von spätrömischen Kupfermünzen aus der 2. Hälfte des 4. Jahrhunderts übernommen.

Zwei Exemplare ausgestellt:
Silber, geprägt, 47,3 mm, 44,65 g;
Silber, geprägt, 47,3 mm, 38,47 g.

Literatur: Thesaurus numismatum 1711, S. 417–418. – Binder 1846, S. 537, Nr. 148. – Forster 1910, S. 14, Nr. 86. – Nau 1964, S. 83, Nr. 208.

Stuttgart, Württembergisches Landesmuseum

PRIVATPERSONEN

J 146 □

Johann Friedrich Böckelmann (1632–1681). (1681 ?)

Medailleur unbekannt. Niederländisch

Vs.: In einer Studierstube sitzt von vorn ein Mann in einem langen Gewand und mit großer Perücke an einen Tisch gelehnt. Links zu seinen Füßen ein Hund. Mit dem ausgestreckten rechten Arm hält er ein Kissen, auf dem unter dem Kurhut die drei Pfälzischen Wappenschilde zu erkennen sind. Auf dem Tisch rechts liegen neben einem großen Tintenfaß mit Feder drei Bücher und ein Aktenbündel. Die Bücher sind beschriftet: COM / PENDIVM, DE WILD / FANGLATV und AD PAN / DECTAS. Auf dem Aktenbündel steht DE / ACTIO / NIBUS Es handelt sich um die Titel einiger Werke Böckelmanns. Auf der Tischdecke liest man die Inschrift: NATVS A[d] . D[iem] . XVIII. APR[ilis] . , A[nni] . MDCXXXII / DENATUS. A[d] . D[iem] . XXIII / OCTOBR[is] . A[nni] . MDCLXXXI (Geboren am 18. April des Jahres 1632, gestorben am 23. Oktober des Jahres 1681). Über dieser Szene schweben zwei Putten mit Posaunen; sie halten ein Spruchband mit der Inschrift: ILLIC FATIGOR HIC REQVIESCO (Dort ermüde ich, hier ruhe ich aus). Im Abschnitt verschiedene Musikinstrumente.

Rs.: Zwei Putten mit Posaunen halten einen mit einer Krone und einem Helm verzierten Wappenschild, der zwei gekreuzte Arme mit Hämmern zeigt. Darunter auf einem von zwei Rosetten gehaltenen Tuch die gravierte Inschrift: AD. INSIGNIA Malleus est duplex. quo Princeps Regna gubernat / Legibus ARS, gladio VIS, jubet esse probos. / AETERNAE. MEMORIAE. SACRVM viri nobiliss[im]i & celeberr[issim]i / D[octoris] . IO[hanni] . FRID[erici] . BÖCKELMANNI / olim summi Palatini Judicy / VICARII. CONSILIARII, Jurisq[u]e ibi &/ postea LVGDVNI. BAT[avorum] ANTECES– / SORIS (Zum Wappen: Es ist ein doppelter Hammer, mit dem der Fürst das Reich regiert; die Politik befielt durch Gesetze, die Gewalt durch das Schwert rechtschaffen zu sein. Zum ewigen Andenken an den hochedlen und hochberühmten Herrn Doktor Johann Friedrich Böckelmann, einst Vizepräsi-

J 146

dent des obersten pfälzischen Gerichts und dort und später in Leyden Rechtsprofessor, gestiftet).

Böckelmann studierte 1654–1658 in Heidelberg die Rechte, 1659 wurde er Professor und später Vizepräsident des pfälzischen Hofgerichts. 1670 erhielt er eine Professur in Leyden, wo er 1675 Rektor der Universität wurde. Die Musikinstrumente im Abschnitt deuten auf seine große musikalische Begabung hin.

Silber, gegossen, ziseliert und graviert, 78,5 mm × 68,8 mm, 73 g.
Vorder- und Rückseite getrennt gearbeitet und zusammengesetzt. Oben auf dem Rand zwei Marken: Pentagramm und Fisch (= Niederländische Gebühren-Quittungsstempel, Ende 19. Jh., R[3] 7553). 78,5 × 68,8 mm, 73 g.

Literatur: Van Loon, Bd. 3, 1732, S. 278–279. – Roller 1936, S. 34, Nr. 37.

Karlsruhe, Badisches Landesmuseum

J 147

Andreas Burckhard (1594–1651). O. J.

Georg Wilhelm Vestner, Nürnberg

Vs.: ANDR[eas] . BVRCKHARD[us] . S[erenissimi] . DVC[is] . WÜRT[embergensis] . CONS[iliarius] . INT[imus] . ET CANC[elarius] . AD TR[actatos] . PAC[is] . VN[dique] . LEG[atus] . PL[enarius] . (Andreas Burckhard, Geheimrat und Kanzler des durchlauchtigsten Herzogs von Württemberg, bevollmächtigter Gesandter bei verschiedenen Friedensverhandlungen).
Brustbild nach rechts mit Schnurr- und Spitzbart. Der Dargestellte trägt einen Spitzenkragen und eine dreifache Kette, an der ein Gnadenpfennig hängt. Am Armabschnitt die Signatur: V., darunter C[um] . PR[ivilegio] . S[acri] . C[aesaris] . M[aiestatis] . (Mit Erlaubnis der kaiserlichen Majestät).

Rs.: TANDEM PATIENTIA VICTRIX. (Am Ende siegt die Geduld).
Das mit Helm und Helmdecken verzierte Burckhard'sche Wappen. Im Abschnitt: NAT[us] . 1. IVL[ius] . 1594 . / OB[iit] . 25. IVN[ius] . 1651. (Geboren 1. Juli 1594, gestorben 25. Juni 1651).

Burckhard war württembergischer Geheimrat und Kanzler sowie Gesandter Herzog Eberhards III. in Regensburg und Frankfurt. Er vertrat den schwäbischen Kreis in Nürnberg und Ulm. Seine wichtigste Tätigkeit bestand in seiner Mission bei den Verhandlungen zum Westfälischen Frieden. Die Medaille gehört zu einer von Vestner (1677–1740) herausgegebenen Suite auf die Unterhändler des Westfälischen Friedens.

Silber, geprägt, 41,7 mm, 22,25 g.

Literatur: Binder 1846, S. 556, S. 571, Nr. 11.

Stuttgart, Württembergisches Landesmuseum

J 148

Johann Sebastian Clais (1742–1809)

Reorganisation der Saline von Reichenhall. 1782

Joseph Ignatz Schäufel, München

Vs.: IOANNES. – SEBASTIAN. CLAIS. Büste mit reichem Gewand und langen Haaren nach rechts. Darunter die Signatur: IOS[ephus]. SCHEVFEL. F[ecit]. (Gemacht von Joseph Schäufel).

Rs.: CAROLO . TH[eodoro] . PALAT[inatus] . BOI[ariaeque] . PRINC[ipe] . ELECT[ore] . VOCANTE . ET AVSPICE. (Auf Befehl und unter dem Schutz des Kurfürsten Karl Theodor, Fürsten von Pfalz und Bayern).
Ansicht des Salinengebäudes mit Schornsteinen, aus denen Wasserdampf aufsteigt. Im Mittelrisalit die Inschrift: CAR[olo] . THEO[doro] . (Unter Karl Theodor). Im Abschnitt: SALINAS. HALAE. DIVITIS./ ARTE DITAVIT./ MDCCLXXXII. (Er hat die Salinen zu Reichenhall bereichert 1782).

Johann Sebastian Clais wurde in Hausen im Wiesental geboren. Zur Ausbildung seiner mechanischen Begabung ermöglichte ihm Markgraf Karl Friedrich ausgedehnte Studienreisen, die ihn in die Schweiz, nach Frankreich und England führten. 1771 wurde er in England mit einer Silbermedaille geehrt, 1772 erhielt er von Karl Friedrich den Titel Hofmechanikus. Später trat er in bayerische Dienste und reorganisierte die Salinen in Reichenhall und Traunstein. Dann wirkte er in der Schweiz und in Lothringen. Sein Vorhaben, die Quellen von Badenweiler zu sanieren, konnte er nicht mehr ausführen. Er starb in Winterthur.

Zwei Exemplare ausgestellt:
Silber, geprägt, 49 mm, 43,7 g;
Zinn, geprägt, 49 mm, 36,2 g.

Literatur: Heidelberg 1979, S. 156, Nr. 405.

Karlsruhe, Badisches Landesmuseum

J 149

Nicolas Guibal (1725–1784). O. J.

Adam Rudolph Werner, Stuttgart

Vs.: NICOLAUS- GUIBAL.
Büste mit kurzen Haaren und Drapierung nach rechts, darunter die Signatur: WERNER F[ecit] (Von Werner gemacht).

Rs.: In einem Lorbeerkranz die Inschrift: PRIMARIVS / PICTOR / DVCIS WURT[embergensis]: / ET DISCIPVLVS / ANTONII RAPH[aeli] / MENGS (Hofmaler des Herzogs von Württemberg und Schüler von Anton Raphael Mengs). Im Abschnitt: NAT[us] : D[ie] . XXIX NOV[embris] . MDCCXXV.

Nicolas Guibal wurde in Lunéville geboren. Nach dem Studium der Malerei in Nancy und Paris wurde er von Herzog Karl Eugen nach Stuttgart berufen. Nach vierjährigem Romaufenthalt wurde er Direktor der herzoglichen Gemäldesammlung in Stuttgart und Professor der Malkunst. Er starb in Stuttgart.

Zinn, geprägt, 41,7 mm, 20,40 g.

Literatur: Binder 1846, S. 558, S. 575, Nr. 28.

Stuttgart, Württembergisches Landesmuseum

J 150 □

Martin Holtzhey (1697–1764). 1729

Martin Holtzhey, Amsterdam

Vs.: MART[inus] . HOLTZHEY . NUMISMAT[um] . CVSOR AMSTELOD-

J 150

[amo] : Æ[tatis] 32 (Martin Holtzhey, Medailleur in Amsterdam, im Alter von 32 Jahren).
Brustbild mit großer Perücke und Mantel nach rechts. Am Armabschnitt die Signatur IPSE FEC[it] : (Von ihm selbst gemacht).

Rs.: FINGITQVE PREMENDO. (Er gestaltet durch Druck).
Im Vordergrund steht ein großer Balancier, darüber vier Sterne, im Hintergrund Ansicht des Hafens und der Stadt Amsterdam. Im Abschnitt das gekrönte Wappen der Stadt und die Jahreszahl M.D.C.C. – XXIX.

Martin Holtzhey wurde in Ulm geboren. Er ging früh in die Niederlande, wo er Münzmeister in Amsterdam wurde und zahlreiche dem Zeitgeschehen gewidmete Medaillen schuf. Er starb in Middelburg. Selbstporträts von Medailleuren sind sehr selten.

Silber, geprägt, 43,5 mm, 30,60 g.

Literatur: Binder 1846, S. 560, S. 578, Nr. 39.

Stuttgart, Württembergisches Landesmuseum

J 151 □

Johann Peter Ludewig (1670–1743). 1731

Christian Wermuth und Christian Sigmund Wermuth, Gotha

Vs.: IOAN[nes] . PET[rus] . de LVDEWIG. SVEVVS. FRIDERICIANAE CANCELLARIVS II . (Johann Peter von Ludewig aus Schwaben, zum zweiten Mal Kanzler der Friedericiana).
Kopf nach links. Darunter: A[nn]ō. AETAT[is] . LXIII : DIE / XV . AVG[usti] . / MDCCXXXI . / C. WERMUHT. (sic!) f[ecit] . (kursiv) C[um] . PR[ivilegio] . CÆS[aris] . (Im 63. Lebensjahr am 15. August 1731. Gemacht von Christian Wermuth mit kaiserlicher Erlaubnis).

Rs.: In einem Schriftband: HIS TVA VIVIT IMAGO. (In diesen lebt dein Bild).
Blick in einen Bibliotheksaal mit ringsumlaufenden, bis zur Decke reichenden Bücherregalen. Im Hintergrund blickt man durch zwei Bögen in zwei weitere Räume. Im Vordergrund auf einem Tisch Bücher und Urkunden, die Werke Ludewigs, darüber die Schrift: SEMPER TVA (Immer dein). Im Abschnitt: TITVLO RES DIGNA / SEPVLCHRI . (Einer Grabschrift würdig). Darunter die Signatur: C. S. W.

Johann Peter Ludewig wurde in Hohnhard bei Crailsheim geboren. Er war Kanzler der Universität Halle und verfaßte zahlreiche staatsrechtliche und historische Werke.

Silber, geprägt, 43,7 mm, 59,35 g.

Literatur: Binder 1846, S. 564, S. 579, Nr. 50.

Stuttgart, Württembergisches Landesmuseum

J 152

Friedrich Gottfried David Maier. 1795

Medailleur unbekannt

Vs.: NUR ANGEFÜHRT ! WIR FOLGEN
Ein Reiter mit gezogenem Säbel vor marschierenden Soldaten, links im Hintergrund eine Kirche.

J 151

Rs.: IHREM ANFÜHRER/ HERRN/ FR[iedrich] . GOTTFR[ied] . DAV[id] . MAIER/ ZU DER DURCH/ PATRIOTISMUS/ VERDIENTEN/ DEN 18. DECEM[ber] : 1795/ HOCHOBRIGK[ei]T[lich] AUFGETRAGENEN/ STADT-HAUPTMANNS/ STELLE./ DIE BÜRGERCOMP[anie]. ZU SCHW[äbisch] HALL. Darunter ein redendes Wappen mit einem Maiglöckchen.

Zinn, geprägt, 44 mm.

Berlin, Staatliche Museen Münzkabinett

J 153

Christian Mayer (1719–1783). 1783

Johann Heinrich Boltschauser, Mannheim

Vs.: CHRISTIAN. MAYER. S[erenissimi] . EL[ectoris] . PAL[atini] . BAV[ariae] . ASTRONOM[us] . & PROF[essor] . ASTR[onomiae] . HEID[elbergensis] . (Christian Mayer, Astronom des Durchlauchtigsten Kurfürsten von Pfalz-Bayern und Professor der Astronomie in Heidelberg).
Brustbild im Mantel nach rechts.

Rs.: * / AVSPICE DEO / & . CAROLO THEODORO / ELECTOR[e] . PALAT[ino] . BAVAR[iaeque] . / NOVA IN COELO SIDEREO / PHOENOMENA MDCCLXXVII / MANNHEMII DETEXIT, MOTVI / FIXARVM PROPRIO, PARALLAXI / EARVM & . NOVIS PLANETIS / SATELLITIBVSQVE INVENI / ENDIS MAXIME IDONEA. (Unter der Schirmherrschaft Gottes und Karl Theodors, des Kurfürsten von Pfalz-Bayern, entdeckte er 1777 in Mannheim am Sternenhimmel Phänomene, die äußerst geeignet sind, die Eigenbewegung der Fixsterne, ihre Parallaxe und neue Planeten und Satelliten zu finden). Im Abschnitt: OB[iit] . D[ie] . XVI . APR[ilis] . MDCCLXXXIII ANN[o] . AET[atis] . LXIV . Darunter die Signatur BOLTSCHAUS[er] . F[ecit] . (Gestorben am 16. April 1783 im 64. Lebensjahr. Gemacht von Boltschauser).

Christian Mayer stammte aus Mähren und war als Jesuit zunächst Lehrer für Mathematik und alte Sprachen. 1752 wurde er von Karl Theodor zum Professor für Experimentalphysik in Heidelberg und zum Leiter des kurfürstlichen Naturalienkabinetts in Mannheim ernannt. Seit 1763 Direktor der Mannheimer Sternwarte machte er zahlreiche wichtige Entdeckungen, unter anderem das Phänomen der Doppelsterne. Er starb in Heidelberg.

Bronze, geprägt, 44 mm, 32,6 g.

Literatur: Roller 1936, S. 34, Nr. 38. – Boltshauser 1960/61, S. 22, Nr. 13. – Haas/Gesche 1972, S. 33, Nr. 28 (dort weitere Literatur). – Haas 1974, S. 120, Nr. 365. – Heidelberg 1979, S. 168, Nr. 463.

Karlsruhe, Badisches Landesmuseum

J 154

Johann Jakob Moser (1701–1785). O. J.

Conrad Heinrich Küchler, Darmstadt, Mannheim, Frankfurt am Main

Vs.: IOH[annes] . IAC[obus] . MOSER . NAT[us] . XVIII . IAN[uarii] . MDCCI. (Johann Jakob Moser, geboren am 18. Januar 1701).
Brustbild in Dreiviertelansicht. Darunter die kursive Signatur: C. H. Küchler f[e]c[it] (Gemacht von C. H. Küchler).

Rs.: NON INTERITURUS (Er wird nicht untergehen).
In einer hügeligen Landschaft steht an einem Flußufer eine Palme, im Hintergrund links eine Ruine. Rechts über der Abschnittsleiste die Signatur: K

Im Abschnitt: VENER[abili] . SENI SUÆ AC VI. LIBER[orum] . PIET [atis] . / MON[umentum] . P[osuit] . F[ridericus] . C[arolus] . MOSER. (Friedrich Karl Moser hat dem ehrwürdigen Greis diese Medaille als Zeichen seiner und der sechs Kinder Liebe prägen lassen).

Johann Jakob Moser wurde in Stuttgart geboren. Er lehrte als Professor der Rechte an den Universitäten Tübingen und Frankfurt an der Oder. Zeitweilig war er auch am Stuttgarter Hof tätig. Wegen einiger angeblich von ihm aufgrund seiner religiösen Einstellung verfaßter politischen Denkschriften gegen Herzog Karl Eugen wurde er fünf Jahre lang auf dem Hohentwiel in Haft gehalten. Seine zahlreichen Veröffentlichungen wurden zur Grundlage des modernen deutschen Staatsrechts. Er starb in Stuttgart. Der Stifter der Medaille, sein Sohn Friedrich Karl machte sich als Schriftsteller und Kämpfer gegen den Despotismus einen Namen.

Silber, geprägt, 45,9 mm, 37,32 g.

Literatur: Binder 1846, S. 564, S. 580, Nr. 53.

Stuttgart, Württembergisches Landesmuseum

J 155

J 155 □

Johann Daniel Schöpflin (1694–1771). 1771

Anton Schaeffer, Mannheim

Vs.: IO[hannes] . DAN[ielus] . SCHOEPFLINVS V[ir] . C[larissimus] . (Der hochberühmte Johann Daniel Schöpflin). Brustbild mit Perücke nach rechts. Dahinter die Signatur: A.S.

Rs.: In einem Lorbeerkranz die Inschrift: ACADEMIA ELECT[oralis] / SCIENT[iarum] . THEODORO / PALATINA C[udi] . F[ecit] . Im Abschnitt: NAT[us] . VIII. SEPT[embris] . MDCXCIV / OB[iit] . VII AVG[usti] . MDCCLXXI (Die Kurfürstliche Akademie der Wissenschaften hat [diese Medaille] prägen lassen. Geboren 8. September 1694 [tatsächlich 6. 9.], gestorben 7. August 1771).

Johann Daniel Schöpflin wurde in Sulzburg im Breisgau geboren. Seit 1720 war er Professor der Geschichte und Beredsamkeit an der Universität Straßburg. 1740 wurde er in Frankreich „Historiographe du Roi“. Er war Ehrenvorsitzender der 1763 gegründeten Kurpfälzischen Akademie der Wissenschaften in Mannheim und maßgeblich an der Gründung der Brüsseler Akademie beteiligt. Seine Hauptwerke sind: Alsatia illustrata, Kolmar 1751–61, Alsatia diplomatica, Mannheim 1772–1775 und Historia Zaringo Badensis, Karlsruhe 1763–66. Er starb in Straßburg.
Das Porträt dieser Medaille geht auf einen Kupferstich von Egid Verhelst aus dem Jahre 1769 zurück.

Silber, geprägt, 40,5 mm, 29,4 g.

Literatur: Kirchheimer 1980, S. 1127, Nr. 5.

Karlsruhe, Badisches Landesmuseum

J 156 a–b □

Joseph Süß Oppenheimer (1692–1738). 1738

a) Schraubmedaille

Medailleur unbekannt

Vs.: IUD. IOSEPH. SÜS 1738 OPPEN-HEIMER
Brustbild mit Perücke und reich besticktem Rock nach links.

Rs.: . AUS . DISEM . UOGEL . HAUS . – SCHAUGT . SUS . DER/ . SCHELM . – . HERAUS .
Auf einem Schafott ist ein hohes Schaugerüst errichtet, an dem ein Käfig hängt, in dem Süs zu erkennen ist. Der Galgen wird von vier Raben umflogen.

Silber, Vorder- und Rückseite getrennt hohl geprägt, sie passen büchsenartig in einander, 42 mm, 16,8 g (mit Einlage).

b) Medailleneinlage

Entwerfer und Stecher unbekannt

Netz von 17 kleinen runden kolorierten Kupferstichen mit Szenen aus dem Leben des Joseph Süß Oppenheimer, von seiner Geburt bis zu seinem Tod. Dieses Netz wurde zusammengefaltet in der Schraubmedaille aufbewahrt. In die Innenseiten von Vorder- und Rückseite sind zwei weitere Kupferstiche eingeklebt.

Papier

Joseph Süß Oppenheimer, genannt Jud Süß, wurde in Heidelberg geboren. Als Geheimer Finanz- und Staatsrat Karl Alexanders von Württemberg erschloß er dem ständig geldbedürftigen Herzog durch seinerzeit durchaus übliche Münzmanipulationen und durch den Verkauf von Ämtern, Titeln und Privilegien neue Geldquellen. Auf Betreiben der Beamtenschaft und der Landstände wurde er schließlich nach einem zweifelhaften Gerichtsverfahren in Stuttgart hingerichtet.

Literatur: Binder 1846, S. 567, S. 583, Nr. 70. – Kirschner 1968, S. 50, Nr. 17. – Förschner 1978, S. 51, Nr. 32.

Stuttgart, Württembergisches Landesmuseum

J 156 b

J 156 a

J 157

Samuel Urlsperger (1685–1772)

50. Amts- und Ehejubiläum. 1763

Johann Leonhard Oexlein, Nürnberg

Vs.: *LVSTRIS ANTE DECEM LAETIS E SORTIBVS ORTAS *(Vor fünfzig frohen Jahren vom Schicksal geschaffen).
Die Brustbilder des Ehepaares einander gegenüber. Links Samuel Urlsperger mit Perücke und geistlicher Amtstracht mit großem Kragen. Am Armabschnitt die Signatur: I. L. OEXLEIN. Rechts seine Frau in einem mit Spitzen verzierten Kleid und einer Spitzenhaube. Im Abschnitt: PRIMORDIA OFFICII ET CONIVGII / PS[almus] . LXXXXII. V[ersus] . 15. 16. (Anfang des Amtes und der Ehe. Psalm 92, Vers 15 und 16). Die Chronosticha in beiden Teilen der Legende ergeben jeweils die Jahreszahl 1713.

Rs.: *VRLSPERGERIADES HORAS CECINERE PIORVM* / SAM[uel] . VRLSPERGER. / MIN[isterio]. AVG[ustae Vindelicae] . SEN[iori] . ET L. AN[n]OR[um] . ECCLES[iastico] . / ET IACOB[ae] . SOPH[iae] . N[atae] . IAEGERSBERG. / PER TOTIDEM ANNOS CONIVGI, / V. FILIOR[um] . ET V. FILIAR[um] . IV. GENEROR[um] . I. NVRVS / XXVII. NEPP[otum] . ET I. PROGENERI / PARENTIBVS JVBILAEIS / HOC GRATI PIIQVE ANIMI MONIMENTVM P[ie] . P[osuerunt] . / FILIVS, TRES FILIAE, GENER, PROGENERQVE / CVM XX. NEPP[otibus] . / SVPERSTITES. (Die

J 156 a

Angehörigen der Familie Urlsperger haben die Stundengebete der Frommen gesungen. Die überlebenden Nachkommen, der Sohn, drei Töchter, der Schwiegersohn, der Schwiegerenkel haben zusammen mit 20 Enkeln zum Jubiläum ihrer Eltern Samuel Urlsperger, Senior des geistlichen Ministeriums von Augsburg und seit 50 Jahren Diener der Kirche, und Jacoba Sophia, geborener Jägersberg, die seit ebensoviel Jahren seine Gattin ist, dieses Denkmal des dankbaren und frommen Sinnes der fünf Söhne und fünf Töchter, der vier Schwiegersöhne, der Schwiegertochter, der 27 Enkel und des Schwiegerenkels fromm gesetzt). Im Abschnitt: CORAM DEO / SINCERO IVBILO RENOVATA. / D[ie] . XXXI. AVG[usti] . / PS[almus] . LXXVIII. V[ersus] . 4. ET 6. (Im Angesicht Gottes in aufrichtiger Freude erneuert. Psalm 78, Vers 4 und 6). Die beiden Chronosticha am Anfang der Legende und im Abschnitt ergeben jeweils die Jahreszahl 1763.

Samuel Urlsperger wurde in Kirchheim unter Teck geboren. Er war Pfarrer in Stetten im Remstal, dann Hofkaplan, später Oberhofprediger und Konsistorialrat in Stuttgart, außerdem Dekan in Herrenberg und seit 1723 Pastor an der St. Anna Kirche in Augsburg, wo er auch starb.
Die angegebenen Psalmverse sind nicht die Fundstellen für die lateinischen Sinnsprüche in den Abschnitten.

Silber, geprägt, 47,2 mm, 36,54 g.

Literatur: Binder 1846, S. 567, S. 583, Nr. 75.

Stuttgart, Württembergisches Landesmuseum

J 158 □

Elias Veiel (1635–1706). O. J.

Medailleur unbekannt

Vs.: ELIAS VEIEL S[acro] S[anctae]. TH[eologiae] . D[octor] . ECCL[esiae] . ULM[ensis] . SUPERINT[endens] . (Elias Veiel, Doktor der hochheiligen Theologie, Superintendent der Ulmer Kirche).
Brustbild mit langen Haaren und Bart in geistlicher Kleidung nach rechts. Darunter ein Schriftband: NAT[us] . 1635. 20. IUL[ii] . PR[ofessor] . TH[eologiae] . 62/ ECCLESIAST[es] . 63. D[octor] . TH[eologiae] . 65./ DIR[ector] . GYM[nasii] . 71. SUPERINT[endens] . 80. (Geboren am 20. Juli 1635, Professor der Theologie 1662, Prediger 1663, Doktor der Theologie 1665, Direktor des Gymnasiums 1671, Superintendent 1680).

J 158

J 158

Rs.: Drei verschiedene Kränze umschließen je eine Darstellung. Im unteren aus Getreidehalmen und Ähren geflochtenen Kranz hält eine Hand eine Uhr mit Gewichten. Darüber das Schriftband: HOC DIRIGENTE . (Unter dieser Führung). Rechts oben ein Kranz aus Blumen und Blättern, darin ein Schiff vor einem Leuchtturm, im Hintergrund zwei weitere Schiffe. Darüber das Schriftband: HAC CYNOSVRA . (Nach dieser Richtschnur). Links ein Efeukranz, darin eine Kanzel, ein Altar, zwei Kirchenbänke und eine herabschwebende Taube mit einem Kranz im Schnabel. Darüber das Schriftband: SPIRITVS ELIAE DVPLICATVS (Der zweifache Geist des Elias).

Elias Veiel wurde in Ulm geboren. Seinen Vater, einen arbeitslosen Teppichmacher, verlor er im Alter von zwei Monaten bei einer Pestepidemie. Seine Mutter ermöglichte ihm trotz ihres geringen Verdienstes als Dienstmädchen den Besuch des Gymnasiums. Dort erkannten seine Lehrer bald seine Begabung und förderten ihn. Er studierte Theologie in Straßburg, Jena, Wittenberg und Leipzig. Seit 1662 Prediger am Münster seiner Heimatstadt, wurde er dort nach der auf der Medaille geschilderten bemerkenswerten theologischen Karriere 1678 Superintendent. Allerdings stimmen die dort genannten Daten nicht mit denen seiner Autobiographie überein. Er starb in Ulm.

Silber, geprägt, 42,9 mm, 28,50 g.

Literatur: Lochner 1741, S. 25–32. – Binder 1846, S. 520, S. 547, Nr. 235.

Stuttgart, Württembergisches Landesmuseum

J 159

Peter Anton von Verschaffelt (1710–1793). 1792

Johann Heinrich Boltschauser, Mannheim

Vs.: P[etrus] . DE VERSCHAFFELT SCULPT[or] . EQ[ues] . ROM[anus] . (Peter von Verschaffelt, Bildhauer, römischer Ritter).
Drapierte Büste nach rechts, darunter die Signatur: BOLTSCHAUSER F[ecit] . (Gemacht von Boltschauser).

Rs.: SURDESCENS VANIS ARTE DELECTOR (Ich werde für Nichtigkeiten taub und erfreue mich der Kunst). Eine weibliche Gestalt in antikisierter Tracht steht frontal und hält sich die Ohren zu. Im Abschnitt: 1792.

Zur Biographie von Verschaffelt siehe Kat. Nr. B 80ff. Die Rückseite der Medaille ist vielleicht nicht nur als Illustration der Legende, sondern auch als eine wenig freundliche Anspielung auf die Alterstaubheit Verschaffelts zu verstehen.

Bronze, geprägt, 33 mm, 15,01 g.

Literatur: Boltshauser 1960/61, S. 28, Nr. 32. – Haas 1974, S. 127, Nr. 337.

Karlsruhe, Badisches Landesmuseum

J 160 □

François-Marie-Arouet de Voltaire (1694–1778). 1770

Georg Christian Wächter, Mannheim

J 160

J 160

Vs.: VOLTAIRE NÉ LE XX. FEVRIER M. DC. XCIV. (Voltaire geboren am 20. Februar 1694).
Brustbild mit Perücke, besticktem Rock und umgelegtem Mantel, der Tracht der Mitglieder der Académie française, nach rechts. Rechts und links davon unten die geteilte Signatur: G. C. WAECHTER F[ecit] . (Gemacht von G. C. Wächter). Die gesamte Darstellung ist von einem Lorbeerkranz umgeben.

Rs.: Auf einem reich verzierten Postament liegen dicht gedrängt zwei Bücher, eine Klarinette, ein Lorbeerkranz, ein Merkurstab, ein Globus, eine Lyra, ein Kanonenrohr, ein Schwert, Notenblätter sowie eine tragische und eine komische Maske. Dazwischen verschiedene Zweige und Blüten. Das linke Buch ist LA HENRIADE, ein Frühwerk Voltaires, beschriftet. Hinter der gesamten Darstellung werden Strahlen sichtbar. Das Postament trägt die Inschrift: TIRÉ/ D'APRÈS NATURE/ AU CHÂTEAU/ DE FERNEY (Nach der Natur gezeichnet im Schloß zu Ferney). Darunter die Signatur: G. C. WAECHTER. Im Abschnitt: GRAVÉ/ MDCCLXX (Graviert 1770). Die gesamte Darstellung ist von einem Kranz aus Palmzweigen und Blüten umgeben.

Kurfürst Karl Theodor hatte den Philosophen und Schriftsteller 1752 bei dessen Rückreise vom preußischen Hof in Mannheim kennengelernt. Um ein authentisches Porträt von ihm zu besitzen, schickte er den Medailleur Wächter 1769 zu Voltaire nach Ferney bei Genf. Er sollte dort eine Medaille nach dem Leben schneiden. Die ersten Exemplare mit einer von dem ausgestellten Entwurf abweichenden Rückseite prägte Wächter auf dem Balancier seines Kollegen Antoine Dassier in Genf. Die dortigen Behörden verboten allerdings diese Prägung aus formalen Gründen bereits nach wenigen Stücken. Die vorliegende Variante ist also mit großer Wahrscheinlichkeit nach Wächters Rückkehr in Mannheim geschlagen worden.

Kupfer, geprägt, 59 mm, 94,0 g.

Literatur: Demole, Eugène, Voltaire, le Conseil de Genève et le graveur G.-C. Waechter en 1769 et 1770. In: Revue Belge de Numismatique et de Sigillographie Bd. 69, 1913, S. 36–48. – Haas 1974, S. 79, Nr. 241. – Paris 1974, S. 533, S. 592, Nr. 910.

Mannheim, Städtisches Reiß-Museum

GELEGENHEITSMEDAILLEN

J 161 □

Beginn des neuen Jahrhunderts. 1700

Philipp Heinrich Müller, Nürnberg
Prägung von Friedrich Kleinert, Nürnberg

Vs.: SÆCVLO FESTAS–REFERENTE LVCES * (Das Jahrhundert bringt die Freudenlichter zurück. Horaz, Carmen saeculare).
Der geflügelte Chronos auf Wolken gelagert nach links. Im linken Arm hält er eine Sense, in der erhobenen Rechten einen Reif, der von einer sich in den Schwanz beißenden Schlange, dem Symbol der Jahre und Zeiten, gebildet wird. Darin die Zahl XVII. Im Abschnitt: GLORIA SÆCVLI / VIRTVS CAESS (Caesarum) (Der Ruhm des Jahrhunderts besteht in der Tatkraft der Herrscher). Darunter die Signatur: . P . H . M .

Rs.: HIS EGO NEC METAS RERVM NEC TEMPORA PONO (Ich setze ihnen weder Ziel noch Zeit. Virgil).
Kaiser Leopold und König Joseph sitzen in antikisierter Kleidung links von einem brennenden Dreifuß, rechts davon hockt der geflügelte Chronos und zerbricht seine Sense über dem Knie, am Boden ein zerbrochenes Stundenglas. Hinter ihm steht eine weibliche Gestalt mit einem Füllhorn. Im Abschnitt: LEOPOLDO ET IOSEPHO AVGG. (Augustis) / SAECVLARIA SACRA/ CELEBRANTIBVS/ 1700 (Die Herrscher Leopold und Joseph begehen das Jahrhundertjubiläum feierlich).

Die Legende der Rückseite erläutert das Zerbrechen der Sense durch Chronos und das zerstörte Stundenglas. So soll der Wunsch ausgedrückt werden, daß der Lebensdauer der Herrscher keine Grenze gesetzt sei.

Silber, Vorder- und Rückseite getrennt geprägt, sie passen büchsenartig ineinander. 51 mm, 35,5 g.

Literatur: Thesaurus numismatum 1711, S. 1–2. – Forster 1910, S. 100, Nr. 707.

Augsburg, Städtische Kunstsammlungen

J 162

Hochzeitsmedaille. O. J.

Philipp Heinrich Müller, Nürnberg

Vs.: SCHÖN WIE RAHEL . – KLUG WIE RUTH .

J 161

J 161

Zwei weibliche Gestalten, links Rachel mit dem Schäferstab, rechts Ruth mit einem Ährenbündel. Im Abschnitt ein Stern.

Rs.: MARTHA FLEIS . MARIEN GLVT.
Links Martha mit einem Spinnrocken in der rechten Hand und Kochgeschirr in der linken. Rechts Maria mit zum Himmel erhobenem Kopf inbrünstig betend.

Randschrift: FRAVEN – ZIMMER HEVRAT GVTT .

Silber, geprägt, 37 mm, 15,3 g.

Literatur: Forster 1910, S. 130, Nr. 877.

Augsburg, Städtische Kunstsammlungen

J 163 □

Hochzeitsmedaille. O. J.

Philipp Heinrich Müller, Nürnberg
Prägung von Friedrich Kleinert, Nürnberg

Vs.: NIL HÆC CON – NUBIA TURBET (Nichts soll diese Ehe stören).
Vor einem Olivenbaum, an dem sich ein Weinstock mit Trauben emporrankt, steht ein junges Paar in antikisierter Tracht. Sie reichen sich die rechten Hände, die zusätzlich noch mit einer Handfessel verbunden sind, und strecken einander brennende Herzen entgegen. Zu Füßen des links stehenden Mannes liegt der Neid, sein Herz verzehrend, zu Füßen der Frau ein kleiner Amor, mit einer Maske vor dem Gesicht.

Rs.: DITANT CONCORDES – NUMINA NUPTOS. (Das Schicksal macht die einträchtigen Gatten reich).
Auf einem Altar stehen zwei Herzen, aus denen Ringe hervorwachsen; er ist mit einer Kartusche mit zwei verschlungenen Händen verziert. Vor ihm sitzt auf einem Blumengebinde und zwei gekreuzten Fackeln ein schnäbelndes Taubenpärchen. Darüber durchdringen Sonnenstrahlen die Wolken und aus ihnen fallen Blumen auf die Herzen. Im Hintergrund kulissenartig eine Palastarchitektur mit Garten. Unten die Signatur: . P . H . M .

Randschrift: DES HIMMELS SEGEN : BLEIB REICHLICH IMMERDAR . AVF ALLEN WEGEN . BEI DEM VERLOBTEN PAAR . Die Signatur: (FK)

Silber, geprägt, 50 mm, 43,3 g.

Literatur: Forster 1910, S. 130, Nr. 880.

Augsburg, Städtische Kunstsammlungen

J 163

J 163

J 165

J 165

J 164 □

Freundschaftsmedaille. O. J.

Philipp Heinrich Müller, Nürnberg

Vs.: WIR SIND GEBRÜDER . GEN[esis] . 13 . V[ers] . 8 *
Lot geht auf seinen Onkel Abraham zu, um ihn zum Abschied zu umarmen. Er trägt einen Helm und eine an die Tracht antiker Feldherren entfernt erinnernde Kleidung, Abraham ein langes wallendes Gewand. Im Hintergrund ein Pferdeknecht, ein Hirt mit einem Ochsen und ein Feldarbeiter. Unten die Signatur: P.H.M.

Rs.: ICH WILL DIR THUN WAS DEIN HERZ BEGEHRT . SAM[uel] . [I]20 . V[ers] . 4 .
Zwei Männer in antikisierten Rüstungen; der jüngere, durch die Aufschrift seines Schildes als DAVID erkenntlich, eilt nach links und faßt den älteren, dessen IONATHAN beschrifteter Schild am Boden liegt, an der linken Hand. Jonathan hat die rechte Hand zum Schwur erhoben. Unten die Signatur: P . H. M.

Silber, geprägt, 54 mm, 43,8 g.

Literatur: Forster 1910, S. 131, Nr. 886.

Augsburg, Städtische Kunstsammlungen

J 165 □

Talisman. O. J.

Philipp Heinrich Müller, Nürnberg
Prägung von Friedrich Kleinert, Nürnberg

Vs.: WER SICH IN GOTTES SCHUTZ GESETZT, BLEIBT ALLER ORTEN VNVERLETZT

J 164

J 164

Der Heilige Georg sprengt auf seinem Pferd fast frontal heran und stößt seine Lanze dem Drachen in den feuerspeienden Rachen. Links im Hintergrund kniet betend die Jungfrau, die er befreit. Unten die Signatur: P.H.M.

Rs.: SO WIRT DIE REIS MIT GLÜK VOLLBRACHT, WANN MICH BEGLEIT DER ENGEL WACHT .
Ein junger Wanderer (Tobias) schreitet kräftig nach links aus. In der Linken hat er einen Wanderstab. An einem weiteren Stab trägt er sein Bündel über der rechten Schulter. Dicht hinter ihm geht im Gleichschritt sein Schutzengel, er ist ebenso wie Tobias in ein tunikaähnliches Gewand gekleidet und hat gleichfalls einen Stab in der Linken.

Randschrift: GOTT HAT DEN ENGELN BEFOHLEN, DAS SIE DICH BEHVTEN AVF ALLE DEINEN WEGEN. PS[alm] . 90 . Die Signatur: (FK).

Silber, geprägt, 45 mm, 28,9 g.

Literatur: Forster 1910, S. 131, Nr. 889.

Augsburg, Städtische Kunstsammlungen

J 166 □

Dreißig Brettsteine. (Um 1700)

Christoph Jakob Leherr, Wien und
Philipp Heinrich Müller, Nürnberg

Gezeigt werden je fünfzehn Spielsteine aus hellem und dunklem Holz. Achtzehn sind mit Medaillenstempeln Philipp Heinrich Müllers hergestellt. Sie sind den verschiedensten Ereignissen der europäischen Geschichte des ausgehenden 17. Jahrhunderts gewidmet. Darunter befindet sich auch ein Abschlag der Medaille auf Markgraf Ludwig Wilhelm von Baden, den „Türkenlouis", (Kat.-Nr. J 23). Ein innerer Zusammenhang zwischen den verschiedenen Bildinhalten besteht nicht. Zwölf Spielsteine sind mit Stempeln Christoph Jakob Leherrs geprägt, die eigens dafür gefertigt wurden. Ihre Darstellung illustrieren die in lateinischer Sprache gehaltenen moralisierenden Umschriften.

Mit Medaillenstempeln geprägte Spielsteine für Brettspiele aller Art erfreuten sich im 17. und 18. Jahrhundert größter Beliebtheit. Diese Herstellungsmethode wurde zu Beginn des 16. Jahrhunderts von Leonhard Danner in Nürnberg erfunden. Häufig wurden nicht zusammengehörige Vorder- und Rückseitenstempel kombiniert. Das vorliegende Ensemble hat zum Trick-Track-Spiel gedient, für das zweimal fünfzehn Steine benötigt werden. Da viele der Müllerschen Medaillen, deren Stempel verwendet wurden, von Kleinert in Nürnberg verlegt wurden, ist es möglich, daß auch die Spielsteine dort entstanden sind.

Holz. Die geprägte Darstellung ist in einen separat gedrechselten Ring eingesetzt, dessen einfache Profilierung nach innen abfällt. Dieser Ring schützt das empfindliche Relief vor Abnutzung durch das Verschieben auf dem Spielbrett. Dm 58 mm.

Literatur: Forster 1910, S. 83–84, Nr. 621–633 und passim. – Himmelheber 1972, S. 71–115.

Karlsruhe, Sammlung Heinrich H. Heine

J 166

BIOGRAPHIEN

BERNARD, Thomas

Geb. 1650 Paris, gest. 1713 Paris

Mitarbeit an der berühmten „Histoire métallique" Ludwigs XIV. Seit 1685 gelegentlich, von 1691 bis zu seinem Tod ständig für die Monnaie de Paris tätig. Mitglied der Petite Académie und der Académie royale de peinture et de sculpture.

Literatur: Forrer, Bd. 1, 1904, S. 172; Suppl. 1923, S. 74. – Thieme/Becker, Bd. 3, 1909, S. 433. – Paris 1970, S. 95–96.

Kat. Nr. J 28

BOERER, Konrad

Geb. 1711 Wörth bei Nürnberg, gest. 1756 Augsburg

Medailleur und Stempelschneider in Augsburg. Fürstlich-ansbachischer Hofmedailleur.

Literatur: Forrer, Bd. 1, 1904, S. 205 und 217; Suppl. 1923, S. 91. – Thieme/Becker, Bd. 4, 1910, S. 198.

Kat. Nr. J 107

BOLTSCHAUSER, Johann Heinrich

Geb. 1754 Altenklingen/Schweiz, gest. 1812 Mannheim

Ausbildung als Stempelschneider in Diessenhofen und Zürich. 1777 in Augsburg Schüler von Johann Martin Bückle. Als Medailleur tätig in Augsburg und seit 1780 in Mannheim. Seit 1790 an der kurpfälzischen, 1802 dann badischen Münzstätte Mannheim, deren Münzmeister er 1799 wurde.

Literatur: Forrer, Bd. 1, 1904, S. 210. – Thieme/Becker, Bd. 4, 1910, S. 258. – Boltshauser 1960/61, S. 14–34. – Wielandt/Zeitz 1980, S. 204.

Kat. Nr. J 90, J 91, J 153, J 159

BRAUN, Johann Bartholomäus

Gest. 1684

Tätig seit 1636 in Nürnberg. 1659 Heirat mit Anna Maria Pfründt, der Tochter des Medailleurs Georg Pfründt. Geheimer Sekretär am Baden-Durlacher Hof.

Literatur: Forrer, Bd. 1, 1904, S. 269–270; Suppl. 1923, S. 116. – Thieme/Becker, Bd. 4, 1910, S. 547–548. – Wielandt/Zeitz 1980, S. 204.

Kat. Nr. J 47

BRUNNER, Martin

Geb. 1659 Nürnberg, gest. 1725 Nürnberg

Schüler von Johann Jakob Wolrab. Tätig in Breslau und Prag, vor allem aber in Nürnberg, wo er unter anderem für die Prägeanstalten von Kleinert und Lauffer arbeitete.

Literatur: Forrer, Bd. 1, 1904, S. 301–302; Suppl. 1923, S. 130. – Thieme/Becker, Bd. 5, 1911, S. 142. – Wielandt/Zeitz 1980, S. 204.

Kat. Nr. J 15, J 24, J 29, J 140, J 145

BÜCKLE, Johann Martin

Geb. 1742 Geißlingen, gest. 1811 Durlach

Als Münzschneider, Medailleur und Ziseleur zunächst tätig in Augsburg. Seit 1786 Hofmedailleur in Karlsruhe.

Literatur: Forrer, Bd. 1, 1904, S. 304; Suppl. 1923, S. 135. – Thieme/Becker, Bd. 5, 1911, S. 189. – Wielandt/Zeitz 1980, S. 204 (dort weitere Literatur).

Kat. Nr. J 44, J 111, J 114

CHEVALIER, Nicolas

Geb. Sedan, gest. 1720 Utrecht

Mußte als protestantischer Geistlicher nach der Aufhebung des Ediktes von Nantes 1685 Frankreich verlassen und lebte als Medailleur, Kupferstecher und Buchdrucker seither vorwiegend in Amsterdam und Utrecht, wo er das Privileg besaß, in seinem eigenen Haus Medaillen zu schlagen. Zahlreiche Spottmedaillen auf Ludwig XIV.

Literatur: Forrer, Bd. 1, 1904, S. 422. – Thieme/Becker, Bd. 6, 1912, S. 473–474.

Kat. Nr. J 62

DADLER, Sebastian

Geb. 1586 Straßburg, gest. 1657 Hamburg

Er verbrachte seine Lehrjahre als Goldschmied in Straßburg und Frankreich. Von 1610 bis 1621 war er in Augsburg, Wien und anderen Städten tätig; dann am sächsischen Hof in Dresden, wo er sich immer mehr der Medailleurkunst widmete. Nach zehnjährigem Aufenthalt ging er wieder auf Reisen. Seit 1634 war er in Danzig ansässig, wo er ausschließlich als Medailleur tätig war. 1647 von Polen nach Hamburg.

Literatur: Forrer, Bd. 1, 1904, S. 495–497. – Thieme/Becker, Bd. 8, 1913, S. 255. – Więcek 1962.

Kat. Nr. J 3

DANIEL, Johann David

Nachweisbar um 1694–1724 in Stuttgart

Als Stempelschneider tätig für Herzog Eberhard Ludwig von Württemberg.

Literatur: Forrer, Bd. 1, 1904, S. 504. – Binder/Ebner 1910, S. 146. – Fleischhauer 1958, S. 269.

Kat. Nr. J 98, J 99, J 101

DONNER, Matthäus

Geb. 1704 Eßlingen/Niederösterreich, gest. 1756 Wien

Bildhauer, Medailleur und Stempelschneider. Jüngerer Bruder des Bildhauers Raphael Donner, dessen Schüler er war und dessen Formgebung er als Lehrer an zahlreiche junge Künstler weitervermittelte. 1729–1731 Ausbildung als Stempelschneider bei dem schwedischen Medailleur Benedikt Richter an der Akademie in Wien, wo er später eine Professorenstelle innehatte; außerdem Direktor der Graveur-Akademie und seit 1749 Obermünzeisenschneider am Wiener Münzamt.

Literatur: Forrer, Bd. 1, 1904, S. 607–608; Suppl. 1923, S. 230. – Thieme/Becker, Bd. 9, 1913, S. 448. – Grotemeyer 1958, S. 184.

Kat. Nr. J 127

DUVIVIER, Jean

Geb. 1687 Lüttich, gest. 1761 Paris

Medailleur, Maler und Kupferstecher. Schüler seines Vaters Gangolphe, dann Studium der Malerei. Seit 1714 für die Monnaie de Paris tätig; 1719 dort Nachfolger von Jean Mauger. 1717 Mitglied der Académie royale. Arbeitete häufig nach Entwürfen Edmonde Bouchardons.

Literatur: Forrer, Bd. 1, 1904, S. 683–685. – Nocq, Henry, Les Duvivier, essai d'un catalogue sur leurs oeuvres, Paris 1911. – Thieme/Becker, Bd. 10, 1914, S. 252. – München 1958, S. 185. – Jones 1979, S. 95.

Kat. Nr. J 19

FALTZ, Raimund

Geb. 1658 Stockholm, gest. 1703 Berlin

Medailleur, Wachsbossierer, Elfenbeinschnitzer, Miniaturenmaler und Goldschmied. Nach ausgedehnten Studienreisen Ausbildung bei François Chéron in Paris, wo er bis 1688 blieb. Nach Arbeiten für das schwedische Königshaus ließ er sich endgültig in Berlin nieder, wo er seither an der Münze für Kurfürst Friedrich III. von Preußen arbeitete.

Literatur: Forrer, Bd. 2, 1904, S. 69. – Thieme/Becker, Bd. 11, 1915, S. 238–239. – Paris 1970, S. 249–250.

Kat. Nr. J 8

GÖTZINGER, Johann Samuel

Geb. 1734 Ansbach, gest. 1791 Ansbach

Medailleur, Münz- und Gemmenschneider. Schüler und Amtsnachfolger seines Vaters Johann. Seit 1752 Münzmeister in Ansbach.

Literatur: Forrer, Bd. 2, 1904, S. 287–288; Suppl. 1923, S. 386. – Thieme/Becker, Bd. 14, 1921, S. 328.

Kat. Nr. J 119

GUILLEMARD, Anton

Gest. 1812 Prag

War zunächst in Paris tätig. Seit 1765 arbeitete er in Günzburg, ging dann 1778 nach Mailand und war seit 1796 Obergraveur in Prag.

Literatur: Forrer, Bd. 2, 1904, S. 342–343; Suppl. 1923, S. 405. – Thieme/Becker, Bd. 15, 1922, S. 309. – München 1958, S. 186.

Kat. Nr. J 128

HAUTER, Johann Jakob

Geb. um 1735, gest. 1780

Münz- und Medaillengraveur. Von 1769 bis 1779 Münzmeister an der Durlacher Münze.

Literatur: Wielandt/Zeitz 1980, S. 205 (dort weitere Literatur).

Kat. Nr. J 34

HAUTSCH, Georg

Geb. 1664 Nürnberg, gest. 1736 Nürnberg

Schüler von Johann Jakob Wolrab. Von 1688 bis 1715 amtlicher Eisengraber und -schneider in Nürnberg. Arbeitete häufig für die Prägeanstalten Kleinert und Lauffer. Mitglied des Nürnberger Stadtrates. 1715 Ernennung zum Kaiserlichen Hof-Mechanicus.

Literatur: Forrer, Bd. 2, 1904, S. 441–442; Suppl. 1923, S. 425. – Thieme/Becker, Bd. 16, 1923, S. 152. – Wielandt/Zeitz 1980, S. 205. – Jürgens, Hans, Georg Hautsch, Ein Stempelschneider und Mechaniker der Reichsstadt Nürnberg. In: Numismatisches Nachrichtenblatt, Jg. 30, 1981, Nr. 3, S. 62–78.

Kat. Nr. J 7, J 60

HOLTZHEY, Martin

Geb. 1697 Ulm, gest. 1764 Middelburg

Medailleur und Münzmeister in Amsterdamm.

Literatur: Forrer, Bd. 2, 1904, S. 538–539; Suppl. 1923, S. 460–461. – Thieme/Becker, Bd. 17, 1924, S. 407–408. – Van der Meer, Gay, De algemeine familie penningen van de Holtzheys. In: Jaarboek voor Munt- en Penningkunde, Jg. 58/59, 1971/72, S. 101–141; Jg. 60/61, 1973/74, S. 142–152.

Kat. Nr. J 150

KETTLER, Engelbert

1637 Münzmeister in Osnabrück und 1638 bis 1656 in Münster. 1659 bis 1662 in Bentheim nachweisbar.

Literatur: Forrer, Bd. 3, 1907, S. 145.

Kat. Nr. J 1

KLEINERT, Friedrich

Geb. 1633 Bartenstein, gest. 1714 Nürnberg

Silberschmied, Drechsler, Münzhändler und Medaillenverleger. Seit 1664 in Nürnberg als Bijouterie-Fabrikant. Gab in Zusammenarbeit mit Lazarus Gottlieb und Caspar Gottlieb Lauffer in Nürnberg eine große Anzahl historischer Medaillen heraus.

Literatur: Forrer, Bd. 3, 1907, S. 174–175. – Thieme/Becker, Bd. 20, 1927, S. 456. – Wielandt/Zeitz 1980, S. 206.

Kat. Nr. J 13, J 22 – J 24, J 161, J 163, J 165

KÖRS, von der

Münzmeister von 1749 bis 1754 in Weilburg.

Literatur: Forrer, Bd. 3, 1907, S. 208. – Thieme/Becker, Bd. 21, 1927, S. 186.

Kat. Nr. J 75

KÜCHLER, Conrad Heinrich

Gest. nach 1821 Handsworth bei Birmingham

Arbeitete nacheinander in Darmstadt, Mannheim, Frankfurt am Main, danach in Frankreich und seit etwa 1790 bis möglicherweise 1806 an der Soho Mint in Birmingham.

Literatur: Forrer, Bd. 3, 1907, S. 234–243; Suppl. 1923, S. 521–522. – Thieme/Becker, Bd. 22, 1928, S. 48.

Kat. Nr. J 154

LAUFFER, Carl Gottlieb

Sohn des bekannten Medaillenverlegers Caspar Gottlieb Lauffer. Münzmeister in Nürnberg von 1746 bis 1755, danach in Berlin nachweisbar bis 1769.

Literatur: Forrer, Bd. 3, 1907, S. 325.

Kat. Nr. J 142

LEHERR, Christoph Jakob

Geb. 1647 Augsburg, geköpft 1707 Wien

Arbeitete von 1683 bis 1707 in Wien. Wurde wegen Falschmünzerei hingerichtet.

Literatur: Forrer, Bd. 3, 1907, S. 379. – Thieme/Becker, Bd. 22, 1928, S. 578.

Kat. Nr. J 166

LINCK, Johann

Als pfälzischer Medailleur und Wardein in Heidelberg und Düsseldorf 1665 bis gegen 1702 nachweisbar. Künstlerisch enge Verbindung zu Georg Pfründt.

Literatur: Forrer, Bd. 3, 1907, S. 238. – Noß 1928, S. 32–34. – Thieme/Becker, Bd. 23, 1929, S. 233–234. – Wielandt/Zeitz 1980, S. 206.

Kat. Nr. J 5, J 35, J 50–J 53, J 56–J 59

MARTEAU, François Joseph

Gest. vor 1757

Goldschmied und Medailleur in Paris, 1720 bis 1756 nachweisbar. Seit 1741 als königlicher Goldschmied im Louvre wohnhaft.

Literatur: Forrer, Bd. 3, 1907, S. 587–588. – Thieme/Becker, Bd. 24, 1930, S. 145.

Kat. Nr. J 20

MATZENKOPF d. J., Franz

Geb. 1738 Salzburg, gest. 1808 Salzburg

Arbeitete als Stempelschneider und Medailleur von 1755–1805 in Salzburg.

Literatur: Forrer, Bd. 3, 1907, S. 613–614. – Thieme/Becker, Bd. 24, 1930, S. 269–270.

Kat. Nr. J 133

MEYBUSCH, Anton

Geb. Kopenhagen, gest. 1701 Kopenhagen

Ausbildung als Graveur in Kopenhagen, wo er von 1667 bis 1677 für den dänischen Hof tätig war. Dann arbeitete er in Stockholm. 1684 ließ ihn Ludwig XIV. nach Paris kommen. Meybusch arbeitete nur fünf Jahre an der „Histoire métallique“, bereits 1690 kehrte er nach Kopenhagen zurück, wo er 1692–1693 Direktor der Münze war.

Literatur: Forrer, Bd. 4, 1909, S. 52–54. – Thieme/Becker, Bd. 24, 1930, S. 460. – Paris 1970, S. 245–246. – Wielandt/Zeitz 1980, S. 206.

Kat Nr. J 37, J 94

MOLART, Michel

Geb. 1641 Dieppe, gest. 1713 Dieppe

Ursprünglich Elfenbeinschnitzer. Von 1684 bis 1703 in Paris. Von 1685 bis 1697 war er Mitarbeiter an der „Histoire métallique“.

Literatur: Forrer, Bd. 4, 1909, S. 117–120. – Thieme/Becker, Bd. 25, 1931, S. 29. – Paris 1970, S. 203–205.

Kat. Nr. J 6, J 9

MÜLLER, Christian Ernst

Geb. 1696 Augsburg, gest. 1761 Augsburg

Sohn von Philipp Heinrich Müller. Arbeitete zusammen mit seinem Vater für die Medaillenverleger Kleinert und Lauffer in Nürnberg. Von 1710 bis 1720 an der Münze in Salzburg beschäftigt, 1732 bis um 1735 in Stuttgart, danach in Augsburg und von 1759 bis 1761 Münzwardein in Öttingen.

Literatur: Forrer, Bd. 4, 1909, S. 189–190; Suppl. 1930, S. 86. – Thieme/Becker 1931, S. 222 und 246. – Fleischhauer 1958, S. 270–271. – Wielandt/Zeitz 1980, S. 206.

Kat. Nr. J 102, J 104, J 122, J 138

MÜLLER, Christoph Heinrich

Geb. 1675 Stuttgart

Von 1721 bis 1738 Münzwardein in Augsburg.

Literatur: Forrer, Bd. 4, 1909, S. 190; Suppl. 1930, S. 86.

Kat. Nr. J 103

MÜLLER, Johann Christoph

Um 1670 bis 1695 an der Münze in Stuttgart tätig; um 1674 als Münzgraveur in Öttingen.

Literatur: Forrer, Bd. 4, 1909, S. 192–193. – Thieme/Becker, Bd. 25, 1931, S. 235. – Wielandt/Zeitz 1980, S. 207.

Kat. Nr. J 93, J 95

MÜLLER, Philipp Heinrich

Geb. 1654 Augsburg, gest. 1719 Augsburg

Zunächst Ausbildung als Silberschmied. Zusammenarbeit mit den Verlagsanstalten Kleinert und Lauffer in Nürnberg. Tätigkeit für die Münzstätten von Augsburg und Salzburg sowie die verschiedensten anderen Prägestätten, lebte bis kurze Zeit vor seinem Tod in Nürnberg.

Literatur: Forrer, Bd. 4, 1909, S. 196–205. – Thieme/Becker, Bd. 25, 1931, S. 246. – Fleischhauer 1958, S. 270. – Wielandt/Zeitz 1980, S. 207.

Kat. Nr. J 13, J 14, J 18, J 22, J 23, J 38, J 63, J 96, J 97, J 100, J 121, J 124, J 134, J 136, J 144, J 161 – J 166

NEIDHART, Johann

Geb. Nürnberg

Medailleur und Münzgraveur. Tätig 1672 bis 1707 für die Münzstätten Öls, Brieg und Neiße.

Literatur: Forrer, Bd. 4, 1909, S. 237. – Thieme/Becker, Bd. 25, 1931, S. 383.

Kat. Nr. J 117

NÜRNBERGER, Georg Friedrich

Gest. nach 1721

1677 bis 1721 Münzmeister in Nürnberg.

Literatur: Forrer, Bd. 4, 1909, S. 289–292; Suppl. 1930, S. 100. – Thieme/Becker, Bd. 25, 1931, S. 534. – Wielandt/Zeitz 1980, S. 207.

Kat. Nr. J 15, J 16, J 29, J 40, J 60, J 145

OEXLEIN, Johann Leonhard

Geb. 1715 Nürnberg, gest. 1787 Nürnberg

Schüler von Benedikt Richter und Maria Antonio de Gennaro in Wien. 1737 Münzmeister in Regensburg, dann Aufträge für den König von Polen. Um 1740 Rückkehr nach Nürnberg; außerdem tätig in Bayreuth, Würzburg, Fulda, Bamberg, Dresden und Frankfurt am Main.

Literatur: Forrer, Bd. 4, 1909, S. 306–308; Suppl. 1930, S. 102. – Thieme/Becker, Bd. 25, 1931, S. 577. – München 1958, S. 189.

Kat. Nr. J 120, J 157

PFRÜNDT, Georg

Geb. 1603 Flachslanden, gest. 1663 Durlach

Medailleur, Bildhauer, Wachsbossierer, Gemmenschneider, Ingenieur und Roßarzt. Schüler des Bildhauers Leonhard Kern und des Kunsttöpfers Georg Vest. Arbeitete in Lyon, Paris (bei Jean Varin), Durlach, Heidelberg, Mergentheim, Stuttgart, Salzburg und an anderen Orten, war aber vor allem in Nürnberg und wohl ab 1659 in Durlach ansässig.

Literatur: Forrer, Bd. 4, 1909, S. 477–479; Suppl. 1930, S. 124. – Thieme/Becker, Bd. 26, 1932, S. 538. – Bechthold 1923/24. – Stemper 1952/53. – Theuerkauf 1974. – Wielandt/Zeitz 1980, S. 207.

Kat. Nr. J 21, J 36, J 45, J 48, J 92, J 125

PRESSEL, Jakob Michael

Geb. 1742, gest. 1805

Medailleur, Siegelschneider und Kupferstecher in Heilbronn.

Literatur: Thieme/Becker, Bd. 27, 1933, S. 381. – Koch 1976, S. 283–284.

Kat. Nr. J 137

RICHTER, Benedikt (Bengt)

Geb. 1670 Stockholm, gest. 1735 Wien

Schüler von Arfvid Karlsteen. Tätigkeit für Ludwig XIV. an der Monnaie de Paris, dann in London und in Stockholm an der Königlichen Münze. 1710 bis 1712 in Berlin; anschließend an der Kaiserlichen Münze in Wien. 1715 Münzprägeinspektor. 1716 Ober- und Kammermedailleur.

Literatur: Forrer, Bd. 5, 1912, S. 118–121. – Thieme/Becker, Bd. 28, 1934, S. 284. – München 1958, S. 184.

Kat. Nr. J 27

ROUSSEL, Jérôme

Geb. 1663, gest. 1713 Paris

Seit 1686 war er Mitarbeiter an der „Histoire métallique“ und seit 1709 Mitglied der Académie royale de peinture.

Literatur: Forrer, Bd. 5, 1912, S. 253–258. – Thieme/Becker, Bd. 29, 1935, S. 117. – Paris 1970, S. 217–218.

Kat. Nr. J 6, J 9, J 10

SAINT URBAIN, Ferdinand

Geb. 1658 Nancy, gest. 1738 Nancy

Zunächst Ausbildung als Zeichner und Maler. 1673 bis 1703 päpstlicher Münzdirektor in Bologna und Rom. 1704 Rückkehr nach Nancy und Arbeit für die dortige Münzstätte.

Literatur: Forrer, Bd. 5, 1912, S. 305–313. – Thieme/Becker, Bd. 29, 1935, S. 329.

Kat. Nr. J 55, J 61

SCHAEFFER, Anton

Geb. 1722 Düsseldorf, gest. 1799 Mannheim

Tätig in Mannheim 1748 bis 1799. Zunächst Mitarbeiter seines Vaters Wigand, seit 1755 Münzmeister. 1766 Ernennung zum Münzrat; Lehrer an der Mannheimer Zeichenakademie.

Literatur: Forrer, Bd. 5, 1912, S. 347–348. – Thieme/Becker, Bd. 29, 1935, S. 552. – Haas 1972, S. 179. – Wielandt/Zeitz 1980, S. 207. – Goetze/Roggenkamp 1980, S. 9–12.

Kat Nr. J 41, J 76, J 78, J 79 – J 84, J 86 – J 88, J 90, J 155

SCHAEFFER, Wigand

Geb. 1687 Kopenhagen, gest. 1758 Mannheim

Tätig in Mainz, ab 1716 in Düsseldorf und ab 1732 bis 1735 an der Münze in Heidelberg; nach deren Verlegung zunächst als Graveur und von 1738 bis 1758 als Münzwardein in Mannheim.

Literatur: Forrer, Bd. 5, 1912, S. 354–355. – Thieme/Becker, Bd. 29, 1935, S. 552. – Haas 1972, S. 178. – Goetze/Roggenkamp 1980, S. 9–12. – Wielandt/Zeitz 1980, S. 207.

Kat. Nr. J 69 – J 71, J 79

SCHÄUFEL, Joseph Ignatz

Geb. 1733 Passau, gest. 1812 München

Arbeitete zunächst als Gürtelmacher. Schüler von Johann Carl Hedlinger. Seiner Bekanntschaft mit Franz Andreas Schega verdankte er eine Anstellung als Münzgraveur in München. Kurbayerischer Hofmedailleur.

Literatur: Forrer, Bd. 5, 1912, S. 355–356. – Thieme/Becker, Bd. 30, 1936, S. 41.

Kat. Nr. J 148

SCHEGA, Franz Andreas

Geb. 1711 Rudolphswert, gest. 1787 München

Lehre als Büchsenmacher. Seit 1730 in München, dort seit 1739 als Prägeschneider an der Münze angestellt. 1751 Hofmedailleur. Verschiedene Reisen nach Dresden, Wien und Würzburg.

Literatur: Forrer, Bd. 5, 1912, S. 377–379. – Thieme/Becker, Bd. 30, 1936, S. 10–12. – München 1958, S. 189–190. – Grotemeyer 1971.

Kat. Nr. J 33

SCHMELTZ, Christoph

Geb. 1700 Biberach, gest. 1777

Nach zwölfjähriger Tätigkeit in Wien seit 1734 Hofmedailleur in Stuttgart. 1735 nach dem Tod Herzog Karl Alexanders im Zusammenhang mit der Affäre um Joseph Süs Oppenheimer entlassen. 1753–1764 Münzmeister in Hall, danach in Kremnitz/Ungarn.

Literatur: Forrer, Bd. 5, 1912, S. 390. – Fleischhauer 1958, S. 271.

Kat. Nr. J 105

SCHREMPF, Veit

1744 bis 1773 Münzschneider in Stuttgart; 1746 bis 1748 Münzwardein.

Literatur: Forrer, Bd. 5, 1912, S. 403. – Thieme/Becker, Bd. 30, 1936, S. 285.

Kat. Nr. J 108, J 109

SCHWENDIMANN, Kaspar Joseph

Geb. 1721 Ebikon/Schweiz, ermordet 1786 Rom

Schüler von Johann Carl Hedlinger. Nach Jahren in Luzern 1772 Übersiedlung nach Rom.

Literatur: Forrer, Bd. 5, 1912, S. 435–437. – Thieme/Becker, Bd. 30, 1936, S. 379. – Stemper 1961, S. 278–285.

Kat. Nr. J 89

SELTER, Johann Jakob

Um 1705 bis 1716 an der Münze in Heidelberg tätig.

Literatur: Forrer, Bd. 5, 1912, S. 470–471. – Thieme/Becker, Bd. 30, 1936, S. 482.

Kat. Nr. J 65 – J 67

THIEBAUD d. Ä., Jonas

Geb. 1695 Genf, gest. 1770 Augsburg

Schüler von Jean Dassier in Genf. Tätig in der Schweiz und in Südwestdeutschland; 1734 bis 1737 in Stuttgart, seit 1740 in Augsburg.

Literatur: Forrer, Bd. 6, 1916, S. 62–65. – Thieme/Becker, Bd. 33, 1939, S. 21. – München 1958, S. 191. – Fleischhauer 1958, S. 271. – Wielandt/Zeitz 1980, S. 207.

Kat. Nr. J 39

VERSCHAFFELT, Peter Anton von

Biographie s. vor Kat. Nr. B 80

Kat. Nr. J 89 b

VESTNER, Georg Wilhelm

Geb. 1677 Schweinfurt, gest. 1740 Nürnberg

Nach ausgedehnten Lehr- und Wanderjahren 1705 Niederlassung in Nürnberg. 1720 Medailleur des Bischofs von Würzburg. 1728 erhielt er das kaiserliche Privileg, Medaillen in seinem eigenen Haus zu schlagen. 1732 wurde er kurbayerischer Hofmedailleur.

Literatur: Forrer, Bd. 6, 1916, S. 252–257. – Thieme/Becker, Bd. 34, 1940, S. 313. – München 1958, S. 191. – Wielandt/Zeitz 1980, S. 208.

Kat. Nr. J 26, J 30, J 74, J 126, J 130, J 147

WÄCHTER, Georg Christian

Geb. 1729 Heidelberg, gest. 1789 St. Petersburg

Schüler von Jean Dassier in Genf. 1770 Hofmedailleur in Mannheim. Seit 1771 in St. Petersburg.

Literatur: Forrer, Bd. 6, 1916, S. 338–339. – Thieme/Becker, Bd. 35, 1942, S. 16.

Kat. Nr. J 160

WERMUTH, Christian

Geb. 1661 Altenburg, gest. 1739 Gotha

Schüler von Ernst Caspar Dürr in Dresden. 1688 sächsischer Hofmedailleur. 1699 erhielt er das kaiserliche Privileg, in seinem eigenen Haus Medaillen zu schlagen. 1703 königlich-preußischer Hofmedailleur. Im Laufe von 20 Jahren gab er über 1300 Medaillen heraus.

Literatur: Forrer, Bd. 6, 1916, S. 432–446. – Thieme/Becker, Bd. 35, 1942, S. 399–400. – Wielandt/Zeitz 1980, S. 208.

Kat. Nr. J 151

WERMUTH, Christian Sigmund

Geb. 1710 Gotha, gest. 1791 Dresden

Sohn, Schüler und Mitarbeiter von Christian Wermuth. Arbeitete für den sächsischen Hof. Inspektor der Dresdener Münze.

Literatur: Forrer, Bd. 6, 1916, S. 446–447. – Thieme/Becker, Bd. 35, 1942, S. 400.

Kat. Nr. J 151

WERNER, Adam Rudolph

Geb. 1722 Nürnberg, gest. 1784 Stuttgart

Sohn von Peter Paul Werner. Von 1742 bis 1784 tätig in Stuttgart. Hofmedailleur des Herzogs von Württemberg.

Literatur: Forrer, Bd. 6, 1916, S. 448–449. – Thieme/Becker, Bd. 35, 1942, S. 402.

Kat. Nr. J 106, J 110, J 112, J 113, J 118, J 149

WERNER, Peter Paul

Geb. 1689 Nürnberg, gest. 1771 Nürnberg

Arbeitete seit 1711 als Medailleur und Münzgraveur in Nürnberg für verschiedene deutsche Höfe.

Literatur: Forrer, Bd. 6, 1916, S. 453–455. – Thieme/Becker, Bd. 35, 1942, S. 402.

Kat. Nr. J 126, J 141 – J 143

TÜRKENBEUTE UND VARIA

Volker Himmelein, Ernst Petrasch, Dietrich Rentsch, Helge Siefert

DIE TÜRKENBEUTE (K 1–K 15)

Anschauliche Zeugnisse vom schicksalhaften Abwehrkampf des Abendlandes gegen die jahrhundertelang anstürmenden Heerscharen des Halbmondes sind mit jenen kostbaren Trophäen aus den Türkenkriegen auf uns gekommen, die in mehr oder weniger ansehnlicher Zahl in einigen europäischen Museen, Klöstern, Kirchen und Schlössern bis heute sorgsam gehütet werden. Den weltbekannten Türkenschätzen in Wien, Budapest, Dresden und Krakau verdanken wir zugleich unsere Kenntnis von der einzigartigen Pracht osmanischen Kunsthandwerks.

Keine der genannten Sammlungen ist jedoch so eng mit dem Namen einer berühmten historischen Persönlichkeit verbunden wie die umfangreiche „Türkenbeute" des Markgrafen Ludwig Wilhelm von Baden-Baden, die heute als „Zähringer Stiftung" eine der eindrucksvollsten und international bekanntesten Abteilungen des Badischen Landesmuseums im Karlsruher Schloß bildet. Diese orientalische Rüstkammer illustriert zugleich ein bedeutendes Kapitel badischer Landesgeschichte und deren Anteil am Gesamtschicksal Europas.

Seit 1683 – als die Türken zum zweiten Mal die Reichshauptstadt Wien belagern – hat der badische Markgraf ein Jahrzehnt lang an den Türkenkriegen teilgenommen, zuletzt als Oberkommandierender des kaiserlichen Heeres. Seine entscheidenden und vom halben Kontinent gefeierten Siege über die Türken auf dem Balkan haben ihm unter dem volkstümlichen Namen des „Türkenlouis" einen ehrenvollen Platz in der europäischen Geschichte gesichert.

Nach landläufiger Überlieferung gilt die Karlsruher Türkenbeute ausschließlich als Siegesbeute des Markgrafen Ludwig Wilhelm; ihr größter Teil ist immerhin wenige Jahre nach dem Tode des Türkenlouis im Besitz seiner Gemahlin, der sachsen-lauenburgischen Prinzessin Sibylla Augusta, nachweisbar. Heute wissen wir jedoch, daß auch andere Türkenstreiter aus dem badischen Fürstenhaus zur Vermehrung der Sammlung beigetragen haben. Zu nennen ist vor allem Markgraf Hermann von Baden-Baden, ein Onkel des Türkenlouis, der selbst zwar an Kampfhandlungen nicht teilgenommen hat, als Präsident des österreichischen Hofkriegsrates aber die wechselvollen Geschicke des ersten großen Türkenkrieges (1683–99) maßgeblich mitbestimmt hat. Als er 1691 starb, hinterließ er seinem Neffen neben wertvollen Kunstschätzen auch an die hundert Türkentrophäen. Zweifellos kehrt mit diesem Erbe auch so manches Beutestück, das der Türkenlouis vormals seinem Oheim als stolzes Siegeszeichen verehrt haben mag, wieder an seinen einstigen Eroberer zurück (siehe Kat. Nr. K1, 4, 13, 14).

In späterer Zeit wurden ebenso die in der ehemaligen Rüstkammer der Markgrafen von Baden-Durlach verwahrten türkischen Trophäen der Sammlung des Türkenlouis einverleibt (siehe Kat. Nr. K 5, 8, 12). Die Mehrzahl davon stammt nachweislich von Markgraf Karl Gustav von Baden-Durlach, der 1684–88 als Generalfeldzeugmeister die schwäbischen Kreistruppen befehligte.

Schenkt man zeitgenössischen Berichten und überlieferten Akten Glauben, so muß vieles von dem unermeßlichen und denkwürdigen Beutegut im Laufe der Zeit wieder spurlos verlorengegangen sein. Denn als 1771 Markgraf August Georg, der jüngste Sohn des Türkenlouis, im väterlichen Residenzschloß zu Rastatt eine „Türckische Kammer" einrichten ließ, da waren es nur noch rund 300 Trophäen, die in dem gleichzeitig angelegten Inventar einzeln aufgeführt sind. Zweifellos beabsichtigte damit August Georg kurz vor seinem Tode als letzter Sproß der mit ihm aussterbenden katholischen Linie des Zähringergeschlechtes die glorreichen Kriegstaten des berühmten Vaters in der Erinnerung seines Landes fortleben zu lassen, das einem alten Erbvertrag zufolge schon wenige Wochen hernach mit der protestantischen Markgrafschaft Baden-Durlach wiedervereinigt werden sollte.

Während die Bibliothek, das Münzkabinett und die übrigen Kunstschätze des Rastatter Hofes wenig später in die Karlsruher Residenz überführt wurden, behielt die Trophäensammlung nahezu noch ein volles Jahrhundert ihren Platz im Rastatter Schloß. Erst Großherzog Friedrich I. von Baden ließ im Zuge seiner Bestrebungen zur systematischen Vereinigung des verstreuten Kunstbesitzes um die Mitte des vorigen Jahrhunderts auch die Türkenbeute nach Karlsruhe verbringen.

Heute nach mehr als einem Vierteljahrtausend ist der furchterweckende Bann von diesen einst mit Blut und Leben teuer erkauften Trophäen längst gewichen. Wenngleich uns die Kostbarkeit des edlen Materials und die künstlerische Vollendung der Schmuckstücke den ursprünglichen Zweck dieses Kriegsgerätes nicht ganz vergessen lassen sollte, dürfen wir diese Rüststücke heute vornehmlich als Meisterwerke osmanischen Kunsthandwerks bewundern.

Unsere Ausstellung zeigt eine nur auf wenige Stücke beschränkte Auswahl aus der Karlsruher Türkenbeute, der heute außer den eingangs genannten Sammlungen weder in Deutschland noch sonst in Europa ein an Umfang, Art und historischer Bedeutung vergleichbarer Bestand an die Seite gestellt werden kann.

K 1 □

Roßschweif

Aus dem Nachlaß des Markgrafen Hermann von Baden-Baden von 1691.
Nr. 91 im Inventar zur Rastatter „Türckischen Kammer" von 1772

Türkisch, vor 1691

K 1

Gedrechselter Holzschaft mit Überzug aus buntem Roßhaargeflecht mit Rautenornamenten (gelb, ocker, blau, rot und dunkelbraun). Zweifach herabhängende Büschel aus weiß- und rotgefärbtem Roßhaar, die oberen wahrscheinlich ursprünglich in Zöpfen geflochten. Am oberen Schaftende ein siebenfach gestutzter Kranz aus gefärbtem Roßhaar. Der Schaft zum Aufstecken unten ausgehöhlt und beschlagen mit breiter Hülse aus Messingblech, darauf zwei Ösen mit Ringen.

Neben Fahnen zählten die eroberten Roßschweife als türkische Hoheitszeichen bei den christlichen Heeren zu den begehrtesten Trophäen. Der Roßschweif (Tugh) diente den Türken als Feldzeichen mit Rangbedeutung und wurde den osmanischen Würdenträgern auf bemalten Stangen vorangetragen, im Feldlager auf eigens errichteten Erdhügeln vor dem Zelt aufgepflanzt. Jedem Würdenträger stand seinem Rang entsprechend eine bestimmte Anzahl von Roßschweifen zu – so z.B. dem Sultan neun, dem Großwesir fünf und drei dem Janitscharenaga. Mit dem traditionellen „Ausstecken der großherrlichen Roßschweife" im Serail des Sultans und beim Großwesir wurde nach alttürkischem Brauch der Kriegsbeginn angekündigt. – Vier ähnliche Roßschweife aus der zweiten Hälfte des 17. Jhs. im Historischen Museum der Stadt Wien.

Holz, gedrechselt; gefärbtes Roßhaar, Messingbeschläge. H. 103 cm.

Literatur: Karlsruhe 1977, Nr. 3 (mit weiterer Literatur).

Karlsruhe, Badisches Landesmuseum, Inv. Nr. D 30

K 2 □

Schabracke

Aufgeführt unter Nr. 31 im Inventar zur Rastatter „Türckischen Kammer" von 1772

Türkisch, spätes 17. Jahrhundert

Roter Samt mit gelbem Seidenatlas gefüttert. Der die Kruppe des Pferdes dek-

K 2

kende wattierte Teil bestickt mit vergoldetem und reinem Drahtsilber in Sprengtechnik über Lederunterlage: Alternierend schmale und breite Längsstreifen; als Füllung abwechselnd Rose und geschweiftes Blatt; je zwei sich entsprechende Streifen gegenständig angeordnet. In der umlaufenden Randborte Fries nach innen gerichteter Tulpen. An geflochtenen Silberbrokatschnüren Troddeln mit rot-goldenen Fransen.
Die Vorliebe für flächenfüllenden Dekor ist für die türkische Kunst besonders typisch. Überhaupt spielt in der gesamten islamischen Kunst das Ornament eine wesentlich größere Rolle als vergleichsweise in der europäischen. Dies hat seine Ursache im „Bilderverbot" (figürliche Darstellung von Mensch und Tier), das im Koran zwar nicht wörtlich ausgesprochen ist, an das sich aber vor allem die sunnitischen Türken strenger als beispielsweise die Perser gehalten haben. Neben kalligraphischen und geometrischen Schmuckelementen bevorzugten die Osmanen stilisierte Blumendekore aus Rosen, Nelken und Tulpen.

Wattierter roter Samt, Seidenatlas, Stickerei in vergoldetem und reinen Drahtsilber auf Lederschablone. L. der Stickerei 66 cm, größte B. 120 cm.

Literatur: Kalrsruhe 1955, Nr. 418.

Karlsruhe, Badisches Landesmuseum, Inv. Nr. D 123

K 3 □

Prunksattel

Aufgeführt unter Nr. 10 im Inventar zur Rastatter „Türckischen Kammer" von 1772

Türkisch, spätes 17. Jahrhundert

Sog. orientalischer Bocksattel. Holzgestell, innen mit braunem Leder bezogen. Vordersteg mit Knauf, Hintersteg und die vorstehenden Trachtenenden gänzlich bedeckt mit silbernen Blattranken vor Goldgrund in Flachstickerei auf Pergamentschablone. Gepolsterter Ledersitz und lederne Sattelblätter mit rotem Samt überzogen und reich appliziert mit Blumenarabesken in Flachstickerei aus feinsten Gold- und Silberfäden auf Pergamentunterlage.

Holz, Leder, Samt, Flachstickerei in Gold und Silber. H. 32 cm, L. 50 cm, B. 35 cm.

Literatur: Karlsruhe 1955, Nr. 424.

Karlsruhe, Badisches Landesmuseum, Inv. Nr. D 151

K 3

K 4 □

Prunkreitzeug

Aus dem Nachlaß des Markgrafen Hermann von Baden-Baden von 1691. Nr. 56 im Inventar zur Rastatter „Türckischen Kammer" von 1772

Türkisch, vor 1691

Reitzeug aus rotem Saffianleder, bestehend aus dem Pferdekopfgestell, dem Brust- und Schweifriemen sowie dem Seidenzügel. Das Riemenzeug fugenlos besetzt mit schuppenförmigen Beschlägen aus gegossenem und vergoldetem Silber mit je einer kleinen Rosette am Mittelgrat. Als Zierbehang am Brustriemen

K 4

große, sechsteilige Buckelscheibe mit Palmettenornamenten; an zwei Ringen halbmondförmiger Behang aus zwei Eberzähnen in vergoldeter Silberfassung, besetzt mit zwei Türkisen in ovaler und einem grünen Glas in quadratischer Kastenfassung; an einem Ring anhängend ein tulpenförmiges Zierplättchen aus vergoldetem Silber mit ausgeschnittenen und ziselierten Arabesken.

Wie alle asiatischen Völker sind auch die Türken mit unvorstellbarem Prunk in den Krieg gezogen. Schon Ghiselin von Busbeck, der 1559 als Gesandter Kaiser Ferdinands I. in Konstantinopel dem glanzvollen Auszug Suleimans des Prächtigen beiwohnte, rühmt in überschwenglichen Worten die prachtvolle Ausrüstung und kostbare Kleidung der türkischen Reiter, die Schönheit ihrer glänzend gerüsteten Pferde, deren Sättel und Zaumzeug von gleißendem Gold und funkelnden Edelsteinen erstrahlten.

Rotes Saffianleder, Seide, Silber vergoldet, Türkise und grünes Glas (Smaragd-Imitation), Eberzähne.

Literatur: Karlsruhe 1977, Nr. 19 (mit weiterer Literatur).

Karlsruhe, Badisches Landesmuseum, Inv. Nr. D 131

K 5 □

Rundschild

Aus der ehemaligen Rüstkammer der Markgrafen von Baden-Durlach

Türkisch, spätes 17. Jahrhundert

Konzentrisch gelegte Feigenruten, mit roten Seidenfäden umwunden, eingeflochtene Ornamente und Inschriften aus feinem Drahtsilber: Drei große Wolkenbandornamente abwechselnd mit drei gerahmten Schriftmedaillons „Allah Muhammed"; am inneren und äußeren Schildrand vier-, bzw. dreizehnmal der Name „Allah". Großer hochgewölbter Schildbuckel aus Stahl mit goldtauschierten Ornamenten und verschiedenen In- und Umschriften.

Feigenruten, Seide, Drahtsilber, Stahl mit Goldtauschierung. Dm. 59 cm, Dm. des Schildbuckels 18 cm.

Literatur: Karlsruhe 1977, Nr. 23 (mit weiterer Literatur).

Karlsruhe, Badisches Landesmuseum, Inv. Nr. G 4

K 6

Zwei Reflexbogen

Aufgeführt unter Nr. 217 im Inventar zur Rastatter „Türckischen Kammer" von 1772

Türkisch, spätes 17. Jahrhundert

Sog. Reflexbogen aus Holz, Büffelhorn und Fischleim; die Bogen jetzt in entspanntem Zustand ohne Sehnen. Die im jetzigen Zustand nach außen gewölbten Innenseiten mit Lackmalerei geschmückt.

Bogen und Pfeil waren neben dem typischen Krummsäbel (siehe Kat. Nr. K 10) die gebräuchlichste und gefürchtetste Angriffswaffe der Türken. Diese schon dem Menschen der Urzeit bekannte Waffe ist für den Europäer seit jeher untrennbar mit dem Bild vom asiatischen Krieger verbunden. Vornehmlich im Bogenschießen verfügten die Osmanen über eine unübertreffliche Meisterschaft. Mit den in jahrelanger Arbeit sorgfältig angefertigten Bogen schossen sie ihre leichten Rohrpfeile zielsicher mehrere hundert Meter weit, deren durchdringenden Stahlspitzen selbst eherne Rüstungen nicht standzuhalten vermochten. Der vorerwärmte Reflexbogen mußte vom Schützen vor Gebrauch gegen seine natürliche Krümmung (jetziger Zustand) gespannt werden.

Holz, Büffelhorn und Fischleim; Lackmalerei. Jetzige Spannweiten: 35 cm und 57 cm.

Literatur: Karlsruhe 1955, Nr. 458.

Karlsruhe, Badisches Landesmuseum, Inv. Nr. D 90

K 5

K 7 □

Prunkköchergarnitur

Aufgeführt unter Nr. 41 und 45 im Inventar zur Rastatter „Türckischen Kammer" von 1772

Türkisch, spätes 17. Jahrhundert

Bogen- und Pfeilköcher aus rotbraunem Leder. Vorderseite mit blauem Samtüberzug; streumusterartig besetzt mit silbernen Zierbeschlägen, darauf ziselierte Blumenranken, teilweise durchbrochen und vergoldet: In der Mitte gebuckelte Sternrosetten, Füllstücke in stilisierten Blatt- und Blütenformen, dazwischen kleine Rosetten. An den Rändern silberne Nägel mit s-förmigen, vergoldeten und gravierten Silberplättchen; am Köchermund Palmettenfries.

Diese kurvig geformten, um die Leibmitte getragenen Lederhüllen dienten zur Aufnahme von Bogen und Pfeilbündeln. Sie zeugen für die künstlerische Sorgfalt und handwerkliche Gediegenheit, die man solchen Rüststücken selbst noch zu einer Zeit angedeihen ließ, in der die seit Mitte des 16. Jhs. auch bei den Osmanen eingeführten Handfeuerwaffen die alte Kampfweise mit Pfeil und Bogen immer mehr verdrängten.

Rotbraunes Leder mit Samtüberzug, Silber, teilvergoldet. Bogenköcher: H. 66,5 cm, B. 31 cm; Pfeilköcher: H. 42 cm, B. 20 cm.

Literatur: Karlsruhe 1955, Nr. 460 (mit weiterer Literatur).

Karlsruhe, Badisches Landesmuseum, Inv. Nr. D 94 und D 98

K 8 □

Steinschloßflinte

Aus der ehemaligen Rüstkammer der Markgrafen von Baden-Durlach

Lauf: Türkisch, Ende 17. Jahrhundert. Schaft und Schloß: Deutsch, 18. Jahrhundert

Glatter Lauf mit Grat, vorne rund, im rückwärtigen Drittel sechskantig; geschnittene, in Silber aufgelegte Wellenranken und Arabesken vor gepunztem und vergoldetem Grund, darin eingelassen Korallen, Türkise und grüne Steine in Rosettenfassung; in Gold eingelegte türkische Laufschmiedmarke in fassioniertem Schild. Brauner gemaserter Vollschaft mit geschnitztem Rankenwerk. Am Schloß zwei gravierte Drachenköpfe mit Blattranken und bezeichnet CHATO A PARIS. (Vermutlich in mißverstandener Schreibweise nachgeahmte Meistersignatur des bekannten Pariser Büchsenmachers C. Chateau, ca. 1685 – ca. 1730). Hölzerner Ladestock.

Es entsprach allgemeiner Gepflogenheit in den europäischen Ländern, erbeutete Türkengewehre dem Zeitgeschmack entsprechend neu zu schäften und mit hier gebräuchlichen Schloßtypen auszustatten.

Stahl, gemasertes Holz, Silber, z. T. vergoldet, Korallen, Türkise und grüne Steine. Gesamte L. 132 cm, L. des Laufes 90,5 cm, Kaliber 11,5 cm.

Literatur: Karlsruhe 1977, Nr. 31.

Karlsruhe, Badisches Landesmuseum, Inv. Nr. G 436

K 7

K 8

K 9 □

Feldflasche

Aufgeführt unter Nr. 193 im Inventar zur Rastatter „Türckischen Kammer" von 1772

Türkisch, spätes 17. Jahrhundert

Flasche in Beutelform aus steifem rotbraunem Leder; vorne halbrund gebogen, mit flachem Rücken und Boden aus einem Stück. Über dünner Lederfolie völlig bestickt; Grund aus vergoldetem Silberdraht, Füllmuster in feinstem Drahtsilber: Stilisierte Blatt- und Blumenranken mit großen Rosetten, an den Rändern nach innen gerichteter Tulpenfries. Rotlederne Wulstränder, rot abgesteppt und mit Goldfäden überstickt. Fassung des Ausgußmundes und kuppelförmiger Schraubverschluß aus teilvergoldetem Silber mit feinziselierten und niellierten Blatt- und Blütenranken. – Eine in Form und Technik übereinstimmende Trinkflasche im Historischen Museum Dresden (Inv. Nr. Y 280).

Leder, vergoldeter und reiner Silberdraht. Silber mit Niellodekor. H. (mit Schraubverschluß) 32 cm, B. 19 cm.

K 9

K 10

Literatur: Karlsruhe 1977, Nr. 30 (mit weiterer Literatur).

Karlsruhe, Badisches Landesmuseum, Inv. Nr. D 231

K 10 □

Säbel mit Scheide

Aufgeführt unter Nr. 117 im Inventar zur Rastatter „Türckischen Kammer" von 1772

Türkisch, spätes 17. Jahrhundert

Griffschalen mit einseitiger Knaufnase aus dachförmig geripptem Walroßzahn. Schwach gekrümmte einschneidige Klinge. Scheide mit schwarzem Lederüberzug. Griffband, Parierstange, Mundblech, Ortband und mandelförmige Scheidenzwinge aus Gold, reich verziert mit ziselierten und gravierten Blumenranken vor feingepunztem Grund; in den glatten Flächen Arabeskengeflecht in Niellotechnik. – Ein in Formgebung und Dekor weitgehend übereinstimmender, zwischen 1676–87 entstandener türkischer Säbel in der Waffensammlung des Kunsthistorischen Museums Wiens (Inv. Nr. C 127), den Michael II. Apafi, Fürst von Siebenbürgen, von Sultan Mehmed IV. als Geschenk erhielt.

Mit Gold, Edelsteinen und Emaileinlagen geschmückte Waffen waren neben Ehrengewändern die von den Türken am meisten geschätzten Geschenke. Die Übersendung von Prunksäbel und -dolch an den vom Sultan mit der Führung des Heeres betrauten Großwesir vor Beginn der Belagerung einer großen Festung gehörte zum festen kriegerischen Brauch der Osmanen.

Damaszierter Stahl; Walroßzahn, Leder, Gold mit Nielloeinlagen. L. der Klinge 74 cm, L. des Griffes 11 cm; L. der Scheide 80 cm.

Literatur: Karlsruhe 1977, Nr. 34 (mit weiterer Literatur).

Karlsruhe, Badisches Landesmuseum, Inv. Nr. D 32

K 11

K 11 □

Dolch mit Scheide

Aufgeführt unter Nr. 108 im Inventar zur Rastatter „Türckischen Kammer" von 1772

Türkisch, spätes 17. Jahrhundert

Runder Griff aus dunkelbraunem Holz mit eingezogener, achtseitig abgeflachter Handlage, besetzt mit achtzehn Silberrosetten. Schwachgekrümmte, reich profilierte Klinge mit beiderseits zwei Hohlschliffen und verdickter Spitze; auf der

K 12

breiten Fehlschärfe beiderseits je zwei Punktmarkierungen und neun Sterne in Silbertauschierung. Runde, nach vorne fünfseitig abgekantete Scheide mit z.T. vergoldetem Silber beschlagen; darauf ziselierte und gravierte Blumen- und Blattranken, gefüllt mit feinem Niellodekor; Mundblech und Ortband mit massivem Kugelknopf sind verstärkt durch Auflagen aus geschnittenen und niellierten Tulpenranken vor feingerauhtem Goldgrund. – Zwei in Größe, Form, Stil und Technik weitgehend übereinstimmende türkische Dolche im Historischen Museum Dresden (Inv. Nr. Y 134) und in der Leibrüstkammer Stockholm (Inv. Nr. 5701); ein weiterer Dolch mit fast gleicher Klinge und ähnlichem Griff im Staatl. Museum für Völkerkunde München.

Damaszierter Stahl; Holz, Silber, z. T. vergoldet, Niellodekor. L. der Klinge 18,2 cm, L. des Griffes 11,5 cm; L. der Scheide 24,3 cm.

Literatur: Karlsruhe 1977, Nr. 37 (mit weiterer Literatur).

Karlsruhe, Badisches Landesmuseum, Inv. Nr. D 269

K 12 □

Handschar

Aus der ehemaligen Rüstkammer der Markgrafen von Baden-Durlach

Türkisch, spätes 17. Jahrhundert

Griff aus Elfenbein mit zweilappigem Knauf; Montierung und Zwinge aus vergoldetem Silber besetzt, mit geschnittenen und gefaßten Korallen. Zweifach gebogene Klinge mit verbreitertem Rücken; darauf Marke, gravierte Inschrift und Ornamente.

Der Handschar, an seinem eigenartigen Griff mit zweilappigem Knauf besonders gut erkennbar, ist nach Form und Größe ein Mittelding zwischen Säbel und Dolchmesser.

Stahl; Elfenbein, Silber, z. T. vergoldet, Korallen. L. der Klinge 59 cm; L. des Griffes 12 cm.

Literatur: Karlsruhe 1977, Nr. 35.

Karlsruhe, Badisches Landesmuseum, Inv. Nr. G 175

K 13 □

Doppelbeil mit Stoßklinge

Aus dem Nachlaß des Markgrafen Hermann von Baden-Baden von 1691. Nr. 99 im Inventar zur Rastatter „Türckischen Kammer" von 1772

Türkisch, vor 1691

Holzstiel mit schwarzem Chagrinleder

K 13

überzogen und mit schmalem Silberband spiralförmig umwunden; an beiden Enden breite Silberhülse mit gravierten und gepunzten Rosetten und Blättchen in streifenförmiger Anordnung. An glatter Tülle beiderseits ein halbmondförmiges damasziertes Blatt mit kreisrunder Beilschneide; nach oben auf abgeflachtem Vierkanteisen mit beil- und hakenförmigen Querbalken eine lanzettförmige flache Stoßklinge.

Solche Doppelbeile (balta oder teber) wurden im 17. Jh. ausschließlich von Leibwachen und Peikgardisten (eine besondere Truppe innerhalb des Janitscharenkorps am Hofe des türkischen Sultans) getragen. Auf einer Miniatur des bekannten türkischen Malers Levni (gest. 1732) im Topkapi Saray Museum in Istanbul (Inv. Nr. 17/253) ist ein Peik

K 14

K 15

mit einem derartigen Doppelbeil wiedergegeben.

Holz mit Lederüberzug und Silberbeschlägen. Damaszierter Stahl. L. 122,5 cm.

Literatur: Karlsruhe 1977, Nr. 39 (mit weiterer Literatur).

Karlsruhe, Badisches Landesmuseum, Inv. Nr. D 57

K 14 □
Streitbeil

Aus dem Nachlaß des Markgrafen Hermann von Baden-Baden von 1691. Nr. 98 im Inventar zur Rastatter „Türckischen Kammer" von 1772

Türkisch, vor 1691

Damaszierte Stahlklinge mit hammerförmigem quadratischem Rücken. Schwarzbelederter Holzstiel von ovalem Querschnitt, mit schmalem Silberband spiralförmig umwunden. Handhabe und oberes Stielende mit z.T. vergoldetem Silberblech beschlagen; darauf feinziselierte Blumenranken vor gepunztem Grund;

die größeren (nicht vergoldeten) Blüten mit Arabesken in Niello gefüllt.

Damaszierter Stahl; Holz, Leder, Silber, teilvergoldet, Niello. L. 69 cm, L. des Blattes 17 cm, B. 8,5 cm.

Literatur: Karlsruhe 1977, Nr. 41 (mit weiterer Literatur).

Karlsruhe, Badisches Landesmuseum, Inv. Nr. D 56

K 15 □

Streitkolben

Aufgeführt unter Nr. 96 im Inventar zur Rastatter „Türckischen Kammer" von 1772

Türkisch, spätes 17. Jahrhundert

Runder Holzstiel; Griff und Tülle aus vergoldetem Silber, darauf feinziselierte Blattranken vor gepunztem Grund in streifenförmiger Reihung; an beiden Enden je eine halbkugelige Kappe. Acht radial aufgesetzte Schlagblätter aus vergoldetem Silber mit gelappten Rändern und durchbrochener Arabeskenfüllung.

Neben dem Streibeil (siehe Kat. Nr. K 14) gehört der Streitkolben (Buzogan) zu den typischen Schlagwaffen der türkischen Reiter (Sipahi). In gewissem Sinne ist der türkische Streitkolben mit dem Feldherrnstab und Zepter europäischer Heerführer vergleichbar. Der Streitkolben als Abzeichen höherer osmanischer Reiteroffiziere wurde zusammen mit dem Krummsäbel auch von den Ungarn übernommen. – Zwei ähnliche türkische Streitkolben des 17. Jhs. mit je sieben Schlagblättern im Staatl. Museum für Völkerkunde München (Inv. Nr. 26-N-102) und im Besitz des Freiherrn von Bar-Langelage aus der Türkenbeute des Obersten Hermann Philipp von Oer, 1685.

Holz, vergoldetes Silber. L. 63 cm; L. des Schlagkopfes 10 cm; größter Dm. 8 cm.

Literatur: Karlsruhe 1977, Nr. 43 (mit weiterer Literatur)

Karlsruhe, Badisches Landesmuseum. Inv. Nr. D 242

K 16

Radschloßbüchse

Ehemals in der Großherzoglichen Gewehrkammer in Karlsruhe, vermutlich aus der Waffensammlung der Fürstbischöfe von Konstanz in Schloß Meersburg stammend. Gleicher Herkunft ist das etwa gleichzeitig von Maucher geschaffene Pistolenpaar Kat. Nr. K 17.

Johann Michael Maucher, Schwäbisch-Gmünd, um 1670–80

Lauf und Schloß (vgl. Erläuterung zum Radschloß Kat. Nr. K 17) mit graviertem Dekor: Blumenranken auf dem Lauf, Hirsche und ein Reh auf der Schloßplatte, auf dem Hahn der hl. Georg mit dem Drachen. Der Schaft aus feinem dunklen Holz ist reich geschnitzt und mit reliefierten Elfenbeinplatten besetzt. In die Augen fallen zunächst die großen, in feinster Schnitztechnik gearbeiteten Reliefs am Schaft mit einem gegen drei Hunde kämpfenden Hirsch und am Kolben: Hier sieht man den jugendlichen David, der den zuvor durch die Steinschleuder gefällten Goliath mit dessen riesenhaftem Schwert erschlägt. „Man könnte sich auf einer Jagdbüchse kaum ein sinnvolleres Thema denken als den Kampf dieser beiden ungleichen Feldherrn.", da eine solche Handfeuerwaffe in ähnlicher Weise „... jedem getroffenen, an Größe und Stärke auch noch so überlegenen Opfer den sicheren Tod bringt." (Petrasch 1960 – ähnliche Szene an der Radschloßbüchse des BNM, Inv. Nr. W 624. Vergl. Schalkhausser 1968, Nr. 42). Auf der anderen Seite des Kolbens ist der hl. Eustachius, Schutzpatron der Jagd, als feine, teils plastisch frei herausgearbeitete Elfenbein-Schnitzerei dargestellt. Die Elfenbeineinlagen am Lauf zeigen Jagdszenen, Tierkämpfe, Masken u.a. Auch das Schnitzwerk im dunklen Walnußholz ist von großer Meisterschaft: An der Kolbennase ein Bär, der über einen Jäger hergefallen ist und von einem Hund gepackt wird; vor dem Schloß, geschickt verkürzt, zwei Hirsche, die mit zurück gewandtem Kopf die Blätter von Rankenwerk beäsen, sowie der für Maucher typische Tierkopf mit aufgesperrtem Maul und eingesetzten Augen aus Elfenbein.
Als Vorbild für die Jagdszenen konnte Ernst Petrasch Kupferstiche aus den 1582, zuletzt 1661, erschienenen Jagdbüchern von Jost Amman nachweisen, für die Szene mit David und Goliath Holzschnitte aus Bibelillustrationen vom gleichen Künstler.
Den plastischen Schmuck bringt Maucher im Bereich von Schloß und Kolben zur stärksten Wirkung; in der Schäftung des Laufs läßt er das Relief der Schnitzerei flacher, aber in gleichbleibender Feinheit ausklingen; den Glanz der glatten, gravierten Metallteile, das fein strukturierte, tiefbraune Holz und den Schimmer des hellen Elfenbeins bringt er kontrastierend und dadurch ihre Wirkung steigernd zur Geltung; elegant löst er die Aufgabe, die in verschiedenem Grade geneigten Ebenen am Schaft und Kolben miteinander zu verbinden. Von der Schnitzerei am Schaftende oben führt in engen Windungen sich verjüngend ein dunkler Holzsteg zur geschnitzten Jagdszene an der unten liegenden Kolbennase.
Von J. M. Maucher sind über zwanzig ähnlich prunkvoll gearbeitete Handfeuerwaffen bekannt geworden, die er vornehmlich für fürstliche Auftraggeber geschaffen hat.

Achtkantiger Lauf mit acht Rundzügen ohne Marke; Walnuß und Elfenbein geschnitzt, Eisen graviert. L. insgesamt 109,5 cm, Lauf 82 cm, Kaliber 12 mm. Signiert mit MM auf streifenförmigem Elfenbeinrelief am Kolbenrücken.

Literatur: Petrasch, Ernst, Über einige Jagdwaffen mit Elfenbeinschnitzerei im Badischen Landesmuseum. In: Waffen- und Kostümkunde, 1960, S. 11–26 m. Abb. – Fritz 1975, S. 105f. – Karlsruhe 1976, S. 49, Abb. 239.

Karlsruhe, Badisches Landesmuseum, Inv. Nr. G 303

K 17

Radschloß-Pistolenpaar

Ehemals in der Großherzoglichen Gewehrkammer in Karlsruhe, vermutlich aus der Waffensammlung der Fürstbischöfe von Konstanz in Meersburg stammend. Gleicher Herkunft ist die etwa gleichzeitig von Maucher geschaffene Radschloßbüchse Kat. Nr. K 16.

Johann Michael Maucher, Schwäbisch-Gmünd, um 1670–80

Das Radschloß an Handfeuerwaffen ersetzte das ältere Luntenschloß. Bei letzterem wurde das „Zündkraut" in der „Pfanne", das die Treibladung im Lauf zünden sollte, durch eine glimmende Lunte entflammt. Bei dem seit etwa 1500 entwickelten Radschloß ragt der geriefelte Reibrand eines Rades in einen Durchbruch der Pfanne. Ein im „Hahn" befestigter Feuerstein wird, nachdem der

Hahn von Hand umgelegt ist, durch Federkraft gegen das Reibrad gedrückt. Dessen Federspirale muß mit einem Schlüssel, den man in der „Kolbenlade" aufbewahrt, aufgezogen werden. Beim Abdrücken schnurrt das Rad ab und das Zündkraut wird durch Funken des Feuersteins entflammt. (Bei dem jüngeren, seit dem 17. Jh. entwickelten Steinschloß wird der Hahn beim Zurückbiegen gespannt und schnellt beim Abdrücken mit dem Stein gegen die abgewinkelte Schlagfläche eines Pfannendeckels, der dabei aufspringt.)

Die beiden Pistolen bilden ein nach Größe, Form und Dekor völlig übereinstimmendes Paar. Auch die Themen der figürlichen Darstellungen, zwar verschieden, entsprechen sich: Auf dem hinteren Drittel der Läufe mit kräftigem Eisenschnittdekor erkennt man David, das Haupt des Goliath zu Füßen (G 643) und Judith mit dem Haupt des Holofernes (G 644).

Im Unterschied zur Büchse (Kat. Nr. K 17) ist die Schäftung der Pistolen fast ganz mit Elfenbein besetzt. Die Jagdmotive gehen wie dort auf Vorlagen von Jost Amman zurück. Die Hauptstücke der Schnitzereien sind die gegenseitig zum Schloßblech eingelegten Elfenbeinreliefs. Sie zeigen den römischen Tugendhelden Marcus Curtius, der sich mit seinem Pferd in einen Feuerschlund stürzt und durch seinen Opfertod Rom von dieser Gefahr befreite (G 644) und eine zweite Reiterszene, die Ernst Petrasch (s. Lit.) als Herkules im Kampf gegen die Amazonen deutet (die Szene mit Marcus Curtius auch auf der Büchse des BNM, Inv. Nr. W 624. Vergl. Schalkhausser 1968, Nr. 42).

Besondere Meisterleistungen der Elfenbeinschnitzerei sind die Kolbenknäufe, die neben dekorativem Roll- und Rankenwerk, Kriegstrophäen und Putten auf beiden Knaufseiten je einen mit Helm und antikischem Muskelpanzer gewappneten Reiter zeigen, der mit einer Fahne in der Rechten als Sieger über einen am Boden liegenden Feind hinwegsprengt. Die darunter angebrachten Reliefs mit Namen und heraldischen Tieren belehren darüber, daß die vier Weltherrscher dargestellt sind: Ninos (sagenhafter Gründer des assyrischen Reiches), Kyros (erster persischer König), Alexander der Große und Caesar. Ernst Petrasch hat auch hier die graphischen Vorlagen niederländischer Meister: Adriaen Collaert (um 1560–1618) und Marten de Vos (Ende 16. Jh.) nachweisen können (s. Lit.).

Holz und Elfenbein geschnitzt, Eisenschnitt. L. insgesamt 56 cm, Lauf 38 cm, Kaliber 9 mm. An den Läufen Einhornstempel und die Initialen I. V. G. (eines bisher unbekannten Laufschmiedes).

Literatur: s. Kat. Nr. K 17

Karlsruhe, Badisches Landesmuseum, Inv. Nr. G 643 und G 644

K 18

Radschloßbüchse

Johann Michael Maucher, Schwäbisch Gmünd, 1682

Geschenk des Herzogs Karl Eugen von Württemberg an Karl August von Pfalz-Zweibrücken. Nach einer Notiz im 1795 angelegten Inventar der herzoglich-zweibrücken'schen Gewehrkammer „... den 11. July 1785 zum Freundschaftlichen Andencken anhero gesandt". Die Tatsache, daß eine vor mehr als hundert Jahren entstandene, technisch veraltete Büchse als eines Fürsten würdige Gabe betrachtet wurde, zeigt die damals schon hohe Wertschätzung der Waffe als Kunstwerk. Nach dem Tode von Herzog Karl August erbte Kurfürst Carl Theodor von Kurpfalzbayern die Büchse, die wohl 1796 nach München gelangt ist (Berliner 1926, S. XXVI).

Lauf und Schloß graviert mit Blütenranken und Blattwerk; auf der Schloßplatte ein springender Hirsch und eine liegende Hirschkuh. Der Schaft aus feinem, ehemals wohl dunklem, jetzt ausgebleichtem Holz ist reich geschnitzt und mit reliefierten Elfenbeinplatten besetzt. In Holz geschnitten: Blattwerk und Früchte; an der Kolbennase weibliche Figur mit Früchten und Ähren, wohl die Göttin Kybele als „Erde". Elfenbeinreliefs: Das Hauptstück zeigt Diana mit ihren Gefährtinnen beim Bad, vom Jäger Aktäon überrascht. Die Darstellung folgt einer Illustration der ovidischen Metamorphosen von 1641 durch Joh. Wilh. Baur (Berliner 1926, S. 137). Auf dem links anschließenden schmalen Elfenbeinfeld sieht man die Jagdhunde des Aktäon, die ihn verfolgten und zerrissen, nachdem ihn die beleidigte Göttin in einen Hirsch verwandelt hatte. Dieses schreckliche Ende der Geschichte stellt wohl das Relief am Kolbenhals dar. Meisterhaft bringt der Elfenbeinschnitzer die Wildheit der verfolgenden Hunde zum Ausdruck. Der nach vorn zusammenbrechende Hirsch scheint fast aus der Reliefebene herauszustürzen. An der Außenseite des Kolbens ist auf dem Schieber der Kolbenlade die Entführung der Ägina durch Zeus in Gestalt eines Adlers dargestellt (vgl. Lit. bei Berliner 1926, S. 137). Auf weiteren Elfenbeinplatten: Jagdszenen und Blattwerk, an der Kolbennase zwei sich küssende Engelsköpfe.
Ein Gegenstück dieser Büchse im Victoria & Albert Museum, London (vgl. Schalkhausser 1968, S. 41). Von Maucher sind über zwanzig ähnliche prunkvoll gearbeitete Handfeuerwaffen bekannt geworden (vgl. Kat. Nr. K 17 und K 18).

Achtkantiger Lauf mit acht Rundzügen; über der Kammer die Marke von Schwäbisch-Gmünd und die Initialen zwischen Kreuzen: „+ H ++V++G+", wohl Hans oder Haas von Gmünd zu deuten (vgl. Schalkhausser 1968, S. 41).
Holz und Elfenbein geschnitzt, Eisen graviert. Signiert im langen Feld der Elfenbeinauflage am Kolbenrücken mit zwei ineinandergestellten „M"; über dem Anstrich des größeren ein i-Punkt. Im gleichen Feld, vertieft eingesetzt, das Wappen von Württemberg mit Krone und der Jahreszahl 1682.
L. insgesamt 113,5 cm, Lauf 79,3 cm, Mündungsdurchmesser 14 cm.

Literatur: Berliner 1926, Nr. 835 mit älterer Lit. – Schalkhausser 1968, Nr. 44 mit weiterer Lit.

München, Bayerisches Nationalmuseum, Inv. Nr. W 623

K 19

Steinschloßbüchse

Aus der Pfalz-Zweibrücken'schen Gewehrkammer, die nach München gelangte, nachdem Maximilian Joseph aus der Linie Zweibrücken-Birkenfeld 1799 in Bayern zur Regierung kam.

Melchior Paulus, Ellwangen, um 1697

Zur Technik des Steinschlosses vergl. Kat. Nr. K 17.
Reichgeschnitzte Schäftung mit Elfenbeinreliefs belegt, die Darstellungen nach den Metamorphosen Ovids zeigen. Als Vorlage dienten die 1641 erschienenen Radierungen von Johann Wilhelm Baur (vgl. Berliner 1926, Nr. 838). Das Hauptstück auf der Innenwange des Kolbens zeigt, durch Bäume geschieden, drei Szenen aus der Geschichte des Cephalus. Dieser, ein der Jagd ergebener Athener, lebt in glücklicher Ehe mit Prokris, wird von der Göttin Aurora geraubt, der er sich verweigert. Die Göttin entläßt ihn, flößt ihm aber Argwohn gegen die Gattin ein und gibt ihm ein verändertes Aussehen. Um die Treue seiner Prokris zu prü-

fen, verspricht er ihr große Schätze und bezichtigt sie des Ehebruchs, als sie schwankend wird. Daraufhin verläßt sie ihn und streift im Gefolge Dianas selbst als Jägerin durch die Berge. Nach der Versöhnung mit Cephalus, schenkt sie ihm einen im Lauf unbesieglichen Hund und einen nie fehlenden Wurfspeer. Als sie einst, von Eifersucht befallen, dem jagenden Cephalus nachgeschlichen ist, hält sie dieser für ein Wild und tötet sie mit dem verhängnisvollen Wurfspeer.
Das Relief zeigt Aurora, die auf Cephalus eindringt, die Geschenke der Prokris und deren Tod.
Auf dem Elfenbeinrelief der Kolbenlade sieht man Apoll, der auf das Geschwätz des Rabens im Baum über ihm gehört hatte und seine Geliebte Coronis wegen ihres von dem Raben verratenen Treuebruchs getötet hat.
Weitere Elfenbeinreliefs mit Szenen nach Verwandlungsgeschichten Ovids sind in das braune Holz des Schaftes eingelassen, dessen Schnitzereien Akanthusblattwerk mit jagdbarem Getier, Löwen und Satyrn zeigen.
Der Schäfter Melchior Paulus (geb. 1669, gest. 1745) gehörte einer Ellwangener Bildhauerfamilie des 17. und 18. Jhs. an. Er war nicht nur Elfenbeinschnitzer sondern vor allem Stukkateur und Kupferstecher. Unter anderem stammen Stukkaturen im Kapitelhaus des Klosters Zwiefalten von ihm (vgl. Thieme-Becker, Bd. 26, 1932, S. 313).

Holz und Elfenbein geschnitzt, Eisen graviert. L. insgesamt 110 cm. Lauf bezeichnet: „Franz Ruef"; auf dem Schloßblech „ELWANGEN ANNO 1697".

Literatur: Berliner 1926, Nr. 838 mit älterer Lit. zu Paulus.

München, Bayerisches Nationalmuseum, Inv. Nr. W 2837

K 20

Zwei Saufedern

Deutsch, 16./17. Jahrhundert

Diese Jagdwaffen wurden speziell bei der Sauhatz verwendet (vgl. Bd. II „Zum Jagdwesen an südwestdeutschen Fürstenhöfen", S. 294 sowie Abb. 3). Die durch Hunde aufgestöberten Sauen ließ man auf den vorgehaltenen Spieß auflaufen. Der Querknebel unterhalb des eisernen Blattes verhinderte ein zu tiefes Eindringen. Die Umwicklung mit Lederriemen war für den sicheren Griff notwendig, um ein Abgleiten der Hände zu verhindern.

Eschenholz, Eisen und Leder. L. 212 cm (G 708) und 207,5 cm (G 709).

Karlsruhe, Badisches Landesmuseum, Inv. Nr. G 708/709

K 21

Jagdnetz

Deutsch, 18. Jahrhundert

Aus ca. 8 mm starkem Seil rautenförmig geknüpft. Das Seil wurde aus drei Einzelschnüren zusammengedreht. Die Seitenlänge der Rauten beträgt von Knoten zu Knoten 15 cm.
Derartige Netze verwendete man bei Jagden, um der Flucht des gehetzten Wildes eine bestimmte Richtung zu geben. Auch beim Zusammentreiben von Wild zu sog. „Eingestellten Jagen" waren Netze und große Tücher unentbehrliches „Jagdzeug" (vgl. Bd. II „Zum Jagdwesen an südwestdeutschen Fürstenhöfen", S. 293).

Hanf, H. ca. 3,5 m, L. ca. 14 m (unvollständig).

Jagdschloß Kranichstein; Stiftung hessischer Jägerhof

K 22

Hirschkasten

Schwetzingen, Ende 18. oder Anfang 19. Jahrhundert

Hirsch- und andere Wildkästen werden ihre Form während des Zeitraums ihrer Anwendung, hauptsächlich im 18. Jahrhundert, kaum verändert haben. Der trapezförmige Querschnitt ist durch die Geweihe der zu transportierenden Hirsche bedingt. Ein Rahmengerüst aus eichenen Balken, die mit Eisenbändern verbunden sind, umfängt den eigentlichen, aus Tannenbrettern gefügten Kasten. In den Seiten sind Luken zum Belüften und zum Ausmisten. Auf den Stirnseiten Türen mit Scharnieren bzw. Eisenriegeln. Über einem großen runden Sichtloch mit rötlicher Farbe die Aufschrift: „Paris", darunter das badische Wappen mit Krone. Auf dem Deckel die Jahreszahl: „1807". Seitlich große eiserne Ringe zum Befestigen von Halteseilen.
Die Aufschrift: „Paris 1807" paßt zu einer Bemerkung in den „Denkwürdigkeiten des Markgrafen Wilhelm von Baden". Dort heißt es bei der Beschreibung einer Jagd, die Napoleon an der Muette bei Paris hielt: „Der Zufall fügte es, daß auch einer der Hirsche, welche mein Vater geschickt, gejagt wurde" (Karl Obser, 1906. – Den Hinweis verdanke ich Rosemarie Stratmann).
Derartige Kästen benötigte man, um gefangenes Wild zu transportieren (vgl. Kat. Nr. K 23).

Tannenholz und Eiche. L. 220 cm, H. 190 cm, B. 80 bzw. 113 cm.

Schloß Kranichstein bei Darmstadt (Leihgabe aus Schloß Schwetzingen), Staatliche Liegenschaftsverwaltung, Inv. Nr. G 6370

K 23

Wildschweinkasten

Schwetzingen, Ende 18. Jahrhundert

Niedriger rechteckiger Kasten aus Holzbohlen mit Luftlöchern. Der Deckel ist mit Eisenbändern, die auch die Seitenwände umfassen, befestigt. An den Stirnseiten des Kastens sind Schieber angebracht, die in die Höhe gezogen werden können und mit Riegeln gesichert sind. In der Mitte des Deckels läuft zwischen Leisten ein Schieber über eine Öffnung, wohl um Futter einwerfen zu können.
Derartige Wildkästen gehörten in großer Zahl zum Jagdgerät an Fürstenhöfen. Sie dienten zum Transport der Tiere in Wildgehege oder um sie in sog. „Eingestellten Jagen" verwenden zu können (vgl. Bd. II, S. 293–294).

Tannenholz, H. 109 cm, L. 188 cm, B. 66 cm.

Literatur: Kdm. Baden, X, 2, Schwetzingen, S. 95, Abb. 72.

Schloß Kranichstein bei Darmstadt (als Leihgabe aus Schloß Schwetzingen), Staatliche Liegenschaftsverwaltung, Inv. Nr. G 6368

K 24

Jagdwagen des Kurfürsten Carl Theodor

Mannheim, um 1750

Offener Jagdwagen mit Kutschersitz und Lakaienstand. Die Lehnen der Sitze sind als reich dekorierte Muschelschalen gebildet. An den Kartuschen Gemälde nach der antiken Mythologie.

Holz geschnitzt, rot gefaßt und vergoldet, polychrome Gemälde. Schmiedeeisen. L. ohne Deichsel 403 cm, B. 179 cm, H. 149 cm.

Literatur: Lohmeyer, Karl, Ein Prunkwagen des Kur-

K 25

fürsten Karl Theodor von der Pfalz. In: Der Cicerone, 3, 1911, S. 953 ff. – Kdm Baden, VIII, 2, Kreis Heidelberg, 1913, S. 283, Abb. 194. – Poensgen, Georg, Das Kurpfälzische Museum in Heidelberg. Kulturgeschichtliche Museen in Deutschland, 8, Hamburg 1965, S. 43, Abb. 47. – Heidelberg 1979, S. 122 f., Nr. 248 m. Abb.

Heidelberg, Kurpfälzisches Museum, Inv. Nr. GH 15

K 25 □

Sänfte

Seit 1893 in Schloß Favorite nachweisbar; aus Karlsruhe oder Durlach stammend

Süddeutsch, um 1760

Rahmenkonstruktion mit Füllungen über annähernd quadratischer Grundfläche. In halber Höhe durch horizontal eingefügte Rahmenleisten unterteilt, die Seitenwände auch vertikal. In der Front eine rechts angeschlagene Tür, im unteren Drittel nach vorn gewölbt. Rückwand in Sitzhöhe weit zurückschwingend, dann gerade ansteigend. Kuppelförmiges Dach, aufklappbar, an der Rückwand mit Scharnieren angeschlagen; die profilierten Unterkanten in der Mitte und zu den spitzen Ecken hochschwingend, bekrönt mit einem Fürstenhut auf einem Rocaillensockel. Im oberen Teil der Tür und der Seitenwände versenkbare Scheiben mit umlaufend angeschliffener breiter Fase. Die Füllungen hinter den Seitenfenstern herausnehmbar; außen mit schwarz gefärbtem Leder bezogen wie auch das Oberteil der Rückwand und der Deckel. Die unteren Füllungen ringsum rot gefaßt mit Goldmalerei von Rocaillen und leeren Kartuschen, an der Tür mit dem Wappen von Baden-Durlach, bekrönt mit Fürstenhut und von Greifen gehalten. Das vergoldete Rahmenwerk mit geschnitzten Rocaillen besetzt, wobei Eck- und Kreuzungspunkte sowie die Mitten der horizontalen Teilung betont werden. Die Rahmeneckleisten vorn als Stengelbündel, mit einem Doppelband umwunden, gebildet; hinten als Blattgirlande, einfach umwunden. Die beiden Türscharniere weit nach vorn stehend und von metallenen Rocailleschwüngen verdeckt. Türgriff mit schwenkbarem Arm, der hinter eine profilierte Metallschiene am Rahmen eingreift. Innen gepolstert und mit rotem Seidenvelour bezogen. An den Seiten vier winklig geformte und profilierte eiserne Ösen für die Tragestangen.

Holz geschnitzt, gefaßt und vergoldet, Leder, Metall und Glas, roter Seidenvelour. H. 196 cm, B. 78 cm (mit Trageöfen 94 cm), T. 90 cm.

Schloß Favorite bei Rastatt, Staatliche Liegenschaftsverwaltung, Inv. Nr. G 6422

K 26 □

Glaskronleuchter

Böhmen, um 1690

Hängelüster mit zwölf Armen aus farbigen Glasperlen auf versilberten, S-förmig geschwungenen Metallstangen. Der Schaft besteht aus farbigen Glaskugeln und anderen Glashohlkörpern, verbunden durch eine zentrale Eisenstange. Lüsterarme und Schaftkugeln sind reich mit Schnüren, Rosetten und Blütengehängen aus ehemals kristallklaren Glasperlen und -tropfen dekoriert.
Als Typus ist der Leuchter den „Glaskronleuchtern" zuzurechnen, die im Gegensatz zum Typus der „Behangkronleuchter" keine künstlerisch gestaltete Metallkarkasse in Reifen- oder Korbform mit Kristall- oder Glasbehängen aufweisen sondern einen zentralen Schaft mit

K 26

Armen, wobei die konstruktiven Elemente selbst aus Glas bestehen oder ganz von Glas umschlossen sind. Für die Dekoration mit Perlschnüren und die Formierung von Rosetten und Blütengehängen aus Glastropfen sind zweifellos französische Vorbilder maßgeblich (vgl. Thornton 1978, S. 275, Abb. 33, 34 und 269 bis 271). Die Konstruktion aus balusterförmigem Schaft mit geschwungenen Armen in zwei Ebenen ist wahrscheinlich von flämischen Metallkronleuchtern angeregt. Bei den weiter entwickelten böhmischen Glaskronleuchtern aus der ersten Hälfte des 18. Jhs. bestehen die Leuchterarme aus massivem farblosem Glas. Der Hängeleuchter aus Schloß Favorite ist daher als Zwischenglied in der Entwicklung von den französischen Behangkronleuchtern und den flämischen Metallkronleuchtern zu den böhmischen Glaskronleuchtern, deren älteste bekannte Exemplare um 1720 datiert werden, anzusehen.
Für die Lokalisierung nach Böhmen und die Datierung Ende der achtziger Jahre, wofür auch technische Details sprechen, liegt nach freundlicher Auskunft von Herrn Holey bisher unpubliziertes Quellenmaterial vor.

Metallkarkasse versilbert, umgeben von Glashohlkörpern – farblos, Goldrubin, blau, grün, violett. H. 150 cm, Dm. 140 m.

Literatur: Holey, Josef, Der Kristallkronleuchter, seine Entstehung und Entwicklung. In: Jahrbuch des Adalbert Stifter Vereins in München, 8, 1964, S. 7–36, mit 36 Taf. – Rentsch, Dietrich, Bedeutung und Restaurierung des großen Glaskronleuchters in

K 27

Schloß Favorite. In: JbStKsBW, Bd. 12, 1975, S. 119–132. – Thornton, Peter, Seventeenth Century Interior Decoration in England, New Haven 1978.

Schloß Favorite bei Rastatt, Staatliche Liegenschaftsverwaltung, Inv. Nr. G 2331

K 27 □

Laterne

Süddeutsch, Mitte 18. Jahrhundert

Viereckige verglaste Laterne, umwunden mit bemalten Blumenranken, im Innern Montierung für fünf Kerzenhalter. Eine von neun gleichartigen Laternen aus dem Speisesaal des südlichen Zirkelbaues.

Eisen bemalt. H. ca. 140 cm.

Literatur: Kdm. Baden, X, 2, Stadt Schwetzingen, 1933, S. 124, vgl. Abb. 104 und 107. – Karlsruhe 1968, Nr. 114.

Schwetzingen, Schloß, Staatliche Liegenschaftsverwaltung, Inv. Nr. G 2792

K 28 □

Tafelaufsatz

Süddeutsch, 2. Hälfte 18. Jahrhundert

Tafelaufsätze, die bei festlichen Anlässen den Tisch schmückten, sind vielfach bezeugt, aber selten erhalten. Sie waren aus Silber oder Porzellan (ein solcher aus Nymphenburger Porzellan zur Hochzeit des Markgrafen Ludwig Georg von Baden mit der bayerischen Prinzessin Maria Josepha 1755 hat sich zum Beispiel erhalten), meist aber aus vergänglicherem Material. Der hier gezeigte aus Holz und Papier stellt ein österreichisches Feldlager dar. Vor dem durch eine kuppelartige Bekrönung und die österreichische Fahne ausgezeichneten Kommandantenzelt begrüßen zwei Offiziere einen Dritten, während zwei Grenadiere präsentieren. In den größeren Zelten bietet links eine Marketenderin ihre Waren an, während rechts ein Ochse geschlachtet wird. Dazwischen sind acht kleinere Mannschaftszelte aufgebaut, bewegen sich Soldaten verschiedener Truppenteile, stehen Fässer, Trommeln und Geschütze herum. Zwei Bäume ergänzen das höchst lebendige und vergnügliche Ensemble, das auf seinem zierlichen, mit goldenen Rocaillen geschmückten Untersatz noch heute als Tafelzier Verwendung findet.

Holz und Papier, bemalt. Grundfläche 96 × 42 cm, H. ca. 45 cm.

Privatbesitz

K 29 □

Thesenblatt: Pietas Austriaca

Georg Philipp Rugendas (1666–1742)
Augsburg 1727

Rudolf von Habsburg begegnete einst auf der Jagd einem Priester, der zu Fuß mit dem Allerheiligsten auf einem Versehgang unterwegs war. Der Graf stieg ab und bot dem Priester sein Pferd an, weigerte sich auch später, das Tier zurückzunehmen, da es den Herrn getragen habe und deshalb dem Dienste eines Höheren geweiht sei.
Diese Geschichte ist hier dargestellt. Sie kommt im Einflußbereich des Hauses Habsburg häufig vor, auch als Schmuck kirchlicher Innenräume, und kann als eine Art habsburgisches Propagandabild angesehen werden, mit dem die Erwähltheit des Hauses, die traditionelle Anhänglichkeit an die katholische Kirche und die Verehrung der Eucharistie, kurz, die „Pietas Austriaca" sinnfällig dargestellt werden sollte.
Die sich vor einem weiten Landschaftshintergrund abspielende Szene (mit reichlichem Beiwerk an Hunden, Jägern und Wildpret) wird bühnenmäßig gerahmt durch seitliche Postamente mit den Bildnissen von 12 habsburgischen Königen und Kaisern – reichlich garniert mit Adlern, Kronen und Palmwedeln – und einen gerafften Vorhang, vor dem zwischen den Bildnissen seiner Vorgänger, Kaiser Leopold I. (1658–1705) und Kaiser Joseph I. (1705–1711), das von Genien gehaltene größere Brustbild des regierenden Habsburgers, Kaiser Karls VI. (1711–1740), erscheint, dem das Blatt gewidmet ist.
Die langen lateinischen Inschriften an den Sockeln enthalten links die Erklärung des Kupferstichs und rechts die Thesen aus dem Gebiet der Logik, der Physik und der Metaphysik, die der Auftraggeber des Blattes, der aus Tirol stammende Freiherr Joseph Anton Ignatius von Tannenberg, 1727 an der Universität Freiburg zu verteidigen unternahm.

K 28

K 29

Schabkunstblatt, aus 6 Bögen zusammengesetzt und auf Leinwand aufgezogen, 156 × 244 cm, bez. und dat. Georg Philipp Rugendas del. et Sculp. Aug. Vind. 1727

Privatbesitz

K 30

Konstanzischer Wappenkalender, 1777

Entwurf von Johann Wolfgang Baumgartner (1712–1761), 1745
Stich der Gebr. Klauber, Augsburg, ab 1747

Der Kalender des Hochstifts Konstanz in der hier gezeigten Form wurde von 1747 bis 1782 benutzt, lediglich das Kalendarium mußte jährlich, die Wappen der Domherrn und das Portrait des Bischofs fallweise ausgewechselt werden. 1777 fällt in das Episkopat Maximilian Christophs von Rodt (1775–1800), der oben in der Mitte dargestellt ist. Über ihm erscheinen die Göttliche Dreifaltigkeit mit Maria und Joseph, dabei die Schutzpatrone des Bistums, der heilige Konrad zur Linken und die heiligen Gebhard und Pelagius zur Rechten. Eine triumphbogenartige Rahmenarchitektur in sehr aufgelösten Rokokoformen, mit den Wappen der Kapitulare behängt, gibt den Blick frei auf die Seelandschaft, in der im Mittelbogen die „Residenz Statt Mörspurg“, seitlich die „Gefürstete Abtey Reichenau“, „Schloß Hegne“ sowie die „Abtey Oeningen“ sichtbar sind. Im Sockel endlich erscheint das Kalendarium umgeben von einer Personifikation des Rheins und Neptun, vor dem ein Satyrknabe die Früchte des Feldes ausbreitet. Ein neuer Kalender für das Hochstift war 1745 bei Johann Wolfgang Baumgartner in Augsburg in Auftrag gegeben worden, der für Konstanz später auch Fresken in Baitenhausen und Meersburg schuf. Er vertritt in der Reihe der Konstanzer Kalender das Rokoko in seiner malerischen und freien Verteilung der auf dem Blatt unterzubringenden Gegenstände. Schon bei dem ab 1784 verwendeten neuen Blatt kehrte man zu strengeren, architektonischen Formen zurück.

Kupferstich auf Papier, 151 × 67,5 cm.

Literatur: Hotz, Joachim, Die barocken Wappenkalender des Hoch- und Domstiftes Konstanz. In: JbStKsBW 10, 1973, S. 21–48.

Konstanz, Rosgartenmuseum

K 31

Wappenkalender der Deutschordensballei Elsaß-Burgund, 1702

Entwurf von Christoph Lienhardt, Überlingen
Stich von Johann Georg Seiller, Schaffhausen
Um 1700

Wappenkalender wurden im 18. Jahrhundert vor allem von Korporationen, von Domkapiteln, Ritterkantonen, Orden oder auch dem Rat einer Reichsstadt herausgegeben. Sie boten die Möglichkeit, in einem repräsentativen Rahmen

K 32

mit reichem theologischen oder emblematischen Beiwerk, den man über mehrere Jahre hinweg verwenden konnte, durch Überkleben den Kalender und die Wappen der Mitglieder jeweils auf dem neuesten Stand zu halten.
Der von dem Landkomtur der Ballei Elsaß-Burgund, Freiherrn Franz Benedikt von Baden, dessen Namen und Wappen über dem eigentlichen Kalendarium erscheint, in Auftrag gegebene Kalender ist in drei Abschnitte geteilt. Oben erscheint das Wappen des damaligen Hochmeisters Franz Ludwig von Pfalz-Neuburg (1664–1732), der unter anderem auch Propst von Ellwangen war, umgeben von Trophäen und gefesselten Türken vor einer Landschaft, in der die Deutschordensschlösser Mainau und Beuggen sichtbar sind. Darüber in Wolken die Patrone des Deutschen Ordens: die Madonna mit dem Kind in der Mitte, der hl. Georg und der Erzengel Michael zur Linken und die Heiligen Elisabeth und Sebastian zur Rechten unter einem von Putten gerafften Vorhang. Zuseiten des Kalendariums erscheinen die Wappen von 14 Komturen und Ordensrittern der Ballei, darüber das Wappen des Landkomturs und darunter eine Ansicht von „Altschaußen", dem Sitz des Landkomturs, wie er vor der Umgestaltung des 18. Jahrhunderts aussah. Auch hier unterstreichen Fahnen und Kriegsgerät wieder den militärischen Charakter des Ordens.

Kupferstich auf Papier, 144 × 49 cm.

Literatur: Hotz, Joachim, Ein barocker Wappenkalender der Deutschordensballei Elsaß-Burgund um 1700. In: ZGO 122, 1974, S. 125–134.

Wien, Deutschordensmuseum

K 32 □

Almanach der Freien Reichsritterschaft in Schwaben auf das Jahr 1767

Augsburg, um 1765

Das Blatt, das in der Mittelnische Kaiser Joseph II. als jungen Mann zeigt, dürfte bald nach seinem Regierungsantritt 1765 entstanden und, wie die übrigen Kalender, durch Überkleben des Kalendariums und der Wappen über mehrere Jahre hinweg benutzt worden sein.
Es zeigt eine mit Wappen und Allegorien gewaltig überladene Triumphbogenarchitektur, in deren Mittelnische der Kaiser thront, umgeben von den Tugenden. Im Aufsatz erscheint der heilige Georg als

Patron der Ritterschaft, und darüber ist der ganze antike Götterhimmel versammelt. Zwischen vielen weiteren allegorischen Gestalten und Darstellungen sind in der Gebälkzone die Zeichen der 5 Kantone der Schwäbischen Reichsritterschaft zu sehen, das des den Vorsitz führenden Kantons an der Donau oben in der Mitte, Kocher und Neckar-Schwarzwald zur Linken, Hegau-Bodensee und Kraichgau zur Rechten. Im Bogen die Wappen der 5 Ritterhauptmänner, seitlich um Nischen mit Geharnischten die Wappen von 32 Ritterräten.
Unter dem Kalendarium erscheinen die Personifikationen der fünf in den Kantonsnamen vorkommenden Gewässer und seitlich links die Erziehung zu Tugend und Weisheit mit den Abzeichen der dadurch erreichbaren Würden: Fürstenhut, Inful, Abtstab, Lorbeerkranz usw., während rechts die Erziehung des jungen Ritters zu militärischer Tüchtigkeit und die Abzeichen des Deutschen Ordens und des Johanniterordens, von Putten gehalten, gezeigt werden.

Kupferstich auf Papier, 173 × 90,5 cm.

Privatbesitz

K 33

Ordensabzeichen der Schwäbischen Reichsritterschaft, Kanton am Kocher

2. Hälfte 18. Jahrhundert

Schwarz emaillierter doppelköpfiger Reichsadler, der Zepter und Schwert in den Fängen hält und mit der vom Reichsapfel überhöhten Bügelkrone gekrönt ist. Auf der Brust trägt er auf beiden Seiten ein ovales Medaillon, das in feiner Emailmalerei auf der Vorderseite das Abzeichen des Ritterkantons am Kocher, eine Bracke vor einem Baum, auf der Rückseite den Patron der Ritterschaft, den heiligen Georg zu Pferde, zeigt.
Es scheint sich hier um ein Unikum zu handeln; weitere Exemplare oder Abzeichen der übrigen Kantone sind bisher nicht bekannt geworden.

Gold und Email, H. 4,2 cm.

Privatbesitz

K 34

Das Deutschordensschloß Altshausen

Franz Joseph Denner, 1766

Holzintarsienbild, das in Kavaliersperspektive eine Idealansicht der von Giovanni Gaspare Bagnato ab 1729 geplanten Anlage zeigt, die als repräsentativer Sitz des Landkomturs der Ballei Elsass-Burgund gedacht war. Sie wurde freilich nur in Teilen verwirklicht. So hatte Bagnato 1731/32 den Torbau mit den anschließenden Wirtschaftsgebäuden, und 1729/30 den Marstallflügel rechterhand erbaut, dem der gegenüberliegende Neue Bau aus dem 17. Jahrhundert angeglichen wurde. Außerdem war 1733 die Reitschule, rechtwinklig zum Marstallflügel, errichtet worden. Das eigentliche Schloß blieb jedoch unausgeführt. Man behielt den spätgotischen Alten Bau bei und auch bei der schräg zu den übrigen Achsen stehenden Kirche begnügte man sich mit einer Barockisierung. Lediglich die im Idealplan vorgesehene Orangerie wurde in den siebziger Jahren noch hinzugefügt, freilich aus der längst aufgegebenen Achse nach rechts gerückt.
Über Franz Joseph Denner, der 1773 ein ähnliches Intarsienbild mit der Darstellung des Schlosses Mainau (vgl. die folgende Kat. Nr.) schuf, sind keine biographischen Daten bekannt.

Verschiedene Holzarten, eingelegt und eingefärbt, zum Teil auch nachgezeichnet, 47,5 × 62,5 cm.

Literatur: Kdm Württemberg, Kreis Saulgau, 1938, S. 41–47. – Schefold 170.

Stuttgart, Württembergisches Landesmuseum

K 35

Das Deutschordensschloß Mainau

Franz Joseph Denner, 1773

Auch die Ansicht der Deutschordenskommende Mainau dürfte auf einen Idealprospekt von Giovanni Gaspare Bagnato zurückgehen. Dieser vielbeschäftigte Baumeister des Deutschen Ordens hatte 1732–1739 die Schloßkirche errichtet und anschließend mit dem Bau des dreiflügligen Schlosses begonnen, das 1746 fertig war. Auch der Neue Stall gegenüber dem Ehrenhof wurde gebaut, wenn auch ohne die Seitenflügel, während die beiden Pavillons rechts und links, die Wirtschaftsgebäude in ihrer regelmäßigen Gestalt und das Gartenhaus in der Achse ein Wunschtraum des Architekten geblieben ist.

Intarsienarbeit aus verschiedenen, z. T. eingefärbten Hölzern. 50 × 65 cm.

Literatur: Dees de Sterio, Alexander und Johanna, Die Mainau. Stuttgart 1977, S. 48–52.

Privatbesitz

K 36

„Eigentliche Abbildung Der deß Heiligen Reichs Statt Giengen.“ Stadtbrand von Giengen

Johann Stöltzlin (1597–1680), 1660/63

Epitaph für das Ehepaar Georg Amman und Magdalena Neubronner mit der Darstellung des Brandes der Stadt Giengen, die am 5. Oktober 1634 während der spanischen Besatzung aus Unachtsamkeit in Flammen aufging, mit genauer Wiedergabe aller Einzelheiten des Stadtbildes der kleinen Reichsstadt und eindrucksvoller Darstellung der fliehenden und von Soldaten bedrängten Bevölkerung.
Eine Episode, die den Maler selbst betraf, ist links vorne dargestellt: sein alter Vater wird von einem Soldaten erstochen, er selbst steht mit wehklagend hochgeworfenen Armen dabei.
Oben und unten lange Inschriften, die sich auf die dargestellten Vorgänge und auf die Stiftung des Epitaphs durch das Ehepaar Ulrich Zeh und Anna Katharina Widmann beziehen, deren Wappen und Initialen mit der Jahreszahl 1663 in der Bekrönung erscheinen.

Öl auf Holz mit reichem Rahmen. 160 × 118 cm.

Literatur: Wortmann, Reinhard, Der Stadtmaler Johan Stöltzlin. In: Ulm und Oberschwaben, Bd. 42/43, 1977, S. 120–125 und S. 139/140.

Giengen/Brenz, Ev. Kirchengemeinde

K 37 □

Klappaltar

Böhmen, unbekannter Künstler, um 1735

Der zierliche Altar, der möglicherweise auf Reisen benutzt wurde, zeigt auf den Innenseiten ein reiches ikonographisches Programm. Um die zentralen Szenen der Ruhe auf der Flucht, des Gnadenstuhls und der Anna und Maria, gruppieren sich sechs Bildfelder in der Mitte und je vier auf den Seitentafeln. Links sind die hll. Nepomuk, Franziskus, Antonius von Padua und Franz Xaver dargestellt, während in der Mitte die hll. Bernhard, Ludwig, Konrad, Georg, Wenzel und Rochus das Mittelfeld umrahmen, in dessen oberem Teil der Markgraf Ludwig Georg von Baden-Baden vor einem Kruzifix und einer hügeligen Landschaft mit einer Burg kniet. In der unteren Hälfte

K 37

sind die Patrone des Markgrafen, die hll. Hubertus und Eustachius vereint. Die rechte Flügelseite zeigt nach dem gleichen Schema den hl. Michael, Maria Magdalena, Barbara und einen Schutzengel. Der Altar stammt aus dem Besitz des Markgrafen Ludwig Georg von Baden-Baden. Ein ähnliches Stück hatte sich Markgräfin Sybilla Augusta in Augsburg nach den Miniaturen von Brentel anfertigen lassen (Renner 1941, S. 229): „103. Ein schön geschmelztes altärl, so sich in drei theil öffnen lasset, in der mitten ist die H. H. Dreyfaltigkeit mit denen Heiligen, umb und umb verschiedene Heyl: patronen; auf einer seithen die geheimnußen des leben und auf der anderen seithen das leyden Christi, ruckwerths in der mitten S: Georgius der baad: lands-patron, auf der andern seithen das bildnus des wunderbahrl: Hochwürdigen guths von Augspurg, und auf der andern S. Hubertus vorgestellt, alles nach des Brandls Mahlerey in dem Sub. Nr. 153 folgenden schönen gebett buch vorgestellt und geschmelzt." Anregungen sind von dem im Inventar erwähnten Stück ohne Zweifel ausgegangen, z.B. entspricht das Bild des Besitzers, in diesem Fall Markgraf Ludwig Georg von Baden-Baden im Aufbau genau der Bildkomposition im Stundenbuch, wo Markgraf Wilhelm von Baden vor dem Kruzifix kniet. Übernommen wurden außerdem nach den Miniaturen der hl. Bernhard und der hl. Michael. Sonst scheinen die Heiligen nach aktuelleren Stichvorlagen gemalt worden zu sein. Die Außenseiten der Flügel sind in Holz furniert. Durch eine an den Ecken und den Mitten betonte Rahmung aus dunklen Bändern und hellen Adern erfolgt eine Gliederung in Felder. In jedem befindet sich ein hoher, geschwungener Sockel, auf dem eine kleine Pyramide steht. Um diese winden sich Palmwedel und Blütengirlanden. Die Marketerie stammt wohl aus der gleichen Werkstatt, in der die Schmuckkassette mit dem Wappen Ludwig Georgs von Baden und Anna Marias von Schwarzenberg entstand (s. Kat. Nr. D 11). Die gleichen hellen Akanthusblätter legen sich um die Rundungen der dunklen Bänder, so wie auch das eckig oder geschweift verschlungene Bandelwerk große Analogien aufweist.

Öl auf Kupfer, Nußbaum, Ahorn, dunkel gebeiztes Holz, 58 × 49 cm (Mittelteil).

Literatur: Kdm Baden, Bd. 11,1, Stadt Baden-Baden, S. 489. – Renner 1941, S. 117, 229, S. 237.

Baden-Baden, Cistercienserinnen-Abtei Lichtenthal

VOLKSKULTUR

Wolfram Metzger
Marion Faber, Angelika Müllner
Hans-Ulrich Roller

STADTBRAND UND WIEDERAUFBAU

Die Häuser in den Städten des 17. und 18. Jahrhunderts waren sehr eng zusammengebaut. Sie bestanden vorwiegend aus Fachwerk mit Schindel-, Stroh- oder Ziegeldächern. Die Brandgefahr war daher durch Unwetter, Blitzschlag und unvorsichtiges Umgehen mit den Hausfeuerungen ständig gegeben. Zur Verhütung solcher Unachtsamkeiten war häufig ein Feuermeister eingesetzt, der die Feuerungen in der Stadt beaufsichtigte. Besonders bedrohlich war ein Brand im Winter, wenn die Wasserstellen zugefroren waren. Zum Löschen eines Feuers hatte man im Brandfall folgende Geräte zur Verfügung: 1. Ledereimer, die in einer Personenkette von der Wasserentnahmestelle bis zum Brandplatz befördert wurden; 2. Einreißhaken, mit denen man ein von den Flammen bedrohtes Haus niederriß, um dem Feuer die Nahrung zu entziehen und ein danebenstehendes Gebäude zu retten; 3. Feuerspritzen, die eine gezielte Bekämpfung des Feuers ermöglichten. Jeder Bürger war verpflichtet, einen Feuereimer aus Leder zu stellen und im Brandfall Hilfe zu leisten. In welcher Form das geschehen sollte, war in den Feuerordnungen der Städte vorgeschrieben. Aber auch in den Zunftordnungen waren fast immer Ausführungen enthalten, die den Feuerlöschdienst der Zunftmitglieder betrafen. Die Zünfte waren durch ihre straffe Organisation überschaubare Einheiten, die sich für einen geschlossenen Einsatz gut eigneten. Manche Handwerker waren auf Grund ihres Berufes von vornherein für den Feuerlöschdienst vorgesehen, wie z. B. die Maurer, Zimmerleute und Kaminfeger. In einigen Städten waren die Berufsgruppen, die am Brandschutz in besonderer Weise beteiligt waren, von den Steuern befreit. In den Ansiedlungen, in denen es keine Zünfte gab, wurden die Orte in Viertel aufgeteilt und jeweils einem Viertelmeister unterstellt, der seine „Feuerrotte" im Ernstfall zum Einsatz brachte. Trotz dieser Vorsichtsmaßregeln ereigneten sich im Barockzeitalter auf badenwürttembergischem Gebiet eine Reihe von denkwürdigen Brandkatastrophen, von denen vor allem die Städte Schwäbisch Hall (1680 und 1728), Reutlingen (1726) und Göppingen (1782) in Mitleidenschaft gezogen wurden. Um die Folgen derartig schwerer Schadensfälle zu mildern, entstanden durch obrigkeitliche Anordnung im 18. Jahrhundert die ersten Brandversicherungsanstalten.

Literatur: Die Feuerwehr gestern – heute. Dokumentation des Feuerwehrwesens in Baden-Württemberg. Hrsg. v. Innenministerium Baden-Württemberg. Stuttgart 1978. – Schwarz, Paul, Die beiden großen Stadtbrände 1726 in Reutlingen und 1728 in Schwäbisch Hall. In: Der Haalquell, Dez. 1973, Nr. 18. – Schwarz, Paul, Die Stadtbrände in Reutlingen am 23.–25. September 1726 und in Schwäbisch Hall am 31. August 1728. In: Württembergisch Franken, Bd. 64, 1980. Studien zur Geschichte der Stadt Schwäbisch Hall, S. 139–160. – Wenger, Susanne, Der große Stadtbrand im Jahre 1728. In: Der Haalquell, Okt. 1971, Nr. 13.

L 1 a–b □

Stadtbrand von Hall

Drei Stadtansichten

17./18. Jahrhundert

a) „Hall in Schwaben". Brand in der Gelbinger-Vorstadt 1680; zwei Darstellungen (Zustand während des Brandes und danach) auf einer Platte. Stecher: Johann Jacob Schornberger, Drucker: Andreas Knortz.
b) „Die große Feuersbrunst zu Hall in Schwaben" und „Der große Saltz Brunnen". Darstellung auf einem Einblattdruck über den Stadtbrand von 1728. Nach dem großen Brand von 1680 kam es in Schwäbisch Hall am 31. August 1728 erneut zu einer Brandkatastrophe. Das Feuer brach morgens zwischen 3 und 4 Uhr im Nebenhaus des „Güldenen Helms" aus, als beim Ausräumen eines Backofens Glut durch den schadhaften Küchenboden auf eine darunter liegende Speicherkammer mit Heu fiel. Von dort breitete sich das Feuer rasch nach allen Seiten aus und konnte erst nach 16 Stunden unter Kontrolle gebracht werden. Etwa drei Viertel des gesamten Stadtgebietes wurden eingeäschert. Aber man begann bald darauf, die zerstörte Stadt wieder aufzubauen. Das geschah zum Teil auch aus Mitteln der Spendensammlungen, die die Haller Bürger in den benachbarten Städten und Landschaften veranstalteten.

Kupferstiche. a) je Kupfer 13 × 28,4 cm (neuer Abzug nach alter Platte), b) 16 × 26,4 cm (Rand scharf beschnitten).

Literatur: Schefold 1956/57, Bd. II, S. 527–528, Nr. 7249, 7251a, 7251b, 7262, 7263. – Ulshöfer, Kuno, Bilder einer alten Stadt Schwäbisch Hall. Schwäbisch Hall 1971, S. 44 m. Abb., S. 52 m. Abb.

Schwäbisch Hall, Keckenburg-Museum, Inv. Nr. 603

L 2 □

Stadtbild

Stadt Göppingen, 1782

Christoph Nikolaus Kleemann, Stadtmaler aus Ulm, malte im Auftrag des Göppinger Magistrats das Bild der nach einem Blitzschlag bis auf wenige Gebäude an der Stadtmauer niedergebrannten Stadt. Bildnis der abgebrannten Stadt nach dem 25. 8. 1782: „Die abgebrandte Stadt Göppingen in dem Herzogthum Würtenberg. wie solche ausgesehen als dieße Stadt 1782 den 25. August, durch ein Ungewitter, entzündet, und in einer Zeit von 10. Stunden fast gänzlich eingeäschert worden, samt einer bemerckung der noch übrichgebliebenen Gebäuden". In der Beschreibung des Göppingers Johann Georg Bracher ereignete sich die Brandkatastrophe wie folgt: „Es war der 25. August, sonntags, ein sehr heißer, doch düsterer Tag. Abends zog ein nicht schwer scheinendes Gewitter auf. Nach etlichen geschehenen Donnern kam gegen 8 Uhr abends ein solcher Blitz und Streich, dergleichen sich wenig Alte erinnern, gesehen und gehört zu haben, schlug in des Rotgerbers Joh. Widmanns

L 1b

Haus (heute Lange Straße 19) ein, welches sogleich ohne zu retten in volle Flammen geriet. Kein Tropfen Wasser war im Anfang in der Stadt, und, durch die große Hitze und Dürre, die den ganzen Sommer gewesen, alles ganz dürr und leicht entzündet. Es schien, die Luft sei voller Schwefel gewesen, wo nicht alle, doch die mehrsten Häuser blau angefangen zu brennen. Das Feuer ergriff das große, schöne Rathaus (heute: Hauptstraße 11), welches nur auch wie ein blau Licht am obersten Türmle eine gute Weil gebrannt, endlich plötzlich in große Flammen kam."
Weiter heißt es in der zeitgenössischen Schilderung: „Die Häuser rechts und links zumal wurden ergriffen und keine Rettung als zu fliehen übrig war. Viele von den Bürgern kamen nicht aus ihren Häusern nach dem Blitz, sondern flüchteten gleich. Denen ist es gelungen, ihre Habseligkeiten zu retten, dahingegen die meisten all das Ihrige außer Betten, Kleider und Leinwand im Brand verloren. Viele haben ihre Sachen in die Keller geflohen; diese waren die Unglücklichsten, indem ihre Keller ausbrannten und sie nichts, als was sie auf dem Leib gehabt, davon getragen. Das Betrüblichste war, daß vielen, auch was sie noch gerettet und vor die Tore hinausgebracht, durch Diebeshände geraubt worden ist. In der Zeit von 10, höchstens 12 Stunden war also das schöne, nahrhafte Göppingen in Asche. Jammer und Not drückt den Bürger; Eltern waren um ihre Kinder und diese um ihre Eltern betrübt, ob sie einander wiederfinden werden."

Öl auf Leinwand. H. 54 cm, B. 99 cm.

Literatur: Schefold 1956/57, Bd. II, S. 172, Nr. 2178. – Akermann, Manfred, Göppingen in alten Ansichten. Göppingen 1967, Abb. 9, 37, 51, 70. – Kauß, Dieter, Solcher Blitz und Streich. NWZ, Göppinger Kreisnachrichten vom 15. 8. 1980.

Göppingen, Städtisches Museum, Inv. Nr. 67/29

L 3

Stadtplan

Stadt Göppingen, 1782

Plan der am 25. August 1782 abgebrannten Stadt Göppingen, aufgenommen von Landesbauinspektor Groß. Gegen 400 Häuser sind durch die Brandkatastrophe eingeäschert worden, und 600 Familien – schreibt Bracher (s. Kat. Nr. L 2) weiter – „sind die Unglücklichen, welche ihren Aufenthalt teils im Schloß, Bad [Mineralbrunnen], in den Vorstädten, im ganzen Amt, auch außer des Landes, teils in Hütten auf dem Feld gesucht und gefunden haben und mit Jammern und Seufzen dem Winter entgegensehen."

Kupferstich. 50,5 × 39,7 cm. Bezeichnet: „Gestochen von M. Balleis in der Herzogl. Carls hohen Schule 1783."

Literatur: Lipp, Werner, Alt-Göppingens bauliche Entwicklung. Göppingen 1962, S. 51–56. – Akermann, Manfred, Göppingens Stadtbild im Wandel der Jahrhunderte. In: Schwäbische Heimat, 1970, Heft 2, S. 72–80. – Lang, Helga, Das Zeitalter des Absolutismus. In: Geschichte regional, Heft 1, Göppingen 1979, Tafelteil B 16/17.

Göppingen, Städtisches Museum, Plansammlung Stadtarchiv

L 4

Stadtplan

Stadt Göppingen, 1782

Plan für den Wiederaufbau der Stadt Göppingen nach dem Brand von 1782. Der von Landesbauinspektor Groß aufgestellte Plan trägt auf dem Marktplatz den Genehmigungsvermerk von Herzog Carl Eugen. Franziska von Hohenheim, die mit Herzog Carl Eugen gerade in Hohenheim weilte, schrieb in ihr Tagebuch, daß der Feuerschein des nächtlichen Stadtbrandes – das Feuer hatte 8 Uhr abends begonnen – bis dort zu erkennen gewesen sei. In ihrer Begleitung machte sich Herzog Carl Eugen sogleich auf den Weg nach Göppingen und veranlaßte den sofortigen Wiederaufbau der Stadt.

Kupferstich. 87,3 × 63,5 cm.
Literatur: Lipp, Werner, Alt-Göppingens bauliche Entwicklung. Göppingen 1962, S. 51–56. – Akermann, Manfred, Göppingens Stadtbild im Wandel der Jahrhunderte. In: Schwäbische Heimat, 1970, Heft 2, S. 72–80. – Lang, Helga, Das Zeitalter des Absolutismus. In: Geschichte regional, Heft 1, Göppingen 1979.

Göppingen, Städtisches Museum, Plansammlung Stadtarchiv

L 5

Türpfosten eines Hauses

Lörrach, 1717

Inschrift: „Behüt uns Herr vor Feuers Brand – dies Haus steht in Gottes Hand AHAMB KYBLER FLDM 1717".
Der ehemalige Standort des Türpfostens war in der Basler Straße in Lörrach.

Eichenholz. H. 256 cm, B. 28 cm, T. 22 cm. Inschrift-Rahmen: H. 78 cm, B. 30 cm.

Lörrach, Museum am Burghof

L 6

Rottenfahne der Feuerwehr

Kuchen bei Geislingen, 1779

Bei Feueralarm hatten in den Städten und Dörfern zwischen vier und sechs berittene Männer vor dem Rathaus zu erscheinen, um die Herrschaft zu benachrichtigen und die Hilfsmannschaften herbeizuholen. Herzog Carl Eugen von

L 2

Württemberg zum Beispiel legte besonderen Wert darauf, bei jeder größeren Feuersbrunst dabei zu sein. Die Reiter waren meist die Metzger, da sie immer Pferde besaßen und seit der Mitte des 18. Jahrhunderts auch als Melde- oder Postreiter arbeiteten. Derjenige, der als erster am Rathaus erschien, wurde besonders belohnt. Jede „Rotte" hatte ihren Feuerreiter und eine Feuerfahne, die nicht aus Stoff, sondern aus Metall gearbeitet war und für die man ein bestimmtes Abzeichen, wie hier zum Beispiel die Kuh, der Nachbarort hingegen das Pferd gewählt hatte.

Holzstange, Eisen farbig bemalt. H. 204 cm. Vorderseite beschriftet: „Feuer Fahn Gott Gäb Glück 1779" auf der Rückseite die Darstellung einer Kuh und „Feuer Fahn Gott Gäb Glück 1779".

Literatur: Bischoff-Luithlen 1979, S. 82.

Geislingen an der Steige, Heimatmuseum

L 6 a

Feuerspritzenwagen

Gebaut für das Kloster Reichenau von Johann Jakob Rosenlecher, Konstanz am Bodensee, 1782

Zweizylindriger Handdruckspritzenwagen mit Wendestrahlrohr, Windkessel, Schlauchanschluß und Reichsnormalkupplung, die nachträglich eingebaut worden ist.
Die ersten Nachrichten über die Erfindung von großen Feuerspritzen in Deutschland stammen vom Anfang des 16. Jahrhunderts. Doch erst im 17. Jahrhundert war die technische Entwicklung der Feuerspritze so weit fortgeschritten, daß man von wirksamen Einsätzen gegen Brände sprechen kann. Um 1655 entwikkelte der Nürnberger Zirkelschmied Johannes Hautsch eine Spritze, deren Bedienung 28 Männer erforderte. Entsprechend war auch die Leistungskraft. Der Wasserstrahl konnte über 20 m hoch geworfen werden. Die entscheidende Erfindung im Feuerspritzenbau gelang den Brüdern Jan und Nikolaas van der Heyde aus Amsterdam in den Jahren nach 1670. Sie verwendeten als erste den Druckschlauch und ermöglichten dadurch eine genau lokalisierte Bekämpfung des Feuers. Jan van der Heyde war Maler und hat die neue Feuerspritze in einem von ihm anschaulich illustrierten Buch mit dem Titel „Beschriving der nieulyks uitgewonden en geoctroyerden Slange Brand Spuiten" im Jahre 1690 veröffentlicht. Dadurch wurden die Feuerspritzen mit Druckschlauch in ganz Europa bekannt und auch in Deutschland nachgebaut. Zu Beginn des 18. Jahrhunderts standen in nahezu allen größeren Städten und Gemeinden, in Residenzen und Klöstern Feuerspritzen für den Notfall bereit. Auf dem Gebiet des heutigen Baden-Württemberg war es besonders Johann Jakob Rosenlecher, der sich mit der Konstruktion und Verbesserung der Feuerspritzen befaßte.

Holz, eisenbeschlagen, Farbe rotbraun, mit St.-Florian-Motiv. Zehn-Mann-Bedienung. H. 190 cm, B. 170 cm, L. 400 cm

Literatur: Die Feuerwehr gestern – heute. Dokumentation des Feuerwesens in Baden-Württemberg. Stuttgart 1978, S. 26–28.

Salem, Feuerwehrmuseum (Leihgabe der Gemeinde Reichenau), Inv. Nr. 19

L 6 b

Zwei Feuerlöscheimer

Badisch, 1768 und 1774

1. Inschrift auf der einen Seite: "SF ME V 1768 AL SP", auf der anderen Seite Wappen und Jahreszahl 1774.

2. Mit Jahreszahl 1774.

Leder, genäht, mit Holz verstärkt. H. 37 cm (mit Henkel 54 cm) bzw. 34 cm (mit Henkel 47 cm), Dm. oben jeweils 24 cm.

Waldshut, Heimatmuseum, Inv. Nr. 250 Qu, 251 Qu

ZUNFT

Die Zünfte entstanden im Mittelalter als Standesorganisationen von selbständigen Handwerkern mit dem Ziel der wirtschaftlichen Förderung und Sicherung ihrer Gewerbe und der Überwachung der beruflichen Ausbildung ihrer Mitglieder. „Zunft" kommt von „ziemen" und bezeichnet also eine Gemeinschaft, die sich nach dem richtet, was sich ziemte und was durch die Zunftordnungen mit ihren strengen Gesetzen vorgeschrieben war. Die Zentren des selbständigen Handwerks waren die Städte, in denen es meist eine größere Anzahl von Zünften gab, die das bürgerliche Leben prägten und vielfach an politischen Entscheidungen mitwirkten. Darüber hinaus erfüllten sie auch bei der Verteidigung eine militärische Funktion. Wenn die Stadt von Feindesangriffen bedroht war, riefen der Rat oder die Zunftmeister die Bürger zu den Waffen.
Das Ausüben eines Gewerbes war den Handwerkern lange Zeit nur durch Beitritt zu einer Zunft möglich. Seit der Mitte des 16. Jahrhunderts nahm die Bedeutung der Zünfte für die Städte jedoch allmählich ab. Obrigkeitliche Verordnungen griffen immer mehr in die Selbstverwaltung der Zünfte ein. So wurden in Württemberg Ende des 17. Jahrhunderts auf Anordnung des Landesherrn mehrere Zünfte zusammengeschlossen, für deren Vertretung eine Hauptzunft in der Residenzstadt Stuttgart zuständig war. Zum

inneren Zerfall der Zünfte trug die merkantilistische Witschaftspolitik der Fürsten im 17. und 18. Jahrhundert bei. Den einheimischen Handwerkern erwuchs beträchtliche Konkurrenz durch fremde Gewerbetreibende, die von den Fürsten ins Land geholt wurden, um das Manufakturwesen zu fördern. Die Zünfte versuchten, dieser Entwicklung entgegenzuwirken, indem sie mit restriktiven Bestimmungen die Zahl ihrer Mitglieder möglichst niedrig hielten, damit ihnen ein ausreichendes Einkommen gesichert war. Diese Zunftpolitik führte zu vielen Entartungen und Mißbräuchen, die schließlich den Erlaß eines kaiserlichen Dekrets, der „Reichszunftordnung" von 1731, zur Folge hatten. Darin drohte man den Zünften die vollständige Auflösung an, falls sie sich nicht den obrigkeitlichen Anordnungen fügten. Die Bestimmungen betrafen vor allem den Zugang zum Handwerk, der von nun an – von wenigen Ausnahmen abgesehen – grundsätzlich jedem offenstehen sollte. Ferner minderte man die hohen Gebühren und Kosten, die sich für einen Gesellen ergaben, wenn er Meister werden wollte. Weitere Verordnungen auf Landesebene gegen die Handwerksmißbräuche folgten. In der Markgrafschaft Baden-Baden erließ Markgraf August Georg im Jahre 1769 die „Generalzunftordnung", um eine bessere Überwachung und Verwaltung der Zünfte zu gewährleisten. Die wirtschaftliche und gesellschaftliche Bedeutung der Zünfte hatte sich zu diesem Zeitpunkt schon längst überlebt. Geblieben war lediglich ein starres System von Regeln und Vorschriften, an denen aus Tradition festgehalten wurde. Im 19. Jahrhundert verloren die Zünfte dann durch die Einführung der Gewerbefreiheit vollends ihre Existenzberechtigung.
Die Gerätschaften und Gegenstände, die als Selbstdarstellung der Zünfte im 17. und 18. Jahrhundert überliefert sind, sollen exemplarisch in diesem Teil der Ausstellung gezeigt werden. Hervorgegangen sind diese Zunftobjekte aus den zahlreichen Bräuchen und Zeremonien, nach denen bei Zunftversammlungen und Festlichkeiten verfahren wurde. Aus naheliegenden Gründen legte man bei den Handwerkern, was die Herstellung der Zunftobjekte betraf, großen Wert auf besonders gute Arbeit und Qualität.
Bei den jährlichen Zunftversammlungen, die in den Zunfthäusern oder –stuben am Tag des Zunftpatrons stattfanden, spielte die *Zunftlade oder -truhe* eine maßgebliche Rolle. Sie war der eigentliche Mittelpunkt der jeweiligen Zunft. Man bewahrte darin alle wichtigen Schriftstücke und Urkunden, die Siegel und das Barvermögen auf. Manchmal hatte man für die Geldreserven auch eine zusätzliche *Zunftkasse.* Die Zunftladen hatten mehrere Schlösser, deren Schlüssel sich im Besitz verschiedener Personen befanden, so daß einer allein sie nicht öffnen konnte. Zu Beginn der Zunftversammlung wurde die Zunftlade zwischen brennenden Kerzen, für die der „Kerzenmeister" zuständig war, auf den Tisch gestellt und geöffnet. Dabei hatte jeder Umtrunk und jedes unpassende Wort zu unterbleiben. Alle Amtshandlungen, wie z.B. die „Aufdingung" (Aufnahme in die Lehre), „Ledigsprechung" (Abschluß der Lehre und Eintritt in die Gesellschaft), Eintragung eines neuen Meisters in das Zunftbuch oder Neuwahl eines Zunftmeisters wurden feierlich bei geöffneter Lade vorgenommen.
Das Prunkstück jeder Festzeremonie war ein besonderes Trinkgefäß aus Silber oder Zinn, der *Zunftpokal* oder *„Willkomm".* Er war meist in aufwendiger Form und Technik gearbeitet und mit Handwerksemblemen, Wappen, Inschriften und Wahlsprüchen dekoriert. Wer Geselle oder Meister geworden war, durfte daraus als Zeichen seiner neuen Würde den Ehrentrunk halten. Nach altem Handwerksbrauch überreichte man auch Gästen zur Begrüßung den gefüllten „Willkomm"; denn er war Symbol des Standesbewußtseins und des Reichtums einer Zunft, das man gern zur Schau stellte. Aus den Inschriften der Pokale geht hervor, daß sie meist Ehrengeschenke von Zunftmeistern oder Altgesellen waren. Daneben benennen die zahlreichen gravierten Schildchen, mit denen die Pokale oft behängt sind, die Namen und Jahreszahlen der jeweils amtierenden Zunftmeister.
Neben den Zunftladen und Pokalen gehörten die bemalten *Zunfttafeln* zu den Gegenständen, die einen Ehrenplatz in der Zunftstube beanspruchten. Im süddeutschen Raum waren es meist zusammenklappbare, wie kleine Wandaltäre verschließbare „Wandladen" oder „Flügelladen", mitunter auch runde Holztafeln, auf denen in den überwiegenden Fällen die Porträts und Wappen der Zunftmeister oder auch allerlei Handwerksgegenstände dargestellt waren. Im 17. und 18. Jahrhundert war es üblich, daß ein Zunftmeister ein auf seinen Namen oder Beruf bezogenes Familienwappen führen durfte. Er konnte sich dieses Wappen selbst zulegen oder von der Zunft verleihen lassen. Daneben hatte jede Zunft ein eigenes, mit den Kennzeichen des Handwerks geziertes Wappen. Diese „sprechenden" Wappen wurden nicht nur in den Zunftstuben und Handwerksbetrieben angebracht, sondern auch dort, wo die Zünfte im öffentlichen Leben repräsentiert sein wollten, wie z.B. in den Rathäusern und Kirchen.
In den Wirtshäusern pflegten die Zünfte ihre Stammtische mit *Stuben-* oder *Tischzeichen* zu kennzeichnen, um damit zu zeigen, aus welcher „Stube", d.h. Zunft, sie stammten. Stubenzeichen kamen im 16. Jahrhundert auf, als sich die geselligen Zusammenkünfte der Zunftmitglieder zunehmend von den „Stuben" (für die Meister) und „Herbergen" (für die Gesellen) auf die öffentlichen Wirtshäuser verlagerten, wo die Handwerker die Möglichkeit hatten, mit Mitgliedern der anderen Zünfte zwanglos zusammenzukommen. Diese Zeichen weisen die verschiedensten Formen und Techniken auf: aus gegossenem, gesägtem oder getriebenem Metall, aus Holz geschnitzt und gefaßt, manchmal in einem verglasten Gehäuse oder als bemalte Blech–oder Holztafel. Im allgemeinen waren sie zur beidseitigen Ansicht gedacht, da man sie über dem Stammtisch aufhängte. Sie konnten aber auch an einer Wand hinter dem Zunftstammtisch befestigt sein. Die Motive sind der Arbeitswelt des Handwerks mit berufstypischen Situationen und genrehaften Szenen oder der Zunftemblematik entnommen. Die Abgrenzung der Stuben- und Tischzeichen zu Zunftzeichen verwandter Art, wie Haus- und Türzeichen, Firmen-, Wirtshaus- und Sargschilder, ist nicht immer eindeutig zu vollziehen. Manches Stück ist sicherlich im Laufe der Zeit unterschiedlichen Funktionen gerecht geworden.
Von den vielen schriftlichen Zeugnissen der Zünfte sind besonders die *Handwerksbriefe* hervorzuheben. Man unterscheidet zwischen Lehrbriefen (für bestandene Lehrzeit), Gesellenbriefen oder „Kundschaften" (für die Dauer der bei einem Meister geleisteten Arbeitszeit) und Meisterbriefen (für Anfertigung eines Meisterstücks). Um gültig zu sein, mußten Handwerksbriefe die Unterschriften der Zunftmeister und die Siegel der Stadt und der Zunft tragen. Handwerksbriefe kamen im 17. und 18. Jahrhundert in unterschiedlichen Ausstattun-

gen und Ausführungen vor: vom Pergament mit kunstvoller Kalligraphie und Malerei über das graphische Blatt mit gestochener Stadtansicht zu schlicht gedrucktem Papier ohne jeglichen Aufwand.

Literatur: Freiburg 1975.– Fröhlich, Sigrid, Die Soziale Sicherung bei Zünften und Gesellenverbänden. Darstellung, Analyse, Vergleich. Berlin 1976 (Sozialpolitische Schriften, H. 38). – Gröber, Karl, Alte deutsche Zunftherrlichkeit. München 1936. – Jacob, Gustav, Alte badische Handwerkskunst. Karlsruhe 1928. – Krebs, Werner, Alte Handwerksbräuche mit besonderer Berücksichtigung der Schweiz. Basel 1933. – Schmidt, Leopold, Zunftzeichen. Zeugnisse alter Handwerkskunst. Salzburg 1973. – Stürmer, Michael (Hrsg.), Herbst des Alten Handwerks. Quellen zur Sozialgeschichte des 18. Jahrhunderts. München 1979 (dtv 2914). – Stuttgart 1974. – Wissell, Rudolf, Des alten Handwerks Recht und Gewohnheit. Bd. 1, 2, Berlin 1929 (Zweite erw. u. bearb. Aufl. hrsg. v. Ernst Schraepler, Berlin 1971/1974). – Ziegler, Otto, Das Zunftwesen der Markgrafschaft Baden-Baden von 1535 bis 1771. Leipzig 1933.

L 7 □

Zunftlade der Geislinger Drechsler

Geislingen a. d. Steige, 1686

Vorderseite mit mehrfach profiliertem Mittelfeld, an den Kanten abgesetzt mit perlstabähnlichem Ornament. Die eigentliche Schauseite der Truhe bildet die Innenseite des Deckels, die dekorativ bemalt ist: in der Mitte ein ovales Drechslerwappen, darüber die Inschrift "Der drexler Lad. 1686", unter dem Wappen der Name "Johannes Frieholtz, drexler". Das Wappen wird begrenzt von zwei eisernen Beschlägen, rechts und links davon in einer langen Liste die Namen von 46 Zunftmeistern, worunter die Familie Früholz allein 13 mal genannt ist (Vgl. Kat. Nr. L 42, L 43, L 96).
Die Bein- und Elfenbeindrechslerei war im 17. und 18. Jahrhundert ein blühendes Gewerbe in Geislingen. Nach Friedrich Nicolai, der in seiner "Beschreibung einer Reise durch Deutschland und die Schweiz im Jahre 1781" (Berlin/Stettin 1795, Bd. 9, S. 153–158) über Geislingen berichtet, kamen Einkäufer von weither, vorwiegend aus Frankreich und der Schweiz, um die Produkte der Beindrechsler zu erwerben. Die Drechsler verkauften ihre Arbeiten auch selbst auf den Messen in Frankfurt und Leipzig oder tauschten sie in Nürnberg gegen andere Waren ein. Manche von ihnen reisten sogar die Donau hinunter bis nach Wien und Ungarn. In Amsterdam hatten sie ein eigenes Warenlager für den Handel nach Amerika.

L 7

Holz, 32 × 41 × 28 cm.

Literatur: Alte Geislinger Kunst. In: Geschichtliche Heimatkunde des Filsgaus, 1925, S. 111–112. – Bischoff-Luithlen 1979, S. 92–93.

Geislingen a. d. Steige, Heimatmuseum, Inv. Nr. 199

L 8 □

Zunftlade der Heilbronner Hufschmiede und Wagner

Heilbronn, 17. Jahrhundert

Reich verzierte geschnitzte Truhe mit vier gedrechselten Säulen an den Ecken. Auf der Schauseite ein von geschnitzten Putten gehaltenes bemaltes Schild, auf dem Hufeisen, Hammer, Zange sowie Wagenrad und Wagnerbeil zu sehen sind. Inschrift des Schildes: "Joh. Georg Oeschle / Joh. Christoff Sommer, 1807". Die Inschrift ist vermutlich Anfang des 19. Jahrhunderts angebracht worden; denn die Jahreszahl 1807 ist keinesfalls identisch mit der Entstehungszeit der Zunftlade. Rückseite ebenfalls geschnitzt und reich intarsiert. An den Querseiten zwei ovale Henkel. Deckel mit hoher, vielfach profilierter Bekrönung und einem filigran geschnitzten, volutenförmigen Griff. Im Innern der Truhe auf einem gesonderten Seitenfach für Geld die fragmentarische Inschrift: "Kreutzer Auff / leg Gelt / Der Halb Bactz / schreib Gelt".

Holz, geschnitzt, gedrechselt, intarsiert, bemalt. 50 × 62,5 × 39 cm.

Heilbronn, Städtisches Museum, Inv. Nr. 75

L 9

Zunftlade der Waldseer Goldschmiede

Waldsee, 17. Jahrhundert

Schauseite in zwei Felder gegliedert und bemalt; links: Kanne mit schmalem Hals, rechts: Meßkännchen mit Untersatz. Deckelplatte in drei Felder geteilt: Kelch, Wappen und Zunftzeichen mit den Initialen P. M. An den Seiten Tragegriffe.

Eichenholz, teils bemalt. 27,5 × 48 × 31 cm.

Bad Waldsee, Städtisches Museum im Kornhaus

L 10 □

Zunftlade der Karlsruher Schreiner

Karlsruhe, 1718

Auf dem hohen, vielfach profilierten Sockel mit abgeschrägten Kanten sind an der Vorder- und Rückseite je zwei schwarz-weiße Rhomben in Elfenbein

L 8

L 10

L 11

und an der linken Schmalseite die Jahreszahl 1718 in Zinn eingelegt. Über dem Sockel an der Vorder- und Rückseite jeweils Intarsien: Tulpe und Nelke mit grün gefärbten Stengeln. An den schrägen Kanten ebenfalls Blumenintarsien. Die Schmalseiten sind mit Messinggriffen versehen. Der Deckel trägt eine hohe Bekrönung, deren oberster Teil abnehmbar ist. Die Zunftlade hat kein Schloß.

Nußbaum, furniert auf Tanne. 45 × 66 × 43 cm.

Karlsruhe, Badisches Landesmuseum, Inv. Nr. V 5430

L 11 □

Zunftlade der Ludwigsburger Metzger

Ludwigsburg, 1736

Schlichte kastenförmige Truhe, auf der Vorder- und Rückseite je ein furniertes Feld mit eingelegter Darstellung eines Ochsen und Rocailleornamenten. Am unteren Rand des vorderen Feldes die Jahreszahl 1736. Kleines Schloß auf dem Deckel.

Holz, furniert und intarsiert. 37,5 × 68 × 45 cm.

Literatur: Freiburg 1975, S. 20 m. Abb.

Ludwigsburg, Metzger-Gesellschaft e.G.

L 12

Zunftlade der Königsbronner Bergleute

Königsbronn, Ende 18. Jahrhundert

Über dem Sockel mit Mäandermuster ist auf der Schauseite ein bemaltes Feld eingelassen, das einen Bergoffizier in festlicher Tracht mit dem typischen schwarzen Rock, hellbrauner Kniehose, grünem Samthut und Schlegel und Eisen zeigt. Er steht auf einer Anhöhe im Freien. Im Hindergrund sind bewaldete Hänge und die Klosterkirche von Königsbronn dargestellt.
Die Szene spielt vermutlich auf die Tatsache an, daß das Hüttenwerk Königsbronn im 15. Jahrhundert vom dort angesiedelten Zisterzienser-Kloster gegründet worden ist. Unter Melchior Ruof, der von 1513–1539 Abt von Königsbronn war, verzeichnen die Chroniken einen erheblichen Aufschwung des Hüttenwerks. Im 16. und 17. Jahrhundert hatte das Werk eine wechselvolle Geschichte, bis es schließlich im Besitz von Württemberg blieb. (Vgl. Kat. Nr. L 18, L 41).

Holz, eingelegt, bemalt. 48 × 61 × 32 cm

Literatur: Eberth 1972, S. 9.

Königsbronn, Torbogenmuseum, Inv. Nr. 59

L 13 □

Zunftpokal der Stuttgarter Tuchscherer und Schneider

Stuttgart, 1660

Konische Kuppa, unten abgerundet, mit getriebenem Pflanzenornament aus Tulpen und Narzissen, auf Kugelfüßen in Apfelform. Am oberen Rand Widmung und Jahreszahl 1660 und 6 ovale Anhänger mit Inschriften. Zwiebelförmiger Deckel mit getriebenem Blumendekor, bekrönt von kleiner silberner Figur: Mann in langem Gehrock und Stulpenstiefeln, seinen rechten Arm erhebend.

Silber, vergoldet. H. 28,5 cm. Beschau: Stuttgart, Meisterzeichen H M, wahrscheinlich Hans Mayer aus Augsburg (1649/50 Stuttgarter Bürger, 1675 Münzmeister). Ein Anhänger (der 7.) und ein Gegenstand in der rechten Hand des Mannes abgebrochen.

Literatur: Stuttgart 1974, S. 59, Abb. 135.

Stuttgart, Württembergisches Landesmuseum, Inv. Nr. E 169

L 14 □

Zunftpokal der Böblinger Bäcker

Augsburg, 1683

Hoher, gewölbter, sechsfach in Herzform

ausgebuckelter Fuß mit zylinderförmig hochgezogener Mitte und rundem fassoniertem Scheibenring als Abschluß. Schaft in Gestalt eines Puttos mit Brezel und Backschaufel, der auf seinem Kopf eine Röhre trägt, auf der über Blattwerk die Muschelschale sitzt mit einem Putto als Fortuna. Auf einer im Sockel angebrachten Plakette die Inschrift: "Verfertigt Ao. 1683. / Vogt war Herr Christoph / Ulric Radauer, Item O... / maister, Andreas Maier, und / Hanns Davidt Schibe D... / beede zue Böblingen, Mat-/ häus Bechtlin zue Magstat, / und Hanns Jakob Altdorf-/ fer zue Schönaich".

Silber, teilvergoldet. H. 32,8 cm. Beschau: Augsburg, Meisterzeichen in Form eines Lindenblattes, nach Rosenberg 275 vielleicht ein Mitglied der Goldschmiedefamilie Gelb. Fußplatte des Schaftputtos zur Hälfte ausgebrochen.

Literatur: Stuttgart 1974, S. 59, Abb. 136.

L 13

Stuttgart, Württembergisches Landesmuseum, Inv. Nr. E 162

L 15

Zunftpokal der Göppinger Weber

Augsburg, Stuttgart 1686

Gewölbter Fuß mit zylinderförmig hochgezogener Mitte und halbkugelförmigem Abschluß. Schaft in Gestalt eines Knaben mit Pumphosen, der auf seinem Kopf eine Röhre trägt, auf der über Blattwerk die Kuppa ansetzt. Die Kuppa mit einem über den Kelchrand hinausragenden flachen, profilierten Deckel und einem Putto als Griff. Eingraviert auf der Kelchwand sind das Wappen der Stadt Göppingen, darüber das Monogramm S.C.G. (aufzulösen in: Sigillum civitatis Goppingensis = Göppinger Stadtwappen) und darunter die Inschrift „An Gottes Seegen / ist alles gelegen". Die Rückseite trägt die Widmung: „Der ehrsamen Weeberzunfft bestelter Obmann in Göppingen / Herr Iohann Iustinus Kerner, Burgermeister / Zunfftmaistere Johann Karr und Paulus Brodthag in Göppingen / Hans Hösch Zu Hainingen und Hans Krapff zu Eberspach Göppinger Ambt". Genannter Johann Justinus Kerner (1648–1727) war 39 Jahre lang Rechnungsbürgermeister der Stadt Göppingen und Obmann der Weberzunft. Außerdem war er Landschaftsdeputierter in Stuttgart und Assessor des dortigen Ausschusses bei der Hospitalpflege.
Die Weberzunft hatte eine große Bedeutung in Göppingen. Lange Zeit wurde der Bürgermeister der Stadt nur aus den Kreisen der Weber und Tuchmacher gewählt. Die Tuchmacherei war seit dem Mittelalter das Hauptgewerbe der Stadt. Im 17. Jahrhundert entwickelte sich Göppingen neben Calw zur führenden Zeugmacherstadt in Württemberg.

Silber, vergoldet. H. 30 cm, Dm. 9,5 cm. Beschau (am Fuß): Augsburg (1680–1686), Meisterzeichen M.K. (?). Der Deckel ist in der Stuttgarter Werkstatt des Jeremias Pfeffenhauser angefertigt worden. Beschau (am Deckelrand): Stuttgart (Ende 17. Jh.), Meisterzeichen HSH (?), wahrscheinlich Rosenberg, 4642.

Literatur: Kauß, Dieter, Kettenmann, Jürgen, Städtisches Museum im „Storchen". Führer durch die Sammlungen. Göppingen 1978, S. 41 m. Abb. – Museen in Baden-Württemberg, NF, 4, 1978, S. 16 m. Abb. – NWZ Göppinger Kreisnachrichten vom 8. 4. 1978 (Nr. 81) und 29. 2. 1980 (Nr. 51).

Göppingen, Städtisches Museum im „Storchen", Inv. Nr. 78/1

L 14

L 16

Zunftpokal der Ludwigsburger Metzger

Augsburg, 1740

Gewölbter Fuß mit mehrfach profiliertem Schaft, der sich in der Mitte volutenförmig verstärkt und am Übergang zur Kuppa wieder verjüngt. Die Kuppa ist birnförmig nach oben erweitert mit gewölbtem Deckel und Griff in Form einer Blütenknospe. Eingraviert auf der Kuppa sind ein Metzger mit Schlachtbeil, der einen Ochsen am Seil führt, und eine Inschrift mit den Namen der Stifter dieses Pokals: „C. Pfäffle Kerzen Meister / J.P. Poller Burger Meister / und Obmann J.G. Arnsperger". Unter der Metzger-

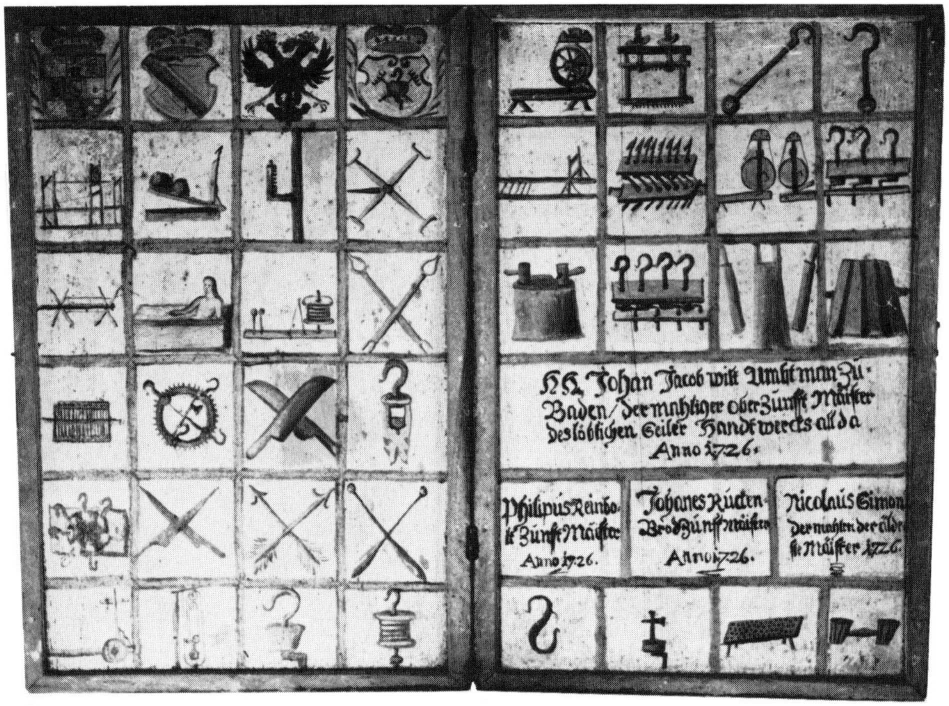

L 24

rere horizontale Linien, oben und in der Mitte die Inschrift „Hochzeit. Schenck. vor Johan Heinrich Holtzinger. von. einen. gantzen. Ehrsamen. Handwerck. derer Becken. Metzger u. Müller./ Johan. Heinrich. Holtzinger Beck./Georg Michael Hallman metzger./Johan Friedrich Kopp. müller/den 17. Augu. 1773./Der Zeit. geschworne. meister.“ Dazwischen in einem ovalen Blattkranz die Handwerkszeichen der drei genannten Zünfte: oben Brezel, Brot und Wecken, in der Mitte Ochsenkopf mit zwei gekreuzten Schlachtbeilen, unten das Mühlrad. Die Kanne war ein gemeinsames Hochzeitsgeschenk des Metzgerzunftmeisters Hallmann und des Müllerzunftmeisters Kopp an ihren Kollegen, den Bäckerzunftmeister Holtzinger.

Zinn. H. 30,5 cm. Beschau: Feuchtwangen, Meisterzeichen IO. G. KRAUS.

Literatur: Hintze 1921/31, Bd. 5, Nr. 858. – Stuttgart 1974, S. 60, Abb. 138.

Stuttgart, Württembergisches Landesmuseum, Inv. Nr. 9396

L 24 □

Zunfttafel der Baden-Badener Seiler

Baden-Baden, 1726

Die Tafel besteht aus zwei Innen- und zwei Außenseiten. Die Innenseiten sind aufgeteilt in 4 Felder mit Wappendarstellungen (Markgrafschaft Baden-Baden, Stadt Baden-Baden, Reichswappen, Seilerwappen), in 36 Felder mit Abbildungen von Seilerwerkzeugen und 4 Felder mit Inschriften: „HR. Johan Jacob Wilt Ambt man Zu Baden, dermahliger Ober Zunfft Mäister des löblichen Seiler Handtwercks allda Anno 1726 / Philipus Reinbolt Zunfft Mäister Anno 1726. / Johannes Rucken=Brod Zunfft Mäister Anno 1726. / Nicolaus Simon dermahlen der äldeste Mäister 1726“. Auf den Außenseiten ist je ein Zunftzeichen der Seiler (herzförmiges Gebilde mit zwei Hecheln und gebogenem Vorschlaghaken) in Lorbeerkranz zu sehen.
Das Seilerhandwerk war im 18. bis Anfang des 19. Jahrhunderts das Hauptgewerbe der Stadt Baden-Baden. Dazu beigetragen hat die Tatsache, daß das mittelbadische Bauernland ein hervorragendes Anbaugebiet für Hanf, das Rohmaterial für die Seilerei, war.

Holztafel, beidseitig bemalt, aufklappbar, zwei Eisenscharniere, Schließe, am linken Teil innen fehlt obere Leiste. H. 36,3 cm, B. 23,7 cm (zusammengeklappt) bzw. 47,4 cm (ausgeklappt).

Literatur: Jörger, Karl, Zunftwesen und Zunftbrauch, insonderheit des Baden-Badener Seilerhandwerks. In: Die Ortenau, 41, 1961, N.F. 13, S. 218–223. – Fuß, Margot, Die Seilerzunft in Mittelbaden. In: Badische Heimat, 49, 1969, S. 68–83, Abb. S. 80.

Baden-Baden, Stadtgeschichtliche Sammlungen, Inv. Nr. 48 / IIa

L 25

Zunfttafel der Villinger Bäcker und Müller

Villingen, 1724 – 1794

Die Tafel besteht aus 22 kleinen rechtekkigen Bildtafeln, die in der Zeit von 1724 bis 1794 entstanden sind und später zu einem Stück zusammengesetzt wurden. Dargestellt sind 22 ganzfigurige Porträts von Bäcker- und Müllermeistern in militärischer Ausrüstung mit Gewehr und Säbel. Auf jedem Täfelchen sind Name und Handwerkszeichen des Zunftmeisters sowie das Jahr vermerkt, in dem das Stück gestiftet wurde.
Wie alle Bürger waren die Handwerker zur Verteidigung der Stadt verpflichtet. Der Wehrdienst der Zünfte spielte allerdings im 18. Jahrhundert nur noch eine untergeordnete Rolle. Die Bewaffnung der Zunftmeister ist hier vielmehr als Reminiszenz an die frühere militärische Bedeutung der Zünfte anzusehen. Darüber hinaus galt das Waffentragen bei den Handwerkern ohnehin als ehrenvoll; Degen oder Gewehre gehörten zur Ausrüstung bei festlichen Anlässen.

Öl auf Holz. 41 × 34 cm.

Literatur: Revellio 1964, S. 254, m. Abb. S. 262. – Fuchs, Josef, Die Ratsverfassung der Stadt Villingen. Villingen 1972, S. 87 m. Abb.

Villingen, Städtische Sammlungen

L 26 □

Zwölfmeistertafel der Ulmer Drechsler

Ulm, 1756

Die „Zwölfmeister“ der Ulmer Drechsler, die zur Schreinerzunft gehörten, haben sich auf diesem Bild porträtieren lassen. Die Porträts sind in drei Reihen zu je vier Medaillons in Kartuschenumrahmungen angeordnet. Man sieht die Zunftmeister und -ältesten in festlicher Kleidung mit Tuch- oder Samtröcken, Westen und Spitzenhemden, teilweise auch mit Perücken und Fingerringen ausstaffiert. Sie sind in Frontalansicht gegeben und schauen den Betrachter mit stolzen Blicken an. Unterstützt wird diese

L 26

Selbstsicherheit durch die bewußte Pose, die einige von ihnen einnehmen: ein Arm ist angewinkelt in die Hüfte gelegt, während die andere Hand im Westenausschnitt ruht. Ein Meister hält eine gedrechselte Tabaksdose in der Hand. In jedem Medaillon ist der Name, die Jahreszahl und das Alter des Porträtierten angegeben, bei einigen auch das Familienwappen abgebildet:

1. Johann David Geiger, Vorgesetzter, Aet. 52, 1756.
2.Johann Christoph Renninger, Vorgesetzter, Aet. 61, 1756 (mit Wappen).
3. Johann Frantz Metzger, Aet. 58, 1756 (mit Wappen).
4. Heinrich Wolfarth, Aet. 56, 1756.
5. Johann Martin Kreß, Aet. 55, 1756 (mit Zunftzeichen).
6. Johann Geywitz, Vorgesetzter 1766, Aet. 45, 1756 (mit Wappen).
7. Matthäus Hermann, Aet. 47, 1756 (mit Wappen).
8. Sebastian Pfähler, Vorgesetzter, 1764, Aet. 48, 1756.
9. Wolffgang Wilhelm Bayer, Aet. 47, 1756.
10. Cornelius Klett, Aet. 44, 1756 (mit Wappen).
11. Adolph Friederich Baur, Aet. 46, 1756.
12. Hercules von Cappol, Aet. 32, 1756 (mit Wappen).

Obwohl jeder von ihnen mit individuellen Zügen wiedergegeben ist, ist die repräsentative Gesamterscheinung der Meister als Gruppe hier entscheidender als die einzelne Person.

Zunftmeister wurden von den Mitgliedern ihrer Vereinigung gewählt, wobei die Anzahl dieser Vorsteher von der Größe der Zunft abhängig war. Sie galten als Vertreter einer Zunft gegenüber der Obrigkeit und den anderen Handwerksvereinigungen. Ihre Aufgaben bestanden allgemein darin, über die Einhaltung der Zunftgesetze und -vorschriften zu wachen und das Zunftvermögen zu

L 28

verwalten. Die „Zwölfmeister" einer Zunft waren speziell damit betraut, bei Streitfällen der Handwerker Recht zu sprechen.

Öl auf Holz, 64,5 × 86,5 cm.

Literatur: Häberle 1929, S. 57. – Führer durch das Ulmer Museum, Ulm 1958, S. 90.

Ulm, Ulmer Museum, Inv. Nr. 106

L 27

Zunfttafel der Ravensburger Schmiede

Ravensburg, 1766–1801

In Ravensburg gab es im 18. Jahrhundert acht Zünfte, die mit wenigen Ausnahmen fast alle Bürger umfaßten. Dementsprechend waren in den einzelnen Zünften ganz verschiedene Gewerbe vereint, was an dieser Zunfttafel deutlich ablesbar ist. Zur Schmiedezunft in Ravensburg gehörten sämtliche metallverarbeitenden Berufe, wie die Schlosser, Zinngießer, Gürtler, Juweliere („Goldarbeiter"), aber auch die Hafner, Ofensetzer, Bauhandwerker, Kaminfeger und Ziegler. Auf dieser runden Holztafel sind 77 Zeichen und Symbole der genannten Berufe vertreten.

Öl auf Holz. Dm. 92,5 cm.

Literatur: Walzer, Albert, Zur künstlerischen Kultur der Reichsstadt Ravensburg. In: Schwäbische Heimat, 15, 1964, S. 82–84.

Ravensburg, Stadt Ravensburg, Inv. Nr. Krshw.

L 28 □

Zunfttafel der Ravensburger Rebleute

Ravensburg, 1752–1804

Runde Holztafel mit 154 kleinen Wappenfeldern, in denen nicht nur die Zeichen und Handwerksgegenstände der Rebleute, sondern auch der Bader, Scherer, Fuhrleute und Gärtner vereint sind. Infolgedessen ist die Spannbreite der Abbildungen groß: Trauben, Pferde, Kutschen, Pflanzen, Zunftheilige, biblische Szenen und diverse andere Gegenstände und Symbole. Jedes Wappen trägt den Namen des Stifters und eine Jahreszahl.

Öl auf Holz, Dm. 126 cm.

Literatur: Walzer, Albert, Zur künstlerischen Kultur der Reichsstadt Ravensburg. In: Schwäbische Heimat, 15, 1964, S. 82–84.

Ravensburg, Stadt Ravensburg, Inv. Nr. S. 7

L 29

Fragment einer Wandlade der Hafnerzunft

Badisch Franken, Ende 18. Jahrhundert

Rückenteil einer Wandlade mit geschweiftem Rahmenaufsatz, die Seitenflügel fehlen. Auf der Tafel Darstellung eines Hafners bei der Arbeit. Er sitzt auf der Drehbank, auf der zum Teil schon fertige Gefäße stehen. Vor ihm die Drehscheibe (Blockscheibe), die er mit den Füßen antreibt. Der Drehvorgang wird hier in anschaulicher Weise geschildert. Der Hafner greift mit der Linken in das noch weiche Gefäß und drückt mit der Rechten gegen die Wandung, um sie gleichmäßig dick zu bekommen. Meist nimmt er dabei ein Holzbrettchen zu Hilfe. Seine Kleidung, rotes Wams, gestreiftes Hemd, Kniehose mit Schürze und seine typische Kappe, darf wohl als Berufstracht der regionalen Hafnerzunft angesehen werden. Die Darstellung geht wahrscheinlich auf eine graphische Vorlage des 16./17. Jahrhunderts zurück. Der Text der Tafel ist unleserlich, da große Teile abgeblättert sind.

Öl auf Holz, Holzrahmen schwarz gefaßt. 53 × 34 cm (ohne Rahmenaufsatz 38 × 34 cm).

Lauda, Dr. Philipp-Adam-Ulrich-Museum, Inv. Nr. 297

L 30

Zunftzeichen der Wertheimer Fischer und Schiffer

Aus dem Zunfthaus in Wertheim, um 1730

Das Zeichen ist in Form eines vollplastischen Wales gebildet mit schräg nach

L 28

hinten gebogenem länglichem Körper, der in eine Schwanzflosse mündet. Auf der Körperoberfläche sind regelmäßige runde Fisch-Schuppen angedeutet, während der Kopf hundeähnlich gestaltet ist. Im weit aufgerissenen Maul des Tieres liegt zwischen den bezahnten Kiefern eine menschliche Figur, der Prophet Jonas, der nach der biblischen Legende von einem Wal verschluckt und wieder freigegeben wurde. Die Szene ist hier ausdrucksvoll gezeigt. Die Darstellung des „Jonas im Walfisch" ist ein beliebtes Motiv in der Volkskunst, das z. B. auch auf Holzmodeln des 18. Jahrhunderts vorkommt.
Wegen seiner beachtlichen Größe dürfte dieses Zunftzeichen ein repräsentatives Ausstattungsstück des Wertheimer Zunfthauses gewesen sein, das beim Bau einer Bahnstrecke abgerissen worden ist.

Holz, gefaßt. L. 120 cm, B. 66 cm, T. 60 cm.

Wertheim, Heimatmuseum, Inv. Nr. 12

L 31 □

Zunftzeichen der Degginger Gipser, Maurer und Steinhauer

Deggingen b. Geislingen a. d. Steige, 1. Hälfte 18. Jahrhundert

Hochovales Schild mit den Aposteln Petrus und Paulus frontal in der Mitte, in Halbrelief. Außen Wappenschilder mit den Handwerkszeichen und Meisternamen der drei Zünfte, aufgesetzt auf einen grünen Lorbeerkranz und gerahmt von gelben volutenförmigen Blättern. Unten queroval die Inschrift „Gypser Maurer u. Steinhauer. Zunft zu Deggingen Ober Amt...". Hinten zwei waagerechte Eisenbänder. Wahrscheinlich ist dieses Zunftzeichen als Sargschild verwendet worden.
Das Bauhandwerk in der Gemeinde Deggingen hat eine lange Tradition. Vor allem die Degginger Gipser und Stukkateure genossen im 17. und 18. Jahrhundert einen guten Ruf. Sie wirkten vorwiegend als Wanderarbeiter an den zahlreichen im bayrisch-oberschwäbischen Raum entstehenden Kirchenbauten und -renovierungen mit. Barockkirchen wurden reich mit Stuckornamentik und -plastiken ausgestattet und boten daher Gipsern und Stukkateuren ein weites Betätigungsfeld. Aus der großen Menge der Handwerker gingen viele Kunsthandwerker hervor, und einige wurden über die Grenzen ihrer Heimat hinaus als Künstler berühmt, wie Ulrich Schweizer und sein Sohn Johann Jacob Schweizer, deren Hauptwerk große Teile der Innenausstattung der Wallfahrtskirche Ave Maria bei Deggingen sind.

Lindenholz, gefaßt. 48 × 43 cm.

Literatur: Gröber, Karl, Alte deutsche Zunftherrlichkeit. München 1936, S. 116, Abb. 153. – Haegele, Ulrich, Bedeutende Stukkateure aus Deggingen. In: Helfenstein, 1959, Heft 16, S. 84–90. – Stuttgart 1974, S. 63, Abb. 147.

Stuttgart, Württembergisches Landesmuseum, Inv. Nr. 13096

L 32

Stubenzeichen der Ehinger Weber und Strumpfwirker

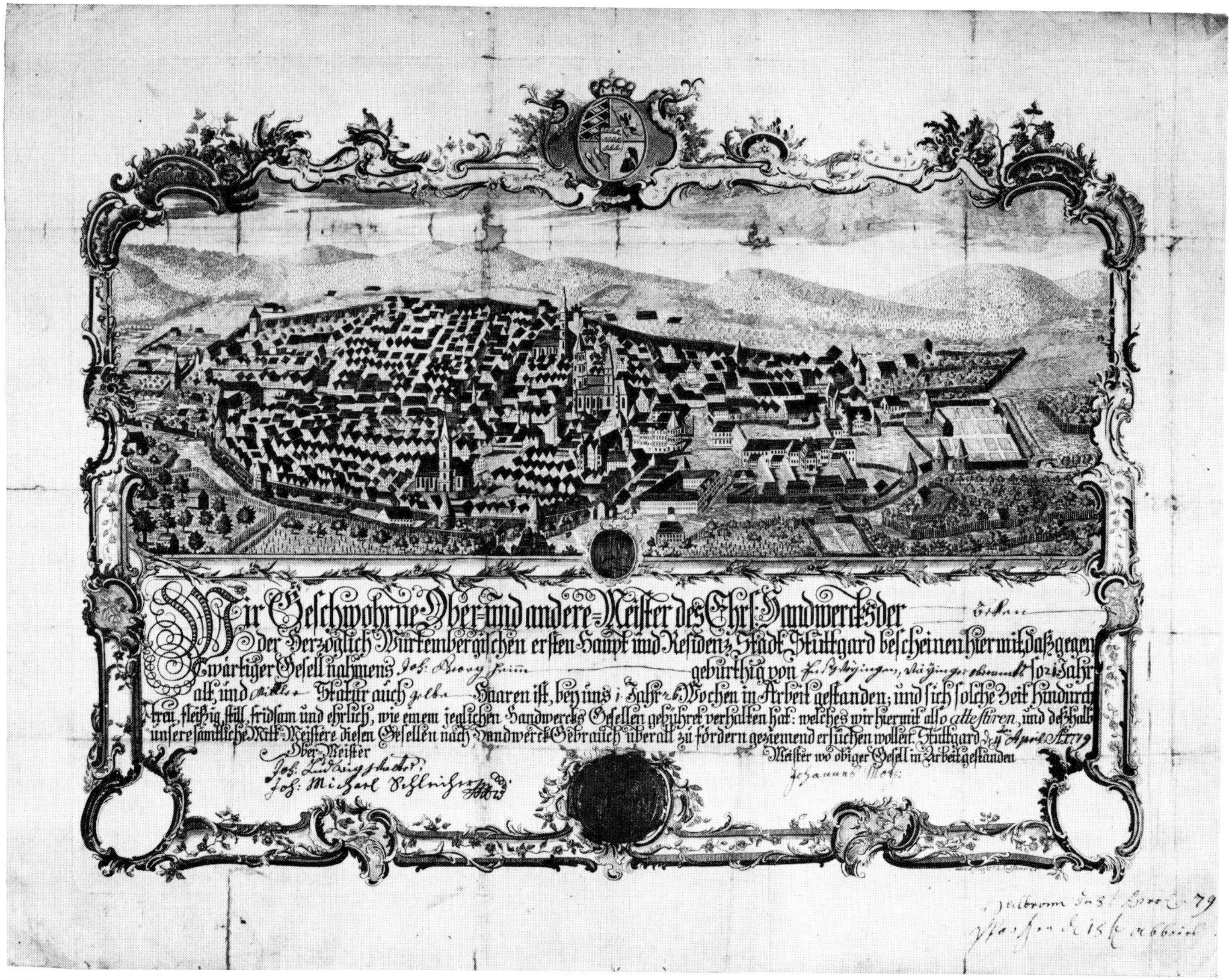

L 47

L 48 □

Gesellenbrief für einen Gärtner

Ausgestellt am 17. August 1721 in Schloß Ludwigsburg für Gottfriedt Ehrend=Reich Hentzschell aus der Mittelmark Brandenburg

Reich verzierte Urkunde mit Zeichnungen und Schrift in schwarzer Feder, teilweise in Gold gehöht. Oben das württembergische Wappen in barocker Kartusche, am unteren Rand eine emblematische Darstellung: ein Baum in einem stilisierten Barockgarten, darüber in einem Band der Spruch „Nach dem Pflantzen und Begiesen /Läßt uns Gott die Frucht geniessen". Rand und Initiale mit Blumen, Vögeln, Putten und Ornamenten. Dieser Gesellenbrief ist eine Besonderheit, da der Meister, bei dem der Geselle gearbeitet hatte, in diesem Fall der herzogliche „Lust und Blumen Gärtner" in Schloß Ludwigsburg, Johann Nicolaus Hemmerling, war, der im Dienst des württembergischen Herzogs Eberhard Ludwig stand.

Pergament, Einschnitte für ein Siegel. 39,4 × 59,4 cm.

Stuttgart, Württembergisches Landesmuseum, Inv. Nr. 14 358

… Durch[l]euchtigsten Für-
sten und Herrn Herrn EBERHA[RD] LUDWIG Herzog zu Wirtenberg und
Teck Graffen zu Mompelgart Herrn zu Heidenheim etc. der Römis. Kayserl. Maj. des
heil. Römis. Reichs und des Löbl. Schwäbischen Crayses Generall Feld Marechall auch Obrister über ein Kaysrl. Dragoner
und Schwäbisch Crayß Regiment zu Fuß Meines Gnädigsten Fürsten und Herrn
Ich Johann Nicolaus Nemmerling jetziger Zeit bestellter Lust und Blumen Gärtner gebe
hiemit allen und Jeden weß Standes Ehren Würden die seyn mögen und hierdurch angelanget werden nebst darstellung meiner allzeit Respective unterdänigst
[illegible]
den 17. Monaths Tag Augusti Im Jahr Christi Eintausend Siebenhundert und Ein und Zwanzig

L 48

ERZEUGNISSE DES HANDWERKS UND GEWERBES

MÖBEL

Hans-Ulrich Roller

Die für diese Ausstellung ausgewählten Möbel entsprechen sicher nur zu einem Teil dem Bild, das man sich gemeinhin von den bemalten Möbeln des Barock macht. Es hätte sich zwar gelohnt, das einseitige, bunte Bild aus Rocaillen, Blumen und Vögeln in den Farben Grün, Blau und Rot, wie es erfahrungsgemäß viele unter der Rubrik „Bauernmöbel“ mit sich herumtragen, anhand einer größeren Anzahl von Möbelbeispielen neu zu malen, und zwar so differenziert, daß es der historischen Realität in etwa entsprochen hätte. Das war aber bei den sehr beschränkten Raumverhältnissen in Bruchsal nur teilweise zu verwirklichen. Als Ausweg bot sich an, wenigstens dem Katalogbenutzer mit einigen in diesen einführenden Artikel eingestreuten Abbildungen zusätzliches Anschauungsmaterial an die Hand zu geben, um es ihm so zu ermöglichen, die Hinweise auf die stilistische Entwicklung der bemalten Möbel, auf Indikatoren für landschaftliche, konfessionelle und soziale Ausprägungen und auf die Beziehungen zwischen Kunst und Volkskultur wirklich anhand der Objekte selbst – wenn z. T. auch nur im

Zweitüriger Schrank, Murrhardter Wald, datiert 1800. Stuttgart, Württembergisches Landesmuseum

Eintüriger Schrank, Langenau bei Ulm, datiert 1780. Stuttgart, Württembergisches Landesmuseum

Abbild – nachvollziehen und überprüfen zu können.
Neben diesen Hinweisen sollen hier einmal einige Fragen angeschnitten werden, die die Möbelforschung besonders in bezug auf das ehemalige Baden und Württemberg, aber vielfach auch sonst bisher entweder nicht oder nur vereinzelt gestellt hat, oder die sie aufgrund der schlechten Quellenlage oder der quantitativ unzureichenden Auswertung von Quellen nicht oder nur punktuell hat beantworten können.
Das ist bei dieser Ausstellung um so mehr angebracht, als die Geschichte der bemalten Möbel als Besitz der unteren Sozialschichten ja erst im 18. Jahrhundert so recht begonnen hat und bemalte Möbel von ihrer Wertung in unserer Zeit her seit Jahren schon als sprechendster Ausdruck bäuerlicher Kultur gelten.
Diese soziale Einengung wird der historischen Realität jedoch sicher nicht gerecht. Wir haben etliche Belege aus verschiedenen Gegenden Deutschlands, die klar besagen, daß es auch im städtisch-bürgerlichen Bereich bemalte Möbel gegeben hat, zumindest im 17. und 18. Jahrhundert. Dies irreführende Etikett „Bauernmöbel“ in seiner Ausschließlichkeit mag mit davon herrühren, daß die Masse der Möbel des 19. Jahrhunderts tatsächlich aus bäuerlichem Besitz stammt.
Offen ist, zumindest für Baden und Württemberg, ob auch das städtische Handwerk bemalte Möbel für städtische Abnehmer hergestellt hat oder ob diese vom ländlichen Schreinerhandwerk in die Stadt geliefert wurden. Auch für den Streit um Absatzmärkte gibt es übrigens andernorts beredte Beispiele[1].
Zu einer Zeit, als man die Möbel noch direkt von privaten Besitzern fürs Museum übernehmen konnte, ist von den Museumsleuten zumeist versäumt worden, zugleich die sozialgeschichtlich relevanten Daten zu diesen Möbeln festzuhalten[2]. So wissen wir heute, in einer Zeit, in der Möbel fast ausschließlich im Antiquitätenhandel erworben werden müssen, insgesamt kaum etwas über ihre ursprünglichen Besitzer. Wir können deshalb auch nur wenig über die soziale Zuordnung der Möbel in unsern Museen sagen, das über Gemeinplätze hinausginge, wenn man zudem bedenkt, daß arm und reich, hoch und niedrig, Stadt und Land, ja daß Stadt und Stadt und Land und Land durchweg relative Begriffe sind, die jeweils einer Fülle von belegten Daten bedürfen, um historisch sprechend zu werden[3]. Selbst wenn man in großem Maßstab die württembergischen Verlassenschaftsinventare („Inventuren und Teilungen“) durcharbeiten würde, so wüßten wir zwar mehr über die Anzahl, die Typen und z. T. auch die Funktion der Möbel in einem Haushalt zu einem bestimmten Zeitpunkt, – wie sie aber

Halbschrank, Oberschwaben/Württembergisch Allgäu, um 1800. Stuttgart, Württembergisches Landesmuseum

ausgesehen haben, welchen Wert sie hatten und in welchem Raum eines Hauses sie jeweils gestanden haben, das bliebe immer noch offen[4]. Ein noch erfolgversprechenderer Weg wäre, möglichst viele der datierten und/oder mit einem Besitzvermerk versehenen Möbel, deren Herkunftsort wir kennen, mit den Angaben aller schriftlichen Quellen in den entsprechenden Orts- und Pfarrarchiven zu den ursprünglichen Besitzern in Beziehung zu setzen.

Auch über die Möbelhersteller hierzulande wissen wir bisher sehr wenig[5]. Es ist zwar bekannt, daß das ländliche Schreinerhandwerk von der Ausbildung her lange Zeit am städtischen Handwerk orientiert war; für die Schwerpunkte und die Bandbreite ihrer Arbeit haben wir aber nur wenige Beispiele[6].

Welchen Einfluß hatte der Auftraggeber auf die Gestaltung der Möbel? Welche Vorbilder und Vorlagen hatten die Schreiner vor allem hinsichtlich der Bemalung der Möbel? Das war wohl in Oberschwaben mit seiner ausgeprägten Barockkultur anders als in Altwürttemberg und im Hohenlohischen oder im Umkreis von Reichsstädten wie Ulm. Gerade für die Frühzeit der Möbelmalerei – hier ganz allgemein –, aber auch noch für spätere Zeiten (in Oberschwaben z.B.) darf angenommen werden, daß nicht nur die Schreiner selbst – und ihre Frauen – Möbel bemalt haben, sondern zuweilen auch Faßmaler und Kirchenmaler[7].

Von daher könnte auch eine Untersuchung über die Zusammenhänge von Kirchenausstattungen und bemalten Möbeln neue Einsichten in die Arbeit des ländlichen Schreinerhandwerks erbringen[8]. Gerade für das Altwürttembergische mit seiner vielfach dörflich-kleinstädtischen Struktur bergen die Archive ohne Zweifel noch manches instruktive Beispiel. Betont archivalisch ausgerichtete Arbeiten wie die von Heidi Müller, deren Untersuchungsraum allerdings weitgehend auf Bayern beschränkt ist, könnten deshalb sicher auch für Württemberg und Baden angelegt werden[9].

Zweitüriger Schrank, aus der Gegend zwischen Isny und Kempten, Ende 18. Jahrhundert. Stuttgart, Württembergisches Landesmuseum (Leihgabe des Ulmer Museums, Ulm)

Anmerkungen:

1) Deneke 1969, S. 45. – Bad Windsheim 1980, S. 18. – Heinemeyer/Ottenjahn 1978, S. 16–20 und S. 35–44.

2) Vgl. Deneke 1969, S. 48.

3) Vgl. H. Müller 1975, S. 34–84. Keine andere Arbeit der Möbelliteratur gibt so viele Daten für die Frage nach der jeweiligen Sozialbindung eines Möbels an die Hand wie diese.

4) Da ist die Quellenlage für Bayern z.T. doch besser, weil hier in den entsprechenden Inventaren vielfach Größe, Material, Farbe, Erhaltungszustand, Funktion und Standort angegeben sind, während in Württemberg außer der Bezeichnung des Möbels höchstens noch der Zusatz „alt" vermerkt ist. – Vgl. München 1975, S. 39f. – Bischoff-Luithlen o.J., S. 33–40. – H. Müller 1975, S. 34–84 (vielfach mit Wertangabe in Gulden und Kreuzer).

5) Nach J. Krummer-Schroth sollen im badischen Schwarzwald viele Möbel von den Benutzern selbst hergestellt worden sein. „Nur für die Prunkstücke holte man sich Schreiner und Maler ...". Krummer-Schroth 1976, S. 21.

6) Für andere Gebiete Deutschlands vgl. Heinemeyer/Ottenjahn 1978, S. 16–20 und S. 35–44. – Deneke 1969, S. 43–46. – Bad Windsheim 1980, S. 16f. – H. Müller 1975, S. 11–21.

7) Vgl. auch Krummer-Schroth 1976, S. 19–39.

8) Vgl. Deneke 1969, S. 43. – Für Württemberg s. Schumm 1968, S. 187–192.

9) Vgl. auch München 1975, S. 39–40. – Heinemeyer/Ottenjahn 1978, S. 44–50.

L 50

L 52

L 49 □

Vorderwand einer Truhe

Aus Heiningen bei Göppingen, datiert 1671

Schablonenmalerei aus Blankholz, zumeist in Schwarz oder Schwarz und Rot, gehört zu den frühesten, schon seit dem späten Mittelalter (Ritz und Ritz 1975, S. 21, Abb. 2) nachgewiesenen Möbel-Dekortechniken. Obwohl in ihrer graphischen Strenge wenig „barock", wurde sie bis ins 18. Jahrhundert hinein angewandt.

Fichte bemalt, H. 75, B. 166 cm.

Stuttgart, Württembergisches Landesmuseum, Inv. Nr. 1975/55

L 50 □

Zweitüriger Schrank

Aus der Kartause Güterstein bei Urach, Ende 17. Jahrhundert

Selbst wenn man in Rechnung stellt, daß die Bemalung durch den z.T. schlechten Erhaltungszustand einiges an Wirkung verloren hat, ist die Dominanz der die Schrankfront plastisch gliedernden Architekturelemente doch augenfällig (s. Lit. 1). Er repräsentiert die aus der Renaissance herkommende, stark ausgezeichnete Entwicklungslinie, bei der die Bemalung gewissermaßen sekundär hinzutritt, z.T. wohl als Ersatz für oder als Imitation von Intarsien. Daneben sollte man aber die allerdings dünner ausgezogene Linie der von vornherein die Bemalung bevorzugenden Möbel nicht vergessen (s. Lit. 2). Mit dem Ende des 18. Jahrhunderts, als die unifarbene Grundierung fast durchweg angewendet wurde, fließen dann beide Linien ineinander.

Fichte bemalt, H. 226, B. 202, T. 66,5 cm.

Literatur: 1) Walzer 1968, S. 45 und Tafel XXI, Abb. 51. – 2) Vgl. Bad Windsheim 1980, S. 72.

Stuttgart, Württembergisches Landesmuseum, Inv. Nr. 1926/97

L 51

Truhe

Aus Albeck bei Langenau, datiert 1743

Auffallend große Truhe. Die Verwendung von Eichenholz (als dickem Furnier auf Fichte), das sehr viel teurer als Fichte war, läßt auf Wohlhabenheit des ur-

sprünglichen Besitzers schließen. Dem war in der Tat so: Zum Bauernhof gehörte auch eine Mühle; der Besitz an Grund und Boden war durch Waldbesitz abgerundet.
Der aufgelegte „Schweifwerk"-Dekor, aus dünnen Buchenbrettchen ausgesägt, ist ohne Zweifel eine Übernahme vom städtischen Möbel, hier von Ulm.

Eiche, Fichte, Buche, H. 104,5, B. 184, T. 75 cm.

Literatur: Zum „Schweifwerk" vgl. Walzer 1968, S. 48–52.

Langenau, Heimatmuseum, Inv. Nr. 7907

L 52 □

Truhe

Soll aus dem evang. Pfarrhaus von Perouse bei Leonberg stammen, datiert 1777

Das Lamm Gottes mit der Kreuzesfahne – Deckelbekrönung vieler Abendmahlskannen in evangelischen Kirchen –, das das Frontmittelfeld dieser Truhe ziert, und die zurückhaltende Farbigkeit gibt der Herkunftsangabe einen glaubhaften Hintergrund.

Fichte bemalt, H. 55, B. 140,5, T. 64,5 cm.

Stuttgart, Württembergisches Landesmuseum, Inv. Nr. VK 1971/140

L 53 □

Zweitüriger Schrank mit emblematischen Bildern „Altwürttemberg"

1. Hälfte 18. Jahrhundert

Private Zeugnisse protestantischer Frömmigkeit gibt es nicht viele. Der Schrank, im wesentlichen in warmen Brauntönen bemalt, gehört mit großer Wahrscheinlichkeit dazu. Die „Transgression auf das Himmlische" (vgl. Einleitung zum Kapitel „Bildzeugnisse protestantischer Frömmigkeit") ist ein wesentlicher Grundzug der vier Bilder.
Türfeld oben links: Eine Hirschkuh blickt zur Sonne empor. Dazugehöriger Zweizeiler: „Nach Gott und seinem Wort / Sehn ich mich fort und fort". Oben rechts: Aus einer bauchigen Vase, die auf einem kräftigen Steinsockel steht, steigen dicke Rauchwolken auf. Text: „Meine Flamm, wird ohn aufhören, / Sich zu denen Wolcken kehren". Unten links: Ein dicht belaubter Baum wird von zwei pausbäckigen Windallegorien angeblasen.

L 53

L 49

L 58

L 60

L 54

L 57

L 54

Text: „Wer auf festen Grunde stehet / Nimmermehr zu scheitern gehet". Unten rechts: Ruhender Löwe in buschbestandener Landschaft. Text: „So thut bey meiner Leibes-Ruh, / Auch meine sell kein Auge zu".

Fichte bemalt, H. 215, B. 192, T. 66 cm.

Literatur: Vgl. Deneke 1969, S. 154–156. – JbStKsBW 1974, S. 282.

Stuttgart, Württembergisches Landesmuseum, Inv. Nr. 1973/5

L 54 □

Totenbettlade

1917 erworben von Bildhauer G. Lämmle, Neufra bei Riedlingen

Oberschwaben, 2. Hälfte 18. Jahrhundert

Die Thematik der Bemalung (Symbole, Personifikationen und Allegorien von Wachsein, Schlaf, Tod und Vanitas [Vergänglichkeit] legt die Vermutung nahe, daß das Bett als gemeindeeigene Totenbahre fungierte, die privatim ausgeliehen werden konnte (vgl. Walzer 1969, S. 83 u. Tafel XLIV, Abb. 100).

Fichte bemalt, H. 158,5, B. 96, L. 182 cm.

Riedlingen, Heimatmuseum

L 55

Zweitüriger Schrank

Nördliches Oberschwaben, spätes 18. Jahrhundert

L 59

L 56

Der Schrank, in seinem Blumendekor und in seiner Farbigkeit eine Mischung aus Rokoko und Zopf, steht hier als Beispiel für die Durchdringung des privaten Bereiches mit religiösen Bildern, Zeichen und Symbolen im Katholizismus.
In den Türfeldern oben Joachim und Anna, unten Joseph und Maria.

Fichte bemalt, H. 198, B. 193, T. 50 cm.

Mittelbiberach, Anton Reisch

L 56 □

Zweitüriger Schrank

Johannes Baier (1758–1824), Langenelz, datiert 1789 und signiert:Baier

Der Name Baier hat für die Möbelmalerei des Odenwalds eine ähnlich große Bedeutung wie der Name Rößler für das Hohenlohische. Wie viele der Möbel der Familie Baier zeigt auch dieser erstaunlich farbkräftig erhalten gebliebene Schrank die intensiv rote Grundfarbe, die Vielfeldrigkeit in der Aufteilung der Schrankflächen und die Feinheit des Pinselstriches. Vom Ikonographischen her steht dieses frühe Beispiel der Baier-Produktion freilich noch durchaus in der allgemeinen Tradition der Möbelbemalung: Blumen, Vasensprosse und paarig angeordnete Vögel. Die weithin bekannten Merkmale der „Baier-Möbel" (menschengesichtige Vögel und rührend schlicht stilisierte menschliche Gestalten) beziehen sich auf die Schränke des Sohnes Franz (1795–1861).
Die streng geometrischen Rhomben und Doppelpfeile verweisen auf die malerische Umsetzung von Intarsien. Schon ungewöhnlicher sind die Inschriften auf den Schranktüren: „ach gott wie gett es: O/ immer zu das die mich · / hassen dene ich nicht · / du die mir nichts gonen/ und nichts geben die /"
2. Türfüllung:
„miesen doch leiten das: / ich due leben und wan / sie meinen ich seye verdor / ben so miesen sie erst / vor sich selber Sorchen/"

Fichte bemalt, H. 170, B. 127, T. 57 cm.

Literatur: Vgl. Schmidt 1967, S. 43 und S. 88–90, sowie Farbabb. 15.

Karlsruhe, Badisches Landesmuseum, Inv. Nr. 81/86

L 63

L 57 □

Truhe

Aus dem oberen Taubertal, datiert 1753

Schere und Bügeleisen weisen die Truhe als ehemaligen Besitz eines Schneiders aus. Die Kennzeichnung von Möbeln mit Berufsemblemen (Bauer, Weingärtner, Handwerker, Schäfer – Beispiele für diese Berufsgruppen finden sich u.a. in der Volkskundlichen Sammlung des WLM) ist Ausdruck des Selbstbewußtseins dieser Berufsstände, das sich beim Bauern allerdings weitgehend erst mit dem Ende des 18. Jahrhunderts herausgebildet hat, z.T. schon früher, aber auch im 19. Jahrhundert, natürlich unterschiedlich ausgeprägt, je nach Gegend und Besitzstand.
Der Rahmendekor der Felder erinnert an Gabelblattranken, wie sie beim Eisenschnitt seit der 2. Hälfte des 16. Jahrhunderts vorkommen. Diese lang durchlaufenden Formtraditionen – selbst im 19. Jahrhundert gibt es noch Stilelemente von Spätgotik und Renaissance – und die zuweilen erstaunlich freizügige Mischung von Formen aus verschiedenen Stilepochen sind kennzeichnende Merkmale vieler bemalter Möbel. Welche sozialen,

L 61

wirtschaftlichen und geographischen Bedingungen hier jeweils bestimmend eingewirkt haben, sollte immer wieder bei solchen Möbeln und Möbelwerkstätten untersucht werden, zu denen entsprechende Quellen erschlossen werden können (vgl. u.a. Sieber, Friedrich, Bunte Möbel der Oberlausitz. Berlin 1955).

Fichte bemalt, H. 56, B. 136, T. 62 cm.

Weikersheim, Tauberländer Dorfmuseum

L 58 □

Eintüriger Schrank

Aus der Gegend von Crailsheim, datiert 1785

Deuten die Katze und die Würste (Vorratshaltung) darauf hin, daß der Schrank für eine Frau angefertigt worden ist? Wir kennen auch Schränke, auf denen ein Hund (dem Mann zugeordnet?) abgebildet ist (vgl. Hillenbrand 1956, Abb. 13 und 16).

Fichte bemalt, H. 197, B. 106, T. 42 cm.

Weikersheim, Tauberländer Dorfmuseum

L 59 □

Wandvertäfelung, Ausschnitt

Aus Sindelfingen, um 1760

Neben der in Baden-Württemberg früher häufiger vorkommenden halbhoch umlaufenden Wandvertäfelung der Wohnstube gab es auch naturbelassene Holzauskleidungen der Stube, die zuweilen auch bemalt sein konnten. Vor allem im Raum Rottweil–Schwenningen–Villingen hatten sich z.T. bis in unsere Tage hinein sehr eindrucksvolle, altertümlich wirkende Beispiele für diese Holzgehäuse erhalten, bei denen zumeist Anrichte und Uhrenkasten in die Vertäfelung eingebaut waren.

Fichte bemalt, H. 248, B. 30 cm.
Gesamtmaße: ca. 550 × 500 cm.

Stuttgart, Württembergisches Landesmuseum, Inv. Nr. 1962/64

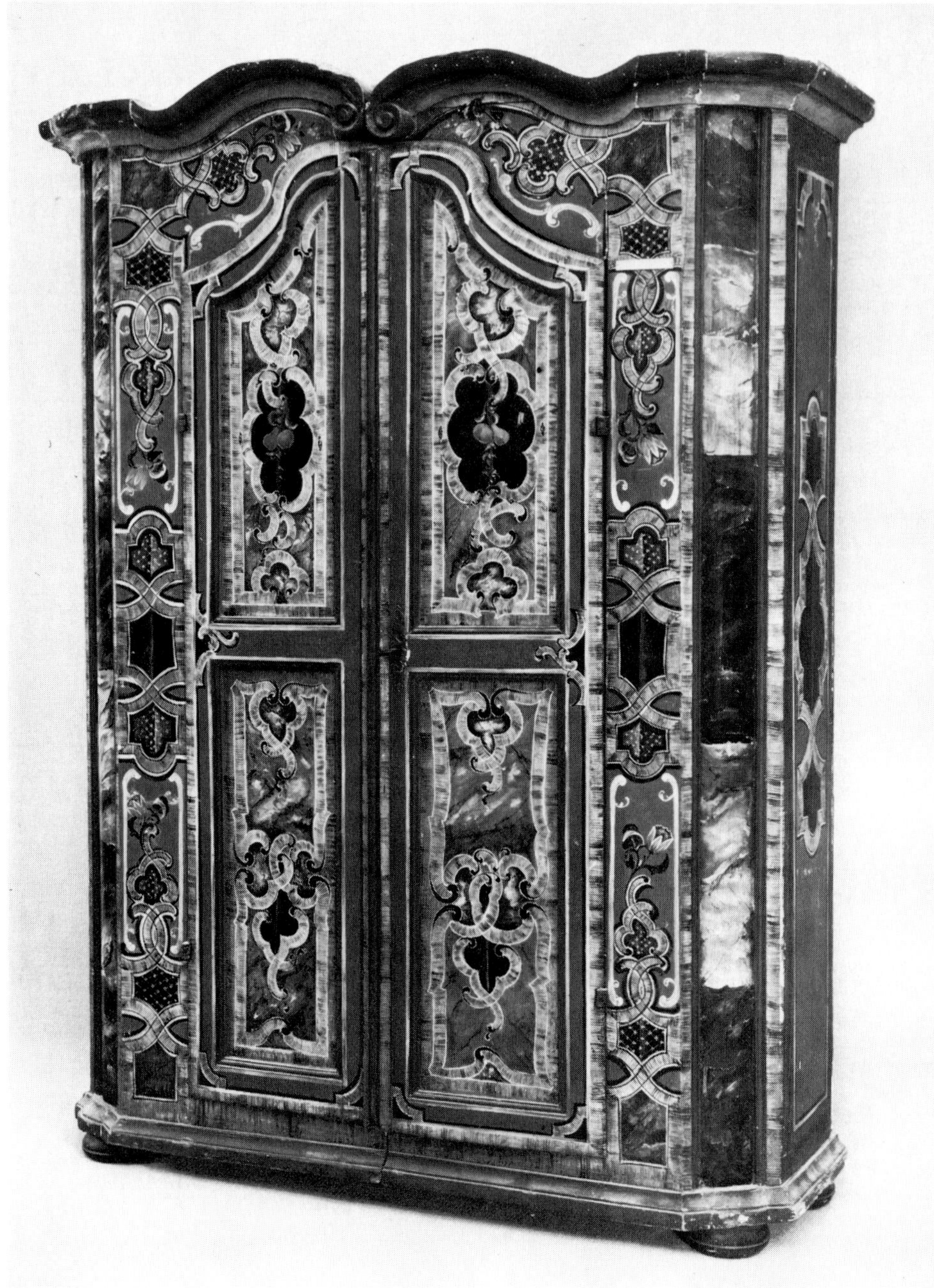

L 64

L 60 □

Brettstuhl mit Doppeladler

Württemberg, 1. Hälfte 18. Jahrhundert

Eiche, H. 93, B. 48, T. 38 cm.

Stuttgart, Württembergisches Landesmuseum, Inv. Nr. E 2356

L 61 □

Brettstuhl mit doppelter Schlangenbrezel

Württemberg, Ende 18. Jahrhundert

Doppeladler und Schlangen in Brezelform, zunächst noch naturalistisch durchgeformt, im Laufe der Zeit formal immer verschliffener, sind die zentralen und auch quantitativ beherrschenden Motive der Brettstühle aus barocker und z. T. auch nachbarocker Zeit.

Birne, Eiche, H. 92, B. 45, T. 55 cm.

Literatur: Vgl. Deneke 1969, S. 71–72. – Walzer 1969, S. 153–156.

Stuttgart, Württembergisches Landesmuseum, Inv. Nr. 11451 a

L 62

Zweitüriger Schrank

Aus der Gegend von Säckingen (?), spätes 18. Jahrhundert

Typisch für den Hochschwarzwald und den Oberrhein sind die Landschaften in den Türfeldern und in der Sockelzone, hier verbunden mit dem Thema der Vier Jahreszeiten. Die Säulen sind aufgemalt: Ausdruck der Spätzeit des bemalten barocken Möbels (Dominanz der Bemalung) und – dies ein grundsätzliches Merkmal der bemalten Möbel – Hinweis auf eine der Möglichkeiten, die Gestehungskosten eines solchen Schrankes möglichst niedrig zu halten.

Fichte bemalt, H. 199, B. 194, T. 72 cm.

Literatur: Farbabb. in Deneke 1969, Tafel VII.

Freiburg, Augustinermuseum, Inv. Nr. 10395

L 63 □

Kästchen

Hochrhein, spätes 18. Jahrhundert

Fichte bemalt, H. 21, B. 43, T. 29,5 cm.

Karlsruhe, Badisches Landesmuseum, Inv. Nr. V 6165

L 64 □

Zweitüriger Schrank

Aus der Gegend von Memmingen (?), datiert 1779 (?)

Die Bemalung dieses Schrankes ist ungewöhnlich qualitätvoll. Stilistisch mi-

L 65

L 66

schen sich Bandelwerk und C-Schwünge, die schon zur Rocaille hin tendieren; die Marmorierung ist ausdrucksvoll und von lockerer Differenziertheit. Die auf der Innenseite einer der Türen eingebrannte Jahreszahl könnte deshalb – rechnet man eine kleine Stilverspätung hinzu – durchaus realistisch sein. Wie bei einigen anderen Möbeln dieser Ausstellung werden hier die Intarsien eines edelholzfurnierten Möbels imitiert, aber viel gekonnter. Es ist deshalb sehr wahrscheinlich, daß die Bemalung von einem Faßmaler (Fassung = Bemalung einer Skulptur, eines Möbels usw.) vorgenommen wurde und daß der Abnehmer, der Nutzer, ein Pfarrherr, ein Abt oder sonst eine in der sozialen Hierarchie höherstehende Person war.

Fichte bemalt, H. 210, B. 140, T. 45 cm.

Stuttgart, Württembergisches Landesmuseum, Leihgabe aus dem Ulmer Museum, Inv. Nr. L-VK 1971/9

L 65 □

Türfüllungen eines zweitürigen Schrankes

Johann Heinrich Rößler (1751–1832), Untermünkheim bei Schwäbisch Hall, um 1806

Obwohl wir vom Vater J. H. Rößler keine signierten Möbel kennen, können seine Arbeiten aufgrund von wenigen datierten Stücken vom Anfang des 19. Jahrhunderts und aufgrund seiner Bildthematik (Halbfiguren und Brustbilder von Damen und Kavalieren aus dem höfischen Bereich im Stil der Rokokomode) ziemlich klar vom Werk seines Sohnes Johann Michael (1791–1849) unterschieden werden. Der jüngere Rößler ist vor allem durch die Darstellung seiner Auftraggeber (in Arbeits- und Festtagstracht gekleidete Bauern) und durch sein Selbstbewußtsein – er hat zahlreiche Schränke mit vollem Namen und seiner Berufsbezeichnung, Schreinermeister, versehen – berühmt geworden. Rößlermöbel sind besonders eindrucksvolle Beispiele für das lange Nachwirken des Rokoko (Rocaillen!) im Bereich der bemalten Möbel.
Die Ausstrahlung der Rößlermöbel in die nähere und weitere Umgebung von Schwäbisch Hall und der Umfang der Übernahme Rößlerscher Stilelemente durch andere Schreiner-Maler-Werkstätten muß noch näher untersucht werden.

Fichte bemalt, H. 92, B. 26 cm.

Literatur: Vgl. vor allem Hillenbrand 1956 und Schumm 1968.

Schwäbisch Hall, Keckenburgmuseum, Inv. Nr. 1286

L 66 □

Himmelbett

Johann Heinrich Rößler, Untermünkheim bei Schwäbisch Hall, um 1810

Es wurde schon bei der Beschreibung der

L 66

Truhe von 1753 im Tauberländer Dorfmuseum auf zwei typische Merkmale der Möbelmalerei hingewiesen: Stilverspätung und Eklektizismus, also Vermischung von Dekorformen aus verschiedenen Stilepochen. Für dieses Ineinander ist das Rößlersche Bett geradezu ein Paradebeispiel: Akanthus, Bandelwerk, C-Schwung und Rocaille sind hier ohne Skrupel nebeneinandergesetzt worden. Der „Putto" mit der Blumengirlande im Fonds des Betthimmels, dessen Gesicht seltsam unkindlich – jünglingshaft – ernst aussieht, könnte u. U. von der klassizistischen Darstellung eines Genius' beeinflußt sein.
Das ergäbe dann insgesamt eine Zeitspanne von ca. 1680 (Akanthus) bis in den Anfang des 19. Jahrhunderts hinein.

Fichte bemalt, H. 190 cm, B. 130 cm, L. 190 cm.

Schwäbisch Hall, Keckenburgmuseum, Inv. Nr. 1066

MODEL

Hans-Ulrich Roller

Gebäckmodel des Barock stehen in einem viel weiteren sozialen Horizont als die meisten sonstigen Gebiete, mit denen sich die volkskundliche Forschung beschäftigt.
Sie sind – obwohl das mit ihnen geformte Gebäck seit dem späten Mittelalter auch von breiteren Volksschichten bei Lebzeltern und Konditoren und auf Jahrmärkten gekauft werden konnte – als Privatbesitz bis in die Zeit um 1800 hinein nur in Klöstern, beim wohlhabenden Bürgertum und in Adelskreisen zu finden. Zum Ausformen von Tafeldekorationen und Tischkonfekt waren sie selbst an den großen Höfen unentbehrlich. Was da an höchst kunstvollen Gebilden die festlichen Tafeln schmückte (u.a. Paläste mit Balustraden und Gittern, Obelisken, Schiffe, Körbchen mit bunten Früchten), war zumeist aus Teigen hergestellt, die mit Tragant gehärtet waren.
Das am frühesten belegte Modelgebäck, das in ganz Deutschland verbreitet war, also auch im Bereich des heutigen Baden-Württemberg, waren die Lebkuchen. Wann die gerade im deutschen Südwesten so bekannten und beliebten Springerle zum ersten Mal auftauchen, ist noch unklar. Von den Modeln her läßt sich nämlich nicht immer mit Gewißheit sagen, für welches Gebäck sie jeweils gedacht waren. Im 18. Jahrhundert gab es sie jedoch ohne Zweifel schon in größerer Zahl; zum selbstgeformten Weihnachtsgebäck breiter Kreise gehören sie aber erst seit dem Biedermeier.
In den Jahrhunderten zuvor gab es das ganze Jahr hindurch und an manchen Stationen des Lebenslaufes Anlässe genug, gemodeltes Gebäck zu verschenken: Von Neujahr über Dreikönig, Fasnacht, Ostern bis zu Kirchweih, Nikolaus und Weihnachten und von der Geburt über die Taufe, die Hochzeit bis hin zu Geburts- und Namenstag. Für all' diese Termine hatte sich ein Katalog von Motiven herausgebildet, die in einem häufig direkt ablesbaren Zusammenhang mit dem jeweiligen Anlaß standen, so z.B. das Wickelkind, einzeln ausgeformt oder als Zeile, als Geschenk zu Hochzeit, Geburt und Taufe.
Daneben aber gab es zahlreiche Bilder, die ganz einfach dem Zeitgeschmack entsprochen haben. Dabei fällt auf, daß im 17. und 18. Jahrhundert immer mehr profane Themen die Oberhand gewannen, die zudem weitgehend dem eigenen Lebenskreis entstammten. Im späten Mittelalter und im 16. Jahrhundert hatten dagegen neben den christlichen Themen und Gestalten aus dem Alten und Neuen Testament sowie den Heiligen vielfach noch szenische Darstellungen aus dem Bereich der klassischen Antike vorgeherrscht. Die Inhalte christlicher Überlieferung und das humanistische Bildungswissen wurden im 17. Jahrhundert also abgelöst durch allgemeinmenschliche Themen: Einzelfiguren und Paare in modischer Kleidung, der Reiter (offensichtlich eine besonders beliebte Personifikation barocken Lebensgefühls), Liebeskutsche, Wickelkind. Im Verlaufe des 18. Jahrhunderts traten hinzu: Liebessymbole (Herz, Handschuh), galante Szenen, Männer- und Frauenspott, verkehrte Welt, Handwerk, ländliches Leben und Arbeiten, die vier Jahreszeiten, Soldaten, Blumen und Tiere.
Die Form der Model und ihre künstlerische Gestaltung wandelten sich auch. Der Rundmodel, im 16. und frühen 17. Jahrhundert noch sehr beliebt, wich rechtekkigen Hoch- und Querformaten. Die kleinteilig-dichten Szenerien des 16. Jahrhunderts wurden abgelöst durch grosse, klar umrissene, in sich aber reich ornamentierte Formen. Im 18. Jahrhundert wird die Modelfläche dann wieder kleinteiliger gestaltet; oft sind mehrere Bilder ungerahmt, in unregelmäßiger Anordnung über den Model verteilt. Später, in der zweiten Hälfte des Jahrhunderts, setzte sich wieder die Symmetrie durch: die Szenen wurden, zumeist von Rahmen umschlossen, in Reihen gesetzt. Von Steifheit oder Pedanterie konnte deshalb aber keine Rede sein. Die Eleganz des Rokoko prägte auch den Modelschnitt.

Die inhaltliche und motivgeschichtliche Bedeutung der in dieser Modelauswahl vertretenen Themen ist weitgehend in Walzers Publikation „Liebeskutsche..." ausführlich abgehandelt.
Da die Modelauswahl nach ikonographischen Gesichtspunkten erfolgte, werden bei den Inventarangaben nur die Motive genannt, um deretwillen die einzelnen Model ausgesucht worden sind.

Literatur:

Roller, Hans-Ulrich, Teils nur Augenlust. Backmodel – Gebäckmodel – gemodeltes Gebäck. In: museum – Deutsches Brotmuseum Ulm. Braunschweig 1980, S. 107–115.

Schmitt, Heinz, Die Backmodelsammlung im Wein-

L 67

L 68

heimer Heimatmuseum. In: Zu Kultur und Geschichte des Odenwaldes. Festgabe für Gotthilde Güterbock. Breuberg-Neustadt 1976, S. 101–115.

Walzer, Albert, Liebeskutsche, Reitersmann, Nikolaus und Kinderbringer. Volkstümlicher Bilderschatz auf Gebäckmodeln, in der Graphik und Keramik. Stuttgart 1963.

Walzer, Albert, Typen alter Holzmodel für Gebäck und Teige, die getrocknet werden. In: Der Museumsfreund, Heft 3, 1963, S. 18–57.

L 67 □

Gebäckmodel

Neun galante Szenen

Aus Württemberg, 3. Viertel 18. Jahrhundert

Birnbaum, H. 28,7 cm, B. 21,9 cm.

Stuttgart, Württembergisches Landesmuseum, Inv. Nr. 9262

L 68 □

Beidseitig geschnittener Gebäckmodel

Modisch gekleidete Dame

Ohne nähere Herkunftsangabe, um 1770/80

Obstholz, H. 33,8 cm, B. 12,8 cm.

Stuttgart, Württembergisches Landesmuseum, Inv. Nr. 10495 c

L 69 □

Tragant-Doppelmodel

Trophäen und herzoglich-württembergisches Wappen in Rocaillenkartusche (wohl zur Ausformung einer Tafeldekoration)

1901 übergeben von der Königl. Hof-

L 69

L 72

L 70

ökonomierverwaltung. 3. Viertel 18. Jahrhundert

Birnbaum, H. 20,4 cm, B. 19 cm, T. 9 cm. – Auf den Rückseiten Brandstempel „C“ zwischen Hirschstangen („C“ für die herzogliche Küche, franz. cuisine, od. für Conditorei).

Stuttgart, Württembergisches Landesmuseum, Inv. Nr. 11478 d

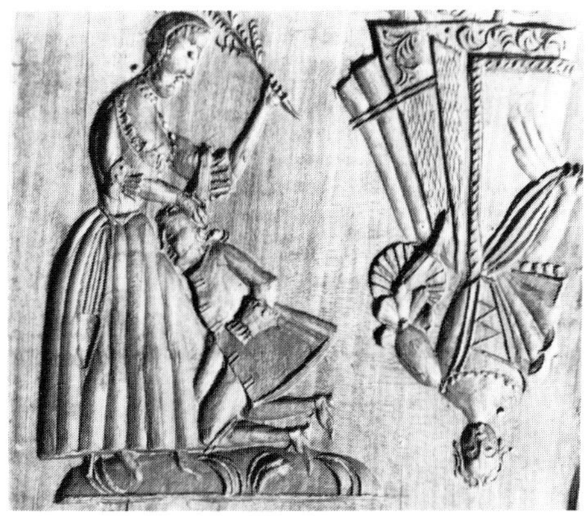

L 71

L 70 □

Beidseitig geschnittener Gebäckmodel

U.a. Agnus Dei in herzförmiger Blattrahmung (fürs Osterfest).

1905 in Rottenburg a.N. gekauft, Ende 18. Jahrhundert

Obstholz, H. 31,1 cm, B. 20,4 cm.

Stuttgart, Württembergisches Landesmuseum, Inv. Nr. 12112 a

L 71 □

Beidseitig geschnittener Gebäckmodel

U.a. Frau züchtigt einen (ihren?) Mann mit einer Rute

L 73

Ohne nähere Herkunftsangabe, um 1720/30

Birnbaum, H. 25 cm, B. 12,4 cm.

Stuttgart, Württembergisches Landesmuseum, Inv. Nr. E 1377

L 74

L 75

L 72 □

Beidseitig geschnittener Gebäckmodel

U. a. doppelschwänziges Meerweibchen mit Krone

Ohne nähere Herkunftsangabe, 2. Hälfte 17. Jahrhundert

Obstholz, H. 20 cm, B. 8,3 cm.

Stuttgart, Württembergisches Landesmuseum, Inv. Nr. 1951/105

L 73 □

Gebäckmodel (für Lebkuchen?)

Schellen – 2

Süddeutsch, wahrscheinlich Schwaben, um 1700

Obstholz (?), H. 10,2 cm, B. 6,5 cm.

Ulm, Deutsches Brotmuseum, Inv. Nr. 3777

L 74 □

Gebäckmodel

Türkischer Reiter

Ehem. Karl-Zinkgräf-Slg.

Aus Österreich (?), 2. Drittel 18. Jahrhundert

Der Vermutung Schmitts, der Model könne nur in Österreich entstanden sein, muß entgegengehalten werden, daß die von den Türken ausgehende negative und

L 78 L 79

L 77

positive Faszination sicher auch für Süddeutschland galt und sich in bildlichen Zeugnissen niedergeschlagen hat.

Obstholz (?), H. 39 cm, B. 30 cm.

Literatur: Schmitt 1976, S. 103. – Vgl. Hillenbrand, S. 23, Abb. 11: Zwei Ofenwandplättchen mit türkischen Reitern aus einer Wand von 1759 und Ofenwandplättchen (Württembergisches Landesmuseum, Inv. Nr. 1951/469) mit der Aufschrift „Constantinopel" (Kat. Nr. L 125).

Weinheim, Heimatmuseum

L 75 □

Beidseitig geschnittener Gebäckmodel

U.a. Schneiderspott. Der Schneider als Narr mit Schere auf einem Ziegenbock; hinter ihm ein Mann mit Spottgebärde.

Ehem. Karl-Zinkgräf-Slg.

Ohne nähere Herkunftsangabe, 1. Hälfte 18. Jahrhundert

L 81

L 82

L 87

L 85

L 86

L 83

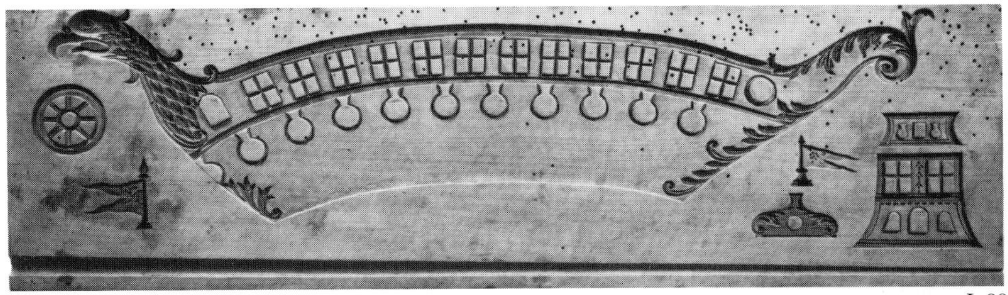

L 84

L 89

L 88, 80, 82

Obstholz (?), H. 30 cm, B. 11,5 cm.

Weinheim, Heimatmuseum

L 76

Gebäckmodel

U a. Streit um die Hose

Ehem. Karl-Zinkgräf-Slg.

Aus Wertheim, 2. Hälfte 18. Jahrhundert

Obstholz (?), H. 22,5 cm, B. 16,5 cm.

Weinheim, Heimatmuseum

L 77 □

Gebäckmodel

U.a. Herz mit Paar und Wickelkind

Aus Württemberg, 1. Drittel 18. Jahrhundert

Obstholz, H. 38 cm, B. 15,2 cm.

Stuttgart, Adolf Saile

L 78 □

Gebäckmodel

U.a. Kavalier

Aus Oberschwaben, Anfang 18. Jahrhundert

Obstholz, H. 17,5 cm, B. 21 cm.

Stuttgart, Adolf Saile

L 79 □

Gebäckmodel

Manschettenblumenstrauß mit Granatapfelknauf. In den Blumen die Köpfe eines Paares

Ohne nähere Herkunftsangabe, spätes 17. Jahrhundert

Birnbaum, H. 17 cm, B. 8,4 cm.

Stuttgart, Württembergisches Landesmuseum, Inv. Nr. 1935/270

L 80 □

Beidseitig geschnittener Gebäckmodel

Auf der einen Seite in einer gezackten Herzform tanzendes Paar in einfacher Zeittracht.

Ohne nähere Herkunftsangabe, Mitte 18. Jahrhundert

Linde, H. 19 cm, B. 16,7 cm.

Stuttgart, Württembergisches Landesmuseum, Inv. Nr. 1952/13

L 81 □

Beidseitig geschnittener Gebäckmodel

U.a. Liebespaare und Kinderbaum

Ohne nähere Herkunftsangabe, Anfang 18. Jahrhundert

Birnbaum, H. 29 cm, B. 19,3 cm.

Stuttgart, Württembergisches Landesmuseum, Inv. Nr. 7597

L 82 □

Gebäckmodel

Vier Szenen mit gereimten Sprüchen

Von demselben Modelschneider wie Inv. Nr. 1954/4, Kat. Nr. L 83

In Stuttgart-Bad Cannstatt gekauft, um 1780

1) Zwischen Bäumen nach links schreitender Mann mit Frau und Kind in Tragkorb auf dem Rücken, darunter: „Mein Ehstand freuet Mich/nur halb ich kauf die Kuh/Mit samt dem Kalb“.

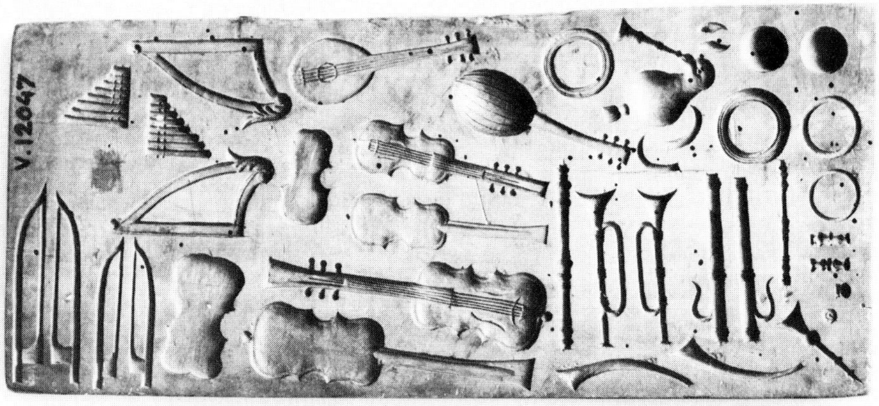

L 95, 94
92, 91, 93

2) Zwischen Bäumen frontal nach links schreitender Narr, drei kleine Narren in einem Tragkorb vor sich tragend, darunter: „ich reise viele Hundert/meil u. habe nichts/als narren feil".

3) Rechts Tod mit Frau auf dem Rücken, links stehender Mann mit neuer Frau. Darunter: „o Tod Du hast dismahl/verstant halt sie nur Fest bey/ihrer hand nicht war mein neu/Schatz....." (der Rest nicht zu entziffern).

4) Stehendes Paar, darunter Aufschrift: „Mamsel sie handelt ser genau als sie wurde meine Frau so gieng ich den Handel ein".

Birnbaum, H. 20,8 cm, B. 13,3 cm.

Stuttgart, Württembergisches Landesmuseum, Inv. Nr. 1954/3

L 83 □

Beidseitig geschnittener Gebäckmodel

Auf der einen Seite 4 Bilder, drei davon mit gereimten Sprüchen.

Von demselben Modelschneider wie Inv. Nr. 1954/3, Kat. Nr. L 82

In Stuttgart-Bad Cannstatt gekauft, um 1780

1) Zwei eine Sänfte tragende Burschen, darunter: „Die Madame is sehr schwer Ach so gebt nur ein Thaller her".

2) Sonnenblume in Doppelhenkelvase.

3) Jungfer vor Ofen, unter dem eine Katze sitzt, darunter: „Mein jungfernfleisch will hinden fast verkalte das macht di voderThier ist voller spalten".

4) Bursche auf Apfelbaum, darunter ein bettelnder Junge und ein Mädchen. „Michele kei Öpffel ra das ich etwas zu essen hab".

Birnbaum, H. 16,2 cm, B. 10,3 cm.

Stuttgart, Württembergisches Landesmuseum, Inv. Nr. 1954/4

L 84 □

Beidseitig geschnittener Tragant-Model

Teile eines Schiffes für einen Tafelaufsatz.

Aus der Küche oder Konditorei des württembergischen Hofes, um 1740 (vgl. Inv. Nr. 11 478 d, Kat. Nr. L 69)

Birnbaum, H. 16,5 cm, B. 54,6 cm. Brandstempel „C“ zwischen Hirschstangen.

Literatur: JbStKsBW 1976, S. 276–277.

Stuttgart, Württembergisches Landesmuseum, Inv. Nr. VK 1975/185

L 85 □

Doppelseitig geschnittener Gebäckmodel

U.a.: Einer modisch gekleideten Dame wird beim Melken die hohe Frisur (Perücke, Haube?) vom Kopf geschlagen (Szene rechts oben).

Geschenk eines Stuttgarter Bürgers im Jahr 1899, um 1770/80

Birnbaum, H. 25,2 cm, B. 16,6 cm.

Stuttgart, Württembergisches Landesmuseum, Inv. Nr. 11317 b

L 86 □

Gebäckmodel mit drei Bildern

Von links: 1) Jakobs Kampf mit dem Engel. Inschrift: „ICH LASSE DICH NICHT/ DU SEGNEST MICH DANN“. 2) Putto mit Blumenstrauß, 3) Frau mit Tragekorb, in dem ein Mann mit Wickelkind sitzt.

1897 in Stuttgart gekauft, Anfang 18. Jahrhundert

Birnholz, H. 12,8 cm, B. 19,8 cm.

Stuttgart, Württembergisches Landesmuseum, Inv. Nr. 11 123 d

L 87 □

Doppelseitig geschnittener Gebäckmodel

U.a. Modisch gekleideter Herr mit Hirschgeweih, auf einem Hahn reitend: Hahnrei.

1897 in Stuttgart gekauft, um 1760/70

Birnholz, H. 24 cm, B. 17 cm.

Stuttgart, Württembergisches Landesmuseum, Inv. Nr. 11 110 d

L 90

L 88 □

Gebäckmodel mit vier Bildern und Inschriften

U.a. Mann am Spinnrocken, neben sich ein Kind in der Wiege. Inschrift: „ALES MIT GEDUL[D]“.

1897 in Stuttgart gekauft, 3. Viertel 18. Jahrhundert

Birnbaum, H. 18,5 cm, B. 14,5 cm.

Stuttgart, Württembergisches Landesmuseum, Inv. Nr. 11110 a

L 89 □

Beidseitig geschnittener Gebäckmodel

Zahlreiche ländliche Arbeitsszenen, u.a. Schnitter mit Sichel, buttentragender und traubentretender Mann, Weinlese, seine Sense schärfender Mäher.

1891 in Schwäbisch Hall gekauft, um 1770

Birnbaum, H. 28,5 cm, B. 20,8 cm.

Stuttgart, Württembergisches Landesmuseum, Inv. Nr. 10232

L 90 □

Beidseitig geschnittener Model

U.a. Reihe mit vier Soldaten, von links: Unteroffizier mit Sponton, Fähnrich, Tambour, Soldat mit Gewehr.

1897 in Stuttgart gekauft, Mitte 18. Jahrhundert

Birnbaum, H. 25,7 cm, B. 15,2 cm.

Stuttgart, Württembergisches Landesmuseum, Inv. Nr. 11110 b.

L 91 □

Beidseitig geschnittener Gebäckmodel

Auf der Vorderseite des kreisrunden Models Josua und Kaleb mit der Riesentraube, von einem Blätterkranz umrahmt. Auf der Rückseite, ebenfalls von einem Blätterkranz umgeben, das Agnus Dei.

Um 1700

Holz, Dm. 21 cm, T. 2,9 cm.

Karlsruhe, Badisches Landesmuseum, Nr. V 6467

L 92 □

Beidseitig geschnittener Gebäckmodel

Auf der Vorderseite die Geburt Christi. Auf der Rückseite großes Blashorn mit Blumendekor.

2. Hälfte 17. Jahrhundert

Holz, H. 18,5 cm, B. 14,5 cm, T. 3 cm.

Karlsruhe, Badisches Landesmuseum, Inv. Nr. V 6459

L 93 □

Gebäckmodel

Schutzengel in reich verziertem zeitgenössischem Kostüm, ein Kind an der Hand führend, wohl Tobias.

Eppingen, 1. Hälfte 18. Jahrhundert

Holz, H. 24,2 cm, B. 13,2 cm, T. 3,2 cm.

Karlsruhe, Badisches Landesmuseum, Inv. Nr. C 8381

L 94 □

Gebäckmodel

Zwei Metzger, die zwischen sich einen Stier führen, begleitet von einem springenden Hund.

Ende 18. Jahrhundert

Holz, H. 13,1 cm, B. 6,8 cm, T. 2,3 cm.

Karlsruhe, Badisches Landesmuseum, Inv. Nr. V 12057

L 95 □

Beidseitig geschnittener Tragantmodel

Musikinstrumente. Auf der Vorderseite u.a.: Mandoline, Gitarre, Geige, Harfe, Fagott, Trompete, Orgelpfeifen. Auf der Rückseite u.a.: Zither, Waldhorn, Gewehr. Von den meisten Instrumenten sind Vorder- und Rückansicht wiedergegeben, so daß sich durch Zusammenkleben der Hälften vollplastische Dekorationen herstellen ließen.

2. Hälfte 18. Jahrhundert

Holz, H. 15,8 cm, B. 36,2 cm, T. 1,6 cm.

Karlsruhe, Badisches Landesmuseum,Inv. Inv. Nr. V 12047

DRECHSLER

L 96 a–d □

Vier Entwürfe zu Drechslerarbeiten

Wilhelm Benoni Knoll (1712–1764)

Geislingen a.d. Steige, um 1750

a) Memento-mori-Darstellung: Der Tod mit Pfeil und Stundenglas steht auf einem reich verzierten Podest.

39,5 × 16 cm.

b) Entwurf zu einem „Caffee Tisch“: „darzu gehört 4 Stuhl 4 baahr Theeschälle u. 4 Tabackspfeiffe. die ander Stück einfach. der Tisch von Holtz u. oben mit dafft überlegt. und unten Roth angestrichen, NB: der Tisch von unten. anno 1749.“

39,5 × 16 cm.

c) Ein „Seiden SpinnRad. anno 1747.“

40 × 29 cm (beschädigt).

d) Kabinettschränkchen auf Kugelfüßen, mit Heiligenfiguren verziert: „Acurater Abriss des Elffenbeiner Kasten, Nach dem verjüngten Mahsstaab, Wilhelm Benoni Knoll. Geislingen.“ Inschrift oben: „In Deo Spes Mea 1760“.

64 × 34 cm.

Die Entwürfe geben einen Eindruck von der Vielfalt und der beachtlichen künstlerischen Qualität der Geislinger Drechslerarbeiten des 17. und 18. Jahrhunderts. Die Hauptvertreter und die bekanntesten Meister in dieser Zeit waren die Familie Früholz (vgl. Kat. Nr. L 7, L 42, L 43), ferner Wilhelm Benoni Knoll (1712–1764) und Michael Knoll (1740–1800).
Die Drechslerwaren aus dem kleinen schwäbischen Ort waren im Barock weithin bekannt und geschätzt. Bereits 1653 schrieb Martin Zeiller im „Chronicon parvum Sueviae oder Kleines Schwäbisches Zeitbuch“ (Ulm 1653, S. 270–271) über Geislingens Drechsler: „Es ist der Beindrechsler Arbeit zu Geißlingen weit bekannt und berühmbt / und erscheinet ihre subtile Arbeit / unter andrem auch hierauß / daß sie auff zweyhundert und fünfftzig / biß in drey hundert kleine Becherlein oder Kelchlein (an welcher jedem von einem so ein scharpff Gesicht hat / die Form eines Becher=oder Kelchleins / ja das Füßlein und Obertheil / so etwas außgehölet / eigentlich erkennen / auß Bein drehen / welche alle mit gutem Raum in ein außgehölet gemeines

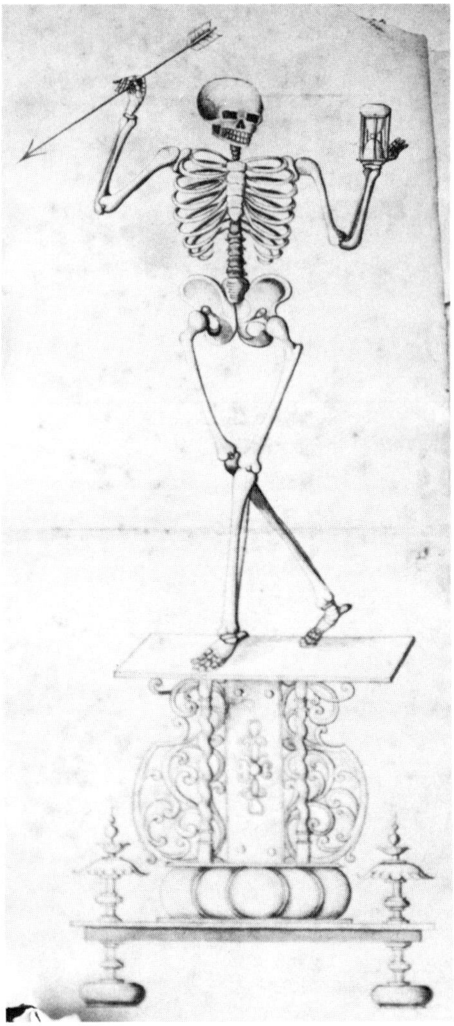

L 96 a

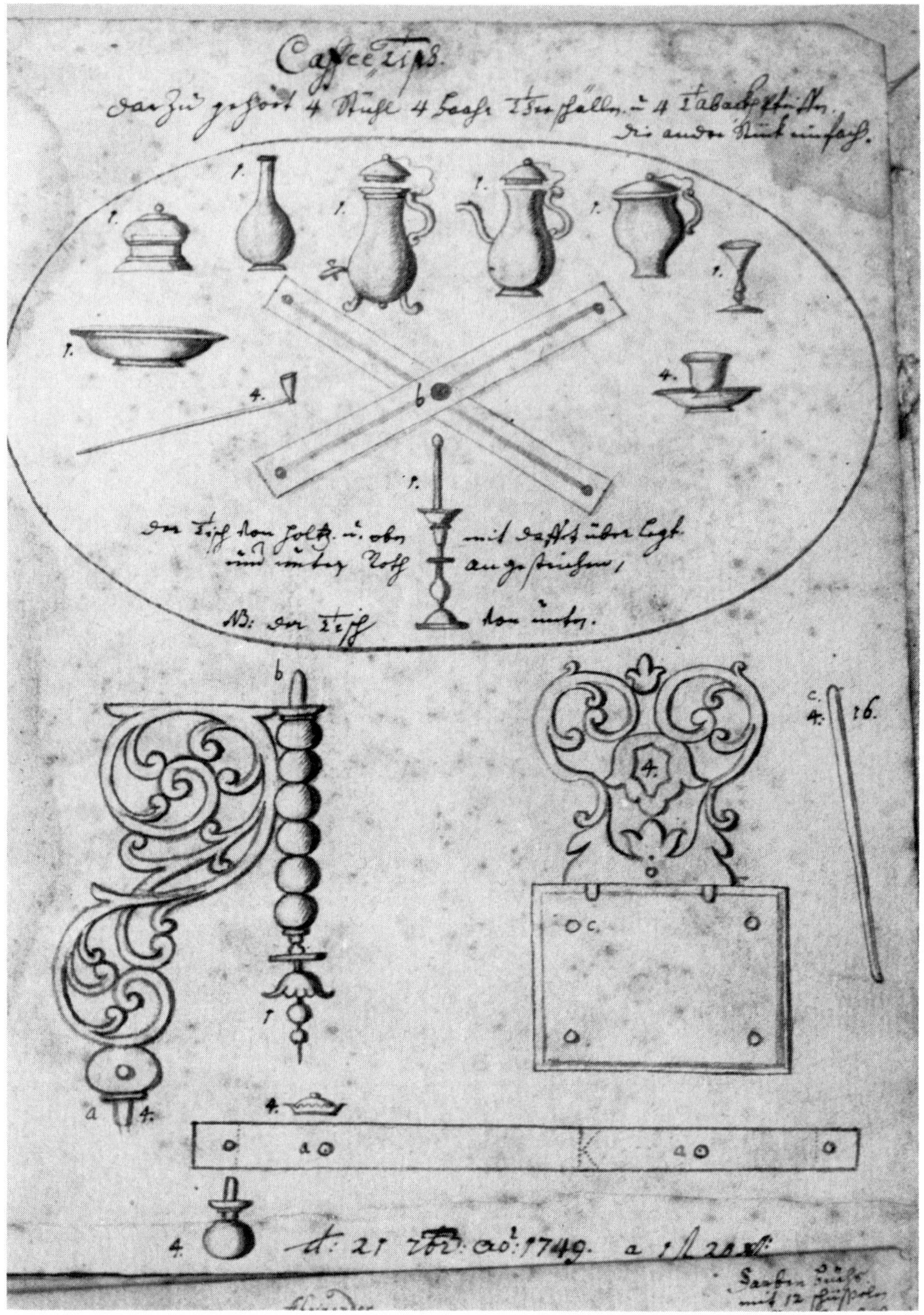

L 96 b

Pfefferkörnlein gelegt werden können. So machen sie auch kleine gedeckte Kutschwäglein / mit vier durchbrochenen und umbgehenden Rädern / darinn vier beinerne Bildlein sitzen / und zwey Pferdlein mit dem Fuhrmann vornen her / so klein unnd subtil / daß ein solches Wägelein von einem / mit Gunst zu reden / Floh (welchen man vornen her mit ein wenig Leim an das Teixelein ankleibet) füglich fortgezogen und die umbgehende Rädlein gesehen werden können; neben anderer dergleichen subtilen Arbeit mehr."

Zeillers Bericht ist zu entnehmen, daß die Geislinger Drechsler hauptsächlich verspielte kunstvolle Gegenstände herstellten, die wegen ihrer miniaturhaften Feinheit beliebt waren. Das Material dieser Arbeiten bestand vorwiegend aus präparierten gebleichten Tierknochen, dem sogenannten Bein. Aber man verwendete auch Elfenbein und Holz. Nicht nur Gebrauchsgegenstände, wie Nähkästchen, Spinnräder, Haarnadeln, Flöten, Fingerhüte, Spiele, Pfeifen, Kinderklappern, sondern auch Schmuck und Objekte der häuslichen Andacht, wie Rosenkränze, kleine Kruzifixe, Hausaltärchen und anderes mehr, gehörten zum

L 96 d

Programm der Bein- und Elfenbeindrechsler.

Zeichnungen.

Literatur: Bischoff-Luithlen 1979, S. 92–93.

Geislingen a.d. Steige, Heimatmuseum, Inv. Nr. 1688, 1693

KÜFER

In Weinbaugebieten gehörte das Küferhandwerk zu den angesehenen und ertragreichen Berufen. Die Anfertigung von Fässern war eine aufwendige Arbeit, die neben handwerklichen auch künstlerische Fähigkeiten erforderte; denn selbst bei einfachen Fässern des 17. und 18. Jahrhunderts bestanden Faßböden und -riegel meist aus kunstvollen Schnitzereien. Als Motive kommen biblische Szenen, bacchantisch-dionysische Figuren, Wappen oder Darstellungen aus dem Bereich des Meeres vor. Zu den Kuriosa rechnet man im Barock die reich verzierten Riesenfässer, die beispielsweise im Heidelberger Schloß oder in Meersburg am Bodensee aufgestellt wurden. Sie dienten zur Aufnahme des Weinzehnten, den die Winzer jedes Jahr an den Grundherrn abliefern mußten.

Literatur: Bassermann-Jordan, Friedrich von, Geschichte des Weinbaus. Bd. 1. 2., 2. Aufl. Frankfurt a.M. 1923 (Repr. Neustadt a.d. Weinstraße 1975). – Müller, Karl, Geschichte des Badischen Weinbaus. Lahr 1953. – Spahr, Gebhard, Wein und Weinbau im Bodenseeraum. Wiesbaden 1970. – Woschek, Heinz-Gert, Der Wein. Geschichte und Geschichten über Jahrtausende. Bilder und Dokumente. München 1971.

L 97 a–b

Zwei Faßriegel

Taubergebiet, 18. Jahrhundert

a) Faßriegel mit der Darstellung des Gottesauges. An den Seiten Rosettenverzierung.
b) Faßriegel in Form eines Karpfens als Anspielung auf den Fischreichtum der klösterlichen Teiche und auf die Klöster selbst als Begründer des Weinbaus an der Tauber.
Das Taubertal mit seinen Nebentälern war seit dem frühen Mittelalter ein fruchtbares Weinbaugebiet, das in seinen Anfängen insbesondere durch die klösterlichen Niederlassungen der Benediktiner, Zisterzienser und Prämonstratenser gefördert wurde (Kloster Lützel-Luden, Kloster Gerlachsheim). Im 17. und 18. Jahrhundert war der Weinbau für Klöster und Gemeinden eine ertragreiche Einnahmequelle, die sich zusammensetzte aus der Weingült (Zins für einen gepachteten Weinberg), dem Umgeld (einer Art Umsatzsteuer) und dem Weinzehnten. Hinzu kam der Nutzen aus dem Weinhandel, der viele Winzer und Kaufleute im Taubergebiet reich werden ließ.

Eichenholz, geschnitzt, a) 7,5 × 43,5 cm, b) 19 × 42 cm.

Literatur: Schreck, Karl, Lauda, Schicksale einer ehemaligen fränkischen Oberamtsstadt. Lauda 1973, S. 63–76. – Schreck, Karl, Museumsführer Lauda. Lauda 1976, S. 10 m. Abb.

Lauda, Dr.-Philipp-Adam-Ulrich-Museum, Inv. Nr. a) 1010, b) 343

L 98

Teil eines Faßbodens

Taubergebiet, 1783

Darstellung des Kundschafterpaares Josua und Kaleb mit der großen Traube. Nach den mittelalterlichen Bibelauslegungen waren Josua und Kaleb die beiden Kundschafter, die die wunderbare Weintraube aus Kanaan brachten (4. Mos. 13). Das Motiv der zwei Männer, die eine riesige Traube an einer Stange tragen, kommt besonders häufig in der mittelalterlichen Kunst vor, da die Traube typologisch mit dem am Kreuz hängenden Christus verglichen wurde. Beliebt ist die Darstellung der beiden Kundschafter als volkskundliches Motiv auch auf Modeln und Ofenwandplättchen (s. Kat. Nr. L 132, L 91).

Eichenholz, in flachem Relief geschnitzt, 65 × 33,5 cm

Literatur: Schreck, Karl, Museumsführer Lauda. Lauda 1976, S. 10, m. Abb.

Lauda, Dr.-Philipp-Adam-Ulrich-Museum, Inv. Nr. 252

HAFNER

Im Südwesten Deutschlands erlebte das Hafnerhandwerk im 18. Jahrhundert seine Blütezeit. Die oberen Schichten, die bisher Abnehmer der irdenen Gefäße waren, ersetzten sie allmählich durch edlere Materialien wie Fayencen, Porzellan und Zinn. Krüge und Kannen des Hafners fanden hier nur noch in Küche und Keller Verwendung. Der Kundenkreis einer Hafnerwerkstatt setzte sich von nun an aus dem Kleinbürgertum und den Bauern zusammen, die das Holzgeschirr wegen seiner minderen Lebensdauer durch tönernes ersetzten.
Die Hafner verstanden es, sich rasch den neuen Gegebenheiten anzupassen, und versuchten, durch ein vielfältiges Angebot ihre wirtschaftliche Position zu stärken. Sie erreichten dies auch, indem sie die Absatzmöglichkeiten erweiterten und durch Massenproduktion die Ware verbilligten. Märkte und Hausierertum taten ein übriges.
Die lange Ausbildung eines Hafnermeisters erforderte, wie es auch bei anderen Berufen üblich war, eine Wanderzeit, in der der Geselle verschiedene Werkstätten kennenlernen mußte. Diesem Umstand ist es zu verdanken, daß Stilelemente verschiedenster Regionen in einer Werkstatt zusammentreffen konnten. Wenn sich ein Hafner einmal niedergelassen hatte, meist in der Nähe guter Tonvorkommen, so hütete er seine Techniken

L 99

L 102

L 103

wie ein Geheimnis und gab sie nur seinen Nachfolgern aus der Familie weiter. Aber nicht nur die besonderen Feinheiten der Herstellung, auch bevorzugte Muster und Fertigkeiten der Bemalung vererbten sich in der Familie eines Hafners, so daß Stücke einer Werkstatt leicht erkennbar bleiben konnten.
In einer Hafnerwerkstatt entstanden eine Vielzahl verschiedener Gefäße wie Schüsseln und Platten, Kannen und Milchtöpfe, Wein und Mostkrüge, Dreibein-Töpfe für das Kochen und Wärmen im offenen Herd, Backformen mit vielen Motiven, Essenstragen, Suppenterrinen und Rohrhafen, um die gebräuchlichsten zu nennen. Daneben gab es auch ausgefallene Stücke wie Barbierschüsseln, Feldflaschen, Springerlesmodeln, Kerzenkühler und Nachthafen. Die Rauhware, nur innen glasiert und allenfalls mit Pinsel- oder Ritzmustern versehen, war auch in dem Warenangebot einer Werkstatt zu finden und diente in Keller und Speisekammer zur Aufbewahrung von Lebensmitteln.
Neben den Gebrauchsgeschirren verursachte der stark anwachsende Devotionalienhandel die Produktion von Gegenständen religiöser Art wie z.B. Heiligenfiguren und Kreuze, Hausaltärchen und vieles mehr.
Bedeutende Hafnerorte in Südwestdeutschland waren Kandern, Breisach, Schopfheim, Staufen, Villingen. In Nordbaden ist besonders die Odenwälder Hafnerware auffällig durch ihre eigenwilligen Spruchschüsseln und Platten, die auch Klößschüsseln genannt werden. Auf ihnen zeigt sich urtümliche Lebensfreude mit Sprüchen wie: „Lieber allein als beiim bößen weibe sein Anno Dommino 1786“ (Kat. Nr. L 103); „mein lieber man sei nicht so beß ich will dier kochen gutte gles 1763“ (Kat. Nr. L 104); „es ist kein feglein so klein es wil haben sein nest allein anno 1772“ (Kat. Nr. L 101).
Das Hafnerhandwerk, in einer Zunft zusammengeschlossen, war durch eine Satzung genau geregelt. Dies schildert uns zum Beispiel das Articul-Buch des Hafner-Handwerks in Biberach Anno 1750. (Kat. Nr. L 45). Da heißt es: „Satz und Ordnung der Haffner alhier. Wan hinführo einer oder mehr so das Hafner Handwerck nach derselbigen Gebrauch und Gewohnheit recht und redlich erstanden und erlernt hat in diese Bruderschaft einzukomen und Meister zu werden begehrt so soll derselbe zuvor und ehe nicht zum Hafner Gesell nun also in diese Bruderschaft von neuem komt und sich in unserer ehrsamen Raths Stadt oder Herrschaft setzten wollte und das Meister Stück machen und bestanden die sollen 5 R in Müntz erlegen davon die 2 R 30 × einem ehrsamen Rath die andere Helfte aber benandter Bruderschaft zu gehören sollen.“

Literatur: Meyer-Heisig, Erich, Deutsche Bauerntöpferei. München 1959. – Spieß, Gerd, Hafner und Hafnerhandwerk in Südwestdeutschland. Tübingen 1964. – Schneider, Ernst, Keramik am Untermain. Aschaffenburg 1964. – Hillenbrand, Karl u. Gerd Spies, Hafnerware in Südwestdeutschland. In: Der Museumsfreund, Heft 6, 1965. – Stieber, Paul, Deutsches Hafnergeschirr. In: Keysers Kunst- und Antiquitätenbuch, Bd. 3, München 1967, S. 241 ff.

L 99 □

Platte

Nordbaden, 1725

Flache Schüssel, weiß und rostbraun engobiert. Im Spiegel: Vase mit Tulpenstrauß in den Farben Grün, Rotbraun und Weiß. Auf der Fahne Aufschrift: „Wan du geladen wirst als ein Gast so dancke wan du gessen hast anno 1725.“

Ton, glasiert, Dm. 40,3 cm.

Literatur: Meyer-Heisig, Erich, Deutsche Bauerntöpferei. München 1955, S. 45, Abb. 53.

Karlsruhe, Badisches Landesmuseum, Inv. Nr. V 3500

L 100

Terrine

Odenwald, um 1760

Suppenterrine auf drei Füßen. Hellgelbe Glasur innen und außen. Blauer Malhorndekor auf der äußeren Wandung und auf dem Rand. Zwei Handhaben mit Engelsköpfen. Deckel nicht mehr vorhanden.
Da man sich in der Forschung bislang nur mit den Odenwälder Sprüchschüsseln

L 104

beschäftigt hat, stellt dieses bisher einmalige Stück trotz seiner schlechten Erhaltung eine Bereicherung des vorhandenen Materials dar.
Ausgehend von ihrer Größe läßt sich die Terrine als „Wochenbettschüssel" einordnen, die eine Sonderform der Deckelterrine darstellt, worin der Wöchnerin eine stärkende Suppe gebracht wurde. Der Deckel konnte auch als Teller benutzt werden und war meist, wie auch die Schüssel, mit einem erheiternden Vers beschriftet.

Ton, H. 11 cm, B. 29 cm. Schwere Glasurschäden.

Buchen, Bezirksmuseum, Inv. Nr. 297

L 101

Teigschüssel

Odenwald 1772

Steilwandige tiefe Schüssel mit schmalem Rand. Innen hellgelbe Glasur, außen unglasiert, weißer Scherben. Blauer Malhorndekor und Pinseldekor in Brauntönen. Auf dem Rand Aufschrift: „es ist kein feglein so klein es wil haben sein nest allein anno 1772."
Gehört zu den Odenwälder Sprüchschüsseln, vergleichbar mit Kat. Nr. L 102, mit der man sie einer Werkstatt zuschreiben kann.

Ton, H. 11 cm, Dm. 34 cm. Mehrfach gesprungen.

Buchen, Bezirksmuseum, Inv. Nr. 259

L 102 □

Platte

Odenwald, 2. Hälfte 18. Jahrhundert

Platte ohne Abstufung in den Rand übergehend. Hellgelbe Glasur mit Pinsel- und Malhorndekor. Im Spiegel Darstellung einer Frauenfigur mit stark eingeschnürter Taille und einem Zweig in der rechten Hand. Rechts und links neben ihr als Füllornament eine Rosette. Auf der Fahne Aufschrift: „Mein lieber Mann sei nith so böss ich will dir kogen gutte glosß."
Diese Art von Platten bzw. Schüsseln (eine klare Unterscheidung ist nicht immer möglich) wurde zum Servieren von Salaten und Klößen verwendet.
Figurale Motive finden wir bei den Odenwälder Sprüchschüsseln selten. Interessant ist eine ähnliche Darstellung ohne Spruch auf einer 1794 datierten tiefen Schüssel im Germanischen Nationalmuseum Nürnberg.

Ton, H. 6,5 cm, Dm. 37 cm. Haarrisse.

Literatur: Fehrle, Eugen, Bad. Volkskunde. Leipzig 1924. – Mit Drehscheibe und Malhorn, Ausstellung 2. 7.–15. 10. 1954, Nürnberg, GNM. Kat. Nr. 307. – Keramik aus dem Odenwald. Sammlung zur Volkskunde in Hessen. Langen 1974, S. 10 m. Abb. – Güterbock, Gotthilde, Von Odenwäldern Häfnern und ihrer Kunst. In: Odenwald, 10. Jg. 1963, Heft 2, S. 43 ff. – Museumsfreund, Heft 6, 1965, Abb. 46.

Buchen, Bezirksmuseum, Inv. Nr. 274.

L 103 □

Schüssel

Odenwald 1786

„Odenwälder Sprüchschüssel", innen hellgelbe Glasur, außen unglasiert. Im Spiegel stilisierte Blume in Braun und Rot, grüne Blattmotive. Auf der Fahne Spruch in brauner Schrift. „Lieber allein als beiim bößen weibe sein Anno Dommino 1786".
Die Schüssel hat, was sehr selten ist, auf der Rückseite ein eingeritztes Handwerkszeichen, die zusammengezogenen Buchstaben „HMW".

Ton, heller Scherben, glasiert, H. 5,5 cm, Dm 24,5 cm.

Literatur: Walter, Max, Zur Geschichte der Häfnerware im hinteren Odenwald. In: Schneider, Ernst, Keramik am Untermain. Aschaffenburg 1964, S. 96 ff.

Wertheim, Historisches Museum für Stadt und Grafschaft Wertheim, Inv. Nr. 333

L 104 □

Schüssel

Odenwald 1763

„Odenwälder Sprüchschüssel". Hellgelbe Glasur mit blauem Malhorndekor. Im Spiegel eine Art Sonnenblume, auf der Fahne Spruch: „mein lieber man sei nicht so beß ich will dier kochen gutte gles 1763".
Den gleichen Spruch in einer anderen Schreibweise finden wir auf der Platte Kat. Nr. L 102, die stilistisch jedoch nicht von der gleichen Hand zu sein scheint.

Ton, weißer Scherben, glasiert, H. 7 cm, Dm. 36 cm.

Literatur: Walter, Max, Zur Geschichte der Häfnerware im hinteren Odenwald. In: Schneider, Ernst, Keramik am Untermain. Aschaffenburg 1964, S. 96 ff.

Wertheim, Historisches Museum für Stadt und Grafschaft Wertheim, Inv. Nr. 336

L 106

L 105

Mostkrug

Schwäbisch Hall 1734

Mostkrug in gebauchter Form mit Henkel und Ausguß, mittelbraun glasiert. Wandung mit großen Punktrosetten bemalt, eingefaßt von Punkt- und Wellenlinien. Aufschrift am Gefäßhals: „Anno 1734".

Ton, glasiert, H. 24 cm. Am Fuß bestoßen.

Literatur: Hillenbrand/Spies 1965, Abb. 13.

Feuchtwangen, Heimatmuseum Feuchtwangen, Inv. Nr. 120

L 106 □

Mostkrug

Oberes Taubertal, Ende 18. Jahrhundert

Großer Mostkrug mit zwei Henkeln und kurzer Tülle. Hellgelber Anguß mit farbiger Schlickerbemalung.
Darstellung eines Paares in Tracht umgeben von Pflanzenmotiven. Frau mit Bänderhaube, engem Oberteil und knöchellangem Rock mit Schürze. Der ihr ge-

L 107

genüberstehende Mann trägt einen Schoßrock und eine Pfeife in der Hand. Sehr primitive Malweise.

Ton, glasiert, H. 40 cm, B. 20 cm.

Privatbesitz

L 107 □

Weinkrug

Hafner Caspar Schmidt, Holzgerlingen 1778

Großer Weinkrug mit Tülle, dunkelbraune Glasur mit grün-gelben Blumenornamenten, Maiglöckchen und Sonnenblumen. Auf der Schauseite ein Schild in Herzform mit Spruch: „I. F. W. her gronenwirt von Altdorf hat disen grug machen lassen in dem jahr Christi Anno 1778" (über dem Wort „lassen" ein Brennfehler). Auf der gegenüberliegenden Seite eine Weintraube. Henkel und Tülle mit Zopf belegt. Innen hellgelber Anguß.
Sehr qualitätvolles Stück, das für seine Größe sehr leicht gearbeitet ist.

Ton, glasiert, H. 40 cm, B. 40 cm, Dm. (obere Öffnung) 16 cm.

Literatur: Hillenbrand/Spies 1965, Abb. 18 u. 19.

Privatbesitz

L 110

L 108

Teigschüssel

Althengstedt, Ende 18. Jahrhundert

Teigschüssel, innen hellbrauner Anguß, außen unglasiert. Auf der Fahne Aufschrift mit Malhorn, braun auf hellem Grund: „Die Schiesel it von erden gemat wan sie verpicht der Haffner lacht".

Ton, glasiert, H. 8 cm, Dm. 27,5 cm.

Privatbesitz

L 109

Kuchenform

Linzingen, um 1793

Kuchenform in sechszackiger Sternform mit Innenstern, auf drei Beinen stehend. Innen leuchtend brauner Anguß, außen unglasiert.

Ton, innenglasiert, H. 9,5 cm, Dm. 27 cm.

Privatbesitz

L 110 □

Feldflasche

Süddeutsch 1720

Zylindrische Form mit seitlicher Abflachung. Flache Schulter und kurzer Hals. Brauner Anguß, Malerei in Gelb und Grün. An den Seiten je zwei Ösen für Tragriemen. Auf der Vorderseite tulpenartige Blumen und Maiglöckchen sowie zwei einander gegenüberstehende Vögel. Auf der Gefäßschulter Aufschrift: „trink aus mit wein und las waser waser sein". Unter den oberen Ösen jeweils die Jahreszahl „1720".
Wie die Bügelhenkeltöpfe fand diese Gefäßform vor allem bei der täglichen Feldarbeit Verwendung.

Ton, glasiert, H. 23,3 cm, Dm. 17,5 cm.

Literatur: Stuttgart 1974, S. 47, Abb. 95.

Stuttgart, Württembergisches Landesmuseum, Inv. Nr. 2044

L 111 □

Bügelhenkeltopf

Wertheim 1736

Leicht bauchiger , hoher Topf, mit angarniertem Bügel. Hellgelber Anguß mit brauner, rötlicher und grüner Schlickerbemalung auf der Wandung: Mohnartige Pflanzen, von Querstreifen unten und Wellenlinien mit Streifen oben eingefaßt. Der Bordrand, in dem der Deckel (fehlt) saß, ist abwechselnd mit Doppelstrichen

L 111

und Spiralen bemalt, am Bügel Strichmuster. Am Hals Aufschrift: „petter wilhem frischmoudt becker in wertheim 1736“. Diese Art der Bügelhenkeltöpfe bezeichnet man auch als „Essenstragen“, da man in ihnen im Sommer das Essen auf das Feld trug. Allerdings ist die Verwendung regional verschieden, so konnte man auch im Hause darin die Milch aufbewahren.

Ton, glasiert, H. 44 cm, Dm. (Standring) 16,7 cm.

Literatur: Nürnberg 1954, Kat. Nr. 312. – Köln 1968, Abb. 104. – Schlee, Ernst, Die Volkskunst in Deutschland. München 1978, Abb. 258 (li.).

Karlsruhe, Badisches Landesmuseum, Inv. Nr. P A 1305

L 112 □

Weinkrug

Schwarzwald 1781

Bauchiger Henkelkrug („Hochzeitskrug“) mit Ausguß, am Hals dreifache Rillen. Braunrote Glasur, Schlickermalerei in den Farben Weiß, Grün und Dunkelbraun. Typisch für die schwarzwälder Keramik ist die Ritztechnik, in der die far-

L 113

L 112

bigen Darstellungen konturiert sind. Auf der Schauseite das Hochzeitspaar, die bekränzte Frau in langem Rock hält in der rechten Hand eine Blume. Der Mann mit Zopf, in einen hellen Schoßrock gekleidet und mit einem umgeschnallten Säbel, hat sie tänzerisch bei der Hand genommen. Unter dem Bandhenkel die Darstellung eines Jägers mit Federbusch und Gewehr. Rechts neben ihm in kleinerer Figur ein Mann mit einem Stock in der Hand (ein Angler?) und Rückentrage. Auf der Gegenseite großes Blumenmotiv.
Mehrere Sprüche in Ritztechnik. Über der Hauptszene rechts: „Daß hertz ien meinem leibe schenct Ich meinem Weibe“, unten rechts: „Johann Jacob Brändlin Anna Maria Brändlerin Anno 1781“, oben links: „Ich lieb diech Herr und mich darum Daß iech durch lieb Ien Hiemel kom“, unten links: „Auf meines heren Tisch gehoren Vogel und fisch“.

Ton, glasiert, Darstellungen geritzt, unter dem Henkel drei Fingereindrücke; H. 35 cm, Dm. 25,5 cm.

Freiburg i. Br., Augustinermuseum, Inv. Nr. 10379

L 113 □

Weinkrug

Schwarzwald 1757

Gebauchter Henkelkrug mit Ausguß. Innen und außen glasiert. Auf der Schauseite Blumenkartusche mit Aufschrift: „Gott allein die Ehr 1757“.

Ton, glasiert, H. 23 cm, B. 14 cm, T. 17 cm.

Literatur: Stuttgart 1974, S. 49, Abb. 104.

Stuttgart, Württembergisches Landesmuseum, Inv. Nr. 1935-80

L 114 □

Feldflasche

Württemberg, Ende 18. Jahrhundert

Runde Form mit kurzem Hals, Vorderseite bauchig, Rückseite abgeflacht. An den Schmalseiten je zwei Ösen für den Tragriemen. Grüne Glasur; einziger Schmuck sind kreisrunde Linien auf der Vorderseite. Verschlossen wurde die Feldflasche mit einem Kork oder Holzstöpsel.

Ton, glasiert, H. 26 cm, B. 26 cm.

Esslingen, Stadtmuseum, Inv. Nr. IV C 28

L 115 □

Barbierschüssel

Schwarzwald (?) 1776

Teller mit Ausschnitt für den Hals; gegenüber zwei Löcher zum Aufhängen. Grüner Anguß, schwarzer Malhorndekor. Im Spiegel die Jahreszahl 1776, darunter Darstellung eines Vogels. Auf der Fahne

L 114

L 115

Aufschrift: „Der Mann ist was wert der sein Bart selber schert.“

Ton, glasiert, H. 5,5 cm, Dm. 23 cm.

Oberndorf, Heimatmuseum

L 116 □

Kerzenkühler

Badisch Franken (?) 1797

Querrechteckige Form, mit zwei Henkeln (einer fehlt), innen glasiert, außen unglasiert. Auf der Vorderseite Reichsadlerwappen mit der Jahreszahl 1797 in weißem Malhorndekor.
In dieses mit Wasser gefüllte Gefäß hängte der Wachszieher über einen darübergelegten Holzstab seine Kerzen zum Kühlen.

Ton, H. 32 cm, B. 41,5 cm, T. 13 cm.

Schwäbisch Hall, Keckenburg-Museum, Inv. Nr. 1993

L 116

L 117

Tintengeschirr

Geisingen (?) 1669

Quadratische Form mit Fach zum Ablegen von Schreibutensilien. Malerei vorwiegend blau auf weißem Grund. Vorderseite: Feston mit Birnen und Äpfeln; an den Seiten je eine große Blume. Auf der Rückseite Aufschrift: „Ich hab An Dich Ge dachtt/hab dir Ein Krom Von Geising/en Broctt 1669“.
Da in Geisingen keine Hafnerwerkstätten bekannt sind, kann man annehmen, daß derlei Waren aus den umliegenden Orten nach Geisingen auf den Markt zum Verkauf kamen.

Majolika, rötlicher Scherben, H. 8 cm, B. 11,5 cm, T. 11,2 cm. Tintenfässer fehlen.

Villingen, Städtische Sammlungen, Inv. Nr. 1967

OFENWANDPLÄTTCHEN

Hans-Ulrich Roller

Wenn bei dieser Ausstellung aus verschiedenen Gründen darauf verzichtet worden ist, barocke Volkskunst als einen eigenständigen Sachbereich darzustellen, so soll das nicht bedeuten, daß man sich mit diesem Begriff Volkskunst nicht auseinanderzusetzen hätte, mehr noch: Man wird bei aller kritischen Distanz zu vielen Definitionsversuchen[1]) auch in Zukunft nicht an ihm vorbeikommen.
Es gibt wohl kein Gebiet der Sachvolkskultur in Württemberg, das sich so sehr für das Etikett Volkskunst anbietet wie die Ofenwandplättchen[2]): Sie sind von ländlichen Handwerkern (Hafnern) für Bauern-, ländliche Handwerker- und Wirtshäuser geschaffen worden. Ihre Motive stammen weitgehend aus dem Fundus volkstümlicher Ikonographie; die vielen aufgemalten Sprüche geben Einblicke in das Fühlen und Denken der einfachen Leute damals, in ihre Wünsche und Hoffnungen und machen ihre Einstellung zu allen wichtigen Bereichen des Lebens deutlich. Was sich da unter der heute gern benutzten, betulichen Bezeichnung „Altes Spruchgut“ alles verbirgt, ist bei näherem Zusehen ein recht realistisches Bild vom Menschen damals. Neben unverhüllter Sinnenlust und Lebensfreude wird das Lob Gottes gesungen und frommes Sich-Bescheiden gefordert. Neben Weisheit und Menschenfreundlichkeit stehen rüde Vorurteile, herabsetzende Äußerungen (besonders Frauen, Knechten und Mägden gegenüber) und aus offensichtlich viel bitterer Erfahrung gewonnene Einsichten in menschliche Unzulänglichkeiten.
Die Hafner nützten alle Möglichkeiten der Malhörnchentechnik gekonnt, z.T. virtuos für die Bemalung der Plättchen aus. Die Motive wurden alla prima, also ohne Vorzeichnung, in die Fläche gesetzt; Korrekturen gab es keine.
Wie bei fast allen andern Bereichen der Volkskunst auch, verlieren die Ofenwandplättchen im Verlauf der ersten Hälfte des 19. Jahrhunderts viel von ihrem dekorativen Reiz; die Bandbreite der Motive wird zunehmend schmäler. Sieht man einmal von den Arbeiten der Domperts in Simmozheim ab, die noch in den Jahren zwischen 1832 und 1845 recht originelle, ländliche Themen bevorzugende Plättchen schufen, dann liegt die Blütezeit dieser Wandfliesen zwischen 1740 und 1810/15. Das früheste datierte Stück stammt von 1725, die ersten datierten, auf uns gekommenen Serien gehören in das Jahrzehnt zwischen 1740 und 1750. Ihr Verbreitungsgebiet umfaßt in etwa den nördlichen Teil des württembergischen Schwarzwalds, das Hecken- und Strohgäu und den Schönbuch. Ofenwandplättchen gab es vereinzelt auch noch in einigen anderen Gegenden Deutschlands. Dabei sind die Wandfliesen vom Niederrhein nach Qualität und Quantität noch am ehesten mit den württembergischen vergleichbar.
Es ist auffallend, daß die frühen Plättchen gleich ein erstaunlich hohes künstlerisches Niveau haben. Da muß bei den Hafnern dieser Gegend schon viel Können im Dekorieren von Geschirren vorhanden gewesen sein, sodaß die Vorlagen – von ihnen wird später noch die Rede sein – ohne großen Qualitätsabfall übernommen werden konnten.
Da mit den Ofenwandplättchen die Wand hinter dem gußeisernen Ofen verkleidet wurde, nahm man lange Zeit an, sie seien hauptsächlich aus Feuerschutzgründen – die Fachwerkwände mit ihrem Zweiggeflecht in den Gefachen waren sicher durch überhitzte Eisenöfen brandgefährdet – dort angebracht worden. Dem muß entgegengehalten werden, daß entsprechende württembergisch-herzogliche Bau- und Feuer-Verordnungen schon seit der 2. Hälfte des 16. Jahrhunderts immer wieder ausgemauerte Fachwerkwände und geflieste oder wenigstens mit einem „Leimen“-Estrich versehene Böden ge-

fordert haben und die Plättchen erst im 18. Jahrhundert auftauchen. Die Datierung einiger schablonen-reliefierter Kacheln mit Traubenmotiv oder einem Vasensproß, die noch älter sein könnten, ist allerdings noch ungeklärt.
Zudem traten die Ofenwandplättchen ja gar nicht in ganz Württemberg, sondern – wie schon gesagt – nur in einem bestimmten Bereich unseres Landes auf. Einige Belege von der Schwäbischen Alb aus späterer Zeit darf man hier getrost als sekundär vernachlässigen. Des weiteren wird in diesen Verordnungen nie das Kacheln der Wände hinter den Öfen erwähnt, selbst dann nicht, als es diese Ofenwandplättchen längst gab.
Es hat dagegen vieles für sich, die Ofenwandplättchen im Sinne ihrer schmückenden Funktion als „Abkömmlinge" der niederländischen und niederrheinischen Fayencefliesen zu erklären. Schließlich bestanden über die Flößerei aus dem Nordschwarzwald rege Handelsbeziehungen mit diesen Regionen, und man weiß zudem, daß eine holländische Fayencemanufaktur einen Monopolvertrag für Nordschwarzwälder Kobalt – der wichtigsten Farbe für die Bemalung der Fayencefliesen, nämlich Blau – hatte. Bei einigen frühen Ofenwandplättchen taucht dieses Kobaltblau sogar noch auf, eine aus dem Bild der sonstigen württembergischen Hafnerware völlig herausfallende Farbe; zweifelsohne ein weiterer Hinweis für die Ableitung der Ofenwandplättchen von den Fayencefliesen[3]).
Warum übrigens die wichtigsten Ofenwandplättchen-Hafner des 18. Jahrhunderts, die Familie Widmann, in Heimsheim saßen, einem Ort im Schwarzwaldvorland, also nicht unmittelbar im flößereibestimmten Gebiet selbst, muß bis jetzt als Frage stehenbleiben.
Ofenwandplättchen gab es fast ausschließlich in Orten mit rein evangelischer Bevölkerung. Das Vorurteil vom bilderfeindlichen Protestantismus – es wird an anderer Stelle dieses Kataloges und natürlich auch der Ausstellung selbst nochmals zu modifizieren sein – kommt da doch sehr ins Wanken. Die Motive – die Auswahl der nachfolgend beschriebe-

L 118
121

L 124

L 125

L 120, 128
126, 123

nen Plättchen wurde vorwiegend nach ikonographischen Gesichtspunkten vorgenommen –, die uns in dieser erstaunlich bunten Welt begegnen, sind in den ersten Jahrzehnten zu einem Teil wohl der massenhaft vertriebenen Graphik meist Nürnberger und Augsburger Provenienz oder Fayencefliesen selbst – Chinoiserien z. B.[4]) – entnommen, können aber zum anderen Teil durchaus auch aus dem eigenen Formenschatz kommen. Besonders häufig tauchen Blumen und Vögel auf; Hirsch und Wildschwein sind ebenfalls oft vertreten. Bei den menschlichen Darstellungen dominiert der Reiter; daneben gibt es arbeitende Bauern und Handwerker, Soldaten und modisch gekleidete Damen und Herren. Religiöse Motive kommen erstaunlich selten vor: Das Kruzifix mit Assistenzfiguren, die Kalebstraube. Bei den Sprüchen wird der religiöse Bezug etwas stärker.
Die Bemalung ist – bedenkt man, daß das Malhörnchen noch sehr viel mehr Sicherheit verlangt als der Pinsel beim Dekorieren der Fayencefliesen – erstaunlich locker, gewandt und differenziert. Erst im letzten Drittel des 18. Jahrhunderts – die Hafnerfamilien Schmidt und Kipfer! – wird der Strich sparsamer, mehr auf Konturen hin angelegt; der Reiz der Plättchen liegt nun in der gekonnten Stilisierung, die bei der Darstellung von Menschen das Karikaturistische streift.

Anmerkungen:

[1]) Vgl. Bibliographie in: Schlee, Ernst, Die Volkskunst in Deutschland. Ausstrahlung, Vorlagen, Quellen. München 1978

[2]) Die grundlegende Arbeit zu diesem Thema hat Karl Hillenbrand 1971 vorgelegt. – Die Volkskundliche Abteilung des WLM besitzt eine große Sammlung dieser Plättchen.

[3]) Vgl. Kaufmann 1973, S. 84

[4]) Vgl. Kaufmann 1973, S. 84

Literatur:

Hillenbrand, Karl, Schwäbische Ofenwandplättchen. Der Museumfreund, Heft 12/13, Stuttgart 1971.

Kaufmann, Gerhard, Bemalte Wandfliesen. München 1973.

L 130

Die Katalognummern folgen der Anordnung der Ofenwandplättchen auf der Tafel und zwar von links nach rechts, oben beginnend. Die Technik aller hier aufgeführten Ofenwandplättchen ist gleich: Gebrannter Ton mit farbiger Schlickermalerei, farblose Bleiglasur. – Auch die Maße schwanken nur wenig, zwischen ca. 18 × 18 und 22 × 22 cm. Auf die Nennung der technischen Angaben und der genauen Maße wird deshalb im folgenden verzichtet.

L 118 □

Drei zusammengehörige Ofenwandplättchen

Johann Jakob Widmann sen. (1682–1751) oder Johann Jakob Widmann jun. (1708–1793), Heimsheim, 1742

Hinweis auf den Besteller einer gefliesten Ofenwand: „Adam Kappler/burger und schmit (Schmied)/ Da hier in Heimbß/en (Heimsheim) geschehen und ge/macht in Jahr 1742. – Gott geb/ glich zum/neuen/stück". In der Mitte Handwerkeremblem. – Auffällig ist die reiche Verwendung von Koboltblau. Einfluß der Fayencemalerei?

Stuttgart, Württembergisches Landesmuseum, Inv. Nr. 1951/341, 354, 355

L 129

L 131

L 119

Zwei zusammengehörige Ofenwandplättchen

Aus Wimsheim bei Leonberg

Georg Heinrich Widmann (1742–1812), Heimsheim, 3. Viertel 18. Jahrhundert

Inschrift: „Heinrich Wid/man Haffner/Meister in/Heimbßheim".

Stuttgart, Württembergisches Landesmuseum, Inv.Nr. 1951/962, 963

L 120 □

Zwei Ofenwandplättchen

Vogelpaar und Hirsch

Aus Weil im Schönbuch, 1801

Stuttgart, Württembergisches Landesmuseum, Inv. Nr. 1951/1119, 756

L 121 □

Drei Ofenwandplättchen

Spruchplatte – Modisch gekleideter Herr – Evangelist Lukas

Aus Merklingen

Johann Jakob Widmann, sen. oder jun., Heimsheim, 1746

Inschrift auf der Spruchplatte: „am̄a (Anna) Kom/ gang heim daß (das) / Hunle (Hundle) hat ana (einen, jemanden)/ bissa der bissa/ der vogel hat/ in die suppa/gschisa". – Die Plättchen sind häufig sehr willkürlich angeordnet gewesen; Profanes und Religiöses, Ernstes und Heiteres standen oft unmittelbar nebeneinander.

L 132

Stuttgart, Württembergisches Landesmuseum, Inv. Nr. 1951/830, 832, 833.

L 122

Zwei Ofenwandplättchen

Aus Nußdorf bei Vaihingen/Enz

Christian Räpple (1709 – ?), Heimsheim, datiert 1743

Inschriften: 1) „Haffner von/heimßen/Christian Reple/1743." 2) „bösse weiber/und bösses gelt/find. man. in/ der. gantzen./ welt."

Stuttgart, Württembergisches Landesmuseum, Inv. Nr. 1951/151, 147

L 123 □

Zwei zusammengehörige Ofenwandplättchen

Pflügender Bauer

Hafnerfamilie Widmann?, Heimsheim, 3. Viertel 18. Jahrhundert

Stuttgart, Württembergisches Landesmuseum, Inv. Nr. 1935/364 a/b

L 124 □

Ofenwandplättchen

Wildsau

L 133

Aus Heimsheim oder Mühlhausen/Enz

Hafnerfamilie Widmann, Heimsheim, Mitte 18. Jahrhundert

Stuttgart, Württembergisches Landesmuseum, Inv. Nr. 1951/860

L 125 □

Zwei Ofenwandplättchen

„Constantinopel“ und Kuppelarchitektur

Aus Schmie bei Bad Teinach

Hafner Georg Schwartz (1737–1791), 1768

Stuttgart, Württembergisches Landesmuseum, Inv. Nr. 1951/469, 470

L 126 □

Zwei Ofenwandplättchen

Husar zu Pferd und Soldaten

Hafnerfamilie Widmann, Heimsheim, 3. Viertel 18. Jahrhundert

Stuttgart, Württembergisches Landesmuseum, Inv. Nr. 1935/382 a/b

L 127

Ofenwandplättchen

Spitzbogen über Vasensproß

Aus Nußdorf, vor 1750?

Model reliefiert.

Literatur: Vgl. Hillenbrand 1971, S. 14, S. 13, Abb. 3

Stuttgart, Württembergisches Landesmuseum, Inv. Nr. 1952/39

L 128 □

Fünf Ofenwandplättchen aus einer Wand

1) Reiter 2) Vogel 3) Inschrift 4) Küfer 5) Lamm Gottes

Aus Wimsheim bei Leonberg

Georg Heinrich Widmann (1742–1812), Heimsheim, 3. Viertel 18. Jahrhundert

Inschrift auf der Spruchplatte: „Mein Hertz ist wie ein/Leberwürst/ jemer ich tring jemer/ mich dürst“

Stuttgart, Württembergisches Landesmuseum, Inv. Nr. 1951/955, 996, 964, 934, E 3244

L 129 □

Zwei zusammengehörige Ofenwandplättchen mit Inschrift

Aus Merklingen

Hafnerfamilie Widmann, Heimsheim, datiert 1746

Inschrift: „Ich bin/ein vogel/aller ding/daß brod/ich iß daß/ lied ich sing./ anno/1746.“ – Dieser Spruch kommt bei den Ofenwandplättchen sehr häufig vor: Ausdruck menschlicher Korrumpierbarkeit und Indifferenz.

Stuttgart, Württembergisches Landesmuseum, Inv. Nr. 1951/808, 809

L 134

L 130 □

Ofenwandplättchen

Ein Schneider auf einem Ziegenbock

Aus Heimsheim

Hafnerfamilie Widmann, Heimsheim, 1774

Stuttgart, Württembergisches Landesmuseum, Inv. Nr. 1951/1178

L 131 □

Ofenwandplättchen

Tanzender (betrunkener?) Mann mit Kanne und Becher

3. Viertel 18. Jahrhundert

Stuttgart, Württembergisches Landesmuseum, Inv. Nr. 10.446 B

L 132

Ofenwandplättchen

Josua und Calep

Johann Caspar Schmidt (1757–1835), Holzgerlingen bei Böblingen, 4. Viertel 18. Jahrhundert

Ein im Protestantismus beliebtes alttestamentliches Motiv, das im bäuerlichen Bereich natürlich seine besondere Bedeu-

L 134

tung hatte: Die Riesentraube als Symbol von Fruchtbarkeit und Wohlhabenheit.

Stuttgart, Württembergisches Landesmuseum, Inv. Nr. 1951/1243

L 133 □

Ofenwandplättchen

Kreuzigung

Hafnerfamilie Kipfer, Holzgerlingen b.Böblingen, Ende 18./Anfang 19. Jahrhundert

Eine ungewöhnliche Umformung des Kreuzigungsthemas: Die üblichen Assistenzfiguren Maria und Johannes werden durch die in zwei Frauengestalten aufgeteilte Maria Magdalena (zuweilen mit aufgelöstem Haar am Kreuzfuß dargestellt) ersetzt.

Stuttgart, Württembergisches Landesmuseum, Inv. Nr. E 3243

L 134 □

Sechs Ofenwandplättchen aus verschiedenen Wänden

Ehemals in Holzgerlingen, Döffingen und Altdorf

Johann Caspar Schmidt (1757–1835), datiert 1778, Holzgerlingen, 4. Viertel 18. Jahrhundert

1) Dreisproß, 2) Inschrift: „Distel und dorn stechen sehr/ falsche Zungen noch viel/ mehr“ 3) Inschrift: „Disen bletlen (Plättchen) hab ich/ Johan Caspar schmidt/ meister haffner in holtzger-/lingen gemacht in dem Jahr/1778/ Gott unser sopffer (Schöpfer) der wahr/ der erste döffer“ (Töpfer). 4) Doppeladler, 5) Hahn mit Maiglöckchen und Inschrift: „Der hann thut früh auf we-/cken die faule Knecht und/magt sie thund sich erst/ recht strecken und schlaffen/bis in tag“, 6) Reiter mit Inschrift: „Gott allein die ehr“.

Stuttgart, Württembergisches Landesmuseum, Inv. Nr. 1951/687, 576, 503, 558, 567, 533

L 135–139 entfallen

ZIEGLER

Die Bezeichnung Ziegel (lat. tegula, zu tegere = decken) steht in Süddeutschland für den Dachziegel, in anderen Gegenden ist auch der Mauerziegel damit gemeint. Die in Form gebrachten, gebrannten Ziegel (Biberschwanz) lösten in Deutschland das Schindel- und Schieferdach ab. Die Verbreitung ging hauptsächlich von den Klöstern aus, wie z.B. im 18. Jahrhundert das Kloster Bernstein zu nennen ist (Kat. Nr. L140). Wenn es sich um verzierte Stücke handelt, so bezeichnet man sie als „Feierabendziegel“, weil sie von den Zieglern meist nach Erledigung ihres Tagespensums hergestellt wurden. Besonders ausgeprägt zeigte sich diese Vorliebe für verzierte Ziegel im 17. und 18. Jahrhundert. Ihre Bedeutung geht auf heidnisches Brauchtum zurück, denn man findet häufig uralte Abwehr- und Beschwörungszeichen auf den Biberschwänzen, die Schutz vor bösen Geistern gewähren sollten, aber auch fromme Bilder und Zeichen aus dem religiösen Motivkreis.
Die in eine Form gestrichenen, noch ungebrannten Ziegel gestalteten die Ziegler nach mehr oder weniger künstlerischem Geschick: ein bloßer Abklatsch der Hand, eine Jahreszahl, Linien und Muster mittels eines Holzstabes in den noch weichen Ton geritzt oder ganze Bilder mit einem Model eingedrückt, kommen als Techniken vor. Unter diesen sind das Verzieren mit Modeln, wie z.B. Kat. Nr. L142 mit dem Hl. Blut- Motiv von Walldürn, und freihändiges Zeichnen und Dekorieren, wie z.B. Kat. Nr. L144 und L145 die Hinrichtungs- und Hochzeitsszenen, die häufigsten.

Literatur: Hillenbrand, Karl, Dachziegel und Zieglerhandwerk. In: Der Museumsfreund, Heft 4/5,

L 140

1964, S. 5 ff. – Ders., Ziegler in und um Schwäbisch Hall. Schriftenreihe des Vereins Alt Hall e.V. Heft 1, Schwäbisch Hall 1974. – Walter, Max, Die Kunst der Ziegler. In: Oberdeutsche Zeitschrift für Volkskunde, 1. Jg., 1927, Heft 1, S. 5 ff.

L 140 □

Dachziegel

Kloster Bernstein 1739

Für die in Kloster Bernstein (Kr. Horb) hergestellten Dachziegel wurden zweierlei Model verwendet. Der eine zeigt das Wappen des Klosters, einen Bären, der einen Stamm erklettert, mit der Unterschrift BERNSTEIN; der andere die jeweilige Jahreszahl, die oben oder unten angebracht wurde.

L 142

L 143

L 144

Ton, H. 43 cm, B. 17 cm.

Literatur: Hillenbrand 1964, S. 14, Abb. 20.

Oberndorf, Heimatmuseum

L 141

Dachziegel, sogenannter „Sonnenziegel“

Feldrennach, 18. Jahrhundert

Seinen Namen hat er durch die mit einem Holzmodel in den noch weichen Ton gedrückten viertel, halben und ganzen Strahlensonnenmotive.

Ton, H. 37 cm, B. 17 cm.

Literatur: Hillenbrand, 1964, S. 14, Abb. 22.

Privatbesitz

L 142 □

Dachziegel

Muthof über Forchtenberg, um 1700

Ziegel mit zweifach aufgemodeltem Walldürner Kelchwunder-Motiv.

Ton, teilglasiert, H. 42 cm, B. 15 cm.

Literatur: Hillenbrand 1964, S. 14, Abb 19. – Hillenbrand, 1974, Abb. 24

Privatbesitz

L 143 □

Dachziegel

Lindach 1711

Dachziegel, in den mittels eines Holzstäbchens der Spruch geritzt wurde: „Dem M. Hanß Geörg Haasen, Ziegler in S.Hall wintschet P W alles guts. Den 2. October 1711.“
Die Initialen P.W. deuten auf Peter Wackler (1647–1724), langjährigen Herrenziegler in Lindach.

Ton, H. 41 cm, B. 17,5 cm, T. 2 cm, gebrochen.

Literatur: Hillenbrand 1974, Abb. 6.

Schwäbisch Hall, Keckenburg-Museum, Inv. Nr. 1003

L 144 □

Dachziegel

Kleinkomburg, Anfang 18. Jahrhundert

Darstellungen verschiedener Hinrichtungszenen. Die rechte Szene schildert das Anbringen oder Abschneiden eines an den Füßen aufgehängten Delinquenten, neben dem einer in Hockstellung aufgehängt wurde. Auf der linken Seite holt ein Henker gerade mit dem

Richtschwert aus, um einem Knienden, der die Hände zum Gebet erhoben hat, den Kopf abzuschlagen.
Der Ziegel zeigt dieselbe Handschrift wie Kat. Nr. L 145 mit der Darstellung einer Hochzeit.

Ton, H. 39 cm, B. 17 cm, T. 2 cm.

Literatur: Hillenbrand 1974, Abb. 14.

Schwäbisch Hall, Keckenburg-Museum, Inv. Nr. 1293

L 145

Dachziegel

Kleinkomburg, Anfang 18. Jahrhundert

Darstellung einer Hochzeitsszene, mit dem Griffel eingeritzt. Vor einer kleinen Kirche steht das Brautpaar mit einem Pfarrer, links daneben ein Baßgeige spielender Musiker.
Die Kostüme der Personen, die Braut trägt als Kopfputz eine Fontange, lassen eine Datierung auf den Beginn des 18. Jahrhunderts zu.

Ton, H. 39 cm, B. 17 cm.

Literatur: Hillenbrand 1974, Abb. 15.

Schwäbisch Hall, Keckenburg-Museum, Inv. Nr. 1294

L 146 a–z □

Tonfiguren

Kümmerazhofen, 1767–Ende 18. Jahrhundert

In Kümmerazhofen – einem kleinen Weiler in der Nachbarschaft des Klosters Reute – ist seit dem Jahre 1762 der Schreiner Franz Joseph Sohn nachweisbar. Neben seinem Handwerk nahm er sich Zeit, aus Ton kleine Heiligenbilder zu fertigen. Nachdem sie gebrannt waren, fanden sie für wenig Geld bei der frommen Landbevölkerung regen Absatz. Die Seligsprechung der spätmittelalterlichen Mystikerin Elisabeth Achler aus Waldsee und das Fest der glanzvollen Überführung ihrer Gebeine in einem gläsernen Sarg in die Klosterkirche von Reute im Juni 1767 bedeuteten Hochkonjunktur für die Familie Sohn. Zu Tausenden strömten die Wallfahrer nach Reute zum Gnadenaltar, und zu Hunderten wurde das Abbild der Guten Betha und die Abbildung ihres Schreines in Ton verkauft. In der Handsamkeit und Einfachheit der Gestaltung liegt eine amulett-hafte Wirkung für die Käufer begründet.

a) Selige Elisabetha Bona, genannt die „Gute Beth von Reute“
Diese grobe bäuerliche Arbeit ist vermutlich das früheste Bildwerk von Franz Joseph Sohn.

Tonplastik in Halbrelief, H. 10 cm. Alte Fassung.

b) Wie vorstehend

Tonplastik in Halbrelief, H. 11 cm. Alte Fassung.

c) Elisabetha Bona in ihrem neuen Reliquienschrein, in den sie 1767 umgebettet wurde.
Als kleines Andachtsaltärchen für Geistliche auf Bestellung gearbeitet.

Tonplastik in Halbrelief mit Glasscheibe, 18 × 14 cm. Alte Fassung.

d) Wie vorstehend

Tonplastik in Halbrelief, 8,7 × 9,8 cm. Alte Fassung; ohne Glas.

e) Wie vorstehend

Tonplastik in Halbrelief, 6 × 6 cm. Alte Fassung.

f) Hl. Gangolf mit Kreuz und Fahne
Nach dem Bild des Heiligen in der Gangolfs-Kapelle Wolpertswende, Kreis Ravensburg.

Tonplastik in Halbrelief, H. 9 cm. Alte Fassung.

g) Hl. Gangolf mit Kreuz

Tonplastik in Halbrelief, H. 8 cm. Alte Fassung.

h) Hl. Aloisius mit Kreuz

Tonplastik in Halbrelief, H. 8 cm. Alte Fassung.

i) Hl. Theresia mit Buch

Tonplastik in Halbrelief, H. 8 cm. Alte Fassung.

j) Hl. Victoria mit Palmzweig

Tonplastik in Halbrelief, H. 9 cm. Alte Fassung.

k) Hl. Willibald mit Bischofsstab

Tonplastik in Halbrelief, H. 11 cm. Alte Fassung.

l) Hl. Franz von Assisi

Tonplastik in Halbrelief, H. 13 cm. Alte Fassung. Von Osten-Fritzenschaft/Schneider-Henn irrtümlich als Antonius bezeichnet.

m) Maria mit Jesuskind auf dem Schoß

Tonplastik in Halbrelief, H. 8 cm. Alte Fassung.

n) Gnadenbild der Pieta von Steinhausen am Federbach

Tonplastik in Halbrelief, H. (ohne Sockel) 24 cm, (mit Sockel) 30 cm. Alte Fassung.

o) Brennendes Herz Jesu mit Dornenkrone

Tonplastik in Halbrelief auf Sockel, H. 8 cm. Alte Fassung.

p) Brennendes Herz Mariens mit Blütenkranz

Tonplastik in Halbrelief auf Sockel, H. 8 cm. Alte Fassung.

L 146n

q) Schmerzhafte Muttergottes von Steinbach im Strahlenkranz

Tonplastik in Halbrelief, H. 13 cm. Alte Fassung.

r) Zwei Bilder der Schmerzhaften Muttergottes von Steinbach

Tonplastiken in Halbrelief, H. 19 bzw. 24 cm. Alte Fassung.

s) Schmerzhafte Muttergottes von Steinbach
Dominikus-Kapelle Vorsee

Tonplastik in Halbrelief, H. (mit Sockel) 80 cm. Alte Fassung.

Bad Waldsee, Brunhilde Osten-Fritzenschaft (a–c, e–r)
Wolpertswende, Kath. Pfarramt St. Gangolf (s)
Karlsruhe, Badisches Landesmuseum, Inv. Nr. V 7625 (d)

Neben der Herstellung dieser Devotionalien nahmen Franz Joseph Sohn und seine Familie die Fertigung von Krippenfiguren auf. Sie bildeten für die ärmere Landbevölkerung den Ersatz für die unerschwinglichen, in Brokat gekleideten und Wachsköpfe tragenden Figuren, wie sie in den oberschwäbischen Frauenklöstern in großer Zahl ausgestellt waren. Die von Franz Joseph Sohn und seiner Familie in Kümmerazhofen gefertigten

den letzten Abt des Benediktinerstiftes St. Peter: „Niemand wird in Abrede stellen, daß die Kunst, Uhren zu verfertigen, eine der nützlichsten und notwendigsten Künste für Stadt und Land und alle Vorfälle des menschlichen Lebens sei. Nun aber darf man dreist sagen, daß eben diese Kunst vielleicht nirgendwo höher, vielfältiger und gemeinnütziger getrieben werde, als auf dem Schwarzwalde, und zwar von dessen Bewohnern, den Schwarzwäldern selbsten, deren Geschicklichkeit, Einsicht und erfinderischer Geist schier alle Vermutung in diesem Fach übersteigt. Und was hieben das Merkwürdigste ist, so beschäftigen sich nicht nur viele Hundert Schwarzwälder mit Verfertigung aller Gattungen der Uhren, sondern sie verschleißen auch diese Waren selbst, handeln damit in die entferntesten Lande und kommen insgemein mit reichem Gewinne wieder zurück. Der sonst rauhe und seinem Rahmen nach fürchterliche Schwarzwald ist es, welcher schon viele Jahre hindurch ganz Europa und neurdings Asien und Amerika mit vielen Tausend zwar mehren Teils hölzernen doch sehr dauerhaften, richtigen, schönen, teils gemeinen, teils künstlichen Uhrwerken versieht. Der Schwarzwald ist es, welcher ohne Lehrmeister, ohne Aufmunterung, ohne Unterstützung einer höheren Macht aus innerem Triebe und durch eigenen Fleiß es in dieser Kunst so weit gebracht hat, daß er izt die größten Künstler hierin zählt, seinen Herren Ehre machet, etliche tausend Hände beschäftigt, das Land bereichert und ein weit aussehendes, beträchtliches Gewerb betreibt. Eine merkwürdige Epoche für den Schwarzwald. Dieses und besonders der große Mangel, den wir ohnehin an den Geschichten der Künste haben, bewog mich mit möglichster Genauigkeit nachzuforschen, wann die Kunst Uhren zu verfertigen, auf dem Schwarzwald ihren Anfang nahm, welche daselbst die ersten Künstler und Händler waren und was sie hieben Neues bis auf die Zeit erfunden haben: und ich war so glücklich, alles nach Wunsch zu erfragen, welches mir dann Stoff genug gab, hievon eine kurze Geschichte dem geehrten Publikum vorzulegen, woraus Jedermann mit Vergnügen ersehen kann, wie weit es die sonst etwas trägen und in ihr Heimat verliebten Schwarzwälder sowohl durch ihren aufsteigenden Fleiß gebracht, als auch durch die Reize des Gewinns und ihre Unerschrockenheit gewagt haben".
Barocke Stilelemente fanden besonders bei der Fertigung der Schilde Verwendung, die vor allem im Umkreis des Klosters St. Peter entstanden sind. So z.B. die aus Holz geschnitzten und vergoldeten Zifferblätter von Mathias Faller (1707–1791), die den Werken verschiedener Uhrmacher vorgeblendet wurden (s. Kat. Nr. L150). Die wertvollste Uhr des Schwarzwaldes ist die Weltuhr des Benediktinerpaters Thaddäus Rinderle (1748–1824), die in Kloster St. Peter entstand und deren vergoldetes Schild auch von Mathias Faller gearbeitet wurde (s. Kat. Nr. L149). Rinderle, der später Mathematikprofessor in Freiburg wurde, entwickelte auch die erste Zahnmaschine im Schwarzwald (1780), die es ermöglichte, von den bisherigen Holzwerken nach und nach abzukommen und sie durch Metallräder zu ersetzen. Die fortschreitende Arbeitsmöglichkeit in der Herstellung und die Einführung industrieller Fertigungsmethoden, bewirkte einen solchen Aufschwung in der Schwarzwälder Uhrenfertigung, daß gegen Ende des Jahrhunderts bereits mehr als 100000 Uhren im Jahr produziert wurden.

Literatur: Assion, Peter, Handwerk und Industrie im Oberrheingebiet. In: Altes Handwerk und frühe Industrie im deutschen Südwesten. Ein Literaturbericht. Freiburg 1978, S. III.–XXIV. – Bender, Gerd, Die Uhrmacher des hohen Schwarzwaldes und ihre Werke. Bd. 1.2., Villingen 1979 (mit Bibliographie). – Gothein, Eberhard, Wirtschaftsgeschichte des Schwarzwaldes und der angrenzenden Landschaften. Straßburg 1892. – Jäck, Markus Fidelis, Tryberg oder Versuch einer Darstellung der Industrie und des Verkehrs auf dem Schwarzwald. (Ausgehoben aus dem Magazin für Handlung und Handelsgesetzgebung, hrsg. v. K.H. Frhrn. v. Fahnenberg). Constanz 1826 (als Faksimile abgedruckt bei Bender, Bd. 2). – Jüttemann, Herbert, Die Schwarzwalduhr. Braunschweig 1972. – Steyrer, Franz, Geschichte der Schwarzwälder Uhrenmacherkunst, nebst einem Anhange von dem Uhrenhandel derselben. Freyburg 1796 (als Faksimile abgedruckt bei Bender, Bd. 2). – Kistner, Adolf, Die Schwarzwälder Uhr. Karlsruhe 1927. – Mühe, Richard, Die Entwicklung der Schwarzwälder Uhr. In: Der Museumsfreund, Heft 2, 1962, S. 4–22.

L 147

Uhr mit Waag (Foliot) und Glasglocke

Schwarzwald, um 1730

Stunden- und Minutenanzeige auf zwei untereinander angebrachten Zifferblättern. Stundenschlag auf oben angeordneter Glocke aus grünem Waldglas. Geh- und Schlagwerk hintereinander gelagert. Schnuraufzüge mit Steingewichten und kleinen hölzernen Kontergewichten. Spindelgang und Waag oberhalb des Werkkörpers, unterhalb der Glocke.
Die frühen Schwarzwälder Uhren lehnen sich in ihrer Konstruktion an die damals längst bekannten eisernen Uhren an. Das Bemerkenswerte ist, daß die Schwarzwälder die Uhr fast vollständig aus Holz herstellen. Zum Antrieb dient ein Feldstein an einer Schnur, die über die Antriebswalze in einer Rille läuft und am anderen Ende ein Gegengewicht trägt. Eine Einheit mit der Walze bildet das Walzenrad, dessen Außenverzahnung in das Zwischenrad eingreift, welches das Steigrad antreibt. Die Räder haben Holzwellen, man sagt, sie sind holzgespindelt. In die Enden der Wellen sind Metallstifte eingeschlagen, die im Holzgestell des Uhrwerks laufen. Die Triebe, die mit Rad und Welle eine Einheit bilden, bestehen aus metallenen Stiften, welche zwischen zwei Holzscheiben gehalten werden. Man nennt sie Hohl- oder Laternentriebe.
Das Steigrad ist eine gespindelte Holzscheibe, in die seitlich Stifte eingeschlagen sind. Den Ablauf dieses Rades hemmt die Spindel, eine Welle mit zwei gegeneinander versetzten Lappen. Diese greifen abwechselnd an zwei gegenüberliegenden Stellen in das Steigrad ein. Oben an der Spindelwelle ist der Waagbalken befestigt, der wiederum an einem Faden hängt und unten gelagert ist. Daher kommt der Name Waaguhr. Die Spindellappen treiben nun die Waag zu einer stetigen Hin- und Herschwingung an. Mit den kleinen Gewichten an den Enden des Waagbalkens läßt sich eine Korrektur der Zeitgenauigkeit herbeiführen.
Die gröbere Einstellung hängt von dem Gewicht des Steines an der Schnur ab. Die Laufdauer dieser Uhren betrug 12 Stunden und konnte mittels einer losen Rolle auf 24 Stunden erweitert werden.

Verschiedene Holzarten, Eisendraht, Glas; H. 32,5 cm, B. 14,5 cm, T. 18 cm.

Auf dem Stundenzeiger Monogramm des Uhrmachermeisters „KH" eingeschnitzt.

Karlsruhe, Badisches Landesmuseum, Inv. Nr. Sp2779

L 148

Astronomische Uhr

Kloster St. Peter, um 1740

Die Holzräderuhr mit Radwaag stellt das eindrucksvolle Beispiel einer frühen

Schwarzwälder Kalenderuhr mit astronomischen und astrologischen Indikationen dar. Die Vermutung, daß diese Klosteruhr mit dem barocken Schild von Thaddäus Rinderle, dem berühmten Benediktinerpater vom Kloster St. Peter (s. Kat. Nr. L 149), selbst gebaut oder nach dessen Angaben gefertigt wurde, läßt sich nicht nachweisen. Sie müßte sonst nach den Lebensdaten von Rinderle (1748–1824) um 1770 entstanden sein; diesem Zeitpunkt widerspricht aber der primitive Aufbau des Holzräderwerkes mit einer Radwaag als Gangregler. Die Bauart steht auch in keiner Relation zur berühmten astronomisch-geographischen Weltzeituhr vom Jahre 1787 (s. folgende Kat. Nr.), die nachweislich von Thaddäus Rinderle im Kloster St. Peter (1748–1824) geschaffen wurde.
Eine genaue Untersuchung der Getriebeverhältnisse im Kalenderwerk durch Gerd Bender erlaubt die Bestimmung der astronomischen und astrologischen Indikationen:
Das Schild hat sechs Anzeigeblätter:
1. Das Zifferblatt links oben zeigt die Stunde (Halbstundenpunkte) an.
2. Das Zifferblatt links unten zeigt die Viertelstunden (Fünfminuten-Marken) an.
3. Mondphasenanzeige (Lichtgestalt des Mondes) oben Mitte.
4. Das Anzeigeblatt oben rechts zeigt die Tage nach Neumond oder auch das sogenannte „Mondalter" an (29,5 Tage).
5. Das Anzeigeblatt unten Mitte benennt den regierenden Planeten der jeweiligen Stunde (Stundenregent).
In den Zeitabschnitten 24.00–1.00, 7.00–8.00, 14.00–15.00 und 21.00–22.00 Uhr kann der Tagesregent abgelesen werden und damit der entsprechende Wochentag. Diese Indikation hat nur astrologische Bedeutung.
6. Das Anzeigeblatt unten rechts gibt an, in welchem Tierkreiszeichen sich der Mond auf seiner Erdumlaufbahn (27,3 Tage, siderischer Monat) befindet. Auch diese Indikation hat nur astrologische Bedeutung.
Der Schild ist in barocker Farbenpracht ausgemalt, die einzelnen Anzeigen sind von Blumengirlanden umwunden. Der obere Teil des Schildes wird von zwei sogenannten Windengeln geziert. Auf manchen Kompassen der Renaissancezeit finden sich vier windblasende Engelsköpfe, die die vier Himmelsrichtungen an der Windrose symbolisieren. Hier entbehren sie jeglicher symbolischer Bedeutung und sind nur gern gebrauchter Schildschmuck astronomischer Uhren.

Holz, H. 36,5 cm, B. 35 cm, T. 20 cm (Schild); Gesamthöhe 45 cm (Glockengalgen).

Literatur: Mühe 1962, S. 22, Abb. 17. – Mühe 1974, S. 66, Abb. 17. – Krummer-Schroth, Ingeborg, Alte Handwerkskunst und Gewerbe im Schwarzwald. Freiburg 1976, S. 125, Abb. 133. – Bender 1979, Bd. 1, S. 307, Abb. 50 und Abb. 123.

Furtwangen, Deutsches Uhrenmuseum, Inv. Nr. 0014

L 149

Astronomische Weltzeituhr

Thaddäus Rinderle, Kloster St. Peter
1787

Die einmalig schöne und interessante Schwarzwälder Kalenderuhr mit astronomischen Indikationen und dem meisterhaft geschnitzten Barockschild ist das Glanzstück unter den Schwarzwalduhren im Furtwangener Uhrenmuseum.
Die Uhr wurde von Thaddäus Rinderle (1748–1824), Benediktiner-Mönch im Kloster St. Peter und später Mathematik-Professor an der Universität Freiburg, nicht nur berechnet und konstruiert, sondern auch selbst angefertigt. Der reich geschnitzte und vergoldete Schild ist eine Arbeit des bekannten „Barockschnitzers" Mathias Faller von Neukirch (s. folgende Kat.-Nr.). Die Figur links im oberen Teil des Schildes stellt Chronos dar, die Figur rechts zeigt den doppelgesichtigen Janus.
Der Uhrzeitbestimmung dienen zwei getrennte Zifferblätter: Das kleine weiße im oberen Teil des Schildes dient der Minutenanzeige, wobei sich der Zeiger entgegen dem Uhrzeigersinn bewegt. Die Stunden werden auf einem Ziffernring auf dem unteren großen Hauptblatt abgelesen.
Die Mitte dieses Blattes wird von einer versilberten Messingscheibe (Dm. 22 cm) ausgefüllt, die eine gravierte Weltkarte zeigt. Sie reicht in der Ausdehnung vom Nordpol bis zum fünfzigsten Breitengrad südlicher Breite. Die geographische Darstellung ist sehr vereinfacht, die Gebirge sind als „Maulwurfhügel" eingezeichnet und die Flüsse werden nur gelegentlich angedeutet. Die Namen der Meere sind lateinisch eingetragen. Städteangaben beziehen sich nicht einheitlich auf die Hauptstädte der verschiedenen Länder. Deutschland ist durch Köln und Berlin vertreten. Im übrigen Europa sind z. B. London, Edinburgh, Amsterdam, Paris, Lyon, Clermont, Rom, Neapel, Belgrad, Weißenburg (Stuhlweißenburg), Warschau, Kopenhagen u. a. eingestochen.
Die weitere Beschreibung folgt den Ausführungen Gerd Benders: „Wie unsere Erde, so dreht sich auch die Erdscheibe in der Schildmitte in einem Sterntag einmal und zwar in west-östlicher Richtung. Vom Beschauer aus gesehen entspricht dies einer Drehung von rechts nach links. Die Drehung der Erdscheibe erfolgt in dem bereits erwähnten Ziffernring. Dieser Ring ist für die Stundenablesung in zweimal zwölf Stunden (24 Std.) eingeteilt und führt in einem tropischen Jahr (365,24 Tage) eine volle Umdrehung aus. Der kleine Stundenzeiger sitzt am Umfang der Erdscheibe auf dem Basler Meridian von dem aus, mit Hilfe der 15° Meridiane, für jeden Ort der Erdkarte die entsprechende Zeit abgelesen werden kann. Fest verbunden mit dem Stundenring ist ein innen exzentrisch geformter Messingreif, der hier als Jahresring bezeichnet werden soll. Der Mond wird durch eine kleine versilberte Scheibe dargestellt, die am Umfang des Stundenringes in einem siderischen Monat (27,3 Tage) eine Umdrehung ausführt. Der exzentrisch ausgeschnittene Jahresring deckt die Mondscheibe bei ihrem Umlauf entsprechend ab, so daß dadurch auch die jeweilige Mondphase erkennbar ist. Über die Erdscheibe läuft eine drehbare Metallschiene. Sie ist senkrecht zum Sonnensymbol (Sonnenbildzeiger) am Jahresring befestigt. Über dem Äquator befinden sich zwei kleine Ösen, durch die ein dünner Federdraht läuft. Mit Hilfe von zwei in der Mitte angreifenden Fäden wird der Draht stets so geformt, daß die Schattengrenzen der Sonne auf der Erde sichtbar werden. Diese einfache, aber sehr sinnreiche Einrichtung informiert den Betrachter, gemäß der augenblicklichen Jahreszeit, über Tag und Nacht in den betreffenden Gebieten der Erdkarte. Alle diese beweglichen Teile am Hauptblatt werden von einem feststehenden breiten Anzeigering umschlossen.
Seine Einteilung entspricht dem Julianischen Kalender mit 365½ Tagen und ermöglicht am Sonnenzeiger des Jahresringes die Ablesung des Monatstages. Die Abstände der Teilung sind mit Rücksicht auf die Zeitgleichung ungleich lang, und das Teilstück ¼ berücksichtigt den notwendigen Schalttag. Ferner sind die zwölf Tierkreiszeichen der Ekliptik und

die Tagesheiligen des Kirchenkalenders auf diesem Ring eingezeichnet.
Auch die Mondbahn mit der Bewegung der Knoten in der Ekliptik wird von Rinderles Weltzeituhr angezeigt. Diese Indikation dient der Veranschaulichung der Mond- und Sonnenfinsternisse. Exakte Ergebnisse können mit Hilfe der beiden Zahlentafeln ermittelt werden, die sich an den beiden Innenseiten der Werkstürchen befinden. Rechts: Epoche für die mittlere Bewegung der Sonne des Mondes und seiner Knoten; links: Mittlere Bewegung der Sonne des Mondes und seiner Knoten.
Die Erdscheibe war ursprünglich mit einer Glasscheibe überdeckt, auf der die Fixsterne unseres Sternhimmels nördlich vom 40. Parallelkreis eingeschliffen waren. Dadurch konnte man für jeden Ort der Erdkarte die augenblickliche Sternzeit ablesen und die sichtbaren Fixsterne für Basel feststellen."
Auf Basel beziehen sich die standortgebundenen Angaben der Uhr. Das Uhrwerk ist im vorderen Teil des Werkkastens eingebaut und entspricht in seiner Bauweise der holzgespindelten Schwarzwalduhr mit einfachem Blechankergang, Sekundenpendel und Schloßscheiben-Stundenschlagwerk.
Das Räderwerk für die astronomischen Indikationen, das im hinteren Teil des Werkkastens untergebracht ist, läßt einen späteren Umbau vermuten. Die Abänderung erfolgte wahrscheinlich bei einer Reparatur im Jahre 1853.
Mit dieser astronomischen Uhr, mit ihren Funktionen und Indikationen wollte Thaddäus Rinderle die Schwarzwälder Uhrmacher mit den Grundlagen der Astronomie vertraut machen. Der Frühchronist der Schwarzwälder Uhrmacherei Steyrer bemerkt dazu: „Vor etlichen Jahren erfand der sehr geschickte Mathematiker P. Matthäus Rinderle eine astronomisch-geographische Pendeluhr, die er selbst eigenhändig verfertigte, und die unter dessen Anleitung von einem jeden Kunstuhrmacher, um damit den Liebhabern aufzuwarten, leicht nachgemacht werden kann."
Dazu verfaßte Rinderle eine sechzehnseitige Beschreibung seiner Uhr, die aber nie veröffentlicht wurde und im Archiv des Deutschen Uhrenmuseums in Furtwangen liegt. Sie trägt den Titel: „Beschreibung einer astronomisch-geographischen Uhr, welche auf eine sehr einfache und natürliche Art die vornehmsten Aufgaben der Astronomie und Geographie dem Auge darbietet. Außgesonnen und verfertigt im Jahre 1787 von P. Thaddäus Rinderle."

Holz, geschnitzt, vergoldet; Messing, versilbert; H. 62 cm, B. 43 cm.

Literatur: Mühe 1974, S. 45. – Bender 1979, Bd. 1, S. 308 ff., Farbtaf. 15.

Furtwangen, Deutsches Uhrenmuseum, Inv. Nr. 0033

L 150

Gewichtuhr

Schwarzwald, um 1780

Ab der Mitte des 18. Jhs. wurde das Aussehen der Schwarzwalduhr durch den Holzbildhauer Mathias Faller (1707–1791) stark beeinflußt. Als „Bildschnitzer" (s. Text vor Kat. Nr. B 31) übertrug Faller die Stilelemente seiner Epoche auf das Uhrenschild und legte damit den Grundstock für die Schildschnitzerei. Diese Meisterwerke der Schnitzkunst mit der aufwendigen Vergoldung und Fassung waren natürlich zu teuer für die einfachen Uhren aus dem Schwarzwald. Sie fanden vor allem für entsprechende kunstvolle Uhrenwerke, wie Spieluhren und astronomische Uhren Verwendung (s.Kat. Nr. L 149). In der Nachfolge seines Vaters betrieb Johannes Faller in Neukirch die Schildschnitzerei weiter, er fertigte auch kleine Holzfigürchen für die sog. „Männleuhren". Seine Schwester, Maria Faller, faßte die geschnitzten Schilder und wird als erste Arbeiterin in dieser Kunst bezeichnet.
Die Schwarzwälder Wanduhr mit geschnitztem Schild und goldener Kartusche im Stil des Spätbarock hat ein Holzräderwerk mit Viertel- und Stundenschlagwerk auf zwei Metallglocken.

Holz, geschnitzt, gefaßt, vergoldet; H. 51 cm, B. 36 cm.

Literatur: Mühe 1962, S. 25, Abb. 21. – Mühe 1974, S. 72, Abb. 46. – Bender 1979, Bd. 1, S. 398, Farbtaf. 23.

Furtwangen, Deutsches Uhrenmuseum, Inv. Nr. 030 476

L 151

Paradiesuhr mit Kuckuck

Schwarzwald, um 1770/1780

Die frühe Kuckucksuhr zeigt auf farbig gefaßtem Zifferblatt die volkstümliche Darstellung von Adam und Eva. Die Zeiger sind in Gestalt der Schlange ausgebildet.
Die Kuckucksuhr, in der Mundart der Schwarzwälder „Guker" genannt, ist die bekannteste Uhrenart, die der Schwarzwald hervorbrachte.
Die Geschichte ihrer Entstehung und ihrer Erfinder wird in mehreren Versionen geschildert. Einmal soll die Anregung ein böhmischer Händler gegeben haben, der hölzerne Kuckucksuhren vertrieb; eine andere Version lautet nach dem Frühchronisten Jäck: „Franz Anton Ketterer von Schönwald, verfertigte anfangs der Jahre 1730 eine Uhr, die er mit einem sich bewegenden Vogel zierte, welcher mit dem Gukukruf die Stunde ankündigte. Die Idee dazu gab ihm der Blasbalg einer Kirchenorgel". Anregung könnten auch die berühmten Kunstuhren mit krähendem Hahn geliefert haben; die weltberühmte Münsteruhr zu Straßburg wird bei den Schwarzwäldern nicht unbekannt gewesen sein, da schon zu Anfang des 18. Jhs. die Glas- und Uhrenhändler mit ihren Waren das Elsaß bereisten.
Was aber damals die „Wäldertüftler" anregte, Uhren mit Kuckucksruf zu bauen, läßt sich wohl heute nicht mehr exakt ergründen. Sie legten damit jedenfalls den Grund für einen Exportschlager der Schwarzwälder Uhrenindustrie, der in der im 19. Jh. aufgenommenen Form der „Bahnhäusleuhr" auch heute noch viele Liebhaber in aller Welt findet.

Holz, gefaßt, H. 41 cm, B. 22 cm.

Literatur: Bender 1979, Bd. 1, S. 264 ff.

Villingen, Städtische Sammlungen, Inv. Nr. 8326

L 152

Spindelbohrer

Schwarzwald, nach 1740

Seit Anfang des 18. Jhs. wußte der Schwarzwälder Uhrentüftler durch Einführung technischer Neuerungen und neuer Werkzeuge, die Fertigung der Uhren zu vereinfachen und arbeitsteiliger zu gestalten. So stellte die Erfindung des sog. Spindelbohrers durch Georg Willmann in Neustadt um das Jahr 1740 eine wesentliche Erleichterung für den Uhrmacher des Schwarzwaldes dar. Neben dem Zahngeschirr wurde das Gerät zu einem Hauptwerkzeug des Uhrmachers. Der Spindelbohrer, in der Umgangssprache damals Bohrgeschirr genannt, setzte den Uhrmacher in die Lage, die Bohrungen für die Laternentriebe der holzgespindelten Getrieberäder schnell und teilungsgenau vorzunehmen. Die ersten Spindelbohrer sind fast ganz aus Holz gefertigt und deshalb nicht von großer Genauigkeit. Der Frühchronist der Schwarzwälder Uhrenfertigung, Pater Franz Steyrer, beschreibt das einfache Bohrgeschirr: „Das andere Hauptwerkzeug heißt das Bohrgeschirr, und wird zur richtigen Verfertigung der Spindelwägen, oder der Getrieben gebraucht. Es wird entweder von einem Schlosser ganz von Eisen, oder von einigen Uhrenmachern selbst theils von Holze, theils von Eisen gemacht; und eben darum giebt es auf dem Walde so viele Arten desselben, daß um sie alle zu beschreiben, ein besonderes Büchlein hierzu erfordert würde. Es besteht aber das Allgemeine und Wesentliche eines Bohrgeschirres ebenfalls in einer kleinen Theilscheibe von ungefähr einem halben Schuhe im Durchmesser, worauf die Zahlen von 4 bis 20 sehr richtig getheilt sind. Auf dieses Theilscheibchen nun wird das schon gezahnte Uhrenrad dergestalt befestigt, daß seine Achse perpendikular mit dem Theilscheibchen zu stehen kömmt. Von oben her ist eine 1 halb Schue lange Spindel angebracht, die unten mit einem feinen Bohrer, oben aber mit einem Schwungrädlein versehen ist. Setzt man alsdenn den Hacken auf einen Punkt der Eintheilung, und die Spindel durch einen Riemen in Bewegung, so wird gar geschwind das beliebige Löchlein, welches mit der Achse des Uhrrades parallel läuft, gemacht werden. Setzt man hierauf den Hacken in die zweyte, dritte, vierte usw. Eintheilung, und treibt man jedesmal die Spindel herum, so wird der Spindelwagen gebohrt seyn. Hierauf schlägt man in die gebohrten Löchlein Stefte von Eisendrate, und verfertigt auf solche Weise das Uhrenrad samt seinem Getriebe."

Überwiegend aus Buchenholz, H. 15 cm, B. 83 cm, T. 38 cm. An der Lagerbrücke der Bohrspindel befindet sich eine gravierte Messingplatte mit Signatur: „JOSEPH HEITZMANN 1788".

Literatur: Mühe 1962, Abb. 40. – Mühe 1974, S. 125, Abb. 99. – Bender 1979, Bd. 1, S. 146ff., Abb. 37.

Furtwangen, Deutsches Uhrenmuseum, Inv. Nr. 249

GLAS

Der waldreiche Schwarzwald lieferte schon in frühen Zeiten die nötigen Rohstoffe für die Glashütten, die seit dem 13. Jahrhundert nachweisbar sind. Vor allem siedelten sie sich unter der Herrschaft der Klöster St. Blasien und St. Peter an. Die wichtigsten Stätten der Glasherstellung waren die Hütten von Aeule über dem Schluchsee, Herzogenweiler und Bubenbach. Ihre Erzeugnisse zeichnen sich nicht ihrer hohen Qualität wegen aus, wie z. B. das böhmische Glas, sondern durch ihre einfachen Formen, deren bevorzugte Verzierungstechnik die Emailmalerei war.
Die Glashütten arbeiteten nicht nur auf individuelle Bestellung, sondern die Ware wurde auf Vorrat angefertigt, auf den Märkten feilgeboten und durch Hausierer (Glasträger) in ihren „Krätzen" über Land vertrieben, so daß Formen und Motive weite Verbreitung fanden.
Die Glasträger waren zunächst für die Glashütte tätig, später (1720–40) schlossen sie sich in Genossenschaften zusammen, gliederten sich nach ihrer regionalen Tätigkeit in „Elsaßträger", „Pfälzer Gesellschaft", „Württemberger Compagnie", „Schwabenträger" und „Schweizer Träger". Nicht selten übernahmen die Glasträgergesellschaften, die durch den schwunghaften Handel nicht nur mit Glas finanziell erstarkt waren, die Glashütten, die sich gegen sie nicht mehr behaupten konnten.
Der Sammelleidenschaft des Oscar Spiegelhalder aus Lenzkirch verdanken wir die Erhaltung einiger wichtiger Stücke aus unserer Landschaft. So z. B. den Deckelpokal mit der Muttergottes von Todtmoos, der zu den schönsten der ausgestellten Gläser zählt (Kat. Nr. L 171). Typische Gefäßformen des Schwarzwaldglases sind die geeichte Weinflasche „Guttere", die Schnapsflasche „Budele", bevorzugtes Andenken und Liebesgeschenk, sowie Becher, Pokale und Scherzgefäße. Häufige Darstellungen sind neben religiösen Motiven Handwerker bei der Arbeit und ihre Zeichen, phantasievolle Blumenstauden sowie sinnige Sprüche, wie man sie auch auf Keramik und Bauernmöbel findet.
In der Nähe der Glashütten entstand ein neues Heimgewerbe, die Hinterglasmalerei. Diese Technik, die besonders in Augsburg von ausgebildeten Malern gepflegt wurde (malerhandwerkliche Bilder), wurde im Schwarzwald nicht von den Malern entdeckt, sondern die Glasfachleute sahen einen neuen Nebenerwerb in der Flachglasherstellung und ließen diese meist genormten Tafeln von den Bauern im Umkreis der Glashütten in Heimarbeit bemalen (hüttengewerbliche Bilder). Wenn die Glashütten wegen Holzmangels verlegt werden mußten, so kam es vor, daß die Familien, in denen die Hinterglasmalerei betrieben wurde, zurückblieben und sich das notwendige Flachglas von auswärts beschafften.
In solchen Heimbetrieben kannte man schon die Arbeitsteilung, in der Personen und Landschaften von verschiedener Hand gemalt wurden. Ebenso gab es bevorzugte Konturen- und Schriftenmaler. Ihre Motive, in Schablonen (Risse) umgesetzt, übernahmen sie teils von Ölgemälden berühmter Künstler, meistens jedoch von den weitverbreiteten Kupferstichen und Andachtsbildchen und vermischten sie mit ihrem volkstümlichen Bilderschatz.
Die Hinterglasmalerei, die schon früher in Rötenbach heimisch gewesen sein muß, erlangte große Bedeutung, als sich dort der Uhrenschildermaler Lorenz Winterhalder niederließ (vor 1786) und dessen Söhne alle Hinterglasmaler wurden. Die beliebtesten Themen waren religiöser Art, wie z. B. die hl. Muttergottes mit Kind, als Pedant hierzu der hl. Joseph, die gegenübergestellt im Herrgottswinkel einer Bauernstube ihren Platz finden konnten.
Während die malerhandwerklichen Hinterglasbilder im 18. Jahrhundert ihren Höhepunkt erlebten, finden wir in der hüttengewerblichen Herstellung eine Blütezeit erst im 19. Jahrhundert. Darum sind Stücke aus dem 18. Jahrhundert selten und lassen den Einfluß aus Böhmen stärker vermuten.

Literatur: Brückner, Wolfgang, Hinterglasmalerei. In: Keysers Kunst- und Antiquitätenbuch, Bd. III, München 1967, S. 66ff. – Fuchs, Josef, Schwarzwälder Glas. Villingen 1978. – Knaipp, Friedrich, Hinterglasbilder. Linz/Donau 1963. – Krummer-Schroth 1976. – Lipp 1974. – Moser 1969. – Oesterreicher-Mollwo, Marianne, Die Glasmacher im Schwarzwald. Freiburg 1980. – Reinartz, Manfred, Glas aus dem Schwarzwald. Villingen-Schwenningen 1980. – Ritz, Gislind, Hinterglasmalerei. München 1975.

L 153

Schnapsflasche

Schwarzwald 1743

Achtkantflasche aus blaugefärbtem Glas. Auf der Vorderseite ein springender

L 154

Hirsch, an den Seiten bunte Blumenstauden. Auf der Rückseite die Aufschrift: „Lieb' du mich Wie ich dich nid mer beger ich 1743". Diesen Spruch finden wir sehr häufig auf Glas verwendet, wie z. B. auch auf der 1731 datierten Flasche (Kat. Nr. L 155). Aber nicht nur dort, sondern auch auf Keramik und Möbeln wurden Sprüche dieser Art aufgemalt. Sie gehören zum volkstümlichen Gemeingut.

Blaugefärbtes Glas (Kobaltglas), bleimontiert. Emailmalerei. H. 12 cm.

Freiburg i. Br., Augustinermuseum, Inv. Nr. 3358

L 154 □

Schnapsflasche

Schwarzwald, Mitte 18. Jahrhundert

Achtkantflasche aus grünem Glas. Auf der Vorderseite das Monogramm Jesu I H S, mit Strahlenkreuz. Auf der Rückseite das Monogramm Mariae mit dem Spruch: „maria nam Ruofen wir alle von herzen an". Beides in Blumenkartusche. Der Name Mariens, Herkunft und Deutung waren schon seit dem Altertum von Interesse. Eine Zeiterscheinung war nicht nur, sich mit religiösen Motiven im Alltag zu umgeben, sondern auch der Umstand, daß bei Anrufung des Namens Mariae und Jesus Ablässe gewährt wurden, was in diesem aufgemalten Spruch zum Ausdruck kommt.

Grünes Glas, bleimontiert. Emailmalerei. H. 15 cm.

Freiburg i. Br., Augustinermuseum, Inv. Nr. 8232

L 155 □

Schnapsflasche

Schwarzwald 1731

Schnapsflasche in Blasenform. Darstellung: Hirsch zwischen Ranken und Initialen MA. Aufschrift auf der Gegenseite: „Lieb du mich wie ich dich nicht mer Beger ich" und die Jahreszahl 1731.

Glas, bleimontiert. Emailmalerei. H. 21,5 cm, B. 11,6 cm.

Literatur: Moser 1969, vgl. Abb. 28. – Krummer-Schroth 1976, Abb. 88.

Freiburg i. Br., Augustinermuseum, Inv. Nr. 8246

L 156

Schnapsflasche

Schwarzwald, 2. Hälfte 18. Jahrhundert

Achtkantiger Glaskörper mit kleiner Öffnung, Bleimontierung fehlt. Darstellung: Frau in bäuerlicher Tracht mit einem Kelchglas in der Hand. Rückseitig die Aufschrift: „Brandwein macht fein". An den Seiten Blattranken und Zickzacklinien. Auf der Schulter Blattkranz.

Glas. Emailmalerei. H. 15,8 cm, B. 7,1 cm.

Literatur: Stuttgart 1974, S. 58, Abb. 132.

Stuttgart, Württembergisches Landesmuseum, Inv. Nr. 544

L 157

Schnapsflasche

Aus der Slg. Spiegelhalder

Glashütte Aeule 1762

L 155

Zur Aufbewahrung von Schnaps war neben der üblichen Form der flachen Achtkantflasche auch die in Bocksbeutelform geblasene gebräuchlich. Sie ist wie jene ohne Hals mit Bleimontierung. Auf den Flachseiten Mattschnittdekor. Darstellung eines springenden Hirsches im Strahlenkranz. Auf der Rückseite Spruch: „drinck nur mein brueder nur Einmall Zu bring ich gedenkh mir ietz und er ist ale Weill ag ding 1762". Auf den Schmalseiten Blütenstauden.

Glas, bleimontiert. Mattschnittdekor. H. 14,9 cm, B. 13,5 cm, T. 5,5 cm.

Karlsruhe, Badisches Landesmuseum, Inv. Nr. Sp 1599

L 158 □

Schnapsflasche

Bubenbach (?), Ende 18. Jahrhundert

Achtkantflasche. Auf der Vorderseite ein

L 158

Mann in der Tracht des 18. Jh., mit Dreispitz, tailliertem Rock, Kniehosen. In der erhobenen behandschuhten linken Hand hält er einen Kelch dazu auf der Rückseite die Aufschrift: „Vivat mein Kint“. An den Seiten Spiral- und Blattstabmuster.

Glas, bleimontiert. Emailmalerei. H. 15,5 cm, B. 7,4 cm, T. 5,8 cm.

Literatur: Lipp 1974, Abb. 156.

Karlsruhe, Badisches Landesmuseum, Inv. Nr. P653

L 159 □

Schnapsflasche

Bubenbach (?), Ende 18. Jahrhundert

Achtkantflasche. Auf der Vorderseite Darstellung einer Frau in ländlicher Tracht, breitrandiger Hut, enges geknöpftes Oberteil mit Kragen und Einle-

L 159

getuch, weiter, langer Rock mit Schürze. Dazu auf der Gegenseite der Spruch: „kome mein schatzelein“. Auf den Schmalseiten Spiral- und Blattstabmotive.

Glas, bleimontiert. Emailmalerei. H. 16 cm, B. 7,2 cm, T. 5,8 cm.

Literatur: Jacob, Gustav, Alte Handwerkskunst. Karlsruhe 1928, S. 89, Abb. 27. – Moser 1969. – Lipp 1974, Abb. 156. – Karlsruhe 1976, Nr. 345

Karlsruhe, Badisches Landesmuseum, Inv. Nr. V8866

L 160

Bierkrug mit Töpferdarstellung

Schwarzwald 1778

Henkelkrug mit Deckel und Standring. Darstellung eines Töpfers an der Drehscheibe in wappenartiger Kartusche mit Krone, dazu die Aufschrift: „Johan Eber Hart Vivant Es läben die Herrn Häfner alle wohl Anno 1778“. Der Typus der Drehscheibe entspricht der Blockscheibe. Vgl. dazu den Becher von 1775 (Kat. Nr. L 161).

Glas mit Zinnmontierung. Emailmalerei. H. 23,5 cm, B. 13,2 cm.

Literatur: Krummer-Schroth 1976, S. 83, Abb. 87.

Freiburg i. Br., Augustinermuseum, Inv. Nr. 3456

L 161 □

Becher für einen Hafner

Schwarzwald 1775

Wohl im Auftrag für einen Töpfer entstanden. Darstellung: In einer wappenartigen Kartusche eine Töpferscheibe auf drei Stegen (Blockscheibe), auf der ein bauchiger Henkeltopf steht. Daneben auf Sockeln eine Schüssel und ein dreibeiniger Stieltopf. Auf der Gegenseite über Blumenmotiv Aufschrift: „Das Ehrbare Töpffer-Handwerck“.

Weißes Glas. Emailmalerei. H. 9,8 cm.

Literatur: Krummer-Schroth 1976, Abb. 87.

Freiburg i. Br., Augustinermuseum, Inv. Nr. 3427

L 162 □

Kelchglas

Schwarzwald 1721

L 161

L 162

Weißes Glas. Runder Fuß mit umgeschlagenem Rand, gedrücktem Knauf, Spitzkelch. Darstellung: Zeichen des Sattlerhandwerks, Blumenstauden. Aufschrift: „Vivat gesundthaidt Elias Kienle und allen ehrlichen Sadtleren zu Weilerstadt 1721".

Weißes Glas. Emailmalerei. H. 15,3 cm, Dm. 9,6 cm.

Literatur: Stuttgart 1974, S. 58, Abb. 134.

Stuttgart, Württembergisches Landesmuseum, Inv. Nr. 1335

L 163 □

Becher

Schwarzwald 1724

Konisches, nach unten leicht ausschwingendes Glas. Darstellung: Ein Schneider, erkennbar durch die beigegebenen Attribute des Bügeleisens und einer großen Schere, reitet auf einem Ziegenbock. Ihm folgt eine Frau in Tracht. Auf der Gegenseite Aufschrift: „Ich armer Bockh ich reith daher: bring den schneider mit sambt der scher... vivant 1724".

Glas. Emailmalerei. H. 17,3 cm, Dm. 9,5 cm.

Literatur: Stuttgart 1974, S. 58, Abb. 132.

Stuttgart, Württembergisches Landesmuseum, Inv. Nr. 9549

L 164

Becher

Buhlbach (?) 1763

Konischer Becher mit Darstellung: Über flammendem Herzen zwei Tauben. Dazu auf der Gegenseite die Aufschrift: „Kein schönere Zier ist der Weltt, als wenn Mann Rechte Freundschaft helt vivat Michael Renschler Schuldheiss in Zwehrenberg 1763".

Weißes Glas. Emailmalerei. H. 11,8 cm, Dm. 8,8 cm.

Literatur: Stuttgart 1974, S. 58, Abb. 134.

Stuttgart, Württembergisches Landesmuseum, Inv. Nr. E547

L 165

Becher

Aus der Slg. Spiegelhalder

Glashütte Aeule 1752

Konischer Becher mit Darstellung eines Paares. Der Mann mit einem Kelch in der linken, die Frau mit einem Maiglöckchenstrauß in der rechten Hand. Dazu auf der Gegenseite die Inschrift: „Lieb du mich allein oder lass gar sein".

Weißes Glas. Emailmalerei. H. 11,7 cm.

Karlsruhe, Badisches Landesmuseum, Inv. Nr. Sp4127

L 166 □

Becher

Aus der Slg. Spiegelhalder

Glashütte Aeule 1748

Konischer Becher mit Darstellung eines aufrecht stehenden vierbeinigen Tieres, dazu die Aufschrift: „Vivat Mein schatz 1748".

Weißes Glas. Emailmalerei. H. 6,1 cm, Dm. 5,4 cm.

Literatur: Köln 1968/69, Kat. Nr. 704.

Karlsruhe, Badisches Landesmuseum, Inv. Nr. Sp4301

L 167

Guttere

Glashütte Aeule, 2. Hälfte 18. Jahrhundert

L 163

Weinflasche mit Mattschnitt. Darstellung der Muttergottes von Einsiedeln oder St. Märgen, auf der Gegenseite Vase mit Pflanzen und burgähnliche Gebäude.

Glas. Mattschnitt. H. 30,2 cm, B. 10,5 cm.

Literatur: Krummer-Schroth 1976, Abb. 84–85. – Oesterreicher-Mollwo, Marianne, Die Glasmacher im Schwarzwald. Freiburg 1980, S. 48.

Freiburg i. Br., Augustinermuseum, Inv. Nr. 7449

L 168

Weinflasche

Schwarzwald 1798

Bauchiger, abgeflachter Körper auf ausladendem Standring, schlanker Hals und Henkel. Mattschnittdekor. Auf der Schauseite in floraler Kartusche die Initialen E. V. F., dazu Frau mit Wickelkind und die Jahreszahl 1798. Auf der Gegenseite Kartusche mit Blumenmotiv (Sonnenblume).

Glas, Mattschnitt, H. 27 cm.

Freiburg i. Br., Augustinermuseum, Inv. Nr. K 30/13

L 169

Bierkrug

Glashütte Aeule (?) 1723

Gebauchter Henkelkrug mit der Darstellung: Wirtshausschild mit einem aufgerichteten Bären, der in der linken Pfote einen Kelch hält. Darunter die Aufschrift: „Andtoni Riegger Beren Weirdt". Auf der Gegenseite: „Ich Bein ein Weirdt woll gemoudt ich drink Kein Wein er sein den goudt". Darunter das Zeichen der Bierbrauer mit einer Ähre und geteilte Jahreszahl 1723. Zwischen den beiden Schauseiten Maiglöckchen mit Phantasieblumen.

Weißes Glas, zinnmontiert. Emailmalerei. H. 15,5 cm, mit Deckel 20 cm, Dm. 7 cm. Im Deckel Zinnmarke des Meisters Hieronymus Vetter aus Villingen: H. F. V. mit drei Lilien.

Literatur: Moser 1969, Abb. 27. – Fuchs, Josef, Schwarzwälder Glas. Villingen 1978, Abb. 342.

Villingen, Städtische Sammlungen, Inv. Nr. 69

L 170

Bierkrug

Bubenbach (?), Ende 18. Jahrhundert

Maßkrug auf flachem Fuß. Darstellung eines Mannes, der sich mit seiner rechten auf einen Heurechen stützt, dazu die Aufschrift: „Vivat der Bauer".

Glas, zinnmontiert. Emailmalerei. H. 20 cm.

Literatur: Moser 1969, Abb. 39. – Krummer-Schroth 1976, Abb. 88. – Oesterreicher-Mollwo, Marianne. Die Glasmacher im Schwarzwald. Freiburg 1980, S. 22.

Freiburg i. Br., Augustinermuseum, Inv. Nr. 8263

L 166

L 171 □

Pokal

Aus der Slg. Spiegelhalder

Glashütte Aeule 1726

Brautpokal mit Darstellung der Mantelpietà von Todtmoos. Aufschrift: „vivat gesundtheit / Antreas sigler / Vundt Chatharina / Schmitin Vundt / Allen denen / die auß dem / Glas drinkhen S. MARIA: I(n) D(odtmoos) 1726". Laut Photo der Sammlung Spiegelhalder gehörte zu dem Pokal noch ein Deckel mit Vogelgriff. Das Wappen mit dem Doppeladler dürfte nicht das Wiener darstellen (nach Moser) sondern das Freiburger mit vertauschten Farben.

Glas. Emailmalerei. H. 21,4 cm, Dm. 10 cm.

Literatur: Moser 1969, Abb. 29. – Lipp 1974, Abb. 113 u. 114. – Karlsruhe 1976, Nr. 337.

Karlsruhe, Badisches Landesmuseum, Inv. Nr. Sp3196

L 172 □

Flasche

Aus der Slg. Spiegelhalder

Glashütte Aeule (?) 1756

Abgeflachte Kugelflasche. Darstellung: Zunftzeichen der Schneider (Schere, Bügeleisen, Maßstock und Nadel) und geteilte Jahreszahl 1756. Darüber die Initialen M H und A S H (Hochzeitsgeschenk?). Auf der Rückseite Herz mit Maiglöckchen und zwei flatternden Vögeln.

Glas. Mattschnitt. H. 24 cm.

Literatur: Moser 1969, Abb. 20.

Freiburg i. Br., Augustinermuseum, Inv. Nr. 7453

L 173

Scherzgefäß

Aus der Slg. Spiegelhalder

Glashütte Aeule, Ende 18. Jahrhundert

Trinkgefäß in Form eines Hundes, „Schnapshund". In diesen Formen konnte der Glasbläser seine Geschicklichkeit im Umgang mit der Materie beweisen. Aber nicht nur er, sondern auch derjenige, der aus diesem Gefäß trinken sollte.

Glas. H. 14 cm, B. 19,8 cm.

Karlsruhe, Badisches Landesmuseum, Inv. Nr. Sp2170

L 171

L 174

Hinterglasbild

Aus der Slg. Spiegelhalder

Schwarzwald 1758

Hinterglasbild, als Votivgabe verwendet. Die Stifter knien auf der Erde und bitten den hl. Erasmus (als Nothelfer gegen Leibschmerzen), erkennbar durch sein

L 172

Marterzeichen, die Winde, um Fürsprache bei der hl. Muttergottes. Das Stifterpaar in zeitgenössischer Tracht. Die Frau trägt eine pelzverbrämte Mütze, darunter ein weißes Kopftuch, eine kurze Jacke und einen schwarzen Rock. Der Mann ihr gegenüber mit langem Schoßrock, schwarzen Kniehosen und weißen Strümpfen. Über ihren Köpfen die Aufschrift: „EXVOTO 1758".
Das Gnadenbild der Muttergottes ist bislang immer als die Mantelpietà von Todtmoos angesehen worden. Ein Typenvergleich ergab eher die Deutung auf die Mantelpietà von Friedenweiler. Sicher ist auch dort im Umkreis die Künstlerwerkstatt zu suchen.

Hinterglasmalerei. 42,3 × 34 cm. Originalrahmen.

Literatur: Karlsruhe 1976, Kat. Nr. 336.

Karlsruhe, Badisches Landesmuseum, Inv. Nr. Sp 2428

L 175

Hinterglasbild

Schwarzwald 1764

Hinterglasgemälde in der Verwendung als Votivgabe. Das Gnadenbild ist hier nicht die Muttergottes, sondern der hl. Thaddäus, der in St. Märgen auf dem Ohmenberge verehrt wurde. Die Komposition des Gemäldes ist im Typus des „Bild im Bilde", da das Gnadenbild durch eine Rahmung abgetrennt ist.
Der Heilige im roten Mantel des Märtyrers und mit seinem Attribut, der Keule, posiert vor einer Architektur, er deutet mit der Rechten auf das Bild Jesu Christi im Strahlennimbus, das ein Engel vor ihm hält.
Der Stifter am unteren Bildrand mit 2 Frauen, die erste ist als verstorben gekennzeichnet, und seinen Kindern – 8 Söhnen, von denen 7 schon tot sind, und 4 Töchtern, von denen auch nur noch 2 am Leben sind –, sie alle halten den Rosenkranz als ein Zeichen der Andacht. Die Knaben rechts tragen alle rote Rökke, schwarze Kniehosen und weiße Strümpfe. Bei den Mädchen links, die nicht farbig gekleidet sind, ist der Kopfschmuck auffällig. Sie tragen die Jungfrauenkrone, das Schäppel. Das Bild fügt sich gut in die Reihe der Kat. Nr. L 174 u. Kat. Nr. L 176. Die Stifter sind in Haltung und Kleidung dem Bild von 1758 ähnlich. Es dürfte demnach der gleichen Künstlerwerkstatt zuzuschreiben sein. Rechts oben in der Ecke ist der Gnadenstrahl angedeutet.

Hinterglasmalerei. 42 × 33 cm. Bezeichnet: „THOMA GANZER 1764 EXVOTO". Originalrahmen. Mehrfach gesprungen.

St. Märgen, Heimatsammlung Andreas Schwär

L 176 □

Hinterglasbild

Aus der Slg. Spiegelhalder

Schwarzwald 1770

Hinterglasbild in der Verwendung als Votivgabe. Danksagung für die Geburt oder Errettung eines Kindes. Die obere Hälfte des Bildes nimmt die auf Wolken schwebende Mantelpietà ein. Zu Häupten je ein schwebender Putto mit Frucht und Blütenzweigen. Darunter knien um die Wiege das Stifterpaar mit großen Rosenkränzen über den gefalteten Händen.

L 176

Die Frau trägt einen breitrandigen Strohhut mit schwarzem Band, eine kurze Jacke, ein rotes Schnürmieder, einen schwarzen Halskragen und einen gebauschten schwarzen Rock. Der Mann ist barhäuptig und bekleidet mit einem langen Schoßrock mit goldfarbenen Knöpfen, dunklen Kniehosen und weißen Strümpfen. Dieses Hinterglasbild schließt sich eng an Kat. Nr. L 174 und L 175 an. Wenn auch nicht von gleicher Hand, so stammt es mit Sicherheit aus der gleichen Werkstatt.

Glas. 39,4 × 32,8 cm. Schwarzer, profilierter Holzrahmen.

Karlsruhe, Badisches Landesmuseum, Inv. Nr. Sp 2427

L 177

Hinterglasbild

Aus der Slg. Spiegelhalder

Rötenbach, 2. Hälfte 18. Jahrhundert

Darstellung der hl. Martha als Patronin der Köchinnen und Mägde. Die nimbierte Heilige steht mit gefalteten Händen in der Küche am offenen Herd. Zu ihrer Rechten sind auf einem Tisch eine Weinkaraffe und ein Teller mit Braten und eine Serviette sichtbar.

Glas. 31,2 × 24 cm. Unten im schwarzen Feld die Aufschrift: „S. MARTHA". Originalrahmen.

Karlsruhe, Badisches Landesmuseum, Inv. Nr. Sp 2305

ZINN

In Baden-Württemberg präsentiert sich die Zinngießerei in einer einheitlichen Stillandschaft, die nur durch die Städte mit ihren verschiedenen Zünften unterteilt wurde.
Hauptlade der Kanten- und Zinngießer des Herzogtums Württemberg war Stuttgart. Eigene Laden besaßen Tübingen, Balingen, Calw, Kirchheim, Sulz und Urach, von denen die reichsfreien Städte, wie Esslingen, Gmünd, Hall, Heilbronn, Reutlingen, Rottenburg, Rottweil und Weil ausgenommen waren und unabhängig von der Stadtlade bleiben konnten.
In einer Zinngießerwerkstatt konnte vielerlei Gerät entstehen, z. B. Kerzenleuchter, Kruzifixe, Flaschen mit Schraubverschluß, vor allem aber Tafelgeschirr, wie Terrinen, Schüsseln, Deckelkannen für den immer beliebter werdenden Kaffee und Tee, die bei prunkvoller Verarbeitung gelegentlich als Schaustücke Verwendung fanden, meist jedoch praktischen Erfordernissen dienten. Treffend charakterisiert Abraham a Santa Clara 1699 die Erzeugnisse der Kannengießer: „,...aber ihre meiste Wahren dienen der Menschen Gurgel; denn Schüssel, Teller, Becher und Kandel ein Jahrmarkt seynd für das Maul, welches kein Flaschen lieber hat als die zinnene."
Eine für die Zeit typische Form brachten die Stuttgarter Zinngießer hervor, die Abendmahlskanne.
Heilbronn dagegen erfand einen Kannentypus, der sich von denen anderer Städte abhebt: Ein nach unten ausschwingender Kannenköprer mit leichter Wölbung einen Fuß bildend, der durch Profillinien abgesetzt wird. Zum Hals hin baucht der Gefäßmantel in einer Stufe aus. Ein flacher, nur wenig überstehender, herzförmiger Deckel wird in der Mitte von einer abgestuften Wölbung oder einer halbkugeligen Haube bekrönt. Der Drücker ist meist S-förmig gebogen, der Henkel ausladend geschweift.
Dieser Kannentypus, den man den „Heilbronner" nennt, kommt mit wenigen Veränderungen auch in anderen Städten vor, wie z. B. in Backnang (Kat. Nr. L 182), wo Johann David Höchel d. Ä. und d. J. Kannen dieser Art herstellten. Auch in Göppingen, das im 17. und 18. Jahrhundert bekannt für seine Zinnerzeugnisse war, wird der Heilbronner Typus gebräuchlich. Hier arbeiteten seit ca. 1675 die Berner, deren erster Vertreter Johann Berner d. Ä. war, dem Sohn, Enkel und Urenkel folgten. Neben ihm trat seit 1791 die Zinngießerfamilie Wolsdorf mit Jeremias Wolsdorf d. Ä. in den Vordergrund.
Eine häufige Kannenform ist auch die Schenkkanne, „Stitze" genannt. Sie wird durch einen glatten, sich stark nach oben verjüngenden konischen Körper charakterisiert, der ohne Fußzone aufsteht (Kat. Nr. L 183).
Fayence, Porzellan und Steingut bedeuteten für das Zinn eine starke Konkurrenz, die gegen Ende des 18. Jahrhunderts einen Rückgang der Produktion bewirkte, obwohl die Zinngießer sich um neue Absatzmöglichkeiten bemühten. Es entstanden keine eigenständigen neuen Gefäßformen mehr, vielmehr wurden Formen anderer Materialien kopiert. Beim Tafelgeschirr orientierte man sich am Silbergerät, wie z. B. die Deckelterrine von Philipp Adam Goppelt (Kat. Nr. L 180) beweist. Dabei wurden oftmals alte Zinngerätschaften umgegossen, ein Phänomen, das nicht nur stilgeschichtlich, sondern vor allem unter wirtschaftlichen und sozialen Aspekten begriffen werden muß.
Daß man sich von Silberarbeiten beeinflussen ließ, war im 18. Jahrhundert keine Ausnahme mehr, hatten doch die Zünfte, die Stil und Handwerk stets zu kontrollieren wußten, an Macht verloren. Dafür entwickelte sich das Manufakturwesen, das zwar noch stark der handwerklichen Tradition verhaftet war, aber doch den Weg zur Industrialisierung bereiten sollte.

L 178 □

Leuchterpaar

Villingen, um 1700

Wohl Altarleuchter. Breiter Wachsteller mit Dorn, profilierter Balusterschaft auf dreibeinigem, hohl gearbeitetem Fuß.

Zinn, H. 63 cm. Ohne Beschau, wohl Villingen.

Literatur: Fuchs, Josef, Kunstschätze aus Villingen. Stuttgart 1969, Abb. 85.

Villingen, Städtische Sammlungen

L 178

L 179

Deckelkanne

Johann Philipp Kappes, Wertheim 1705

Schlanke Deckelkanne mit Schnauze, graviert. Auf der Schauseite Namenskartusche aus Blattwerk mit den Initialen „M. S. A. W. S. 1705"., eingefaßt von Ornamentstreifen. Deckeldrücker in Form des Federbusches.

Zinn, H. 28,5 cm. Beschau: Wertheim, Meistermarke Johann Philipp Kappes (erwirbt 1693 das Bürgerrecht, indem er die Tochter des Wertheimer Kannengießers Andreas Großmann heiratet).

Literatur: Hintze 1921/31, Bd. 7, S. 63, Nr. 364b.

Wertheim, Historisches Museum für Stadt und Grafschaft Wertheim, Inv. Nr. 102

L 180

Deckelterrine

Philipp Adam Goppelt (1715–1784), Heilbronn, um 1760/70

Reich gearbeitete Deckelterrine mit Rocailleornamentik, längsovale Form mit zwei Handhaben, Deckelgriff in Form eines Granatapfels.

Zinn, H. 27 cm (mit Deckel), B. 40 cm, oberer Dm. 17 cm. Beschau: Heilbronn, Meistermarke: Engelsfigur im Oval, „Philipp Adam Goppelt Fein Blocktin".

Literatur: Hintze 1921/31, Bd. 5, S. 237, Nr. 1191.

Laupheim, Städtisches Heimatmuseum, Inv. Nr. Z 1

L 181

Heilbronner Kännchen

Philipp Adam Goppelt (1715–1784), Heilbronn, um 1760

Kleine Kanne in schlanker unten ausladender Form, oben in einer Stufe erweitert. Deckel in Herzform. Auf der Schauseite eine Barockblume. Bandförmiger Deckeldrücker.

Zinn, H. 23,5 cm. Beschau: Heilbronn, Meistermarke: Philipp Adam Goppelt.

Literatur: Hintze, 1921/31, Bd. 5, S. 237, Nr. 1191b.

Karlsruhe, Badisches Landesmuseum, Inv. Nr. V. 8921

L 182

Heilbronner Kanne

Johann David Höchel, Backnang 1796

Weinkanne im Stil des Heilbronner Typus. Das Ringprofil in der Mitte des Mantels teilt die Kanne in zwei Zonen mit Darstellungen in Punktgravur. Oben eine Namenskartusche mit den Initialen „E. C. D. 1796" flankiert von zwei Blumen. Unten die Darstellung eines Bauern mit gesatteltem und aufgezäumtem Pferd.

Zinn, graviert. H. 22 cm, Dm. 12 cm. Beschau: Backnang, Meistermarke: Johann David Höchel (1770 freigesprochen).

Literatur: Hintze 1921/31, Bd. 5, S. 70, Nr. 346.

Heilbronn, Städtisches Museum, Inv. Nr. 58/40

L 183

Große Deckelkanne („Stitze")

Jeremias Wolsdorf d. Ä. (1709–1787), Göppingen 1732

Kanne mit schlankem, unten ausladendem Mantel, in der Mitte des Mantels Ringprofil, herzförmiger Deckel, Drücker mit Reliefornament (Federbusch). Auf der Schauseite Initialen „P. C. R.", darunter die Jahreszahl „1732".

Zinn. H. 32 cm,unterer Dm. 14,2 cm. Beschau: Göppingen. Meistermarke: Jeremias Wolsdorf d. Ä. (1709–1787).

Literatur: Hintze 1921/31, Bd. 5, S. 205, Nr. 1029. – Kauß, Dieter, Kettenmann, Jürgen, Städtisches Museum im „Storchen". 4. Aufl. Göppingen 1978, S. 27.

Göppingen, Städtisches Museum im „Storchen"

L 184

Kleine Deckelkanne

Göppingen, 2.. Hälfte 18. Jahrhundert

Kleine Kanne im Heilbronner Typus. Herzförmiger Deckel, Drücker in Palmettenform. Auf der Schauseite die Initialen: „H. B.".

Zinn. H. 9 cm, unterer Dm. 6 cm. Beschau auf dem Henkel: Göppingen, Meistermarke: J. B. oder J. O. B. (Berner?), Göppinger Eichmarke (Hirschstange mit „G") auf dem Deckel.

Literatur: Hintze 1921/31, Bd. 5, S. 205, Nr. 1028. – Kauß, Dieter, Kettenmann, Jürgen, Städtisches Museum im „Storchen", 4. Aufl. Göppingen 1978, S. 27 m. Abb.

Göppingen, Städtisches Museum im „Storchen", Inv. Nr. 70/22

L 185

Schraubflasche

Göppingen (?), 2. Hälfte 18. Jahrhundert

Aus dem Nachlaß W. Berner

Schraubflasche mit oktogonalem Mantel, am Hals abgesetzt, Schraubgewinde mit querovalem Klappgriff. Ziselierung in Zick-zack-Manier, Wellenlinien und Barockblumen wechselnd. Dünn eingeritzt die Initialen „L. B. ".

Zinn. H. 15,5 cm, Dm. 8 cm. Auf dem Schraubdeckel Beschau unleserlich: Göppingen (?).

Göppingen, Städtisches Museum im „Storchen"

L 186

Schüssel

Friedrich August Wolsdorf (1765–1831), Göppingen, Ende 18. Jahrhundert

Aus dem Nachlaß L. Märklin

Kleine Schüssel (wohl aus einem Satz) mit breitem Rand und den Initialen „J.S.".

Zinn. H. 4,5 cm, Dm. 17,5 cm. Beschau: Göppingen, Meistermarke: Friedrich August Wolsdorf (1765–1831).

Literatur: Hintze 1921/31, Bd. 5, S. 206, Nr. 1035.

Göppingen, Städtisches Museum im „Storchen"

MANUFAKTUR

HÜTTENWERKE

In der württembergischen Wirtschaftsgeschichte des Barock spielen die herzoglich-württembergischen und fürstpröpstlich-ellwangischen Hüttenwerke eine bedeutende Rolle. Die reichen Erzvorkommen bildeten die Grundlage der Eisenmanufakturen, die sich beispielsweise in Wasseralfingen, Königsbronn, Friedrichstal oder Ludwigstal entwickelten. Einige Werke führten ihre Tradition bis auf das Mittelalter zurück, wie die Hütten des Zisterzienserklosters Königsbronn. Die meisten Eisenhütten wurden aber nach dem Ende des Dreißigjährigen Krieges gegründet, als man daran ging, das zerstörte Land wiederaufzubauen. Zu den schönsten Erzeugnissen der schwäbischen Eisenhütten gehören die Ofenplatten, deren Darstellungen in vielen Fällen auf Stichvorlagen zurückgehen. Die Wasseralfinger Ofenplatten des 17. Jahrhunderts wurden zum Beispiel nach Bibelillustrationen Merians gegossen. Die einzelnen Hütten produzierten im allgemeinen sehr ähnliche Plattentypen, da man vielfach dieselben Vorlagen verwendete oder schon bestehende Plattenformen nachgoß. In der Thematik herrschen biblische Darstellungen im Sinne der protestantischen Bilderbibeln vor.

Literatur: Brachert, Thomas, Der schwäbische Eisenkunstguss. Öfen und Ofenplatten. Marburg 1958. – Körting, Johannes, Geschichte der Gewerbeförderung in Baden bis 1933. Karlsruhe 1965. – Pazaurek, Gustav Maria, Das Fürstpröpstlich Ellwangische Hüttenwerk Wasseralfingen 1670–1801 und die Ellwanger Bildhauerfamilie Paulus. In: Ellwanger Jahrbuch Bd. 10, 1926/1928, S. 59–110. – Thier, Manfred, Geschichte der schwäbischen Hüttenwerke. Ein Beitrag zur württembergischen Wirtschaftsgeschichte 1365–1802. Aalen, Stuttgart 1965.

L 187

Eiserner Brunnen

Aus dem Garten der Familie Blezinger, 1748

Aus vier Platten zusammengesetzte quadratische Kastenform. Zwei gegenüberliegende Seiten mit Ornamenten, die beiden anderen mit Familienwappen der Blezinger und Inschrift: „Anno 1748 / im obgemelten jahr / wird dieser Bronn gegossen / und auch von diesem garten / die erste Frucht genossen / Gott lasse seinen Seegen / in allem Waxthum sein / das wir es gsund geniesen / zu seiner Ehr allein: / Johann Georg Bletzinger / Anna Maria Bletzingeren“.
Johann Georg Blezinger (1717–1795), der diesen Brunnen für seinen Garten fertigen ließ, war ein bedeutender Unternehmer, der in der zweiten Hälfte des 18. Jahrhunderts den Eisenwerken in Königsbronn und Itzelberg zu wirtschaftlichem Aufschwung verhalf. Blezinger und Kommerzienrat Fink in Heidenheim kauften 1761 zusammen den dort lange Zeit stillgelegten Schmelzofen und brachten ihn wieder in Gang. Im Zusammenhang damit wurden mehrere Erzgruben in Nattheim erschlossen. Im Jahre 1764 pachtete Blezinger mit Landhauptmann Rittmann und Hofrat Heugelin in Heilbronn sämtliche württembergische Eisenwerke im Schwarzwald und im Brenztal, damit auch Königsbronn. Blezinger übernahm die Leitung der Werke und erwarb 1767 zusätzlich vom Fürsten Hohenlohe-Öhringen den Kupferhammer in Ernsbach, im Jahr darauf auch die dortigen Eisenwerke.

Gußeisen. 67 × 117 × 118 cm.

Literatur: Gäckle, Eugen, Blezinger, Hans, Die Familie Blezinger. Uhingen 1928. – Heusel, Wilhelm, Johann Georg Blezinger. In: Schwäb. Lebensbilder, Stuttgart 1940, Bd. 1, S. 31–37. – Eberth, Dieter, Führer durch das Königsbronner Torbogenmuseum. Königsbronn 1972, S. 8.

Königsbronn, Torbogenmuseum, Inv. Nr. 61

L 188

Ofenplatte

Wasseralfingen 1687

Das Wappen des Herzogtums Württemberg, geviertet im Oval: 1. die drei Hirschstangen von Alt-Württemberg, 2. die Teck'schen Rauten, 3. die Reichssturmfahne, 4. die Mömpelgard'schen Fische. Über dem Schild die Krone und „H“, links „F. C.“ und rechts „Z. W.“, Schild und Krone werden eingefaßt von Palm- und Lorbeergezweig. Unten zwei aus den Zweigen gebildete Kartuschen mit Jahreszahl „16–87“.

Gußeisen. 75 × 66 cm.

Brachert, Thomas, Der schwäb. Eisenkunstguß, Marburg 1958, IX/4, Abb. 20.

Aalen-Wasseralfingen, Sammlung Schwäbische Hüttenwerke

L 189

Ofenplatte

Model Johann Paulus zugeschrieben, Wasseralfingen, um 1690

Dargestellt ist die heilige Familie, halbfigurig, in querovalem Strahlenkranz. In der Mitte Jesus im Strahlennimbus, rechts und links Maria betend und Joseph mit Stab und Lilie, darüber die Taube des Hl. Geistes.

Gußeisen, 77 × 89 cm.

Literatur: Pazaurek 1926/28, S. 83. – Brachert, Thomas, Der schwäb. Eisenkunstguß, Marburg 1958, V/4.

Ellwangen, Geschichts- und Altertumsverein e. V. (Schloßmuseum), Inv. Nr. 41

L 190

Ofenplatte

Model von Melchior Paulus (1669–1745), Wasseralfingen, um 1691

Rotwildjagd: Ein Jäger auf einem Jagdroß verfolgt einen Hirsch, der von drei Hunden gepackt wird. Im Hintergrund ein weiterer Hirsch und ein Schloß.

Gußeisen. 87 × 101 cm.

Literatur: Pazaurek 1926/28, S. 88. – Brachert, Thomas, Der schwäb. Eisenkunstguß. Marburg 1958, VIII/6, Abb. 34.

Aalen-Wasseralfingen, Sammlung Schwäbische Hüttenwerke

L 191

Ofenplatte

Wasseralfingen, um 1698

Der Prophet Jonas im Augenblick, als er vom Wal ausgespien wird. Im Hintergrund das Schloß Ellwangen. Aufschrift: „Castellum Ellvacense – Ionas Cap. II“.

Gußeisen. 84 × 97 cm.

Literatur: Pazaurek 1926/28, S. 85, Abb. 5. – Schefold, Max, Alte Ansichten aus Württemberg. Bd. 2, Stuttgart 1957, S. 107, Nr. 1310a. – Brachert, Thomas, Der schwäb. Eisenkunstguß. Marburg 1958, III/14, Abb. 31.

Aalen-Wasseralfingen, Sammlung Schwäbische Hüttenwerke

L 192 a–b

Zwei Entwürfe für Damastweberei

Württembergisch, 1. Hälfte 18. Jahrhundert

a) Blumen- und Pflanzenornamente mit Zweigen, Blättern, Mohnblumen, Orchideen und den typischen „Barockblumen".
b) Vogel zwischen Zweigen und Blumen. Die beiden Entwürfe stammen aus einem Musterbuch für Damastweberei.

Federzeichnungen auf Papier, je 44 × 29 cm.

Esslingen a. N., Stadtmuseum (Altes Rathaus)

L 193

9 Ölminiaturen

Waldshut 1766

Die Miniaturen zeigen in einer Serie von neun Darstellungen Männer und Frauen in den Räumen einer Manufaktur bei der Verarbeitung von Hanf. Die einzelnen Phasen der Hanfaufbereitung vom Rohstoff bis zum fertigen Produkt, wie Trocknen, Reinigen, Hecheln und Spinnen, werden anschaulich vor Augen geführt. Aus den Erklärungstexten zu den Miniaturen geht hervor, daß es sich dabei um eine Anleitung für Fabrikanten handelt. Diese „Anleitung zur Hanfrafinirung in 9 Tabellen samt dem disfalligen Begleitungsbericht des Josias Kilian von Waldshut" wurde am 24. Juli 1766 von der vorderösterreichischen Regierung in Freiburg i. Br. an die Hofkammer nach Wien gesendet. Dort nahm man die Entwürfe Kilians günstig auf und antwortete am 18. August von höchster Stelle: „Dem Kilian wird das allerhöchste Wohlgefallen über seine Einleitung, den Hanf zu raffiniren zu erkennen gegeben und zugleich der allerhöchste Schutz zugesichert". Die Eingabe an die Wiener Hofkammer macht deutlich, daß zu dieser Zeit auf Anregung des Unternehmers Andreas Josua Kilian die Absicht bestand, eine Hanfmanufaktur in der Gegend von Waldshut zu errichten. Der Plan ist jedoch nicht verwirklicht worden. Kilian hatte bereits am 30. Januar 1751 das kaiserliche Privileg Maria Theresias zur Errichtung einer Manufaktur erhalten. Veranlaßt durch die Erfolge der benachbarten schweizerischen Baumwollindustrie, hatte er in Waldshut ein Unternehmen zur Herstellung von Baumwolltuch gegründet. Das Tuch wurde vorwiegend in Heimarbeit gefertigt. Die Rohstoffe ließ Kilian zu Beginn des Winters in die Berggemeinden des Hotzenwaldes bringen und holte im Frühjahr die fertigen Stoffe wieder ab, um sie zu verkaufen. Zeitweilig beschäftigte er mehr als eintausend Spinnerinnen und Weber, die in den langen Wintermonaten kaum andere Verdienstmöglichkeiten gefunden hätten. Die österreichische Regierung unterstützte die positive Entwicklung der Baumwollindustrie in Waldshut und setzte 1754 durch ein Privileg auf zehn Jahre fest, daß nur Kilian im Österreichischen spinnen und weben lassen dürfe. In den sechziger Jahren des 18. Jahrhunderts stieg die Fabrikation so sehr an, daß Kilian auch in fremden Manufakturen arbeiten lassen mußte. Die Waren aus der Waldshuter Manufaktur waren wegen ihrer Qualität in ganz Europa hoch geschätzt und angesehen. Kaiserin Maria Theresia erhob Kilian schließlich im Jahre 1775 wegen seiner Verdienste um die Textilindustrie in den Adelsstand. Doch bereits einige Jahre später entzog die Regierung Kilian das Privileg. Die Qualität der Waren hatte sich durch Sabotage der Arbeiter, die von Schweizer Unternehmen bestochen worden waren, stetig verschlechtert. Hinzu kam, daß die Arbeiter jahrelang einen niedrigeren Lohn ausgezahlt bekommen hatten als im Regierungserlaß festgelegt war. Im Jahre 1784 verkaufte Kilian seine Manufaktur an einen Schweizer, der die Heimindustrie im Schwarzwald weiter ausbaute.

Ölminiaturen auf Papier. Mit Erklärungstexten. Je 26 × 37,5 cm.

Literatur: Ruch, Joseph, Geschichte der Stadt Waldshut. Waldshut 1966, S. 258–260. – Mraz, Gerda und Gottfried, Maria Theresia. Ihr Leben und ihre Zeit in Bildern und Dokumenten. München 1979, S. 271, m. Abb. – Maria Theresia und ihre Zeit. Katalog der Ausstellung im Schloß Schönbrunn. Wien 1980, S. 492, Kat. Nr. 116,07.

Wien, Österreichisches Staatsarchiv, Finanz- und Hofkammerarchiv, Inv. Nr. 68/1–9

SCHÜTZENGESELLSCHAFTEN

Seit dem Spätmittelalter bestanden in fast jeder Stadt Schützengesellschaften mit dem Zweck, sich im Gebrauch von Schußwaffen zu üben und Wettschießen zu veranstalten. Ursprünglich schoß man mit dem Bogen oder der Armbrust auf hölzerne Vögel an hohen Stangen. Erst mit der Verbreitung von Feuerwaffen benutzte man bemalte Scheiben als Ziel. Die frühesten Schützenscheiben, die sich im Besitz noch heute bestehender Schützengesellschaften erhalten haben, stammen vom Anfang des 17. Jahrhunderts. Gestiftet wurden die Scheiben meist von Angehörigen des städtischen Patriziats, von Juristen, Schreibern, Ratsadvokaten oder Sekretären, die in den Schützengesellschaften eine Rolle spielten. Der Anlaß der Stiftung konnte persönlicher Art sein, wie eine Hochzeit oder eine Wahl in den Rat; aber auch zeitgeschichtliche Ereignisse waren Beweggrund, eine Scheibe malen zu lassen. Sehr häufig kommen Berufsdarstellungen und genrehafte Szenen des Alltags vor, so daß die Thematik der Scheiben das bürgerliche Leben der Städte im Barock in anschaulicher Weise spiegelt. Ferner wurden auch gern Naturkatastrophen, Neuerungen der Technik, lokalpolitische Begebenheiten, kriegerische Auseinandersetzungen oder Siege im Bild festgehalten. Inhalt und Aussage der Scheiben sind im 17. und 18. Jahrhundert oft verschlüsselt dargeboten in Allegorien und Symbolen, deren Vorlagen in der zeitgenössischen Emblemliteratur oder auch in älteren Kalenderbildern zu suchen sind. Die Ikonographie der Schützenscheiben ist insgesamt geprägt durch die Rezeption und Verarbeitung von Themen der Hochkunst, vermischt mit ortstypischen, eigenständigen Motiven. Ihre Bedeutung liegt in der künstlerisch reizvollen, farbenfrohen Ausführung und in ihrem zeitdokumentarischen Wert.

Literatur: Wunder, Gerd, Schwäbisch Haller Schützenscheiben. In: Der Museumsfreund, Heft 1, 1962, S. 5–12.
500 Jahre Schützengilde Ravensburg. Katalog der Ausstellung Ravensburg 1968. Bearb. von Albert Walzer und Alfons Dreher.
Förg, Alfred (Hrsg.), Schiess-Scheiben. Volkskunst in Jahrhunderten. Rosenheim 1976.
Galler, Werner, Schützengilden und Bürgerkorps. Katalog zur Ausstellung der Volkskundlichen Sammlung des Niederösterreichischen Landesmuseums. Wien 1976.

L 194 a

L 194 b

L 194 □

Zwei Schützenmeisterporträts

Unbekannter Künstler, Ulm 1676

a) Bildnis des Hercules von Cappol (1622–1703), Schützenmeister, Ulm 1676 (im Alter von 54 Jahren).
Inschrift oben: „Hercules von Cappol Schützen=meist: Wer Tugent hat, Elend nicht Schadt 1676 Aet. 54“.
Inschrift unten: „Ihn der Irdischen Eitelkeit. / Bringet Schutzen Lust und freudt, / Lieber will ich Schiessen sehen, / Alß zur besten mahlzeit gehen.“
b) Bildnis des Johann Matthäus von Cappol (1651–1710), Handelsmann und Schützenmeister in Ulm (im Alter von 25 Jahren).
Inschrift oben: „Johann Matheus von Cappol, aetat. 25“.
Inschrift unten: „Wer das Knellen nicht kan hören, / und daß Feüer den Man verblendt. / Der muß nicht bey unß einkehren, / Dan er nur die Schützen schendt“.
Die beiden Schützenmeister, Vater und Sohn, sind als Brustporträt gegeben mit langem Haar und dunklem Rock mit weißen Bäffchen. Dieses Gewand deutet nicht auf eine kirchliche Funktion, sondern es ist die übliche Kleidung von Meistern und Vorständen. Die Cappols waren im frühen 16. Jahrhundert aus Graubünden (Schweiz) nach Ulm eingewandert, wo sie im 17. und 18. Jahrhundert zu den bedeutenden Familien der Stadt gehörten.

Öl auf Holz; a) 28,8 × 21 cm; b) 29 × 21,1 cm.

Ulm, Ulmer Museum, Inv. Nr. a) 1932, 7504, b) 1932, 7505

L 195

Schützenmeisterbild

Unbekannter Künstler, Calw 1724

Vor einem Schützenhaus steht rechts ein Schützenmeister in rotem Rock, auf sein Gewehr gestützt, links eine Schützenscheibe, dahinter Hügel mit vereinzelten Bäumen.
Inschrift oben: „Symbolum. / Jesus sey mein Zweck und Zihl / Wann von hinnen Schaiden will.“
Fast die ganze untere Hälfte des Bildes wird von folgender Inschrift ausgefüllt: „Ist dir ein ambt vertraut, So wartt demselben ab, darmit an deinem fleiß, man nichts zu klagen hab / Diss nahm ich auch in acht als Shützmaistr, war im Siben Zehnen hundert Zwantzig und 4te jahr / Dan die gesellschaft war mir Sonders Lieb und wehrt weil ich von ihnen auch gebührend wirt geehrt / Ich hatt zwar kein Profit niemalen bey dem schiesen, weil mein Profession dardurch versaime müsen / Doch war ich wohl vergnügt, an einem gläslein wein und kunt mit den heren shützē in Ehren lustig sein / Zum angedenken hab ins Shießhaus dis gestifft Ihr brüder folgt mir nach, weils Eüren ruhm betrifft / Christoph Beutsh dermaliger Shützenmeistr / bürger und Sattler in Calw“.

Öl auf Holz, 43,5 × 67,5 cm.

Calw, Heimatmuseum, Inv. Nr. 15/34

L 196

Schützenscheibe

Ravensburg 1714

„Frieden von Rastatt“. Inschrift: „Mediis crescebat in armis. 1714. / Pax Rastadiensis“.
Ein Baum, dessen Äste sich nach oben weit verzweigen, unten am Stamm vier gekreuzte Fahnen.
Der Rastatter Friede vom 7. 3. 1714 beendete den Spanischen Erbfolgekrieg, der um das Erbe des letzten spanischen Habsburgers, Karl II., von 1701–1714 geführt worden war.

Öl auf Holz, Dm. 100 cm.

Literatur: Wunder, Gerd, Schwäbisch Haller Schützenscheiben. In: Der Museumsfreund, Heft 1, 1962, S. 9, Abb. 2.

Ravensburg, Schützenhaus Höll

L 197

Schützenscheibe

Ravensburg 1738

„Feier des Sieges über die Türken bei Kornya 1738“. Inschrift: „Meliora DEUS Tempora Mitis. / In Memoriam Victoria Christiana Contra / Turcas ad Corniam, Hac Gaudia publica / Senatus

L 198

L 201

Ravenspurgensis. F. C. d. XI. Aug. Ao. 1738".
Eine Frauengestalt sitzt in einem Zelt, während von rechts ein Engel mit einer Trompete heranschwebt.
In einem der letzten Türkenkriege des 18. Jahrhunderts von 1737 bis 1739 stand das Kriegsglück zunächst auf der Seite der christlichen Truppen. Sie besiegten die Türken bei Kornya. Aber im weiteren Verlauf der Auseinandersetzungen nahm der Krieg ein unrühmliches Ende für die christliche Partei. Im Frieden von Belgrad 1739 gab Kaiser Karl VI. alle Erwerbungen, die man 1718 den Türken abgetrotzt hatte, mit Ausnahme des Banats preis.

Öl auf Holz, Dm. 89,5 cm.

Literatur: Wunder, Gerd, Schwäbisch Haller Schützenscheiben. In: Der Museumsfreund, Heft 1, 1962, S. 9, Abb. 1.

Ravensburg, Schützenhaus Höll

L 198 □

Schützenscheibe

Schwäbisch Hall 1747

„Allegorie der Fortuna". Inschrift: „Wem die Fortuna gutes gönt, der darff die Braut nach hause führen / und wer anheut das beste will, der muß des Rades axt (?) berühren. / Einer wohllöbl. Schützen Compagn: wolte diese Scheibe wegen seiner beglückten verheyratung zum besten geben. Extraord.: Raths Advocat. Schragmüller 17. octob. 1747."
Aus der Inschrift geht hervor, daß die Scheibe zur Hochzeit des Ratsadvokaten Schragmüller gemalt wurde. Das allegorische Motiv zeigt Fortuna in wallendem Gewand auf einer Kugel, in der Hand ein Rad haltend, auf dem eine kleine Figur (Amor?) mit einem Glas in der Hand sitzt. Im Hintergrund sieht man ein Segelschiff, das wohl als Hoffnung auf sichere Lenkung und glücklichen Verlauf der Ehe zu interpretieren ist.

Öl auf Holz, Dm. 69 cm.

Schwäbisch Hall, Keckenburg-Museum, Inv. Nr. 10

L 199

Schützenscheibe

D. C. Reich, Schwäbisch Hall 1773

„Barockuhren". Inschrift: „Ihr Herren treffet heut die Uhr mit allem Fleiß / wer trift daß recht ...t, bekomt den besten Preiß. / Johann Friederich Ganßer, Uhrmacher, Ao. 1773 / Georg Adam Hiller, Chirurgus, Beede Schützenmeister. / D. C. Reich gemahlt".
In der Mitte eine große verzierte Barockuhr ohne Zeiger, rechts und links je eine Taschenuhr, die von zwei aus Wolken hervorkommenden Händen an Ketten gehalten werden. Die Uhr ist ein Motiv, das im Barock als Symbol der Vanitas, als Zeichen der begrenzten Lebenszeit und des Todes, verstanden wurde. Uhrmacher und Arzt, die beiden Stifter der Scheibe, haben in diesem Thema einen gemeinsamen symbolischen Bezug ihrer Berufe verdeutlicht.

Öl auf Holz, Dm. 68 cm.

Literatur: Wunder, Gerd, Schwäbisch Haller Schützenscheiben. In: Der Museumsfreund, Heft 1, 1962, S. 7, Abb. 4. – Förg, Alfred, Schiess-Scheiben, Rosenheim 1976, S. 240 m. Abb.

Schwäbisch Hall, Keckenburg-Museum, Inv. Nr. 37

L 202

L 204

L 200

Schützenscheibe

Schwäbisch Hall 1778

„Jungfrau mit dem Einhorn". Inschrift: „Virgineo mansuescit amore. / Joh. Laur. Carolus Seiferheld E. O. Raths Advocat 1778."
Eine Dame in einem eleganten Kostüm sitzt vor einem Baum in einer Parklandschaft und liebkost ein Einhorn, das seinen Kopf auf ihren Schoß gelegt hat. Das Einhorn findet man oft auf Schützenscheiben abgebildet. Es symbolisiert die Jungfräulichkeit, die hier symbolisch zum Ziel des Schützen wird. Wie die Inschrift vermerkt, ist der Kavalier, der sich um die Dame bemüht, der Ratsadvokat J. L. C. Seiferheld. Das Motto der Scheibe „Virgineo mansuescit amore" (Sie zähmt mit jungfräulicher Liebe) läßt jedoch keinen Zweifel an der Standhaftigkeit der Dame aufkommen.

Öl auf Holz, Dm. 58 cm.

Literatur: Wunder, Gerd, Schwäbisch Haller Schützenscheiben. In: Der Museumsfreund, Heft 1, 1962, S. 7, Abb. 2.

Schwäbisch Hall, Keckenburg-Museum, Inv. Nr. 46

L 201 □

Schützenscheibe

Schwäbisch Hall 1779

„Jägerin mit einem Falken". Inschrift: „Qua Secretarius Senatus et Sponsus / J. L. S. Hufnagel Ao. 1779".
Eine Dame im Jagdkostüm mit einem Falken und Gewehr sitzt vor einer Pergola; zu ihren Füßen liegt ein Hund. Im Hintergrund sind ein Jäger und ein Advokat dabei, einen Heiratskontrakt zu vereinbaren. Gemalt wurde die Schützenscheibe anläßlich der Hochzeit des Ratssekretärs Johann Lorenz Sophonias Hufnagel mit Katharine Helene, der Tochter des Ratsherrn Johann Friedrich Boelz.

Öl auf Holz, Dm. 69 cm.

Schwäbisch Hall, Keckenburg-Museum, Inv. Nr. 47

L 202 □

Schützenscheibe

C. A. Eberlein, Schwäbisch Hall 1779

„Dame und Herr bei der Konversation". Inschrift: „Terenz Andria Scen. III. Act III Amantium irae, amoris integratio est. / Joh. Laur. Car. Seiferheld / Adv. Sen. Ord. 1779 · C. A. Eberlein."
In einer weiträumigen Säulenhalle nähert sich von rechts ein höfisch gekleideter Kavalier einer Dame, die an einem Tisch steht. In einer Hand trägt er einen Degen, während die andere in einer Art Höflichkeitsgeste beteuernd an die Brust gelegt ist. Der Dame liegt offensichtlich wenig an den Beteuerungen, denn sie verharrt in abwehrender Haltung. Der Kavalier auf Freiersfüßen ist wahrscheinlich J. L. C. Seiferheld selbst, der die Scheibe in Auftrag gab. Das Motto der Darstellung ist der Komödie „Andria" (Das Mädchen von Andros) des römischen Dichters Terenz entnommen: „Der Zorn der Liebenden stellt die Liebe wieder her."

Öl auf Holz, Dm. 71 cm.

Literatur: Wunder, Gerd, Schwäbisch Haller Schützenscheiben. In: Der Museumsfreund, Heft 1, 1962,

L 208

L 206

S. 5. – Förg, Alfred, Schiess-Scheiben. Rosenheim 1976, S. 241 m. Abb.

Schwäbisch Hall, Keckenburg-Museum, Inv. Nr. 48

L 203

Schützenscheibe

C. A. Eberlein, Schwäbisch Hall 1782

„Engel auf dem Regenbogen". Inschrift: „Johan Laurenti Carolus Seiferheld qua Sponsus, 1782. C. A. Eberlein". Hochzeitsscheibe des Ratsadvokaten J. L. C. Seiferheld, die er bei seiner Heirat mit Katharine Magdalene Elisabeth, der Tochter des Ratsherrn Dr. Friedrich Lorenz Wilhelm Meyer, stiftete.

Öl auf Holz, Dm. 69 cm.

Schwäbisch Hall, Keckenburg-Museum, Inv. Nr. 55

L 204 □

Schützenscheibe

Schwäbisch Hall 1783

„Ein Paar mit physikalischen Geräten", Inschrift: „Extr. Ord. Raths. Adv. Seiferheld. 1783."

Auf einem Hügel in einer gebirgigen, seenreichen Landschaft sitzt ein Paar. Der Mann, möglicherweise mit Porträtzügen des Ratsadvokaten Georg Heinrich Seiferheld (1757–1818), deutet mit der linken Hand auf die dunklen Wolken am Himmel, aus denen sich ein Blitz entlädt. Im Vordergrund liegen auf einem Tisch und auf dem Boden mehrere Gegenstände und physikalische Geräte, darunter ein Blitzableiter, eine „Leidener Flasche", ein „Feuerspeiender Berg" und eine Kanone mit einer Vorrichtung, die zum Abfeuern benötigte brennbare Luft gleich beim Gebrauch in der Kanone zu erzeugen. Die „Leidener Flasche" war ein gläsernes, mit Wasser gefülltes und mit Stanniol oder Spiegelfolie überzogenes Gefäß, mit dem man elektrische Funken erzeugen konnte. Solche elektrischen Spielereien führte man gern auf Jahrmärkten vor. Ebenso diente der „Feuerspeiende Berg" der Belustigung in Gesellschaft. Man stellte einen nachgebildeten Krater, der mit einem Raketensatz aus 16 Lot Pulver, 14 Lot Salpeter und 12 Lot Kohle geladen war, im Freien auf und entzündete ihn mit elektrischen Funken, so daß sich daraus eine Feuerwolke wie aus einem Vulkan entwickelte (s. Fraunberger, Fritz, Elektrische Spielereien im Barock und Rokoko. Deutsches Museum, Abhandlungen und Berichte, Heft 1, München 1967). Dieses „Elektrische Spielwerk" ist in mehreren Werken des 18. Jahrhunderts beschrieben worden. Die umfangreichste und beliebteste Publikation dieser Art mit dem Titel „Sammlung Electrischer Spielwerke für junge Electriker" (Nürnberg, Altdorf 1787–1808) ist vom Schwäbisch Haller Ratsadvokaten Georg Heinrich Seiferheld verfaßt worden, der wahrscheinlich der Stifter dieser Schützenscheibe war. Die Schützenscheibe entstand in dem Jahr, in dem Württemberg den ersten Blitzableiter erhielt. Die Einführung dieser technischen Neuerung war wohl einerseits begründet durch das Schicksal Göppingens, das im Jahr 1782 durch einen Blitzschlag in Feuer aufging und fast völlig niederbrannte. Andererseits hatte Herzog Carl von Württemberg Anfang des Jahres 1783 in Prag „elektrischen Versuchen beygewohnt" und dort „das Ideal eines Wetterableiters" bewundert (s. Prof. Petersen: Zur Geschichte des Blitzableiters in Württemberg. In: Württ. Jahrbücher f. vaterländische Geschichte, Geographie, Statistik u. Topographie, 1823, 1. Heft, S. 181–183). Daraufhin ließ er in Hohenheim und Stuttgart die ersten Blitzableiter an wichtigen Gebäuden anbringen.
Die Stadt Schwäbisch Hall war durch zwei Brandkatastrophen in den Jahren 1680 und 1728 zerstört worden. Möglicherweise wird auf dieser Haller Schützenscheibe der Blitzableiter als begrüßenswerte Errungenschaft der Technik gewürdigt. Da das Thema der Schützenscheibe aber durch das Liebespaar einen galanten Anstrich bekommt, ist hier sicher auch eine andere traditionelle Bedeutung von Feuer und Blitz angespro-

L 209

chen. Im übertragenen Sinne kann der Blitz als auslösendes Element für die entfachte Liebe des Paares zueinander gesehen werden.

Öl auf Holz, Dm. 70 cm.

Schwäbisch Hall, Keckenburg-Museum, Inv. Nr. 56

L 205

Schützenscheibe

Schwäbisch Hall, ca. 1780/90

„Siedertanz vor dem Haus des Schwäbisch Haller Haalgerichts". Inschrift: „Merendo Memores Facit. / Protegentes Gaudebunt. Joh. Lor. Carl Seiferheld, Consulent."

Eine Gruppe von Salzsiedern zieht mit einer grün-rot gestreiften Fahne vor dem Fachwerk-Gebäude des Haalgerichts auf. Einer der Sieder trägt auf seiner Schulter einen großen Kuchen, der im Brauchtum der Schwäbisch Haller Sieder eine Rolle spielt. Nach der Überlieferung haben die Sieder im 14. Jahrhundert einen Brand in einer Mühle gelöscht. Als Dank für die Hilfe stiftete der Müller ihnen einen Kuchen, der einen Zentner schwer war. Daraus entwickelte sich der Brauch, jedes Jahr einen großen Kuchen abzuholen und dabei einen Tanz aufzuführen. Dieser „Siedertanz" ist heute noch alljährlich zu Pfingsten in Schwäbisch Hall zu sehen.

Öl auf Holz, Dm. 69 cm.

Literatur: Wunder, Gerd, Schwäbisch Haller Schützenscheiben, In: Der Museumsfreund, Heft 1, 1962, S. 11, Abb. 2.

Schwäbisch Hall, Keckenburg-Museum, Inv. Nr. 95

L 206 □

Schützenscheibe

Schwäbisch Hall 1790

„Registratur im Rathaus zu Schwäbisch Hall". Inschrift: „Johanes Carolus Hufnagel. Registrator 1790".

An den Wänden der Registratur stehen hohe bis zur Decke reichende Aktenschränke mit vielen Schubladen, die mit Ziffern versehen sind. Die Mitte des Raumes nimmt ein langer Tisch ein, an dessen Unterseite ebenfalls Schubladen eingebaut sind. Zwei Beamte sitzen in Fensternischen an Schreibpulten, während zwei andere am Tisch stehen und in einem Gespräch begriffen sind. Der Registrator J. C. Hufnagel hat hier die Wirkungsstätte seiner beruflichen Tätigkeit darstellen lassen.

Öl auf Holz, Dm. 67 cm.

Literatur: Förg, Alfred, Schiess-Scheiben. Rosenheim 1976, S. 241 m. Abb.

Schwäbisch Hall, Keckenburg-Museum, Inv. Nr. 67

L 207

Schützenscheibe

Schwäbisch Hall 1792

„Bauern vor dem Amtsschreiber". Inschrift: „Friderich Franz Bonhoeffer / Ord. Kanzlist, und Amtschreiber / ueber der Buehler. Qua Ord. et sponsus. 1792".

Links zwei Bauern in Leinenkitteln vor dem Tisch eines Stadtschreibers, rechts zwei Putti, die mit brennenden Fackeln spielen. Es handelt sich um die Hochzeitsscheibe des Schreibers Bonhöffer, der sich auf der einen Seite in der Würde seines Amtes und Berufes darstellt, auf der anderen Seite im Motiv der mit dem Feuer spielenden Putti auf die Rolle als Bräutigam hinweist.

Öl auf Holz, Dm. 69 cm.

Literatur: Wunder, Gerd, Schwäbisch Haller Schützenscheiben. In: Der Museumsfreund, Heft 1, 1962, S. 7, Abb. 1.

Schwäbisch Hall, Keckenburg-Museum, Inv. Nr. 79

L 208 □

Schützenscheibe

Schwäbisch Hall 1792

„Arztpraxis". Inschrift: „Johannes Friedericus Haspel, Physicus Ordinarius 1792".

Der Physikus J. F. Haspel erwartet in

seiner Praxis eine Patientin, die mit verbundenem Kopf den Raum betritt. Vor ihm auf dem Tisch liegen Schreibpapier und ein aufgeschlagenes Buch, in dem er gerade gelesen hat. An einer Wand des Zimmers steht ein Bücherschrank, daneben liegt auf einem Wandbord ein Totenkopf.

Öl auf Holz, Dm. 67 cm.

Literatur: Wunder, Gerd, Schwäbisch Haller Schützenscheiben. In: Der Museumsfreund, Heft 1, 1962, S. 8.

Schwäbisch Hall, Keckenburg-Museum, Inv. Nr. 74

L 209 □

Schützenscheibe

Crailsheim 1797

„Bord mit Zinngeschirr". Inschrift: „Der Adler hält das Wappen vest, Wer dieses trift bekommt das best. / J. G. Halbritter, Zingießer 1797".

Dargestellt ist ein Bord mit Zinnleuchtern, -kannen und -tellern. Links trägt ein Adler ein Wappen und eine Schriftrolle heran. Im Hintergrund die Stadtansicht von Crailsheim. Der Stifter dieser Scheibe war der Crailsheimer Zinngießer Johann Georg Halbritter, dessen Arbeiten oft mit dem für ihn charakteristischen Perlranddekor versehen sind.

Öl auf Holz, Dm. 77 cm.

Crailsheim, Fränkisch-Hohenlohesches Heimatmuseum, Inv. Nr. 1102

BÜRGERWEHR

Die Bürgerwehr war eine von den Einwohnern und dem Rat einer Stadt organisierte Truppe zur Bewachung der Stadtmauern und Türme. Während der Nacht hatten die Gardisten mehrmals Rundgänge um die Mauern durchzuführen, um unerwartete bedrohliche Ereignisse, wie Feuer- oder Wassergefahr, sofort melden zu können. Doch auch die Plätze und Straßen wurden regelmäßig begangen, um Ruhe und Ordnung zu gewährleisten. In Krisen- oder Kriegszeiten waren die Tore und Türme ständig von der Bürgerwehr militärisch besetzt. Die Bürgerwehr rekrutierte sich aus den Zünften und den wehrfähigen Männern der Stadt. Die Gardisten trugen eine einheitliche Bekleidung und Bewaffnung, die lediglich nach ihrem Rang in Kleinigkeiten unterschieden waren. An der Spitze der Bürgerwehr stand der „Wachtmeister". Eine untergeordnete Stellung nahmen der „Stadtleutnant", der „Stadtfeldwebel" und der „Korporal" ein. Zur Bestreitung der Ausgaben für den Unterhalt der städtischen Wehr hatten die Bürger eine Abgabe, das „Wachtgeld", zu entrichten.

L 210 □

Bürgergardist

Ehingen, um 1720

Dargestellt ist auf einem hochrechteckigen Bildfeld vor einem neutralen Hintergrund ein Bürgergardist in Lebensgröße. Er ist in Dreiviertelansicht in aufrechter, strenger Haltung gegeben, den Blick zum Betrachter gewendet. Die Art der Uniform läßt erkennen, daß er im Rang eines „Stadtfeldwebels" steht. Er trägt eine Bärenfellmütze und einen gelben Waffenrock mit großen Goldknöpfen und roten Manschetten und Kragen, darunter ein rotes Hemd mit schwarzem Stehkragen und breitem, braun-schwarz gestreiftem Gürtel, an dem zwei Quasten hängen, dazu gelbe Beinkleider und schwarze bis über die Knie reichende Stiefel. Seine Bewaffnung besteht aus einem Säbel und einem Vorderlader mit Bajonett.

Öl auf Holz, 224 × 64 cm.

Literatur: Weber, Franz Michael, Ehingen, Geschichte einer oberschwäb. Donaustadt. Ehingen 1955, S. 138–142.

Ehingen-Mühlen, Museumsgesellschaft e.V., Inv. Nr. 6558

L 210

PORTRÄTS

L 211 □

Bildnis des „Papierers“ Jerg Diethrich mit Familie

Unbekannter Künstler, 1650

Das kleine auf Metall gemalte Bild im Typus eines Glasgemäldes der sogenannten Wappen- oder Kabinettscheiben des 16. u. 17. Jhs. zeigt den „Jerg Diethrich Bappiermacher und Bürger zuo Urach und Anamaria Seine Ehliche Hausfraw und Sein Sohn Jerg Albrecht Dietherich. Anno Domini. 1650“ in feierlicher Kleidung und mit Zeichen des Reichtums. Der Vater stützt sich auf eine Hellebarde, die Mutter präsentiert einen Silberpokal und der Sohn ein Kelchglas – typische Attribute, wie man sie auf den obengenannten Glasgemälden finden kann. Das Bild ist in drei Zonen gegliedert. Unten die Inschrift mit zwei begleitenden Figuren, darüber die Familie in heimischer Umgebung und oben die in Form von Wandbildern gezeigte Papiermacherei. Es zeigt Teile der Papiermühle, von denen in Urach drei existierten, die aus Holz gefertigten Antriebswellen,

L 211

L 212a

Stampfgeschirre, Pressen und Wasserräder. Die kostspielige Ausstattung einer Papiermühle setzte ein großes Kapital voraus, deshalb konnten sich den Besitz nur Handelsherren oder Kaufleute leisten, welche diese an Papiermacher weiter verpachteten. Die als „Beständer“ bezeichneten Pächter betrieben die Papiermühle in eigener Verantwortung.

Öl auf Metall. 37 × 27 cm.

Literatur: Schneider, Arthur von, Die Glasgemälde des Landesmuseums Karlsruhe. Freiburg 1949. – Witzleben, Elisabeth von, Bemalte Glasscheiben. Volkstümliches Leben auf Kabinett- und Bierscheiben. München 1977. – Preger, Max, Die Ravensburger Papiermacher. In: Beiträge zur Ravensburger Stadtgeschichte, Heft 9, 1979.

Ravensburg, Städtisches Museum im Vogthaus, Inv. Nr. S. 9

L 212 a–b □

Bildnisse des Bürgermeisters Lorenz Schwan (1644–1692) und seiner Ehefrau Anna Elisabetha

Unbekannter Künstler, 1685

a) Der stattlich gekleidete Lorenz Schwan ist hier in Halbfigur dargestellt mit seinem Wappentier, dem er liebevoll seine Linke auf das Gefieder legt. Oben links ist das Bild bezeichnet:
„L. SCHWAN NATVS. 1644 den 9. Augusty DEPICTUS 1685.“
Lorenz Schwan, Sohn des Bernhard Schwan, der sich 2 Jahre lang in Genf aufhielt und ein halbes Jahr in Frank-

L 212b

reich und danach zwei Jahre lang in der Handlung seines Onkels Stephan Schwan arbeitete, war Mitbegründer der privilegierten Uracher Leinwandhandelskompagnie im Jahre 1661. Diese war als rein kapitalistisches Unternehmen von drei Compagnieteilhabern, den Uracher Kaufleuten Hans Georg Kieffer und Wolff Müller sowie dem württembergischen Herzog Eberhard III. (1614–1674) mit herzoglichen Privilegien gegründet worden. Die Mitglieder der Compagnie, die sogenannten „Compagnie-Verwandten“, hatten das alleinige Ankaufsvorrecht für Leinwand in der Stadt und im Amt Urach, Münsingen, Kirchheim unter Teck, Neuffen und Pfullingen. Die Gesellschaftsgründung, die Stephan Schwan noch zu Lebzeiten vorbereitet hatte, um die Leinwandweberei und den Handel nach dem Dreißigjährigen Krieg in Urach wieder zu beleben, konnte erst nach seinem Tode durch Lorenz Schwan erfolgen, der jedoch zeitweilig auf herzoglichen Befehl aus der Compagnie ausgeschlossen worden war. In seinem Todesjahr bekleidete er das Amt des Bürgermeisters (Stadtpflegers) in Urach. Am 13. März 1692 hat er „einen schnellen Sprung auß der Zeitlichkeit gethan in die seelige Ewigkeit“, dies geschah ihm bei einem Aufenthalt in Stuttgart. Am 16. März 1692 wurde er vom Diaconus M. Johann Laurentius Schmidtlin beerdigt, wobei der Psalm 139, 23 u. 24 ausgelegt wurde, den er zu seinem Leichentext bestimmt hatte.

b) Seine Ehefrau Anna Elisabetha, wohl die Tochter des Joseph Cappel, von 1662–1672 Specialis in Urach, die er am 21. Juli 1663 heiratete, ist ihm gegenüber dargestellt. Zu ihrem feierlichen, kostbar ausgestatteten Kleid trägt sie an Hals und Armen reichen Schmuck. In den Händen hält sie rechts eine Rose und links eine Zitrone. Die Bezeichnung oben rechts lautet: „Anna Elisabetha Schwanin ein gebohr. Cappelin NATA 1644 den 24. FEBRVAR DEPICTUS 1685". Als versinnbildlichtes Wappen ist die Kapelle im Hintergrund zu deuten.

Öl auf Leinwand. a) 92,5 × 72 cm, b) 109 × 89 cm.

Literatur: Memminger, Johann Daniel Georg, Beschreibung des Oberamts Urach. Stuttgart 1831. – Röhm, Walter, Urach-Stadtführer durch Kunst und Geschichte. Urach 1978.

Urach, Kath. Pfarrgemeinde St. Amandus

L 213 □

Bildnis des Johannes Bendel

Unbekannter Künstler, 18. Jahrhundert

Diese Darstellung hält eine Kuriosität der Zeit fest, nämlich Johannes Bendel, Ratsmitglied von Ravensburg, der das hohe Alter von 84 erreichen konnte und einen knielangen weißen Bart trug. Bekleidet mit Rock und Kniehosen, an den Seiten gebunden, stützt er sich mit der Linken auf einen Stock, in der Rechten hält er ein Paar Stulpenhandschuhe. Unten ist das Bild bezeichnet: „Wahre abbildung des Herrn Johannes Bendel des grossen Rath in Ravenspurg gestorben anno 1676 seines alters 84".

Aquarell. 38 × 27 cm.

Ravensburg, Städtisches Museum im Vogthaus, Inv. Nr. S. 9

L 213

L 215a

L 215b

L 214

Bildnis des Bürgermeisters Hyronimus Schue (1635–1711)

Unbekannter Künstler, Villingen, Anfang 18. Jahrhundert

Hyronimus Schue ist als energischer, tatkräftiger Mann dargestellt, was durch den schwungvoll geknoteten Schal unterstrichen wird. Aus dem bekannten Villinger Geschlecht stammend, dem auch der Abt des Benediktinerklosters St. Georgen, Hieronymus Schue (1733–1757), angehörte, hatte er das Amt des Bürgermeisters zu einer Zeit inne, da die Stadt unter den Drangsalen des Spanischen Erbfolgekrieges litt. Wichtigstes Ereignis war die Belagerung Villingens durch Marschall Tallard mit 30000 Mann, dem die Stadt siegreich trotzte. Das Gemälde des Bürgermeisters Schue, wohl noch zu Lebzeiten in der Werkstatt der Villinger Malerfamilie Schilling um 1705 entstanden, wurde erst nachträglich mit den Lebensdaten bezeichnet: „HYRONIMUS SCHUE, natus 1635 16.9s / Consul Villigae Effectus / Mortuus 1711 d. 7 te 9 bries / Cujus Corpus in Ecclesia Paroch: in Choro. / R : I : P". Darunter das zweigeteilte Wappen der Schue, rechts auf rotem Grund Stern mit dreifachem Bergmotiv, links auf weißem Grund drei Helme und als Bekrönung Schwanenhals.

Öl auf Leinwand. 74 × 57,5 cm.

Literatur: Revellio, Paul, Geschichte der Stadt Villingen in Daten. Villingen 1966, S. 36.

Villingen-Schwenningen, Städtische Sammlungen

L 215 a–b □

Bildnisse des Reichspostmeisters Johann Erhard Reinöhl und seiner Gemahlin Anna Catharina

Stuttgart, um 1725

Es ist selten, daß Spickelbilder, wie man diese Art der aus verschiedenen Materialien hergestellten Bilder nennt, nicht für religiöse Darstellungen, sondern für bürgerliche Porträts verwendet wurden. Die Technik wurde vor allem in Frauenklöstern gepflegt, die es darin zu großer Perfektion brachten, fand aber auch außerhalb von Klöstern Nachahmer, wie man es von diesen beiden Stücken annehmen kann.
Das Ehepaar Reinöhl präsentiert sich in großer Festtagskleidung. Die Stoffe sind mit Brokatspitzen verbrämt, Schuhe und Handschuhe aus Leder ausgeschnitten,

Hintergrund und Gesichter aus aquarellierter Pappe. Auf der Rückseite sind beide Bilder bezeichnet:
a) „Johann Erhard Reinöhl Kaiserl. Reichs=Postmeister zu Stuttgart nat. 7. Okt. 1693 (gest.) den 10 November 1770 dessen 2. Gemahlin Christine Friderike geb. v. Reßel geb. 1714 gest. 23. Aug. 1783 in Stuttgart."
b) „Anna Catharina Reinöhlin geb. Gloecklerin 1te Gemahlin des Johann Erhard Reinöhl Kaiserl. Reichspostmeister zu Stuttgart cop. Stuttgart 30. Sept. 1721. gest. den 22. Juli 1729."

Stoff, Leder und Pappe im Originalrahmen. Je 37 × 33 cm.

Karlsruhe, Badisches Landesmuseum, Inv. 70/533 und 70/534

L 216 □

Bildnis der Barbara Kluntz (1660–1730)

Unbekannter Künstler, 1727

Die porträtierte Künstlerin in der Tracht des gehobenen Standes ist vor ihrer Orgel in Halbfigur dargestellt. Sie trägt eine goldene, reich bestickte Bockelhaube mit drei Spitzen. Die rückwärtige große Bandschleife verrät die evangelische Tracht. Über ihrem grauen mit Spitzen besetzten Kleid hat sie ein Schultertuch locker um den Hals geschlungen.
Sie verweist, den Betrachter anblickend, mit der Rechten auf ein von ihr verfaßtes „Choral=Music=Buch", dessen aufgeschlagene Seite ein Jesu gewidmetes Lied zeigt. Mit ihrer linken Hand deutet sie im Zeigegestus auf Jesus, der in Form eines Tischkruzifixes aus Elfenbein vor ihr steht. Zusätzlich sind symbolhafte Gegenstände wie Zitrone, Nelke, ein Instrument zum Vorzeichnen von Notenlinien, Lesehilfe, Taschenuhr, Tintenfaß mit Federkielen dargestellt. So wird zum Beispiel die Taschenuhr als Hinweis auf die Vergänglichkeit, aber auch auf die Weisheit gedeutet. – Das hochrechteckige Format, in das ein Oval eingeschrieben ist, läßt in den Eckzwickeln Platz für vier Wappen und zwei geteilte Inschriften mit Jahreszahl. So steht oben: „Gott allein die Ehr 1625" und unten: „gebt unserem Gott die Ehre 1592". Im Oval: „Von hier zu scheiden hab ich Lust: Philipper 1. Cap: V. 23. Nur Christi Creütz ist mir bewußt. 1. Cor: 2. V 2." Text des Buches: „Choral=Musik=Buch in sich haltend Zur Sing=und Clavier=übung

L 216

dienliche in Noten gebrachte ordentliche Melodien, der schönsten und erbaulichsten Lieder Deß Seel. Lutheri und anderer rein=Evangl.Lehrer, nach anweisung deß Neuen Ulmischen Gesangbuchs genandt: Der Andächtigen Sulamith Christe Helicon bey allen Zeiten und gelegenheiten nutzlich und Seelen=ergötzlich Zugebrauchen eingerichtet von Barbara Kluntzin Der Edlen Music=Kunst beständl. Liebhaberin In dem mit Gott erlebten Evangl. Jubel Jahr MDCCXVII." „Meinen Jesum laß ich nicht. Meinem Jesum im Hertzen den will ich nicht lassen. Ich will Ihn im glauben gantz freudig umfaßen, Und wann man mich einsten im Sterben wird fragen: Hast Jesum im Hertzen? So will ich JA sagen."
Barbara Kluntz war die Tochter des Schneiders Peter Kluntz und seiner Ehefrau Katharina, geb. Messerschmid, die man im Volksmund auch die „Schneiderbärbele" nannte. Sie war von 1704 bis zu ihrem Tode 1730 als Musiklehrerin im „Clavierschlagen" und Singen, als Klaviervirtuosin, Organistin, Komponistin, Dichterin und Konventualin im Ulmer Sammlungsstift tätig. Diese „Sammlung" ging ursprünglich aus dem dritten Orden des hl. Franziskus hervor und war ein

L 217

Zusammenschluß von Frauen und Töchtern aus Ulmer Patrizier-Familien, die ein Leben klösterlicher Art anstrebten und unter denen Barbara Kluntz als Handwerkerstochter eine Ausnahme war.

Öl auf Leinwand. 86,5 × 72,5 cm ohne Rahmen, 90 × 77,7 cm mit Rahmen.

Literatur: Beck, Gertrud, Kunstsinn und Trost wohnten hier unter einem Dach. In: Schwäbische Zeitung vom 23. 12. 1972.

Ulm, Ulmer Museum, Inv. Nr. 1928/6048

L 217 □

Bildnis des Johannes Bantlin (1677–1761) und seiner Ehefrau Christina Catharina (1675–1747)

Unbekannter Künstler, Reutlingen 1740

Vor einer Draperie sind auf einem Sokkel zwei hochovale Medaillons in floralem Rahmen zusammengefaßt. In ihnen, auf der darüber angebrachten Kartusche ablesbar, ist das Hausmeisters-Ehepaar Bantlin dargestellt. Wenn auch von einem weniger begabten Künstler geschaffen, entbehrt das Gemälde nicht der Liebenswürdigkeit und des volkskundlichen Aussagewertes, etwa durch die Tracht der Frau, ein mit Ketten geschnürtes Mieder, Spitzeneinsatz im Ausschnitt, darüber ein lose geschlungenes Halstuch sowie eine 6reihige Granatkette mit Kropfschließe. In der rechten Hand hält sie ein Gebetbuch als Hinweis auf ihre Religiosität, im Arm ein Hündlein als Sinnbild für die eheliche Treue. Ihr Mann in einem knopfreich besetzten Rock mit Weste hält in der Linken eine Nelke. In der Kartusche die Aufschrift: „H. Johanes Bantlin, Der Zeit Haußmeister im Siechenhaus, und seine Haußfrau, Christina Catharina, Seines Alters 63 Jahr, Sie auch Ihres Alters 65 Jahr. 1740." Im Sockel:

„Gott, der da Wunderbar, die gantze Welt regieret,
Hat mich durch seine Gnaden-hand
Aus Belgrad meinem Vatterland,
Zu seinem Christen-Volck, Zu meinem heyl geführet,
Und biß daher Zu mir sein Vatter-hertz geneiget,
Und viele Gnad und Treu an Seel und leib erzeiget,
O, wie viel guts hab ich vom lieben Gott genoßen,
Da Er mich in der Heiligen Tauff,
Zum Gnaden-kind genommen auff,
Und seinen Geist auff mich durch Jesum ausgegoßen,
Da bin ich Gott, sey danck! nun in der Christen-orden,
Wie mein nahm mit sich bringt, auch eine Christin worden,
Ich höre Gottes wort, das meine Seel kan laben,
Ich gehe in den Kirchen-saal,
Und nehme Jesu Abendmahl.
O, welche Gnad ist das! welch theure Gottes gaben!
Ja Gott hat biß daher mich Vätterlich ernähret,
Und mir mein täglich brod recht mildiglich beschehret,
O liebster Gott! du seyst von hertzensgrund gespriesen,
Vor das, was deine Wunder-hand
An mir in einem fremden land,
Auß unverdienter Gnad bis hero hat erwiesen,
Ja Deine Treu hat mich in solchen Stand erhaben,
Daß ich als mutter kann allhier die arme laben,

L 218

Nun wollstu Treuer Gott mich fürderhin erhalten,
Durch deine Gnad mit meinem Man,
Den man allhier auch sehen kan,
Laß über ihn ô Gott! auch deine Güte walten,
Laß hier an seel und leib unß beeden wohlergehen,
Und uns Zugleich einmahl Zur rechten Jesu stehen."

Das Bild, ein Geschenk der Familie Bantlin (heute noch in Reutlingen ansässig), ist das Doppelbildnis des Gerbers Johannes Bantlin und seiner Ehefrau, die er aus einem Türkenlager in Belgrad mit heimbrachte. Vor ihrer Verheiratung wurde sie unter großer Anteilnahme der Bevölkerung christianisiert und Christina Catharina getauft. Bantlin war später Pfründner und Hausmeister im Siechenhaus.

Öl auf Holz. 112 × 89 cm mit Rahmen.

Reutlingen, Heimatmuseum

L 218 □

Bildnis der Anna Margaretha Wagenhuberin

Johann Leonhard Schneider (1716–1762), Ulm 1748

Das Halbfigurenproträt der 15jährigen Anna Margaretha Wagenhuber, Tochter eines Ulmer Handelsmannes, wird dem Maler Johann Leonhard Schneider zugeschrieben, der 1716 in Geislingen geboren wurde und 1762 in Schwabach starb. Er war ein Sohn des Malers und Pappmachédosenfabrikanten Johann Schneider. Sein Schaffenskreis war Stuttgart, Augsburg und Ansbach, wo er auch Hofmaler wurde. Während seines Aufenthaltes in Ulm stand ihm sein Bruder Johann Georg zur Seite. Das Bildnis der Wagenhuberin ist ein sehr anspruchsvolles, fein empfundenes Porträt einer jungen Frau. Es vermittelt Distanz und doch ansprechende Liebenswürdigkeit. Sie trägt die sogenannte Bockel- oder Schniepenhaube mit drei nadeldünn auslaufenden Spitzen, belegt mit dicken Zöpfen, ganz im Stil der Augsburger Mode, sowie das obligate Halstuch von feinster Spitze. Graziös hält sie den Fächer in ihrer linken Hand, ein Zitat höfischer Mode.

Öl auf Leinwand. 79 × 68 cm.

Literatur: Thieme-Becker, Bd. 30, 1936, S. 196.

Ulm, Ulmer Museum, Inv. Nr. AV 1514

L 219

Bildnis des Scharfrichters Georg Heidenreich (1701–1778)

Unbekannter Künstler, Müllheim 1773

Georg Adolf Friedrich Heidenreich, Erbauer der Gastwirtschaft und Poststation „Alte Post" (1745) in Müllheim, war außer Gastwirt und Posthalter auch Klosterschaffner in dem nahe gelegenen Kloster Lützel und „Nachrichter", das heißt Scharfrichter, der nach Gerichtsbeschluß richtete. Die Verbindung eines bürgerlichen Berufes mit dem Amt des Scharfrichters im 17. und 18. Jahrhundert ist ein ungewöhnlicher Fall. Das Scharfrichteramt galt allgemein als „unehrlich". Das ging so weit, daß man alle Dinge mied, mit denen ein Henker oder Scharfrichter in Berührung kam. Selbst das gemeinsame Einnehmen von Mahlzeiten mit einem Scharfrichter war verpönt. Unter dem Wappen, ein rot gekleideter Mann mit silbernem Schwert auf goldenem Grund, ist das Gemälde oben links bezeichnet: „AETATIS SUE 72 iahr / COPIERD Ano 1773./ RENOV: Ano 1838."

Öl auf Leinwand. 103 × 88 cm.

Literatur: Martini, Eduard Christian, Geschichte der Diözese Müllheim. Freiburg 1869, S. 66ff. – Oppelt, Wolfgang, Über die „Unehrlichkeit" des Scharfrichters. Lengfeld 1976.

Badenweiler, Botschafter a. D. Herbert Blankenhorn

L 220

Bildnis des Johann Baptist Litschgi (1733–1798)

Unbekannter Künstler, 2. Hälfte 18. Jahrhundert

Dargestellt ist das Porträt eines Mannes in der Mode der Wertherzeit. Es zeigt den Handelsmann und k. k. Posthalter Johann Baptist Litschgi (vermählt mit Anna Maria Sartori, nach ihrem Tod mit Maria Josepha Crederer), dessen Vorfahren einst aus dem Aosta-Tal gekommen waren, um sich in Bad Krozingen niederzulassen. Ihren Besitz und großen Reichtum erwarben sie durch die Förderung und Verarbeitung von Blei und Eisen sowie durch die im Schwarzwald so wichtig gewordene Flößerei.

Öl auf Leinwand. 69 × 57 cm mit Rahmen.

Literatur: Martin, Karl, Die Einwanderung aus Savoyen nach Südbaden. In: Schau-ins-Land, Bd. 65–66, 1938–39, S. 37. – Ders., Die Unternehmerfamilie Litschgi in Krozingen. In: Schau-ins-Land, Bd. 71, 1953, S. 95ff. – Krummer-Schroth, Ingeborg, Oberrheinisches Mosaik. Freiburg 1974, Abb. 10.

Bad Krozingen, Privatbesitz

L 221

Bildnis des Prälaten Friedrich Christoph Oetinger (1702–1782)

Georg Adam Eger (1727–1808), um 1775

Friedrich Christoph Oetinger, Theosoph und lutherischer Theologe, ist hier als ein vitaler energischer Mann charakterisiert, der der Güte nicht entbehrt, dargestellt in der Tracht des Geistlichen mit den Attributen des Gelehrten. Er vertrat die eigentümliche mystische Richtung, welche die württembergische Theologie des 18. Jahrhunderts genommen hatte. Deshalb wird er auch der Magus des Südens genannt im Gegensatz zu Johann Georg Hamann, dem Magus des Nordens. Sein Lehrsystem suchte Natur und Geisteswelt zu vereinigen. Oetinger, am 6. Mai in Göppingen als Sohn des Stadtschreibers geboren, studierte in Blaubeuren und Tübingen und erwarb sich ausgezeichnete Kenntnisse der hebräischen Sprache. Bei seinen ausgedehnten Reisen in Deutschland und in den Niederlanden lernte er wichtige Gelehrte kennen. Nach Württemberg zurückgekehrt, wurde er Pfarrer in Hirsau, Schnaitheim und Waldorf. Von 1752 bis 1766 war er Dekan in Weinsberg und Herrenstätten und danach Prälat in Murrhardt. Er starb am 10. Februar 1782 und wurde in der Stadtkirche begraben.

Öl auf Leinwand. 80 × 60 cm.

Literatur: Wetzer und Welte, Kirchenlexikon, Bd. 9, 1895, S. 761.

Murrhardt, Stadtkirche

L 222

Bildnis des Martin Gerbert von Hornau, Fürstabt von St. Blasien

Schwarzwald, Ende 18. Jahrhundert

Der Benediktinerabt, in einer Fensternische sitzend, hält in der Rechten eine Schriftrolle als Zeichen der Gelehrsamkeit, im Hintergrund Ausblick auf die Probstei Bürgeln. Martin Gerbert (1720–1793, seit 1764 Abt von St. Blasien) war Forscher und Gelehrter, der viele wissenschaftliche Bücher veröffentlicht und sich besonders mit der Geschichte der Musik beschäftigt hatte. Der Abt von St. Blasien war aber auch Herr eines kleinen Fürstentums und für die wirtschaftlichen und politischen Angelegenheiten seines Landes verantwortlich. Während seiner fast 30jährigen Amts- und Regierungszeit ließ er Kirchen, Schulen, Krankenhäuser errichten, Straßen bauen; er förderte Viehzucht und Ackerbau sowie die Hausindustrien der Spinnerei und Stickerei. Wie die meisten Regenten im Absolutismus suchte er durch Verordnungen und Vorschriften alle Lebensbereiche seiner Untertanen bis ins kleinste zu erfassen und zu regeln. Dazu gehörten Edikte, die das öffentliche Leben und Recht betrafen, ebenso wie Verordnungen, die in die ganz persönlichen Belange der einzelnen Bürger eingriffen (vgl. Kat. Nr. 249 d, i, j).

Hinterglasbild. 41,5 × 32,5 cm.

Literatur: Nicolai, Friedrich, Aufenthalt im Stifte St. Blasien. In: Beschreibung einer Reise durch Deutschland und die Schweiz, Bd. 12, Berlin/Stettin 1796, S. 64–86. – Bader, Joseph, Fürstabt Martin Gerbert von St. Blasien. Ein Lebensbild aus dem vorigen Jahrhundert. Freiburg 1875. – Tüchle, Hermann, Martin Gerbert von Horb am Neckar, Fürstabt von St. Blasien. Horb 1970.

Freiburg, Augustinermuseum, Inv. Nr. 6536

KURIOSA

L 223

Scherztafel

Calw, 18. Jahrhundert

„Dank des Totengräbers an den Arzt": Friedhofsszene, in der ein Totengräber mit Schaufel und ein vornehm gekleideter Arzt sich an einem Sarg gegenüberstehen. Gebeine und Knochen liegen am Boden. Im Hintergrund eine Kirchhofmauer. Inschrift im oberen Teil des Bildes: „Herr Colega danck sey euch eure Weißheit macht / mich reich meine Schauffel, Eure Billen können unsern Kirchhof füllen". In dem Bild manifestiert sich auf humorvolle Weise Kritik an der ärztlichen Kunst.

Öl auf Leinwand. 38 × 55 cm.

Calw, Heimatmuseum, Inv. Nr. 16/10

L 224

Darstellung einer Kuh

Geislingen 1696

Zwei Drittel des Blattes sind von einer stehenden Mastkuh in Seitenansicht ausgefüllt. Auf dem linken Drittel folgender Text: „Ao. 1696. auf den H. Ostertag ist diese Kueh von Christoph Wanner Bürger und Mezger allhier in Geißlingen geschlachtet worden / Sie ist von Ihro Freyh: gnaden / Herrn von Rechberg zu Weißenstein erkaufft worden / um 82 f [= Gulden] hat am gewicht gehabt 625 ℔. an Unschlitt 125 ℔. auß der Haut gelöst 9 f das ℔. Fleisch ist verkaufft worden vor $5^1/_2$ x [= Kreuzer]. Erneuert worden Ao. 1805."

Zeichnung, Aquarell, grau gehöht; 25 × 41,5 cm.

Geislingen a. d. Steige, Heimatmuseum, Inv. Nr. 817

L 225

Gemälde einer „Ratsforelle"

Ravensburg 1764

Abbildung einer 23 Pfund schweren Bodenseeforelle, die der Bürgermeister von Überlingen dem Bürgermeister von Ravensburg schenkte. Tags darauf wurde das ungewöhnliche Geschenk von den Ravensburger Ratsmitgliedern feierlich verzehrt und im Andenken daran ein lebensgetreues Bild der „Ratsforelle" in

Auftrag gegeben. Der Fisch ist nahe dem Ufer eines Sees in überdimensionaler Größe mit geöffnetem Maul dargestellt. Unten die Inschrift: „Eine forellen von diser grösse und 23 ℔ am gewicht verehrt Hrr: Johann frantz schulthais v. Sinneringen burgermaister der Reichs=statt Überlingen dem churfürstl. bayerischen Rath und burgermaister der Reichs=statt Ravenspurg frantz balthasar von Mertz, den 24 t: May 1764 welcher den 25 t: dar auf die allhiesige adeliche gesellschafft, und den übrigen Magistrats anthaill damit Regalieret hat."

Öl auf Leinwand, 44 × 105 cm.

Ravensburg, Städtisches Museum im Vogthaus, Inv. Nr. S. 10

NARRENZUNFT

Die Fastnacht hatte sich im Spätmittelalter auf zwei verschiedenen Ebenen abgespielt. Auf der einen stellte der höfische Mummenschanz Personen der niederen Stände, wie Handwerker und Bauern dar, auf der anderen verkleideten sich die Angehörigen von Handwerkerzünften gerne als Edelleute. Sie dokumentierten damit ein erwachendes bürgerliches Selbstbewußtsein.
Im Verlauf der Reformation – Luther selbst war dem Fastnachtsspiel zugetan – wurde die Fastnacht als „papistische Unsitte" in den reformierten Landesteilen abgetan. Der Dreißigjährige Krieg und die späteren Erbfolgekriege waren fastnachtsfeindlich. Das 18. Jahrhundert brachte dann mit dem Aufblühen der barocken Duodezfürstenhöfe neue Impulse. Höfische Maskeraden und Gastspiele von Komödiantengruppen aus England und Italien wirkten auf die Entwicklung der Fastnachtsgestaltung. So stammt der Larventypus des glatten, fast geschlechtslosen jugendlichen Gesichts mit spätbarockem Schönheitspflästerchen aus dieser Zeit; oder die Streckschere ist auf Abbildungen zu sehen, auf denen italienische Komödiantengruppen ihr Spiel treiben (s. Kat. Nr. L 226). Barocker Hang zum Überschwang gab auch den ursprünglich aus einem Seidenband gebundenen Halsschleifen, wie sie der Villinger Narro trägt, ihr Aussehen.

Literatur: Kutter, Wilhelm, Schwäbisch-Alemannische Fastnacht. Künzelsau 1976.

L 226

„Narrenbrett"

Tiengen, 1706 (1766?)

Nach der örtlichen Überlieferung haben die Zünfte des Ortes von Kaiser Maximilian I. das Recht verliehen bekommen, an den Tagen der Fastnacht die Obrigkeit zu verunglimpfen, „ohn der Straf zu gegenwärtigen". Darauf bezieht sich ein Schriftband im unteren Drittel der Tafel. Es läßt vermuten, daß das Brett älter als Anfang 18. Jh. ist: „PRIVILEGIA Und Freyheiten / Von Anno 1503 und 1602." Auf dem runden Narrenbrett sind 9 Handwerkerzunftzeichen im Kreis abgebildet mit Nennung der Namen und Aufgaben der Wappenträger: „Liebhaber der Uralten Freyheit und Rechten. Sowohl für die Geschaiden auch Narren und Knechten". Abgebildet sind zwei Harlekine. Einer der Narren trägt die Narrenschere und einen Narrensäbel. Über der Abbildung des Gerichtsstabes steht: „Wer an den Gerichtsstab angelobet hat. Der soll sich halten wie es sich g'hört in der that". Darunter befinden sich zwei Wappen. Auf der Rückseite ist das Schwarzenbergische Wappen und das der Stadt Tiengen, datiert 1718, mit Initialien R.V. in floraler Bekränzung aufgebracht. Darüber lautet eine Inschrift im Band: „Die hochfürstliche und Statt Wappen. Gott von gescheiden und Narren, hochge Ehret werden".

Literatur: Brandeck, Hans, Geschichte der Stadt Tiengen. Tiengen 1936, S. 249 m. Abb. – Kutter 1976, S. 200.

Holz, beidseitig bemalt, Dm. 50 cm, Gesamthöhe mit Stab 120 cm.

Tiengen, Narrenzunft 1503 e.V.

L 227

Richterstab des Narrengerichts

Tiengen, Ende 18. Jahrhundert

Das „Narrenzepter" ist das Symbol für die Würde des Zunftmeisters. Die ursprüngliche Form des Richterstabes der Tiengener Narren ist aus der Darstellung des Narrenbrettes zu entnehmen: ein einfach gedrechselter Stab, ohne nennenswerte Verzierungen. Das vorliegende Stück aus späterer Zeit trägt an der Spitze eine barocke Muttergottes mit Kind, aus Zinn gearbeitet. Sie wurde in einem Futteral aufbewahrt und nur zu bestimmten Anlässen aufgesteckt.

Holz, schwarz, mit Gold gefaßt; Zinn, versilbert, H. 112 cm.

Literatur: Kutter 1976, S. 200.

Tiengen, Narrenzunft 1503 e.V.

L 228

Groteskmaske

Laufenburg, um 1780

In Laufenburg geht die Fastnachtstradition auf die Fischerzunft zurück, die seit 1386 das Privileg zum Ausrichten der Fastnacht besitzt. Drei traditionelle Maskentypen, die in der Barockzeit entstanden, werden heute noch von der Narro-Altfischerzunft getragen. Der freundlich lächelnde Narro, der weinende Narro und der grinsende Narro. Im Besitz der Zunft befindet sich die älteste Holzlarve

L 238 b

KALLIGRAPHIE

L 234

Kaiserlicher Wappenbrief für die Gemeinde Altheim

Verliehen von Kaiser Leopold I. am 21. Januar 1681 in Linz

Der Text der Urkunde wird umrahmt von einem farbig ausgeführten Arabeskenrand, bestehend aus stilisierten Blumen zwischen Blattornamenten in Rot, Gelb, Grün, Blau und einer blumengefüllten Vase am unteren Rand. Das Kernstück der Urkunde, das Wappen, befindet sich in der Mitte des Textes. Das Wappen ist viereckig in schmalem Goldrand. Auf rotem Grund, dem Wappenmantel, schweben in den beiden oberen Ecken zwei Putti. Darunter wölbt sich eine breite Kreislinie mit der Umschrift „Althaimb am Piberpach 1681". Innerhalb dieses Kreises ragen links und rechts auf Konsolen zwei menschliche Halbfiguren auf, mit Blumengewinden auf dem Kopf und dem Gesicht nach außen. In der Mitte zwischen beiden ein Engelskopf zwischen Rankenwerk. In diese reiche Ornamentik ist der Wappenschild eingepaßt, durch zwei waagerechte Linien in drei Felder unterteilt, die gelb, rot und grün grundiert sind. Im grünen untersten Feld steht aufrecht ein Biber am Ufer eines Baches. Den Wappenschild halten unten drei Putti mit erhobenen Armen.
Der Altheimer Wappenbrief ist ein besonders schönes Beispiel für die Kunst der Kalligraphie und Heraldik im 17. Jahrhundert. Erstaunlich ist die Tatsache, daß sich eine kleine Gemeinde wie Altheim solch ein prächtiges Wappen anfertigen ließ und die damit verbundenen hohen Unkosten aufbringen konnte.

Pergament, Feder, Aquarellmalerei; 51 × 74 cm (hochgeklappter Rand 11,5 cm); mit Kaisersiegel aus Wachs in Holzschatulle (Dm. 22 cm) und einer Originalschatulle aus Blech für die Urkunde und das Siegel.

Literatur: Maier, B. / Nägele, Anton, Eine Prachthandschrift des 17. Jahrhunderts. In: Archiv f. christl. Kunst, Bd. 32, 1914, S. 4–7, 17–20, S. 30–32.

Altheim b. Riedlingen, Rathaus

L 235

Schreibmusterbuch

Originalhandschrift von Johann Jacob Losenauer, Schulmeister in Leonberg, 1692

Titel der Handschrift: „Kunstrichtige

L 237

Schreibart, allerhand Versalien der teutschen, lateinischen und italianischen Schrifften, theils aus ganz selbst eigener Erfindung, theils aber aus unterschiedligen Meistern der edlen Schreibkunst zusammengetragen durch Johann Jacob Losenauern, derzeith bestellten teutschen Schuhlmeistern in Leonberg. anno MDCXCII". Es folgt eine Widmung an Magdalena Sybille, Herzogin zu Württemberg, hierauf ein koloriertes kalligraphisches Blatt (Lob der Schreibfeder), wiederum ein koloriertes Blatt (Embleme), dann anschließend die verschiedenen Schriftarten und Versalien. Letzte Seite Nachwort.
Die Schreibmusterblätter von Johann Jacob Losenauer wurden 1719 in Stuttgart als Kupferstichfolge, bestehend aus 26 Blättern (gestochen von Joh. Christ. Steinberger), veröffentlicht. Bereits Ende des 18. Jahrhunderts wird er im Schreibmusterbuch von Johann Gottfried Köppel (Ansbach 1783) als einer der wichtigen Schreibkünstler in der Geschichte der Kalligraphie genannt.

45 unpaginierte Bll., Pergamenteinband, 33 × 21 cm.

Literatur: Doede, Werner, Bibliographie deutscher Schreibmusterbücher von Neudörffer bis 1800. Hamburg 1958, S. 29, Nr. 127, 128, 215, Taf. 28.

Stuttgart, Württembergisches Landesmuseum, Inv. Nr. 1927/554

L 236

Köngener Buch

Illustrierte Handschrift von Daniel Pfisterer, begonnen 1716

Der Verfasser und Illustrator dieser Handschrift war von 1716 bis 1727 Pfarrer in Köngen und hat in der Zeit „dieses Buch von Blumen Gewächsen Thierlen und allerley Einfällen" geschrieben.

137 Bll., Pappe, braune Feder, Aquarellmalerei auf Papier; Schweinsledereinband; 19,7 × 16,7 cm.

Stuttgart, Württembergisches Landesmuseum, Inv. Nr. VK 1979/31

L 237 □

Wappenbrief für Elias Hübner

Ehingen 1728

Urkunde aus Anlaß der Verleihung eines Wappens an Elias Hübner, Bürger von Ulm und Gastwirt „Zum Goldenen Hirschen". Ausgestellt in Ehingen am 22. 7. 1728 durch Johann Philipp Edler von Caché auf Grund eines Privilegs von Kaiser Karl VI.

8 Bll. auf Pergament, Feder, mit dem kolorierten Hübnerschen Wappen (Bl. 6^r) und einem Siegel (Bl. 7^v). Pappeinband. 35,5 × 26 cm.

Ulm, Ulmer Museum, Inv. Nr. AV 4720 A

L 238 a–b □

Zwei Glückwünsche

Gerichtet an Herzog Carl Eugen (1728–1793) und Herzogin Elisabeth Friederike Sophie (1732–1780) von Württemberg. Verfaßt und geschrieben von Johann Anton Eyth, „unterthänigst=verpflicht=gehorsamster Knecht u. Lehrmeister der Teutschen Schul zu Freudenstatt". Mitte 18. Jahrhundert.

Zwei kalligraphische Blätter mit kleinen aquarellierten Illustrationen, wie Pflanzen, Vögeln, Blumenkörben.
a) Dem Herzog gelten folgende Wünsche: „Gebe der Herr was Sein Hertz wünschet u. erfülle alle seine Anschläge. Ps. 20".
b) Der Herzogin wünscht der Schulmeister: „den Geist Deborä, die Klugheit der Thekoiten, die Schönheit Rahel, die Holdseeligkeit Esther, der Judith Heldenmuth, und laße IHR zum Trost des Würtembergischen Isräels eine fröliche Kinder-Mutter werden. Psalm 113, 9".

Pergament, Tusche, Aquarell; a) 51,8 × 70,5 cm, b) 49,5 × 72,8 cm.

Stuttgart, Württembergisches Landesmuseum, Inv. Nr. 8924; 8924 b

OBRIGKEIT UND UNTERTAN

L 239

Zepter des Bürgermeisters von Säckingen

Säckingen, 2. Hälfte 18. Jahrhundert

Gedrechselter Holzschaft mit aufgesetzter Silbermontierung: österreichischer Doppeladler mit Stadtwappen von Säckingen auf Granatapfel.
Der Bürgermeister einer Stadt hielt bei Gerichtsverhandlungen ein Zepter in der Hand als Zeichen, daß ihm die richterliche Macht im Namen des Landesherrn übertragen war. Ein Gerichtszepter mußte in bestimmter Weise bearbeitet sein; denn ein nicht vorschriftsmäßig gestaltetes Zepter bedeutete in der Auffassung der Menschen damals schlechte Gerichtsbarkeit. Ursprünglich sollte es schmucklos, vor allem entrindet sein, um keine bösen Dämonen verbergen zu können. Auch die Tatsache, daß es senkrecht nach oben gehalten werden mußte, war ein Überrest des Aberglaubens. Erst in späterer Zeit, besonders im 18. Jahrhundert, wurden immer häufiger Gerichtszepter in prachtvoller Ausführung verwendet.

L. 96,5 cm, B. 6,5 cm.

Literatur: Schild, Wolfgang, Alte Gerichtsbarkeit. Vom Gottesurteil bis zum Beginn der modernen Rechtsprechung. München 1980, S. 132, 136.

Bad Säckingen, Hochrheinmuseum, Inv. Nr. V-183

L 240

Zeremonialschwert des Bürgermeisters von Säckingen

Säckingen, 2. Hälfte 18. Jahrhundert (Klinge von 1587)

Knauf und Griff: Bein, geriffelt, mit vergoldeten Messingteilen; Klinge mit Verzierungen und Inschrift auf einer Seite „ME VECIT ANNO DAMNE MDLXXX7“, auf der anderen Seite „PARDHOLOME MAURKHIRCHER“; Lederscheide mit vergoldeter Messingspitze und Rocaillenverzierung.
Ein Zeremonialschwert war im Gegensatz zum Richtschwert eines Scharfrichters, das zum Vollzug der Todesstrafe verwendet wurde, Zeichen der Herrschaft und wie das Zepter Symbol der Gerichtshoheit. Es wurde bei Zeremonien und Gerichtsverhandlungen vorgezeigt und war daher meist reich geschmückt und mit Edelsteinen verziert. Schon in den mittelalterlichen Bilderhandschriften des Sachsenspiegels ist das Schwert als Gerichtssymbol dargestellt worden. Mit der wachsenden Bedeutung der Städte hat man das Schwert eines Bürgermeisters auch gleichzeitig als Ausdruck der Souveränität und des Selbstbewußtseins einer Stadt gegenüber dem Landesherrn aufgefaßt.

L 242

L. 66 cm (bzw. 68 cm mit Scheide), B. 9 cm.

Literatur: Schild, Wolfgang, Alte Gerichtsbarkeit. Vom Gottesurteil bis zum Beginn der modernen Rechtsprechung. München 1980, S. 136.

Bad Säckingen, Hochrheinmuseum, Inv. Nr. W-22

L 241

Schwörstab

Badisch Franken, 18. Jahrhundert

Unten ein circa 15 cm hoher gedrechsel-

ter Griff mit Querrillen in der Mitte sowie am unteren und oberen Randwulst, darüber der 30 cm lange gewundene Stab, aus dem die Schwurhand hervorwächst. Die überlangen Schwurfinger sind senkrecht emporgestreckt, Ring- und kleiner Finger gekrümmt, der Daumen darübergeschlagen.
Schwörstäbe hatten die Funktion, dem Ablegen von Schwüren und dem Aufsagen von Sprüchen augenfälligen Nachdruck zu verleihen, indem der Schwörende oder Sprechende den Stab in die Hand nahm und weithin sichtbar hochhob. Vor allem in der Rechtsprechung, aber auch im Brauchtum der Zünfte fanden Schwörstäbe eine vielseitige Verwendung.

Eichenholz, geschnitzt und gedreht, schwarze Bemalung; L. 57,5 cm.

Literatur: Brod, Walter M., Ein fränkischer Schwurstab. In: Die Mainlande, Jg. 15, 1964, Nr. 4, S. 13–15.

Karlsruhe, Badisches Landesmuseum, Inv. Nr. C 10817

L 242 □

Eidschwurtafel

Säckingen 1682

Vor dem Eide war es Brauch, dem Schwörenden die Wichtigkeit des Eides klarzumachen. Zu diesem Zwecke wurden mehr oder minder künstlerisch ausgestaltete Eidtafeln gemalt, die im Rathaus oder in der Gerichtsstube hingen und in Wort und Bild die Heiligkeit des Eides und die schwerwiegenden Folgen des Meineides in Exempeln darstellten.
In Säckingen wurde die Schwurtafel auf Bestellung des Bürgermeisters im Jahre 1682 gefertigt. Vorlage bildet ein illustriertes Flugblatt des 17. Jhs. mit Schwurhanddarstellung, deren Beispielgeschichten bis auf eine Wiener Tradition von 1579 zurückgehen.
Links: „Eine schöne Außlegung deß / Eydt schwören, waß ein jeder Finger bedeit / Undt außweist, mit allem fleiß durch Caspar von der Sitt ausgelegt / Welchen Menschen ein Eydt / uffgelegt wierdt, der soll mit Drey auffgehobnen / Fingernn schwören. Bey dem Daumen allsdem Ersten fing / er wirdt verstanden Gott der Vatter Bey dem Andern finger Gott Sohn Und bey dem Dritten finger Gott der Heylige Geist, Der / Viertte Underlichgeneigte finger bedeit die Seel der fünffte alls / Kleineste finger, bedeitden Menschlichen Leib, welcher dann / Vil weniger Kleiner und geringer gegen der Seel zu achten / ist, Die gantze Handt aber Bedeutt das ganße Göttliche wesen, Durch welches Allmacht Himmel Undt, Erdt, Sonn Undt / Mond, die schönen Lieblichen Stern Laub undt Graß Und alles / daß, waß Leben hat auff Erden erschaffen worden ist.
Es hat der Eydt auch Folgenden Verstandt aber woll mit Mit disen wortten benent oder auß geredt wirdt
Da Ich falsch oder Unrecht schwere so solle / Mich Gott der Vater, Gott der Sohn Undt Gott der Heilige / Geist ausschlissen undt absöndern von der Heyligen gantzen Christenheit. Zum Andern da ich falsch schwere so solle mir Gott / der Vatter mein Erschaffer, Gott der Sohn mein Erlöser Undt / Gott der Heilye Geist mein Heilymacher, nimmer mehr zu hilff / kömen, wen sich mein leib undt Seel an meinem Letzten Endt von / einander scheiden, zum dritten da ich falsch schwere so solle daß Heilye / bitter Leyden undt sterben Jesu Christi welcher am Stam deß H:Creitz, / es für der gantzen Welt Sünde bezahlet Undt gnug gethan an mir ver / lorn sein und sehne ich dessen in Ewigkeit nit zu getrösten es sollen auch / mit dem costbarlichen Bluet Jesu Christi meine sündt nicht gereiniget oder gewaschen sein. Zum Vierten da ich falsch oder Unrecht schwere so helft mie Gott nim̃er mehr und daß ich Mainaydyer am Jüngsten Gericht / mit schreckhen Zitern undt traurykeit aufferstehe undt alda mit Leib und Seel für den strengen Richter stuell Gottes Undt von der auserwölten / heilyen Gottes abgescheiden werde, Undt in dem feuryen pful dem Teiffel / Undt Verdambten Zubereit geworffen werde. Undt der freidenreichen Anschauung Ewyen Genaden Und Göttliches Angesicht in Ewykeit beraubt werde.
Darum Gedenckh O.Christen Mensch / von Eydtschwur Recht, daß dich kein gewalt, lieb, Ehr. Gelt und Guett dahin bewegen daß / du auf dem wenigsten falsch schwerst, dann der falsche Eydt ein Untreylicher last dadurch Gottes Huldt Verlohren Leib / Undt Seel verdabt undt auff disem Jammertahal die Liebe Obry / keit undt der negste betrogen Recht undt Gerechtigkeit aber dadurch / verdunckhet wierdt."
Mitte: „Denen Ehrnvesten firsichty Ersam Undt Wohlweisen / Herrn Heren N:N: Schultheisen Klein und Grossen Rath der Kayserle: V:O: Statt seckhingen VerEhrt Herr Jörg Adam Bannwarth der Zehnth Ambt Schultheiß dise Taffel Zuem freindtlichen Anyenckhen. Anno 1682."
Rechts: „Erschreckliche Wahrhafftye / Geschicht dreyer Maineedyer Persohnen / welche der Allmechtye Gott in Ihren schwören Jem / merlich gestrafft andern zum Exempel.
Zu Losanna am Genffer See=lyendt, / hat ein Reicher fürnemer Wirth, welcher alt undt wol bedagt, / mit einem seiner Mitbürger der doch nit sonders vermöges / gewest ein Recht gefirt, antreffent ein zimliche grosse Summa Gelts, da aber solches anderer gestalt undt durch gewisse / Zeugnus nicht hat Khönten zu Recht erkhent werden, ist dise Rechts / Sach gemelten Reichen wierth auf den Eydt gegeben worden / welchen zulaisten gantz vermessen willyt abder der Eydt / vor Gericht zuthun aufferlegt und er solchen Ime Zum Ewy / en ver=derben mit aufgehobnen Finyern schwört, lest der liebe / getreue Gott seine Straff Undt Zorn über den falschen Mainay / der augenscheinlichen ergehen, Folgendter gestalt daß diser ellende / Wirth allsbalt nider sinckht sein yantzer Leib Kohlschwartz wird und gleich / Übereinander hockendt Steintodt ist, wie dann bey disen Eidtschwur vil für / nimer hoher Persohnen gewesen die dieses alles gesehen und angehört / haben, Verloffener nun solcher schrecklicher sachen ist dem Andern seinen / Mitbürger alls dem Gerechten und wahrhafften in diser sachen das Gelt / eingeant wortt Undt Zugeteilt worden. Der Todt Wierth aber, als ein Maineydiyer Verlaugner Und Verachter der Heilyen Dreyfaltigkeit / ist an daß Ort der Übeltetter geschlept und von der Christlichen gemain abgesöndert.
Gleicher gestalt hat sich auch in der Statt / Genff begeben, daß ein falscher Eydt Von einer fürnem̃en hohen / Persohn geschworen worden welcher Meineidiyer aber kurtzlich her / nach stirbt, Undt in sein sonder eigen neue Begrebnus gelegt wierdt / Nun begibt sichs über 20 Jahr hernach daß ein Weibsbildt in der selby / en freundtschafft von dem Lieben Gott auß disem Jammerthal da sich abfordert wierdt, da nun gemelte begrebnus geöffnet, befindt sichs / daß gleich wol der yantze Leichnamb verzehret...
er Rechter Arm Undt Handt, gantz und gar frisch unver=wesen doch auch Kohlschwartz mit auffgehobenen fingern alda gefunden wierdt, Dadurch dann die / Rechte worheit an tag komen, darauff

alsobaldt anordtnung gschee / hendaß man die gebein Unverwesene schwartze Arm, von dises Maineydyen falschen Körpers Zur Zeitlicher straf / Die weill er Gott so freffentlich Geuneret, dem Heilyen Geist gelogen die / Obrigkeit Undt seinen Negsten hat, an daß Orth der Übeltet / ter geschlept, und von der Christlichen Gemain abgesöndert den/ en aber soer mit seinem falschen Eidt Unrecht gethan welche durch / disen schwartzen Arm offenbar ist alles Über antworth und eingeraumbt worden.
Es hat sich auch zu Preßburg In Hungern Be / geben daß ein Messerschmidt wegen Vier gulden einen falschen / Eydt geschworn, Darauff Ime der Allmechtige Gott alsobalt gesträfft, daß Ime die halbe handt ist Kollschwartz worden undt ann / Dritten Tag hernach ein trurgs endt genommen."
In der Bildmitte oben, in Wolkenglorіole, der auferstandene Christus als Weltenrichter mit Lilie und Flammenschwert. Über einem Textband in der Mitte oben schwebt der Heilige Geist als Taube. Es ist beschriftet mit der Herkunftsbezeichnung der Tafel. Darunter steht der Engel des Gerichts. In der Rechten trägt er ein Flammenschwert, in der Linken die Waage der Gerechtigkeit und als Züchtigungsinstrument eine Geißel. Zu seinen Füßen das Allianzwappen von Habsburg-Vorderösterreich, zwischen dessen Schilden sich das Wappen von Säckingen befindet. Habsburg erscheint so zugleich als Stütze der Gerechtigkeit und Schutzmacht der darunter dargestellten Stadt Säckingen. Vor der Ansicht der Stadt werden auf breiter Szene die oben angeführten drei Exempel durch bildliche Darstellung von wirkungsvoll-drastischer Eindringlichkeit illustriert. Links davon ist eine Hand mit aufgeschriebener Fingerdeutung abgebildet.

Öl auf Leinwand, H. 265 cm, B. 202 cm (mit Rahmen).

Literatur: Künßberg, Eberhard v., Schwurgebärden und Schwurfingerdeutung. Freiburg 1941. – Sigismund, Karl/Kramer, K. S., Eidtafeln. In: Handwörterbuch zur deutschen Rechtsgeschichte, Bd. 1, Berlin 1971, Sp. 876. – Brückner, Wolfgang, Eid/Meineid. In: Enzyklopädie des Märchens, Bd. 3, Berlin 1981 (im Druck).

Bad Säckingen, Hochrheinmuseum, Inv. Nr. B-82

L 243 □

Eidschwurtafel

Kleineislingen 1755

Hinter Text und Exempeln steht wie bei Katalog Nr. L 242 die gleiche Flugblatttradition, jedoch ergänzt um eine jüngere Augsburger Überlieferung mit der zusätzlichen Lübecker Beispielsgeschichte, die in der Regel auf 1698 datiert ist.
Die linke Hälfte der Tafel wird vollständig von einem Text eingenommen, der kalligraphisch ausgeführt mit großen gotischen Schmuckinitialien beginnt. Der Text ist von Blumenranken umgeben und bringt die Erklärung der Finger der Schwurhand mit anschließenden Exempeln zu Falschschwörern. Er lautet in der Transkription nach Akermann/Schmolz:
„Welchem Menschen ein Eyd zu thun aufferlegt wird, der soll mit auffgehabenen Fingern schwören, bey dem ersten Finger, als dem Daumen, wird verstanden Gott der Vatter, bey dem andern Finger Gott der Sohn, und bey dem dritten Finger, Gott der heilige Geist. Der vierdte und der unter sich gelegte Finger, bedeut die Seel, der fünffte und kleinste Finger, bedeut den Menschlichen Leib, welcher dann viel kleiner und geringer gegen der zu achten ist, die gantze Hand aber bedeut das gantze Göttliche Wesen, durch welches Allmacht Himmel und Erden, Sonn und Mond, die schönen lieblichen Sternen, Laub und Graß, und alles was lebet auff Erden, erschaffen worden ist.
Der Eyd hat auch folgenden Verstand, wie hernach zu vernehmen, und lautet also: Das ich falsch oder unrecht schwör, so soll Gott der Vatter, Sohn und Heiliger Geist mich ausschließen und absondern von der gantzen Christenheit. Zum andern, da ich falsch schwör, so soll mir Gott der Vatter mein Erschaffer, Gott der Sohn mein Erlöser, und Gott der Heilige Geist mein Seeligmacher, nimmermehr zu Hülff kommen, wann sich mein Leib und Seel an meinem letzten End voneinander scheiden werden. Zum dritten, da ich falsch schwör, so soll das bitter Leyden und Sterben Jesu Christi, welches Er am Stammen des Heiligen Creutzes für der gantzen Welt Sünden bezahlet und genug gethan, an mir verlohren seyn, und ich mich dessen in Ewigkeit nicht zu getrösten habe. Zum vierdten da ich abermahl falsch schwöhr, so helff mir Gott nimmermehr, und daß ich Meineydiger am Jüngsten Gericht, mit Schrecken, Zittern und Traurigkeit aufferstehen, und allda mein Leib und Seel, für dem strengen Richterstuhl Gottes, und von allen Außerwählten Gottes abgeschieden und ewiglich verloren werde. Derowegen, oh Christenmensch, bedencke und überlege den Eydschwur recht, laß Dich kein Gewalt, Lob, Ehr, Geld und Gut bewegen, daß Du mit dem Wenigsten falsch schwörest, dadurch Gottes Huld verlohren, Leyb und Seel verdammet, und auff diesem Jammerthal die liebe Obrigkeit und der Nächste betrogen, auch Recht und Gerechtigkeit dadurch verdunckelt wird. Folgen hierauff wahrhafftige Geschichten dreyer Meineydiger Personen, welche der Allmächtige Gott augenscheinlich gestrafft hat, allen Gottlosen zum Spiegel, und frommer Christen zur Warnung anzuhören.
Zu Losanna am Genfter See liegend, hat diesem ein reicher Würth mit einem seiner Mitburgeren, der doch nicht sonders Vermögen gewesst, ein Recht geführt, antreffend eine treffliche große Summa Gelds, da aber solches anderer Gestalt nicht, dann durch gewisse Gezeugnuß hat können zu Recht erkannt werden, ist diese Rechts-Sach gemeldtem Würth auff den Eyd gegeben worden, welchen er zu leisten gantz vermessen eingewilliget. Als ihm aber der Eyd vor Gericht zu thun aufferlegt worden, und er solchen ihme zum ewigen Verderben mit auffgehabenen Fingern schwörte, ließ der liebe Gott seine gerechte Straff und Zorn über diesen falschen meineydigen Würth augenscheinlich ergehen, dergestalt, daß dieser elende Würth alsbald niedersanck, sein ganzer Leib kohlschwartz ward, bey gleich übereinander hockend und tot ist. Bey diesem Eydschwur sind viel vornehme Leuth gewesen, die dieses alles gesehen und angehöret haben. Nach verloffener That aber ist dem Andern, seinem Mitbürger, als dem Gerechten in dieser Sach Wahrhafften das Geld eingeräumt und überantwortet, der todte Würth aber als ein meineydiger Verläugner und Verächter der Heiligen Dreyfalltigkeit, an das Ort der Übelthäter geschleppet und von der Christlichen Gemeind abgesondert worden.
Gleicher Gestalt hat sich in der Stadt Genff begeben, das eine vornehme hohe Person einen falschen Eyd geschwohren, welcher Meineydige kürtzlich hernach gestorben, und in sein eigen neu Begräbnuß gelegt worden. Nun begabe sich, über zwantzig Jahren hernach, daß eine Weibs-Persohn aus derselben Freundschafft von dem lieben Gott aus diesem Jammerthal abgefordert wurde, da nun bemeldte Begräbnuß wieder geöffnet, befande sich gleich wohl, daß der gantze

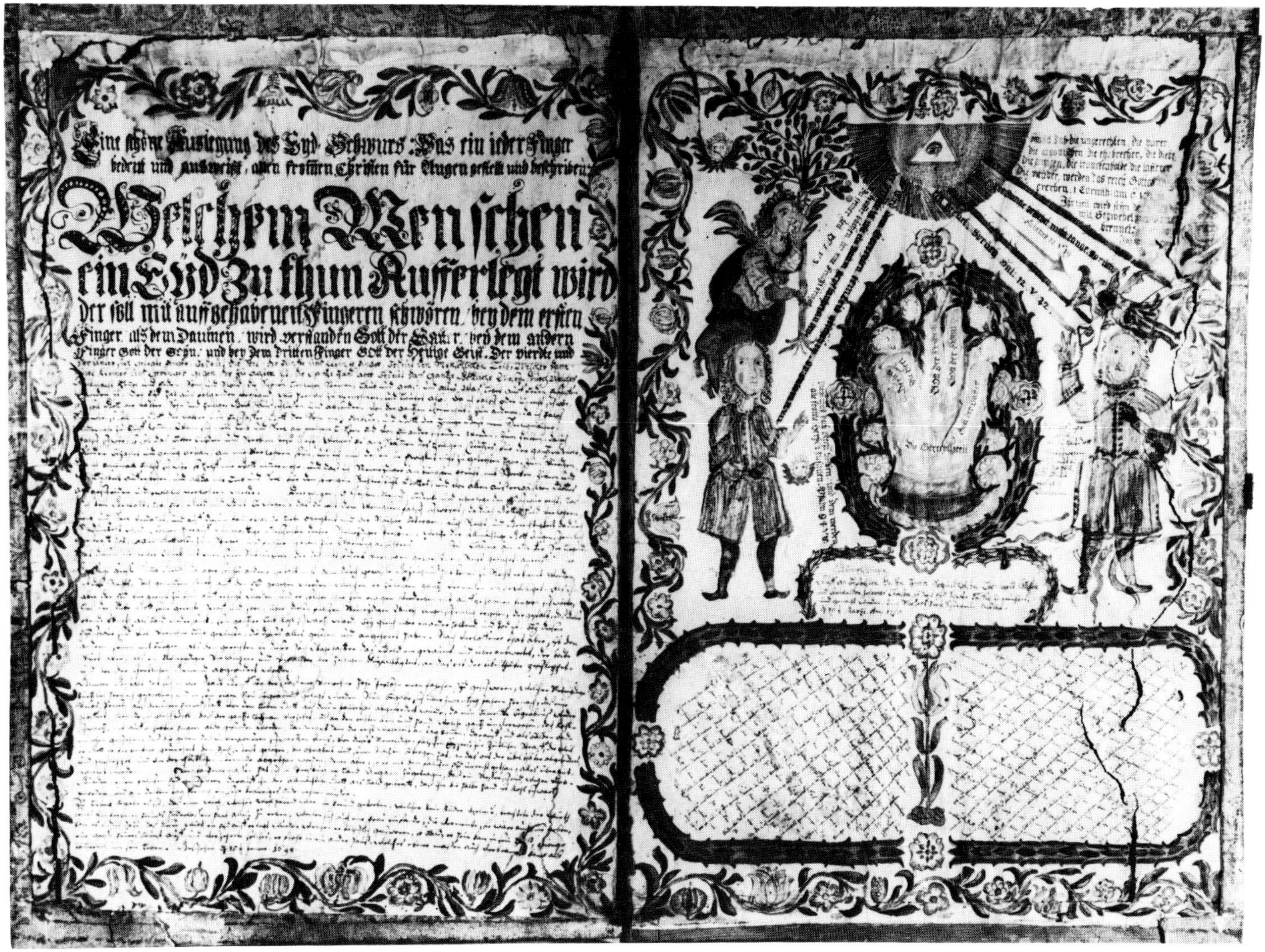

L 243

Leichnam verzehrt, biß an den rechten Arm und Hand, welche gantz unverwesen, doch kohlschwartz, mit auffgehebten Fingern allda gefunden worden, dardurch ist dann die recht Wahrheit an Tag kommen. Darauff sind alsbalden Ordnungen geschehen, daß die Gebein des unverwesenen schwartzen Armes von dieses Meineydigen falschen Cörppers, zur zeitlichen Straffe, dieweil er Gott so freventlich geunehret, dem Heiligen Geist gelogen, die Obrigkeit und seinen Nächsten betrogen hat, an das Ort der Übelthäter abgesondert und geschleppet, und von der Christlichen Gemeinde abgethan worden, denen aber, so er mit dem falschen Eyd unrecht gethan, alles überantwortet worden.

Verstandenermassen hat sich in Preßburg im Land Ungarn zugetragen, daß ein Messerschmid, wegen vier Gulden, einen falschen Eyd geschworen, darauff ihm der Allmächtige Gott als bald gestrafft, daß ihm die halbe Hand ist kohlschwartz worden, und am dritten Tag hernach ein sehr trauriges Ende nehmen müssen.

Zu Lübeck begab es sich, daß einem Würth, welcher wohlhabend war, ein Freund gestorben, welcher keine Kinder verliesse, trachtete der Würth seines verstorbenen Freunds hinderlassene Haab allein zu erben, weilen sich auch eine Frau einfande, die vermeinte, sie wäre auch eine Erbin, kam es endlich dazu, daß diesem Würth ein Eyd aufferlegt wurde, welchen er fälschlich geschworen, sobald er heimkam in sein Hauß, gienge eine große Feuersbrunst auff und verzehrete solches, er flohe in ein ander Hauß, welches ebenermassen auch verbrannte, kame also jämmerlich um sein Leben. Geschehen den 15ten Jenner 1698".

Die rechte Hälfte der Tafel wird vor allem von bildlichen Darstellungen eingenommen. Das Auge Gottes beherrscht die Tafel; von ihm gehen Strahlen mit biblischen Sprüchen aus, die auf zwei links und rechts unter ihm in der Bild-

mitte stehende Männer zielen. Der Mann auf der linken Seite hat den Kopf nach oben gewandt, von wo ihm ein Engel einen mit Früchten behangenen Lebensbaum überbringt. Die hellen Farben seines Gewandes und die vom Auge Gottes ausgehenden Sprüche lassen ihn als den Gerechten erkennen. Die Sprüche lauten:
„Es wird dem Gerechten kein Leid geschehen. Sp. Salom. 12, V. 22."
„Der Gerechte ist wie ein Baum gepflantzet an den Wasserbächen, der seine Frucht bringet zu seiner Zeit. Ps. 1, V. 3".
„Recht muß doch Recht bleiben und dem werden alle frommen Hertzen zufallen. Psalm 94, V. 15".
Der Mann auf der rechten Seite ist dagegen in dunkelfarbige Gewänder gekleidet, sein Blick geht nach unten, die rechte Hand ist zum Schwur erhoben, während die linke als Zeichen seines Falschschwörens schon „kohlschwartz" an die Brust greift. Ein geflügelter Teufel reitet auf seinem Kopf und wird ihn an eisernen Ketten, die ihm schon um Hals und Schwurhand gelegt sind, in die Verdammnis fortschleppen. Widerliche Schlangen, als Symbol der Sünde, züngeln von allen Seiten nach seinem Fleisch. Aus dem Auge Gottes trifft ihn das Verdammnisurteil als roter Blitz und die Worte: „Wisset, daß die Ungerechten, die Hurer, die Abgöttischen, die Ehebrecher, die Diebe, die Geitzigen, die Trunckenbolde, die Lästerer, die Räuber, werden das Reich Gottes nicht ererben. 1. Corinth. am 6.,V.10."
„Die falsche böse Mäuler sind verflucht. Sirach 28, V.15."
„Die falsche Zunge bestehet nicht lange. Sprüch Salomo 12, V.19".
„Falsche Mäuler sind dem Herrn ein Greuel. Sprüch. Sal. 12, V.22."
Neben den Übeltäter hat der Maler geschrieben:
„Du meineydiger Gesell, / weil du hast Gott verschwohren, / jetzt mußt du in die Höll / und bleibst ewiglich verlohren."
In der Bildmitte ist von einem Kranz umgeben die Schwurhand dargestellt, mit der Bezeichnung der Bedeutung der einzelnen Finger, wie sie am Anfang des Textes erklärt sind. Unter der Hand findet sich der Hinweis auf die Entstehung der Tafel:
„Kleineißlingen. Auf Anbefehlen dessen Herrn Schuldheißen Leonhardt Kötzlen und Anwalden Johannes Leinßen, ist dieß Eyd Schwur Taffel zugerichtet und gemacht worden durch Michael Frey, Schulmeister daselbst, den 19ten Marzi anno 1755."
Der verbleibende Raum im unteren Drittel dieser Tafelhälfte wird von einem Text über Recht und Gerechtigkeit, Gott und Obrigkeit eingenommen, dessen Zeilen im rechten Winkel so gegeneinander laufen, daß sie das Bild eines Schachbrettes ergeben. Die schwierige – etwas lückenhafte – Entzifferung ergibt nach Akermann/Schmolz folgende Ermahnung:
„Vom Ampt der Obrigkeit ... und Richtern.
Die Obrigkeit solle Gott in ... gehorsam dienen, das Reich Christi pflantzen und mehren, Recht und Gerechtigkeit ... haben, ihre Inerthanen schitzen und schirmen, derselben Heil und Wohlfahrt suchen fördern und ihnen mit löblichen Exempeln vorleuchten. Es solle die Obrigkeit gedencken, daß sie ihr Amt von Gott habe, welcher von Ihnen schwehre Rechenschafft fordere und die so ihres Ampts mißbrauchen, schröcklich straffen wird. Sehet zu, was ihr thut, daß ihr haltet das Gericht nicht den Menschen, sondern dem Herrn und er ist mit Euch im Gericht, darum lasset die Forcht des Herrn bey Euch seyn, hütet euch und thut es, sie sollen die hohe Göttliche Maiestät scheuen und bedencket, daß sie mitten unter ihnen im Gericht sitze, sehe und höre, was sie reden und handeln und was sie vor ein Urtheil sprechen. Werde auch einmahl ein allgemeines Jüngstes Gericht halten, dabei alle Sachen genau untersuchen und wo sie unrecht gerichtet, ein erschröckliches Urtheil über sie ergehen lassen. Keines verlange es auch Richter zu seyn, dann durch ... Vermögen werde er nicht alles Unrecht zurecht bringen. Er möge sich entsetzen für einem gewaltigen und ... mit Schanden fallen lassen. Sie sollen liebhaben die Gerechtigkeit, ein rechtes Urtheil sprechen, der Gerechtigkeit gemäß richten, darzu nach dem Spruch Jethro sollen sie redliche Leuthe seyn, das Recht nicht beugen, sondern dem, was recht recht ist, nachjagen. Richtet recht zwischen jedermann. Sie sollen vor allen Dingen die Leuthe gern verhören und die Klage und der Beklagten beantwortung, ehe sie ein Urtheil fällen. Höre den Armen gern und antworte ihm freundlich und sanfft. Ihr sollt sie hören, den Kleinen wie den Großen verdamme niemand, ehe du die Sach zuvor erkennest. Erkenne es zuvor und straffe ... urtheilen, ehe du die Sach zurecht hörst und laß die Leuthe zuvor auch reden, menge dich aber nicht in frembde Sachen, und sitze nicht bey unrechtem Urtheil, so möget ihr den Trost haben, daß ihr viel Gnade und Seegen vor Gott werdet haben. Er der Herr wird mit euch seyn.
Jedermann sey unterthan der Obrigkeit, die Gewalt über ihn hat, es sey im geistlichen oder weltlichen Stand, wie Paulus sagt, aller menschlichen Ordnung um deß Herrn willen. Und hat man nicht darauff zu sehen, welcher Religion die Obrigkeit zugethan sey, der wahren oder der falschen, auch nicht, ob die Obrigkeit fromm oder gottloß, hoch oder nieder, sie selbst oder Diener, denn einer ieglichen Obrigkeit ist man zu Gehorsammen verbunden mit gebihrender Ehrerbietung von Hertzen, aus rechtschaffener Liebe gegen die Obrigkeit. Darum sagt Paulus, dießfalls, gebet Ehre dem Ehre gebüret, umb der Ordnung und Gebott Gottes willen, dann es ist keine Obrigkeit ohne von Gott. Wo aber eine Obrigkeit ist, die ist von Gott verordnet. Wer wider die Obrigkeit sich setze, der widerstrebet Gottes Ordnung. Wie man es für löblich hält, Gott unterthänig zu seyn, also soll man der Obrigkeit solches auch beweisen, umb des Herrn willen, sagt Paulus. Hie zu Vermeidung der Straffen von Gott und von der Obrigkeit wann sie widerstreben, werden sie von Gott ein Urtheil über sie empfahen, mit zeitlichen und ewigen Straffen. Thust du Bößes, forchte dich, dann die Obrigkeit trägt das Schwerdt nicht umbsonst, sie Dienerin eine Rächerin zur Straff über den der Böses thut. So syd nun deß Noth unterthan um der Straff willen. Sie hat ihre Diener zur Rach über die Übelthäter um deß Nutzens willen den man vom Gehorsam gegen der Obrigkeit hat. Die Gewaltigen sind nicht den Guten sondern den bösen Wercken zu förchten. Wilt du dich aber nicht förchten für der Obrigkeit so thue Gutes, so wirst du Lob von den Seeligen haben. Wann man Obrigkeit hat, kann man ein ruhiges und stilles Leben führen in aller Gottseeligkeit und Ehrbarkeit und sicher wohnen unter seynem Weinstock und Feigenbaum, seynen Gottedienst abwarten, seyn Brod ruhig. Und genießt seyn Haus in Zucht und Ehr erhalten und was andere groß Nutzbarkeiten mehr seynd um deß Gewissens willen, wie Paulus hie redet, damit man es nicht verletze noch beunruhige, noch von demselbigen geängstiget, geplaget, auch gar zur Verzweiflung gebracht wer-

L 245

de. Es solle dieses iedermann zur Vermahnung ..., daß man unterthan sey aller Obrigkeit, die Gewalt über ihn hat, aller menschlichen Ordnung umb des Herrn willen. Es seye dem König, dem Fürsten, dem Edelmann, oder den Haupt..., Amtleuthen, Schuldheißen, Richtern, Räthen, als den Gesandten von ... Rach über die Übelthäter und zu Lob und Nutz den Frommen. Die Unterthanen werden in ihrem Schatten wohnen in Sicherheit und Ruhe haben und sich wohl nähren und ein stilles Leben führen in aller Gottseeligkeit."

Tusche, Aquarell auf Papier, H. 67 cm, B. 87 cm. Auf Holz aufgezogen.

Literatur: Akermann, Manfred, Schmolz, Helmut, Fußstapfen der Geschichte im Landkreis Göppingen. Weißenhorn 1964, S. 78–82. – Eislingen, Stadt an der Fils. Geschichte, Kultur, Neuzeit. Eislingen 1968, S. 97–102.

Göppingen, Städtisches Museum, Inv. Nr. 67/30

L 244

Schandmantel (Spanischer Mantel)

Schwäbisch Gmünd, um 1680

In Faßform, beschlagen mit drei umlaufenden Eisenbändern. In der oberen Hälfte Bemalung: auf der einen Seite zechende Gesellschaft und Duell, auf der anderen Seite Tafelrunde mit Würfelnden und Trinkenden und vier messerstechende Raufbolde, auf der Rückseite Trinker auf hölzernem Esel. Die Debler'sche Chronik im Rathaus von Schwäbisch Gmünd verzeichnet ca. 1798 folgende Beschreibung des Schandmantels: „Der Spanische Mantel / War von Aichenholtz holl, oben eng und unten weit, wie ein Faß, in der Mitte ging er voneinander, in eisernem Band und schließ, oberhalb war Öffnung zum Hals, wo der Kopf heraussahe, unten ohne Boden. Innerhalb hat er Haken, wo man Gewichter hinhänge, nachdem man ihn schwehr haben will. Er war gemahlen, wo Schlaghändel, Saufferey, Spiele und andere Verbrechen darauf gemahlt waren. Das übrige ist schon gemeldt worden" (Bd. 6, S. 538 a). Nach der Julius Erhard'schen Gmünder Bilderchronik mußten „die Trunkenbolde zur Strafe in diesem Mantel durch die Stadt gehen", wobei nur der Kopf herausschaute und der so Bestrafte dem Hohn und Spott der Bevölkerung ausgesetzt war. Thematisch passen dazu die Ausführungen des Gmünder Rechtskonsulenten Johann Eustachius Jeger von 1707 über „das Spihlen, Tabac Trinckhen und Messerzuckhen" (Handschrift im Stadtarchiv Schwäb. Gmünd mit dem Titel „Periphrasia compendiosa" 1707).

Holz mit Ölmalerei, Eisen; H. 119 cm, Dm. (oben) 51 cm.

Literatur: Kissling, Hermann, Kunst im Städt. Museum Schwäb. Gmünd. Schwäb. Gmünd 1979, S. 92–93.

Schwäb. Gmünd, Städtisches Museum im Prediger (als Leihgabe des Württembergischen Landesmuseums Stuttgart), Inv. Nr. 5383

L 245 □

Schandmaske

Baden, 18. Jahrhundert

Ovale Maske mit zwei einfachen eingeschnittenen Augenlöchern und langem, geöffnetem Schnabel, aus dem die Zunge hervorkommt. An den Seiten lange, spitze, nach vorn gebogene Ohren. Am Scheitel ein Stachelring mit einer Halterung für ein Glöckchen. Halsring und Bügel zur Befestigung am Kopf. Gesicht und Ohren rosafarben, Schnabel grünlich, innen rot bemalt.

L 246

Stilistisch war diese Art von Schandmasken das Vorbild für die im Bodenseegebiet vorkommenden Fastnachtsmasken, die sogenannten „Schnabelgyri". Schandmasken wurden im 18. Jahrhundert noch oft als Mittel der Bestrafung eingesetzt. Es gab vielfältige Formen, von der einfachen bis zur phantasievoll geschmückten und ausgestalteten Maske. Vorzugsweise die wegen Ehebruchs, Beleidigung oder Zanksucht Verurteilten mußten solche Masken aufsetzen und zum Spott der Öffentlichkeit tragen.

Eisen, bemalt. H. 55 cm, L. 57 cm.

Literatur: Meichle, Friedrich, Wie der Hänsele und der Schnabelgiere zu ihren Namen kamen. In: Bodensee-Hefte, Febr. 1966, S. 18 ff. m. Abb. – Karlsruhe 1968, S. 58, Nr. 349. – Schild, Wolfgang, Alte Gerichtsbarkeit. Vom Gottesurteil bis zum Beginn der modernen Rechtsprechung. München 1980, S. 214.

Karlsruhe, Badisches Landesmuseum, Inv. Nr. C 5356

L 246 □

Henkermaske

Bad Waldsee, 18. Jahrhundert

Der Scharfrichter schützte sich bei Hinrichtungen durch Gesichtsmaske und Handschuhe vor dem „bösen Blick" und der Berührung des als dämonisch geltenden Delinquenten.

Augenteil aus Leder, Behang aus Kettengliedern; 12 × 15 cm.

Bad Waldsee, Städtisches Museum im Kornhaus

L 247

Stockflöte

Aus dem Besitz des Gefangenenwärters

Bauer im Blockhaus, Crailsheim, 18. Jahrhundert

Einfache lange Holzflöte ohne jeglichen Zierat. Bauer spielte damit jeden Sonntagmorgen den Gefangenen einen Choral vor.

Holz, Metall; L. 83 cm.

Crailsheim, Fränkisch-Hohenlohesches Heimatmuseum

L 248

Bettlerfigur

Matthias Faller (1707–1791), um 1750

Ein hinkender Greis mit zerlumpten Kleidern und Stelzfuß, dessen rechter Arm auf eine Krücke gestützt ist, während die andere Hand hilfesuchend ausgestreckt ist. Er trägt ein einfaches weißes Hemd, das die Brust nur halb bedeckt, und eine sich in Fetzen auflösende blaue Kniehose. An der Hüfte hängt ein Beutel herab, der durch einen um die Schulter gelegten Gurt befestigt ist.
Die Armut in weiten Kreisen der bäuerlichen und handwerklich arbeitenden Bevölkerung war eines der größten Probleme des 17. und 18. Jahrhunderts. In den Territorien Badens und Württembergs gehörten zwanzig Prozent der Einwohner der Unterschicht an, deren Einkommen nicht ausreichte, um in gesicherter Existenz leben zu können. Durch Kriegs- und Notjahre hatten viele Menschen ihre Arbeitsmöglichkeiten verloren und waren zu Landstreichern und Bettlern geworden. Obrigkeit und Bürgertum versuchten, durch Verordnungen dagegen vorzugehen. In manchen Städten wurden auch sogenannte „Bettelvögte" eingesetzt, um das bettelnde Volk unter Kontrolle zu halten.

Holzskulptur, gefaßt; H. 45 cm.

Literatur: Huber, Erna, Vom Schwarzwald zur Baar. Kunst- und Geschichtsstätten im Schwarzwald-Baar-Kreis. Sigmaringen 1978, S. 80 m. Abb.

Furtwangen, Katholische Pfarrkirche St. Cyriak

L 249 a–l

Verordnungen

In keiner anderen Zeit wurden so viele Verordnungen und Dekrete von staatlichen und kirchlichen Obrigkeiten erlassen wie im 17. und 18. Jahrhundert. Es entsprach dem Selbstverständnis des barocken Fürsten, ein „Landesvater" für die Untertanen zu sein und sich um ihr Wohlergehen zu kümmern. Nicht nur das öffentliche Leben, sondern auch die privaten Belange der Bürger waren auf diese Weise durch vielerlei Bestimmungen eingeschränkt. Nicht immer wurden Verordnungen wegen tatsächlich vorhandener Mißstände verkündet, sondern waren oft als vorbeugendes psychologisches Druckmittel gegen die Bevölkerung eingesetzt, um Gesetzesverstöße erst gar nicht eintreten zu lassen.

a) „Policey=Ordnung des Fleckens Rastatt. Renovirt Anno Domini 1658. Ferners Renovirt Anno Domini 1758".
Handschrift aus der Zeit von 1658 bis 1758. Inhalt: Zahlreiche Verordnungen betreffend Gemeindeämter und Gemeindedienste, Gewerbe der Müller, Ziegler, Metzger, Fischer, Viehhirten, Wald und Feld, Feuer, Landgeschrei, Wochen- und Jahrmärkte, Badstube, Wiesenwässer, Eicherlohn, Verträge und Entscheide u.a.m.

644 pag. Bll. Schweinsledereinband. 33,5 × 21 cm.

b) Verordnung der Fürsten und Stände des „Löbl. Schwäbischen Creyses" gegen „herum vagirende gemein schädliche Jauner und ander herrenloses Gesindel" sowie gegen „Strassen=Räuber und deren Frech= und Boßheit". Gedruckt in Ulm, 8. Juni 1746.

Ein Blatt, 32 × 44 cm.

c) „Hochfürstlich=Marggräflich=Baden=Badische Feuer=Löschungs=Ordnung / Welcher In dem Fürstlichen Residenz=Schloß / und Stadt Rastatt, auch derselben Vorstädten von Jedermann auf das genaueste nachgelebet werden solle. Rastatt, gedruckt bey Maria Magdalena Schällin, Wittib, Hoch=fürstl. Marggr. Badischen Hof=Buchdruckerin 1767".

30 S. Pappband. 31 × 18 cm.

d) „Hochfürstl. Reichs=Stift St. Blasisches Decretum das Laster der Unzucht, und insbesondere der gemeinen Hurerey, und deren Bestraffung betreffend". Gedruckt in St. Blasien, 10. März 1767 unter Fürstabt Martin Gerbert.

12 Seiten. Geheftet. 33 × 20 cm.

e) „Allgemeine Land=Schulordnung für Die Catholische Schulen Der Hochfürstlichen Markgräflichen Badischen Landen. Rastatt, gedruckt bey Maria Magdalena Schällin, Wittib, 1770."
Im Anhang 4 ausklappbare Tafeln, darunter eine Abc-Tafel für die „anfangende Schuljugend", ein Muster für eine Anwesenheitsliste und eine Tabelle für Beurteilung der Schüler.

56 S. Pappband. 20,5 × 17 cm.

f) Verordnung des Kardinals Franz Conrad und Herzog Carls von Württemberg mit 6 Artikeln und Vorsichtsmaßnahmen, die die Ausbreitung der damals in der Türkei und Polen grassierenden Pest verhindern sollten. Gedruckt, 9. Februar 1771.

Ein Blatt, 35,5 × 35 cm.

g) Verordnung der Fürsten und Stände des „Löbl. Schwäb. Creyses" gegen „allzu schwehr geladene Last=Wägen / ... / dadurch ... dem mit so vieler Mühe und Kosten bisher fortgeführten Weeg= und Straßen=Reparations=Bau ein grundverderblicher Schaden zugefüget werde". Gedruckt in Ulm, 30. Juni 1773.

Ein Blatt, 32 × 35 cm.

h) „Verordnung die Ertrunkenen betreffend welche ob sie gleich todt zu seyn scheinen, dennoch durch gehörig angewendete Hülfsmittel wieder zum Leben erweckt werden können. Carlsruhe, gedruckt in der Fürstl. Hof = und Canzleybuchdruckerey 1778."

13 S. Pappband. 18 × 10 cm.

i) „Hochfürstl. Reichs=Stift=St. Blasische Verordnung wie einerseits die Gott geheiligten Sonn= und Feyertäge, anderseits die abgestellten Feyertäge zugebracht werden sollen". Gedruckt in St. Blasien, 27. Februar 1782 unter Fürstabt Martin Gerbert.

8 S. Geheftet. 33 × 20 cm.

j) „Hochfürstl. Reichs=Stift=St. Blasische Bettel=Ordnung für die Reichs=Herrschaften und Lande". Gedruckt in St. Blasien, 5. Dezember 1783 („Martinus Fürst und Abbt").

8 S. Geheftet. 33 × 20 cm.

k) „Hochfürstlich Markgräflich=Badische Hebammen=Ordnung oder Instruction. Carlsruhe, gedruckt in Macklots Hofbuchdruckerey 1795".

28 S. Pappband. 15 × 9,5 cm.

l) „Vorschrift wie die Noth=Taufe zu verrichten, auf hohe Verordnung aus denen Kirchen Agenden gezogen. Carlsruhe, gedruckt bey Andr. Jac. Maschenbauers, Hochfl. Baden=Durl. Hof= u. Canzley Buchdr. seel. Erben", o. D. (18. Jh.).

22 S. 16,5 × 10 cm.

Rastatt, Stadtarchiv (a)
Karlsruhe, Generallandesarchiv (b–l)

L 250

Festessen

Bödigheim, 1765

Das Blatt zeigt eine Festtafel im Schloßhof von Bödigheim. Am gedeckten Tisch in der Mitte sitzen 15 Personen, davor drei Musikanten. Eine lange Prozession von Personen – nach Geschlechtern getrennt – ist im Vordergrund in mehreren Reihen aufgestellt und bewegt sich langsam auf das Schloßportal zu, vorbei an Tischen mit großen Platten, auf denen verschiedene Speisen aufgestellt sind. Am Portal ist oben das Reichswappen zu sehen, darunter die Inschrift „Sub Umbra alarum Vivant Serenissi pacis Autores". Unter der Inschrift die Wappen der Fürsten von Hohenlohe und der Freiherren Rüdt von Collenberg. In der Portaldurchfahrt befinden sich zwei Brunnen, aus denen roter und weißer Wein fließt. Vor den Brunnen, flankiert vom ersten und zweiten Marschall, nehmen die drei Kinder Carl Ernsts Freiherrn Rüdt von Collenberg (1727–1779), der elfjährige Friedrich Ernst (1755–1775), sein ein Jahr jüngerer Bruder Carl Johann (1756–1800) und in der Mitte die siebenjährige Ernestine Wilhelmine (1759–1818) die Ehrenbezeigungen der Untertanen entgegen. Rechts stehen die Schulbuben, ledigen Burschen und Männer der Gemeinde Bödigheim abrufbereit in einer Reihe, um nacheinander an den jungen Friedrich Ernst heranzutreten, von dem jeder einen symbolisch ausgeführten Backenstreich bekommt. Nach dieser Züchtigung wird von einer anderen obrigkeitlichen Person an jeden Bewohner Fleisch, Weck und Wein ausgeteilt. Auf der linken Seite wiederholt sich die gleiche Zeremonie unter Vorsitz Carl Johanns mit dem weiblichen Teil der Bevölkerung. Als Gäste der Festtafel, die in der Mitte am Tisch sitzen, sind der Schultheiß Matthes Münch, acht Bauern von Bödigheim und sechs Marschälle geladen. Das Mahl besteht aus gebratenem Kalb- und Lammfleisch, aus geschnittenem „Boef à la mode", Wecken, Suppen und Kraut.

Der Anlaß des Festessens war die Beendigung eines Prozesses zwischen den Freiherren Rüdt von Collenberg und der Gemeinde Bödigheim am 6. Juni 1765. Die Streitigkeiten mit der Gemeinde reichten bis zum Anfang des 17. Jahrhunderts zurück. Doch erst im Jahre 1720 war es zum offenen Konflikt gekommen. Wolf Ernst Freiherr Rüdt von Collenberg (1688–1743) hatte sich durch eine Beschwerde der Bauern beim Bischof von Würzburg veranlaßt gesehen, beim Kaiserlichen Hofrat gegen die Gemeinde zu klagen. Eine wesentliche Rolle bei diesem Streit spielten die Frondienste, die verschiedenen Abgaben der Bauern und die Nutzung der Wälder. Die Bauern hatten sich wiederholt den herkömmlichen Fronarbeiten widersetzt und fühlten sich in der wirtschaftlichen Nutzung der Wälder ungerecht behandelt. Eine kaiserliche Kommission, die vom Grafen Hohenlohe geleitet wurde, hatte die Streitigkeiten untersucht und einen Vergleich vorgeschlagen, der aber von der Gemeinde nicht angenommen wurde. Am 19. Juni 1739 kam es zu ernstlichen Zwischenfällen, bei denen Freiherr Rüdt von Collenberg tätlich angegriffen und das Schloß belagert wurde. Nach dem Tod von Wolf Ernst wurde der Prozeß von seinem Sohn Carl Ernst weitergeführt und nach langen Verhandlungen 1765 durch einen Vergleich beendet. Der Gemeinde wurde die Hälfte des „Grauen Forstes", der Glaserberg, der Kaltenberg, der Hammelsbusch und Reuterspfad zugesprochen. Die übrigen Waldungen behielt die Herrschaft. Bezüglich der Frondienste wurden einige Erleichterungen anerkannt. Auch über alle übrigen Streitpunkte konnte man sich schließlich einigen. Dieser Vergleich wurde am 6. Juni 1765 im Schloßsaal der versammelten Gemeinde vorgelesen und von allen Beteiligten unterschrieben. Darauf folgte ein feierlicher Zug zur Kirche und anschließend eine Festlichkeit im Schloßhof, bei der die Bauern mit Speisen und Getränken bewirtet wurden.

Zeichnung, Aquarell. 171 × 55,5 cm. Auf der Rückseite die Darstellung des Festzuges zur Kirche, wo der Dankgottesdienst für den beendeten Prozeß abgehalten wurde. Zu diesem Blatt gibt es noch zwei weitere kleinere Zeichnungen (je 55 × 45 cm) mit dem gleichen Thema, auf denen die dargestellten Personen und Gegenstände handschriftlich bezeichnet sind.

Literatur: Albrecht Frhr. Rüdt von Collenberg, Geschichte der Familie Rüdt von Collenberg. Masch. Manuskript 1937 (im Generallandesarchiv Karlsruhe), S. 50–51, 54.

Bödigheim, Privatbesitz

L 251 a–b

Zwei Speisekarten

Überlingen 1790

Die Speisekarten stammen von einem Festessen, das im Jahre 1790 anläßlich der Beilegung eines Streites zwischen der Reichsabtei Salem und der Reichsstadt Überlingen sowie der Verlegung der Birnauer Wallfahrt gegeben wurde. In beiden Karten ist die Speisenfolge genau aufgeführt und jeweils oben und an den Seiten zusätzlich durch die Abbildung der gefüllten Platten und Teller illustriert.

a) „Dises Gastmahl Gabe die Reichs Stadt Überlingen. Ano 1790. Den 22. April. Dem Herren Reichs prälaten Von Salem. Zur Freüde Der Wider ver Gleichung mit dem Reichs Stift und der Stadt. 1. Ein Schau Torthen. 2. Suppen. Von pfanzel. 3. Suppen. 4. Rindfleisch. 5. Rindfleisch. Gesempfter Gelb. 6. SaurKraud mit Fasanen. 7. Kapaun gelbe rüben darunk. 8. Schwarz Wild Predt. 9. Friganto geSpickt. 10. Kalb Fleisch in Sos. 11. Russa oder Zusamen Gewast Kalb. 12. Wildts Predts Vögel. 13. Kalbs Milchlein Weis. 14. Schwarze Tauben. 15. Gefilt KalbFleisch. 16. Schmalz BaStetlin. 17. Schmalz BaStetlin. 18. Hasche BaStetlein. 19. Hasche BaStetlein. 20. Schnepfen Salny. 21. Schnepfen Wie oben. 22. Dauben Weis. 23. Gemischtes RaGu. 24. Grose Runde BaSteten. 25. Grose BaSteten. 26. Grose Forellen GeSpickt. 27. Forsch Speis. Melonen. A. Monathredich. B. Redich. C. Senpft. D. Senpft. 1. Suppen, 2. Suppen. 3. Rindfleich. 4. Saur Kraudt. 5. Kalps Kopf und Grâs Vorell. 6. Schwaz Wildtpredt. 7. Rodtwildtpredt. 8. Dauben. 9. Grose paSteten. B. Wie oben."

b) „Zweitter Gang. 1. Kalte BaSteten. 2. Gesülzter Kalps Schlägel. 3. Geprathener Indian. 4. Geprathener Rhezehmer. 5. Kappaun Geprathen. 6. Geprathener FaSan. 7. Schoto Von Schampanier. 8. Schoto Von Schampanier. 9. aufLauf von Siesen Rahm. 10. aufLauf von siesen Rahm. 11. Geprathene Hyner. 12. Geprathene Hyner. 13. Geprathene Feld Hyner. 14. Geprathene Feld Hyner. 15. PlamaSeto von Apfel. 16. Plama Seto von Apfel. 17. Schille Weis und rodt. 18. Schille Weis und rodt. 19. Zungen. 20. Zungen. 21. Salath. 22. Salath. 23. Sparglen. 24. Dinpallen Rodt. 25. Rodte Dinpallen. 26. Aus gestochene Pastetten. 27. Aus gestochene Pastettin. 28. Ein Platten Sparglen. 1. Schockelate Dorte. 2. Schüncken. 3. Salath. 4. Geprathener Kappaun. 5. Nierrbrathen. 6. Gebrathene Hynen. 7. Gebrathener Indian. 8. Dinnballen. 9. Schotto."

Feder, Aquarell. Je 49,5 × 63,5 cm.

Überlingen, Städtisches Heimatmuseum

Zur Lage der Bauern im 17./18. Jahrhundert

Bis zum 18. Jh. war der einzelne Bauer fest eingebunden in das Wirtschaftssystem der Dreifelderwirtschaft. Sie hatte sich bereits in karolingischer Zeit herausgebildet und beruhte auf der Erkenntnis, daß nach zweijährigem Anbau mit wechselnder Fruchtfolge der Acker ein Jahr brach liegen und sich – auch wegen der geringen Düngungsmöglichkeit – erholen müsse. Mit der Dreifelderwirtschaft eng verbunden war der Flurzwang, d.h., daß auf allen Äckern eines Gewannes gleichzeitig dieselben Arbeiten verrichtet werden mußten. Dies rührte daher, daß es nur wenige Wege zu den einzelnen Gewannen gab, die direkten Zugang zu den Anbauflächen zuließen. Meist mußten die Bauern zum Pflügen, Einsäen und Ernten über davorliegende Grundstücke fahren. Einem größeren Erfolg der bäuerlichen Arbeit stand vor allem auch der Mangel an Futter für das Vieh im Wege. Die vorhandene Futtermenge einer Gemarkung reichte nur für die Haltung einer geringen Anzahl von Vieh, so daß bei weitem nicht jeder Bauer die für ein Gespann notwendigen zwei Kühe besaß. Die Heubevorratung war so gering, daß das Vieh im Winter zum größeren Teil mit Hafer- oder Gerstenstroh gefüttert wurde, „so daß am Wintersende das geschwächte Vieh sich oft nicht mehr auf den Beinen halten konnte und auf die Weide hinausgeschleift werden mußte".
Neben diesen Beschränkungen in Ackerbau und Viehhaltung ruhte auf der bäuerlichen Bevölkerung eine Reihe von Lasten und Abgaben wie die Zehntleistungen, die Fronen und die Leibeigenschaft.
Es gab verschiedene Arten von Abgaben. Zum großen Zehnten, auch Frucht- oder Kornzehnten genannt, gehörte traditionell alles, „was der Halm trägt und der Flegel drischt", also der Zehnte der gesamten Getreide- und Traubenernte. Der kleine Zehnte bestand in der Abgabe von allen anderen Feld-, Garten- und Baumfrüchten. Der Heuzehnte richtete sich am Heuertrag der Wiesen aus. Der Blutzehnte war in natura von allen Haus- und Hoftieren zu entrichten. Diese Naturalleistungen konnten auch durch eine Geldzahlung ersetzt werden.
Daneben bedrückten den einzelnen Bauern aber mehr noch die Fronen oder Herrendienste, die in unentgeltlichen Arbeitsleistungen gegenüber der Herrschaft bestanden. Es gab Handdienste für Untertanen ohne Fuhrwerk und Spanndienste für Besitzer von Fuhrwerken. Ungemessene Fronen wurden nach Bedarf gefordert, indem etwa einzelne Ortschaften zu den Jagden der Herrschaft eine bestimmte Anzahl von Treibern stellen mußten.
So wurden im Herbst des Jahres 1729 über 500 Bauern mit 30 bespannten Wagen aus dem Oberamt Bretten von der Arbeit weg nach Weingarten (Baden) aufgeboten, um dort als Treiber mehrere Tage lang bei einer Jagd des kurpfälzischen Hofes mitzuwirken. Der Prälat J. L. Pahl bringt das Unmaß der Bedrükkung durch Wildhege und Jagden des württembergischen Herzogs Karl Eugen (1744–1793) zum Ausdruck: „Das Wild war im verderblichsten Übermaße gehegt. Herdenweise fiel es in die Äcker und Weinberge, die zu verwahren den Eigentümern streng verboten war. Wochenlang wurde oft die zum Treiben gepreßte Bauernschaft mitten in den dringendsten Feldgeschäften ihren Arbeiten entrissen, in weit entfernte Gegenden fortgeschleppt."
Die gemessenen Fronen waren genau festgelegt und bestanden zu regelmäßigen Zeiten in bestimmten Dienstleistungen für die Herrschaft, wie z.B. Pflüg- und Ernteeinsatz. Bezeichnend für die Einstellung zur Fronarbeit ist ein um 1766 geäußerter Spruch: „Ich bin ein Untertan des Herrn, ich muß fronen, so oft und viel ers haben will, was ich heut nicht tue, verrichtet ein anderer morgen." Einige Jahre später wird mit kritischen Worten über diese Bedrückungen des Bauern geäußert: „Die Leibeigenschaft und die Frohnbarkeit der Landleute ist eine große Last und Hindernis bei dem Ackerbau, da bekanntermaßen viel Mißbrauch und Unterschleif dabey vorgeht. Wenn demnach diese Frohnden mit Geld abgetragen würden und der Untertan wüßte, wenn er zu frohnen hätte, so könnte er sich darnach richten, so aber, da kein Maß und kein Ziel gesetzt und der Bauer frohnen muß, wenn es seinem vorgesetzten Unter- oder Oberbeamten gefällt, auch diese Frohnden zu einer Zeit geschehen, wenn der Landmann am nötigsten zu arbeiten hat, so druckt ihn diese Last gar zu empfindlich."
Der Bauer als gefügiges Werkzeug herrscherlicher Willkür galt als „das Lasttier der Gesellschaft, Objekt des fürstlichen Fiskus, nicht geachtet, nicht beachtet".
Bis zum Ende des 18. Jh. gab es Menschen, die leibfrei waren und andere, auf denen die Leibeigenschaft lastete, doch hatte dies hierzulande bei weitem nicht die Bedeutung, wie etwa in Nord- oder Ostdeutschland. Sie war keineswegs, wie manchmal angenommen wird, eine Art Sklaverei und hatte nur gewisse Verpflichtungen zum Inhalt, die den einzelnen alleine gesehen materiell keineswegs allzusehr drückten, mögen die jährlichen Abgaben unter den einzelnen Herrschaften auch verschieden hoch gewesen sein. Im Oberamt Bretten mußte ein leibeigener Mann im Jahre 1741 einen Leibzins von drei und eine Frau einen solchen von vier Kreuzern entrichten, also einen Betrag, der in keinem Verhältnis zum ganzen Aufwand stand. So schrieb der pfälzische Zollbereiter (Einnehmer) in diesem Jahr, bis er diese Gebühren in den verschiedenen Ortschaften eingezogen und vielleicht zwei bis drei Gulden zusammengebracht habe, habe er 10–15 Wegstunden zurückgelegt, so daß seine Verzehrkosten wesentlich höher seien.
Was die Betroffenen mehr belastete, war vor allem das klassifizierende Wort „leibeigen" und die Tatsache, daß nur ein Teil der Bevölkerung damit behaftet war. Leibeigenschaft gab es nur in offenen Ortschaften, die nicht mit Mauern umgeben waren, während die Bevölkerung in ummauerten Städten nach dem Grundsatz: „Stadtluft macht frei", leibfrei war. Dies galt z.B. im pfälzischen Oberamt Bretten für Bretten selbst sowie für Eppingen und Heidelsheim. Aber auch in den Orten, die nicht mit einer Mauer versehen waren, waren keineswegs alle Einwohner leibeigen. „So sind beispielsweise im pfälzischen Verzeichnis der Leibeigenen für das Jahr 1624/25 fünf Rinklinger Männer sowie 15 Frauen und Kinder aus diesem Dorf erwähnt, obwohl dieses im Jahre 1618 mindestens 99 Einwohner gehabt hat. Im gleichen Verzeichnis sind 11 Männer und 24 Frauen und Kinder aus Weingarten aufgeführt. 1615 wohnten aber in diesem Ort weitere ‚23 Mannspersonen und 13 Weibspersonen'. Nach der Rinklinger Gemeinderechnung von 1768 gab es damals in diesem Dorf acht Männer und neun Frauen, die leibeigen waren, bei insgesamt 220 Einwohnern." Leibeigenschaft wurde in erster Linie durch Geburt erworben, wobei aber zu beachten ist, daß nur die Kinder einer leibeigenen Mutter betroffen waren, die Leibeigenschaft des Vaters spielte keine Rolle. In einigen Teilen Badens wurde die Leibei-

genschaft durch Markgraf Friedrich bereits im Jahre 1783 aufgehoben, während sie in Württemberg bis 1817 bestand.
Neben all diesen geschilderten Belastungen gab es noch eine ganze Reihe von Abgaben und Steuern, die von Gemeinde zu Gemeinde, von Herrschaft zu Herrschaft unterschiedlich waren. Hier sei nur auf die Bede, die Schätzung oder die Tributzahlungen für die großen barocken Residenzbauten hingewiesen. Im Jahre 1721 wurde das Oberamt Bretten für den Bau des Mannheimer Schlosses bis auf weiteres zur Zahlung eines jährlichen Betrages von 2286 fl. als Schloßbaugeld verpflichtet.

Die Last der gesamten Leistungen bekam durch mehrfache kriegerische Ereignisse erst ihr niederdrückendes Gewicht. So wurde z.B. das Land zwischen Neckar und Rhein im Orleans'schen Erbfolgekrieg (1689/97) gebrandschatzt und ausgeplündert und hatte im spanischen Erbfolgekrieg (1701–1714) erneut unter der Kriegsfurie zu leiden. Das Gebiet war bis an die Grenze der materiellen Leistungsfähigkeit ausgeblutet und konnte daher, „als diese Abgaben, wie in Weingarten, durch Soldaten gewaltsam eingetrieben wurden, nicht einmal die Eintreibungskosten aufbringen". Es ist deshalb nicht verwunderlich, daß im 18. Jh. viele Bauern vergantet waren, d.h. ihr Besitz vor der Zwangsversteigerung stand. Im Jahre 1720 schrieb der Amtmann in Stein, daß die Gemeinde Singen (Pfinztal) insgesamt in eine solch große Schuldenlast verfallen sei, daß man beim Erheben der Abgaben „nichts als lamentieren" höre. Dabei sei es – nach den Worten des Bretteners Stephan Gugenmus im Jahre 1776 – keine Hexerei, die Ernten im ganzen Lande um das Zehnfache zu vergrößern. Aber noch im Jahre 1782 konnte den Staatswirten, den leitenden Beamten, vorgeworfen werden, daß sie „keine gründliche Kenntnis vom Ackerbaue haben: Ohne Änderungen auf diesem Gebiete, sei es unmöglich die Landeskultur zu heben".

Erst um die Mitte des 18. Jh. trat dann die Landwirtschaft mehr als bisher in das Blickfeld des öffentlichen Interesses. Ein wesentlicher Grund hierfür bestand in der Notwendigkeit, die Versorgung einer rasch wachsenden Bevölkerung zu gewährleisten. „Allein in sieben Orten des Oberamts Bretten hat sich die Familienzahl seit dem Jahre 1720 bis 1779 von 882 auf 1742 verdoppelt und war in Bretten von 267 auf 426, in Eppingen von 213 auf 403, in Heidelsheim von 24 auf 62, in Zaisenhausen von 95 auf 167 und in Gölshausen von 34 auf 99 Familien angewachsen." In ganz Württemberg war die Einwohnerzahl vom Tiefstand im Jahre 1639 durch die Verheerungen des 30jährigen Krieges mit etwa 100000 Einwohnern auf 407000 im Jahre 1750 wieder gestiegen. Diese Zunahme der Bevölkerung und die sich daraus ergebende Existenznot trug viel dazu bei, die „Altvatters-Wirtschaft, die auch in den besten Ortschaften ... die schädlichste Tyrannei über den Feldbau ausübt" zu überwinden. Die veränderte Einstellung der Landwirtschaft gegenüber kam auch darin zum Ausdruck, daß eine ganze Reihe von Persönlichkeiten begann, sich zum Sprecher der bäuerlichen Belange zu machen. Die Bauern standen bisher ganz allein, jeder auf sich gestellt und damit auch ohne Ratgeber und ohne Einflußmöglichkeiten; dies im Gegensatz zu den in den Zünften organisierten Handwerkern.

Die geistigen Grundlagen für die veränderte Einstellung lieferten die Physiokraten, nach deren Gedanken der Ackerbau die Quelle aller Reichtümer des Staates und nur die Landwirtschaft fähig sei, Reinerträge zu erzielen. Darauf geht das Wort zurück: Arme Bauern, armes Land; armes Land, armer Herrscher. Bedeutende Vertreter physiokratischen Gedankenguts waren der etliche Jahre im Dienste des Markgrafen Karl Friedrich von Baden-Durlach stehende J.A. Schlettwein und der Markgraf selbst, der dem Kleeanbau seine besondere Aufmerksamkeit schenkte. Seine Kammergüter in Gottesaue, Rüppurr, Bauschlott, Carlshausen, Katharinental und Niefern wurden angewiesen, mit einer größeren Kleeanbaufläche den benachbarten Dörfern ein Beispiel zu geben. Der als Ökonomierat in badischen Diensten stehende J. C. Bernhard in Bauschlott, verfaßte eine Anweisung zum Kleeanbau. Sie wurde in einer Auflage von 1000 Exemplaren im Jahre 1778 auf Staatskosten gedruckt und verteilt. Es soll und kann hier nicht untersucht werden, welche Regierung, welche physikalisch-ökonomische Gesellschaft sich die größten Verdienste um den Anbau von Klee, die Einführung der Stallfütterung und die Bebauung der Brache in Südwestdeutschland erworben hat. Daß es aber in den Jahren von 1760–1790 gelungen ist, das bis dahin straff gehandhabte System der Dreifelderwirtschaft in wesentlichen Punkten zu lockern und zu verbessern, ist u.a. eine Leistung von evangelischen Pfarrern. Etliche Vertreter dieses Standes trugen maßgeblich dazu bei, daß eine neue Fachliteratur für landwirtschaftliche Fragen an die Stelle der „Hausväterliteratur" trat.

Die Zitate sind entnommen aus: Bickel, Otto, Die Landwirtschaft im 18. Jahrhundert, besonders im pfälzischen Oberamt Bretten. In: Brettener Jahrbuch für Kultur und Geschichte, Bd. 5, 1972/73, S. 9–51. Weitere Literatur: Abel, Wilhelm, Die drei Epochen der deutschen Agrargeschichte. Hannover 1964. – Adel, Bürger, Bauern im 18. Jahrhundert. Ausstellungskatalog Schallaburg 1980. – Franz, Günther, Geschichte des deutschen Bauernstandes vom frühen Mittelalter bis zum 19. Jahrhundert. Stuttgart 1970. – Kohler, Oskar, Das kulturgeschichtliche Bild unserer Heimat in der vorindustriellen Zeit. Lahr 1977. – Das Bild vom Bauern. Vorstellungen und Wirklichkeit vom 16. Jahrhundert bis zur Gegenwart. Schriften des Museums für Deutsche Volkskunde, Bd. 3, Berlin 1978.

Von der „Hausväterliteratur" zu landwirtschaftlichen Fachschriften

Die Hausväterliteratur umfaßt den ganzen Bereich, dem der Hausvater als „das Haupt der häuslichen Gesellschaft, durch welche alle, die von dieser Gesellschaft sind, den hausstand erlangen" (1755), vorsteht. Diese „Lehre vom ganzen Haus", die die Beziehungen innerhalb der Familie, das Verhältnis zwischen Herrn und Untertanen regelt, hat eine lange, bis in die Antike zurückreichende Tradition. Denn unter den Begriff Haus fallen nicht nur dessen Bewohner, der Gutsherr, seine Familie, das Gesinde, sondern auch alle Gebäude und Arbeitsgeräte sowie die Tätigkeiten, die in diesem Bereich verrichtet werden, vor allem Ackerbau und Viehzucht. Alles das wird in der Hausväterliteratur beschrieben. In der „Oeconomia ruralis et domestica" (5 Bde., 1593–1599) behandelt Johannes Colerus (1570–1639) den Haushalt, das Kochen, Ackerbau, Gartenwerk, Weinbau, die Pferdezucht neben der Kindererziehung. 14 Auflagen bis zum Beginn des 18. Jh. zeugen von der Beliebtheit dieses Werkes.

L 252

Franciscus Philippus Florinus (d. i. Pfalzgraf Franz Philipp): Allgemeiner Klug=und Verständiger Hauß=Vatter, wie auch Adeliches Land=Leben, Erster Theil / Oeconomus prudens continuatus. Oder Grosser Herren Stands=und Adelicher Hauß=Vatter, Zweyter Theil.

2 Bände. Basel 1748/1749

Das umfangreiche und unter abweichenden Titeln mehrfach aufgelegte Werk ist unter dem Pseudonym Florinus vom Pfalzgrafen Franz Philipp (1630–1703), der einer Wittelsbachischen Zweiglinie angehörte, verfaßt und im Jahre 1702 zum ersten Mal publiziert worden. Es stellt die Zusammenfassung mehrerer Schriften der bekannten Hausväterliteratur des 17. Jahrhunderts dar. Große Übereinstimmungen bestehen insbesondere mit Wolfgang Helmhards Freiherrn von Hohberg (1612–1688) „Georgica curiosa. Adeliges Land- und Feldleben" vom Jahre 1682. Neben den vertrauten Themen des „ganzen Hauses" sind bemerkenswert viele juristische Abhandlungen vertreten. In den späteren erweiterten Auflagen nehmen die Darstellung der standesgemäßen Lebenshaltung der fürstlichen „Hausväter", ihre Hofhaltung, die Errichtung von Staats- und Prachtgebäuden u.a. immer mehr Raum ein. Die Jagd ist mit wesentlichen Beiträgen vertreten, aber nicht nur unter dem Aspekt adligen Zeitvertreibs, sondern auch als wohl organisierte, wichtige Quelle der Nahrungsgewinnung. Die Behandlung der Reitkunst fehlt ebenfalls nicht. Dies zeigt die Vielseitigkeit der unter den Begriffen „Ökonomie" und „Hausvater" zusammengefaßten Themen. Meist sind die Hausväterbücher auch mit idealisierenden Stichen von der Landarbeit und dem Landleben im Stil von Monatsbildern illustriert.

Unter der Einwirkung merkantilistischer Wirtschaftspolitik wurde die herkömmliche „Lehre vom ganzen Haus" allmählich von der neuen „Lehre vom Markt" überlagert. Von der Mitte des 18. Jahrhunderts an wurde die Hausväterliteratur durch ökonomisch-technologische Enzyklopädien ersetzt, die auf den Erkenntnissen der Hausväterbücher aufbauten. Die bekannteste und umfangreichste Enzyklopädie im deutschen Sprachgebiet ist von Johann Georg Krünitz (1728–1796) in ungefähr 250 Bänden herausgegeben worden.

Die im 18. Jahrhundert rasch zunehmende Bevölkerung verlangte nach mehr Ernährung und Arbeitsplätzen, so daß vor allem auch die Anbauflächen erweitert werden mußten. Auf dem Gebiet des heutigen Landes Baden-Württemberg waren es, wie schon erwähnt, evangelische Pfarrer, die durch Belehrung der Bevölkerung und Einführung neuer Wirtschaftsmethoden eine Steigerung der landwirtschaftlichen Erträge und damit ausreichende Versorgung der Bevölkerung zu erreichen versuchten.
Waren die Hausväterbücher vor allem auf adlige Gutsherren ausgerichtet, die darin in Wort und Bild Antwort fanden auf kameralistische und technische Fragen, die sich bei Führung eines großen Landwirtschaftsbetriebes ergaben, so hatten die Pfarrer mit ihren Schriften vor allem die Sorgen und Nöte der Bauern ihres Sprengels vor Augen, denen sie unter Berücksichtigung neuer naturwissenschaftlicher Erkenntnisse und deren Überprüfung in eigenen praktischen Versuchen Anleitungen für die Verbesserung von Fruchtanbau- und Viehzuchtmethoden und rationelle Arbeitsweisen vermitteln wollten. An den Veröffentlichungen von drei evangelischen Geistlichen läßt sich die gewandelte Einstellung zum Bauerntum und zur Bedeutung seiner Arbeit ablesen.

Leder, Folio.

Literatur: Brunner, Otto, Das „Ganze Haus" und die alteuropäische „Ökonomik". In: Neue Wege der Sozialgeschichte, Göttingen 1956, S. 33–61. – Frauendorfer, Sigmund von, Ideengeschichte der Agrarwirtschaft und Agrarpolitik im deutschen Sprachgebiet, Bd. 1, Bonn, München, Wien 1957.

Freiburg, Universitätsbibliothek

L 253 a–c

Pfarrer Johann Friedrich Mayer (1719–1798)

Johann Friedrich Mayer wurde am 21. Sept. 1719 in Herbsthausen geboren, wo sein Vater Gasthofs- und Gutsbesitzer war. Die wissenschaftlichen Anfangsgründe erlernte er in Weikersheim und Öhringen, um dann die theologischen Studien in Jena aufzunehmen. Nach der ersten Pfarrerstelle in Gerabronn von 1741–1745, verblieb er als Pfarrer von Kupferzell bis zu seinem Tode am 17. März 1798.
Während dieser über fünfzigjährigen Amtszeit war Mayer unausgesetzt für die Hebung der Landwirtschaft tätig, teils als fruchtbarer und weit verbreiteter Schriftsteller, teils durch die unmittelbare Beratung der Landwirte seiner Gemeinde. In der Einleitung zu „Das Ganze der Landwirtschaft" gibt Mayer zu erkennen, wie er durch fleißiges Beobachten der landwirtschaftlichen Praxis und Nachdenken über das Beobachtete, sich zum Landwirtschaftstheoretiker ausbildete. Als Prüfstein seiner Erkenntnisse wählte er seine Gemeinde Kupferzell, in der durch seine außerordentlichen Bemühungen der Klee- und Kartoffelbau und der Anbau der Runkelrübe eingeführt wurde. Den Runkelrübensamen ließ der Pfarrer direkt aus England kommen und die Kupferzeller „Angerschen" waren wahrscheinlich die ersten in Deutschland. Kupferzell verdankt ihm die Trockenlegung vieler Weiher und die Einführung der Stallfütterung. Durch ihn wurde das Mergeln der Äcker und Gypsen der Kleefelder weit verbreitet. Folge davon war, daß die Viehzucht im Hohenlohischen sich bedeutsam besserte und der Handel mit Mastvieh nach Stuttgart, Straßburg, Mainz, Augsburg eine große Steigerung erfuhr. In der Schrift „Kupferzell durch die Landwirtschaft im besten Wohlstand" heißt es darüber: „Es gibt Bauern, welche des Jahres zu 20 und mehr Ochsen und Rinder aus ihren Mastställen an die Viehhändler und Fleischer verkaufen und guten Gewinn haben; aus Frankreich vorzüglich und aus mehreren andern Städten und Gegenden werden durch den Rindvieh-, Schaf- und Hammelhandel in diese Gegend von 12 bis 15 Stunden in der Länge und 6 Stunden in der Breite jährlich über dritthalb Millionen Gulden gezogen!"
Das Verdienst, den Gypsdünger zuerst laut angepriesen und bekannt gemacht zu haben, dessen Vorteile durch praktische Versuche bestätigt und gegen Angriffe vehement und überzeugend verteidigt zu haben, brachte Mayer den Ehrennamen „Apostel des Gypses" ein. Sein Enkel J. Mayer schildert die Entdeckung der Vorzüge des Gypses in legendenhafter Ausschmückung: „Die Düngekraft des Gypses entdeckte und erprobte Mayer auf einer Amtsreise nach dem Bergschlosse Waldenburg, drei Stunden von Kupferzell. Die Straße war in Ermangelung besseren Materials aus Gyps gebaut. Er bemerkte, daß rechts und links des Weges auf 20–40 Schritte Gras, Klee, Saaten üppiger standen, als weiter hinein. Die Straße war voll des zermalmten Gypses und die angrenzenden Felder waren damit bestäubt. Sofort ließ er seinen Kutscher mehrere Säcke mit Gyps füllen, laden und zu Haus wendete er ihn auf seinen Klee an. Der Erfolg von dessen Ausstreuung bewährte sich vortrefflich und bald entstanden Gypsmühlen, die nicht genug liefern konnten." Pfarrer Mayer selbst schildert, mit welchen Mitteln er seiner Überzeugung zum Durchbruch verhalf: „Es ist nicht unbillig, daß der

Arzt, der ein neues Arzneimittel Andern anpreisen will, es vorher an sich selbst versucht. Ich that mit dem Gyps nun auch so, ich machte mit demselben Versuche auf meinen eigenen Wiesen und Aeckern, und nicht eher, als dieselben gut ausfielen, empfahl ich ihn Andern. Zwölf Jahre lang besäete ich alle Frühjahr eine und eben dieselbe Wiese, die vorher sehr schlecht war, mit Gyps, die auch durch ihn allein zu einer sehr guten Fruchtbarkeit gebracht und bisher darin erhalten wurde. Ich bestreute ein Kleeblatt mit Gyps und eines neben diesem damit nicht; so wechselte ich auf dem ganzen Kleestück ab. Der Unterschied im Aufwuchs des Klee's war so groß und auffallend, daß er den Landmann von der großen Wirksamkeit des Gypses sattsam überzeugte und ihn zur Annahme und Nachfolge lockte."

Auch auf andere Gebiete der Landwirtschaft erstreckte sich das Interesse von Pfarrer Mayer. Er gewann fünf öffentlich ausgesetzte Preise durch ausgearbeitete Preisaufgaben. Unter anderem erhielt er eine goldene Medaille, welche ihm die Kaiserin Maria Theresia mit schriftlicher Anerkennung seiner Verdienste um die Landwirtschaft 1783 verlieh. Auf seinem Grabstein wurden die klassischen Verse eingegraben:

„Treu dem früh'sten Geschäfte, das einst die Sterblichen trieben,
Lehrer und Landmann zugleich bautest du Herzen und Feld.
Darum belohnt dich nun die gütige Mutter, die Erde,
Da du sie also geehrt und ihre Kinder beglückt;
Andern gab ihr Schooß nur todten Marmor zum Denkmal,
Dir sich verjüngende Au'n und frohe Menschen darauf."

Die Titel einiger Werke verraten das Bemühen wissenschaftliche Theorie mit praktischer Erfahrung zu verbinden:

a) „Johann Friedrich Mayers / Fürstlich=Hohenlohe= und Waldenburg= Schillingsfürstlichen Pfarrers zu Kupferzell, der beeden Kayserl. Königlichen Gesellschaften nützlicher Künste in Steyer und Kärnthen Mitglieds, Assessors der ersten Ordnung bey der Königlich= Preußischen gelehrten Gesellschaft zum Nutzen der Wissenschaften und Künste zu Frankfurt an der Oder, / Mitglieds der Schweizerischen ökonomischen / Gesellschaft zu Bern/
Beyträge / und / Abhandlungen / zur Aufnahme / der Land= und Hauswirtschaft / nach / den Grundsätzen der Naturlehre / und / der Erfahrung / entworfen.
(Frankfurt am Mayn / in der Andreäischen Buchhandlung 1769)". 2 Bände.

b) **„Lehrbuch / für die Land= und Hauswirthe / in der / pragmatischen Geschichte / der gesamten / Land**= und **Hauswirthschafft / des Hohenlohe Schillingsfürstlichen Amtes / Kupferzell /** von / Joann Friedrich Mayer / Pfarrer der evangelischen Gemeinde zu Kupferzell, Mitglied der Gesellschafften der Wissenschafften, der Künste, der Landwirtschafft und Oekonomie, der K. Königlichen in Nieder Oestreich, Steyermark und Kärnthen, der Königl. Grosbritanischen und Churfürstl. Braunschweig= =Lüneburgl. zu Zelle, der Königl. Preußischen zu Frankfurt an der Oder, der / Churfürstl. Bayerischen zu Alt=Oettingen und / der Schweizerischen in Bern. / Mit Kupfern. / (Nürnberg, Verlegts Johann Eberhard Zeh, 1773)".

c) **„Das Ganze / der / Landwirtschaft /** Erster Theil / von / Johann Friedrich Mayer, / Pfarrer zu Kupferzell, der Akademien und Oekonomischen Societäten, der K. K. in Niederösterreich, Cärnthen und Steyermark, der K. Preusischen zu Frankfurt an der Oder und der patriotischen in Schlesien, der K. Chur=Hannovrischen zu Zelle, der Chur=Mannzischen zu / Erfurt, der Chur=Pfalz= Bayerischen zu Burghausen, der Schweizerischen zu Bern und in Zürich, Mitglied. (Nürnberg, bei Johann Eberhard Zeh, 1788)".

Octav.

Literatur: Wochenblatt für Land- und Forstwirthschaft. Hrsg. v. der K. Württemb. Centralstelle für die Landwirthschaft, Jg. 1858, Nr. 1, S. 1ff., Nr. 3, S. 17ff. – Schumm, Karl, Pfarrer Johann Friedrich Mayer und die hohenlohesche Landwirtschaft im 18. Jahrhundert. In: Jahrbuch des Historischen Vereins für Württembergisch Franken 1955, S. 138–167.

Tübingen, Universitätsbibliothek (a)
Stuttgart, Universitätsbibliothek Hohenheim (b)
Freiburg, Universitätsbibliothek (c)

L 254

Pfarrer M. Johann Gottlieb Steeb (1742–1799)

Wie Pfarrer Mayer in Kupferzell der Apostel des Gypses genannt wurde, so kann man in ähnlicher Weise Pfarrer Steeb in Grabenstetten den Apostel des Espers nennen.

Johann Gottlieb wurde am 10. Sept. 1742 als Sohn Johannes Steebs, herzoglich württembergischer Geistlicher Verwalter zu Nürtingen und Neuffen, und seiner Ehefrau Anna Magdalena, Tochter des Bürgermeisters Fehleisen zu Nürtingen, geboren. Im 15. Lebensjahr wurde er in das evangelisch-theologische Seminar in Blaubeuren aufgenommen, von wo er nach 2 Jahren in das Kloster Bebenhausen übersiedelte, um endlich von 1761 an im Stift zu Tübingen, sich dem theologischen Studium zu widmen. Mit einer Disputation „Über die mancherlei Sitten und Einrichtungen der Nationen auf dem Erdboden" erwarb er die Magisterwürde. Nach Vollendung der Universitätsstudien wurde Steeb von einem Mitglied der Familie der Freiherrn von Gemmingen als Erzieher nach Heilbronn für 5 Jahre verpflichtet. Die Stelle eines Erziehers des nachmaligen Königs Friedrich von Württemberg lehnte er aus unbekannten Gründen ab. Im Jahre 1772 erhielt Steeb vom Grafen von Degenfeld die Pfarrstelle in Dürnau bei Göppingen. Dort heiratete er im selben Jahr Johanne Louise, Tochter des Amtmanns Reinhardt aus Beutelsbach. Aus der 27jährigen Ehe entstammten 14 Kinder, von denen aber nur 5 überlebten. In seiner Freizeit widmete sich Steeb dem Studium der Natur. Mit der Veredelung von Nelken durch künstliche Befruchtung hatte Steeb erste Erfolge seiner naturkundlichen Studien.

Das eigentliche Feld seines Nachruhmes betrat Steeb erst im Jahre 1787, als ihm die Pfarrei Grabenstetten auf der Alb übertragen wurde. Die land- und volkswirtschaftlichen Zustände der württembergischen Alb ließen sehr zu wünschen übrig und ihrer Verbesserung nahm sich Steeb sofort tatkräftig an. In „Über die Verbesserung der Kultur auf der Alb und in den ihr ähnlichen Gegenden des Vaterlandes", schreibt Steeb über das Mißverhältnis zwischen Acker- und Wiesenfläche: „Der Ackerbau ohne den gehörigen Futterbau ist Pfuscherei und auf der Alb harte Sklavenarbeit. Man ist genöthigt, das Vieh auf die Weide zu schicken und es entweder vom frühen Morgen an bis auf den späten Abend da zu lassen, oder, wenn es auf den Mittag nach Hause kommt, bald wieder auf die Weide zu befördern. Diese Weiden, bis das sogenannte Geweich nach der Korn- und Haberernte kommt, sind größtenteils schlecht, beschwerlich, weit gelegen. Dadurch wird das Vieh in seiner Zunahme und in seinem Wachsthum gehemmt und der Ertrag an Milch und Butter muß Schaden leiden. Muß nun aber das Vieh nach einer solchen Sommerweide, die kaum acht Wochen lang gut oder erträglich ist, sich dem Winter zu vollends im Stalle aufhalten, so bekommen nur kleine Kälber und nur Melkkühe Heu und Oehmd, das übrige Vieh aber wird größtenteils nur mit bloßem Stroh gefüttert. Deßwegen ist es ein jämmerlicher Anblick, wenn bei Eröffnung der Frühlingsweide ein großer Theil des Viehs mit abgeschundenen Häuten, die kaum das magere Knochengerippe bedecken, der neuen Weide entgegenschwankt, die Anfangs in großen Blättern oder Knospen der kleineren Bäume und Gesträuche besteht. Und dann erst bekommen die Milchdrüsen der mit Stroh gefütterten und bisher versiegten Kühe wieder ihre ersten Säfte."

Die Besserung dieser Zustände versuchte Steeb mit der Propagierung des Esperanbaus zu erreichen, den er nach vielen mit dieser Pflanze angestellten Versuchen und harten Kämpfen mit der Dickschädeligkeit seiner Bauern allmählich durchsetzte.

In seiner Schrift „Über die Bildung eines Landwirths" schreibt Steeb dann von der beginnenden Einsicht der Bauern auf der Alb: „Ein mehr als 70-jähriger Bauer meines Orts, der es fühlte, daß er nicht mehr lange leben werde, sagte zu einem andern, den er auf dessen Esperwiese beschäftigt sah: Märte, es verzürnt mich doch arg, daß ich nun bald sterben muß. Jetzt kann man sich so gut 'nausbringen, da man so brav Futter pflanzt, statt daß ich mich mein meistes Leben durch so arg habe schinden müssen und bin doch zu nichts kommen. Wär' man doch bälder so gescheid gewesen! Die jungen Bürger wissen nicht, wie gut sie es haben."

Das ganze Wirtschaftssystem von Grabenstetten und der benachbarten Markungen bekam eine veränderte Gestalt. Das fruchtbare Wirken des Pfarrers Steeb wurde von der Obrigkeit erkannt. Die Regierung nahm die in den Schriften gegebenen Hinweise auf und es erging an sämtliche Gemeinden der Alb die Aufforderung, auf den Esperbau für die Zukunft mehr Rücksicht zu nehmen und sich hierüber von dem Pfarrer Steeb zu Grabenstetten belehren zu lassen.

Neben dem Bestreben, den künstlichen Futteranbau auf der Alb zu verbreiten, und der Förderung der Mergeldüngung, standen Versuche, die Nessel als Futterpflanze, rein oder mit Grasgemisch, anzubauen. Der Schäferei, welche trotz der ausgedehnten Weideflächen auf der Alb im argen lag, widmete er die Schrift „Über das Verhältnis der Schafzucht zur Anblümung der Brache". Er weist darin nach, daß eine verbesserte Wiesen- und Weidenkultur das Fortbestehen der Schäferei nicht ausschließe, „vielmehr durch Verbesserung der schlechten Weiden, über welche das Vieh ja doch nur hinweglaufe, als ob es gejagt würde, sowohl der Schafzucht, als dem Ackerbau aufgeholfen werden könnte".

Die Errichtung einer landwirtschaftlichen Gesellschaft für Württemberg versuchte Steeb mit der Schrift zu fördern „Über die Bildung eines Landwirths, nebst einem Einladungsschreiben an die Liebhaber der Landwirthschaft zur Bildung einer eigenen ökonomischen Societät". Einen großen Teil seines Lebens beschäftigte Steeb der Plan, eine „Statistische Beschreibung der württembergischen Alb" herauszugeben. Nach Sammlung der nötigen Materialien durch Bereisung auch der entlegenen Albgegenden, starb er am 29. Nov. 1799, kurz vor Vollendung dieses Werkes.

Der bleibende wissenschaftliche Ertrag der naturkundlichen Studien des Pfarrers von der Alb ist in einem 3bändigen Werk der Nachwelt überliefert:

„Johann Christoph Bernhard's vollständige Abhandlung vom Wiesenbau, sowohl dem künstlichen als dem natürlichen.

Dritte Auflage, zum Theil neu verfaßt, zum Theil umgearbeitet. Stuttg. 1798".

Die Bernhard'sche Vorlage wurde von Steeb so umgeändert und erweitert, daß sie fast nichts als den Titel behielt. Nicht theoretische Überlegungen bestimmen die Ausführungen, Steebs Darlegungen beruhen fast ausschließlich auf den Beobachtungen und Erfahrungen seiner praktischen Tätigkeit. Steeb wirkte als Vorbild auf seine Amtsnachfolger, von denen der Pfarrer M. August Johann Friedrich Weinland (1778–1857) in Grabenstetten zu erwähnen ist, der sich besonders der Stallfütterung in der Gemeinde annahm.

Oktav.

Literatur: Wochenblatt für Land- und Forstwirtschaft. Herausgegeben von der K. Württemb. Centralstelle für die Landwirthschaft, Jg. 1863, Nr. 1, S. 1–3, Nr. 2, S. 5–7.

Stuttgart, Universitätsbibliothek Hohenheim

L 255

Prälat Balthasar Sprenger (1724–1791)

Als Sohn des Pfarradjunkten Georg Ulrich Sprenger wurde Balthasar am 11. Februar 1724 in Neckargröningen geboren. Sprenger absolvierte den üblichen Ausbildungsgang württembergischer Theologen, wobei ihn Herzog Karl unterstützte und es ihm ermöglichte, wissenschaftliche Reisen zu machen. 1753 zum zweiten, 1755 zum ersten Diakon in Göppingen berufen, erfolgte schon nach 4 Jahren die ehrenvolle Ernennung zum Professor an der Klosterschule in Maulbronn. Nicht allein der in der Mitte des 18. Jh. allgemein erwachende Sinn für ökonomische Fächer, sondern vielmehr der Umgang mit dem herzoglichen Klosterverwalter Nost, einem ausgezeichneten Ökonomen, führte Sprenger zur Landwirtschaft hin. Durch die verbesserte Herausgabe des Werkes des Franzosen Duhamel über das Ackerbausystem des Engländers Tull (Drillkultur), scheint Sprenger vollends für die Probleme der Landwirtschaft gewonnen worden zu sein. Er setzte seine neugewonnenen theoretischen Kenntnisse in einem eigenen Weinberg von beträchtlicher Größe bei Maulbronn und in ein bedeutendes Hofgut bei Schwäbisch Gmünd um, das er als Prälat zu Adelberg (seit 1781) erworben hatte.

Der Herzog schätzte Sprenger wegen seiner landwirtschaftlichen Kenntnisse und ließ sich von ihm bei der Einführung landwirtschaftlicher Verbesserungen beraten. Auch im Ausland wurden die Verdienste Sprengers gesehen und mehrere gelehrte Gesellschaften ernannten ihn zu ihrem Mitglied. Sprenger starb als Prälat in Adelberg am 12. Sept. 1791 an den Folgen eines Schlaganfalls. Die Inschrift seines Grabes im Chor der Adelberger Klosterkirche lautet: „Dem Angedenken des weiland hochwürdigen Herrn M. Balthasar Sprenger, Rath, Prälat und Generalsuperintendent zu Adelberg, des landwirtschaftlichen engeren Ausschusses Assessor, geb. 11. Februar 1724, gest. 12. Sept. 1791, gleichverdient um sein Vaterland als Seelsorger, als Lehrer der Jugend, als Vorstand der Kirche, als Landstand und als Bürger, der Acker- und Weinbau durch Schriften und durch Beispiel lehrte, gründlich war seine Gelehrsamkeit, mannigfaltig seine Kenntnisse, aber sein größther Werth war sein Herz: schnell war sein Tod, doch ihm nicht unerwartet, auch nicht zu früh für ihn, denn sein Geist war längst zur Ewigkeit reif, aber zu früh für die Welt, für sein Vaterland, für die württembergische Kirche, ach viel zu früh für seine Gattin, Kinder und Freunde, in deren Herzen er eine unauslöschliche Sehnsucht zurückgelassen hat".

Von den landwirtschaftlichen Arbeiten Sprengers soll hier vor allem eine erwähnt werden, die sich mit dem Weinbau befaßt: „Vollständige Abhandlung des gesammten Weinbaues und anderer daraus entstehender Produkte. Nebst einem Anhang von allen übrigen, den Weinmangel ersetzenden Getränken, ingleichen vom Essigmachen und Branntweinbrennen, von dem Ertrag eines Weinbergs, dem Weinhandel und von den Weinbergsordnungen. Frankfurt und Leipzig. Bei Metzler u. Comp. Bd. 1. 1766, Bd. 2. 1767."

Als dritter Band kam unter einem eigenen Titel in den Buchhandel:

„Praxis des Weinbaues überhaupt, besonders aber in Schwaben am Neckar, an der Rems und Enz.

Für Weingärtner und andere Weinbergsliebhaber aus Gründen hergeleitet und mit praktischen Anmerkungen erläutert. Mit 10 Kupfertafeln. Stuttgart, bei Joh. Bened. Metzler. 1778."

Die beiden ersten Bände enthalten die Theorie, der dritte die Praxis des Weinbaus. In der Würdigung der Schrift vermerkt das Wochenbaltt für Land- und Forstwirtschaft im Jahre 1863: „Bei den außerordentlichen Fortschritten, welche die Chemie und Pflanzenphysiologie seit jener Zeit gemacht hat, ist es natürlich, daß das Meiste von dem, was die beiden ersten Bände enthalten, jetzt veraltet und unbrauchbar ist. Dagegen gehört Sprengers Praxis des Weinbaus noch jetzt zu dem Besten, was die Weinbau-Literatur besitzt, und die meisten späteren Schriftsteller über Weinbau haben aus dieser Quelle geschöpft. Das ganze Verfahren, wie es in den verschiednen Weingegenden Württembergs üblich ist, findet sich hier mit höchster Deutlichkeit bis aufs Kleinst geschrieben. Neben seinen eigenen Beobachtungen sind es ihm zugekommene Mittheilungen aus 37 Weingegenden Schwabens, welche dem Werke zu Grund liegen. In der Vorrede führt er 42 Personen mit Namen auf, die ihm Notizen über den Weinbau ihrer Gegend geliefert haben, und darunter sind nicht weniger als 22 Geistliche! Ein besonderes Interesse gewährt dabei die beständige Vergleichung des Weinbaus in Schwaben mit dem Weinbau der alten Römer, wie er bei Virgil, Columelle u.a. beschrieben wird. Sprenger zeigt sich hier auch als tüchtiger Philolog und es ist zu bedauern, daß seine Vorträge über Virgils Georgika, die er für die Klosterzöglinge in Maulbronn halten mußte, nicht im Druck erschienen sind."

L 256a

L 256b

Oktav.

Literatur: Wochenblatt für Land- und Forstwirthschaft. Herausgegeben von der K. Württemb. Centralstelle für die Landwirthschaft. Nr. 1 (1859), S. 1ff. und Nr. 6, S. 82ff.

Stuttgart, Universitätsbibliothek Hohenheim

L 256a–b □

Zwei Monatsbilder

Schwäbisch Hall, Mitte 17. Jahrhundert

a) September (Fischfang): Flußlandschaft vor den Toren einer Stadt mit Fischern auf ihren Kähnen beim Einziehen der Netze. Am Ufer stehen mehrere Personen, darunter Kapuzinermönche, und

schauen der Arbeit zu. Im Vordergrund ein Fischer mit seiner Frau, die die Fische ausnehmen und feilbieten. Vor dem Verkaufsstand eine Bäuerin mit Korb, daneben eine sitzende Frau beim Apfelschälen. Ein Mann mit einem Bündel tritt von rechts heran.
b) Oktober (Weinernte): Weinberg mit traubenschneidenden Winzern und Winzerinnen und Darstellung der Weinkelterung. Knecht beim Umschütten der Trauben aus der Bütte in die Kufe, auf der ein kleineres Faß steht, in dem ein Knecht nacktfüßig Trauben austritt. In der Kelterhalle eine Spindelkelter, davor Bottich mit gekeltertem Most, der gekostet wird. Am Torbogen der Halle Wappen und Jahreszahl 1642. Im Vordergrund links auf einem Faß Bacchus mit Traube und Narrenbecher. Zwischen den mit der Weinkelterung beschäftigten Personen spazieren zwei Ratsherren, die von einem der Küfer begrüßt werden. Daneben ein Kind, das mit einem Faßreifen spielt. Im Hintergrund eine ideale Landschaft mit einem Kloster.
Im oberen Teil der Bilder jeweils in einem Kreis die Horoskopzeichen der Monate September (Waage) und Oktober (Skorpion).
Die beiden Monatsbilder sind Beispiele einer lebensnahen Darstellung der Arbeit auf dem Lande. Hervorgehoben ist in einem Fall das realistische Milieu der Fischer auf ihren Kähnen und der Marktfrauen beim Fischverkauf, im anderen Fall der konkrete Herstellungsvorgang des Weines von der Ernte bis zum Verbrauch. Dabei ist aus volkskundlicher Sicht auch die Abbildung von landwirtschaftlichen und handwerklichen Geräten aufschlußreich.
Die Tradition des Monatsbildes läßt sich auf die flämische Buchmalerei des 15. und 16. Jahrhunderts zurückverfolgen. In den Kalendarien der Stundenbücher (Gebetbücher zur privaten Andacht) mit ihren Monatsdarstellungen wird auch die Arbeit der Bauern gezeigt. (Eines der frühesten mit Monatsminiaturen versehenen Stundenbücher vom Anfang des 15. Jahrhunderts ist das des Herzogs von Berry im Museum de Condé in Chantilly.) Wenn es auch schon vorher Kalenderbilder gegeben hat, so wurden doch die Miniaturen der Stundenbücher vorbildlich für alle späteren, besonders in der niederländischen Malerei beliebten Monats- und Jahreszeitendarstellungen.

Öl auf Leinwand. 185 × 82 cm. Die Bilder gehörten ehemals zu einer Folge von 12 Monatsbildern, wovon außerdem der Monat Juni mit der Darstellung der Heuernte noch im Keckenburg-Museum vorhanden ist.

Literatur: Hansen, Wilhelm, Die Dokumentation historischer Bildquellen der Arbeits- und Geräteforschung. In: Arbeit und Gerät in volkskundlicher Dokumentation. Münster 1969, S. 45–46.

Schwäbisch Hall, Keckenburg-Museum, Inv. Nr. 3211, 3212

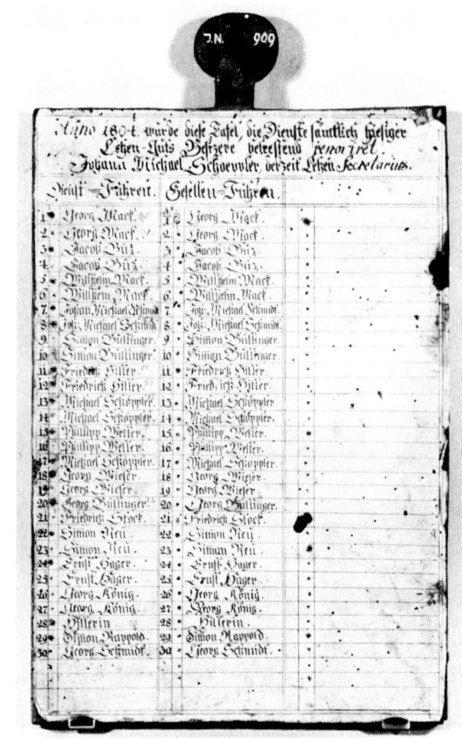

L 257

L 257 □

Frontafel

Gemeinde Beuerlbach, letzter Aufschrieb 1804

Tafel, auf der eine Tabelle mit zweimal 30 numerierten Namen aufgezeichnet ist, eingeteilt nach „Dienst=Fuhren" und „Gesellen=Fuhren". Überschrift: „Anno 1804 wurde diese Tafel, die Dienste sämtlich hiesiger Lehen-Guts Besizere betreffend renoviret. Johann Michael Schoeppler, derzeit Lehen Secretarius". Durch einen eingesteckten Stift hinter der Nummer wurden der Reihe nach die eingetragenen Bauern für den nächsten Frondienst bestimmt.

Papier, auf eine Holztafel geklebt, handschriftliche Eintragungen; 46 × 31 × 2 cm.

Crailsheim, Fränkisch-Hohenlohesches Heimatmuseum, Inv. Nr. 909

L 258 a–b □

„Kleienkotzer"

In den Mühlen des Schwarzwaldes waren die Beutelkasten, in denen Kleie und Mehl getrennt wurden, mit maskenhaften, oftmals bärtigen Köpfen geschmückt, mit deren offenem Maul das Herausfließen der Kleie geregelt wurde. Die phantasievoll geschnitzten Kleienkotzer sollten auch böse Geister abschrecken und vom Mehl abhalten.

a) **Kleienkotzer**

Titisee, 18. Jahrhundert

Die ganze Fratze hat das Maul weit geöffnet, die stark verdickte Unterlippe dient als Ausfluß. Auf dem Kopf Voluten bis zu den Ohren, die als runde Scheiben, an denen ein Pinienzapfen hängt, durchlocht sind. Die Bemalung ist roh.

Holz, geschnitzt, bemalt; H. 40 cm, B. 33 cm.

Karlsruhe, Badisches Landesmuseum, Inv. Nr. 1415

b) **Kleienkotzer**

Vöhrenstetten, 18. Jahrhundert

Die aus starkem Eichenholz geschnitzte Fratze eines Kleienkotzers von barocker Plastizität hat stark geweitete Unterlippe für den Auslauf der Kleie aus der Mühlenwand. Das männliche Gesicht wird umrahmt von Stirn- und Schläfenlocken. Backen- und Schnurrbart sind z. T. nach Art von Akanthusblättern stilisiert. Voluten umfangen die Fratze, den Unterkiefer bildet ein „Pfeifen"-Fries.

Holz, geschnitzt; H. 39 cm, B. 39 cm.

Karlsruhe, Badisches Landesmuseum, Inv. Nr. V 7990

L 259

Plan einer Dungspritze

Hohenlohe, 2. Hälfte 18. Jahrhundert
Gezeichnet von L. P. Schillinger, Hofzimmermeister, Öhringen

Am Entwurf zu einer Jauchespritze ist das Eindringen maschineller Techniken in die Arbeitswelt des Landmannes im 18. Jh. abzulesen. Der Plan zeigt einen Bauern, der ein Güllefaß mit besonderem Ausflußrohr auf einem von zwei Ochsen gezogenen zweirädrigen Karren führt. Die Beschreibung lautet: „Vorstel-

L 258 a

lung und anweisung wie man einen Akker oder guth Dingen soll wo man mit Erden Mist / dergleichen Beserung nicht Zulangen oder Dingen könte Also hat Man gewisse Proben hiervon daß Man mit die / ser Maschine mit grossen Vortheil allemahl ein gantzes beth oder furch begisen kan, welches mehr nutzen und Vor/theil bringt, als wan ein Acker oder anders guth mit Mist oder Erden bedinget oder gebessert wird. / Es wird der Harn oder Orin von dem Vieh im Stall, welches in einem Canal oder Kandel in denen Stallungen abläuft, & / [in] einer bütte, oder Kuffen gesamlet werden, als dan wird das Salz angefillt auf den Akker geführt und unter wehr / renden forth führen, wird durch den Hanen und Quer Rohr, der Acker mit dem Urin begossen. /

A. Das Fas
B. Der Trichter wo das Wasser gegosen wird
C. Der Hahnen wo man auf und zu dreht
D. Das Quer Rohr mit Löcher
E. Die Löcher im Quer Rohr wo das Wasser durchlauft zum Begiessen
F. Der Acker wo begossen werd

Braune Feder, aquarelliert, H. 20,6 cm, B. 34,2 cm.

Neuenstein, Fürstlich-Hohenlohisches Archiv, Mappe VII., 20

LEBEN IM SPIEGEL DES VOTIVBILDES

Votivbilder sind der äußerliche Ausdruck des Verlöbnisses eines Gläubigen an einen Gnadenort. Das meist kleinformatige Ex-Voto-Bild hat als Bildträger vor allem Holz. Es kann auch auf Leinwand aufgebracht sein oder sich der Form des Hinterglasbildes bedienen. In der Regel gliedert es sich in mehrere Bildzonen: Zentraler Punkt des Bildes ist der angerufene Patron in Gestalt eines bestimmten Gnadenbildes, dem manchmal zur Verstärkung andere Heilige in besonderen Anliegen beigegeben sind. Weitere Zonen zeigen den Stifter (Votant) und den Anlaß der Stiftung in Bild und Text (Ex Voto) mit der Jahreszahl. Die Votanten werden oft mit dem Rosenkranz, den sie als sichtbares Zeichen ihres katholischen Bekenntnisses und der Anheimstellung tragen, mit brennenden Kerzen oder Wachsstöcken abgebildet: Votivbilder als „gemalte Gebete" in den Anliegen des täglichen Lebens, bei Plagen und Krankheiten, sowie Unglücksfällen, in den Wirrnissen der Zeitläufte.
Die folgenden Votivtafeln erzählen von Kriegsplagen durch marodierende Soldaten, aber auch von glücklicher Heimkehr aus dem Kriegsdienst; sie schildern Überfälle durch Räuber. Manch armer Sünder flüchtete sich in den Beistand der Heiligen, um sich ungerechter Behandlung durch die Obrigkeit zu erwehren (Kat. Nr. L 260–264).
Außerdem spiegelt die Votivmalerei wider, wie hilflos der Mensch den Naturgewalten ausgeliefert ist. Neben Überschwemmungen sind es die durch Blitzschlag hervorgerufenen Feuersbrünste, die durch ihre katastrophalen Auswirkungen für die Existenz der Menschen oft Anlaß zur Spende einer Votivtafel waren (Kat. Nr. L 265–L 268).
Den Reisenden früherer Tage machten vor allem schlechte Wegstrecken und scheuende Pferde zu schaffen. Die Errettung aus gefährlichen Situationen war Anlaß für die Stiftung mancher Tafel (Kat. Nr. L 269–L 271).
Stiftungsanlaß für viele Votivtafeln waren Unfälle, die sich am Arbeitsplatz, in Haus und Hof und unterwegs ereigneten. Hier auf diesen Darstellungen tragen die Votanten oft das Alltagsgewand, während der Bittende sich sonst feiertäglich gekleidet abbilden läßt (Kat. Nr. L 272–L 280).
Wie bei Krankheiten des Menschen wurden auch aus Sorge um das erkrankte Vieh Votivtafeln von der Landbevölkerung gespendet. Neben der Votation des ganzen Viehbesitzes eines Großbauern mit seiner Familie, konnte schon ein einzelnes Pferd oder ein kräftiges Schwein Anlaß zur Sorge sein – ein einleuchtender Vorgang, wenn man die wirtschaftliche Bedeutung eines Stück Viehs für den Bauern betrachtet. Ganze Gemeinden stiften gemeinsam Votivtafeln zur Abwendung von Viehseuchen, deren Verbreitungsgebiet und zeitliches Auftreten sich anhand der Tafeln verfolgen läßt (Kat. Nr. L 281–286).
Kinderreichtum und Kindersterblichkeit, Geburtsnöte und Krankheiten der Kinder bis zur erschütternden Bitte um den Tod eines Kindes, das wegen seiner verwachsenen Erscheinung Grauen erregte, sind Anlaß zu Bitte oder Dank an einer Gnadenstätte. Ebenso werden Unfälle von Kindern oder ihre wunderbare Errettung auf den Votivtafeln festgehalten und in Mirakelberichten erwähnt.
Häufigster Beweggrund zur Stiftung einer Votivtafel sind Krankheiten. Außer der Anwendung heilkräftiger Pflanzen und den drastischen Handhabungen der Bader gab es auf dem Lande nur an einer Gnadenstätte die Möglichkeit, den Himmel um Heilung anzuflehen: „Das Heiltum wurde zum Volksarzt".
Die gestifteten Tafeln zeigen nicht nur die Sorgen und Nöte des täglichen Lebens auf, sondern stellen auch das Sterben des Menschen dar, wie er in der ihm vertrauten Umgebung im Kreise der Familie den Tod erwartet. Oft ist der Geistliche als Beistand am Bett, und die Familie betet mit ihm. Wichtiges Anliegen ist das Flehen um ein leichtes Hinscheiden und die glückselige Einkehr in die ewige Seligkeit, die Bitte um eine gute Sterbestunde (Kat. Nr. L 287–L 297).
In der Mehrzahl gehören die Stifter der Votivtafeln der bäuerlichen Bevölkerung und dem ihr verbundenen ländlichen Handwerk an. Es finden sich aber auch Vertreter der Geistlichkeit, Offiziere, Bürger und sogar Angehörige des Adels. Viele Sorgen und Nöte des menschlichen Lebens machen vor keiner Standesschranke halt und sind verbindendes Element aller Bevölkerungskreise. (Kat. Nr. L 415–420).

L 260

Votivbild

Wallfahrt zur Schmerzhaften Muttergottes, Maria Steinbach, 1796

Die Tafel zeigt ein von vier Soldaten umstelltes Haus. Nach ihren Uniformen handelt es sich um Franzosen, die mit großen breitklingigen Haumessern bewaffnet sind.

Öl auf Holz. 41 × 32 cm.

Maria Steinbach, Wallfahrtssammlung, Inv. Nr. 91

L 261

Votivbild

Wallfahrt zur Schmerzhaften Muttergottes, Maria Steinbach, 1782

Bitte oder Danksagung einer Frau um die glückliche Heimkehr ihres Mannes oder Sohnes aus dem Kriegsdienst: „Gelibt von Anna Maria Creutzeren Gott Liev Creutzer".

Öl auf Holz. 31 × 23 cm mit Rahmen (beschädigt).

Maria Steinbach, Wallfahrtssammlung, Inv. Nr. 198

L 262

Votivbild

Wallfahrt zur Schmerzhaften Muttergottes, Maria Steinbach, 1781

Auf einer Waldwiese werden zwei Frauen aus Haigerloch von einem Wegelagerer mit einer Keule bedroht, ein Mädchen liegt ohnmächtig am Boden; ein Mann, wahrscheinlich der Begleiter der Frauen, entfernt sich eilends mit flehend vor sich gehaltenen Händen: „Durch die Vorbitt der schmertzhafften Mutter Gottes in steinbach/ bin ich vnd meine Kinder von des Mörders Händ Erlödiget vnd beym leben/ Erhalten worden, Gott und der schmertzhafften Mutter sey dausent Mahl danck gesagt. Catarina N: von Haigerloe."

Öl auf Leinwand. 47 × 39 cm.

Maria Steinbach, Wallfahrtssammlung, Inv. Nr. 108

L 263

Votivbild

Wallfahrt zur Schmerzhaften Muttergottes, Maria Steinbach, 1759

Ein Mann wird vom Amtsknecht abgeführt: „Anno 1759 bin ich gewisser Ursach halber vor das Lebliche oberamt gefirth worden, mit dem ambts knecht Und durch die gnaden fohlen muetter in Steinbach erherth worden. gott sey danckh gesagt und der himmels königen Maria".

Öl auf Holz. 43 × 30 cm mit Rahmen (beschädigt).

Maria Steinbach, Wallfahrtssammlung, Inv. Nr. 38

L 264

Votivbild

Wallfahrt zur Schmerzhaften Muttergottes, Maria Steinbach, 18. Jahrhundert

Ehemaliger Gefangener – vor ihm liegen die Ketten – dankt der Muttergottes für seine Befreiung aus dem Turm, der durch Ketten als Ort des Gefängnisses gekennzeichnet ist.

Öl auf Holz. 20 × 14 cm mit aufgemaltem Rahmen.

Maria Steinbach, Wallfahrtssammlung. Inv. Nr. 562

L 265

Votivbild

Wallfahrt zur Schmerzhaften Muttergottes, Maria Steinbach, 1742

Ein schäumendes, bäumeführendes Hochwasser bedroht ein Gehöft mit Nebengebäuden. Bäuerin mit Rosenkranz wendet sich an die Muttergottes: „Der schmertzhafften vnd Merachellose. Mueter Gottes Maria zue ehre Hatt sich alhero verlobt Maria Anna sondtagin Auhs Leffelmille 1742".

Öl auf Holz. 27 × 19,5 cm mit aufgemaltem Rahmen.

Maria Steinbach, Wallfahrtssammlung, Inv. Nr. 12

L 266

Votivbild

Wallfahrt zur Schmerzhaften Muttergottes, Maria Steinbach, um 1780

Stifterpaar mit Rosenkranz kniet vor den abgebrannten Resten seines Besitzes. Naive Malerei wie Kat. Nr. L 293.

Öl auf Holz. 22,5 × 34 cm mit aufgemaltem Rahmen.

L 268

Maria Steinbach, Wallfahrtssammlung, Inv. Nr. 77

L 267

Votivbild

Wallfahrt zur Schmerzhaften Muttergottes, Maria Steinbach, 1748

Stifterin bedankt sich, daß der Brand des Nachbargehöftes, der Nachts durch Blitzschlag verursacht wurde, nicht auf ihren Hof übergriff.

Öl auf Leinwand. 31 × 40 cm mit aufgemaltem Rahmen.

Maria Steinbach, Wallfahrtssammlung, Inv. Nr. 22

L 268 □

Votivbild

Wallfahrt zur Schmerzhaften Muttergottes, Maria Steinbach, 1780

Ein durch Blitzschlag verursachter Brand eines Schlosses – es handelt sich wohl um Schloß Lautrach – wird von der Feuerwehr unter anderem mit Feuerspritzen bekämpft.

Öl auf Leinwand. 46,5 × 67,5 cm ohne Rahmen.

Maria Steinbach, Wallfahrtssammlung, Inv. Nr. 76

L 269 □

Votivbild

Wallfahrt zur Schmerzhaften Muttergottes, Maria Steinbach, 1763

Beim Sturz der Kutsche einer vornehmen Reisegesellschaft in eine Schlucht, nehmen die Insassen, die höfische Tracht tragen, durch die Hilfe der Muttergottes von Steinbach keinen Schaden. Die Tafel ist von Katharina Euphemia Gräfin Fugger-Boos geb. Gräfin von Törring votiert worden. Als Stifterin des Prager Jesuskindes auf dem Annenaltar in der Wallfahrtskirche Maria Steinbach, weist sich die Gräfin als große Verehrerin des „kleinen Königs" aus. Sie hat mit der Herausgabe eines Gebet- und Mirakelbuches zu Ehren des Prager Jesuskindes entscheidend zur Verbreitung des Kultes in Oberschwaben beigetragen.

Öl auf Leinwand. 62 × 83 cm.

Maria Steinbach, Wallfahrtssammlung, Inv. Nr. 110

L 270 □

Votivbild

Wallfahrt zur Schmerzhaften Muttergottes, Maria Steinbach, 1751

In Schneelandschaft scheut Gespann eines rotgelb bemalten Schlittens, der mit einem Vogelkopf geziert ist; auf dem Schlitten sitzt adliges Paar in höfischer Tracht.

Öl auf Leinwand. 45 × 31,5 cm mit Rahmen.

Literatur: Theopold 1978, Abb. S. 141.

Maria Steinbach, Wallfahrtssammlung, Inv. Nr. 30

L 271

Votivbild

Wallfahrt zur Schmerzhaften Muttergottes, Maria Steinbach, 1735

In nächtlicher Waldszene stürzt höfisch gekleideter Reiter vom Pferd.

Öl auf Leinwand. 58 × 45 cm mit Rahmen.

Maria Steinbach, Wallfahrtssammlung, Inv. Nr. 109

L 272

Votivbild

Wallfahrt zur Schmerzhaften Muttergottes, Maria Steinbach, 1773

Unter beladenem Erntewagen, der von scheuenden Pferden gezogen wird, ist der Bauer gestürzt.

Öl auf Holz. 30 × 25 cm mit Rahmen.

Maria Steinbach, Wallfahrtssammlung, Inv. Nr. 63

L 269

L 273

Votivbild

Wallfahrt zur Schmerzhaften Muttergottes, Maria Steinbach, 1775

In einem Kahlschlag bemühen sich drei Holzfäller um einen vierten, der unter einem gefällten Baum liegt.

Öl auf Holz. 23 × 18 cm mit Rahmen.

Maria Steinbach, Wallfahrtssammlung, Inv. Nr. 65

L 274

Votivbild

Wallfahrt zur Schmerzhaften Muttergottes, Maria Steinbach, 1737

Bei Dachdeckerarbeiten auf Schloß Wolfegg reißt das Seil des Tragegestells, der Dachdecker stürzt ab: „Anno 1737 d. 6. Augustus ist der Ehren geachte Fratz Reinauer Von dem Schloß wollfegg 100 vnd 24 schuh hoch runder gefallen, ist aber durch die hilf der Mutter Gottes Mirackloser weis vnfer Lötz er halten worden".

Öl auf Leinwand. 40 × 32,5 cm mit Rahmen.

Maria Steinbach, Wallfahrtssammlung, Inv.Nr. 7

L 275 a–b

Zwei Votivbilder

Wallfahrt zur Schmerzhaften Muttergottes, Maria Steinbach, um 1780

a) Das Votivbild zeigt eine Szene der Illerflößerei. Auf einem Mühlengehöft mit Wehranlage ziehen Arbeiter mit Stangenhaken Holz aus dem Stauwehr an Land. Die Iller galt im 17. und 18. Jh. als „eine rechte Landstraß". Vom Sonntag Oculi, dem dritten Fastensonntag, bis St. Kathrein am 25. Oktober wurde geflößt; dazwischen bestand Vereisungsgefahr.
b) Die Anheimstellung der Flößer unter die Muttergottes wird verstärkt durch die Votation einer zweiten Tafel mit demselben Motiv an den Geißelchristus.

Jeweils Öl auf Holz. 44 × 33 cm mit Rahmen.

Literatur: Beck, Gertrud, Die Illerflößerei. In: Alb-Donau-Kreis. Geschichte und Kultur. Ulm, 1980, S. 149ff.

Maria Steinbach, Wallfahrtssammlung, Inv. Nr. 75

L 270

L 276 □

Votivbild

Wallfahrt zur Schmerzhaften Muttergottes, Maria Steinbach, 1778.

Mühlengebäude mit Einblick in das Radhaus: Unter dem Rad liegt mit dem Kopf nach unten ein Mann, zwei andere greifen in die Speichen und versuchen das Rad zurückzudrücken, ein weiterer greift nach dem Verunglückten, ein vierter steht daneben und gibt Anweisungen. In der Bildmitte steht der Müller mit weißer Kittelschürze und Haube und fleht mit erhobenen Händen zur Muttergottes. Links, jenseits des Mühlbachs, wird die Szene gezeigt, wie der Verunglückte in Begleitung eines Pfarrers weggetragen wird: „Anno 1778 den 8. Jenner ist in Amendinger mahl Muhlen Joseph Schmidle von Eusenburg verunglückt in dem Wasser bau der so gefährlich unter dem Rad gelegen das Keine hoffnung mehr zu dem Leben, oder wenigstens auf sein Lebtag ein Krippel, in dieser Noth hat er in vollem glauben seine Hoffnung zu Gott und Maria gehabt, und ist durch dessen gnade gesund erhalten und Kurtzer Zeit glücklich Courirt worden. Gott sey danck".

Öl auf Leinwand, aufgezogen. 58,5 × 114,5 cm.

Maria Steinbach, Wallfahrtssammlung, Inv. Nr. 17

L 277

Votivbild

Wallfahrt zur Schmerzhaften Muttergottes, Maria Steinbach, 1778

Beim Abbrechen eines Gebäudes in lutherischem Dorf verletzt ein einstürzendes Gewölbe einen Arbeiter: „Anno 1778 den 27. April hat es sich mit Joseph Mayer v. Röttenbach zugetragen das et welche drei Maurer in einem lutherischen Ort zu Memmingerberg Einen Statdel ab brechen wolte, welcher statdel et welche bogen hate, darin eine öffnung und eine spören von einer stangen gemacht, welche spören in mit N. Joseph Mayer, Maurer, in sechs shuhe in die Höhe geworffen und erbärmlich zugericht das er 6 tag mehr todt als lebendig war an ieho aber frish und gesund, gott und Maria Ewiges lob und dank gesagt".

Öl auf Holz. 31 × 35 cm.

Literatur: Weitnauer 1969, S. 110 m. Abb.

Maria Steinbach, Wallfahrtssammlung, Inv. Nr. 91

L 276

L 278

Votivbild

Wallfahrt zur Schmerzhaften Muttergottes, Maria Steinbach, 1757

Das Votivbild ist in zwei Hälften geteilt. Die linke Hälfte zeigt einen bespannten Pflug, vor dem ein gestürzter Knabe liegt. Hinter dem Pflug steht ein Bauer mit erhobenen Händen. Rechts fliehen scheuende Pferde. Auf der rechten Hälfte verliert ein Mädchen die Herrschaft über Pferde. Ein Bauer fleht mit erhobenen Händen. Beachtenswert ist jeweils die Pflugkonstruktion und die Art der Bespannung. Links: „Es hat sich Johannes Leßer von der vunderen Egg in großer gefahr, an hieher verlobt, zu der gnaden Reichen schmertzhafften Muetter Gottes Maria ist gott sey danck vnd Maria wegen seinen sohn erhört worden. 1757 den 16. juni".
Rechts: „Anno 1757 den 17. brachmonat seind die Roß mit dem Medle Lauffet worden, hatt diße defelen an hie her ver sprochen, das andere mahl, ist Er hört worden, gott sey danch vnd Maria".

Öl auf Holz. 30 × 50 cm mit aufgemaltem Rahmen.

Maria Steinbach, Wallfahrtssammlung, Inv. Nr. 3

L 279

Votivbild

Wallfahrt zur Schmerzhaften Muttergottes, Maria Steinbach, 1778

Unfall eines Kindes in einer Sägemühle: „Anno 1778 ist verunglicket das wirthkin oder medle so von der selge mille brig in die steltze hin under gestirtzet mit sand un sege mehl auch wasser gentzlich ein gefillet durch versprechung einer votiv Taffel gentzlich befreuet. der underer leib aber gentzlich rueniert und dodt mit abstossung derselben glieder. so ist keine andere Hoffnung alß eine baldige erlesung in den Himmlen so geschehen den 19. September gott und die muetter Jesu befehle euch alles".

Öl auf Leinwand. 44 × 39 cm mit Rahmen.

Maria Steinbach, Wallfahrtssammlung, Inv. Nr. 71

L 280

Votivbild

Wallfahrt zur Schmerzhaften Muttergottes, Maria Steinbach, 1755

Eine Hausfrau liegt ohnmächtig vorm Herd, auf dem ein offenes Feuer brennt.

Öl auf Holz. 25 × 16 cm mit Rahmen.

Maria Steinbach, Wallfahrtssammlung, Inv. Nr. 34

L 281 □

Votivbild

Wallfahrt zur Schmerzhaften Muttergottes, Maria Steinbach, 1787

Bauer mit Viehgeißel in der Hand, verlobt sich und seine Familie zusammen mit dem ganzen Viehbesitz.

Öl auf Holz. 34 × 26 cm mit Rahmen.

Maria Steinbach, Wallfahrtssammlung, Inv. Nr. 91

L 282

Votivbild

Wallfahrt zur Schmerzhaften Muttergottes, Maria Steinbach, 1736

Der Wasenmeister (Abdecker) schneidet ein Pferd am linken Vorderbein: „Marthin Ohneberg v. Hopferbach verlobt Ein Pfertt zue der Muetter Gottes welches grosen schaten gehabt, ist gott lob verhaert worden!"

Öl auf Holz. 45,5 × 33 cm mit Rahmen (beschädigt).

Maria Steinbach, Wallfahrtssammlung, Inv. Nr. 6

L 281

L 283

Votivbild

Wallfahrt zur Heiligsten Dreifaltigkeit, Hochbergkapelle, 1770

Votant verlobt sich und sein Pferd: „Zu Ehren der Allerhailigsten Dreyfaltigkeit und des Leidenden Hailands/ am Creutz, Hat diße dafel j. Michel Schmid v. Steinhilben, Anhero / verlobt und Malen lassen“.

Öl auf Leinwand. 39 × 27 cm ohne Rahmen.

Literatur: Scharfe/Schenda/Schwedt 1967, Abb. S. 108.

Neufra/Hohenzollern, Kath. Kirchengemeinde

L 284

Votivbild

Wallfahrt zur Schmerzensmutter von Pfärrich, 1774

Die Gemeinde Haisterkirch dankt für die Abwendung einer Viehseuche. „Umb abwendung der Fichsucht hat die gantze Gemeindt/ Haisterkirch einhellig die Zuflucht Zu der schmertzhaften Mutter Gottes genohmen und die / über die stang springende Kueh Zu Ehren der Mutter Gotteß versproch und geopferet“.

Öl auf Holz. 90 × 68 cm mit Rahmen.

Literatur: Scharfe/Schenda/Schwedt 1967, Abb. S. 97.

Bad Waldsee, Städtisches Heimatmuseum

L 285

Votivbild

Wallfahrt zum Hl. Kreuz, Frankenhofen, 1745

Stifterpaar mit Rosenkränzen verlobt seine Pferdeherde dem in Wolken-Gloriole schwebenden Gnadenbild. Darstellung der Pferde im Stall vor Futterraufe. Zur Verstärkung der Anheimstellung sind auf dem Bild drei Viehpatrone – wahrscheinlich die Heiligen Wendelin, Leonhard und Isidor – beigegeben.

Öl auf Leinwand. 84 × 69 cm mit Rahmen.

Frankenhofen, Kath. Pfarrkirche St. Georg

L 286

Votivbild

Wallfahrt zur Schmerzhaften Muttergottes, Maria Steinbach, 1743

L 290

Viehherde, darüber groß das Gnadenbild zwischen gerafften Draperien: „Anno 1743 hab ich I. K. der pfarr Friesenhoffen und Weillen ich in / Viehstall einen zue satz Von besen Leitten das von Obigen Ettlich stuck zue grundt/ gangen so hab ich dise daffell zue Ehren Gott und der schmertzhafften Muotter an hero Versprochen/ so ist Gott sey Lob und Danck Wider alles in Vorigen standt Kuommen. Amen“.

Öl auf Leinwand. 76 × 53 cm mit Rahmen.

Maria Steinbach, Wallfahrtssammlung, Inv. Nr. 41

L 287

Votivbild

Wallfahrt zur Schmerzhaften Muttergottes, Maria Steinbach, 1750

Vor einem rot bedeckten Tisch, auf dem auf einem Polster ein Säugling liegt, kniet das Stifterpaar in höfischer Tracht und Rokkokofrisuren und dankt für die glückliche Geburt eines Sohnes. Aufgrund der Wappen an der roten Tischdecke verloben sich Franz Anton Reichsgraf v. Waldburg zu Zeil (1714–1790) und seine Gemahlin Maria Anna Sophia, Truchsessin v. Waldburg-Trauchburg (1728–1782): „Pro puero isto oravi. Reg. C. I. 1750“. Das Kind, das erbeten wurde, ist Maximilian Wunibald Ferdinand Jakob Reinhard Reichsgraf v. Waldburg zu Zeil und Trauchburg. (20. 8. 1750–16. 5. 1818) (Auskunft Dr. Diemer, Kreisarchiv Biberach).

Öl auf Leinwand. 47,5 × 37 cm mit neuem Rahmen.

Literatur: Beck 1973, Abb. 1.

Maria Steinbach, Wallfahrtssammlung, Inv. Nr. 227

L 288

Votivbild

Wallfahrt Ave Maria, Deggingen, 1737

Ein totgeborenes Kind wird nach drei Tagen für die Spendung der Taufe ins Leben zurückgerufen: „Aus demethigist schuldigister lob und danch abstattung hat jerg schweitzer/ schuchmacher zu ditzenbach weg erlangter wunder grossen gnad weilen/ ein auf die werlt tot geborenes und schon im dritten tag also dodter zum Ave Maria getragenes kind/ So er mit einer H. Mess. Wan es ein lebens zeichen daß es könte getaufft werden von sich geben/ solte es im grösten vertrauen, Weilen ihme shon vor etlich iaren mit einem anderen Kind, so ein brüchlein/ gehabt, eine grosse gnad widerfaren, dahin versprochen und verlobt, nach 3 mahl gugsamen von sich ge/ geben zaichen als nemlich 2 mahl aus der nasen bluet fliesen, under dem tauf ein heckerle thuen und das meil ein zu shliesen, und/ wieder eröffnen, vor dem wunderthätigen gnadenbild der soll Muetter gottes alda getauft worde, gegenwertige versprochene votivdaffel vihler zur lebhaften und ewigen zeugnus malen lassen. dieses in (wahrheit=unleserlich) hat sich zugetragen den 30 ten April 1737“.

Öl auf Leinwand. 78 × 63 cm mit Rahmen.

Deggingen, Wallfahrtskirche Ave Maria

L 289

Votivbild

Wallfahrt zur Schmerzhaften Muttergottes, Maria Steinbach, 1735

Wochenstube: Links Wöchnerin im Bett, betreut von Hebamme, vorm Fußende Tisch, auf dem nackter Säugling von Frauen in weißes Tuch gehüllt wird. Rechts kniet der Vater mit Rosenkranz und betet zur Mutter Gottes von Stein-

L 293

bach: „Anno 1735 den 2ten augusty verlobt sich hieher zu der gnadenuolen schmertzhaften Muetter gottes zu steinbach Michael berthele schreiner Maister in sontheim, sambt desen hausfrau Anna Pfeillerin, mit einer heilige Meß Vnd Voto daffel, Wegen augen scheinlicher Todtsgefahr in 5 Tägiger Kintsnähten darauf gott durch seinen glorreichiste Mutters firbit, gleich geben, das sye der geburt glicklich entbundte, gott vnd seiner schmertz und glorrichisten Mutter Maria sey Ewige danck gesagt Amen".

Öl auf Holz. 48,5 × 33 cm mit Rahmen.

Maria Steinbach, Wallfahrtssammlung, Inv. Nr. 37

L 290 □

Votivbild

Wallfahrt zur Schmerzhaften Muttergottes, Maria Steinbach, 18. Jahrhundert

Von den elf Kindern eines Ehepaares sind acht im Säuglingsalter und eines als junges Mädchen gestorben; sie sind durch ein Kreuz bezeichnet. Nur ein Sohn und ein Mädchen, das durch die schemenhafte Darstellung als geisteskrank gekennzeichnet ist, sind noch am Leben.

Öl auf Holz. 32 × 22,5 cm mit nach oben geschweiftem aufgemaltem Rahmen.

Maria Steinbach, Wallfahrtssammlung, Inv. Nr. 122

L 291

Votivbild

Wallfahrt zur Schmerzhaften Muttergottes, Maria Steinbach, um 1750

Zwei kranke Männer, wahrscheinlich Vater und Sohn, sitzen mit Zipfelhauben in ihren Baldachinbetten. Vor den Betten Tischchen mit Arzneiflaschen.

Öl auf Leinwand. 31 × 39,5 cm ohne Rahmen.

Maria Steinbach, Wallfahrtssammlung, Inv. Nr. 230

L 292

Votivbild

Wallfahrt zur Schmerzhaften Muttergottes, Maria Steinbach, 1741

An einem rot bedeckten, mit Badergerät belegten Tisch sitzt in einem Lehnstuhl ein Mann, dem vom Bader ein mächtiger Gesichtsgeschwulst kreuzweise aufgeschnitten wird. Stifter der Tafel ist der Bader: „Zveer Danckhßagung der alerßeligste Jungfrav M. M. gottes ist Deß opfer gemachtt worden weil ich ein groBes gewex geschniten v. kvrirt".

Öl auf Holz. 46 × 41 cm mit Rahmen.

Literatur: Weitnauer 1969, S. 118 m. Abb. – Theopold 1978, Abb. S. 130.

Maria Steinbach, Wallfahrtssammlung, Inv. Nr. 15

L 293 □

Votivbild

Wallfahrt zur Schmerzhaften Muttergottes, Maria Steinbach, um 1780

Die Tafel zeigt in naiver Malerei (siehe Kat. Nr. L 266) eine Votantin mit Rosenkranz, die sich mit einem Augenleiden an die Muttergottes von Steinbach wendet. Hinweis auf die Krankheit sind die aufgemalten Ottilienaugen.

Öl auf Holz. 36 × 28 cm mit aufgemaltem Rahmen.

Maria Steinbach, Wallfahrtssammlung, Inv. Nr. 211

L 294

Votivbild

Wallfahrt zur bekleideten Pieta, Friedenweiler, 1796

Auf Wolkenbank thront das Gnadenbild

L 296

der bekleideten Pieta, assistiert von der hl. Katharina und wohl von Judas Thaddäus. Eine zwölfköpfige Familie, wobei Vater und Mutter und 4 Kinder mit Kreuzzeichen versehen schon als verstorben bezeichnet sind, votieren sich bei Krankheiten der Verdauungsorgane. Hinweis hierfür ist die Darstellung der Marter des hl. Erasmus, dem nach der Legende mit eisernen Spindeln die Gedärme herausgewunden wurden. – Die Tafel ist in der Art der Schwarzwälder Schildermalerei angefertigt.

Öl auf Holz. 32 × 31 cm mit Rahmen.

Villingen, Städt. Sammlungen, Inv. Nr. 7286

L 295

Votivbild

Wallfahrt zur Schmerzhaften Muttergottes, Maria Steinbach, 18. Jahrhundert

Durch die Hilfe der Muttergottes entweichen einer Frau aus dem Mund böse Geister in Gestalt von Vögeln.

Öl auf Holz. 16 × 14 cm mit Rahmen.

Maria Steinbach, Wallfahrtssammlung, Inv. Nr. 535

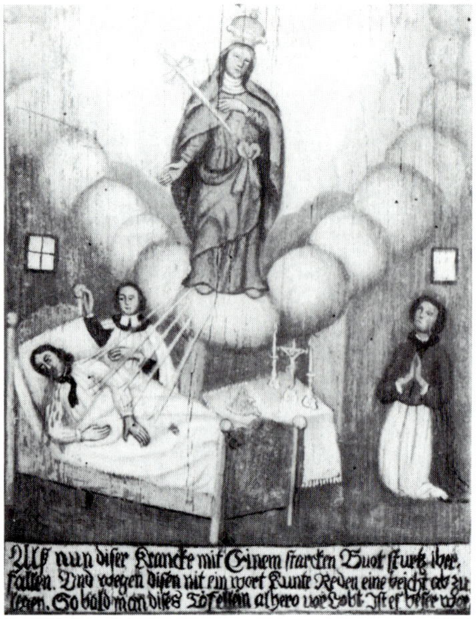

L 297

L 296 □

Votivbild

Wallfahrt zur Schmerzhaften Muttergottes, Maria Steinbach, 1770

Die weinende Familie umsteht den im Sterben liegenden Vater.

Öl auf Leinwand, aufgezogen. 36 × 26 cm.

Literatur: Theopold 1978, Abb. S. 160.

Maria Steinbach, Wallfahrtssammlung, Inv. Nr. 47

L 297 □

Votivbild

Wallfahrt zur Schmerzhaften Muttergottes, Maria Steinbach, 18. Jahrhundert

Ein im Sterben liegender Mann wird von einem starken Blutsturz befallen und kann deshalb nicht die Beichte ablegen: „Alß nun diser Krancke mit Einem starcken Bluotsturtz iber / fallen. Und wegen disen nit ein Wort Kunte reden eine beicht abzu / legen. Sobald man dieses Tafelein alhero verlobt. Ist es beser word".

Öl auf Holz. 35 × 26,5 cm mit Rahmen.

Maria Steinbach, Wallfahrtssammlung, Inv. Nr.636

KATHOLISCHE FRÖMMIGKEIT

ANDACHT

Andacht (devotio) bedeutet die verehrende Zuwendung des ganzen Menschen auf eine Gottheit oder heilige Person. Sie ist eine Form der Frömmigkeitsausübung und setzt eine demutsvolle Haltung voraus. Die Andacht kann allein im privaten Bereich und außerhalb der religiösen Gemeinschaft oder aber in der kirchlichen Öffentlichkeit gemeinschaftlich mit anderen geübt werden. Nicht die Teilnahme und Vermittlung eines Priesters oder die Beachtung von liturgischen Regeln ist notwendig; Andacht vollzieht sich im Akt des Gebetes und der Meditation. Bilder, Skulpturen und andere Geräte (Devotionalien) helfen bei der Andachtsausübung. Die Theologie der katholischen Kirche sieht die Bedeutung der religiösen Bilder als religiöses und didaktisches Hilfsmittel zur Beförderung von Andacht und Erbauung. Sie dienen der Erinnerung an die Heiligen und deren vorbildliches Leben. Sie sollen Geschehnisse aus dem Leben Christi und der Heiligengeschichte veranschaulichen oder setzen theologische Inhalte in eine bildliche Darstellung um. Das Andachtsbild, und hier vor allem das kleine, mit der Vielzahl seiner Varianten, kann als die verbreitetste Form des religiösen Bildes betrachtet werden. Die Vielzahl der Bildträger wie Papier, Pergament, Metall, Holz, Stoff, Leinwand oder Glas, die verschiedenen Möglichkeiten der technischen Ausführung, z. B. gemalte, geschnittene, gestickte oder gedruckte Bilder, dazu Reliefs aus Ton, Metall, Holz, Papiermaché oder Teig, die Verschiedenartigkeit der Gestaltung als collageartige Bilder, Klosterarbeiten, Skulpturen, Klapptäfelchen, Känsterle, Bildaltärchen oder als religiöser Schmuck boten ein kaum erschöpfbares Reservoir für die Ausgestaltung von Andachtsbildern. Dies spielte besonders für die Formen der Bildkänsterle und kleinen Andachtsbilder eine Rolle, die als Auftragsarbeiten nach persönlichen Wünschen gefertigt wurden. Mit dem Aufkommen der Gegenreformation in der 2. Hälfte des 16. Jahrhunderts erfuhr das kleinformatige Andachtsbild entscheidende Antriebskräfte, die dann zum eigentlichen Höhepunkt seiner Bedeutung im 17. und 18. Jahrhundert führten. Diese Beobachtungen treffen aber auch auf großformatige Bilder für die Andacht zu, mit ihrer eindeutig katechetischen Zielsetzung in der Umsetzung von theologischen Inhalten in Bildlichkeit.

L 299

Die Gegenreformation, die entscheidend vom Jesuitenorden getragen wurde, entwickelte als beherrschenden Stil des Andachtsbildes den sogenannten „Jesuitenstil". Die Jesuiten bauten konsequent in ihre seelsorgerische Praxis das Andachtsbild als religionspädagogisches Hilfsmittel ein. Die Umsetzung religiöser Inhalte in eine eindringliche, aufrüttelnde Bildhaftigkeit war das grundlegende Prinzip dieser Didaktik. Die vom Ordensgründer Ignatius von Loyola entwickelte Technik der geistlichen Selbstübung war für die Jesuiten Ansatz zur praktischen Seelsorge. Es ging darum, eine möglichst komplexe, alle Sinne umfassende Umformung religiöser Inhalte in sinnliche Anschauung und Bewegung des Gemüts zu erreichen. Ein Beispiel für diese didaktische Methode ist das von den Jesuiten sehr geförderte Rosenkranzgebet, das eine durch vorgegebene Bildvorstellungen gelenkte Andachtsübung ist. Die Bildlichkeit des „Jesuitenstils" wurde stilbestimmend durch die breite Einwirkung des Ordens auf das religiöse Leben der katholischen Gläubigen. Die religiöse Volkskunst erhielt entscheidende Impulse, die nicht auf bestimmte soziale Schichten begrenzt waren und in der Gestaltung der Bilder und Zeichen katholischer Frömmigkeit sich sowohl aller kunsthandwerklichen Formen bedienten, als auch bäuerlich-naive Gestaltungsweisen beeinflußten.

Literatur: Veit, Ludwig Andreas, Lenhart, Ludwig, Kirche und Volksfrömmigkeit im Zeitalter des Barock. Freiburg 1956. – Vossebrecher, Herbert, Die Bildungs- und Erziehungsmethoden der deutschen Jesuiten in Katechese und Gottesdienst des 16. Jh. In: Beiträge zur Didaktik der Erziehungswissenschaften. Paderborn 1971.

L 298

Vaterunser-Bild

Hl. Kreuz, Steinach, 18. Jahrhundert

Das großformatige barocke Andachtsbild zeigt das seltene Motiv der Vaterunser-Bitten. Das Bild diente der katechetischen Unterweisung der Gläubigen. In der mittleren Senkrechten untereinander werden Gott Vater, Christus mit 12 Aposteln und das Fegefeuer mit den Armen Seelen gezeigt. Rechts und links der Text des Vaterunsers in einzelnen Absätzen jeweils mit einer den Absatz illustrierenden Szene. In einer Kartusche, die dem Bildrahmen aufgesetzt ist, steht die Mahnung: „So solltet ihr betten, Matth. 6,9". Am oberen Bildrand als Überschrift in einem Textband mit bildlicher Darstellung Gott Vaters:

„Vatter unser der Du in dem Himmel"

Anbetungszene vor dem Kreuz
„1 Geheiliget werde dein nahm"

Drei Frauen am Torbogen
„2 Zu kome uns dein Reich"

Christus mit 12 Aposteln

Kelch, Christus
„3 Dein Will geschehe wie im/
Himel also auch auf erden"

Eucharistie, Bibel,
anbetende Person
„4 Unser täglich Brod/
gib uns heit"

Hölle, Seele, Teufel

Taufe Christi (?)
„5 Und vergib uns unsere Schulden/
als auch wir vergeben unsern
Schuldigern"

Ölbergszene
„6 Und führe uns nicht/
in versuchung"

L 300

„Sondern erlöse uns von dem Übel. Amen"

Goldrahmen. H. 195 cm, B. 120 cm.

Literatur: Hermann, Manfred, Steinach im Kinzigtal, Pfarrkirche Hl. Kreuz. Kirchenführer. Wangen im Allgäu 1975, S. 14.

Steinach im Kinzigtal, Kath. Pfarrkirche Hl. Kreuz

L 299 □

Andachtsbild

St. Kosmas und Damian, Unterwachingen, 18. Jahrhundert

Das allegorisch-emblematische Andachtsbild zeigt Jesus Christus hängend am Kreuzesstamm, der als Rebstock ausgeformt ist. Die Zweige tragen als Reben

Medaillons, in denen die Apostel und Evangelisten abgebildet sind, von oben links nach rechts unten: Matheus, Paulus Marcus, Andreas, Petrus, Jacobus Mayor, Philippus, Thomas, Bartholomäus, Jacobus Minor, Judas Thaddäus, Mathias, Simon, Lucas, Johannes. Eine Inschrift am unteren Bildrand: „Ego sum vitis Vos Palmites. Johanni 15.5“. Der Weinstock wird als Lebensbaum gesehen, Christus als Lebensquell der Kirche, die Gemeinschaft der Gläubigen ist. Das Bild diente wahrscheinlich einer Corpus-Christi- oder Hl. Kreuz-Bruderschaft als Andachtsbild.

Öl auf Leinwand. H. 125 cm, B. 96 cm mit Rahmen.

Unterwachingen, Kath. Pfarrkirche St. Kosmas und Damian

L 300 □

Andachtsbild

St.Kosmas und Damian, Unterwachingen, Anfang 18. Jahrhundert

Das Andachtsbild ist wie das vorige (Kat. Nr. L 299) voll tiefem Sinngehalt. In einer Kartusche, von Engeln umrahmt, steht der jugendliche Christus leichtfüßig auf dem mittleren Querbalken des IHS-Monogramms. Er trägt das Kreuz und die Leidenswerkzeuge. In der unteren Bildmitte gekröntes Marienmonogramm. Darunter befindet sich das Herz Jesu mit Dornenkrone, von drei Kreuznägeln durchstoßen. Es folgt ein bekröntes Marienmonogramm, rechts und links anbetend je ein Engel: „Afferte Domino gloriam nom̄u eius adorate Dominum in atrio sancto eius: PSAL. 28.“
Das Bild diente wahrscheinlich einer Hl. Kreuz-Bruderschaft als Andachtsbild.

Öl auf Leinwand. H. 125 cm, B. 96 cm mit Rahmen.

Unterwachingen, Kath. Pfarrkirche St. Kosmas und Damian

L 301 □

Andachtsbild: „Christus als Apotheker“

St. Wendelinuskapelle, Trillfingen, 18. Jahrhundert

Christus steht in einer Apotheke und wiegt die Gewürze „Gerechtigkeit, Creuzwurtz und Sanftmütigkeit“. Spruchband am unteren Bildrand: „Kombt alle her zu mir, alle die ihr mit Muehe und/ arbeith Beladen seid ich will euch erquicken.“

L 301

Das Thema der geistlichen Apotheke ist besonders in der süddeutschen katholischen Volksfrömmigkeit des Barock verbreitet. Wie die Heilmittel und Arzneien bei körperlichen Gebrechen helfen, so heilt Christus den Geist und die Seele des Gläubigen; was der Apotheker und der Arzt für das irdische Leben bedeuten, das ist Christus für das ewige Leben. Besonders auch die barocke Erbauungsliteratur bedient sich dieser Vergleiche. Sie führt Titel wie „Geistliche Seelen-Apotheke“ oder „Geistliche Seelen Artzney...“ und „Geistliche Hauß Apothek...“. Die Bilder hingen als Erbauungsbilder vielfach in Apotheken, fanden sich aber auch wie dieses in Kirchen und Kapellen, wo sie „örtliche Verehrung erfahren konnten, sich also vom Erbauungs- und Andachtsbild zum Kultbild wandeln konnten.“ Die Vergleichsbedeutung wird in eine konkrete Funktion überführt, denn Christus wird nun „nicht mehr nur als Arzt und Apotheker im übertragenen Sinne und in religiösen Anliegen angerufen, sondern auch in leiblichen Nöten“ (Kriss-Rettenbeck, S. 40).

Öl auf Leinwand (wiederverwendet, z. T. Spruchbänder durchscheinend). H. 76 cm, B. 61 cm mit Rahmen.

Literatur: Scharfe 1968, S. 130ff. – Kriss-Rettenbeck 1971, S. 39f. (mit Literaturhinweisen). – Christus als Apotheker. Ausstellung. Focke – Museum, Bremen 1975.

Trillfingen, Schäferzunft

L 302

Andachtsbild: Hl. Grab

Kloster Zwiefalten (?), vor 1750

Das wahrscheinlich als Altärchen für die private Andacht eines Klerikers verwendete Hl. Grab zeigt auf reich ornamentiertem barocken Sockel im Durchblick auf eine Felsenhöhle auf weißen Grabtüchern den Leichnam Christi. Die gemalte Grabesöffnung läßt das Auge auf die Stadt Jerusalem blicken. Darin schwebt in goldener Strahlenvision höchst naturalistisch das Herz Jesu. Auf plastischem Wolkenthron erscheint Gott Vater als Bekrönung des Andachtsbildes. Vor der Brust von Gott Vater erscheint der Hl. Geist in Form der Taube. Die himmlische Apotheose wird durch Engel und Cherubsköpfchen vervollständigt. Das Altärchen vereinigt in sich wesentliche Andachtsformen des 17. und 18. Jahrhunderts: die Herz-Jesu-Verehrung und die Andacht zur Allerheiligsten Dreifaltigkeit.
Die Herz-Jesu-Verehrung ging von Frankreich aus und fand in Oberschwaben ihren Kultmittelpunkt in der Kollegiumskirche in Ehingen, die im Auftrag des Klosters Zwiefalten 1712–1719 erbaut wurde. Sie war die erste deutsche Kirche mit dem Herz-Jesu-Patrozinium und ist einer der bedeutendsten Barockbauten Schwabens. Die eifrige Anrufung und demütige Anbetung der allerheiligsten Dreifaltigkeit tritt als bestimmendes Element katholischer Volksfrömmigkeit gegen Ende des Barockzeitalters immer mehr hervor. Besonders in den Predigten von Abraham a Sancta Clara spiegelt sich die religiöse Verehrung der Dreifaltigkeit: „Die Andacht zu diesem göttlichen Drey ist sehr nutzlich und schön und wo nur ein kleiner Schatten dises Göttlichen Geheimnis, da kan dem Menschen nichts übels widerfahren.“ Die besondere Stellung des Dreifaltigkeitssonntags unter den Festtagen der Kirche und das damalige Aufblühen der Dreifaltigkeitsbruderschaft sind Zeichen für ein wiedererwachtes Glaubensleben in der katholischen Kirche im Barockzeitalter.

Lindenholz, alte Fassung mit Schnitzwerk. H. 170 cm, B. 93 cm, T. 30 cm.

Literatur: Grimme, Ernst-Günther, Europäische Bildwerke vom Mittelalter zum Barock. Köln 1977, S. 120.

Aachen, Suermondt-Ludwig-Museum, Inv.Nr. SK 364

DAS KLEINE ANDACHTSBILD

Die Bezeichnung das kleine Andachtsbild reicht von der Gebetbucheinlage über Pergamentminiaturen bis zum illustrierten Andachtszettel. Die Kunstgeschichte bezeichnet hingegen als Andachtsbilder ikonographische Bildtypen aus der mystisch angeregten Frömmigkeitsbewegung des späten Mittelalters. Diese Andachtsbilder im engeren Sinne erscheinen auch im kleinen Andachtsbild, zumal wenn sie zu Gnadenbildern von Wallfahrten wurden wie die Schmerzensmutter oder Pietà. Mit der Entwicklung der druckgraphischen Vervielfältigungstechniken im 15. Jahrhundert, nahm der Devotionalienhandel einen ungeheuren Aufschwung. Die Gegenreformation stachelte den Bilderbedarf in den katholischen Landen erneut an, so daß im 17. und 18. Jahrhundert das kleine Devotionalienbild ein wesentlicher Faktor der religiösen Kultur war. Es ist aufs engste mit der großen Kunst der Jesuitenspiritualität verbunden. Diesen Frömmigkeitsstil in das entlegenste Haus zu tragen, war Auftrag jener Form von Massengraphik.
Augsburg entwickelte sich zur weltberühmten Zentrale des Andachtsbilderhandels im 17. und 18. Jahrhundert. An ihrem Vorbild orientierten sich alle kleinen Verlage, und nur wenige konnten sich gegen solch eine Monopolstellung behaupten. Von Augsburg aus wurde die Andachtsgraphik zusammen mit anderen Devotionalien in alle Teile Mitteleuropas vertrieben. Hauptauftraggeber waren Klöster und Wallfahrtsstätten. Im badisch-württembergischen Raum entwikkelten sich nur lokale Künstler als ausgesprochene Wallfahrts- und Heiligenstecher, die vor allem volkstümliche Motive aufgriffen und verbreiteten.
In dieser Zeit waren verschiedene Bildgattungen üblich. Das handgemalte Pergamentbild, von Freihandmalern oder Miniaturisten geschaffen, erfreute sich neben dem illuminierten Kupferstich steigender Nachfrage. Die Themen wurden zeitgenössischen Kupferstichen entnommen und kopiert, was zum Teil zu einer primitiven Bildgestaltung in Form und Farbgebung führte. Man kann dies anhand des Gnadenbildes von Maria Steinbach gut beobachten.
In der Herstellung von Pergamentminiaturen mit Spitzenbildern gab es die Arbeitsteilung. Die figürliche Darstellung wurde vom Miniaturisten gemalt und die Umrahmung aus Blumen und Bandwerk von den sogenannten „Cränz-Mahlerinnen“. Das Spitzenbild erlebte in den frühen Jahrzehnten des 18. Jahrhunderts seinen Höhepunkt, bis es allmählich zur Massenware herabsank. Die qualitätsvollsten Arbeiten dieser Art stammen aus Frauenklöstern. Doch im Zuge ihrer Beliebtheit fanden sich auch andere Hersteller. Während die „bildterschneider“ Stücke schufen wie z. B. Kat. Nr. L 335, entwickelte man eine Technik, die Bildchen mittels eines Stanzmodels herzustellen (s. Hl. Magdalena Kat. Nr. L 338). An dieser Stelle sei noch das Rebus- oder Rätselbild erwähnt, das lange Zeit beliebt war und das man sich wie auch die anderen Bildchen zum Geschenk machte. (Kat. Nr. L 333).
Durch die große Nachfrage der Andachtsgraphik kämpften die Briefmaler, Formschneider und Kupferstecher gegen die „Stümpler“ (Kopisten). Deshalb erwirkten sich die Verleger kaiserliche Privilegien für ihre Produktion. Der um 1741 gegründete katholische Bildverlag der Brüder Klauber, Joseph Sebastian (1700–1768) und Johann Baptist (1712–1787), in Augsburg wurde zur „Zentrale“ des kleinen Andachtsbildes. Sie überschwemmte den Markt mit einer Flut von Andachtsbildern aller Art. Ihre Erzeugnisse wurden in ganz Europa vertrieben. Die Klaubers gaben dem Andachtsbild eigene Züge, und ihr Bilderschatz, der vielfach ihrer eigenen Erfindung entstammte, repräsentiert in seiner Gesamtheit die geistliche Welt der Zeit. Ihre Darstellungen sind reich an figuraler Staffage und Rocaillemotiven in der Umrahmung und den Kartuschen (s. Kat. Nr. L 320, 321).

Literatur: Brückner, Wolfgang, Andachtsgraphik. In: Keysers Kunst und Antiquitätenbuch III. München 1973. S. 101 ff. – Metken 1978. – Spamer 1930

L 303–309 entfallen

L 310

Spitzenbild

Süddeutsch, Ende 18. Jahrhundert

Sehr feine Pergamentspitze. Im Medaillon Blutbild von Walldürn. In der Namenskartusche bezeichnet: „daß h. bluth“.

Pergament, bemalt. 12 × 7,3 cm.

Baden-Baden, Zisterzienserinnenabtei Lichtenthal

L 311–319 entfallen

L 320

Seidenbild

Augsburg, 3. Viertel 18. Jahrhundert

Bekleidetes Vesperbild der Wallfahrtskapelle Schloß Ellwangen. Unten bezeichnet: „Wunderthätiges Vesper Bild in der Hoch-Fürstl. Hoff-Capell Schloß ob. Ellwangen.“ Unten rechts am Rand, kaum leserlich: „Klauber Sc.“

Kupferstich auf gelber Seide. 14 × 8 cm.

Privatbesitz

L 321

Wallfahrtsbild von Kappel

Augsburg, 2. Hälfte 18. Jahrhundert

Das Gnadenbild, eine am Fuße des Kreuzes sitzende Pieta, über dem Berge Kappel schwebend. Unten bezeichnet: „Das schmerzhafte Mutter Gottes Bildnüß auf dem Berg Kappel zu Erolzheim“ und „gest. v. A. Klauber in Augsburg“.

Kupferstich, nicht koloriert. 11,3 × 7,5 cm.

Privatbesitz

L 322

Wallfahrtsbild von Todtmoos

Süddeutsch, 2. Hälfte 18. Jahrhundert

Das Gnadenbild (Mantelpieta) über dem Flecken Todtmoos, darunter bezeichnet: „h. Maria im Todtmos lasse Niemand hilff los. F. X. S.“

Kupferstich, nicht koloriert. 13,5 × 9 cm.

Privatbesitz

L 323 □

Wallfahrtsbild von Todtmoos

Süddeutsch, Mitte 18. Jahrhundert

Das Gnadenbild (Mantelpieta) in einer Gloriole, darunter der Flecken Todtmoos mit der Wallfahrtskirche. Bezeichnet: „Wahre Abbildung Der Wunderthätigen Mutter Maria In dem Todtmos“, unten rechts „Johann Bap. Haas Del. et Sc.“

Kupferstich, nicht koloriert. 16,5 × 9,8 cm.

Privatbesitz

L 324 □

Wallfahrtsbildchen von St. Märgen

Augsburg (?), Mitte 18. Jahrhundert

Das bekleidete Marien-Gnadenbild schwebt umgeben von Engeln über dem Kloster St. Märgen. Das Bild stand ehemals in einer kleinen Kirche, die Marienzelle hieß und die später an das Kloster angeschlossen wurde. Deshalb ist es auch bezeichnet: „S. Maria Zell sonst S. Mergen Can. Reg. auf dem Schwarzwald". Es ist unsigniert, stammt aber wahrscheinlich von Joh. Georg Remmele aus Augsburg.

Kupferstich, koloriert (Stockflecken). 13 × 8 cm.

Literatur: Spamer 1930, S. 232.

St. Märgen, Heimatsammlung Andreas Schwär

L 325 □

Wallfahrtsbild von Steinhausen a. d. Rottum

Augsburg, 2. Hälfte 18. Jahrhundert

Das bekleidete Gnadenbild der Schmerzhaften Mutter Maria, flankiert von zwei Putti, welche die Leidenswerkzeuge Christi tragen: drei Nägel, Hammer, Zange, Lanze und Schwamm. Darunter bezeichnet: „S. MARIA IN STEINHAUSEN." und „Remele Cath. sculp. A."
Johann Georg Remmele, Kupferstecher, aus Zusmarshausen stammend, war neun Jahre Kammerdiener in Heiligkreuz und St. Georgen, bevor er sich als Andachtsbilderstecher in Augsburg niederließ. Er erwarb das Bürgerrecht 1761.

Kupferstich, nicht koloriert. 12 × 8 cm.

Literatur: Spamer 1930, S. 232.

Privatbesitz

L 323

L 326

Gebetszettel von Steinhausen a. d. Rottum

Süddeutsch, 2. Hälfte 18. Jahrhundert

„Gebett zu der schmertzhafften Mutter Mariae". Dreispaltiger Zettel. In der Mitte Kupferstich mit Gnadenbild (bekleidete Pieta mit Schwert in der Brust). Bezeichnet: „Bildnus der Wunderthätigen Seeligen Jungfrau Maria in Steinhausen", darüber ein Spruchband: „Nahe bei Ochsenhausen".

Buchdruck und Kupferstich, nicht koloniert. 10 × 16 cm.

Privatsitz

L 325

L 324

L 327

Wallfahrtsbild aus Weingarten

Weingarten (?), Mitte 18. Jahrhundert

Das Hl. Blut-Reliquiar in Ornamentkartusche mit Blumen, darunter Schild mit Inschrift: „H. H. Sanguis Christi in Weingarten".

Pergament, handbemalt. 8,8 × 5,5 cm.

Privatbesitz

L 328 □

Kleines Andachtsbild

Süddeutsch, Mitte 18. Jahrhundert

Verherrlichung des Blutes Christi in Verbindung mit dem hl. Blut-Reliquiar von Weingarten. Im Weinberg steht Christus an der Kelter, gibt Trauben und sein eigenes Blut, das ihm aus dem Herzen fließt, in den Weinzuber. Darüber schwebt im Strahlenkranz und von Putti umgeben das Reliquiar, aus dem ebenfalls Blutstropfen in die Kelter fallen. Dazu in der Spruchkartusche:

„Verkoste dießen Rebensaft,
Der durch die Lieb herfließet,
Du wirst empfinden dessen Krafft:
Wie er dein Herz versüsset."

Über der Darstellung: „Botrus Cypri – Vineis Engaddi. Cant. 1 v. 13."

Kupferstich, handkoloriert. 13,7 × 7,7 cm.

Bad Waldsee, Brunhilde Osten-Fritzenschaft

L 329 □

Wallfahrtsbild aus Zell am Harmersbach

Süddeutsch, 2. Hälfte 18. Jahrhundert

Darstellung des bekleideten Gnadenbildes Maria zu den Ketten. Oben zwei Putti mit Ketten. In der Kartusche unten bezeichnet: „Maria zur Ketten, bey Zell am Harmersbach."

Kupferstich, nicht koloriert. 13 × 8,4 cm.

Privatbesitz

L 330

Kleines Andachtsbild

Süddeutsch, 2. Hälfte 18. Jahrhundert

Die gute Beth aus Reute in Ordenstracht kniet in stiller Andacht mit Kreuz in den Händen. Unten bezeichnet: „S. ELISABETHA BONA".

Pergamentminiatur. 14 × 8,8 cm.

Bad Waldsee, Brunhilde Osten-Fritzenschaft

L 331

Andachtsbild der hl. Beth von Reute

Augsburg, 2. Hälfte 18. Jahrhundert

Die Heilige in Ordenstracht, umgeben von den „arma Christi", hält im Arm ein Kruzifix. Sie ist begleitet von zwei Engeln mit Posaunen, denen ein Schriftzug beigefügt ist: „Thanmaturga Sueviae" / „Patrona Universalis". Oben bezeichnet: „Beata Elisabetha Bona", unten:„Ora pro Nobis", unten rechts: „Klauber Cath. Sc. A. V. " Das Andachtsbildchen wurde wohl 1767 anläßlich der Seligsprechung der guten Beth herausgegeben.

Kupferstich, nicht koloriert. 14 × 8,5 cm.

Literatur: Katholischer Volks- und Hauskalender, 121. Jahrgang, Stuttgart 1971, S. 23 m. Abb.

Privatbesitz

L 332

Kleines Andachtsbild

Lichtenthal (?), Anfang 18. Jahrhundert

L 328

Das Jesuskind als „Amor divinus" schleift das menschliche Herz „Ex polito amoris". Diese beliebte Darstellung, die auch auf Kupferstichen zu finden ist, geht auf das 25. Bild des Werkes „Amoris divini et humani antipathia" zurück, das 1629 in Antwerpen erschien.

„Sieh! hier halte und regiere
ich dein Herz in meiner Hand
Schleife sänftlich und poliere
Flecken weg im Leidensstand
Daß die Flecken lieber weichen
gießt die Gnade Wasser zu
Soll ich so mein Ziel erreichen
Schließ nicht aus und halt in Ruh!"

Pergamentminiatur. 13,6 × 9 cm.

Literatur: Spamer 1930, vergl. Taf. XXXVIII, 2, S. 312–13.

Baden-Baden, Zisterzienserinnenabtei Lichtenthal

L 333

Rebusbild

Süddeutsch, Mitte 18. Jahrhundert

Geistliches Bilderrätsel, dessen Auflösung lautet: „Wer ein treues Herz will finden mus bey Sonnenschein ein Licht anzünden. wan die falschheit brente wie das Feuer so wör das Holz nit halb so theur."

Pergament, handbemalt. 9 × 5,7 cm.

Literatur: Spamer 1930, S. 168. – Kriss-Rettenbeck 1971, vergl. Abb. 156.

Privatbesitz

L 334

Kleines Andachtsbild: Wegweiser zum Himmel

Süddeutsch, 2. Hälfte 18. Jahrhundert

Pergament-Miniaturschnitt mit Darstellung der Geburt Christi und der Verkündigung an die Hirten. Das durch karminrote Umrißlinien plastisch wirkende Herz dient als Kartusche für einen Verkündigungsvers (aus einem Weihnachtslied?).

Pergamentminiatur. 6,5 × 11 cm.

Literatur: Spamer 1930, vergl. Taf. C II.

Privatbesitz

L 335

Spitzenbild

Badisch (?), 1733

L 329

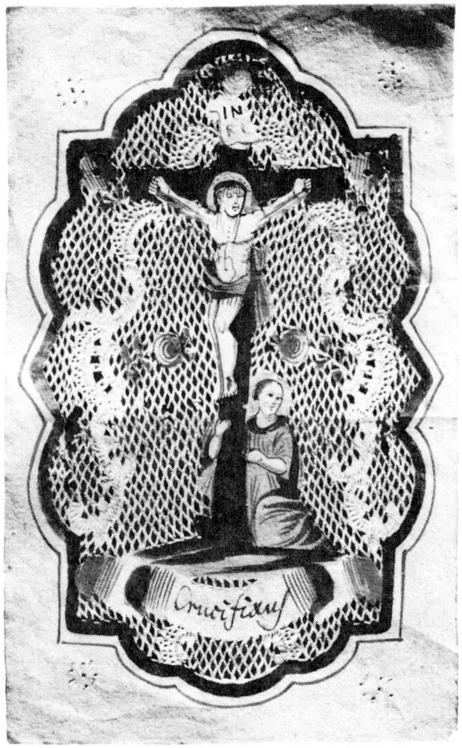

L 337

Geschnittenes Andachtsbild, wie man es gerne zum Geschenk machte. Ornamentale, fein gearbeitete Kartusche mit Medaillon. Miniatur mit Emblem: Glaube – Hoffnung – Liebe. Unten Spruchband mit der Aufschrift: „Gedencke meiner. Wie ich Deiner." Am Rand noch zusätzliche handschriftliche Notiz: „ist Kleich Den augen das Sehen beraubt So Ist doch dem Hertzen Das Dencken Erlaubt." Auf der Rückseite ist noch zugefügt: „E. S. A. VS 1733."

Pergament, handbemalt. 9,7 × 5,8 cm.

Karlsruhe, Badisches Landesmuseum, Inv. Nr. 81/115

L 336

Spitzenbild

Badisch (?), Mitte 18. Jahrhundert

Memento-Mori-Emblem in Medaillon. Miniatur umrahmt von Rosen und Rocaillen. In der Spruchkartusche handschriftlich: „schön war ich in dem leben/ aber ietz ist alles dahin/ nach gott allein tu streben dafinst (?) die bessern gewin".

Papierspitze, handbemalt. 10,2 × 5,8 cm.

Karlsruhe, Badisches Landesmuseum, Inv. Nr. 81/116

L 337 □

Spitzenbild

Süddeutsch, 2. Hälfte 18. Jahrhundert

Christus am Kreuz mit Magdalena zu Füßen in geschnittener Kartusche. Im Schriftband bezeichnet: „Cruzifixus".

Papierschnitt, handbemalt. 13,7 × 8,5 cm.

Privatbesitz

L 338

Spitzenbild

Süddeutsch, spätes 18. Jahrhundert

Sehr feine Stanzspitze, im Medaillon Miniatur der hl. Magdalena mit Schmuckschatulle als Attribut. In der Spruchkartusche bezeichnet: „S. Magdalena".

Papier, bemalt. 13 × 7,8 cm.

Baden-Baden, Zisterzienserinnenabtei Lichtenthal

KLOSTERARBEITEN

Unter Klosterarbeiten versteht man Andachtsgegenstände der religiösen Volkskunst, die von Nonnen gefertigt wurden. Die Arbeiten wurden mit großer Kunstfertigkeit und Liebe hergestellt. Klosterfrauen mit besonders geschickten Händen waren von allen anderen Aufgaben des Klosteralltags freigestellt, um sich ganz dem religiösen Kunsthandwerk widmen zu können.
Neben dem Schmuck großer Reliquienschreine und „Heiliger Leiber" entwikkelte sich und blühte eine Kleinkunst, die „aus der Beherrschung vielerlei Materialien und Techniken die liebenswertesten Dinge entstehen ließ, die insgesamt die „Schönen Arbeiten" genannt werden". Für das Gebiet des heutigen Landes Baden-Württemberg ist der Begriff „Känsterle" von Bedeutung gewesen. Der regionale Begriff „Känsterle" aus dem Alemanischen „Chänsterli" von Fensterchen, bezeichnet kleine Glaskästen, in denen Heiligenfiguren aus Holz, Wachs oder Ton, bekleidet mit Stoff und Flitterwerk, meist als Klosterarbeiten entstanden und zur Weihnachtszeit aufgestellt wurden. Später waren sie beliebte religiöse Hauskunst und wurden auch außerhalb der Klöster hergestellt. In ihrer oft sehr reichen, prunkvollen Ausführung gleichen sie den Reliquienkästchen. Die Känsterle reichen in ihrer Ausstattung vom einfachen Holzkasten bis hin zu barocken geschweiften Gehäusen, in Gold gefaßt.
Zwei Zisterzienserinnenklöster, das badische Lichtenthal und das oberschwäbische Gutenzell, sind als beispielhaft für die Herstellung von Klosterarbeiten anzuführen.
Eine Urkunde vom 9. März 1243 erwähnt erstmals die „devotas virgines in Lucida valle". Das von der Markgräfin Irmengard v. Baden gegründete Kloster Lichtenthal wurzelt von Anfang an in der zisterziensischen Bewegung, und als markgräfliches Hauskloster und Grablege steht es in Gunst von Markgraf Ludwig Wilhelm, dem Türkenlouis, dessen Herz in einer silbernen Kapsel vor dem Hochaltar der Fürstenkapelle beigesetzt ist. Im Auftrag der Markgräfinnenwitwe Sybilla Augusta v. Sachsen-Lauenburg wurden umfassende bauliche Veränderungen der Klosteranlage durch den Vorarlberger Baumeister Peter Thumb 1728–30 vorgenommen. Die Säkularisation ließ den Konvent „in klösterlicher Communion

beysammen". Heute betreiben die Klosterfrauen immer noch das sakrale Kunsthandwerk, das von ihnen schon im Zeitalter des Barock in Form der Klosterarbeiten gepflegt wurde.
Die letzte Priorin der Zisterzienserinnenabtei Gutenzell, M. Magdalena, Tochter des bekannten Augsburger Kupferstechers J. B. Klauber, hinterläßt den handgeschriebenen Bericht „Historischer Bericht über das Reichsstift und Gotts Hauß Gutenzell", der die Geschichte des Klosters erzählt seit der legendenhaften Gründung eines vorzisterziensischen Klosters zu Ehren der beiden orientalischen hl. Brüder Kosmas und Damian, über die historisch verbürgte Wiedergründung und Bestätigung im zisterziensischen Ordensgeiste im Jahre 1237, die Notzeit des 17. Jahrhunderts, als im Jahre 1647 „etliche schwedische Courasieur Feuer legten", sowie die große Zeit baulicher und künstlerischer Aktivität im 18. Jahrhundert unter den Äbtissinnen von Donnersberg und Zimmermann bis hin zum offiziellen Ende der Gemeinschaft meist adeliger, frommer Frauen durch die Säkularisation im Jahre 1803.
Vor allem der Verehrung des „Jesulein" und seinem Schmuck mit kostbarer und aufwendiger Kleiderpracht widmeten sich die Klosterfrauen mit hingebungsvoller Ausdauer.
Während die Kirche des frühen und hohen Mittelalters Christus als den Alleinherrscher verehrte und darstellte, sieht der katholische Gläubige des Barock Christus als den erbarmungsreichen, menschenfreundlichen Heiland, der als Mensch auch ein zartes, hilfloses Kind geworden war. „Diesem Kind schlagen die Herzen voll Liebe und Vertrauen entgegen, bei diesem Kind ist Geborgenheit und Friede". Verschiedene Bilder des Jesuskindes gelangten zu besonderer Berühmtheit und weit verbreiteter Verehrung. Unter allen Jesuskindlein brachte jenes in der Karmeliterkirche zu Prag als „das gnadenreiche Pragerkind" es zu größter Beliebtheit. Es war von einer Fürstin Lobkowitz im Jahre 1628 als Hochzeitsgeschenk aus Spanien nach Prag gebracht worden. Die schlanke, schön modellierte, geschnitzte und mit Wachs überzogene Plastik hält in der linken Hand die Weltkugel mit Kreuz, Sinnbild weltweiten Königtums, während die rechte Segen spendet.
Durch verwandtschaftliche Beziehungen zum Kloster Strahov in Prag haben vor allem die Prämonstratenser zur Verbrei-

L 339 a

L 339 b

L 340

tung des Prager Jesulein beigetragen. Abt Herrmann Vogler ließ z. B. in Rot diesen Typus einer Statue inthronisieren. Wenige Jahre später finden wir das „Pragerische Jesuskündtlein" im nahen Berkheim. In der ersten Hälfte des 18. Jahrhunderts ist seine Verehrung nicht nur in Oberschwaben verbreitet. Die schöpferische Barockkunst der Nonnenklöster im Lande ließ Nachbildungen des Prager Originals mit kostbaren Kleidern und Schmuck entstehen. In der Darstellung ergaben sich mancherlei Varianten. So wurde statt der Krone ein Heiligenschein verwendet, die rechte Hand konnte ein Kreuz tragen, mit einem Herzen verziert. Aber das Gesamtbild blieb dem Prager Original treu: Christus als heranwachsendes Kind, etwa im Alter von 5 oder 6 Jahren, mit dem Gestus weltlicher Herrscherwürde ausgestattet.

Die Verehrung des „Jesulein" zeigt sich ebenfalls in der barocken Krippenkunst. Krippe, unter der man geläufigerweise ausschließlich die Weihnachtskrippe versteht, bedeutet eigentlich die szenische Darstellung von Ereignissen der Heilsgeschichte, die den gesamten irdischen Weg Christi bis zur Auferstehung umfasst. Erich Lidel nennt diese schwäbischen Jahreskrippen, die die gleichzeitige Darstellung mehrerer Ereignisse aus dem Leben Jesu bringen, den gesamten Ausdruck freudigen Nachdenkens über die Heilsgeschichte. Während der Gegenreformation gingen von den Jesuiten starke Impulse aus zur Gestaltung des Weihnachtsfestkreises. Geistliches Spiel und Singen vor der Krippe waren Anliegen der Seelsorger der Jesuiten. Als Mittel katechetischer Unterweisung im Sinne der „biblia pauperum" förderten die Jesuiten die Aufstellung von Krippen, weil „das Volk daraus großen Nutzen ziehe, daß es mit dem Erlösungswerk Christi konfrontiert werde". Die wirkungsvolle, theatralische Gestaltung der Krippen sollte vom passiven Schauen zur persönlich-kreativen Begegnung mit dem Weihnachtsgeheimnis führen. Das Beispiel der Jesuiten-Krippen drang durch die Klostermauern hindurch in die Zellen der schwäbischen Frauenklöster. Im mittelalterlichen Frauenkloster hatte schon ein Jesuskind, in Wachs geformt oder aus Holz geschnitzt, als „Trösterlein" und Objekt mütterlicher Liebe zur Mitgift jeder Nonne gehört. In der Fortführung dieser mystischen Tradition entstanden in Verbindung mit Paramentenstickerei prachtvolle Krippen mit bis zu 200 Figuren, die ganze Seitenschiffe der Klosterkirchen ausfüllten. Während die Landschaft stehen blieb, wurden, entsprechend dem Evangelium der einzelnen Festtage, nacheinander verschiedene Darstellungen aufgebaut.

Literatur: Klosterarbeiten: Pöllmann, Ludwig, Barock und Paramentik. Sonderdruck Aus: Der Bayerische Krippenfreund, 200. 1972. – Schleich, Elisabeth/Frommer, Erwin. Sinn und Lieblichkeit. Passau 1973

Lichtenthal: Bauer, Benedikt, Das Frauenkloster Lichtenthal. Geschichte, Kirchen und Altertümer. Baden-Baden 1896. – Schindele, Pia, Aus der Geschichte der Abtei Lichtenthal. o. J. – Wolters, Agnes/Baur, Mafalda, Cistercienserinnen-Abtei Lichtenthal. Kleiner Kunstführer. Dortmund 1971.

Gutenzell: Pöllmann, Ludwig, Gutenzell St. Kosmas und Damian. Kirchenführer Gutenzell 1976. – Spahr, Gebhard, Oberschwäbische Barockstraße II. Wangen bis Ulm-Wiblingen. Weingarten 1978, S. 209–218.

Prager Jesulein: Beck, Gertrud, Das Prager Jesulein. Schwäbische Zeitung Ulm, 24. 12. 80. – Lang, Adalbert, Das gnadenreiche Pragerkind. In: Kirchenblatt St. Martin und Marien in Weingarten vom 28. 9. 1969. – Roth, Eugen, Ein Kind ist uns geboren. Christkind-Figuren aus sechs Jahrhunderten. München 1966.

Krippe: Lidel, Erich, Die schwäbische Krippe. = Beiträge zur Landeskunde von Schwaben. Herausgegeben von Dr. Hans Frei. Heimatpfleger von Schwaben, Bd. 5, Weißenborn 1960. – Walser, Albert, Schwäbische Weihnachtskrippen aus der Barockzeit. Konstanz 1960.

Heilige Leiber: Achermann, Hansjakob, Katakombenheilige und ihre Translationen. Stans 1979

L 339 a–b □

Zwei Stoffklebearbeiten

Oberschwaben, 18. Jahrhundert

L 341

a) Die Hl. 3 Könige warten dem Jesuskind auf
b) Disputation der hl. Katharina von Alexandria mit den Philosophen
Die hervorragenden Klosterarbeiten stammen aus Kloster Gerlachsheim. Nach der Plünderung im Bauernkrieg war das Prämonstratenserinnenkloster langsam in Auflösung geraten, sodaß es schließlich der Bischof von Würzburg einzog. Nach langwierigen Prozessen mußte er es dem Abt des Praemonstratenserklosters Oberzell im Jahre 1717 zurückgeben, der es als Priorat mit seinem Kloster vereinigte, da nach einem vom Konzil von Trient gegebenen Erlaß, Nonnenklöster in offenen, durch keine Mauern geschützten Orten nicht errichtet werden durften. Auf Grund der guten Beziehungen von Oberzell zu den oberschwäbischen Praemonstratenserklöstern dürften auch die Klosterarbeiten ihren Weg ins badische Frankenland gefunden haben. In der ehemaligen Klosterkirche befindet sich ein Nebenaltar zu Ehren der Schmerzhaften Muttergottes von Steinbach, und am Klostervorplatz steht eine barocke Mariensäule mit Darstellung der Maria von Steinbach vom Jahre 1751. Die ihr zu Füßen knienden Gestalten ähneln den Figuren mit ihren Anliegen und Gebrechen auf der Wallfahrtsfahne von Maria Steinbach (s. Kat. Nr. L 402).

Brokat, Papier. 41 × 51,5 cm mit Rahmen, 31,5 × 42 cm ohne Rahmen.

Literatur: Schreck, Karl, Führer durch das Dr. Philipp-Adam-Ulrich-Museum Lauda/Tauber. Lauda 1976, S. 23 m. Abb.

Lauda, Dr. Philipp-Adam-Ulrich-Museum, Inv. Nr. 130 und 131

L 343

L 340 □

Stoffklebearbeit: Maria Immaculata und hl. Joseph

Süddeutsch, um 1730–40

Die Figuren der Heiligen, gebildet aus kolorierten Kupferstichteilen (Kopf, Hände, Füße und Wolken) und verschieden gemusterten Stoffen (Gewandung), mit Konturen aus schwarzen Papierstegen markiert, sind auf einen stoffunterlegten Schnittgrund gesetzt, der aus Spiralen und floralen Ornamenten gebildet ist.

Pergament, Stoff, Papier. Maria H. 19,5 cm, B. 12 cm, Joseph H. 19,5 cm, B. 12,5 cm.

Literatur: Karlinger, Hans, Deutsche Volkskunst. Berlin 1938. – Metken 1978, S. 94, Abb. 127

Baden-Baden, Zisterzienserinnenabtei Lichtenthal

L 341 □

Drei Stickereibilder

Kloster Lichtenthal

18. Jahrhundert

Drei Stickereibilder mit Darstellung der Hl. Drei Könige. Kopf- und Handpartie der Könige sind aus handbemaltem Pergament aufgesetzt. Namensbezeichnungen aufgestickt: „S. BALTASAR“, „S. MELCHIOR“ und „S. CASPAR“.

Brokat auf Seide, Perlen, Pailletten, Pergament. Jeweils 20,5 × 15 cm.

Literatur: Katalog der Jubiläumsausstellung Baden, 1902.

Baden-Baden, Zisterzienserinnenabtei Lichtenthal

L 342

L 342 □

Seidenstickerei: Hl. Nepomuk

Schwarzwald, 2. Hälfte 18. Jahrhundert

Der Heilige steht mit seinen Attributen Kreuz und Märtyrerpalme in Blumenkartusche auf einem Sockel. Sein Haupt umstrahlen die Sterne, die bei Auffindung seines Leichnams geleuchtet haben. Im Sockel hinter einem Gitterwerk aus Metallfäden befindet sich eine Reliquie. – Der hl. Nepomuk wird als Brückenheili-

L 344

ger verehrt, da er 1393 von der Moldaubrücke in Prag gestoßen wurde, nachdem er sich geweigert hatte, das Beichtgeheimnis zu verletzen.

Stickerei auf Seide mit Seiden- und Metallfäden. Kopf und Hände mit Kreuz in Miniaturmalerei auf dem Stickgrund. Goldgefaßter geschnitzter Holzrahmen. 44 × 36 cm.

Literatur: 250 Jahre hl. Johannes von Nepomuk. Katalog der IV. Sonderschau des Dommuseums zu Salzburg, 1979.

Freiburg i. Br., Augustinermuseum, Inv. Nr. 3536

L 343 □

Stickereibild

Badisch, Mitte 18. Jahrhundert

Darstellung des Themas „Wie der Hirsch sich nach der Quelle sehnt". Der Hirsch als Sinnbild der Seele, die sich nach dem „Bronn des ewigen Lebens" (fons vitae), sehnt.

Feine Stickerei auf Seide. 22 × 30 cm.

Literatur: Spamer 1930.

Baden-Baden, Zisterzienserinnenabtei Lichtenthal

L 344 □

Malerei- und Ausschneidearbeit auf Seide

Kloster Lichtenthal

Mitte 18. Jahrhundert

Der hl. Judas Thaddäus mit seinem Attribut der Keule, mit der er erschlagen wurde, und einem Christusbild. Kopf, Hände und Medaillon sind aus Pergament ausgeschnitten, auf bemalten Stoff gelegt, zusammen mit verschiedenen Stoffteilen komponiert. Sehr kunstvolle Klosterarbeit. Der versilberte Rocaille-Rahmen ist auf dem inneren Rand mit glitzernden Glassteinen belegt.

Bild: 18,5 × 13,5 cm; Silberrahmen: 39 × 30 cm.

Baden-Baden, Zisterzienserinnenabtei Lichtenthal

L 345

Zwei Miniaturmalereien

Badisch, Mitte 18. Jahrhundert

Das hl. Zwillingspaar, bezeichnet „S. M. SCHOLASTICA" mit der Taube und „S. P. BENEDICTUS" mit dem vergifteten Becher, ist in der Andacht und Vergegenwärtigung des Todes (Memento mori) dargestellt.

Miniatur auf Pergament, filigrane Rahmung. Je 14,5 × 10,5 cm.

Literatur: 1500 Jahre St. Benedikt. Patron Europas. Hrsg. von Johannes Neuhardt, Graz, Wien, Köln 1980.

Baden-Baden, Zisterzienserinnenabtei Lichtenthal

L 346 □

Zwei Miniaturmalereien

Badisch, 2. Hälfte 18. Jahrhundert

Die hl. Benedikt mit den Attributen Abtsstab, Buch und Becher, aus dem die Schlange entweicht, und Bernhard von Clairveaux in der weißen Kutte der Zi-

L 346

sterzienser sind in den Medaillons zweier reich verzierter Spiegelglasrahmen dargestellt. Sehr feine Miniaturmalerei.

Miniatur auf Pergament. Spiegelglas geätzt in Rocailleornamenten, mit filigraner Goldborte eingefaßt. Je 16 × 10 cm.

Literatur: 1500 Jahre St. Benedikt. Patron Europas. Hrsg. von Johannes Neuhardt, Graz, Wien, Köln 1980.

Baden-Baden, Zisterzienserinnenabtei Lichtenthal

L 347

Gemälde: Jesulein

2. Hälfte 18. Jahrhundert

Darstellung des Jesuskindes in prunkvollem Gewand in der Art des Prager Jesuskindes. Es hält als Symbol seines kommenden Erlösungswerkes und der Heilsbotschaft Weintrauben in den Händen. Die Darstellung findet sich ebenfalls auf Hinterglasbildern aus Böhmen um 1800.

Literatur: Hinterglasmalerei Sammlung Udo Dammert. Volkskunst der Welt. Ausst. Kat.. Brüssel, Osnabrück, Bielefeld 1975, Kat. Nr. 155.

Öl auf Lwd. 32 × 26,5 cm mit Rahmen.

Erbach, Schloßmuseum

L 348 □

Holzfigur: Jesulein

Kloster Lichtenthal

18. Jahrhundert

Die geschnitzte Figur eines Jesulein in Brokat gekleidet auf einem gedrechselten Stuhl.

Holz, Brokat. H. 20 cm, B. 15 cm; Jesufigur H. 12 cm, B. 10 cm.

Baden-Baden, Zisterzienserinnenabtei Lichtenthal

L 349 □

Känsterle: Prager Jesulein

Kloster Gutenzell

2. Hälfte 18. Jahrhundert

Dieses Stück kunstvoller Arbeit hatte seinen ursprünglichen Platz in der alten Schloßkapelle in Erbach. Das Jesulein trägt einen fein modelierten Wachskopf mit Holzkern. Das Gewand ist reich mit Pailletten bestickt und trägt das IHS-Zeichen in der Mitte. Es steht in rechteckigem originalem Glassturz.

Jesulein H. 58 cm, B. 30 cm, T. 25 cm.

Erbach, Schloßmuseum

L 350

Känsterle: Prager Jesulein

Kloster Gutenzell

2. Hälfte 18. Jahrhundert

In feinste Stickarbeit gekleidet steht das Prager Jesulein unter einem runden Glassturz. Der Holzkopf des Kindes ist mit Wachs überzogen.

H. 58 cm, Dm. 25 cm.

Erbach, Schloßmuseum

L 351

Känsterle: Maria mit Jesuskind

Kloster Obermarchtal

2. Hälfte 18. Jahrhundert

Nicht nur das Jesulein im Känsterle erhält ein schmückendes Gewand, sondern auch die Gottesmutter kam zu einer festlichen Bekleidung. Sie zeigt sich in elegantem Brautkleid und hat im Schoß das Jesuskind. Die Figur ist umgeben von zwei Maibäumen. Bekrönt wird sie von einer offenen Muschel, wobei Maria als Perle aufzufassen ist. Der Glaskasten ist mit spätbarockem Schnitzwerk versehen.

Brokat, Seide, Tüll mit Glassteinen, Perlen und Pailletten bestickt, Kopf und Hände von Maria sowie Jesuskind Wachs. Kasten H. 79 cm, B. 53 cm.

Obermarchtal, Kath. Pfarrgemeinde St. Peter und Paul

L 348

L 349

L 352 □

Känsterle: Maria mit Kind

St. Anna-Kapelle, Kißlegg

1. Hälfte 18. Jahrhundert

Maria betrachtet voll Freude ihr Kind, das vor ihr auf einem Kissen liegt. Maria ist als Wachsrelief ausgeführt und nimmt den Hintergrund des mit barockem Schnitzwerk reich geschmückten Glaskastens ein. Das Jesuskind ist vollplastisch gearbeitet und in Brokat gekleidet.

Wachs, Holz, gefaßt. H. 88 cm, B. 55 cm.

Wolfegg, Privatbesitz

L 353

Reliqienschrein des hl. Victorinus

Kloster Gutenzell

18. Jahrhundert

Die Darstellung des ganzen hl. Leibes eines Märtyrers oder eines Teiles seiner Gebeine in der Form ewiger Ausstellung ist ein Kuriosum vor allem des süddeutschen Barock. Der Schrein mit den hl. Gebeinen ist als Fortsetzung des gotischen Schreinaltares zu sehen. Die bildliche Darstellung von Heiligen und ihre Verehrung war von der Reformation abgelehnt worden. Die katholische Kirche versuchte dagegen, durch das echte Abbild (effigies) und durch den Besitz des wahrhaftigen hl. Leibes eine Bestätigung zu erreichen. Der vermehrte Besitz von hl. Leibern und Gebeinen erhöhte den Stellenwert eines Wallfahrtsortes oder Klosters. Besonders die ehemalige Zisterzienserinnenabtei Gutenzell macht mit dieser Ausdrucksform barocker Frömmigkeit anschaulich vertraut. Die Schaustellung der hl. Leiber geschieht in barocker Prachtentfaltung. Die zwischen 1698 und 1765 mit großem Pomp – als Festspiel für den Heiligen im Himmel in Szene gesetzt, um ihm seine Wertschätzung zu zeigen, – aus Rom transportierten Leiber und Gebeine der Katakombenheiligen S. Justina, S. Christina, S. Hyacinth, S. Alexander, S. Severin und S. Victorin wurden von Gutenzeller Chorfrauen, die in der Paramentenstickerei erfahren waren, in künstlerisch erlesen schöner Art und Weise gefaßt. In Brokat und Seide eingehüllt, mit Gold, Silber und Edelsteinen bestickt, wurden die „Heiligen Gebeine" sodann für die Gläubigen hinter Glas zur Schau und Verehrung ausgestellt.
In den beiden, äußerst dekorativ und formschön gestalteten Reliquienaltären von 1765 am Choreingang sitzen S. Justina und S. Christina, in ihren Händen das Schwert als Hinweis auf den Enthauptungstod und die Palme als Märtyrer-Siegeszeichen im Sinne der Geheimen Offenbarung (7,9): „Sie standen vor dem Thron und vor dem Lamm, angetan mit weißen Kleidern und mit Palmen in den Händen". In den nachträglich schwarz gefaßten Altären der Seitenschiffe ruhen die Reliquienheiligen S. Hyacinth und S. Alexander in Schreinen unter den jeweiligen Altarblättern. Die an den vorletzten Pfeilern stehenden Altäre enthalten am Marienaltar den Schrein mit dem Haupt und den Gebeinen des hl. Victorinus und am Josefsaltar das Haupt und die Gebeine des hl. Severinus.
Der Glaube an Reliquien beinhaltet, daß die Kraft, die einem Heiligen innewohnte und durch die er zu Lebzeiten Wunder vollbrachte, auch seinen sterblichen Überresten anhaftet. Die Reliquie besitzt um so größere Wirkung, je umfassender sie dem Heiligen zugehörte; zu den wirkungsmächtigsten Reliquien zählen deshalb die Gebeine, der Kopf, die Haut oder die Haare der Heiligen.

Glasschrein, Haupt und Gebeine S. Victorins in den Techniken und Materialien von „Klosterarbeiten" gefaßt. H. 68 cm, B. 95 cm.

Gutenzell, Kath. Pfarrgemeinde St. Kosmas und Damian

L 354

Reliquienschrein

Rheinheim, um 1700

Abt Gerold II. Zurlauben von Kloster Rheinau ließ sich als eifriger Verehrer des Heiligen Franz Xaver einen glanzvollen Schrein um eine Reliquie des Heiligen anfertigen. Hinter Glas ein flammendes Herz von zwei Engeln getragen, das die Reliquie enthält. Rechts und links von Voluten getragen zwei kleine geschnitzte Figuren, die Hl. Muttergottes mit Kind und der hl. Sebastian. Obenauf eine durchbrochen gearbeitete Kuppel aus ornamentalen Schnitzereien. Auf ihrer Spitze ein von zwei Engeln getragener Sockel mit der Figur des Reliquienheiligen Franz Xaver. Rechts und links neben ihm, die Ecken des Schreines bekrönend, der hl. Michael und ein Pilgerheiliger, der nicht eindeutig benannt werden kann, möglicherweise der hl. Jodokus. Inschrift innen: „EX INTESTINIS. S. FRAN. XAVERI".

Holz, gefaßt. H. 65 cm, B. 45 cm, T. 40 cm.

Literatur: Thöne, Friedrich, Vom Rheinfall bis Säkkingen und St. Blasien. Sigmaringen 1975, S. 54 m. Abb.

Rheinheim, Kath. Pfarrkirche St. Michael

L 355

Fatschenkind

Kloster Gutenzell, Anfang 18. Jahrhundert

Seit dem 16. Jahrhundert bestand bei den Zisterzienserinnen in Gutenzell der fromme Brauch, zu Weihnachten eine Statuette des segnenden Christkindes auf den Altar des Nonnenchores zu stellen. In jeder der klösterlichen Zellen fand sich ebenfalls ein bekleidetes Jesulein auf einem Postament. Später wurde die Standfigur auf dem Altar durch ein Fatschenkind in einem Reliquienschrein ersetzt: ein Wachskind in einem geschlossenen Gehäuse. Es ist von den Gutenzel-

L 352

lern Chorfrauen mit Brokat bekleidet vor einen mit gefaßten Heiligenreliquien kunstvoll ausgestatteten Hintergrund gelegt worden.

Wachs, Brokat. H. 60 cm, B. 105 cm.

Gutenzell, Kath. Pfarrgemeinde St. Kosmas und Damian

L 356

Krippenszene

Pfarrkirche Unlingen

18. Jahrhundert

Zwei ausgeschnittene, bemalte Holztafeln stellen die Verkündigung Mariens dar. Sie waren wahrscheinlich Teil einer „Jahreskrippe" und wurden in der Adventszeit am Marienaltar aufgestellt. Die Malerei entspricht in Stil und Qualität dem Aufbahrungsbett in Riedlingen (Kat. Nr. L 54). Vermutlich gleiche Werkstatt.

Holz, bemalt. Madonna H. 119 cm, B. 76 cm, Erzengel H. 135 cm, B. 87 cm.

Unlingen, Kath. Pfarrgemeinde St. Mariä Unbefleckte Empfängnis

L 357 □

Zehn Krippenfiguren

Kloster Gutenzell

18. Jahrhundert

Seit im Jahre 1696 die Brauerstochter Regina Hochwindt als Äbtissin Maria Viktoria (bis 1718) des Zisterzienserinnenkonvents von Gutenzell erwählt wurde, begannen die Chorfrauen sich aktiv mit der Paramentik und der Fassung von Reliquien zu beschäftigen. In ihrer Heimatstadt Mindelheim war in der Jesuitenkirche im Jahre 1673 eine erste Krippe mit bekleideten Figuren ausgestellt worden. Dieser von den Jesuiten getragene Krippengedanke wurde von Regina Hochwindt nach Gutenzell und damit ins württembergische Oberland zwischen Ulm und Bodensee übertragen. Im Jahre 1704 wurde als erste Krippendarstellung die mit kostbaren und phantasiereichen Gewändern bekleidete Dreikönigsgruppe zur Aufstellung gebracht. In der Gutenzeller Paramentenstube fertigten die Nonnen auch unter den nachfolgenden Äbtissinnen – vor allem unter der kunstsinnigen M. Bernarda von Donnersberg und M. Alexandra, der einzigen Tochter des Baumeisters der Wieskirche

L 357 a

und des barocken Gestalters des Gutenzeller Gotteshauses, Dominicus Zimmermann, – mit echt fraulichem Geschick aus den zur Verfügung stehenden kostbaren Brokat- und Seidenstoffen, Goldfäden, Bändern und Pailletten die Bekleidung der Wachs- oder Holzpuppen. Im Laufe der 1. Hälfte des 18. Jhs. wurde das Kloster zur bedeutenden Heimstatt barocker Krippenkunst. Neben der Großfigurenkrippe für die Klosterkirche mit 8 möglichen Darstellungen und über 200 Figuren, wurden nach und nach fast alle Zellen des Klosters zur Weihnachtszeit mit einer Kleinfigurenkrippe ausgestattet bis hin zum Rokoko-Kleinod der geschnitzten Äbtissinnenkrippe.
a) Hl. Drei Könige:

Köpfe und Hände geschnitzt, teils echtes Haar, die Leiber aus Klosterrechnungen des 17. und 18. Jhs. geformt. 2 Figuren stehend H. 83 cm, 1 Figur knieend H. 65 cm.

b) Negerpage: Die Figur dürfte wohl ehemals als Jesulein zur Mitgift einer Nonne gehört haben.

Geschnitzt, schwarz bemalt. H. 30 cm.

c) Gruppe mit drei Hohenpriestern, vor 1720:

Haare geschnitzt, sonst wie a). H. ca. 78 cm.

d) Gruppe mit drei Läuferengeln, um 1720: Die Gesamtgruppe der 9 Läuferengel mit ihren Kreuzstäben gehört zum Rahmen der Hl. Familie. Ihre verschieden geschnitzten Gesichter stellen die 9 Lebensalter des Menschen dar.

Echte Haare, sonst wie a). H. zwischen 58–72 cm.

Literatur: Pöllmann, Ludwig, Die Gutenzeller Barockkrippe als Höhepunkt einer jahrhundertelangen Verehrung des göttlichen Kindes im weihnachtlichen Festkreis. Sonderdruck aus „Der Bayerische Krippenfreund", Zeitschrift des Vereins Bayerischer Krippenfreunde, 200, Juni 1972.

Gutenzell, Kath. Pfarrgemeinde St. Kosmas und Damian

L 358

Krippenszene

Kloster Lichtenthal

18. Jahrhundert

Die Figurengruppe zeigt die Geißelung Christi durch drei Schergen. Die Figuren sind vollplastisch geschnitzt und farbig gefaßt.

Holz, H. 15 cm, B. 14 cm, T. 8 cm.

Baden-Baden, Zisterzienserinnenabtei Lichtenthal

L 357 d

L 359 □

Kalvarienberg, sogenannte „Fasten-Krippe"

Dominikanerinnenkloster Gotteszell, um 1700

Reicher architektonischer Aufbau. Von unten beginnend: Geflochtener Zaun, links auf Kapitellchen Pelikan mit drei Jungen, rechts Feuer mit Vogel Phönix. 1. Stockwerk: Linke Seitennische: Balustradenstück mit Hahn. Im Vordergrund Verrat Petri (4 Figuren). Im Hintergrund Christus vor dem Hohenpriester (7 Figuren). Rechte Nische: Vordergrund Verspottung Christi (5 Figuren), Balustrade. Im Hintergrund Geißelung Christi (5 Figuren). In der Mitte Ölbergszene, rechts und links je ein Ölbaum. Im Vordergrund 3 Krieger und der schlafende Petrus. Im Hintergrund (erhöht) 2 schlafende Jünger (Jakobus und Johannes). Christus mit Engel und kleiner Engel mit Kelch. 2. Stockwerk: Linke Seite: Balustrade, zwischen zwei Säulen Christus an der Martersäule (5 Figuren). In der Nische dahinter erhöht Christus vor Kaiphas (6 Figuren). Rechte Seite: Balustrade, zwischen zwei Säulen Christus vor Pilatus (6 Figuren). Dahinter in der Nische erhöht Darstellung Christi. In der Mitte halbrunde Balustrade, Abendmahlszene (14 Figuren). Darunter sechsarmiger Leuchter. Oberer Aufbau: Unten von links nach rechts: Balustrade, kreuztragender Christus und Veronika mit dem Schweißtuch. In vergittertem Gehäuse Christus, die Hände gefaltet, mit Wächter. Halbrunde Balustrade, Handwaschung des Pilatus (2 Figuren). In vergittertem Gehäuse gefesselter und geketteter Jesus, blutüberströmt zusammenbrechend. Christus wird ans Kreuz genagelt (5 Figuren). Darüber Kreuzigungsszene mit Christus, den Schächern, Maria und Johannes, Maria Magdalena und Kriegsknecht mit Lanze auf dem Pferd. Unter dem Kreuz Christus im Grab, 6 Engelputti. Über den einzelnen Nischen zum Teil Schriftkartuschen.

Holz, alte Fassung, Schnitzwerk. H. 140 cm, B. 82 cm.

Literatur: Scherer, Peter, Zur Volksfrömmigkeit des 17. und 18. Jahrhunderts. In: Schwäbisch Gmünd. Geschichte und Gegenwart der Stadt, 1971, S. 216. – Walser, Albert, Schwäbische Passionskrippen des 18. Jahrhunderts. In: Veröffentlichungen der Kommission für Geschichtliche Landeskunde in Baden-Württemberg, Reihe B 21, 1962, S. 265–289.

Schwäbisch Gmünd, Städtisches Museum im Prediger, Inv. Nr. 1959/699/Bp 12

L 359

Unter einem Heiligen versteht man im Sinne der katholischen Kirche einen Verstorbenen, der zur Ehre der Altäre erhoben worden ist. Die Wunder und Taten zu ihren Lebzeiten, die in Legenden gefaßt tradiert werden, sind Ausdruck eines besonders gottgefälligen Lebens und Sterbens. Oft steht die Heiligenverehrung in Widerspruch zum Dogma, das die Heiligen nur als Fürbitter anerkennt und ihre Verehrung streng geschieden sieht von der Anbetung, die allein den göttlichen Personen zukommt. Die Ablehnung der Heiligenverehrung und des Reliquienkultes durch die Reformation forderte die Stellungnahme der katholischen Kirche heraus. Im Konzil von Trient nahm die Kirchenversammlung dazu Stellung: „Ferner soll man Bilder Christi, der jungfraulichen Gottesmutter und der anderen Heiligen vor allem in den Kirchen haben und beibehalten. Man soll ihnen die schuldige Ehrfurcht und Verehrung erweisen, nicht etwa als ob man glaube, es wohne ihnen etwas Göttliches oder eine Kraft inne, weshalb man sie verehren müsse, ... sondern weil die ihnen erwiesene Ehrfurcht das Urbild meint, das sie darstellen."
Als Bannerträger der Gegenreformation propagierte der Jesuitenorden die Verehrung der Heiligen, besonders aber rief er zur Verehrung der Jungfrau Maria auf. Mittel hierfür waren Andachtsübungen wie das Rosenkranzgebet und die Überlieferung und Neufassung vieler Legenden im 17. und 18. Jahrhundert, die als Exempel in ihren katechetischen Unterweisungen gebraucht wurden.
Patron oder Schutzheiliger ist ein Heiliger oder Engel, dem eine Schutzfunktion über bestimmte Länder, Orte, Gotteshäuser, Stände und Berufe zugeordnet ist. Die Gründe der Zuweisung sind nicht eindeutig bestimmbar, oftmals ist sie aus der Legende herzuleiten oder fußt auf bestimmten Attributen des Heiligen. Besonders an ihnen lassen sich die jeweiligen Patrone einer Zunft erkennen, während der Bezug eines Patrons zu einer Bruderschaft ein weit weniger differenziertes Bild ergibt.

Literatur: Beitl, Richard und Klaus, Wörterbuch der Deutschen Volkskunde, 3. Aufl., Stuttgart 1974 (mit Literaturhinweisen)

360 a–d □

Altarfiguren

Wallfahrtskirche St. Jakob, Wolfach, um 1700

Nach Aufbau und Schmuck ist der Altar der Wallfahrtskirche St. Jakob ein Meisterwerk des heimischen Barock. Sein Aufbau wird durch eine Säulenordnung gegliedert, die Tiefe schafft und Raum für die Nischen von Heiligenfiguren bietet. Das spätmittelalterliche Gnadenbild des Kirchen-und Bruderschaftspatrons St. Jakobus mit spätbarockem Reliquiar auf der Brust wird u. a. assistiert von vier volkstümlichen Heiligen, die in vielerlei Anliegen von jedermann angerufen worden sind. Die Plastiken sind wohl Werke der Villinger Bildhauer Schupp, des Älteren und des Jüngeren, und gegen Ende des 17. Jahrhunderts geschnitzt. Die Originalfassung ist weitgehend erhalten.
Von links nach rechts:
a) Der Ritter, Soldatenpatron und Nothelfer St. Georg: Der hl. Georg, ein Soldat, gilt als Schutzpatron der Haustiere, da er meist mit dem Drachen dargestellt wird. Der Legende nach erledigte er einen Drachen, der vor der Stadt Silena hauste und dem die Königstochter geopfert werden sollte. Er bezwang das Tier, und die Königstochter führte den Drachen wie ein Hündlein in die Stadt. Aus Angst vor dem Untier wollten die Menschen die Flucht ergreifen, aber Georg versprach ihnen, den Drachen zu töten, wenn sie sich zu Christus bekehren ließen, mit dem Erfolg, daß sich der König mit seinem Volk taufen ließ.

H. 96 cm, B. 60 cm.

L 360 a

b) Der Patron des Landvolkes und seines Viehbesitzes St. Wendelin: Sein Name stammt von der Ortschaft St. Wendel bei Trier, wo der iroschottische Königssohn in der Einsiedelei lebte. Er übernahm Hirtendienste bei einem Edelmann und wurde später Abt des Klosters Tholey. Auf dem Berg, auf dem er seine Schafe einst hütete, wurde er begraben. Dort entwickelte sich dann eine Wallfahrtsstätte. Dargestellt wird er meist mit Hirtenschippe in den Händen, ein Schaf zu seinen Füßen. Er gilt speziell als Patron der Hirten und Herden.

H. 89 cm, B. 60 cm.

c) Der Pest-und Pilgerpatron St. Jodocus: Wie Rochus und Wendelin verzichtete er auch auf sein elterliches Vermögen, wurde Pilger und gründete eine Einsiedelei. Jodocus ist der Patron der Pilger; deshalb wird er auch meist so dargestellt in Rock, Pelerine und breitem Hut, an dem meist die Jakobsmuschel angebracht ist.

H. 90 cm, B. 44 cm.

d) Der Pestparon St. Rochus: Als 20jähriger verschenkt er sein Vermögen und pilgert nach Rom. Hier nimmt er sich der Pestkranken an, erkrankt aber auch selbst und wird auf wunderbare Weise von einem Engel und einem Hund, der ihm Brot bringt, gepflegt und gesundet. Dargestellt ist er in der Pilgertracht mit dem Stab in der Hand und der Pestwunde auf dem rechten Oberschenkel, durch den zurückgeschlagenen Rock sichtbar.

H. 90 cm, B. 44 cm.

Holz, vollplastisch geschnitzt, farbig gefaßt.

Literatur: Wallfahrtskapelle St. Jakob. Kirchenführer. Hrsg. vom Kath. Pfarramt St. Laurentius, Wolfach 1980.

Wolfach, Kath. Pfarrgemeinde St. Laurentius

L 361

Nothelfer-Tafel

Blutkapelle, Lauda

L 360 c

Ende 17. Jahrhundert

Auf Holzhintergrund sind die plastischen Figuren der 14 Nothelfer mit Jesuskind aufgesetzt. Sie sind jeweils im Sockel bezeichnet: „Hl. Agatha, Hl. Erasmus, Hl. Catharina, Hl. Georgis, Hl. Barbara, Hl. Blasius, Hl. Margaretha, Hl. Pantaleon, Hl. Dionisi, Hl. Veit, Hl. Cyriak, Hl. Christophorus, Hl. Egidi, Hl. Eustachi“. Nothelfer sind Heilige, die besonders in Zeiten der Not und Sorge um Fürbitte in bestimmten Anliegen bei Gott angerufen werden. Die Heiligen werden aber auch in Gruppen verehrt, vor allem als Gruppe der 14 Nothelfer. Die Zusammenstellung vollzog sich im Spätmittelalter wohl in der Diözese Bamberg. Bedeutendster Kultort wurde seit dem 15. Jh. der Wallfahrtsort Vierzehnheiligen. Darüberhinaus verehrte man sie an mehr als 830 Kultstätten, vor allem in Süddeutschland. In Baden-Württemberg ist z. B. das reichhaltige Programm des Deckengemäldes in der Wallfahrtskirche Dischingen den 14 Nothelfern gewidmet und ein Beispiel für ihre Verehrung.

Holz, gefaßt, H. 185 cm, B. 122 cm mit rotgefaßtem Rahmen.

Literatur: Schreiber, Georg, Die vierzehn Nothelfer in Volksfrömmigkeit und Sakralkultur. Innsbruck 1959.

Lauda, Kath. Pfarrgemeinde St. Jakobus

L 362

Holzfigur: Hl. Eligius

Stühlingen(?), um 1700

Von den zahlreichen Wundertaten des hl. Eligius, der um 590 in Limoges geboren und später Bischof von Tours wurde (639–641), ist eine aus seiner Zeit als Handwerker (Goldschmied) besonders bekannt und in vielen Darstellungen verbreitet: Eligius schnitt einem störrischen Pferd, das er beschlagen sollte, das Bein ab, befestigte das Hufeisen auf dem Amboß und setzte das Bein wieder an. Auch diese Plastik zeigt den Heiligen in Arbeitstracht, wie er den Pferdehuf auf dem Amboß behandelt. Rechts steht das Pferd ohne linken Vorderfuß. Der hl. Eligius ist mit seinen Attributen Kelch, Hammer, Amboß, Zange und Pferdefuß Patron der Gold- und Hufschmiede. In ganz Süddeutschland ist der hl. Eligius als hl. Eulogius und Pferdepatron bekannt. Der in Aftholderberg (Großschönach) stattfindende Eulogiusritt geht auf einen Pferdesegen zurück, der in Süddeutschland verbreitet war.

Linde, vollplastisch, alte Fassung. H. 64 cm, B. 68,5 cm.

Literatur: Krummer-Schroth 1976, Abb. Nr. 50.

Freiburg, Augustinermuseum, Inv. Nr. 25/1

L 363 □

Holzfigur: Hl. Sebastian

Schützengilde Lauda

18. Jahrhundert

Nach der Legende wurde der als Christ angeklagte Anführer der Leibwache des Kaisers Diokletian dem Märtyrertod durch numidische Pfeilschützen ausgeliefert. Der hl. Sebastian ist seit dem Spätmittelalter daher Patron der Schützenbruderschaften und wird in Pestzeiten als Nothelfer angerufen; der Volksglaube sieht die Pest als von Gott gesandte Pfeile.
Die Figur, eine Stiftung der Laudaer Schützengilde, zeigt sich in der typischen Darstellung des unbekleidet an einen Baumstamm angebundenen jugendlichen Märtyrers, von Pfeilen durchbohrt. Sie wurde bei Prozessionen mitgetragen. Nicht die ästhetische Qualität der Figur ist ausschlaggebend, sondern sie steht als Beispiel für Gebrauchskunst auf dem Lande.

L 363

Holz, geschnitzt, gefaßt. H. 106 cm mit Sockel.

Literatur: Schreck 1973, S. 20 m. Abb.

Lauda, Dr. Philipp-Adam-Ulrich-Museum, Inv. Nr. 524

L 364 □

Figurengruppe: Heiliger Wandel

Schömberg, 1. Drittel 18. Jahrhundert

Unter „Heiliger Wandel" versteht man die Darstellung der nach Jerusalem wallfahrtenden Hl. Familie. Sie gehörte seit dem 17. Jh. in vielerlei Formen als Andachtsgegenstand in jedes katholische Haus oder war Andachtsbild einer Bruderschaft. Die mit dem Bild verbundenen Gebete und der Stoßseufzer „Jesus- Maria- Joseph" helfen gegen die Anfechtungen des Teufels, gewähren eine gute Sterbestunde oder lindern die Pein der im Fegefeuer schmachtenden „Armen Seelen". Die wahrscheinlich von Urban Faulhaber gearbeitete Figurengruppe zeigt die Darstellung der Hl. Familie, im Sockel „Arme Seelen im Fegefeuer".

Holz, gefaßt, vollplastisch geschnitzt. H. 110 cm, B. 80 cm.

Literatur: Rieble, Egon, Sehen und Entdecken im Kreis Rottweil. Stuttgart 1980, S. 229.

Gößlingen, Kath. Pfarrkirche

L 365 □

Figurengruppe: „Die drei Elenden"

St. Alban, Hürbel

Ende 18. Jahrhundert

„Elende Heilige" werden Gruppen von Volksheiligen genannt, die als Eremiten und Pilger der iro-schottischen Einwanderung im 11./12. Jh. zuzurechnen sind. Elend kommt von (althochdeutsch) elilanti =fremd, ausländisch. Die Gruppe von Hürbel im Glasschrein vom Ende des 18. Jhs. wird in der örtlichen Tradition als Marinus, Vimius und Zimius verehrt, deren Hauptkult in Griesstetten (Opf) stattfindet. Im Jahre 1689 erfolgte die feierliche Erhebung ihrer Gebeine; danach entwickelte sich im 17. und 18. Jh. eine volkstümliche Verbreitung ihrer Verehrung. Die Benennung der Heiligen als die drei Adeligen ist Hinweis auf eine Vermengung mit den drei legendären „schottischen Königssöhnen", die sich im 11. Jahrhundert in der Nähe Augsburgs niedergelassen haben sollen. Die drei Heiligen von Hürbel sind in der typischen Tracht von Pilgern mit ihren Stäben wiedergegeben.

Holz, vollplastisch, gefaßt, Glasschrein. H. 90 cm, B. 93 cm, T. 32 cm.

Literatur: Veröffentlichungen aus dem Kirchenhistorischen Seminar München, Reihe III, 12, 1911.

Hürbel, Kath. Pfarrgemeinde St. Alban

L 366

Ofenkachel: „Die drei Hausherren"

Radolfzell, 1726

Auf einer Ofenkachel sind die Radolfzeller Stadtpatrone Theopont, Senes und

L 364

gerufen. Der hl. Theopont in der Mitte ist in Pontifikalkleidung zu sehen; der Knabe vor ihm ist aus der Legende nicht zu erklären.

Ton, gebrannt, bemalt. H. 28 cm, B. 25 cm.

Literatur: Götz, Franz, Geschichte der Stadt Radolfzell. Radolfzell 1967.

Radolfzell, Kath. Stadtpfarrkirche Unsere Liebe Frau

L 367

Hinterglasbild

Augsburger Malerschule, 2. Hälfte 18. Jahrhundert

Der hl. Dominikus in Ordenstracht: in langem, weißem, gegürtetem Gewand und schwarzem Kapuzenmantel. Sein Attribut ist der Hund zu seinen Füßen mit einer Fackel im Maul, neben ihm eine Weltkugel. Die seltene Darstellung dieses malerhandwerklichen Hinterglasbildes deutet auf die Legende, nach der die Mutter des Dominikus vor seiner Geburt die Erscheinung hatte, ein Hündlein mit einer Fackel im Maul habe die ganze Welt erleuchtet. Die Fackel wird ihr als Hinweis auf die göttliche Redekunst des Knaben gedeutet, den sie gebären wird. Der hl. Dominikus gründete 1215 einen Prediger-u. Bettelorden, dessen Mönche sich „Domini canes“ (Wachhunde des Herrn) nennen.

Hinterglasmalerei in Spiegelglasrahmung. 31 × 25 cm

Donaueschingen, Fürstenberg Sammlungen, Inv. Nr. 1678

Zeno abgebildet. Stätte der mehr als tausendjährigen Verehrung sind ihre Reliqien im Liebfrauenmünster. Die Errichtung eines Drei-Hausherren-Altars im Jahre 1750 ist Hinweis auf die blühende Verehrung und Wallfahrt im 18. Jh. Zu Ehren der Heiligen wird seit 1725 am dritten Julisonntag das Hausherrenfest gefeiert.
Der Bischof Theopont von Nikodemia sollte vom Zauberer Theonas auf Befehl des Kaisers Diokletian um das Jahr 284–285 durch einen Giftbecher getötet werden, da er sein Christentum nicht verleugnen wollte. Da das Gift Theopont nichts anhaben konnte, ließ sich der Zauberer auf den Namen Senesius (Der Erleuchtete) taufen. Nach zahlreichen Torturen wurde Theopont schließlich enthauptet, Senesius lebendig begraben. Der hl. Zeno war ein Afrikaner, der im Jahre 362 zum Bischof von Verona gewählt wurde. Die Legende rühmt seine Fürsorge für die Armen und Kranken. Die Kachel zeigt die Heiligen in ihrer typischen Darstellung: Attribut des Senesius ist der Ochsenkopf, Hinweis darauf, daß er in Gegenwart des Kaisers durch ein Zauberwort einen Ochsen in zwei gleiche Hälften spaltete. Der hl. Zeno wird mit der besessenen Tochter des Kaisers Gallienus und deren Heilung durch das Ausfahren des bösen Geistes aus dem Munde des Kindes gezeigt. Der hl. Zeno wird als Schutzherr vor allem in Wassergefahr und Überschwemmung an-

L 365

L 368

L 368 □

Hinterglasbild

Augsburger Malerschule, 2. Hälfte 18. Jahrhundert

Die hl. Barbara, in einen roten Mantel gehüllt und auf Wolken sitzend, deutet mit der rechten Hand auf einen Kelch mit Hostie. In der Linken hält sie ein Schwert als Hinweis auf ihren Tod. Die hl. Barbara wird in der darstellenden Kunst meist mit den Attributen des Turms und des Kelches mit der Hostie wiedergegeben. Letzteres ist in diesem Hinterglasbild der Fall, das die Heilige als Patronin der Sterbenden ausweist. – Gegenstück zu Kat. Nr. L 369

Hinterglasmalerei in Originalrahmen. 22 × 16 cm

Donaueschingen, Fürstenberg Sammlungen, Inv. Nr. 65

L 369

Hinterglasbild

Augsburger Malerschule, 2. Hälfte 18. Jahrhundert

Gegenstück zu Kat. Nr. L 368. Der hl. Katharina, die ebenfalls in den Mantel eines Märtyrers gehüllt ist, sind ihre typischen Attribute, das zersprungene Rad und das Schwert, beigegeben. Der Legende nach werden die Henker, die Katharina, da sie sich dem Christentum zugewandt hat, mit dem Rad martern sollen, vom Blitz getötet und das Rad zersprengt. Darauf wird sie mit dem Schwert enthauptet. Wie die hl. Barbara gehört auch sie zu den 14 Nothelfern. Sie wird gegen die Leiden der Zunge angerufen und gilt auch als Patronin der Universitäten.

Hinterglas in Originalrahmen. 22 × 16 cm

Donaueschingen, Fürstenberg Sammlungen, Inv. Nr. 64

L 370 a–d

Folge von vier Hinterglasbildern

Augsburger Malerschule, 2. Hälfte 18. Jahrhundert

Dargestellt sind die vier lateinischen Kirchenväter, die hll. Ambrosius, Hieronymus, Augustinus und Gregor. Sie thronen auf einer Wolkenbank und sind jeweils durch ihre Attribute gekennzeichnet. Dem hl. Ambrosius, der spätere Bischof von Mailand, ist ein Bienenkorb beigefügt, denn der Legende nach soll ein Bienenschwarm über der Wiege des Kindes gewesen sein; die Bienen träufelten ihm Honig in den Mund und flogen davon, ohne ihn zu verletzen. Der hl. Hieronymus mit Pilgerhut hält ein Schreibpult auf den Knien, rechts neben ihm der Löwe, dem er in der Wüste einen Dorn aus der Pfote gezogen hatte und der fortan zahm wurde. Attribut des hl. Augustinus ist das flammende Herz in seiner linken Hand, da in einem seiner Briefe seine feurige Gottesliebe zum Ausdruck kommt. Der hl. Gregor, der später Papst Gregor I. wurde, ist in seiner Funktion als Papst mit Tiara und Kreuzstab dargestellt. Die Taube wird ihm beigefügt, da ihn der Hl. Geist, personifiziert durch die Taube, beim Schreiben inspiriert habe.

Hinterglasmalerei im Originalrahmen. Jeweils 21,5 × 28 cm.

Donaueschingen, Fürstenberg Sammlungen, Inv. Nr. 1675 a (Gregor), b (Ambrosius), c (Hieronymus), d (Augustinus)

L 371 a–b □

Zwei Hinterglasbilder im Känsterle

Aus der Slg. Spiegelhalder

Augsburger Malerschule, Mitte 18. Jahrhundert

a) Der hl. Martin, dargestellt in der bekannten Szene, wie er seinen Mantel mit dem Schwert in zwei Stücke zerteilt, um einen frierenden Bettler zu kleiden.
b) Das Gegenstück ist die hl. Katharina mit ihren Attributen Palme und Schwert in der rechten Hand, das zerbrochene Rad zu Füßen.

Hinterglasmalerei in originalem reich geschnitztem, vergoldetem Holzrahmen. In Glaskasten. H. 40 cm, B. 25 cm, T. 5 cm (Hinterglasmalerei 18 × 11 cm); H. 40 cm, B. 26,5 cm, T. 5 cm (Hinterglasmalerei 17 × 11 cm).

Freiburg, Augustinermuseum, Inv. Nr. 6605 und 6606

L 372

Hinterglasbild

Angeblich aus Schloß Favorite

Augsburger Malerschule, 2. Hälfte 18. Jahrhundert

Die Stationen des Lebens Mariae waren schon immer beliebte Motive in der Malerei. Diese liebevolle Szene stellt die Unterweisung Mariens durch ihre Eltern Anna und Joachim dar, ein Motiv, das

L 371 a

sehr selten vorkommt. – Sehr hohe Malqualität in klangvoller Farbkomposition. Auf der Rückseite mit Bleistift beschriftet: „Gestiftet Bahnhofs-Inspector Suhm in Oos. Das Bild soll aus Schloß Favorite stammen.“ – Gegenstück zu Kat. Nr. L 373.

Hinterglasmalerei. 28,5 × 36,5 cm.

Baden-Baden, Zisterzienserinnenabtei Lichtenthal

L 373

Hinterglasbild

Angeblich aus Schloß Favorite

Augsburger Malerschule, 2. Hälfte 18. Jahrhundert

Gegenstück zu Kat. Nr. L 372: Unterweisung Mariens. Es zeigt ebenfalls eine Szene aus dem Marienleben, die beschwerliche Flucht nach Ägypten, die Maria und Joseph mit dem neugeborenen Jesuskind unternehmen mußten. – Auf der Rückseite ebenfalls beschriftet: „Gestiftet von Oberinspector Suhm 1932. Das Bild soll aus Schloß Favorite stammen.“

Hinterglasmalerei. 28,5 × 36,5 cm.

Baden-Baden, Zisterzienserinnenabtei Lichtenthal

WALLFAHRT

Wallfahrt bedeutet den Zustrom vieler Gläubigen zu einem bestimmten Ort. Der außerordentliche Kult konzentriert sich dort in der Regel auf einen hl. Patron, konkretisiert im Gnadenbild. Ihm wird „mirakulöse“ Kraft zugeschrieben. Menschen unternehmen einen besonderen Gang zur Gnadenstätte in persönlichen Anliegen und gemeinschaftlich in allgemeinen Angelegenheiten, vor allem prozessionsweise in regelmäßigen, jährlichen Begehungen. Die barocken Wallfahrtsziele lassen sich in drei große Gruppen einteilen: a. Christologische Gnadenstätten, b. Marianische Gnadenstätten, c. Gnadenstätten mit Verehrung bestimmter Heiliger. Die gegenreformatorischen Bemühungen der katholischen Kirche um die Marienverehrung ließen eine große Anzahl von Wallfahrten im deutschen Südwesten wieder aufleben oder neu entstehen.
Über die Entstehung von Wallfahrten berichten die Legendenbilder. Mirakelbilder dagegen sind bildliche Darstellungen von wunderbaren Begebenheiten, die sich in Beziehung zu einer bestimmten Gnadenstätte ereignet haben und meist in einem Mirakelbuch festgehalten sind. Sie haben gleichsam Bestätigungs- und Werbecharakter für eine Wallfahrtsstätte: Sie sind Ausweis des dort vorhandenen Gnadenschatzes. Die zuerst handschriftlich angelegten Mirakelbücher wurden später ganz oder auszugsweise nachgedruckt. Sie hatten den Charakter von Volksbüchern und waren gern gekaufte Mitbringsel aus den Devotionalienläden der Wallfahrtsorte. Die Mirakelbilder erlauben durch ihre drastische Anschaulichkeit der Aufzeichnung wunderbarer Ereignisse eine ziemlich genaue Rekonstruktion des Alltags vergangener Tage in seinen Extremsituationen. Sie haben im Vergleich zu Votivbildern, die meistens von Privatleuten gestiftet sind, offiziellen Charakter.
Am Beispiel zweier bedeutender Kultplätze läßt sich das Phänomen barocker Wallfahrt augenfällig aufzeigen. Aus der Anonymität eines kleinen spätmittelalterlichen Kultplatzes entwickelte sich im Zeitalter des Barock die Wallfahrt zum Hl. Blut nach Walldürn zu glanzvoller Bedeutung. Staatliche Förderung machte sie zum zentralen Gnadenort einer ganzen Landschaft. Als Mittel öffentlicher Glaubensbetätigung im Rahmen gegenreformatorischer Abgrenzung zur protestantischen Lehre bot sich der katholischen Kirche die Sakramentsverehrung mit ihren aktivistischen und ausdrucksstarken Frömmigkeitsformen an. Das nach theatralischer Manifestation drängende Zeitalter fand bildhaften Ausdruck in Prozessionen und Wallfahrten. So sind die Einwohner der Stadt Buchen „anno 1719 fast alen schönst und zahlreichsten wohl in 2 a 3000 sehlen starck eingezogen“. Die Gesamtzahl der Besucher des Gnadenortes Walldürn für das Jahr 1768 läßt sich aufgrund der Kommunionausteilung auf etwa 130.000 Gläubige schätzen. Im Zusammenhang mit diesen großen Besuchermassen entwickelte sich ein Wallfahrtsmarkt mit einsetzender Wallfahrtsindustrie, der dann seit Ende des 18. Jahrhunderts zum fast ausschließlichen Walldürner Erwerbszweig anschwoll. Die starke Nachfrage nach heilkräftigen „Blut-Saiden“ (Tüchlein aus Seide mit der Abbildung des Gnadenbildes), die am Gnadenaltar angerührt waren, und ihre Abgabe gegen Opfer, lassen sich seit Beginn des 17. Jahrhunderts nachweisen. Daneben wurden auch Andachtsbildchen aus Papier angeboten, die ebenfalls am Hl. Blut-Korporale angerührt waren und somit die gleiche Funktion erfüllten. Diese kamen als Massenware in Form von Holzschnitten, Kupferstichen, Pergamentspitzenbildern, Schnittbildern u.ä. aus den bekannten Herstellungsorten des 17. und 18. Jahrhunderts.Als drittes Devotionaliengeschäft war der „Handel mit Metallene Bild: als Figur Pfennig, so zu Wallfahrts-Zeit verkaufft worden“ von Bedeutung. Aus dem Devotionalienhandel der Kirche mit Seide, Bildern und Münzen entwickelte sich nach dem Neubau der Wallfahrtskirche ein großer Markt. Die Belieferung der Händler geschah dabei immer mehr durch ein Walldürner Heimgewerbe und sich daraus entwikkelnde vorindustrielle Fertigungsformen. Die ganze Stadt war ein Markt: 1785 gab es 297 Verkaufsstände innerhalb der Stadt. Gegen Ende des Jahrhunderts wird von 16 Bäckern, dazu 25 Lebkuchenbäkkern, etwa bis zu 25 Wachsziehern, über 20 Rosenkranzverkäufern und einem Dutzend Krämern berichtet.Der große Strom der Wallfahrer brachte eine starke Vermehrung der Gastwirtschaften mit sich: für das Jahr 1787 zeigte die Steuerliste – bei einer Zahl von 1481 Einwohnern – 23 Schildwirte auf; dazu kamen in der Wallfahrtszeit 36 Heckenwirte. Konjunktur herrschte auch für Schuster (50) und Schneider (20). Die Wallfahrtszeit wurde die „Walldürner Ernte“ genannt. Der Fränkische Merkur vermerkt im Jahre 1794 über Walldürn: „Ein berüchtigter Wallfahrtsort, wo den Einwohnern das Wallfahrten den Sommer hindurch das ist, was dem Bauern seine Ernte – denn alles wirtschaftet da, und noch dazu teuer genug“.
Die große Anzahl marianischer Gnadenorte vertritt das vom oberschwäbischen Kloster geförderte und betreute Maria Steinbach.Ursprung der Wallfahrt nach Steinbach war ein im Jahre 1723 durch Abt Herrmann Vogler vom Praemonstratenserstift Rot a. d. Rot der dortigen Kirche geschenkter Kreuzpartikel, zu dem sich rasch eine Kreuzwallfahrt entwickelte. Seit dem Jahre 1728 wird dann in den Mirakelbüchern von Veränderungen berichtet, die eine Statue der Schmerzhaften Muttergottes im Chorraum der Wallfahrtskirche zeigt, wie Augenwenden, Verfärbung des Gesichts, Tränen, und vom Erleuchtetsein der Kirche bei Nacht. Nach sorgfältiger und langjähriger Prüfung wurde die Wallfahrt durch Dekret

des Bischofs Johann Staufenberg v. Konstanz am 19. 12. 1733 anerkannt und bestätigt, daß das Bild „in Wahrheit ein Mirakuloses" genannt werden darf. Es wurde dabei aber ausdrücklich auf die in den Bestimmungen des Trientiner Konzils verankerte Lehre der katholischen Kirche verwiesen, wonach Wunder nur von Gott gewirkt werden, und nicht durch die Kraft eines Bildes sich ereignen. In den Zeugnissen der Wallfahrts- und Mirakelbuchschreiber des 18. Jahrhunderts gilt Maria Steinbach als „weltbekannt", „würklich sehr berühmte" oder „weit berühmte" Wallfahrt und wird Maria Einsiedeln und „Alten-Oettingen" gleichgesetzt. „Processionsweiss mit viel schönen Creutz, Fahne, Bruderschaftsstäben, geschnitzeleten Bildern, Labaris usw." zogen die katholischen Gläubigen nach Maria Steinbach. Um das Jahr 1740 dehnte sich der Zustrom der Wallfahrer im Norden bis nach Reutlingen aus, im Westen in den Schwarzwald, im Süden in das Montafon, im Osten über Augsburg hinaus. In den Jahren 1737–1740 wurden 7050 Messen gelesen und die Wallfahrtsstätte sah zwischen 1737/39 nicht weniger als 125.000 Kommunionausteilungen. Ein Pater konnte den Strom der Wallfahrer nicht mehr bewältigen; schließlich wurden fünf Patres aus Rot zur Betreuung der Gläubigen eingesetzt.
Neben den Votivtafeln (s. Kat. Nr. L 415–L 420) als Ausdruck der Verbundenheit und Anheimstellung zu einem Gnadenbild, wurden in bestimmten Anliegen auch Gaben in anderen Techniken und Materialien von den Gläubigen votiert. Zu den seit alten Zeiten gebräuchlichsten Votivopfern zählt das Wachs. Wachs hatte nicht nur, von der „Stoffheiligkeit" des Wachses her gesehen, einen geistlichen Gebrauchswert, sondern stets auch eine große materielle Bedeutung, denn der Bedarf an Wachs für die Beleuchtung der Kirchen war beträchtlich. Überwog im 16. und 17. Jahrhundert noch deutlich die Spende von Rohwachs als Opfergabe, so stellte im 18. Jahrhundert das Wachs den Hauptanteil der geformten Votivgaben. Votivgaben aus Silber, in Gestalt von flach gewölbten, getriebenen und später auch ausgestanzten Votivherzen, -figuren, -gliedern oder -tieren, sind zu Beginn des 18. Jahrhunderts vor allem als Dankesgaben von Fürstlichkeiten oder des Bürgerstandes an verschiedene marianische Gnadenstätten bekannt. In der zweiten Hälfte des 18. Jahrhunderts finden sich dann Silbervotive in großer Anzahl, gespendet aus allen Bevölkerungskreisen.
Im Gegensatz zu Votivgaben sind Devotionalien Gebrauchsgegenstände aus dem Umkreis der persönlichen Andacht. Es handelt sich dabei um religiöse Kleinkunst, wie Andachtsbilder, gefaßte Reliquien, Wallfahrtsandenken, wie Medaillen, Rosenkränze und Figuren. Charakteristisch ist das „Zur Hand sein" für den Gläubigen, die Verfügbarkeit für die private Andacht und die Förderung der Frömmigkeit durch Bildlichkeit. Devotionalien sind zu unterscheiden von den Votiven, die als öffentlich dargebotene Spenden in den Besitz der Gottheit, des bestimmten Heiligen an der Gnadenstätte übergehen. Die Grenzen sind aber fließend, je nach der Funktion, die der Gläubige intendiert. Devotionalien sind von der katholischen Kirche gebilligt, gesegnet oder am Gnadenbild angerührt. Sie dürfen in geweihtem Zustande nicht verkauft werden, sonst geht ihre Benediktion verloren; ihre Abgabe erfolgt gegen ein Opfer.

Literatur: Wallfahrt: Beck, Paul, Schwäbische Wallfahrten. In: Diöcesanarchiv von Schwaben, 16, 1898. – Beissel, Stephan, Wallfahrten zu Unserer Lieben Frau in Legende und Geschichte, Freiburg i. Br. 1913. – Brückner, Wolfgang, Zur Phänomenologie und Nomenklatur des Wallfahrtswesens und seiner Erforschung. In: Volkskultur und Geschichte. Festschrift Josef Dünninger. Berlin 1970, S. 384–424. – Dünninger, Hans, Was ist Wallfahrt; In: Zs. f. Volkskunde, 59, 1963, S. 221–232. – Günzburger 1930. – Heizmann, Ludwig, Die Wallfahrtsorte Badens in den Pilgerzeichen, Wallfahrts-, Bruderschafts-, Gnaden-, Anhänger- und Klippen-Medaillen. Tiergarten 1932. – Heizmann, Ludwig, Die Wallfahrtsorte der Erzdiözese Freiburg in der Legende und Sage. Tiergarten 1932. – Kriss, Rudolpf, Wallfahrtsorte Europas. München o. J. – Laun Fr., Wallfahrtsbilder und Wallfahrtsorte der Diözese Rottenburg sowie deren Bruderschaften. In: Rottenburger Monatsschrift für praktische Theologie, 6, 1922/23. – Leibbrand, Jürgen, Wallfahrten und Wallfahrtsbrauchtum in der Erzdiözese Freiburg. Materialdienst der religionspädagogischen Arbeitsstelle der Erzdiözese Freiburg, 15, 2 Hefte, Ms., 1975. – Müller, Aegidius, Das heilige Deutschland. Geschichte und Beschreibung sämtlicher im deutschen Reiche bestehender Wallfahrtsorte. 2 Bde., Köln o. J. – Scharfe 1967. – Schreiber, Christian (Hrsg.), Wallfahrten durchs deutsche Land. Berlin 1928. – Schnürer, Gustav, Katholische Kirche und Kultur in der Barockzeit. Paderborn 1937. – Veit, Ludwig Andreas/Lehnart, Ludwig, Kirche und Volksfrömmigkeit im Zeitalter des Barock. Freiburg i. Br. 1956. – Welser, Benedikt, Heilige Heimat. Von Gnadenort zu Gnadenort in Baden-Württemberg. Ehingen 1956.

Mirakelbücher:
Harmening, Dieter, Fränkische Mirakelbücher. In: Würzburger Diözesengeschichtsblätter, 28, 1966, S. 47–53.

Walldürn:
Assion 1980. – Brückner 1958. – Brückner 1977. – Walldürn 1965.

Maria Steinbach:
Beck 1973. – Dorn, Ludwig, Die Wallfahrtskirche Maria Steinbach und ihre Architektur. In: Allgäuer Geschichtsfreund, 74, 1975, S. 41–73. – Spahr, Gebhard, Oberschwäbische Barockstraße III. Geschichte, Kultur und Kunst. Biberach 1980, S. 69–81. – Tüchle, Herrmann/Schahl, Adolf, 850 Jahre Rot a. d. Rot. Geschichte und Gestalt. Sigmaringen 1976.

Votivgaben und Devotionalien:
Amereller, Almut, Votiv-Bilder. München 1965. – Andree, Richard, Votive und Weihegaben des katholischen Volks in Süddeutschland. Braunschweig 1904. – Beitl, Klaus, Votivbilder. Salzburg 1973. – Brauneck, Manfred, Religiöse Volkskunst. Votivgaben, Andachtsbilder, Hinterglas, Rosenkranz, Amulette. Köln 1978. – Brückner, Wolfgang, Cera-Cera virgo-Cera virginea. Ein Beitrag zu „Wörter und Sachen" und zur Theorie der „Stoffheiligkeit". In: Zeitschrift für Volkskunde, 59, 1963, S. 186–203. – Deneke, Bernward, Zeugnisse religiösen Volksglaubens. Bilderhefte des Germanischen Nationalmuseums, Nr. 2., Nürnberg 1965. – Harvolk, Edgar, Votivtafeln. Bildzeugnisse von Hilfsbedürftigkeit und Gottvertrauen. München 1979. – Kriss-Rettenbeck 1971. – Kriss-Rettenbeck, Lenz, EX VOTO. Zeichen, Bild und Abbild im christlichen Votivbrauchtum. Zürich und Freiburg i. Br. 1972. – Schmidt, Leopold, Das Deutsche Votivbild. In: Deutsche Vierteljahresschrift für Literaturwissenschaft und Geistesgeschichte, 19, 1941, S. 457–482. – Theopold 1978. – Theopold, Wilhelm, Das Kind in der Votivmalerei. München 1981. – Weitnauer 1969.

L 374 a–e □

Fünf Legendenbilder

Wallfahrt zum Hl. Blut, Walldürn

1. Hälfte 18. Jahrhundert

„In Franken geschah durch Gottes Eingreifen ungefähr um das Jahr 1330 ein besonders bemerkenswertes Wunder des Heiligen Blutes". So beginnt in einer lateinischen Schrift des Walldürner Pfarrers Jodocus Hoffius, des gegenreformatorischen Wiederbelebers der Wallfahrt, die Beschreibuung des Walldürner Blutmirakels. In der Walldürner Pfarrkirche St. Georg las der Priester Heinrich Otto die Messe und stieß aus Unachtsamkeit den Kelch mit dem konsekrierten Wein um. Der Wein wurde sofort so rot wie Blut und bildete auf dem darunter liegenden Korporale (Kelchtuch) das Bild des Gekreuzigten ab, umgeben von Christushäuptern mit Dornenkronen. In großer Angst versteckte der Priester das Tuch hinter einem Altarstein. Von Gewissensbissen gequält, offenbarte er auf dem Sterbebett die mirakulöse Erscheinung. Das hervorgeholte Tuch bestätigte die Beichte des Priesters. Ein erster Zulauf von Gläubigen und weitere Wundererscheinungen veranlaßten die Behörden zur Untersuchung der Angelegenheit und zu einem Bericht nach Rom. Der Papst

L 374 a

anerkannte das Blutwunder im Jahre 1445.
Die Folge der 5 Bilder, die diese Geschichte erzählen, sind von einem Laienkünstler im 18. Jahrhundert nach den großen Mirakelbildern in der Wallfahrtskirche gemalt: a) Priester Heinrich Otto verschüttet bei der Messe den konsekrierten Wein. Auf dem Korporale erscheint das Bild des Hl. Blutes. b) Der Priester versteckt das Tuch unter dem Altarstein. c) Unter Gewissensqualen beichtet der Priester auf dem Sterbebett das Wunder. d) Am angegebenen Ort wird das mirakulöse Kelchtuch gefunden. e) Der Papst in Rom empfängt eine Gesandtschaft aus Walldürn und begutachtet das Blutkorporale.

Miniaturmalerei, Tempera auf Holz. Je 21 × 28,5 cm mit Rahmen.

Literatur: Brückner, Wolfgang, Zum Walldürner Blutaltar und seinen Meistern 1616–1684. In: Ländliche Kulturformen im deutschen Südwesten. Festschrift für Heiner Heimberger. Hrsg. im Auftrag der Bad. Landesstelle für Volkskunde von Peter Assion. Stuttgart 1971, S. 261–281. – Brückner 1977, S. 8. – Assion 1980, Abb. S. 24–26.

Walldürn, Kath. Pfarrgemeinde St. Georg

L 375

Kupferstich: Lothar Franz v. Schönborn (1655–1729)

18. Jahrhundert

Es ist das Verdienst des Mainzer Erzbischofs, Kurfürsten und Reichserzkanzlers, zuzüglich Bamberger Fürstbischofs, daß der barocke Kultmittelpunkt Walldürn weiter ausgebaut und durch den Bau einer neuen großen Wallfahrtskirche (1698–1728) attraktiver gestaltet wurde. Enge Beziehungen zum Walldürner Heiligtum knüpfte der heranwachsende Schönborn als Zögling der Jesuiten in

L 374 b

Aschaffenburg. Die Patres der Gesellschaft Jesu hatten an dem gegenreformatorischen Aufleben der Hl.Blut-Verehrung besonderen Anteil.

Kupferstich. Brustbild en face, bezeichnet:„Josephus á Montalgre sc: Norim:" [= Nürnberg]. 32 × 31 cm.

Literatur: Meyer, Otto, Kurfürst Lothar Franz v.Schönborn inmitten der Geschichte seiner Zeit und seines Hauses. Bamberg und Wiesbaden 1957.–Jürgensmeier, Friedhelm, Lothar Franz v.Schönborn (1655–1729). Ein Verehrer des Heiligen Blutes von Walldürn. In: Assion 1980, S. 53–68.

Walldürn, Heimat- und Wallfahrtsmuseum, Inv. Nr. B 67

L 376

Monstranz

Wallfahrtskirche zum Hl.Blut, Walldürn

Johann Conrad Wintz, Mannheim 1719

Auf Veranlassung Lothar Franz v. Schönborns wurde die Monstranz für die Walldürner Kirche erworben. Der Preis betrug 1500 Gulden. In dieser barocken Prachtmonstranz kommt augenscheinlich der dem Eucharistie-Kult innewohnende Zug zur Solennität, dem Streben nach Steigerung frommer Festlichkeit mit feierlicher Ehrenbezeigung und Anbetung

L 374 d

L 374 c

des höchsten Herrn im Allerheiligsten zum Ausdruck. Alle größeren Wallfahrten wurden mit dem Allerheiligsten in dieser Monstranz an der Gemarkungsgrenze von Walldürn eingeholt und zum Gnadenschrein geleitet. Sie ist bis heute bei großen eucharistischen Prozessionen in Gebrauch.

Silber, vergoldet, mit Edelsteinen sowie Emailplatten besetzt. H. 100 cm, B. 47 cm.

Literatur: Lohmeyer, Karl, Die Wallfahrtskirche zum Heiligen Blut in Walldürn. Deutsche Kunstführer 43. Hrsg. A. Feulner, Augsburg 1929 – Assion 1980, Abb. S. 66.

Walldürn, Kath. Pfarrgemeinde St. Georg

L 377

Kupferstich: Liedflugblatt

Wallfahrt zum Hl. Blut, Walldürn

Peter Overadt, Köln, 17. Jahrhundert

Das Walldürner Heiligbluttuch wird von Engeln im Rebstock gehalten. Eine Gruppe von Wallfahrern prozessiert mit flatternden Fahnen und Vortragestange zum Gnadenort. Unter der bildlichen Darstellung befindet sich der Abdruck eines der ältesten Walldürner Wallfahrtslieder: „Dein Heilig Blut, Herr Jesu

L 374 e

Christ / daß an dem Creutz vergossen ist / Auch zu Walthuren im Ottenwalth / Verehret wird in Wundergestalt".
Von einer Wallfahrt wird berichtet, daß die frommen Lieder der Teilnehmer die Bewohner der Dörfer, durch die die Wallfahrt zog, so ergriffen haben, daß sie sich scharenweise den Wallenden anschlossen. An einem Ort sollen es gegen 300 Knaben und Mädchen gewesen sein.

Kupferstich. 38,2 × 30 cm.

Literatur: Gottron, Adam Bernhard, Das älteste Walldürner Wallfahrtslied. Archiv f. mittelrheinische Kirchengeschichte, 1, 1949, S. 326. – Huck, Jürgen, Kölner Fußwallfahrt von Portz Urbach nach Walldürn. In: Unser Portz, Heft 15, 1974, S. 6.

Walldürn, Heimat- und Wallfahrtsmuseum, Inv. Nr. W 154

L 378 a–d □

Vier Vortragetafeln

Wallfahrt zum Hl. Blut, Walldürn

18. Jahrhundert

Der öffentliche Auftritt, das demonstrative Bekenntnis sind Kennzeichen katholischer Barockfrömmigkeit. Barockes Wallfahren tritt darum vor allem als Prozession in Erscheinung. Insignien sind kennzeichnend für das äußere Bild: Kreuz, Fahne, Vortragebilder, Bruderschaftsstäbe usw. Sie geben gemeinsame Herkunft und gemeinsames Ziel der unter der Fahne Wallenden an und gewinnen dadurch Repräsentationscharakter: „Ohne Fahne gibt es keine Wallfahrtsprozession". Erhaltene Tragetafeln mit Darstellungen des Walldürner Blutbildes erfüllten die gleiche Funktion wie die Blutfahnen.
Die erste Bildwiedergabe des Blutbildes war dem Legendenbild entsprechend eine lose Anordnung des wunderbaren Korpus, umgeben von mehreren Gesichtern. Durch Pfarrer Hoffius Legendenversion (s. Kat. Nr. L 374 a–e) war die Elfzahl der Häupter festgelegt und wurde in der Folge als Elfzahl der Apostel und ersten Blutzeugen um ihren Herren gedeutet. Für die weitere Bildkomposition wurde das rechteckige Format des Korporales bestimmend. Die ungerade Zahl der Häupter wurde in drei Gruppen um den in Kreuzform ausgestreckten Korpus angeordnet: Vier in einer Reihe oberhalb des Korpus, vier unterhalb des rechten Armes und drei unterhalb des linken. Das symmetrische Kompositionsschema wird durch den umstürzenden Kelch auf

L 378 a

der Seite mit den drei Häuptern erhalten. Seit Anfang des 17. Jahrhunderts wird durch ausgeführte Blutbahnen angezeigt, wie das Bild entstanden ist. Der zu Blut gewandelte Wein schafft die Einheit der Bildgestalt und wird zur Visualisierung katholischer Sakramentstheologie. In dieser Form wurde die Darstellung zum Wallfahrtsbild. Durch Seitenverkehrung

L 378 c

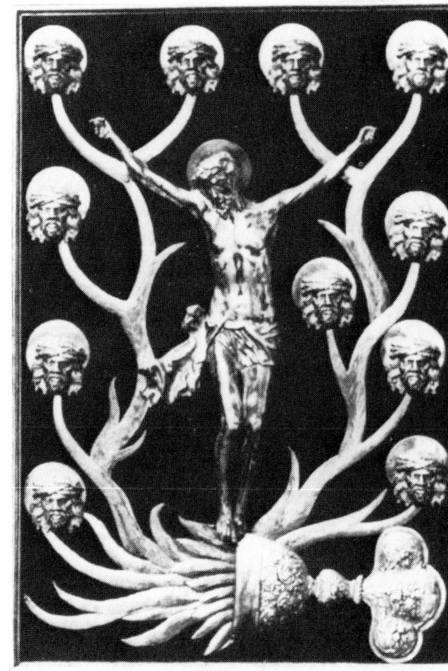

L 378 b

wandelte sich das Kompositionsschema ab.
Die Tafeln oder Vortragebilder, die oft sehr kostbar gearbeitet waren, sind gleich Fahnen auf der Rückseite mit Darstellungen versehen und konnten, auf eine

L 378 c

Tragestange montiert, wie eine Standarte durch die Wallfahrer mitgeführt werden.

a) Ehemaliges Vortragebild
Wohl Franken, um 1700
Vorderseite: Hl. Blut, Kelch und Lendentuch.
Rückseite: Ursprünglich Darstellung der fünf Wunden, später mit Kelch im Strahlenkranz übermalt (teilweise zerstört).

Holz. 41,5 × 54 cm. Alte Goldfassung. Blutbahnen in rot.

Literatur: Brückner 1958, S. 102ff. – Assion 1980, Abb. S. 73.

Walldürn, Heimat- und Wallfahrtsmuseum, Inv. Nr. W1

b) Ehemaliges Vortragebild der Heppenheimer Wallfahrt nach Walldürn
Johann Peter Köhler, Mainz, 1730
Kosten: 167 fl. 26 kr. 3,5 Pf.

Silberrelief auf rotem Samt. 40 × 50 cm mit Rahmen in laubwerkartiger Treibarbeit.

Literatur: Winter, Heinrich, Zur Geschichte der Heppenheimer Wallfahrt nach Walldürn. Ein Beitrag zur allgemeinen Geistes- und Kulturgeschichte aus dem 18. und 19. Jahrhundert. In: Die Starkenburg 29, Heft 6, 1952, S. 21. – Assion 1980, Abb. S. 33.

Heppenheim, Kath. Pfarrkirche St. Peter

c) Blutbild der Aschaffenburger Wallfahrt nach Walldürn, um 1730
Die Vorderseite zeigt das Blutbild; die Rückseite zieren die „Heiligen Fünf Wunden".

Lindenholz, reliefierte Platte. Gesamthöhe 216 cm, Platte H. 57 cm, B. 44 cm.

Literatur: Brückner 1958, S. 117 f., Abb. Nr. 56.

Aschaffenburg, Stiftsmuseum der Stadt Aschaffenburg, Inv. Nr. 752

d) Ehemaliges Vortragebild der Erlabrunner Wallfahrt nach Walldürn, 18. Jahrhundert
Die Vorderseite zeigt das Blutbild, die Rückseite zieren die „Heiligen fünf Wunden" im Strahlenkranz. Besondere Funktion für die Walldürner Wallfahrt erlangte das einfache „5-Wunden-Gebet": „Jesus für uns am Kreuz gestorben durch die heilige Wunde deiner rechten Hand, erbarme Dich unser, Vater Unser ... etc."
Für alle Prozessionen stellte dieses Gebet die spezielle Gebetsübung dar und wurde meist mit ausgebreiteten Armen gebetet. Diese Gebetshaltung der liturgischen Orantenstellung wird von den Franziskanern hergeleitet. Sie verrichteten zum Beispiel das gemeinschaftliche Morgengebet in der Kirche kniend. Das „Fünf-Wunden-Gebet" wurde in Verbindung mit dem Walldürner Stoßseufzer „O Heilig Blut, komm uns und den armen Seelen zugut" zum typischen Ausdruck des Gebetskultes der Wallfahrt zum Heiligen Blut nach Walldürn.

Holz, farbig gefaßt. Gesamthöhe 180 cm, Tafelhöhe 73,5 cm, B. 55cm.

Literatur: Brückner 1958, S. 118.

Walldürn, Heimat- und Wallfahrtsmuseum, Inv. Nr. W3A

L 379b

L 379 a–b □

Zierstücke von Prozessionsinsignien

Wallfahrt zum Hl. Blut, Walldürn

18. Jahrhundert

Im Jahre 1698 wurde eine „Seelenbruderschaft zu den drei hl. Namen Jesu-Maria-Josef" vom Wallfahrtspfarrer Dr. Nimis errichtet. Die Mitglieder sollten sich nach dem Beispiel der Hl. Familie eines tugendhaften Lebenswandels befleißigen, um dadurch eine glückselige Sterbestunde zu erlangen. Für die im Fegefeuer schmachtenden „Armen Seelen" wurden in regelmäßigen Abständen Gebetsstunden an eigens dazu gestifteten Altären abgehalten.

a) Die Spitze einer Bruderschaftsfahnenstange besteht aus einer ovalen Messingscheibe mit einem kleinem Kreuz an der Spitze. Sie hat zwei aufgesetzte Bleibilder. Auf der Vorderseite ist das Blutbild eingeritzt, auf der Rückseite die Darstellung des „Hl. Wandels". Die Scheibe sitzt auf goldfarben bemaltem dreiblättrigem Eisenfußständer.

Blei, geritzt, Eisen, bemalt, Messing. H. 15 cm, B. 8 cm.

Literatur: Brückner 1958, S. 119f.

Walldürn, Kath. Pfarrgemeinde St. Georg

b)Zwei Beschläge zeigen auf dem einen Stück die Darstellung des Blutwunders in Engelkartusche; auf dem Gegenstück ist das I.H.S.-Zeichen (Jesusmonogramm) und Herz mit drei Nägeln abgebildet. Die ausgesägten und gravierten Messingschilder dienten wohl als Beschläge einer Fahnenstange oder eines Bruderschaftsstabes.

Messing. H. 9 cm, B. 6,5 cm.

Walldürn, Kath. Pfarrgemeinde St. Georg

L 380

Bruderschaftsbild

Fulda, um 1720

Dem Beispiel der Walldürner „Seelenbruderschaft" vom Jahre 1698 folgte die Gründung von Bruderschaften an anderen Orten. An der Michaelskapelle in Fulda gründete Probst Stephan Cloth im

Jahre 1718 die Bruderschaft „Jesu-Maria-Joseph“ zum Trost der verstorbenen Gläubigen. Diese Versammlung von dem „Heiligen Blut“ erhielt um das Jahr 1720 einen eigenen Bruderschaftsaltar. Das Andachtsbild – wohl Teil dieses Altares – zeigt Maria und Joseph, die das Blutkorporale als Trost über die in den Flammen des Fegefeuers schmachtenden „Armen Seelen“ halten.
Die Bruderschaft war Mitbesorgerin der Wallfahrten nach Walldürn, an denen – laut Auskunft von Domkapitular Prof. Dr. Dr. Ludwig Pralle – im 18. Jahrhundert jeweils bis zu 5000 Gläubige teilnahmen. Am Tag vor Beginn der großen Wallfahrt trafen aus der Umgebung Vorprozessionen unter Schießen der Böller und Läuten der Glocken ein. Am Wallfahrtstag wurden die Teilnehmer unter der Figur des hl. Michael, der das Walldürner Korporale hält, mit sakramentalem Segen auf die mehrtägige Wallfahrtsreise verabschiedet. Den Organisationsrahmen bildeten die Bruderschaftsmitglieder in ihren blauen und roten Umhängen über weißen Talaren.

Holzrelief, vergoldet. H. 90 cm, B. 40 cm. Mit Resten alter Fassung.

Literatur: Brückner, Wolfgang, Neue Beiträge zur Walldürner Wallfahrt. In: Zeitschrift für den Odenwald, Heft 4, 1961, Abb. S. 117.

Fulda, Dommuseum, Inv. Nr. Acc. 1972/1

L 381

Votivgabe

Wallfahrt zum Hl. Blut, Walldürn 1671

Ein seidengesticktes Velum – Weihegeschenk vornehmer Damen an die Wallfahrtskirche – zeigt das Blutbild, umrahmt von Blumen. Datiert „1671“, signiert „AM“–„MC“.

Seide, silbergewirkte Umrandung. 70 × 62 cm.

Literatur: Brückner, Abb. S. 15.

Walldürn, Kath. Pfarrgemeinde St. Georg

L 382

Votivgaben

Wallfahrt zum Hl. Blut, Walldürn

18. Jahrhundert

Auf dreieckiger, rot überzogener und goldgerahmter Holztafel, die auf rechteckigem gleichgestaltetem Unterteil mit

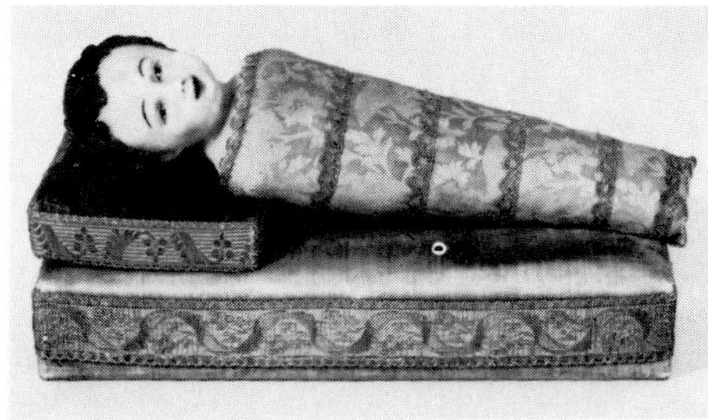

L 383

Fuß sitzt, sind silberne Votivgaben vermögender Stifter montiert. Diese Ständer werden Pyramiden genannt und befanden sich früher auf dem Blutaltar. Kniende Votanten, Herzen, Arme, Beine, Augen und Kreuze aus getriebenem Silberblech sind auf der Pyramide montiert.

Silber. H. 80 cm.

Literatur: Walldürn 1965, S. 20. – Assion 1980, Abb. S. 36.

Walldürn, Heimat- und Wallfahrtsmuseum, Inv. Nr. W49

L 383 □

Votivgabe: Fatschenkind

Wallfahrt zum Hl. Blut, Walldürn

18. Jahrhundert

Bossierter Wachskopf auf ausgestopftem Wickelkind mit dazugehörigem rotem Samtkissen.

Wachs, Brokat, Samt. H. 11 cm, B. 48 cm, T. 20 cm.

Literatur: Walldürn 1965, Abb. S. 21.

Walldürn, Heimat- und Wallfahrtsmuseum, Inv. Nr. W45

L 384 a–d

Wachsgußmodel

Wallfahrt zum Hl. Blut, Walldürn

Mitte 17. bis Ende 18. Jahrhundert

Die Gußmodel für wächserne Votivgaben stammen aus der Mitte des 17. Jahrhunderts bis Ende 18. Jahrhundert und waren bis 1940 in Gebrauch. Sie sind aus gebranntem Ton gefertigt, teilweise innen glasiert.

a) Betende Frau im Kostüm, 2. Hälfte 17. Jh.

Ton. H. 26 cm, B. 12 cm. Inv. Nr. HW74

b) Betender Mann im Kostüm, 2. Hälfte 17. Jh.

Ton. H. 17 cm, B. 9 cm. Inv. Nr. HW75

c) Kröte als Gebärmuttervotiv

Ton. H. 6,5 cm, B. 5 cm. Inv. Nr. HW76

Literatur: Brückner 1958, Abb. S. 83–86. – Walldürn 1965, S. 61

d) Gußmodel für Organvotive. Beispiele aus der Sammlung von 43 tönernen Votivgußmodeln.

Ton. Bein H. 15,5 cm, B. 6,5 cm; Arme und Beine H. 8 cm, B. 14,4 cm; weibliche Brust Dm. 14 cm; Kopf eines Mannes H. 7,5 cm, B. 9 cm; Augen H. 7,5 cm, B. 7,5 cm; Gebiß H. 6,5 cm, B. 8 cm; Ohr H. 6,5 cm, B. 4,5 cm (Inv. Nr. HW79–HW121).

Literatur: Walldürn 1965, S. 61.

Walldürn, Heimat- und Wallfahrtsmuseum

L 385

Wachsgußmodel

Wallfahrt zum Hl. Blut, Walldürn

18. Jahrhundert

Die hölzernen Model sind Beispiele aus einer Sammlung von 31 Votivgußmodeln. Sie waren bis zum Jahr 1940 für den Wallfahrtsmarkt in Gebrauch.

Holz. Fatschenkind H. 20,8 cm, B. 7,7 cm; Herzen H. 14,5 cm, B. 10 cm; Kuh H. 15,5 cm, B. 10,5 cm; Tiere (Schwein, Lamm, Kuh, Pferd) H. 31,5 cm, B. 7,4 cm.

Literatur: Walldürn, S. 60.

Walldürn,Heimat- und Wallfahrtsmuseum, Inv. Nr. HW41–HW71

L 386

Blutseidentüchlein

Wallfahrt zum Hl. Blut, Walldürn

1. Hälfte 18. Jahrhundert

Die „Blut-Saiden“ waren aus roter „Floth oder Flirth-Seide“. Sie wurden als „fila serica“ in Bündelchen verkauft und fadenweise benutzt. In der ersten Hälfte des 18. Jhs. kamen dann Seidentüchlein in der Art barocker Andachtsbilder auf, die mit einer Blutbilddarstellung bedruckt waren: in der Bildmitte das Korporale in barocker Altarumrahmung mit brennenden Kerzen. Inschriften: im Giebel „Venite Adoremus“, im Sockel „abbildung des H. Bluths zu Walthürn“.

Kupferstich auf roter Seide. 12,3 × 7,5 cm. Bezeichnet: „Gutwein fecid Wircbi“ „Zu haben bey Elisabetha Müllerin in Bamberg“.

Literatur: Brückner 1958, S. 71.

Walldürn, Kath. Pfarrgemeinde St. Georg

L 392 a

L 387

Modelstein

Wallfahrt zum Hl. Blut, Walldürn, 1623

Der Modelstein zeigt ein rundes und ein rechteckiges Relief des Heiligen Blutes. Er wurde zum Bedrucken von Andachtsbildchen oder auch Gebäck benutzt. Seitlich ist die Jahreszahl „1623" eingeritzt.

Speckstein. H. 13,7 cm, B. 4,3 cm.

Literatur: Brückner 1958, Abb. Nr. 31. – Walldürn 1965, S. 18.

Walldürn, Heimat- und Wallfahrtsmuseum, Inv. Nr. W15

L 388

Medaille

Wallfahrt zum Hl. Blut, Walldürn

18. Jahrhundert

Die ovale Medaille zeigt auf der Vorderseite das Gnadenbild, von einem Engel gehalten und von je einem Engel auf den beiden Seiten flankiert, mit der Umschrift „Das H. Blvet zv Waldthürn". Auf der Rückseite hält Antonius v. Padua in der Rechten das Jesuskind, in der Linken einen Lilienzweig, über ihm schwebt ein Engel mit Kränzen in den Händen. Aufschrift: „S. ANTONIUS DE PAD:". Die Umschrift lautet: „ECCE CRVCEM DOMINI, FUGITE PARTES ADUERSE, VICIT LEO DE / TRIBU IUDA, RADIX DAUID, ALLELUIA ALLELUIA. / S: ANTONIUS DE PAD:".

Kupferlegierung. H. 3,5 cm.

Literatur: Günzburger 1930, S. 91–97.

Walldürn, Kath. Pfarrgemeinde St. Georg

L 389

Medaille

Wallfahrt zum Hl. Blut, Walldürn

17. Jahrhundert

Die Wallfahrtsmedaille zeigt dieselben Motive wie Kat. Nr. L 388

Messing, mit Öse, oval. H. 3,5 cm.

Literatur: Günzburger 1930, S. 91–97.

Buchen, Bezirksmuseum, ohne Inv. Nr.

L 390 a–e

Tonmodel

Wallfahrt zum Hl. Blut, Walldürn

Tonmodel aus unglasiertem, gebranntem Ton zum Formen von Heiligenfiguren und Andachtsbildern als Wallfahrtserinnerungen. Im Gebrauch der Walldürner Devotionalienindustrie seit der 2. Hälfte des 18. Jhs.

a) Tonmodel für Andachtsaltärchen nach dem Korporaleschrein.

Ton. H. 21,5 cm, B. 15 cm.

Literatur: Brückner 1958, Abb. 35.

Walldürn, Heimat- und Wallfahrtsmuseum, Inv. Nr. HW135

Dazu altes ausgeformtes Stück: Gnadenbild zwischen Säulen, oben zwei Engel mit Kelch und Hostie.

Ton, auf Holzsockel, farbig bemalt. H. 22 cm, B. 17 cm, T. 5,5 cm.

Buchen, Bezirksmuseum, Inv. Nr. 2793

b) 19 Tonmodel für Heiligenfiguren: Himmelskönigin, St. Katharina, St. Antonius (klein und groß), Hl. Familie, Mutter Anna mit Maria und Jesusknaben, Engel mit Leuchter, St. Markus, St. Klara, St. Erasmus mit der Spindel, St. Johannes Nepomuk (klein und groß), St. Laurentius mit dem Roß, St. Petrus, St. Wendelin, St. Barbara, Heiliger mit Doppelkreuz, hl. Mönch.

Ton. H. 14–17 cm, B. ca. 8 cm. Inv. Nr. HW137–HW155.

c) Tonmodel für Pieta.

H. 15 cm, B. 12 cm. Inv. Nr. HW158.

Dazu altes ausgeformtes Stück.

d)Tonform für einen Christuskörper.

H. 18 cm, B. 9 cm. Inv. Nr. HW167.

e) Tonform für Tonkachel mit Relief des Jesuskindes.

H. 17 cm, B. 12 cm. Inv. Nr. HW173.

Literatur: Walldürn 1965, S. 61 ff.

Walldürn, Heimat- und Wallfahrtsmuseum

L 391 a–e

Zinngußmodel

Wallfahrt zum Hl. Blut, Walldürn

Ende 18. Jahrhundert

Schieferformen der ehemaligen Walldürner Hausindustrie zum Gießen von Wallfahrtsandenken aus Zinn und Blei.

a) Für Kreuzfuß mit dem Hl. Blut.

H. 9,2 cm, B. 18 cm. Inv. Nr. W91

b) Rechteckiger Gitterguß mit dem Hl. Blut.

H. 16,8 cm, B. 7,6 cm. Inv. Nr. W92

c) Zwei herzförmige Anhänger mit dem Hl. Blut.

H. 11 cm, B. 4,6 cm. Inv. Nr. W94

d) Vier Christuskörper.

H. 4,7 cm, B. 11 cm. Inv. Nr. W99

e) Einzelne gebogene Schmuckteile für Kruzifixe.

H. 11 cm, B. 4,5 cm. Bezeichnet: „W.H./1770". Inv. Nr. W101.

Walldürn, Heimat- und Wallfahrtsmuseum

L 392 a–g □

Model für Lebküchnerei

Wallfahrt zum Hl. Blut, Walldürn

Mitte 17. bis Ende 18. Jahrhundert

Holzmodel der Walldürner Zuckerbäckerei für Lebkuchen sowie für das sogenannte „Mazebo", ein nach dem Backen in den Konturen rot ausgemaltes Anisgebäck. Die Model stammen aus der Mitte des 17. bis Ende 18. Jh. und waren bis Mitte 20. Jh. in Gebrauch.

a) Reiter. Rückseite Spinnerin.

Holz. H. 30,5 cm, B. 20 cm. Datiert: „1654 AD".Inv. Nr. HW178.

Abb. des damit hergestellten „Mazebo-

L 393

Gebäcks" in: Brückner 1958, Abb. 91.

b) Reifrockdame mit Fächer.

Holz. H. 33 cm, B. 12 cm. Inv. Nr. HW 185.

c) Liebeskutsche.

Holz. H. 8,2 cm, B. 13,3 cm. Inv. Nr. HW191.

d) Wickelkind.

Holz. H. 12,8 cm, B. 5,5 cm. Inv. Nr. HW 194 A.

e) Kruzifix in rautenförmigem Strahlenkranz.

Holz. H. 13 cm, B. 4,6 cm. Inv. Nr. HW 197.

f) Madonna in ovalem Strahlenkranz.

Holz. H. 15,5 cm, B. 11 cm. Inv. Nr. HW 198.

g) Taufe Jesu im Jordan: Jesus, Johannes der Täufer und Engel.

Holz. H. 7,3 cm, B. 11,5 cm. Inv. Nr. HW 199.

Walldürn, Heimat- und Wallfahrtsmuseum

L 393 □

Prägestempel für Bucheinbände

Wallfahrt zum Hl. Blut, Walldürn

18. Jahrhundert

Stempel mit Blutbild in ornamentalem Ring für Buchbinder zum Einstanzen auf Gebetbüchern.

Messing. H. 2,5 cm, Dm. 5,5 cm.

Buchen, Bezirksmuseum, Inv.Nr. 3033

L 394

Känsterle

Ende 18. Jahrhundert

Kruzifix mit Abbildung des Blutbildes von Walldürn.

Holz. Pappe, Glas. H. 8 cm, B. 4,5 cm.

Freiburg i. Br., Augustinermuseum, Inv. Nr. 10783g

L 395 a–b □

Zwei Rosenkränze

Die Gegenreformation förderte bei ihren Erneuerungsbestrebungen die spätmittelalterliche Idee des Rosenkranzes. Nach der Einführung des Rosenkranzfestes durch Papst Gregor XIII. im Jahre 1573 als Dank für den Seesieg über die Türken bei Lepanto kam es zur letzten Ausformung der Gebetsform: Drei Ave und zwei Paternoster stimmen die Bitte um Erlangung der drei göttlichen Tugenden, Glaube-Hoffnung-Liebe, an und sind den jeweils fünf Geheimnissen der drei Rosenkranzgebete – dem sogenannten gebenedeiten, dem schmerzhaften und dem glorreichen Rosenkranz – vorangestellt. Im Laufe des 17. Jahrhunderts mit der starken Zunahme der Rosenkranzbruderschaften wird der Rosenkranz, der privater Devotion wie der Gemeinschaftsandacht mit wechselnder Stimmung und Anliegen dienen kann, zum Gebet des katholischen Volkes. Die Feier des Rosenkranzfestes in der ganzen katholischen Christenheit (7. Oktober) nach dem Sieg über die Türken bei der Eroberung von Belgrad, stellt einen Höhepunkt der Marienverehrung und des Gebets zu ihr in der Barockzeit dar.

a) Rosenkranz
Schwäbisch Gmünd, 18. Jahrhundert
Eine erste urkundliche Erwähnung von „Viligranarbeiten" in Schwäbisch Gmünd für das Jahr 1695 steht ohne Zweifel in enger Beziehung zur Herstellung von Rosenkränzen.
Der Rosenkranz besteht aus 59 auf Schnur gezogenen roten Glasperlen, die Granate vortäuschen sollen, und sechs Silberfiligranperlen, jeweils zwischen zwei kleinen Drahtringen. Als Anhänger sind zu nennen drei weitere Glasperlen, Filigrankreuz zwischen zwei Filigrankugeln, größeres Filigranglied, beiderseits mit Kreuz in Maleremail versehen, Corpus Christi bzw. Herz Jesu mit vier Nägeln, entsprechende Maleremails in Kreismedaillon mit Filigranrand, und ein Silberbömmelchen.

Glas, Silberfiligran, Maleremail. Größe L. 47,3 cm.

L 395 a

Karlsruhe, Badisches Landesmuseum, Inv. Nr. V 12528

b) Rosenkranz
Süddeutschland, 18. Jahrhundert
Rosenkranz, bestehend aus 53 kleinen und 6 großen kugeligen Jaspisperlen, letztere mit loser Silberfiligranfassung, die einzelnen Perlen durch Silberfiligrankügelchen getrennt. Das Ganze ist auf Schnur aufgezogen. Am Ende Zierkreuz aus Silberfiligran, dann größeres Kreuz aus Maleremail. Vorderseite: Corpus Christi und Tafel „I N R I" auf Blau, Rückseite „I H S" in reicher Silberfiligranfassung. Außerdem Medaillonanhänger aus Filigran mit mittlerem Emailbild: Kruzifix bzw. Auge Gottes.

Jaspis, Silberfiligran, Email. Größte L. 66 cm.

Literatur: Ritz, Gislind M., Der Rosenkranz. München 1962. – 500 Jahre Rosenkranz. Erzbischöfliches Diözesan-Museum Köln 1976.

Karlsruhe, Badisches Landesmuseum, Inv. Nr. V 12534

L 396

Druckstock

Baden, 18. Jahrhundert

Der doppelseitig geschnittene Holzblock wurde als Zeugdruckmodel für

Wallfahrtstücher oder als Druckstock für einen Haussegen von einem Wallfahrtsort verwendet.
Auf der einen Seite ist St. Wendelin als Hirte mit Stab, Tasche und Glorienschein abgebildet, um ihn herum Schafe, Pferde, Esel, Kirchen. Zu seinen Füßen liegen Krone und Zepter. Unten befindet sich die Inschrift: „S. WENDELINUS". Auf der Rückseite die Darstellung des „Bitteren Leids" mit dessen Attributen und der Inschrift: „Gelobt sey Jesus Christus in Ewigkeit. Amen".

Holz, geschnitten. H. 30 cm, B. 17,7 cm, T. 1,2 cm.

Literatur: Busse, Hermann Eris, Baden. Deutsche Volkskunst, Bd. 13, München o.J., Abb. 143–144 (dort ins „Badische Frankenland" lokalisiert). – Karlinger, Hans, Deutsche Volkskunst. Berlin 1938, S. 52, Abb. 222 (dort als Zeugdruckmodel für Wallfahrtstücher bezeichnet). – Meyer–Heisig, Erich, Weberei, Nadelwerk, Zeugdruck. München 1956, Abb. S. 65 (dort „wohl Schwaben, 18. Jh." bezeichnet).

Karlsruhe, Badisches Landesmuseum, Inv. Nr. Sp. 2528

L 397

Heiliggeist-Taube

Schwarzwald, 2. Hälfte 18. Jahrhundert

Die Heiliggeist-Tauben hingen im Herrgottswinkel über dem Kruzifix oder in den Betten unter dem „Himmel", um die Allgegenwart Gottes zu verdeutlichen und dem Ehebett Segen zu verleihen.

Holzkörper, gefaßt. H. 15 cm, B. 18 cm. Flügel aus bunt bemaltem Papier gelackt und fein gefaltet. Rückseite nicht gefaßt.

Literatur: Krummer-Schroth 1976, Abb. 65.

Freiburg, Augustinermuseum, Inv. Nr. 8780

L 398

Votivbild

Loretto-Kapelle, Oberstdorf, um 1730

Inmitten seines Konvents kniet Abt Herrmann Vogler und blickt zum Gnadenbild empor. Dieses thront im Engelskranz auf einer Wolkenbank über dem Praemonstratenserkloster Rot. Das Bild stellt den baulichen Zustand der Klosteranlage um 1730 anschaulich dar. Auf einem Schild, von Putten gehalten, steht eine lateinische Inschrift. Sie lautet übersetzt: „Dem vielmächtigsten Schutz der dreimalruhmreichen Herrin des erschaffenen Alls, die zu Oberstdorf in den Allgäuer Bergen als die wunderbare, wundertätige Frau von Loretto geehrt wird, stellt sich anheim und empfiehlt sich und sein weises Kanonikat demütigsten Sinnes unter den Wechselfällen des Friedens und Krieges. Im Jahre 1714 nach der Geburt von der Jungfrau, Hermann Abt von Roth."
Im Jahre 1680 in Oberstdorf geboren, wurde Herrmann Vogler in jungen Jahren vom Konvent des Praemonstratenserklosters Rot zum Abt erwählt (1711). Unter seiner Führung erlebte die Abtei in einer Epoche des Friedens die Konsolidierung der kirchlichen und weltlichen Belange. Bei Patrozinien- und Bruderschaftsfesten, Reliquienübertragungen und Förderung von Wallfahrten entfaltete sich der Glanz und die Pracht barokken kirchlichen Lebens.
Durch die Vermittlung eines Birgittiners aus Altomünster, erhielt Abt Herrmann neben den aus der römischen Cyriacus-Katakombe geborgenen Leibern der Eheleute Renatus und Domitia für die Roter Klosterkirche eine ansehnliche Reliquie des Hl. Kreuzes. Teile davon schenkte er in die Klosterpfarreien, zuerst nach Haisterkirch – Abt Herrmann hielt selbst die Festpredigt bei Überführung der Kreuzreliquie –, dann nach Kirchberg, Erolzheim und Steinbach. Als besonders zukunftsträchtig erwies sich die Schenkung nach Steinbach. Ein sich wie zu den anderen Orten entwickelnder Zulauf von Gläubigen und Gebetserhörungen wurde bald von einer Wallfahrt zur schmerzhaften Muttergottes überlagert, die sich auf eine von Kloster Rot verbrachte Statue bezog. Im Jahre 1731, anläßlich seines fünfhundertsten Todestages, ließ Abt Herrmann die Gebeine des hochverehrten hl. Willebold v. Berkheim feierlich in einem neuen Sarkophag beisetzen und förderte damit dessen Wallfahrt. Im 28. Jahr seiner Regierung trat Abt Herrmann von seinen Ämtern zurück und lebte noch 10 Jahre als einfacher Chorherr in Rot, vielen als Heiliger geltend.

Öl auf Leinwand. 124 × 105 cm mit geschnitztem Akanthusrahmen.

Literatur: Schefold II, 1957, Nr. 6666, Abb. 253. – Kdm. Bayern. Schwaben, Bd. 8, Landkreis Sonthofen, 1964, S. 641, Abb. 549. – Kaufmann, Karl, Erzwungene Resignation (1733) des Abts Didacus Ströbele. In: Zeit und Heimat. Beilage zur Schwäbischen Zeitung Biberach, 1974.

Oberstdorf, Kath. Kirchenstiftung St. Maria Loretto

L 399

Mirakelbuch:

„Neue Quell: Deß alten unerschöpfliche / Gnaden=Bach / entsprungen zu / Maria Steinbach. Das Ist: / Fernere Fortsätzung der zu / Steinbach einer dem Reichs= / Gottes=Hauß=Roth Ordens von Prae- / monstrat Incorporirten Pfarr= und Wahl=fahrts=Kirchen in Ober=Schwaben auf, Vorbitt Mariae der Schmerz=hafften Mut= / ter beschehenen Miracul, scheinbahren Benefi= / cien, und anderen merckwürdigen Zeichen / auch Wunder=Zeichnungen der Miracu= / losen Bildnuß allda, denen Maria= / nischen Liebhaber eröffnet. / Durch / Admodum R.D.P. Hieroni / mum Richter, deß exempten Reichs= / Praemonstrat Prioreni /." „In Verlag Simon Thadäus Sondermayer / Gedruckt bey Maximilian Joseph Antoni Wachter / Catholischer Buchdrucker 1740".

Wallfahrt zur Schmerzhaften Muttergottes, Maria Steinbach, 1740.

Mirakel Nr. 67 schildert auf S. 102 ff. die Begebenheit, die auf einer Votivtafel (s. Kat. Nr. L 274) abgebildet ist: „Ein sehr hoch herab Fallender bleibt unbeschädigt durch Mariam. Anno 1737. Den 6ten August ist Franz Rainer Hochgräfflich-Wolffeggischer Unterthan von dem Schloß Wolffegg 124. Schuh hoch herunter gefallen; weilen er aber sich in dem Fall der schmertzhafft / und wunderthätigen Mutter Gottes hertzinniglich anbefohlen / ist er gantz ohnverletzt zu Bewunderung allergnädigist erhalten worden. Welches eine von ihme danckhbarist aufgehenckte Votiv-Taffel unlaugbahr an Tag leget. Zu Handen gegeben worden den 14ten August 1738."

H. 16 cm, B. 10 cm.

Privatbesitz

L 400 entfällt

L 401

Bischöfliches Dekret

Wallfahrt zur Schmerzhaften Muttergottes, Maria Steinbach, 1733

Ein Dekret Bischof Johann Franz v. Stauffenbergs vom 19. Dezember 1733 anerkannte die Wallfahrt nach langer Untersuchung des Gnadenbildes und der ersten Gebetserhörungen und bestätigte, daß das Bild „in Wahrheit ein Mirakuloses“ genannt werden darf. Eingehend wird im Dekret auf die in den Bestimmungen des Trienter Konzils verankerte Bilderlehre der katholischen Kirche verwiesen, wonach Wunder von Gott gewirkt werden. Es wird vor der Auffassung gewarnt, daß einem Bild eine besondere Kraft innewohne. Von allen Kanzeln des Bistums wurde die bischöfliche Approbation verlesen, das Dekret wurde an den Kirchentüren angeschlagen und später in die gedruckten Mirakelbücher in lateinischer und deutscher Sprache übernommen: „Wir Johann Frantz von Gottes Gnaden/ Bischoff zu Konstanz/ des H.Röm.Reichs Fürst der Reichenau/ und Deningen/ auch deß Bistums Augspurg COADJUTOR A.A Anbieten Allen und Jeden, welche gegenwärtiges Decret werden sehen, lesen oder hören lesen, unseren Gruß und alles Gutes in dem HERRN“.

Kupferstich. 60× 44,5 cm. Signiert unten: „Johannes Franziscus Episc. Constant & Coadjutor August“. „Joh. Heinrich Störcklin. S. A.V.“

Literatur: Beck 1973, S. 226.

Maria Steinbach, Wallfahrtssammlung

L 402 □

Prozessionsfahne

Wallfahrt zur Schmerzhaften Muttergottes, Steinbach, um 1750

Die Fahne in Standartenform stammt aus der Blütezeit der Wallfahrt im 18. Jh. Sie trägt auf der Vorderseite die Inschrift: „Senitant Omnes Tuum Juvamen. – Niemend ist der Hilf begehrt, den Maria nit erhört“. Das Steinbacher Gnadenbild im Engelkranz schwebt über einer voralpinen Landschaft. Auf die Wallfahrtskirche bewegt sich eine Prozession mit Kreuzen und Fahnen zu. Im Vordergrund wird ein Katalog der Sorgen und Nöte der Menschen dargestellt, aus deren Veranlassung sich die Gläubigen nach Maria Steinbach verloben.
Auf der Rückseite befindet sich die Inschrift: „Omnibus Omnia. – Ich leg mein Bitt vor alle ein, ob sie Reich oder Arm seind“.
Darunter ist ein Dorf mit Gewässer und Schiff abgebildet, zu beiden Seiten Ruinen eines Schlosses und eine Kirche.
Die Fahne ist undatiert und unsigniert, doch könnte sie, wie der Vergleich mit den Deckenfresken der Steinbacher Kir-

L 402

che vermuten läßt, vom Kemptischen Hof- und Kabinettsmaler Franz Georg Herrmann stammen.

Öl auf Leder. 150 × 115 cm.

Maria Steinbach, Wallfahrtssammlung

L 403

26 Bruderschaftstortschen

Wallfahrt zur Schmerzhaften Muttergottes, Maria Steinbach

2. Viertel 18. Jahrhundert

Im Sinne der „demonstratio catolica" wurde das Hinaustragen des Allerheiligsten in die Öffentlichkeit bei Prozessionen als bedeutender Frömmigkeitsimpuls im 17. und 18. Jahrhundert stark gefördert.
Die Begleitung des Allerheiligsten mit Lichtern war Aufgabe von Bruderschaften. Sie bedienten sich dabei einer besonderen Form von Kerzenhaltern, sogenannten Tortschen. Eine Kerze wird in ein metallenes Rohr gesteckt und mittels eines Griffes nach oben geschoben: Es entsteht so der Eindruck, als ob die Kerzen nicht abbrennen. Bei einigen Tortschen ist die Flamme dann durch einen hochgezogenen Kerzenteller geschützt. Die Lust des Barock am Schaugepränge führte bei den Tortschen zur Ausgestaltung des Schildes als Schmuckelement, so daß man nicht mehr eine Kerze mit einem Schild, sondern eben ein Schild mit einer Kerze vor sich hat. Die noch vorhandenen 26 Steinbacher Tortschenschilder gehörten zu einer Rosenkranzbruderschaft und bilden in Miniaturen die Geheimnisse des Rosenkranzes sowie wunderbare Begebenheiten und Heilungen in Art von Mirakelbildern ab.

Öl auf Blech. H. 27 cm, B. 22 cm

Literatur: Finkenstaedt 1968, S. 45ff.

Maria Steinbach, Wallfahrtssammlung

L 404 a–d

Vier Stäbe einer Sakraments- und Rosenkranzbruderschaft mit Velum

Wallfahrt zur Schmerzhaften Muttergottes, Maria Steinbach

2. Viertel 18. Jahrhundert

Die Bruderschaftsstäbe werden von besonders berechtigten und verpflichteten Mitgliedern einer Bruderschaft getragen,

L 407

die in Vertretung der gesamten Bruderschaft die feierliche Begleitung des Allerheiligsten bei eucharistischen Prozessionen übernehmen. In Maria Steinbach handelt es sich um 20 Stangen, deren oberste Spitze über einem Stoffröckchen in den Kirchenfarben ein Medaillon ziert, bemalt mit den Rosenkranzgeheimnissen und Emblemen aus der Marienmystik, deshalb auch Geheimnisstäbe genannt.
2 Stäbe der Rosenkranzbruderschaft: Das Marienmonogramm auf der Rückseite der Medaillons ist Hinweis.
a.)Schmerzhafte Muttergottes von Steinbach. Mit lila Stoffröckchen.
b.)Krippenszene. Mit weißem Stoffröckchen.

2 Stäbe der Sakramentsbruderschaft: Das Jesusmonogramm auf der Rückseite der Medaillons ist Hinweis.
c.)Christus am Kreuz. Mit rotem Stoffröckchen.
d.)Vesperbild. Mit lila Stoffröckchen.

Öl auf Blech. Gesamthöhe der Stäbe 210 cm.

Literatur: Finkenstaedt 1968, S. 43ff.

Maria Steinbach, Wallfahrtssammlung

L 405

Prozessionsstange

Wallfahrt zur Schmerzhaften Muttergottes, Maria Steinbach

18. Jahrhundert

Die mit Blumengirlanden bemalte Stange trägt auf rundem Sockelteller die Figur der Maria Königin. Sie ist die Prozessionsstange einer Rosenkranzbruderschaft und heute noch am Fronleichnamsfest als schmückende Begleitung des Allerheiligsten in Gebrauch.

Holz, gefaßt. Gesamthöhe 300 cm, H. Figur 54 cm.

Maria Steinbach, Wallfahrtssammlung

L 406

Prozessionsstange

Wallfahrt zur schmerzhaften Muttergottes, Maria Steinbach

18. Jahrhundert

Die Stange gleicht in Aussehen und Verwendungszweck Kat. Nr. L405 und trägt den hl. Josef mit Jesuskind.

Holz, gefaßt. Gesamthöhe 300 cm, H. Figur 54 cm.

Maria Steinbach, Wallfahrtssammlung

L 407 □

Gebet- und Mirakelbuch:

„Vollständige Beschreibung der ersten erstaunlichen Wunder=Geschicht/ Wegen welcher/ Unser Marianisches/ Gnaden=Bild/ Maria/ Zur Ketten/ genannt wird. Denen Andächtigen Wahlfahrteren zu Lieb in folgendem/ eigents genannten Carellen=/ Lied verfasset. Getruckt zu Rottweil bey Joan. Thaddäo Feyrer/ Ano 1749“.

Wallfahrt Maria zu den Ketten, Zell a. Harmersbach, 1749

Das Gebetbuch ist die Neuauflage des ältesten Gebetsbuches zur Wallfahrt, das von P.Joachim Schneider im Jahre 1698 verfaßt wurde. Es ist vom Wallfahrtspfarrer P. Plaudus Schmider herausgegeben: Zell gehört zu den ältesten Wallfahrtsorten der Erzdiözese Freiburg. Unter den deutschen marianischen Wallfahrtsorten trägt es allein die Bezeichnung Maria zu den Ketten. Der Brauch, Ketten neben einem Gnadenbild aufzuhängen, geht in die Zeit der Kreuzzüge zurück. Der Krieg des christlichen Abendlandes gegen die Türken aktualisierte das Motiv und die Bedeutung der Wallfahrt. Im Auftrag des Abtes der Benediktinerabtei Gengenbach, die die Wallfahrt betreute, wurden mehrfach Vergrößerungen der Kirche und Verbesserungen der Ausstattung in barockem Stil im 17. und 18. Jh. vorgenommen.

H. 15,5 cm, B. 10 cm. Leineneinband 19. Jh.

Literatur: Ehrenfried, P. Adalbert OFM Cap., Die Wallfahrt Maria zu den Ketten. o.O. 1975

Zell a. Harmersbach, Kapuzinerkloster

L 408

Legendenbild

Blutkapelle Lauda

17. Jahrhundert

In der Blutkapelle hängt eine Tafel, die in Wort und Bild ausführlich schildert, wie die Kapelle entstanden sein soll: „In dieser Gassen, wo vor fünfhundert Jahren viele Juden gewohnt und derentwegen auch Judengasse genannt worden, hat ein gottloser Jude eine Christenfrau mit Versprechung vielen Geldes beredet, wenn sie zum hl. Abendmahl gehe, solle sie die Hostie wieder aus dem Munde fallen lassen und ihm zu Hause tragen. Das sei dann geschehen. Der gottlose Jude aber hat die Hostie dann auf den Tisch gelegt und mit einem Messer durchgestochen. Daraus sei dann reichlich Blut geflossen. Als aber der Jude das erschröckliche Wunderzeichen gesehen, ist er heftig darüber erschrocken und hat die hl. Hostie hinter seinem Haus begraben. Als nun alle Nacht daselbst ein helles Licht sich habe sehen lassen, haben es die Nachbarn, da sie es gewahr wurden, an gebührenden Orten angezeigt, darauf nachgesucht und die hl. Hostie gefunden“. Das Judenhaus habe man dann eingerissen und an den Ort die Kapelle gebaut. Diese angebliche Begebenheit erzählt auch ein Ratsbericht aus dem Jahre 1638 im Stadtarchiv Lauda. Sie ist in Zusammenhang zu sehen mit Hexenprozessen in der ersten Hälfte des 17. Jahrhunderts, in denen die gequälten Opfer bekannten, daß sie die hl. Hostie bei der Kommunion in einem Tüchlein mit nach Hause genommen und dort dem „Belzebub“ zur Verunehrung übergeben hätten. Das Bild des Hostienfrevels mag zu jener Zeit entstanden sein, das Motiv stammt aber aus dem späten Mittelalter, als man im 14. Jahrhundert aus religiöser Verblendung allgemein die Juden für den Ausbruch der Pest verantwortlich machte. Die Erinnerung an den Hostienfrevel wurde in Lauda durch eine feierliche Prozession am Blutsonntag, dem Sonntag nach Fronleichnam, lange wachgehalten.

Öl auf Leinwand. 152 × 110 cm mit neuem Rahmen, im Jahre 1791 restauriert.

Literatur: Schreck 1973, S. 141.

Lauda, Kath. Pfarrgemeinde St. Jakob

L 409

Votivbild

Wallfahrt zum Hl. Blut, Schwenningen, 1687

Der Fürstpropst von Ellwangen verlobt sich zum Hl. Blut in Schwenningen. Der unbekleidete, dornengekrönte Christus wird von Engeln bedient; sie haben das Blut aus der Seitenwunde in einer Holzgelte aufgefangen. Das Votivbild gewinnt durch die Darstellung des Hl. Blutes gleichzeitig die Funktion eines Andachtsbildes zur Sakramentsverehrung.

Öl auf Leinwand. 104 × 82 cm mit Rahmen.

Schwenningen, Heiligblutkapelle

L 410

Legendenbild: „Origo ecclesiae“

Wallfahrt zu „Unserer Lieben Frau“, Todtmoos

Das Gemälde schildert die Ursprungslegende der Wallfahrt. „Die übergebenedeyte Jungfrau und Himmelskönigin“ selbst sei es gewesen, die in mehreren Erscheinungen einem eifrigen Diener des Herrn, Pfarrer Theodoricus Dietrich aus dem nahegelegenen Rickenbach im Hotzenwald, den Auftrag gegeben habe, „an einem Ort, der Schönbühl heißt und der zwischen zwei Bächen, dem Totenbach und der Wehra liegt, eine Wohnung und Zuflucht zu bauen“. An einem Baum mit dem heilsamen Zeichen des hl. Kreuzes habe sie (Maria) die Stelle bezeichnet, über der die Kapelle zu errichten sei; den Altar aber solle er an den Ort setzen, wo das oberste Gipfelstück des gefällten Baumes liegen werde. Das Bild soll im Auftrag des Fürstabtes Gerbert von St. Blasien gemalt oder zumindest erneuert worden sein.

Öl auf Leinwand. 130 × 200 cm.

Literatur: Fleischmann, Ludwig Eduard, Pfarr- und Wallfahrtskirche „Unsere Liebe Frau“. Kirchenführer. Todtmoos / Schwarzwald[4], 1979, S. 3, Abb. S. 14.

Todtmoos, Kath. Pfarrgemeinde Unsere Liebe Frau

L 411

Mirakelbild: „Adventus Caroli Ducis“

Wallfahrt zu „Unserer Lieben Frau“, Todtmoos

18. Jahrhundert

Das Gemälde soll im Auftrag des Fürstabtes Gerbert von St. Blasien gemalt oder zumindest erneuert worden sein. Es schildert den Zug der kaiserlichen Armee durch Todtmoos im Jahre 1678. Das Bild ist nach Vorlage des silbergetriebenen Antependiums gemalt, das der kaiserliche Feldherr Herzog Karl V. von Lothringen der Muttergottes gestiftet hatte zum Dank für das Gelingen seines kühnen Marsches über den Schwarzwald und die dadurch ermöglichte Vertreibung der Franzosen aus Rheinfelden.

Öl auf Leinwand. 130 × 200 cm.

Literatur: Wentzcke, Paul, Freiburg und der hohe Schwarzwald im ersten Reichskrieg am Rhein (1672–1679). In: ZGO, 104, 1956, S. 105–144, Abb. 1 und 4.

Todtmoos, Kath. Pfarrgemeinde Unsere Liebe Frau

L 412

Legendenbild

Wallfahrt zur Muttergottes, Maria Lindenberg

Das Wallfahrtsbild unter dem Motto „Sub Tuum Präsidium" schildert wichtige Ereignisse in der Entwicklung der Wallfahrt. Der Abt von St. Peter, Ph. J. Steyrer, verehrt auf dem Lindenberg die Gottesmutter, im Hintergrund St. Peter und Eschbach, links die Linde, an der bereits 1490 nach einer Gebetserhörung der Gallibauer Pantaleon Maier einen Bildstock errichtet und damit die Grundlage für die spätere Marienverehrung und Errichtung einer Wallfahrtskapelle auf dem Lindenberg geschaffen hatte. Abt Steyrer, Verfasser des Wallfahrtsbuches „Der gnadenreiche Lindenbaum", Freiburg 1741, ließ 1760–62 an Stelle der zu klein gewordenen Kapelle eine größere im Spätbarockstil erbauen. Nach einer kurzen Blütezeit wurde diese Wallfahrt im Gefolge der Aufklärung 1787 verboten und die Kirche auf dem Lindenberg abgebrochen, aber kurz darauf als Pfarrkirche in Eschbach wiedererrichtet. Die Ibentäler Bauern ließen sich aber nicht abhalten, vor dem letzten Mauerrest die Wallfahrt fortzusetzen, bis 1801 ein Neubau der Kapelle errichtet wurde und ab Mitte des 19. Jahrhunderts im Gefolge des Priesterseminars in St. Peter die offizielle Wiederaufnahme erfolgte. – Maria Lindenberg bietet das interessante Beispiel einer Wallfahrt, die nicht an ein Kultbild, sondern an den Ort gebunden ist, denn das ehemalige Gnadenbild ist heute noch in der Eschbacher Kirche aufgestellt, ohne daß sich je eine Wallfahrt nach dort entwickelt hat.
Das Bild ist wahrscheinlich Anfang der 90er Jahre des 18. Jahrhunderts, aber nicht später als 1794, dem Todesjahr des Abtes, entstanden. Die Datierung ergibt sich aus den beiden Tatsachen, daß der Maler Simon Göser, Historienmaler aus Freiburg i. Br., sich um 1790/91 in Eschbach aufhielt und daß der auf dem Bild dargestellte Friedhof 1792 eingeweiht und in Gebrauch genommen wurde.

Öl auf Leinwand. 67 × 92 cm mit Rahmen.

Literatur: Hog, Joseph, Wallfahrt Maria Lindenberg. Kunstführer Nr. 1235, 1980, S. 3 m. Abb.

Stegen-Eschbach, Kath. Pfarrgemeinde St. Jacobus, Inv. Nr. C101

L 413

Votivbild

Wallfahrt zur Muttergottes, Maria Lindenberg, 1794

Das Bild, von Simon Göser gemalt, zeigt den Freiherrn von Kageneck mit seiner Frau, der den Bau der Lindenbergkirche im Spätbarockstil in den Jahren 1760–1762 durch Stiftung von 10000 Talern für die künstlerische Ausgestaltung unterstützte. Sie wurde dem bekannten Bildschnitzer Mathias Faller (1707–1791), damals in St. Peter tätig, übertragen. Die Votivtafel ist von der Familie Kageneck anläßlich von Gebetserhörungen in Krankheitsfällen „Maria, dem Heil der Kranken" gestiftet worden: „Vor Gott bekennen wir mit einem Wort: Hier in dem Eschbach ist der neüe Gnaden Ort; / Wo uns Maria große Hilf erwiesen. / Und dreymal Zwar / Ganz Wunderbar; / Drum sey Sie hier Von uns, und Allen stets gepriesen. 1794."

Öl auf Leinwand. 67 × 47,5 cm.

Stegen-Eschbach, Kath. Pfarrgemeinde St. Jacobus, Inv.Nr. C101

L 414

Votivbild

Wallfahrt St. Willebold, Berkheim, 1731(?)

Zur 500-Jahrfeier des Todes des seligen Willebold von Berkheim im Jahr 1731 ließ Abt Herrmann Vogler von Rot die Gebeine dieses hochverehrten Seligen, zu dem eine rege Wallfahrt aus der näheren Umgebung bestand, feierlich in einem neuen Sarkophag beisetzen. In den „Drey lobgesänglein von dem Hl. Willebaldo graffen von Calb" wird er als der „ganz aigentliche Patron" gegen „Collic, Beermutter und Bauchgrimmen" bezeichnet.
Die große Verehrung des seligen Willebold zeigt sich in der Inanspruchnahme als Namenspatron. Die Verbreitung dieses Namens erreicht nach dem Erscheinen des ersten Gebetbuches zu Ehren des seligen Willebold im Jahre 1741 einen Höhepunkt mit 10 Taufen auf diesen Namen im kleinen Ort Berkheim. Der in der Nachbargemeinde Erolzheim geborene Abt Held von Rot (1782–1789) hatte den Namen des Seligen bei seiner Profeß (1744) erwählt. Unter ihm fand auch in feierlicher Prozession die Überführung der Gebeine des Seligen in die wiederaufgebaute Pfarrkirche von Berkheim nach dem Brand von 1785 am 25. Juli 1786 statt. Das Votivbild zeigt den seligen Willebold in Pilgertracht als Verehrer des Kreuzes. In einer Kartusche ist dem Bild unten angesetzt die Darstellung des hl. Leibes im Schrein der Wallfahrtskirche nach 1731.

Öl auf Holz. 64 × 42 cm.

Literatur: Beck, Gertrud, Der selige Willebold von Berkheim. Legende, Geschichte und Verehrung. In: Berkheim, Heimatbuch zum 750jährigen Todesjahr des Heiligen Willebold. 1980, S. 13–17.

Berkheim, Kath. Pfarrgemeinde St. Willebold

L 415

Votivbild

Wallfahrtskirche Maria Steinbach, 1735

Adeliges Stifterpaar kniet vor dem Gnadenbild. Es handelt sich um eine Votivtafel des Biberacher Patriziers Franz Xaver von Pflummern, Reichsstifts Ottobeurischer Kanzler und Rat (1682–1740), und seiner Gemahlin Maria Katharina Bicklin von Eratsberg (gest. 1764).

Öl auf Leinwand. 53 × 30 cm mit Rahmen.

Literatur: Beck 1973, Abb. 2.

Maria Steinbach, Wallfahrtssammlung, Inv. Nr. 194

L 416

Votivbild

Wallfahrt zur Schmerzhaften Muttergottes, Maria Steinbach

18. Jahrhundert

Ein Geistlicher wendet sich in Glaubenszweifeln an die Mutter Gottes und bittet um Erleuchtung: „E mea post jesum spes unica, vita, salusque, et (dulcedo), favus, mel faucibus, ave Maria sua vis avia (?) mea, tibi plena doloris, amoris Mater! qua vovi, red.., ne spermto vota! O! pergrata mihi dederas bona, Corda levanda Vix non contivis scrupulis agitato, nec ullo Principia, aut medio pettendis. est ubi vultus O Maria! tuus sen sol mihi luxerat, omnis Disparuit mox tristitiae nox fulguris igitur

Sit ubi laus, sit honor, virtus, sit gloria, sit nunc, Ac ni perpetuū sic amāti corde precatur, Qui cupit eße tuus tot spirans que, respirans ex spirans, cui tunc coeli porta, salusque facu(i)t tunc Animae paradysi gloria detur".

Öl auf Holz. 33 × 23,5 cm mit Rahmen.

Maria Steinbach, Wallfahrtssammlung, Inv. Nr. 313

L 417

Votivbild

Wallfahrtskirche Maria Steinbach, 1777

Betende Nonne (wahrscheinlich aus dem Zisterzienserinnenkloster Heiligkreuztal) mit Rosenkranz in den Händen wird vom Gnadenstrahl der schmerzhaften Muttergottes von Steinbach berührt.

Öl auf Leinwand, 57 × 39 cm mit Rahmen.

Maria Steinbach, Wallfahrtssammlung, Inv. Nr. 194

L 418

Votivbild

Wallfahrt zur Schmerzhaften Muttergottes, Maria Steinbach, 1741

Eine bürgerlich gekleidete Frau mit Rosenkranz verlobt sich der Muttergottes: „1740 den 28. May hab ich / Margretha Marguueratin, / von Im̄enstatt wegen einem / schaden an ein fues anhero / verlobt und ist mir geholfen worden! EX VOTO." Das Bild ist auf der Rückseite signiert: „Joh.Hertz.M. in Im̄enstatt 1741".

Öl auf Holz. 32 × 24,5 cm mit aufgemaltem Rahmen.

Maria Steinbach, Wallfahrtssammlung, Inv. Nr. 159

L 419

Votivbild

Wallfahrt zur Schmerzhaften Muttergottes, Maria Steinbach, 1741

Ein bürgerlich gekleideter Mann mit Rosenkranz verlobt sich der Muttergottes. Das Bild ist auf der Rückseite signiert:

L 421

„Joh.Hertz.M. in Im̄enstatt 1741."

Öl auf Holz. 32 × 24,5 cm mit aufgemaltem Rahmen.

Maria Steinbach, Wallfahrtssammlung, Inv. Nr. 109

L 420

Votivbild

Wallfahrtskirche Maria Steinbach, 1745

Eine Frau in bürgerlicher Tracht im Betstuhl, versehen mit Wachsstock, Gebetbuch und Rosenkranz, verlobt sich der Muttergottes.

Öl auf Leinwand. 26 × 19 cm ohne Rahmen.

Maria Steinbach, Wallfahrtssammlung, Inv. Nr. 51.

L 421 □

Votivbild

Wallfahrt zum Hl. Blut, Frankenhofen, 1741

Ein Teilnehmer des Blutrittes stürzt unter sein Pferd: „As 1741 den 22. May Am Pfingst Montag Geschache daß Bey einsetzung eines Heil und Particels noch vollendt ein Blueth Ritt sich ein Junger Mensh Namens Benedict Rieger über sechen, mit dem Pferdt zu rückhgestirzt, fällig auf ihne gefallen, also daß man ihn Vor Todt gehalten. Biß enst lichen nach allem aufheben, nieder leegen Ihro Hoch v. Hr. Pfarrer Dahin Be / rueffen worden, wiedan durch Kraft des Heil. Kreutzes widerumben lebens zaichen von sich gegeben, und darauf nit allein gesund nach Hauß gegangen sondern Daß anderen Tags wider seine Arbeith / Verrichten Könen, und keinen Eintzigen mangel an Ihme Verspiert dahero Gott dem Hheil Kreutz zum danckh / diße Taffl hie hero verlobt. versprochen und gemacht worden".

Öl auf Leinwand. 89 × 65 cm mit Rahmen.

Frankenhofen, Kath. Pfarrkirche St. Georg

L 422

Votivgabe

Wallfahrt zur schmerzhaften Muttergottes, Stetten, 1725

Eine Serie von drei kleinen Silberreliefs stellt die Votation einer Familie zur Muttergottes dar. Die Reliefs waren offenbar einst auf einen Untergrund geheftet, vielleicht an das Gewand des Gnadenbildes, wofür zwei Löcher am flachen gegitterten Sockel und eine Öse am Kopf der Figuren spricht.

L 425

Silber, gegossen, nachgetrieben und fein ziseliert, im Umriß ausgesägt. Wohl Augsburg. Herr H. 10,7 cm, B. 7,7 cm, Frau H. 10,8 cm, B. 7,9 cm, Kind H. 6,5 cm, B. 4,7 cm.

Literatur: Kdm. Baden-Württemberg, Ulm, 1979, S. 714, Abb. 648.

Stetten ob Lontal, Kath. Pfarrkirche

L 423

Votivgabe

Wallfahrt zur Muttergottes von Maria-Hilf, Moosbronn, 1746

Die Stifterin der Wallfahrt, Maria Anna geb. von Schwarzenberg (1706–1755), Gemahlin des Markgrafen Ludwig Georg von Baden (1702–1761), verlobt sich der Muttergottes, wohl wegen Kinderlosigkeit. Links ruht die Stifterin in einem kunstvoll geschnitzten Bett unter einem Baldachin, rechts oben erscheint ihr die Madonna.

Getriebene Silberarbeit auf Holzgrund. Beschauzeichen Augsburg. H. 46 cm, B. 37 cm.

Literatur: Kdm. Baden, Bd. XII, 1, Landkreis Rastatt, 1963, Abb. 61, S. 109ff.

Freiolsheim, Kath. Pfarrgemeinde

L 424 □

Votivgabe

Wallfahrt Maria zu den Ketten, Zell a. Harmersbach

18. Jahrhundert

Die kostbare Votivgabe, aus Silber getrieben, stellt auf schwarz samtenem Hintergrund eine adelige Frau mit gefalteten Händen dar, die auf einem überdeckten Betschemel vor dem Gnadenbild kniet. Eine Krone liegt neben ihr. Maria mit einem Prunkkleid angetan schwebt von Engeln getragen auf einer Wolke. – Die Inschrift am unteren Rand des reich geschnitzten barocken Rahmens ist irreführend: „Stephanie Beauharnais, Gemahlin des Großherzogs Karl von Baden 1811–1818“. Zwei auf dem Betstuhlbehang eingravierte Wappen, rechts das Baden-Badensche, links das Schwarzenbergische mit Türkenkopf und Schwarzenberg lassen erkennen, daß das Silbervotiv eine Votivgabe von Maria Anna von Schwarzenberg (1706–1755), der ersten Gemahlin des Markgrafen Ludwig Georg von Baden-Baden (1727–1761), ist.

Silber getrieben. Augsburger Beschauzeichen. H.

L 424

114 cm, B. 55 cm mit Rahmen, innen H. 49 cm, B. 41,5 cm.

Literatur: Ehrenfried, P. Adalbert OFM Cap., Die Wallfahrt Maria zu den Ketten. o.O. 1975.

Zell a. Harmersbach, Kapuzinerkloster

L 425 □

Votivgabe

Wallfahrt zu „Unserer Lieben Frau", Bickesheim, 1771

Das naturalistisch ausgeformte Votivherz stiftete Markgraf August Georg von Baden-Baden mit dem Beinamen „Simpert" (1706–1771), als er an der Herzwassersucht erkrankte. Gemeinsam mit seiner Gemahlin unternahm er eine Fußwallfahrt zum Gnadenort und legte die Votivgabe auf dem Altare nieder. August Georg von Baden-Baden, dessen Eltern, Markgraf Ludwig Wilhelm (1655–1707) und Franziska Sybille von Sachsen-Lauenburg (1675–1733), ihre Marienverehrung in bedeutenden Votivgaben für verschiedene marianische Gnadenorte zum Ausdruck gebracht hatten, gehörte zunächst dem geistlichen Stande als Domherr in Köln und später als Dompropst in Augsburg an. Mit päpstlicher Erlaubnis entsagte er den geistlichen Ämtern, um seinem kinderlos verstorbenem Bruder Markgraf Ludwig Georg (1727–1761) in der Herrscherwürde nachzufolgen. Seine kinderlose Ehe mit Marie Viktoria von Aremberg (1714–1793) bedeutete das Ende der bernhardinischen Linie der Zähringer. Das Herz ist aus Rheingold gefertigt, das in ergiebigen Mengen im 18. Jh. zwischen Kehl und Linkenheim von Goldwäschern gewonnen wurde. Einer alten Quelle zufolge besaß das Herz ehemals eine Inschrift (heute nicht mehr vorhanden): „Das beste, was mein Land erzeugt, ist das Gold; das beste, was ich besitze, ist mein Herz, darum weihe ich Dir, o Jungfrau, mein goldenes Herz".

Gold auf Samt. H. 33,5 cm, B. 22 cm mit barockem Silberrahmen. Augsburger Beschauzeichen, wohl Georg Ignaz Baur.

Literatur: Bauer, Benedikt, Das Frauenkloster Lichtenthal. Geschichte, Kirchen und Altertümer. Baden-Baden 1896, S. 130f. – FDA, N.F. 39,Bd. 66, 1938, S. 227ff. – Kdm. Baden, Bd. XI, 1, Stadt Baden-Baden, 1942, S. 488. – Stiefel, Karl, Baden 1648–1952. In: Verein für oberrheinische Rechts- und Verwaltungsgeschichte e.V., Bd. 1, 1977, S. 63ff.

Baden-Baden, Zisterzienserinnenabtei Lichtenthal

L 426

Votivgabe

Wallfahrt zur Schmerzhaften Muttergottes, Waghäusel, 1771

Bei einem Sturz vom Pferd war Markgraf August Georg von Baden (1706–1771) unverletzt geblieben. Zum Dank verlobte er eine silberne Votivtafel zur Schmerzensmutter nach Waghäusel. Der Markgraf kniet am Betstuhl und bittet zur Schmerzensmutter.

Silber, getrieben. H. 49 cm, B. 41,5 cm. Augsburger Beschauzeichen. Rocaille-Rahmen.

Literatur: Ehrenfried, P. Adalbert OFM Cap., Waghäusel. Die Wallfahrt und die Kapuziner. Ulm 1966, S. 93.

Baden-Baden, Zisterzienserinnenabtei Lichtenthal

BRUDERSCHAFTEN

Die im späten Mittelalter unter Anlehnung an die handwerklichen Zünfte entstandenen Bruderschaften hatten vor allem die Funktion, sich der Sorge um das Seelenheil der Zunftgenossen anzunehmen. In der gemeinsamen Andacht, beim Grabgeleit, der Totenmesse und dem Gebet für die Verstorbenen liegen die religiös bestimmten Funktionen der Bruderschaften der Zünfte.
Diesen Wurzeln entsprossen im Laufe des 17. Jahrhunderts, vor allem unter Einfluß des Jesuitenordens, Bruderschaftsbewegungen, die meist völlig unabhängig von jeder zünftischen Einbindung sind. In nachtridentinischer Zeit treten die reinen Andachtsbruderschaften auf, die alle Stände und Berufe umfassen. Neben Bruderschaften, die die Verehrung des Altarsakraments pflegen, treten vor allem die Rosenkranzbruderschaften in großer Zahl hervor. Daneben gibt es eine Vielzahl von Bruderschaften, die die Verehrung eines Heiligen oder die Pflege einer bestimmten Andachtsform auf ihre Fahnen geschrieben haben. Es handelt sich dabei oftmals um „Modeerscheinungen", oder es steht das Interesse eines Ordens dahinter.
Als Organisatoren von Wallfahrten und Prozessionen bezeugen sie die Verehrung ihres Schutzpatrons durch das Tragen von Zunft- und Bruderschaftsstangen, sowie Laternen und Kerzen. Diese Formen kirchlicher Festlichkeit, die im Zeitalter des Barock in voller Blüte stehen, sind Ausdruck volkstümlicher, katholischer Frömmigkeit.
Prozessionen sind feierliche kirchliche Umzüge. Besonders das Zeitalter des Barock, das man auch als „Epoche der Prozessionen" bezeichnet, erlebte eine Blüte dieser Frömmigkeitsform der katholischen Kirche: Wallfahrten und Umgänge der Bruderschaften, besonders derjenigen vom Rosenkranz – sie fanden meist monatlich statt – und der von den Jesuiten geförderten Christenlehre als „Katechismus-Prozession" oder Bittprozessionen zur Segnung von Acker, Weinberg, Fluren und Menschen waren von großer Bedeutung. Alle Prozessionen aber wurden in Schatten gestellt von der Prozession an Fronleichnam, die, zwar schon im Mittelalter entwickelt, im Zeitalter der Gegenreformation durch das Hinaustragen des Allerheiligsten in die Öffentlichkeit einen stark demonstrativen Charakter annahm. Die Prozession entwickelte sich zum kultischen Schauspiel und entsprach damit barocker Lust am Schaugepränge. Zur Ausstattung der Prozession gehörte seit altersher das Kreuz; ihm folgten seit dem Hochmittelalter die Fahnen, „beides Siegeszeichen, in denen sich ein österliches Grundmotiv der Prozessionen offenbart". Zur feierlichen Gestaltung trugen besonders die Bruderschaften und Zünfte mit ihren Prozessionsinsignien bei.

Literatur: Finkenstaedt 1968. – Remling, Ludwig, Bruderschaften als Forschungsgegenstand. In: Jahr-

L 427

buch für Volkskunde, NF, 3, 1980, S. 89–112. Im Auftrag der Görres-Gesellschaft hrsg. von Wolfgang Brückner und Nikolaus Grass.

L 427 □

Schutzmantelmadonna (verso: Zunftzeichen)

Andachtsbild der Biberacher Zünfte, 1720

Das Zunftbild wurde im Jahre 1720 im Auftrag der darauf abgebildeten Gewerbe von dem Weber Johann Bergmayer gemalt. Er war gewählter Büchsenmeister seiner Zunft und verwaltete das Vermögen der Weberzunft. Unter dem Schutzmantel der Madonna knien betend die katholischen Zunftmeister. Auf der Rückseite sind die Zeichen einiger Gewerbe Biberachs abgebildet, die in 7 Zünften zusammengeschlossen waren. Folgende Gewerbe sind abgebildet (von links nach rechts):
Schreiner Schlosser Goldschmied Hufschmied
Schneider Brauer Zimmermann Schuster Bäcker
Taschner Faßbinder Metzger Tuchscherer Ziegler
Wagner Seiler Weber Maurer Sattler.
Zunftbilder und Zunfttruhen dienten der Repräsentation. Sie sind ein Zeichen der Solidarität und des Selbstbewußtseins der Handwerker. Zunftbilder wurden bei Umzügen mitgeführt und bei den zahlreichen Treffen aufgestellt. Diese Tafel könnte in einer Herberge über dem Stammtisch oder in der Kirche aufgehängt worden sein. Ihr ursprünglicher Standort ist nicht bekannt.

Öl auf Leinwand. 76 × 59 cm mit Rahmen.

Biberach an der Riß, Städtische Sammlungen (Braith-Mali-Museum), ohne Inv.Nr.

L 428 □

Zunftlaternen

Zunft der Krämer, Rottweil um 1720

In Rottweil besteht eine enge Verbindung von kirchlichem und handwerklichem Brauchtum. Zeugnis davon geben die Zunftlaternen, die im Hl. Kreuz-Münster aufbewahrt werden und heute noch bei kirchlichen Prozessionen Verwendung finden. Die prächtigen barocken Laternen der Rottweiler Krämer-Zunft sind, laut Auskunft des Stadtarchivars von Rottweil Dr. Winfried Hecht, Arbeiten des renommierten Bildhauers Adam Bertsche (1686–1755), der aus Möhringen bei Tuttlingen stammte und in Rottweil eine Werkstatt besaß. Die Krämer sind als erste Rottweiler Zunft namentlich erwähnt (1378). Ihre Mitglieder blieben eher dem Kleinhandel zugetan und dem Handwerklichen verbunden. Besonders im 17. und 18.Jh. läßt sich dies an der Vielzahl der Berufe ablesen, die in die Zunft eingebunden waren. Es sind vertreten: Scherer, Kammacher, Perückenmacher, Bader, Wundärzte und Apotheker, Posamentierer, Maler und Bildhauer – die namhaften Rottweiler Barockmaler Christoph Kraft und Johannes Achert waren Zunftmeister – Drukker, Orgelmacher, Säckler, Buchbinder, Buchdrucker sowie Glaser; diese letzteren bildeten innerhalb der Zunft erst seit 1770 ein selbständiges Handwerk.
Reich geschnitztes barockes Rankenwerk rahmt die Laterne ein, die von jeweils 2 Heiligen betreut wird. Die „Laternenheiligen" sind zum einen Christus Salvator und Johannes der Täufer, zum anderen die Muttergottes Maria und Johannes Evangelist. Bekrönt werden die Stangen von einem Strahlenmedaillon mit Monogramm. Die Laterne sitzt auf einem Schaft mit Figurenwerk, das wie der ganze Stab aus dem 19. Jh. stammt.

Holz geschnitzt, gefaßt. Gesamthöhe 207 cm, B. 60 cm.

Literatur: Rieble, Egon, Sehen und Entdecken im Kreis Rottweil. Stuttgart 1980, Abb. S. 33.

Rottweil, Heilig-Kreuz-Münster, Krämer- und Glaserzunft

L 428

L 429 □

Prozessionsstange

Zunft der Handschuhmacher und Sattler, Tettnang

2. Viertel 18. Jahrhundert

Die Prozessionsstange trägt die Figur einer „Maria Immaculata", die nach dem Zunftemblem am Sockel der Plastik die Schutzheilige der Handschuhmacher- und Sattlerzunft in Tettnang war. Sie steht heute im Montfort-Museum in Tettnang.

Holz, gefaßt. Maria H. 58 cm.

Literatur: Kdm. Württemberg, Kreis Tettnang, 1937, S. 18. – Spahr, Gebhard, Oberschwäbische Barockstraße, I, Biberach 1977, S. 191, Abb. 120.

Tettnang, Kath. Stadtpfarrei St. Gallus

L 429

L 430 □

Prozessionsstange

Zunft der Hufschmiede, Tettnang

2. Viertel 18. Jahrhundert

Die Prozessionsstange trägt die Figur des hl. Bischofs Eligius (Elogius), der nach dem Zunftemblem am Sockel der Plastik Patron der Hufschmiede in Tettnang gewesen ist. Sie steht heute im Montfort-Museum. Der Heilige soll der Legende nach einem Pferd den Fuß abgenommen haben, um das Hufeisen anzuschmieden. Anschließend setzte er den Pferdefuß wieder an.
Weitere Stangen der Tettnanger Zünfte befinden sich in der St. Georgs-Kapelle.

Holz, Figur vollplastisch, gefaßt. Figur des hl. Eligius H. 50 cm.

Literatur: Kdm. Württemberg, Kreis Tettnang, 1937, S. 18f. – Spahr, Gebhard, Oberschwäbische Barockstraße, I, Biberach 1977, S. 191, Abb. 119.

Tettnang, Kath. Stadtpfarrei St. Gallus

L 431 □

Prozessionsstange

Rosenkranzbruderschaft, Eberhardszell, nach 1700

Seit Ende des 17. Jhs. erscheint Maria im Rosenkranz zunehmend auf Prozessionsstangen von Bruderschaften: Die Einführung des Rosenkranzfestes in der ganzen katholischen Christenheit am 7. Oktober 1716 nach dem Sieg über die Türken bei der Eroberung von Belgrad steigert die Zunahme von Bruderschaften, die sich der Verehrung Mariens hingeben. Auf der Stange aus Eberhardszell steht die Muttergottes als Rosenkranzkönigin im Strahlenkranz, umgeben von 15 Medaillons, die die Rosenkranzgeheimnisse abbilden.

Holz, gefaßt und Öl auf Blech. Gesamthöhe 285 cm, H. Figur 85 cm.

Eberhardszell, Kath. Pfarrkirche St. Maria Mater Dolorosa

L 432

Prozessionsstange

Ravensburg, Mitte 17. Jahrhundert

Aufsatz einer Bruderschaftsstange: In der Art der „Hl. Familie"wandeln Joachim, Anna und Maria.

Holz, gefaßt. Anna H. 24,5 cm; Maria H. 20,5 cm; Joachim H. 24,7 cm.

Literatur: Das Diözesan-Museum in Rottenburg a.N. Katalog und Führer. 1979, S. 249.

Rottenburg, Diözesan-Museum, Inv. Nr. A 82

L 433

Prozessionsstange

Oberschwäbisch, Mitte 18. Jahrhundert

Aufsatz einer Bruderschaftsstange: Dreifaltigkeit und Hl. Familie als „Heiliger Wandel".

Holz, teils alte Fassung. H. 57 cm.

Literatur: Das Diözesan-Museum in Rottenburg a.N. Katalog und Führer. 1979, S. 238.

Rottenburg, Diözesan-Museum, Inv.Nr. A 68

L 430

L 434 a–b

Zwei Bruderschaftsstangen

St. Martin, Erbach

Vor Mitte 18. Jahrhundert

Die zwei Prozessionsstangen gehören wahrscheinlich zu den barocken Prozessionsinsignien einer Rosenkranzbruderschaft an der St. Martins-Kirche in Erbach. Sie bestehen aus 2 Fahnen in Standartenform mit der Darstellung einer Schutzmantelmadonna als Königin des Rosenkranzes und des hl.Konrads als Patron der ehemaligen Diözese Konstanz, ferner aus einem barocken Vortragekreuz und 2 Prozessionsampeln. Dazu gehören:

a) Bruderschaftsstange mit aufgesetzter Figur des hl. Wendelins, des Bauern- und Viehpatrons.

L 431

Holz, gefaßt. Figur H. 68 cm mit Sockel, Gesamthöhe 293 cm.

b) Bruderschaftsstange mit aufgesetzter Figur des hl. Konrads als Diözesanpatron (nach Erwin Treu hl. Augustinus).

Holz, gefaßt. Figur H. 58 cm mit Sockel, Gesamthöhe 293 cm.

Erwin Treu rückt die Figuren in die Nähe von Dominikus Hermenegild Herberger (1694–1760); vgl. Text vor Kat.Nr. B.56.

Literatur: Treu, Erwin, Alb-Donau-Kreis. Kunst und Landschaft. Ulm 1979, Abb. 110,111.

Erbach, Kath. Pfarrgemeinde St.Martin

L 435 a–b □

Zwei Prozessionsfahnen

Zisterzienserinnenabtei Baindt, 1749

Im Jahre 1743 wurden von den Callistuskatakomben aus Rom Gebeine der Märtyrer Donatus und Bonifatius in „Triumphierlicher Und Hochfeuerlicher Übersetzung“ nach Baindt übertragen: „... zu grösseren Ruhm, und mehreren Andachts=Erweckung selbe [=Die Klosterkirche] mit einem Gnaden=Schatz zweyer Heiligen Leiberen begabt werden möchte“. Sie liegen aufgebahrt unter der Mensa der beiden Seitenaltäre. Die Fahnen zeigen die Katakombenheiligen in barocker Gestaltung als römische Soldaten. Bonifatius mit Keule, brennender Kerze und Palmzweig, Donatus mit Schwert und Palmzweig. In ihrem Schutz knien jeweils links die frommen Chorfrauen, und rechts empfehlen Stifter und Gönner des Klosters sich den Schutzpatronen: „A.M. Donatus – Bitt für uns. 1749“; „H.M. Bonifacius – Bitt für uns. 1749“.

Leder, Vorder- und Rückseite bemalt, eingespannt in zwei Holzleisten, die offenen Seiten sind mit Goldborte eingefaßt. Gesamthöhe je 350 cm, Fahne H. 96 cm, B. 71 cm.

Baindt, Kath. Pfarrkirche St. Johannes Baptist

L 436 a–b

Zwei Prozessionslaternen

Kloster Gutenzell

18. Jahrhundert

Sechseckige Glaslampen in bemalter Blechrahmung sind jeweils von Jesus- und Marienmonogramm in Sternmedaillon bekrönt. Rechts und links befinden

L 435 a

sich jeweils eine Blume aus Blech an der Lampe. Die Laternen dienen der feierlichen Begleitung des Sanctissimum bei großen Prozessionen.

Holz, Glas, Blech, bemalt. H. 300 cm, B. 42 cm in Höhe der Lampen.

Gutenzell, Kath. Pfarrgemeinde Kosmas und Damian

L 437 a–b

Stiftungsurkunde und Bruderschaftszettel

St. Jakobs-Bruderschaft, Wolfach, 1664

Die Anfänge der „Bruderschaft zum hl.Apostel Jakobus um einen guten Tod" sind mit dem Wiederaufblühen der Wallfahrt nach dem Dreißigjährigen Krieg gleichzusetzen. Als im Jahre 1664 Franz Johann v.Prassberg, Oberhirte der Diözese Konstanz, anläßlich einer Firmungsreise – er wußte dies mit einer Kur in Bad Rippoldsau zu verbinden – in Wolfach weilte, wurde ihm das Gesuch um Genehmigung zur Errichtung einer Bruderschaft „für die in Tothesnöthen liegenden Brüder und Schwestern" übergeben. Nach bischöflicher Genehmigung und Ausstattung mit Ablässen durch die Päpste Alexander VII. und Clemens IX. ließen sich zwischen 1664 und 1694 gegen 5000 Mitglieder in die Bruderschaft einschreiben: „Gaist- und weltliche, beder geschlechts, Fürstliche, Gräfliche und Adelige ansehnliche Persohnen sambt gemainen". Durch die Gründung der Bruderschaft wurde die im Jahre 1540 von Graf Wilhelm v. Fürstenberg, der ein entscheidender Verfechter der Reformation im Kinzigtal war, die mit der Zerstörung der Kapelle eingegangene Wallfahrtsstätte zu neuem Leben erweckt. Der einsetzende Strom der Wallfahrer erforderte die Errichtung einer größeren – heute noch bestehenden – Kapelle um das Jahr 1680. Als Dank für wiedererlangte Gesundheit hat Graf Maximilian Franz v. Fürstenberg den Bau tatkräftig unterstützt.

a) Stiftungsurkunde

Bruderschaft zum hl. Apostel Jakobus um einen guten Tod, Wolfach, 1664

Beim Besuch des Bischofs Franz Johann Vogt von Altensommerau und Troßberg anläßlich der Konsekration der Kapelle St. Jakob am Jakobustag 1664 erteilte der Oberhirte der Diözese Konstanz die kirchliche Erlaubnis zur Errichtung einer St. Jakobus-Bruderschaft. Durch deren Gründung wurde die Wallfahrt über den süddeutschen Raum hinaus bekannt.

Pergament. 22 × 58 cm.

Wolfach, Kath. Pfarrgemeinde St. Laurentius

b) Bruderschaftszettel

Wallfahrt zu St. Jakob, Wolfach, 1788

Der Bruderschaftszettel enthält zum einen den Hinweis auf die kirchliche Approbation, zum anderen die Satzung der Bruderschaft. Darüber hinaus dient er gleichsam als „Ausweis" der Mitgliedschaft. Unter dem Wallfahrtsbildchen konnte der Name des Mitgliedes eingetragen werden: „Kurzer Bericht und Regul von der Löbl. St. Jacobs=Bruderschaft.."

Kupferstich. Bezeichnet: „Gedruckt zu Rottweil bey Jos.Thad.Feyrer, 1788". 31 × 20 cm.

Wolfach, Kath. Pfarrgemeinde St. Laurentius

L 438 a–f

Sechs Bruderschaftsmedaillen

St. Sebastiansbruderschaft, Waldsee

17./18. Jahrhundert

In Waldsee entwickelte sich wie in anderen Orten des Landes die St. Sebastians-Bruderschaft aus einer Schützengilde des späten Mittelalters; die Gründung ist für das Jahr 1460 nachweisbar. Mit der zunehmenden Veränderung der Schützenbruderschaft zu einer rein religiösen Gebetsgemeinschaft breitete sich die Bruderschaft über die „Stadtmauern von Waldsee aus, und Mitte des 18. Jhs. zählte sie tausende von Mitgliedern und gewann Anhänger in vielen europäischen Ländern". Nach der Satzung konnten „Personen beiderlei Geschlechtes, welchem Stand sie immer angehören und welchen Alters sie sein mögen, sofern sie sich eines katholischen Lebenswandels befleißigen, dieser Bruderschaft einverleibt werden, und zwar nicht nur an dem Titularfest St. Sebastians, sondern zu jeder beliebigen Zeit."
Hinweis auf den Sinn und die Verwendung von Bruderschaftsmedaillen gibt Artikel II. der Statuten: „Jedes Mitglied soll zwei Monate nach seiner Aufnahme ein silbernes Zeichen mit einem Einhorn auf St. Sebastians-Pfeil mit der Umschrift des Englischen Grußes anfertigen lassen und diese Medaille [im 18. Jh. auch als Bruderschaftspfennig bezeichnet] bei allen Zusammenkünften in der Kirche an besonders bezeichneten Festtagen bei sich führen. Beim Ableben eines Mitgliedes muß die Medaille einem Bruderschaftspfleger übergeben werden, der dafür eine Seelenmesse für das verstorbene Mitglied bestellt und das gemeinschaftliche Gebet veranlaßt. Wer gegen diese Vorschrift handelt, verwirkt seine Medaille und damit auch den Anspruch auf den Bruderschaftsgottesdienst."
Bis 1730 mußten die Bruderschaftsmitglieder ihre Medaillen selbst anfertigen lassen. Erst danach hat die Bruderschaft den jeweiligen Prägeauftrag erteilt. Die Medaillen der Sebastians-Bruderschaft zeigen deutlich Merkmale des jeweiligen zeitgenössischen Stils, wobei wohl Nr. L 438 d die zierlichste und schönste barocke Medaille sein dürfte. Alle Bruderschaftspfennige haben eine Öse, durch die der Rosenkranz gezogen werden konnte.

a) 1671

Vorderseite: Auf verschlungenem Band der Sebastianspfeil, darauf das stehende Einhorn von der rechten Seite. Auf dem Band sind die Anfangsbuchstaben des Englischen Grußes A-M-G-P (d.h. Ave Maria Gratia Plena) und die Jahreszahl 1671 eingraviert.
Rückseite: Die eingravierten Buchstaben, von denen nur noch einzelne wie B, T, I zu erkennen sind, kann man vielleicht

auf Sebastian beziehen. Es wäre aber auch denkbar, daß die einzelnen Mitglieder der Bruderschaft, die sich zunächst ihr Zeichen in Handarbeit herstellen ließen, darauf ihre Initialien anbrachten.

Silber, durchbrochen. Handarbeit.

b) 1715

Vorderseite: Einhorn und Sebastianspfeil sind in einem Stück gegossen, im übrigen besteht die Medaille aus einem mehrfach verschlungenen Silberband mit eingravierter Beschriftung M G und der Jahreszahl 1715, dem Einhorn und Pfeil aufgelötet sind.
Rückseite: Die Rückseite trägt folgende Buchstaben: I-ME-PD-TB-T.

Silber, durchbrochen. Handarbeit.

c) 1729

Vorderseite: Ave M- AR- I (A) auf einem flachen Ring, der das auf dem Pfeil schreitende Einhorn umgibt. Unter dem Pfeil ein Band mit der Jahreszahl 1729.
Rückseite: GRATIA (P)LENA.

Silber, durchbrochen. Handarbeit.

d) 1730

Vorderseite: FIT AM-ORE SALVTIS. Das Einhorn schreitet auf dem Pfeil, unter dem erstmals das Wort Waldsee steht, unter dem sich eine Verzierung befindet.
Rückseite: AVE MARIA – GRATIA

L 439

L 440

PLENA. Der hl. Sebastian, von Pfeilen durchbohrt, an einen Baum gebunden. Darunter Jahreszahl 1730 und Verzierung.

Silber, (aber auch Zinn). Viereckige Klippenform.

e) 1756

Vorderseite: Umschrift und Darstellung wie bei d) das Einhorn wendet jedoch den Kopf rückwärts.
Rückseite: Die gleiche Umschrift, unter der Jahreszahl 1756 keine Verzierung. Mit Signatur H (Stempelschneider Joh. Haag, der damals in Langenargen tätig war).

Silber, geigenförmig.

f) 1777

Vorderseite: FIT AMORE – darüber 3 Rosetten – SALVT: Zwischen den Vorder- und Hinterfüßen des auf dem Pfeil schreitenden Einhorns befindet sich die Abbildung einer Kapelle, unter dem Pfeil eine Rosette zwischen zwei Zweigen mit der Beschriftung Waldsee und einer Verzierung.
Rückseite: Umschrift wie bei d). Auch die Darstellung des hl. Sebastian ist ähnlich, jedoch neben seinem rechten Fuß werden ein Helm und ein Schild gezeigt.

Silber. Dm. 34 × 33 mm. Geigenförmig.

Literatur: Osten-Fritzenschaft, Brunhilde, Waldseer Bruderschafts-Medaillen. In: Veröffentlichungen des Stadtarchivs Bad Waldsee. Reihe B (Darstellungen), Nr. 2, 1978. – Döry, Ludwig Baron, Bruderschaftsmedaillen. Ein Problemaufriß. In: Jahrbuch f. Volkskunde, N. F., 3, Würzburg 1980.

Bad Waldsee, Brunhilde Osten-Fritzenschaft

L 439 □

Zunftbrief

Schäferzunft Trillfingen, 1780

Der Zunftbrief enthält die Artikel der Bruderschaft und ist gleichzeitig der Stiftungsbrief der Schäferzunft Trillfingen vom 19. Okt. 1780: „Zu wissen sei kundgetan sei männiglich, daß Gött dem Allmächtigen fürdersanft und seiner geliebten Mutter Maria, dann zu sonderbaren Ehren des hl. Wendelin, welcher das Schaf und Rindvieh dahier und allerorten gesund erhalten und durch seine Fürbitt alle schädlichen Seuchen, gefährlichen Krankheiten und andere widrigen Zufälle abwenden möge". Die kalligraphisch ausgeführte Urkunde zeigt oben links einen Hirten mit Schaf und Kuh, der aber eigenartigerweise in höfischer Tracht abgebildet ist, in der Mitte den hl. Wendelinus, und oben rechts die St. Wendelinuskapelle in Trillfingen.

L 442

Bei der Schäferzunft in Trillfingen handelt es sich um eine Bruderschaft, die den hl. Wendelin als Patron verehrt. Sie war von Anfang an keine Berufsorganisation der Schäfer, sondern eine bäuerliche Gebetsvereinigung, der auch das ländliche Handwerk angehörte. Die Gründung steht im Zusammenhang mit dem Neubau anstelle einer älteren Wallfahrtskapelle zu Ehren der schmerzhaften Muttergottes und des hl. Leonhard. Im Jahre 1776 erhält die Kapelle eine Wendelinsreliquie. Die in jener Zeit grassierenden Viehseuchen, welche die Existenz vieler Schäfer und Viehhalter in Fage stellte, mögen Anlaß zur Gründung der Zunft gewesen sein. Die Verfassung, die sich diese Bruderschaft zum zweiten Gründungstag am 19. Oktober 1780 gab, unterscheidet sich nur wenig von den Artikeln der Handwerkerzünfte. Die Gründung der Zunft erfolgte „mit wohlbedachtem Rat und Genehmigung eines hochfürstlichen Oberamtes". Dies stellt einen Sonderfall dar, denn im Zusammenhang mit den josephinischen Reformen waren in den österreichischen Landen und deren Einflußbereich – dazu gehörte das Fürstentum Hohenzollern-Sigmaringen – alle derartigen Bruderschaften von Staatswegen aufgelöst. Die Zunft lebt heute noch und vereinigt über 250 Zunftbrüder in gemeinsamen Gebetsanliegen.

Papier, illuminiert. 57 × 61 cm.

Literatur: Hohenzoller Zeitung vom 19. 10. 1963, No 167.

Trillfingen, Schäferzunft

L 440 □

Zunftzeichen

Schäferzunft Trillfingen, 1780

In einem Messingglaskasten befindet sich als hängende Bleitafel, die beidseitig bemalt ist, das Zunftzeichen der Schäferzunft Trillfingen. Vorderseite links: der hl. Wendelinus. Rechts: die Wendelinuskapelle. Auf einer Wolkenbank schweben vier Schafe.
Rückseite: Über einem pflügenden Bauern thront auf einer Wolke eine Pieta, von zwei Engeln begleitet.

Öl auf Metall. Messingkasten. H. 23 cm, B. 26 cm, Kastenhöhe 30 cm, B. 31 cm, T. 7,3 cm.

Trillfingen, Schäferzunft

L 443

L 441

Zunftchronik

Schäferzunft Trillfingen, ab 1778

Die Zunftchronik enthält das Mitgliederverzeichnis und Kassenberichte, d.h. die Aufschlüsselung der Beitragsleistungen der Mitglieder, die auch in Form von Naturalien geleistet werden konnten. Die Chronik ist datiert und geführt von 1778 bis Mitte des 19. Jhs.

Lederrücken mit Kleisterpapier. H. 22 cm, B. 16 cm.

Trillfingen, Schäferzunft

L 442 □

St. Wendelinus

St. Wendelinuskapelle Trillfingen

18. Jahrhundert

In typischer Darstellungsform als Bauern- und Viehpatron. Die Figur ist das Andachtsbild der Schäferzunft Trillfingen in der St. Wendelinuskapelle.

Holz, gefaßt. H. 95 cm, B. 40 cm.

Trillfingen, Schäferzunft

L 443 □

Wettersegenskreuz

St. Wendelinuskapelle, Trillfingen

18. Jahrhundert

Mit dem Kreuz wurde bei Andachten der Schäferzunft Trillfingen der Wettersegen gespendet. Am Kreuz, in Form einer Strahlenmonstranz, befinden sich Abbildungen aus dem bäuerlichen Lebensumkreis und das Bild der Wendelinuskapelle. In der Mitte befindet sich eine gefaßte Hl.-Kreuz-Reliquie.

Versilbert und vergoldet. Ohne Marke. H. 43 cm, B. 22 cm. Mit altem Lederfutteral.

Trillfingen, Schäferzunft

Ausgezeichnete Quelle für die Beerdigungsbräuche in den verschiedenen Regionen des Landes bei allen Schichten und für die verschiedenen Riten der Konfessionen sind die Inventuren und Teilungen, die besonders ausführlich in den Gebieten der Realteilung, wo alle Erben zu gleichen Teilen erbberechtigt waren, im Todesfall abgefaßt wurden. Neben der Aufstellung der gesamten Habe enthalten sie Abrechnungen über das Leichenbegräbnis mit den Gebühren für Pfarrer, Messner und Ministranten, die Kosten für das entliehene Bahrtuch, die Totenträger, entstandene Unkosten bei der Totenwache und für die "Leichensägerin", für Bittgänge zu einem Heiligen oder von Wallfahrten und die Kosten des Leichenschmauses.
Wenn jemand gestorben war, verbreitete diese Nachricht die „Leichensägerin". Im 18. Jahrhundert übte diese Funktion der Benachrichtigung der auswärts wohnenden Verwandten über den Tod und Zeitpunkt der Beerdigung die Hebamme aus. Da das Benutzen von Särgen im 17. Jahrhundert noch als Luxus galt, bestand ihre Aufgabe aber auch vor allem darin, als Leichenbesorgerin zu amtieren und den Leichnam mit Binden und Leinwand zu umhüllen. Manchmal dienten „Rinderhäute" zu Überführungszwecken. Erst mit der Angst der Aufklärungszeit vor Scheintoten wurde von der Obrigkeit am Ende des 18. Jahrhunderts die Sitte der Sargbestattung eingeführt.
Der Brauch der Totenwache an einem besonderen Aufbahrungsbett geht ebenfalls auf eine obrigkeitliche Verordnung zurück, da mehrmals Scheintote begraben worden waren. Der Tote durfte nie aus den Augen gelassen werden, und erst bei ganz sicheren Anzeichen eines endgültigen Todes beerdigt werden. Die wachenden Personen erhielten ein Wachgeld, dazu Brot und Branntwein. Dabei konnte es dann vorkommen, daß diese Tätigkeit lautstark ausartete, wie dies auch beim Totenmahl der Sippe zu geschehen pflegte. Diese Veranstaltung unterlag stets kirchlicher und obrigkeitlicher Kritik und wurde als unchristlicher Brauch verworfen.
Zum Begräbnis wurde der eingewickelte Leichnam in weißer und schwarzer Leinwand auf eine Bahre gelegt, die von der

L 445

Kirchengemeinde gegen ein Entgelt entlehnt war. Bedeckt wurde der Leichnam mit dem Bahrtuch – ebenfalls von der Kirchengemeinde gestellt –, unter dem er dann direkt in das Grab glitt. Das Aufkommen der Sargbestattung führte in manchen Dörfern zuerst zu einem Gemeindesarg, der bei jeder Beerdigung neu benützt werden konnte, d.h. der Verstorbene wurde bei der Bestattung herausgenommen.
Die kirchlichen Begräbnisriten waren genauestens geregelt und bestanden in den Exequien, d.h. der Einsegnung der Leiche und dem Totenoffizium mit Vigilien an den Memorientagen, dem 3., 7. und 30. Tage nach dem Tode. Die Ausgestaltung der kirchlichen Feier mit Kerzen richtete sich nach dem sozialen Stand des Verstorbenen. So bestimmte eine Kurmainzer Bestattungsordnung von 1742, daß bei Begräbnis und Exequien für die im Dienste des Bischofs stehenden Adeligen am Altar nicht mehr als acht einpfündige gelbe Kerzen, für die Beamten sechs dreiviertelpfündige, für die Angehörigen des bürgerlichen Standes aber nur vier einviertelpfündige Kerzen brennen sollten. Diese Unterscheidungen gehen ein in die spätere Dreiklasseneinteilung der Beerdigungen.

Literatur: Bischoff-Luithlen 1979. – Brückner, Wolfgang, Bildnis und Brauch. Berlin 1966. – Veit, Andreas/Lenhart, Ludwig, Kirche und Volksfrömmigkeit im Zeitalter des Barock. Freiburg 1956.

L 444

Andachtsbild: Das Leben nach dem Tode

St. Maria Geburt, Betenbrunn

18. Jahrhundert

Das querformatige Bild schildert in vier emblematischen Medaillons die Stadien des Menschen nach dem Tode:
1. Der Tod als Gerippe zeigt den Zerfall der menschlichen Hülle.
2. Ein tränendes Anlitz ist von Flammen und Rauchschwaden eingehüllt. Das Fegefeuer als Ort der Läuterung der Seele.
3. Ein verzerrtes, dunkel getöntes, maskenartiges Anlitz wird von den Mächten der Finsternis bedroht. Die Hölle nimmt die ewig Verdammten auf.
4. Auf den Himmel als Ort ewiger Glückseligkeit deutet das Anlitz eines sanft lächelnden Jünglings mit Glorienschein hin. Die Medaillons sind eingefaßt von Spruchbändern, die Bibelstellen zitieren:

1. oben: ET IN PVLVEREM MORTIS DEDVXISTI / ME. Psalm; XI. unten: Putreclimi dixi. patermens es: matermea./ et soror mea Vermibus. Job. 12.
2. oben: MISEREMINI MEI. MISEREMINI MEI./ SALTEM VOS AMICI MEI, Job. 19. unten: Verebar omnia opera meas ciens quod non parceres delinquenti. Job. 9.

L 446

L 447

3. oben: INFERNUS DOMVS MEA EST; ET IN TENEBRIS STRAVI LECTVLVM MEUM. Job. 17.
unten: Vbi nullus ordo sed sempiternus/ horror imhabitat. Job. 10.

4. oben: QVAM MAGNA MVLTITUDO DU/ CEDINID TVNDOMINE. Psal. 30.
unten: Consolationes tua letiticaverunt Animam/ meam. Psal. 93.

Öl auf Leinwand, mit Holz hinterlegt. 40 × 114 cm mit Rahmen.
Literatur: Scharfe 1968.

Betenbrunn, Kath. Pfarrgemeinde Maria Geburt

L 445 □

Tumbaleuchter

Kloster Gutenzell

18. Jahrhundert

Die hervorragend gefertigte Schmiedearbeit mit filigranen Schmuckelementen von bezaubernder Leichtigkeit dient 6 großen Kerzen als Halterung. Vier herausragende Zweige mit Blüten als Kerzenhalterabschluß sind in Gold gefaßt. Ein Medaillon in der oberen Mitte trägt die Inschrift: „Ego sum lux mundi. Joh. 8.12.“ Diesem entwächst ein Zweig mit Blättern, der in ein Kreuz übergeht. Der Stilvergleich mit dem Kommuniongitter der Klosterkirche, das laut Auskunft von Ludwig Pöllmann aufgrund von Belegen im 1. Drittel des 18. Jhs. gefertigt wurde, läßt den Schluß zu, daß der Leuchter ebenfalls vom „Klosterschmied“ in dieser Zeit gefertigt wurde. Der Leuchter diente der feierlichen Ausgestaltung des Trauergottesdienstes an der Tumba (Sargattrappe) in der Mitte des Kirchenraumes.

Schmiedeeisen, teilweise goldfarben bemalt. H. 167 cm, B. 121 cm.

Gutenzell, Kath. Pfarrkirche Kosmas und Damian

L 446 □

Totenkrone aus Ingersheim

18. Jahrhundert

Die Totenkrone wurde verstorbenen Jünglingen und Jungfrauen während der Aufbahrung aufs Haupt gesetzt oder mit Bändern auf den geschlossenen weißen Sarg gebunden. Eine Totenkrone hat man nicht mit ins Grab gegeben, sondern immer wieder verwendet; sie befand sich in Gemeindebesitz.

Messing versilbert, Blattornamente durchbrochen. H. (ohne Kreuz) 20 cm, H. (mit Kreuz) 27 cm; Dm. (unten) 15 cm. Erhaltung gut. Vergleichsstücke im Keckenburg-Museum von Schwäbisch Hall.

Crailsheim, Fränkisch-Hohenlohesches Heimatmuseum, Inv. Nr. 284

L 447 □

Grabkreuz

Geislingen (?)

Mitte 18. Jahrhundert

Grabkreuz aus floralen Eisenbändern, in der Mitte Kapsel zur Aufnahme einer Inschrift. Meist eine farbig ausgeschmückte Umrahmung mit Namen und Lebensdaten des Verstorbenen und dem Psalm seiner Grabrede. Auf der oberen Spitze Christus Salvator mit der Fahne; an den Seiten jeweils eine Engelsfigur. Am unteren Ende Schild in Herzblattform und zwei Tulpen.

Schmiedeeisen. H. 260 cm, B. 150 cm.

Geislingen an der Steige, Heimatmuseum, Inv. Nr. 283

BILDWELT PROTESTANTISCHER (VOLKS-)FRÖMMIGKEIT[1])

Hans-Ulrich Roller

Es sind vor allem zwei Publikationen, die – materialintensiv und von einem fächerübergreifend ausgerichteten Erkenntnisinteresse her geschrieben[2)] – unser Wissen von der protestantischen Bildwelt in Württemberg[3)] und von der Einstellung der offiziellen Kirche und der Gläubigen zum Bild entscheidend bestimmen: einmal Martin Scharfes „Evangelische Andachtsbilder“ (1968), zum andern Reinhard Lieskes „Protestantische Frömmigkeit im Spiegel der kirchlichen Kunst des Herzogtums Württemberg“ (1973).
Hier dagegen können zwangsläufig nur Hinweise gegeben werden auf die Grundzüge eines Sach- und Fachgebietes, dem diese vielfach nur raffende und somit vereinfachende Darstellung der theologischen, ikonographischen und intentionalen Zusammenhänge und Hintergründe natürlich kaum gerecht werden kann, trotzdem aber gewagt werden muß. Da die künstlerische Qualität der Werke in kaum einem Fall besonders bemerkenswert ist, tritt dieser Aspekt im folgenden ganz in den Hintergrund[4)].
Der reformatorische und nachreformatorische Streit im Raum der evangelischen Kirche um den Wert und die Funktion der Bilder, der sich zwar ab der Zeit um 1600 beruhigte, aber nie ganz aufhörte, macht deutlich, wie lange noch die Geschichte des Selbstverständnisses der evangelischen Kirche als einer „Kirche des Wortes“ von der Auseinandersetzung mit der alten Kirche geprägt war. Die Furcht vor der Idolatrie, der Götzenverehrung, der Abgötterei – Begriffe, die in diesem Zusammenhang auftauchen – geisterte immer wieder durch die entsprechenden Stellungnahmen von seiten der offiziellen Kirche sowie von Geistlichen und frommen Laien. Immerhin: Das Vorurteil vom bilderfeindlichen Protestantismus wird der historischen Realität sicher nicht gerecht. Dabei ist zumindest eine Differenzierung vonnöten: Während die reformierte, von Calvin herkommende Kirche Bilder im kirchlichen Bereich ablehnte, war das Luthertum – selbst schon in reformatorischen Zeiten – viel gemäßigter in dieser Frage. Die protestantischen Kirchen in Norddeutschland, in den Markgrafschaften Ansbach und Bayreuth sind sprechende Beispiele dafür. Bei uns sind es vor allem die reichsstädtischen Gebiete, vorab das ul-

mische Territorium, die sich in der barocken Ausstattung der Kirchen hervorgetan haben. Hier, wie auch in den zuvor genannten Gebieten, hat – für Altwürttemberger ganz ungewohnt – im Chor der Kirchen ganz selbstverständlich ein Hochaltar (fast durchweg mit dem Abendmahl auf dem Altarblatt) seinen Platz. Aber auch im alten Herzogtum Württemberg, wo sich bei der Reformation z. T. lutherische und reformierte Einflüsse durchmischt haben, und im Hohenlohischen schlug sich die Bilderfreude des Barock in den Kirchen nieder. Neben der rein „sinnlichen" Freude der gottesdienstlichen Gemeinde am bildgeschmückten Gotteshaus, das so auch die Möglichkeit zu (kirchen-)gemeindlicher und individueller Selbstdarstellung bot – die zahlreichen Stifterinschriften beweisen es –, sollten die Bilder von der Intention der Amtskirche her wohl vornehmlich der Vertiefung biblischen Wissens, der Stärkung des Glaubens dienen. Die Veranschaulichung wichtiger theologischer Lehrsätze durch Symbole, Personifikationen, Allegorien und emblematische Bilder war dem Menschen damals auch vom Literarischen her – den Predigtstil eingerechnet – durchaus vertraut.

Die Bildträger in den Kirchen sind vor allem die Wände (Beispiele von Wandmalereien u. a. in Bissingen/Enz, Weilheim/T., Bolheim, Jesingen, Gärtringen, Rottenacker und Stuttgart-Untertürkheim[5]), Kanzelkorb und Kanzeldeckel, der Hochaltar, der Taufstein, seltener die Decken (u. a. in Sontheim/Brenz, Machtolsheim, Heuchlingen, Weiler a. d. Zaber und Waldbach[6]) und der einfache Tischaltar (z. T. mit Gittern)[7]. Besonders häufig genutzt wurden die Felder der Emporenbrüstungen. Gerahmte Leinwandbilder oder Holztafeln sowie Epitaphien vervollständigen den kirchlichen Wandschmuck.

Das ikonographische Programm umfaßt neben den biblischen Historien (z. T. als typologische Reihen)[8] und den herausragenden Personen des Alten und Neuen Testaments, häufig schildernde oder sinnbildhafte Darstellungen der Heilsgeschichte und ihrer Verknüpfung mit dem Leben der Christen[9]. Orthodoxie und Pietismus – Lehrmeinung der Amtskirche und ein ausgeprägtes gefühlsstarkes Individualchristentum sind also die beiden Pfeiler, auf denen diese Bildwelt ruht. Gerade bei den emblematischen Bilderreihen, bei denen das beigefügte Wort erst den richtigen Bildsinn ergibt, spielen

L 448

der Vorbildcharakter biblischer Gestalten und die „Transgression auf das Himmlische" anhand von Erscheinungen und Lebewesen unserer natürlichen Umwelt (dies ein besonders ausgeprägtes Merkmal des Pietismus)[10] eine große Rolle. Leben in der Nachfolge Christi (... sein Kreuz auf sich nehmen ... den schmalen, nicht den breiten Weg gehen) als mühselige Bergbesteigung, mit dem Ziel des himmlischen Jerusalem vor Augen, Auferstehung, Jüngstes Gericht und Krönung der Gerechten – das sind die Stationen christlichen Lebens und Sterbens in der Hoffnung auf ein ewiges Leben und deshalb verständlicherweise Themen vieler Epitaphien, Wand- und Deckenbilder. Die Vorstellung einer solchen himmlischen Krönung ist auch Teil der „Turris Antonia" in der Dreifaltigkeitskirche von Bad Teinach, einem flügelaltarähnlichen Werk, 1673 als Stiftung der Prinzessin Antonia, Schwester Herzog Eberhards III., geweiht, dessen gedankenüberladenes Bildprogramm aus „kabbalistischen und mystischen Vorstellungen" heraus entwickelt wurde[11].

Den Kanzelkorb zieren häufig die vier Evangelisten, in den Emporenfeldern sind die Patriarchen und Propheten des Alten Testaments (u. a. Moses, Abraham, Jakob), Jesus, die Apostel, zuweilen auch noch Luther und Melanchthon, vereinzelt Brenz und Hus[12], ja sogar die Bildnisse herausragender evangelischer Fürsten[13] aneinandergereiht. Die Taufe Jesu als plastischer Schmuck von Taufsteindekkeln, das Kruzifix auf dem Altar und die Darstellung evangelischer Kulthandlungen (Predigt, Abendmahl usw.) – diese drei Themen mögen den natürlichen, nicht ganz ausgeschrittenen Themenkreis abrunden. Von der übrigen Kirchenausstattung (Orgel, oft als eine Art Hochaltarersatz im Chor untergebracht; gesonderte Kirchenstühle für die Pfarrleute, „die herzoglichen Amtleute und die Gerichts- und Ratsverwandten"[14] (sowie den Ortsadel) sei noch besonders die Kanzelaltaranlage als ein eigenständiges Element protestantischer Kirchenräume erwähnt[15].

Evangelische barocke Bilder und Bücher für die private Andacht – dafür gibt es selbst im Bereich der unteren Sozialschichten eindrucksvolle Beispiele. Zumindest aus zahlreichen bäuerlichen Hinterlassenschaftsinventaren der mittleren Alb wissen wir[16], daß es im 18. Jahrhundert durchaus üblich war, wenn Bauern mehrere Predigt- und Gebetbücher, z. T. mit eingelegten kleinen Andachtsbildern, zumeist Augsburger Provenienz, besessen haben. Konfessionstypische Ausprägungen und Abgrenzungen sind dabei zwar durchaus ablesbar, aber die Grenzen sind fließend, wie ein kleines Andachtsbild mit dem Herzen Mariens als Einlage eines dieser Bücher zeigt. Daß M. Luther und seiner Frau Katharina eine fast heiligmäßige Verehrung entgegengebracht worden ist, verwundert dagegen weniger. Auch zur Verehrung der Heiligen hat das Luthertum eine differenzierte Haltung eingenommen. Als Vorbilder für ein Gott besonders wohlgefälliges Leben waren sie durchaus akzeptiert[17].

Während das katholische Haus innen (Möbel, Hausrat, Herrgottswinkel) wie außen durch eine Vielzahl von Symbolen und Bildern gekennzeichnet ist, gab es für den Protestanten wenig Möglichkeiten, seinen Glauben im privaten Bereich sichtbar zu dokumentieren. Von Büchern – eventuell auch schon im 18. Jahrhundert auf einem Bord über der Tischecke der Wohnstube aufgestellt – und Andachtsbildchen war schon die Rede; genannt werden können auch noch gußei-

Hier ist mein Zoar da Ich schlaf
Vor der gemeinen Landes Straff
Gott schütz Mein Hauß u. Meine Schaf
Wann Albeckh mit der Bösen Rott,
Betrohet wird, so lässet Gott
Hinauß begleiten deinen Loth.
Wir sehen hier mit Weh und Ach!
In tieffster Trauer so lang dir nach,
Biß Gott wie dich / mit dir } unß Seelig mach.
MAGISTER Johann Adam Ott,
Ruht hier gleich dem gerechten / geplagten } Loth,
Der hier nach Zwantzig sieben Jahr,
Ein treuer Hirth der Heerde war,
Nachdem in Steinen Kirch Zuvor,
Er trat zu erst in Hirten-Chor,
Von dar Er in Lützhaußen kam,
Das Predigamt dort auf sich nahm,
Doch ward Ihm hier an diesem Orth,
Gar saur und schwer der Dienst am Wort.
Da Gott in gantz Zerstörten stand,
Albeckh gesetzt durch Raub und Brand,
Doch hat zuvor nach ZOAR zu,
Mit Ihm geeilet Gott zur Ruh,
Durch sanfften Tod. Ihm setzt zur Ehr,
Sein Wittwen / Waisen } Hauß diß Denckmal her,
Dem Gott lässt wider gehen wohl,
Biß Er die Seine zu sich hohl,
Sein Albeckh bau Gott wider neu,
Daß es hinfort ein Zion sey.
MORT
1703

L 449

L 450

serne Ofenplatten und die dazugehörigen Ofensteine. Themen der Ofenplatten: Ölwunder, Hochzeit zu Kanaan, Abendmahl und Kreuzigung.
Wenigstens kurz muß auch auf die für die Kirchen- und Besiedlungsgeschichte Württembergs interessanten Waldenser hingewiesen werden. Ortsnamen wie Perouse, Serres und Pinache erinnern an ihre Ansiedlung im Raum zwischen Leonberg und Pforzheim[18]). Gegen Ende des 17. Jahrhunderts hatten sie aus Glaubensgründen ihre angestammte Heimat in den Alpentälern von Piemont verlassen müssen und u.a. in Württemberg neue Lebens- und Arbeitsmöglichkeiten gefunden. Auch das Schicksal der um ihres Glaubens willen aus Kärnten und Salzburg vertriebenen Protestanten bewegte die deutschen Glaubensbrüder sehr und fand seinen Niederschlag in zahlreichen Büchern und Bildern[19]).
Der ausgestellte schlichte Zinnbrotteller, zum Abendmahlsgerät der Kirchengemeinde Pinache gehörig, ist ein Zeugnis für die Zurückhaltung der Reformierten – das waren die Waldenser nämlich – bei der Ausstattung ihrer Kirchen, eine Zurückhaltung, die aber auch in anderen Gemeinden Württembergs zu finden ist. Zinnernes Abendmahls- und Taufgerät kennen wir nur aus evangelischen Kirchen[20]).

Anmerkungen:

[1]) Vgl. Narr, Dieter, Zum Charakterbild protestantischer Volksfrömmigkeit. In: Narr 1979, S. 129–141.
[2]) Dies gilt vor allem für Scharfe.
[3]) Für Baden sind dem Verfasser keine entsprechenden Untersuchungen bekannt.
[4]) Fleischhauer 1958, S. 36–41. – Lieske 1973, S. 24–25. – Kdm. Baden-Württemberg, Ulm, 1978, S. 15–70.
[5]) Nach Lieske 1973.
[6]) Nach Lieske 1973.
[7]) Am Uracher Gitterwerk hängen bemalte Blechtafeln mit der Passion Christi. Lieske 1973, S. 21.
[8]) Gestalten, Bilder, Szenen des Alten und Neuen Testaments mit einem heilsgeschichtlichen inneren Bezug einander gegenübergestellt.
[9]) Immer wieder dargestellt „Christus in der Kelter" und das Vater-Unser.
[10]) Ausführlich dazu Scharfe in seinen Untersuchungen von 1968 und 1980.
[11]) Vgl. Fleischhauer 1958, S. 37 und Scharfe 1968, S. 291–292.
[12]) Brenz und Hus: Niederhofen b. Brackenheim.
[13]) In Berghülen b. Laichingen: Herzog Christoph und König Wilhelm I. von Württemberg.
[14]) Fleischhauer 1958, S. 40.
[15]) Dörfliche Beispiele u.a. in Unterheimbach b. Öhringen und Gerstetten b. Heidenheim, städtische in Ludwigsburg und Göppingen.
[16]) Vgl. Erhebungen von Bischoff-Luithlen, Angelika, masch. schriftliches Manuskript im Ludwig-

Uhland-Institut der Universität Tübingen, Schloß.

17) Scharfe 1968, S. 168 und Anm. 123 a.

18) Zu den drei badischen Waldenserkolonien Palmbach, Augustistadt und Neureut vgl. Hirsch 1972, S. 6–7.

19) Vgl. Marsch 1977.

20) Vgl. Kdm. Baden-Württemberg, Ulm, 1978, S. 63.

KIRCHENAUSSTATTUNG

L 448 □

Altarkreuz mit arma Christi

Aus der ev. Kirche von Tuningen

Datiert 1740

Es ist nicht ganz sicher, ob die Jahreszahl 1740 das Entstehungsjahr des Kruzifixes angibt oder ob sie zu der am Sockel unten umlaufenden Inschrift „Renoviert von Andreas" gehört und das Kreuz so wohl schon ein Werk der Zeit um 1700 sein müßte. – Die Darstellung der arma Christi (wörtlich: Waffen, Werkzeuge Christi, das meint: alle die Geräte und Werkzeuge, die mit der Passion Christi zusammenhängen – die Leidenswerkzeuge also) kommt im protestantischen Bereich nicht eben häufig vor (manchmal am äußeren Rand von Kanzeldeckeln). Es ist deshalb schon die Vermutung geäußert worden, daß das Kreuz aus einer nahegelegenen katholischen Kirche oder Wallfahrtskapelle stammen könnte (freundlicher Hinweis des Ev. Pfarramtes Tuningen). Wie auch immer: Das Kruzifix steht heute und schon länger in einer evangelischen Kirche und kann so – wie schon in der Einführung erwähnt – Zeugnis geben von der Interkonfessionalität mancher Themen und Objekte, im kirchlichen wie im privaten Bereich.

Holz gefaßt. H. 115 cm, B. 67 cm. Signiert: „Jacob Hauser schrein"(ermeister?).

Literatur: Lieske 1973, S. 207–208. Dort auch Angaben zu literarischen arma-Christi-Betrachtungen im Protestantismus.

Tuningen, Ev. Pfarrkirche

L 449 □

Epitaph (Gedenktafel) für Pfarrer Joh. Adam Ott, gest. 1703

Aus der ev. Kirche St. Jakob in Albeck bei Langenau

Um 1706

Der Pfarrer, in Amtstracht, wird von zwei Engeln auf den Friedhof („mein

L 451

L 452

Zoar", vgl. Schriftband links oben) geleitet. Im Mittelgrund die Familie des Verstorbenen, im Hintergrund Albeck, über dem die Blitze zucken, Symbol für die Zerstörung des Ortes 1704 und so Hinweis auf den Vergleich mit dem Schicksal Sodoms. Da Ott nämlich mit Lot verglichen wird (vgl. 2. Zeile des linken Textblocks), setzt seine Familie, Stifterin des Epitaphs und so wohl auch für die Texte verantwortlich, Albeck mit Sodom gleich, zweifellos ein hartes Urteil, selbst wenn man bedenkt, daß die Pfarrer damals sehr drastisch in der Predigt und im persönlichen Gespräch auf die Verfehlungen der Gläubigen hingewiesen haben.

Öl auf Holz. 112 × 126 cm.

Literatur: Kdm. Baden-Württemberg, Ulm, 1978, S. 83 u. S. 84, Abb. 12.

Albeck, Ev. Pfarrkirche

L 450 □

Epitaph für Pfarrer Rudolf Roth und seine Ehefrau Regina Andrein

Aus der ev. Michaelskirche von Wain, Kr. Biberach (ehemals zu Ulm gehörig)

Datiert 1659

Die sechs Bilder 1) Der Segen Gottes, 2) Mose mit den Gesetzestafeln, 3) Christus mit Kreuz und Osterfahne und Hinweis auf die Verbindung von Karfreitag und Abendmahl, 4) Hoffnung auf ein ewiges Leben, 5) Höllenpein, 6) Der Christ als Kreuzträger in der Nachfolge Christi, werden dem Betrachter als „Sechs Geistliche Denkmahl" vorgestellt, gewissermaßen als Denkmale der Heilsgeschichte und der daraus sich ergebenden Konsequenzen für Leben und Glauben des Christen. Die beiden kleingeschriebenen Inschriften, unten rechts und links, beziehen sich auf Leben und Sterben des Ehepaares, das unten mit seinen zehn Kindern abgebildet ist.
Einen sprechenden Hinweis auf die Funktion des Epitaphs stellt die Rahmeninschrift dar: „Gott zu Ehren, der Kirchen zur Zierd und Ächtem angedenkhen..."
Bei allen protestantischen Bildzeugnissen fällt immer wieder auf, mit welcher Selbstverständlichkeit umfangreiche Texte in die Bilder eingefügt werden, mal sich unterordnend in die Gliederung der Bildabfolge wie hier, mal aber auch durchaus dominierend und mit dem deutlichen Anspruch auf Gleichberechtigung wie in dem Bild aus Jungingen.

Öl auf Holz. 220 × 140 cm.

Literatur: Grundsätzlich dazu Scharfe 1968.

Wain, Ev. Pfarrkirche

L 451 □

Epitaph für Kunigunda Elisabetha Guther, geb. Weye [n] meyer, gest. 10. 4. 1692

Aus der ev. Pfarrkirche St. Martin in Ballendorf

Ulm 1692 oder wenig später

Zum Verständnis des Bildes sind sicher die Verse 23 und 24 von Psalm 73 notwendig: „Dennoch bleibe ich stets an Dir; denn Du hältst mich bei meiner rechten Hand. Du leitest mich nach Deinem Rat und nimmst mich endlich in Ehren auf [an]." (Zit. nach der Lutherbibel.) Die Inschrift unter dem geflügelten Puttenkopf zitiert nur die Verse 25 und 26.
Der auf Gott bezogene Psalmtext wird hier vom Bild her christologisch umgedeutet. Der jüdische Psalmbeter kannte keine Hoffnung auf ein ewiges Leben im christlichen Sinn.
Psalmtext, die Inschrift unter dem Bild und die Bildaussage selbst stehen also in

L 453

einem komplizierten, eigentümlich schwebenden, fast widersprüchlichen Zusammenhang: die Psalmverse enthalten die Aussage eines mitten im Leben stehenden jüdischen Frommen, die Inschrift unterhalb des Bildes zeugt von der Auferstehungshoffnung eines Christen und das Bild verbindet offenbar beides, wobei Palmzweig und Kranz keinen Zweifel daran lassen, daß diese Hoffnung einmal in Erfüllung gehen wird.
Das schwebende Schreiten auf der kreuzbekrönten Weltkugel, auf der Himmel und Erde durch eine Landschaft sowie durch die Personifikation der Sonne und durch Sterne dargestellt sind, mag u.U. vom Bild einer Fortuna inspiriert worden sein. Könnte die jugendliche Gestalt zu ihrer Linken eine Allegorie des Rates Gottes sein („Du leitest mich nach Deinem Rat")? Puttenkopf und Früchtegehänge sind zweifellos etwas derb geraten, das Bild gehört jedoch zu den nicht eben zahlreichen Zeugnissen einer auch künstlerisch bedeutsamen protestantischen Sakralkunst.

Öl auf Holz. 112 × 59 cm. Signiert: „J M Bayer" (J M B ligiert).

Literatur: Kdm. Baden-Württemberg, Ulm, 1978, S. 140.

Ballendorf, Ev. Pfarrkirche

L 452 □

Epitaph für Anna Catharina, Clara Elisabeth und Catharina Magdalena Kern (gest. 1693 und 1694), Töchter des Pfarrers Heinrich Kern und seiner Ehefrau

Aus St. Michael in Schwäbisch Hall

Datiert 1697

Es fällt bei den barocken protestantischen Bildzeugnissen, die sich mit Tod, Auferstehung und ewigem Leben beschäftigen, immer wieder auf, wie stark offenbar die Gewißheit war, „in den Himmel zu kommen"! Angst, im Jüngsten Gericht nicht bestehen zu können, taucht zumindest in den Epitaphien nicht auf. Dabei gibt es durchaus auch noch bei barocken Kirchenausstattungen Darstellungen des Jüngsten Gerichts und der ewigen Verdammnis, die an ausmalender Deutlichkeit nichts zu wünschen übrig lassen (Scharfe, S. 294: Beispiele in Stetten und Bissingen). Man könnte bei der jugendlichen Frische, mit der die drei Mädchen dargestellt sind – sie waren bei ihrem Tode 12, 20 und 21 Jahre alt – fast vergessen, was dieses schöne Epitaph eigentlich deutlich macht: wie grausam der Tod durch Krankheit und Seuchen früher gewütet hat. Vor diesem Hintergrund wird die Hoffnung auf „den schönen Gottes Himmel" als Trost für Sterbende und Hinterbliebene verständlich. – Inschrift: „Wir gehen auß dem Welt Getümel/ In den schönen Gottes Himmel."

Öl auf Holz. 139 × 118 cm (mit Rahmen).

Literatur: Vgl. Scharfe 1968.

Stuttgart, Württembergisches Landesmuseum, Inv. Nr. 6769

L 453 □

Bildnis Martin Luthers

Aus der ev. Pfarrkirche St. Gallus in Bad Überkingen

Datiert 1699

L 454

„... die Zahl der Lutherbilder in evangelischen Kirchen ist Legion" (Scharfe, S. 182). Das Bild enthält alle Merkmale und Attribute der gängigen Lutherüberlieferung: Luther steht breitbeinig-fest („Hier steh' ich...") in seiner Studierstube auf der Wartburg, die Bibel in seinen Händen, neben ihm der Schwan. Dieses Attribut Luthers soll auf einen Ausspruch von Johannes Hus bei seiner Verbrennung während des Konstanzer Konzils zurückgehen: „Heute bratet ihr eine Gans, aber über hundert Jahr, das ist, wenn man 1516 zählet, wird ein lauterer Schwan kommen, der wird euch ein ander Liedlein zur Lezt singen" (Scharfe, S. 191).
Inschriften, u.a.: „Zue Ewigwährenden Angedenckhen/ hat deß ... Bildnus,/ In dise Christ Euangel: LVTHERISCHE Kirc:/hen Stifften wollen v. sollen./ Jacob Otto der Rechten DOCTOR ... 1699".

Öl auf Leinwand. 110 × 86,5 cm (mit Rahmen).

Literatur: Scharfe 1968, S. 181–196.

Bad Überkingen, Ev. Pfarrkirche

L 454 □

Lehr- und Mahnbild: Weltleben und Kreuzesberg

Aus der ev. Pfarrkirche von Mössingen-Talheim bei Tübingen

Datiert 1707

Die beiden Inschriften sagen unmißverständlich, um was es hier geht: „die Frome(n) müßen zwar den Creitzesberg Besteigen. Sih aber was vor Freud Erfolgt / auff zeitlichs Leiden". – „Die Welt meint Frey zue sein/ von aller Schauerey./ Sih aber wie Sie findt daß Satanß/ wüterey".
Vor einer hügeligen Landschaft mit Kirche und Befestigung baut sich von unten nach oben auf: Die Hölle mit Drache, Schlangen und einem riesigen Bären, in die eben ein in Tracht gekleidetes Paar stürzt. Der Bär (hier nicht der Getriebene, sondern selbst der Treiber) führt an seiner Kette die Menschen, die „der Welt" verfallen sind: Säufer, Kartenspieler, Streithähne, Kavalier und Dame, die wohl der Buhlerei geziehen werden.
Die kreuztragenden Bergsteiger verkörpern die Mühsal derer, die ein Gott wohlgefälliges Leben führen wollen. Auf dem Gipfel stehen alle die, die ihr Ziel erreicht haben – nun ohne Kreuz. Gottvater läßt Kronen und Kränze (Symbole

des ewigen Lebens) auf sie niederschweben.

Öl auf Holz. 160 × 120 cm (mit Rahmen).

Literatur: Ausführlich zum Thema der „beiden Wege“: Scharfe 1968, S. 263–270. – Vgl. Stuttgart 1974, Abb. 202.

Mössingen-Talheim, Ev. Pfarrkirche

L 455 □

Lehr- und Erinnerungsbild

Aus der ev. Pfarrkirche St. Peter und Paul in Jungingen

Datiert 1711

In einem imaginären Kirchenraum sind gottesdienstliche Handlungen dargestellt; die beigefügten Inschriften bestehen weitgehend aus Bibelzitaten. Im Zentrum des Bildes steht der Altar mit dem Kreuz Christi, darüber Gottvater und die Taube des Hl. Geistes, links und rechts daneben Austeilung des Abendmahls in beiderlei Gestalt. Des weiteren, in der Abfolge nach hinten bzw. oben: Taufe und Katechismusexamen, Beichte, Trauung und Predigt, links auf der Empore Orgelspieler, rechts die Übergabe der Augsburger Konfession durch Fürsten und Vertreter der Städte an Kaiser Karl V., 1530.

Öl auf Leinwand. 77,5 × 80 cm. Stifterinschrift: „Ulerich Feßlen, Schumacher.“

Literatur: Kdm. Baden-Württemberg, Ulm, 1978, S. 321, Abb. 254, S. 322. – Vgl. Scharfe 1968, S. 286–287 und Lieske 1973, S. 124–127.

Jungingen, Ev. Pfarrkirche

L 455

ABENDMAHLS- UND TAUFGERÄT

L 456 □

Abendmahlskanne

Aus Stuttgart?, Mitte 18. Jahrhundert

Auf dem Corpus Abendmahlsrelief, der Henkel in Form einer Engelsherme.

Zinn. H. 35,6 cm, Dm. am Fuß: 13,7 cm. Ohne Marken.

Stuttgart, Württembergisches Landesmuseum, Inv. Nr. 10145.

L 457 □

Abendmahlskanne

Ehemals aus Gebersheim bei Leonberg

S. Weurich, Stuttgart oder Schwäb. Hall, datiert 1773

Das Lamm als Deckelbekrönung weist auf den Opfertod Christi (Opferlamm) hin.

Zinn. H. 36,5 cm, Dm. am Fuß: 13,6 cm. Engelsmarke mit Umschrift auf der Außenseite des Bodens: „ENGEL . BLOK . ZIN. S. WEURICH!

Stuttgart, Württembergisches Landesmuseum, Inv. Nr. 10062

L 458 □

Abendmahlskanne

Aus der Kirche von Beilstein

Johann Adam Bechler (Bächler), gest. 1743, Stuttgart, datiert 1729

Auf dem Corpus eingraviert: Hebräer 10, 12 und 22, sowie die Stifterinschrift: „In die Kirch Zu Beilstein Stifftet dieße Beede Kantten/ M:J.S.B. Diac: Daselbsten und seine Eheliebstin Aug: Sibylla. B./ 1729.“

Zinn. H. 31,8 cm, Dm. am Fuß: 14 cm. Meister- und Beschaumarke in einem: Rosenmarke mit I. A. B., 1705 und springendem Pferd.

Literatur: Vgl. Hintze, Bd. 2, S. 269, Nr. 1404 (diese Kanne nicht aufgeführt).

Stuttgart, Württembergisches Landesmuseum, Inv. Nr. 13580b

L 459 □

Abendmahlskelch

Ohne Herkunftsangabe, um 1800

Zinn. H. 24,7 cm, Dm. am Fuß: 107 cm.

Stuttgart, Württembergisches Landesmuseum, Inv. Nr. 13881

L 460 □

Taufschüssel

Angeblich aus Freudenstadt

L 456

Johann Wilhelm Schatz d. J.
(1699–1760), Straßburg, datiert 1743

Im Boden, auf hohem mehrfach abgetrepptem Umbo, Rundmedaillon mit der Taufe Christi im Jordan. Die auf der Fahne umlaufende Inschrift bezieht sich auf die entsprechende Bibelstelle, Matthäus 3, 16 und 17, die Inschriften oberhalb und unterhalb des Medaillons auf 3. Mose 19, 2 und Matthäus 3, 11.

Zinn. Dm. 41,0 cm. Zwei Engelsmarken mit Meisternamen im Boden innen.

Literatur: Vgl. Hintze, Bd. 7, Nr. 701.

Stuttgart, Württembergisches Landesmuseum, Inv. Nr. 10991 a

L 457

L 461 □

Hostiendose

Johann Friedrich Rantzenbach
(1642–1688), Urach, datiert 1675

Auf der Schauseite Reliefmedaillon mit dem Lamm Gottes.

Zinn. H. 7 cm, B. 11,5 cm, T. 9,5 cm. Beschau- und Meistermarke.

Literatur: Vgl. Hintze, Bd. 7, Nr. 207. – Gommel 1969, Abb. 67.

Grabenstetten, Ev. Pfarrkirche

L 462

Abendmahls-Brotteller

Pelargus, Stuttgart, 2. Hälfte 18. Jahrhundert

In den Waldensergemeinden wurden keine Hostien, sondern Brotstücke verwendet. Der Teller ist deshalb auffallend groß. – Nach Schmidt, Anm. 21 hat Gommel den Teller fälschlicherweise

L 458

auch für Gessler, den Meister der Kanne, die zu diesem Abendmahlsgerät gehört, in Anspruch genommen, obwohl die Marken auf ein Mitglied der Familie Pelargus hinweisen.

Zinn. 2 Engelsmarken mit Pelikan im Schild. Dm. 39 cm.

Literatur: Schmidt, Ernst Eberhard, Vaihinger Zinngießer, ihre Marken und ihre Erzeugnisse. In: Mitteilungsblatt des Württ. Museumsverbandes e. V. Stuttgart, 1970/71, S. 11–47. – Gommel 1969, Einleitung (o. Paginierung) und Abb. 75. – Vgl. Hintze, Bd. 2, Nr. 1411–1413, 1434.

Pinache, Ev. Pfarrkirche

PRIVATER BEREICH

L 463 □

Erinnerungsbild
gemalt nach der Errettung des kleinen

L 459

L 460

L 461

Johann Martin Molfenter aus den Wassern der Blau

Aus Ulm, 1777 oder wenig später

In einer Veröffentlichung des Ulmer Museums aus jüngster Zeit (Beck 1980) wird das Bild als „evangelisches Votivbild" bezeichnet. Auf den ersten Blick scheint auch einiges für diese Bezeichnung Votivbild, die wir an sich nur aus dem Katholizismus kennen, zu sprechen: Darstellung eines Unglücks, Errettung, Dank, das Auge Gottes in den Wolken. Sieht man jedoch näher zu, so mag man diesen Begriff nicht mehr anwenden. Dieses Bild ist kein „Ex voto": es wurde nämlich nicht im Augenblick höchster Not gelobt, bei glücklicher Errettung durch die Fürsprache eines Heiligen bei Gott eine Tafel zu stiften; hier hat sich niemand anheimgestellt. Es ist auch nicht anzunehmen, daß das Bild in einer Kirche oder Kapelle gehangen hat, wie das bei Votivbildern die Regel ist.
Die Inschrift besagt, daß der viereinhalbjährige Junge, nachdem er ins Wasser gefallen war, „zum guten Glück an einem Pfahl hangen blieb, und von einem Müllerknecht ... errettet wurde." Anläßlich dieser glücklichen Errettung, für die die Eltern Gott von Herzen danken, haben diese „**ihn** zum Andenken mahlen" (sich) lassen, als Ermahnung zu einem, einst in „reiferen Jahren" Gott wohlgefälligen, rechtschaffenen Leben. Das Bild ist also auch ein Kinderporträt. Kurzum: Es handelt sich hier um ein frommes Memorialbild privaten Charakters. Erinnerungen an Taufe, Konfirmation, Hochzeit und Tod, wie auch an wichtige lokalgeschichtliche und allgemeingeschichtliche Ereignisse wurden im Verlauf des 19. Jahrhunderts gerade im evangelischen Haus als Wandschmuck immer beliebter.

Öl auf Leinwand. 87 × 94 cm.

Literatur: Beck, Gertrud, Votivbild mit Johann Martin Molfenter aus Ulm. In: „Das Kunstwerk des Monats", Juni 1980. – Vgl. Scharfe 1968, S. 222–227.

Ulm, Ulmer Museum, Inv. Nr. 1914.3293

L 464 □

Haussegen des Ehepaares Jakob und Ursula Moser

Aus Ulm

Johann Andreas Schneck (1749–1792), datiert 1769

Inschriften:
Oben Mitte:
Seht hier den Fromen Jakob ringen

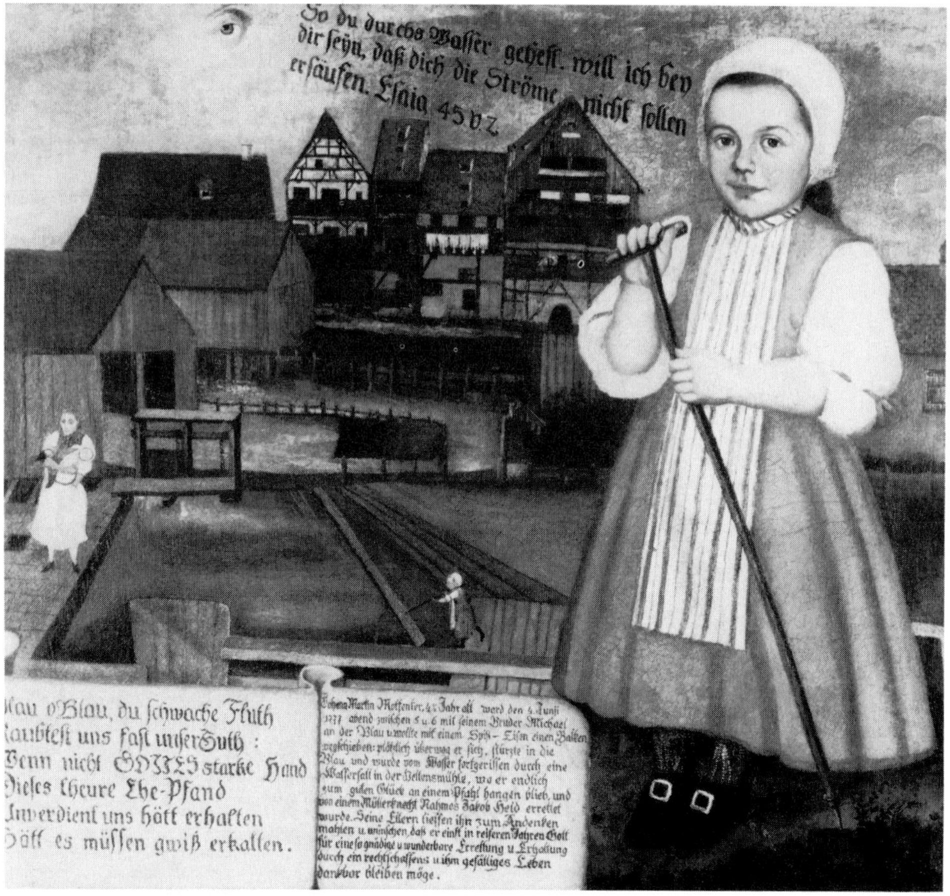

L 463

So kan der glaube gott bezwingen
1 Mos. 3Z v Z4 (1. Mose 32, 24)
Unten Mitte:
Wie dort ein Jakob sich den Segen hat errungen,
Da er des Höchsten Sohn im glauben feste hielt.
So ist's, dem Herrn sey preiß! auch mir bisher gelungen
Daß ich desselben Huld in reicher Maaß gefühlt.
Dem segens Gott hab ich nebst meinem weib vertraut
Der uns zu keiner Zeit jemals verlassen hat.
Diß Zimmer haben wir, u. mehr im Haus gebaut
Auch diß Zählen wir zu Gottes milder gnad
Nun Herr! Laß künftig hin, auch deinen Segen fließen
Auf uns u. dießes Haus kehr mehr mit gnaden ein,
bey allen, welche es nach uns bewohnen müssen
Es Solle Lob und Dank dafür das Opffer seyn.

J: A: Schneck pinx.

Links: Ursula Moserin AE 60
17
Rechts: Jakob Moser AE 55
Schnurer
Pinxit
69

Die Funktion des Haussegens erfüllen zumeist die Inschriften über den Haustüren außen, häufig in Verbindung mit dem Erbauungs- und Renovierungsdatum. Dieser gemalte Haussegen enthält zugleich das Doppelporträt der Hauserbauer. In gut evangelischer Tradition nimmt sich Jakob Moder den alttestamentlichen Stammesvater Jakob zum Vorbild.

Öl auf Leinwand. 71,5 × 93 cm (mit Rahmen). Signiert: „J: A: Schneck pinx."

Ulm, Ulmer Museum, Inv. Nr. 1920.4647

L 465 □

Hinterglasbild: Jakob ringt mit dem Engel

Schwäbisch-bayerisch, 2. Drittel 18. Jahrhundert

Das alttestamentliche Thema mit der Betonung des „Ringens" um den Segen, die Beifügung des Vierzeilers und dessen Diktion weisen das Bild mit hoher Wahrscheinlichkeit als evangelisches Andachtsbild aus.
Die Bezeichnung des Engels – in der Lutherübersetzung heißt es: „ein Mann" (1. Mose 32, 24) – als „Sohn Gottes" (2. Zeile) ist völlig ungewöhnlich. Die Geschichte insgesamt macht deutlich, daß sich hier Gott selbst geoffenbart hat.

Hinterglasmalerei. Fichte, 37 × 29,2 cm (mit Rahmen).

Literatur: Wortwörtlich derselbe Vierzeiler findet sich auf einer Bibelillustration zu demselben Motiv. Die Bibel wurde 1717 bei Johann Andreä Endfers Sohn in Nürnberg verlegt und enthält als Illustrationen Holzschnitte des Holzschneiders Elias Porzelius (Isny 1662 – Nürnberg 1722) nach Vorlagen des Zeichners Johann Jakob von Sandrart (Regensburg 1656 – Nürnberg 1698). – Zitiert nach Heger (geb. Woytzyk), Hans-Jürgen. Zwei violette Bibel-Fliesen der Manufaktur Nürnberg (1712–1840). In: Keramos, Bd. 90, 1980, S. 59–62, Abb. 2 mit Bildbeischrift S. 59.

Stuttgart, Württembergisches Landesmuseum, Inv. Nr. NK 1971/71.

L 466 □

Lehr- und Bekenntnisbild

Johann Matthäus Bauhof, Kaufbeuren, um 1762

Ein doppelter Rundbogen, von einem Rundbogen überfangen, auf 3 Säulen mit mächtigen Sockeln ruhend, stellt in abgekürzt-symbolischer Form das evangelische Lehr- und Kirchengebäude dar. Zentrale Gestalten der Heilsgeschichte (Mose, Johannes der Täufer, Jesus), die Apostel Petrus und Paulus, Luther und evangelische Fürsten (?) sowie zahlreiche Bibelzitate dokumentieren, auf was sich der evangelische Glauben gründet. Die Gegner der evangelischen Kirche und ihrer Lehre versuchen auf vielfältige Weise, dieses Gebäude einzureißen, zu untergraben oder sonstwie zu zerstören. – Fast dasselbe Bild wurde 1762 einem

L 464

Paar zur Hochzeit geschenkt (vgl. Scharfe, S. 285 und Ritz, S. 51).

Hinterglasmalerei. 38,5 × 26 cm.

Literatur: Scharfe 1968, S. 285. – Ritz, Gislind, Hinterglasmalerei. Geschichte, Erscheinung, Technik. München 1972, S. 51 und Abb. 100. Hier auch zwei weitere Konfessionsbilder: Abb. 101 und 102.

Stuttgart, Württembergisches Landesmuseum, Inv. Nr. L–VK 1975/140 (Leihgabe des Badischen Landesmuseums)

L 467 □

Buch: „D. Johann Albrecht Bengels/ sechzig/ erbauliche Reden/ über die/ Offenbarung Johannis/ oder vielmehr/ Jesu Christi/ samt einer/ Nachlese/ gleichen Inhalts“

Verlegt bei Johann Christoph Erhard, Buchhändler, Stuttgart 1771. Neue Auflage. Mit Titelkupferstich Bengels, gest. von Hieronymus Sperling (1695–1777), Augsburg, datiert 1747

Aus dem Besitz der Familie Schwenk, Feldstetten bei Laichingen

Johann Albrecht Bengel (1637–1752), lange Jahre Präzeptor an der (ev.) Klosterschule in Denkendorf, führt in diesem Werk aus, „wie in der Johannesapokalypse der Schlüssel für die Erklärung des ganzen Weltgeschehens“ stecke (Bengel, S. 107).

Ledereinband, 1306 S. mit Register. H. 17,5 cm, B. 10 cm.

Literatur: Johann Albrecht Bengel und der schwäbische Biblizismus. In: Schäfer, Gerhard, Kleine Württembergische Kirchengeschichte. Stuttgart 1964, S. 104–110.

Stuttgart, Württembergisches Landesmuseum, Inv. Nr. VK 1970/314

L 468 □

Buch: I) „Neu eingerichtetes/ Buß-Beicht-/ und/ Communionbuch...“ II) „Buß-/ und/ Communion-Lieder/...nebst.../ Ordnung/ der/ Communion.“

Verfaßt von Johann Kißling.
I) „Nürnberg, / in der Johann Andreä Endterischen/ Buchhandlung. 1793.“
II) 1791.

Aus dem Besitz der Familie Schwenk, Feldstetten bei Laichingen

Federeintragung der Erstbesitzerin: „Dieses Büchlein/ gehört./ Doraden Hilsenbeckin/ hät mir (sic!) geschenkt Pfarrer/ Ehlenheinz. an, meinem/ Covormations,/ -Tag.“

In Pappschuber, Ledereinband mit Blindpressung. 260 S. und 90 S., Register und Communionsordnung ohne Seitenzahlen. Goldschnitt. Titelkupfer und mehrere Kupferstiche im Text. H. 16,6 cm, B. 8 cm.

Stuttgart, Württembergisches Landesmuseum, Inv. Nr. VK 1970/322.

L 469 □

Bibel: Altes und Neues Testament (I) und Württembergisches Gesangbuch (II) in einem Band

Bibel „verdeutscht durch D. Martin Luther“. Vorrede von Johann Frik, 1712.
I) „Ulm, 1801./ in der Wohlerschen Buchhandlung.“
II) „bey Hof- und Canzleybuchdrucker Cotta’s Witwe“, Stuttgart 1807. Titelkupferstich: „J. A. Fridrich del./ F. W. Poll sc. A.V. [Augsburg]“

Aus dem Besitz der Familie Schwenk, Feldstetten bei Laichingen

Der Kupferstich mit dem Bildnis Luthers im Zentrum versucht den Bezug von Gesetz (links Mose mit den Gesetzestafeln) und Evangelium (rechts Paulus, der auf Christus weist,) zu veranschaulichen. In der Sockelzone die Symbole des Opfertodes Christi, in den Wolken der thronende Christus – „das Heil der Welt“. Eingelegt: etliche kleine Andachtsbilder.

Ledereinband mit Blindpressung, Schuber, Goldschnitt. Wenige Kupferstiche. 572 S., 355 S., 269 S. und 520 S. H. 17,1 cm, B. 11 cm.

L 465

L 466

Literatur: Zu Gesetz und Evangelium vgl. Lieske 1973, S. 128–130.

Stuttgart, Württembergisches Landesmuseum, Inv. Nr. VK 1970/308

L 470 □

Taufzettel/Falttaufbrief

Ehemals Slg. Schumm, Neuenstein

Johann Gottfried Böck (Böeck), Augsburg, 3. Viertel 18. Jahrhundert

Als Erinnerung an die Taufe für das getaufte Kind gedacht. Sechszeiler: „Liebes Kind…" Des weiteren zahlreiche Bibelzitate, die sich auf die Taufe beziehen. Rückseite: Christus am Kreuz – Hinweis auf die Verbindung von Kreuzestod und Abendmahl – Erwachsenentaufe – Symbole von Gesetz und Glaube – Die vier Evangelistensymbole.

Handkolorierte Kupferstiche. 15,6 × 31,2 cm (aufgefaltet). Handschriftlicher Eintrag von 1793 = Taufjahr.

Literatur: Scharfe 1968, S. 231, Abb. 110. – JbStKsBW 1970, S. 188–189, Abb. 25. – Thieme-Becker, Bd. 4, S. 177. – Vgl. Pieske, Christa, Über den Patenbrief. In: Beiträge zur deutschen Volks- und Altertumskunde 1958, Bd. 2/3, S. 85–121. – Vgl. Rubi, Christian, Taufe und Taufzettel im Bernerland. Wabern 1968.

Stuttgart, Württembergisches Landesmuseum, Inv. Nr. VK 1969/440

L 471 □

Faltbrief zum 200jährigen Jubiläum der Augsburger Konfession

Datiert 1730

Inschrift auf der Rückseite: „Auf diesem Jubel-Gedächtnus werden 4. son- /derbahre Nuzen fürgestellt, so wir von der /Reformation Lutheri haben, als,/ Die Gewissens Freyheit, die alte Warheit, /Der wahre Gottesdienst und die Gewißheit der/ Seeligkeit." Links davon Personifikation der „Libertas / Die Gewissens Freyheit", rechts der „Veritas/Die alte Wahrheit.", jeweils mit gereimtem Beitext, der auf Luthers Verdienste hinweist. Innenseite: Auf den Flügeln Fortsetzung dieses Programms mit „Religio/ Der wahre Gottesdienst." und „Certitudo Salutis/ Die Gewißheit der See- /ligkeit." Mitte: Luther mit der Bibel, der auf den Schriftsatz der Augsburger Konfession hinweist. Oben: Erinnerungstext zur

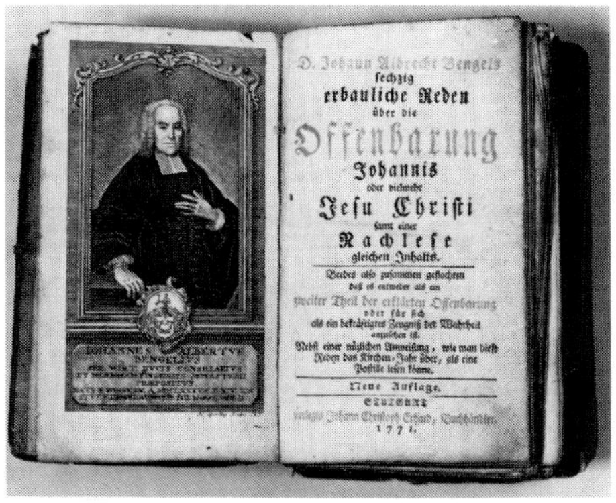

L 467

L 469

Übergabe der Augsburger Konfession, 1530.

Kupferstich auf Papier. 15,2 × 18,5 cm (aufgefaltet).

Literatur: Spamer 1930, S. 163.

Stuttgart, Württembergisches Landesmuseum, Inv. Nr. 1934/269

L 470

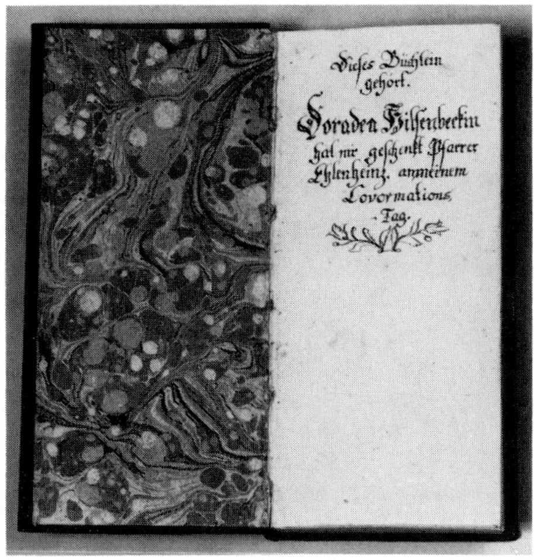

L 468

L 472 □

Schraubtaler zur Erinnerung an die Übergabe der Augsburger Konfession

Abraham Remshard I, Silberdrechsler in Augsburg (gest. 1754), 1733 (?)

In den Schraubtaler (Deckelbild: Kruzifix mit Taufbecken. Umschrift: "CHRISTUS SANCTIFICA VIT ECCLESIAM SUAM!") eingelegt: 24 runde, ovale und eckige Miniaturen. Sie zeigen „die Zusammenhänge zwischen dem Bekenntnis der Augsburger Konfession und der Salzburgischen Emigration. Die Bilderreihe beginnt mit den Porträts Luthers und Melanchtons; dann werden die ersten einundzwanzig Artikel der Augsburger Konfession sinnbildlich wiedergegeben, wobei als handelnde Personen soweit möglich, Emigranten eingefügt werden" (Marsch S. 96).

Messing (?) versilbert. Dm. 5,5 cm.

Literatur: Marsch 1977, S. 96, Abb. (eigentlich Faksimile) Nr. 111 (Beginn eines ausführlichen Begleittextes zu diesen Miniaturen). – Thieme-Becker, Bd. 28, S. 151.

Lörrach, Museum am Burghof

L 471

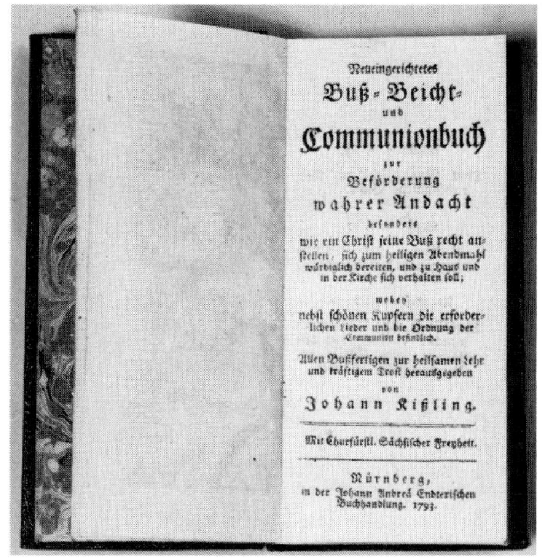

L 468

L 473 □

Buch: „Neu=vermehrter/evangelischer/Send=Brief

... geschrieben an die Landsleute/ in Salzburg ... von einem Bekenner der Wahrheit um des/ evangelischen Glaubens willen vertriebenen/ Bergmann aus Salzburg, Joseph Schaitberger..." (1658–1733)

Aus dem Besitz von Friedrich Rühle in Schnait im Remstal (handschriftlicher Eintrag).

Reutlingen o.J.

Ledereinband, 585 S. H. 18,3 cm, B. 10,4 cm.

Literatur: Marsch 1977, S. 19, 130–132, Abb. 128–131, Farbtaf. 6.

Stuttgart, Württembergisches Landesmuseum, Inv. Nr. 1969/722

L 471

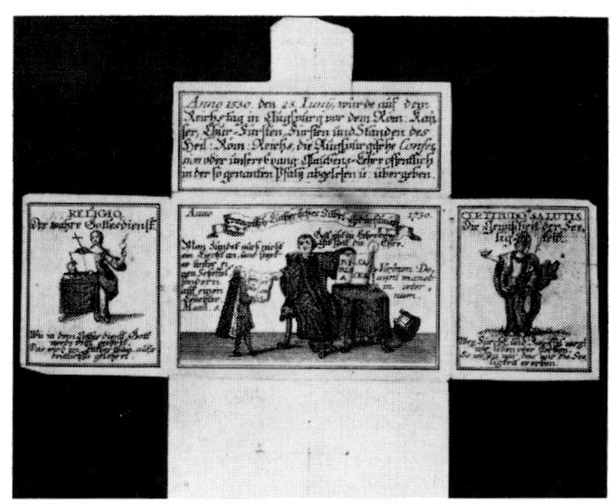

L 472

L 474 □

Kleines Andachtsbild: Erinnerung an die Vertreibung der Salzburger

Datiert 1732

Frau in ländlicher Tracht. – Texte: „Eine um der Evangeli/schen Religion willen aus/ ihrem Vatterland/wande/rende Saltzburgerin." – „Man thut um/ Gottes/ Wort mich hassen/ und muß mein/ Vatterland/ verlassen" – „Der Herr ist meines Lebens/ Krafft. Psal.: 27."

Deckfarben und Feder auf Pergament. 7,2 × 4,5 cm.

Literatur: Scharfe 1968, S. 218–220. – Marsch 1977, S. 98 und Abb. 116–124. – Stuttgart 1974, Abb. 203.

Stuttgart, Württembergisches Landesmuseum, Inv. Nr. 1969/546

L 475 □

Kalligraphie

„Geschrieben mit der lincken Hand von mir Johann/ Michael C. Schweickard zu Heilbronn Anno 1670."

Inschrift in den beiden Rundbogen: „In diesem Kunststücklein sind kürtzlich zu lesen die Sechs Hauptstück des kleinen Catechismi", also des Kleinen Katechismus von M. Luther.

L 472

Feder auf Pergament, mit Gold und Blau gehöht. 20 × 14,6 cm.

Literatur: Vgl. Spamer 1930, S. 167–168.

Stuttgart, Württembergisches Landesmuseum, Inv. Nr. 2245

L 476 □

Kalligraphie

Geschrieben von „Wilhelmina/Elisabetha/Enßlin/. 14. Jahr/alt."

Datiert 1763

Zahlenreihe und verschiedene Schriftproben, u.a.: „... Enßlin ... hat, durch die Gnade Gottes, neben Lesen und/Schreiben auch folgendes auswendig gelernt: /
1. den Christl. Catechismusn G.M.L. ganz./
2. Das Spruch; und Beichtbüchl: auch ganz./
3. Psalmen Davids. 40. und, 80. Gesänger."
Diese Arbeit wurde von Elisabeth Enßlin wohl zum Abschluß des Konfirmandenunterrichts angefertigt.

Braune Feder auf Papier, aquarelliert. 40,7 × 33,7 cm (aufgefaltet).

Stuttgart, Württembergisches Landesmuseum, Inv. Nr. 1934/270

L 477 □

Kleines Andachtsbild

Ehemals im Besitz der Familie Schwenk, Feldstetten bei Laichingen

Johannes Baur, Augsburg, 3. Viertel 18. Jahrhundert

Das Bildchen zeigt einen Wagner mit einem Rad, gibt sich also zunächst ganz profan; es wird aber durch den Vierzeiler, der auf die Vergänglichkeit aller irdischen Dinge hinweist, und durch die Tatsache, daß es in eine Luther-Bibel eingelegt war (die kleinen Andachtsbilder mit der Inv. Nr. VK 1970/308/1–9 waren alle in diese Bibel eingelegt), durchaus als frommes Mahnbild im Sinn der „Transgression auf das Himmlische" verstanden worden sein. – Das Glücksrad als ein Symbol des unberechenbaren Schicksals ist schon und gerade im Mittelalter häufig verwendet worden.

Handkolorierter Kupferstich. 10,5 × 6,8 cm. Signiert: „Joannes Baur, exc. A. V."

Stuttgart Württembergisches Landesmuseum, Inv. Nr. VK 1970/308/1

L 478 □

Kleines Andachtsbild: Kruzifix

Ehemals im Besitz der Familie Schwenk, Feldstetten bei Laichingen

I. Waagus, Augsburg, spätes 18. Jahrhundert

Ohne den Ablaßbeitext könnte man das Bild aufgrund des Achtzeilers als ein typisch evangelisches Andachtsbild mit stark pietistischem Einschlag ansehen. Bei aller Christozentrik des Protestantis-

L 473

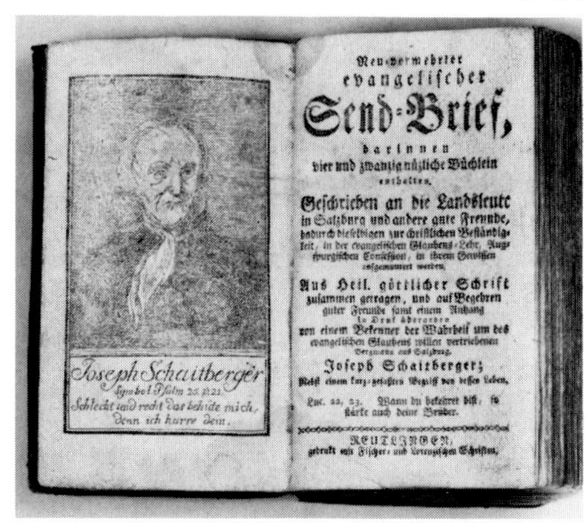

L 474

mus war aber dessen Verhältnis zur Darstellung des Kreuzes Christi durchaus gebrochen, vor allem, soweit es um seine Funktion und seinen Platz im häuslichen Bereich ging – sicherlich eine Reaktion auf die katholische Praxis (Herrgottswinkel!). Die Verunsicherung geht aber noch weiter: Der Kupferstich ist durch seinen Ablaßhinweis („wer ein Crucifix andächtig küsset, ge=/ winnet 1. Jahr u. 40. Tag Ablaß...") eindeutig als katholisches Andachtsbildchen ausgewiesen, lag aber in der Bibel einer gut evangelischen Familie. Man wird also sehr vorsichtig sein müssen bei der konfessionellen Festlegung im Bereich der Andachtsgraphik.

Handkolorierter Kupferstich. 10,3 × 6,1 cm. Signiert: „I. Waagus exc. A. V."

L 476

L 475

Literatur: Zum evangelischen kleinen Andachtsbild allgemein vgl. Spamer 1930, S. 157–169. – Zur Darstellung des Kreuzes und der Andacht davor vgl. Scharfe 1968, S. 109–125.

Stuttgart, Württembergisches Landesmuseum, Inv. Nr. VK 1970/308/2

L 479 □

Emblematisches kleines Andachtsbild mit dem Herzen Mariens

Ehemals im Besitz der Familie Schwenk, Feldstetten bei Laichingen

Paul Joseph Busch, Augsburg, spätes 18. Jahrhundert

Der Sinnbezug der verschiedenen Symbole und Formen wird erst durch den Zweizeiler deutlich: „Dein Herz Mariae ganz verschreib/ und beständig Ihr verbleib." Hinsichtlich der konfessionellen Bindung vgl. vorhergehende Kat. Nr.

Handkolorierter Kupferstich. 10,8 × 6,9 cm. Signiert: „P.I. Busch...? ...A.V."

Literatur: Vgl. Scharfe 1968, S. 174–178.

Stuttgart, Württembergisches Landesmuseum, Inv. Nr. VK 1970/308/3

L 480 □

Emblematisches kleines Andachtsbild

Ehemals im Besitz der Familie Schwenk, Feldstetten bei Laichingen

L 477

Johann Martin Will (1727–1806), Augsburg, 2. Hälfte 18. Jahrhundert

Vierzeiler: „Vor Gottes Angesicht, gehorsam/ from̄ Zu leben/ Hab ich mein Herz u. Sin̄, bis/ an mein End ergeben."

Handkolorierter Kupferstich. 11,9 × 7,2 cm. Signiert: „Ioh. Martin Will excudit Aug. Vind."

Stuttgart, Württembergisches Landesmuseum, Inv. Nr. VK 1970/308/4

L 481□

Kleines Andachtsbild: Vertreibung aus dem Paradies

Ehemals im Besitz der Familie Schwenk, Feldstetten bei Laichingen

Georg Frehling (Vater), Augsburg, Ende 18. Jahrhundert oder Franz Xaver Frehling (Sohn) (geb. 1800), nach 1820

Beitexte: „Straf der Adams=Sünde. G.[enesis] III." – „gleich einer Schlange ist die Sünde/Drum flieh die Lust u. überwinde."

Hand- und schablonenkolorierter Kupferstich. 12,8 × 8,2 cm. Signiert: „Frehling. Sc. A. V."

Literatur: Vgl. Sp amer 1930, S. 257. – Volkskultur 1974, Abb. 203.

Stuttgart, Württembergisches Landesmuseum, Inv. Nr. VK 1970/308/5

L 478

L 479

L 480

L 481

L 482

L 483

L 484

L 485

L 486

L 482 □

Kleines Andachtsbild (Rebusbild)

Ehemals im Besitz der Familie Schwenk, Feldstetten bei Laichingen

Johann Martin Will (1727–1806), Augsburg, 2. Hälfte 18. Jahrhundert

„Nehemia I. v. 6./Ach HERR/ Las doch deine [Ohren] / aufmercken und/ deine [Augen]/ Offen sein das du hörest/ Daß [Gebet]/ Deines Knechtes./ – Hör und Siehe mein Gott./ das Gebeth in unserer Noth."

Handkolorierter Kupferstich, 11,7 × 7,8 cm. Signiert: „J. M. Will. A. V."

Literatur: Zum Rebusbild vgl. Spamer 1930, S. 168–169.

Stuttgart, Württembergisches Landesmuseum, Inv. Nr. VK 1970/308/6

L 483 □

Kleines Andachtsbild (Rebusbild): Memento mori

Ehemals im Besitz der Familie Schwenk, Feldstetten bei Laichingen

Paul Joseph Busch, Augsburg, spätes 18. Jahrhundert

„Hiob XIIII v. 5/ Der Mensch hat Seine/ bestimbte/ [Zeit]/ Die Zahl seiner/ [Tage, Monde?]/ Stehet bey Gott/ – Menschen Zeit u. Zil (?) Zum Todt./ Rührt von gott u. steht bei gott"

Handkolorierter Kupferstich. 11 × 7,4 cm. Signiert: „P. I. Busch. A. V."

Literatur: Zu Busch vgl. Spamer 1930, S. 233. Das Bildchen Taf. CLXXXIV,2 ist von derselben Machart und wird von Spamer S. 325, als „protestantisch" bezeichnet.

Stuttgart, Württembergisches Landesmuseum, Inv. Nr. VK 1970/308/7

L 484 □

Emblematisches kleines Andachtsbild: Absage an die „Lust der Welt"

Augsburg?, spätes 18. Jahrhundert

„Mein Herze flieht die/Lust der Welt/ Weil ihm ihr Tand/ nicht mehr gefällt." – Neben der in diesem Zusammenhang erstaunlicherweise kreuzbekrönten Weltkugel Füllhorn (?), aus dem Schmuck und Geld(?) herausgefallen sind (alles sehr undeutlich). Darüber geflügeltes, kreuzbekröntes Herz und ein Vogel an einer langen Schnur.

Sehr nachlässig handkolorierter Kupferstich. 8,2 × 5,3 cm.

Literatur: Zur Herzsymbolik vgl. u. a. Scharfe 1968, vor allem S. 273–289. – Walzer, Albert u. a., Das Herz – Im Umkreis des Glaubens (1) – Im Umkreis der Kunst (2). Biberach 1965 und 1966. – Spamer 1930, S. 149–157. Weitere Hinweise vgl. Register S. 290.

Stuttgart, Württembergisches Landesmuseum, Inv. Nr. VK 1970/308/8

L 485 □

Kleines Andachtsbild (Rebusbild)

Ehemals im Besitz der Familie Schwenk, Feldstetten bei Laichingen

Frehling (d. Ä.?), Augsburg, spätes 18. Jahrhundert

„Wie oft hab ich wollen/ Deine [Kinder] Versam̄ten, wie eine [Henne] Versamelt ihre/ Küchlein [Küken]/ unter ihre/ [Flügel]/ und du hast ni=/cht Gewollt/ Matth XXIII. V. 37."

Nachlässig handkolorierter Kupferstich. 9,4 × 6 cm. Signiert: „Frehling Ca A V".

Stuttgart, Württembergisches Landesmuseum, Inv. Nr. VK 1970/322

L 486 □

Einlegebildchen: Brustbild von Gustav IV. Adolf von Schweden (reg. 1792–1809)

L 487 a

Ehemals im Besitz der Familie Schwenk, Feldstetten bei Laichingen

Johann Martin Will (1727–1806), Augsburg, um 1800

Daß ein Bild von einem Nachfahren des für Protestanten fast legendären Schwedenkönigs Gustav Adolf in eine Lutherbibel eingelegt ist, kann eigentlich nicht verwundern.

Handkolorierter Kupferstich. 12,9 × 7,8 cm. Signiert: „Ioh. Mart. Will exc. A.V.“ Inschriften: „KÖNIG v. SCHWEDEN. – gebohren [sic!] d. 15 Aug. 1769.“

Literatur: Zu Gustav Adolf vgl. Scharfe 1968, S. 285–286.

Stuttgart, Württembergisches Landesmuseum, Inv. Nr. VK 1970/308/g

L 487 a–b □

Zwei kleine Andachtsbilder: M. Luther (a) und seine Frau Catharina (b)

Johann Martin Will (1727–1806), Augsburg, 3. Drittel 18. (a) und spätes 18. Jahrhundert (b)

Die Verehrung Luthers hatte viele Gesichter und zeitigte im Laufe der Jahrhunderte ganz verschiedene Charakterisierungen: das ging vom evangelischen Heiligen bis zum deutschen Helden. Vor allem seine Gleichstellung mit den Aposteln zeigt, welch zentrale Bedeutung man ihm als Vermittler der Heilsgeschichte zumaß. Daß man nicht selten auch seine Frau mit abgebildet hat, geschah sicher auch aus einem antikatholischen, antizölibatären Affekt heraus.

Handkolorierte Kupferstiche. 11 × 6,9 cm (a), 11,4 × 6,7 cm (b).

Literatur: Vgl. Scharfe 1968, S. 181–196. – Lieske 1973, S. 119–124. – Spamer 1930, S. 163.

Stuttgart, Württembergisches Landesmuseum, Inv. Nr. 1969/578 (a) u. 1969/577 (b)

Anhang

Abkürzungen

Sabine Schwermer

Abb.
Abbildung

Anm.
Anmerkung

Aufl.
Auflage

Ausst.
Ausstellung

Ausst. Kat.
Ausstellungskatalog

B.
Breite

Bd., Bde.
Band, Bände

Bearb.
Bearbeiter

bearb.
bearbeitet

Beschr. Verz.
Beschreibendes Verzeichnis

Bibl.
Bibliothek

Bl., Bll.
Blatt, Blätter

ca.
circa

ders.
derselbe

Diss.
Dissertation

Diss.Masch.
Dissertation Maschinenschrift

Dm.
Durchmesser

ehem.
ehemalig

f., ff.
folgende

Fig.
Figur

fl.
Gulden

fol.
folio

Fs.
Festschrift

gest.
gestorben

H.
Höhe

hl., Hl.
heilig, Heilige(r)

Hrsg.
Herausgeber

hrsg.
herausgegeben

Hs., Hss.
Handschrift(en)

Inv.
Inventar

Inv. Nr.
Inventarnummer

Jb.
Jahrbuch

Jg.
Jahrgang

Jh.
Jahrhundert

Kat.
Katalog

Kat.Nr.
Katalognummer

L.
Länge

lat.
lateinisch

Lit.
Literatur

Ms., Mss.
Manuskript(e)

N.F.
Neue Folge

Nr.
Nummer

Pl.
Plate, Planche

s.
siehe

S.
Seite

Slg.
Sammlung

Sp.
Spalte

St.
Sankt

T.
Tiefe

Taf.
Tafel

Urkb.
Urkundenbuch

urspr.
ursprünglich

vgl.
vergleiche

Xr
Kreuzer

Zs.
Zeitschrift

Institutionen

Aug.Mus. Freiburg
Augustiner-Museum Freiburg

BLB
Badische Landesbibliothek Karlsruhe

BLM
Badisches Landesmuseum Karlsruhe

BNM
Bayerisches Nationalmuseum München

GLA Karlsruhe
Generallandesarchiv Karlsruhe

GNM Nürnberg
Germanisches Nationalmuseum Nürnberg

HSTA Stuttgart
Hauptstaatsarchiv Stuttgart

HSTA Ludwigsburg
Hauptstaatsarchiv Ludwigsburg

Kurpf.Mus. Heidelberg
Kurpfälzisches Museum Heidelberg

MKG Hamburg
Museum für Kunst und Gewerbe Hamburg

MKH Frankfurt
Museum für Kunsthandwerk Frankfurt

SMPK
Staatl. Museen Preußischer Kulturbesitz Berlin

BVSS
Bayer. Verwaltung der Staatl. Schlösser, Gärten und Seen München

UB Freiburg
Universitätsbibliothek Freiburg

UB Heidelberg
Universitätsbibliothek Heidelberg

UB Tübingen
Universitätsbibliothek Tübingen

WLB
Württembergische Landesbibliothek Stuttgart

WLM
Württembergisches Landesmuseum Stuttgart

Zeitschriften und Sammelwerke

AGNM
Anzeiger des Gemanischen Nationalmuseums

ArtBull
The Art Bulletin

BlwKg
Blätter für württembergische Kirchengeschichte

BollA
Bolletino d'Arte

BullMon
Bulletin Monumental

BurlMag
The Burlington Magazine

FDA
Freiburger Diözesan-Archiv

GBA
Gazette des Beaux-Arts

Inv.Gén.Mon.
Inventaire général des monúments et des richesses artistiques de la France

JbBM
Jahrbuch der Berliner Museen

JbKSWien
Jahrbuch der Kunsthistorischen Sammlungen in Wien (1.1883-34.1917: Jahrbuch der Kunsthistorischen Sammlungen des Allerhöchsten Kaiserhauses)

JbKw
Jahrbuch für Kunstwissenschaft

JbPrKs
Jahrbuch der Preußischen Kunstsammlungen

JbrhD
Jahrbuch der rheinischen Denkmalpflege

JbStKsBW
Jahrbuch der Staatlichen Kunstsammlungen in Baden-Württemberg

JbVk
Jahrbuch für Volkskunde

JWCI
Journal of the Warburg and Courtauld Institutes

Kdm
Kunstdenkmäler

LCI
Lexikon für christliche Ikonographie

LThK
Lexikon für Theologie und Kirche

MarbJb
Marburger Jahrbuch für Kunstwissenschaft

MannhGbl
Mannheimer Geschichtsblätter

MannhH
Mannheimer Hefte

MüJb
Münchner Jahrbuch der bildenden Kunst

ÖZsKD
Österreichische Zeitschrift für Kunst und Denkmalpflege

OberrhK
Oberrheinische Kunst

RAC
Reallexikon für Antike und Christentum

RDK
Reallexikon zur Deutschen Kunstgeschichte

RömJb
Römisches Jahrbuch für Kunstgeschichte

SM
Studien und Mitteilungen zur Geschichte des Benediktiner-Ordens und seiner Zweige

StädJb
Städel-Jahrbuch

WürttJb
Württembergische Jahrbücher für Statistik und Landeskunde

WürttVjh
Württembergische Vierteljahreshefte für Landesgeschichte

ZsWLg
Zeitschrift für Württembergische Landesgeschichte

ZAK
Zeitschrift für schweizerische Archäologie und Kunstgeschichte

ZGO
Zeitschrift für die Geschichte des Oberrheins

ZsVKw
Zeitschrift des deutschen Vereins für Kunstwissenschaft

ZsbK
Zeitschrift für bildende Kunst

ZsChrK
Zeitschrift für christliche Kunst

ZsKg
Zeitschrift für Kunstgeschichte

ZsKw
Zeitschrift für Kunstwissenschaft

Abgekürzt zitierte Literatur

Sabine Schwermer, Anita Kohlmüller

Die Ausstellungskataloge werden anschließend gesondert aufgeführt.

Adelmann 1953/54
Adelmann von Adelmannsfelden, Georg Sigmund Graf von, Barocke Möbel und Schreinerarbeiten in Schloß Weikersheim. In: Württembergisch Franken, N.F. 28/29, 1953/54, S. 242–267

Albrecht 1844
Albrecht, Joseph, Münzgeschichte des Hauses Hohenlohe vom dreizehenten bis zum neunzehenten Jahrhundert. o. O. 1844

Albrecht 1865
Albrecht, Joseph, Die Münzen, Siegel und Wappen des Fürstlichen Gesammt-Hauses Hohenlohe. Oehringen 1865

Asche 1978
Asche, Sigfried, Balthasar Permoser. Berlin 1978

Assion 1980
Assion, Peter (Hrsg.), 650 Jahre Wallfahrt Walldürn. Karlsruhe 1980

Ast 1976
Ast, Doris, Die Bauten des Stifts Salem im 17. und 18. Jahrhundert. Diss. München 1976

Balet 1911
Balet, Leo, Ludwigsburger Porzellan (Figurenplastik). Stuttgart, Leipzig 1911

Bally 1896/1911
Beschreibung von Münzen und Medaillen des Fürstenhauses und Landes Baden in chronologischer Reihenfolge aus der Sammlung des Großherzoglich Badischen Kommerzienrathes Otto Bally in Säckingen. Teil 1.2, Aarau 1896

Barigozzi Brini/Garas 1967
Barigozzi Brini, Amalia, Garas, Klara, Carlo Innocenzo Carloni. Mailand 1967

Baumgärtner 1977
Baumgärtner, Sabine, Sächsisches Glas. Die Glashütten und ihre Erzeugnisse. In: Veröffentlichungen zur Geschichte des Glases und der Glashütten in Deutschland, Bd. 4, Wiesbaden 1977

Baxandall 1967
Baxandall, Michael, German wood statuettes 1500–1800. Victoria and Albert Museum. London 1967

Bechtold 1923/24 I
Bechthold, Arthur, Georg Pfründt. In: Archiv für Medaillen- und Plaketten-Kunde, Bd. 4, 1923/24, S. 1–62

Bechtold 1923/24 II
Bechtold, Arthur, Erwähnung einer pfälzischen Medaille bei Grimmelshausen.In: Archiv für Medaillen- und Plaketten-Kunde, Bd. 4,1923/24, S. 83–92

Beck 1973
Beck, Gertrud, Die Wallfahrt Maria Steinbach und ihre Bedeutung für Oberschwaben. In: Ulm und Oberschwaben, Bd. 40/41, 1973, S. 222–249

Beierlein 1901
Beierlein, Johann Peter, Die Medaillen und Münzen des Gesamthauses Wittelsbach. Bd. 1, München 1901

Bender 1979
Bender, Gerd, Die Uhrmacher des hohen Schwarzwaldes und ihre Werke. Bd. 1 (2. Aufl.). 2., Villingen 1979

Beringer 1902
Beringer, Josef August, Peter A. von Verschaffelt, sein Leben und sein Werk. Straßburg 1902

Berliner 1926
Berliner, Rudolf. Die Bildwerke in Elfenbein, Knochen, Hirsch- und Steinbockhorn. Die Bildwerke des Bayerischen Nationalmuseums. Augsburg 1926.

Bernhart 1966
Bernhart, Max, Medaillen und Plaketten. 3. Aufl., Braunschweig 1966

Bernoulli/Cahn 1969
Bernoulli, Christoph, Cahn, Erich B., Reichsstadt und Residenz. Städtebilder auf Münzen und Medaillen. In: Dauer im Wandel. Festschrift zum 70. Geb. von Carl J. Burckhardt, München 1969

Berstett 1846
Berstett, August von, Münzgeschichte des Zähringen-Badischen Fürstenhauses. Freiburg i. Br. 1846

Biermann 1882
Biermann, A., Aus der Gmünder Ausstellung 1878. Schwäbisch Gmünd 1882

Binder 1846
Binder, Christian, Württembergische Münz- und Medaillen-Kunde. Stuttgart 1846

Binder/Ebner 1910/16
Binder, Christian, Ebner, Julius, Württembergische Münz- und Medaillen-Kunde. Bd. 1.2, Stuttgart 1910–1916

Birth 1977
Birth, Adalbert, St. Margaretha Waldkirch. München, Zürich 1977

Bischoff 1927
Bischoff, Karl, Johann Sebastian Barnabas Pfaff. Diss. Frankfurt 1927

Bischoff-Luithlen o. J.
Bischoff-Luithlen, Angelika. Das Bauernhausmuseum in Hohenstein-Ödenwaldstetten. Münsingen o.J. [um 1979]

Bischoff-Luithlen 1979
Bischoff-Luithlen, Angelika, Von Amtsstuben, Backhäusern und Jahrmärkten. Stuttgart, Berlin, Köln, Mainz 1979

Boeck 1948
Boeck, Wilhelm, Joseph Anton Feuchtmayer. Tübingen 1948

Boeck 1953
Boeck, Wilhelm, Das unbekannte Werk des Konstanzer Bildschnitzers Christoph Daniel Schenck. In: Das Münster, Jg. 6, 1953, S. 66–74

Boeck 1963
Boeck, Wilhelm, Feuchtmayer. Meisterwerke. Tübingen 1963

Böer 1970
Böer, Ludwig, Zur Geschichte des Inventars. In: Die Hofkirche in Bruchsal. Entstehung u. Wiederaufbau. Bruchsal 1970. S. 16–29

Böer 1975
Böer, Ludwig, Die Bruchsaler Schreinerfamilie Weinspach. In: Badische Heimat, Jg. 55, 1975, S. 431–436

Böhm 1960
Böhm, Ludwig W., Frankenthaler Porzellan. Mannheim 1960

Boltshauser 1960/61
Boltshauser, Hans, Der Medailleur Johann Heinrich Boltschauser, 1754–1812. In: Schweizerische Numismatische Rundschau, Bd. 41, 1960/61, S. 14–34

Bolzenthal 1840
Bolzenthal, Heinrich, Skizzen zur Kunstgeschichte der modernen Medaillen-Arbeit (1429–1840). Berlin 1840

Braun 1932
Braun, Joseph, Das christliche Altargerät in seinem Sein und in seiner Entwicklung. München 1932

Brinckmann 1924
Brinckmann, Albert Erich, Barock-Bozzetti. Bd. 4. Deutsche Bildhauer. Frankfurt 1924

Brommer 1977
Brommer, Hermann, Künstler und Kunsthandwerker im st.-petrischen Kirchen- und Klosterneubau des 18. Jahrhunderts. In: St. Peter im Schwarzwald, hrsg. von Hans-Otto Mühleisen. München, Zürich 1977, S. 50–93

Brückner 1958
Brückner, Wolfgang, Die Verehrung des Hl. Blutes in Walldürn. Volkskundlich-soziologische Untersuchungen zum Strukturwandel barocken Wallfahrtens. Bd. 3, Aschaffenburg 1958

Brückner 1977
Brückner, Wolfgang, Wallfahrt und Kirche Walldürn. 4. Aufl. Walldürn 1977

Bursche 1974
Bursche, Stefan, Tafelzier des Barock. München 1974

Bushart 1953
Bushart, Bruno, Meisterzeichnungen des Barock im Schloßmuseum Ellwangen. In: Das Münster, Jg. 6, 1953, S. 77–88

Bushart 1961
Bushart, Bruno, Melchior Steidl. Entwürfe für die Fresken in der Schönenbergkirche zu Ellwangen. In: Festschrift Eberhard Hanfstaengl. München 1961, S. 95–111

Bushart 1975
Bushart, Bruno, Martin Knoller – der Freskant. In: Die Abteikirche Neresheim. Neresheim 1975, S. 353–401

Catalogue 1977
Catalogue général illustré des éditions de la Monnaie de Paris. Bd. 1, Paris 1977

Demmler 1922
Demmler, Theodor, Der Bildhauer Paul Egell in Mannheim (1691–1752). In: JbPrKs, Bd. 43, 1922, S. 137–162

Deneke 1969
Deneke, Bernward, Bauernmöbel. München 1969

Dexel 1977
Dexel, Thomas, Gebrauchsglas. Braunschweig 1977

Dillmann/Zoege von Manteuffel/Schulz 1980
Dillmann, Erika, Zoege von Manteuffel, Claus, Schulz, Hans-Jürgen, Johann Georg Dirr. Friedrichshafen 1980

Döry 1958
Döry, Ludwig Baron, Der Bildhauer Paul Egell und die Brüder von Weichs. In: Jb. der Hamburger Kunstsammlungen, Bd. 3, 1958, S. 103–112

Döry 1963
Döry, Ludwig Baron, Drei unbekannte Zeichnungen von Johann Paul Egell. In: Festschrift für Harald Keller. Darmstadt 1963, S. 371–388

Döry 1980
Döry, Ludwig Baron, Ein Epitaph Egells in Heppenheim an der Bergstraße. In: JbStKsBW, Bd. 17, 1980, S. 125–132

Dollinger 1903
Dollinger, Franz, Die Fürstenbergischen Münzen und Medaillen. Donaueschingen 1903

Domanig 1893
Domanig, Karl, Die deutsche Privatmedaille der älteren Zeit. In: Numismatische Zeitschrift, Bd. 24, 1893, S. 77–114

Domanig 1907
Domanig, Karl, Die deutsche Medaille in kunst- und kulturhistorischer Hinsicht nach dem Bestande der Medaillensammlung des ah. Kaiserhauses. Wien 1907

Dreczko 1975
Dreczko, Evelyn Borghild Doris Susanne, Die kurkölnische und kurpfälzische Savonneriemanufaktur (1715–1798). Diss. Bonn 1975

Dreier 1970
Dreier, Franz-Adrian, Glaskunst in Hessen-Kassel. Kassel 1969

Drös 1930
Drös, Hugo, Die Ruhestätte des Kurfürsten Karl Philipp von der Pfalz und seiner dritten Gemahlin Violanta Theresia in der Schloßkirche zu Mannheim. In: MannhGbl, Jg. 31, 1930, Sp. 170–180

Eberth 1972
Eberth, Dieter, Ein Führer durch das Königsbronner Torbogenmuseum. Königsbronn 1972

Erdner/Nagel 1972
Erdner, Hans, Nagel, Gert K., Die Fayencefabrik zu Schrezheim. Ellwangen/Jagst 1972

Erhard 1977
Erhard, Alfred, Der Kirchenschatz von St. Peter. In: Mühleisen, Hans-Otto, St. Peter im Schwarzwald. München, Zürich 1977, S. 124–143

Erlanger 1975
Erlanger, Herbert J., Origin and development of European prize medal to the end of the 18th century. Haarlem 1975

Erman 1884
Erman, Adolf, Deutsche Medailleure des sechzehnten und siebzehnten Jahrhunderts. Berlin 1884. In: Zeitschrift für Numismatik, Bd. 12, 1885, S. 14–102

Erzberger 1902
Erzberger, Matthias, Die Säkularisation in Württemberg von 1802–1810. Stuttgart 1902. (Neudr. Aalen 1974)

Euw 1969
Euw, Anton von, Meisterwerke des 17. bis 19. Jhs. in den Sammlungen des Stiftes Einsiedeln. In: Aachener Kunstblätter, Bd. 39, 1969, S. 181–232

Exter 1759/1768
Exter, Friedrich, Versuch einer Sammlung von Pfältzischen Medaillen ... Teil 1, Zweybrücken 1759–1768

Exter 1769/1775
Exter, Friedrich, Versuch einer Sammlung von Pfältzischen Medaillen ... Teil 2, Zweybrücken 1769–1775

Felder 1978
Felder, Peter, Medailleur Johann Carl Hedlinger 1691–1771. Aarau, Frankfurt a. M., Salzburg 1978

Feulner 1920
Feulner, Adolf, Die Zick. München 1920

Feulner 1926
Feulner, Adolf, Die Sammlung Hofrat Sigmund Röhrer im Besitze der Stadt Augsburg. Augsburg 1926

Feulner 1927
Feulner, Adolf, Die Kunst des deutschen Möbels seit dem Altertum. Berlin 1927

Feulner 1929
Feulner, Adolf, Skulptur und Malerei des 18. Jahrhunderts in Deutschland. Wildpark-Potsdam 1929

Feulner 1934
Feulner, Adolf, Zum Werk Paul Egells. In: ZsVKw, Bd. 1, 1934, S. 134–146

Feulner 1947
Feulner, Adolf, Ignaz Günther, München 1947

Feulner 1980
Feulner,Adolf, Kunstgeschichte des Möbels. Bearb. von Dieter Alfter. Frankfurt, Berlin, Wien 1980

Feulner/Müller 1953
Feulner, Adolf, Müller, Theodor, Geschichte der deutschen Plastik. München 1953

Fichtner 1939/40
Fichtner, Fritz, Der alte Bestand ostasiatischer Keramik im Schloß Favorite bei Rastatt. In: Ostasiatische Zeitschrift, N. F. 15/16, 1939/40, S. 129–147

Fichtner 1953
Fichtner, Fritz, Das Schloß Favorite bei Rastatt. In: Sprechsaal für Keramik, Glas, Email, Jg. 86, 1953, S. 411–414

Fichtner 1959
Fichtner, Fritz, Frühmeißener rotes Steinzeug: Böttgers Anteil an der künstlerischen Gestaltung. In: Berichte der Deutschen Keramischen Gesellschaft, Bd. 36, 1959, S. 246–259

Finkenstaedt 1968
Finkenstaedt, Helene und Thomas, Stanglsitzerheilige und Große Kerzen. Weißenhorn 1968

Fleischhauer 1958
Fleischhauer, Werner, Barock im Herzogtum Württemberg. Stuttgart 1958

Fleischhauer 1967
Fleischhauer, Werner, Schloßmuseum Ludwigsburg. Amtlicher Führer. Stuttgart 1967

Fleischhauer 1976
Fleischhauer, Werner, Die Geschichte der Kunstkammer der Herzöge von Württemberg in Stuttgart. Stuttgart 1976.

Fleurimont 1748
Fleurimont, G. R. (d.i.: Nicolas Godonnesche), Médailles du règne de Louis XV depuis 1715 jusqu'à 1748. [Paris 1748]

Förschner 1978
Förschner, Gisela, Kleinkunst in Silber. Schraubtaler und Schraub-Medaillen. Frankfurt 1978

Forrer 1904/1930
Forrer, Leonard, Biographical dictionary of medallists, coin-, gem- and seal-engravers, mint-masters, etc., 500 B.C. – 1900 A.D., Bd. 1–8, London 1904–1930

Forster 1910/1914
Forster, Albert von, Die Erzeugnisse der Stempelschneidekunst in Augsburg und Ph. H. Müller's nach meiner Sammlung beschrieben und die Augsburger Stadtmünzen. Leipzig 1910. Nachtrag Leipzig 1914

Franzius 1975
Durlacher Fayencen 1723–1847. Kat.: Walther Franzius. Badisches Landesmuseum, Karlsruhe 1975

Franzius 1977
Franzius, Walther, Porzellanfiguren des 18. Jahrhunderts. Badisches Landesmuseum, Karlsruhe 1977

Freeden 1951
Freeden, Max H. von, Kleinplastik des Barock. Stuttgart 1951

Freeden 1972
Freeden, Max H. von, Aus den Schätzen des Mainfränkischen Museums Würzburg. Würzburg 1972

Freeden 1976
Freeden, Max H. von, Aus den Schätzen des Mainfränkischen Museums Würzburg. 3. Aufl., Würzburg1976

Freiburg 1978
Augustiner Museum. Führer durch die Sammlungen. Freiburg 1978

Friedensburg 1899
Friedensburg, Ferdinand, Schlesiens neuere Münzgeschichte. Breslau 1899

Friedensburg/Seeger 1901
Friedensburg, Ferdinand, Seeger, H., Schlesische Münzen und Medaillen der neueren Zeit. Breslau 1901

Fritz 1975
Fritz, Johann, Michael, Über die Waffensammlung der Markgrafen und Großherzöge von Baden. In: JbStKsBW, Bd. 12, 1975, S. 85–112

Fuchs 1975
Fuchs, Carl Ludwig, Die Innenraumausstattung und Möblierung des Schwetzinger Lustschlosses im 18. und 19. Jahrhundert. Diss. Heidelberg 1975

Gamer 1975
Gamer, Jörg, „Die Krone aller Treppenhäuser“. In: Beilage der Badischen Neuesten Nachrichten vom 28. 2. 1975

Gehrig 1969
Gehrig, Franz, Der Bruchsaler Hofbildhauer Joachim Günther. In: Freiburger Diözesan-Archiv, Bd. 89, 1969, S. 374–388

Giard 1978
Giard, Jean-Baptiste, Images de l'antiquité romaine et de la renaissance française. In: Scripta Nummaria Romana. Essays presented to Humphrey Sutherland. London 1978

Giedion-Welcker 1922
Giedion-Welcker, C., Bayrische Rokokoplastik. J. B. Straub und seine Stellung in Landschaft und Zeit. München 1922

Ginter 1932
Ginter, Hermann, Die St. Martinskapelle zu Nenzingen. In: Birnauer Kalender 1932, S. 106–126

Ginter 1949
Ginter, Hermann, Kloster St. Peter im Schwarzwald. Karlsruhe 1949

Ginter 1954
Ginter, H., Die Tabernakeltüre auf dem Frauenberg zu Bodman. In: St. Konradsblatt, Jg. 34, 1954, S. 578–579

Göbel 1933
Göbel, Heinrich, Wandteppiche, T. 3, Die germanischen und slawischen Länder, Bd. 1. Berlin 1933

Goetze/Roggenkamp 1980
Goetze, Jochen, Roggenkamp, Walter, Medaillen der Kurfürsten von der Pfalz. Die Schaeffersche Suite von 1758. Heidelberg 1980

Gombert 1965
Gombert, Hermann, Der Freiburger Münsterschatz. Freiburg, Basel, Wien 1965

Gommel 1969
Gommel, Adolf. Tauf- und Abendmahlsgeräte aus evangelischen Kirchen in Württemberg. Tübingen 1969

Greber 1980
Greber, Josef Maria, Abraham und Da-

vid Roentgen. Möbel für Europa. Bd. 1.2, Starnberg 1980

Greiner 1971
Greiner, Karl, Die Glashütten in Württemberg. Wiesbaden 1971

Gretsch 1928 I
Gretsch, Hermann, Die Fayencefabrik in Crailsheim. Stuttgart 1928

Gretsch 1928 II
Gretsch, Hermann, Technische Merkmale süddeutscher Fayencefabriken. Stuttgart 1928

Griebert 1936
Griebert, Benno, Johann Michael Winterhalter. In: OberrhK, Jg. 7, 1936, S. 163–196

Griebert 1939
Griebert, Benno, Joseph Anton Hops. In: OberrhK, Jg. 8, 1939, S. 119–143

Grotemeyer 1958
Grotemeyer, Paul, Medaillen. In: Europäisches Rokoko. Kat. der Ausst. München 1958, S. 181–193

Grotemeyer 1971
Grotemeyer, Paul, Franz Andreas Schega 1711–1787. Münzstempelschneider und Medailleur an der kurfürstlichen Münze zu München. München 1971

Grotkamp-Schepers 1980
Grotkamp-Schepers, Barbara, Die Mannheimer Zeichnungsakademie (1756/69–1803) und die Werke der ihr angeschlossenen Maler und Stecher. Frankfurt/Main 1980

Grünenwald 1951/52
Grünenwald, Elisabeth, Die Künstlerfamilie Sommer in Künzelsau. In: Württembergisch Franken, N.F. 26/27, 1951/52, S. 275–299

Gubler 1970
Gubler, Hans-Martin, Ein Brunnenprojekt für St. Peter auf dem Schwarzwald von Josef Anton Feichtmayer. In: Das Münster, Jg. 23, 1970, S. 51–52

Günzburger 1930
Günzburger, Julius, Medaillen badischer Klöster, Wallfahrtsorte und anderer geistlicher Institute. Nürnberg 1930

Haas 1974
Haas, Rudolf, Die Prägungen der Mannheimer Münzstätten ca. 1390, 1608–1610, 1735–1825. Forschungen zur Geschichte Mannheims und der Pfalz NF Bd. 6, Mannheim, Wien, Zürich 1974

Haas/Gesche 1972
Haas, Rudolf, Gesche, Inga. Mannheim und die Pfalz im Spiegel von Münzen und Medaillen. Mannheim 1972

Haase 1975
Haase, Gisela, Sächsisches Glas vom 17. bis Anfang des 19. Jahrhunderts. Staatliche Kunstsammlungen Dresden, Dresden 1975

Häberle 1926
Häberle, Adolf, Die Kienlen. Eine Ulmer Goldschmiedefamilie. In: Das Schwäbische Museum, Jg. 1926, H. 1, S. 17–31

Häberle 1929
Häberle, Adolf, Die Zunftaltertümer des Museums der Stadt Ulm. Ulm 1929

Hardtwig 1978
Hardtwig, Barbara, Nach-Barock und Klassizismus, Gemäldekatalog III, Bayerische Staatsgemäldesammlungen. München 1978

Harster 1882
Harster, W., Versuch einer Speierer Münzgeschichte. Speier 1882

Haßler 1975
Haßler, Artur, Der Wiederaufbau des Bruchsaler Schlosses. In: Beilage der Badischen Neuesten Nachrichten vom 28. 2. 1975

Hefele 1930
Hefele, Friedrich, Vorarlberger und Allgäuer Bauleute zu Freiburg i. Br. im 18. Jahrhundert. In: Alemannia, Jg. 4, 1930, S. 109–148

Heffels 1969
Heffels, Monika, Die Handzeichnungen des 18. Jahrhunderts. Kat. des Germanischen Nationalmuseums. Bd. 4, Nürnberg 1969

Heinemeyer/Ottenjahn 1978
Heinemeyer, Elfriede, Ottenjahn, Helmut, Alte Bauernmöbel. Leer 1978

Henkel/Schöne 1976
Henkel, Arthur, Schöne, Albrecht (Hrsg.) Emblemata. Handbuch zur Sinnbildkunst des XVI. und XVII. Jahrhunderts. Erg. Neuausg. Stuttgart 1976

Hering-Mitgau 1973
Hering-Mitgau, Mane, Barocke Silberplastik in Südwestdeutschland. Weißenhorn 1973

Hermann 1968
Hermann, Manfred, Die Klosterkirche zu St. Märgen im 18. Jahrhundert. In: St. Märgen/Hochschwarzwald. Festschrift anläßlich der 850-Jahr-Feier. Karlsruhe 1968

Hermann/Brommer 1972
Hermann, Manfred, Brommer, Hermann, Die Bildhauer Hauser in Kirchzarten, Schlettstadt u. Freiburg/Br. 1611–1842, Das Werk (Teil 1). In: Badische Heimat, Jg. 52, 1972, S. 2–148

Heuser 1922
Heuser, Emil, Porzellan von Straßburg und Frankenthal im 18. Jahrhundert. Neustadt a.d. Haardt 1922

Hillenbrand 1956
Hillenbrand Karl, Bemalte Bauernmöbel aus württembergisch Franken. Stuttgart 1956

Hillenbrand 1964
Hillenbrand, Karl, Dachziegel und Zieglerhandwerk. In: Der Museumsfreund, H. 4/5, 1964, S. 5–52

Hillenbrand 1974
Hillenbrand, Karl, Ziegler in und um Schwäbisch Hall. Schwäbisch Hall 1974

Hillenbrand/Spies 1965
Hillenbrand, Karl, Spies, Gerd, Hafnerware in Südwestdeutschland. In: Der Museumsfreund, H. 6, 1965,.

Himmelheber 1972
Himmelheber, Georg, Spiele. Gesellschaftsspiele aus einem Jahrtausend. München 1972

Hintze 1921/31
Hintze, Erwin, Die deutschen Zinngießer und ihre Marken. Bd. 1–8. Leipzig 1921–31

Hirsch, E. 1972
Hirsch, Ernst. Von Pinasca nach Pinache. Zur Geschichte der Waldenserkolonien in Baden-Württemberg. In: Beiträge zur Landeskunde. Nr. 4, August 1972, S. 1–8.

Hirsch, F. 1910
Hirsch, Fritz, Das Bruchsaler Schloß. Aus Anlaß der Renovation 1900–1909. Heidelberg 1910

Hirsch, F. 1928
Hirsch, Fritz, 100 Jahre Bauen und Schauen. [Bd. 1], Karlsruhe 1928

Hoermann-Weingartner 1959
Hoermann-Weingartner, Magdalena, Martin Knoller. Ölgemälde und Zeichnungen. Diss. Masch. Innsbruck 1959

Hofmann 1909
Altes Bayerisches Porzellan. Kat. bearb.

v. Friedrich H. Hofmann. Bayerisches Nationalmuseum München 1909

Hofmann 1911
Hofmann, Friedrich H., Frankenthaler Porzellan. Bd. 1.2., München 1911

Hofmann 1912
Hofmann, Friedrich H., Fayencen von Göppingen. In: Der Cicerone, Bd. 4, 1912, S. 808–811

Hofmann 1980
Hofmann, Friedrich H. Das Porzellan der europäischen Manufakturen. Frankfurt a.M., Berlin, Wien 1980

Holzhausen 1954
Holzhausen, Walter, Sächsische Gläser des Barock. In ZsKw, Bd. 8, 1954, S. 95–124

Holzmair 1937
Holzmair, Eduard, Katalog der Sammlung Josef Brettauer. Medicina in Nummis. Wien 1937

Huber, R. 1960
Huber, Rudolf, Joseph Christian. Tübingen 1960

Huber, U. 1948
Huber, Ulf, Die bildhauerische Tätigkeit von Johann Joseph Christian und Johann Michael Feichtmayr in Zwiefalten und Ottobeuren. Diss. Masch. Tübingen 1948

Hüseler 1956/58
Hüseler, Konrad, Deutsche Fayencen. Bd. 1–3, Stuttgart 1956–1958

Huth 1930
Huth, Hans, Zwei Möbelwerkstätten des 17. Jahrhunderts. In: Pantheon, Bd. 5, 1930, S. 23–29

Huth 1971
Huth, Hans, Laquer of the West. Chicago 1971

Huth 1977
Huth, Hans, Schloß Bruchsal. Königstein 1977

Inv.Gén.Mon., Haut-Rhin, Guebwiller, 1972
Inventaire général des monuments et des richesses artistiques de la France, Haut-Rhin, Guebwiller. Bd. 1.2., Paris 1972

Jacob 1934
Jacob, Gustaf, Paul Egell. In: Mannh Gbl. Bd. 35, 1934, Sp. 5–52

Jacob 1935
Jacob, Gustaf, Der kurpfälzische Hofbildhauer Franz Conrad Linck (1730–1793). In: ZsVKw, Bd. 2, 1935, S. 326–350

Jacquiot 1968
Jacquiot, Josèphe, Médailles et jetons de Louis XIV. d'après le manuscript de Londres ADD.31.908. Bd. 1–4, Paris 1968

Jacquiot 1970
Jacquiot, Josèphe, L'importance de la médaille pour la diffusion des idées. In: La medaglia d'arte. Atti del primo convegno internazionale di studio, Udine 1970. Udine 1973, S. 29–40

Jäckel 1979 I
Jäckel, Karin, Die Sandsteinplastiken im Bruchsaler Schloßpark. Ein Werk des Bildhauers Joachim Günther (1720–1789). In: Pfälzer Heimat, Jg. 30, 1979, S. 90–100

Jäckel 1979 II
Jäckel, Karin, Forschungsergebnisse zum Leben des Bruchsaler Hofbildhauers und Stukkateurs Joachim Günther. In: ZGO, Bd. 127, 1979, S. 319–342

Jedding 1971
Jedding, Hermann, Europäisches Porzellan. Bd. 1, München 1971

Jones 1979 I
Jones, Mark, The art of the medal. London 1979

Jones 1979 II
Jones, Mark, Medals of the Sun King. London 1979

Julius 1958
Sammlung Paul Julius. Krieg und Frieden in der Medaille und der Gedenkmünze. T. 1.2. Gaettens, Heidelberg, Auktion 7.–8. 1958.

Jungwirth 1969
Jungwirth, Helmut, Europäische Prunkmedaillen aus fünf Jahrhunderten. In: JbKS Wien, Bd. 65, 1969, S. 79–93

Kahane 1914
Kahane, S. B., Die Münze im Dienste der Liebe und Ehe. Danzig 1914

Kalnein 1960
Kalnein, Wend Graf, Zähringer Museum Baden-Baden. Baden-Baden 1960

Kalnein 1966
Kalnein, Wend Graf, Die Porzellan- und Fayencesammlung des Zähringer Museums in Baden-Baden. In: Keramos, Heft 32, 1966, S. 15–27

Karlsruhe 1959
Badisches Landesmuseum. Meisterwerke. Karlsruhe 1959

Karlsruhe 1966
Badisches Landesmuseum. Neuerwerbungen 1952–1965. Karlsruhe 1966

Karlsruhe 1976
Badisches Landesmuseum Karlsruhe. Bildkatalog 2. Aufl. Karlsruhe 1976

Kasper 1962
Kasper, Alfons, Johann Eucharius Hermann, Der Lehrmeister von Franz Joseph Christian. In: Das Münster, Jg. 15, 1962, S. 205–213

Kasper 1978
Kasper, Alfons, Kunstwanderungen im Herzen Oberschwabens, Bd. 2. 3. Aufl. Bad Schussenried 1978

Keppler 1888
Keppler, Paul, Württemberg's kirchliche Kunstalterthümer. Rottenburg a.N. 1888

Kern, E. 1925
Kern, Emil, Die Pfarrkirche zu Gerlachsheim. Tauberbischofsheim 1925

Kern, F. 1959
Kern, Franz, Philipp Jakob Steyrer, 1749–1795 Abt des Benediktinerklosters St. Peter im Schwarzwald. In: Freiburger Diözesan-Archiv, F. 3, Bd. 11, 1959, S. 1–234

Kircher 1958
Kircher, Gerda, Zähringer Bildnissammlung im Neuen Schloß zu Baden-Baden. Karlsruhe 1958

Kirchheimer 1967
Kirchheimer, Franz, Die Bergbaugepräge aus Baden-Württemberg. Freiburg i.Br. 1967

Kirchheimer 1972
Kirchheimer, Franz, Erläuterter Katalog der deutschen Flußgoldgepräge. Freiburg i. Br. 1972

Kirchheimer 1975
Kirchheimer, Franz, Bemerkungen und Nachträge zu dem Schriftum über deutsche Flußgold-Gepräge. Freiburg i. Br. 1975

Kirchheimer 1980
Kirchheimer, Franz, Bemerkungen zu den Medaillen der kurpfälzischen Akademie der Wissenschaften. In: Der Münzen- und Medaillensammler. Jg. 20, 1980, S. 1117–1132

Kirschner 1968
Kirschner, Bruno, Deutsche Spottmedaillen auf Juden. München 1968

Klein, A. 1962
Klein, Adalbert, Deutsche Fayencen im Hetjensmuseum. Düsseldorf 1962

Klein, A. 1975
Klein, Adalbert, Deutsche Fayencen. Braunschweig 1975

Klein, J. 1927
Klein, Joseph, Ein Führer durch die Kunstdenkmale und die Geschichte der ehemaligen Reichsabtei Salmansweil. Überlingen 1927

Klesse 1965
Klesse, Brigitte, Die Glassammlung Helfried Krug. Bd. 1.2, München 1965

Klesse/Haedeke/Griese 1963
Klesse, Brigitte, Haedeke, Hanns-Ulrich, Griese, Heinke, Die Sammlung Clemens, Kunstgewerbemuseum der Stadt Köln. Köln 1963

Klesse/Mayr 1977
Klesse, Brigitte, Mayr, Hans, Verborgene Schätze aus sieben Jahrhunderten. Ausgewählte Werke aus dem Kunstgewerbemuseum der Stadt Köln. Köln 1977

Klesse/Saldern 1978
Klesse, Brigitte, Saldern, Axel von, 500 Jahre Glaskunst. Sammlung Biemann. Zürich 1978

Klessmann 1965
Klessmann, Rüdiger, Zum Spätwerk von Johann Baptist Straub und zur Ausstattung der Stiftskirche in Wiesensteig. In: Festschrift für Peter Metz. Berlin 1965, S. 379–387

Kling 1921
Kling, Wilhelm, Das Kunsthandwerk in Villingen. In: Badische Heimat, 8, 1921, S. 119–131

Knorre 1970
Knorre, Eckhard von, Deutsche Barockgalerie. Städtische Kunstsammlungen Augsburg. Augsburg 1970

Koch 1976
Koch, Robert, Die Heilbronner Pferdemarktsmedaillen. In: Beiträge zur Süddeutschen Münzgeschichte. Festschrift zum 75-jährigen Bestehen des Württembergischen Vereins für Münzkunde e.V., Stuttgart 1976, S. 280–295

Köhler 1729/64
Köhler, Johann David, Historische Münzbelustigungen, darinnen allerhand merktwürdige und rare Thaler, Ducaten, Schaustücken, Klippen und andere sonderbare Gold- und Silber-Münzen ... beschrieben und ... erkläret werden. Jg. 1–22, Reg. Nürnberg 1729-1764

Köllmann 1965
Köllmann, Erich, Meißener Porzellan. Braunschweig 1965

Köln 1968
Das Schnütgen-Museum. Eine Auswahl. 4. erw. Aufl. Köln 1968

Koepf 1961
Koepf, Hans, Meisterwerke der Plastik von den Griechen bis zur Gegenwart. Stuttgart 1961

Kranzbühler 1932
Kranzbühler, Mechthild, Johann Wolfgang von der Auwera. In: StädJb, Bd. 7–8, 1932, S. 182–219

Kreisel 1968
Kreisel, Heinrich, Die Kunst des deutschen Möbels. Von den Anfängen bis zum Hochbarock. Bd. 1, München 1968

Kreisel 1970
Kreisel, Heinrich, Die Kunst des deutschen Möbels. Spätbarock und Rokoko. Bd. 2, München 1970

Kriss-Rettenbeck 1971
Kriss-Rettenbeck, Lenz, Bilder und Zeichen religiösen Volksglaubens. München 1971

Krummer-Schroth 1967
Krummer-Schroth, Ingeborg, Der Kenzinger Ölberg – ein Frühwerk Johann Christian Wenzingers. In: Kunstgeschichtliche Studien für Kurt Bauch. München, Berlin 1967, S. 253–262

Krummer-Schroth 1976
Krummer-Schroth, Ingeborg, Alte Handwerkskunst und Gewerbe im Schwarzwald. Freiburg i. Br. 1976

Kuhn 1965
Kuhn, Charles L., German and Netherlandish sculpture 1280–1800. The Harvard Collections. Cambridge/Mass. 1965

Kutter 1976
Kutter, Wilhelm, Schwäbisch-alemannische Fastnacht. Künzelsau 1976

Landenberger 1959
Alt-Ludwigsburger Porzellan. Kat.: Mechthild Landenberger. Schloß, Ludwigsburg 1959

Landenberger 1973
Landenberger, Mechthild, Kleinodien aus dem Württembergischen Landesmuseum Stuttgart. Pfullingen 1973

Landenberger 1980
Höfische Kunst des Barock. Hrsg. v. Mechthild Landenberger. Württembergisches Landesmuseum, Zweigmuseum im Schloß Ludwigsburg. Stuttgart 1980

Lankheit 1954
Lankheit, Klaus, Die Zeichnungen des kurpfälzischen Hofbildhauers Paul Egell (1691–1752). Karlsruhe 1954

Lankheit 1955
Lankheit, Klaus, Egell-Studien. In: MüJb, F. 3, Bd. 6, 1955, S. 243–260

Lankheit 1959 I
Lankheit, Klaus, Der Skulpturenschmuck des Heidelberger Altars von Johann Paul Egell. In: Festschrift zum Jubiläum der Heidelberger Jesuitenkirche 1959. Heidelberg 1959, S. 27–32

Lankheit 1959 II
Lankheit, Klaus, Die Mundenheimer Maria. In: Ruperto-Carola, Jg. 11, Bd. 26, 1959, S, 129–137

Lankheit 1960
Lankheit, Klaus, Der Vertrag zum Hildesheimer Altar des Johann Paul Egell. In: Beiträge zur Kunstgeschichte. Eine Festgabe für Heinz Rudolf Rosemann... München, Berlin 1960, S. 221–230

Lankheit 1965
Lankheit, Klaus, Die Dekoration der Loretokapelle zu Oggersheim von Johann Paul Egell. In: Studien zur Geschichte der europäischen Plastik. Festschrift Theodor Müller ... München 1965, S. 303–310

Lankheit 1975
Lankheit, Klaus, Egid Quirin Asams Entwurf zum Kuppelgemälde der Mannheimer Jesuitenkirche. In: Pantheon, Bd. 33, 1975, S. 34–40

Lankheit 1976 I
Lankheit, Klaus, Die „Maria Immaculata" von Johann Paul Egell in Freinsheim. In: AGNM, 1976, S. 151–158

Lankheit 1976 II
Die Skulptur der „Weisheit" von Johann Paul Egell im Historischen Museum der Pfalz. In: Pfälzer Heimat, Jg. 27, 1976, S. 42–46

Lanz 1927
Lanz, Otto, Die Münzen und Medaillen von Ravensburg im Verlaufe seiner Münzgeschichte. Stuttgart 1927

Laverrenz 1885/87
Laverrenz, C., Die Medaillen und Gedächtniszeichen der deutschen Hochschulen. Bd. 1.2, Berlin 1885–1887

Leger 1828
Leger, Thomas Alfried, Führer durch den Schwetzinger Schloßgarten. Mannheim 1828

Legner 1957
Legner, Anton, Freiburger Werke aus Bergkristall. Kristallschliff der Spätgotik und in den Jahrzehnten um 1600. In: Schau-ins-Land, Jg. 75, 1957, S. 167–198

Legner 1959
Legner, Anton, Schweizer Bergkristall und die Kristallschleiferei von Freiburg im Breisgau. In: ZAK, Bd. 19, 1959, S. 226–240

Legner 1963
Legner, Anton, Bildwerke der Barockzeit aus dem Liebieghaus. Frankfurt 1963

Lehne 1937
Lehne, Friedrich, Kaiserliche Schaumünzenprivilegien. In: Numismatische Zeitschrift, Bd. 70, N.F. 30, 1937, S. 93–98

Lieb 1931
Lieb, Norbert, Die Feichtmayr-Christian-Frage in Ottobeuren. In: Zs. für bayrische Landesgeschichte, Jg. 4, 1931, S. 175–187

Lieske 1973
Lieske, Reinhard. Protestantische Frömmigkeit im Spiegel der kirchlichen Kunst des Herzogtums Württemberg. München1973

Link 1972
Link, Eberhard, Zinn mit Kupferstift. In: Der Münzen- und Medaillensammler. Jg. 12, 1972, Nr. 71, S. 1513–1514. Dazu Anm. von Busso Peus, ibidem Nr. 72, S. 1599

Lipp 1974
Lipp, Franz Carl, Bemalte Gläser, München 1974

Lochner 1737/44
Lochner, Johann Hieronymus, Sammlung merkwürdiger Medaillen. Jg. 1–8, Nürnberg 1737–1744

Lohse 1960
Lohse, Brigitte, Christoph Daniel Schenck. Konstanz 1960

Lohse 1968
Lohse, Brigitte, Nachträge zum Werk von Christoph Daniel Schenck. In: Das Münster, Jg. 21, 1968, S. 121–128

Mangold 1963
Mangold, Ludwig, Der Münsterschatz von Schwäbisch Gmünd. In: Einhorn. Jubiläumsbuch. Schwäbisch Gmünd 1963. S. 129–160

Mannheim 1966
Städtisches Reiß-Museum. Kunstgeschichtliche und kunsthandwerkliche Sammlungen. Ausgewählte Werke. Mannheim 1966

Marsch 1977
Marsch, Angelika. Die Salzburger Emigration in Bildern. Weißenhorn 1977

Martin 1950
Martin, Kurt, Prunk- und Parforcejagden. In: Merian, Jg. 2, H. 11, 1950: Schwetzingen. S. 74–78

Meinecke 1971
Meinecke, Viktoria, Die Fresken des Melchior Steidl. Diss. München 1971

Meinz/Strauß 1976
Meinz, Manfred, Strauß, Konrad, Jagdliche Fayencen deutscher Manufakturen. Hamburg, Berlin 1976

Meister/Jedding 1958
Meister, Peter, W., Jedding, Hermann, Das schöne Möbel im Laufe der Jahrhunderte. Heidelberg 1958

Merten 1977
Merten, Klaus, Schloß Ludwigsburg. Tübingen 1977

Merten 1978
Merten, Klaus, Schloß Weikersheim. München, Berlin 1978

Metken 1978
Metken, Sigrid, Geschnittenes Papier. München 1978

Meyer-Heisig 1963
Meyer-Heisig, Erich, Der Nürnberger Glasschnitt des 17. Jahrhunderts. Nürnberg 1963

Michalski o.J.
Michalski, Ernst, Joseph Christian. Berlin o.J. [um 1926]

Morath 1972
Morath, Rudolf, Blasiwald im Hochschwarzwald. 2. Aufl., Blasiwald 1972

Moser 1969
Moser, Ludwig, Badisches Glas. Wiesbaden 1969

Mühe 1962
Mühe, Richard, Die Entwicklung der Schwarzwälder Uhr. In: Der Museumsfreund, Heft 2, 1962, S. 4–22

Mühe 1974
Mühe, Richard, Uhren und Zeitmessung. Furtwangen 1974

Mühleisen/Wischermann 1980
Mühleisen, Hans-Otto, Wischermann, Heinfried, Die Klosterbibliothek von St. Peter. In: Freiburger Universitätsblätter, Jg. 19, H. 69/70, 1980, S. 61–84

Müller, H. 1975
Müller, Heidi, Volkstümliche Möbel aus Nordschwaben und den angrenzenden Gebieten. München 1975

Müller, Th. 1951
Müller, Theodor, Zur Nenninger Pietà Ignaz Günthers. In: Heilige Kunst, 1951, S. 5–12

Münzel 1913
Münzel, Gustav, Christian Wenzinger u. die Taufsteine im Freiburger Münster u. in St. Peter. In: Freiburger Münsterblätter, Jg. 9, 1913, S. 35–41

Münzel 1922
Münzel, Gustav, Beiträge zu Christian Wenzinger. In: ZsbK, Jg. 57, N.F. Jg. 33, 1922, S. 79–92, S. 106–112

Münzel 1923
Münzel, Gustav, Die Bibliotheksfiguren Christian Wenzingers im Kloster St. Peter. In: Schau-ins-Land, Jg. 47–50, 1923, S. 70–75

Münz-Zentrum, Köln, 1979
Pfalz. Privatsammlung aus dem Besitz eines pfälzischen Gelehrten. [Prof. Memmesheimer]. Münz-Zentrum, Köln, Auktion 25, 19.–20. 4. 1979

Narr 1979
Narr, Dieter, Studien zur Spätaufklärung im deutschen Südwesten. Stuttgart 1979

Nau 1959
Nau, Elisabeth, Gold und Silber geprägt für Württemberg. Schätze aus dem Münzkabinett des Württembergischen Landesmuseums Stuttgart. Stuttgart 1959

Nau 1964
Nau, Elisabeth, Die Münzen und Medaillen der oberschwäbischen Städte. Freiburg i. Br. 1964

Neeb 1907
Neeb, E., Beiträge zur Kenntnis des Bildhauers Johann Sebastian Barnabas

Pfaff. In: Mainzer Zs., Jg. 2, 1907, S. 57–74

Noack 1957
Noack, Werner, Die Wenzinger-Bildnisse im Besitz der Freiburger Universitäts-Kliniken. In: Kunstwerke aus dem Besitz der Albert-Ludwig-Universität Freiburg i. Br. Berlin, Freiburg i. Br. 1957, S. 65–70

Noack-Heuck 1934
Noack-Heuck, Lore, Neues über Leben und Werk des Freiburger Bildhauers Joseph Hör. In: OberrhK, Jg. 6, 1934, S. 256–271

Noack-Heuck 1939
Noack-Heuck, Lore, Die Statuen des Schussenrieder Bibliotheksaales. In: OberrhK, Bd. 8, 1939, S. 144–153

Noack-Heuck 1951
Noack-Heuck, Lore, Die Immaculata am Haus zur lieben Hand in Freiburg i. Br. In: Das Münster, Jg. 4, 1951, S. 287–293

Noack-Heuck 1969
Noack-Heuck, Ellen-Lore, Die Beweinungsgruppen des Fidelis Sporer. In: StädJb, N.F. Bd. 2, 1969, S. 243–254

Noack-Heuck 1970 I
Noack-Heuck, Ellen-Lore, Zum Werk des Konstanzer Bildschnitzers Christoph Daniel Schenck und seiner Werkstatt. In: Das Münster, Jg. 23, 1970, S. 28–40

Noack-Heuck 1970 II
Noack-Heuck, Ellen-Lore, Zwei Bozzetti von Johann Joseph Christian im Badischen Landesmuseum zu Karlsruhe: In JbStKsBW, Bd. 7, 1970, S. 85–92

Noß 1928
Noß, Alfred, Die Lincke's in Heidelberg als Münzstempelschneider. In: Georg Habich zum 60. Geb., München 1928, S. 30–35

Oeser 1934
Oeser, Willy, Um das Schicksal einer alten Pfarrkirche. Mannheim 1934

Ohm 1970 I
Ohm, Annaliese, Trinkgläser des 18. Jahrhunderts mit pfälzischen Wappen. In: Mannheimer Hefte, 1970, H. 3, S. 22–40

Ohm 1970 II
Ohm, Annaliese, Gläser des 17. und 18. Jahrhunderts mit Ordensketten. In: Journal of Glass Studies, Bd. 12, 1970, S. 102–135

Paulus 1888
Paulus, E., Das alte und das neue Münster in Zwiefalten. In: WürttVjh, Jg. 11, 1888, S. 170–188

Pazaurek 1912
Pazaurek, Gustav E., Alte Goldschmiedearbeiten aus schwäbischen Kirchenschätzen. Leipzig 1912

Pazaurek 1925
Pazaurek, Gustav, Deutsche Fayence- und Porzellanhausmaler.Bd. 1. 2., Leipzig 1925

Pazaurek 1926/28
Pazaurek, Gustav Maria, Das Fürstpröpstlich Ellwangische Hüttenwerk Wasseralfingen 1670–1801 und die Ellwanger Bildhauerfamilie Paulus. In: Ellwanger Jahrbuch, Bd. 10, 1926/28, S. 59–110

Petrasch 1952
Petrasch, Ernst, Die Geschichte der türkischen Trophäensammlung. In: ZGO Bd. 100, N.F. 61, 1952, S. 566–691

Petrasch 1960
Petrasch, Ernst, Schloß Favorite. Amtlicher Führer. Karlsruhe 1960

Petrasch 1967
Petrasch, Ernst, Das älteste deutsche „Porzellanschloß". Die Keramiksammlung im Schloß Favorite der Markgräfin Sibylla Augusta von Baden. In: Baden-Württemberg, Nr. 6, 1967, S. 6–17

Petrasch 1976
Bildkatalog. 400 ausgewählte Werke aus den Schausammlungen. Zsgest. und erl. von Ernst Petrasch. Badisches Landesmuseum, Karlsruhe 1976

Petrasch 1978
Petrasch, Ernst, Schloß Favorite. Amtlicher Führer. 5. Aufl. Karlsruhe 1978

Petrasch 1981
Petrasch, Ernst, Schloß Favorite, Amtlicher Führer durch das Lustschloß der Markgräfin Sibylla Augusta von Baden-Baden. 6. Aufl. Karlsruhe 1981

Pigler 1974
Pigler, A., Barockthemen. Bd. 1.2. Tafelbd. 2. Aufl. Budapest 1974

Poensgen 1960
Poensgen, Georg, Beiträge zum Werk des Johann Joachim Günther. In: Mitteilungen des Historischen Vereins der Pfalz, Bd. 58, 1960, S. 303–307

R
Rosenberg, Marc, Der Goldschmiede Merkzeichen. Bd. 1–4. 3. Aufl. Frankfurt a.M. 1922–1928

Rambach 1959
Rambach, Hermann, Die Stiftskirche St. Margaretha in Waldkirch. Waldkirch 1959

Rath 1971
Rath, Maria Theresia, Die Bildnismedaillen König Karls III. von Spanien und späteren Kaiser Karl VI. (1685–1740). Leuven 1971

Regling 1928
Regling, Kurt, Medaillenstudien III: Elfenbeinmedaillone von Jean Cavalier und anderen. In: JbPrKs Bd. 49, 1928, S. 219–227

Reidemeister 1933
Reidemeister, Leopold, Die Porzellankabinette der brandenburgisch-preußischen Schlösser. In: JbPrKs 54, 1933, S. 262–272 u. 55, 1934, S. 42–56

Renner 1937
Renner, Anna Maria, Kleinkunst in Favorite. In: Badische Heimat Nr. 24, 1937, S. 333–343

Renner 1941
Renner, Anna Maria, Die Kunstinventare der Markgrafen von Baden-Baden, Bühl 1941

Rentsch 1972
Rentsch, Dietrich, Kunstschätze in badischen Schlössern. Karlsruhe 1972

Reuschel 1963
Reuschel, Wilhelm, Die Sammlung Wilhelm Reuschel. München 1963

Revellio 1938
Revellio, Paul, Vom alten Kulturgut der Stadt Villingen. In: Badische Heimat, Jg. 25, 1938, S. 247–280

Revellio 1964
Revellio, Paul, Beiträge zur Geschichte der Stadt Villingen. Villingen 1964

Rheinstädter 1977
Rheinstädter, Hajo, Schloß Bruchsal. Tübingen 1977

Riedl 1953
Riedl, Peter Anselm, Neuentdeckte Werke Paul Egells. In: Heidelberger Fremdenblatt, 2. Juliheft 1953, S. 9–12

Riegel 1917
Riegel, Joseph, Der Meister des Taufsteins im Freiburger Münster. In: Frei-

burger Münsterblätter, Jg. 13, 1917, S. 50–51

Riesebieter 1921
Riesebieter, Otto, Die deutschen Fayencen des 17. und 18. Jahrhunderts. Leipzig 1921

Rittmeyer 1959
Rittmeyer, Dora Fanny, Hans Jakob Läublin. Schaffhausen 1959

Ritz 1975
Ritz, Josef M., Ritz, Gislind, Alte bemalte Bauernmöbel. München 1975

Roegele 1955
Roegele, Otto B., Bruchsal wie es war. Karlsruhe 1955

Roegele 1975
Roegele, Otto B., Bruchsal wie es war. Karlsruhe 1975

Roelandts 1939
Roelandts, Oscar, Beeldhouwer Pieter-Anton Verschaffelt 1710–1793. Brüssel 1939

Roller 1936
Roller, Otto Konrad, Die Denkmünzen zur Geschichte der Universität Heidelberg aus den Sammlungen des Badischen Münzkabinetts Karlsruhe. In: ZGO, N.F. 50, 1936, S. 21–37

Rott 1914
Rott, Hans, Bruchsal. Quellen zur Kunstgeschichte des Schlosses und der bischöflichen Residenzstadt. Heidelberg 1914

Rott 1922
Rott, Hans, Die Gobelins des Bruchsaler Schlosses im Zusammenhang mit den Bildteppichen der übrigen badischen Schlösser. In: Badische Heimat, Jg. 9, 1922, S. 65–84

Rückert/Willsberger 1977
Rückert, Rainer, Willsberger, Johann, Meissen, Porzellan des 18. Jahrhunderts. Wien, München, Zürich, Innsbruck 1977

Sauer 1936
Sauer, Horst, Zeichnungen der Mimmenhauser Bildner und ihres Kreises. Straßburg, Leipzig 1936

Sauer 1942
Sauer, Horst, Archivalien zu Joseph Anton Faichtmayer. Schaffen – Familie – Umkreis. In: ZGO, N.F. Bd. 55, 1942, S. 382–457

Sauerlandt 1923
Sauerlandt, Max, Deutsche Porzellanfiguren des 18. Jahrhunderts. Köln 1923

Sauerlandt 1926
Sauerlandt, Max, Die deutsche Plastik des 18. Jahrhunderts. Firenze, München 1926

Schaefer 1923
Schaefer, Karl, Die Sammlung W. Clemens. Köln 1923

Schäll 1979
Schäll, Ernst, Ein bedeutender Künstler und seine Nachkommen. Die Bildhauerfamilie Hops. In: Heimatkundliche Blätter für den Kreis Biberach. Jg. 2, 1979, S. 17–25

Schahl 1980
Schahl, Adolf, Dominikus Hermenegild Herberger 1694–1760. Weißenhorn 1980

Schalkhaußer 1968
Schalkhaußer, Erwin. Die Handfeuerwaffen des Bayerischen Nationalmuseums, Teil 3. In: Waffen- und Kostümkunde, Bd. 28, S. 31–46

Scharfe/Schenda/Schwedt 1967
Scharfe, Martin, Schenda, Rudolf, Schwedt, Herbert, Volksfrömmigkeit. Stuttgart 1967

Scharfe 1968
Scharfe, Martin. Evangelische Andachtsbilder. Stuttgart 1968. Dort alle weitere wichtige Literatur. Vgl. u.a. Arbeiten von Otto, M. und Schahl, A.

Scharfe 1980
Scharfe, Martin. Die Religion des Volkes. Gütersloh 1980

Schefold 1956/57
Schefold, Max, Alte Ansichten aus Württemberg. Bd. 1.2. Stuttgart 1956/57

Schefold 1971
Alte Ansichten aus Baden. Bd. 1.2. Weißenhorn 1971

Schimmelfennig von der Oye 1936
Schimmelfennig von der Oye, Marta, Skulptur u. Stukkatur des Rokokos in Hohenzollern. Diss. Berlin 1936

Schleich 1927
Schleich, G., Der Silberschatz der Universität Tübingen. In: Tübinger Chronik, Festausgabe 1927, S. 69–72

Schmidt, L. 1967
Schmidt, Leopold, Bauernmöbel aus Süddeutschland, Österreich und der Schweiz. Wien, Hannover 1967

Schmidt, R. 1922
Schmidt, Robert, Das Glas, 2. Aufl., Berlin, Leipzig 1922

Schmieder 1929
Schmieder, Ludwig, Das Benediktinerkloster St. Blasien. Augsburg 1929

Schmitt, F. 1908
Schmitt, Ferdinand, Merkzeichen der Mannheimer Goldschmiede. In: Mannheimer Geschichtsblätter, Bd. 9, 1908, Sp. 101–111

Schmitt, O. 1924
Schmitt, Otto, Barock-Plastik. Frankfurt a.M. 1924

Schmitz, H. 1923
Schmitz, Hermann, Deutsche Möbel des Barock und Rokoko, Stuttgart 1923

Schmitz, O. 1925
Schmitz, O., Baden-Badener Porzellan. In: OberrhK, Bd. 1, 1925, S. 53–72

Schneider, A. 1938
Schneider, Arthur von, Die plastischen Bildwerke. Badisches Landesmuseum. Karlsruhe 1938

Schneider, R. 1980
Schneider, Reinhard, Zwei Entwürfe Paul Egells für die Fassadendekoration des Palais Dalberg in Mannheim. In: JbStKsBW, Bd. 17, 1980, S. 111–124

Schnorr von Carolsfeld 1956
Schnorr von Carolsfeld, Ludwig, Porzellan der europäischen Fabriken. Neu bearb. von Erich Köllmann. Braunschweig 1956

Schönberger 1949
Schönberger, Arno, Deutsches Porzellan. München 1949

Schönberger 1954
Schönberger, Arno, Ignaz Günther. München 1954

Schönberger/Soehner 1959
Schönberger, Arno, Soehner, Halldor, Die Welt des Rokoko. Kunst und Kultur des 18. Jahrhunderts. München [1959]

Schreck 1973
Schreck, Karl, Lauda. Schicksale einer ehemaligen fränkischen Oberamtsstadt. Lauda 1973

Schulmann 1912
Schulmann, Jacques, Collection Le Maistre – Pax in nummis. Médailles, jetons et monnaies ayant rapport aux divers traités de paix. Amsterdam 1912

Schulze-Battmann 1969
Schulze-Battmann, Elfriede, Baitenhausen. München, Zürich 1969

Schumm 1949/50
Schumm, Karl, Das Hohenlohe-Museum in Neuenstein. In: Württembergisch Franken, N.F. 24/25, 1949/50, S. 216–236

Schumm 1968
Schumm, Marianne, Die Kirche von Untermünkheim und ihre Meister. In: Schwäbische Heimat, Jg. 19, 1968, S. 187–192

Schwager 1952
Schwager, Klaus, Studien zur Plastik des 18. Jahrhunderts im schwäbischen Voralpengebiet. Diss. Masch. Tübingen 1952

Schwager 1955
Schwager, Klaus, Bildhauerwerkstätten des 18. Jahrhunderts im schwäbischen Voralpengebiet, Teil 1. Tübingen 1955

Schwager 1963
Schwager, Klaus, Bildhauerwerkstätten des 18. Jahrhunderts im schwäbischen Voralpengebiet, Teil 2. Tübingen 1963

Schwarz 1966/67
Schwarz, Klaus Peter, Zur Baugeschichte der barocken Klosterkirche in St. Ulrich. In: Schau-ins-Land, Jg. 84/85 1966–67, S. 193–206

Schweisheimer 1935
Schweisheimer, Ruth, Johann Georg Dirr, der Bodenseeplastiker des Louis XVI. Diss. München 1935

Schwind 1938
Schwind, P. Gallus, Kirchweihjubiläum in Beuron (1738–1938). In: Benediktinische Monatsschrift, Jg. 20, 1938, S. 321–360

Seehofer 1981
Seehofer, Josef, Stadt Lauterstein in Vergangenheit und Gegenwart. Schwäbisch Gmünd 1981

Seling 1980
Seling, Helmut, Die Kunst der Augsburger Goldschmiede 1529–1868. Bd. 1–3. München 1980

Seubert 1900
Seubert, Max, Verzeichnis der in der Sammlung des Mannheimer Altertumsvereins befindlichen pfälzischen und badischen Münzen und Medaillen. Mannheim 1900

Siegel 1936
Siegel, Alois, Johann Joachim Günther. In: OberrhK, Jg. 7, 1936, S. 197–208

Sillib 1914
Sillib, Rudolf, Schloß Favorite. Heidelberg 1914

Sillib 1929
Sillib, Rudolf, Schloß Favorite. 2. Aufl. Heidelberg 1929

Sixt 1903
Sixt, G., Die Preismedaillen der Hohen Karlsschule. Stuttgart 1903

Souchal 1977
Souchal, François, French sculptors of the 17th and 18th centuries. Illustr. cat. A–F. Oxford 1977

Spamer 1930
Spamer, Adolf, Das kleine Andachtbild. München 1930

Speyer 1925
Speyer, Carl, Zur Geschichte des Mannheimer Naturalien-Kabinetts. In: MannhGbl. 10, 1925, Sp. 198–203

Steiner 1974
Steiner, Peter, Johann Baptist Straub. München, Zürich 1974

Stemper 1952/53
Stemper, Anneliese, Pfälzer Goldschmiederechnungen im Kammermeister-Rechnungsbuch des Jahres 1661. Ein Beitrag zum Werk Georg Pfründts. In: Neue Heidelberger Jahrbücher, N.F. 1952/53, S. 50–80

Stemper 1954
Stemper, Anneliese, Der Kampf um die Restitution der Pfalz und die pfälzische Kur im Spiegel der Medaillen des Kurfürsten Karl Ludwig. In: Blätter für Münzfreunde und Münzforschung, Jg. 78, 1954, S. 106–124

Stemper 1961
Stemper, Anneliese, Medaillenentwürfe von Peter Anton von Verschaffelt. In: Das Werk des Künstlers. Hubert Schrade zum 60. Geb. dargebr. … . Stuttgart 1961, S. 270–285

Stoehr 1920
Stoehr, August, Deutsche Fayencen und deutsches Steingut. Berlin 1920

Stössel 1919
Stössel, Eva-Luise Freiin von, Ferdinand Tietz. Bamberg 1919

Storm 1977
Storm, Eugen, Pfarrkirche St. Ulrich/Schwarzwald. 3. Aufl. München, Zürich 1977

Stratmann 1979
Stratmann, Rosemarie, Französische Möbel in Schloß Ludwigsburg. In: Pantheon, Jg. 37, 1979, S. 164–168

Stuttgart 1962
Katalog der Staatsgalerie Stuttgart. Alte Meister. Stuttgart 1962

Stuttgart 1964
Höfische Kunst des Barock. Führer durch das Württembergische Landesmuseum Stuttgart. Zweigmuseum Schloß Ludwigsburg. Stuttgart 1964

Stuttgart 1974
Volkskultur in Württemberg. Ein Querschnitt durch die Volkskundliche Sammlung des Württembergischen Landesmuseums.Stuttgart 1974

Swoboda 1970 I
Mosbacher Fayencen 1770–1836. Kat.: Franz Swoboda. Mannheim 1970

Swoboda 1970 II
Swoboda, Franz, Die ursprünglich kurpfälzische Fayence-Manufaktur zu Mosbach. In: Mannheimer Hefte, Jg. 1970, Heft 3, S. 41–56

Swoboda 1981
Swoboda, Franz, Kunst und Kunsthandwerk. Neuerwerbungen 1974–1978. Reiß-Museum, Mannheim 1981

Theopold 1978
Theopold, Wilhelm, Votivmalerei und Medizin. München 1978

Thesaurus 1711
Thesaurus numismatum modernorum huius seculi. Historische Gedächtnuß-Müntzen des gegenwärtigen seculi. Nürnberg o. J. (1711)

Theuerkauff 1966
Theuerkauff, Christian, Bildwerke des Barock. Bildhefte des Kunstmuseums Düsseldorf. Düsseldorf 1966

Theuerkauff 1974
Theuerkauff, Christian, Zu Georg Pfründt. In: AGNM, 1974, S. 58–104

Thieme/Becker
Thieme, U., Becker, F., Allgemeines Lexikon der bildenden Künstler von der Antike bis zur Gegenwart, Bd. 1–37. Leipzig 1908–1950

Thornton 1965
Thornton, Peter, Baroque and Rococo silks. London 1965

Trenschel 1978
Trenschel, Hans-Peter, Schätze kirchli-

cher Kunst zwischen Main und Tauber. München 1978

Tübingen 1977
„... helfen zu graben den Brunnen des Lebens.“ 500 Jahre Eberhard-Karls-Universität Tübingen 1477–1977. Tübingen 1977

Utz 1976
Utz, Hildegard, Ferdinand Tietz und seine Bildhauerschule. Trier 1976

Van Loon 1732/1737
Van Loon, Gérard, Histoire métallique des XVII provinces des Pays-Bas depuis l'abdication de Charles-Quint jusqu'à la paix de Bade en MDCCXVI, Bd. 1–5, La Haye 1732–1737

Veit 1969
Veit, Ludwig, Das liebe Geld. Zwei Jahrtausende Münz- und Geldgeschichte. München 1969

Vierneisel 1969
Vierneisel, Emil Joseph, Alessandro und Johann Paul Egell in der Heidelberger Heiliggeistkirche. In: Ruperto-Carola, Jg. 21, Bd. 47, 1969, S. 137–162

Volk 1967
Volk, Peter, Unbekannte Zeichnungen von Paul Egell in Köln. In: Wallraf-Richartz-Jahrbuch, Bd. 29, 1967, S. 189–218

Volk 1973
Volk, Peter, Peter Anton Verschaffelts Bildnisbüsten des Kurfürsten Karl Theodor von der Pfalz. In: Pantheon, Jg. 31, 1973, S. 412–419

Volle 1976
Volle, Henning, Badens Orden, Ehrenzeichen, Prämienmedaillen. Freiburg i. Br. 1976

Walldürn 1965
Das Städtische Heimatmuseum in Walldürn. In: Walldürner Museumsschriften, Heft 2, 1965

Walter 1927
Walter, F., Die Stuckarbeiten des Hofbildhauers Paul Egell im Mannheimer Schloß. In: Kurpfälzer Jahrbuch, 1927, S. 184–194

Walzer 1959
Walzer, Albert, Schwäbische Plastik im Württembergischen Landesmuseum Stuttgart. Stuttgart 1959

Walzer 1967
Walzer, Albert, Bildwerke aus dem Württembergischen Landesmuseum. Stuttgart 1967

Walzer 1968/1969
Walzer, Albert, Baden-Württembergische Bauernmöbel. I, II. In: Der Museumsfreund, Heft 8/9, 1968, u. Heft 10/11, 1969

Wanner-Brandt 1906
Wanner-Brandt, Otto, Album der Erzeugnisse der ehemaligen Württembergischen Manufaktur Alt-Ludwigsburg. Stuttgart 1906

Weinmüller 1962
Weinmüller, München, 11.–12. 4. 1962, Kat. Nr. 89

Weise 1952
Weise, Georg, Eine Replik der Nenninger Pietà. In: Heilige Kunst, 1952, S. 22–24

Weitnauer 1969
Weitnauer, Alfred, Himmel voller Helfer, Welt voller Wunder. Kempten 1969

Więcek 1962
Więcek , Adam, Sebastian Dadler, medalier gdański XVII wieku. Gdańsk 1962

Wielandt 1961
Wielandt, Friedrich, Die Jubiläumsmedaillen der Universität Heidelberg. In: Ruperto-Carola, Jg. 13, Bd. 30, 1961, S. 7–16

Wielandt 1969
Wielandt, Friedrich, Medaillen der Renaissance und des Barock. Eine Auswahl aus den Beständen des Badischen Landesmuseums. Karlsruhe 1969

Wielandt 1970
Wielandt, Friedrich, Münzen und Medaillen zur Geschichte des Türkenlouis und der Stadt Rastatt. In: ZGO, 118, N.F. 79, 1970, S. 307–351

Wielandt/Zeitz 1980
Wielandt, Friedrich, Zeitz, Joachim, Die Medaillen des Hauses Baden. Denkmünzen zur Geschichte des zähringen-badischen Fürstenhauses aus der Zeit von 1499 bis 1871. Karlsruhe 1980

Woeckel 1958
Woeckel, Gerhard P., Johann Joseph Christian von Riedlingen. Lindau, Konstanz 1958

Woeckel 1958
Woeckel, Gerhard P., Zwei Gruppen musizierender Engel von Johann Georg Dirr. In: Berliner Museen, N.F. Jg. 8, 1958, S. 45–50

Woeckel 1973
Woeckel, Gerhard P., Ein in Wien entstandenes Frühwerk Johann Baptist Straubs: die aus der Schwarzspanierklosterkirche St. Mariä stammende Kanzel in Laxenburg/NÖ. In: Alte u. moderne Kunst, Jg. 18, 1973, H. 128, S. 16–26

Woeckel 1975
Woeckel, Gerhard P., Ignaz Günther, Die Handzeichnungen ... Weißenhorn 1975

World Furniture 1965
World Furniture. London 1965

Zeyher/Römer 1809
Zeyher, Johann, Roemer, Georg Christian, Beschreibung der Gartenanlagen zu Schwetzingen. Mannheim 1809

Zick 1756
Zick, Johannes, Unterthänigstes Denckmal der schuldigen Danckbarkeit ... In der Hochfürstlichen Residentz zu Bruchsall durch ein Fresco Gemähl sinnreich entworffen ... und kürtzlich erkläret worden. Bruchsal 1756

Zimmermann, E. 1959
Zimmermann, Eva, Paul Egells Bauplastik am Mannheimer Rheintor. In: ZGO, Bd. 107, 1959, S. 483–495

Zimmermann, E. 1961
Zimmermann, Eva, Paul Egells Arbeiten für das Neckar- u. das Rheintor in Mannheim. In: Mannheimer Hefte, 1961, H. 1, S. 36–49

Zimmermann, E. 1964
Zimmermann, Eva, Barocke Bildwerke. Eine Auswahl aus den Beständen des Badischen Landesmuseums. Karlsruhe 1964

Zinsmaier 1950
Zinsmaier, Paul, Neue Beiträge aus Salemer Archivalien zu Joseph Anton Feuchtmayer. In: ZGO, N.F. Bd. 59, 1950, S. 147–180

Abgekürzt zitierte Ausstellungskataloge

Augsburg 1968
Augsburger Barock. Rathaus, Holbeinhaus, Augsburg 1968

Bad Windsheim 1980
Bemalte Möbel aus Franken. Fränkisches Freilandmuseum, Bad Windsheim 1980

Berlin 1966
Höfische Bildnisse des Spätbarock. Schloß Charlottenburg, Berlin 1966

Bregenz 1962
Barock am Bodensee/Architektur. Künstlerhaus, Bregenz 1962

Bregenz 1963
Barock am Bodensee/Malerei. Künstlerhaus, Bregenz 1963

Bregenz 1964
Barock am Bodensee/Plastik. Künstlerhaus, Bregenz 1964

Bregenz 1967
Meisterwerke der Plastik aus Privatsammlungen im Bodenseegebiet. Künstlerhaus, Palais Thurn und Taxis, Bregenz 1967

Brügge 1962
La Toison d'Or. Cinq Siécles d'Art et d'Histoire. Musée Communal des Beaux-Arts, Brügge 1962

Düsseldorf 1969
Meisterzeichnungen der Sammlung Lambert Krahe. Kunstmuseum, Düsseldorf 1969

Ellwangen 1964
1200 Jahre Ellwangen. Landesmuseum Stuttgart, Ellwangen 1964

Freiburg 1960
Johann Christian Wenzinger. Augustinermuseum, Freiburg i. Br. 1960

Freiburg 1964
Barocke Goldschmiedekunst aus den Kirchen der Freiburger Erzdiözese. Augustinermuseum, Freiburg i. Br. 1964

Freiburg 1970
Kunstepochen der Stadt Freiburg. Städt. Museen, Freiburg i. Br. 1970

Freiburg 1975
Alte Zunftherrlichkeit. Das Fleischerhandwerk im Wandel der Zeiten. Augustinermuseum, Freiburg i. Br. 1975

Heidelberg 1959
Ausklang des Barock, Kunst und Künstler des 18. Jhs. in der Pfalz. Kurpfälzisches Museum, Heidelberg 1959

Heidelberg 1979
Carl Theodor und Elisabeth Auguste. Höfische Kunst und Kultur in der Kurpfalz. Kurpfälzisches Museum, Heidelberg 1979

Karlsruhe 1881
Katalog der Badischen Kunst- und Kunstgewerbe-Ausstellung zur Feier der silbernen Hochzeit Ihrer Königl. Hoheiten des Großherzogs und der Großherzogin. Abt. 2, Karlsruhe 1881

Karlsruhe 1955
Der Türkenlouis. Badisches Landesmuseum, Karlsruhe 1955

Karlsruhe 1968
Kunstschätze aus badischen Schlössern. Badisches Landesmuseum, Karlsruhe 1968

Karlsruhe 1975
Durlacher Fayencen 1723–1847. Badisches Landesmuseum, Karlsruhe 1975

Köln 1968/69
Volkskultur. Volkskunst aus Deutschland, Österreich und der Schweiz. Kunstgewerbemuseum, Köln 1968/69

Konstanz 1960
Christoph Daniel Schenck. Rosgartenmuseum, Konstanz 1960

London 1975
German Baroque Drawings. Heim Gallery, London 1975

Ludwigsburg 1959
Alt-Ludwigsburger Porzellan. Schloß, Ludwigsburg 1959

Ludwigsburg 1976
Eberhard Ludwig Herzog von Württemberg. Schloß, Ludwigsburg 1976

Mannheim 1950
Ferdinand Kobell, Franz Kobell und Wilhelm Kobell. Gemälde, Aquarelle und Handzeichnungen. Städtische Museen, Mannheim 1950.

Mannheim 1970
Mosbacher Fayencen. Reiß-Museum, Mannheim 1970

Mannheim 1976
Peter Anton Verschaffelt, Zeichnungen im Reiß-Museum. Mannheim 1976

Melk 1980
Österreich zur Zeit Kaiser Josephs II. Stift Melk. Wien 1980

München 1958
Europäisches Rokoko. Residenz, München 1958

München/Würzburg 1959
Sammlung Wilhelm Reuschel. Bayrisches Nationalmuseum München, Mainfränkisches Museum Würzburg 1959

München 1966
Meissener Porzellan, 1710–1810. Bayerisches Nationalmuseum, München 1966

München 1972
Bayern – Kunst und Kultur. Stadtmuseum, München 1972

München 1975
Volkstümliche Möbel aus Altbayern. Stadtmuseum, München 1975

München 1978
Barockskizzen. Bildführer. Bayerisches Nationalmuseum, München 1978

München 1980
Wittelsbach und Bayern. Bd III/2. Krone und Verfassung. König Max I. Joseph und der neue Staat, München 1980

Nürnberg 1954
Mit Drehscheibe und Malhorn. Germanisches Nationalmuseum, Nürnberg 1954

Paris 1970
La médaille au temps de Louis XIV. Hôtel de la Monnaie, Paris 1970

Paris 1974
Louis XV. Un moment de perfection de l'art français. Hôtel de la Monnaie, Paris 1974

Regensburg 1979
Kostbarkeiten aus kirchlichen Schatzkammern. Diözesanmuseum, Regensburg. München, Zürich 1979

Speyer 1930
Führer durch die Domausstellung 1030–1930 im Historischen Museum der Pfalz zu Speyer. Speyer 1930

Stuttgart 1959
Die Hohe Carlsschule. Museum der Bildenden Künste, Stuttgart 1959

Stuttgart 1958/59
Meisterwerke aus baden-württembergischen Privatbesitz. Staatsgalerie, Stuttgart 1958

Stuttgart 1964
Der barocke Himmel. Handzeichnungen deutscher und ausländischer Künstler in Deutschland. Staatgalerie, Stuttgart 1964

Stuttgart 1974
Volkskultur in Württemberg. Landesmuseum, Stuttgart 1974

Stuttgart 1975
Balthasar Neumann in Baden-Württemberg. Staatsgalerie, Stuttgart 1975

Stuttgart 1980
Höfische Kunst des Barock. Württembergisches Landesmuseum, Stuttgart 1980

Überlingen 1951
Joseph Anton Feuchtmayer. Ausst. in den Städtischen Sammlungen Überlingen. München 1951

Erläuterungen wichtiger Fachausdrücke

Gertrude von Knorre, Peter Schmitt, Eva Zimmermann

Akkord
Von franz. accord = Einklang, Vertrag zwischen Auftraggeber und Künstler.

Akt
Von lat. actus = Handlung, Bewegung. In der bildenden Kunst: die Darstellung des nackten Menschen.

Allegorie
Von griech. allegorein = anders, d.h. bildlich reden. In der bildenden Kunst die Darstellung eines an sich unanschaulichen Begriffes. Typisch für die Allegorie ist das Kunstmittel der Personifikation, z.B. die Darstellung der vier Jahreszeiten durch Figuren mit Blumen (Frühling), Garbe (Sommer), Weintrauben (Herbst) und Feuerbecken (Winter) s. Kat. Nr. B 13a–d.

Allianzwappen
Ehewappen, Heiratswappen. Zusammenstellung der Wappen von Ehegatten.

Allongeperücke
Besonders lange, von Ludwig XIV. eingeführte Perücke, eine Mode, die um 1700 die männliche Haartracht der gesamten westlichen Welt beherrschte.

Almutia
Aus dem Lateinischen. Großer Schulterkragen oder Schultermantel, der zur Chorkleidung von Stiftsherren gehörte, meist aus Pelz gefertigt.

Altarauszug
Altarbekrönung

Anlegetechnik
Ein vor allem in der Metallstickerei gebräuchliches Verfahren, bei dem der Metallfaden auf die Stoffoberfläche gelegt und mit Überfangstichen aus Seide festgehalten wird.

Arma Christi
Von lat. arma = Werkzeuge, Waffen, Wappen. Gemeint sind die Leidenswerkzeuge Christi wie Dornenkrone, Lanze, Nägel, Schwamm, Geißel, Geißelsäule, Hammer, Bohrer, Strick, Grab, Leichentuch und andere Motive aus der Passion.

Atlas
Aus dem Arabischen = glatt. Diejenige der drei Grundbindungen der Weberei, mit der die höchste Glanzwirkung erzielt werden kann. Die aufeinanderfolgenden Bindungspunkte (Kreuzungspunkte) von Kette und Schuß sind im Gewebe so weit auseinandergerückt, daß sie sich nicht mehr berühren. Auf der Stoffoberfläche überwiegt in der Regel das Kettsystem; man spricht dann von Kettatlas.

Baluster
Kleine gedrungene Säule mit ausgebauchtem Schaft. Gereiht auftretende Baluster bilden eine Balustrade.

Bandeloken
Von franz. pendeloques. Herabhängende Schmuckstücke

Bandelwerk
Ornamentform, deren Charakteristikum ein Schlingwerk von Bändern ist. Das Bandelwerk, das, in Frankreich entwikkelt, schnell nach Deutschland übergriff, war ein zeitlich begrenztes Dekorationsmotiv (etwa 1715–1740), das die vom Barock zum Rokoko überleitende Stilstufe kennzeichnet.

Barchent
Von arab. barrakan = grober Wollstoff. Dichtes geköpertes Gewebe (s. Köper) aus Baumwolle oder Halbleinen (Leinenkette mit Baumwollschuß), das glatt, aber auch rauh, d.h. mit aufgerauhter Abseite verwendet wird.

Barock
Ursprünglich aus dem Portugiesischen; ital. barocco, franz. baroque = schief, unregelmäßig. Eine zunächst abwertend gemeinte Bezeichnung für die Stilepoche zwischen der Mitte des 17. und dem Ende des 18. Jahrhunderts, die als schwülstig, überladen den edlen, schlichten Formen klassischer Kunst gegenübergestellt wurde. Starker Bewegungsdrang, räumliches Denken sind für die Barockkunst ebenso charakteristisch wie die Freude an einem vielstimmigen Formenapparat. So werden jetzt Architektur, Skulptur, Malerei und Kunsthandwerk zu einem Gesamtkunstwerk vereinigt, das auf den Betrachter eine bezwingende Wirkung ausübt. Der reichen barocken Bilderwelt liegen große gedankliche Programme zugrunde, die oft schwer zu enträtseln sind. Die Spätphase dieser Epoche von etwa 1740 bis 1765 wird als Rokoko (s. dieses) bezeichnet.

Beschauzeichen
In Gold- und Silberschmiedearbeiten, später auch in Zinn eingeschlagene Marken, die ein von der Stadt oder der Zunft bestellter Verantwortlicher anzubringen hatte. Diese Marken – oft die Stadtmarke – gaben dem Besteller oder Käufer die Garantie, daß das verwendete Metall den vorgeschriebenen Gehalt an Edelmetall bzw. Zinn besaß.

Birett
Aus dem Mittellateinischen. Steife vierkantige Kopfbedeckung der katholischen Geistlichen, aus Seide oder Wolle gefertigt, die auch bei manchen liturgischen Verrichtungen, z.B. beim Anhören der Beichte, getragen wird.

Bouillon
In der Metallstickerei ein schraubenförmig gewundener Zierdraht.

Bozzetto
(ital. = Entwurf, Skizze). Erster künstlerischer Entwurf oder erste flüchtige Ausführung eines Gemäldes oder einer Skulptur.

Brokat
Gewebe, bei dem als Zierschuß ein Metallfaden (hierzu s. Lahn, Seele) verwendet wird.

Bureau plat
Aufsatzloser Schreibtisch mit 4 Beinen und Schubladen in der schmalen Zarge, der seit der Mitte des 18. Jahrhunderts den bislang üblichen Schreibschrank zu verdrängen beginnt.

Castrum doloris
(lat. = Trauerlager). Prunkarchitektur, unter welcher der Leichnam einer verstorbenen Fürstlichkeit feierlich aufgebahrt wurde.

Cherub; Cherubim (Mehrz.)
Hebräisch. In der christlichen Kunst Engel mit vier oder sechs Flügeln, auch in der reduzierten Form als Engelskopf mit Flügeln vorkommend.

Chinoiserie
Aus dem Französischen. Dekorationsform im „Chinageschmack" (à la chinoise) des ausgehenden 17. und des 18. Jahrhunderts, die ihre Wurzeln in dem um die Mitte des 17. Jahrhunderts aufblühenden Ostasienhandel hat. Durch Kupferstiche verbreitet, erfaßte sie fast alle Zweige des Kunsthandwerks, nicht zuletzt die Porzellan- und Fayencemanufakturen.

Chronostichon, Chronogramm
Von griech. chronos = Zeit + stichos = Vers bzw. graphein = schreiben. Inschrift in Vers oder Prosa, bei der solche Buchstaben hervorgehoben sind, die auch als römische Zahlen gelesen werden sollen. Diese ergeben zusammengezählt die Jahreszahl des Ereignisses, auf das sich die Inschrift bezieht.

Ciborium
Das dem Meßkelch nachgebildete, mit Deckel versehene Gefäß zur Aufbewahrung der geweihten Hostien für die Kommunion.

Collane, Kollane
Ordenskette

Damast
Benannt nach der Stadt Damaskus, die entweder Herstellungsort oder Handelsplatz für solche Gewebe war. Einkettiges und einschüssiges Gewebe, bei dem Grund und Muster sich nur durch ihre unterschiedliche Bindung voneinander abheben.

Devise
Französisch, von mittellat. divisa = Unterscheidungszeichen. Losung, Denk- und Wahlspruch einer Person oder Gemeinschaft, häufig auf Orden und Wappenschilden angebracht.

Einbroschieren, Broschieren
Von franz. brocher = sticken. Ein in der Seidenweberei des 18. Jahrhunderts beliebtes Verfahren, das die Herstellung leichter und doch vielfarbig gemusterter Stoffe erlaubt. Der mittels des Broschierschützen eingewebte Zierschuß durchmißt nicht die volle Stoffbreite, sondern bleibt ähnlich wie ein Stickfaden auf seine Musterform begrenzt.

Emailmalerei
Malerei auf Glas mit Schmelzfarben auf der Basis von Metalloxyden, die kalt aufgetragen und anschließend in einem Muffelofen eingebrannt werden.

Emblem; Embleme, Emblemata (Mehrz.)
Von griech. emblema = Eingefügtes, Einlegearbeit. Sinnbild, d.h. Zeichen mit bestimmtem, eng umgrenztem abstraktem Sinngehalt. Wichtiger Bestandteil der Dichtung und bildenden Kunst von der Renaissance bis weit ins 18. Jahrhundert, die sich häufig umfangreicher, mit Illustrationen versehener Sammlungen bedienten, in denen die verschlüsselte Bedeutung komplizierter Emblemata erläutert wurde.

Ex Voto
Siehe Text vor Kat. Nr. L 260.

Fahne
Beim Geschirr: der abgesetzte Rand des Tellers.

Fase
Abgeschrägte (abgefaste) Kante eines Möbels oder eines Bauteils.

Faßmaler
Derjenige, der eine Skulptur farbig zu „fassen", d.h. zu bemalen und zu vergolden hat (s. auch Fassung). Im 17. und 18. Jahrhundert bildeten die Faßmaler einen eigenen Berufszweig (gegenüber den Malern von Fresken und Tafel- bzw. Leinwandbildern).

fassonieren
(franz.) formen, gestalten, verzieren, auch fassen (s. Fassung)

Fassung
Bezeichnung für die Bemalung und Vergoldung von Skulpturen aus Holz, Stein, Stuck, Ton, Leder, Papiermasse, Elfenbein, Perlmutter und anderen Werkstoffen (nicht jedoch aus Metall). Die Fassung von Bildwerken, vor allem von solchen aus Holz und Stuck, war bis zum Ende des Barocks eine weit verbreitete Gepflogenheit.

Fatschenkind
Wickelkind.

Feingehalt
Anteil des Edelmetalls in der Legierung einer Gold- oder Silberschmiedearbeit.

Fortitudo
(lat.) Stärke, Tapferkeit.

Gelte
Hölzernes Schöpfgefäß.

Gemme
Geschnittener Edel- oder Halbedelstein. Meist als Oberbegriff für Kameen und Intaglien verwendet, während dem engeren Wortsinn nach als Gemmen (oder Intaglien) nur die vertieft geschnittenen Steine gelten im Gegensatz zu den erhaben geschnittenen Kameen.

Gestochene Technik
Im Gegensatz zur Anlegetechnik (s. diese) wird hier der Metallfaden durch den Grundstoff durchgestochen, er erscheint also auch auf der Kehrseite des Grundstoffes.

Girandole
(franz.) mehrarmiger Leuchter.

Gnadenbild
Siehe Text vor Kat. Nr. L 374.

Gobelin
Dieser Gattungsname für gewirkte Bildteppiche (s. auch Wirkerei) rührt von der 1662–1667 gegründeten französischen Staatsmanufaktur für Kunsthandwerk her, in der die Bildwirkerei eine hervorragende Rolle spielte; inoffiziell wurde sie als Gobelin-Manufaktur bezeichnet, da sie auf einem Gelände untergebracht war, das einst der Färberfamilie Gobelin gehört hatte.

Guéridon
Französisch. Kleiner, tischartiger Ständer auf sehr hohem Fuß mit runder oder mehreckiger Platte, auf den Leuchter oder andere kleine Gegenstände gestellt wurden. Meist aus Holz oder Silber gearbeitet.

Heiliger Wandel
Eigentlich die wandelnde Hl. Familie: das kleine Jesuskind zwischen Maria und Joseph, die es an der Hand führen.

Herme
Büste, oder auch Halbfigur, auf vierkantigem, meist sich nach unten verjüngendem, hohem Sockel, ursprünglich der Darstellung des griech. Gottes Hermes vorbehalten, später auch für andere Götter sowie bedeutende Menschen verwendet. Hermen-Säulen oder -Pilaster sind stützende oder auch nur schmückende Architekturglieder.

Ikonographie
(griech. = Bildbeschreibung). Lehre von den Bildinhalten

Impresario
(ital.) Unternehmer, besonders auf künstlerischem Gebiet

Inful
Siehe Mitra

Intaglio
Vertieft geschnittener Edel- oder Halbedelstein (s. auch Gemme).

Kalebstraube
Die riesige Weintraube, die Josua und Kaleb als Zeichen der Fruchtbarkeit aus dem verheißenen Land Kanaan zurückbrachten, wohin Moses sie als Kundschafter ausgesandt hatte (4. Mose 13, 6 und 23).

Kamee
Siehe Gemme

Kanneluren
Senkrechte konkave Rillen an Säulenschäften, aber auch an Stollen (s. dort) und Beinen von Möbeln.

Karnies
Von span. cornisa = Kranzleiste mit S-förmigem Querschnitt. Bestandteil des Gesimses.

Kartusche
Von ital. cartoccio = Tüte, Hülse. Schildartiger Träger für Relief, Bild, Inschrift usw. mit Zierrahmen.

Kettatlas
Siehe Atlas

Kette und Schuß
Ein Gewebe entsteht (im einfachsten Fall) durch die rechtwinklige Kreuzung von zwei Fadensystemen. Die eine Fadengattung, die Kette, bildet die im Stoffstreifen längs laufenden Fäden, während die andere als Schuß quer hinüber von Webekante zu Webekante verläuft.

Kontraktmodell
Ausführungsgerechte Vorlage eines Gemäldes, besonders in der Freskomalerei.

Kontrapost
Aus dem Italienischen = Gegensatz. Das zu harmonischem Ausgleich gebrachte Gegeneinanderspielen von Bewegung und Ruhe, Standbein und Spielbein des stehenden menschlichen Körpers in der Statue klassisch-griechischer Tradition.

Köper
Eine der drei Grundbindungen der Weberei. Die Bindungspunkte (Kreuzungspunkte) von Kette und Schuß werden hier bei jedem Schuß in gleicher Richtung um einen Faden versetzt, so daß sich im Gewebe diagonale Grate bilden. Je nach Richtung entsteht dadurch Linksgrat- oder Rechtsgratköper. Auf der Stoffoberfläche überwiegt entweder das Kett- oder das Schußsystem. Entsprechend wird zwischen Kettköper und Schußköper unterschieden.

Kordeltechnik
Erhabene Metallstickerei, über einer aus Leinen- oder Baumwollkordeln vorgestickten Unterlage ausgeführt.

Kugelfacetten
Vertiefungen in Form von Kugelsegmenten.

Kumme
Henkellose, tiefe Schale.

Kuppa
Der obere, zur Aufnahme des Weines bestimmte Teil eines Meßkelches bzw. Abendmahlskelches. Auch die entsprechende Form bei weltlichen Gefäßen kann als Kuppa bezeichnet werden.

Laffe
Schöpfteil des Löffels.

Lahn
Feiner Metallstreifen. Zu unterscheiden vom Draht, der einen kreisrunden Querschnitt hat.

Lebzelter
Lebkuchenbäcker, jedoch auch Hersteller von ähnlichen Gebäckarten.

Louis-seize
In der französischen Kunst Stilepoche zur Zeit König Ludwigs XVI. (1774–1792).

Lunula
(lat. = Möndchen). Halbmondförmiger Hostienträger in der Monstranz (s. dort).

Manierismus
Stilepoche zwischen Renaissance und Barock, die in Deutschland an manchen Orten bis in die 2. Hälfte des 17. Jahrhunderts lebendig geblieben ist. Auf der Formensprache der Hochrenaissance aufbauend, schafft der Manierismus Werke von hoher Künstlichkeit und oft außergewöhnlicher Pracht.

Manipel
In seiner Form der Stola ähnliches liturgisches Ornatstück, jedoch wesentlich kürzer als diese (s. Stola). Es wird von Priester, Diakon und Subdiakon während der Messe am linken Arm getragen.

Marketerie
Von franz. marqueterie = eingelegte Arbeit. Furniertechnik, bei der kleine Teile verschiedener Hölzer oder anderer Materialien (Metall, Elfenbein, Perlmutter, Schildpatt) auf einem Grund, dem sog. Blindholz, tafelartig zusammengefügt sind.

Maskaron
Maske, maskenartiger menschlicher Kopf oder Fratze.

Mitra
Aus dem Griechischen. Bischofsmütze. Liturgische Kopfbedeckung, die dem Papst, Kardinälen, Bischöfen zukommt, doch auch anderen hohen Geistlichen, z.B. Äbten, durch besonderes Privileg zugestanden werden kann. Hohe, gesteifte, zusammenklappbare Mütze, deren Vorder- und Rückseite oben jeweils in einer Spitze enden, mit zwei im Nacken herabfallenden Stoffstreifen, den Infulae (lat.); nach diesen wird die Mitra auch Inful genannt.

Model
Von lat. modulus = kleines Maß. Hohlform für den Guß oder zum Abdruck von Gebäck, in der Regel aus Holz.

Monstranz
Von lat. monstrare = zeigen. In der kath. Kirche liturgischer Behälter aus Edelmetall, der hinter Glas die von einem halbmondförmigen Träger (Lunula, s. dort) gehaltene geweihte Hostie zeigt.

Muffelofen
Ofen mit einer Kammer aus feuerfesten Schamotteplatten, um die das Feuer in Kanälen herumgeführt wird, um das Brenngut (Glas, Keramik) vor Aschenflug und Flammen zu schützen.

Münzwardein
Prüfer für den Feingehalt der Münzen.

Muschelwerk
Ornamentform, verschiedenen Muschelformen nachgebildet, besonders häufig in der Rocaille (s. diese) verwendet.

Nodus
(lat. = Knoten). Knaufartige Verdickung am Schaft des Kelches oder anderer Geräte.

Nothelfer, die 14
Gruppe von 14 Heiligen, die seit dem Mittelalter in besonderen Nöten um ihren persönlichen Beistand angerufen werden. Die Zusammensetzung der Gruppe kann nach Landschaft und Überlieferung leicht variieren. Meist handelt es sich um die Heiligen: Georg, Blasius, Erasmus, Pantaleon, Veit, Christophorus,

Dionysius, Cyriakus, Achatius, Eustachius, Ägidius, Margareta, Barbara, Katharina.

Pailletten
Aus dem Französischen. Metallplättchen oder Glasplättchen, die zur Verzierung auf Stoffe aufgenäht werden.

Pectoralkreuz
Von lat. pectus = Brust. Das von hohen kath. Geistlichen getragene Brustkreuz.

Polimentvergoldung
Glanzvergoldung (Blattvergoldung) auf polierfähiger Unterlage.

Rapport
Aus dem Französischen. Bezeichnung für das Musterbild, d.h. die kleinste nicht mehr teilbare Einheit eines Stoffmusters. Der Rapport, in waagrechter wie senkrechter Richtung in unendlicher Folge aneinandergereiht, ergibt erst das Stoffmuster im ganzen.

Rechtsgratschußköper
Siehe Köper

Reliefmaskaron
Siehe Maskaron

Rocaille
Franz. = aufgehäufte Steine, Grotten- und Muschelwerk. Charakteristisches Ornament aus dem 2. Drittel des 18. Jahrhunderts, beruhend auf dem herkömmlichen Muschelmotiv, das jedoch durch besondere plastische Gestaltung wie durch Fiederung, Durchlöcherung u.a. bizarres Leben und räumlichen Gehalt gewinnt.

Rochett
Mittellat. rochettum, aus dem althochdeutschen rokka = Rock, d.h. Chorrock. Obergewand aus Leinen mit engen langen Ärmeln, das Bischöfen und Prälaten zusteht und von diesen bei bestimmten liturgischen Funktionen, z.B. beim Chorgebet, bei Prozessionen, getragen wird.

Rokoko
Stilphase im 2. Drittel des 18. Jahrhunderts, so benannt nach dem damals vorherrschenden Ornament der Rocaille (s. dort). Ein ausgeprägter Sinn für ästhetische Verfeinerung, anmutige schwerelose Formen und heitere lichte Farben ist kennzeichnend für das Rokoko. Die immer noch lebendigen großen barocken Bildprogramme werden oft wie im Spiel abgehandelt, antike Götter erscheinen als leichtfüßige Wesen und werden jetzt gerne mit Ironie betrachtet. Durch den wachsenden Kult der Empfindsamkeit gewinnen andererseits neue persönlichere Gefühle an Raum.

Sapienz
Von lat. sapientia = Weisheit.

Schrötlinge
Ungeprägte Metallplättchen für die Herstellung von Münzen und Medaillen.

Schuß
Siehe Kette

Schwämmelung
Getupfter Farbauftrag, mittels eines Schwamms.

Schwarzlot
Zum Malen auf Glas verwendete schwarze Farbe aus Kupfer- oder Eisenoxyd (Eisenhammerschlag) und zerstoßenem leichtflüssigem Bleiglas, die kalt aufgetragen und anschließend eingebrannt wird.

Seele
In der Textilkunst Bezeichnung für den Trägerfaden, um den der Metallahn (s. Lahn) gewickelt wird. Bei Goldstickereien des 18. Jahrhunderts besteht die Seele in der Regel aus Seide.

Sirene
(griech.). Fabelwesen der griech. Sage mit verzauberndem Gesang, halb Vogel, halb Mädchen, dem Totenreich zugehörig.

Sistrum
Altägyptisches Rasselinstrument.

Spielbein
Siehe Kontrapost.

Sponton
(franz.). Kurze, der Hellebarde ähnliche Pike der Infanterieoffiziere im 17. und 18. Jahrhundert.

Sprengtechnik
Erhabene Metallstickerei, über einer steifen, aus Karton oder Pergament bestehenden Unterlage ausgeführt, die gemäß der Form des Stickmusters ausgeschnitten wurde.

Standbein
Siehe Kontrapost.

Stola
Aus dem Griechischen. Liturgisches Abzeichen. Langer Stoffstreifen mit verbreiterten Enden und ein bis drei aufgenähten oder aufgestickten kleinen Kreuzen. Wird beim liturgischen Gebrauch von Priester, Diakon und Bischof auf unterschiedliche Weise getragen.

Stollen
Vertikaler Rahmen eines Möbelgerüstes.

Supraporte, Sopraporte
(ital. = über der Tür). Im Wandfeld über einer Tür angebrachte bildliche Darstellung.

terminus ante quem
(lat.) Zeitpunkt, vor dem ..., d.h. Zeitpunkt, vor dem etwas entstanden sein muß.

Tiara
Krone des Papstes (jedoch keine liturgische Kopfbedeckung). Besteht aus einem kegelförmigem Hut, der (seit dem 14. Jahrhundert) mit drei Kronreifen versehen ist.

Tragant
Ein von verschiedenen Dornsträuchern des Mittelmeerraumes abgesonderter gallertartiger Saft, ähnlich dem Gummiarabicum. Wird u.a. in der Konditorei als Bindemittel für einen Teig aus Weizenmehl, Zucker und Wasser verwendet, aus dem – häufig mit Modeln – allerlei Zierstücke gefertigt werden. Auch dieses Gebäck selbst wird als Tragant bezeichnet.

Velum
(lat. = Hülle, Vorhang). Bezeichnung für verschiedene liturgische Tücher, u.a. für das Kelchtuch. Dieses ist ein Seiden- oder Leinentuch zur Bedeckung der Abendmahlsgeräte in der kath. und ev. Kirche.

Volute
Von lat. volutare = rollen. Architekturteil mit spiralförmiger Einrollung, meist zur Vermittlung zwischen horizontalen und vertikalen Baugliedern verwendet.

Votivbild
Siehe Text vor Kat. Nr. L 260.

Wandpaneel
Von niederländ. paneel. Das vertieft liegende Feld einer Holztäfelung.

Wange
Die einschließende Seitenwand eines Chorgestühls oder Kirchengestühls.

Wirken, Wirkerei
Ein von der Wissenschaft wieder aufgenommener mittelalterlicher Ausdruck für die Technik der Bildweberei; zu unterscheiden von der gleichlautenden Bezeichnung für die Herstellung von Strickwaren (z.B. Strumpfwirkerei). Bei der Bildwirkerei laufen die Schußfäden nicht wie beim Gewebe über die ganze

Webebreite, sondern nehmen auf Vorder- und Rückseite des Stoffes nur die ihnen vom Muster bestimmten Farbflächen ein; an den Grenzen entstehen die charakteristischen Schlitze, die als Musterform belassen (Schlitzweberei) oder nachträglich zugenäht werden können. Bei den Wirkteppichen werden die Schußfäden so dicht geschlagen, daß die Kette hinter ihnen verschwindet und sich nur als Träger der rippenartigen Struktur bemerkbar macht.

Zarge
Horizontaler Rahmen eines Möbelgerüstes. Bei Tischen und Sitzmöbeln trägt die Zarge die Platte bzw. den Sitz. Bei Behältnismöbeln bildet sie das untere Rahmengerüst.

Zopfstil, Zopfzeit
Stilepoche mit frühklassizistischem Einschlag um 1760–1780, so benannt nach der damals bei der männlichen Haartracht bevorzugten Zopfmode.

Abbildungsnachweis

Saskia Esser, Hans-Peter Lanz, Helge Siefert

Augsburg, Städtische Kunstsammlungen: A 18, 42, 65, 75 a; B 4, 55, 70, 88

Baden-Baden, Markgräflich Badische Sammlungen: F 1

Bad Mergentheim-Lustbronn, Eva Maria Schmitt: L 57, 58

Bad Waldsee, Stadtarchiv: L 246

Basel, Kunstmuseum, Graphische Sammlung: A 53, 89

Berchtesgaden, Wittelsbacher Ausgleichsfonds: D 15

Berlin, Kunstgewerbemuseum: F 30 d, 120

Biberach, Foto-Gallus: C 9, 64

Blaustein, Wolfgang Adler: C 52

Bremen, Stichelmann: A 11 b

Darmstadt, Hessisches Landesmuseum: A 74

Donaueschingen, Georg Goerlipp: B 65

Düsseldorf, Landschaftsverband Rheinland, Landesbildstelle Rheinland: A 7, 33, 93; F 97

Einsiedeln, Kloster Einsiedeln: B 67

Ellwangen, Karl Rathgeb: A 4, 8, 9, 91

Esslingen, Evangelisches Dekanatamt: C 59

Frankfurt a.M., Ursula Edelmann: B 60 b

Frankfurt a.M., Historisches Museum: A 73; D 16

Frankfurt a.M., Museum für Kunsthandwerk: F 16; H 6

Frankfurt a.M., Städtische Galerie, Liebieghaus: B 60 a

Freiburg i. Br., Augustinermuseum: D 40, 41; F 55

Freiburg i. Br., Bild und Filmstelle der Erzdiözese Freiburg, (Foto Christoph Hoppe): B 31 a, b; E 1 a

Freiburg i. Br., Bildverlag Herder: A 100, B 77, 84, 85 a, b, 87, 91; C 4, 7, 30, 47

Freiburg i. Br., Gustav Krucker: B 83

Freiburg i. Br., Stadtarchiv: A 102, 103

Freiburg i. Br., Hildegard Weber: C 18, 31 a–b

Giengen/Brenz, Foto Palm: C 63

Göteborg, Konstmuseum: A 1

Göttingen, Niedersächsische Staats- und Universitätsbibliothek: A 13

Hamburg, Museum für Kunst und Gewerbe: F 2 a; G 18 + Detail

Heidelberg, Kuhn: B 29

Heidelberg, Kurpfälzisches Museum der Stadt Heidelberg: A 32, 115, 116, 122; F 85, 142; G 11, 12, 15

Karlsruhe, Badisches Landesmuseum: A 14 a, 24, 27, 29, 55, 56, 67, 69, 71, 75 b, 79 a, b, 88, 101, 106, 109 a, b, 113 a, b, 117 d, h, 118 b, 120, 121, 129, 130, 144; B 1 a, b, 8, 9, 11, 13 a–d, 19 a, b, 30, 32, 33, 36, 39, 41, 42 a, b, 44, 46, 58, 64, 69, 78, 82, 86, 94; C 1, 2, 5, 6, 8, 10 a–c, 11, 16, 17, 19, 20, 24, 25, 28, 29, 32, 37–39, 41 a, 42, 43, 44 b, 46, 49 a–c, 51, 57, 58, 65, 67–70, 76, 77, 82, 83, 89, 96; D 2, 3, 8–14, 21, 22, 24, 25, 27, 28, 30, 36, 39; E 2 b, e, f, 4; F 5, 6, 8, 13 c, d, 30 a, 46, 50–54, 56, 57, 60, 63, 64, 66–73, 75, 77–83, 87, 89, 90, 92, 94, 96, 98, 105, 108, 109, 125, 132, 137, 139; G 16, 19 a, 20, 22, 23, 25 a, c, 32, 33, 36; H 15 a, 16, 20–23; I 3–5, 7, 8, 10, 12, 13, 15–18, 21–23, 25, 26, 29, 31, 33, 34, 36–42, 45, 48, 50–53, 57, 58, 63, 64, 66, 68, 70, 76, 77, 80–82, 87, 97, 100, 108, 117, 118, 120, 121, 123–125, 127–130, 132–134, 136, 137, 139–141, 143, 146, 150, 151, 155, 158, 160, 161, 163–166; K 1–6, 8–15, 26, 27, 37; L 1 b, 2, 7, 8, 10, 11, 18, 24, 31, 34, 40, 41, 43, 54, 56, 59, 63, 65, 66, 68–72, 91–95, 96 a, b, d, 99, 102–104, 107, 111, 112, 114–116, 118, 121, 124, 125, 128, 129, 140–144, 146 n, y, z, 154, 155, 158, 159, 161, 166, 171, 172, 176, 194 a, b, 198, 201, 202, 204, 206, 208–210, 212 a, b, 213, 215 a, b, 217, 233, 237, 242, 243, 245, 256 a, b, 257, 258 a, 268–270, 276, 281, 290, 293, 296, 297, 299, 300, 301, 317, 323–325, 328, 329, 337, 339 a, b, 340–344, 346, 348, 349, 352, 357 a, d, 359, 360 a, c, 363–365, 368, 371 a, 374 a–e, 378 a–c, 379 b, 383, 392 a, 393, 395 a, 402, 407, 421, 425–431, 435 a, 439, 440, 442, 443, 445, 446, 460

Karlsruhe, Generallandesarchiv: B 40; C 12, 14, 26

Karlsruhe, P. Herrmann: A 58

Karlsruhe, Volker Himmelein: A 28, 67, 119, 143 b; B 75; K 28, 29, 32

Karlsruhe, Landesdenkmalamt: B 73; C 15

Karlsruhe, Staatliche Kunsthalle: A 51

Karlsruhe, Walter Schmidt: F 12; G 25 d; H 2

Koblenz-Wallersheim, Herbert Gauls: A 112

Köln, Rheinisches Bildarchiv: B 6 a, b, 14, 68

Konstanz, Jeannine le Brun: B 59

Konstanz, Martin Hamacher: B 37, 45–48

Konstanz, Städtische Wessenberg Galerie: B34

Leutkirch, Wagner: C 56

London, Victoria and Albert Museum: B 23

Lörrach, Museum am Burghof: L 472

Ludwigsburg, Röckle: D 31

Mailand, Museo d'Arte Antica: A 86

Mainz, Mittelrheinisches Landesmuseum: B 17, 22, 52, 54

Mannheim, Robert Häusser: B 26; C 75; D 23; F 4

Mannheim, S. Schmidtmann: B 16

Mannheim, Städtisches Reiß-Museum: A 23, B 25 a, b; C 80, 92; D 18; F 2 c, e, g, h, 3, 7, 9 a, b, 11, 13 a, b, 17, 19, 20, 22–25, 62, 95, 100, 107, 122, 123, 129, 131, 133, 136, 141, 143; G 13 a